吉林统计年鉴

JILIN STATISTICAL YEARBOOK

2012

（总第26期　No.26）

吉　林　省　统　计　局　编
国家统计局吉林调查总队

COMPILED BY JILIN STATISTICAL BUREAU
SURVEY OFFICE OF THE NATIONAL BUREAU OF STATISTICS IN JILIN

中国统计出版社
China Statistics Press

（京）新登字041号

图书在版编目（CIP）数据

吉林统计年鉴.2012：汉英对照 / 吉林省统计局、国家统计局吉林调查总队编. —北京：中国统计出版社，2012.9

ISBN 978-7-5037-6673-2

Ⅰ. ①吉…

Ⅱ. ①吉… ②国…

Ⅲ. ①统计资料－吉林省－2012－年鉴－汉、英

Ⅳ. ①C832.34-54

中国版本图书馆CIP数据核字(2012)第203777号

吉林统计年鉴－2012

作　　者 / 吉林省统计局、国家统计局吉林调查总队
责任编辑 / 佘竞雄
责任校对 / 孙　臻
封面设计 / 刘伟祥
出版发行 / 中国统计出版社
通信地址 / 北京市西城区月坛南街57号
邮　　编 / 100826
办公地址 / 北京市丰台区西三环南路甲6号
电　　话 / (010) 63376907
网　　址 / http://csp.stats.gov.cn
印　　刷 / 长春科普快速印刷有限公司
经　　销 / 新华书店
开　　本 / 890×1240 毫米 1/16
字　　数 / 1300千字
印　　张 / 41
印　　数 / 1-1500册
版　　别 / 2012年9月第1版
版　　次 / 2012年9月第1次印刷
书　　号 / ISBN 978-7-5037-6673-2/C・2739
定　　价 / 350.00元

本书附同版本CD-ROM一张，光盘内容以书面文字为准。(如无光盘，此行可删)
中国统计版图书，如有印装错误，本社发行部负责调换。

《吉林统计年鉴－2012》编委会和编辑部

Jilin Statistical Yearbook - 2012 Editorial Board and Editorial staff

编 者 说 明

一、《吉林统计年鉴—2012》(中英文对照)是一部全面反映吉林省经济和社会发展情况的资料性年刊。本书收录了全省、各市(州)和县(市)2011年经济和社会各方面大量的统计数据。

二、全书内容分为20个部分，即1.综合；2.国民经济核算；3.人口；4.从业人员和职工工资；5.固定资产投资；6.能源生产和消费；7.财政、金融和保险；8.物价；9.人民生活；10.市政公用事业和环境保护；11.农业；12.工业；13.交通运输和邮电通讯业；14.建筑业；15.批发零售贸易和餐饮业；16.对外经济贸易和旅游业；17.教育和文化事业；18.体育、卫生和其他事业；19.企业景气；20.市(州)和县(市)概况。附录：1.东北三省一区国民经济主要指标(2011)；2.企业“一套表”；3.主要统计指标解释。

三、资料中所使用的度量衡单位均采用国际统一标准计量单位。

四、本年鉴中部分数据合计数或相对数由于单位取舍不同而产生计算误差,均未作机械调整。

五、本年鉴中所使用的价值量指标，除已注明外，均按当年价格计算，发展速度按可比价格计算。

六、本年鉴中的符号使用说明：“空格”表示该项指标数据不详或无该项数据；“#”表示其中的主要项。

七、本书的编辑出版，得到省直有关部门的大力支持，我们对此表示诚挚的谢意！

《吉林统计年鉴》编辑部

二〇一二年九月七日

Preface

I. Jilin statistical yearbook 2012 is annual statistics publication, which cover very comprehensive data series for 2011 and some selected data series for historically important years in whole province, cities (pretecture) and counties and therefore, reflects various aspects of social and economic development.

II. The book is organized into two parts: Special reports and Statistics data. The statistics data is separated into 20 parts, ie. l.Synthesis; 2.National Economic Accounting; 3.Population; 4.Employment and wage; 5.Investment in Fixed Assets; 6.Production and Consumption of Energy; 7.Public Finance, Banking and Insurance; 8.Price; 9.People's Livelihood; 10.Urban public utilities and environment; 11. Agriculture; 12.Industry; 13.Transportation, postal and Telecommunications services; 14.Construction; 15.Wholesale, Retail trade and Catering services; 16.Foreign Economy trade and international Tourism; 17.Education, science Technology and culture; 18.Sports, Public Health and others; 19.Prosperity of enterprises; 20.General survey of city (State) and county (City). In the appendices listed: 1. main economic indicators of northeast three province(2011); 2.The Enterprise Table; 3. Expla natory note for major statistical indicators.

Ⅲ.The units of measurement used in this book are internationally standard measurement units.

IV. In year-book some data total numbers or relative number because of units choosen differential Causing generating calculation error, no mechanical adjust.

V. The value indicators used in this book are at current price except notes have made and growth rate is calculated by constant price.

VI. Explanatory notes for notations used in this book: “blank” indicated that the index data not available or no dale. "# "of which: major item.

VII. The publication and editor of yearbook got strong support of the department of province, total cities, prefectures, counties (district) government and some enterprises and related institutions, We make sincerely appreciation!

Editorial department of《Jilin statistical Yearbook》

September 07, 2012

《吉林统计年鉴–2012》特邀编委（按姓氏笔划为序）

Jilin Statistical Yearbook of Special Editoral Board (in order of strokes of chinese surname)

特别鸣谢 Special appreciation

国家广播电影电视总局七六三台	Seventy-six three of the state Administration of Radio Film and television
国家广播电影电视总局九五三台	Ninety-five three of the state Administration of Radio Film and television
吉林省泉阳林业局	Quanyang Forestry Bureau of Jilin Province
东北工业集团吉林江机公司	Northeast Industrial group of Jilin Jiang ji Company
简柏特（长春）有限公司	Genpact Limited Company (Chang Chun)
中国大唐集团公司长山热电厂	China Datang Corporation changshan thermal Power Plant
上海绿地集团长春置业公司	Shanghai Greenland Group Changchun estate Company
吉林特莱纺织有限公司	Jilin Terai Tetile Corporation Ltd

在岗职工平均工资（元）

Wages of Staff and Workers in Urban Units (yuan)

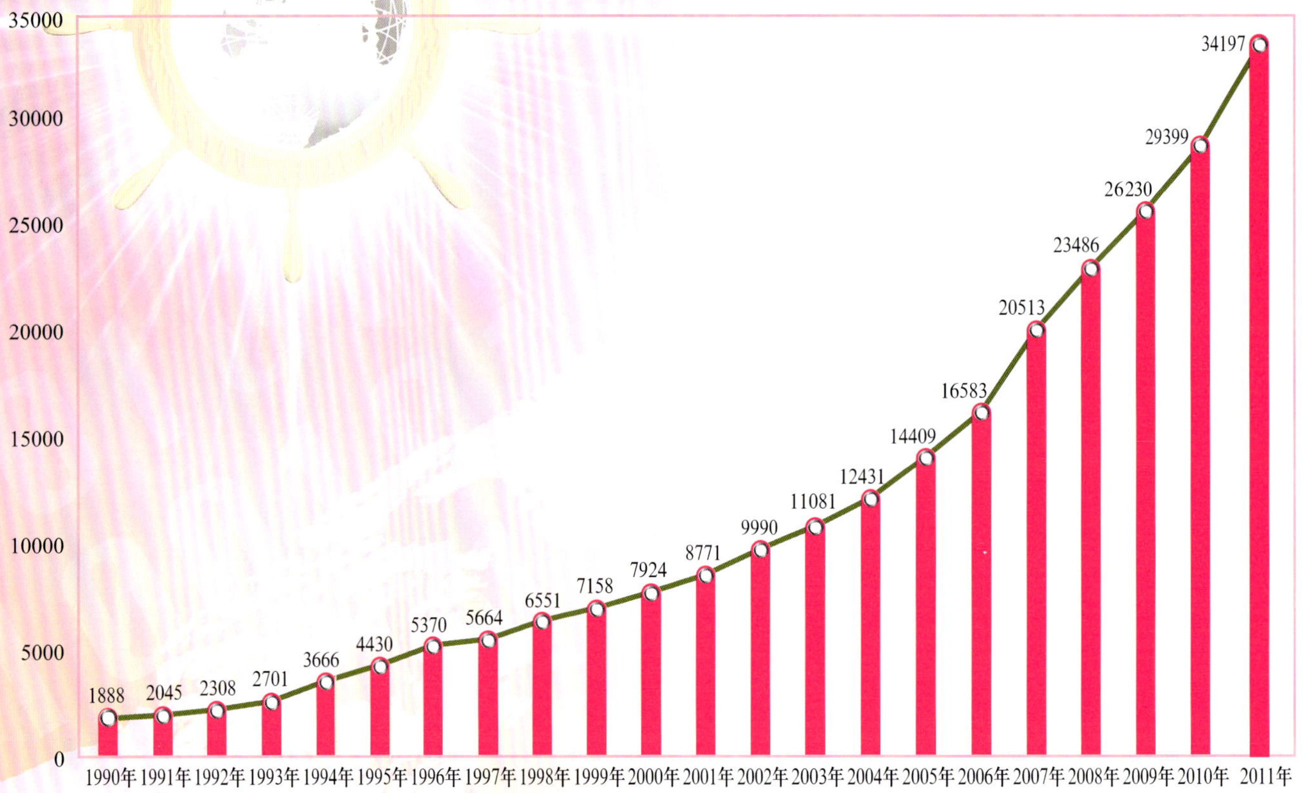

全社会固定资产投资（亿元）

Total Investment in Fixed Assets
in the Whole Country (100 million yuan)

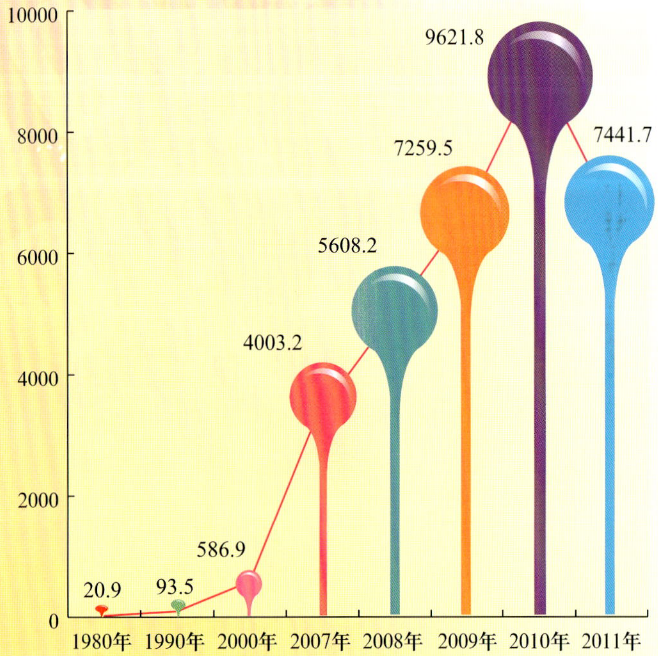

实际销售商品房面积（万平方米）

Areas of Commercial Buildings Actually Sold (10000 Sq.m)

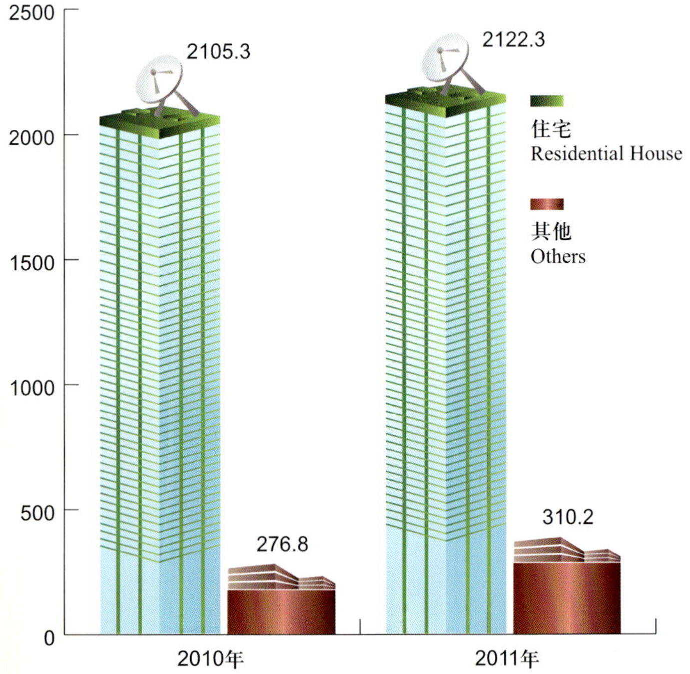

畜牧业产值占农、林、牧、渔业的比重

Output Value of Animal Husbandry and its Proportion of Agriculture, Forestry, Animal Husbandry and Fishery

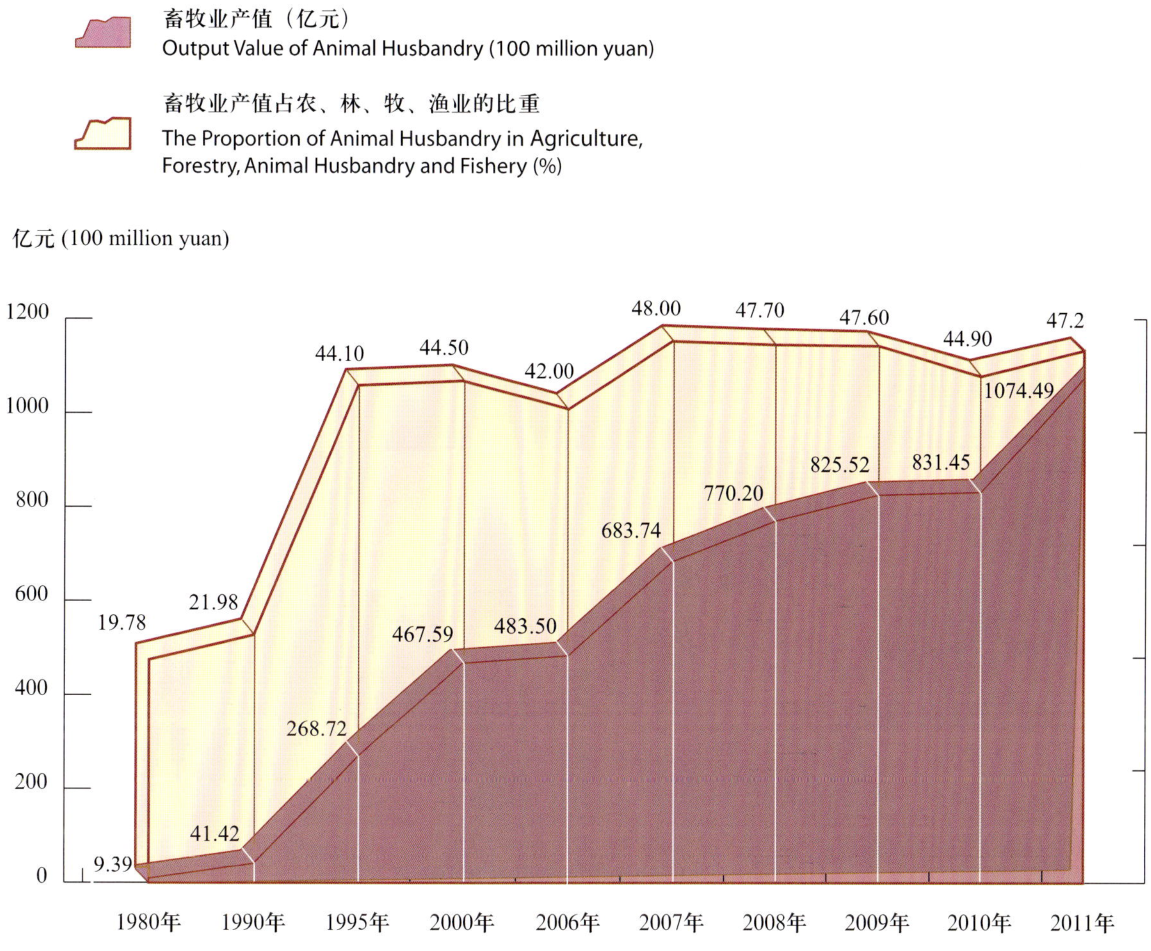

粮食产量（万吨）

Output of Grain (10000 tons)

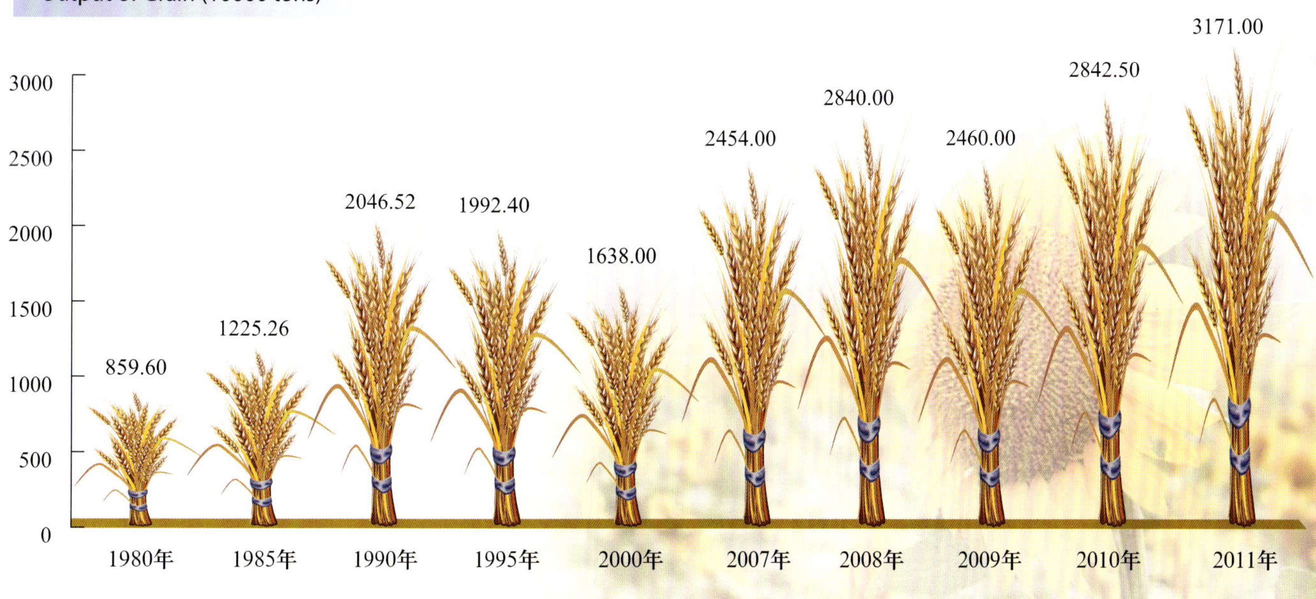

城镇居民人均可支配收入(元)

Annual Per Capita Disposable Income of Urban Households (yuan)

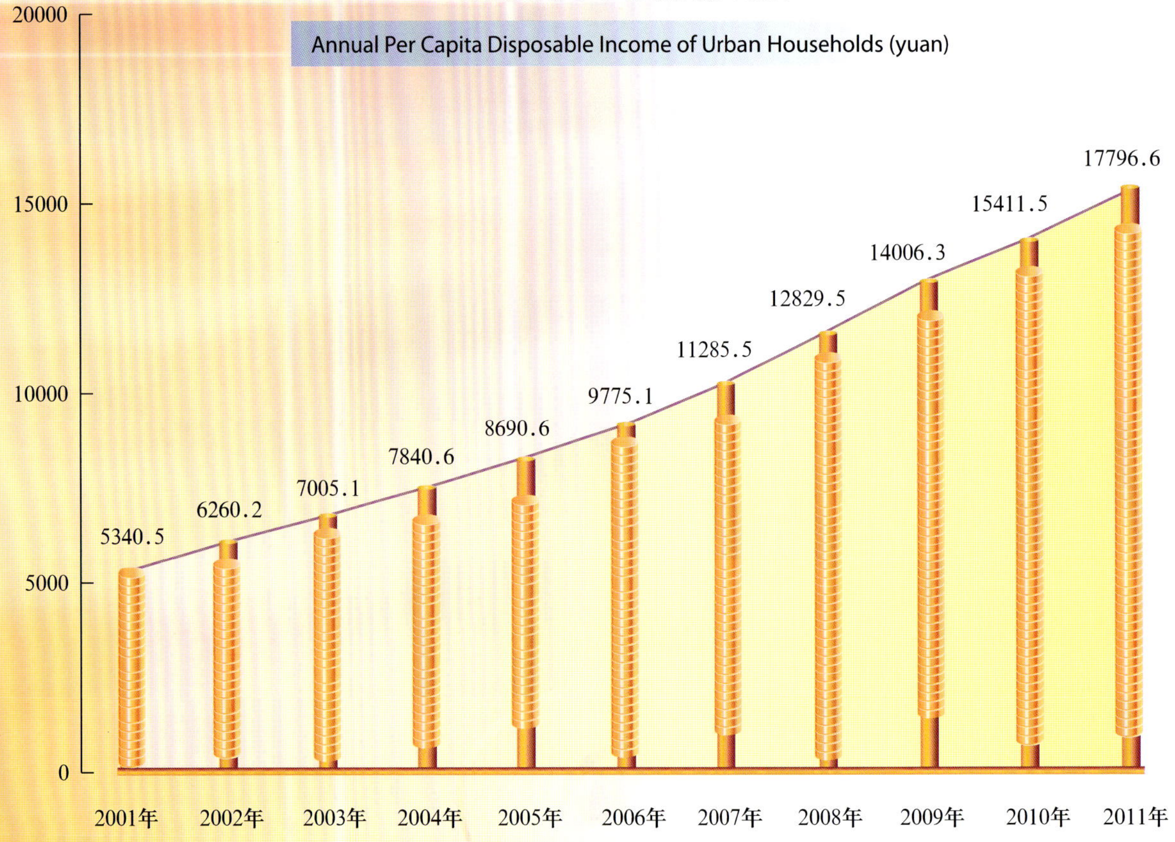

农村居民人均纯收入(元)

Annual Per Capital Disposable Income of Rural Households (yuan)

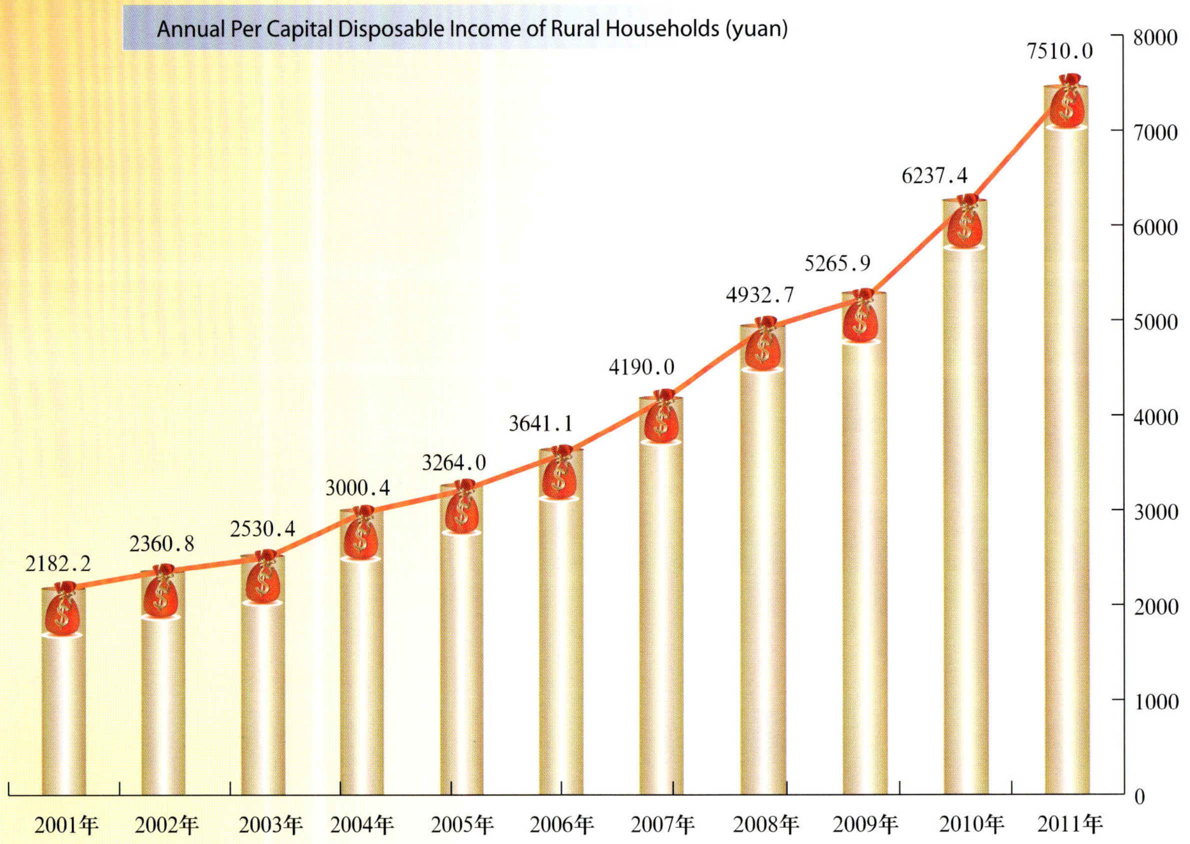

城镇居民消费结构（%）

Composition of Consumption of Urban Households (%)

农村居民消费结构（%）

Composition of Consumption of Rural Households (%)

营口港 吉林省最近的出

YINGKOUGAN

营口港现有鲅鱼圈、仙人岛、营口和盘锦4个港区，生产泊位78个。其中有集装箱、钢材、大件设备、汽车、粮食、矿石、原油、成品油及液体化工品、煤炭等9大货种专业码头。

2007年营口港吞吐量实现亿吨，成为全国第10个亿吨海港，2010年，港口吞吐量超过两亿吨，2012年吞吐量目标已经锁定3亿吨，集装箱计划实现480万标准箱，实现港口发展三级跳。

吉林省粮食及其制成品的外运是营口港粮食类货种最早和最大的服务项目；2002年2月28日，营口港接卸的第一艘15万吨级散货船“育康”轮和2004年8月3日第一艘20万吨级“好运”轮所载的进口铁矿粉，都是吉林通化钢铁集团的货物；2006年，吉林省在营口港出口外贸乙醇350吨，使吉林成为乙醇出口大省的同时，营口港也成为乙醇疏运大港；2007年开始，吉林煤炭经营口港海运，也首开营口港接卸10万吨级进口煤炭船先河。

近年来，营口港为降低客户物流成本，将港口功能前移腹地，先后在东北及内蒙部分城市建立了陆港，其中在吉林省建立的陆港数量为最多；营口港海铁联运集装箱班列线已达40多条，其中30%是直达吉林省各市的班列。化工产品班列、粮食及淀粉班列直接开到了吉林省内的企业厂区。

每周两班往返于营口至韩国仁川间的国际客箱班轮自2003年初开航以来，40%的旅客来自吉林省。

目前，吉林省的货物已占营口港货运总量的20%以上。

营口港内贸集装箱总量排名全国前列，图为集装箱专用码头。

海大通道

营口港的粮食装卸量位居全国沿海港口之首，
图为粮食专用码头。

30万吨级矿石专用码头。

营口港保税物流中心一角。

30万吨级原油船满载靠泊原油专用码头。

繁忙的钢材专用码头。

吉林省新能源

吉林省新能源投资有限公司董事长　曹家兴

吉林省新能源投资有限公司是经吉林省发展和改革委员会批准，由吉林省投资集团有限公司出资成立的国有独资公司。公司成立于2009年2月6日，是代表省投资集团投资、整合和发展新能源产业的经营实体，是吉林省综合性投融资平台下的负责新能源投资、开发的专业化投融资平台，担负着引领和发展吉林省新能源产业的重任。公司的经营范围包括新能源投资、新能源开发利用、新能源技术研发及无形资产转让。

省新能源公司坚持以我省富集的新能源资源为基础，以新能源重大项目实施为依托，以市场化运作为模式，以示范试点及成功后推广为手段，秉承低碳、环保的发展理念，提出了一年打基础，两年见效益，三年上规模，五年大发展的奋斗目标。两年多来，在省委省政府的正确领导下，在省发改委、省能源局和省投资集团的具体指导下，公司全体员工团结协作，知难而上，艰苦创业，奋力开拓，正在沿着预期的发展目标快速前进。目前公司已投资了风电设备制造、风电场开发、核电及其配套路、气化吉林、煤炭开发、新能源汽车、抽水蓄能、背压机组、环境能源交易、低碳示范产业园、生物质循环经济等项目。

全体新能源人本着发展企业，奉献社会的原则，以我省新能源发展战略为指导，统一思想、创新模式，承担起公司发展和引领新能源产业的双重责任，执艰持锐，披荆斩棘，团结协作，奋发图强，在新一轮市场浪潮中，抓住新机遇，接受新挑战，争创我省新能源产业的排头兵。我们有理由相信，在省委省政府的正确领导下，在省发改委、省能源局和省投资集团的具体指导下，在公司上下的共同努力下，在激情、专注、创新、高效的企业文化感召下，省新能源公司必将为吉林省经济发展史上写下浓墨重彩的一笔，也必将为实现“奉献绿色能源、建设低碳吉林”的宏伟蓝图而努力拼搏。

一、风电项目

新能源公司与三一电气有限责任公司、通榆县国有资产经营管理有限公司共同出资1亿元人民币设立了三一通榆风电产业园，从事风电设备制造。目前合资公司已开始批量生产整机。

新能源公司与大唐新能源公司合作，在通榆瞻榆开发建设了40万千瓦风电场，在大安新艾里开发建设了20万千瓦风电场；与中国风电集团、长春奥华、重庆中船重工、江苏新誉等公司合作，就关于开发建设双辽服先、新疆阿勒泰、乾安和镇赉等风电场项目签订了框架协议。新能源公司还与中广核、华能、上海成瑞等国内九家风电企业合作开发建设了通榆500千伏升压站及风电场配套线路项目。吉林省风电建设的发展，将对缓解全省乃至全国电力紧张问题具有重要意义。

按照省发改委、省能源局的统一部署，新能源公司承担了全省风电前期工作，目前已编制完成了《吉林省千万千瓦级风电基地规划》以及省内重点区域（洮北、长岭、大安、四平）百万千瓦级风电基地规划、全省“十二五”期间测风规划、安白百公里新能源景观带二期工程论证等风电前期工作、风电送出及弃风风电利用研究等工作。

二、核电项目

吉林核电是国家能源局确定的全国内陆厂址之一，已列入国家规划。总容量为6×125万千瓦，使用美国西屋AP1000技术。目前已完成可研报告并已上报国家能源局，项目业主是中国电力投资公司和吉林省新能源公司，中电投主要负责主体建设，省新能源公

2009年7月7日，三一通榆风电产业园开工仪式在通榆县开通镇举行。原省委书记王珉；省委常委、省委秘书长房莉；原省发改委党组书记、副主任曹家兴；省直有关厅局主管领导；风电开发企业和地方政府领导参加仪式。

2010年11月23日，吉林风电基地启动暨吉林省新能源投资有限公司安白景观带新艾里风电场奠基仪式在大安市举行。国家能源局副局长刘琦、省政府副省长王祖继等领导出席仪式。公司董事长曹家兴代表风电开发企业致辞。

投资有限公司

2009年9月26日，通榆500千伏升压站项目开工仪式在通榆县瞻榆镇升压站站址举行。

司参股经营并负责核电配套服务、核电村开发建设，目前进场道路已开工建设。

三、“气化吉林”工程

所谓“气化吉林”就是全面提高吉林省天然气的使用比例，让全省早日进入“天然气时代”，根据吉林省的规划，省政府确定总投资约300亿元，由省新能源投资有限公司作为吉林省“气化吉林”投资主体，与中石油管道公司、昆仑公司就管道建设、管输服务和燃气市场进行合作，到2015年，吉林省城市天然气输气管道覆盖率将达到98%，气化率由目前的16%提高到60%。届时，吉林省将实现县县通天然气，县级以上城市天然气管网及站址覆盖率达100%。

四、内蒙古煤炭项目

为解决我省能源短缺的突出矛盾，受省政府委托，新能源公司已与国电内蒙公司和内蒙兴安盟合作共同开发内蒙古煤炭资源，建设低温热解和煤制气两个项目。项目建成后，每年可向吉林省输送煤炭2500万吨以上。同时，合作项目生产的40亿立方米/年天然气可作为“气化吉林”的重要气源之一。

五、敦化抽水蓄能电站项目

该项目是国家电网公司在东北地区拟建的最大的抽水蓄能电站，也是我省“十一五”期间重点推进项目之一，总投资60亿元。抽水蓄能电站具有调峰填谷，紧急事故备用，调频、调相等作用，在电网发展建设中越来越不可缺少。省新能源公司代表省政府出资，占股权比例的15%，并负责建设进场道路。

六、和龙背压机组工程

和龙2×12MW背压式热电联产新建工程是吉林省内首个建设的背压式供热机组，省政府将在各个方面给予全力扶持，新能源公司主动与国电公司配合，组建合资公司，全力推进项目建设。这一工程将对吉林省的热电联产发展起到至关重要的示范和推动作用。

七、生物质循环经济项目

新能源公司已与大唐新能源公司、公主岭市和农安县合作开发建设生物质能源循环经济项目。该项目利用可再生能源，变废为宝，不但能节约煤炭资源，而且能够提高农民收入，促进地方经济发展。

八、环境能源交易所

2011年4月12日，吉林环境能源交易所有限公司正式揭牌成立，该公司由吉林省新能源公司与长春产权交易中心、吉林紫鑫药业、长春瑞特环保公司共同组建。这是目前国内唯一一家省级环境能源交易平台。目前交易所工作已全面开展。

九、低碳产业示范园区

新能源公司已与长春净月开发区和高新开发区就设立低碳产业示范区达成共识，园区建设的思路、总体框架及实施步骤已基本形成，目前公司委托美国AECOM公司已完成规划的编制工作，正在落实首期入驻园区项目。示范园区的落成将快速推动我省进入全国低碳经济示范省份的进程。

2011年10月10日，省委常委常务副省长竺延风到省投资集团和省新能源公司视察，听取了工作情况汇报，并正式将新能源汽车开发项目交给新能源公司操作。

2011年4月12日，吉林环境能源交易所举行揭牌仪式。省领导竺延风、聂文权、别胜学为环交所揭牌。新能源公司董事长、环交所董事长曹家兴在仪式上致辞，公司总经理于学宏代表新能源公司与环交所签署相关协议。

一汽物流有限公司

一、企业概况

一汽物流有限公司是由一汽集团公司原有的两家物流公司于2006年重组建成的专业物流企业，是一汽集团公司的全资子公司。

公司现有员工2211人，其中管理人员376人，硕士 23人、大学本科学历219人、大学专科学历215人，具有中高级职称人员95人，53人获得了中级物流从业资格证书。

企业战略研讨

公司现有34万平方米的整车仓储基地、6万多平方米的高标准库房，47公里铁路专用线、3万平方米的铁路装卸站台，4台内燃机车，50多辆铁路货车，3个电气集中车站，以及拥有商品轿车运输车、集装箱及封闭式零部件运输车、叉车、吊车等专业物流设备2600台。

公司积极跟进一汽集团公司的战略发展，科学规划企业的战略布局。目前已在成都、天津、上海、青岛设立了分支机构，开始了企业四大物流基地的建设；同时公司还在广州、湖北、盐城、重庆等地建立了轿运车对流服务网点。目前，公司不仅直接服务于一汽解放、一汽轿车、一汽大众、一汽客车、天津一汽丰田、天津一汽夏利、一汽解放青岛汽车厂等主要用户，而且还间接服务于20多家汽车及汽车关联制造企业，公司服务网点遍布全国各地。

成都物流基地

2011年在公司全体员工的努力之下，公司通过了质量、环境、职业健康与安全的管理体系三标认证，获得了国家5A级物流企业荣誉称号，并被一汽集团公司评为2011年度模范单位。

二、2011年公司经营业绩

2011年公司实现营业收入31亿元，与2010年相比增加14%，超额完成了年度经营目标。

轿车运输车

整车物流业务：

2011年整车体系在国家治超治限力度日趋加大，道路运输环境日趋严峻的情况下，克服了诸多困难，预案在先，积极主动采取应对措施，进一步改善一体化管理平台，加大运力管控力度，加大铁路发运比例，进行了铁水联运试运行，有效配置资源，合理调配运力，有效衔接物流与销售环节，既有力支撑了一汽集团自主企业的整车发运， 也全力保障了合资企业的整车发运，全年累计发运整车205万台，月最高发运能力突破了20万台，整车仓储能力也突破了每月3.4万台。

商品车仓储

零部件运输车

整车体系按公司“十二五”规划提出的网络布局的总体要求，积极主动与国内主要汽车企业进行有效沟通，拓展业务，开发回程物流资源，开发对流业务，优化路径，强化网络管理职能，加大网络节点管理力度，物流基地的网络布局日趋合理，有效的提高了物流大循环的整体物流效率。对流业务覆盖华北、华南、华东、华中、西南五个区域。2011年实现对流收入1.32亿元，同比增长63%。同时银行监管项目网络建设规模日益扩大，全年新建网络节点 37个，监管经销商达 133家。

商品车发运

零部件物流业务：

2011年零部件体系在价格偏低、运行成本加大的情况下，进行了业务调整，加大设备更新改造力度，提高设备的完好状态，努力提高运输效率，尽最大努力满足主机公司对车辆的技术要求，在产前配送、产中倒运、备品发运和仓储的各物流环节中提供了有力的物流支撑和保障。

高标准零部件仓库

零部件智能仓储

零部件体系在网络化建设中，积极拓展产前配送业务，努力开发备品回程资源，整体优化自有运力和社会运力的对流资源，特别是NCS产前物流资源的开发与成功运作，不但拓展了零部件体系的产前配送业务，优化了零部件体系网络节点，得到了一汽－大众公司的充分认可，也为提升公司零部件物流体系能力，拓展零部件物流业务范围，增强零部件物流核心竞争力积累了成功的经验。

三、企业未来发展

到2015年一汽集团将实现产销500万辆、自主品牌200万辆的宏伟目标。为一汽集团“十二五”战略提供强有力的物流保障是一汽物流最重要的使命，也是公司未来企业发展的重要目标。一汽物流将继续跟进集团全国战略布局，实现自身的总体高速发展。

目前公司正以集团四大生产基地为网络节点，以公路运输为主，铁、水运输为辅，实施干线运输与区域内短途分拨相互结合的运行模式。通过加速推进“4+2”基地群建设理念，依托长春本部、天津基地、成都基地、佛山基地四大基地群及武汉、上海（含无锡）两大分拨中心的特殊地理位置，构筑快速物流通道，使一汽物流形成国内南北纵横、东西贯通的物流运输网络，提高一汽集团各主机厂市场响应速度，降低公司与各合作伙伴的物流运作成本，有效的提升公司的核心竞争力。

YIQIWULIU

公司董事长　周世平

公司总经理 陶新建

吉林电力股份有限公司位于吉林省长春市，是以电力生产为主营业务的上市公司，股票简称“吉电股份”，实际控制人为全国五大发电集团之一的中国电力投资集团公司，现任董事长周世平，总经理陶新建。

吉电股份于1993年4月28日由吉林省能源交通总公司作为主发起人，以定向募集方式设立。2002年9月26日，公司股票在深交所挂牌上市。2005年7月18日，中电投集团公司与吉林省国资委签署《关于吉林省能源交通总公司产权转让协议》，成为吉电股份的实际控制人。

吉电股份资产主要分布于吉林省的长春、吉林、四平、通化、白山、白城等地市，下辖白城发电公司、浑江发电公司、二道江发电公司等10家分公司和吉林松花江热电有限公司、吉林中电投新能源有限公司等5家全资子公司；控股吉林吉电协合新能源有限公司、甘肃瓜州协合风力发电有限公司等5家公司；参股通化热电有限责任公司、白山热电有限责任公司等9家公司，受托管理吉林省能源交通总公司全部资产。截止2011年末，吉电股份在役机组容量为4583MW（火电4085MW、风电498MW），包括受托管理装机容量1200MW，资产总额171.2亿元，员工总数4928人。

作为吉林省内和中电投集团公司在东北区域唯一的电力上市公司，吉电股份从诞生之日起，就担负着为吉林经济发展当好先行官的历史重任，始终坚持以科学发展为主题，以加快转变发展方式为主线，以中电投集团公司“三步走”发展战略为指导，紧紧抓住东北老工业基地振兴和长吉图开发开放先导区上升为国家战略的历史机遇，只争朝夕，乘势而上，向着持续健康发展的目标奋勇前进。

2008年，吉电股份白城项目（2×600MW）、长岭风电项目（99 MW）获得核准。2009年，四平项目（1×300MW）、松花江项目（1×300MW）获得核

吉电股份办公楼

吉电股份白城发电公司600MW机组集控室

吉林电力股份有限公司

准。2010年，长岭风电项目、白城项目2台新建机组先后投产发电，收购风电19.8万千瓦，不仅实现了清洁能源“零”的突破，而且结束了没有600MW等级机组的历史。2011年，四平项目、松花江项目先后投产发电，收购甘肃瓜州风电20.1万千瓦，新能源发展走出省外。随着新建项目的集中投产，在短短的两年时间里，吉电股份的装机规模实现翻番，总装机容量进入全省前三名。

吉电股份白城发电公司

在加快发展的同时，吉电股份不断深化体制改革，积极推进管理创新，全面提升管理水平。面对煤价持续上涨和利用小时下降给企业运营带来的双重考验，吉电股份坚持眼睛向内，深挖内潜，千方百计增收节支，全力以赴抢发多供，自2005年重组以来，累计发电626亿千瓦时、供热7462万吉焦、上缴税金15.08亿元（含受托管理资产），为吉林经济和社会发展提供了有力支持。

吉电股份四平热电公司新投产350MW机组

“十二五”期间，吉电股份将坚持以科学发展观为指导，以中电投集团公司“三步走”发展战略为引领，推进结构调整，加快转变发展方式，着力提高发展质量。优化发展火电，积极发展具有稳定工业热负荷的背压机项目，扩大热力市场占有率；以自主发展为主，合作与收购发展为辅，加快发展以风电为主的新能源，每年新增容量保持积极的梯度上升，不断优化产业结构；积极开拓电煤市场，实施煤电联营，降低电煤成本，稳定电煤供应。预计到“十二五”末，吉电股份清洁能源（风电、太阳能）比例将由2011年末的10.87%提高到19.73%，煤炭供应实现部分自给。

吉电股份新能源公司风场

长风破浪会有时，直挂云帆济沧海。站在新的起点上，吉电股份人深知责任重大，使命光荣。在省委、省政府的大力支持下，在中电投集团公司和公司董事会的正确领导下，在各界朋友的无私帮助下，吉电股份将以打造中电投集团公司在东北区域的旗舰企业和资本市场整合平台为己任，凝心聚力，奋发图强，努力成为助推吉林崛起的强大引擎，为吉林经济又好又快发展作出新的更大的贡献！

长春市高新技术产业开发区

孙亚明 副市长

长春高新区实施新一轮发展战略三年来，主要经济指标成倍增长，综合实力大幅跃升，在全国高新区排名中位于前列。2011年，全区营业总收入实现3016亿元，比上年增长25.9%，是2008年的2.2倍；工业总产值实现2855亿元，增长20.2%，是2008年的2.2倍；地区生产总值实现667亿元，增长25.3%，是2008年的1.8倍；固定资产投资完成354亿元，增长41.2%，是2008年的2.6倍；全口径财政收入实现610亿元，增长66%，是2008年的4.9倍；一般预算财政收入实现98.7亿元，增长59%，是2008年的4.2倍；可支配财力实现214.1亿元，增长137%，是2008年的59倍。

产业结构调整初见成效。全区生物医药、光电子、新材料、新能源等战略性新兴产业实现产值120亿元，比2008年增长30.6%；现代服务业企业发展到近千户，服务业增加值由2008年的12亿元增加到60亿元，增长近5倍。二、三产业增加值比由2008年的98.3：1.7调整为91：9。

项目建设势头强劲，发展能量快速积聚。围绕构筑特色产业基地抓招商，紧盯世界500强、央企、行业龙头。三年累计引进内资634.7亿元，是18年总和的2.1倍；利用外资26.2亿美元，相当于18年总和。与34户央企洽谈合作项目58个。三年开工建设产业项目185个，完成投资785亿元，开工面积1361万平方米。

区域开发规模空前，承载功能全面提升。三年投入开发建设资金300多亿元。基础设施日益完善。北湖大桥、远达互通立交桥、远达大街“两跨一穿”工程，北郊污水处理厂陆续建成投入使用。2011年新

东北亚文化创意科技园

长春高新区南区动漫产业基地

长东北城市生态湿地公园

建道路82公里，三年建成190公里。南北两区86平方公里配套设施实现全覆盖，达到现代化国际城市中心城区标准。生态环境大幅提升。新增绿化面积450万平方米，三年超过1000万平方米。

社会事业加快建设，民生状况持续改善。一实验学校、兴华学校、东北师大附小幼儿园、市委党校迁建、奥林匹克公园“一场三馆”、警民健身中心、北区农民文化活动中心、奋进社区卫生服务中心等一批公共服务设施将陆续投入使用。农民居住条件明显改善。三年来高标准建设农民回迁住宅123万平方米。社会保障水平明显提高。三年共新开发就业岗位12.2万个。

三年来，我们之所以取得如此辉煌成就，关键在于深入解放思想，精心谋划实施了新一轮发展战略，并根据形势变化适时调整工作策略，确保新一轮发展始终沿着科学的轨道前行；关键在于转变发展方式，着力推进了“十个转变”，调整优化了产业结构，确保新一轮发展质量和效益同步提高；关键在于健全创新体系，构筑“四位一体”创新联盟，密切产、学、研合作，提升了自主创新能力，确保新一轮发展的内生动力不断增强；关键在于强化市场运作，坚持以提升环境促进区域增值，积极引进战略投资主体，确保新一轮发展资金实现良性循环；关键在于创新体制机制，打造一流的干部团队，健全责任和落实体系，提高了行政效能，确保新一轮发展的动力和活力持续迸发。

长春中俄科技园

吉视传媒股

吉视传媒股份有限公司（以下简称“吉视传媒”或“公司”）注册资本14亿元，总部设在吉林省长春市，在全省设立1个控股子公司，50个分公司，员工共计5600多人。公司现有省级光缆干线网5,000公里，城域网支干线65,000公里，建成了覆盖全省的智能光网络，向全省400余万有线电视用户提供广播电视基本业务、数字电视增值业务、宽带双向交互业务和集团用户专网业务等服务，形成了专业化、个性化、多样化的业务体系。公司总资产58亿，净资产37亿。2012年2月，公司在上海证券交易所首发上市（股票代码601929）。

按照现代企业管理的规律并结合吉林省实际情况，公司不断创新企业经营管理模式和运行机制，构建了二元组织结构、扁平化管理、全面预算的经营管理模式和以收支两条线、核定刚性支出、项目审批审核为核心的运行机制，实现了收入可控、成本可控、利润可控、投资可控、风险可控的管理目标。依托现代化企业管理手段，实现了财务管理电算化、用户管理网络化、物资管理信息化和行政办公自动化，企业管理走上规范化、科学化、制度化轨道，通过了ISO9001质量管理体系认证和高新技术企业认定。

2011年10月30日，省委常委、常务副省长竺延风到公司视察指导工作

2009年8月，公司受到中宣部、文化部、国家广电总局、新闻出版总署联合表彰，被授予“全国文化体制改革先进企业”荣誉称号。2009年和2011年，公司两次作为广电行业代表，在全国文化体制改革工作会议上做深化改革、加快发展的经验交流。2011年8月，李长春同志亲自到公司视察调研，充分肯定了公司在广电网络行业的领先地位和对行业发展的引领带动作用，勉励公司积极探索新的增值业务和盈利模式，不断提升企业综合实力和竞争力。2011年，公司实现主营业务收入15.13亿元，净利润3.63亿元。自2007年以来，公司经营规模不断扩大，盈利能力逐年提高，收入和利润连续五年实现了高速增长。

份有限公司

2011年11月9日，省委书记孙政才到公司视察指导工作

2011年6月16日，吉林省委常委宣传部长荀凤栖到公司视察指导工作

面对社会主义文化大发展大繁荣的新要求和人民群众对精神文化产品的新期待，面对三网融合的政策调整和新媒体激烈竞争，吉视传媒股份有限公司将以建设“数字吉林”为己任，全力巩固开拓基本业务领域，全力开发高清交互电视业务市场，走出一条主业突出、多业并举的多元化经营之路，为满足广大用户多方面、多层次、多样性的精神文化和经济生活需求，推进三网融合，促进吉林省家庭和社会信息化发挥积极作用。

常务副省长视察四季盛宝

者48人，高级职称者20人，且拥有省级企业技术中心，配备国际顶尖技术设备，产品研发能力强，近几年来研制开发出人棉、纯棉、涤棉、中长、玛艾可、希斯特、特兰可、天丝纯纺、天丝混纺、色织布十大系列1000余个新品种。其中JC160S、JC200S纱、JC120S/2×120S/2 230×115面料等品种，产品品质达国内领先、世界一流水平。2007年9月在国家名牌评比中我公司生产的“绿原”牌高支高密坯布被评为“中国名牌产品”，同年10月公司又连续获“中国纺织品牌文化创新奖”。

公司秉承“人为本、新起点、创品牌”的经营理念，以海纳百川的胸襟，努力创建团结、和谐的发展平台，人尽其才，人尽其用；坚持“认真、快、坚守承诺”的行事作风，追求卓越，尽善尽美，永保行业领先，全力打造行业品牌；“顾客至上、质量第一、持续改进、求无止境”是我们的质量方针，也是我们的一种责任。公司坚持诚实守信为根本，以市场认同为导向，以持续发展为主题，以共创价值为动力，以建设高技术含量、高附加值、高辐射项目为核心，坚持走创新、完善、超越的发展道路，提升企业核心竞争力，使为企业不断做大、做强，跨行业、跨区域逐鹿资本市场。

展望未来，机遇与挑战并存，公司将全力打造“四季盛宝”纺织品牌，与国内同行携手共同致力于民族品牌的塑造与提升。

公司董事长蔡正希、总经理郭巧林，率全体员工热忱欢迎各行业界朋友光临指导，加盟!

织布车间

纺纱车间

富奥汽车零部件股份有限公司

富奥电装公司长春分公司奠基仪式

富奥汽车零部件股份有限公司成立于1998年9月，是国内汽车零部件生产制造、销售的大型企业。2007年12月，按照国家有关国有企业改制的相关政策和一汽集团公司体制改革的统一部署进行了整体改制。改制后的企业引入了民营资本，建立了规范的法人治理结构，体制的变革为企业在激烈的市场竞争中注入了活力，为企业的健康发展奠定了基础。

改制以来，公司的主营业务收入以年23%的速度持续增长。经过股权结构调整，中国第一汽车集团公司、吉林省天亿投资有限公司、吉林省亚东投资管理有限公司、宁波华翔电子股份有限公司、金石投资有限公司、山西太钢投资有限公司、公司经管团队分别持有富奥股份公司的股份。公司总资产61亿元，注册资本11.2亿元。

公司下辖传动轴分公司、散热器分公司等12家全资分（子）公司和一汽-法雷奥空调有限公司、一汽东机工减振器有限公司等17家合资公司。

公司主要产品：汽车零部件环境系统、制动和传动系统、底盘系统、转向及安全系统、电子电器系统、发动机附件系统等六大系列。主要客户：一汽大众、一汽解放、一汽轿车、一汽丰田、一汽夏利、一汽客车、一汽吉汽、一汽通用、上海大众、上海通用、东风神龙、沈阳华晨、广州风神、奇瑞汽车、中国重汽、北方奔驰、济南重汽、安徽华菱等整车企业；产品远销美国、法国、意大利、韩国、日本和中东等十几个国家和地区。

在未来五年里，富奥股份公司贯彻“走技术发展之路；抓住一汽500万辆整车发展机遇，跟随主机厂进行区域布局；继续开拓集团外、备品和出口市场；持续进行质量和成本改善，促进企业快速健康的发展”的规划战略，实现主营收入年增长不低于12%、营业收入行业第二的规划目标。承继一汽，学习丰田，把目标管理贯穿始终；团结、创新、抗争、自强，不断提升企业核心竞争力，为促进中国汽车零部件工业发展贡献力量。

增资协议签字仪式

中汽协传动轴分会第六届会员大会在传动轴分公司召开

富奥辽宁汽车弹簧有限公司蓬莱分公司开业庆典仪式

庆祝建党90周年文艺汇演

吉林東方商厦

JILIN EAST BUSINESS MANSION

吉林东方商厦股份有限公司，坐落于繁华的全国文明一条街——吉林市河南街。地处吉林市一级商贸中心区的金钻宝地，楼体外观成U字型，三面临街（河南街、珲春街、解放大路）。公司总建筑面积近8万平方米，是吉林地区最大的现代化综合性百货零售企业。

2011年10月3日，市委书记张晓霈等领导到公司调研。

吉林东方商厦股份有限公司在激烈的市场竞争中，始终坚持“以顾客为上帝，视信誉为生命”的办店宗旨，恪守“诚信为本，顾客至上”的经营理念，不断开拓创新，走可持续发展之路。公司先后获得了“全国五一劳动奖状”；“全国百城万店无假货示范店”；“全国用户满意企业”；“全国商业信誉企业”；“中国商业名牌企业”；“全国守合同重信用企业”；“全国诚信企业”；“全国商业行业顾客满意企业”；“全国质量效益型先进企业”等百余项殊荣。

吉林东方商厦股份有限公司的历史可以追溯到1821年，当时的店名叫“恒升庆”。早在130多年前，当时的吉林首富牛子厚便看好了河南街这一黄金宝地，将自己旗下的“升”字号生意投放在此，“恒升庆”就是其中之一。新中国成立后，“恒升庆”收归国有，

开展员工岗位知识培训，提升服务技能。

每周一或重大节日举行升国旗仪式。

亲情服务。

在松江中路举行的员工长跑比赛。

引进知名品牌，引领时尚潮流。

1949年——1953年叫吉林省花纱布公司第二百货商店。1953年，省会搬迁至长春后，省花纱布公司第二百货商店划归吉林市百货公司，成为我市著名的第四百货商店。1986年，又从市百货公司上划到第一商业局，更名为吉林市东方商场。1992年8月，经省、市政府批准，由东方商场独家发起创立了吉林东方商厦股份有限公司。1998年底，国有股全部退出，改制为内部员工持股的民营股份制企业。

1949年立店至今，与共和国同龄的吉林东方商厦股份有限公司，已成为江城市民公认的品牌购物中心。60多年来始终秉承全心全意为消费者提供优质服务、优质商品的理念，并以此赢得消费者的赞誉。特别是1990年以来，在总经理高国山的带领下，公司进行了升级扩建改造，所经营的商品品牌也进行了多次升级调整，如今的吉林东方商厦股份有限公司已经从过去的百货商店转变成集购物、娱乐、餐饮、超市等多功能服务于一体的时尚百货商场，不仅引领江城商业的时尚潮流，商品品质和服务在省内也屈指可数。

东方商厦恪守“诚信为本，顾客至上”的经营理念，不断引进各种名优商品，着力打造服务品牌，为顾客创建舒服的购物环境。

在过去的岁月里，吉林东方商厦股份有限公司无论是经营业绩还是履行社会责任，都取得了较为显著的成果，“十二五”期间是发展企业的又一个更好机会，东方商厦将以过去的辉煌作为今天的起点，诚信为本，以顾客为亲人，全心全意为广大消费者服务，努力推进企业全面协调、可持续发展，为吉林省的经济建设和社会发展做出新的更大贡献。

邀请理论界人士为公司管理人员辅导。

时尚的品牌，优美的环境。

庆“十一”员工大合唱。

招商银行股份有限公司长春分行

2011年，源起南海之滨，植根松嫩大地的招商银行长春分行，已走过了栉风沐雨、衔枚疾进的三度春秋。三年来，长春分行牢固树立以服务为先导，以客户为中心的发展意识，积极进取，因您而变，为支持地方经济发展，服务百姓民生，促进东北老工业基地振兴作出了积极的努力。

成立以来，长春分行立足春城，辐射吉林，先后与长春市政府、通化市政府、辽源市政府签订了合作协议，积极服务省内支柱产业，大力扶持小微企业，面向省内外企事业单位提供高品质金融服务，协助客户确定融资结构，提供最优化融资方案和授信支持，有力支持了大批省内重点项目的开发与建设。截至2011年末，招商银行长春分行信贷业务已涵盖交通、电力、教育、汽车、医药、能源等诸多行业领域，各类贷款投放总额达107.26亿元，位居省内股份制银行前列。

面对春城百姓日益丰富的理财需求，招商银行长春分行坚持“心系百姓，以人为本”的服务理念，充分宣传“一卡通”、“金葵花理财”、“一网通”、“电话银行”、“信用卡”等品牌服务的差别优势，为社会大众提供多样化的理财选择，获得了群众的高度认可。2011年末，长春分行自营存款达106.73亿元，其中储蓄存款19.36亿元，较年初增加7.49亿元，增幅达63.1%。

2011年，招商银行长春分行本着“加速自身发展，实现区域共赢”的发展方针，持续加大网点建设力度，提高网点覆盖范围。截至年底，已拥有营业网点6家，自助银行2家，自助服务点24个，初步构建了覆盖春城各大商圈的营业服务网络，为春城人民提供了可靠、便捷的金融服务。

严谨的工作作风和温馨的服务，使招商银行长春分行获得了来自社会各界的广泛赞誉，2011年在省内各主流媒体举办的相关评选活动中，招商银行先后荣获“2011年度吉林省最佳财富管理银行”、“2011年度最佳理财银行”、“2011年度中小企业最佳合作银行”、“2011年度最佳理财服务品牌”等多项殊荣。

未来，在这块充满发展机遇的东北金融沃土之上，招商银行长春分行将继续以科学发展观为指导，顺势而为，乘势而上，加快二次转型，提升业务品质，努力把自身建设成为量身服务于吉林经济和吉林人民、具有核心竞争优势的现代金融服务企业。

党员义务捐献活动现场 ▲

▲ 2011年年中工作会议

▲ 招商银行长春分行为关家希望小学师生捐赠学习生活用品

▼ 长春分行荣获2011年招商银行优秀新建分行荣誉称号

科学发展中的吉林石化矿区服务事业部

中国石油吉林石化公司副总经理兼矿区服务事业部主任、党委书记 周海峰

吉林石化矿区服务事业部是吉林石化矿区服务业务的管理机构，成立于2007年8月5日，分公司建制。

吉林石化矿区服务事业部主要为中国石油吉林石化公司等5家驻矿单位提供物业及公用事业、社会公益性事业、离退休管理及医疗卫生服务等三大类服务，服务总人口70多万人，其中，驻矿人口30万人。

吉林石化矿区服务事业部在中国石油天然气集团公司和吉林石化公司的正确领导下，以“献至诚服务，建和谐矿区”为宗旨，牢固树立“产业化不等于扩大规模，提升服务质量不等于加大投资力度，事业部不等于事业单位，和谐不等于福利化”的发展理念，全员践行“尽职尽责比什么都重要”的工作理念，按照“矿区服务业务=核心业务+服务外包业务+平稳退出业务”的业务定位，优化资源配置，全面落实“保障生产，服务生活，维护稳定”三项职责，全力推进科学发展进程。

“十一五”期间，是吉林石化创建50多年来，矿区建设惠民举措最集中、投资力度最大，矿区服务业务发展速度最快、保障能力最强，员工群众受益最多、满意度最高的时期。吉林石化公司不折不扣地贯彻落实中国石油天然气集团公司党组的决策部署，高度重视、全力推进矿区服务系统改革与发展。矿区服务系统与主业一道，充满希望、充满活力地踏上科学发展、构建和谐的伟大征程。

回首豪情满怀、硕果累累的“十一五”，吉林石化组建了矿区服务事业部，构建了“三分开、三统一”新格局，矿区改革实现了历史突破。全面落实《矿区调整改造“十一五”专项规划》，共完成惠民工程4200余项，矿区面貌发生了根本改变。完善制度体系，推进信息化体系建设，建成并有效运行全面预算管理体系、HSE管理体系和内部控制管理体系，矿区管理达到了规范有效。深入开展“心系万家”主题工

程，康万家、暖万家、惠万家、便万家、乐万家竞展风采，合同化员工、市场化员工、再就业员工争做贡献，矿区服务打造出特色品牌。

实践证明，矿区不仅成为将改革发展成果惠及广大员工的平台，成为偿还矿区建设历史欠账的载体、安置再就业人员和解决后勤业务历史遗留问题的主要渠道，更重要的是成为矿区服务业务市场化、社会化的主要推手。广大员工群众对美好生活的新期待，是矿区发展的动力；集团公司及地区公司领导坚定的惠民主张，是矿区发展的根本；矿区建设保证必要的资金投入，是矿区发展的关键；油气、炼化等主营业务强势快速崛起，是矿区发展的靠山。

2011年，吉林石化矿区服务事业部坚持科学发展不动摇、构建和谐不懈怠、规范管理不停滞，实现了调结构、精管理、惠民生、优服务、强党建等五方面40项举措。实现总收入同比增加1.1亿元，对外收入同比增加1.1亿元，对外收入成本比同比增长3.4个百分点。努力消化刚性增支因素，完成了集团公司下达的32个投资项目和各项经济指标，完成了61个检测维修项目，实现了安全环保无事故；巩固了和谐稳定大局。全面完成了“十二五”开局起步阶段的各项目标任务，矿区服务业务科学发展势头稳健。

2012年是实施“十二五”规划承上启下的重要一年。“稳中求进”的国家宏观政策，使矿区服务事业仍然处于重要战略机遇期。吉林石化矿区服务事业部“十二五”发展规划，在实践中已经显现并将继续发挥重要引领作用。吉林石化矿区服务正满载着“十一五”建设的丰硕成果打造更加辉煌的“十二五”，创建具有吉林石化特色的中国石油和谐示范矿区。

翻建一新的当代总医院

矿区员工住宅小区

吉林石化松花湖疗养院“感恩式”服务

改造后的供热设施

JILINSHIHUAKUANGQU

宽城区人民政府

高广滨、崔杰等市领导到宽城区视察

姜治莹市长到宽城区视察项目工作

宽城区位于长春市的北部，辖宽城经济开发区、宽城工业集中区、兰家镇和九个街道办事处，区域面积238平方公里，全区人口42万。作为长春市较早发展起来的老城区，宽城区在长春发展历史上具有非常重要的地位，不仅见证了这座年轻城市的成长历程，而且在这里产生了长春第一座发电厂，第一座煤气厂，第一个防疫站，第一辆出租车等诸多“城市之最”。

一、宽城区的区位优势

作为东北亚地区的几何中心，宽城正位于《东北地区振兴规划》确定的哈大一线轴线的核心节点上，位于吉林省长吉图开放带动先导区的主轴线上，位于长春市北部新城的核心腹地和长东北开放开发先导区的前沿阵地，是东北新一轮发展的区域聚集点和重要增长极，面临着难得的发展机遇。从发展基础上看，宽城区具有以下优势条件：

一是区位优势明显。二是交通条件优越。三是产业基础雄厚。四是发展空间广阔。五是投资环境优良。

二、铁北改造以来取得的发展成果

从2006年开始，在振兴东北老工业基地的背景下，按照长春市委、市政府“改造大铁北、建设北部新城”的决策部署，宽城区启动了“改造大铁北、建设新宽城，打造长春北部现代中心区”的发展战略，使全区经济社会发展发生了翻天覆地的变化，取得了令人瞩目的成就，为今后发展奠定了良好的基础。

在综合实力提升上，主要经济指标始终保持两位数以上的增长速度，以2011年和2006年的指标数比较，2011年的地区生产总值是2006年3.2倍，全社会固定资产投资是2006年的2.7倍，全口径财政收入是2006年的3.5倍，引进内资、外资分别是2006年的3倍和2.9倍。

在基础设施建设上，立足高标准，坚持大手笔，推动铁北开发和铁南改造同步进行，持续掀起一轮轮建设热潮。累计投入43.7亿元，新修道路135公里、500万平方米，是“十五”期间的10倍。三环路以里25平方公里基本配套完毕，三四环之间8.5平方公里主路网部分开通，开发区6平方公里内

长春火车站站前广场

宽府区行政中心宽府路

网配套基本完成，全区范围内形成了完善的路网格局，崭新的竞争优势正在凸显。

在重点项目建设上。充分利用开发区的政策平台，以高端服务业、现代物流业、新型加工制造业为主要方向，累计落位项目326个，完成投资634亿元，特别是以万达广场、雨润农副产品物流园、长客装备为代表的一大批重点项目集群落位，实现了全区产业结构由传统向现代、由低端向高端、由粗放向集约的转变，培育了新的经济增长极，积累了持续发展后劲。

在城市功能完善上。对影响铁北城市形象的监狱、电厂、油库和一大批停产、半停产企业进行了搬迁，同时，规划建设了图书馆、群众艺术馆、社会福利院、医院、学校、养老院、科技馆等一批社会公益项目，对辖区内的棚户区实施了大规模的连片开发，完成拆迁面积824万平方米，改造棚户区655万平方米，并开展了规模空前的市容环境综合整治，启动了“六大三小”主体公园建设，绿化覆盖率提高了12个百分点，城市面貌发生了巨大变化。

在行政中心区打造上。顺利完成五二三电台迁建工作，在其原址附近规划建设北部城市行政中心区，将区政府从铁南迁至铁北，行政中心区内政务大厅、规划展馆和创先争优服务基地相继交付使用，市民中心公园对外开放，周边路网及配套设施不断完善，高品质住宅小区先后开盘，北部新城的总体框架基本拉开。

在发展瓶颈破解上。积极争取省市支持，有效整合各种资源，使规划、土地、资金等制约瓶颈因素基本破解。先后聘请上海、深圳等一流设计团队，对全区城市空间和产业布局进行科学规划，用规划引领发展。抓住第二轮土地利用总体规划修编有利机遇，争取30平方公里的建设用地指标，可满足未来10年项目用地需求。

三、未来一个时期的发展构想

近两年来，面对新形势、新任务，宽城区进一步完善、提升了全区发展战略，确定了以打造长春北部现代中心区为发展方向，以培育壮大新型加工制造业、现代物流业、高端服务业为产业定位，以建设长东北发展先导区、产业项目集聚区、宜居宜商生态区、历史建筑保护区为功能定位的总体发展思路，形成了“六区一城”的城市空间和产业布局。

铁南现代精品城区。突出铁南地区的城市文化内涵和商贸业特色，依托城市传统空间肌理和历史建筑资源，按照“提升、改造、保护、盘活”的思

宽城区北人民大街

路，打造现代建筑与历史建筑有机融合、商业气氛与环境景观相应成趣、城市面貌与人文气质整体提升的高品质、复合型现代精品城区。

环铁商贸服务业核心区。坚持点式布局、成片开发，在长春火车站站前、站北周边区域，着力引进新兴商贸业态，加快建设城市综合体，打造商业繁荣、业态丰富、结构优化、活力彰显的现代商贸服务业核心区，宽城万达广场就在这个区域内。

北部新城中心区。以完善商业服务功能、商务服务功能、社会服务功能、城市居住功能为重点，在铁北三环以里3.76平方公里区域内，着力发展商业综合体和高档精品住宅小区，健全银行、保险、总部、新闻媒体等服务机构，打造教育、文化、卫生等一体化服务链条，使之成为北部新城的新地标。

养正高级中学

三四环新兴服务业支撑区。面向长东北、吉林省北部产业主体，在北三四环区间，搭建现代服务平台，提供政策支撑和配套服务，着力构建服务链条紧密、功能优势凸显、分区布局合理的科技孵化、产业配套、生态办公、现代商务和时尚人居基地。

宽城区规划建设展览馆外景

铁北现代物流业聚集区。以北凯旋路为轴，在东西两侧，重点发展生产资料物流、生活日用品物流、医药食品物流、汽车物流和石油电力能源物流，形成完整的产业链条及物流通道，打造全省最大、影响东三省、辐射东北亚的现代物流园区。

兰家加工制造业集中区。在兰家镇西部，依托机车厂北移迁建有利契机，承接长春轨道交通装备制造园区的辐射，统一规划，分步实施，打造轨道客车检修基地、零部件加工基地和配套服务基地。同时，大力引进和建设新型加工业项目，努力把这一区域建设成功能完备、布局合理、优势突出、市场广阔的先进加工制造业产业集群。

北部生态景观城。主要是对伊通河、北部串湖、明沟水系、水库资源进行综合治理、有序开发，本着点线结合、扩大覆盖的原则，加大绿化美化亮化彩化力度，力争从根本上改变铁北的环境质量，把全区打造成环境清新、景色秀美、水绿相映、宜居宜商的北部生态新城。

中国第一汽车集团公司

【基本情况】2011年，中国第一汽车集团公司（以下简称"一汽"）下设19个职能部、5个分公司、6个全资子公司、4个控股子公司。在册员工总数125020人。其中，工程技术人员16303人；专业管理人员13584人；服务管理人员1596人；见习期大学生1843人；生产操作人员76320人；未上岗职工15374人。有博士以上学历203人；硕士学历4747人；大学本科学历25932人；大学专科学历26632人；中专及以下学历67506人。资产总额2142.1亿元。

2011年，整车销售260.14万辆；销售收入3685.3亿元，实现利润330.4亿元；实现利税630.5亿元。

【经营管理】2011年，一汽生产体系以生产计划为抓手，注重挖潜增能，转变生产管理工作模式。生产计划大纲完成率达99.24%，实际完成与计划大纲吻合度偏差低于10%，集团管理作用凸显。物流体系围绕统一规划建设、统一资源整合、统一管理标准的工作思路，全年整车发运244.37万辆，完成计划的97.84%；在铁路车皮计划保障率、公路运力配置保障率、铁路和公路发运准时率上均获得有力保障。持续开展丰田生产方式（TPS）推进工作，自主改善成果突出，全年实现改善22.97万项，较2010年增长83.31%；人均改善数量增长110%。设备故障停台时间比2010年减少17.8%。大力实施节能管理。2011年万元产值综合能耗（可比价）比2005年下降49.52%，万元增加值综合能耗（可比价）下降53.22%；全年组织完成节能改造项目106项，投资7000万元，比2010年增加45.6%；吉林省质量技术监督局对能源计量和能源消耗量化达标复查，一汽获得全省最高分96分。全年以污染减排为主线，主动履行社会责任，COD和二氧化硫排放量实现双下降。安全管理实现零死亡、零重伤的突破，实现重大事故隐患整改率100%、特种作业人员持证上岗率100%的工作目标，被确定为机械行业2个安全生产标准化典型示范企业之一。

深入推进员工素质提升工程。制定《集团公司2011年员工素质提升工程实施意见》，全面开展分级分类培训。重点针对高级经理及后备、二级经理及后备、专家人才、分公司和子公司领导班子成员、职能部员工、重点岗位工程技术人员、新入职大学生开展思想素质、管理能力、技能方法等形式多样的培训培养。全年开展各级经理人员培训9700人次；职能部员工和项目管理人员分层轮训9062人次；专业技术人员培训1.3万人次；生产操作人员培训12.58万人次；新入职大学生培训和管理培训生培训1600人次。

深化专家人才队伍建设。加强专家人才聘期考核，阶段性完成重点项目工作1920项，完善标准制度280余个，提出合理化建议800余条，撰写论文700余篇，培训培养后备骨干700余人次。组织优秀专家人才推荐工作，推荐吉林省管高级专家25人、长春市第9批优秀青年大学毕业生4人、第十二届中国青年科技奖候选人1人、吉林省留学人员科技创新项目资助经费申请1人、长春市第5批有突出贡献专家15人。制定《职能系统人才队伍建设指导意见》；形成《人力资源系统人才队伍建设方案》。

推进职位资格体系建设。在2010年软课题项目研究成果基础上，组建职位资格体系前期导入筹备组，形成《职位体系、资格体系和配套体系框架》方案草稿，初步制订各职位层级的资格标准、研讨了评价方式、职位晋升及薪酬晋级等体系操作细节，完成咨询公司的选择和技术方案的确定。

加强薪酬管理。强化绩效结果应用，完善高级经理绩效年薪分配办法，修订《高级经理业绩考核结果运用实施细则》、《绩效年薪基数计算办法》。建立职能工资与绩效考评结果挂钩的分配制度。启动薪酬分配制度改善研究，为建立一汽统一的3P薪酬分配制度作前期准备。监控职工薪酬预算执行情况，形成各单位年度工资总额管控方案并进行实时跟踪。编制一汽2010年人工成本管理报告。进一步强化职工福利性支出及劳务派遣人员费用管理。

深化绩效管理。健全绩效管理组织机构，制定相关制度流程，出台《关键绩效指标评价细则》和《全员绩效管理指导意见》，开展对集团公司班子成员、职能部及子公司绩效指标的制定、分解、考核、评价，推进了全员绩效管理；制定并实施了高级经理、二级经理、高级专家和专家绩效指标考核；进行了一般员工绩效管理工作试点。

推进信息化建设。从建立基础资源数据库开始，重新定位驾驶舱管理功能，推动产品生命周期管理流程在"A级车项目"上的运行。监控集团和子公司部分在线经营数据和23个集团重大风险管理状态，完成系统原型设计和数据源确认及数据抽取周期，年底正式上线运行。在ERP项目上，完成夏利公司28.5%、吉林汽车公司70%的项目进度；完成解放青岛汽车公司、锡柴厂的项目验收和车桥项目的计划修订。在CAPP项目上，完成大连客车公司54%、无锡客车公司99%的项目进度；完成解放发动机分公司项目的上线运行。为加强统一的数据源管理，启动集团数据中心机房建设。

2011年一汽进入预算项目170项，投资规模1404亿元，年度预算307亿元，实际完成232亿元。

【重大创新】整车产品开发。在商用车方面，开发了J6P 6×4轻量化牵引车、J6P自卸车改进型、J5M 8×4国Ⅳ自卸车、长头国Ⅳ牵引车、J6系列消防车底盘、J6M平板运输车、J6M车载旋挖钻机等新车型，投放了8.6米、10米团体客车和城市消防车；推出了坤程皮卡。在乘用车方面，投放了奔腾B70年型车、奔腾B50天窗版、奔腾B50年型车；威志局部改进车、夏利N3局部改进车、R008、V80、V70周年版、V52加强版、V52大马力实用型等产品已进入生产准备，增强了自主品牌的市场竞争力。

核心总成及关键技术。电控单体泵发动机、新道依茨发动机、10TA和12TA变速箱、轻量化小速比后桥、单层车架、少片簧等自有核心技术、核心总成产品，被广泛应用于解放整车；CA3GA1、CA4GA1T1发动机点火成功，CA6DN1发动机、换代轻型车用4DD1发动机、CA8GV增压发动机、6T123换代变速器、超级重型贯通桥等重点项目有序推进；围绕节能环保、安全舒适、可靠耐久、电子智能和工艺材料五大领域以及汽车电子技术和新能源技术开展的技术研究，取得新进展。

生产制造技术。全面启动"十二五"规划的56个制造技术专题。2011年制造技术创新项目157项，结题90项。开展了对解放公司、轿车公司、吉林汽车公司、客车公司、铸造公司、夏利公司、富维公司等7家子公司16个单位的工艺管理评审及整改跟踪评价。推进技术改进1081项，推进管理改善131项，整改率100%。"U型杆输送系统开发"、"汽车涂装车间监控及故障诊断系统开发"、"轿车涂装线设备标准化和模块化设计"、"双轨悬挂旋转输送机"、"汽车涂装烘干生产线废气焚烧供热系统开发"等成果，已经应用于新基地建设，提高了一汽核心装备水平。

【改革发展】一汽深化企业改革，主业重组、集团改制取得重大进展。6月28日，注册成立"中国第一汽车股份有限公司"。中国第一汽车集团公司注入资产，持股比例为99.62%；一汽资产经营管理有限公司持股比例为0.38%。

加强对海外及衍生业务管理。组建成立一汽海外事业部，统一管理海外业务。衍生业务加快发展，成立了汽车金融公司，筹建鑫安汽车保险股份有限公司；财务公司的汽车金融、集团金融、证券业务、保险经纪四大业务全面发展，年内利润超过7亿元。物流规划有序实施，东山物流、轴齿中心园区物流、大岭物流园区项目进入建设阶段。

【海外基地建设】按照"布大局、谋长远、建基地"战略构想，海外基地建设取得重大进展。全年进口各种整车105 250辆，进口金额4.19亿美元。出口整车10913辆，比2010年增长9.3%；出口金额2亿美元，比2010年增长41.71%。

建立驻印度机构。7月，成立一汽进出口公司驻印度办事处。办事处位于印度古捷拉特邦（Gujarat）库驰地区（kutch）普捷市（Bhuj）。

中重卡车基地项目。①巴基斯坦重卡项目。在巴基斯坦建成单班年产1500辆CKD解放重卡工厂并投入运营，解放卡车第一次实现海外建厂，当地销量超过日本品牌和其他中国品牌，连续2年位居第一，打破了日系重卡几十年来对该市场的垄断。②俄罗斯商用车项目。成立集团级项目组，组织规划部、解放公司、技术中心、九院、生产部、进出口公司、财控部等单位协同推进嘎斯（GAZ）项目进展；完成投资股比、投资形式、合资产品、市场单位以及工艺设计、组织机构、公司章程等项准备工作；双方拟按50:50比例、初步投资1 00万美元生产中重卡车，年生产纲领0.5万辆，面向俄罗斯市场投放；下步将正式签署合资合同，由一汽解放公司负责该项目的对口建设及运营。③南非卡车项目。新成立的一汽非洲投资有限公司与中非发展基金以55:45的投资股比，在南非建设年产0.5万辆产能的中重卡车生产厂，双方批准投资8000万美元，基地选在曼德拉市库哈（COEGA）开发区；已完成预可行性研究，由一汽青岛汽车分公司牵头组建项目组，年内正在细化优化投资建设方案。④伊朗中重卡车项目。全面展开品牌与网络推广、服务站筛选、服务技师培训等前期工作，全年首批100辆CKD组装车投入生产。

【党建工作】1.党内重点项目攻关。2.基层党组织建设。持续推进基层党组织自身建设，强化执行力，增强创造力，提高凝聚力，努力构建基层党组织创先争优、保持先进性的长效机制。3.人才资源配置。坚持党管人才，把人才工作作为企业先导工程来抓。4.反腐倡廉。各级纪检监察组织扎实推进"担双责、践双诺、争双优"主题实践活动，强化经营管理人员反腐倡廉建设和经济工作两个责任，践行经营管理目标和廉洁从业两项承诺。5.企业形象传播。年内，开展一汽品牌故事征集活动，把"品质、技术、创新"的品牌内涵转化为生动具体的品牌故事和品牌案例，增强了品牌形象的影响力和品牌文化的感染力。6.员工利益维护。一汽各级党政工团组织深切关注和认真解决事关员工切身利益的重大问题，充分发挥职工代表作用。

【履行社会责任】一汽坚持践行企业公民理念，认真履行社会责任，以务实行动回馈社会。继续推进一汽"333爱心助学"系列活动，首批"333爱心助学班"毕业生已经入职一汽-大众成都分公司。全年在支援西藏、投资教育、扶贫济困等方面捐赠2594万元，其中由一汽对口扶贫的吉林省"镇赉解放社区"一期工程已经竣工，80户农民喜迁新居。为支持高校培养更多的科技型、实用型专业技术人才，向吉林大学、哈尔滨工业大学捐赠整车、发动机和变速箱等设备，用于高校教学与科研。大力开发低碳节能技术，在第十四届上海车展上发布"蓝途战略"，详细阐述一汽在节能减排和新能源技术方面的思路、布局与目标。一汽统战人士积极参加"同心献智"活动，通过各种形式，为服务社会作出贡献。

【荣誉】2011年，一汽列美国《财富》杂志世界500强第197位，列中国机械500强第3位。被中国机械工业联合会授予"装备中国功勋企业"称号；被国务院授予"全国文明单位"称号；连续第5年被中共中央、国务院授予"全国先进基层党组织"称号。董事长、党委书记徐建一荣获CCTV中国经济年度人物"自主创新奖"、中国机械工业联合会"装备中国功勋企业家"称号。

吉林省高级人民法院

2011年，全省各级人民法院以“为大局服务、为人民司法”为主题，以深化三项重点工作为主线，着力实施能动司法、联动司法、民生司法、科学司法，较好地履行了保障人民权益、维护公平正义、促进社会和谐、服务改革发展的司法职能。

——立案、审判、执行等中心工作全面发展，审判质量、效率、效果进一步提升。全年，全省法院共受理案件296017件，审结258907件，法定审限内结案率达到99.1%，服判息诉率达到98.7%；最高人民法院案件质量评估数据显示，我省法院审判质量继续保持全国先进行列。

——社会矛盾化解工作深入推进，继续创新和完善“全员、全面、全程”调解机制，一审民商事案件调撤率为64.2%，刑事附带民事赔偿调解率为69.5%，行政案件协调率为39.4%，执行案件和解率为59.8%。省委政法委召开专题会议在全省政法机关推广法院系统“调解优先、调判结合”的理念、做法和经验。

——司法改革和司法建设稳步推进，林业法院和铁路法院管理体制改革有序推进，量刑规范化改革全面实施，多元纠纷解决机制、规避执行反制机制、涉诉信访终结机制、司法救助机制建设取得新成效；以国有土地上房屋征收案件实现司法与行政执法有效衔接为标志的非诉行政执行的“吉林模式”得到了最高人民法院的充分肯定和推广；司法公开走在全国前列，24个法院被确定为国家级与省级司法公开示范法院。

——党的建设、队伍建设和法院文化建设统筹推进，党建工作双重管理体制全面建立，“抓党建带队建促审判”的工作经验成为全国典型；法官队伍公正、和谐、为民司法的理念和能力进一步提高，涌现出一大批先进典型，共有56个集体和115名个人受到省级以上表彰，2个法院被授予“全国三八红旗集体”和“全国精神文明建设先进单位”称号。

12月4日，吉林省高级人民法院举行以“惩恶扬善”为主题的新闻发布会。图为：新闻发布会现场。

省高院邀请人大代表列席审判委员会。

JILINSHENGGAO

JILINSHENGGAOJIRENMINFAYUAN

吉林高院院长张文显会见蒙古国宪法法院副院长雅特桑。

张文显院长耐心向上访人辩法析理。

张文显院长到企业走访。

2011年1月29日至30日，张文显院长(右一)在白城、松原调研期间，到法官干警家中走访慰问。

2011年12月4日，吉林省高级人民法院举办“公众开放日”活动。图为吉林高院院长张文显(右一)亲自为参观群众讲解法文化长廊。

吉林高院院长张文显亲自接待信访当事人，耐心细致地做当事人的息诉罢访、矛盾化解工作。

2011年1月，全省法院工作视频会议。

吉林省高级人民法院公开选拔优秀法官笔试现场。

IRENMINFAYUAN

吉林省工业和信息化厅

JILINSHENGGONGYEHEXINXIHUATING

2011－1－6副省长王祖继在吉林省新一轮民营经济腾飞高峰论坛暨投融资合作促进签约仪式上作重点发言

2012－2－13副省长王祖继参加全省工业和信息化工作会议并作重要讲话

2011－3－25省长王儒林出席吉林省中小企业成长计划总结表彰暨新一轮民营经济腾飞计划启动大会并作重要讲话

2011－2－18吉林省工信厅党组书记、厅长常明到白山市喜丰塑料股份有限公司调研

2011－5－5吉林省企业联合会 吉林省企业家协会第八次代表大会在长春举行

吉林省工信厅党组书记、厅长常明参加“回眸十一五，展望十二五”厅局长访谈节目

2011年是实施“十二五”规划的开局之年。面对复杂多变的国内外经济形势，全省工业和信息化系统在省委、省政府的正确领导下，深入贯彻落实科学发展观，紧紧围绕“三化”统筹、“三动”战略和构建具有吉林特色的现代产业体系，坚持做大总量、做优质量，强化“转方式、调结构”，以增量带动结构优化，以创新促进产业升级，全力推进“一保二启动，工业开门红”， 启动实施支柱优势产业跃升计划和新一轮民营经济腾飞计划， 努力保持工业经济平稳较快发展，确保“十二五”工业和信息化工作开好局、起好步。从工作成效看，全面超额地完成了年初省政府确定的各项工作任务，为全省实现万亿GDP目标做出了突出贡献。

一是着力加强工业运行组织。层层分解目标任务，不断完善调度监测机制，坚持领导包保、督查和调研制度，制定落实促进产业发展政策，组织开展提高经济总量、提升运行质量的“双提”活动。协调煤电油气运等生产要素供应。全省规模以上工业企业实现增加值同比增长18.8%，高于全国平均水平4.9个百分点，完成产值17077.4亿元，实现利润超千亿元大关，达到1121.3亿元，实现历史性突破。

二是着力推动工业项目建设。强化规划指导与项目谋划，组织实施 “五个一批”重点项目工程计划，加大项目建设支持力度。组织开展专业招商，推动汽车与石化产业融合配套发展。全省完成工业固定资产投资3993.4亿元，同比增长27.1%，其中完成技术改造投资2602.2亿元，增长34.7%。

三是着力转变工业发展方式。组织实施推动百种重大新产品规模化生产、百户重点企业创新能力提升的“双百”技术创新工程。推动企业管理创新。加强园区谋划，打造省级园区和新型工业化产业示范基地。推动百项节能减排项目建设，开展能源审计和节能监察，开展“两型”企业创建试点，推进工业“三废”综合利用和清洁生产，淘汰落后产能，全省规模以上工业企业万元增加值综合能耗同比下降4.25%。

四是着力推动民营经济发展。全面启动实施新一轮民营经济腾飞计划，组织开展中小企业和民营经济服务年活动。大力推动全民创业，加强融资服务，加快服务平台网络建设。全省民营经济实现主营业务收入18860亿元，同比增长30.3%，实现增加值占全省GDP的50.5%，成为全省经济的“半壁江山”。

五是着力加快信息化建设。推动“两化”深度融合，审核批复长春、通化两个省级“两化”融合试验区，实施100个企业信息化项目。推进“数字吉林”建设，制定指导意见，长春、吉林、延边等市州已着手实施无线城市建设。实施物联网试点工程，启动实施52个物联网应用示范项目。启动数据灾备中心产业基地建设。推进电子政务建设，在全国率先完成工程建设领域项目信息和信用信息综合检索省级平台建设。

吉林省商务厅

吉林省商务厅厅长　王甫轶

吉林省商务厅是主管全省对外贸易、国内贸易、国际经济技术合作的省政府组成部门。

2011年，全省商务战线认真贯彻党中央、国务院和省委、省政府决策部署，突出主题，贯穿主线，在中国入世十周年的历史新征程上，再次刷新商务发展记录，实现商务事业良好开端。外贸进出口累计实现220.5亿美元，同比增长30.9%，高于全国平均水平8.4个百分点，实现了自2007年以来四年翻一番的历史性跨越；社会消费品零售总额完成4116.1亿元，同比增长17.5%，高于全国平均水平0.4个百分点，同样实现了四年翻一番；全省对外承包劳务合作完成总额实现6.3亿美元，同比增长10.9%，超额完成了年初确定的指标任务。对此，省长王儒林对2011年商务工作取得的突出成绩给予了充分肯定："去年，我省进出口总额创历史新高，进入新的阶段性水平，为全省经济社会发展做出了重要贡献，成绩难能可贵，可喜可贺。希望全省商贸战线继续发扬成绩，开拓进取，再创佳绩。"

2011年，全省商务事业整体跃升，工作质量进一步提高。一是成功举办第七届东北亚博览会，充分发挥了主力军作用。在对政要邀请、招商招展、高层论坛都实现了新突破，对外贸易、国内贸易成交额均创历届最好水平。此外，还成功举办首届中国•长春进口暨高端消费品博览会、中国•公主岭玉米产业博览会，成立全省会展业协会，探索了会展业发展模式，扩大了全省会展经济总量。二是服务贸易开始提速发展。统计期内（截止去年三季度）全省服务贸易额实现12.6亿美元，同比增长31.6%，高于全国平均水平5.2个百分点，增速位居全国第七位，离岸外包合同金额增长55%。三是境外投资规模增大。2011年，全省核准设立境外企业和机构48家，其中境外企业36家，中方协议投资额59728万美元，同比增长157.6%。四是对外劳务合作成果显著。全省建立32家劳务合作服务平台，初步实现了全省覆盖，促进了外派劳务合作有序经营、健康发展。全年累计派出各类劳务人员14878人，居全国第八位，期末在外劳务人员63352人，居全国第四位。特别是在应急维稳中，积极应对利比亚局势动荡和日本地震海啸，及时高效组织在利人员安全撤离，妥善转移和安置在日研修生，维护了务工人员的利益，保持了社会稳定，健全的机制、有效的工作、良好的效果得到省政府充分肯定。五是农村促销政策效果明显。2011年，"家电下乡"、家电以旧换新销量突破400万台，拉动消费突破100亿元，1000多万城乡居民受益，乡村实现消费品零售额387.9亿元，同比增长21.7%，高于城镇4.6个百分点。六是城乡商业信息化建设快速推进。2011年，长春市、吉林市被批准成为国家首批电子商务示范城市，"万村千乡"连锁农家店"金土地店店通工程"投入试运行。七是外贸出口基地建设进展良好。四个国家级出口基地进一步巩固，敦化木材基地已获得国家外贸转型升级示范基地认定；揭牌启动21家省级外贸出口基地，完善了出口基地建设方案和规划；全球汽配网、北美市场营销网等公共服务平台建设、基地服务中心建设及企业协会建设都取得积极进展，为出口突破50亿美元大关提供了强力支撑。八是规模企业建设快速发展。外贸千万美元以上企业增加到143个，比上年增加25个，长春一汽四环发动机制造有限公司出口达1.5亿美元，跨入亿元行列；内贸限上零售企业总数达到1711个，比上年增加近100个，长春欧亚商都销售额达64亿元，连续三年在全国单体店销售中名列第一。

目　　录
CONTENTS

统计资料
STATISTICAL DATA

第一篇、综合
SYNTHESIS

第二篇、国民经济核算
NATIONAL ECONOMIC ACCOUNTING

第三篇、人口
POPULATION

第四篇、从业人员和职工工资
EMPLOYMENT AND WAGE

第五篇、固定资产投资
INVESTMENT IN FIXED ASSETS

第六篇、能源生产和消费
PRODUCTION AND CONSUMPTION OF ENERGY

第七篇、财政、金融和保险
PUBLIC FINANCE、BANKING AND INSURANCE

第八篇、物价
PRICE

第九篇、人民生活
PEOPLE' S LIVELIHOOD

第十篇、市政公用事业和环境保护
URBAN PUBLIC UTILITIES AND ENVIRONMENT

第十一篇、农业
AGRICULTURE

第十二篇、工业
INDUSTRY

第十三篇、交通运输和邮电通信业
TRANSPORTATION，POSTAL AND TELECOMMUNICATIONS SERVICES

第十四篇、建筑业
CONSTRUCTION

第十五篇、批发零售贸易和餐饮业
WHOLESALE，RETAIL TRADE AND CATERING SERVICES

第十六篇、对外经济贸易和旅游业
FOREIGN ECONOMY TRADE AND INTERNATIONAL TOURISM

第十七篇、教育和文化事业
EDUCATION AND CULTURE

第十八篇、体育、卫生和其他事业
SPORTS、PUBLIC HEALTH AND OTHERS

第十九篇、企业景气
PROSPERITY OF ENTERPRISES

第二十篇、市（州）和县（市）情况
GENERAL SURVEY OF CITY （STATE）AND COUNTY（CITY）

统计资料

STATISTICAL DATA

STATISTICAL DATA

第一篇 CHAPTER 1 综合 SYNTHESIS

1-1 行政区划(2011年末)

Divisions of Administrative Areas (end of 2011)

单位:个 (unit)

地区	Region	县(市)合计 Total Counties (Cities)	县级市 Cities at County Level	县 Counties	自治县 Autonomous Counties	市辖区 Districts under the Jurisdiction of Cities
全省	**Total**	**40**	**20**	**17**	**3**	**20**
长春	Changchun	4	3	1		6
吉林	Jilin	5	4	1		4
四平	Siping	4	2	1	1	2
辽源	Liaoyuan	2		2		2
通化	Tonghua	5	2	3		2
白山	Baishan	4	1	2	1	2
松原	Songyuan	4		3	1	1
白城	Baicheng	4	2	2		1
延边	Yanbian	8	6	2		

地区	Region	乡镇级区划数 Number of Regions at Townships Level	街道办事处 Subdistrict Office	镇 Towns	乡 Township	村民委员会 Village Committees
全省	**Total**	**901**	**280**	**425**	**196**	**9319**
长春	Changchun	164	67	67	30	1676
吉林	Jilin	148	71	54	23	1390
四平	Siping	102	29	56	17	1159
辽源	Liaoyuan	44	14	23	7	518
通化	Tonghua	96	18	57	21	986
白山	Baishan	65	18	40	7	501
松原	Songyuan	95	17	41	37	1125
白城	Baicheng	99	24	37	38	918
延边	Yanbian	88	22	50	16	1046

注:乡镇、村民委员会数据为省统计局数据,其他数据为省民政厅提供。
Note:Township,Village Committee data for provincial statistical data,other data for home office supplying.

1-2 自然资源状况（2011）

Natural Resources and Conditions（2011）

项　　目	Item	单位 Unit	实际数 Actual Number
一、自然状况	Natural Conditions		
1.土地面积	Land Area	万平方公里 10000sq.km	18.7
各类土地所占比重	Composition of all Type Land		
山 地	Mountains	%	36.0
丘 陵	Hills	%	5.8
平 原	Plains	%	30.0
台地及其他	Mesa and Others	%	28.2
2.气候	Climate		
全年平均气温	Annual Average Temperature	摄氏度 ℃	5.1
年降水量	Annual Precipitation	毫米 mm	497.4
二、自然资源	Natural Resources		
1.林地	Forest Area		
林业用地面积	Area of Afforested Land	万公顷 10000hectares	929.2
森林面积	Forest Area	万公顷 10000hectares	828.1
活立木总蓄积量	Standiny Stock Volume	亿立方米 100 million cu.m	9.4
森林覆盖率	Forest－coverage Rate	%	43.7
2.水利	Water Resources		
水资源总量	Total Water Resource Volume	亿立方米 100 million cu.m	315.89
地表水资源量	Surface Water Volume	亿立方米 100 million cu.m	262.88
地下水资源量	Ground Water Volume	亿立方米 100 million cu.m	112.91
松花江流域	Songhua River Basin	亿立方米 100 million cu.m	255.99
辽河流域	Liao River Basin	亿立方米 100 million cu.m	59.90

1-3 主要城市平均气温（2011）
Average Temperature of Major Cities（2011）

单位:摄氏度 (℃)

月份 Month		长春市 Changchun	吉林市 Jilin	四平市 Siping	辽源市 Liaoyuan	通化市 Tonghua	白山市 Baishan	松原市 Songyuan	白城市 Baicheng	延吉市 Yanji
1月	Jan.	-19.4	-18.1	-17.7	-19.4	-16.9	-19.0	-21.0	-19.8	-14.1
2月	Feb.	-9.4	-9.1	-8.0	-9.4	-7.0	-9.0	-11.3	-11.4	-6.8
3月	Mar.	-2.1	-2.1	-1.0	-1.9	-1.5	-3.5	-2.8	-2.2	-1.7
4月	Apr.	7.7	7.3	8.5	7.6	7.2	5.5	8.4	8.2	6.9
5月	May	15.3	14.2	16.2	15.5	14.5	13.1	15.2	15.5	11.5
6月	June	20.9	20.0	21.0	20.4	18.9	17.6	22.1	22.9	18.5
7月	July	24.3	24.4	24.4	24.4	24.1	22.8	24.9	23.8	21.3
8月	Aug.	22.9	22.3	23.1	22.5	22.1	20.9	23.7	22.9	21.8
9月	Sept.	15.5	15.0	15.8	14.5	14.2	12.8	15.3	14.6	15.4
10月	Oct.	9.7	8.8	10.2	9.0	7.7	6.1	9.7	9.0	8.0
11月	Nov.	-1.8	-2.6	-1.2	-2.5	-0.8	-2.2	-2.9	-4.5	-2.2
12月	Dec.	-13.1	-14.0	-12.3	-15.0	-12.1	-14.2	-13.4	-14.1	-12.3

1－4 主要城市降水量（2011年）
Precipitation of Major Cities（2011）

单位：毫米　　　　unit:（Millimeters）

月份 Month		长春市 Changchun	吉林市 Jilin	四平市 Siping	辽源市 Liaoyuan	通化市 Tonghua	白山市 Baishan	松原市 Songyuan	白城市 Baicheng	延吉市 Yanji
1月	Jan.	2.6	3.1	0.7	1.8	1.5	3.1	3.3	0.8	0.2
2月	Feb.	5.2	9.5	9.7	13.1	3.3	8.7	4.6	0.8	1.2
3月	Mar.	3.3	1.5	3.6	2.8	4.7	13.9	0.5	0.1	
4月	Apr.	11.5	22.8	14.2	3.4	42.3	33.3	7.1	12.5	24.0
5月	May	61.1	113.7	60.7	48.2	80.5	88.7	75.6	102.2	79.1
6月	June	82.3	104.0	56.9	83.0	122.6	128.9	52.0	46.3	71.6
7月	July	194.3	132.3	115.2	153.1	92.7	92.8	116.5	109.9	22.6
8月	Aug.	69.1	102.5	85.0	95.7	207.7	197.2	74.9	92.9	69.9
9月	Sept.	10.0	15.7	14.9	55.7	37.8	30.4	28.6	10.1	4.0
10月	Oct.	16.2	28.6	14.9	27.8	22.9	29.3	7.9	9.2	11.4
11月	Nov.	12.7	22.0	17.4	24.7	57.8	52.9	7.0	7.4	31.7
12月	Dec.	0.1	2.4		1.6	0.5	2.8	0.7		0.7

1－5 按国民经济行业分组的全部法人及产业活动单位数（2011）

Number of Corporative Units and Economic Active Units by National Economic Sector（2011）

指　　标	Item	法人单位数（个）Number of Corporative Units(unit)			产业活动单位数（个）Number of Economic Active Units(unit)	
		合计 Total	单产业法人单位 Single Units	多产业法人单位 Multiple Units	合计 Toatl	其中:多产业法人所属的产业活动单位 There in: Multiple Units
总　计	**Total**	**124635**	**121020**	**3615**	**151318**	**30298**
农、林、牧、渔业	**Agriculture、Forestry、Animal Husbandry and Fishery**	**4998**	**4941**	**57**	**5696**	**755**
农业	Farming	1425	1419	6	1510	91
林业	Forestry	571	546	25	875	329
畜牧业	Animal Husbandry	1773	1767	6	1785	18
渔业	Fishery	140	139	1	139	
农、林、牧、渔服务业	Agriculture,Forestry,Animal Husbandry and Fishery Services	1089	1070	19	1387	317
采矿业	**Mining**	**1544**	**1527**	**17**	**1601**	**74**
煤炭开采和洗选业	Mining and Washing of Coal	251	244	7	262	18
石油和天然气开采业	Extraction of Petroleum and Natural Gas	138	135	3	171	36
黑色金属矿采选业	Mining and Processing of Ferrous Metal Ores	213	209	4	219	10
有色金属矿采选业	Mining and Processing of Non-ferrous Metal Ores	189	186	3	189	3
非金属矿采选业	Mining and Processing of Nonmetal Ores	710	710		717	7
其他采矿业	Mining of Other Ores	43	43		43	
制造业	**Manufacturing**	**22748**	**22600**	**148**	**22983**	**383**
农副食品加工业	Processing of Food from Agricultural Products	2928	2913	15	2944	31
食品制造业	Manufacture of Foods	847	837	10	854	17
饮料制造业	Manufacture of Beverages	952	943	9	960	17
烟草制品业	Manufacture of Tobacco	17	17		17	
纺织业	Manufacture of Textile	243	241	2	249	8
纺织服装、鞋、帽制造业	Manufacture of Textile Wearing Apparel,Footwear and Caps	314	307	7	321	14
皮革、毛皮、羽毛(绒)及其制品业	Manufacture of Leather,Fur,Feather and Related Products	98	97	1	99	2
木材加工及木、竹、藤、棕、草制品业	Processing of Timber,Manfacture of Wood, Bamboo,Rattan,Palm and Straw Products	1684	1666	18	1725	59
家具制造业	Manufacture of Furniture	410	409	1	412	3
造纸及纸制品业	Manufacture of Paper and Paper Produts	370	369	1	370	1
印刷业和记录媒介的复制	Prnting Peproduction of Recording Meida	872	868	4	886	18
文教体育用品制造业	Manufacture of Articles for Culture, Education and Sport Activities	61	60	1	63	3
石油加工、炼焦及核燃料加工业	Processing of Petroleum,Coking, Processing of Nuclear Fuel	106	105	1	107	2
化学原料及化学制品制造业	Manufacture of Raw Chemical Materials and Chemical Products	1312	1304	8	1326	22
医药制造业	Manufacture of Medicines	785	775	10	793	18
化学纤维制造业	Manufacture of Chemical Fibers	25	24	1	26	2
橡胶制品业	Manufacture of Rubber	185	185		185	
塑料制品业	Manufacture of Plastics	851	849	2	854	5
非金属矿物制品业	Manufacture of Non-metallic Mineral Products	2815	2809	6	2832	23
黑色金属冶炼及压延加工业	Simelting and Pressing of Ferrous Metals	148	148		148	
有色金属冶炼及压延加工业	Smelting and Pressing of Non-ferrous Metals	129	127	2	132	5
金属制品业	Manufacture of Metal Products	1163	1157	6	1169	12

1－5 续表 1 continued

指　　标	Item	法人单位数（个） Number of Corporative Units(unit)			产业活动单位数（个） Number of Economic Active Units(unit)	
		合计 Total	单产业法人单位 Single Units	多产业法人单位 Multiple Units	合计 Toatl	其中:多产业法人所属的产业活动单位 There in: Multiple Units
通用设备制造业	Manufacure of General PurPose Machinery	1664	1653	11	1689	36
专用设备制造业	Manufacture of Special Purpose Machinery	1193	1185	8	1206	21
交通运输设备制造业	Manufacture of Transport Equipment	1868	1851	17	1893	42
电气机械及器材制造业	Manufacture of Electrical Machinery and Equipment	779	777	2	786	9
通信设备、计算机及其他电子设备制造业	Manufacture of Communitcation Equipment,Computers and Other Electronic Equipment	193	191	2	196	5
仪器仪表及文化、办公用机械制造业	Manufacture of Measuning Instnments and Machirery for Cultural Activity and Office Wrok	248	246	2	249	3
工艺品及其他制造业	Manufacture of Artwork and Other Manufacturing	366	365	1	370	5
废弃资源和废旧材料回收加工业	Recycling and Disposal of Waste	122	122		122	
电力、燃气及水的生产和供应业	**Production and Supply of Electricity,Gas and Water**	**1213**	**1147**	**66**	**2123**	**976**
电力、热力的生产和供应业	Production and Supply of Electric Power and Heat Power	900	837	63	1779	942
燃气生产和供应业	Production and Supply of Gas	114	113	1	119	6
水的生产和供应业	Production and Supply of Water	199	197	2	225	28
建筑业	**Construction**	**4625**	**4581**	**44**	**4746**	**165**
房屋和土木工程建筑业	Construction of Building and Civil Engineering	1976	1944	32	2056	112
建筑安装业	Construction Installation	1077	1068	9	1106	38
建筑装饰业	Construction Decoration	1069	1066	3	1072	6
其他建筑业	Other Construction	503	503		512	9
交通运输、仓储和邮政业	**Transport,Storage and Post**	**2704**	**2635**	**69**	**3857**	**1222**
铁路运输业	Railway Transport	32	32		34	2
道路运输业	Road Transport	1411	1374	37	1586	212
城市公共交通业	Urban Public Transport	165	160	5	175	15
水上运输业	Water Transport	18	18		19	1
航空运输业	Air Transport	32	31	1	33	2
管道运输业	Transport Via Pipeline	6	6		6	
装卸搬运和其他运输服务业	Loading,Unloading and Other Transport Servies	322	313	9	350	37
仓储业	Storage	599	597	2	618	21
邮政业	Post	119	104	15	1036	932
信息传输、计算机服务和软件业	**Information Transmission,Computer Services and Software**	**1778**	**1710**	**68**	**2746**	**1036**
电信和其他信息传输服务业	Telecommunications and Other Information Transmission Services	515	455	60	1416	961
计算机服务业	Computer Services	717	710	7	782	72
软件业	Software	546	545	1	548	3
批发和零售业	**Wholesale and Retail Trades**	**27609**	**27282**	**327**	**30541**	**3259**
批发业	Wholesale Trade	13244	13115	129	13900	785
零售业	Retail Trade	14365	14167	198	16641	2474
住宿和餐饮业	**Hotels and Catering Services**	**1691**	**1663**	**28**	**1809**	**146**
住宿业	Hotels	732	726	6	775	49
餐饮业	Catering Services	959	937	22	1034	97
金融业	**Financial Intermediation**	**898**	**636**	**262**	**5629**	**4993**

1－5 续表 2 continued

指　　标	Item	法人单位数（个） Number of Corporative Units(unit)			产业活动单位数（个） Number of Economic Active Units(unit)	
		合计 Total	单产业法人单位 Single Units	多产业法人单位 Multiple Units	合计 Toatl	其中:多产业法人所属的产业活动单位 There in: Multiple Units
银行业	Bank	238	103	135	3596	3493
证券业	Security Activities	32	25	7	87	62
保险业	Insurance	234	122	112	1261	1139
其他金融活动	Other Financial Activities	394	386	8	685	299
房地产业	**Real Estate**	**4136**	**4111**	**25**	**4254**	**143**
租赁和商务服务业	**Leasing and Business Services**	**6518**	**6459**	**59**	**7010**	**551**
租赁业	Leasing	365	365		369	4
商务服务业	Business Services	6153	6094	59	6641	547
科学研究、技术服务和地质勘查业	**Scientific Research,Technical Service and Geologic Prospecting**	**4338**	**4292**	**46**	**4962**	**670**
研究与试验发展	Research and Experimental Development	545	541	4	560	19
专业技术服务业	Professional Technical Services	1940	1920	20	2095	175
科技交流和推广服务业	Services of Science and Technology Exchanges and Promotion	1743	1723	20	2192	469
地质勘查业	Geological Prospecting	110	108	2	115	7
水利、环境和公共设施管理业	**Management of Water Conservany, Environment and Public Facilities**	**1276**	**1253**	**23**	**1594**	**341**
水利管理业	Management of Water Conservancy	546	536	10	782	246
环境管理业	Management of Evironment	270	262	8	321	59
公共设施管理业	Managment of Public Facilities	460	455	5	491	36
居民服务和其他服务业	**Services to Households and Other Services**	**2024**	**2014**	**10**	**2099**	**85**
居民服务业	Services to Households	903	894	9	961	67
其他服务业	Others Services	1121	1120	1	1138	18
教育	**Education**	**5248**	**4597**	**651**	**9592**	**4995**
卫生、社会保障和社会福利业	**Health,Social Security and Social Welfare**	**3285**	**3158**	**127**	**4375**	**1217**
卫生	Health	2215	2089	126	3148	1059
社会保障业	Social Security	180	180		290	110
社会福利业	Social Welfare	890	889	1	937	48
文化、体育和娱乐业	**Culture,Sports and Entertai-nment**	**1599**	**1577**	**22**	**2071**	**494**
新闻出版业	Journalism and Publishing Activities	179	178	1	190	12
广播、电视、电影和音像业	Broadcasting,Televisions,Movies and Audiovisual Activities	325	314	11	557	243
文化艺术业	Culture and Art Activities	733	727	6	946	219
体育	Sports Activites	143	141	2	150	9
娱乐业	Entertainments	219	217	2	228	11
公共管理和社会组织	**Public Management and Social Organization**	**26403**	**24837**	**1566**	**33630**	**8793**
中国共产党机关	Organs of Communist Party of China	742	693	49	792	99
国家机构	Government Agencies	10434	9111	1323	17317	8206
人民政协和民主党派	People' s Political Consultative Conference and Democratic Parties	134	131	3	141	10
群众团体、社会团体和宗教组织	Non-govenmental Organizations,Social Orga-nizations and Religion Organizations	3935	3901	34	4125	224
基层群众自治组织	Grass Roots Self-governing Organi-zations	11158	11001	157	11255	254

1－6 按地区、机构类型分组的全部法人单位数（2011）

Number of Corparations by Region and Type （2011）

单位：个 （unit）

地　区	Region	总计 Total	企业 Enterprises	事业 Institutions	机关 Agencies and Organizations	社会团体 Social Group	民办非企业 Privately-run Nonbusiness	其他 Others
总　计	**Total**	**124635**	**82912**	**17249**	**5678**	**3495**	**1663**	**13638**
长春市	**Changchun**	**45385**	**36234**	**3784**	**1066**	**1073**	**430**	**2798**
南关区	Nanguan	8350	7118	535	174	168	104	251
宽城区	Kuancheng	5093	4517	242	114	33	28	159
朝阳区	Chaoyang	7597	6490	546	114	187	85	175
二道区	Erdao	5354	4749	208	68	64	27	238
绿园区	Lvyuan	5986	5326	282	82	59	113	124
双阳区	Shuangyang	2328	1749	278	70	49	11	171
农安县	Nong' an	2602	1691	215	72	205	22	397
九台市	Jiutai	2087	1068	376	99	95	7	442
榆树市	Yushu	3960	2350	757	175	190	13	475
德惠市	Dehui	2028	1176	345	98	23	20	366
吉林市	**Jilin**	**19742**	**13386**	**2601**	**827**	**395**	**432**	**2101**
昌邑区	Changyi	2844	2064	298	97	67	38	280
龙潭区	Longtan	1684	1185	163	72	10	63	191
船营区	Chuanying	2889	2057	356	152	73	89	162
丰满区	Fengman	3179	2631	257	89	44	43	115
永吉县	Yongji	1629	974	267	72	40	74	202
蛟河市	Jiaohe	1435	808	231	72	19	25	280
桦甸市	Huadian	2213	1540	269	84	54	19	247
舒兰市	Shulan	1983	1049	412	115	58	47	302
磐石市	Panshi	1886	1078	348	74	30	34	322
四平市	**Siping**	**11218**	**6346**	**2241**	**633**	**270**	**63**	**1665**
铁西区	Tiexi	1881	1181	354	137	93	24	92
铁东区	Tiedong	1328	991	133	79	17	2	106
梨树县	Lishu	2472	1239	642	114	27	15	435
伊通满族自治县	Yitong	1268	651	298	86	18	2	213
公主岭市	Gongzhuling	2979	1572	584	148	102	13	560
双辽市	Shuangliao	1290	712	230	69	13	7	259
辽源市	**Liaoyuan**	**4504**	**2174**	**1016**	**369**	**132**	**44**	**769**
龙山区	Longshan	1604	913	352	164	38	33	104
西安区	Xi' an	508	224	138	53	40	2	51
东丰县	Dongfeng	1260	637	205	88	23	7	300
东辽县	Dongliao	1132	400	321	64	31	2	314

1－6 续表 continued

单位: 个 (unit)

地　区	Region	总计 Total	企业 Enterprises	事业 Institutions	机关 Agencies and Organizations	社会团体 Social Group	民办非企业 Privately-run Nonbusiness	其他 Others
通化市	**Tonghua**	**12058**	**7057**	**1997**	**578**	**692**	**241**	**1493**
东昌区	Dongchang	2857	1931	439	144	218	30	95
二道江区	Erdaojiang	743	497	79	51	52		64
通化县	Tonghua	1614	937	228	66	72	58	253
辉南县	Huinan	1650	990	272	53	95	42	198
柳河县	Liuhe	1486	658	355	90	88	26	269
梅河口市	Meihekou	2149	1199	301	81	61	65	442
集安市	Ji' an	1559	845	323	93	106	20	172
白山市	**Baishan**	**5819**	**3021**	**1109**	**503**	**361**	**49**	**776**
八道江区	Badaojiang	1343	640	330	135	115	9	114
江源区	Jiangyuan	609	352	74	65	11	8	99
抚松县	Fusong	1270	813	116	69	77	2	193
靖宇县	Jingyu	995	542	154	75	83	4	137
长白朝鲜族自治县	Changbai	629	301	131	71	12	2	112
临江市	Linjiang	973	373	304	88	63	24	121
松原市	**Songyuan**	**7450**	**3974**	**1506**	**502**	**127**	**45**	**1296**
宁江区	Ningjiang	1758	1165	222	166	37	15	153
前郭尔罗斯蒙古族自治县	Qianguo	1805	999	405	104	25	7	265
长岭县	Changling	1413	704	305	90	28	4	282
乾安县	Qian' an	1029	519	246	63	20	6	175
扶余县	Fuyun	1445	587	328	79	17	13	421
白城市	**Baicheng**	**6727**	**3325**	**1502**	**489**	**234**	**66**	**1111**
洮北区	Taobei	2557	1593	393	171	116	38	246
镇赉县	Zhenlai	1058	527	249	79	36	6	161
通榆县	Tongyu	976	335	325	76	30	3	207
洮南市	Taonan	1000	448	219	76	11	1	245
大安市	Da' an	1136	422	316	87	41	18	252
延边朝鲜族自治州	**Yanbian**	**11732**	**7395**	**1493**	**711**	**211**	**293**	**1629**
延吉市	Yanji	3729	2983	309	159	47	72	159
图们市	Tumen	684	366	101	70	26	22	99
敦化市	Dunhua	1824	1133	190	74	12	31	384
珲春市	Hunchun	1544	1021	129	91	23	94	186
龙井市	Longjing	955	499	178	82	31	9	156
和龙市	Helong	817	373	155	66	15	33	175
汪清县	Wangqing	985	479	187	57	17	19	226
安图县	Antu	1194	541	244	112	40	13	244

1－7 按登记注册类型分组的法人单位及产业活动单位情况（2011）

Corporative Units Corporations and Industrial Active Units Grouped by Type of Registration（2011）

指　标	Item	法人单位数（个） Number of Corporative Units(unit)			产业活动单位数（个） Number of Economic Active Units (unit)	
		合计 Total	单产业法人单位 Single Units	多产业法人单位 Multiple Units	合计 Toatl	其中:多产业法人所属的产业活动单位 There in: Multiple Units
总　计	**Total**	**124635**	**121020**	**3615**	**151318**	**30298**
内资企业	**Domestic Investment Enterprises**	**123711**	**120140**	**3571**	**149991**	**29851**
国有企业	State-owned Enterprises	26791	24280	2511	45065	20785
集体企业	Collective -owned Enterprises	2785	2664	121	4152	1488
股份合作企业	Share Holding	538	512	26	1160	648
联营企业	Joint Ownership Enterprises	251	246	5	277	31
国有联营企业	State Joint Ownership Enterprises	44	42	2	54	12
集体联营企业	Collective Joint Ownership Enterpises	70	67	3	82	15
国有与集体联营企业	Joint State-collective Enterprises	21	21		22	1
其他联营企业	Other Joint Owned Enterprises	116	116		119	3
有限责任公司	Limited Liability Corporations	13840	13616	224	14968	1352
国有独资公司	State Sole Funded Corporations	213	180	33	444	264
其他有限责任公司	Other Limited Liability Corporations	13627	13436	191	14524	1088
股份有限公司	Share-holding Corporations Limited	2294	2117	177	5459	3342
私营企业	Private Enterprises	56232	55909	323	57345	1436
私营独资企业	Private Funded Enterprises	23155	23064	91	23538	474
私营合伙企业	Private Partnership Enterprises	1560	1555	5	1583	28
私营有限责任公司	Private Limited Liability Corporations	28715	28509	206	29314	805
私营股份有限公司	Private State-holding Corportations Ltd	2802	2781	21	2910	129
其他企业	Other Enterprises	20980	20796	184	21565	769
港、澳、台商投资企业	**Enterprises with Funds from Hongkong, Maocao and Taiwan**	**208**	**201**	**7**	**336**	**135**
合资经营企业（港或澳、台资）	Jointventure Enterprises	107	104	3	111	7
合作经营企业（港或澳、台资）	Cooperative Enterprises	11	11		12	1
港、澳、台商独资经营企业	Hongkong, Maocao and Taiwan Funded Enterprise	77	73	4	195	122
港、澳、台商投资股份有限公司	Hongkong, Maocao and Taiwan Funded Share-holding Corporations Ltd	13	13		18	5
外商投资企业	**Foreign Funded Enterprises**	**716**	**679**	**37**	**991**	**312**
中外合资经营企业	Jointventure Enterprises	271	260	11	306	46
中外合作经营企业	Cooperation Enterprises	44	43	1	45	2
外资企业	Foreign Funded Enterprises	380	359	21	612	253
外商投资股份有限公司	Share-holding Corporations Ltd with Foreign Investment	21	17	4	28	11

1-8 按三次产业、行业门类分组的全部法人单位数

Number of Corporations Grouped by Three Industries and Sectors

单位:个 (unit)

指　标	Item	2010	2011
总　计	**Total**	**118020**	**124635**
第一产业	**Primary Industry**	**4241**	**4998**
农、林、牧、渔业	Agriculture,Forestry,Animal Husbandry and Fisher	4241	4998
第二产业	**Secondary Industry**	**28257**	**30130**
采矿业	Mining	1491	1544
制造业	Manufacturing	21600	22748
电力、燃气及水的生产和供应业	Production and Supply of Electricity,Gas and Water	1147	1213
建筑业	Construction	4019	4625
第三产业	**Tertiary Industry**	**85522**	**89507**
交通运输、仓储和邮政业	Transport,Storage and Post	2562	2704
信息传输、计算机服务和软件业	Information Transmission,Computer Services and Software	1684	1778
批发和零售业	Wholesale Sale and Retail Trades	25306	27609
住宿和餐饮业	Hotels and Catering Services	1739	1691
金融业	Financial Intermediation	839	898
房地产业	Real Estate	3594	4136
租赁和商务服务业	Leasing and Business Services	6099	6518
科学研究、技术服务和地质勘查业	Scientific Research,Technical Services and Geologic Prospecting	4026	4338
水利、环境和公共设施管理业	Management of Water Conservancy,Enviroment and Public Facilities	1254	1276
居民服务和其他服务业	Services to Households and Other Services	1916	2024
教育	Education	5258	5248
卫生、社会保障和社会福利业	Health,Social Security and Social Welfare	3278	3285
文化、体育和娱乐业	Culture,Sports and Entertainment	1572	1599
公共管理和社会组织	Public Management and Social Organization	26395	26403

1-9 国民经济和社会发展总量与速度指标

指　标	Item	总量指标 Aggregate Data	
		1990	1995
人口与就业（万人）	**Population and Employment(10000persons)**		
年底总人口	Population at Year-end	2483.00	2550.90
从业人员数	Employment	1169.41	1270.77
# 职工人数	Staffs and Workers	517.31	520.38
城镇失业人数	Unemployment in Urban Areas	10.48	7.76
宏观经济	**Macroeconomic Indicator**		
国民核算（亿元）	National Accounting(100 million yuan)		
地区生产总值	Gross Domestic Product	425.28	1137.23
第一产业	Primary Industry	124.99	303.99
第二产业	Secondary Industry	182.15	475.22
第三产业	Tertiary Industry	118.14	358.02
固定资产投资（亿元）	**Investment in Fixed Assets(100 million yuan)**		
全社会固定资产投资	Total Investment in Fixed Assets	93.51	341.85
# 国有经济	State-owned Units	66.94	279.78
集体经济	Collective-owned Units	2.82	21.21
个体经济	Self-employed Individual Units	23.75	40.86
财政（亿元）	**Public Finance(100 million yuan)**		
一般预算全口径财政收入	Total Government Revenue		117.50
其中：地方财政收入	Local Government Revenue	50.68	63.28
财政支出	Government Expenditure	71.67	120.90
物价总指数（上年=100）	**Price Indices(Preceding year=100)**		
商品零售价格总指数	General Retail Price Index	103.9	114.2
居民消费价格总指数	General Consumer Price Index	104.9	115.2
利用外资（亿美元）	**Utilization of Foreign Capital(100 million USD)**		
签订利用外资协议额	Amount of Signed Contracts	0.66	17.58
实际利用外资额	Amount of Actually Utilization	0.61	9.02
产业	**Industry**		
农业	**Agriculture**		
耕地面积（万公顷）	Cultivated Areas(10000hectares)	393.93	395.32
农林牧渔业劳动力（万人）	Persons Engaged in Agriculture,Forestry,Animal Hubandry and Fishery(10000 persons)	546.58	537.44
农林牧渔业总产值（亿元）	Gross Output Value of Agriculture,Forestry,Animal Husbandry and Fishery(100 million yuan)	189.09	490.28
主要农产品产量	Output of Major Farm Products		
粮食（万吨）	Grain(10000tons)	2046.52	1992.40
油料（万吨）	Oil-bearing Crops(1000tons)	46.74	25.55

注：1. 1995年底总人口为公安部门数字，其他年份为抽样调查人口数。
　　2. 1998年以后从业人员和职工人数不包括离开本单位仍保留劳动关系的职工。

Note：1.Data ni 1995were from the reports of public security department,Data in other years were from the sample surveys on population.
　　2.Data since 1998 on workers and ataff refer to fully employed workers and staff.

Principal Aggregate Indicators on National Economic and Social Development and Growth Rates

2000	2005	2010	2011	速度指标（%）Indices and Growth Rates（%）								
				指数（2011年以下列各年为100）Index（2011 as percentage of the following years=100）					平均增长速度 Average Annual Growth Rate			
				1990	1995	2000	2005	2010	1991–1995	1996–2000	2001–2005	2006–2011
2681.70	2716.00	2746.60	2749.41	110.7	107.8	102.5	101.2	100.1	0.5	1.0	0.3	0.2
1164.02	1238.90	1311.60	1337.78	114.4	105.3	114.9	108.0	102.0	1.7	–1.7	1.2	1.3
329.91	257.94	259.51	267.57	51.7	51.4	81.1	103.7	103.1	0.1	–8.7	–4.8	0.6
23.00	27.60	22.65	22.21	212.0	286.1	96.6	80.4	98.0	–5.8	24.3	3.7	–3.6
1951.51	3620.27	8667.58	10568.83	971.5	602.8	378.0	227.9	113.8	10.0	9.8	10.7	14.7
398.73	625.61	1050.15	1277.44	296.1	233.8	180.8	129.4	105.1	4.8	5.3	6.9	4.4
768.89	1580.83	4506.31	5611.48	1652.4	955.2	495.1	274.9	117.7	11.6	14.0	12.5	18.4
783.89	1413.83	3111.12	3679.91	1136.5	624.2	361.5	218.8	111.0	12.7	11.5	10.6	13.9
586.86	1802.41	9621.77	7441.71	7958.2	2176.9	1268.1	412.9	77.3	32.1	11.9	25.5	26.7
308.50	892.30	2820.10	1752.40	2617.9	626.3	568.79	196.4	62.1	36.8	2.6	23.7	11.9
43.52	115.36	141.79	62.20	2205.7	293.3	142.9	53.9	43.9	69.0	15.9	14.4	–9.7
52.14	117.75	252.77	1263.20	5318.7	3091.5	2422.7	1072.8	499.7	3.1	7.3	17.7	48.5
184.00	418.60	1206.03	1620.08		1378.8	880.5	387.0	134.3		9.4	17.9	25.3
103.83	207.10	602.41	850.10	1677.4	1343.4	818.7	410.5	141.1	4.5	10.4	14.8	26.5
260.67	631.10	1787.25	2201.74	3072.1	1821.1	844.6	348.9	123.2	11.0	16.6	19.3	23.2
98.0	101.1	104.1	104.9									
98.6	101.5	103.7	105.2									
8.54	9.42	14.06	12.59	1907.6	71.6	147.4	133.7	89.5	92.8	–13.4	2.0	5.0
4.94	11.51	41.65	49.47	8109.8	548.4	1001.4	429.8	118.8	71.4	–11.5	18.4	27.5
399.40	491.30	557.84	617.28	156.7	156.1	154.6	125.6	110.7	0.07	0.2	4.2	3.9
516.80	502.06	501.85	510.17	93.3	94.9	98.7	101.6	101.7	–0.3	–0.1	–0.6	0.3
609.40	1050.50	1850.28	2275.15	406.5	309.1	238.0	142.7	105.2	5.6	5.4	10.7	6.1
1638.00	2581.20	2842.50	3171.00	154.9	159.2	193.6	122.8	111.6	–0.5	–3.8	9.5	3.5
39.00	54.50	70.44	69.56	148.8	272.3	178.5	127.8	98.8	–11.4	8.8	6.9	4.2

1－9 续表 1

指　　标	Item	总量指标 Aggregate Data	
		1990	1995
水果（万吨）	Fruits(10000 tons)	13.30	27.97
肉类总产量（万吨）	Meat(10000 tons)	51.79	134.54
水产品（万吨）	Aquatic Products(10000 tons)	7.09	11.06
工业	**Industry**		
主要工业产品产量	Output of Major Industrial Products		
布（亿米）	Cloth(100 million m)	1.97	1.35
机制纸及纸板（万吨）	Machine－made Paper and Paperboards(10000 tons)	57.02	59.44
彩色电视机（万台）	Color TV Sets(10000 units)	11.90	5.37
汽车（万辆）	Vehicles(10000 units)	7.33	18.92
原煤（万吨）	Coal(10000 tons)	2610.25	2644.31
原油（万吨）	Crude Oil(10000 tons)	356.70	342.73
发电量（亿千瓦小时）	Electricity(100 million kwh)	174.46	284.60
钢（万吨）	Steel(10000 tons)	74.60	115.93
成品钢材（万吨）	Steel Products(10000 tons)	61.97	88.21
水泥（万吨）	Cement(10000 tons)	374.54	678.46
500万元以上工业企业财务指标	Financial Indicators of Enterprises about 5 Million Yuan		
利税总额（亿元）	Profits and Tax(100 million yuan)	47.33	79.50
交通运输	**Transportation**		
货物周转量（亿吨公里）	Freight Ton－kilometers(100 millionton－km)	434.71	497.31
# 铁路	Railways	378.58	420.23
公路	Highways	54.80	76.00
旅客周转量（亿人公里）	Passenger－kilometers(100 million passerger.km)	147.88	177.11
# 铁路	Railways	104.30	125.52
公路	Highways	43.50	51.48
邮电通信业	**Post and Telecommunication Services**		
邮电业务总量（亿元）	Total Business Volume of Postal and Telecommunication Services (100 million yuan)	4.16	21.22
报刊期发数（万份）	Number of Newspapers and Magazines Distributed(10000copies)	384.00	473.00
移动电话用户（万户）	Number of Mobile Telephone Subscribers (10000subscribers)		8.00
国内贸易	**Domestic Trade**		
社会消费品零售总额（亿元）	Total Retail Sales of Consumer Goods(100 million yuan)	198.95	494.82
对外经济贸易和旅游	**Foreign Economy Trade and Tourism**		
进出口总额（亿美元）	Total Value of Exports and Imports(USD100 million)	9.53	27.14
进口额	Total Imports	2.01	12.96
出口额	Total Exports	7.52	14.19
接待入境旅游人数（万人次）	Number of Tourists(10000person－times)	4.61	15.61

continued

2000	2005	2010	2011	速度指标（%）Indices and Growth Rates（%）								
				指数（2011年以下列各年为100）Index（2011 as percentage of the following years=100）					平均增长速度 Average Annual Growth Rate			
				1990	1995	2000	2005	2010	1991–1995	1996–2000	2001–2005	2006–2011
48.62	66.20	65.08	60.63	455.9	216.8	124.7	91.6	93.2	16.0	11.7	6.4	–1.5
247.94	310.00	238.90	243.90	470.9	181.3	98.4	78.7	102.1	21.0	13.0	4.6	–3.9
14.01	11.89	16.60	17.28	243.7	156.2	123.3	145.3	104.1	9.3	4.8	–3.2	6.4
1.26	0.91	0.42	0.51	25.9	37.8	40.5	56.0	121.4	–7.4	–1.4	–6.3	–9.2
40.75	39.18	82.53	88.05	154.4	148.1	216.1	224.7	106.7	0.8	–7.3	–0.8	14.4
89.88	50.80	12.22	13.22	111.1	246.2	14.7	26.0	108.2	–14.7	75.7	–10.8	–20.1
32.52	52.24	167.42	163.20	2226.5	862.6	501.8	312.4	97.5	20.9	11.4	9.9	20.9
1636.71	2487.23	5190.02	5373.88	205.9	203.2	328.3	216.1	103.5	0.3	–9.1	8.7	13.7
348.46	522.52	702.33	739.40	207.3	215.7	212.2	141.5	105.3	–0.8	0.3	8.4	6.0
313.50	412.08	594.40	701.93	402.3	246.6	223.9	190.3	118.1	10.3	2.0	5.6	9.3
159.31	459.97	827.17	925.23	1240.3	798.1	580.8	201.2	111.9	9.2	6.6	23.6	12.4
141.70	478.62	875.80	1069.01	1725.0	1211.9	754.4	223.4	122.1	7.3	9.9	27.6	14.3
758.90	1598.50	3974.60	4221.31	1127.1	622.2	556.2	264.1	106.2	12.6	2.3	16.1	17.6
205.46	346.65	1565.65	2022.43	4273.0	2543.9	984.3	583.4	129.2	10.9	20.9	11.0	34.2
612.04	708.25	1391.94	1581.69	363.8	318.0	258.4	223.3	113.6	2.7	4.2	3.0	14.3
406.21	506.68	595.90	635.25	167.8	151.2	156.4	125.4	106.6	2.1	–0.7	4.5	3.8
85.64	98.75	683.14	816.0	1489.1	1073.7	952.8	826.3	119.4	6.8	2.4	2.9	42.2
206.67	266.02	511.31	551.88	373.2	311.6	267.0	207.5	107.9	3.7	3.1	5.2	12.9
129.82	151.85	205.93	228.94	219.5	182.4	176.4	150.8	111.2	3.8	0.7	3.2	7.1
76.79	92.79	269.58	286.53	658.7	556.6	373.1	308.8	106.3	3.4	8.3	3.9	20.7
116.35	285.81	652.70	235.30	5656.3	1108.9	202.2	82.3	36.1	38.5	40.5	19.7	–3.2
443.00	190.00	186.00	188.00	49.0	39.7	42.4	98.9	101.1	4.3	–1.3	–15.6	–0.2
203.00	916.00	1805.00	2004.10		25051.3	987.2	218.8	111.0		90.9	35.2	13.9
833.52	1470.26	3504.92	4119.82	207.1	832.6	494.3	280.2	117.5	19.3	11.0	11.9	18.7
25.54	65.28	168.46	220.47	2313.4	812.3	863.2	337.7	130.9	23.3	–1.2	20.6	22.5
13.12	40.61	123.7	170.49	8482.1	1315.5	1299.5	419.8	137.8	45.1	0.2	25.4	27.0
12.42	24.67	44.76	49.98	664.6	352.2	402.4	202.6	111.7	13.5	–2.6	14.7	12.5
27.27	37.32	82.01	99.32	2154.4	636.3	364.2	266.1	121.1	27.6	11.8	6.5	17.7

1－9 续表 2

指 标	Item	总量指标 Aggregate Data	
		1990	1995
教育、文化	**Education and Culture**		
教育	Education		
专任教师数（万人）	Full-time Teachers(10000 persons)		
普通高等学校	Institutions of Higher Education	1.48	1.50
高中阶段	High School		
初中阶段	Junior		
小学	Primary Schools	14.60	15.27
在校学生数（万人）	Students Enrollment(10000 persons)		
普通高等学校	Institutions of Higher Education	7.28	10.08
高中阶段	High School		
初中阶段	Junior		
小学	Primary Schools	276.12	269.03
文化	Culture		
出版数量	Publications		
图书（亿册）	Number of Books Published(100 million copies)	1.39	1.16
杂志（亿册）	Number of Magazines Issued(100 million copies)	0.44	0.52
报纸（亿份）	Number of Newspapers Issued(100 million copies)	3.01	4.79
家庭、生活、卫生	**Family,People' s Livelihood and Health**		
城镇居民家庭平均每户人口（人）	Average Household Size in Urban Area(person)	3.56	3.21
农村居民家庭平均每户人口（人）	Average Household Size in Rural Area(person)	4.52	4.02
居住	Housing		
城市人均居住面积（平方米）	Per Capita Floor Space of Urban Residents(sq.m)	5.60	6.90
农村人均居住面积（平方米）	Per Capita Floor Space of Rural Residents(Sq.m)	13.42	16.07
生活	People' s Livelihold		
城镇居民人均可支配收入（元）	Per Capita Annual Disposable Income of Urban Household(yuan)	1230.12	3174.84
农民人均纯收入（元）	Per Capita Net Income of Rural Residents(yuan)	717.30	1609.60
城乡居民储蓄存款余额（亿元）	Outstanding Amount of Saving Deposits in Urban and Rural Areas(100 million yuan)	196.59	726.28
职工工资总额（亿元）	Total Wages(100 million yuan)	95	221
职工平均工资（元）	Average Wages of Staff and Workers(yuan)	1888	4430
卫生	Health Care		
医院与卫生院（个）	Number of Hospitals(unit)	1354	1415
卫生技术人员（万人）	Medical and Technical Personnel(10000persons)	12.00	13.42
# 医生	Doctors	5.03	5.61
医疗床位数（万张）	Number of Hospital and Clinic Beds(10000units)	9.21	9.66
# 医院	Number of Hospital Beds	8.32	8.77
环境、灾害	**Environment and Disasters**		
火灾发生数（起）	Number of Fire Disasters(unit)	3722	3216
火灾损失（万元）	Fire Loss(10000yuan)	1388	2332
交通事故发生数（起）	Number of Traffic Accidents(unit)	3988	5117
交通事故损失（万元）	Loss of Traffic Accidents(10000yuan)	580	1947
农业受灾面积（万公顷）	Area of Agricultural Disaster(10000hectares)	93.4	233.0

continued

2000	2005	2010	2011	速度指标（%）Indices and Growth Rates（%）								
				指数（2011年以下列各年为100）Index（2011 as percentage of the following years=100）					平均增长速度 Average Annual Growth Rate			
				1990	1995	2000	2005	2010	1991–1995	1996–2000	2001–2005	2006–2011
1.75	2.81	3.40	3.56	240.5	237.3	203.4	126.7	104.7	0.3	3.1	9.9	4.0
	2.43	4.70	5.08				209.1	108.1				13.1
	7.14	6.77	7.22				102.0	107.5				0.2
15.03	13.77	12.45	11.15	76.4	73.0	74.2	81.0	89.6	0.9	−0.3	−1.7	−3.5
17.53	40.73	54.43	56.28	773.1	558.3	321.0	138.2	103.4	6.7	11.7	18.4	5.5
	67.23	76.53	74.47				110.8	97.3				1.7
	109.20	82.50	75.15				68.8	91.1				−6.0
241.59	162.52	144.46	143.92	52.1	53.5	59.6	88.6	99.6	−0.5	−2.1	−7.6	−2.0
0.81	1.28	2.26	3.44	247.5	296.6	424.7	268.8	152.2	−3.6	−6.9	9.6	17.9
0.55	0.69	1.11	3.20	727.3	615.4	581.8	463.8	288.3	3.4	1.1	4.6	29.1
5.53	9.73	9.91	15.00	498.3	313.2	271.2	154.2	151.4	9.7	2.9	12.0	7.5
3.12	2.94	2.82	2.70	75.8	84.1	86.5	91.8	95.7	−2.0	−0.6	−1.2	−1.4
3.90	3.68	3.46	3.44	76.1	85.6	88.2	93.5	99.4	−2.3	−0.6	−1.2	−1.1
9.14	19.47	29.03	29.31	523.4	424.8	320.7	150.5	101.0	4.3	5.8	16.3	7.1
17.72	20.10	22.88	24.40	181.8	151.8	137.7	121.4	106.6	3.7	2.0	2.6	3.3
4810.00	8690.62	15411.47	17796.57	1446.7	560.6	370.0	204.8	115.5	20.9	8.7	12.6	12.7
2022.50	3263.99	6237.44	7509.95	1047.0	466.6	317.3	230.1	120.4	17.5	4.7	10.0	14.9
1515.85	2798.06	5147.26	5835.32	2968.3	803.5	385.0	208.5	113.4	29.9	15.9	13.0	13.0
265	377	763	919	967.4	415.8	346.8	243.8	120.4	18.3	3.7	7.3	16.0
7924	14409	29399	34197	1811.3	771.9	431.6	237.3	116.3	18.6	12.3	12.7	15.5
1392	1380	1346	1329	98.2	93.9	95.5	96.3	98.7	0.9	−0.3	−0.2	−0.6
13.20	12.57	13.84	13.91	115.9	103.7	105.4	110.7	100.5	2.3	−0.3	−1.0	1.7
5.97	5.64	6.21	5.96	118.5	106.2	99.8	105.7	96.0	2.2	1.3	−1.1	0.9
8.93	8.77	11.51	12.14	131.8	125.7	135.9	138.4	105.5	1.0	−1.6	−0.4	5.6
8.34	6.99	8.93	9.46	113.7	107.9	113.4	135.3	105.9	1.1	−1.0	−3.5	5.2
13420	17164	7862	7587	203.6	235.6	56.5	44.2	96.5	−2.9	33.0	5.0	−12.7
4519	4042	7129	3720	268.0	159.5	82.3	92.0	52.2	10.9	14.1	−2.2	−1.4
14091	9659	4438	3639	91.2	71.1	25.8	37.7	82.0	5.1	22.5	−7.3	−15.0
4548	4468	2666	5972	1029.6	306.7	131.3	133.7	224.0	27.4	18.5	−0.4	5.0
366.2	176.5	85.2	61.60	66.0	26.4	16.8	34.9	72.3	20.1	9.5	−13.6	−16.1

1－10 吉林的一天
A Day of Jilin

指　　标	Item	1995	2000	2005	2010	2011
每天创造的财富	**Daily Production**					
全省生产总值额（亿元）	Gross Domestic Product（100 million yuan）	3.12	5.35	9.92	23.75	28.96
第一产业	Primary Industry	0.83	1.09	1.71	2.88	3.50
第二产业	Secondary Industry	1.30	2.11	4.33	12.35	15.37
#工业	#Industry	1.13	1.80	3.74	10.77	13.47
建筑业	Construction	0.17	0.31	0.59	1.58	1.90
第三产业	Tertiary Industry	0.98	2.15	3.87	8.52	10.08
地方财政收入（亿元）	Government Revenue （100 million yuan）	0.17	0.28	0.57	1.65	2.32
财政支出（亿元）	Government Expenditure （100 million yuan）	0.33	0.71	1.73	4.90	6.03
粮豆薯	Grain （10000 tons）					
水稻（万吨）	#Rice （10000 tons）	0.79	1.03	1.31	1.56	1.71
玉米（万吨）	Corn （10000 tons）	4.49	2.72	4.97	5.49	6.41
大豆（万吨）	Soybean （10000 tons）	0.18	0.33	0.36	0.24	0.22
高粱（万吨）	Durra （10000 tons）	0.18	0.13	0.18	0.18	0.10
油料（万吨）	Oil-bearing Crops （10000 tons）	0.07	0.11	0.15	0.19	0.19
园参（吨）	Garden Ginseng （ton）	37.04	45.21	87.67	77.26	101.10
肉类（万吨）	Meat （10000 tons）	0.37	0.68	0.85	0.65	0.67
牛奶（万吨）	Milk （10000 tons）	0.03	0.04	0.08	0.12	0.12
水产品（万吨）	Aquatic Products （10000 tons）	0.03	0.04	0.03	0.05	0.05
原煤（万吨）	Coal （10000 tons）	7.24	4.48	6.81	14.22	14.72
原油（万吨）	Crude Oil （10000 tons）	0.94	0.95	1.43	1.92	2.03
水泥（万吨）	Cement （10000 tons）	1.86	2.08	4.38	10.89	11.57
钢（万吨）	Steel （10000 tons）	0.32	0.44	1.26	2.27	2.53
成品钢材（万吨）	Steel Products （10000 tons）	0.24	0.39	1.31	2.40	2.93
汽车（辆）	Motor Vehicles （set）	518.29	891.02	1431.23	4586.85	4471.23
发电量（亿千瓦时）	Electricity （100 million kwh）	0.78	0.86	1.13	1.63	1.92
每天消费量	**Daily National Consumption**					
最终消费（亿元）	Final Consumption Expenditure （100 million yuan）	1.93	3.22	5.22	10.29	12.12
居民消费	Resident Consumption	1.61	2.46	3.81	6.88	8.12

1－10 续表 continued

指　　标	Item	1995	2000	2005	2010	2011
政府消费	Government Consumption Expenditure	0.32	0.76	1.41	3.41	3.98
社会消费品零售总额（亿元）	Total Retail Sales of Consumer Goods（100 million yuan）	1.36	2.28	4.00	9.60	11.28
每天其他经济活动	**Other Daily Economic Activities**					
全社会固定资产投资总额（亿元）	Total Investment in Fixed Assets of the of Society(100 million yuan)	0.94	1.61	4.94	26.36	20.39
城镇	Urban	0.81	1.41	4.50	21.71	17.83
农村	Rural	0.13	0.20	0.44	4.65	2.56
能源生产总量（万吨标准煤）	Total Energy Production（10000 tons of SCE）	6.88	5.17	7.05	13.13	14.02
客运量（万人）	Passenger Traffic （10000 persons）	58.54	65.98	75.96	177.49	187.65
货运量（万吨）	Freight Traffic （10000 persons）	73.03	91.30	102.82	123.22	142.21
邮电业务总量（万元）	Postal and Telecommunication Services(10000 yuan)	581.24	3187.67	7830.41	17882.19	6446.58
进出口额（万美元）	Total Value of Imports and Exports （USD 10000）	744	700	1789	4615	6040
出口	Total Exports	389	340	676	1226	1369
进口	Total Imports	355	360	1113	3389	4671
实际利用外资额（万美元）	Foreign Capital Actually Used （USD 10000）		135	315	1141	1355
国内旅游收入（亿元）	Income from Domestic Tourism（100 million yuan）		0.14	0.60	1.95	2.48
国际旅游外汇收入（万美元）	Foreign Exchange Earnings（USD 10000）		15.90	32.75	83.54	105.56
人口和社会活动	**Population and Social Activities**					
出生人口（人）	Birth Population （person）	838	699	586	595	492
死亡人口（人）	Death Population（person）	339	395	395	442	415
结婚（对）	Marriages （couple）	580	500	461	611	653
离婚（对）	Divorces （couple）	59	70	142	211	227
公共图书馆流通人次（万人次）	Circulation of Public Libraries （10000 person-times）		1.12	1.38	1.38	1.67
印刷图书（万册）	Printed Copies of Books （10000 copies）	31.80	22.16	35.01	61.97	94.19
印刷杂志（万册）	Printed Copies of Magazines （10000 copies）	14.20	15.17	18.88	30.41	87.67
印刷报纸（万份）	Printed Copies of Newspapers （10000 copies）	131.20	151.57	266.45	271.43	410.96
工业废水排放量（万吨）	Volume of Industry Waste Water Discharged（10000 tons）	128.47	102.43	112.85	105.91	114.75
废气排放量（亿标立方米）	Total Volume of Waste Gas Emission（100 million cu.m）	8.67	8.44	13.53	22.58	29.14
工业固体废物产生量（万吨）	Volume of Industrial Solid Wastes Product（1000 tons）	4.58	4.4	6.73	12.72	14.74
清运垃圾（万吨）	Volume of Garbage Disposal（10000 tons）	1.63	1.76	1.60	1.37	1.35

1－11 国民经济主要比例关系
Proportions of National Economic Indicators

指　　标	Item	2010		2011	
		绝对数 AbsoluteFigures	构成(%) Composition (%)	绝对数 Value	构成(%) Composition (%)
全部从业人员（万人）	Employment（10000 persons）	1311.60	100.0	1337.78	100.0
第一产业	Primary Industry	567.40	43.3	573.90	42.9
第二产业	Secondary Industry	263.00	20.1	270.20	20.2
第三产业	Tertiary Industry	481.20	36.6	493.70	36.9
地区生产总值（亿元）	Gross Domestic Products（100 million yuan）	8667.58	100.0	10568.83	100.0
第一产业	Primary Industry	1050.15	12.1	1277.44	12.1
第二产业	Secondary Industry	4506.31	52.0	5611.48	53.1
第三产业	Tertiary Industry	3111.12	35.9	3679.91	34.8
全社会固定资产投资（亿元）	Investment in Fixed Assets（100 million yuan）	9621.77	100.0	7441.71	100.0
建筑安装工程	Constructin and Installation	5356.23	55.6	4275.62	57.5
设备、工器具购置	Purchase Equipment and Tools	3321.00	34.5	2236.54	30.1
其他费用	Others	944.54	9.9	929.55	12.4
工业总产值（亿元）	Gross Industrial Output Value（100 million yuan）	13098.35	100.0	16917.61	100.0
轻工业	Light Industry	3405.16	25.9	4647.65	27.5
重工业	Heavy Industry	9693.19	74.1	12269.96	72.5
农林牧渔业总产值（亿元）	Gross Output Value of Agricultre, Forestry,Animal Husbandry and Fishery（100 million yuan）	1850.28	100.0	2275.15	100.0
农业	Farming	866.94	46.9	1020.44	44.9
林业	Forestry	68.34	3.7	81.85	3.6
牧业	Animal Husbandry	831.45	44.9	1074.49	47.1
渔业	Fishery	25.35	1.4	31.12	1.4
货运量（万吨）	Freight Transportation（10000 tons）	44977	100.0	51905	100.0
# 铁路	Railways	7674	17.0	7877	15.2
公路	Highways	33013	73.3	39308	75.7
水运	Waterways	226	0.5	270	0.5
客运量（万人）	Passenger Traffic（10000 persons）	64783	100.0	68494	100.0
铁路	Railways	5770	8.9	6138	9.0
公路	Highways	58577	90.4	61830	90.3
民航	Civil Aviation	296	0.4	311	0.5
水运	Waterways	140	0.2	215	0.3
社会消费品零售总额（亿元）	Total Retail Sales of Consumer Goods（100 million yuan）	3504.92	100.0	4119.82	100.0
城镇	Urban	3107.17	88.6	3673.82	89.2
乡村	Rural	397.75	11.4	446.00	10.8
地方财政收入占地区生产总值的比重（%）	Proportion of Local Government Revenue to GDP（%）		6.9		8.0
固定资产投资占地区生产总值的比重（%）	Proportion of Investment in Fixed Assets to GDP（%）		111.0		70.4

注：①规上工业统计口径从年主营业务收入500万元提高到2000万元。
②从2011年开始，固定资产投资统计的起点标准，从计划总投资50万元提高到500万元，因此，2011年全社会固定资产投资额与以前年度不可比。

Note: ①Scale above Industry Statistic Coliber from the main basiness income 5 million yuan in crease to 20 million yuan.
②From the beginning of 2011,Fixed assets investment statistics starting from the standard plans,Which from total investment of fifty thousand yuan to 5 million yuan.Therefore,in 2011 there is not comparable with other years on the total social fixed assets investment over the absolute number.

1－12 按经济类型分的国民经济主要比例关系（2011）
Proportion of National Economic Indicators by Ownership（2011）

指　　标	Item	绝对数 Value	构成(%) Composition (%)
全部从业人员（万人）	Employment(10000 persons)	1337.78	100.0
# 国有经济	State-owned Units	163.45	12.2
城镇集体经济	Collective-owned in Urban Areas	9.09	0.7
城镇私营及个体经济	Private and Self-employde Individual in Urban Area	311.42	23.3
乡村劳动力	Rural Labourers	748.50	56.0
全社会固定资产投资（亿元）	Total Investment in Fixed Assets(100 million yuan)	7441.71	100.0
国有经济	State-owned Units	1752.40	23.5
非国有经济	Nonstate-owned Units	5689.31	76.5
集体经济	Collective-owned Units	62.20	0.8
其他及个体经济	Others	5627.11	75.7
2000万元以上工业总产值（亿元）	Gross Industrial Output Value above 20 Million Yuan(100 million yuan)	16917.61	100.0
国有经济	State-owned Units	1544.84	9.2
非国有经济	Nonstate-owned Units	15372.77	90.8
集体经济	Collective-owned Units	89.53	0.5
其他经济	Others	15283.24	90.3
# 外资经济	# Foreign Economic	357.17	2.7
2000万元以上工业实现利润（亿元）	Total pre-tax Profits of Industry above 20 Million Yuan (100 million yuan)	1175.97	100.0
国有经济	State-owned Units	110.20	9.4
非国有经济	Nonstate-owned Units	1065.77	90.6
集体经济	Collective-owned Units	2.99	0.3
其他经济	Others	1062.78	90.6
# 外资经济	# Foreign Economic	31.83	2.7
2000万元以上工业资产总计（亿元）	Total Assets of Industry above 20 Million Yuan(100 million yuan)	11898.88	100.0
国有经济	State-owned Units	1963.69	16.5
非国有经济	Non state-owned Units	9935.19	83.5
集体经济	Collective-owned Units	40.47	0.3
其他经济	Others	9894.72	83.2
# 外资经济	# Foreign Economic	251.57	2.1
社会消费品零售总额（亿元）	Total Retail Sales of Consumer Goods (100 million yuan)	4119.82	100.0
批发零售贸易业	Wholesale and Retail Trades	3685.20	89.5
餐饮业	Catering Services	430.92	10.4
其他行业	Others	3.70	0.1

注：从2011年开始，固定资产投资统计的起点标准，从计划总投资50万元提高到500万元，因此，2011年全社会固定资产投资额与以前年度不可比。
Note: From the beginning of 2011,Fixed assets investment statistics starting from the standard plans,Which from total investment of fifty thousand yuan to 5 million yuan.Therefore,in 2011 there is not comparable with other years on the total social fixed assets investment over the absolute number.

1－13 民营经济主要指标

Civilian Battalion Economy Main Index Historical Account

地区	Region	主营业务收入（亿元）Main Basiness Income（100 million yuan）					
		2006	2007	2008	2009	2010	2011
全　省	**Total**	**4550**	**6091**	**8135**	**10269**	**13956**	**18860**
长　春	Changchun	2223	2913	3605	4525	6031	7716
吉　林	Jilin	766	1030	1461	1831	2447	3326
四　平	Siping	298	397	574	735	1030	1428
辽　源	Liaoyuan	162	219	302	381	525	837
通　化	Tonghua	297	410	579	737	1049	1477
白　山	Baishan	161	221	299	390	567	832
松　原	Songyuan	204	294	488	630	884	1280
白　城	Baicheng	135	190	261	335	480	661
延　边	Yanbian	307	417	565	704	951	1303
长白山管委会	Changbai Mountain Management Committee					20	25

地　　区	Region	“三上”企业户数（户）"Three Top" Number of Enterprises					
		2006	2007	2008	2009	2010	2011
全　省	**Total**	**4133**	**5302**	**6447**	**8039**	**10334**	**10354**
长　春	Changchun	1348	1499	1841	2240	2575	2178
吉　林	Jilin	638	866	1162	1578	1879	2049
四　平	Siping	325	456	504	685	1032	1030
辽　源	Liaoyuan	269	328	400	470	517	568
通　化	Tonghua	402	548	671	808	1099	1013
白　山	Baishan	230	319	385	468	656	689
松　原	Songyuan	184	379	479	684	1235	1249
白　城	Baicheng	190	229	281	320	410	594
延　边	Yanbian	547	682	730	791	936	990
长白山管委会	Changbai Mountain Management Committee					56	32

注：2011年“三上”企业中，规上工业统计口径从年主营业务收入500万元提高到2000万元，因此2011年数据与以前年度数据不可比。
Note: Year 2011 Within "Three Top"enterprises,Scale above Industry Statistic Caliber from the main basiness income 5 million yuan increase to 20 million yuan,thus year 2011 data is not comparable with the Previous Year data.

1－13 续表 continued

地 区	Region	个体经营户数（万户）The Self-employed Households（1000 Subscribers）					
		2006	2007	2008	2009	2010	2011
全 省	**Total**	**80.2**	**87.4**	**97.6**	**108.8**	**122.8**	**130.9**
长 春	Changchun	27.0	29.3	31.5	35.5	40.6	42.6
吉 林	Jilin	14.5	15.9	17.1	19.1	20.1	22.4
四 平	Siping	6.6	7.2	8.8	10.2	11.0	12.6
辽 源	Liaoyuan	3.0	3.3	3.6	3.8	3.7	4.3
通 化	Tonghua	8.0	8.6	9.3	10.5	12.2	13.9
白 山	Baishan	3.0	3.3	4.0	4.3	4.6	5.0
松 原	Songyuan	5.0	6.0	8.4	9.3	13.5	11.7
白 城	Baicheng	5.3	5.4	5.9	6.3	6.3	6.9
延 边	Yanbian	7.8	8.4	9.3	9.9	10.6	11.5
长白山管委会	Changbai Mountain Management Committee					0.5	0.6

地 区	Region	全部从业人员（万人）All Practitioners（10000 Persons）					
		2006	2007	2008	2009	2010	2011
全 省	**Total**	**295.7**	**328.1**	**404.1**	**443.9**	**505.5**	**552.7**
长 春	Changchun	125.0	133.1	142.4	154.1	172.2	182.0
吉 林	Jilin	48.6	52.0	71.1	78.4	85.7	96.4
四 平	Siping	18.0	20.3	33.1	37.9	44.3	47.6
辽 源	Liaoyuan	12.0	13.9	16.9	18.2	19.9	23.3
通 化	Tonghua	22.0	24.8	31.8	35.1	42.7	48.8
白 山	Baishan	15.4	18.0	21.3	24.2	26.1	28.5
松 原	Songyuan	15.0	21.1	32.0	36.0	48.5	53.7
白 城	Baicheng	16.0	17.4	18.6	20.0	19.6	22.5
延 边	Yanbian	23.7	27.5	36.9	40.0	46.7	50.2
长白山管委会	Changbai Mountain Management Committee					1.6	1.8

地 区	Region	民营经济增加值（亿元）Civilian Battalion Economic increased Value(100 million yuan)		民营经济增加值占GDP比重(%) Proportion of GDP for Civilian Battalion Economy Increased(%)		主营业务收入亿元以上企业户数（个）Basiness Number of Main Business Income above 100 million Yuan(unit)	
		2010	2011	2010	2011	2010	2011
全 省	**Total**	**4219.9**	**5318.0**	**49.2**	**50.5**	**1643**	**2493**
长 春	Changchun	1385.4	1661.2	41.6	41.5	232	403
吉 林	Jilin	816.4	1047.5	45.3	47.4	353	563
四 平	Siping	359.4	498.6	45.5	50.7	177	259
辽 源	Liaoyuan	208.2	271.0	50.8	54.1	136	201
通 化	Tonghua	308.1	412.0	49.1	52.8	86	177
白 山	Baishan	230.6	287.5	53.2	54.1	183	247
松 原	Songyuan	502.6	625.8	45.6	46.0	316	398
白 城	Baicheng	166.0	210.1	37.6	37.9	88	117
延 边	Yanbian	247.2	304.4	46.3	46.7	76	128
长白山管委会	Changbai Mountain Management Committee		10.8		53.3		

第二篇

CHAPTER 2

国民经济核算

NATIONAL ECONOMIC ACCOUNTING

2-1 历年地区生产总值

Gross Domestic Products

(按当年价格计算 Calculated at the current prices)

单位:亿元　　　　unit: 100 million yuan

年份 Year	地区生产总值 Gross Domestic Product	第一产业 Primary Industry	第二产业 Secondary Industry	工业 Industry	建筑业 Construction	第三产业 Tertiary Industry	人均生产总值(元) Per Capita GDP (yuan)
1952	16.55	9.19	4.54	4.19	0.35	2.82	153
1953	18.97	8.94	6.00	5.19	0.81	4.03	165
1954	20.43	9.10	6.96	5.89	1.07	4.37	176
1955	21.13	9.87	6.48	5.54	0.94	4.78	177
1956	24.58	10.56	8.20	6.62	1.58	5.82	200
1957	25.22	8.81	10.08	8.91	1.17	6.33	202
1958	31.18	9.30	15.00	13.08	1.92	6.88	243
1959	37.15	9.91	19.67	17.78	1.89	7.57	280
1960	41.83	8.26	24.64	22.17	2.47	8.93	289
1961	31.89	10.34	13.22	11.87	1.35	8.33	213
1962	31.35	9.92	12.89	11.47	1.42	8.54	210
1963	35.94	11.68	15.67	14.06	1.61	8.59	235
1964	38.45	11.72	17.95	16.12	1.83	8.78	246
1965	42.93	13.19	20.68	19.11	1.57	9.06	262
1966	46.67	16.26	20.96	19.63	1.33	9.45	277
1967	44.25	17.66	17.48	16.42	1.06	9.11	257
1968	42.49	17.16	16.16	15.31	0.85	9.17	240
1969	45.18	14.30	21.12	19.99	1.13	9.76	250
1970	56.07	18.73	26.57	25.29	1.28	10.77	303
1971	60.90	19.56	29.86	28.41	1.45	11.48	319
1972	56.02	15.53	29.26	27.66	1.60	11.23	286
1973	63.33	21.28	30.27	28.45	1.82	11.78	316
1974	65.11	22.11	30.88	28.94	1.94	12.12	319
1975	72.31	21.24	38.49	36.37	2.12	12.58	350
1976	67.32	16.81	37.47	35.34	2.13	13.04	321
1977	72.91	19.76	39.20	36.98	2.22	13.95	343
1978	81.98	23.98	42.96	40.34	2.62	15.04	381
1979	91.12	25.34	49.22	44.56	4.66	16.56	417
1980	98.59	27.24	52.24	47.42	4.82	19.11	445
1981	111.16	34.31	56.53	51.29	5.24	20.32	496
1982	121.67	38.40	60.36	54.21	6.15	22.91	538
1983	150.14	56.74	65.38	58.75	6.63	28.02	658
1984	174.39	60.04	80.46	72.10	8.36	33.89	760
1985	200.44	55.74	97.21	85.29	11.92	47.49	868
1986	227.15	64.35	104.30	91.28	13.02	58.50	977
1987	297.49	80.57	139.36	123.49	15.87	77.56	1269
1988	368.67	92.59	173.57	155.12	18.45	102.51	1559
1989	391.65	80.53	181.02	164.09	16.93	130.10	1636
1990	425.28	124.99	182.15	163.82	18.33	118.14	1746
1991	463.47	120.47	203.02	181.71	21.31	139.98	1878
1992	558.06	130.82	257.01	227.17	29.84	170.23	2246
1993	718.58	156.05	351.03	308.10	42.93	211.50	2826
1994	937.73	259.40	396.91	354.70	42.21	281.42	3657
1995	1137.23	303.99	475.22	413.85	61.37	358.02	4402
1996	1346.79	376.01	537.05	471.34	65.71	433.73	5178
1997	1464.34	368.16	566.97	495.10	71.87	529.21	5591
1998	1577.05	429.50	585.65	504.12	81.53	561.90	5983
1999	1682.07	423.48	654.52	552.34	102.18	604.07	6382
2000	1951.51	398.73	768.89	655.68	113.21	783.89	7351
2001	2120.35	409.10	852.51	724.73	127.78	858.74	7893
2002	2348.54	446.17	943.49	803.53	139.96	958.88	8714
2003	2662.08	488.15	1098.44	930.81	167.63	1075.49	9854
2004	3122.01	568.69	1329.68	1143.95	185.73	1223.64	11537
2005	3620.27	625.61	1580.83	1363.94	216.89	1413.83	13348
2006	4275.12	672.76	1915.29	1659.29	256.00	1687.07	15720
2007	5284.69	783.80	2475.45	2170.74	304.71	2025.44	19383
2008	6426.10	916.72	3097.12	2688.37	408.75	2412.26	23521
2009	7278.75	980.57	3541.92	3054.60	487.32	2756.26	26595
2010	8667.58	1050.15	4506.31	3929.31	577.00	3111.12	31599
2011	10568.83	1277.44	5611.48	4917.95	693.53	3679.91	38460

2-2 历年地区生产总值指数

Indices of Gross Domestic Product

(按可比价格计算，以1952年为100 Calculated at price,1952 = 100)

年 份 Year	地区生产总值 Gross Domestic Product	第一产业 Primary Industry	第二产业 Secondary Industry	工 业 Industry	建筑业 Construction	第三产业 Tertiary Industry	人均生产总值（元） Per Capita GDP (yuan)
1952	100.0	100.0	100.0	100.0	100.0	100.0	100.0
1953	108.5	91.2	129.5	121.2	231.4	137.6	102.4
1954	115.4	91.9	149.4	135.8	317.1	146.5	106.6
1955	119.8	97.3	146.4	134.4	294.3	158.9	107.8
1956	138.7	95.9	201.1	176.4	505.7	194.3	121.6
1957	140.2	78.8	238.0	226.6	380.0	206.0	120.4
1958	180.0	92.4	356.1	334.3	630.1	221.3	150.8
1959	213.0	97.1	459.6	444.8	636.6	248.0	172.6
1960	232.7	74.1	569.3	549.1	812.0	281.2	172.6
1961	160.0	83.3	294.9	287.5	380.0	223.9	114.9
1962	155.4	80.7	283.7	274.1	399.5	222.0	111.2
1963	180.5	93.3	347.5	336.5	477.4	233.7	127.0
1964	192.0	94.0	385.8	373.3	535.9	242.8	131.9
1965	217.6	104.2	460.1	459.0	454.7	250.3	142.9
1966	235.7	110.0	509.2	517.0	383.2	265.3	150.8
1967	218.3	119.5	424.2	432.1	302.1	254.9	136.2
1968	212.8	116.1	408.5	419.8	240.3	256.5	129.5
1969	203.6	96.8	512.8	525.9	318.3	274.4	136.8
1970	292.6	126.7	647.9	665.2	389.7	339.5	169.6
1971	317.9	131.3	732.2	754.9	405.0	361.9	178.6
1972	289.1	100.0	716.6	734.1	450.6	354.0	158.4
1973	326.7	136.6	746.6	760.4	520.7	371.3	174.6
1974	334.2	138.9	765.1	777.5	554.2	382.0	175.2
1975	376.9	136.1	963.6	986.1	618.1	396.5	195.3
1976	352.3	106.2	945.3	966.4	618.1	411.0	180.2
1977	377.4	123.7	978.7	1000.9	636.4	437.8	190.3
1978	425.6	148.1	1091.9	1110.0	785.6	469.3	212.1
1979	449.3	136.2	1207.9	1182.6	1394.6	517.6	220.5
1980	478.3	134.5	1305.7	1283.1	1446.3	574.3	231.7
1981	506.1	154.3	1330.1	1309.8	1440.3	598.5	242.7
1982	544.8	172.5	1389.9	1356.7	1649.0	658.7	258.7
1983	663.0	254.2	1487.2	1450.7	1776.1	786.4	312.1
1984	745.8	265.1	1748.9	1697.8	2187.6	917.4	349.1
1985	796.7	232.2	1972.2	1880.0	2880.5	1163.8	370.6
1986	854.7	242.2	2049.1	1962.7	2880.5	1376.5	394.5
1987	1015.6	279.2	2434.4	2349.2	3213.4	1688.9	465.5
1988	1177.4	288.5	2947.2	2910.3	3095.4	2016.5	534.9
1989	1147.9	238.8	2829.5	2845.8	2351.0	2285.9	514.9
1990	1187.5	326.3	2769.5	2775.4	2420.6	2073.2	523.4
1991	1258.1	326.3	2931.3	2929.2	2627.6	2342.0	547.3
1992	1411.2	332.2	3465.7	3440.1	3286.8	2669.6	609.7
1993	1590.4	357.8	4065.3	4024.9	3934.3	2944.6	680.9
1994	1744.7	393.6	4292.9	4318.7	3717.9	3403.9	740.6
1995	1913.9	413.2	4790.9	4824.0	4112.0	3774.9	806.7
1996	2172.3	481.4	5418.5	5513.9	4264.2	4220.4	909.2
1997	2367.8	479.5	5895.3	6103.8	3965.7	4925.2	984.4
1998	2583.3	543.3	6349.3	6531.1	4548.6	5324.1	1067.0
1999	2795.1	550.9	7035.0	7164.6	5494.7	5835.3	1154.7
2000	3052.3	534.3	9244.0	8081.7	6527.7	6518.0	1251.9
2001	3336.1	558.9	10270.1	9059.6	6867.2	7163.3	1352.2
2002	3653.1	594.1	11348.4	9992.7	7663.8	7886.8	1475.8
2003	4025.7	629.2	12948.6	11311.8	9173.5	8541.4	1622.5
2004	4516.8	679.5	14916.7	13234.8	9623.0	9480.9	1817.4
2005	5063.3	746.8	16647.1	14730.3	10960.6	10770.3	2033.7
2006	5822.8	778.2	19477.1	17293.4	12560.8	12644.3	2332.7
2007	6760.3	787.5	23606.2	21167.1	14206.3	14718.0	2701.3
2008	7841.9	862.3	27949.7	24998.3	17203.8	16969.9	3125.4
2009	8908.4	886.4	32729.1	29173.0	20592.9	19176.0	3544.2
2010	10137.8	919.2	38882.2	34861.7	23620.1	21227.8	4026.2
2011	11536.8	966.1	45764.3	41380.8	26194.7	23562.9	4569.7

2-3 地区生产总值
Gross Domestic Product

单位: 亿元　　　　unit: 100 million yuan

指　　标	Item	2010	2011	2011年为2010年的%(按可比价计算) 2011 as precentage of 2010 (calculated at constant price)
地区生产总值（当年价格）	**Gross Domestic Products(Current Price)**	**8667.58**	**10568.83**	**113.8**
第一产业	**Primary Industry**	**1050.15**	**1277.44**	**105.1**
农、林、牧、渔业	Agriculture、Forestry、Animal Husbandry and Fishery	1050.15	1277.44	105.1
农业	Farming	577.03	676.16	106.8
林业	Forestry	43	51.24	105.4
畜牧业	Animal Husbandry and Fishery	381.48	493.01	102.2
渔业	Fishery	15.63	19.08	104.6
农、林、牧、渔业服务业	Agriculture、Forestry、Animal Husbandry and Fishery Services	33.01	37.95	109.2
第二产业	**Secondary Industry**	**4506.31**	**5611.48**	**117.7**
工业	Industry	3929.31	4917.95	118.7
建筑业	Construction	577	693.53	110.9
第三产业	**Tertiary Industry**	**3111.12**	**3679.91**	**111.0**
交通运输、仓储和邮政业	Transport,Storage and Post	373.93	420.98	109.1
批发和零售业	Wholesale and Retail Trade	753.37	860.47	109.1
住宿和餐饮业	Hotels and Catering Services	180.01	205.69	106.8
金融业	Financial Intermediation	190.12	207.65	99.4
房地产业	Real Estate	212.32	238.61	103.9
营利性服务业	Profitable Services	549.08	711.64	123.5
非营利性服务业	Unprofitable Services	852.29	1034.87	110.8
人均生产总值(元)	**Per Captia GDP(yuan)**	**31599**	**38460**	**113.5**

2－4　三次产业贡献率

Share of the Contributions of the Three Strata of Industries to the Increase of the GDP

单位: %　　　　　　　　　　　　　　　　　　　　　　　　　　　　unit: (%)

年　份 Year	地区生产总值 Cross Domestic Product	第一产业 Primary Industry	第二产业 Secondary Industry	# 工业 Industry	第三产业 Tertiary Industry
1990	100.0	214.0	−30.1	−32.8	−83.9
1991	100.0		41.1	35.0	58.9
1992	100.0	3.4	56.1	42.2	40.5
1993	100.0	15.7	59.6	51.0	24.7
1994	100.0	25.7	26.4	29.8	47.9
1995	100.0	12.8	52.2	46.6	35.0
1996	100.0	29.1	43.2	41.7	27.7
1997	100.0	−1.1	43.4	47.1	57.7
1998	100.0	32.7	37.5	31.0	29.8
1999	100.0	3.9	57.4	46.7	38.7
2000	100.0	21.7	44.8	40.0	33.5
2001	100.0	10.1	47.0	43.7	42.9
2002	100.0	12.9	44.3	37.5	42.8
2003	100.0	11.0	55.9	44.9	33.1
2004	100.0	12.0	52.2	49.7	35.8
2005	100.0	14.5	41.4	34.7	44.1
2006	100.0	4.9	49.6	43.8	45.5
2007	100.0	1.2	58.3	53.5	40.5
2008	100.0	8.1	53.6	45.9	38.3
2009	100.0	2.7	59.4	50.7	37.9
2010	100.0	3.1	66.4	59.6	30.5
2011	100.0	4.5	66.8	61.6	28.7

注：本表按可比价格计算。产业贡献率是各产业增加值增量与地区生产总值增量之比。
Note: Data in this table are calculated at constant prices.share of the three industries refers to the proportion of the increment of every industrial value added to the increment of GDP.

2－5　三次产业拉动率

Pull Rate of the Three Strata of Industry to GDP Growth

单位: %　　　　　　　　　　　　　　　　　　　　　　　　　　　　unit: (%)

年　份 Year	地区生产总值 Cross Domestic Product	第一产业 Primary Industry	第二产业 Secondary Industry	# 工业 Industry	第三产业 Tertiary Industry
1990	3.4	7.3	−1.0	−1.1	−2.9
1991	5.9		2.4	2.1	3.5
1992	12.2	0.4	6.9	5.1	4.9
1993	12.7	2.0	7.6	6.5	3.1
1994	9.7	2.5	2.6	2.9	4.6
1995	9.7	1.2	5.1	4.5	3.4
1996	13.5	3.9	5.8	5.6	3.8
1997	9.0	−0.1	3.9	4.2	5.2
1998	9.1	3.0	3.4	2.8	2.7
1999	8.2	0.3	4.7	3.8	3.2
2000	9.2	2.0	4.1	3.7	3.1
2001	9.3	0.9	4.4	4.1	4.0
2002	9.5	1.2	4.2	3.6	4.1
2003	10.2	1.1	5.7	4.6	3.4
2004	12.2	1.5	6.3	6.1	4.4
2005	12.1	1.8	5.0	4.2	5.3
2006	15.0	0.7	7.4	6.6	6.9
2007	16.1	0.2	9.4	8.6	6.5
2008	16.0	1.3	8.6	7.3	6.1
2009	13.6	0.4	8.1	6.9	5.1
2010	13.8	0.4	9.2	8.2	4.2
2011	13.8	0.6	9.2	8.5	4.0

注：本表按可比价格计算。产业拉动率指地区生产总值增长速度与各产业贡献率之乘积。
Note: Data in this table are calculated at constant prices.Contribution of the three industries to GDP growth refers to the growth rate of GDP multiplying the industrial shares.

2-6 各市县生产总值（2011）

单位:万元

市、县 City，County		各市县生产总值 Gross Domestic Product by City and County	第一产业 Primary Industry	第二产业 Secondary Industry	工业 Industry	建筑业 Construction	第三产业 Tertiary Industry	交通运输仓储及邮政业 Transport, Storage and Post	信息传输、计算机服务、和软件业 Information Transmission, Computer Services and Software	批发和零售业 Wholesale and Retail Trades
长春市	**Changchun**	**40030775**	**2901246**	**20927330**	**17843025**	**3084305**	**16202199**	**2016819**	**1150408**	**3858141**
九台市	Jiutai	2930803	329831	1501072	1000960	500112	1099900	241125	36015	267846
榆树市	Yushu	3012277	868918	759833	555290	204543	1383526	469083	17021	212546
德惠市	Dehui	3064828	613121	1199798	916416	283382	1251909	187417	16495	208144
农安县	Nong' an	2791942	807733	852747	614627	238120	1131462	227051	20450	199628
吉林市	**Jilin**	**22080487**	**2203184**	**11165225**	**9584546**	**1580679**	**8712078**	**1669358**	**593341**	**1560877**
桦甸市	Huadian	2367549	350093	1354016	1163369	190647	663440	118031	45365	111838
蛟河市	Jiaohe	1707106	307574	838404	648496	189908	561128	132389	23685	99725
磐石市	Panshi	2844914	425353	1520186	1320186	200000	899375	299132	23774	140092
舒兰市	Shulan	1616054	486997	464538	348031	116507	664519	138542	27396	161543
永吉县	Yongji	1053796	192928	418365	280422	137943	442503	117329	15834	79615
四平市	**Siping**	**9845977**	**2574439**	**4445399**	**4210145**	**235254**	**2826139**	**381247**	**163147**	**496378**
公主岭市	Gongzhuling	3180349	948700	1190253	1078076	112177	1041396	131074	59379	178314
梨树县	Lishu	2887405	825777	1013485	985027	28458	1048143	261634	57688	140529
伊通满族自治县	Yitong	1360972	336688	341658	328174	13484	682626	122856	22115	116359
双辽市	Shuangliao	1625540	288249	931466	899294	32172	405825	95200	16050	103100
辽源市	**Liaoyuan**	**5004925**	**487305**	**2917001**	**2648500**	**268501**	**1600619**	**181209**	**75490**	**351121**
东丰县	Dongfeng	1122629	217114	645380	600110	45270	260135	26805	16910	46725
东辽县	Dongliao	905888	175963	547205	448280	98925	182720	38956	31103	17502
通化市	**Tonghua**	**7802319**	**787543**	**4081103**	**3724647**	**356456**	**2933673**	**522689**	**164326**	**817863**
梅河口市	Meihekou	2140202	225000	1044364	940733	103631	870838	159977	30272	232417
集安市	Ji ' an	737188	77149	304341	205164	99177	355698	136879	16823	84262
通化县	Tonghua	1000876	70096	531069	436822	94247	399711	36949	22641	43713
辉南县	Huinan	725791	159000	302677	218932	83745	264114	41566	10445	65445
柳河县	Liuhe	791790	182700	346430	292212	54218	262660	38378	6691	32447

注：各市县相加不等于地区数。
Note：The sum of data by city and county is not equal to the region.

Gross Domestic Product by City and County (2011)

unit:10000 yuan

食宿和餐饮业 Hotels and Catering Services	金融业 Financial Intermediation	房地产业 Real Estate	租赁和商务服务业 Leasing and Business Services	科学研究、技术服务和地质勘查业 Scientific Research Technical Services and Geological Prospecting	水利、环境和公共设施管理业 Management of Water Conservancy、Environment and Public Facilities	居民服务和其他服务业 Resident Services and Other Services	教育 Education	卫生、社会保障和社会福利业 Health Care、Social、Security and Social Welfare	文化、体育和娱乐业 Culture, Sports and Entertainment	公共管理和社会组织 Public Management and Social Organizations	人均生产总值（元）Per Capita CDP(yuan)
726905	**1254697**	**1007134**	**1341302**	**645439**	**136081**	**768010**	**1348130**	**517695**	**472217**	**959221**	**52649**
42932	91721	56226	5677	6010	41356	53205	110733	49071	10440	87543	34758
53140	35498	53317	24045	11361	18437	36068	120518	81414	140268	110810	25950
22397	15038	51580	1804	2631	1922	680415	26510	8625	12860	16071	32370
59274	80499	61434	746	3380	6940	209590	111109	86267	11205	53889	23677
482775	**490322**	**864672**	**443549**	**218977**	**73165**	**389306**	**705304**	**463313**	**103557**	**653562**	**50914**
34450	16408	52306	28064	7209	5611	40751	50951	38007	28454	85995	52131
46503	21982	52664	5666	3589	7633	38734	42536	25644	13356	47022	37793
51434	52080	95351	24117	5697	3914	28124	69759	24775	7459	73667	53116
22323	34481	59059	13425	5107	8152	50375	49034	35762	8946	50374	24379
19460	16515	39064	2288	4964	11334	40448	30948	27021	5580	32103	26719
258978	**183349**	**246751**	**68591**	**63021**	**53218**	**120414**	**242150**	**255178**	**68145**	**225572**	**28874**
19449	45683	159932	48276	20606	18618	95363	87307	54229	55033	68133	28931
78519	10810	74562	11989	23256	29587	93846	94867	72865	18125	79866	38458
17029	20277	100603	25972	12637	9306	88994	57327	35614	8124	45413	28295
33163	3588	24476	9598	7028	5671	26632	30362	19929	3158	27870	41049
97293	**72748**	**187950**	**4804**	**6286**	**5610**	**190748**	**87443**	**42039**	**25612**	**272266**	**40844**
13770	43084	32390	766	1153	848	17725	20363	8975	4271	26350	28024
9344	28680	10451	553	712	457	2439	15602	6877	2865	17179	25684
142416	**153710**	**260615**	**147304**	**36887**	**18444**	**59180**	**162938**	**89141**	**43112**	**315048**	**34515**
40281	48681	59418	7688	7074	12540	65700	101272	39866	5872	59780	34614
20841	13567	25119	1827	1092	1907	7524	16220	7950	6060	15627	33102
48496	33997	24887	29782	15993	15916	16814	31522	30648	28925	19428	40752
22074	16319	46595	5441	2724	1913	9007	10491	10099	5547	16448	20508
26079	36194	34541	5436	281	2045	11623	17531	20955	8302	22157	21205

单位: 万元

2-6 续表

市、县 City, County		各市县生产总值 Gross Domestic Product by City and County	第一产业 Primary Industry	第二产业 Secondary Industry	工业 Industry	建筑业 Construction	第三产业 Tertiary Industry	交通运输仓储及邮政业 Transport, Storage and Post	信息传输、计算机服务、和软件业 Information Transmission, Computer Services and Software	批发和零售业 Wholesale and Retail Trades
白 山 市	**Baishan**	**5314342**	**484414**	**3173641**	**2946558**	**227083**	**1656287**	**190260**	**56562**	**323213**
临 江 市	Linjiang	710342	63894	377683	348193	29490	268765	32602	4879	21847
抚 松 县	Fusong	1268838	169352	673036	648318	24718	426450	52904	8241	90668
靖 宇 县	Jingyu	456650	55465	269636	264839	4797	131549	14022	2272	22591
长白朝鲜族自治县	Changbai	290162	45394	131289	125968	5321	113479	15204	6947	10950
松 原 市	**Songyuan**	**13609668**	**2305382**	**6703296**	**6061590**	**641706**	**4600990**	**842302**	**186194**	**1209121**
长 岭 县	Changling	2002052	604804	776715	712407	64308	620533	133873	28103	117401
前郭尔罗斯蒙古族自治县	Qianguo	4250181	691500	2245970	2077970	168000	1312711	256713	41279	353123
乾 安 县	Qian' an	1540338	175000	985274	967098	18176	380064	74874	28275	65507
扶 余 县	Fuyu	2800829	691501	996420	951405	45015	1112908	359958	44268	287662
白 城 市	**Baicheng**	**5545757**	**1007732**	**2704112**	**2478275**	**225837**	**1833913**	**235492**	**88493**	**385675**
洮 南 市	Taonan	948754	216715	393291	307214	86077	338748	54080	22961	61555
大 安 市	Da' an	1082013	163141	607465	595450	12015	311407	38127	21382	37256
镇 赉 县	Zhenlai	986403	226489	457044	449456	7588	302870	18676	21446	42207
通 榆 县	Tongyu	892125	191254	326453	291038	35415	374418	34257	27756	46880
延边朝鲜族自治州	**Yanbian**	**6521685**	**605173**	**3258167**	**2927507**	**330660**	**2658345**	**299722**	**101999**	**671656**
延 吉 市	Yanji	2506588	46407	1163621	1059493	104128	1296560	198079	101376	297057
图 们 市	Tumen	325750	14576	186749	156400	30349	124425	13727	6483	20291
敦 化 市	Dunhua	1305970	249634	605343	545880	59463	450993	37348	14350	148998
龙 井 市	Longjing	309552	39732	123484	89618	33866	146336	13124	8226	14724
珲 春 市	Hunchun	1000853	49382	692183	666441	25742	259288	47420	11768	40581
和 龙 市	Helong	429729	50106	243515	223779	19736	136108	14412	5072	33917
汪 清 县	Wangqing	485817	90629	234643	207269	27374	160545	11630	8646	23174
安 图 县	Antu	500482	64706	168000	143866	24134	267776	28485	8350	28057

continued

unit: 10000 yuan

食宿和餐饮业 Hotels and Catering Services	金融业 Financial Intermediation	房地产业 Real Estate	租赁和商务服务业 Leasing and Business Services	科学研究、技术服务和地质勘查业 Scientific Research Technical Services and Geological Prospecting	水利、环境和公共设施管理业 Management of Water Conservancy、Environment and Public Facilities	居民服务和其他服务业 Resident Services and Other Services	教育 Education	卫生、社会保障和社会福利业 Health Care、Social、Security and Social Welfare	文化、体育和娱乐业 Culture, Sports and Entertainment	公共管理和社会组织 Public Management and Social Organizations	人均生产总值（元） Per Capita CDP(yuan)
132660	**130502**	**140775**	**94643**	**10566**	**13583**	**30247**	**108338**	**104861**	**33274**	**286803**	**41325**
22030	7302	17250	499	5303	2936	89532	30610	18522	5678	9775	41613
60435	29586	72807	2937	2010	2660	29592	23919	10224	5938	34529	44149
12614	3398	11116	901	2803	1035	6041	13049	8344	1201	32162	32618
7955	5295	7714	2266	1262	2148	2275	12060	5516	2176	31711	33779
391128	**184313**	**292445**	**76261**	**36972**	**56963**	**250586**	**337111**	**184689**	**26652**	**526254**	**46749**
75752	12026	53638	1879	2005	908	36467	28883	23213	7372	99013	31219
230178	18087	56919	20247	12269	16933	43196	62187	31569	39202	130809	72282
25892	4443	23963	20755	1601	4605	15846	35573	23101	7687	47942	49576
114611	24107	69140	6223	8035	3394	34319	37722	29772	2569	91128	36351
111384	**115778**	**245351**	**144445**	**13496**	**30142**	**89087**	**110894**	**70406**	**23946**	**169324**	**27374**
12135	20008	41913	17604	1302	3011	13840	25578	17843	2784	44134	21676
6829	13373	26264	50033	1170	2010	23481	24565	15898	7643	43376	26022
24432	15285	33222	22829	4220	3020	25517	27089	12500	3880	48547	33540
31933	12329	36512	26024	1348	11454	24289	39079	15497	7519	59541	24309
126296	**265565**	**253585**	**110522**	**51778**	**23140**	**71573**	**218235**	**119023**	**49332**	**295919**	**29802**
108512	60204	98315	56889	39831	10091	33991	92901	58199	42322	98793	48530
6635	14929	14736	819	604	1298	9566	9414	5887	1504	18532	25569
32158	39100	44447	3900	3200	4008	9960	40316	19556	6402	47250	27000
6249	13704	13528	3639	3524	1793	2074	23065	16152	2600	23934	17313
20102	9594	36452	3276	4026	4706	13973	21452	5780	2816	37342	44286
4264	11546	10015	2327	1098	3317	3884	15574	7277	1485	21920	21880
8481	19015	19481	5301	1300	1937	1822	22257	10043	6841	20617	19951
13563	10319	33408	50227	2273	3410	2003	19878	9496	1457	56850	23170

2－7 各市县生产总值指数（2011）

单位: %

市、县 City，County		各市县生产总值 Gross Domestic Product by City and County	第一产业 Primary Industry	第二产业 Secondary Industry	工业 Industry	建筑业 Construction	第三产业 Tertiary Industry	交通运输仓储及邮政业 Transport, Storage and Post	信息传输、计算机服务、和软件业 Information Transmission, Computer Services and Software	批发和零售业 Wholesale and Retail Trades
长春市	**Changchun**	**113.3**	**104.7**	**114.9**	**115.0**	**113.7**	**113.0**	**117.0**	**118.6**	**108.4**
九台市	Jiutai	113.8	92.9	122.0	119.1	128.5	110.3	112.6	108.3	105.2
榆树市	Yushu	112.0	102.0	121.9	121.6	122.9	113.1	115.2	118.2	109.0
德惠市	Dehiu	113.9	99.5	119.9	121.8	113.6	115.9	112.8	107.6	100.2
农安县	Nong' an	111.3	101.4	120.0	120.8	118.1	112.2	112.8	113.8	104.4
吉林市	**Jilin**	**114.3**	**105.1**	**117.8**	**118.6**	**112.8**	**112.5**	**114.3**	**110.4**	**113.6**
桦甸市	Huadian	119.4	101.8	121.8	120.0	134.1	126.3	121.7	110.9	112.8
蛟河市	Jiaohe	118.9	105.6	127.1	128.6	122.1	115.9	116.9	110.9	116.2
磐石市	Panshi	110.1	105.1	110.2	111.0	105.2	112.5	125.0	110.9	114.5
舒兰市	Shulan	115.4	104.9	127.4	132.4	114.1	116.0	118.7	110.9	114.1
永吉县	Yongji	115.5	105.0	119.3	126.5	106.6	116.2	114.6	110.9	124.2
四平市	**Siping**	**117.6**	**108.6**	**126.6**	**128.1**	**104.0**	**113.2**	**109.1**	**142.0**	**109.8**
公主岭市	Gongzhuling	112.2	105.1	125.9	130.2	95.1	105.0	106.3	67.2	116.8
梨树县	Lishu	110.5	105.1	125.4	141.3	25.6	102.8	119.6	118.9	57.9
伊通满族自治县	Yitong	114.8	104.5	137.5	138.0	126.3	110.9	112.6	118.1	83.7
双辽市	Shuangliao	116.6	104.5	125.2	129.4	65.0	107.2	107.2	111.2	97.7
辽源市	**Liaoyuan**	**115.2**	**105.1**	**120.9**	**127.3**	**83.7**	**108.7**	**102.3**	**114.8**	**112.3**
东丰县	Dongfeng	118.6	105.7	127.8	129.6	108.8	110.4	112.2	108.7	113.3
东辽县	Dongliao	116.0	99.1	125.5	131.5	104.4	109.9	106.0	114.1	112.0
通化市	**Tonghua**	**116.5**	**105.5**	**120.0**	**123.2**	**94.0**	**114.8**	**115.8**	**113.8**	**110.3**
梅河口市	Meihekou	115.3	105.9	120.7	131.2	69.9	111.4	109.0	114.9	110.7
集安市	Ji' an	116.1	102.8	122.2	120.2	126.5	114.3	106.7	127.0	118.6
通化县	Tonghua	114.7	108.3	119.1	126.9	93.4	110.0	109.0	108.7	111.5
辉南县	Huinan	105.3	126.5	103.1	122.8	77.9	97.9	99.2	108.7	112.9
柳河县	Liuhe	111.0	103.0	115.2	124.1	82.2	111.6	107.9	109.0	115.4

Gross Domestic Product and Indices by City and County (2011)

unit: %

食宿和餐饮业 Hotels and Catering Services	金融业 Financial Intermediation	房地产业 Real Estate	租赁和商务服务业 Leasing and Business Services	科学研究、技术服务和地质勘查业 Scientific Research Technical Services and Geological Prospecting	水利、环境和公共设施管理业 Management of Water Conservancy、Environment and Public Facilities	居民服务和其他服务业 Resident Services and Other Services	教育 Education	卫生、社会保障和社会福利业 Health Care、Social、Security and Social Welfare	文化、体育和娱乐业 Culture, Sports and Entertainment	公共管理和社会组织 Public Management and Social Organizations	人均生产总值 Per Capita
108.9	**110.7**	**109.3**	**124.9**	**107.4**	**104.0**	**121.3**	**105.8**	**106.1**	**124.8**	**122.0**	**112.9**
115.1	110.7	106.1	135.9	109.2	108.4	141.1	108.4	108.5	138.6	107.1	113.7
106.3	108.2	105.6	121.3	103.5	104.2	108.2	124.6	103.9	114.6	117.1	112.3
107.7	102.6	104.0	120.0	103.9	103.3	126.2	100.4	105.2	126.8	103.2	113.6
106.7	105.6	101.2	126.7	107.6	109.3	127.2	116.0	114.9	125.8	107.0	110.6
109.8	**105.4**	**118.6**	**115.7**	**118.9**	**112.6**	**111.0**	**107.9**	**111.4**	**101.7**	**111.4**	**114.4**
110.3	103.0	113.5	111.5	148.0	126.1	125.4	152.1	165.6	170.7	144.0	119.7
115.1	108.9	105.5	158.0	108.9	102.9	171.7	104.5	103.7	185.5	108.0	119.3
116.2	104.3	108.5	97.6	100.8	100.7	97.5	100.9	100.9	97.5	103.7	111.1
119.9	100.9	111.3	169.4	116.5	117.5	117.6	117.5	117.4	122.9	118.9	115.4
107.8	106.7	114.3	113.8	136.0	136.0	115.0	108.3	139.0	144.7	100.1	115.1
121.3	**117.6**	**105.4**	**103.5**	**104.6**	**101.5**	**109.0**	**120.6**	**115.1**	**112.1**	**110.0**	**117.3**
98.9	105.2	117.7	130.6	103.5	100.0	132.1	104.5	100.3	135.0	67.5	111.5
97.1	127.1	112.4	119.8	118.4	118.5	124.0	119.7	118.8	118.1	119.1	116.5
111.0	116.7	107.9	128.8	126.3	126.5	128.9	126.8	126.7	129.3	122.6	114.9
126.9	109.9	109.5	119.0	104.0	104.5	118.7	105.5	105.6	118.5	109.9	116
114.4	**103.3**	**103.7**	**102.5**	**101.5**	**100.6**	**113.3**	**106.5**	**106.3**	**106.4**	**108.8**	**116.4**
110.1	107.3	111.6	112.1	113.7	112.2	109.4	108.6	112.5	112.4	109.8	119.2
113.6	108.6	109.6	118.4	103.6	114.5	119.5	100.7	132.5	106.6	113.7	116.6
107.8	**108.7**	**121.9**	**137.1**	**111.8**	**111.1**	**167.8**	**111.1**	**110.8**	**171.2**	**109.8**	**116.8**
106.5	106.2	115.5	121.6	114.6	114.6	121.6	114.6	114.6	121.8	102.6	115.4
122.5	112.7	113.2	119.5	144.7	157.2	128.1	121.1	121.5	116.4	125.3	116.6
106.7	132.2	124.6	107.3	104.1	108.1	112.5	104.5	100.6	105.5	106.2	114.5
114.9	108.2	104.3	92.1	79.0	95.1	80.0	53.6	64.7	79.8	98.2	105.5
113.1	105.3	113.6	136.6	102.7	102.9	139.6	102.9	122.9	126.1	97.8	110.9

单位: %

2－7 续表

市、县 City, County		各市县生产总值 Gross Domestic Product by City and County	第一产业 Primary Industry	第二产业 Secondary Industry	工业 Industry	建筑业 Construction	第三产业 Tertiary Industry	交通运输仓储及邮政业 Transport, Storage and Post	信息传输、计算机服务、和软件业 Information Transmission, Computer Services and Software	批发和零售业 Wholesale and Retail Trades
白山市	**Baishan**	**116.6**	**106.1**	**122.3**	**122.9**	**113.4**	**108.7**	**103.0**	**117.6**	**108.7**
临江市	Linjiang	117.1	104.1	124.6	129.6	73.7	111.4	105.8	126.7	114.0
抚松县	Fusong	116.8	103.7	129.1	129.8	111.9	107.0	108.9	104.4	107.7
靖宇县	Jingyu	116.7	108.4	123.5	128.4	39.6	108.4	104.2	104.4	110.5
长白朝鲜族自治县	Changbai	115.1	102.4	122.6	123.2	110.4	113.1	120.1	102.4	107.4
松原市	**Songyuan**	**113.8**	**105.3**	**115.5**	**113.4**	**138.7**	**115.5**	**116.3**	**117.4**	**113.0**
长岭县	Changling	114.9	105.8	121.6	119.1	157.8	115.8	120.7	115.3	115.2
前郭尔罗斯蒙古族自治县	Qianguo	114.4	104.8	117.1	113.4	198.8	115.5	139.4	131.9	104.9
乾安县	Qian' an	114.7	105.1	117.1	117.2	110.6	113.3	118.7	112.5	108.0
扶余县	Fuyu	115.0	106.3	119.5	118.8	143.4	115.5	118.5	115.5	112.7
白城市	**Baicheng**	**116.7**	**106.2**	**127.0**	**127.5**	**121.5**	**109.3**	**104.9**	**102.7**	**105.1**
洮南市	Taonan	114.9	106.7	124.2	131.8	103.5	110.9	104.7	110.0	112.1
大安市	Da' an	112.4	104.6	113.2	113.3	107.2	114.5	102.5	115.3	122.3
镇赉县	Zhenlai	108.2	107.9	105.1	105.0	110.0	113.5	116.5	112.0	113.2
通榆县	Tongyu	116.5	105.5	125.0	126.9	110.8	115.8	105.5	102.7	110.9
延边朝鲜族自治州	**Yanbian**	**115.8**	**105.4**	**122.7**	**124.1**	**111.5**	**110.5**	**113.5**	**103.2**	**115.1**
延吉市	Yanji	115.5	105.1	120.0	119.6	125.3	112.2	113.4	103.9	114.0
图们市	Tumen	116.8	104.5	122.6	121.3	129.9	110.5	108.1	102.9	123.0
敦化市	Dunhua	115.5	105.6	121.0	121.6	115.3	114.2	118.1	107.7	121.4
龙井市	Longjing	117.5	104.8	134.2	125.5	165.5	108.7	100.0	102.9	115.6
珲春市	Hunchun	119.2	105.1	125.6	126.4	108.3	106.6	100.7	114.7	109.9
和龙市	Helong	117.6	105.6	126.4	129.3	102.3	109.9	106.4	103.0	111.8
汪清县	Wangqing	116.4	105.7	125.9	130.3	99.6	110.0	109.1	102.4	114.0
安图县	Antu	116.7	105.0	118.8	133.2	71.6	118.4	108.3	109.0	119.9

continued

unit: %

食宿和餐饮业 Hotels and Catering Services	金融业 Financial Intermediation	房地产业 Real Estate	租赁和商务服务业 Leasing and Business Services	科学研究、技术服务和地质勘查业 Scientific Research Technical Services and Geological Prospecting	水利、环境和公共设施管理业 Management of Water Conservancy、Environment and Public Facilities	居民服务和其他服务业 Resident Services and Other Services	教育 Education	卫生、社会保障和社会福利业 Health Care、Social、Security and Social Welfare	文化、体育和娱乐业 Culture, Sports and Entertainment	公共管理和社会组织 Public Management and Social Organizations	人均生产总值 Per Capita
110.5	**102.6**	**114.3**	**117.4**	**112.4**	**110.8**	**107.6**	**112.5**	**108.7**	**141.3**	**104.8**	**117.1**
115.2	110.5	104.9	114.8	134.4	120.7	107.5	116.3	112.5	125.8	125.3	119.3
113.7	107.8	104.0	103.2	108.0	103.2	101.7	110.4	105.6	101.7	102.3	122.4
113.1	142.6	104.2	99.9	100.1	100.1	100.1	100.0	100.1	100.0	115.9	116.7
110.8	109.3	139.6	108.6	117.6	127.6	106.8	114.2	118.5	105.7	110.0	113.6
114.3	**124.4**	**103.2**	**131.3**	**108.0**	**107.9**	**133.2**	**107.6**	**108.5**	**132.8**	**124.7**	**113.0**
115.7	102.4	105.2	118.8	111.5	111.5	115.1	111.5	111.5	118.8	120.8	114.3
107.5	103.8	105.6	126.5	104.4	100.7	132.8	102.1	101.5	139.0	134.2	114.4
107.4	105.0	109.3	117.4	112.6	112.6	117.4	112.7	112.7	117.4	116.7	114.2
120.8	101.1	105.0	112.2	110.9	110.9	112.2	110.9	110.9	112.1	123.4	116.6
123.3	**108.8**	**111.9**	**119.4**	**106.1**	**104.8**	**117.0**	**105.9**	**105.2**	**119.4**	**111.0**	**116.7**
109.0	105.2	115.6	106.8	119.6	117.3	116.0	111.5	108.3	115.3	117.2	114.8
109.2	128.5	108.1	114.7	107.0	113.8	121.3	113.9	114.5	114.9	116.2	113.5
121.6	111.2	109.5	117.4	119.1	119.1	117.4	119.1	119.1	117.4	104.4	108.5
110.8	115.9	111.0	134.5	110.0	110.0	134.4	110.5	111.4	127.6	129.4	116.7
109.9	**108.3**	**109.9**	**114.0**	**122.3**	**112.2**	**131.7**	**105.3**	**113.2**	**109.6**	**100.1**	**115.6**
107.4	117.1	110.2	114.9	95.3	115.1	120.4	118.4	109.1	119.7	115.0	113.7
116.9	107.6	107.5	124.3	102.4	105.4	123.9	101.5	101.2	121.7	106.8	118.4
138.7	106.7	104.9	98.1	96.4	125.7	113.3	106.6	128.4	127.0	99.7	115.5
111.0	116.3	105.5	126.3	106.3	113.4	108.4	106.2	107.5	117.1	109.9	119.4
105.9	112.6	105.6	123.7	103.1	126.9	106.3	103.1	105.4	105.3	106.9	118.3
110.6	107.4	110.8	125.9	127.4	102.0	133.1	103.8	119.7	107.5	109.6	119.6
101.7	104.5	103.8	129.2	125.7	102.7	102.7	120.9	109.9	127.6	107.1	114.8
151.4	116.9	120.0	129.0	101.7	100.8	113.9	109.4	104.0	107.4	118.4	117.3

2－8 地区生产总值项目构成（2011）

Components of Gross Domestic Product（2011）

单位：亿元

unit: 100 million yuan

项目	Item	增加值 Value -added	劳动者报酬 Compensation of Employees	生产税净额 Net Taxes on Production	固定资产折旧 Depreciation of Fixed Assets	营业盈余 Orerating Surplus
地区生产总值	**Gross Domestic Products by Region**	**10568.83**	**4085.94**	**1637.88**	**1825.16**	**3019.85**
第一产业	**Primary Tndustry**	**1277.44**	**1163.76**	**–54.94**	**168.62**	
农、林、牧、渔业	Agriculture、Forestry、Animal Husbandry and Fishery	1277.44	1163.76	–54.94	168.62	
农业	Farming	676.16	612.69	–24.37	87.84	
林业	Forestry	51.24	44.22	–0.84	7.86	
畜牧业	Animal Husbandry	493.01	456.22	–28.58	65.37	
渔业	Fishery	19.08	17.21	–0.64	2.51	
农、林、牧、渔服务业	Agriculture、Forestry、Animal Husbandry and Fishery Services	37.95	33.42	–0.51	5.04	
第二产业	**Secondary Industry**	**5611.48**	**1472.73**	**1198.94**	**1017.76**	**1922.05**
工业	Industry	4917.95	1134.78	1103.49	970.09	1709.59
采矿业	Mining	644.25	121.50	80.38	154.74	287.63
制造业	Manufacturing	4027.80	945.73	960.91	731.88	1389.28
电力、燃气及水的生产和供应业	Production and Supply of Electricity Gas and Water	245.90	67.55	62.20	83.47	32.68
建筑业	Construction	693.53	337.95	95.45	47.67	212.46
房屋和土木工程建筑业	Housing and Givil Engineering Construction	478.48	248.22	67.62	30.97	131.67
建筑安装业	Installation	130.68	60.07	17.60	8.34	44.67
建筑装饰业	Decoration	64.11	21.92	7.56	6.46	28.17
其他建筑业	Others	20.26	7.74	2.67	1.90	7.95
第三产业	**Tertiary Industry**	**3679.91**	**1449.45**	**493.88**	**638.78**	**1097.80**
交通运输、仓储和邮政业	**Transport, Storage, and Post**	**420.98**	**107.07**	**61.82**	**71.83**	**180.26**
铁路运输业	Railway Transport	90.99	35.82	12.09	13.95	29.13
道路运输业	Highway Transport	221.06	34.51	36.41	35.59	114.55
城市公共交通业	Urban Public Transport	59.89	13.35	8.15	10.46	27.93
水上运输业	Waterway Transport	4.16	0.47	0.18	2.86	0.65
航空运输业	Air Transport	6.19	2.05	1.50	0.53	2.11
管道运输业	Pipeling Transport					
装卸搬运和其他运输服务业	Handing and Other Transport Services	10.16	2.31	1.48	0.70	5.67
仓储业	Storage	13.27	7.87	0.71	4.58	0.11
邮政业	Post	15.26	10.69	1.30	3.16	0.11
信息传输、计算机服务和软件业	**Information Transmission、Computer Services and Software**	**235.16**	**38.33**	**28.12**	**115.86**	**52.85**
电信和其他信息传输服务业	Telecommunication and Others Information Transport Services	207.70	32.87	25.59	113.12	36.12
计算机服务业	Computer Services	5.67	1.19	0.46	0.67	3.35
软件业	Software	21.79	4.27	2.07	2.07	13.38
批发和零售业	**Wholesale and Retail Trade**	**860.47**	**175.95**	**246.56**	**71.56**	**366.40**
批发业	Wholesale	346.69	95.10	184.79	40.91	25.89
零售业	Retail Trade	513.78	80.85	61.77	30.65	340.51
住宿和餐饮业	**Hotels and Catering Services**	**205.69**	**42.11**	**16.86**	**20.83**	**125.89**
住宿业	Hotels	24.18	8.12	3.02	10.57	2.47
餐饮业	Catering Services	181.51	33.99	13.84	10.26	123.42
金融业	**Financial Intermediation**	**207.65**	**80.99**	**40.97**	**12.80**	**72.89**
银行业	Banking	156.89	60.75	23.17	10.10	62.87
证券业	Securities	26.35	4.25	15.09	0.76	6.25
保险业	Insurance	22.53	15.5	2.63	1.45	2.95
其他金融活动	Other Financial Activities	1.88	0.49	0.08	0.49	0.82

2-8 续表 continued

单位: 亿元 unit: 100 million yuan

项目	Item	增加值 Value -added	劳动者报酬 Compensation of Employees	生产税净额 Net Taxes on Production	固定资产折旧 Depreciation of Fixed Assets	营业盈余 Orerating Surplus
房地产业	**Real Estate**	**238.61**	**47.91**	**50.59**	**131.12**	**8.99**
房地产开发经营业	Development and Management of Real Estate	86.07	26.04	45.29	10.47	4.27
物业管理业	Realty Management	26.25	14.61	3.77	5.20	2.67
房地产中介服务业	Intermediary Service for Real Estate	7.84	2.49	0.72	1.22	3.41
其他房地产活动	Others	6.56	4.77	0.81	2.34	-1.36
居民自有住房服务业	Residents' Housing Services	111.89			111.89	
租赁和商务服务业	**Leasing and Business Services**	**206.64**	**66.09**	**19.22**	**30.75**	**90.58**
租赁业	Leasing	6.03	2.36	0.46	2.21	1.00
商务服务业	Business Services	200.61	63.73	18.76	28.54	89.58
科学研究、技术服务和地质勘查业	**Scientific Research, Technical Services and Geological Prospecting**	**69.81**	**54.01**	**3.61**	**6.06**	**6.13**
研究与试验发展	Research and Experiment	19.40	21.70	0.20	1.70	-4.20
专业技术服务业	Special Technological Services	30.53	19.03	2.46	2.69	6.35
科技交流和推广服务业	Services of Science and Technology Exchanges and Promotion	11.68	5.94	0.82	1.23	3.69
地质勘查业	Geological Prospecting	8.20	7.34	0.13	0.44	0.29
水利、环境和公共设施管理业	**Water Conservancy、Environment and Public Facilities Management**	**34.38**	**18.79**	**0.51**	**7.86**	**7.22**
水利管理业	Water Conservancy	8.35	3.56	0.13	3.18	1.48
环境管理业	Environment Management	13.75	9.50	0.07	0.95	3.23
公共设施管理业	Public Utilities Management	12.28	5.73	0.31	3.73	2.51
居民服务和其他服务业	**Resident Services and Other Services**	**217.99**	**51.92**	**15.12**	**11.68**	**139.27**
居民服务业	Resdent Services	148.94	37.34	9.66	7.79	94.15
其他服务业	Other Services	69.05	14.58	5.46	3.89	45.12
教育	**Education**	**339.15**	**265.06**	**1.22**	**57.41**	**15.46**
卫生、社会保障和社会福利业	**Health Care、Social Securities and Social Welfare**	**144.57**	**92.28**	**2.99**	**12.66**	**36.64**
卫生	Health Care	133.28	84.36	2.86	11.01	35.05
社会保障业	Social Securities	4.96	3.97		0.52	0.47
社会福利业	Social Welfare	6.33	3.95	0.13	1.13	1.12
文化、体育和娱乐业	**Culture、Sports and Entertainment**	**51.85**	**24.39**	**4.48**	**6.01**	**16.97**
新闻出版业	Journalism and Publishing Activities	6.84	4.27	1.16	1.28	0.13
广播、电视、电影和音像业	Broadcast、TV、Movies and Audiovisual Activities	10.91	7.64	0.95	1.69	0.63
文化艺术业	Culture and Art Activities	8.19	7.01	0.07	0.99	0.12
体育	Sports	1.81	1.93	0.03	0.38	-0.53
娱乐业	Entertainment	24.10	3.54	2.27	1.67	16.62
公共管理和社会组织	**Public management and Social Organizations**	**446.96**	**384.55**	**1.81**	**82.35**	**-21.75**

2-9 历年支出法生产总值

Gross Domestic Products by Expenditure Approach over the Years

单位：亿元　　　　unit:（100 million yuan）

年 份 Year	支出法地区生产总值 Gross Domestic Product by Expenditure Approach	最终消费支出 Final Consumption Expenditure	居民消费支出 Household Consumption Expenditures	农村居民 Rural Households	城镇居民 Urban Households	政府消费支出 Government Consumption Expenditures	资本形成总额 Gross Capital Formation	固定资本形成 Fixed Capital	存货增加 Changes in Inventories	货物和服务净出口 Net Export of Goods and Services
1952	16.6	11.8	11.3			0.5	3.9	1.9	2.0	0.9
1953	19.0	14.5	14.0			0.6	5.1	3.2	1.9	−0.7
1954	20.4	14.7	14.1			0.6	8.6	5.4	3.2	−2.9
1955	21.1	15.1	14.5			0.6	7.1	5.6	1.5	−1.0
1956	24.6	17.0	16.4			0.7	6.5	6.5	0.1	1.0
1957	25.2	16.2	15.4			0.8	6.4	4.3	2.1	2.6
1958	31.2	17.1	16.2			0.9	10.7	8.4	2.3	3.4
1959	37.2	19.7	18.8			1.0	13.7	10.7	2.9	3.8
1960	41.8	20.9	19.8			1.1	11.9	11.1	0.9	9.0
1961	31.9	22.5	21.6			0.8	7.8	5.1	2.7	1.6
1962	31.4	22.9	22.2			0.8	3.8	3.9	−0.2	4.7
1963	35.9	26.2	25.2			1.0	7.4	5.2	2.2	2.4
1964	38.5	27.2	26.0			1.2	7.3	7.0	0.3	3.9
1965	42.9	28.9	27.9			1.0	9.8	7.5	2.3	4.2
1966	46.7	31.0	29.7			1.2	9.6	6.9	2.7	6.1
1967	44.3	32.4	30.9			1.5	8.4	5.4	3.0	3.4
1968	42.5	32.1	30.3			1.8	8.7	5.3	3.5	1.7
1969	45.2	35.4	33.3			2.1	10.4	6.5	4.0	−0.7
1970	56.1	39.9	37.4			2.5	13.4	8.9	4.5	2.8
1971	60.9	40.5	37.8			2.6	16.5	11.6	4.8	4.0
1972	56.0	40.1	37.2			2.9	17.2	11.6	5.6	−1.2
1973	63.3	41.8	38.9			2.8	19.3	13.4	6.0	2.2
1974	65.1	43.6	39.7			3.8	20.4	13.7	6.7	1.2
1975	72.3	47.4	43.0			4.4	24.9	15.4	9.4	0.1
1976	67.3	50.7	45.9			4.8	17.5	12.4	5.1	−0.9
1977	72.9	54.5	49.5			5.0	19.0	11.7	7.3	−0.6
1978	82.0	57.9	53.0	24.47	28.55	4.9	32.8	18.2	14.6	−8.7
1979	91.1	69.5	61.9	29.85	32.01	7.7	26.7	19.5	7.1	−5.1
1980	98.6	76.9	67.8	31.84	35.92	9.2	29.0	20.8	8.2	−7.3
1981	111.2	85.1	75.1	36.41	38.72	10.0	28.0	21.0	7.0	−2.0
1982	121.7	94.8	83.5	39.76	43.73	11.3	35.7	27.7	8.0	−8.8
1983	150.1	112.2	96.7	49.28	47.38	15.6	38.6	29.3	9.3	−0.7
1984	174.4	131.6	111.8	55.81	55.95	19.9	57.2	40.9	16.2	−14.4
1985	200.4	145.0	120.5	56.42	64.11	24.5	81.2	62.4	18.8	−25.7
1986	227.2	165.3	137.9	61.35	76.51	27.4	86.8	63.4	23.4	−25.0
1987	297.5	196.2	161.5	69.36	92.13	34.7	111.9	76.7	35.2	−10.6
1988	368.7	242.4	203.5	83.21	120.26	38.9	134.6	92.9	41.8	−8.3
1989	391.7	266.9	223.3	91.47	131.82	43.7	148.3	81.7	66.5	−23.6
1990	425.3	279.7	232.7	95.86	136.87	47.0	182.7	94.0	88.7	−37.1
1991	463.5	308.4	255.9	101.03	154.82	52.6	193.1	117.4	75.6	−38.0
1992	558.1	364.6	306.3	111.67	194.65	58.2	213.1	152.6	60.2	−19.6
1993	718.0	436.1	364.9	125.93	238.98	71.2	287.1	252.9	34.1	−5.2
1994	944.4	577.6	473.6	156.13	317.50	104.0	389.9	320.5	69.5	−1.6
1995	1139.4	703.4	586.2	191.08	395.09	117.2	474.3	358.1	116.2	−38.3
1996	1340.1	811.4	684.5	220.07	464.43	126.9	600.8	412.8	187.9	−72.2
1997	1468.3	928.4	772.8	238.80	534.00	155.5	552.3	386.4	165.9	−12.4
1998	1553.9	951.9	777.1	234.50	542.60	174.8	613.9	442.3	171.6	−11.9
1999	1638.3	988.7	783.0	225.50	557.70	205.7	658.7	525.0	133.7	−9.1
2000	1820.4	1140.7	845.1	253.40	591.70	295.6	686.6	627.8	58.8	−6.9
2001	2023.4	1266.8	906.7	268.50	638.20	360.1	791.0	699.7	91.3	−34.4
2002	2252.4	1379.4	977.5	269.90	707.60	401.9	898.5	824.2	74.3	−25.5
2003	2570.1	1539.9	1115.7	256.30	859.40	424.2	1062.9	998.1	64.8	−182.7
2004	3012.3	1693.3	1244.8	277.60	967.20	448.5	1347.9	1291.9	56.0	−28.9
2005	3761.6	1921.6	1407.9	323.21	1084.66	513.8	1872.1	1802.4	69.7	−32.2
2006	4964.9	2137.6	1552.9	381.48	1171.42	584.7	2874.3	2804.3	70.0	−47.0
2007	5601.1	2588.4	1819.8	431.12	1388.68	768.6	3880.0	4003.2	−123.1	−867.3
2008	6783.4	3049.2	2075.7	493.10	1582.55	973.5	5415.3	5608.3	−193.0	−1681.1
2009	7633.1	3384.3	2304.0	562.77	1761.82	1080.3	6074.5	6280.5	−206.0	−1825.7
2010	9128.6	3754.5	2510.6	595.58	1915.02	1243.9	7192.1	7618.1	−426.0	−1818.0
2011	11162.2	4423.7	2970.8	799.28	2171.53	1452.9	8206.9	8355.5	−148.7	−1468.3

注：本表按当年价格计算。支出法地区生产总值不等于地区生产总值是由于计算误差的影响。

Note: Data in this table are calculated at current prices.The gross regional production by expenditure approach is not equal to gross regional product due to statistical discrepancies.

2-10 1978-2011年支出法生产总值构成

1978-2011 Componests of Gross Domestic Product by Expenditure Approach

单位：%　　　　unit: %

年份 Year	全省生产总值 Gross Domestic Product by Expenditure Approach	#最终消费 Final Consumption Expenditure	居民消费 Household Consumption Expenditure	农村居民 Rural Households	城镇居民 Urban Households	政府消费 Government Consumption Expenditure	#资本形成总额 Gross Capital Formation	固定资本形成总额 Gross Fixed Capital Formation	存货增加 Changes in Inventories
1978	100.0	70.6	64.7	29.8	34.8	6.0	40.0	22.2	17.8
1979	100.0	76.3	67.9	32.8	35.1	8.4	29.3	21.4	7.8
1980	100.0	78.0	68.7	32.3	36.4	9.3	29.4	21.1	8.3
1981	100.0	76.6	67.6	32.8	34.8	9.0	25.2	18.9	6.3
1982	100.0	77.9	68.6	32.7	35.9	9.3	29.3	22.7	6.6
1983	100.0	74.7	64.4	32.8	31.6	10.4	25.7	19.5	6.2
1984	100.0	75.5	64.1	32.0	32.1	11.4	32.8	23.5	9.3
1985	100.0	72.4	60.1	28.1	32.0	12.2	40.5	31.1	9.4
1986	100.0	72.8	60.7	27.0	33.7	12.1	38.2	27.9	10.3
1987	100.0	65.9	54.3	23.3	31.0	11.7	37.6	25.8	11.8
1988	100.0	65.7	55.2	22.6	32.6	10.6	36.5	25.2	11.3
1989	100.0	68.2	57.0	23.4	33.7	11.1	37.9	20.9	17.0
1990	100.0	65.8	54.7	22.5	32.2	11.1	43.0	22.1	20.9
1991	100.0	66.5	55.2	21.8	33.4	11.3	41.7	25.3	16.3
1992	100.0	65.3	54.9	20.0	34.9	10.4	38.2	27.3	10.8
1993	100.0	60.7	50.8	17.5	33.3	9.9	40.0	35.2	4.8
1994	100.0	61.2	50.1	16.5	33.6	11.0	41.3	33.9	7.4
1995	100.0	61.7	51.4	16.8	34.7	10.3	41.6	31.4	10.2
1996	100.0	60.6	51.1	16.4	34.7	9.5	44.8	30.8	14.0
1997	100.0	63.2	52.6	16.3	36.4	10.6	37.6	26.3	11.3
1998	100.0	61.3	50.0	15.1	34.9	11.2	39.5	28.5	11.0
1999	100.0	60.3	47.8	13.8	34.0	12.6	40.2	32.0	8.2
2000	100.0	62.7	46.4	13.9	32.5	16.2	37.7	34.5	3.2
2001	100.0	62.6	44.8	13.3	31.5	17.8	39.1	34.6	4.5
2002	100.0	61.2	43.4	12.0	31.4	17.8	39.9	36.6	3.3
2003	100.0	59.9	43.4	10.0	33.4	16.5	41.4	38.8	2.5
2004	100.0	56.2	41.3	9.2	32.1	14.9	44.7	42.9	1.9
2005	100.0	51.1	37.4	8.6	28.8	13.7	49.8	47.9	1.8
2006	100.0	43.0	31.3	7.7	23.6	11.8	57.9	56.5	1.4
2007	100.0	46.2	32.5	7.7	24.8	13.7	69.3	71.5	-2.2
2008	100.0	45.5	31.0	7.4	23.6	14.5	79.6	82.4	-2.9
2009	100.0	44.3	30.2	7.1	23.1	14.2	79.6	82.3	-2.7
2010	100.0	41.1	27.5	6.5	21.0	13.6	78.8	83.5	-4.7
2011	100.0	39.6	26.6	7.2	19.4	13.0	73.5	74.8	-1.3

2-11 支出法地区生产总值及构成
Gross Domestic Product by Expenditure Approach and Its Components

项目	Item	2010	2011
支出法地区生产总值(亿元)	**Gross Domestic Product by Expenditure Approach(100 million yuan)**	**9128.6**	**11162.2**
最终消费	Final Consumption Expenditure	3754.5	4423.7
居民消费	Household Consumption Expenditure	2510.6	2970.8
政府消费	Government Consumption Expenditure	1243.9	1452.9
资本形成总额	Gross Capital Formation	7192.1	8206.9
固定资本形成总额	Gross Fixed Capital Formation	7618.1	8355.5
存货增加	Changes in Inventories	-426.0	-148.7
货物和服务净出口	Net Export of Goods and Services	-1818.0	-1468.3
资本形成率(投资率)(%)	Capital Formation Rate(%)	78.8	73.5
最终消费率(消费率)(%)	Final Consumption Rate(%)	41.1	39.6
支出法国内生产总值构成(%)	Components of GDP by Expenditure Approach(%)	100.0	100.0
最终消费	Final Consumption Expenditure	41.1	39.6
居民消费	Household Consumption Expenditure	27.5	26.6
政府消费	Government Consumption Expenditure	13.6	13.0
资本形成总额	Gross Capital Formation	78.8	73.5
固定资本形成总额	Gross Fixed Capital Formation	83.5	74.8
存货增加	Changes in Inventories	-4.7	-1.3
货物和服务净出口	Net Export of Goods and Services	-19.9	-13.1

2-12 1978-2011年最终消费和资本形成总额指数（上年=100）

1978-2011 Indices of Final Consumption Expenditure and Gross Capital Formation （preceding year = 100）

年份 Year	最终消费 Final Consumption Expenditure	居民消费 Household Consumption Expenditure	农村居民 Rural Households	城镇居民 Urban Households	政府消费 Government Consumption Expenditure	#资本形成总额 Gross Capital Formation	固定资本形成总额 Gross Fixed Capital Formation
1978	106.8	107.9	110.0	106.2	94.0	167.6	154.5
1979	111.1	109.3	110.7	108.1	135.8	86.5	106.7
1980	109.5	109.4	106.1	112.0	109.4	107.8	106.4
1981	107.9	107.4	107.6	107.2	91.9	92.0	94.3
1982	110.8	109.6	110.0	109.4	122.2	122.3	129.0
1983	112.6	110.0	119.6	101.3	106.2	106.0	104.7
1984	85.9	78.8	112.9	113.2	140.0	139.6	127.0
1985	140.6	147.5	96.7	109.5	132.5	132.8	142.1
1986	107.6	105.9	100.8	110.6	101.9	101.6	96.3
1987	110.0	109.3	108.8	109.5	110.9	125.0	117.8
1988	106.6	104.7	101.2	107.8	110.9	111.0	110.1
1989	94.4	93.9	91.3	96.0	95.4	97.0	74.8
1990	101.3	100.9	98.4	102.8	121.6	122.1	113.1
1991	104.3	104.1	99.4	107.4	105.3	104.7	123.6
1992	106.4	106.8	103.0	109.3	104.3	100.3	115.2
1993	107.2	106.5	103.1	108.6	110.7	116.2	144.0
1994	120.0	118.8	107.4	115.9	125.5	120.7	104.3
1995	107.9	109.1	107.6	109.9	102.2	113.0	104.4
1996	108.3	109.4	108.9	109.7	103.0	119.5	109.1
1997	111.3	110.6	104.8	113.4	115.1	93.8	92.6
1998	106.7	105.0	100.4	107.1	115.0	112.2	114.1
1999	108.8	106.1	98.9	109.1	121.2	106.8	116.2
2000	112.4	106.7	99.2	109.5	135.3	100.2	116.2
2001	106.3	101.3	100.7	101.6	120.6	113.9	110.2
2002	107.6	106.6	103.8	107.8	109.8	112.9	117.1
2003	112.7	116.3	94.9	125.0	104.4	117.1	119.8
2004	106.4	108.2	102.6	109.9	101.7	119.7	122.6
2005	110.5	110.3	112.8	109.6	111.0	130.5	130.9
2006	109.7	108.8	115.7	106.7	112.2	147.1	148.9
2007	115.0	111.1	106.5	112.6	125.4	129.9	137.4
2008	111.7	108.5	108.6	108.4	119.3	130.0	130.8
2009	112.5	110.9	109.2	111.4	116.0	113.5	113.6
2010	106.4	104.2	102.1	104.8	111.0	113.5	115.0
2011	111.0	111.0	121.0	107.8	111.0	106.7	105.1

第三篇 CHAPTER 3

人口 POPULATION

3-1 历年全省人口数及构成
Population and Composition of Jilin

单位：万人　　　　unit: 10000 persons

年份 Year	年底总人口 Population	按性别分 By Sex		按农业、非农业分 By Agriculture and Non-agriculture		占总人口的比重（%） Percentage to Total Population(%)	
		男 Male	女 Female	农业人口 Agriculture	非农业人口 Non-agriculture	男性人口 Male Population	非农业人口 Non-agriculture
1949	1008.5	536.6	471.9	828.2	180.3	53.2	17.9
1950	1029.5	546.9	482.6	836.6	192.9	53.1	18.7
1951	1039.8	550.5	489.3	824.4	215.4	52.9	20.7
1952	1064.6	561.1	503.5	831.6	233.0	52.7	21.9
1953	1133.2	602.1	531.1	821.2	312.0	53.1	27.5
1954	1164.7	614.7	550.0	837.0	327.7	52.8	28.1
1955	1202.1	634.5	567.6	851.2	350.9	52.9	29.2
1956	1224.5	641.7	582.8	905.9	318.6	52.4	26.0
1957	1248.1	656.0	592.1	885.6	365.5	52.6	29.3
1958	1280.9	674.0	606.9	880.2	400.7	52.6	31.3
1959	1313.0	692.4	620.6	844.3	468.7	52.7	35.7
1960	1397.1	740.7	656.4	847.9	549.2	53.0	39.3
1961	1414.3	743.0	671.3	891.2	523.1	52.5	37.0
1962	1476.4	768.9	707.5	995.9	480.5	52.1	32.5
1963	1537.1	800.7	736.4	1043.1	494.0	52.1	32.1
1964	1595.1	831.3	763.8	1091.4	503.7	52.1	31.6
1965	1639.1	850.1	789.0	1118.9	520.2	51.9	31.7
1966	1679.3	869.4	809.9	1152.9	526.4	51.8	31.3
1967	1722.1	891.7	830.4	1179.9	542.2	51.8	31.5
1968	1766.3	910.4	855.9	1210.6	555.7	51.5	31.5
1969	1808.2	932.0	876.2	1265.6	542.6	51.5	30.0
1970	1860.4	959.0	901.4	1305.3	555.1	51.5	29.8
1971	1915.2	983.8	931.4	1336.3	578.9	51.4	30.2
1972	1962.7	1008.3	951.4	1366.2	596.5	51.4	30.4
1973	2007.9	1032.1	975.8	1396.4	611.5	51.4	30.5
1974	2034.5	1045.5	989.0	1419.8	614.7	51.4	30.2
1975	2063.9	1060.5	1003.4	1443.4	620.5	51.4	30.1
1976	2092.6	1075.1	1017.5	1460.0	632.6	51.4	30.2
1977	2117.9	1087.8	1030.1	1481.6	636.3	51.4	30.0
1978	2149.3	1102.3	1047.0	1489.8	659.5	51.3	30.7
1979	2184.6	1119.0	1065.6	1483.4	701.2	51.2	32.1
1980	2210.7	1132.1	1078.6	1487.4	723.3	51.2	32.7
1981	2230.9	1141.4	1089.5	1485.2	745.7	51.2	33.4
1982	2257.6	1155.1	1102.5	1493.9	763.7	51.2	33.8
1983	2269.5	1162.3	1107.2	1487.4	782.1	51.2	34.5
1984	2284.5	1170.7	1113.8	1481.9	802.6	51.2	35.1
1985	2298.0	1177.4	1120.6	1461.0	837.0	51.2	36.4
1986	2315.3	1186.4	1128.9	1458.3	857.0	51.2	37.0
1987	2336.4	1196.9	1139.5	1452.9	883.5	51.2	37.8
1988	2357.4	1208.3	1149.1	1448.7	908.7	51.3	38.5
1989	2395.4	1228.2	1167.2	1464.6	930.8	51.3	38.9
1990	2440.2	1248.1	1192.1	1488.3	951.9	51.1	39.0
1991	2459.7	1258.5	1201.2	1493.5	966.2	51.2	39.3
1992	2474.0	1265.3	1208.7	1488.6	985.4	51.1	39.8
1993	2496.1	1276.0	1220.1	1474.9	1021.2	51.1	40.9
1994	2515.6	1285.9	1229.7	1465.2	1050.4	51.1	41.8
1995	2550.9	1302.8	1248.1	1473.1	1077.8	51.1	42.3
1996	2579.1	1315.5	1263.6	1484.6	1094.5	51.0	42.4
1997	2600.1	1324.6	1275.5	1484.2	1115.9	50.9	42.9
1998	2603.2	1325.6	1277.6	1480.3	1122.9	50.9	43.1
1999	2616.1	1331.6	1284.5	1484.2	1131.9	50.9	43.3
2000	2627.3	1336.5	1290.8	1484.3	1143.0	50.9	43.5
2001	2637.1	1340.8	1296.3	1482.4	1154.7	50.8	43.8
2002	2649.4	1346.9	1302.5	1471.6	1177.8	50.8	44.5
2003	2658.6	1350.5	1308.1	1463.2	1195.4	50.8	45.0
2004	2661.9	1352.0	1309.9	1459.5	1202.4	50.8	45.2
2005	2669.4	1355.0	1314.4	1463.1	1206.3	50.8	45.2
2006	2679.5	1359.1	1320.4	1470.7	1208.8	50.7	45.1
2007	2696.1	1366.0	1330.1	1480.2	1215.9	50.7	45.1
2008	2710.5	1372.8	1337.7	1485.7	1224.8	50.6	45.2
2009	2719.5	1376.1	1343.4	1492.7	1226.8	50.6	45.1
2010	2723.8	1377.7	1346.1	1481.7	1242.1	50.6	45.6
2011	2726.5	1377.9	1348.6	1417.4	1309.1	50.5	48.0

注：本表是公安部门年报数字。
Note:Annual report of the table is the number of police departments.

3-2 全省人口情况

Basic Statistics on Population of Jilin

指 标	Item	单位 Unit	2000	2005	2006	2007	2008	2009	2010	2011
总户数	Total Households	万户 10000 households	795.80	851.00	859.00	862.19	894.87	908.14	900.16	944.81
户均人口	Average Population	人/户 person/ household	3.32	3.16	3.14	3.15	3.03	3.02	2.94	2.91
总人口	Total Population	万人 10000 Persons	2681.70	2716.00	2723.00	2729.82	2734.21	2739.55	2746.60	2749.41
男	Male	万人 10000 persons	1372.80	1386.90	1390.40	1391.39	1386.43	1401.72	1391.39	1392.88
女	Female	万人 10000 persons	1308.90	1329.10	1332.60	1338.43	1347.78	1337.83	1355.21	1356.53
性别比	Sex Ratio	女=100 female=100	104.90	104.35	104.34	103.96	102.87	103.78	102.67	102.68
城镇人口	Urban Population	万人 10000 persons	1331.80	1426.50	1442.40	1451.17	1454.87	1460.73	1465.58	1468.19
占总人口比重	Percentage of the Total Popu lation	%	49.66	52.52	52.97	53.16	53.21	53.32	53.36	53.36
乡村人口	Rural Population	万人 10000 persons	1349.90	1289.50	1280.60	1278.65	1279.34	1278.82	1281.02	1281.22
占总人口比重	Percentage of the Total Popu lation	%	50.34	47.48	47.03	46.84	46.79	46.68	46.64	46.64
出生人口	Birth Population	万人 10000 persons	25.50	21.40	21.0	20.58	18.18	18.33	21.73	17.95
人口出生率	Birth Rate	‰	9.53	7.89	7.67	7.55	6.65	6.69	7.91	6.53
死亡人口	Death Population	万人 10000 persons	14.40	15.20	14.00	13.77	13.78	12.99	16.15	15.15
人口死亡率	Death Rate	‰	5.38	5.32	5.00	5.05	5.04	4.74	5.88	5.51
自然增长人口	Natural Growth Population	万人 10000 persons	11.10	7.00	7.00	6.81	4.40	5.34	5.58	2.80
人口自然增长率	Natural Growth Rate	‰	4.15	2.57	2.67	2.50	1.61	1.95	2.03	1.02

注：表内数据为年度人口变动情况抽样调查推算数据。2010年末常住人口为吉林省第六次全国人口普查初步机器汇总推算数据。
Note:Data were calculated from the annual sample surveys on population changes.

3-3 各市县户数和人口数（2011年末）
Households and population by City and County (end of 2011)

市、县	City, County	总户数（万户）Total Households (10000 households)	按农业非农业分(万人) By Agriculture and Non-agriculture (10000 persons)		总人口（万人）Population (10000 persons)	按性别分(万人) Grouped by Sex (10000 Persons)	
			农业人口 Agriculture	非农业人口 Non-agriculture		男 Male	女 Female
全　省	**Total**	**967.92**	**1417.38**	**1309.16**	**2726.54**	**1377.90**	**1348.64**
长春市	**Changchun**	**255.69**	**407.30**	**354.47**	**761.77**	**383.53**	**378.24**
市辖区	City	127.86	105.23	259.57	364.80	181.08	183.72
南关区	Nanguan	22.12	9.94	56.54	66.48	32.35	34.13
宽城区	Kuancheng	24.45	25.94	40.58	66.52	33.09	33.43
朝阳区	Chaoyang	24.67	8.42	65.53	73.95	36.52	37.43
二道区	Erdao	20.62	21.57	34.32	55.89	27.72	28.17
绿园区	Lvyuan	22.63	10.83	52.08	62.91	31.58	31.33
双阳区	Shuangyang	13.37	28.53	10.52	39.05	19.82	19.23
农安县	Nong' an	34.69	79.77	31.79	111.56	57.10	54.46
九台市	Jiutai	24.60	53.03	18.04	71.07	36.29	34.78
榆树市	Yushu	43.26	109.94	20.68	130.62	66.54	64.08
德惠市	Dehui	25.28	59.33	24.39	83.72	42.52	41.20
吉林市	**Jilin**	**152.55**	**222.89**	**210.42**	**433.31**	**219.09**	**214.22**
市辖区	City	65.37	54.80	128.24	183.04	91.27	91.77
昌邑区	Changyi	22.62	15.03	47.35	62.38	30.94	31.44
龙潭区	Longtan	17.06	18.99	28.95	47.94	24.07	23.87
船营区	Chuanying	16.38	11.25	35.13	46.38	23.21	23.17
丰满区	Fengman	9.31	9.53	16.81	26.34	13.05	13.29
永吉县	Yongji	13.44	30.46	9.04	39.50	20.16	19.34
蛟河市	Jiaohe	14.70	28.13	17.04	45.17	23.05	22.12
桦甸市	Huadian	16.82	26.30	19.12	45.42	23.17	22.25
舒兰市	Shulan	24.10	46.59	19.65	66.24	33.78	32.46
磐石市	Panshi	18.12	36.61	17.33	53.94	27.66	26.28
四平市	**Siping**	**122.17**	**160.45**	**180.69**	**341.14**	**172.79**	**168.35**
市辖区	City	26.18	5.64	54.93	60.57	29.95	30.62
铁西区	Tiexi	11.52	0.00	27.16	27.16	13.16	14.00
铁东区	Tiedong	14.66	5.64	27.77	33.41	16.79	16.62
梨树县	Lishu	27.77	64.08	16.43	80.51	41.19	39.32
伊通满族自治县	Yitong	16.46	39.50	8.50	48.00	24.69	23.31
公主岭市	Gongzhuling	35.50	25.22	84.72	109.94	55.57	54.37
双辽市	Shuangliao	16.26	26.01	16.11	42.12	21.39	20.73
辽源市	**Liaoyuan**	**43.61**	**67.05**	**55.49**	**122.54**	**62.33**	**60.21**
市辖区	City	17.92	9.11	38.23	47.34	23.56	23.78
龙山区	Longshan	10.28	6.18	23.32	29.50	14.58	14.92
西安区	Xi' an	7.64	2.93	14.91	17.84	8.98	8.86
东丰县	Dongfeng	13.16	29.77	10.35	40.12	20.63	19.49
东辽县	Dongliao	12.53	28.17	6.91	35.08	18.14	16.94
通化市	**Tonghua**	**79.72**	**116.16**	**109.84**	**226.00**	**114.76**	**111.24**
市辖区	City	15.97	5.77	38.80	44.57	22.10	22.47

注：表内数据为公安部门户籍人口数。表内数据四舍五入。
Note:Data were obtained from the annual reports of the public security department.Data were rounded.

3－3 续表 continued

市、县	City, County	总户数（万户）Total Households (10000 households)	按农业非农业分(万人) By Agriculture and Non-agriculture (10000 persons) 农业人口 Agriculture	非农业人口 Non-agriculture	总人口（万人）Population (10000 persons)	按性别分(万人) Grouped by Sex（10000 Persons）男 Male	女 Female
东昌区	Dongchang	11.02	3.45	28.13	31.58	15.54	16.04
二道江区	Erdaojiang	4.95	2.32	10.67	12.99	6.56	6.43
通化县	Tonghua	9.05	16.13	8.47	24.60	12.61	11.99
辉南县	Huinan	11.91	20.00	15.40	35.40	18.02	17.38
柳河县	Liuhe	12.68	26.84	10.51	37.35	19.24	18.11
梅河口	Meihekou	21.65	36.02	25.82	61.84	31.46	30.38
集安市	Ji' an	8.46	11.40	10.84	22.24	11.33	10.91
白山市	**Baishan**	**55.82**	**40.07**	**88.44**	**128.51**	**65.91**	**62.60**
市辖区	City	26.14	12.51	46.81	59.32	30.19	29.13
八道江区	Badaojiang	14.72	6.57	28.31	34.88	17.79	17.09
江源区	Jiangyuan	11.42	5.94	18.50	24.44	12.40	12.04
抚松县	Fusong	12.03	9.77	18.98	28.75	15.11	13.64
靖宇县	Jingyu	6.50	7.77	6.97	14.74	7.52	7.22
长白朝鲜族自治县	Changbai	3.93	3.83	4.80	8.63	4.38	4.25
临江市	Linjiang	7.22	6.19	10.88	17.07	8.71	8.36
松原市	**Songyuan**	**96.40**	**209.69**	**82.45**	**292.14**	**148.21**	**143.93**
市辖区	City	23.53	23.93	35.80	59.73	29.94	29.79
宁江区	Ningjiang	23.53	23.93	35.80	59.73	29.94	29.79
前郭尔罗斯蒙古族自治县	Qianguo	19.71	44.43	15.41	59.84	30.27	29.57
长岭县	Changling	17.70	52.98	11.30	64.28	32.47	31.81
乾安县	Qian' an	12.31	22.22	8.90	31.12	16.30	14.82
扶余县	Fuyu	23.15	66.13	11.04	77.17	39.23	37.94
白城市	**Baicheng**	**82.77**	**121.73**	**80.81**	**202.54**	**102.32**	**100.22**
市辖区	City	21.44	22.42	28.58	51.00	25.34	25.66
洮北区	Taobei	21.44	22.42	28.58	51.00	25.34	25.66
镇赉县	Zhenlai	12.44	18.90	10.49	29.39	15.14	14.25
通榆县	Tongyu	14.55	25.03	11.77	36.80	18.61	18.19
洮南市	Taonan	18.18	28.37	15.40	43.77	22.15	21.62
大安市	Da' an	16.16	27.01	14.57	41.58	21.08	20.50
延边朝鲜族自治州	**Yanbian**	**79.19**	**72.04**	**146.55**	**218.59**	**108.96**	**109.63**
延吉市	Yanji	18.35	7.13	44.87	52.00	25.25	26.75
图们市	Tumen	4.66	2.62	10.04	12.66	6.24	6.42
敦化市	Dunhua	17.13	21.63	26.73	48.36	24.42	23.94
珲春市	Hunchun	7.25	6.31	16.34	22.65	11.42	11.23
龙井市	Longjing	6.72	6.77	10.96	17.73	8.78	8.95
和龙市	Helong	7.48	7.37	12.13	19.50	9.79	9.71
汪清县	Wangqing	9.87	9.99	14.24	24.23	12.18	12.05
安图县	Antu	7.73	10.22	11.24	21.46	10.88	10.58

3-4 各市县分年龄人口情况（2011年末）

Age Composition of Population by City and County（end of 2011）

单位：万人　　unit:10000 persons

市、县	City, County	总人口 Total Population	18岁以下 Age0-17	18-34岁 Age18-34	35-60岁 Age35-60	60岁以上 Age Over 60
全　省	**Total**	**2726.54**	**460.24**	**725.94**	**1146.47**	**393.89**
长春市	**Changchun**	**761.77**	**113.59**	**213.43**	**320.76**	**113.99**
市辖区	City	364.80	50.53	108.65	152.10	53.52
南关区	Nanguan	66.48	8.39	22.82	26.09	9.18
宽城区	Kuancheng	66.52	9.56	18.07	29.04	9.85
朝阳区	Chaoyang	73.95	9.54	24.07	29.88	10.46
二道区	Erdao	55.89	8.23	15.32	24.10	8.24
绿园区	Lvyuan	62.91	8.81	18.10	26.15	9.85
双阳区	Shuangyang	39.05	6.00	10.27	16.84	5.94
农安县	Nong ' an	111.56	17.12	30.92	46.21	17.31
九台市	Jiutai	71.07	10.56	17.99	31.02	11.50
榆树市	Yushu	130.62	21.13	33.11	56.95	19.43
德惠市	Dehui	83.72	14.25	22.76	34.48	12.23
吉林市	**Jilin**	**433.31**	**56.80**	**107.11**	**197.02**	**72.38**
市辖区	City	183.04	21.95	44.11	84.46	32.52
昌邑区	Changyi	62.38	7.24	14.81	29.11	11.22
龙潭区	Longtan	47.94	5.56	11.39	22.28	8.71
船营区	Chuanying	46.38	5.70	11.32	21.28	8.08
丰满区	Fengman	26.34	3.45	6.59	11.79	4.51
永吉县	Yongji	39.50	5.08	10.32	17.73	6.37
蛟河市	Jiaohe	45.17	6.05	11.01	20.37	7.74
桦甸市	Huadian	45.42	6.86	11.82	20.26	6.48
舒兰市	Shulan	66.24	9.39	15.84	30.23	10.78
磐石市	Panshi	53.94	7.47	14.01	23.97	8.49
四平市	**Siping**	**341.14**	**83.51**	**92.83**	**125.07**	**39.73**
市辖区	City	60.57	14.70	17.50	21.31	7.06
铁西区	Tiexi	27.16	7.09	8.32	8.27	3.48
铁东区	Tiedong	33.41	7.61	9.18	13.04	3.58
梨树县	Lishu	80.51	20.78	21.84	30.59	7.30
伊通满族自治县	Yitong	48.00	7.88	11.29	21.14	7.69
公主岭市	Gongzhuling	109.94	29.56	29.53	37.62	13.23
双辽市	Shuangliao	42.12	10.59	12.67	14.41	4.45
辽源市	**Liaoyuan**	**122.54**	**18.49**	**28.40**	**57.83**	**17.82**
市辖区	City	47.34	6.38	10.67	22.77	7.52
龙山区	Longshan	29.50	4.33	6.65	14.04	4.48
西安区	Xi' an	17.84	2.05	4.02	8.73	3.04

注：表内数据为公安部门户籍人口数。表内数据四舍五入。
Note:Data were obtained from the annual reports of the public security department.Data were rounded.

3－4 续表 continued

市、县	City, County	总人口 Total Population	18岁以下 Age0–17	18–34岁 Age18–34	35–60岁 Age35–60	60岁以上 Age Over 60
东丰县	Dongfeng	40.12	6.29	9.35	18.60	5.88
东辽县	Dongliao	35.08	5.82	8.38	16.46	4.42
通化市	**Tonghua**	**226.00**	**36.84**	**57.36**	**99.60**	**32.20**
市辖区	City	44.57	5.53	9.93	21.49	7.62
东昌区	Dongchang	31.58	4.02	7.18	15.21	5.17
二道江区	Erdaojiang	12.99	1.51	2.75	6.28	2.45
通化县	Tonghua	24.60	3.32	6.13	11.36	3.79
辉南县	Huinan	35.40	5.28	8.90	15.94	5.28
柳河县	Liuhe	37.35	5.64	10.28	16.09	5.34
梅河口	Meihekou	61.84	14.07	17.09	23.96	6.72
集安市	Ji' an	22.24	3.00	5.03	10.76	3.45
白山市	**Baishan**	**128.51**	**26.14**	**34.82**	**50.20**	**17.35**
市辖区	City	59.32	11.41	16.52	22.75	8.64
八道江区	Badaojiang	34.88	6.58	10.18	13.19	4.93
江源区	Jiangyuan	24.44	4.83	6.34	9.56	3.71
抚松县	Fusong	28.75	5.91	7.07	11.64	4.13
靖宇县	Jingyu	14.74	3.67	4.76	4.93	1.38
长白朝鲜族自治县	Changbai	8.63	1.45	2.13	3.87	1.18
临江市	Linjiang	17.07	3.70	4.34	7.01	2.02
松原市	**Songyuan**	**292.14**	**64.10**	**84.98**	**104.34**	**38.72**
市辖区	City	59.73	9.65	15.76	25.98	8.34
宁江区	Ningjiang	59.73	9.65	15.76	25.98	8.34
前郭尔罗斯蒙古族自治县	Qianguo	59.84	13.01	17.91	21.71	7.21
长岭县	Changling	64.28	14.95	19.78	20.97	8.58
乾安县	Qian' an	31.12	6.60	9.57	9.38	5.57
扶余县	Fuyu	77.17	19.89	21.96	26.30	9.02
白城市	**Baicheng**	**202.54**	**33.63**	**50.99**	**91.28**	**26.64**
市辖区	City	51.00	7.92	12.37	23.44	7.27
洮北区	Taobei	51.00	7.92	12.37	23.44	7.27
镇赉县	Zhenlai	29.39	4.45	6.99	13.71	4.24
通榆县	Tongyu	36.80	9.07	11.13	14.06	2.54
洮南市	Taonan	43.77	6.51	10.97	20.01	6.28
大安市	Da' an	41.58	5.68	9.53	20.06	6.31
延边朝鲜族自治州	**Yanbian**	**218.59**	**27.14**	**56.02**	**100.37**	**35.06**
延吉市	Yanji	52.00	6.79	14.13	23.83	7.25
图们市	Tumen	12.66	1.14	3.00	6.18	2.34
敦化市	Dunhua	48.36	7.50	12.34	21.76	6.76
珲春市	Hunchun	22.65	2.56	5.91	10.69	3.49
龙井市	Longjing	17.73	1.56	4.38	8.26	3.53
和龙市	Helong	19.50	2.11	4.76	8.85	3.78
汪清县	Wangqing	24.23	2.81	5.98	11.27	4.17
安图县	Antu	21.46	2.67	5.52	9.53	3.74

3-5 各市县人口自然变动情况（2011年末）

Basic Statistics on Natural Population Changes by City and County（end of 2011）

单位：人 unit:persons

市、县	City, County	年平均人口 Annual Average Population	出生 Birth 人数 Number of Birth	出生率（‰）Birth Rate（‰）	死亡 Death 人数 Number of Death	死亡率（‰）Death Rate（‰）	自然增长 Natural Growth 人数 Numberof Natural Growth	自然增长率（‰）Natural Growth Rate(%)
全　省	**Total**	**27251764**	**220600**	**8.09**	**141573**	**5.20**	**79027**	**2.90**
长春市	**Changchun**	**7603292**	**71132**	**9.36**	**39044**	**5.14**	**32088**	**4.22**
市辖区	City	3637791	32870	9.04	18615	5.12	14255	3.92
南关区	Nanguan	664862	5674	8.53	3853	5.80	1821	2.74
宽城区	Kuancheng	660551	6400	9.69	3790	5.74	2610	3.95
朝阳区	Chaoyang	741271	6075	8.20	3796	5.12	2279	3.07
二道区	Erdao	557524	5265	9.44	2710	4.86	2555	4.58
绿园区	Lvyuan	623862	5991	9.60	3340	5.35	2651	4.25
双阳区	Shuangyang	389722	3465	8.89	1126	2.89	2339	6.00
农安县	Nong' an	1112681	10740	9.65	3020	2.71	7720	6.94
九台市	Jiutai	711077	6460	9.08	5121	7.20	1339	1.88
榆树市	Yushu	1305268	12163	9.32	6734	5.16	5429	4.16
德惠市	Dehui	836477	8899	10.64	5554	6.64	3345	4.00
吉林市	**Jilin**	**4336772**	**33116**	**7.64**	**24315**	**5.61**	**8801**	**2.03**
市辖区	City	1832536	12319	6.72	11816	6.45	503	0.27
昌邑区	Changyi	624161	3929	6.29	4986	7.99	−1057	−1.69
龙潭区	Longtan	481141	3212	6.68	2921	6.07	291	0.60
船营区	Chuanying	464067	3211	6.92	2351	5.07	860	1.85
丰满区	Fengman	263168	1967	7.47	1558	5.92	409	1.55
永吉县	Yongji	394447	3246	8.23	1626	4.12	1620	4.11
蛟河市	Jiaohe	452499	3151	6.96	2266	5.01	885	1.96
桦甸市	Huadian	454747	3781	8.31	2178	4.79	1603	3.53
舒兰市	Shulan	662920	5849	8.82	3998	6.03	1851	2.79
磐石市	Panshi	539625	4770	8.84	2431	4.50	2339	4.33
四平市	**Siping**	**3408420**	**25772**	**7.56**	**14662**	**4.30**	**11110**	**3.26**
市辖区	City	608289	4168	6.85	3340	5.49	828	1.36
铁西区	Tiexi	274581	1824	6.64	1285	4.68	539	1.96
铁东区	Tiedong	333709	2344	7.02	2055	6.16	289	0.87
梨树县	Lishu	802768	7300	9.09	3837	4.78	3463	4.31
伊通满族自治县	Yitong	480992	3458	7.19	2755	5.73	703	1.46
公主岭市	Gongzhuling	1096026	7304	6.66	2617	2.39	4687	4.28
双辽市	Shuangliao	420347	3542	8.43	2113	5.03	1429	3.40
辽源市	**Liaoyuan**	**1231466**	**8623**	**7.00**	**8863**	**7.20**	**−240**	**−0.19**
市辖区	City	476022	2673	5.62	2916	6.13	−243	−0.51
龙山区	Longshan	296214	1843	6.22	1797	6.07	46	0.16
西安区	Xi' an	179808	830	4.62	1119	6.22	−289	−1.61
东丰县	Dongfeng	402731	3424	8.50	1267	3.15	2157	5.36
东辽县	Dongliao	352713	2526	7.16	4680	13.27	−2154	−6.11
通化市	**Tonghua**	**2260576**	**17292**	**7.65**	**13338**	**5.90**	**3954**	**1.75**

注：表内数据为公安部门户籍人口数。表内数据四舍五入。
Note:Data were obtained from the annual reports of the public security department.Data were rounded.

3－5 续表 continued

单位: 人 unit:person

市、县	City, County	年平均人口 Annual Average Population	出生 Birth 人数 Number of Birth	出生率(‰) Birth Rate(‰)	死亡 Death 人数 Number of Death	死亡率(‰) Death Rate(‰)	自然增长 Natural Growth 人数 Numberof Natural Growth	自然增长率(‰) Natural Growth Rate(‰)
市辖区	City	446639	2766	6.19	2446	5.48	320	0.72
东昌区	Dongchang	316300	2095	6.62	1603	5.07	492	1.56
二道江区	Erdaojiang	130339	671	5.15	843	6.47	−172	−1.32
通化县	Tonghua	245565	1544	6.29	1302	5.30	242	0.99
辉南县	Huinan	353963	2729	7.71	2102	5.94	627	1.77
柳河县	Liuhe	373392	3715	9.95	2472	6.62	1243	3.33
梅河口	Meihekou	618334	5217	8.44	3724	6.02	1493	2.41
集安市	Ji' an	222685	1321	5.93	1292	5.80	29	0.13
白山市	**Baishan**	**1286003**	**8485**	**6.60**	**5905**	**4.59**	**2580**	**2.01**
市辖区	City	594026	3772	6.35	2789	4.70	983	1.65
八道江区	Badaojiang	347464	2488	7.16	1486	4.28	1002	2.88
江源区	Jiangyuan	246563	1284	5.21	1303	5.28	−19	−0.08
抚松县	Fusong	287524	2099	7.30	1431	4.98	668	2.32
靖宇县	Jingyu	146297	1109	7.58	538	3.68	571	3.90
长白朝鲜族自治县	Changbai	85865	406	4.73	350	4.08	56	0.65
临江市	Linjiang	172292	1099	6.38	797	4.63	302	1.75
松原市	**Songyuan**	**2910955**	**25771**	**8.85**	**11871**	**4.08**	**13900**	**4.78**
市辖区	City	592590	4413	7.45	2068	3.49	2345	3.96
宁江区	Ningjiang	592590	4413	7.45	2068	3.49	2345	3.96
前郭尔罗斯蒙古族自治县	Qianguo	595904	6038	10.13	2028	3.40	4010	6.73
长岭县	Changling	641282	6407	9.99	3602	5.62	2805	4.37
乾安县	Qian' an	310652	2370	7.63	2229	7.18	141	0.45
扶余县	Fuyu	770529	6543	8.49	1944	2.52	4599	5.97
白城市	**Baicheng**	**2025931**	**15008**	**7.41**	**9062**	**4.47**	**5946**	**2.93**
市辖区	City	510087	3640	7.14	2650	5.20	990	1.94
洮北区	Taobei	510087	3640	7.14	2650	5.20	990	1.94
镇赉县	Zhenlai	294073	1887	6.42	1093	3.72	794	2.70
通榆县	Tongyu	367087	3154	8.59	982	2.68	2172	5.92
洮南市	Taonan	437649	3593	8.21	2312	5.28	1281	2.93
大安市	Da' an	417036	2734	6.56	2025	4.86	709	1.70
延边朝鲜族自治州	**Yanbian**	**2188350**	**15401**	**7.04**	**14513**	**6.63**	**888**	**0.41**
延吉市	Yanji	516522	4306	8.34	3008	5.82	1298	2.51
图们市	Tumen	127409	622	4.88	1098	8.62	−476	−3.74
敦化市	Dunhua	483705	3458	7.15	2635	5.45	823	1.70
珲春市	Hunchun	225992	1692	7.49	1329	5.88	363	1.61
龙井市	Longjing	178782	948	5.30	1717	9.60	−769	−4.30
和龙市	Helong	196440	1143	5.82	1757	8.94	−614	−3.13
汪清县	Wangqing	243514	1553	6.38	1792	7.36	−239	−0.98
安图县	Antu	215987	1679	7.77	1177	5.45	502	2.32

第四篇 CHAPTER 4

从业人员和职工工资

EMPLOYMENT AND WAGE

4－1 历年全部从业人员数

Number of Employed Persons

单位: 万人 unit:10000 persons

年份 Year	全部从业人员数 Total	按经济类型分 Grouped By Ownership 职工人数 Staff and Workers	国有单位 State-owned Units	集体单位 Collective-owned Units	城镇个体劳动者 Self-employed Individual in Urban	乡村劳动者 Rural Employed Persons	按三次产业分 By Three Industries 第一产业 Primary Industry	第二产业 Secondary Industry	第三产业 Tertiary Industry	城镇登记失业人员 Number of Registered Unemployed Persons in Urban Areas	城镇登记失业率(%) Registered Unemployment Rate in Urban Areas(%)
1949	263.89	38.73	23.38	15.35		225.16	223.7	18.8	21.4		
1950	270.37	45.96	30.08	15.88		224.41					
1951	280.51	54.88	39.48	15.40		225.63					
1952	301.73	63.90	48.38	15.52		237.83	236.1	31.0	34.6		
1953	321.39	77.06	59.68	17.38		244.33					
1954	318.25	75.54	60.56	14.98		242.71					
1955	321.56	72.05	57.38	14.67		249.51					
1956	327.67	84.60	71.66	12.94		243.07					
1957	327.22	93.25	74.41	18.84		233.97	231.1	43.8	52.3		
1958	383.48	139.21	123.55	15.66		244.27					
1959	384.58	147.66	135.33	12.33		236.92					
1960	417.80	182.88	167.09	15.79		234.92					
1961	407.59	170.48	147.18	23.30		237.11					
1962	414.98	146.05	119.19	26.86		268.93	278.4	69.7	66.9		
1963	433.95	148.34	120.56	27.78		285.61					
1964	428.75	149.36	123.38	25.98		279.39					
1965	437.79	152.25	124.50	27.75		285.54	293.1	73.3	71.4		
1966	431.05	150.30	130.77	19.53		280.75					
1967	455.96	152.17	132.19	19.98		303.79					
1968	470.15	155.64	135.15	20.49		314.51					
1969	484.00	160.34	139.67	20.67		323.66					
1970	532.13	187.60	159.73	27.87		344.53	337.3	100.0	94.8		
1971	568.25	215.71	183.74	31.97		352.54	344.1	118.1	106.1		
1972	559.43	223.09	189.55	33.54		336.34	325.3	130.7	103.4		
1973	562.10	222.58	184.81	37.77		339.52	325.6	133.9	102.6		
1974	568.58	232.98	188.44	44.54		335.60	322.5	144.8	101.3		
1975	590.51	256.78	196.41	60.37		333.73	326.1	160.8	103.6		
1976	595.80	273.03	204.09	68.94		322.77	308.2	180.3	107.3		
1977	620.54	299.36	211.33	88.03		321.18	307.7	200.0	112.8		
1978	645.38	324.92	250.02	74.90		320.46	318.1	205.0	122.3		
1979	671.29	348.59	257.50	91.09	0.81	321.89	318.4	216.3	136.6	33.9	8.8
1980	715.30	373.88	270.50	103.38	3.37	338.05	329.3	231.7	154.3	22.0	5.5
1981	754.52	396.48	282.81	113.67	5.57	352.47	349.8	242.0	162.7	21.3	5.0
1982	849.62	411.24	292.30	118.94	7.58	430.80	413.8	248.0	187.8	24.4	5.5
1983	847.50	421.88	296.87	125.01	10.60	415.02	410.8	256.9	179.8	19.7	4.4
1984	867.25	431.34	293.07	138.18	15.91	410.99	401.1	258.6	207.6	11.5	2.5
1985	930.20	449.51	304.43	144.91	21.37	450.01	421.9	286.2	222.1	10.5	2.2
1986	987.95	470.90	320.78	149.95	21.17	486.50	432.5	302.6	252.9	10.7	2.1
1987	1032.75	486.11	331.87	154.03	22.96	541.75	465.8	313.9	253.0	8.7	1.7
1988	1106.22	497.48	343.69	153.54	28.53	571.55	511.6	324.9	269.7	8.8	1.6
1989	1142.19	509.45	352.74	156.19	29.25	594.92	549.0	329.7	263.5	9.4	1.8
1990	1169.41	517.31	361.98	154.44	29.50	614.43	564.8	334.4	270.2	10.5	2.3
1991	1194.69	533.44	371.80	160.03	31.52	620.94	572.4	339.2	283.2	10.3	1.8
1992	1235.02	541.53	379.27	157.83	38.51	646.63	590.2	352.6	292.2	9.1	2.3
1993	1237.67	542.99	379.86	152.44	46.68	638.82	572.5	352.5	312.7	7.7	2.3
1994	1250.24	530.13	384.60	130.19	67.70	643.56	570.7	343.3	336.2	7.5	2.5
1995	1270.77	520.38	386.65	115.71	94.12	647.99	572.1	339.2	359.4	7.8	2.3
1996	1257.14	513.31	385.81	107.97	107.99	629.05	562.3	329.3	365.5	9.3	2.3
1997	1237.73	500.89	375.88	100.19	113.52	616.17	551.0	315.5	371.2	8.8	2.8
1998	1130.85	374.12	286.44	56.45	134.08	616.28	545.1	229.9	355.8	18.3	3.1
1999	1120.00	352.61	265.75	48.37	134.70	627.38	551.1	224.0	344.9	21.5	3.3
2000	1164.02	329.91	247.04	42.26	188.60	640.97	584.3	222.3	357.4	23.0	3.7
2001	1167.41	313.26	230.24	38.41	209.92	640.03	585.8	216.0	365.6	20.2	3.2
2002	1186.60	298.26	216.40	31.49	227.84	656.00	587.3	219.0	380.3	23.8	3.6
2003	1202.50	286.80	204.40	27.62	241.63	669.02	592.2	209.5	400.8	28.4	4.3
2004	1222.00	279.38	195.40	25.08	266.30	670.94	563.3	227.3	431.4	28.2	4.2
2005	1238.90	257.94	176.34	20.44	291.81	685.16	565.8	231.7	441.4	27.6	4.2
2006	1250.50	259.94	171.14	19.18	292.70	691.90	565.2	237.6	447.7	26.3	4.2
2007	1266.10	256.52	165.94	15.86	303.10	700.86	564.6	243.2	458.3	23.9	3.9
2008	1281.40	255.83	164.94	14.34	307.86	711.52	564.0	251.7	465.7	24.3	4.0
2009	1297.30	257.90	160.19	13.85	308.82	723.15	568.8	261.8	466.7	23.5	4.0
2010	1311.60	259.51	161.25	13.36	310.20	733.78	567.4	263.0	481.2	22.7	3.8
2011	1337.78	267.57	163.45	9.09	311.42	748.50	573.9	270.2	493.7	22.2	3.7

注：1998年以后不包括离岗职工。

Note:Data since 1998 were not included workers laid-off.

4-2 单位从业人员（2011年末）

单位: 人

指　　标	Item	单位从业人员 Number of Employed Persons
全　省	**Total**	**2778558**
按经济类型分	Grouped by Ownership	
国有经济	State-owned Units	1709326
集体经济	Collective-owned Units	95640
其他经济	Others	973592
内资	Domestic Funds	839441
股份合作	Cooperative Units	15228
联营	Joint Ownership Units	1104
有限责任公司	Limited Liability Corprations	473637
股份有限公司	Share-holding Corporations Ltd	302193
其他	Others	47279
港澳台投资	Funds from Hongkong,Macao and Taiwan	28813
外商投资	Foreign Funded	105338
按企业、事业、机关分	Grouped by Enterprises,Institutions and Agencies	
企业	Enterprises	1651239
事业	Institutions	837830
机关	Agencies and Organizations	274854
按国民经济行业分	Grouped by Sector	
农、林、牧、渔业	Agriculture,Forestry,Animal Husbandry and Fishery	162662
采矿业	Mining	147843
制造业	Manufacturing	649457
电力、燃气及水的生产和供应业	Production and Supply of Electricity, Gas and Water	89537
建筑业	Construction	133745
交通运输、仓储及邮政业	Transport,Storage and Post	142939
信息传输、计算机服务和软件业	Information Transmission,Computer Services and Software	57888
批发和零售业	Wholesale and Retail Trades	93824
住宿和餐饮业	Hotels and Catering Services	31427
金融业	Financial Intermediation	105249
房地产业	Real Estate	52924
租赁和商务服务业	Leasing and Business Services	43950
科学研究、技术服务和地质勘查业	Scientific Research,Technical Services and Geologic Prospecting	67857
水利、环境和公共设施管理业	Management of Water Conservancy,Environment and Public Facilities	84877
居民服务和其他服务业	Services to Households and Other Services	9003
教育	Education	368331
卫生、社会保障和社会福利业	Health, Social Securities and Social Welfare	174508
文化、体育和娱乐业	Culture,Sports and Entertainment	37222
公共管理和社会组织	Public Management and Social Organizations	325315
按产业分	Grouped by Industries	
第一产业	Primary Industry	162662
第二产业	Secondary Industry	1020582
第三产业	Tertiary Industry	1595314

Number of Employed Persons of Units (end of 2011)

unit:person

#女性 Female	在岗职工 Staff and Workers	其他从业人员 Other Type of Employed Persons
1005923	**2675683**	**102875**
655890	1634488	74838
40305	90902	4738
309728	950293	23299
268595	817782	21659
6901	15029	199
280	944	160
148234	461880	11757
97379	294729	7464
15801	45200	2079
11641	28608	205
29492	103903	1435
496134	1612068	39171
421201	801225	36605
80823	259349	15505
52439	157882	4780
28340	147518	325
193639	640681	8776
22751	87922	1615
21247	127184	6561
32812	141145	1794
21300	57326	562
41871	91152	2672
18264	30822	605
52405	97838	7411
17137	51505	1419
12938	40459	3491
20448	65892	1965
35248	71455	13422
3935	8802	201
211779	360148	8183
104969	159082	15426
15745	36715	507
98656	302155	23160
52439	157882	4780
265977	1003305	17277
687507	1514496	80818

4-3 各市县单位从业人员(2011)

单位:人

市、县	City, County	单位从业人员合计 Employment Persons	国有经济 State-owned	集体经济 Collective-owned
全　省	**Total**	**2778558**	**1709326**	**95640**
长 春 市	**Changchun**	**949482**	**486467**	**31055**
市　区	District	797404	370607	25428
农 安 县	Nong' an	36122	29963	1612
九 台 市	Jiutai	43281	29026	2261
榆 树 市	Yushu	35292	30307	508
德 惠 市	Dehui	37383	26564	1246
吉 林 市	**Jilin**	**384120**	**229791**	**16971**
市　区	District	249433	134047	12066
永 吉 县	Yongji	13327	11473	708
蛟 河 市	Jiaohe	25412	21042	1057
桦 甸 市	Huadian	32606	20099	1354
舒 兰 市	Shulan	30744	25796	811
磐 石 市	Panshi	32598	17334	975
四 平 市	**Siping**	**208829**	**132119**	**6792**
市　区	District	95153	48624	2100
梨 树 县	Lishu	30926	22458	941
伊通满族自 治 县	Yitong	22030	13687	975
公 主 岭 市	Gongzhuling	38722	27474	1798
双 辽 市	Shuangliao	21998	19876	978
辽 源 市	**Liaoyuan**	**90792**	**79982**	**3579**
市　区	District	60879	53722	1920
东 丰 县	Dongfeng	15859	15041	803
东 辽 县	Dongliao	14054	11219	856
通 化 市	**Tonghua**	**210015**	**125705**	**10118**
市　区	District	80331	39159	4811
通 化 县	Tonghua	21420	9615	1003
辉 南 县	Huinan	21734	17164	821
柳 河 县	Liuhe	22073	16471	574
梅 河 口 市	Meihekou	45125	31881	2162
集 安 市	Ji' an	19332	11415	747

注：各地区相加不等于全省总计。
Note:The sum of data by every city is not equal to the total.

Number of Employed Persons by City and County (2011)

unit:person

其他单位合计 Others	内资 Domestic Funds	港澳台投资经济 Funds from Hongkong Macao and Taiwan	外商投资经济 Foreign Funded
973592	**839441**	**28813**	**105338**
431960	**337875**	**17610**	**76475**
401369	319584	14862	66923
4547	3800		747
11994	10264		1730
4477	4187	290	
9573	40	2458	7075
137358	**127060**	**3896**	**6402**
103320	94298	3256	5766
1146	784		362
3313	3312	1	
11153	11113		40
4137	3698	292	147
14289	13855	347	87
69918	**65391**	**1487**	**3040**
44429	43198		1231
7527	7527		
7368	7368		
9450	6154	1487	1809
1144	1144		
7231	**7231**		
5237	5237		
15	15		
1979	1979		
74192	**71862**	**1150**	**1180**
36361	35038	867	456
10802	10162	201	439
3749	3749		
5028	5028		
11082	10857		225
7170	7028	82	60

单位: 人

4－3 续表

市、县	City，County	单位从业人员合计 Total Employment Persons	国有经济 State-owned	集体经济 Collective-owned
白山市	**Baishan**	**191812**	**123463**	**4563**
市区	District	118428	66141	2996
抚松县	Fusong	29593	24190	356
靖宇县	Jingyu	13330	10166	643
长白朝鲜族自治县	Changbai	11731	8728	217
临江市	Linjiang	18730	14238	351
松原市	**Songyuan**	**218476**	**133368**	**7356**
市区	District	108267	36292	2551
前郭尔罗斯蒙古族自治县	Qianguo	46626	42564	2632
长岭县	Changling	28402	22256	1207
乾安县	Qian' an	16088	15170	236
扶余县	Fuyu	19093	17086	730
白城市	**Baicheng**	**194389**	**156383**	**7492**
市区	District	94424	70274	3878
镇赉县	Zhenlai	22164	21118	659
通榆县	Tongyu	24465	19011	1460
洮南市	Taonan	28236	24396	550
大安市	Da' an	25100	21584	945
延边朝鲜族自治州	**Yanbian**	**256093**	**167570**	**7642**
延吉市	Yanji	80830	44618	2336
图们市	Tumen	12561	5586	1825
敦化市	Dunhua	50691	34946	1140
珲春市	Hunchun	30909	20846	556
龙井市	Longjing	11268	7706	74
和龙市	Helong	20542	14130	589
汪清县	Wangqing	25819	22648	663
安图县	Antu	23473	17090	459

continued

unit:person

其他单位合计 Others	内资 Domestic Funds	港澳台投资经济 Funds from Hongkong Macao and Taiwan	外商投资经济 Foreign Funded
63786	**59382**	**1923**	**2481**
49291	47170	553	1568
5047	3325	1370	352
2521	2385		136
2786	2584		202
4141	3918		223
77752	**74603**	**120**	**3029**
69424	66670	120	2634
1430	1035		395
4939	4939		
682	682		
1277	1277		
30514	**27883**	**103**	**2528**
20272	18317	103	1852
387	387		
3994	3884		110
3290	3290		
2571	2005		566
80881	**68154**	**2524**	**10203**
33876	29529	316	4031
5150	3919	70	1161
14605	12715	1708	182
9507	5722	87	3698
3488	3087	27	374
5823	5286		537
2508	2351		157
5924	5545	316	63

4-4 分细行业在岗职工人数（2011）

Number of Staff and Workers by Sector in Detail（2011）

单位：人　　unit:person

项　　目	Iten	合　计 Total	国　有 单　位 State-owned Units	城镇集体单位 Urban Collective-owned Units	其他类型单　位 Units of Other Types of Ownership
总　　计	**Total**	**2675683**	**1634488**	**90902**	**950293**
一、按企业、事业、机关分组	**Grouped by Enterprises, Institutions and Agencies**				
企业	Enterprises	1612068	595052	74412	942604
事业	Institutions	801225	781262	16371	3592
机关	Agencies and Organizations	259349	258174	113	1062
二、按国民经济行业分组	**Grouped by Sector**				
（一）农、林、牧、渔业	**Agriculture,Forestry,Animal Husbandry and Fishery**	**157882**	**152442**	**454**	**4986**
农业	Farming	28872	28506		366
林业	Forestry	86927	82822	72	4033
畜牧业	Animal Husbandry	6886	6356	8	522
渔业	Fishery	3042	2942	65	35
农、林、牧、渔服务业	Agriculture,Forestry,Animal Husbandry and Fishery	32155	31816	309	30
（二）采矿业	**Mining**	**147518**	**64382**	**2183**	**80953**
煤炭开采和洗选业	Mining and Washing of Coal	72470	55538	1663	15269
石油和天然气开采业	Petroleum and Natural Gas Extraction	53421	3337		50084
黑色金属矿采选业	Mining of Ferrous Metal Ores	6919	362	286	6271
有色金属矿采选业	Mining of Non-ferrous Metal Ores	12026	4950		7076
非金属矿采选业	Mining Processing of Non-metal Ores	2615	144	234	2237
其他采矿业	Mining of Others Ores	67	51		16
（三）制造业	**Manufacturing**	**640681**	**116638**	**28709**	**495334**
农副食品加工业	Processing of Food from Agricultural Products	38744	784	266	37694
食品制造业	Manufacture of Foods	13447	224	53	13170
饮料制造业	Manufacture of Beverages	18754	187	9	18558
烟草制品业	Manufacture of Tobacco	4614	4365		249
纺织业	Manufacture of Textile	10094		383	9711
纺织服装、鞋、帽制造业	Manufacture of Texile Wearing Apparel, Footware and Caps	7920	75	1039	6806
皮革、毛皮、羽毛(绒)及其制品业	Manufacture Leather,Fur,Feather and Its Products	1715	16	99	1600
木材加工及木、竹、藤、棕、草制品业	Processing of Timber,Manufacture of Wood Bamboo Rattan,Palm and Straw Products	29167	9251	1159	18757
家具制造业	Manufacture of Furniture	3811	96	423	3292
造纸及纸制品业	Manufacture of Paper and Paper Products	7695		513	7182
印刷业和记录媒介的复制	Printing and Reproduction of Recording Media	6252	1287	1896	3069
文教体育用品制造业	Manufacture of Articles for Culture,Education and Sport Activities	348	2	15	331
石油加工、炼焦及核燃料加工业	Petroleum Processing and Coking ,Processing of Nuclear Fuel	6306	856	387	5063

单位: 人

4－4 续表 1 continued

unit:person

项　　目	Iten	合计 Total	国有单位 State-owned Units	城镇单位 Urban Collective-owned Units	其他类型单位 Units of Other Types of Ownership
化学原料及化学制品制造业	Chemical Raw Material and Chemical Products	64325	11127	2100	51098
医药制造业	Manufacture of Medicines	42824	2654	868	39302
化学纤维制造业	Manufacture of Chemical Fiber	9765			9765
橡胶制品业	Manufacture of Rubber	1764	32	307	1425
塑料制品业	Manufacture of Plastic	10501	19	1158	9324
非金属矿物制品业	Manufacture of Non-metallic Mineral Products	36436	4236	1705	30495
黑色金属冶炼及压延加工业	Smelting and Pressing of Ferrous Metals	37144	6125	3432	27587
有色金属冶炼及压延加工业	Smelting and Pressing of Non-ferrous Metals	7154		59	7095
金属制品业	Manufacture of Metal Products	8742	700	766	7276
通用设备制造业	Manufacture of General Purpose Machinery	16778	484	1785	14509
专用设备制造业	Manufacture of Special Purpose Machinery	19745	4130	917	14698
交通运输设备制造业	Manufacture of Transport Equipment	208441	69491	7785	131165
电气机械及器材制造业	Manufacture of Electrical Machinery and Equipment	13456	326	857	12273
通信设备、计算机及其他电子设备制造业	Manufacture of Communication Equipment, Computer and Other Electronic Equipment	5214	24	5	5185
仪器仪表及文化、办公用机械制造业	Manufacture of Measuring Instrument and Machinery for Culture Activity and Office Work	6153	22	543	5588
工艺品及其他制造业	Manufacture of Artwork and Other Manufacturing	1195		123	1072
废弃资源和废旧材料回收加工业	Recycling and Disposal of Waste	2177	125	57	1995
(四)电力、燃气及水的生产和供应业	**Production and Supply of Electricity, Gas and Water**	**87922**	**51465**	**540**	**35917**
电力、热力的生产和供应业	Production and Supply of Electric Power and Heat Power	66674	36364	248	30062
燃气生产和供应业	Production and Distribution of Gas	4888	937	56	3895
水的生产和供应业	Production and Distribution of Water	16360	14164	236	1960
(五)建筑业	**Construction**	**127184**	**44068**	**10467**	**72649**
房屋和土木工程建筑业	Construction of Buiding and Civil Engineering	93126	24891	8360	59875
建筑安装业	Construction Installation	27864	17521	1781	8562
建筑装饰业	Construction Decoration	3141	45	65	3031
其他建筑业	Other Construction	3053	1611	261	1181
(六)交通运输、仓储和邮政业	**Transport, Storage and Post**	**141145**	**112860**	**1155**	**27130**
铁路运输业	Railway Transport	65004	64579		425
道路运输业	Road Transport	24362	14534	680	9148
城市公共交通业	Urban Public Transport	19982	6638	150	13194
水上运输业	Water Transport	671	154		517
航空运输业	Air Transport	4852	4792		60
管道运输业	Transport Via Pipeline	1406			1406

单位: 人

4－4 续表 2 continued

unit:person

项目	Iten	合计 Total	国有单位 State-owned Units	城镇单位 Urban Collective-owned Units	其他类型单位 Units of Other Types of Ownership
装卸搬运和其他运输服务业	Loading, Unlooding, Portage and Other Transport Services	1484	695	266	523
仓储业	Storage	11541	9696	59	1786
邮政业	Post	11843	11772		71
(七)信息传输、计算机服务和软件业	**Information Transmission,Computer Services and Software**	**57326**	**26957**	**378**	**29991**
电信和其他信息传输服务业	Telecommunications and Other Information Transmission Services	39509	26576	3	12930
计算机服务业	Computer Services	13938	278	367	13293
软件业	Software	3879	103	8	3768
(八)批发和零售业	**Wholesale and Retail Trades**	**91152**	**27408**	**4325**	**59419**
批发业	Wholesale Trade	44995	22277	3008	19710
零售业	Retail Trade	46157	5131	1317	39709
(九)住宿和餐饮业	**Hotels and Catering Serrvices**	**30822**	**11860**	**1547**	**17415**
住宿业	Hotels	20950	11087	814	9049
餐饮业	Catering Services	9872	773	733	8366
(十)金融业	**Financial Intermediation**	**97838**	**39811**	**17541**	**40486**
银行业	Bank	79275	33632	17541	28102
证券业	Securities Activities	2629	177		2452
保险业	Insurance	13807	4446		9361
其他金融活动	Other Financial Activities	2127	1556		571
(十一)房地产业	**Real Estate**	**51505**	**12726**	**236**	**38543**
其中：房地产开发经营	Development and Managment of Real Estate	22894	1689	48	21157
物业管理	Property Management	21141	5259	177	15705
房地产中介服务	Agency Services for Real Estate	2235	1289	11	935
(十二)租赁和商务服务业	**Leasing and Business Services**	**40459**	**20858**	**3972**	**15629**
租赁业	Leasing	844	194	10	640
商务服务业	Business Services	39615	20664	3962	14989
(十三)科学研究、技术服务和地质勘查业	**Scientific Research,Technical Service and Geologic Prospecting**	**65892**	**54403**	**759**	**10730**
1.研究与试验发展	Research and Experimental Development	17253	16573	13	667
自然科学研究与试验发展	Natural Science Resecarch	5407	5312		95
工程和技术研究与试验发展	Engineering Research	6986	6778		208
农业科学研究与试验发展	Agricultural Research	2598	2585	13	
医学研究与试验发展	Medical Research	937	573		364
社会人文科学研究与试验发展	Social Science Reasearch	1325	1325		
2.专业技术服务业	Professional Technical Services	37026	27134	636	9256

4－4 续表3 continued

单位：人　　　　unit:person

项　　目	Iten	合 计 Total	国 有 单 位 State-owned Units	城 镇 单 位 Urban Collective-owned Units	其他类型 单 位 Units of Other Types of Ownership
其中：气象服务	Meteorological Services	1247	1247		
地震服务	Sersmological Services	378	378		
海洋服务	Oceanic Services				
测绘服务	Survey and Mapping	1702	1553	6	143
技术检测	Technical Test	6960	6541	13	406
环境监测	Environmental Monitoring	1630	1560	30	40
工程技术与规划管理	Engineering Technology and Programme Management	23288	15479	433	7376
3.科技交流和推广服务业	Services of Science and Technology Exchangs and Promotion	6452	5555	110	787
4.地质勘查业	Geologic Prospecting	5161	5141		20
(十四)水利、环境和公共设施管理业	**Water Conservancy, Environment and Public Facilities Management**	**71455**	**59437**	**6807**	**5211**
水利管理业	Water Conservancy Management	19008	18642	207	159
环境管理业	Environment Management	34888	28489	5692	707
公共设施管理业	Puplic Facility Mangagement	17559	12306	908	4345
(十五)居民服务和其他服务业	**Services to Househotds and Other Services**	**8802**	**5270**	**1061**	**2471**
居民服务业	Service to Households	3716	2541	256	919
其他服务业	Other Services	5086	2729	805	1552
(十六)教育	**Education**	**360148**	**354347**	**644**	**5157**
其中：初等教育	Primary Education	147231	146373	407	451
中等教育	Secondary Education	139063	137274	69	1720
高等教育	Higher Senion Education	56869	54343		2526
(十七)卫生、社会保障和社会福利业	**Health ,Social Security and Social Welfare**	**159082**	**146263**	**9742**	**3077**
卫生	Health Care	150902	138699	9443	2760
社会保障业	Social Securities	3969	3929		40
社会福利业	Social Welfare	4211	3635	299	277
(十八)文化、体育和娱乐业	**Culture,Sports and Entertainment**	**36715**	**31342**	**179**	**5194**
新闻出版社	Journmalism and Publishing Activities	8780	5103	63	3614
广播、电视、电影和音像业	Broad Casting、TV, Movies and Audiovisual Activities	11449	10754	20	675
文化艺术业	Culture and Activities	12490	12275	29	186
体育	Sports	2980	2762		218
娱乐业	Entertainment	1016	448	67	501
(十九)公共管理和社会组织	**Public Management and Social Organization**	**302155**	**301951**	**203**	**1**
其中：中国共产党机关	Organs of Communist Party of China	12526	12526		
国家机构	Government Agencies	279382	279179	203	
人民政协和民主党派	People's Political Consultative and Conference and Democratic Parties	2012	2012		
群众社团、社会团体和宗教组织	Non-govermental Multitude Organizations,Social Organizations and Religious Organizations	4966	4965		1

4－5　单位从业人员劳动报酬和生活费（2011）

项　　目	Iten	单位从业人员劳动报酬（万元）Earning of Employed Persons (10000 yuan)
总计	**Total**	**9402661**
按经济类型分	Grouped by Ownership	
国有经济	State-owned Units	5818994
城镇集体经济	Urban Collective-owned Units	245019
其他经济	Others	3338648
内资	Domestic Funds	2789939
股份合作	Cooperative Units	58116
联营	Joint Ownership	2279
有限责任公司	Limited Liability Corporations	1354145
股份有限公司	Share-holding Corporations Ltd	1258460
其他	Others	116940
港澳台商投资	Funds from HongKong,Macao and Taiwan	76405
外商投资	Foreign Funded	472304
按企业、事业、机关分	Grouped by Enterprises,Institutions and Agencies	
企业	Enterprises	5810317
事业	Instiutions	2661566
机关	Agencies and Organizations	908799
按国民经济行业分	Grouped by Sector	
农、林、牧、渔业	Agrculture,Forestry,Animal Husbandry and Fishery	314192
采矿业	Mining	534565
制造业	Manufacturing	2298870
电力、燃气及水的生产和供应业	Production and Supply of Electricity,Gas and Water	314661
建筑业	Construction	447935
交通运输、仓储和邮政业	Transportation,Storage and Post	532097
信息传输、计算机服务和软件业	Information Transmission,Computer Services and Software	222095
批发和零售业	Wholesale and Retail Trades	256644
住宿和餐饮业	Hotels and Catering Services	69433
金融业	Financial Intermediation	569190
房地产业	Real Estate	146007
租赁和商务服务业	Leasing and Business Services	137628
科学研究、技术服务和地质勘查业	Scientific Research,Technical Services and Geological Prospecting	312500
水利、环境和公共设施管理业	Management of Water Conservancy,Environment and Public Facilities	169018
居民服务和其他服务业	Services to Households and Other Serrices	24767
教育	Education	1338054
卫生、社会保障和社会福利业	Health,Social Securities and Social Welfare	570767
文化、体育和娱乐业	Culture,Sports and Entertainment	114063
公共管理和社会组织	Public Management and Social Organizations	1030177

Earning of Employed Persons and Living Expenses in Units (2011)

在岗职工 工资总额 Total Wages of Staff and Workers	其他从业人 员劳动报酬 Others	单位从业人员 平均劳动报酬 (元) Average Earning of Employed Persons (yuan)	#在岗职工 平均工资 Average Wages of Staff and Workers
9190240	**212421**	**33610**	**34197**
5721524	97471	34230	35216
236846	8173	25252	25718
3231871	106778	33366	33296
2711875	78064	32018	32169
57741	375	23617	23657
2056	223	20097	21108
1312363	41782	27539	27599
1229856	28604	41079	41369
109860	7080	24592	24511
75146	1259	26909	26650
444849	27455	46822	44723
5675875	134442	34730	34913
2612581	48985	31848	32671
892698	16101	33117	34453
308762	5429	19467	19785
532828	1737	35981	36057
2248192	50678	35704	35526
312197	2464	35601	35974
420105	27831	26578	26579
528544	3554	38722	38975
221009	1086	38956	39172
250520	6124	27082	27259
67571	1862	21901	21721
548349	20841	54512	56576
141908	4099	27748	28011
131477	6151	31161	32372
306762	5738	46102	46579
155402	13616	20112	21907
23732	1036	27373	26822
1322967	15087	36211	36605
550910	19857	33065	35023
113017	1045	30467	30605
1005989	24187	31765	33378

4-6 历年职工工资总额、平均工资和指数

Total Wages and Average Wages of Staff and Workers and Related Indices

年份 Year	工资总额 (万元) Total Wages (10000yuan)	#国有单位 State-owned Unis	#城镇集体单位 Urban Collective -owned Units	平均工资 (元) Average Wages (yuan)	#国有单位 State-owned Units	#城镇集体单位 Urban Collective -owned Units	平均实际工资指数 (以上年100) Average Real Wages Index (perceeding year=100)	#国有单位 State-owned Units
1952	21456	21456		480	480		100.0	100.0
1953	34406	34406		573	573		112.7	112.7
1954	37207	37207		588	588		99.1	99.1
1955	36284	36284		600	600		101.5	101.5
1956	46209	46209		671	671		114.1	114.1
1957	53424	53424		699	699		101.6	101.6
1958	59552	59552		647	647		93.8	93.8
1959	80860	80860		615	615		95.4	95.4
1960	94761	94716		611	611		91.6	91.6
1961	92024	92024		602	602		86.9	86.9
1962	83614	83614		661	661		106.5	106.5
1963	85589	85589		721	721		100.3	110.3
1964	91337	91337		744	744		104.9	104.9
1965	90881	90881		740	740		99.0	99.0
1966	94388	94388		718	718			
1967	91533	91533		685	685		94.6	94.6
1968	96172	96172		670	670		97.6	97.6
1969	102119	102119		744	744		111.8	111.8
1970	105069	105069		698	698		94.6	94.6
1971	118161	118161		677	677		96.7	96.7
1972	139101	139101		736	736		108.4	108.4
1973	149429	129729	19700	638	690	553	86.4	93.5
1974	154505	132327	22178	671	700	539	105.1	101.3
1975	163236	135328	27908	657	690	534	97.8	98.5
1976	172629	140669	31960	636	680	496	96.1	97.9
1977		144867			680			99.8
1978	214393	176392	38001	651	712	467		104.6
1979	234639	189914	44725	700	753	539	105.7	104.0
1980	275684	219028	56656	763	827	588	103.2	104.0
1981	298349	232138	66211	770	840	611	99.3	100.0
1982	323142	250121	73021	799	863	637	99.6	98.6
1983	340615	259049	81566	823	881	680	98.6	97.7
1984	393211	292467	100635	927	1008	751	108.8	110.5
1985	474432	352057	122217	1081	1175	880	105.7	105.7
1986	556845	417486	139173	1221	1333	974	106.6	107.0
1987	644136	484259	159616	1366	1491	1088	104.0	104.0
1988	789012	595701	192919	1630	1771	1311	99.2	98.7
1989	870776	662084	207837	1755	1914	1388	91.9	99.2
1990	951989	734882	215591	1888	2068	1456	102.6	103.0
1991	1063309	816534	243947	2045	2233	1596	101.4	101.1
1992	1220550	945410	264870	2308	2526	1759	104.2	105.7
1993	1423561	1109906	281071	2701	2974	1952	103.4	104.0
1994	1887916	1509813	314723	3666	3997	2568	110.2	109.1
1995	2210027	1809128	318902	4430	4803	3032	104.9	104.3
1996	2636962	2164775	364074	5370	5765	3752	112.6	111.9
1997	2745277	2214025	353209	5664	6017	3813	101.7	100.6
1998	2465545	1967822	268404	6551	6814	4778	116.6	114.1
1999	2532839	1969551	242057	7158	7368	5000	111.5	110.3
2000	2649607	2037696	234537	7924	8121	5501	112.2	111.8
2001	2775443	2102269	222532	8771	9043	5765	109.3	109.9
2002	3005549	2251039	209872	9990	10369	6411	114.5	115.2
2003	3215531	2298500	224936	11081	11124	8018	109.6	106.0
2004	3500716	2460166	192450	12431	12540	7504	107.8	108.3
2005	3774008	2597306	183772	14409	14566	8735	114.2	114.4
2006	4310888	2916500	192231	16583	17118	9787	113.5	115.9
2007	5287046	3612104	178673	20513	21688	11135	118.0	120.9
2008	6014107	4067347	186024	23486	24754	12761	108.9	108.6
2009	6781647	4406877	204827	26230	27523	14443	111.6	111.1
2010	7626800	4922713	228316	29399	30661	17060	108.1	107.4
2011	9190240	5721524	236846	34197	35216	25718	110.6	109.2

注：1998年以后为在岗职工情况。

Note:Data on total wages since 1998 refers to wages of fully employed staff and workers.

4-7 各市县单位从业人员劳动报酬和生活费（2011）

Earning of Employed Persons Living Expenses by City and County (2011)

市、县	City, County	单位从业人员劳动报酬(万元) Earning of Employed Persons (10000 yuan)	在岗职工工资 Wages of Staff and Workers	其他从业人员劳动报酬 Others	单位从业人员平均劳动报酬(元) Average Earning of Employed Persons (yuan)	#在岗职工平均工资 Average Wages of Staff and Workers
全　省	**Total**	**9402661**	**9190240**	**212421**	**33610**	**34197**
长春市	**Changchun**	**3882406**	**3795030**	**87376**	**41242**	**41473**
市　区	District	3510992	3427848	83144	44457	44732
农安县	Nong' an	77831	75692	2139	21660	21660
九台市	Jiutai	103765	103683	82	23950	23967
榆树市	Yushu	96704	96702	2	27435	27436
德惠市	Dehui	93114	91105	2009	25077	25802
吉林市	**Jilin**	**1346655**	**1328923**	**17732**	**34757**	**35088**
市　区	District	965686	952758	12928	38636	38968
永吉县	Yongji	40511	40421	90	30151	30192
蛟河市	Jiaohe	67978	66157	1822	25831	26760
桦甸市	Huadian	96680	94153	2527	29691	30255
舒兰市	Shulan	82850	82684	165	25929	25942
磐石市	Panshi	92951	92750	200	27968	27993
四平市	**Siping**	**573339**	**560890**	**12449**	**27488**	**28012**
市　区	District	275013	266642	8371	29199	29892
梨树县	Lishu	73151	71657	1495	23731	23974
伊通满族自治县	Yitong	67250	66303	947	29761	30310
公主岭市	Gongzhuling	99398	99095	303	25523	25678
双辽市	Shuangliao	58527	57193	1334	26571	27664
辽源市	**Liaoyuan**	**250097**	**248305**	**1793**	**27599**	**27792**
市　区	District	167915	166555	1360	27741	27936
东丰县	Dongfeng	43030	42985	45	27186	27216
东辽县	Dongliao	39153	38764	389	27455	27832
通化市	**Tonghua**	**619828**	**611395**	**8433**	**28285**	**28404**
市　区	District	252064	244753	7311	31381	31763
通化县	Tonghua	58348	58119	229	26865	26920
辉南县	Huinan	53378	52845	534	24445	24610
柳河县	Liuhe	54433	54401	32	24661	24656
梅河口市	Meihekou	133164	132900	263	29519	29519
集安市	Ji' an	68441	68377	64	24375	24379

注：全省总计中包括铁路、军工等直报单位，四平市市区包括辽河农垦管理区。表内数据四舍五入。
Note:Total include the railway、war industry unit. In Siping city data include Liaohe Nongken area.

4－7 续表 continued

市、县	City，County	单位从业人员劳动报酬（万元）Earning of Employed Persons (10000 yuan)	在岗职工工资 Wages of Staff and Workers	其他从业人员劳动报酬 Others	单位从业人员平均劳动报酬(元) Average Earning of Employed Persons (yuan)	#在岗职工平均工资 Average Wages of Staff and Workers
白山市	**Baishan**	**532541**	**506481**	**26060**	**27815**	**29996**
市　区	District	333775	315542	18233	28477	31178
抚松县	Fusong	82332	80390	1942	26977	28020
靖宇县	Jingyu	34935	32425	2510	26085	28164
长白朝鲜族自治县	Changbai	30285	28673	1612	26094	28409
临江市	Linjiang	51213	49451	1762	27344	28505
松原市	**Songyuan**	**738102**	**735618**	**2484**	**33600**	**33705**
市　区	District	424668	423728	941	38821	38880
前郭尔罗斯蒙古族自治县	Qianguo	142938	142654	284	30606	30645
长岭县	Changling	77671	77565	107	27316	27338
乾安县	Qian' an	45110	43957	1153	28067	28781
扶余县	Fuyu	47715	47715		25013	25013
白城市	**Baicheng**	**448020**	**435620**	**12399**	**23072**	**24339**
市　区	District	237988	235772	2216	25340	25563
镇赉县	Zhenglai	49302	49185	117	22240	22234
通榆县	Tongyu	52397	50429	1968	21475	22830
洮南市	Taonan	52742	49183	3559	18757	22329
大安市	Da' an	55591	51052	4540	21733	24890
延边朝鲜族自治州	**Yanbian**	**739699**	**696230**	**43469**	**26822**	**27465**
延吉市	Yanji	273323	248760	24563	31497	31516
图们市	Tumen	30015	29761	254	23890	24135
敦化市	Dunhua	146963	144848	2115	24365	24935
珲春市	Hunchun	97110	96706	404	31624	31622
龙井市	Longjing	28613	27340	1273	23223	23953
和龙市	Helong	51873	45666	6207	22648	25180
汪清县	Wangqing	61042	54893	6149	23197	25052
安图县	Antu	50761	48256	2505	21258	21837

4－8 分行业在岗职工工资总额（2011）

Total Wages of Staff and Workers by Sector （2011）

单位：万元　　unit:10000 yuan

行业	Iten	合计 Total	国有单位 State -owned Units	集体单位 Collective -owned Units	其他单位 Others
总计	**Total**	**9190240**	**5721524**	**236846**	**3231871**
农、林、牧、渔业	Agriculture,Forestry,Animal Husbandry and Fishery	308762	299676	1075	8012
采矿业	Mining	532828	207463	5992	319372
制造业	Manufacturing	2248192	523028	61367	1663798
电力、燃气及水生产和供应	Production and Supply of Electricity, Gas and Water	312197	193291	744	118162
建筑业	Construction	420105	142927	24942	252236
交通运输、仓储和邮政业	Transport,Storage and Post	528544	458391	2413	67739
信息传输、计算机服务和软件业	Information Transmission, Computer Services and Software	221009	110092	985	109933
批发和零售业	Wholesale and Retail Trades	250520	92856	9254	148411
住宿和餐饮业	Hotels and Catering Services	67571	26851	3140	37580
金融业	Financial Intermediation	548349	227039	69005	252305
房地产业	Real Estate	141908	36655	468	104785
租赁和商务服务业	Leasing and Business Services	131477	68941	11856	50680
科学研究、技术服务和地质勘查业	Scientific Research,Technical Services and Geological Prospecting	306762	258651	2907	45204
水利、环保和公共设施管理业	Management of Water Conservancy, Environment Protection and Public Facilities	155402	130130	13034	12239
居民服务和其他服务业	Services to Households and Other Services	23732	15079	2151	6502
教育	Education	1322967	1306270	1790	14908
卫生、社会保障和社会福利业	Health , Social Securities and Social Welfare	550910	518253	24423	8234
文化、体育和娱乐业	Culture, Sports and Entertainment	113017	100852	398	11767
公共管理和社会组织	Public Management and Social Organizations	1005989	1005081	904	4

4-9 分行业在岗职工平均工资（2011）

Average Wages of Staff and Workers by Sector（2011）

单位：元　　unit：yuan

行　　业	Iten	合　计 Total	国　有 State -owned Units	集　体 Collective -owned Units	其　他 Others
总　　计	**Total**	**34197**	**35216**	**25718**	**33296**
农、林、牧、渔业	Agriculture,Forestry,Animal Husbandry and Fishery	19785	19909	23615	15778
采矿业	Mining	36057	32225	26751	39354
制造业	Manufacturing	35526	45477	21183	34035
电力、燃气及水生产和供应	Production and Supply of Electricity Gas and Water	35974	37541	13778	33998
建筑业	Construction	26579	31290	22517	24898
交通运输、仓储和邮政业	Transport,Storage and Post	38975	42475	19290	25620
信息传输、计算机服务和软件业	Information Transmission, Computer Services and Software	39172	41142	26048	37542
批发和零售业	Wholesale and Retail Trades	27259	34124	19428	24764
住宿和餐饮业	Hotels and Catering Services	21721	22979	20052	21044
金融业	Financial Intermediation	56576	57455	39972	62850
房地产业	Real Estate	28011	29275	19239	27650
租赁和商务服务业	Leasig and Business Services	32372	34040	28994	31146
科学研究、技术服务和地质勘查业	Scientific Research,Technical Services and Geologic Prospecting	46579	47546	43586	41890
水利、环保和公共设施管理业	Management of Water Conservancy, Environment and Public Facilities	21907	22063	19315	23495
居民服务和其他服务业	Services to Households and Other Services	26822	28370	20069	26420
教育	Education	36605	36711	27790	30129
卫生、社会保障和社会福利业	Heaith ,Social Securitiy and Social Welfare	35023	35864	25075	26934
文化、体育和娱乐业	Culture,Sports and Entertainment	30605	32000	21983	22495
公共管理和社会组织	Public Management and Social Organization	33378	33370	44112	37000

4－10 各地区年底在岗职工人数（2011）
Number of Staff and Workers at the Year-end by Region（2011）

单位: 人　　unit:person

地　区	Region	合　计 Total	国有单位 State-owned Units	城镇集体单位 Urban Collective-owned Units	其他单位合计 Units of Other Types of Ownership
全 省	**Total**	**2675683**	**1634488**	**90902**	**950293**
长 春	Changchun	923788	475309	28330	420149
吉 林	Jilin	377703	224906	16551	136246
四 平	Siping	200401	125619	6667	68115
辽 源	Liaoyuan	89628	79029	3402	7197
通 化	Tonghua	206532	123421	9798	73313
白 山	Baishan	168933	102410	4236	62287
松 原	Songyuan	217144	132168	7310	77666
白 城	Baicheng	179176	141837	7383	29956
延 边	Yanbian	237941	155400	7177	75364

注：各地区相加不等于全省总计。
Note:The Sum of the data by region is not equal to the total.

4－11 城镇登记失业人员情况
Registered Unemployment Persons in Urban

单位: 人　　unit:person

指　标	Item	2010	2011
本期新登记的失业人数	Registered Unemployed Persons This Year	439507	392294
# 女性	Female	197689	184727
# 由就业转失业人数	Unemployed Persons from Employment	141830	152379
本期登记失业人员就业人数	Reemployed Persons This Year	426615	390071
期末实有登记失业人数	Actual Number of Registered Unemployed Persons	226500	222121
# 女性	Female	108156	105480
# 长期失业者	Unemployed Persons in Long－term	37488	27658
登记失业率（%）	Registered Unemployment Rate(%)	3.8	3.7

4-12 分细行业在岗职工平均工资（2011）
Average Wages of Staff and Workers by Sector in Detail（2011）

单位：元　　unit:yuan

项　目	Iten	在岗职工 Staffs and Workers	国有单位 State-owned Units	城镇单位 Urban Collective-owned Units	其他类型单位 Units of Other Types of Ownership
总　计	**Total**	**34197**	**35216**	**25718**	**33296**
一、企业、事业、机关分组	**Grouped by Enterprises,Institutions and Agencies**				
企业	Enterprises	34913	38635	26111	33337
事业	Institutions	32671	32881	23791	27168
机关	Agencies and Organizations	34453	34501	41600	22432
二、按国民经济行业分组	**Grouped by Sector**				
（一）农、林、牧、渔业	**Agriculture,Forestry and Animal Husbandry and Fishery**	**19785**	**19909**	**23615**	**15778**
农业	Farming	17622	17648		15523
林业	Forestry	19046	19224	25611	15450
畜牧业	Animal Husbandry	13903	13647	13750	17008
渔业	Fishery	17511	17368	13864	36371
农、林、牧、渔服务业	Agriculture,Forestry,Animal Husbandry and Fishery	25127	25129	25489	19300
（二）采矿业	**Mining**	**36057**	**32225**	**26751**	**39354**
煤炭开采和洗选业	Mining and Washing of Coal	31550	31556	28882	31819
石油和天然气开采业	Extraction Petroleum and Natural Gas	44828	45110		44809
黑色金属矿采选业	Mining and Processing of Ferrous Metal Ores	37801	52732	15150	37918
有色金属矿采选业	Mining and Processing of Non-ferrous Metal Ores	26712	29828		24726
非金属矿采选业	Mining and Processing of Non-Metal Ores	24557	23752	25983	24423
其他采矿业	Mining Others	32833	33940		29375
（三）制造业	**Manufacturing**	**35526**	**45477**	**21183**	**34035**
农副食品加工业	Processing of Food from Agricultural Products	20372	21527	20643	20346
食品制造业	Manufacture of Foods	21865	15772	11698	22011
饮料制造业	Manufacture of Beverages	25356	28519	18000	25328
烟草制品业	Manufacture of Tobacco	61487	64703		32964
纺织业	Manufacture of Textile	16276		19089	16172
纺织服装、鞋、帽制造业	Manufacture of Texile Wearing Apparel,Footware,and Caps	20506	28091	15630	21193
皮革、毛皮、羽毛(绒)及其制品业	Manufacture of Leather,Fur,Feather and Related Products	13891	10000	20333	13539
木材加工及木、竹、藤、棕、草制品业	Processing of Timber,Manufacture of Woods, Bamboo Rattan,Palm and Straw Products	16945	17961	16159	16512
家具制造业	Manufacture of Furniture	19749	24754	23583	19148
造纸及纸制品业	Manufacture of Paper and Paper Products	18167		20165	18027
印刷业和记录媒介的复制	Printing Reproduction of Recording Media	21941	25656	21271	20811
文教体育用品制造业	Manufacture of Articles for Culture,Education and Sport Activity	16205	14000	19600	16066
石油加工、炼焦及核燃料加工业	Petroleum Processing and Coking ,Processing of Nuclear Fuel	23732	15039	47468	23458

4－12 续表 1 continued

项　　目	Iten	在岗职工 Staff and Workers	国有单位 State-owned Units	城镇单位 Urban Collective-Owned Units	其他类型单位 Units of Other Types of Ownership
化学原料及化学制品制造业	Manufactare of Raw Chemical Materials and Chemical Products	48278	50858	25367	48691
医药制造业	Manufacture of Medicines	20739	31953	12870	20154
化学纤维制造业	Manufacture of Chemica Fibers	24979			24979
橡胶制品业	Manufacture of Rubber	33256	24129	21362	36045
塑料制品业	Manufacture of Plastics	22549	108684	21391	22516
非金属矿物制品业	Manufacture of Non-metallic Mineral Products	22894	20987	14564	23636
黑色金属冶炼及压延加工业	Smelting and Pressing of Ferrous Metals	30720	33632	20504	31228
有色金属冶炼及压延加工业	Smelting and Pressing of Non-ferrous Metals	28798		21167	28862
金属制品业	Manufacture of Metal Products	21672	18385	18124	22455
通用设备制造业	Manufacture of General Purpose Machinery	25061	26501	21882	25391
专用设备制造业	Manufacture of Special Purpose Machinery	24716	24832	19521	24995
交通运输设备制造业	Manufacture of Transport Equipment	52433	53164	20118	54174
电气机械及器材制造业	Manutacture Electrical Machinery and Equipment	28201	29193	27334	28237
通信设备、计算机及其他电子设备制造业	Manufacture of Communication Equipment、Computer and Other Electronic Equipments	45253	36920	24000	45316
仪器仪表及文化、办公用机械制造业	Manufacture of Measuring Instrument and Machinery for Culture Activity and Office Work	38527	21235	63245	36281
工艺品及其他制造业	Manufacture of Artwork and Other Manufacturing	20058		22403	19755
废弃资源和废旧材料回收加工业	Recycling and Disposal of Waste	28944	15252	18807	29963
(四)电力、燃气及水的生产和供应业	**Production and Supply Electricity, Gas and Water**	**35974**	**37541**	**13778**	**33998**
电力、热力的生产和供应业	Prodution and Supply Electric Power and Heat Power	39454	43304	16480	34837
燃气生产和供应业	Production and Supply of Gas	30196	23037		32315
水的生产和供应业	Production and Supply of Water	23930	23961	14208	24873
(五)建筑业	**Construction**	**26579**	**31290**	**22517**	**24898**
房屋和土木工程建筑业	Construction of Buiding and Civil Engineering	25794	31047	20531	24671
建筑安装业	Building Installation	29270	30378	31924	26815
建筑装饰业	Building Decoration	26062	24900	19623	26221
其他建筑业	Other Construction	33804	45098	18286	22858
(六)交通运输、仓储和邮政业	**Transport, Storage and Post**	**38975**	**42475**	**19290**	**25620**
铁路运输业	Railway Transport	51353	51543		24579
道路运输业	Road Transport	20023	21485	20432	17703
城市公共交通业	Urban Public Transport	26095	21590	16811	28570
水上运输业	Water Transport	24500	42812		19077
航空运输业	Air Transport	75573	76198		26750
管道运输业	Transport Via Pipeline	53824			53824

4－12 续表2 continued

项　　目	Iten	在岗职工 Staff and Workers	国有单位 State-owned Units	城镇单位 Urban Collective-owned Units	其他类型单位 Units of Other Types of Ownership
装卸搬运和其他运输服务业	Loading, Unloading and Other Transport Services	23733	24518	17238	26240
仓储业	Storage	27225	27544	19803	25683
邮政业	Post	34281	34269		36409
(七)信息传输、计算机服务和软件业	**Information Transmission,Computer Services and Software**	**39172**	**41142**	**26048**	**37542**
电信和其他信息传输服务业	Telecommunications and Other Information Transmission Services	42668	41261	15333	45650
计算机服务业	Computer Services	29961	30931	26022	30051
软件业	Software	36692	33205	31250	36746
(八)批发和零售业	**Wholesale and Retail Trades**	**27259**	**34124**	**19428**	**24764**
批发业	Wholesale Trade	30850	34981	19819	28056
零售业	Retail Trade	23742	30478	18702	23072
(九)住宿和餐饮业	**Hotels and Catering Serrvices**	**21721**	**22979**	**20052**	**21044**
住宿业	Hotels	22870	22615	19896	23449
餐饮业	Catering Services	19371	28358	20231	18537
(十)金融业	**Financial Intermediation**	**56576**	**57455**	**39972**	**62850**
银行业	Bank	60508	59940	39972	74120
证券业	Security Activities	65495	55328		66209
保险业	Insurance	28298	26552		29102
其他金融活动	Other Financial Activities	89613	94126		77199
(十一)房地产业	**Real Estate**	**28011**	**29275**	**19239**	**27650**
其中：房地产开发经营	Development and Managment of Real Estate	30255	28777	22727	30393
物业管理	Property Management	24688	26831	18073	24041
房地产中介服务	Agency Services for Real Estate	23226	24438	20545	21608
(十二)租赁和商务服务业	**Leasing and Business Services**	**32372**	**34040**	**28994**	**31146**
租赁业	Leasing	27668	30604	15200	26931
商务服务业	Business Serices	32467	34073	29028	31306
(十三)科学研究、技术服务和地质勘查业	**Scientific Research,Technical Service and Geologic Prospecting**	**46579**	**47546**	**43586**	**41890**
1.研究与试验发展	Research and Experimental Development	57829	58925	20538	31012
自然科学研究与试验发展	Natural Science Resecarch	58830	59295		32611
工程和技术研究与试验发展	Engineering Research	70207	71512		27705
农业科学研究与试验发展	Agricultural Research	39749	39844	20538	
医学研究与试验发展	Medical Research	35224	36963		32436
社会人文科学研究与试验发展	Social Science Reasearch	43031	43031		
2.专业技术服务业	Professional Technical Services	45346	45972	48753	43324

4－12 续表3 continued

项目	Iten	在岗职工 Staff and Workers	国有单位 State-owned Units	城镇单位 Urban Collective-owned Units	其他类型单位 Units of Other Types of Ownership
其中：气象服务	Meteorological Services	33449	33449		
地震服务	Sersmological Services	43429	43429		
海洋服务	Oceanic Services				
测绘服务	Survey and Mapping	40807	42296	31500	25348
技术检测	Technical Test	35040	34958	4308	37270
环境监测	Environmental Monitoring	34840	35237	27214	24675
工程技术与规划管理	Engineering Technology and Programme Management	49408	52695	31059	43398
科技交流和推广服务业	Services of Science and Technology Exchangs and Promotion	31398	31108	21259	34664
地质勘查业	Geological Prospecting	37746	37751		36400
（十四）水利、环境和公共设施管理业	**Management of Water Conservancy Environment and Public Facilities**	**21907**	**22063**	**19315**	**23495**
水利管理业	Management of Water Conservancy	22837	22900	10258	32340
环境管理业	Management of Environment	18875	19021	18159	18775
公共设施管理业	Management of Public Facilities	26880	27802	28567	23951
（十五）居民服务和其他服务业	**Services to Househotds and Other Services**	**26822**	**28370**	**20069**	**26420**
居民服务业	Resident Services	33515	37140	21921	26470
其他服务业	Other Services	21923	20084	19458	26391
（十六）教育	**Education**	**36605**	**36711**	**27790**	**30129**
其中：初等教育	Primary Education	34033	34041	27909	37048
中等教育	Secondary Education	36151	36186	37232	33120
高等教育	Higher Education	44163	44852		28580
（十七）卫生、社会保障和社会福利业	**Health,Social Security and Social Welfare**	**35023**	**35864**	**25075**	**26934**
卫生	Health Care	35191	36016	25359	27828
社会保障业	Social Security	34534	34649		24093
社会福利业	Social Welfare	29507	31445	16107	18465
（十八）文化、体育和娱乐业	**Culture,Sports and Entertainment**	**30605**	**32000**	**21983**	**22495**
新闻出版社	Joumalism and Publishing Activities	29598	34837	18615	22189
广播、电视、电影和音像业	Broadcasting, TV, Movies and Audiovisual Activities	30702	31624	27750	16061
文化艺术业	Culture and Arts Activities	30807	30742	12103	38607
体育	Sports Activities	34387	35235		23723
娱乐业	Entertainment	25128	22966	27806	26401
（十九）公共管理和社会组织	**Public Management and Social Organization**	**33378**	**33370**	**44112**	**37000**
其中：中国共产党机关	Organs of Communist Party of China	34919	34919		
国家机构	Government Agencies	32898	32890	44112	
人民政协和民主党派	People' s Political Consultative Confer-ence and Democratic Parties	42028	42028		
群众社团、社会团体和宗教组织	Non-govermental Organizations,Social Organizations and Religion Organizations	36850	36850		37000

第五篇

CHAPTER 5

固定资产投资

INVESTMENT IN FIXED ASSETS

5-1 历年全社会固定资产投资额

Total Investment in Fixed Assets in the Whole Country

单位: 亿元　　　　unit:100 million yuan

年 份 Year	投资总额 Total Investment	国有经济 State-owned Units	集体经济 Collective-owned Units	个体经济 Self-employed Individual Units	其他经济 Others	#城镇投资 Urban Investment	#房地产投资 Real Estate Investment	#农村投资 Rural Investment
1949	0.2	0.2				0.2		0.04
1950	0.6	0.6				0.6		0.1
1951	0.7	0.7				0.7		0.1
1952	1.9	1.8				1.8		0.1
1953	3.2	3.0	0.1			3.1		0.2
1954	5.4	5.2	0.1			5.2		0.2
1955	5.6	5.4	0.1			5.4		0.2
1956	6.5	6.2	0.2			6.3		0.2
1957	4.2	3.8	0.4			3.9		0.3
1958	8.4	7.5	0.8			7.7		0.7
1959	10.7	9.6	1.1			9.7		1.1
1960	11.1	10.5	0.5			10.6		0.5
1961	5.1	4.4	0.7			4.5		0.7
1962	3.9	2.7	1.1	0.1		2.8		1.1
1963	5.2	4.5	0.4	0.3		4.6		0.7
1964	6.9	6.1	0.5	0.4		6.2		0.7
1965	6.8	5.9	0.5	0.4		6.0		0.8
1966	5.9	4.8	0.7	0.5		4.9		1.1
1967	4.4	3.1	0.8	0.4		3.3		1.1
1968	4.2	2.8	0.9	0.5		3.0		1.2
1969	6.4	4.9	0.7	0.8		5.1		1.4
1970	8.8	7.1	1.1	0.6		7.3		1.5
1971	11.6	9.7	1.1	0.7		10.0		1.6
1972	11.6	10.1	0.8	0.7		10.3		1.3
1973	13.4	11.1	1.5	0.8		11.4		2.0
1974	13.7	11.6	1.4	0.7		11.9		1.8
1975	15.4	12.7	2.0	0.8		13.2		2.2
1976	12.4	10.3	1.5	0.7		10.9		1.6
1977	11.7	9.2	1.7	0.8		9.9		1.8
1978	18.2	15.6	1.9	0.7		16.2		2.0
1979	19.5	17.2	1.6	0.8		17.9		1.7
1980	20.9	17.7	2.0	1.3		18.6		2.2
1981	21.0	17.1	2.3	1.7		18.4		2.6
1982	27.5	22.1	2.4	3.1		23.7		3.8
1983	29.3	22.0	3.4	4.0		24.2		5.1
1984	40.9	25.5	2.2	13.3		28.3		12.7
1985	62.2	37.4	4.4	20.4		41.5		20.7
1986	63.4	42.1	4.4	16.9		47.2		16.2
1987	77.0	54.0	6.4	16.7		59.8		17.2
1988	93.0	67.8	7.3	18.0		76.3		16.8
1989	80.1	58.1	4.3	17.7		65.1		15.0
1990	93.5	66.9	2.8	23.8		72.8	6.5	20.7
1991	114.0	85.6	6.0	22.4		92.0	7.7	21.9
1992	151.1	121.7	12.2	17.2		129.1	14.3	22.0
1993	253.6	207.7	23.4	22.6		223.8	29.6	29.8
1994	302.5	249.5	25.7	27.3		268.8	42.5	33.7
1995	341.9	279.8	21.2	40.9		294.9	35.6	46.9
1996	394.6	321.8	24.6	48.1		338.4	30.2	56.2
1997	364.5	295.1	32.9	36.5		311.4	25.3	53.2
1998	420.9	350.3	38.6	32.0		369.2	36.4	51.7
1999	498.8	414.6	42.5	41.7		437.9	53.0	60.9
2000	586.9	308.4	43.5	52.1	182.9	514.4	63.5	72.5
2001	679.7	373.5	26.2	70.8	209.2	606.7	93.0	73.0
2002	808.0	349.8	25.8	79.2	353.2	724.5	116.8	83.5
2003	969.0	416.4	32.1	87.4	433.1	872.9	139.2	96.1
2004	1171.6	452.3	51.8	87.4	579.9	1061.9	162.5	109.7
2005	1802.4	892.3	85.4	117.8	706.9	1642.6	195.7	159.8
2006	2804.3	1176.8	28.5	113.5	1485.5	2366.1	310.2	438.2
2007	4003.2	1129.1	70.2	153.4	2650.5	3340.2	490.1	663.0
2008	5608.2	1804.4	88.7	184.7	3530.4	4592.5	640.8	1015.7
2009	7259.5	1927.1	100.5	212.2	5019.7	5959.0	756.7	1300.5
2010	9621.8	2820.1	141.8	252.8	6407.1	7925.7	921.0	1696.1
2011	7441.7	1752.4	62.2	1263.2	4363.9	6507.3	1195.4	934.4

注：从2011年开始，固定资产投资统计的起点标准，从计划总投资50万元提高到500万元，因此，2011年全社会固定资产投资额与以前年度不可比。

Note: From the beginning of 2011,Fixed assets investment statistics starting from the standard plans,Which from total investment of fifty thousand yuan to 5 million yuan.Therefore,in 2011 there is not comparable with other years on the total social fixed assets investment over the absolute number.

5－2　历年全社会住宅投资和房屋建筑面积

Society as a Whole Calendar Year of Residential Building Investment and Construction Area

年　份 Year	全社会住宅投资(万元) Total Investment in Residential Buildings(10000yuan)				房屋建筑面积(万平方米) Floor Space of Buildings(10000sq.m)		
	总计 Total	国有、其他类型 State-owned, Others	集体经济 Collective -owned Units	个体经济 Self-employed Individual Units	施工面积 Floor Spoce under Construcion	竣工面积 Floor Space Completed	#住宅 Residential Buidings
1949	548	50		498		58.5	52.3
1950	749	150		599		77.0	66.2
1951	966	413		553		85.7	66.5
1952	2708	2170		538		116.7	89.8
1953	5003	4567		436		145.3	82.7
1954	6235	5139	10	1086		251.2	173.9
1955	1957	1234		723		192.0	100.8
1956	4176	3603	36	537		204.7	112.7
1957	4203	3602	63	538		271.7	134.5
1958	3132	2466	74	592		310.0	116.4
1959	5260	4532	102	626		421.0	149.3
1960	7011	6367	52	592		426.4	168.9
1961	5105	4413	60	632		223.7	107.0
1962	2525	1391	28	1106		193.8	109.3
1963	6950	3530	53	3367		412.1	344.1
1964	9460	5702	65	3693		486.7	388.7
1965	7594	3338	79	4177		395.6	266.9
1966	6347	1347	89	4911		415.1	275.0
1967	5149	870	83	4196		328.1	225.9
1968	5832	963	110	4759		366.2	258.2
1969	9882	1923	95	7864		547.4	421.0
1970	8554	2148	152	6254		478.7	311.6
1971	11440	4064	124	7252		475.1	288.3
1972	13331	6008	90	7233		470.1	300.1
1973	15630	7746	183	7701		482.7	310.3
1974	14360	7398	189	6773		457.7	279.4
1975	15059	7144	261	7654		489.5	274.1
1976	13703	6689	181	6833		403.1	232.3
1977	15452	7082	117	8253		429.0	266.6
1978	19754	12147	440	7167		864.0	248.5
1979	34264	26298	292	7674		664.5	326.0
1980	49115	36152	202	12761		773.9	505.0
1981	57153	39003	1467	16683		1135.0	623.1
1982	82136	50244	1383	30509		1495.4	1203.0
1983	74796	37531	4201	33064		1671.6	1131.8
1984	118432	40699	5369	72364		1862.5	1484.8
1985	172342	70802	8078	93462		2007.7	1476.6
1986	182512	64113	4139	114260		2352.8	1973.6
1987	220034	49538	16019	154477		1933.3	1536.1
1988	203785	92348	5090	106347		1463.5	1059.4
1989	190408	69363	2867	118178	1512.4	1356.3	930.2
1990	241290	88078	8579	144633	1462.6	1096.1	917.2
1991	275610	136689	4809	134112	1824.8	1074.2	761.6
1992	368529	220075	7006	141448	1956.6	1380.0	834.4
1993	740171	503732	75582	160857	2583.1	1833.6	1183.9
1994	797648	508561	53914	235173	2867.8	2011.7	1162.9
1995	842257	426009	39362	376886	2013.3	2007.6	1423.1
1996	808848	443593	43689	321566	2004.9	1923.0	1505.5
1997	820149	372063	83113	364973	1843.3	1798.8	1370.0
1998	870310	518165	32037	320108	2427.1	1954.4	1112.3
1999	1119595	685868	27135	406592	2744.8	1928.6	1300.3
2000	1584539	811784	298644	474111	3500.4	2616.9	1720.4
2001	1867332	1169351	243141	454840	4449.5	3106.5	1997.3
2002	1608617	1197583	138363	272671	4856.6	3349.0	1988.8
2003	1728015	1452431	85458	191126	4913.1	3367.3	1990.1
2004	1608043	1430143	44073	133827	3967.5	2017.5	957.8
2005	2175201	1891700	56609	226892	5110.6	2633.2	946.3
2006	3520595	3191143	25225	304227	6888.4	3409.4	1192.7
2007	5293696	4907428	25130	361138	9487.9	4302.4	1629.5
2008	6415919	5983445	54707	377767	11594.0	5655.2	2521.9
2009	7915956	7261667	14402	639887	13286.9	5906.3	2626.8
2010	9046137	8384024	12027	650086	16322.2	6316.0	3228.8
2011	10593873	9899094	14455	680324	15645.3	4876.9	2978.6

5－3 全社会固定资产投资主要指标
Main Indicators of Total Investment in Fixed Assets in the Whole Country

指标	Item	2010	2011
投资额(亿元)	**Total Investment(100 million yuan)**	**9621.77**	**7441.71**
按种类分	Grouped by Type of Construction		
城镇投资	Urban Investment	7925.72	6507.33
其中：房地产	There in:Real Estate	921.01	1195.39
农村投资	Rural Investment	1696.05	934.38
按隶属关系分	Grouped by Jurisdiction of Management		
中央项目	Central Investment	838.73	506.40
地方项目	Local Investment	8783.04	6935.31
按资金来源分	Grouped by Source of Funds		
国家预算内投资	State Budget Appropriation	421.09	234.38
国内贷款	Domestic Loans	543.61	461.65
利用外资	Foreign Investment	58.25	66.83
自筹及其他投资	Self–raising Funds and Others	8598.82	6678.85
按构成分	Grouped by Structure		
建筑安装工程	Construcion and Installtion	5356.23	4275.62
设备、工器具购置	Purchase of Equipment and Instruments	3321.00	2236.54
其他费用	Others	944.54	929.55
按产业分	Grouped by Industy		
# 住宅	Residential Buildings	904.52	1059.39
第一产业	Primary Industry	380.69	320.01
第二产业	Secondary Industry	5588.04	4027.40
第三产业	Tertiary Industry	3653.04	3094.30
房屋建筑面积（万平方米）	**Floor Space of Buildings(10000 sq.m)**		
施工面积	Floor Space under Construction	16322.18	15645.30
# 住宅	Residential Buildings	8188.87	9082.37
竣工面积	Floor Space Completed	6316.01	4876.87
# 住宅	Residential Buildings	3228.79	2978.57
商品房销售面积	Floor Space of Buildings Sold Commercial	2382.10	2432.56

注：自筹投资中含发行债券部分（下同）。
Note:Fund raising includes bond publishing(so did follows).

5-4 固定资产投资（不含农户）（2011）
Investment in Fixed Assets（Not Induding the Farmer Investment）（2011）

单位：亿元 unit：100 million yuan

指 标	Item	合 计 Total	固定资产项目投资 Investment in Projects	房地产开发 Real Estate Development
建设项目个数（个）	**Number of Construction Projects(unit)**			
施工项目	Number of Projects under Construction	11005	11005	
全部建成投产项目	Total Projects Completed and Put into Use	8087	8087	
建成项目投产率（%）	Rate of Construction Projects Completed and Put into Use(%)	73.50	73.50	
本年资金来源合计	Total Funds This Year	7226.65	6031.26	1195.39
国家预算内资金	State Budget Appropriation	234.38	234.38	
国内贷款	Domestic Loans	451.32	395.63	55.69
利用外资	Foreign Investment	66.83	61.79	5.04
自筹资金	Self-raising Funds	5936.19	5193.15	743.04
其他资金	Others	537.93	146.31	391.62
按构成分	Grouped by Structure			
# 建筑工程	Construction Projects	3945.56	3032.38	913.18
安装工程	Installation Projects	330.01	318.67	11.34
设备、工具、器具购置	Purchase of Equipment,Tools and Instruments	2182.47	2178.46	4.01
按产业分	Grouped by Industry			
第一产业	Primary Industry	195.83	195.83	
第二产业	Secondary Industry	4027.21	4027.21	
第三产业	Tertiary Industry	3003.61	1808.22	1195.39
按建设性质分	Grouped by Type of Construction			
# 新建	New Construction	2515.18	2515.18	
扩建	Expansion	1473.20	1473.20	
改建	Reconstruction	1695.72	1695.72	
房屋建筑面积（万平方米）	Floor Space of Buildings(10000 sq.m)			
施工面积	Floor Space under Construction	14540.38	5406.82	9133.56
# 住宅	Residential Housing	8054.23	779.37	7274.86
竣工面积	Floor Space Completed	3997.90	2118.35	1879.55
# 住宅	Residential Housing	1845.25	296.82	1548.43

5-5 固定资产投资主要指标（不含农户）

Main Indicators of Investment in Fixed Assets (Not Induding the Farmer Investment)

指　标	Item	2010	2011
施工建设项目个数（个）	**Number of Construction Projects(unit)**	**21486**	**11005**
全部建成投产项目	Total Projects Completed and Put into Use	18166	8087
投资完成额（亿元）	**Total Value of Investment Completed(100 million yuan)**	**7925.72**	**7226.65**
按隶属关系分	Grouped by Jurisdiction of Management		
中央项目	Central Investment	730.27	485.92
地方项目	Local Investment	7195.45	6740.73
按构成分	Grouped by Structure		
建筑安装工程	Construction and Installation	4453.40	4275.57
设备、工具、器具购置	Purchase of Equipment,Tools and Instruments	2674.78	2182.47
其他费用	Others	797.54	768.61
按建设性质分	Grouped by Type of Construction		
# 新建	New Construction	2544.24	2515.18
扩建	Expansion	1859.07	1473.2
改建	Reconstruction	2046.33	1695.72
按资金来源分	Grouped by Sources of Funds		
国家预算内资金	State Budget Appropriation	291.37	234.38
国内贷款	Domestic Loans	482.01	451.32
利用外资	Foreign Investment	53.13	66.83
自筹资金	Self-raising Funds	6535.21	5936.19
其他投资	Others	564.00	537.93
新增固定资产（亿元）	Newly Increased Fixed Assets(100 million yuan)	5237.92	5391.35

5-6 分行业固定资产项目投资额（2011）
Investment in Fixed Assets Projects by Sector (2011)

单位: 万元　　　　unit:10000 yuan

行业	Sector	投资额 Invest-ment	#新建 New Construc-tion	#扩建 Expan-sion	#改建 Reconst-ruction
全省总计	**National Total**	**60312583**	**25151797**	**14732013**	**16957216**
(一)农、林、牧、渔业	**Agriculture,Forestry,Animal Husbandry and Fishery**	**1958259**	**846414**	**711608**	**294884**
农业	Farming	274566	141631	65250	47815
林业	Forestry	133650	32704	66284	32482
畜牧业	Animal Husbandry	917653	429132	292434	148457
渔业	Fishery	14530	3500	4780	1750
农、林、牧、渔业	Agriculture, Forestry, Animal Husbandry and Fishery Services	617860	239447	282860	64380
(二)采矿业	**Mining**	**3946327**	**1235394**	**819942**	**1766178**
煤炭开采和洗选业	Mining and Washing Coal	881140	90537	143331	591612
石油和天然气开采业	Extraction of Petroleum Natural Gas	1601332	810794	455759	325891
黑色金属矿采选业	Mining and Processing Ferrous Metal Ores	403302	91087	75466	235749
有色金属矿采选业	Mining and Processing of Non-ferrous Metal Ores	516603	173751	47580	295272
非金属矿采选业	Mining and Processing of Nonmetal Ores	529681	69225	95677	305514
其他采矿业	Mining of Other Ores	14269		2129	12140
(三)制造业	**Manufacturing**	**32068892**	**11008958**	**8086332**	**10846387**
农副食品加工业	Processing of Food from Agricultural Products	3692028	1264066	952314	1253291
食品制造业	Manufacture of Foods	1358284	429238	259315	506626
饮料制造业	Manufacture of Beverages	1254154	449250	330984	442941
烟草制造业	Manufacture of Tobacco	53215	12515	4800	27700
纺织业	Manufacture of Textile	373696	114581	53302	193273
纺织服装、鞋、帽制造业	Manufacture of Textile Wearing Apparel,Footwear and Caps	151565	38430	55131	53678
皮革、毛皮、羽毛(绒)及其制品业	Manufacture of Leather,Fur,Feather and Related Products	350286	25000	322786	2500
木材加工及木、竹、藤、棕、草制品业	Processing of Timber,Manfacture of Wood,Bamboo,Rattan, Palm and Straw Products	1468895	303531	261314	862050
家具制造业	Manufacture of Furniture	445605	227226	107718	81627
造纸及纸制品业	Manufacture of Paper and Paper Produts	433554	94415	170500	144289
印刷业和记录媒介的复制	Prnting Peproduction of Recording Meida	237020	71530	52058	80443
文教体育用品制造业	Manufacture of Articles for Culture,Education and Sport Activities	79158	16823	33860	19300
石油加工、炼焦及核燃料加工业	Processing of Petroleum,Coking,Processing of Nuclear Fuel	215587	59954	35260	99796
化学原料及化学制品制造业	Manufacture of Raw Chemical Materials and Chemical Products	1992945	615473	374393	713862
医药制造业	Manufacture of Medicines	2444980	1022451	463079	863929
化学纤维制造业	Manufacture of Chemical Fibers	68091	26640	21084	17517
橡胶制品业	Manufacture of Rubber	124904	47900	10080	41610
塑料制品业	Manufacture of Plastics	810797	262290	183652	293603
非金属矿物制品业	Manufacture of Non-metallic Mineral Products	3292081	1157052	722360	1217109
黑色金属冶炼及压延加工业	Simelting and Pressing of Ferrous Metals	788612	57890	477986	220556
有色金属冶炼及压延加工业	Smelting and Pressing of Non-ferrous Metals	269261	85540	85960	93461
金属制品业	Manufacture of Metal Products	1192522	317764	420355	358059
通用设备制造业	Manufacure of General PurPose Machinery	1142344	290201	285853	506659
专用设备制造业	Manufacture of Special Purpose Machinery	1674898	787180	263326	475305
交通运输设备制造业	Manufacture of Transport Equipment	5936256	2506033	1391528	1719647
电气机械及器材制造业	Manufacture of Electrical Machinery and Equipment	1376789	411531	618445	269478
通信设备、计算机及其他电子设备	Manufacture of Communitcation Equipment,Computers and Other Electronic Equipment	202336	99122	8160	61642
仪器仪表及文化、办公用机械制造	Manufacture of Measuning Instnments and Machirery for Cultural Activity and Office Wrok	306211	73103	23000	147996

注：本表不含房地产开发投资和农户投资。
Note:Real estate development investment and farmer investment is not included in the table.

单位: 万元

5-6 续表 1 continued

unit:10000 yuan

行业	Sector	投资额 Invest-ment	#新建 New Construc-tion	#扩建 Expan-sion	#改建 Reconst-ruction
工艺品及其他制造业	Manufacture of Artwork and Other Manufacturing	185598	90104	66329	27185
废弃资源和废旧材料回收	Recycling and Disposal of Waste	147220	52125	31400	51255
(四)电力、燃气及水的生产和供应业	**Production and Supply of Electricity,Gas and Water**	**3868786**	**1772536**	**1220048**	**823779**
电力、热力的生产和供应业	Production and Supply of Eletric Power and Heat Power	3086849	1483293	950112	615211
燃气生产和供应业	Prduction and Supply of Gas	372874	139261	165447	56226
水的生产和供应业	Prduction and Supply of Water	409063	149982	104489	152342
(五)建筑业	**Construction**	**388063**	**164262**	**113467**	**60353**
房屋和土木工程建筑业	Construction of Building and Civil Engineering	193243	114482	39294	14001
建筑安装业	Construction Installation	50548	23900	13050	8698
建筑装饰业	Construction Decoration	55648	18600	6500	18468
其他建筑业	Other Construction	88624	7280	54623	19186
(六)交通运输、仓储和邮政业	**Transport,Storage and Post**	**4832225**	**2851679**	**887524**	**784316**
铁路运输业	Railway Transport	1146530	961337	20000	160230
道路运输业	Road Transport	2354768	1123762	598558	513603
城市公共交通业	Urban Public Transport	517682	456907	7410	3675
水上运输业	Water Transport	4730	1800		2930
航空运输业	Air Transport	7688		7688	
管道运输业	Transport Via Pipeline	12035	3000	4635	
装卸搬运和其他运输服务业	Loading,Unloading and Other Transport Services	90184	63298	17050	4208
仓储业	Storage	679286	233462	223574	98170
邮政业	Post	19322	8113	8609	1500
(七)信息传输、计算机服务和软件业	**Information Transmission,Computer Services and Software**	**380786**	**178220**	**91591**	**87981**
电信和其他信息传输服务业	Telecommunications and Other Information Transmission Services	331954	167970	80791	67320
计算机服务业	Computer Services	13532		6500	1911
软件业	Software	35300	10250	4300	18750
(八)批发和零售业	**Wholesale and Retail Trades**	**2434745**	**1327598**	**336808**	**628035**
批发业	Wholesale Trade	1107691	664777	184118	161114
零售业	Retail Trade	1327054	662821	152690	466921
(九)住宿和餐饮业	**Hotels and Catering Services**	**533600**	**238943**	**109107**	**166500**
住宿业	Hotels	308610	164133	54590	85227
餐饮业	Catering Services	224990	74810	54517	81273
(十)金融业	**Finacial Intermediation**	**49244**	**6280**	**4030**	**20282**
银行业	Bank	33634		3050	11932
保险业	Insurance	4150			4150
其他金融活动	Other Financial Activities	11460	6280	980	4200
(十一)房地产业	**Real Estate**	**2193711**	**1789472**	**280205**	**117591**

单位：万元

5-6 续表2 continued

unit:10000 yuan

行　　业	Sector	投资额 Invest-ment	#新建 New Construc-tion	#扩建 Expan-sion	#改建 Reconst-ruction
(十二)租赁和商务服务业	**Leasing and Business Services**	**330502**	**84593**	**91225**	**41471**
租赁业	Leasing	49668	2000	10000	6380
商务服务业	Business Services	280834	82593	81225	35091
(十三)科学研究、技术服务和地质勘查业	**Scientific Research,Technical Services and Geological Prospecting**	**288047**	**90988**	**32186**	**84910**
研究与试验发展	Research and Experimental Development	52431	17400	6100	15940
专业技术服务业	Professional Technical Services	55580	15990	2598	8920
科技交流和推广服务业	Services of Sceience and Technology Exchanges and Promotion	94327	23468	9468	23750
地质勘查业	Geological Prospecting	85709	34130	14020	36300
(十四)水利、环境和公共设施管理业	**Management of Water Conservancy,Environment and Public Facilities**	**4372813**	**2314722**	**1168340**	**822232**
水利管理业	Management of Water Conservancy	946638	440460	292236	185313
环境管理业	Management of Evironment	240456	128597	69913	34186
公共设施管理业	Managment of Public Facilities	3185719	1745665	806191	602733
(十五)居民服务和其他服务业	**Services to Households and Other Services**	**250176**	**187450**	**25326**	**30110**
居民服务业	Services to Households	59290	39500	900	17250
其他服务业	Other Services	190886	147950	24426	12860
(十六)教育	**Education**	**597006**	**135584**	**281095**	**128311**
教育	Education	597006	135584	281095	128311
(十七)卫生、社会保障和社会福利业	**Health,Social Security and Social Welfare**	**409608**	**101427**	**125522**	**65283**
卫生	Health	366328	84367	106122	60563
社会保障业	Social Security				
社会福利业	Social Welfare	43280	17060	19400	4720
(十八)文化、体育和娱乐业	**Culture,Sports and Entertainment**	**727456**	**553973**	**93114**	**71965**
新闻出版业	Journalism and Publishing Activities	7474			7474
广播、电视、电影和音像业	Broadcasting,TV,Movies and Audiovisual Activities	72964	21360	6960	38340
文化艺术业	Culture and Art Activities	68954	29850	33371	3633
体育	Sports Activities	68707	54107	10600	4000
娱乐业	Entertainments	509357	448656	42183	18518
(十九)公共管理和社会组织	**Public Management and Social Organizations**	**682337**	**263304**	**254543**	**116648**
中国共产党机关	Organs of Communist Party of China	7200			
国家机构	Government Agencies	582990	242594	200106	99648
人民政协和民主党派	People's Political Consultative Conference and Democratic Parties	25804		25804	
群众团体、社会团体和宗教组织	Non-governmental Organizations Social Organizations and Religious Organizations	41783	12650	22133	7000
基层群众自治组织	Grass Roots Self-governing Organizations	24560	8060	6500	10000

5-7　分行业固定资产投资施工投产项目个数（2011）

Number of Investment in Fixed Assets Projects Under Construction and Put into Use by Sector (2011)

行　　业	Sector	施工项目（个） Number of Projects under Construction (unit)	#新开工 Started this Year	本年投产项目个数(个) Number of Projects Completed and Put into Use (unit)	项目建成投产率(%) Rate of Projects Completed and Put into Use (%)
全省总计	**Total Province**	**11005**	**9513**	**8087**	**73.5**
(一)农、林、牧、渔业	**Agriculture、Forestry、Animal Husbandry and Fishery**	**643**	**582**	**487**	**75.7**
农业	Farming	94	83	70	74.5
林业	Forest	61	51	36	59.0
畜牧业	Animal Husbandry	324	297	249	76.9
渔业	Fishery	9	8	8	88.9
农、林、牧、渔业	Agriculture、 Forestry 、Animal Husbandry and Fishery	155	143	124	80.0
(二)采矿业	**Mining**	**600**	**494**	**387**	**64.5**
煤炭开采和洗选业	Mining and Washing Coal	179	151	102	57.0
石油和天然气开采业	Extraction of Petroleum and Natural Gas	82	67	46	56.1
黑色金属矿采选业	Mining and Processing of Ferrous Metal Ores	88	69	48	54.5
有色金属矿采选业	Mining and Processing of Non-ferrous Metal Ores	82	61	47	57.3
非金属矿采选业	Mining and Processing of Nonmetal Ores	162	140	138	85.2
其他采矿业	Mining of Other Ores	7	6	6	85.7
(三)制造业	**Manufacturing**	**5938**	**5245**	**4427**	**74.6**
农副食品加工业	Processing of Food from Agricultural Products	824	731	633	76.8
食品制造业	Manufacture of Foods	246	220	203	82.5
饮料制造业	Manufacture of Beverages	251	221	178	70.9
烟草制造业	Manufacture of Tobacco	9	9	8	88.9
纺织业	Manufacture of Textile	86	83	50	58.1
纺织服装、鞋、帽制造业	Manufacture of Textile Wearing Apparel,Footwear and Caps	46	44	37	80.4
皮革、毛皮、羽毛(绒)及其制品业	Manufacture of Leather,Fur,Feather and Related Products	7	5	6	85.7
木材加工及木、竹、藤、棕、草制品业	Processing of Timber,Manfacture of Wood,Bamboo,Rattan, Palm and Straw Products	430	396	351	81.6
家具制造业	Manufacture of Furniture	91	83	73	80.2
造纸及纸制品业	Manufacture of Paper and Paper Produts	95	85	74	77.9
印刷业和记录媒介的复制	Printing Peproduction of Recording Meida	66	56	46	69.7
文教体育用品制造业	Manufacture of Articles for Culture, Education and Sport Activities	20	18	15	75.0
石油加工、炼焦及核燃料加工业	Processing of Petroleum,Coking,Processing of Nuclear Fuel	42	33	29	69.0
化学原料及化学制品制造业	Manufacture of Raw Chemical Materials and Chemical Products	409	352	325	79.5
医药制造业	Manufacture of Medicines	349	306	217	62.2
化学纤维制造业	Manufacture of Chemical Fibers	14	14	9	64.3
橡胶制品业	Manufacture of Rubber	32	25	29	90.6
塑料制品业	Manufacture of Plastics	179	164	131	73.2
非金属矿物制品业	Manufacture of Non-metallic Mineral Products	783	686	608	77.7
黑色金属冶炼及压延加工业	Simelting and Pressing of Ferrous Metals	58	49	40	69.0
有色金属冶炼及压延加工业	Smelting and Pressing of Non-ferrous Metals	45	34	27	60.0
金属制品业	Manufacture of Metal Products	238	211	180	75.6
通用设备制造业	Manufacure of General Purpose Machinery	309	290	225	72.8
专用设备制造业	Manufacture of Special Purpose Machinery	325	274	237	72.9
交通运输设备制造业	Manufacture of Transport Equipment	623	542	422	67.7
电气机械及器材制造业	Manufacture of Electrical Machinery and Equipment	204	177	147	72.1

注：本表不含房地产开发投资和农户投资。
Note:Real estate development investment and farmer investment is not included in the table.

5－7 续表 1 continued

行　　业	Sector	施工项目(个) Number of Projects under Construction (unit)	#新开工 Started this Year	本年投产项目个数(个) Number of Projects completed and Put into use (unit)	项目建成投产率(%) Rate of Projects Completed and Put into use (%)
通信设备、计算机及其他电子设备	Manufacture of Communitcation Equipment,Com puters and Other Electronic Equipment	32	25	25	78.1
仪器仪表及文化、办公用机械制造	Manufacture of Instrumentation and Culture and office Machinery	57	54	50	87.7
工艺品及其他制造业	Manufacture of Artwork and Other Manufacturing	44	38	33	75.0
废弃资源和废旧材料回收	Recycling and Disposal of Waste	24	20	19	79.2
(四)电力、燃气及水的生产和供应业	**Production and Supply of Electricity,Gas and Water**	**414**	**298**	**265**	**64.0**
电力、热力的生产和供应业	Production and Supply of Electric Power and Heat Power	258	182	150	58.1
燃气生产和供应业	Production and Supply of Gas	55	47	45	81.8
水的生产和供应业	Prduction and Supply of Water	101	69	70	69.3
(五)建筑业	**Construction**	**106**	**99**	**85**	**80.2**
房屋和土木工程建筑业	Construction of Building and Civil Engineering	55	52	44	80.0
建筑安装业	Construction Installation	11	11	8	72.7
建筑装饰业	Construction Decoration	18	18	18	100.0
其他建筑业	Others Construction	22	18	15	68.2
(六)交通运输、仓储和邮政业	**Transport,Storage and Post**	**520**	**413**	**344**	**66.2**
铁路运输业	Railway Transport	33	20	14	42.4
道路运输业	Highway Transport	295	228	216	73.2
城市公共交通业	Urban Pulic Transport	11	8	9	81.8
水上运输业	Water Transport	2	1	1	50.0
航空运输业	Aviation Transport	3	2	2	66.7
管道运输业	Transport Via Pipeline	3	3	2	66.7
装卸搬运和其他运输服务业	Loading,Unloading and Other Transport Services	8	6	7	87.5
仓储业	Storage	160	141	93	58.1
邮政业	Post	5	4	0	0.0
(七)信息传输、计算机服务和软件业	**Information Transmission,Computer Services and Software**	**63**	**58**	**49**	**77.8**
电信和其他信息传输服务业	Telecommunications and Other Information Transmission Services	53	50	40	75.5
计算机服务业	Computer Services	2	1	2	100.0
软件业	Software	8	7	7	87.5
(八)批发和零售业	**Wholesale and Retail Trades**	**570**	**525**	**488**	**85.6**
批发业	Wholesale	267	247	228	85.4
零售业	Retail Trade	303	278	260	85.8
(九)住宿和餐饮业	**Hotels and Catering Services**	**146**	**124**	**115**	**78.8**
住宿业	Hotels	60	49	43	71.7
餐饮业	Catering Services	86	75	72	83.7
(十)金融业	**Finacial Intermediation**	**17**	**16**	**16**	**94.1**
银行业	Banks	9	8	9	100.0
证券业	Security Activities	2	2	2	100.0
其他金融活动	Others	6	6	5	83.3
(十一)房地产业	**Real Estate**	**362**	**316**	**276**	**76.2**

5－7 续表 2 continued

行 业	Sector	施工项目(个) Number of Projects under Construction (unit)	#新开工 Started this Year	本年投产项目个数(个) Number of Projects completed and Put into Use (unit)	项目建成投产率(%) Rate of Projects Completed and Put into Use (%)
(十二)租赁和商务服务业	**Leasing and Business Services**	**60**	**53**	**48**	**80.0**
租赁业	Leasing	6	5	6	100.0
商务服务业	Business Services	54	48	42	77.8
(十三)科学研究、技术服务和地质勘查业	**Scientific Research,Technical Services and Geologic Prospecting**	**57**	**48**	**45**	**78.9**
研究与试验发展	Research and Experimental Development	12	12	10	83.3
专业技术服务业	Professional Technical Services	10	10	7	70.0
科技交流和推广服务业	Services of Science and Technology Exchanges and Promotion	13	11	12	92.3
地质勘查业	Geologcal Prospecting	22	15	16	72.7
(十四)水利、环境和公共设施管理业	**Management of Water Conservancy, Environment and Public Facilities**	**901**	**745**	**632**	**70.1**
水利管理业	Management of Water Conservancy	265	233	177	66.8
环境管理业	Management of Environmental	57	37	33	57.9
公共设施管理业	Management of Public Facilities	579	475	422	72.9
(十五)居民服务和其他服务业	**Services to Households and Other Services**	**51**	**45**	**44**	**86.3**
居民服务业	Services to Households	20	20	17	85.0
其他服务业	Other Services	31	25	27	87.1
(十六)教育	**Education**	**175**	**152**	**138**	**78.9**
教育	Education	175	152	138	78.9
(十七)卫生、社会保障和社会福利业	**Health, Social Security and Security Welfare**	**86**	**62**	**63**	**73.3**
卫生	Health	72	52	53	73.6
社会保障业	Social Securities				
社会福利业	Social Welfare	14	10	10	71.4
(十八)文化、体育和娱乐业	**Culture,Sports and Entertainment**	**94**	**71**	**52**	**55.3**
新闻出版业	Journalism and Publishing Activities	2	2	2	100.0
广播、电视、电影和音像业	Broadcasting ,TV,Movies and Audiovisual Activities	18	12	14	77.8
文化艺术业	Culture and Art Activities	20	13	8	40.0
体育	Sports Activities	14	13	6	42.9
娱乐业	Entertainment	40	31	22	55.0
(十九)公共管理和社会组织	**Public Management and Social Organization**	**202**	**167**	**126**	**62.4**
中国共产党机关	Organs of Communist Party of China				
国家机构	Government Agencies	171	139	104	60.8
人民政协和民主党派	People' s Political Consultative Conference and Democratic Parties	5	4	1	20.0
群众团体、社会团体和宗教组织	Non-governmental Organizations Social Organizations and Religious Orgazations	15	13	12	80.0
基层群众自治组织	Grass Roots Self-governing Organizations	11	11	9	81.8

5-8 房地产开发投资主要指标
Main Indicators of Investment for Real Estate Development

指　标	Item	2010	2011
企业个数（个）	**Number of Enterprises(unit)**	**1353**	**1563**
内资	Domestic Funds Enterprises	1320	1532
# 国有	State-owned Enterprises	25	22
集体	Collective-owned Enterprises	6	5
股份有限公司	Share-holding Corporations Ltd	101	707
港澳台投资	Funds from Hong Kong,Macao and Taiwan	23	23
外商投资	Foreign Funded Enterprises	10	8
投资完成额（亿元）	**Total Value of Investment Completed(100 million yuan)**	**921.01**	**1195.39**
按构成分	Grouped by Use of Funds		
# 建筑安装工程	Construction and Installation	743.42	924.52
设备工器具购置	Purchase of Equipment and Instruments	1.42	4.01
按工程用途分	Grouped by Use of Projects		
# 住宅	Residential Buildings	731.73	920.81
# 经济适用房	Economically Affordable Houses	36.22	
本年资金来源	Sources of Fund in This Year		
国内贷款	Domestic Loans	68.16	55.70
利用外资	Foreign Investment	0.04	5.04
自筹资金	Self-raising Funds	591.63	743.04
其他投资	Others	261.18	391.61
土地开发及购置（万平方米）	**Land Development and Purchase(10000 sq.m)**		
本年开发土地面积	Land Space Developed This Year	297.39	272.62
本年购置土地面积	Land Space Purchased This Year	861.25	1516.40
商品房销售情况	**Selling of Commercial Houses**		
房屋销售面积（万平方米）	Floor Space Commercial Buildings Sold(10000 sq.m)	2382.10	2432.56
# 住宅	Residential Buildings	2105.33	2122.34
# 经济适用房	Economical Affordable Houses	10.04	
商品房销售额（亿元）	Total Sales of Commercial Buildings(100 million yuan)	868.70	1061.56

5-9 房地产开发企业从业人员数

Numer of Employed Persons in Enterprises for Real Estate Development

单位: 人 unit:Person

年份 Year	合计 Total	国有 State-owned Enterprises	集体 Collective-owned Enterprises	股份有限公司 Share-holding Corporations Ltd	港澳台商投资 Funds from Hong Kong, Macao and Taiwan	外商投资 Foreign Funded Enterprises	其他 Others
2001	14465	4263	659	7565	367	128	1483
2002	14392	2263	390	1454	342	265	9678
2003	15331	2191	82	1748	389	372	10549
2004	24708	6034	55	2732	600	785	14502
2005	22332	1865	77	2202	643	714	16831
2006	27223	1689	84	2174	762	702	21812
2007	30527	1338	153	2249	834	636	25317
2008	30590	1554	194	2109	700	412	25621
2009	29080	652	178	2237	633	257	25123
2010	29837	477	187	1793	651	265	26464
2011	39452	1087	256	18207	1157	297	18448

5-10 房地产开发完成投资额

Actually Completed Investment for Real Estate Development

单位: 万元 unit:10000 yuan

年份 Year	本年完成投资额 Investment Completed This Year	#土地开发投资额 Investment in Land Devlopment	按构成分 By Use of Funds			
			建筑安装工程 Construction and Installation	设备、工器具购置 Purchase of Equipment and Instruments	其他费用 Others	#土地购置 Land Purchase
1999	529843	77386	437197	2549	90097	
2000	635194	86253	495420	2956	136818	
2001	929705	76975	772558	8363	148784	31445
2002	1167724	103036	953827	8810	205087	79155
2003	1392394	94520	1056394	15690	320310	188938
2004	1624782	60389	1191700	16900	416182	246472
2005	1957345	67952	1468893	14843	473609	243325
2006	3101571	159443	2336393	8446	756732	386437
2007	4900844	174396	3741480	18736	1140628	587676
2008	6408364	254116	5141808	63314	1203242	608292
2009	7566737	166425	6179246	36572	1350919	712958
2010	9210117	258688	7434156	14156	1761805	1252993
2011	11953911		9245197	40122	2668592	1868331

5-11 房地产开发建设按工程用途分的投资额和新增固定资产

Actually Completed Investment for Real Estate Development by Use and Newly Increased Fixed Assets

单位: 万元　　unit:10000 yuan

年 份 Year	按工程用途分的投资额 By Use of Projects					新增固定资产 Newly Increased Fixed Assets
	住宅 Residential Buildings	#经济适用房 Economically Affordable House	办公楼 Office Buildings	商品营业用房 Houses for Business Use	其他 Others	
1999	326646	111929	19196	103114	80887	421856
2000	399799	207725	19680	124702	91013	478281
2001	678293	257149	29180	167848	54384	803155
2002	798763	209773	36066	249163	83732	943180
2003	977740	143422	60698	291525	62431	967027
2004	1139836	184172	63859	308426	112661	966120
2005	1454869	168516	70410	330340	101726	834971
2006	2414788	178732	90449	406237	190097	1462109
2007	3980067	279519	72409	623715	224653	2147816
2008	5343926	228283	93880	717163	253395	2783928
2009	6052327	434696	153008	962807	398595	3220217
2010	7317269	362228	138718	1160245	593885	5865131
2011	9208055		201628	1600637	943591	5907332

5-12 房地产开发建设房屋施工面积

Floor Space of Buildings under Construction for Real Estate Development

单位: 平方米　　unit:sq.m

年 份 Year	施工房屋建筑面积 Floor Space of Buildings under Construction	#新开工 Started This Year	住宅 Residential Buidings	#经济适用房 Economically Affordable Housing	办公楼 Office Buildings	商业营业用房 Houses for Business Use	其他 Others
1999	7513773	4035149	5466956	1886919	255447	1487725	303645
2000	7811364	6163948	5826814	2987121	255693	1539684	189173
2001	12572972	9952115	10047457	4149995	338612	1902865	284038
2002	14638817	10087551	10965950	2957798	403507	2845360	424000
2003	14377363	9602758	10807109	1931773	582667	2608218	379369
2004	15430259	10071186	11576669	1843590	745914	2626151	481525
2005	18899925	12861393	15252107	1450099	532375	2565886	549557
2006	28467199	21179229	23851539	1669491	611179	3343419	661062
2007	43700329	29328026	36559660	2872572	608497	5007037	1525135
2008	49213978	29449187	41488335	2380175	851454	4996421	1877768
2009	53693369	32623532	44389103	2872860	972208	5753849	2578209
2010	70694709	35253007	57588659	2767427	1046684	8104733	3954633
2011	91234149	49914466	72651099		1661309	11318643	5603098

5-13 房地产开发建设房屋建筑面积和造价
Floor Space and Cost of Buildings Developed for Real Estate Development

年 份 Year	竣工房屋建筑面积(平方米) Floor Space of Buildings under Completed (sq.m)	住 宅 Residential Buildings	办公楼 Office Buildings	商业营业用 房 Houses for Business Use	其 他 Others	竣工房屋造价(元/平方米) Cost of Buildings Completed (yuan/sq.m)	#住 宅 Residential Buidings
1999	3685700	2764800	167400	626600	126900	1087	864
2000	4648128	3669471	112762	732491	133404	969	912
2001	6286898	4980687	109414	1029711	167086	1084	1046
2002	7558510	5935498	211244	1224620	187148	1149	1065
2003	7109851	5383728	189393	1350399	186331	1154	1073
2004	7102486	5724869	253866	932166	191585	1112	1005
2005	6227590	4961164	168280	945772	152374	1086	994
2006	9348495	7859107	351082	952419	185887	1201	1124
2007	12917989	11474601	159565	932381	351442	1155	1122
2008	15419556	13432087	238090	1363988	385391	1379	1342
2009	14696419	12935916	99233	1280236	381034	1442	1385
2010	20305160	16949615	127446	2245284	982815	1675	1622
2011	18789327	15482168	194511	2072842	1039806	2032	1979

5-14 商品房屋销售情况
Selling of Commercial Buildings

年 份 Year	实际销售商品房屋面积(平方米) Floor Space Commercial Buildings Sold (sq.m)	住 宅 Residential Buidings	办公楼 Office Buildings	商业营业用 房 Houses for Business Use	其他 Others	商品房屋销售额(万元) Total Sale of Commercial Buildings (10000 yuan)	#住 宅 Residential Buidings
1999	2121017	1785528	65787	267130	2572	304553	220764
2000	3093425	2674873	44490	344884	29178	435515	347385
2001	3851320	3378449	23162	437003	12706	597880	490070
2002	5182828	4326747	83260	724105	48716	862852	648388
2003	5011405	4363248	122582	460298	65277	788764	631448
2004	7016498	6010273	137436	774344	94445	1189469	930730
2005	7659092	6809214	147879	634788	67211	1443915	1184503
2006	9749103	8792384	214703	639662	102354	1959171	1634000
2007	12923870	11843969	94916	841107	143878	2955579	257830
2008	15838707	14357309	156715	1055241	269442	3971105	3444370
2009	19442978	17583736	97054	1391315	370873	5671879	4902250
2010	23821025	21053282	77461	2203046	487236	8686946	7359079
2011	24325555	21223389	99698	2390368	612100	10615628	8831622

5-15 能源工业固定资产投资额
Total Investment in Fixed Assets of Energy Industry

单位: 万元 unit:10000 yuan

项 目	Item	2004	2005	2006	2007	2008	2009	2010	2011
总计	**Total**	**1072542**	**1734042**	**3201286**	**4555300**	**6151914**	**5721397**	**10772896**	**6939719**
煤炭开采和洗选业	Mining and Washing of Coal	49567	94316	408439	417152	526003	575161	1151167	881140
石油和天然气开采业	Extraction of Petroleum and Natural Gas	510426	663884	1324114	1825176	1755206	2062276	3226532	1601332
电力、蒸汽、热水的生产和供应业	Production and Supply of Electric Power and Hot Water	475239	896514	1330203	2138861	3567855	2834085	5594955	3868786
石油加工、炼焦及核燃料加工业	Processing of Petroleum,Coking and Processing of Nuclear Fuel	23389	32464	77819	62731	122527	90032	356257	215587
燃气生产和供应业	Production and Supply of Gas	13921	46864	60711	111380	180323	159843	443985	372874
能源投资占全社会固定资产投资比重(%)	Energy Investment Account for Percentage of Investment in Fixed Assets	9.2	9.6	11.4	11.4	11.0	11	11.2	9.3

5-16 基础设施固定资产投资额
Total Investment in Fixed Assets of Basic Construction

单位: 万元 unit:10000 yuan

项 目	Item	2004	2005	2006	2007	2008	2009	2010	2011
总计	**Total**	**2346915**	**3972905**	**6222544**	**7791788**	**9712491**	**11821713**	**19888060**	**11886730**
交通运输、仓储及邮电通信业	Transport, Storage and Post	1211782	1889351	2388426	2822254	2600979	3969592	7906879	4832225
# 铁路	Railway Transport	69793	116204	120360	140459	282227	554727	1860640	1146530
道路	Road Transport	800106	1240107	1396543	1703730	1612682	2442275	4219725	2354768
航空	Air Transport	36237	145488	21768	35332	34015	9020	24954	7688
仓储业	Storage	58114	82169	219944	364970	469368	564856	1090465	679286
邮电通信	Post	174983	196050	376335	363649	371621	13122	38990	19322
电力、热力的生产和供应业	Production and Supply of Electricity and Heat Power	475239	821574	1154423	1796172	3258560	2834085	5594955	3086849
燃气生产和供应业	Production and Supply of Gas	13921	46864	60711	111380	180323	159843	443985	372874
水的生产和供应业	Production and Supply of Water	83531	74922	175780	342689	309295	393946	579116	409063
公共设施管理业	Management of Public Facilities	562442	1140194	2443204	2719293	3363334	4464247	5363125	3185719
基础设施投资占全社会固定资产投资比重(%)	Basic Construction Account for Percentage of Fixed Assets	20.0	22.0	22.2	19.5	17.3	22.7	20.7	16.0

5-17 各市县固定资产投资（不含农户）（2011）

Investment in Fixed Assets by City and County(Not Induding the Farmer Investment)(2011)

单位: 万元 unit:10000 yuan

市、县	City，County	总计 Total	#国有单位 State-ownd Units	#房地产开发 Real Estate Development
全　　省	**Total**	**72266494**	**18831270**	**11953911**
长 春 市	**Changchun**	**23551689**	**6402422**	**6664177**
市　　区	District	17580685	5679375	6267283
农 安 县	Nong' an	1426115	157787	131811
九 台 市	Jiutai	1513371	143376	79207
榆 树 市	Yushu	1404904	187123	27000
德 惠 市	Dehui	1626614	234761	158876
吉 林 市	**Jilin**	**14916262**	**2561786**	**2061979**
市　　区	District	9135508	1341038	1641152
永 吉 县	Yongji	812996	301914	115700
蛟 河 市	Jiaohe	1205288	230253	38538
桦 甸 市	Huadian	1294872	178427	97000
舒 兰 市	Shulan	1088350	258581	44819
磐 石 市	Panshi	1379248	251573	124770
四 平 市	**Siping**	**4578236**	**1069194**	**639329**
市　　区	District	1462354	327045	283543
梨 树 县	Lishu	555870	110759	42973
伊通满族自 治 县	Yitong	326739	22767	41672
公主岭市	Gongzhuling	1411166	154051	148141
双 辽 市	Shuangliao	822107	454572	123000
辽 源 市	**Liaoyuan**	**3719637**	**933212**	**257858**
市　　区	District	1510237	119669	245148
东 丰 县	Dongfeng	1091831	497060	10030
东 辽 县	Dongliao	1117569	316483	2680
通 化 市	**Tonghua**	**5481546**	**953238**	**822687**
市　　区	District	1283270	187791	300546
通 化 县	Tonghua	909729	216482	63443
辉 南 县	Hiunan	808103	181120	115790
柳 河 县	Liuhe	441475	67689	53560
梅河口市	Meihekou	1244932	157129	267625

注：本表固定资产投资（不含农户）。
Note: Urban investment in fixed assets is showed in the table (Not Induding the Farmer Investment).

单位:万元 unit:10000 yuan

市、县	City, County	总计 Total	#国有单位 State-ownd Units	#房地产开发 Real Estate Development
集安市	Ji' an	794037	143027	21723
白山市	**Baishan**	**4098901**	**1855213**	**200446**
市区	District	1678651	400190	153583
抚松县	Fusong	924889	684339	17852
靖宇县	Jingyu	491973	359386	18430
长白朝鲜族自治县	Changbai	390053	164307	4481
临江市	Linjiang	613335	246991	6100
松原市	**Songyuan**	**7614190**	**1433462**	**737029**
市区	District	2696392	623147	370402
前郭尔罗斯蒙古族自治县	Qianguo	1644252	427938	302925
长岭县	Changling	1212815	168362	8221
乾安县	Qian' an	958605	38814	40121
扶余县	Fuyu	1102126	175201	15360
白城市	**Baicheng**	**3444887**	**1616842**	**93099**
市区	District	954828	368071	33263
镇赉县	Zhenlai	565389	323246	7775
通榆县	Tongyu	659849	327007	10661
洮南市	Taonan	637057	213527	35200
大安市	Da' an	627764	384991	6200
延边朝鲜族自治州	**Yanbian**	**4861146**	**2005901**	**477307**
延吉市	Yanji	1488813	513181	147316
图们市	Tumen	260294	123680	8311
敦化市	Dunhua	909457	423781	130024
珲春市	Hunchun	790222	394438	66621
龙井市	Longjing	256073	115690	17639
和龙市	Helong	331922	202788	7130
汪清县	Wangqing	427663	107965	18441
安图县	Antu	396702	124378	81825

第六篇 CHAPTER 6

能源生产和消费

PRODUCTION AND CONSUMPTION OF ENERGY

6－1　1978-2011年能源生产总量及构成

1978–2011 Total Production of Energy and Its Composition

年　份 Year	能源生产总量 （万吨标准煤） Total Energy Production (10 000 tons of SCE)	占能源生产总量的比重（%） As Percentage of Total Energy Production			
		原　煤 Coal	原　油 Crude Oil	天然气 Natural Gas	水　电 Hydro-power
1978	1635.6	81.0	16.2		2.8
1979	1689.4	79.2	15.8	1.2	3.9
1980	1530.3	75.9	16.5	2.0	5.6
1981	1493.2	74.4	15.6	0.8	9.1
1982	1538.5	79.1	15.8	0.7	4.3
1983	1637.2	77.8	15.5	0.7	6.0
1984	1787.6	76.9	15.3	0.5	7.3
1985	1947.2	76.3	15.6	0.5	7.5
1986	2142.2	71.0	15.8	0.6	12.6
1987	2201.6	68.4	18.6	0.6	12.4
1988	2292.4	69.4	19.6	0.6	10.4
1989	2369.9	73.5	20.6	0.6	5.3
1990	2572.3	72.5	19.8	0.5	7.2
1991	2593.3	70.5	18.9	0.6	10.0
1992	2259.4	71.2	21.8	1.0	6.0
1993	2248.7	69.3	21.5	1.2	8.0
1994	2311.1	68.8	20.5	1.0	9.6
1995	2512.9	67.6	19.5	0.9	12.0
1996	2452.0	68.2	21.8	1.0	9.0
1997	2499.5	68.8	23.2	1.4	6.6
1998	2134.6	64.2	26.6	1.6	2.3
1999	1969.9	62.9	26.0	1.9	9.2
2000	1885.6	61.4	26.4	2.0	10.3
2001	1956.7	57.8	28.4	1.9	11.9
2002	2109.5	61.5	28.6	1.4	8.5
2003	2205.3	65.6	30.9	1.4	2.1
2004	2458.9	67.3	28.0	1.9	2.9
2005	2574.3	62.7	30.6	2.8	3.8
2006	2879.2	65.0	30.8	1.1	2.3
2007	3146.9	67.9	28.2	1.0	2.5
2008	3584.8	67.4	26.9	2.5	2.2
2009	4192.9	70.2	21.5	5.0	2.5
2010	4790.8	70.0	20.9	4.9	3.5
2011	5118.1	70.9	20.7	5.0	2.7

注：从2003年起按2008年全国第二次经济普查数据调整。
Note:Begin with year 2003,use the year 2008 national second economic general investigation data adjusting.

6-2 1978-2011 能源消费总量及构成

1978-2011 Total Consumption of Energy and Its Composition

年份 Year	能源消费总量 （万吨标准煤） Total Energy Consumption (10 000 tons of SCE)	占能源消费总量的比重（%） As Percentage of Total Energy Consumption			
		煤炭 Coal	石油 Crude Oil	天然气 Natural Gas	水电 Hydro-power
1978	1661.4	70.4	26.7		2.9
1979	1741.2	72.5	25.5		3.9
1980	1930.2	73.4	21.3	1.9	3.9
1981	1819.6	72.7	22.1	0.5	5.4
1982	2117.3	76.2	18.4	0.6	3.0
1983	2313.0	73.0	18.5	0.5	4.0
1984	2495.5	74.0	20.9	0.4	5.0
1985	2658.8	74.1	19.3	0.4	5.2
1986	2772.1	71.5	19.4	0.4	9.0
1987	3080.9	71.9	17.2	0.4	8.3
1988	3283.8	74.0	18.1	0.4	6.7
1989	3392.7	77.1	18.3	0.4	3.5
1990	3523.4	63.5	16.8	0.3	19.3
1991	3572.8	64.4	15.5	0.4	19.7
1992	3614.6	63.6	15.8	0.5	20.1
1993	3793.8	65.1	15.1	0.6	19.3
1994	3856.5	64.4	13.8	0.6	21.2
1995	3954.2	62.2	14.7	0.5	22.6
1996	4032.7	62.6	15.0	0.5	21.9
1997	4177.2	58.8	18.1	0.7	22.4
1998	3626.8	54.9	20.7	0.9	23.6
1999	3693.2	53.2	21.1	0.8	24.9
2000	3527.7	53.0	20.9	0.8	25.3
2001	3712.7	53.7	19.9	0.7	25.6
2002	4209.0	56.2	18.5	0.7	24.7
2003	4468.8	73.8	22.4	2.1	1.0
2004	4778.7	75.6	20.5	2.2	1.5
2005	5258.5	76.5	20.9	1.9	1.8
2006	5871.5	77.7	19.3	1.7	1.1
2007	6465.9	76.1	19.4	2.0	1.2
2008	7100.1	77.7	16.9	2.5	1.1
2009	7553.4	78.7	16.0	2.8	1.4
2010	8172.8	77.9	17.8	2.9	2.1
2011	9017.3	78.4	17.2	2.9	1.6

注：从2003年起按2008年全国第二次经济普查数据调整。
Note:Begin with year 2003,use the year 2008 national second economic general investigation data adjusting.

6－3　2005-2011年单位GDP电耗及降低率
2005-2011 Unit of Electricity Consumption and Reducing the Rate for GDP

年份 Year	电力消费总量 （万千瓦时） Total Electricity Consumption (Million Kw.h)	万元GDP电耗 (千瓦时) Million Yuan GDP Electricity Consumption (Kw.h)	环比降低率（%） Reduce the Rate of Chain （%）	累计降低率（%） Reduce the Rate of Camulative （%）
按2005年不变价GDP计算 GDP by 2005 Calculated at Constant Price				
2005	3782271	1044.75		
2006	4124577	990.91	5.15	5.15
2007	4626384	957.23	3.39	8.37
2008	4964888	885.93	7.45	15.20
2009	5152544	811.13	8.67	22.55
2010	5769749	795.90	1.60	23.75
按2010年不变价GDP计算 GDP by 2010 Calculated at Constant Price				
2011	6301527	638.87	4.03	28.74

6－4　2005-2011年单位GDP能耗及降低率
2005-2011 Unit of Energy Consumption and Reducing the Rate for GDP

年份 Year	能源消费总量 (等价值,万吨标准煤) Total Energy Consumption (10 000 tons of SCE)	万元GDP综合能耗 (吨标准煤) Million Yuan GDP Comprehensive Energy Consumption (ton of SCE)	环比降低率（%） Reduce the Rate of Chain （%）	累计降低率（%） Reduce the Rate of Camulative （%）
按2005年不变价GDP计算 GDP by 2005 Calculated at Constant Price				
2005	5315.40	1.47		
2006	5908.21	1.42	3.32	3.32
2007	6557.34	1.36	4.41	7.59
2008	7221.41	1.29	5.02	12.24
2009	7697.77	1.21	6.19	17.67
2010	8297.31	1.15	5.31	22.04
按2010年不变价GDP计算 GDP by 2010 Calculated at Constant Price				
2011	9103.04	0.92	3.59	24.83

6－5 2005-2011年单位工业增加值电耗及降低率

2005-2011 Annual Industrial Increased Value of Enevgy Consumption and Reducing Rate

年份 Year	电力消费总量 （万千瓦时） Total Electricity Consumption （Million Kw.h）	万元工业增加值电耗(千瓦时) Million Yuan of Industrial Increased Value of Energy Consumption（KWH）	环比降低率（%） link Reduction Rate （%）	累计降低率（%） Accumulative Total Reduction Rate （%）
按2005年不变价GDP计算 GDP by 2005 Calculated at Constant Price				
2005	2619729	1920.71		
2006	2873047	1794.23	6.58	6.58
2007	3274726	1670.82	6.88	13.01
2008	3480906	1505.10	9.92	20.94
2009	3517447	1302.32	13.47	31.59
2010	3967639	1229.81	5.57	35.40
按2010年不变价GDP计算 GDP by 2010 Calculated at Constant Price				
2011	4313809	924.52	8.40	40.83

6－6 2005-2011年单位工业增加值能耗及降低率

2005-2011 Annual Industrial Increased Value of Energy Consumption and Reducing Rate

年份 Year	工业综合能源消费量 (等价值，万吨标准煤) Comprehensive Energy Consumption of Industrial (Value,million tons of Standard coal)	万元工业增加值综合能耗(吨标准煤) Million Yuan of Industrial Increased Value Comprehensive Energy Consumption (tons of standard coal)	环比降低率（%） Reduce the Rate of Chain （%）	累计降低率（%） Reduce the Rate of Camulative （%）
按2005年不变价GDP计算 GDP by 2005 Calculated at Constant Price				
2005	3736.81	2.74		
2006	4187.39	2.62	4.55	4.55
2007	4669.67	2.38	8.89	13.04
2008	5113.31	2.21	7.25	19.34
2009	5473.82	2.03	8.29	26.05
2010	5953.89	1.85	8.94	32.64
按2010年不变价GDP计算 GDP by 2010 Calculated at Constant Price				
2011	6660.83	1.52	5.75	36.51

6-7 分行业能源品种消费（实物量）（2011）

行　　业	Item	原　煤 (万吨) Raw Coal (10000tons)
总消费量	**Total Consumption**	**11909.25**
一、农、林、牧、渔业	Agriculture,Forestry,Animal Husbandry and Fishery	27.92
二、工业合计	Industry	11118.69
轻工业	Light Industry	1242.20
重工业	Heavy Industry	9876.49
（一）采矿业	Mining	2238.81
煤炭开采和洗选业	Mining and Washing of Coal	2130.21
石油和天然气开采业	Extraction of Petroleum and Natural Gas	30.00
黑色金属矿采选业	Mining and Processing of Ferrous Metal Ores	12.59
有色金属矿采选业	Mining and Processing of Non-ferrous Metal Ores	23.08
非金属矿采选业	Mining and Processing of Nonmetal Ores	42.93
其他采矿业	Mining of Other Ores	
（二）制造业	Manufacturing	3549.74
农副食品加工业	Processing of Food from Agricultural Produsts	593.28
食品制造业	Manufacture of Foods	50.42
饮料制造业	Manufacture of Beverage	195.72
烟草制品业	Manufacture of Tobacco	2.29
纺织业	Manufacture of Textile	19.29
纺织服装、鞋、帽制造业	Manufacture of Textile Wearing Apparel,Footware and Caps	6.30
皮革、毛皮、羽毛(绒)及其制品业	Manufacture of Leather,Furs,Feather and Related Products	1.76
木材加工及木、竹、藤、棕、草制品业	Processing of Timber,Manfacture of Wood,Bamboo,Rattan,Palm and Straw Products	179.57
家具制造业	Manufacture of Furniture	5.13
造纸及纸制品业	Manufacture of Paper and Paper Products	83.25
印刷业和记录媒介的复制	Printing,Reproduction of Recording Media	7.04
文教体育用品制造业	Manufacture of Articles for Culture,Education and Sport Activities	1.07
石油加工、炼焦及核燃料加工业	Processing of Petroleum,Coking,Processing of Nuclear Fuel	3.24
化学原料及化学制品制造业	Manufacture of Raw Chemical Materials and Chemical Products	437.06
医药制造业	Manufacture of Medicines	123.45
化学纤维制造业	Manufacture Chemical Fibers	130.40
橡胶制品业	Manufacture of Rubber	5.93
塑料制品业	Manufacture of Plastics	20.84
非金属矿物制品业	Manufacture of Non - metallic Mineral Products	1079.99
黑色金属冶炼及压延加工业	Smelting and Pressing of Ferrous Metals	120.08

Total Consumption of Energy by Sector (Physical Quantity) (2011)

洗精煤 (万吨) Washed Coal (10000tons)	煤制品 (万吨) Coal Products (10000tons)	焦 炭 (万吨) Coke (10000tons)	焦炉煤气 (亿立方米) Coal Oven Gas (100 million cu.m)	原 油 (万吨) Crude Oil (10000tons)	汽 油 (万吨) Gasoline (10000tons)	煤 油 (万吨) Kerosene (10000tons)
861.35	**17.42**	**757.71**	**12.73**	**1064.58**	**181.51**	**1.25**
		7.05			8.03	0.03
859.16	8.84	750.66	12.21	1064.58	37.25	0.30
0.15	0.61	0.11		0.01	9.85	0.01
859.01	8.23	750.55	12.21	1064.57	27.40	0.29
3.52	0.20	23.01		24.61	4.43	0.04
		0.09			0.62	
	0.20			24.61	1.84	
2.20		22.92			0.37	0.01
0.06					0.35	0.03
1.26					1.25	
772.13	8.03	727.65	10.67	1039.97	30.42	0.26
0.15	0.12				3.93	0.01
		0.10			1.16	
					1.28	
					0.06	
	0.07	0.01			0.17	
					0.21	
					0.05	
		0.01		0.21	2.05	0.03
					0.52	
	0.02				0.51	
					0.26	
					0.02	
234.22				106.20	0.14	
94.70	0.32	2.67		931.14	3.24	
	0.40				1.19	
				0.01	0.08	
					0.13	
	0.14				0.58	
92.53	3.66	15.07	0.75	2.33	3.97	0.06
349.70	1.75	698.87	9.89		0.24	

6-7 续表 1

行　　业	Item	原　煤 (万吨) Raw Coal (10000tons)
有色金属冶炼及压延加工业	Smelting and Pressing of Non-ferrous Metals	49.23
金属制品业	Manufacture of Metal Products	80.70
通用设备制造业	Manufacture of General Purpose Machinery	62.03
专用设备制造业	Manufacture of Special Purpose Machinery	57.14
交通运输设备制造业	Manufacture of Transport Equipment	177.30
电气机械及器材制造业	Manufacture of Electrical Machinery and Equipment	22.37
通信设备、计算机及其他电子设备制造业	Manufacture of Communication Equipment,Computers and Other Electronic Equipment	3.67
仪器仪表及文化、办公用机械制造业	Manufacture of Instrumentation and Culture and Office Machinery	5.97
工艺品及其他制造业	Manufacture of Artwork and Other Manufacturing	22.80
废弃资源和废旧材料回收加工业	Recycling and Disposal of Waste	2.42
（三）电力、燃气及水的生产和供应业	Production and Supply of Electricity,Gas and Water	5330.14
电力、热力的生产和供应业	Production and Supply of Electric Power and Heat Power	5306.08
燃气生产和供应业	Production and Supply of Gas	17.38
水的生产和供应业	Production and Supply of Water	6.68
三、建筑业	Construction	12.72
房屋和土木工程建筑业	Construction of Building and Civil Engineering	7.90
建筑安装业	Construction Installation	3.22
建筑装修装饰业	Construction Decoration	0.91
其它建筑业	Other Construction	0.69
四、交通运输储运业和邮政业	Transport,Storage and Post	116.97
铁路运输业	Railway Transport	58.77
道路运输业	Road Transport	5.45
城市公共交通业	Urban Public Transport	0.67
水上运输业	Water Transport	0.07
航空运输业	Air Transport	0.03
管道运输业	Transport Via Pipeline	
装卸搬运及其他运输服务业	Loading,Unloading,Portage and Other Transport Services	0.51
仓储业	Storage	51.37
邮政业	Post	0.10
五、批发、零售业和住宿、餐饮业	Wholesale,Retail Trades,Hotels and Catering Services	166.35
六、其他行业	Others	279.73
七、城乡居民生活	Residential Comsumption	186.87

continued

洗精煤 (万吨) Washed Coal (10000tons)	煤制品 (万吨) Coal Products (10000tons)	焦　炭 (万吨) Coke (10000tons)	焦炉煤气 (亿立方米) Coal Oven Gas (100 million cu.m)	原　油 (万吨) Crude Oil (10000tons)	汽　油 (万吨) Gasoline (10000tons)	煤　油 (万吨) Kerosene (10000tons)
0.60	0.03	0.77			0.15	
	0.18	1.48			1.30	
	0.13	0.94			1.92	0.01
	0.03	1.16			1.60	
0.23	1.01	6.50	0.03	0.08	3.43	0.15
	0.16	0.07			0.94	
	0.01				0.37	
					0.42	
					0.41	
					0.09	
83.51	0.61		1.54		2.40	
	0.07				1.78	
83.51	0.54		1.54		0.37	
					0.25	
					12.58	0.39
					10.58	0.39
					0.72	
					0.66	
					0.62	
2.19					40.27	0.23
1.84					0.36	
0.35					38.30	0.22
					0.38	
					0.04	
					0.53	
					0.17	
					0.31	
					0.18	0.01
					10.13	0.13
					25.82	0.17
	8.58		0.52		47.43	

6-7 续表 2

行　　业	Item	柴 油 （万吨） Diesel Oil (10000tons)
总消费量	**Total Consumption**	**417.47**
一、农、林、牧、渔业	Agriculture,Forestry,Animal Husbandry and Fishery	43.48
二、工业合计	Industry	76.72
轻工业	Light Industry	12.63
重工业	Heavy Industry	64.09
（一）采矿业	Mining	24.32
煤炭开采和洗选业	Mining and Washing of Coal	2.39
石油和天然气开采业	Extraction of Petroleum and Natural Gas	6.85
黑色金属矿采选业	Mining and Processing of Ferrous Metal Ores	6.89
有色金属矿采选业	Mining and Processing of Non-ferrous Metal Ores	1.55
非金属矿采选业	Mining and Processing of Nonmetal Ores	6.62
其他采矿业	Mining of Other Ores	0.02
（二）制造业	Manufacturing	49.26
农副食品加工业	Processing of Food from Agricultural Products	6.17
食品制造业	Manufacture of Foods	1.67
饮料制造业	Manufacture of Beverages	1.74
烟草制品业	Manufacture of Tobacco	0.06
纺织业	Manufacture of Textile	0.19
纺织服装、鞋、帽制造业	Manufacture of Textile Wearing Apparel,Footwear and Caps	0.22
皮革、毛皮、羽毛(绒)及其制品业	Manufacture of Leather,Fur,Feather and Related Products	0.02
木材加工及木、竹、藤、棕、草制品业	Processing of Timber,Manfacture of Wood,Bamboo,Rattan,Palm and Straw Products	4.00
家具制造业	Manufacture of Furniture	0.38
造纸及纸制品业	Manufacture of Paper and Paper Produts	0.80
印刷业和记录媒介的复制	Prnting Peproduction of Recording Meida	0.11
文教体育用品制造业	Manufacture of Articles for Culture,Education and Sport Activities	0.02
石油加工、炼焦及核燃料加工业	Processing of Petroleum,Coking,Processing of Nuclear Fuel	0.26
化学原料及化学制品制造业	Manufacture of Raw Chemical Materials and Chemical Products	5.79
医药制造业	Manufacture of Medicines	0.59
化学纤维制造业	Manufacture of Chemical Fibers	0.14
橡胶制品业	Manufacture of Rubber	0.10
塑料制品业	Manufacture of Plastics	0.70
非金属矿物制品业	Manufacture of Non-metallic Mineral Products	11.20
黑色金属冶炼及压延加工业	Simelting and Pressing of Ferrous Metals	2.11

continued

燃料油（万吨）Fuel Oil (10000tons)	液化石油气（万吨）Liquefied Petroleum Gas (10000tons)	炼厂干气（万吨）Refinery Dry Gas (10000tons)	天然气（亿立方米）Natural Gas (100 million cu.m)	其它石油制品（万吨）Other Petroleum Products (10000tons)	热力（万百万千焦）Heat Power (10 billion kilo-joule)	电力（亿千瓦时）Electric Power (100 million kwh)
37.81	**45.56**	**29.69**	**19.31**	**116.06**	**25778.79**	**630.57**
	0.01					9.06
37.81	0.44	29.69	13.93	116.06	16371.72	431.79
0.01	0.05		0.07	1.96	5178.13	43.49
37.80	0.39	29.69	13.86	114.10	11193.59	388.30
			8.69	1.09	2497.72	48.51
				1.09	1073.85	13.64
			8.69		1423.87	18.11
						5.23
						8.76
						2.41
						0.36
33.77	0.44	29.69	5.24	114.97	12898.19	261.12
					719.96	15.94
	0.01			1.11	13.11	1.97
				0.01	1559.68	5.57
			0.02		4.95	0.76
					86.93	3.53
					61.08	0.51
						0.03
				0.05		3.92
					0.04	1.27
			0.01		273.06	5.49
	0.03					0.53
						0.05
		2.40			1.63	7.01
32.86		27.29	2.20	111.97	5790.20	37.47
			0.04	0.84	81.88	3.72
0.01					2376.67	3.64
						2.02
					0.10	2.33
0.01	0.14		1.16	0.89	150.41	43.12
			0.01	0.05	23.91	75.29

6－7 续表 3

行　　业	Item	柴 油 （万吨） Diesel Oil1 (10000tons)
有色金属冶炼及压延加工业	Smelting and Pressing of Non–ferrous Metals	0.75
金属制品业	Manufacture of Metal Products	1.19
通用设备制造业	Manufacure of General PurPose Machinery	1.35
专用设备制造业	Manufacture of Special Purpose Machinery	1.63
交通运输设备制造业	Manufacture of Transport Equipment	6.29
电气机械及器材制造业	Manufacture of Electrical Machinery and Equipment	0.80
通信设备、计算机及其他电子设备制造业	Manufacture of Communitcation Equipment,Computers and Other Electronic Equipment	0.07
仪器仪表及文化、办公用机械制造业	Manufacture of Instrumentation and Culture and Office Machinery	0.18
工艺品及其他制造业	Manufacture of Artwork and Other Manufacturing	0.52
废弃资源和废旧材料回收加工业	Recycling and Disposal of Waste	0.21
（三）电力、燃气及水的生产和供应业	Production and Supply of Electricity,Gas and Water	3.14
电力、热力的生产和供应业	Production and Supply of Electric Power and Heat Power	2.76
燃气生产和供应业	Production and Supply of Gas	0.16
水的生产和供应业	Production and Supply of Water	0.22
三、建筑业	Construction	24.96
房屋和土木工程建筑业	Construction of Building and Civil Engineering	20.23
建筑安装业	Construction Installation	3.90
建筑装饰业	Construction Decoration	0.83
其它装饰业	Other Construction	
四、交通运输、仓储及邮电通信业	Transport, Storage and Post	213.42
铁路运输业	Railway Transport	16.84
道路运输业	Road Transport	189.56
城市公共交通业	Urban Public Transport	1.12
水上运输业	Water Transport	0.29
航空运输业	Air Transport	
管道运输业	Transport Via Pipeline	0.07
装卸搬运及其他运输服务业	Loading, Unloading,Portage and Other Transport Services	
仓储业	Storage	3.21
邮电通信业	Post	2.33
五、批发、零售业和住宿、餐饮业	Wholesale,Retail Trades, Hotels and Catering Services	8.22
六、其他	Others	11.19
七、城乡居民生活	Residential Comsumption	39.48

continued

燃料油 （万吨） Fuel Oil (10000tons)	液化石油气 （万吨） Liquified Petroleum Gas (10000tons)	炼厂干气 （万吨） Refinery Dry Gas (10000tons)	天然气 （亿立方米） Natural Gas (100 million cu.m)	其它石油制品 （万吨） Other Petroleum Products (10000tons)	热力 （万百万千焦） Heat Power (10 billion kilo-joule)	电力 （亿千瓦时） Electric Power (100 million kwh)
			0.03		0.08	3.28
	0.02		0.04		1.17	6.66
	0.01		0.16		6.19	1.76
					70.44	4.56
0.89	0.20		1.57		1645.34	25.15
	0.02				1.67	1.91
				0.04	28.81	1.89
				0.01	0.11	0.65
	0.01				0.77	0.48
						0.61
4.04					975.81	122.16
4.04					966.70	113.32
						1.71
					9.11	7.13
					70.12	7.16
					36.02	3.68
					16.36	2.12
					0.60	0.12
					17.14	1.24
	0.32		2.02		544.48	13.94
			0.01		362.03	3.44
	0.12				84.39	1.89
	0.20		2.01		2.42	0.34
						0.01
					17.99	0.02
					24.92	5.37
					22.81	
					18.59	2.59
					11.33	0.28
	0.66		0.07		125.46	23.34
	0.62		0.06		636.21	35.23
	43.51		3.23		8030.80	110.05

6－8　地区能源平衡表（实物量）（2011）

指　　标	Item	原　煤 (万吨) Raw Coal (10000tons)
一、可供本地区消费能源量	Total Energy Available for Consumption	11909.25
（一）年初库存量	Beginning Inventory	715.29
（二）一次能源生产量	Primary Energy Output	5393.24
（三）外省（区、市）调入量	Allocation from Outside	8049.74
（四）进口量	Imports	15.66
（五）我轮机在外国加油量	Refuelling Abroad for Our Ships and Planes	
（六）本省（区、市）调出量（－）	Allocation from Inside	-1298.45
（七）出口量（－）	Exports	-1.00
（八）外轮、机在我国加油量（－）	Refuelling in China for Foreign Ships and Planes	
（九）年末库存量（－）	Inventories at the end	-965.23
二、加工转换投入（－）产出（＋）量	Output and Input in Processing and Transformation	-7425.19
（一）火力发电	Thermal Power	-3702.69
（二）供热	Heating	-1616.47
（三）煤炭洗选	Washing-dressing Coal	-2098.87
（四）炼焦	Coking	
（五）炼油及煤制油	Petroleum Refining	
其中：油品再投入量（－）	Reinput for Oil	
（六）制气	Gas Production	
其中：焦炭再投入量（－）	Reinput for Coke	
（七）天然气液化	Natural Gas Liquefaction	
（八）煤制品加工	Coal Produts Processing	-7.16
（九）回收能	Recovery of Energy	
三、损失量	Energy Losses	
其中：运输和输配损失	Losses for Transportation and Transmission	
四、终端消费量	End-use Consumption	4484.06
（一）第一产业	Primary Industry	27.92
1. 农、林、牧、渔业	Agriculture,Forestry,Animal Husbandry and Fishery	27.92
（二）第二产业	Secondary Industry	3706.22
1. 工业	Industry	3693.50
其中：用作原料、材料	Material	58.79
2.建筑业	Construction	12.72
（三）第三产业	Tertiary Industry	563.05
1. 交通运输、仓储及邮政业	Transport,Storage and Post	116.97
2. 批发、零售和住宿、餐饮业	Wholesale,Retail Trade,Hotels and Catering Services	166.35
3. 其他	Others	279.73
（四）生活消费	Residential Consumption	186.87
1. 城镇	Urban	139.17
2.乡村	Rural	47.70
五、平衡差额（＋、－）	Balance	
六、消费量合计	Total Comsumption	11909.25

Energy Balance Sheet (Physical Quantity) (2011)

洗精煤 (万吨) Washed Coal (10000tons)	煤制品 (万吨) Coal Products (10000tons)	焦炭 (万吨) Coke (10000tons)	焦炉煤气 (万吨) Coal Oven Gas (10000tons)	原油 (万吨) Crude Oil (10000tons)	汽油 (万吨) Gasoline (10000tons)	煤油 (万吨) Kerosene (10000tons)
106.59	10.00	223.09		1064.58	-11.99	1.25
31.37	0.23	13.63		32.17	8.92	0.02
				741.68		
164.13	9.83	239.58		320.05		0.80
						0.44
		-0.14			-0.02	
-88.91	-0.06	-29.98		-29.32	-20.89	-0.01
-46.49	7.42	534.62	11.52	-1031.97	193.50	
-16.09			-1.21			
-37.92						
754.76						
-663.73		478.68	10.44			
				-1031.97	193.50	
-83.51		55.94	2.29			
	7.42					
60.10	17.42	757.71	11.52	32.61	181.51	1.25
		7.05			8.03	0.03
		7.05			8.03	0.03
57.91	8.84	750.66	11.00	32.61	49.83	0.69
57.91	8.84	750.66	11.00	32.61	37.25	0.30
12.23		14.87			0.02	
					12.58	0.39
2.19					76.22	0.53
2.19					40.27	0.23
					10.13	0.13
					25.82	0.17
	8.58		0.52		47.43	
	4.63		0.52		37.42	
	3.95				10.01	
861.35	17.42	757.71	12.73	1064.58	181.51	1.25

6－8 续表

指　　标	Item	柴 油（万吨）Diesel Oil (10000tons)
一、可供本地区消费能源量	Total Energy Available for Consumption	4.57
（一）年初库存量	Beginning Inventory	9.61
（二）一次能源生产量	Primary Energy Output	
（三）外省（区、市）调入量	Allocation from Outside	
（四）进口量	Imports	
（五）我轮机在外国加油量	Refuelling Abroad for Our Ships and Planes	
（六）本省（区、市）调出量（－）	Allocation from Inside	
（七）出口量（－）	Exports	−0.01
（八）外轮、机在我国加油量（－）	Refuelling in China for Foreign Ships and Planes	
（九）年末库存量（－）	Inventories at the end	−5.03
二、加工转换投入（－）产出（＋）量	Output and Input in Processing and Transformation	412.31
（一）火力发电	Thermal Power	−0.54
（二）供热	Heating	−0.05
（三）煤炭洗选	Washing–dressing Coal	
（四）炼焦	Coking	
（五）炼油及煤制油	Petroleum Refining	412.90
其中：油品再投入量（－）	Reinput for Oil	
（六）制气	Gas Production	
其中：焦炭再投入量（－）	Reinput for Coke	
（七）天然气液化	Natural Gas Liquefaction	
（八）煤制品加工	Cocal Produts Processing	
（九）回收能	Recovery of Energy	
三、损失量	Energy Losses	
其中：运输和输配损失	Losses for Transportation and Transmission	
四、终端消费量	End–use Consumption	416.88
（一）第一产业	Primary Industry	43.48
1. 农、林、牧、渔业	Agriculture,Forestry,Animal Husbandry and Fishery	43.48
（二）第二产业	Secondary Industry	101.09
1. 工业	Industry	76.13
其中：用作原料、材料	Material	
2.建筑业	Construction	24.96
（三）第三产业	Tertiary Industry	232.83
1. 交通运输、仓储及邮政业	Transport,Storage and Post	213.42
2. 批发、零售和住宿、餐饮业	Wholesale,Retail Trade,Hotels and Catering Services	8.22
3. 其他	Others	11.19
（四）生活消费	Residential Consumption	39.48
1. 城镇	Urban	35.05
2. 乡村	Rural	4.43
五、平衡差额（＋、－）	Balance	
六、消费量合计	Total Comsumption	417.47

continued

燃料油（万吨）Fuel Oil (10000tons)	液化石油气（万吨）Liquefied Petroleum Gas (10000tons)	炼厂干气（万吨）Refinery Dry Gas (10000tons)	天然气（万吨）Natural Gas (10000tons)	其它石油制品（万吨）Other Pertroleum Products (10000tons)	热力（万百万千焦）Heat Power (10 billion kilo-joule)	电力（亿千瓦时）Electric Power (1000 million kw.h)
-2.19	-0.04	4.36	19.31	-13.94		39.08
2.56				1.50		
			19.31			113.88
		4.36				134.75
						-209.55
				-15.44		
-4.75	-0.04					
36.15	45.60	25.33	-4.61	130.00	25717.04	591.49
-0.98			-1.99		-61.75	591.49
-2.87			-2.62		25041.94	
40.00	45.60	25.33		130.00		
					736.85	
					2121.07	0.42
					46.85	
33.96	45.56	29.69	14.70	116.06	23595.97	630.15
	0.01					9.06
	0.01					9.06
33.96	0.44	29.69	9.32	116.06	14305.87	438.53
33.96	0.44	29.69	9.32	116.06	14235.75	431.37
26.69			0.45	112.38		
					70.12	7.16
	1.60		2.15		1259.30	72.51
	0.32		2.02		497.63	13.94
	0.66		0.07		125.46	23.34
	0.62		0.06		636.21	35.23
	43.51		3.23		8030.80	110.05
	36.30		3.21		8030.80	64.77
	7.21		0.02			45.28
37.81	45.56	29.69	19.31	116.06	25778.79	630.57

6-9 地区能源平衡表（标准量）（2011）

单位: 万吨标准煤

指　　标	Item	原 煤 Raw Coal
一、可供本地区消费能源量	Total Energy Available for Consumption	7456.75
（一）年初库存量	Beginning Inventory	466.94
（二）一次能源生产量	Primary Energy Output	3629.59
（三）外省（区、市）调入量	Allocation from Outside	5074.99
（四）进口量	Imports	14.04
（五）我轮机在外国加油量	Refuelling Abroad for Our Ships and Planes	
（六）本省（区、市）调出量（-）	Allocation from Inside	-1164.69
（七）出口量（-）	Exports	-0.90
（八）外轮、机在我国加油量（-）	Refuelling in China for Foreign Ships and Planes	
（九）年末库存量（-）	Inventories at the end	-563.22
二、加工转换投入（-）产出（+）量	Output and Input in Processing and Transformation	-4400.18
（一）火力发电	Thermal Power	-1928.12
（二）供热	Heating	-1001.73
（三）煤炭洗选	Washing-dressing Coal	-1465.22
（四）炼焦	Coking	
（五）炼油及煤制油	Petroleum Refining	
其中：油品再投入量（-）	Reinput for Oil	
（六）制气	Gas Production	
其中：焦炭再投入量（-）	Reinput for Coke	
（七）天然气液化	Natural Gas Liquefaction	
（八）煤制品加工	Coal Products Processing	-5.11
（九）回收能	Recovery of Energy	
三、损失量	Energy Losses	
其中：运输和输配损失	Losses for Transportation and Transmission	
四、终端消费量	End-use Consumption	3056.58
（一）第一产业	Primary Industry	19.94
1. 农、林、牧、渔业	Agriculture,Forestry,Animal Husbandry and Fishery	19.94
（二）第二产业	Secondary Industry	2500.94
1. 工业	Industry	2491.85
其中：用作原料、材料	Material	26.50
2.建筑业	Construction	9.09
（三）第三产业	Tertiary Industry	402.21
1. 交通运输、仓储及邮政业	Transport,Storage and Post	83.56
2. 批发、零售和住宿、餐饮业	Wholesale,Retail Trade,Hotels and Catering Services	118.83
3. 其他	Others	199.82
（四）生活消费	Residential Consumption	133.49
1. 城镇	Urban	99.41
2.乡村	Rural	34.07
五、平衡差额（+、-）	Balance	
六、消费量合计	Total Comsumption	

Energy Balance Sheet（Standard Quantity）（2011）

unit:10000tons of SCE

洗精煤 Washed Coal	煤制品 Coal Products	焦 炭 Coke	焦炉煤气 Coal Oven Gas	原 油 Crude Oil	汽 油 Gasoline	煤 油 Kerosene
95.86	6.33	217.23		1520.86	-17.64	1.84
27.90	0.15	12.81		45.96	13.12	0.03
				1059.56		
147.04	6.22	232.73		457.22		1.18
						0.65
		-0.14			-0.03	
-79.09	-0.04	-28.17		-41.89	-30.74	-0.01
-38.77	4.69	519.33	66.56	-1474.27	284.72	
-13.64			-6.99			
-32.14						
679.59						
-597.42		464.99	60.32			
				-1474.27	284.72	
-75.16		54.34	13.23			
	4.69					
57.09	11.02	736.56	66.56	46.59	267.07	1.84
		6.85			11.82	0.04
		6.85			11.82	0.04
55.01	5.59	729.71	63.56	46.59	73.32	1.02
55.01	5.59	729.71	63.56	46.59	54.81	0.44
11.62		14.45			0.03	
					18.51	0.57
2.08					112.15	0.78
2.08					59.25	0.34
					14.91	0.19
					37.99	0.25
	5.43		3.00		69.79	
	2.93		3.00		55.06	
	2.50				14.73	

单位: 万吨标准煤

6-9 续表

指　　标	Item	柴 油 Diesel Oil
一、可供本地区消费能源量	Total Energy Available for Consumption	6.66
（一）年初库存量	Beginning Inventory	14.00
（二）一次能源生产量	Primary Energy Output	
（三）外省（区、市）调入量	Allocation from Outside	
（四）进口量	Imports	
（五）我轮机在外国加油量	Refuelling Abroad for Our Ships and Planes	
（六）本省（区、市）调出量（-）	Allocation from Inside	
（七）出口量（-）	Exports	-0.01
（八）外轮、机在我国加油量（-）	Refuelling in China for Foreign Ships and Planes	
（九）年末库存量（-）	Inventories at the end	-7.33
二、加工转换投入（-）产出（+）量	Output and Input in Processing and Transformation	600.78
（一）火力发电	Thermal Power	-0.79
（二）供热	Heating	-0.07
（三）煤炭洗选	Washing-dressing Coal	
（四）炼焦	Coking	
（五）炼油及煤制油	Petroleum Refining	601.64
其中：油品再投入量(-)	Reinput for Oil	
（六）制气	Gas Production	
其中：焦炭再投入量（-）	Reinput for Coke	
（七）天然气液化	Natural Gas Liquefaction	
（八）煤制品加工	Coal Products Processing	
（九）回收能	Recovery of Energy	
三、损失量	Energy Losses	
其中：运输和输配损失	Losses for Transportation and Transmission	
四、终端消费量	End-use Consumption	607.44
（一）第一产业	Primary Industry	63.35
1. 农、林、牧、渔业	Agriculture,Forestry,Animal Husbandry and Fishery	63.35
（二）第二产业	Secondary Industry	147.30
1. 工业	Industry	110.93
其中：用作原料、材料	Material	
2.建筑业	Construction	36.37
（三）第三产业	Tertiary Industry	339.26
1. 交通运输、仓储及邮政业	Transport,Storage and Post	310.97
2. 批发、零售和住宿、餐饮业	Wholesale,Retail Trade,Hotels and Catering Services	11.98
3. 其他	Others	16.30
（四）生活消费	Residential Consumption	57.53
1. 城镇	Urban	51.07
2. 乡村	Rural	6.45
五、平衡差额（+、-）	Balance	
六、消费量合计	Total Comsumption	

continued

unit:10000tons of SCE

燃料油 Fuel Oil	液化石油气 Liquefied Petroleum Gas	炼厂干气 Refinery Dry Gas	天然气 Natural Gas	其它石油制品 Other Pertroleum Products	热力 Heat Power	电力Electric Power 当量值 Equivalent Value
-3.13	-0.07	6.85	256.82	-19.51		48.03
3.66				2.10		
			256.82			139.96
		6.85				165.61
						-257.54
				-21.61		
-6.79	-0.07					
51.64	78.17	39.80	-61.31	181.91	876.95	726.94
-1.40			-26.47		-2.11	726.94
-4.10			-34.85		853.93	
57.14	78.17	39.80		181.91		
					25.13	
					72.33	0.52
					1.60	
48.52	78.10	46.65	195.51	162.40	804.62	774.45
	0.02					11.13
	0.02					11.13
48.52	0.75	46.65	123.96	162.40	487.83	538.95
48.52	0.75	46.65	123.96	162.40	485.44	530.15
38.13			5.99	157.25		
					2.39	8.80
	2.74		28.60		42.94	89.11
	0.55		26.87		16.97	17.13
	1.13		0.93		4.28	28.68
	1.06		0.80		21.69	43.30
	74.59		42.96		273.85	135.25
	62.23		42.69		273.85	79.60
	12.36		0.27			55.65

6－10 分行业能源终端消费（实物量）（2011）

行　　业	Item	原　煤 (万吨) Raw Coal (10000tons)
总消费量	**Total Consumption**	**4484.06**
一、农、林、牧、渔业	Agriculture,Forestry,Animal Husbandry and Fishery	27.92
二、工业合计	Industry	3693.50
轻工业	Light Industry	1025.52
重工业	Heavy Industry	2667.98
（一）采矿业	Mining	146.80
煤炭开采和洗选业	Mining and Washing of Coal	51.58
石油和天然气开采业	Extraction of Petroleum and Natural Gas	16.62
黑色金属矿采选业	Mining and Processing of Ferrous Metal Ores	12.59
有色金属矿采选业	Mining and Processing of Non-ferrous Metal Ores	23.08
非金属矿采选业	Mining and Processing of Nonmetal Ores	42.93
其他采矿业	Mining of Other Ores	
（二）制造业	Manufacturing	2901.17
农副食品加工业	Processing of Food from Agricultural Produsts	521.70
食品制造业	Manufacture of Foods	50.42
饮料制造业	Manufacture of Beverage	189.46
烟草制品业	Manufacture of Tobacco	2.29
纺织业	Manufacture of Textile	19.29
纺织服装、鞋、帽制造业	Manufacture of Textile Wearing Apparel,Footware and Caps	6.30
皮革、毛皮、羽毛(绒)及其制品业	Manufacture of Leather,Furs,Feather and Related Products	1.76
木材加工及木、竹、藤、棕、草制品业	Processing of Timber,Manfacture of Wood,Bamboo,Rattan,Palm and Straw Products	147.55
家具制造业	Manufacture of Furniture	5.13
造纸及纸制品业	Manufacture of Paper and Paper Products	78.69
印刷业和记录媒介的复制	Printing,Reproduction of Recording Media	7.04
文教体育用品制造业	Manufacture of Articles for Culture,Education and Sport Activities	1.07
石油加工、炼焦及核燃料加工业	Processing of Petroleum,Coking,Processing of Nuclear Fuel	3.24
化学原料及化学制品制造业	Manufacture of Raw Chemical Materials and Chemical Products	220.55
医药制造业	Manufacture of Medicines	123.45
化学纤维制造业	Manufacture Chemical Fibers	3.28
橡胶制品业	Manufacture of Rubber	5.93
塑料制品业	Manufacture of Plastics	20.84
非金属矿物制品业	Manufacture of Non－metallic Mineral Products	1004.21
黑色金属冶炼及压延加工业	Smelting and Pressing of Ferrous Metals	120.08

Industry Energy Consumption (Phy sical Quantity) (2011)

洗精煤 (万吨) Washed Coal (10000tons)	煤制品 (万吨) Coal Products (10000tons)	焦　炭 (万吨) Coke (10000tons)	焦炉煤气 (亿立方米) Coal Oven Gas (100 million cu.m)	原　油 (万吨) Crude Oil (10000tons)	汽　油 (万吨) Gasoline (10000tons)	煤　油 (万吨) Kerosene (10000tons)
60.10	**17.42**	**757.71**	**11.52**	**32.61**	**181.51**	**1.25**
		7.05			8.03	0.03
57.91	8.84	750.66	11.00	32.61	37.25	0.30
0.15	0.61	0.11		0.01	9.85	0.01
57.76	8.23	750.55	11.00	32.60	27.40	0.29
3.52	0.20	23.01		24.61	4.43	0.04
		0.09			0.62	
	0.20			24.61	1.84	
2.20		22.92			0.37	0.01
0.06					0.35	0.03
1.26					1.25	
54.39	8.03	727.65	9.46	8.00	30.42	0.26
0.15	0.12				3.93	0.01
		0.10			1.16	
					1.28	
					0.06	
	0.07	0.01			0.17	
					0.21	
					0.05	
		0.01		0.21	2.05	0.03
					0.52	
	0.02				0.51	
					0.26	
					0.02	
0.12					0.14	
40.69	0.32	2.67		5.37	3.24	
	0.40				1.19	
				0.01	0.08	
					0.13	
	0.14				0.58	
3.76	3.66	15.07	0.75	2.33	3.97	0.06
8.84	1.75	698.87	8.68		0.24	

6-10 续表 1

行　　业	Item	原　煤 (万吨) Raw Coal (10000tons)
有色金属冶炼及压延加工业	Smelting and Pressing of Non-ferrous Metals	49.23
金属制品业	Manufacture of Metal Products	80.70
通用设备制造业	Manufacture of General Purpose Machinery	62.03
专用设备制造业	Manufacture of Special Purpose Machinery	57.14
交通运输设备制造业	Manufacture of Transport Equipment	69.72
电气机械及器材制造业	Manufacture of Electrical Machinery and Equipment	22.37
通信设备、计算机及其他电子设备制造业	Manufacture of Communication Equipment,Computers and Other Electronic Equipment	3.67
仪器仪表及文化、办公用机械制造业	Manufacture of Instrumentation and Culture and Office Machinery	5.97
工艺品及其他制造业	Manufacture of Artwork and Other Manufacturing	15.64
废弃资源和废旧材料回收加工业	Recycling and Disposal of Waste	2.42
（三）电力、燃气及水的生产和供应业	Production and Supply of Electricity,Gas and Water	645.53
电力、热力的生产和供应业	Production and Supply of Electric Power and Heat Power	621.47
燃气生产和供应业	Production and Supply of Gas	17.38
水的生产和供应业	Production and Supply of Water	6.68
三、建筑业	Construction	12.72
房屋和土木工程建筑业	Construction of Building and Civil Engineering	7.90
建筑安装业	Construction Installation	3.22
建筑装修装饰业	Construction Decoration	0.91
其它建筑业	Other Construction	0.69
四、交通运输储运业和邮政业	Transport,Storage and Post	116.97
铁路运输业	Railway Transport	58.77
道路运输业	Road Transport	5.45
城市公共交通业	Urban Public Transport	0.67
水上运输业	Water Transport	0.07
航空运输业	Air Transport	0.03
管道运输业	Transport Via Pipeline	
装卸搬运及其他运输服务业	Loading,Unloading,Portage and Other Transport Services	0.51
仓储业	Storage	51.37
邮政业	Post	0.10
五、批发、零售业和住宿、餐饮业	Wholesale,Retail Trades,Hotels and Catering Services	166.35
六、其他行业	Others	279.73
七、城乡居民生活	Residential Comsumption	186.87

continued

洗精煤 (万吨) Washed Coal (10000tons)	煤制品 (万吨) Coal Products (10000tons)	焦　炭 (万吨) Coke (10000tons)	焦炉煤气 (亿立方米) Coal Oven Gas (100 million cu.m)	原　油 (万吨) Crude Oil (10000tons)	汽　油 (万吨) Gasoline (10000tons)	煤　油 (万吨) Kerosene (10000tons)
0.60	0.03	0.77			0.15	
	0.18	1.48			1.30	
	0.13	0.94			1.92	0.01
	0.03	1.16			1.60	
0.23	1.01	6.50	0.03	0.08	3.43	0.15
	0.16	0.07			0.94	
	0.01				0.37	
					0.42	
					0.41	
					0.09	
	0.61		1.54		2.40	
	0.07				1.78	
	0.54		1.54		0.37	
					0.25	
					12.58	0.39
					10.58	0.39
					0.72	
					0.66	
					0.62	
2.19					40.27	0.23
1.84					0.36	
0.35					38.30	0.22
					0.38	
					0.04	
					0.53	
					0.17	
					0.31	
					0.18	0.01
					10.13	0.13
					25.82	0.17
	8.58		0.52		47.43	

6－10 续表 2

行　　业	Item	柴　油 （万吨） Diesel Oil (10000tons)
总消费量	**Total Consumption**	**416.877**
一、农、林、牧、渔业	Agriculture,Forestry,Animal Husbandry and Fishery	43.48
二、工业合计	Industry	76.127
轻工业	Light Industry	12.63
重工业	Heavy Industry	63.497
（一）采矿业	Mining	24.32
煤炭开采和洗选业	Mining and Washing of Coal	2.39
石油和天然气开采业	Extraction of Petroleum and Natural Gas	6.85
黑色金属矿采选业	Mining and Processing of Ferrous Metal Ores	6.89
有色金属矿采选业	Mining and Processing of Non-ferrous Metal Ores	1.55
非金属矿采选业	Mining and Processing of Nonmetal Ores	6.62
其他采矿业	Mining of Other Ores	0.02
（二）制造业	Manufacturing	49.257
农副食品加工业	Processing of Food from Agricultural Products	6.17
食品制造业	Manufacture of Foods	1.67
饮料制造业	Manufacture of Beverages	1.74
烟草制品业	Manufacture of Tobacco	0.06
纺织业	Manufacture of Textile	0.19
纺织服装、鞋、帽制造业	Manufacture of Textile Wearing Apparel,Footwear and Caps	0.22
皮革、毛皮、羽毛(绒)及其制品业	Manufacture of Leather,Fur,Feather and Related Products	0.02
木材加工及木、竹、藤、棕、草制品业	Processing of Timber,Manfacture of Wood,Bamboo,Rattan,Palm and Straw Products	4.00
家具制造业	Manufacture of Furniture	0.38
造纸及纸制品业	Manufacture of Paper and Paper Produts	0.80
印刷业和记录媒介的复制	Prnting Peproduction of Recording Meida	0.11
文教体育用品制造业	Manufacture of Articles for Culture,Education and Sport Activities	0.02
石油加工、炼焦及核燃料加工业	Processing of Petroleum,Coking,Processing of Nuclear Fuel	0.26
化学原料及化学制品制造业	Manufacture of Raw Chemical Materials and Chemical Products	5.79
医药制造业	Manufacture of Medicines	0.59
化学纤维制造业	Manufacture of Chemical Fibers	0.14
橡胶制品业	Manufacture of Rubber	0.10
塑料制品业	Manufacture of Plastics	0.70
非金属矿物制品业	Manufacture of Non-metallic Mineral Products	11.197
黑色金属冶炼及压延加工业	Simelting and Pressing of Ferrous Metals	2.11

continued

燃料油（万吨）Fuel Oil (10000tons)	液化石油气（万吨）Liquefied Petroleum Gas (10000tons)	炼厂干气（万吨）Refinery Dry Gas (10000tons)	天然气（亿立方米）Natural Gas (100 million cu.m)	其它石油制品（万吨）Other Petroleum Products (10000tons)	热力（万百万千焦）Heat Power (10 billion kilo-joule)	电力（亿千瓦时）Electric Power (100 million kwh)
33.96	**45.56**	**29.69**	**14.70**	**116.06**	**23595.97**	**630.15**
	0.01					9.06
33.96	0.44	29.69	9.32	116.06	14235.75	431.37
0.01	0.05		0.07	1.96	4422.91	43.49
33.95	0.39	29.69	9.25	114.10	9812.84	387.88
			4.26	1.09	1419.38	48.51
				1.09		13.64
			4.26		1419.38	18.11
						5.23
						8.76
						2.41
						0.36
33.77	0.44	29.69	5.06	114.97	11986.34	261.12
					10.95	15.94
	0.01			1.11	13.11	1.97
				0.01	1555.72	5.57
			0.02		4.95	0.76
					86.93	3.53
					61.08	0.51
						0.03
				0.05		3.92
					0.04	1.27
			0.01		263.60	5.49
	0.03					0.53
						0.05
		2.40			1.63	7.01
32.86		27.29	2.20	111.97	5725.23	37.47
			0.04	0.84	81.88	3.72
0.01					2343.88	3.64
						2.02
					0.10	2.33
0.01	0.14		1.16	0.89	86.73	43.12
			0.01	0.05	23.91	75.29

6－10 续表 3

行　　业	Item	柴　油 （万吨） Diesel Oil1 (10000tons)
有色金属冶炼及压延加工业	Smelting and Pressing of Non–ferrous Metals	0.75
金属制品业	Manufacture of Metal Products	1.19
通用设备制造业	Manufacure of General PurPose Machinery	1.35
专用设备制造业	Manufacture of Special Purpose Machinery	1.63
交通运输设备制造业	Manufacture of Transport Equipment	6.29
电气机械及器材制造业	Manufacture of Electrical Machinery and Equipment	0.80
通信设备、计算机及其他电子设备制造业	Manufacture of Communitcation Equipment,Computers and Other Electronic Equipment	0.07
仪器仪表及文化、办公用机械制造业	Manufacture of Instrumentation and Culture and Office Machinery	0.18
工艺品及其他制造业	Manufacture of Artwork and Other Manufacturing	0.52
废弃资源和废旧材料回收加工业	Recycling and Disposal of Waste	0.21
（三）电力、燃气及水的生产和供应业	Production and Supply of Electricity,Gas and Water	2.55
电力、热力的生产和供应业	Production and Supply of Electric Power and Heat Power	2.17
燃气生产和供应业	Production and Supply of Gas	0.16
水的生产和供应业	Production and Supply of Water	0.22
三、建筑业	Construction	24.96
房屋和土木工程建筑业	Construction of Building and Civil Engineering	20.23
建筑安装业	Construction Installation	3.90
建筑装饰业	Construction Decoration	0.83
其它装饰业	Other Construction	
四、交通运输、仓储及邮电通信业	Transport, Storage and Post	213.42
铁路运输业	Railway Transport	16.84
道路运输业	Road Transport	189.56
城市公共交通业	Urban Public Transport	1.12
水上运输业	Water Transport	0.29
航空运输业	Air Transport	
管道运输业	Transport Via Pipeline	0.07
装卸搬运及其他运输服务业	Loading, Unloading,Portage and Other Transport Services	
仓储业	Storage	3.21
邮电通信业	Post	2.33
五、批发、零售业和住宿、餐饮业	Wholesale,Retail Trades, Hotels and Catering Services	8.22
六、其他	Others	11.19
七、城乡居民生活	Residential Comsumption	39.48

continued

燃料油（万吨）Fuel Oil (10000tons)	液化石油气（万吨）Liquified Petroleum Gas (10000tons)	炼厂干气（万吨）Refinery Dry Gas (10000tons)	天然气（亿立方米）Natural Gas (100 million cu.m)	其它石油制品（万吨）Other Petroleum Products (10000tons)	热力（万百万千焦）Heat Power (10 billion kilo-joule)	电力（亿千瓦时）Electric Power (100 million kwh)
			0.03		0.08	3.28
	0.02		0.04		1.17	6.66
	0.01		0.16		6.19	1.76
					70.44	4.56
0.89	0.20		1.39		1617.36	25.15
	0.02				1.67	1.91
				0.04	28.81	1.89
				0.01	0.11	0.65
	0.01				0.77	0.48
						0.61
0.19					830.03	121.74
0.19					820.92	112.90
						1.71
					9.11	7.13
					70.12	7.16
					36.02	3.68
					16.36	2.12
					0.60	0.12
					17.14	1.24
	0.32		2.02		497.63	13.94
			0.01		351.70	3.44
	0.12				80.88	1.89
	0.20		2.01			0.34
						0.01
					15.79	0.02
						5.37
					22.81	
					16.04	2.59
					10.41	0.28
	0.66		0.07		125.46	23.34
	0.62		0.06		636.21	35.23
	43.51		3.23		8030.80	110.05

6-11 分行业能源终端消费（标准量）（2011）

行业	Item	原煤 (万吨) Raw Coal (10000tons)
总消费量	**Total Consumption**	**3056.58**
一、农、林、牧、渔业	Agriculture,Forestry,Animal Husbandry and Fishery	19.94
二、工业合计	Industry	2491.85
轻工业	Light Industry	626.36
重工业	Heavy Industry	1865.49
（一）采矿业	Mining	101.38
煤炭开采和洗选业	Mining and Washing of Coal	33.79
石油和天然气开采业	Extraction of Petroleum and Natural Gas	11.87
黑色金属矿采选业	Mining and Processing of Ferrous Metal Ores	8.99
有色金属矿采选业	Mining and Processing of Non-ferrous Metal Ores	16.15
非金属矿采选业	Mining and Processing of Nonmetal Ores	30.57
其他采矿业	Mining of Other Ores	
（二）制造业	Manufacturing	1939.51
农副食品加工业	Processing of Food from Agricultural Produsts	291.88
食品制造业	Manufacture of Foods	35.50
饮料制造业	Manufacture of Beverage	117.56
烟草制品业	Manufacture of Tobacco	1.64
纺织业	Manufacture of Textile	13.68
纺织服装、鞋、帽制造业	Manufacture of Textile Wearing Apparel,Footware and Caps	4.38
皮革、毛皮、羽毛(绒)及其制品业	Manufacture of Leather,Furs,Feather and Related Products	1.23
木材加工及木、竹、藤、棕、草制品业	Processing of Timber,Manfacture of Wood,Bamboo,Rattan,Palm and Straw Products	105.08
家具制造业	Manufacture of Furniture	3.65
造纸及纸制品业	Manufacture of Paper and Paper Products	49.97
印刷业和记录媒介的复制	Printing,Reproduction of Recording Media	5.03
文教体育用品制造业	Manufacture of Articles for Culture,Education and Sport Activities	0.76
石油加工、炼焦及核燃料加工业	Processing of Petroleum,Coking,Processing of Nuclear Fuel	2.48
化学原料及化学制品制造业	Manufacture of Raw Chemical Materials and Chemical Products	129.42
医药制造业	Manufacture of Medicines	87.56
化学纤维制造业	Manufacture Chemical Fibers	2.34
橡胶制品业	Manufacture of Rubber	4.22
塑料制品业	Manufacture of Plastics	14.84
非金属矿物制品业	Manufacture of Non - metallic Mineral Products	716.03
黑色金属冶炼及压延加工业	Smelting and Pressing of Ferrous Metals	94.99

Industry Energy Consumption (Standard Quantity) (2011)

洗精煤 (万吨) Washed Coal (10000tons)	煤制品 (万吨) Coal Products (10000tons)	焦 炭 (万吨) Coke (10000tons)	焦炉煤气 (亿立方米) Coal Oven Gas (100 million cu.m)	原 油 (万吨) Crude Oil (10000tons)	汽 油 (万吨) Gasoline (10000tons)	煤 油 (万吨) Kerosene (10000tons)
57.09	**11.02**	**736.56**	**66.56**	**46.59**	**267.07**	**1.84**
		6.85			11.82	0.04
55.01	5.59	729.71	63.56	46.59	54.81	0.44
0.14	0.39	0.11		0.01	14.49	0.01
54.87	5.21	729.60	63.56	46.57	40.32	0.43
3.34	0.13	22.37		35.16	6.52	0.06
		0.09			0.91	
	0.13			35.16	2.71	
2.09		22.28			0.54	0.01
0.06					0.51	0.04
1.20					1.84	
51.67	5.08	707.34	54.66	11.43	44.76	0.38
0.14	0.08				5.78	0.01
		0.10			1.71	
					1.88	
					0.09	
	0.04	0.01			0.25	
					0.31	
					0.07	
		0.01		0.30	3.02	0.04
					0.77	
	0.01				0.75	
					0.38	
					0.03	
0.11					0.21	
38.65	0.20	2.60		7.67	4.77	
	0.25				1.75	
				0.01	0.12	
					0.19	
	0.09				0.85	
3.57	2.32	14.65	4.33	3.33	5.84	0.09
8.40	1.11	679.36	50.15		0.35	

6－11 续表 1

行　　业	Item	原　煤 (万吨) Raw Coal (10000tons)
有色金属冶炼及压延加工业	Smelting and Pressing of Non-ferrous Metals	29.68
金属制品业	Manufacture of Metal Products	57.64
通用设备制造业	Manufacture of General Purpose Machinery	44.31
专用设备制造业	Manufacture of Special Purpose Machinery	40.79
交通运输设备制造业	Manufacture of Transport Equipment	49.09
电气机械及器材制造业	Manufacture of Electrical Machinery and Equipment	15.98
通信设备、计算机及其他电子设备制造业	Manufacture of Communication Equipment,Computers and Other Electronic Equipment	2.62
仪器仪表及文化、办公用机械制造业	Manufacture of Instrumentation and Culture and Office Machinery	4.26
工艺品及其他制造业	Manufacture of Artwork and Other Manufacturing	11.17
废弃资源和废旧材料回收加工业	Recycling and Disposal of Waste	1.73
（三）电力、燃气及水的生产和供应业	Production and Supply of Electricity,Gas and Water	450.96
电力、热力的生产和供应业	Production and Supply of Electric Power and Heat Power	433.78
燃气生产和供应业	Production and Supply of Gas	12.42
水的生产和供应业	Production and Supply of Water	4.77
三、建筑业	Construction	9.09
房屋和土木工程建筑业	Construction of Building and Civil Engineering	5.64
建筑安装业	Construction Installation	2.30
建筑装修装饰业	Construction Decoration	0.65
其它建筑业	Other Construction	0.49
四、交通运输储运业和邮政业	Transport,Storage and Post	83.56
铁路运输业	Railway Transport	41.98
道路运输业	Road Transport	3.89
城市公共交通业	Urban Public Transport	0.48
水上运输业	Water Transport	0.05
航空运输业	Air Transport	0.02
管道运输业	Transport Via Pipeline	
装卸搬运及其他运输服务业	Loading,Unloading,Portage and Other Transport Services	0.36
仓储业	Storage	36.70
邮政业	Post	0.07
五、批发、零售业和住宿、餐饮业	Wholesale,Retail Trades,Hotels and Catering Services	118.83
六、其他行业	Others	199.82
七、城乡居民生活	Residential Comsumption	133.49

continued

洗精煤 (万吨) Washed Coal (10000tons)	煤制品 (万吨) Coal Products (10000tons)	焦　炭 (万吨) Coke (10000tons)	焦炉煤气 (亿立方米) Coal Oven Gas (100 million cu.m)	原　油 (万吨) Crude Oil (10000tons)	汽　油 (万吨) Gasoline (10000tons)	煤　油 (万吨) Kerosene (10000tons)
0.57	0.02	0.75			0.22	
	0.11	1.44			1.91	
	0.08	0.91			2.83	0.01
	0.02	1.13			2.35	
0.22	0.64	6.32	0.17	0.11	5.05	0.22
	0.10	0.07			1.38	
	0.01				0.54	
					0.62	
					0.60	
					0.13	
	0.39		8.90		3.53	
	0.04				2.62	
	0.34		8.90		0.54	
					0.37	
					18.51	0.57
					15.57	0.57
					1.06	
					0.97	
					0.91	
2.08					59.25	0.34
1.75					0.53	
0.33					56.35	0.32
					0.56	
					0.06	
					0.78	
					0.25	
					0.46	
					0.26	0.01
					14.91	0.19
					37.99	0.25
	5.43		3.00		69.79	

6－11 续表 2

行　　业	Item	柴 油 （万吨） Diesel Oil (10000tons)
总消费量	**Total Consumption**	**607.43**
一、农、林、牧、渔业	Agriculture,Forestry,Animal Husbandry and Fishery	63.35
二、工业合计	Industry	110.92
轻工业	Light Industry	18.40
重工业	Heavy Industry	92.52
（一）采矿业	Mining	35.44
煤炭开采和洗选业	Mining and Washing of Coal	3.48
石油和天然气开采业	Extraction of Petroleum and Natural Gas	9.98
黑色金属矿采选业	Mining and Processing of Ferrous Metal Ores	10.04
有色金属矿采选业	Mining and Processing of Non–ferrous Metal Ores	2.26
非金属矿采选业	Mining and Processing of Nonmetal Ores	9.65
其他采矿业	Mining of Other Ores	0.03
（二）制造业	Manufacturing	71.77
农副食品加工业	Processing of Food from Agricultural Products	8.99
食品制造业	Manufacture of Foods	2.43
饮料制造业	Manufacture of Beverages	2.54
烟草制品业	Manufacture of Tobacco	0.09
纺织业	Manufacture of Textile	0.28
纺织服装、鞋、帽制造业	Manufacture of Textile Wearing Apparel,Footwear and Caps	0.32
皮革、毛皮、羽毛(绒)及其制品业	Manufacture of Leather,Fur,Feather and Related Products	0.03
木材加工及木、竹、藤、棕、草制品业	Processing of Timber,Manfacture of Wood,Bamboo,Rattan,Palm and Straw Products	5.83
家具制造业	Manufacture of Furniture	0.55
造纸及纸制品业	Manufacture of Paper and Paper Produts	1.17
印刷业和记录媒介的复制	Prnting Peproduction of Recording Meida	0.16
文教体育用品制造业	Manufacture of Articles for Culture,Education and Sport Activities	0.03
石油加工、炼焦及核燃料加工业	Processing of Petroleum,Coking,Processing of Nuclear Fuel	0.38
化学原料及化学制品制造业	Manufacture of Raw Chemical Materials and Chemical Products	8.44
医药制造业	Manufacture of Medicines	0.86
化学纤维制造业	Manufacture of Chemical Fibers	0.20
橡胶制品业	Manufacture of Rubber	0.15
塑料制品业	Manufacture of Plastics	1.02
非金属矿物制品业	Manufacture of Non–metallic Mineral Products	16.32
黑色金属冶炼及压延加工业	Simelting and Pressing of Ferrous Metals	3.07

continued

燃料油（万吨）Fuel Oil (10000tons)	液化石油气（万吨）Liquefied Petroleum Gas (10000tons)	炼厂干气（万吨）Refinery Dry Gas (10000tons)	天然气（亿立方米）Natural Gas (100 million cu.m)	其它石油制品（万吨）Other Petroleum Products (10000tons)	热力（万百万千焦）Heat Power (10 billion kilo-joule)	电力（亿千瓦时）Electric Power (100 million kwh)
48.52	**78.10**	**46.65**	**195.51**	**162.40**	**804.62**	**774.45**
	0.02					11.13
48.52	0.75	46.65	123.96	162.40	485.44	530.15
0.01	0.09		0.93	2.74	150.82	53.45
48.50	0.67	46.65	123.03	159.66	334.62	476.70
			56.66	1.53	48.40	59.62
				1.53		16.76
			56.66		48.40	22.26
						6.43
						10.77
						2.96
						0.44
48.24	0.75	46.65	67.30	160.88	408.73	320.92
					0.37	19.59
	0.02			1.55	0.45	2.42
				0.01	53.05	6.85
			0.27		0.17	0.93
					2.96	4.34
					2.08	0.63
						0.04
				0.07		4.82
					0.00	1.56
			0.13		8.99	6.75
	0.05					0.65
						0.06
		3.77			0.06	8.62
46.94		42.88	29.26	156.68	195.23	46.05
			0.53	1.18	2.79	4.57
0.01					79.93	4.47
						2.48
					0.00	2.86
0.01	0.24		15.43	1.25	2.96	52.99
			0.13	0.07	0.82	92.53

6－11 续表 3

行　　业	Item	柴 油 （万吨） Diesel Oil1 (10000tons)
有色金属冶炼及压延加工业	Smelting and Pressing of Non-ferrous Metals	1.09
金属制品业	Manufacture of Metal Products	1.73
通用设备制造业	Manufacure of General PurPose Machinery	1.97
专用设备制造业	Manufacture of Special Purpose Machinery	2.38
交通运输设备制造业	Manufacture of Transport Equipment	9.17
电气机械及器材制造业	Manufacture of Electrical Machinery and Equipment	1.17
通信设备、计算机及其他电子设备制造业	Manufacture of Communitcation Equipment,Computers and Other Electronic Equipment	0.10
仪器仪表及文化、办公用机械制造业	Manufacture of Instrumentation and Culture and Office Machinery	0.26
工艺品及其他制造业	Manufacture of Artwork and Other Manufacturing	0.76
废弃资源和废旧材料回收加工业	Recycling and Disposal of Waste	0.31
（三）电力、燃气及水的生产和供应业	Production and Supply of Electricity,Gas and Water	3.72
电力、热力的生产和供应业	Production and Supply of Electric Power and Heat Power	3.16
燃气生产和供应业	Production and Supply of Gas	0.23
水的生产和供应业	Production and Supply of Water	0.32
三、建筑业	Construction	36.37
房屋和土木工程建筑业	Construction of Building and Civil Engineering	29.48
建筑安装业	Construction Installation	5.68
建筑装饰业	Construction Decoration	1.21
其它装饰业	Other Construction	
四、交通运输、仓储及邮电通信业	Transport, Storage and Post	310.97
铁路运输业	Railway Transport	24.54
道路运输业	Road Transport	276.21
城市公共交通业	Urban Public Transport	1.63
水上运输业	Water Transport	0.42
航空运输业	Air Transport	
管道运输业	Transport Via Pipeline	0.10
装卸搬运及其他运输服务业	Loading, Unloading,Portage and Other Transport Services	
仓储业	Storage	4.68
邮电通信业	Post	3.40
五、批发、零售业和住宿、餐饮业	Wholesale,Retail Trades, Hotels and Catering Services	11.98
六、其他	Others	16.30
七、城乡居民生活	Residential Comsumption	57.53

continued

燃料油（万吨）Fuel Oil (10000tons)	液化石油气（万吨）Liquified Petroleum Gas (10000tons)	炼厂干气（万吨）Refinery Dry Gas (10000tons)	天然气（亿立方米）Natural Gas (100 million cu.m)	其它石油制品（万吨）Other Petroleum Products (10000tons)	热力（万百万千焦）Heat Power (10 billion kilo-joule)	电力（亿千瓦时）Electric Power (100 million kwh)
			0.40		0.00	4.03
	0.03		0.53		0.04	8.19
	0.02		2.13		0.21	2.16
					2.40	5.60
1.27	0.34		18.49		55.15	30.91
	0.03				0.06	2.35
				0.06	0.98	2.32
				0.01	0.00	0.80
	0.02				0.03	0.59
						0.75
0.27					28.30	149.62
0.27					27.99	138.75
						2.10
					0.31	8.76
					2.39	8.80
					1.23	4.52
					0.56	2.61
					0.02	0.15
					0.58	1.52
	0.55		26.87		16.97	17.13
			0.13		11.99	4.23
	0.21				2.76	2.32
	0.34		26.73			0.42
						0.01
					0.54	0.02
						6.60
					0.78	
					0.55	3.18
					0.35	0.34
	1.13		0.93		4.28	28.68
	1.06		0.80		21.69	43.30
	74.59		42.96		273.85	135.25

6－12 综合能源平衡表（标准量）

Overall Energy Balance Sheet（Standard Quantity）

单位：万吨标准煤　　unit:10000tons of SCE

指　　标	Item	2010（当量值）Equivalent Value	2010（等价值）Equipollence	2011（当量值）Equivalent Value	2011（等价值）Equipollence
一、可供本地区消费能源量	Total Energy Available for Consumption	8041.88	8166.43	9017.3	9103.0
（一）年初库存量	Beginning Inventory	556.61	556.61	596.46	596.46
（二）一次能源生产量	Primary Energy Output	4790.80	5098.79	5118.11	5367.88
（三）外省（区、市）调入量	Allocation from Outside	4260.93	4260.93	6236.96	6532.49
（四）进口量	Imports	8.80	8.80	14.69	14.69
（五）我轮机在外国加油量	Refuelling Abroad for Our Ships and Planes				
（六）本省（区、市）调出量（－）	Allocation from Inside	−987.82	−1171.26	−2163.24	−2622.83
（七）出口量（－）	Exports	−7.48	−7.48	−22.68	−22.68
（八）外轮、机在我国加油量（－）	Refuelling in China for Foreign Ships and Planes				
（九）年末库存量（－）	Inventories at the end	−579.96	−579.96	−762.97	−762.97
二、加工转换投入（－）产出（＋）量	Output and Input in Processing and Transformation	−1453.33	−275.29	−1554.34	−257.07
（一）火力发电	Thermal Power	−1178.05		−1297.27	
（二）供热	Heating	−239.68	−239.68	−218.95	−218.95
（三）煤炭洗选	Washing–dressing Coal	−55.89	−55.89	−96.26	−96.26
（四）炼焦	Coking	−37.06	−37.06	−45.60	−45.60
（五）炼油及煤制油	Petroleum Refining	−64.04	−64.04	−69.36	−69.36
其中：油品再投入量(–)	Reinput for Oil				
（六）制气	Gas Production	−9.08	−9.08	−7.59	−7.59
其中：焦炭再投入量（－）	Reinput for Coke				
（七）天然气液化	Natural Gas Liquefaction				
（八）煤制品加工	Coal Products Processing	−0.42	−0.42	−0.42	−0.42
（九）回收能	Recovery of Energy	130.88	130.88	181.10	181.10
三、损失量	Energy Losses	69.02	69.02	72.84	73.77
其中：运输和输配损失	Losses for Transportation and Transmission	0.78	0.78	1.60	1.60
四、终端消费量	End–use Consumption	6519.53	7822.12	7390.14	8772.20
（一）第一产业	Primary Industry	110.06	128.79	113.16	133.03
1. 农、林、牧、渔业	Agriculture,Forestry,Animal Husbandry and Fishery	110.06	128.79	113.16	133.03
（二）第二产业	Secondary Industry	4655.27	5564.16	5461.22	6423.02
1. 工业	Industry	4583.71	5479.46	5385.49	6331.58
其中：用作原料、材料	Material	469.82	469.82	474.38	474.38
2.建筑业	Construction	71.55	84.69	75.73	91.43
（三）第三产业	Tertiary Industry	985.06	1139.24	1019.87	1178.90
1. 交通运输、仓储及邮政业	Transport,Storage and Post	501.58	530.39	517.72	548.29
2. 批发、零售和住宿、餐饮业	Wholesale,Retail Trade,Hotels and Catering Services	182.15	229.27	180.93	232.12
3. 其他	Others	301.34	379.59	321.22	398.49
（四）生活消费	Residential Consumption	769.14	989.93	795.89	1037.25
1. 城镇	Urban	654.98	781.84	669.85	811.91
2. 乡村	Rural	114.15	208.09	126.03	225.34
五、平衡差额（+、－）	Balance				
六、消费量合计	Total Comsumption	8172.76	8297.31	9017.33	9103.04

6－13　煤炭能源平衡表
Coal Balance Sheet

单位：（实物量）万吨、（标准量）万吨标准煤　　unit:(Physical Quantity)10000tons、(Standard Quantity)10000tons of SCE

指　　标	Item	2010		2011	
		（实物量）Physical Quantity	（标准量）Standard Quantity	（实物量）Physical Quantity	（标准量）Standard Quantity
一、可供本地区消费能源量	Total Energy Available for Consumption	9582.66	6038.84	11035.29	6874.87
（一）年初库存量	Beginning Inventory	729.25	472.88	754.20	500.03
（二）一次能源生产量	Primary Energy Output	5238.99	3354.86	5393.24	3629.59
（三）外省（区、市）调入量	Allocation from Outside	5544.77	3503.64	8223.70	5228.25
（四）进口量	Imports	9.42	8.45	15.66	14.04
（五）我轮机在外国加油量	Refuelling Abroad for Our Ships and Planes				
（六）本省（区、市）调出量（-）	Allocation from Inside	-1177.57	-810.29	-2294.87	-1852.81
（七）出口量（-）	Exports	-8.00	-7.17	-1.00	-0.90
（八）外轮、机在我国加油量（-）	Refuelling in China for Foreign Ships and Planes				
（九）年末库存量（-）	Inventories at the end	-754.20	-483.53	-1055.64	-643.34
二、加工转换投入（-）产出（+）量	Output and Input in Processing and Transformation	-5673.19	-3433.09	-6468.85	-3746.82
（一）火力发电	Thermal Power	-3037.36	-1744.03	-3718.78	-1941.75
（二）供热	Heating	-1681.29	-1037.78	-1654.39	-1033.86
（三）煤炭洗选	Washing-dressing Coal	-294.66	-57.41	-348.70	-98.21
（四）炼焦	Coking	-561.81	-505.85	-663.73	-597.42
（五）炼油及煤制油	Petroleum Refining				
其中：油品再投入量(-)	Reinput for Oil				
（六）制气	Gas Production	-97.97	-87.59	-83.51	-75.16
其中：焦炭再投入量（-）	Reinput for Coke				
（七）天然气液化	Natural Gas Liquefaction				
（八）煤制品加工	Coal Products Processing	-0.10	-0.42	0.26	-0.42
（九）回收能	Recovery of Energy				
三、损失量	Energy Losses				
其中：运输和输配损失	Losses for Transportation and Transmission				
四、终端消费量	End-use Consumption	3909.47	2605.75	4566.44	3128.05
（一）第一产业	Primary Industry	28.09	19.10	27.92	19.94
1. 农、林、牧、渔业	Agriculture,Forestry,Animal Husbandry and Fishery	28.09	19.10	27.92	19.94
（二）第二产业	Secondary Industry	3125.03	2072.35	3777.83	2564.90
1. 工业	Industry	3115.37	2065.78	3765.11	2555.81
其中：用作原料、材料	Material	81.81	44.75	71.02	38.12
2.建筑业	Construction	9.66	6.57	12.72	9.09
（三）第三产业	Tertiary Industry	592.41	403.22	565.24	404.29
1. 交通运输、仓储及邮政业	Transport,Storage and Post	127.31	87.00	119.16	85.64
2. 批发、零售和住宿、餐饮业	Wholesale,Retail Trade,Hotels and Catering Services	179.66	122.15	166.35	118.83
3. 其他	Others	285.44	194.07	279.73	199.82
（四）生活消费	Residential Consumption	163.94	111.08	195.45	138.92
1. 城镇	Urban	119.82	81.27	143.80	102.34
2. 乡村	Rural	44.12	29.81	51.65	36.57
五、平衡差额（+、-）	Balance				
六、消费量合计	Total Comsumption	9582.66		11035.29	

6－14　石油能源平衡表

Petroleum Balance Sheet

单位：（实物量）万吨、（标准量）万吨标准煤　　unit:(Physical Quantity)10000tons、(Standard Quantity)10000tons of SCE

指　　标	Item	2010		2011	
		（实物量）Physical Quantity	（标准量）Standard Quantity	（实物量）Physical Quantity	（标准量）Standard Quantity
一、可供本地区消费能源量	Total Energy Available for Consumption	994.12	1434.44	1079.15	1554.84
（一）年初库存量	Beginning Inventory	51.42	74.20	57.50	82.95
（二）一次能源生产量	Primary Energy Output	702.33	1003.35	741.68	1,059.56
（三）外省（区、市）调入量	Allocation from Outside	332.82	481.84	382.83	551.68
（四）进口量	Imports	0.24	0.35	0.44	0.65
（五）我轮机在外国加油量	Refuelling Abroad for Our Ships and Planes				
（六）本省（区、市）调出量（－）	Allocation from Inside	−35.13	−42.26	−24.87	−27.15
（七）出口量（－）	Exports	−0.06	−0.09	−15.47	−21.65
（八）外轮、机在我国加油量（－）	Refuelling in China for Foreign Ships and Planes				
（九）年末库存量（－）	Inventories at the end	−57.50	−82.95	−62.96	−91.20
二、加工转换投入（－）产出（+）量	Output and Input in Processing and Transformation	−69.79	−75.78	−74.62	−75.72
（一）火力发电	Thermal Power	−1.88	−2.71	−1.52	−2.19
（二）供热	Heating	−6.32	−9.03	−2.92	−4.17
（三）煤炭洗选	Washing−dressing Coal				
（四）炼焦	Coking				
（五）炼油及煤制油	Petroleum Refining	−61.59	−64.04	−70.18	−69.36
其中：油品再投入量(−)	Reinput for Oil				
（六）制气	Gas Production				
其中：焦炭再投入量（－）	Reinput for Coke				
（七）天然气液化	Natural Gas Liquefaction				
（八）煤制品加工	Coal Products Processing				
（九）回收能	Recovery of Energy				
三、损失量	Energy Losses				
其中：运输和输配损失	Losses for Transportation and Transmission				
四、终端消费量	End−use Consumption	924.33	1358.67	1004.53	1479.12
（一）第一产业	Primary Industry	50.81	74.15	51.55	75.23
1. 农、林、牧、渔业	Agriculture,Forestry,Animal Husbandry and Fishery	50.81	74.15	51.55	75.23
（二）第二产业	Secondary Industry	482.55	704.14	511.38	747.06
1. 工业	Industry	444.64	648.74	473.45	691.60
其中：用作原料、材料	Material	284.68	414.40	286.03	415.82
2.建筑业	Construction	37.91	55.40	37.93	55.45
（三）第三产业	Tertiary Industry	285.26	417.06	311.18	454.93
1. 交通运输、仓储及邮政业	Transport,Storage and Post	235.07	343.17	254.24	371.11
2. 批发、零售和住宿、餐饮业	Wholesale,Retail Trade,Hotels and Catering Services	19.79	29.16	19.14	28.21
3. 其他	Others	30.40	44.73	37.80	55.61
（四）生活消费	Residential Consumption	105.71	163.31	130.42	201.90
1. 城镇	Urban	84.47	130.38	108.77	168.36
2. 乡村	Rural	21.24	32.93	21.65	33.54
五、平衡差额（+、－）	Balance				
六、消费量合计	Total Comsumption	994.12		1,079.15	

6－15　电力能源平衡表（等价值）

Electrical Energy Balance Shect(equivalent)

单位：（实物量）万吨、（标准量）万吨标准煤　　unit:(Physical Quantity)10000tons、(Standard Quantity)10000tons of SCE

指　标	Item	2010		2011	
		（实物量）Physical Quantity	（标准量）Standard Quantity	（实物量）Physical Quantity	（标准量）Standard Quantity
一、可供本地区消费能源量	Total Energy Available for Consumption	55.17	192.36	39.08	133.74
（一）年初库存量	Beginning Inventory				
（二）一次能源生产量	Primary Energy Output	136.42	475.65	113.88	389.72
（三）外省（区、市）调入量	Allocation from Outside			134.75	461.14
（四）进口量	Imports				
（五）我轮机在外国加油量	Refuelling Abroad for Our Ships and Planes				
（六）本省（区、市）调出量（－）	Allocation from Inside	-81.25	-283.29	-209.55	-717.13
（七）出口量（－）	Exports				
（八）外轮、机在我国加油量（－）	Refuelling in China for Foreign Ships and Planes				
（九）年末库存量（－）	Inventories at the end				
二、加工转换投入（－）产出（＋）量	Output and Input in Processing and Transformation	521.80	1819.34	591.49	2024.21
（一）火力发电	Thermal Power	521.80	1819.34	591.49	2024.21
（二）供热	Heating				
（三）煤炭洗选	Washing-dressing Coal				
（四）炼焦	Coking				
（五）炼油及煤制油	Petroleum Refining				
其中：油品再投入量(-)	Reinput for Oil				
（六）制气	Gas Production				
其中：焦炭再投入量（－）	Reinput for Coke				
（七）天然气液化	Natural Gas Liquefaction				
（八）煤制品加工	Coal Products Processing				
（九）回收能	Recovery of Energy				
三、损失量	Energy Losses			0.42	1.44
其中：运输和输配损失	Losses for Transportation and Transmission				
四、终端消费量	End-use Consumption	576.97	2011.70	630.15	2156.51
（一）第一产业	Primary Industry	8.30	28.94	9.06	31.01
1. 农、林、牧、渔业	Agriculture,Forestry,Animal Husbandry and Fishery	8.30	28.94	9.06	31.01
（二）第二产业	Secondary Industry	402.58	1403.66	438.53	1500.75
1. 工业	Industry	396.76	1383.37	431.37	1476.24
其中：用作原料、材料	Material				
2.建筑业	Construction	5.82	20.29	7.16	24.50
（三）第三产业	Tertiary Industry	68.29	238.10	72.51	248.15
1. 交通运输、仓储及邮政业	Transport,Storage and Post	12.76	44.49	13.94	47.71
2. 批发、零售和住宿、餐饮业	Wholesale,Retail Trade,Hotels and Catering Services	20.87	72.77	23.34	79.87
3. 其他	Others	34.66	120.85	35.23	120.56
（四）生活消费	Residential Consumption	97.80	341.00	110.05	376.62
1. 城镇	Urban	56.19	195.92	64.77	221.66
2. 乡村	Rural	41.61	145.08	45.28	154.96
五、平衡差额（+、-）	Balance				
六、消费量合计	Total Comsumption	576.97		630.57	

6－16　分地区分行业用电量

单位：万千瓦时

指　　标	Item	长春市 Changchun		吉林市 Jilin		四平市 Siping	
		2010	2011	2010	2011	2010	2011
全社会用电总计	**Total Electricity Using of the Whole Society**	**1586471**	**1698834**	**1334661**	**1522481**	**570198**	**631308**
农、林、牧、渔业	Agriculture,Forestry,Animal, Husbandry and Fishery	28741	31401	14221	15227	5139	6693
工业	Industry	864074	897440	1068105	1233554	393895	435624
轻工业	Light Industry	154651	168164	118918	117364	63386	64438
重工业	Heavy Industry	709423	729276	949187	1116190	330509	371186
（一）采矿业	Mining	20289	26113	75368	89249	18995	19196
1.煤炭开采和洗选业	Mining and Washing of Coal	14284	18915	11736	11155	5434	5325
2.石油和天然气开采业	Extraction of Petroleum and Natural Gas	2811	3895	2950	5806	3403	4088
3.黑色金属矿采选业	Mining and Procssing of Ferrous Metal Ores	547	656	11838	10678	84	125
4.有色金属矿采选业	Mining and Processing of Non-ferrous Metal Ores	910	28	44983	56033	917	978
5.非金属矿采选业	Mining and Processing of Nonmetal Ores	1527	2402	3301	4819	9134	8658
6.其他采矿业	Mining of Other Ores	210	217	560	758	23	22
（二）制造业	Manufacturing	543610	581599	726503	849969	292103	314217
1.食品、饮料和烟草制造业	Manufacture of Food，Beverage and Tobacco	97210	105264	20883	22900	40841	41607
2.纺织业	Manufacture of Textile	1028	1830	2903	2900	7621	7302
3.服装鞋帽、皮革羽绒及其制品业	Textile Wearing Apparel,Footwear,Caps, Leather，Feather and Related Products	1920	1740	393	368	92	119
4.木材加工及制品和家具制品业	Processing of Timber and Manufacture of Furniture	4200	3960	5153	6659	1785	1854
5.造纸及纸制品业	Manufacture of Paper and Paper Products	2114	1985	34729	29351	3730	4336
6.印刷业和记录媒介的复制	Printing，Reproduction of Recording Media	3793	3196	285	277	232	213
7.文体用品制造业	Manufacture of Articles for Culture, Education and Sport Activities	33	48	208	259		
8.石油加工、炼焦及核燃料加工业	Processing of Petroleum，Coking, Processing of Nuclear Fuel	7777	7011	37634	46527	8	102
9.化学原料及化学制品制造业	Manufacture of Raw Chemical Materials and Chemical Products	10720	10954	193024	209102	87544	83312
10.医药制造业	Manufacture of Medicines	10024	10899	6996	6391	1634	1921
11.化学纤维制造业	Manufacture of Chemical Fibers	61	423	33490	34597	23	16
12.橡胶和塑料制品业	Manufacture of Rubber and Plastics	29139	26549	3250	4130	5801	6400
13.非金属矿物制品业	Manufacture of Non-metallic Mineral Products	86014	86491	123522	146409	55686	65022
14.黑色金属冶炼及压延加工业	Smelting and Pressing of Ferrous Metals	15875	17009	219557	295924	56114	56954
15.有色金属冶炼及压延加工业	Smelting and Pressing of Non- ferrous Metals	2655	3659	607	906	2639	1719
16.金属制品业	Manufacture of Metal Products	11571	18173	8127	8174	4492	17649

Electricity Consumption Sort by Area and Industry

unit:10000 kw.h

辽源市 Liaoyuan		通化市 Tonghua		白山市 Baishan		松原市 Songyuan		白城市 Baicheng		延边州 Yanbian	
2010	2011	2010	2011	2010	201	2010	2011	2010	2011	2010	2011
235579	**281584**	**553248**	**561756**	**309488**	**323272**	**412315**	**443792**	**224482**	**298771**	**380383**	**421444**
1045	1375	2034	2802	4308	3575	9776	10619	13242	14388	4488	4563
186823	225649	444077	440185	234713	240462	282288	300454	106819	172870	224412	249286
24762	26442	34222	33428	10495	12089	34556	36272	16141	18696	37976	36116
162061	199207	409855	406757	224218	228373	247732	264182	90678	154174	186436	213170
17388	19774	37468	42545	59115	66257	124410	133664	34701	31600	49380	56812
15831	17393	21283	20989	37950	41558		41	41	376	18371	20681
56	55			17	19	124230	133420	33832	30765	2573	3092
19	294	7409	11554	18612	20499				3	7833	8493
7	591	4050	4824	1393	2890					19622	22284
1110	1302	3094	3304	1016	1126	180	203	827	406	865	1872
365	139	1632	1874	127	165			1	50	116	390
127762	164928	324467	320894	101113	102867	103264	109463	39300	66200	97970	100952
5514	7044	17585	15538	1781	1875	28147	32010	7139	7751	7545	8058
13050	11788	1643	1660	1517	1479	932	560	2299	5882	2297	1929
509	533	48	53	143	147	8	11	272	320	2424	2194
653	743	1409	1487	10164	11395	1954	2171	782	830	23384	22821
979	1056	2504	2382	229	403	555	339	4108	2189	14292	12898
51	36	313	426	19	20	122	141	359	340	588	607
		14	16	7	10	2	7		1	77	150
30	32	8	10	2466	3922	13329	10918	160	137	1319	1437
1673	2205	20303	19353	6287	7319	37621	39203	1662	1829	2122	1450
686	770	8227	9467	787	738	4033	2161	876	939	3423	3931
447	1275	33	32			24	8	9	1	5	2
1755	1998	976	1085	1659	1749	243	333	434	445	605	882
30810	30754	20491	27081	23996	23959	6695	8298	7320	7529	31577	35679
40424	80887	243493	232378	39419	36116	8147	1576	5537	28119	3493	3949
23716	17398	103	796	6356	6754	19	15	136	397	1200	1156
793	691	4673	5963	300	354	936	11297	3291	3600	530	730

单位：万千瓦时

6－16 续表

指　　标	Item	长春市 Changchun		吉林市 Jilin		四平市 Siping	
		2010	2011	2010	2011	2010	2011
17.通用及专用设备制造业	Manufacture of General and Special Purpose Machinery	27667	26953	12812	12365	7893	9701
18.交通运输、电气、电子设备制造业	Manufacture of Transport, Electrical, and Electronic Equipment	230950	253669	22399	21609	13236	13409
19.工艺品及其他制造业	Manufacture of Artwork and Other Manufacturing	545	1077	463	1007	1751	1776
20.废弃资源和废旧材料回收加工业	Recycling and Disposal of Waste	314	709	68	114	981	805
（三）电力、燃气及水的生产和供应业	Production and Supply of Electricity, Gas and Water	300175	289728	266234	294336	82797	102211
1.电力、热力的生产和供应业	Production and Supply of Electric Power and Heat Power	258614	248405	249367	277960	77927	96924
2.燃气生产和供应业	Production and Supply of Gas	7727	7671	1516	1814	993	1295
3.水的生产和供应业	Production and Supply of Water	33834	33652	15351	14562	3877	3992
建筑业	**Construction**	**22662**	**29172**	**9241**	**11872**	**2707**	**3990**
交通运输、仓储和邮政业	**Transport, Storage and Post**	**57775**	**65221**	**8131**	**10415**	**31508**	**34347**
1.交通运输业	Transport	49944	57047	4250	6173	28075	30883
2.仓储业	Storage	6770	6647	3456	3814	3255	3195
3.邮政业	Post	1061	1527	425	428	178	269
信息传输、计算机服务和软件业	**Information Transmission,Computer Services and Software**	**21074**	**23970**	**9952**	**10503**	**4780**	**5551**
1.电信和其他信息传输服务业	Telecommunications and Other Information Transmission Services	20170	22878	8858	9328	4654	5456
2.计算机服务和软件业	Computer Services and Software	904	1092	1094	1175	126	95
商业、住宿和餐饮业	**Commercial,Hotels and Catering Services**	**95309**	**103476**	**29338**	**32099**	**12908**	**15429**
1.批发和零售业	Wholesale and Retail Trades	69373	76014	20124	23212	10102	12805
2.住宿和餐饮业	Hotels and Catering Services	25936	27462	9214	8887	2806	2624
金融、房地产、商务及居民服务业	**Financial,Real Estate,Business and Residents Service**	**56238**	**60431**	**17791**	**18225**	**5801**	**6046**
1.金融业	Financial Intermediation	8921	9270	2424	3531	1284	3405
2.房地产业	Real Estate	23304	21380	4773	4075	896	687
3.租赁和商务服务业、居民服务和其它服务业	Leasing, Business Services and Others Services	24013	29781	10594	10619	3621	1954
公共事业及管理组织	**Public and Management Organization**	**94442**	**91361**	**26326**	**22690**	**14116**	**13183**
1.科学研究、技术服务和地质勘查业	Scientific Research,Technical Service and Geologic Prospecting	6156	8613	482	1560	714	3674
2.水利、环境和公共设施管理业	Management of Water Conservation, Environment and Public Facilities	9012	9758	5289	5514	1369	1232
3.教育、文化、体育和娱乐业	Education, Culture, Sports and Entertainment	45025	38008	9795	6292	4377	3069
4.卫生、社会保障和社会福利业	Health, Social Security and Social Welfare	14232	15112	4930	4735	3263	2172
5.公共管理和社会组织、国际组织	Public Management, Social Organizations and International Organizations	20017	19870	5830	4589	4393	3036
城乡居民生活用电合计	**Total Electricity Using of Urban and Rural Residents**	**346156**	**396362**	**151556**	**167896**	**99344**	**110445**

continued

unit:10000 kw.h

辽源市 Liaoyuan		通化市 Tonghua		白山市 Baishan		松原市 Songyuan		白城市 Baicheng		延边州 Yanbian	
2010	2011	2010	2011	2010	2011	2010	2011	2010	2011	2010	2011
4944	5536	1712	2187	456	592	359	242	3036	3991	1567	1650
1692	2104	758	763	1656	1697	94	31	1833	1855	1303	861
16	55	129	149	63	97	44	139	34	31	188	471
20	23	45	68	3808	4241		3	13	14	31	97
41673	40947	82142	76746	74485	71338	54615	57327	32818	75070	77062	91522
39902	38954	79200	72459	69153	64212	50635	52183	31521	73630	70970	86023
47	79	238	252	549	561	2756	3270	161	102	2702	2096
1724	1914	2704	4035	4783	6565	1224	1874	1136	1338	3390	3403
1908	**1835**	**4936**	**5056**	**4399**	**5346**	**4845**	**5057**	**3395**	**2895**	**4094**	**6331**
1062	**1224**	**2362**	**2709**	**2620**	**2228**	**14136**	**12905**	**5446**	**5180**	**4530**	**5163**
327	328	1335	1334	2252	1821	9209	7902	2545	2385	3314	3781
622	771	908	1080	243	263	4788	4877	2609	2524	1022	1166
113	125	119	295	125	144	139	126	292	271	194	216
1855	**2161**	**3537**	**3853**	**3375**	**3648**	**3037**	**3524**	**3072**	**3448**	**5191**	**6374**
1831	2135	3221	3599	3163	3459	2997	3500	3035	3389	4669	5640
24	26	316	254	212	189	40	24	37	59	522	734
5912	**7062**	**13871**	**16335**	**7294**	**8667**	**11006**	**13507**	**9309**	**10751**	**23710**	**26048**
4941	6030	9439	12058	4608	5668	7834	10043	7737	8695	16840	18510
971	1032	4432	4277	2686	2999	3172	3464	1572	2056	6870	7538
2130	**1856**	**4597**	**4526**	**2922**	**3104**	**3631**	**3935**	**3616**	**3484**	**6431**	**6650**
599	638	1149	1713	1047	1148	965	969	986	1073	1691	1910
477	380	416	257	527	530	618	770	1859	1542	1449	1348
1054	838	3032	2556	1349	1426	2048	2196	771	869	3291	3392
3732	**3847**	**9852**	**9581**	**7676**	**7733**	**8093**	**8538**	**8517**	**8492**	**14706**	**15572**
68	127	218	1091	198	239	98	109	1498	1490	326	772
768	849	1556	1875	1720	1720	2267	2343	1542	1736	2660	2709
751	770	2581	2471	1355	1309	1727	1921	2022	1644	5347	5365
780	795	1802	1726	1174	1460	1117	1233	1013	1179	2225	2271
1365	1306	3695	2418	3229	3005	2884	2932	2442	2443	4148	4455
31112	**36575**	**67982**	**76709**	**42181**	**48509**	**75503**	**85253**	**71066**	**77263**	**92821**	**101457**

6－17 规模以上工业主要能源消费量情况（2011）

指　　标	Item	原煤(吨) Coal（ton）	无烟煤(吨) Anthracite（ton）	炼焦烟煤(吨) Coking Bituminous Coal（ton）	一般烟煤(吨) General Bituminous Coal（ton）
全部工业企业	**All Industrial Enterprises**	**96038807**	**698862**	**14262**	**58792245**
按工业行业门类分	**Sorted by Industrial Category**				
(一)轻工业	Light Industry	9738324	11991	6680	4925254
(二)重工业	Heavy Industry	86300483	686872	7582	53866990
(三)采矿业	Mining	19629117	1300		19498245
煤炭开采和洗选业	Mining and Washing of Coal	19010670	1300		18895867
石油和天然气开采业	Extraction of Petroleum and Natural Gas	225565			225565
黑色金属矿采选业	Mining and Procssing of Ferrous Metal Ores	58168			58168
有色金属矿采选业	Mining and Processing of Non-ferrous Metal Ores	103776			91287
非金属矿采选业	Mining and Processing of Nonmetal Ores	230938			227358
其他采矿业	Mining of Other Ores				
(四)制造业	Manufacturing	25992542	697562	14262	18636621
农副食品加工业	Processing of Food form Agricultural Products	5007654	40	88	1279463
食品制造业	Manufacture of Foods	307182		1000	286447
饮料制造业	Manufacture of Beverage	1309756			596632
烟草制品业	Manufacture of Tobacco	15851			15851
纺织业	Manufacture of Textile	72940			69190
纺织服装、鞋、帽制造业	Manufacture of Textile Wearing Apparel,Footwear and Caps	36305			31945
皮革、毛皮、羽毛(绒)等	Manufacture of Leather, Furs, Feather and Related Products	10072			9072
木材加工及木、竹、藤等	Processing of Timber, Manufacture of Wood, Bamboo, Rattan, Palm and Straw Products	1166633		2165	1151133
家具制造业	Manufacture of Furniture	16450			15950
造纸及纸制品业	Manufacture of Paper and Paper Products	574537			283973
印刷业和记录媒介的复制	Printing, Reproduction of Recording Media	11644			11644
文教体育用品制造业	Manufacture of Articles for Culture, Education and Sport Activities	5573			5573
石油加工炼焦及核燃料加工业	Processing of Petroleum, Coking, Processing of Nuclear Fuel	23501	9169		14292
化学原料及化学制品制造业	Manufacture of Raw Chemical Materials and Chemical Products	3457392	111	1830	2066626
医药制造业	Manufacture of Medicines	982205	288	5592	949272
化学纤维制造业	Manufacture of Chemical Fibers	1053995			1053995
橡胶制品业	Manufacture of Rubber	14168			13488
塑料制品业	Manufacture of and Plastics	87250			85600
非金属矿物制品业	Manufacture of Non-metallic Mineral Products	8252318	11663	2288	8024057
黑色金属冶炼及压延加工业	Smelting and Pressing of Ferrous Metals	1114615	636918		473532
有色金属冶炼及压延加工业	Smelting and Pressing of Non- ferrous Metals	426622	27197		195409
金属制品业	Manufacture of Metal Products	67440			67058
通用设备制造业	Manufacture of General Purpose Machinery	232187		5	232182
专用设备制造业	Manufacture of Special Purpose Machinery	174165		1294	171051
交通运输设备制造业	Manufacture of Transport Equipment	1310407	12177		1271506
电气机械及器材制造业	Manufacture of Electrical Machinery and Equipment	99603			99603
通信设备、计算机及其他	Manufacture of Communications Equipment, Computers and Others	23082			23082
仪器仪表及文化、办公用	Manufacture of Instrumentation and Culture and Office Machinery	21727			21727
工艺品及其他制造业	Manufacture of Artwork and Other Manufacturing	106975			106975
废弃资源和废旧材料回收	Recycling and Disposal of Waste	10296			10296
(五)电力、燃气及水的生产和供应业	Production and Supply of Electricity, Gas and Water	50417148			20657379
电力、热力的生产和供应业	Production and Supply of Electric Power and Heat Power	50345777			20586008
燃气生产和供应业	Production and Supply of Gas	31725			31725
水的生产和供应业	Production and Supply of Water	39646			39646

Above Designated Size Industry Main Energy Sources Consumption Situation（2011）

褐煤(吨) Wood Coal（ton）	洗精煤(吨) Washed Coal（ton）	其它洗煤(吨) Other Washed Coal（ton）	煤制品(吨) Coal Products（ton）	焦炭(吨) Coke（ton）	其它焦化产品(吨) Other Coking Products（ton）	焦炉煤气(万立方米) Coal Oven Gas（10000cu.m)
36533438	**7531848**	**44781**	**68924**	**6316778**	**6350**	**122156**
4794399	395	10702	4516	1		
31739039	7531453	34079	64408	6316777	6350	122156
129572	22005		454	207725	6350	
113503				865		
			454			
	22005			206844	6350	
12489				16		
3580						
6644096	6736798	44781	68470	6109052		106799
3728063			1215			
19735						
713124				1		
3750			650			
4360						
1000						
13335		107				
500						
290564			150			
40	2422233					
1388825	793781	38011	220	18426		
27053			2331			
680						
1650			684	2		
214310	182329	4401	36693	98043		7480
4166	3330593		17021	5907439		99020
204016	5965	2262	303	7467		
382			1812	14233		
			1297	8779		
1820				9974		
26724	1897		5453	44187		299
			640	502		
29759769	773045					15357
29759769						
	773045					15357

6－17　续表　1

指　　标	Item	高炉煤气(万立方米) Blast Furnace Gas(10000cu.m)	转炉煤气(万立方米) Converter Gas (10000cu.m)	天然气（气态）(万立方米) Natural Gas(gas) (10000cu.m)	液化天然气（液态）(吨) Liquefied Natural Gas (liquid)(ton)
全部工业企业	**All Industrial Enterprises**	**1078643**	**64312**	**139131**	**4917**
按工业行业门类分	**Sorted by Industrial Category**				
(一)轻工业	Light Industry			3697	
(二)重工业	Heavy Industry	1078643	64312	135434	4917
(三)采矿业	Mining			88447	
煤炭开采和洗选业	Mining and Washing of Coal				
石油和天然气开采业	Extraction of Petroleum and Natural Gas			88447	
黑色金属矿采选业	Mining and Procssing of Ferrous Metal Ores				
有色金属矿采选业	Mining and Processing of Non-ferrous Metal Ores				
非金属矿采选业	Mining and Processing of Nonmetal Ores				
其他采矿业	Mining of Other Ores				
(四)制造业	Manufacturing	1078643	64312	50659	4917
农副食品加工业	Processing of Food form Agricultural Products			12	
食品制造业	Manufacture of Food				
饮料制造业	Manufacture of Beverage				
烟草制品业	Manufacture of Tobacco			214	
纺织业	Manufacture of Textile				
纺织服装、鞋、帽制造业	Manufacture of Textile Wearing Apparel,Footwear and Caps				
皮革、毛皮、羽毛(绒)等	Manufacture of Leather, Furs, Feather and Related Products				
木材加工及木、竹、藤等	Processing of Timber, Manufacture of Wood, Bamboo, Rattan, Palm and Straw Products			16	
家具制造业	Manufacture of Furniture			30	
造纸及纸制品业	Manufacture of Paper and Paper Products			127	
印刷业和记录媒介的复制	Printing, Reproduction of Recording Media				
文教体育用品制造业	Manufacture of Articles for Culture, Education and Sport Activities				
石油加工炼焦及核燃料加工业	Processing of Petroleum, Coking, Processing of Nuclear Fuel				
化学原料及化学制品制造业	Manufacture of Raw Chemical Materials and Chemical Products			21898	
医药制造业	Manufacture of Medicines			399	
化学纤维制造业	Manufacture of Chemical Fibers			9	
橡胶制品业	Manufacture of Rubber				
塑料制品业	Manufacture of and Plastics				214
非金属矿物制品业	Manufacture of Non-metallic Mineral Products	22377	15	11622	
黑色金属冶炼及压延加工业	Smelting and Pressing of Ferrous Metals	1056266	64297	129	
有色金属冶炼及压延加工业	Smelting and Pressing of Non- ferrous Metals			314	4430
金属制品业	Manufacture of Metal Products			419	
通用设备制造业	Manufacture of General Purpose Machinery			1648	
专用设备制造业	Manufacture of Special Purpose Machinery			5	
交通运输设备制造业	Manufacture of Transport Equipment			13815	273
电气机械及器材制造业	Manufacture of Electrical Machinery and Equipment				
通信设备、计算机及其他	Manufacture of Communications Equipment, Computers and Others				
仪器仪表及文化、办公用	Manufacture of Instrumentation and Culture and Office Machinery				
工艺品及其他制造业	Manufacture of Artwork and Other Manufacturing				
废弃资源和废旧材料回收	Recycling and Disposal of Waste				
(五)电力、燃气及水的生产和供应业	Production and Supply of Electricity, Gas and Water			26	
电力、热力的生产和供应业	Production and Supply of Electric Power and Heat Power				
燃气生产和供应业	Production and Supply of Gas			26	
水的生产和供应业	Production and Supply of Water				

continued

原油 (吨) Crude Oil（ton）	汽油(吨) Gasoline（ton）	煤油(吨) Kerosene（ton）	柴油(吨) Diesel Oil(ton)	燃料油(吨) Fuel Oil(ton)	液化石油气(吨) Liquefied Petroleum Gas(ton)	炼厂干气(吨) Refinery Dry Gas(ton)
10380686	**227794**	**1716**	**396653**	**377978**	**1500**	**272577**
34	73374	2	76485	70	304	
10380653	154420	1714	320168	377908	1196	272577
144194	31020	319	122107		44	
	4855	26	16096			
144193	14694		46783		44	
	2591		35164			
	2138	293	6578			
	6741		17431			
			55			
10236493	188044	1397	260872	374358	1456	272577
	28365		37535			
	8252		6700			
	8126	0.12	9009			
	485		412			
	836		1037		28	
	1197		206			
	221		45			
1201	13319	10	22716		6	
	3681	0.50	2326			
	3710	1	4938			
	521		545		261	
	153		44			
1048636	908		1780			24000
9172485	17306	14	29311	365254	28	248577
	9006		3353			
34	641		997	70		
	643		556			
	2419		2422			
13670	21491		57269	115	36	
	1859		7391			
	1160		4586			
	5803		4886		56	
	11718	15	7187			
3	10389	16	9919		1	
464	20671	1341	35294	8919	795	
	6399		4755		245	
	2753		360			
	3102		1230			
	2515		3242			
	395		821			
	8731		13674	3620		
	4708		12227	3620		
	2870		1046			
	1152		401			

6－17 续表 2

指　　标	Item	石脑油（吨）Naphtha(ton)	其它石油制品(吨) Other Petroleum Products (ton)	热力（百万千焦）Heat (million kilo-joule)	电力（万千瓦时）Electric Power (10000 kwh)
全部工业企业	All Industrial Enterprises	**1469351**	**1309137**	**99902195**	**4912616**
按工业行业门类分	Sorted by Industrial Category				
(一)轻工业	Light Industry			31177405	953370
(二)重工业	Heavy Industry	1469351	1309137	68724791	3959247
(三)采矿业	Mining			9984479	510478
煤炭开采和洗选业	Mining and Washing of Coal				153405
石油和天然气开采业	Extraction of Petroleum and Natural Gas			9984479	195664
黑色金属矿采选业	Mining and Procssing of Ferrous Metal Ores				75754
有色金属矿采选业	Mining and Processing of Non-ferrous Metal Ores				64277
非金属矿采选业	Mining and Processing of Nonmetal Ores				20629
其他采矿业	Mining of Other Ores				750
(四)制造业	Manufacturing	1469351	1309137	84149260	3806013
农副食品加工业	Processing of Food form Agricultural Products			77001	420079
食品制造业	Manufacture of Food			92256	68197
饮料制造业	Manufacture of Beverage			10943526	111875
烟草制品业	Manufacture of Tobacco			34839	5229
纺织业	Manufacture of Textile			611503	38373
纺织服装、鞋、帽制造业	Manufacture of Textile Wearing Apparel,Footwear and Caps			429657	11607
皮革、毛皮、羽毛(绒)等	Manufacture of Leather, Furs, Feather and Related Products				1852
木材加工及木、竹、藤等	Processing of Timber, Manufacture of Wood, Bamboo, Rattan, Palm and Straw Products				132487
家具制造业	Manufacture of Furniture			309	9035
造纸及纸制品业	Manufacture of Paper and Paper Products			1854259	76843
印刷业和记录媒介的复制	Printing, Reproduction of Recording Media				5078
文教体育用品制造业	Manufacture of Articles for Culture, Education and Sport Activities				678
石油加工炼焦及核燃料加工业	Processing of Petroleum, Coking, Processing of Nuclear Fuel			11475	33196
化学原料及化学制品制造业	Manufacture of Raw Chemical Materials and Chemical Products	1469351	1300272	40273506	604032
医药制造业	Manufacture of Medicines			576011	57133
化学纤维制造业	Manufacture of Chemical Fibers			16487769	73491
橡胶制品业	Manufacture of Rubber				3416
塑料制品业	Manufacture of and Plastics			669	25137
非金属矿物制品业	Manufacture of Non-metallic Mineral Products		8860	610022	713231
黑色金属冶炼及压延加工业	Smelting and Pressing of Ferrous Metals			925	714485
有色金属冶炼及压延加工业	Smelting and Pressing of Non- ferrous Metals			557	98025
金属制品业	Manufacture of Metal Products			8246	28264
通用设备制造业	Manufacture of General Purpose Machinery			43524	62258
专用设备制造业	Manufacture of Special Purpose Machinery			495481	54228
交通运输设备制造业	Manufacture of Transport Equipment			11377152	398001
电气机械及器材制造业	Manufacture of Electrical Machinery and Equipment		5	11745	31164
通信设备、计算机及其他	Manufacture of Communications Equipment, Computers and Others			202685	16742
仪器仪表及文化、办公用	Manufacture of Instrumentation and Culture and Office Machinery			751	6722
工艺品及其他制造业	Manufacture of Artwork and Other Manufacturing			5395	3623
废弃资源和废旧材料回收	Recycling and Disposal of Waste				1532
(五)电力、燃气及水的生产和供应业	Production and Supply of Electricity, Gas and Water			5768456	596126
电力、热力的生产和供应业	Production and Supply of Electric Power and Heat Power			5704361	557105
燃气生产和供应业	Production and Supply of Gas				6893
水的生产和供应业	Production and Supply of Water			64095	32128

continued

煤矸石用于燃料(吨) Coal Waste for Fuel (ton)	城市垃圾用于燃料(吨) Urban Garbage Waste for Fuel(ton)	生物质废料用于燃料(吨) Biomass Waste for Fuel	余热余压(百万千焦) Heat and Pressure (million kilo-joule)	其它工业废料用于燃料(吨) Other Industrial Wastes for Fuel (ton)	其他燃料(吨标准煤) Other Fuels (tons of SCE)
48620	**152994**	**2079**	**784599**	**18290**	**834154**
		2079			13155
48620	152994		784599	18290	820999
					850
					850
48620		2079	784599	18290	233352
		2079			2592
					3543
					169613
					350
					2080
				18000	23922
					250
					454
48620			617512		16102
			167087		8710
				290	3922
					45
					1770
	152994				599952
	152994				599952

6－18 规模以上工业主要能源每日消费量（2011）

指　　标	Item	原煤 (吨)/天 Coal(ton)/day	无烟煤 (吨)/天 Anthracite (ton)/day	炼焦烟煤 (吨)/天 Coking Bituminous Coal(ton)/day
全部工业企业	**All Industrial Enterprises**	**263120.02**	**1914.69**	**39.07**
按工业行业门类分	**Sorted by Industrial Category**			
(一)轻工业	Light Industry	26680.34	32.85	18.30
(二)重工业	Heavy Industry	236439.68	1881.84	20.77
(三)采矿业	Mining	53778.40	3.56	
煤炭开采和洗选业	Mining and Washing of Coal	52084.03	3.56	
石油和天然气开采业	Extraction of Petroleum and Natural Gas	617.99		
黑色金属矿采选业	Mining and Procssing of Ferrous Metal Ores	159.36		
有色金属矿采选业	Mining and Processing of Non-ferrous Metal Ores	284.32		
非金属矿采选业	Mining and Processing of Nonmetal Ores	632.71		
其他采矿业	Mining of Other Ores			
(四)制造业	Manufacturing	71212.44	1911.13	39.07
农副食品加工业	Processing of Food form Agricultural Products	13719.60	0.11	0.24
食品制造业	Manufacture of Foods	841.59		2.74
饮料制造业	Manufacture of Beverage	3588.37		
烟草制品业	Manufacture of Tobacco	43.43		
纺织业	Manufacture of Textile	199.84		
纺织服装、鞋、帽制造业	Manufacture of Textile Wearing Apparel,Footwear and Caps	99.47		
皮革、毛皮、羽毛(绒)等	Manufacture of Leather，Furs，Feather and Related Products	27.59		
木材加工及木、竹、藤等	Processing of Timber，Manufacture of Wood，Bamboo，Rattan，Palm and Straw Products	3196.26		5.93
家具制造业	Manufacture of Furniture	45.07		
造纸及纸制品业	Manufacture of Paper and Paper Products	1574.07		
印刷业和记录媒介的复制	Printing，Reproduction of Recording Media	31.90		
文教体育用品制造业	Manufacture of Articles for Culture，Education and Sport Activities	15.27		
石油加工炼焦及核燃料加工业	Processing of Petroleum，Coking，Processing of Nuclear Fuel	64.39	25.12	
化学原料及化学制品制造业	Manufacture of Raw Chemical Materials and Chemical Products	9472.31	0.30	5.01
医药制造业	Manufacture of Medicines	2690.97	0.79	15.32
化学纤维制造业	Manufacture of Chemical Fibers	2887.66		
橡胶制品业	Manufacture of Rubber	38.82		
塑料制品业	Manufacture of and Plastics	239.04		
非金属矿物制品业	Manufacture of Non-metallic Mineral Products	22609.09	31.95	6.27
黑色金属冶炼及压延加工业	Smelting and Pressing of Ferrous Metals	3053.74	1744.98	
有色金属冶炼及压延加工业	Smelting and Pressing of Non- ferrous Metals	1168.83	74.51	
金属制品业	Manufacture of Metal Products	184.77		
通用设备制造业	Manufacture of General Purpose Machinery	636.13		0.01
专用设备制造业	Manufacture of Special Purpose Machinery	477.16		3.55
交通运输设备制造业	Manufacture of Transport Equipment	3590.16	33.36	
电气机械及器材制造业	Manufacture of Electrical Machinery and Equipment	272.88		
通信设备、计算机及其他	Manufacture of Communications Equipment，Computers and Others	63.24		
仪器仪表及文化、办公用	Manufacture of Instrumentation and Culture and Office Machinery	59.52		
工艺品及其他制造业	Manufacture of Artwork and Other Manufacturing	293.08		
废弃资源和废旧材料回收	Recycling and Disposal of Waste	28.21		
(五)电力、燃气及水的生产和供应业	Production and Supply of Electricity，Gas and Water	138129.17		
电力、热力的生产和供应业	Production and Supply of Electric Power and Heat Power	137933.64		
燃气生产和供应业	Production and Supply of Gas	86.92		
水的生产和供应业	Production and Supply of Water	108.62		

Above Designated Size Industry Main Energy Sources Daily Consumption Situation (2011)

一般烟煤 (吨)/天 General Bituminous Coal(ton)/day	褐煤 (吨)/天 Wood Coal (ton)/day	洗精煤 (吨)/天 Washed Coal (ton)/day	其它洗煤 (吨)/天 Other Washed Coal (ton)/day	煤制品 (吨)/天 Coal Products (ton)/day	焦炭 (吨)/天 Coke (ton)/day	其它焦化产品(吨)/天 Other Coking Products (ton)/day	焦炉煤气 (万立方米)/天 Coal Oven Gas (10000cu.m) /day
161074.64	**100091.61**	**20635.20**	**122.69**	**188.83**	**17306.24**	**17.40**	**334.67**
13493.85	13135.34	1.08	29.32	12.37			
147580.80	86956.27	20634.12	93.37	176.46	17306.24	17.40	334.67
53419.85	354.99	60.29		1.24	569.11	17.40	
51769.50	310.97				2.37		
617.99				1.24			
159.36		60.29			566.70	17.40	
250.10	34.22				0.04		
622.90	9.81						
51059.24	18203.00	18456.98	122.69	187.59	16737.13		292.60
3505.38	10213.87			3.33			
784.79	54.07						
1634.61	1953.76						
43.43							
189.56	10.27			1.78			
87.52	11.95						
24.85	2.74						
3153.79	36.53		0.29				
43.70	1.37						
778.01	796.07			0.41			
31.90							
15.27							
39.16	0.11	6636.25					
5661.99	3805.00	2174.74	104.14	0.60	50.48		
2600.75	74.12			6.39			
2887.66							
36.95	1.86						
234.52	4.52			1.87	0.01		
21983.72	587.15	499.53	12.06	100.53	268.61		20.49
1297.35	11.41	9124.91		46.63	16184.76		271.29
535.37	558.95	16.34	6.20	0.83	20.46		
183.72	1.05			4.96	38.99		
636.11				3.55	24.05		
468.63	4.99				27.33		
3483.58	73.22	5.20		14.94	121.06		0.82
272.88				1.75	1.38		
63.24							
59.52							
293.08							
28.21							
56595.56	81533.61	2117.93					42.07
56400.02	81533.61						
86.92		2117.93					42.07
108.62							

6-18 续表 1

指　　标	Item	高炉煤气(万立方米)/天 Blast Furnace Gas (10000cu.m)/day	转炉煤气(万立方米)/天 Converter Gas (10000cu.m)/day	天然气(气态)(万立方米)/天 Natural Gas(gas) (10000cu.m)/day
全部工业企业	**All Industrial Enterprises**	**2955.19**	**176.20**	**381.18**
按工业行业门类分	**Sorted by Industrial Category**			
(一)轻工业	Light Industry			10.13
(二)重工业	Heavy Industry	2955.19	176.20	371.05
(三)采矿业	Mining			242.32
煤炭开采和洗选业	Mining and Washing of Coal			
石油和天然气开采业	Extraction of Petroleum and Natural Gas			242.32
黑色金属矿采选业	Mining and Procssing of Ferrous Metal Ores			
有色金属矿采选业	Mining and Processing of Non-ferrous Metal Ores			
非金属矿采选业	Mining and Processing of Nonmetal Ores			
其他采矿业	Mining of Other Ores			
(四)制造业	Manufacturing	2955.19	176.20	138.79
农副食品加工业	Processing of Food form Agricultural Products			0.03
食品制造业	Manufacture of Foods			
饮料制造业	Manufacture of Beverage			
烟草制品业	Manufacture of Tobacco			0.59
纺织业	Manufacture of Textile			
纺织服装、鞋、帽制造业	Manufacture of Textile Wearing Apparel,Footwear and Caps			
皮革、毛皮、羽毛(绒)等	Manufacture of Leather，Furs，Feather and Related Products			
木材加工及木、竹、藤等	Processing of Timber，Manufacture of Wood，Bamboo，Rattan，Palm and Straw Products			0.04
家具制造业	Manufacture of Furniture			0.08
造纸及纸制品业	Manufacture of Paper and Paper Products			0.35
印刷业和记录媒介的复制	Printing，Reproduction of Recording Media			
文教体育用品制造业	Manufacture of Articles for Culture，Education and Sport Activities			
石油加工炼焦及核燃料加工业	Processing of Petroleum，Coking，Processing of Nuclear Fuel			
化学原料及化学制品制造业	Manufacture of Raw Chemical Materials and Chemical Products			59.99
医药制造业	Manufacture of Medicines			1.09
化学纤维制造业	Manufacture of Chemical Fibers			0.03
橡胶制品业	Manufacture of Rubber			
塑料制品业	Manufacture of and Plastics			
非金属矿物制品业	Manufacture of Non-metallic Mineral Products	61.31	0.04	31.84
黑色金属冶炼及压延加工业	Smelting and Pressing of Ferrous Metals	2893.88	176.16	0.35
有色金属冶炼及压延加工业	Smelting and Pressing of Non- ferrous Metals			0.86
金属制品业	Manufacture of Metal Products			1.15
通用设备制造业	Manufacture of General Purpose Machinery			4.52
专用设备制造业	Manufacture of Special Purpose Machinery			0.01
交通运输设备制造业	Manufacturc of Transport Equipment			37.85
电气机械及器材制造业	Manufacture of Electrical Machinery and Equipment			
通信设备、计算机及其他	Manufacture of Communications Equipment，Computers and Others			
仪器仪表及文化、办公用	Manufacture of Instrumentation and Culture and Office Machinery			
工艺品及其他制造业	Manufacture of Artwork and Other Manufacturing			
废弃资源和废旧材料回收	Recycling and Disposal of Waste			
(五)电力、燃气及水的生产和供应业	Production and Supply of Electricity，Gas and Water			0.07
电力、热力的生产和供应业	Production and Supply of Electric Power and Heat Power			
燃气生产和供应业	Production and Supply of Gas			0.07
水的生产和供应业	Production and Supply of Water			

continued

液化天然气(液态)(吨) /天 Liquefied Natural Gas (liquid)(ton)	原 油(吨) /天 Crude Oil (ton)/day	汽 油(吨) /天 Gasoline (ton)/day	煤油(吨)/天 Kerosene (ton)/day	柴 油(吨)/天Diesel Oil(ton)/day	燃料油(吨)/天 Fuel Oil (ton)/day	液化石油气(吨)/天 Liquefied Petroleum Gas(ton)/day	炼厂干气(吨)/天 Refinery Dry Gas (ton)/day
13.47	**28440.24**	**624.09**	**4.70**	**1086.72**	**1035.56**	**4.11**	**746.79**
	0.09	201.03		209.55	0.19	0.83	
13.47	28440.14	423.07	4.70	877.17	1035.36	3.28	746.79
	395.05	84.99	0.87	334.54		0.12	
		13.30	0.07	44.10			
	395.05	40.26		128.17		0.12	
		7.10		96.34			
		5.86	0.80	18.02			
		18.47		47.76			
				0.15			
13.47	28045.19	515.19	3.83	714.72	1025.64	3.99	746.79
		77.71		102.84			
		22.61		18.36			
		22.26		24.68			
		1.33		1.13			
		2.29		2.84		0.08	
		3.28		0.56			
		0.61		0.12			
	3.29	36.49	0.03	62.23		0.02	
		10.08		6.37			
		10.17		13.53			
		1.43		1.49		0.72	
		0.42		0.12			
	2872.98	2.49		4.88			65.75
	25130.10	47.41	0.04	80.30	1000.70	0.08	681.03
		24.67		9.19			
	0.09	1.76		2.73	0.19		
		1.76		1.52			
0.59		6.63		6.64			
	37.45	58.88		156.90	0.32	0.10	
		5.09		20.25			
12.14		3.18		12.56			
		15.90		13.39		0.15	
		32.10	0.04	19.69			
	0.01	28.46	0.04	27.18			
0.75	1.27	56.63	3.67	96.70	24.44	2.18	
		17.53		13.03		0.67	
		7.54		0.99			
		8.50		3.37			
		6.89		8.88			
		1.08		2.25			
		23.92		37.46	9.92		
		12.90		33.5	9.92		
		7.86		2.87			
		3.16		1.10			

6－18 续表 2

指 标	Item	石脑油(吨)/天 Naphtha (ton)/day	其它石油制品(吨)/天 Other Petroleum Products (ton)/day	热力(百万千焦)/天 Heat (million kilo-joule)/day
全部工业企业	**All Industrial Enterprises**	**4025.62**	**3586.68**	**273704.64**
按工业行业门类分	**Sorted by Industrial Category**			
(一)轻工业	Light Industry			85417.55
(二)重工业	Heavy Industry	4025.62	3586.68	188287.10
(三)采矿业	Mining			27354.74
煤炭开采和洗选业	Mining and Washing of Coal			
石油和天然气开采业	Extraction of Petroleum and Natural Gas			27354.74
黑色金属矿采选业	Mining and Procssing of Ferrous Metal Ores			
有色金属矿采选业	Mining and Processing of Non-ferrous Metal Ores			
非金属矿采选业	Mining and Processing of Nonmetal Ores			
其他采矿业	Mining of Other Ores			
(四)制造业	Manufacturing	4025.62	3586.68	230545.92
农副食品加工业	Processing of Food form Agricultural Products			210.96
食品制造业	Manufacture of Foods			252.76
饮料制造业	Manufacture of Beverage			29982.26
烟草制品业	Manufacture of Tobacco			95.45
纺织业	Manufacture of Textile			1675.35
纺织服装、鞋、帽制造业	Manufacture of Textile Wearing Apparel,Footwear and Caps			1177.14
皮革、毛皮、羽毛(绒)等	Manufacture of Leather，Furs，Feather and Related Products			
木材加工及木、竹、藤等	Processing of Timber，Manufacture of Wood，Bamboo，Rattan，Palm and Straw Products			
家具制造业	Manufacture of Furniture			0.85
造纸及纸制品业	Manufacture of Paper and Paper Products			5080.16
印刷业和记录媒介的复制	Printing，Reproduction of Recording Media			
文教体育用品制造业	Manufacture of Articles for Culture，Education and Sport Activities			
石油加工炼焦及核燃料加工业	Processing of Petroleum，Coking，Processing of Nuclear Fuel			31.44
化学原料及化学制品制造业	Manufacture of Raw Chemical Materials and Chemical Products	4025.62	3562.39	110338.37
医药制造业	Manufacture of Medicines			1578.11
化学纤维制造业	Manufacture of Chemical Fibers			45171.97
橡胶制品业	Manufacture of Rubber			
塑料制品业	Manufacture of and Plastics			1.83
非金属矿物制品业	Manufacture of Non-metallic Mineral Products		24.27	1671.29
黑色金属冶炼及压延加工业	Smelting and Pressing of Ferrous Metals			2.53
有色金属冶炼及压延加工业	Smelting and Pressing of Non- ferrous Metals			1.53
金属制品业	Manufacture of Metal Products			22.59
通用设备制造业	Manufacture of General Purpose Machinery			119.24
专用设备制造业	Manufacture of Special Purpose Machinery			1357.48
交通运输设备制造业	Manufacture of Transport Equipment			31170.28
电气机械及器材制造业	Manufacture of Electrical Machinery and Equipment		0.01	32.18
通信设备、计算机及其他	Manufacture of Communications Equipment，Computers and Others			555.3
仪器仪表及文化、办公用	Manufacture of Instrumentation and Culture and Office Machinery			2.06
工艺品及其他制造业	Manufacture of Artwork and Other Manufacturing			14.78
废弃资源和废旧材料回收	Recycling and Disposal of Waste			
(五)电力、燃气及水的生产和供应业	Production and Supply of Electricity，Gas and Water			15803.99
电力、热力的生产和供应业	Production and Supply of Electric Power and Heat Power			15628.39
燃气生产和供应业	Production and Supply of Gas			
水的生产和供应业	Production and Supply of Water			175.60

continued

电力（万千瓦时）/天 Electric Power (10000 kwh)/day	煤矸石用于燃料(吨) /天 Coal Waste for Fuel(ton)/day	城市垃圾用于燃料(吨) /天 Urban Garbage Waste for Fuel(ton)/day	生物质废料用于燃料(吨) /天 Biomass Waste for Fuel(ton)/day	余热余压（百万千焦）/天 Heat and Pressure (million kilo-joule)/day	其它工业废料用于燃料(吨) /天 Other Industrial Wastes for Fuel (ton)/day	其他燃料（吨标准煤）/天 Other Fuels (tons of SCE) /day
13459.22	**133.21**	**419.16**	**5.69**	**2149.59**	**50.11**	**2285.35**
2611.97			5.69			36.04
10847.25	133.21	419.16		2149.59	50.11	2249.31
1398.57						2.33
420.29						
536.07						2.33
207.54						
176.10						
56.52						
2.05						
10427.43	133.21		5.69	2149.59	50.11	639.32
1150.9			5.69			7.10
186.84						9.71
306.51						
14.33						
105.13						
31.80						
5.07						
362.98						464.69
24.75						
210.53						0.96
13.91						
1.86						
90.95						5.7
1654.88					49.32	65.54
156.53						0.68
201.35						
9.36						
68.87						1.24
1954.06	133.21			1691.81		44.11
1957.49				457.77		23.86
268.56						
77.43						
170.57					0.79	10.74
148.57						0.12
1090.41						
85.38						
45.87						
18.42						
9.93						4.85
4.20						
1633.22		419.16				1643.7
1526.32		419.16				1643.7
18.88						
88.02						

6－19 规模以上工业主要能源库存周转天数（2011）

Above Designated Size Industry Main Energy Sources Storage Turnover Days（2011）

单位：天 unit:day

指 标	Item	原煤 Coal	无烟煤 Anthracite	炼焦烟煤 Coking Bituminous Coal	一般烟煤 General Bituminous Coal	褐煤 Wood Coal	洗精煤 Washed Coal	其它洗煤 Other Washed Coal
全部工业企业	**All Industrial Enterprises**	**33.15**	**21.26**	**96.89**	**25.24**	**46.00**	**21.13**	**117.66**
按工业行业门类分	**Sorted by Industrial Category**							
(一)轻工业	Light Industry	80.50	51.44	159.07	50.98	110.73		326.39
(二)重工业	Heavy Industry	27.80	20.74	42.12	22.88	36.22	21.13	52.11
(三)采矿业	Mining	1.93			1.75	11.50	200.79	
煤炭开采和洗选业	Mining and Washing of Coal	0.45			0.33			
石油和天然气开采业	Extraction of Petroleum and Natural Gas	105.54			105.54			
黑色金属矿采选业	Mining and Procssing of Ferrous Metal Ores	43.25			43.25		200.79	
有色金属矿采选业	Mining and Processing of Non-ferrous Metal Ores	23.54			10.44	119.30		
非金属矿采选业	Mining and Processing of Nonmetal Ores	2.35			2.39			
其他采矿业	Mining of Other Ores							
(四)制造业	Manufacturing	58.00	21.30	96.89	42.83	104.25	22.96	117.66
农副食品加工业	Processing of Food form Agricultural Products	112.41	91.25	70.66	43.46	136.07		
食品制造业	Manufacture of Foods	19.50			20.89	0.32		
饮料制造业	Manufacture of Beverage	55.55			86.55	29.60		
烟草制品业	Manufacture of Tobacco	19.23			19.23			
纺织业	Manufacture of Textile	10.70			9.00			
纺织服装、鞋、帽制造业	Manufacture of Textile Wearing Apparel,Footwear and Caps	21.02			23.89			
皮革、毛皮、羽毛(绒)等	Manufacture of Leather，Furs，Feather and Related Products	2.46			2.74			
木材加工及木、竹、藤等	Processing of Timber，Manufacture of Wood，Bamboo，Rattan，Palm and Straw Products	22.86			23.16			
家具制造业	Manufacture of Furniture	30.47			31.42			
造纸及纸制品业	Manufacture of Paper and Paper Products	9.78			11.86	7.75		
印刷业和记录媒介的复制	Printing，Reproduction of Recording Media	40.60			40.60			
文教体育用品制造业	Manufacture of Articles for Culture，Education and Sport Activities	12.44			12.44			
石油加工炼焦及核燃料加工业	Processing of Petroleum，Coking，Processing of Nuclear Fuel	25.22	10.67		34.63			
化学原料及化学制品制造业	Manufacture of Raw Chemical Materials and Chemical Products	73.10	73.86		54.22	101.28	69.52	95.17
医药制造业	Manufacture of Medicines	30.22		188.90	29.78	7.86		
化学纤维制造业	Manufacture of Chemical Fibers	94.23			94.23			
橡胶制品业	Manufacture of Rubber	5.62			5.90			
塑料制品业	Manufacture of and Plastics	8.91			8.86	11.06		
非金属矿物制品业	Manufacture of Non-metallic Mineral Products	29.51	52.58	131.69	30.00	8.86		375.20
黑色金属冶炼及压延加工业	Smelting and Pressing of Ferrous Metals	27.72	22.20		34.94	52.57	29.88	
有色金属冶炼及压延加工业	Smelting and Pressing of Non- ferrous Metals	48.16			8.00	93.04		
金属制品业	Manufacture of Metal Products	8.70			8.75			
通用设备制造业	Manufacture of General Purpose Machinery	91.06			91.04			
专用设备制造业	Manufacture of Special Purpose Machinery	8.14		13.91	8.19			
交通运输设备制造业	Manufacture of Transport Equipment	97.53			100.51			
电气机械及器材制造业	Manufacture of Electrical Machinery and Equipment	14.69			13.76			
通信设备、计算机及其他	Manufacture of Communications Equipment，Computers and Others							
仪器仪表及文化、办公用	Manufacture of Instrumentation and Culture and Office Machinery							
工艺品及其他制造业	Manufacture of Artwork and Other Manufacturing	0.60			0.60			
废弃资源和废旧材料回收	Recycling and Disposal of Waste							
(五)电力、燃气及水的生产和供应业	Production and Supply of Electricity，Gas and Water	32.49			31.54	33.14		
电力、热力的生产和供应业	Production and Supply of Electric Power and Heat Power	32.49			31.55	33.14		
燃气生产和供应业	Production and Supply of Gas	9.20			9.20			
水的生产和供应业	Production and Supply of Water	43.75			43.75			

注：累计库存周转天数=本年末库存/（本年末累计消费量/累计日历天数）。
Note:Number of turnover days in accumulation inventory=end of the year inventory(end of the year in accumulation consumption/calendar days).

6－19 续表 1 continued

单位：天 unit:day

指 标	Item	煤制品 Coal Products	焦炭 Coke	液化天然气（液 态） Liquefied Natural Gas (liquid)	原油 Crude Oil	汽油 Gasoline	煤油 Kerosene
全部工业企业	**All Industrial Enterprises**	**3.12**	**15.94**	**1.26**	**8.89**	**4.74**	**12.08**
按工业行业门类分	**Sorted by Industrial Category**						
(一)轻工业	Light Industry	14.55				0.87	
(二)重工业	Heavy Industry	2.32	15.94	1.26	8.89	6.57	12.09
(三)采矿业	Mining		0.86			3.68	0.34
煤炭开采和洗选业	Mining and Washing of Coal					0.15	
石油和天然气开采业	Extraction of Petroleum and Natural Gas						
黑色金属矿采选业	Mining and Procssing of Ferrous Metal Ores		0.86			42.66	
有色金属矿采选业	Mining and Processing of Non-ferrous Metal Ores					1.37	0.37
非金属矿采选业	Mining and Processing of Nonmetal Ores						
其他采矿业	Mining of Other Ores						
(四)制造业	Manufacturing	3.14	16.45	1.26	9.01	5.13	14.76
农副食品加工业	Processing of Food form Agricultural Products					1.00	
食品制造业	Manufacture of Foods					0.02	
饮料制造业	Manufacture of Beverage					0.58	
烟草制品业	Manufacture of Tobacco						
纺织业	Manufacture of Textile						
纺织服装、鞋、帽制造业	Manufacture of Textile Wearing Apparel,Footwear and Caps						
皮革、毛皮、羽毛(绒)等	Manufacture of Leather, Furs, Feather and Related Products						
木材加工及木、竹、藤等	Processing of Timber, Manufacture of Wood, Bamboo, Rattan, Palm and Straw Products				545.63	11.42	
家具制造业	Manufacture of Furniture						
造纸及纸制品业	Manufacture of Paper and Paper Products					0.32	
印刷业和记录媒介的复制	Printing, Reproduction of Recording Media					2.76	
文教体育用品制造业	Manufacture of Articles for Culture, Education and Sport Activities						
石油加工炼焦及核燃料加工业	Processing of Petroleum, Coking, Processing of Nuclear Fuel				4.00	291.54	
化学原料及化学制品制造业	Manufacture of Raw Chemical Materials and Chemical Products		13.87		9.32	2.77	
医药制造业	Manufacture of Medicines	28.19				0.11	
化学纤维制造业	Manufacture of Chemical Fibers					3.79	
橡胶制品业	Manufacture of Rubber						
塑料制品业	Manufacture of and Plastics			29.00			
非金属矿物制品业	Manufacture of Non-metallic Mineral Products		78.20		141.47	5.72	
黑色金属冶炼及压延加工业	Smelting and Pressing of Ferrous Metals		15.60			10.20	
有色金属冶炼及压延加工业	Smelting and Pressing of Non- ferrous Metals		38.94				
金属制品业	Manufacture of Metal Products						
通用设备制造业	Manufacture of General Purpose Machinery		4.78			17.80	
专用设备制造业	Manufacture of Special Purpose Machinery					0.01	
交通运输设备制造业	Manufacture of Transport Equipment	17.07	2.34			5.33	15.38
电气机械及器材制造业	Manufacture of Electrical Machinery and Equipment	88.15	6.54			0.03	
通信设备、计算机及其他	Manufacture of Communications Equipment, Computers and Others						
仪器仪表及文化、办公用	Manufacture of Measuning Instruments and Machinery for Cultural Activit and Office Work						
工艺品及其他制造业	Manufacture of Artwork and Other Manufacturing						
废弃资源和废旧材料回收	Recycling and Disposal of Waste						
(五)电力、燃气及水的生产和供应业	Production and Supply of Electricity, Gas and Water						
电力、热力的生产和供应业	Production and Supply of Electric Power and Heat Power						
燃气生产和供应业	Production and Supply of Gas						
水的生产和供应业	Production and Supply of Water						

6－19 续表 2 continued

单位: 天 unit:day

指 标	Item	柴油 Diesel Oil	燃料油 Fuel Oil	液化石油气 Liquefied Petroleum Gas	石脑油 Naphtha	石蜡 Paraffin	其它石油制品 Ofher Petroleum Products	其他燃料 Other Fuels
全部工业企业	**All Industrial Enterprises**	**8.73**	**3.06**	**93.97**	**7.23**	**92.84**	**0.01**	**9.00**
按工业行业门类分	**Sorted by Industrial Category**							
(一)轻工业	Light Industry	2.32	1590.36	1.43				
(二)重工业	Heavy Industry	10.26	2.76	117.47	7.23	92.84	0.01	9.14
(三)采矿业	Mining	1.02						
煤炭开采和洗选业	Mining and Washing of Coal	1.27						
石油和天然气开采业	Extraction of Petroleum and Natural Gas	0.11						
黑色金属矿采选业	Mining and Procssing of Ferrous Metal Ores	0.22						
有色金属矿采选业	Mining and Processing of Non-ferrous Metal Ores	13.93						
非金属矿采选业	Mining and Processing of Nonmetal Ores							
其他采矿业	Mining of Other Ores							
(四)制造业	Manufacturing	6.39	0.52	96.78	7.23	92.84	0.01	
农副食品加工业	Processing of Food form Agricultural Products	1.13						
食品制造业	Manufacture of Foods	0.28						
饮料制造业	Manufacture of Beverage	0.73						
烟草制品业	Manufacture of Tobacco	61.11						
纺织业	Manufacture of Textile							
纺织服装、鞋、帽制造业	Manufacture of Textile Wearing Apparel,Footwear and Caps							
皮革、毛皮、羽毛(绒)等	Manufacture of Leather, Furs, Feather and Related Products							
木材加工及木、竹、藤等	Processing of Timber, Manufacture of Wood, Bamboo, Rattan, Palm and Straw Products	28.90				92.84		
家具制造业	Manufacture of Furniture							
造纸及纸制品业	Manufacture of Paper and Paper Products	8.55						
印刷业和记录媒介的复制	Printing, Reproduction of Recording Media	2.54		1.66				
文教体育用品制造业	Manufacture of Articles for Culture, Education and Sport Activities							
石油加工炼焦及核燃料加工业	Processing of Petroleum, Coking, Processing of Nuclear Fuel	150.55						
化学原料及化学制品制造业	Manufacture of Raw Chemical Materials and Chemical Products	0.89			7.23		0.01	
医药制造业	Manufacture of Medicines	0.11						
化学纤维制造业	Manufacture of Chemical Fibers	31.73	1590.36					
橡胶制品业	Manufacture of Rubber							
塑料制品业	Manufacture of and Plastics							
非金属矿物制品业	Manufacture of Non-metallic Mineral Products	3.43						
黑色金属冶炼及压延加工业	Smelting and Pressing of Ferrous Metals	1.18						
有色金属冶炼及压延加工业	Smelting and Pressing of Non- ferrous Metals	0.16						
金属制品业	Manufacture of Metal Products							
通用设备制造业	Manufacture of General Purpose Machinery	17.89						
专用设备制造业	Manufacture of Special Purpose Machinery							
交通运输设备制造业	Manufacture of Transport Equipment	6.52	9.19					
电气机械及器材制造业	Manufacture of Electrical Machinery and Equipment	0.12						
通信设备、计算机及其他	Manufacture of Communications Equipment, Computers and Others							
仪器仪表及文化、办公用	Manufacture of Instrumentation and Culture and Office Machinery							
工艺品及其他制造业	Manufacture of Artwork and Other Manufacturing							
废弃资源和废旧材料回收	Recycling and Disposal of Waste							
(五)电力、燃气及水的生产和供应业	Production and Supply of Electricity, Gas and Water	122.24	265.89					12.51
电力、热力的生产和供应业	Production and Supply of Electric Power and Heat Power	136.70	265.89					12.51
燃气生产和供应业	Production and Supply of Gas							
水的生产和供应业	Production and Supply of Water							

第七篇

CHAPTER 7

财政、金融和保险

PUBLIC FINACE、BANKING AND INSURANCE

7-1 历年财政收支额

Government Revenue and Expenditure

单位：亿元 unit:100 million yuan

年 份 Year	一般预算收入 General Budgetary Revenue	#增值税 Value-added Tax	#营业税 Operation Tax	#企业所得税 Enterprises' Income Tax	一般预算支出 General Budgetary Expenditure	#农业支出 Agriculture	#文教科卫事业费 Culture, Education Science & Public Health	#行政管理费 Administration Expenditure	#社会保障补助支出 Subsidies to Social Security Programs
1952	3.57				1.02	0.01	0.22	0.27	
1953	4.70				1.59	0.11	0.53	0.37	
1954	5.12				2.02	0.10	0.52	0.43	
1955	5.04				1.79	0.10	0.53	0.44	
1956	5.83				2.73	0.16	0.65	0.59	
1957	6.85				2.62	0.29	0.75	0.55	
1958	8.19				6.55	0.26	0.92	0.59	
1959	11.51				8.50	0.58	1.23	0.81	
1960	14.08				11.63	1.12	1.63	0.88	
1961	6.90				6.03	0.82	1.39	0.85	
1962	4.92				3.93	0.77	1.09	0.66	
1963	6.00				5.20	0.50	1.20	0.72	
1964	6.74				5.26	0.56	1.31	0.81	
1965	7.26				5.34	0.44	1.36	0.76	
1966	8.18				6.53	0.50	1.56	0.82	
1967	5.36				5.75	0.49	1.62	0.74	
1968	3.54				4.97	0.43	1.36	0.82	
1969	7.17				7.13	0.52	1.39	0.96	
1970	10.31				9.65	0.59	1.45	0.78	
1971	13.64				9.74	0.60	1.73	1.01	
1972	14.42				10.94	0.98	1.93	1.08	
1973	13.35				11.30	1.16	2.11	0.12	
1974	12.20				12.18	0.94	2.33	1.03	
1975	12.71				12.32	1.19	2.40	1.01	
1976	12.34				12.54	1.28	2.54	1.08	
1977	12.27				13.35	1.35	2.64	1.14	
1978	16.41				16.35	1.89	3.02	1.25	
1979	12.65				17.88	2.36	3.40	1.50	
1980	14.39				17.32	2.45	4.32	1.70	
1981	10.72				15.87	2.18	4.94	1.76	
1982	11.97				17.30	2.35	5.72	2.06	
1983	14.12				19.41	2.31	6.51	2.44	
1984	15.22				23.34	2.66	7.56	3.09	
1985	21.67				34.50	3.03	9.15	2.99	
1986	29.52				50.12	4.24	11.02	3.69	
1987	37.52				53.23	3.71	11.25	4.22	
1988	43.32				61.26	3.95	13.36	4.99	
1989	49.40				67.14	5.22	15.02	5.81	
1990	50.68				71.67	4.94	16.25	6.50	
1991	62.46				79.12	5.12	17.43	5.77	
1992	56.99				80.02	5.82	20.10	7.33	
1993	79.82				103.11	6.89	23.56	9.06	
1994	51.27				104.59	7.86	31.89	10.87	
1995	63.28				120.90	9.16	35.04	12.04	
1996	76.40				145.53	8.90	40.48	14.05	
1997	82.85	17.43	20.92	8.10	167.75	10.86	43.15	14.65	
1998	93.64	18.31	23.51	7.20	190.10	15.34	43.15	14.72	9.11
1999	101.28	18.89	23.84	10.41	234.62	13.07	49.67	15.76	19.27
2000	103.83	20.41	25.55	14.28	260.67	16.59	53.04	18.01	19.26
2001	121.10	24.20	28.03	20.68	326.43	19.63	64.52	22.38	28.91
2002	131.49	27.44	30.54	14.22	362.62	22.73	73.72	26.52	38.77
2003	154.00	30.69	35.02	11.80	409.23	22.76	82.39	31.23	49.56
2004	166.28	32.19	40.78	12.36	507.78	37.00	93.23	36.75	79.34
2005	207.15	39.53	47.59	13.91	631.12	42.60	112.44	45.13	104.89
2006	245.20	42.97	59.69	17.88	718.36	54.36	139.53	56.71	81.82
2007	320.69	52.92	75.86	29.41	883.76	80.07	144.41	141.66	154.37
2008	422.80	63.58	93.96	42.59	1180.12	107.34	188.03	174.25	199.86
2009	487.09	66.57	117.41	49.20	1479.21	204.45	216.99	182.67	250.44
2010	602.41	78.15	145.97	60.82	1787.25	238.94	250.20	198.04	253.36
2011	850.10	92.78	189.30	90.59	2201.74	255.57	529.12	231.40	298.99

7-2 历年银行各项存款和各项贷款余额

Balance of Deposits and Loans of National Banking System

单位：亿元　　　　unit:100 million yuan

年份 Year	各项存款合计 Total Deposits	#企业存款 Enterprise	#城乡居民储蓄存款 Savings Deposit in Urban and Rural Household	各项贷款合计 Total Loans	#工业企业 Industrial Enterprise	#商业企业 Commercial Enterprise	#农业贷款 Agricultural Loans
1949	0.33		0.0004	0.18			
1950	0.41	0.24	0.01	1.00		0.98	0.01
1951	0.73	0.40	0.09	1.33	0.18	1.12	0.02
1952	1.15	0.55	0.04	3.52	0.61	2.83	0.05
1953	1.37	0.65	0.07	5.42	1.00	4.28	0.12
1954	1.60	0.69	0.15	6.09	1.00	9.42	0.15
1955	3.04	0.84	0.24	6.29	0.79	5.29	0.16
1956	2.60	1.15	0.40	5.25	0.84	3.65	0.63
1957	2.58	1.12	0.53	6.25	0.98	4.32	0.79
1958	4.14	1.75	0.81	11.09	3.22	7.23	0.40
1959	6.99	1.07	1.13	21.19	8.21	12.17	0.60
1960	7.52	1.44	1.48	26.13	12.37	12.59	0.83
1961	7.89	2.54	1.27	27.70	10.24	16.38	0.78
1962	8.59	3.46	0.77	20.74	6.08	13.27	1.18
1963	8.14	3.42	0.79	16.30	3.59	11.08	1.46
1964	8.07	2.99	1.07	16.14	3.49	10.96	1.49
1965	9.22	3.60	1.20	17.32	4.32	11.10	1.56
1966	11.07	3.62	1.28	20.25	5.71	12.68	1.60
1967	10.53	4.12	1.57	24.14	9.11	13.10	1.63
1968	11.29	4.35	1.55	26.38	10.44	13.79	1.70
1969	10.18	3.70	1.21	27.55	10.19	14.79	2.04
1970	21.18	5.01	1.40	33.39	10.62	20.60	1.95
1971	18.95	5.11	1.71	36.77	12.49	22.63	1.46
1972	18.84	4.67	2.07	35.54	11.09	22.05	1.95
1973	22.60	5.56	2.69	39.85	12.80	25.03	1.75
1974	22.39	6.75	3.34	44.05	14.95	26.98	1.78
1975	25.18	7.20	4.02	48.01	15.83	29.99	1.87
1976	22.17	7.23	3.95	50.72	17.77	29.71	2.69
1977	21.03	6.29	4.73	54.89	18.93	32.44	2.99
1978	24.94	5.95	5.86	61.16	20.22	37.46	3.05
1979	23.97	7.95	7.62	66.15	22.19	39.74	3.69
1980	30.87	10.28	10.64	75.70	21.75	41.07	5.49
1981	36.98	10.97	14.56	92.68	30.22	52.33	6.90
1982	42.62	12.88	18.91	107.05	32.76	58.56	8.85
1983	56.63	16.26	25.28	124.31	36.06	68.73	9.73
1984	71.65	23.37	34.23	154.79	42.72	87.07	11.97
1985	86.42	32.45	43.97	159.79	51.72	68.20	11.83
1986	118.07	41.91	58.36	246.30	75.15	105.26	16.95
1987	147.43	50.85	83.20	285.52	88.78	125.19	18.54
1988	178.27	54.91	109.49	331.69	103.05	149.38	20.38
1989	203.75	47.08	141.26	384.41	122.19	171.26	24.68
1990	252.15	53.79	196.59	507.01	158.48	236.18	29.33
1991	315.13	67.37	253.28	629.01	189.60	290.73	35.75
1992	408.87	98.35	315.42	762.00	227.39	341.63	41.85
1993	494.57	112.91	389.44	934.88	272.71	415.84	47.56
1994	611.26	152.61	535.56	1099.77	316.91	463.97	38.58
1995	791.15	180.78	726.28	1302.76	365.29	563.66	49.06
1996	1037.83	241.38	955.48	1608.84	427.93	739.76	59.33
1997	1206.82	322.94	1071.33	1913.61	499.86	872.15	70.98
1998	1345.52	304.60	1211.83	2118.79	560.07	893.26	84.60
1999	1928.25	419.92	1328.91	2580.41	583.54	1005.77	117.12
2000	2236.71	535.41	1515.84	2651.19	494.56	957.70	95.41
2001	2484.23	589.21	1796.90	2828.25	527.76	1018.67	104.31
2002	2878.28	693.79	2019.40	3057.70	493.33	1009.44	118.98
2003	3307.25	760.50	2161.40	3288.87	534.38	906.04	136.12
2004	3683.50	804.94	2405.60	3435.03	526.93	811.76	176.63
2005	4270.49	877.66	2798.10	3332.93	342.98	818.89	207.88
2006	4963.71	1039.56	3107.50	3870.33	396.31	793.15	248.14
2007	5318.59	1342.70	3186.80	4306.01	426.50	772.28	326.78
2008	6362.48	1528.21	3923.14	4835.89	398.86	821.27	377.37
2009	8318.00	2327.78	4614.39	6234.66	438.59	812.56	426.43
2010	9606.70	2753.18	5147.26	7205.94			
2011	10874.19		5835.32	8126.17			

7-3 分项目财政收入

Local Government Revenue by Item

单位: 万元 unit:10000 yuan

项　目	Item	2010	2011
全口径财政收入	**Total Revenue**	**12060266**	**16200798**
地方级财政收入	**Local Revenue**	**6024092**	**8501013**
一、税收收入	**Tax Revenue**	**4393099**	**6241943**
增值税	Value Added Tax	781492	927814
营业税	Business Tax	1459685	1893017
企业所得税	Corporate Income Tax	608217	905852
个人所得税	Individual Income Tax	233947	294927
资源税	Resources Tax	48042	60645
城市维护建设税	Urban Maintenance and Construction Tax	263029	463911
房产税	Real Estates Tax	136026	162559
印花税	Stamp Tax	69379	86131
城镇土地使用税	Urban Land Use Tax	194491	227642
土地增值税	Land Appreciation Tax	112454	252137
车船使用税	Tax on Vehicles and Boat Operation	47241	62268
耕地占用税	Farm Land Occupation Tax	115824	396867
契税	Deed Tax	315341	499771
烟叶税	Tabacoo Leaf Tax	7449	8402
其他税收收入	Others	482	
二、非税收入	**Non-tax Revenue**	**1630993**	**2259070**
国有资产经营收益	State-owned Assets Profit	244810	324260
行政性收费收入	Income from Administrative Fees	547048	720019
罚没收入	Penalty and Confiscate Income	287626	298746
专项收入	Expert Project Income	201059	364844
国有资源(资产)有偿使用收入	Income from Use of Seate-owned Resources(Assets)	265659	469168
其他收入	Other Income	84791	82033

7-4 地方分项目财政支出
Local Government Expenditure by Item

单位: 万元 unit:10000 yuan

项 目	Item	2010	2011
支出总计	**Total Expenditure**	**17872484**	**22017374**
一般公共服务	Expenditure for General Pablic Services	1980449	2314006
国防	Expenditure for National Defense	37011	44753
公共安全	Expenditure for Public Security	1092998	1188058
教育	Expenditure for Education	2502028	3198239
科学技术	Expenditure for Science and Technology	191233	211828
文化体育与传媒	Expenditure for Culture,Sport and the Media	329349	442516
社会保障和就业	Expenditure for Social Security and Employment	2533641	2989889
医疗卫生	Expenditure for Medical and Health	1109132	1438725
环境保护	Expenditure for Environmental Protection	715473	1024236
城乡社区事务	Expenditure for Uran and Rural Community Affairs	1088968	1541677
农林水事务	Expenditure for Agriculture,Forestry,Water Affairs	2389361	2555735
交通运输	Expenditure for Transportation	897826	1497915
工业商业金融事务	Expenditure for Industrial Business and Finance Affairs	833996	1033974
其他支出	Other Expenditures	2171019	2535823

7－5 各市县财政收入（2011）

Local Government Revenue by City and County（2011）

单位：万元　　　　unit:10000 yuan

市、县	City，County	地方财政收入 Local Government Revenue	#增值税 Value-added Tax	#个人所得税 Individual Income Tax	#营业税 Business Tax	#企业所得税 Corporate Income Tax
长春市	**Changchun**	**2886312**	**262069**	**95292**	**450112**	**348855**
市本级	District	2154697	215697	65013	266385	265541
九台市	Jiutai	114308	12333	4069	32963	13207
榆树市	Yushu	74840	3462	1032	16865	3564
德惠市	Dehui	87354	9371	1509	18632	7400
农安县	Nong' an	103074	5276	999	24127	4412
吉林市	**Jilin**	**1019525**	**62780**	**29087**	**165334**	**75371**
市本级	District	460609	22953	12288	60026	22385
桦甸市	Huadian	105583	9325	2858	18515	13638
蛟河市	Jiaohe	55605	4357	2137	14378	4658
舒兰市	Shulan	48166	3293	1173	9688	4456
磐石市	Panshi	100880	6002	2901	14645	13073
永吉县	Yongji	55243	3285	1054	13940	6245
四平市	**Siping**	**388855**	**35228**	**8993**	**66534**	**23324**
市本级	District	146679	10771	2254	14413	7054
公主岭市	Gongzhuling	102055	9063	2036	21404	5107
双辽市	Shuangliao	34455	4141	834	9008	2168
梨树县	Lishu	43733	4360	936	8655	3564
伊通满族自治县	Yitong	33470	4755	782	7530	2628
辽源市	**Liaoyuan**	**188644**	**12877**	**6470**	**26961**	**11917**
市本级	District	101040	4974	2022	7665	4737
东丰县	Dongfeng	28578	3521	840	7391	2169
东辽县	Dongliao	28272	2680	2906	3725	3224
通化市	**Tonghua**	**481345**	**47019**	**16230**	**92068**	**40447**
市本级	District	80125	8877	2302	8516	8064
梅河口市	Meihekou	122457	11790	3482	31514	12856
集安市	Ji' an	54023	3473	3264	10983	5098
通化县	Tonghua	62945	6975	2902	12901	6235
辉南县	Huinan	47369	7892	1654	12616	1515
柳河县	Liuhe	49401	5658	1013	8839	3511

注：各市、县相加不等于地区数。
Note:The sum of data by every city and county is not equal to the total.

单位: 万元

7－5 续表 continued

unit:10000 yuan

市、县 City, County		地方财政收入 Local Government Revenue	#增值税 Value-added Tax	#个人所得税 Individual Income Tax	#营业税 Business Tax	#企业所得税 Corporate Income Tax
白山市	**Baishan**	**355308**	**28511**	**11437**	**54479**	**24400**
市本级	District	83768	5641	2233	4966	8171
临江市	Linjiang	41761	2938	1499	7232	1581
抚松县	Fusong	80158	3892	1842	17105	6053
靖宇县	Jingyu	35157	1813	563	9199	1274
长白朝鲜族自治县	Changbai	23466	1488	847	2233	852
松原市	**Songyuan**	**426742**	**64229**	**11071**	**62593**	**18061**
市本级	District	155401	13001	4116	19595	8880
长岭县	Changling	24761	2798	643	5986	1369
前郭尔罗斯蒙古族自治县	Qianguo	129927	20407	2790	16222	3333
乾安县	Qian' an	50729	21061	1046	5760	1270
扶余县	Fuyu	25965	2482	485	7424	1076
白城市	**Baicheng**	**245726**	**28630**	**6045**	**48979**	**16340**
市本级	District	59521	3081	1518	8540	4088
洮南市	Taonan	31924	2514	910	6752	2566
大安市	Da' an	60959	15337	1011	11529	5678
镇赉县	Zhenlai	40805	5638	1007	8470	1627
通榆县	Tongyu	35451	1427	790	10805	1454
延边朝鲜族自治州	**Yanbian**	**534818**	**49623**	**23597**	**93923**	**44678**
州本级	District	71956	8601	5	78	4880
延吉市	Yanji	163125	7370	9111	36810	8620
图门市	Tumen	19862	2818	524	5548	835
敦化市	Dunhua	86371	6879	6340	17240	6066
龙井市	Longjing	22267	2191	466	4586	856
珲春市	Hunchun	79438	10388	2365	12361	8726
和龙市	Helong	31712	4688	1152	5956	6465
汪清县	Wangqing	36178	4024	1093	6995	5831
安图县	Antu	23909	2664	2541	4349	2399

7-6 各市县财政支出（2011）

Local Government Expenditure by City and County（2011）

单位：万元 unit:10000 yuan

市、县	City, County	财政支出 Covernment Expenditure	#一般公共服务 General Public Services	#教育 Education	#科学技术 Science and Technology	#社会保障和就业 Social Security and Employment	#医疗卫生 Medical and Health	#环境保护 Environmental Protection	#农林水事务 Angriculture, Forestry, Water Affairs
长春市	**Changchun**	**5186814**	**603397**	**721542**	**44103**	**690147**	**340973**	**234870**	**341658**
市本级	District	2794007	277483	247858	32018	329646	129382	106071	82978
九台市	Jiutai	351502	24393	52202	418	70990	28546	8342	54783
榆树市	Yushu	364403	25312	76351	1446	81415	36832	6513	51967
德惠市	Dehui	301108	19481	54985	434	64617	32557	9136	47076
农安县	Nong' an	363847	19367	80967	606	63972	33843	13613	60662
吉林市	**Jilin**	**2515671**	**238276**	**406064**	**24818**	**436843**	**226989**	**91191**	**208964**
市本级	District	1032679	82663	100922	17740	233986	93151	45225	27869
桦甸市	Huadian	260517	15875	54440	986	29275	20396	9441	34926
蛟河市	Jiaohe	195267	14544	30401	1199	33249	18639	10479	27209
舒兰市	Shulan	246390	19269	46395	1560	40274	23331	7623	27008
磐石市	Panshi	234298	17904	33344	638	41135	22449	6674	33428
永吉县	Yongji	175875	15120	28488	344	25774	15375	8700	28827
四平市	**Siping**	**1398180**	**155082**	**241635**	**4947**	**275725**	**133209**	**55156**	**180112**
市本级	District	360245	53900	41523	3223	75282	29825	19639	21434
公主岭市	Gongzhuling	338296	33660	76729	710	47711	35199	10060	46116
双辽市	Shuangliao	171292	15420	24793	248	36489	18238	6741	32302
梨树县	Lishu	241174	20783	34645	450	51979	27582	7025	39985
伊通满族自治县	Yitong	168776	15617	33955	208	32736	15464	8132	31188
辽源市	**Liaoyuan**	**688258**	**78541**	**114295**	**4128**	**145692**	**55297**	**45371**	**65480**
市本级	District	288106	36104	39947	1647	59833	16761	20754	12737
东丰县	Dongfeng	164166	14566	35166	579	27726	16898	12837	24239
东辽县	Dongliao	148808	14587	28095	1463	24415	16693	10793	24721
通化市	**Tonghua**	**1406310**	**146901**	**195035**	**24483**	**234058**	**99818**	**83447**	**176458**
市本级	District	285686	27604	34509	3509	57648	18201	29346	10371
梅河口市	Meihekou	275497	23553	43051	6595	54974	22735	15947	35992
集安市	Ji' an	177540	18041	21189	2788	24277	11024	12514	23592
通化县	Tonghua	160585	17181	26556	6469	21360	11426	9178	26301
辉南县	Huinan	170099	18433	23441	1224	26060	13014	6877	30458
柳河县	Liuhe	196777	18477	29362	3127	32162	15826	7129	38893

注：各市、县相加不等于地区数。
Note:The sum of data by every city and county is not equal to the total.

单位: 万元

7－6 续表 continued

unit:10000 yuan

市、县 City, County		财政支出 Covernment Expenditure	#一般公共服务 General Public Services	#教育 Education	#科学技术 Science and Technology	#社会保障和就业 Social Security and Employment	#医疗卫生 Medical and Health	#环境保护 Environmental Protection	#农林水事务 Angriculture, Forestry, Water Affairs
白山市	**Baishan**	**1273793**	**146972**	**148197**	**4899**	**222918**	**91344**	**95987**	**123201**
市本级	District	287801	54821	21632	1863	31467	11517	32540	20250
临江市	Linjiang	175850	13042	20056	699	31939	17448	12829	21667
抚松县	Fusong	254958	16465	39557	803	44072	19714	22701	23366
靖宇县	Jingyu	136089	19513	12550	530	24817	10721	11022	17679
长白朝鲜族自治县	Changbai	122325	11807	11273	228	18775	4770	9625	16846
松原市	**Songyuan**	**1222728**	**154461**	**198686**	**1832**	**168188**	**100451**	**41159**	**176765**
市本级	District	296547	54479	34390	694	30079	15436	12010	14261
长岭县	Changling	195577	16468	40700	200	24581	22035	10916	32245
前郭尔罗斯蒙古族自治县	Qianguo	289241	27138	47226	334	37744	19717	5100	52940
乾安县	Qian' an	158765	19545	25957	207	16885	14045	8891	26868
扶余县	Fuyu	175881	17961	28101	196	32127	20177	3443	35002
白城市	**Baicheng**	**1150487**	**98096**	**178592**	**5368**	**200411**	**108542**	**50345**	**186291**
市本级	District	238844	24210	16904	2950	46861	19921	8676	33454
洮南市	Taonan	175352	10920	28208	559	40541	16534	6526	26771
大安市	Da' an	248563	13124	48762	829	29273	29681	12068	42039
镇赉县	Zhenlai	184068	18739	28032	242	34178	13850	13506	33974
通榆县	Tongyu	192372	16190	35305	263	18370	16802	8252	34559
延边朝鲜族自治州	**Yanbian**	**1876236**	**215694**	**292089**	**12154**	**261302**	**115684**	**155254**	**214015**
州本级	District	353185	46368	24542	3539	26617	17972	62649	23975
延吉市	Yanji	301088	30203	65651	2277	39063	18730	15061	21220
图门市	Tumen	101965	10038	15575	497	20714	6757	8783	10563
敦化市	Dunhua	292736	39533	53364	2110	43959	20403	22024	33844
龙井市	Longjing	137933	15124	22626	773	27898	10536	5422	21071
珲春市	Hunchun	202313	26400	32445	849	23415	11596	12693	24258
和龙市	Helong	158571	12767	21975	290	28620	9319	10217	26702
汪清县	Wangqing	185064	21113	30673	1458	27852	10867	9776	29316
安图县	Antu	142481	14148	25238	361	23164	9504	8629	23066

7-7 分级财政一般预算收入

Government Budgetary Revenue by Level

单位：万元　　unit:10000 yuan

项　目	Item	2010	2011
收入合计	**Total Revenue**	**6024092**	**8501013**
省　级	Province	1527097	1953417
地　级	Prefecture	2154373	3334117
县　级	County	2057649	2768689
乡镇级	Township	284973	444790
一、税收收入	**Tax Revenue**	**4393099**	**6241943**
省　级	Province	1202006	1553053
地　级	Prefecture	1515665	2382136
县　级	County	1412462	1880664
乡镇级	Township	262966	426090
增值税	**Value Added Tax**	**781492**	**927814**
省　级	Province	285142	336699
地　级	Prefecture	246648	293745
县　级	County	210528	244434
乡镇级	Township	39174	52936
营业税	**Business Tax**	**1459685**	**1893017**
省　级	Province	640696	828404
地　级	Prefecture	296126	393814
县　级	County	435032	551654
乡镇级	Township	87831	119145
企业所得税	**Corporate Income Tax**	**608217**	**905852**
省　级	Province	207251	301534
地　级	Prefecture	223963	334725
县　级	County	146251	216696
乡镇级	Township	30752	52897
个人所得税	**Individual Income Tax**	**233947**	**294927**
省　级	Province	68917	86416
地　级	Prefecture	73101	92040
县　级	County	79066	101769
乡镇级	Township	12863	14702
二、非税收收入	**Non - tax Revenue**	**1630993**	**2259070**
省　级	Province	325091	400364
地　级	Prefecture	638708	951981
县　级	County	645187	888025
乡镇级	Township	22007	18700

7-8 分级财政一般预算支出

Government Budgetary Expenditure by Level

单位: 万元 unit:10000 yuan

项 目	Item	2010	2011
支出合计	**Total Expenditure**	**17872484**	**22017374**
省 级	Province	4373493	5203092
地 级	Prefecture	4546395	6032905
县 级	County	8271057	9996520
乡镇级	Township	681539	784857
# **一般公共服务**	**Expenditure for General Public Services**	**1980449**	**2314006**
省 级	Province	416923	464789
地 级	Prefecture	564636	669429
县 级	County	813790	964047
乡镇级	Township	185100	215741
# **教 育**	**Education**	**2502028**	**3198239**
省 级	Province	486025	688498
地 级	Prefecture	453801	575833
县 级	County	1542768	1897955
乡镇级	Township	19434	35953
# **社会保障和就业**	**Social Security and Employment**	**2533641**	**2989889**
省 级	Province	288123	347894
地 级	Prefecture	700216	898130
县 级	County	1481391	1690116
乡镇级	Township	63911	53749

7－9　农合机构本外币存贷款年末余额
Cooperation in Agriculture Institution on Blanle of Foreign Currency Deposit and Loan at end of the Year

单位: 亿元　　　　unit:100 million yuan

项　目	Item	2010	2011
各项存款	Total Deposits	1354.54	1532.56
企事业单位存款	Deposits of Enterprises	320.91	413.83
储蓄存款	Saving Deposits	1006.33	1118.63
各项贷款	Total Loans	917.52	1010.26
#短期贷款	Short-term Loans	575.49	557.55
中长期贷款	Medium and Long Term Loans	335.27	419.41

注：本表为金融机构可比口径。
Note:The statistics coverage in according to financial institutions.

7－10　保险业务主要指标
Main Indicators of Insurance Business

单位: 万元　　　　unit:10000 yuan

项　目	Item	2003	2004	2005	2006	2007	2008	2009	2010	2011
保费收入	**Premium Income**	**675071**	**743220**	**757189**	**906065**	**1167854**	**1589185**	**1848669**	**2392486**	**2233582**
企业财产保险	Enterprise Property Insurance	25666	23717	25815	24546	29150	22546	26792	39322	45530
家庭财产保险	Family Property Insurance	5244	3097	3660	3162	2977	2723	2853	3166	4914
机动车辆保险	Motor Vehicle Insurance	69242	82237	98535	146381	194557	211989	288400	449538	498074
货物运输保险	Freight Transport Insurance	7164	8326	6712	6001	7369	6941	9850	16107	23736
工程保险	Engineering Insurance	1930	1557	2040	1943	2286	3354	6577	5050	8876
责任保险	Liability Insurance	5292	3701	3416	4296	6626	7779	8287	8982	13545
保证保险	Guarantee Insurance	276	2822	2590	1364	1289	389	1367	4980	14229
农业保险	Agriculture Insurance	881	1182	2501	4751	68889	65780	58996	80250	80068
人寿保险	Life Insurance	513269	570124	557553	650349	787438	1186644	1342905	1659264	1408462
意外伤害险	Accident Injury Insurance	16580	14050	16829	19732	22481	19603	22198	28479	35144
健康险	Health Insurance	26720	32024	36982	42991	43411	60683	78981	95881	99949
其他	Others	2807	383	556	549	1381	754	1463	1467	1055
赔款与给付	**Compensation and Payment**	**148991**	**142861**	**138831**	**212594**	**445828**	**529799**	**560878**	**562721**	**599700**
企业财产保险	Enterprise Property Insurance	20545	11528	11462	12965	17579	24371	17863	31815	16249
家庭财产保险	Family Property Insurance	2013	1086	1207	1274	1392	2078	1971	1408	1245
机动车辆保险	Motor Vehicle Insurance	57681	49313	55008	66375	101898	164699	189288	197158	231279
货物运输保险	Freight Transport Insurance	3089	2726	2428	2575	3066	6639	6110	6536	11199
工程保险	Engineering Insurance	1307	835	1302	1067	1264	1196	3078	3892	3159
责任保险	Liability Insurance	7788	2881	2363	2536	3310	7092	5655	4934	5886
保证保险	Guarantee Insurance	160	1187	602	1107	1132	4281	634	495	658
农业保险	Agriculture Insurance	1543	580	876	2138	89542	30096	47680	40854	38267
人寿保险	Life Insurance	38831	54655	41557	95255	196502	254497	251461	233351	244659
意外伤害险	Accident Injury Insurance	5887	6171	6696	9432	12305	9924	7696	7228	8884
健康险	Health Insurance	8600	11634	15181	17648	17174	24671	29006	34942	36560
其他	Others	1547	265	149	222	664	254	436	108	1655

7-11 金融机构人员数（2011）
Financial Institutions and Personnel（2011）

单位：人　　　　unit:person

项　目	Item	总计 Total	比同期增减 Increase or Decrease Over the Same Period	
			个（unit）	%
金融机构合计	**Total Financial Institutions**	**86001**	**-1983**	**-2.25**
国有商业银行	**State-owned Commercial Bank**	**43864**	**1270**	**2.98**
工商银行	Industrial and commercial Bank	13158	106	0.81
农业银行	Agricultural Bank	13648	-40	-0.29
中国银行	Bank of China	5931	296	5.25
建设银行	Construction Bank	9248	912	10.94
交通银行	Bank of Communications	1879	-4	-0.21
政策性银行	**Policy Bank**	**1797**	**-35**	**-1.91**
国家开发银行	National Development Bank	150	-2	-1.32
农业发展银行	Agricultural Development Bank	1647	-33	-1.96
股份制银行	**Shareholding Bank**	**1727**	**505**	**41.33**
中信银行	China Citic Bank	184	50	37.31
光大银行	Ever Bright Bank	514	104	25.37
华夏银行	Huaxia Bank	121	121	
招商银行	China Merchants Ban	218	44	25.29
浦东发展银行	ShangHai Pudong Development Bank	257	33	14.73
兴业银行	Industrial Bank	167	86	106.17
民生银行	China Minsheng Bank	266	67	33.67
城市商业银行	**City Commercial Bank**	**7191**	**-823**	**-10.27**
农村金融机构	**Rural Finanical Institutions**	**22425**	**-2981**	**-11.73**
农村信用社	Rural Credit Coorpertive	17022	-5027	-22.79
农村商业银行	Rural Commercial Bank	3700	2257	156.41
农村合作银行	Rural Cooperative Bank	737	-670	-47.61
村镇银行	Village Bank	916	435	90.44
贷款公司	Loan Company	7	1	16.67
农村资金互助社	Rural Mutual Cooperatives	43	23	115.00
非银行金融机构	**Non-bank Financial Institutions**	**624**	**51**	**8.90**
企业集团财务公司	Financial Enterprise Group Company	460	8	1.77
信托公司	Trust Company	164	43	35.54
邮政储蓄银行	**Postal Savings Bank**	**8139**	**86**	**1.07**
资产管理公司	**Assets Supervision Corporation**	**212**	**-55**	**-20.59**
外资金融机构	**Foreign Financial Institutions**	**22**	**-1**	**-4.35**

7-12 保险公司机构数（2011）

Number of Institutions of Insurance Company （2011）

项　　目	Item	保险公司机构数(个) Number of Institutions (uint)	总公司 Head Offices	省级分公司 Branch Company of Province Level	地市级以下支公司 Branch Company of Prefecture and City Level	营销服务部 Services Department of Marketing
合　计	**Total**	**1798**	**2**	**25**	**640**	**1131**
中国人民财产保险股份有限公司吉林省分公司	Branch Company of Jilin Province of PICC Property and Casualty Co.Ltd.	554		1	86	467
中国太平洋财产保险股份有限公司吉林省分公司	Jilin Branch of China Pacific Property Insurance Co.Ltd.	50		1	49	
中国平安财产股份有限公司吉林分公司	Jilin Branch of Ping An Property and Casualty Insurance Company of China,Ltd.	33		1	22	10
天安保险股份有限公司吉林省分公司	Jilin Branch of Tianan Insurance Company Limited of China	25		1	6	18
安华农业保险股份有限公司吉林省分公司	Jilin Branch of Anhua Agricultural Insurance Co.Ltd.	72	1	1	48	22
中国大地财产保险股份有限公司吉林分公司	Jilin Branch of China Continent Property & Casualty Insurance Co.Ltd.	57		1	32	24
安邦人寿保险股份有限公司吉林分公司	Jilin Branch of Anbang Life Insurance Co.Ltd.	1		1		
安邦财产保险股份有限公司吉林分公司	Jilin Branch of AB Property and Casualty Co.Ltd.	53		1	21	31
都邦财产保险股份有限公司吉林分公司	Jilin Branch of Dubang Insurance Co.Ltd.	6	1	1	3	1
阳光财产保险股份有限公司吉林省分公司	Jilin Branch of sunshine Province and casualty Co.Ltd.	39		1	38	
华安财产保险股份有限公司吉林分公司	Jilin Branch of Huaan Province and Casualty Co.Ltd.	1		1		
中航安盟财产保险有限公司吉林省分公司	Jilin Branch of Groupama Avic Insurance Co.Ltd.	3		1		2
中国人寿保险股份有限公司吉林省分公司	Branch Company of Jilin Province of China Life Insurance Co.Ltd.	470		1	77	392
中国太平洋人寿保险股份有限公司吉林省分公司	Jilin Branch of China Pacific Life Insurance Co,Ltd.	63		1	49	13
中国平安人寿保险股份有限公司吉林分公司	Jilin Branch of Ping An Life Insurance Company of China,Ltd.	65		1	29	35
新华人寿保险股份有限公司吉林分公司	Jilin Branch of New China Life Insurance Company of China,Ltd.	46		1	28	17
泰康人寿保险股份有限公司吉林分公司	Jilin Branch of Taikang Life Insurance Company of China,Ltd.	132		1	41	90
中国人民人寿保险股份有限公司吉林省分公司	Jilin Branch of PICC Life Insurance Company of China,Ltd.	60		1	56	3
太平人寿保险股份有限公司吉林分公司	Jilin Branch Taiping Life Insurance Co,Ltd.	15		1	13	1
生命人寿保险股份有限公司吉林分公司	Jilin Branch of Sino Life Insurance Co,Ltd.	26		1	23	2
平安养老保险股份有限公司吉林分公司	Jilin Branch of Ping An Annuity Insurance Co,Ltd.	2		1	1	
合众人寿保险股份有限公司吉林分公司	Jilin Branch of Union Life Insuranle Co.Ltd.	10		1	8	1
中国人民健康保险股份有限公司吉林分公司	Jilin Branch of PICC Health Insurance Company Limited	3		1	2	
英大泰和人寿保险股份有限公司吉林分公司	Jilin Branch of YingDa Taihe Life Insurance Co.Ltd.	4		1	1	2
阳光人寿保险股份有限公司吉林分公司	Jilin Branch of Yangguang Life Insurance Co.Ltd.	8		1	7	

第八篇 CHAPTER 8

物价 PRICE

8-1 各种价格指数

Price Indices

（上年=100） (Preceding year=100)

年 份 Year	居民消费价格指数 Consumer Price Index	城市居民 Urban Areas	农村居民 Rural Areas	商品零售价格指数 Retail Price Index	工业生产者出厂价格指数 Producer Price Index for Manufac-tured Goods	原材料、燃料、动力购进价格指数 Purchasing Price Index for Raw Material, Fuel and Power	固定资产投资价格指数 Investrment in Fixed Assets Price Index	建筑安装工程价格指数 Construction and Installation Price Index
1949								
1950								
1951				109.7				
1952				110.8				
1953	105.9			103.9				
1954	103.5			102.5				
1955	100.5			102.2				
1956	98.0			99.0				
1957	102.5			102.8				
1958	98.7			99.8				
1959	99.6			99.5				
1960	108.5			108.1				
1961	113.4			112.6				
1962	103.1			103.4				
1963	98.9			99.0				
1964	98.4			98.3				
1965	100.5			99.5				
1966	99.2			99.2				
1967	100.8			100.2				
1968	100.2			100.2				
1969	99.3			99.5				
1970	99.2			99.4				
1971	100.3			99.9				
1972	100.3			100.0				
1973	100.3			100.2				
1974	100.1			100.0				
1975	100.1			100.0				
1976	100.7			100.6				
1977	100.2			100.1				
1978	100.1	100.1	100.3	100.2				
1979	101.7	101.7	101.1	101.2				
1980	105.6	108.6	104.9	106.3				
1981	101.6	101.6	101.2	101.7				
1982	104.2	104.2	101.9	103.0				
1983	104.5	103.0	101.7	102.6				
1984	103.5	103.6	103.3	104.2				
1985	110.3	110.3	107.9	109.7				
1986	106.0	106.0	105.1	105.4				
1987	107.6	108.0	105.3	107.5				
1988	120.3	121.6	117.1	119.9				
1989	117.2	116.9	119.3	116.9				
1990	104.9	103.9	108.2	103.9				
1991	106.8	107.1	105.2	105.1				
1992	108.0	109.3	103.9	107.1			116.4	
1993	112.6	113.2	108.8	111.3			128.8	
1994	120.6	123.2	117.1	119.9			107.3	
1995	115.2	115.1	115.6	114.2			109.6	
1996	107.2	107.7	105.8	105.1			102.9	
1997	103.7	103.7	103.7	101.8	101.4	103.9	104.4	106.4
1998	99.2	99.3	99.0	97.9	96.9	96.6	100.8	101.2
1999	98.0	97.9	98.6	96.7	100.1	97.7	102.2	106.1
2000	98.6	98.3	99.6	98.0	105.1	106.8	102.0	103.2
2001	101.3	101.5	100.5	100.9	100.3	101.8	101.1	102.6
2002	99.5	99.2	100.3	99.0	98.6	97.8	101.2	101.9
2003	101.2	101.1	101.5	100.5	102.5	104.8	101.1	102.3
2004	104.1	103.6	105.1	103.5	105.0	110.5	104.1	105.6
2005	101.5	101.4	101.9	101.1	104.3	107.0	102.0	102.5
2006	101.4	101.2	102.0	101.5	101.7	103.8	102.2	103.0
2007	104.8	104.4	106.1	103.3	102.7	105.2	103.9	105.2
2008	105.1	105.1	105.3	106.2	104.9	111.3	107.3	110.7
2009	100.1	99.9	100.7	99.3	96.1	95.3	99.4	99.4
2010	103.7	103.4	104.1	104.1	105.2	108.6	102.4	103.4
2011	105.2	105.2	105.4	104.9	105.4	106.1	105.6	108.4

8-2 商品零售价格分类指数（上年=100）
Retail Price Indices by Category（preceding year=100）

类别	Item	全省 Total		城市 Urban		农村 Rural	
		2010	2011	2010	2011	2010	2011
商品零售价格总指数	**General Retail Price Index**	**104.1**	**104.9**	**104.1**	**104.7**	**104.3**	**105.5**
食品类	**Food**	**109.6**	**111.2**	**109.6**	**111.1**	**109.4**	**111.8**
粮　食	Grain	114.3	110.9	115.8	110.5	111.6	112.9
淀粉及薯类	Starches and Tubers	116.4	132.4	121.2	136.1	104.9	112.9
干豆类及豆制品	Bean and Bean Products	111.6	107.3	110.5	107.1	114.3	108.1
油　脂	Oil or Fat	101.8	113.5	101.3	114.2	103.0	109.6
肉禽及其制品	Meal,Poultry and Processed Products	103.0	123.3	103.5	123.6	101.5	121.5
蛋	Eggs	111.5	118.2	111.6	118.8	111.2	113.4
水产品	Aquatic Products	110.7	113.0	112.6	112.9	105.2	113.4
菜	Vegetables	123.3	95.1	121.5	94.5	129.1	99.5
调味品	Falvoring	103.1	104.1	103.4	104.3	102.3	102.8
糖	Sugar Carbohydrate	107.5	108.3	109.3	107.9	102.6	111.0
干鲜瓜果	Dried and Fresh Melons and Fruits	108.5	115.4	107.8	114.7	111.1	121.5
糕点饼干面包	Cake,Biscuit and Bread	105.0	107.2	106.0	107.6	101.7	104.6
奶及奶制品	Milk and Its Products	104.4	103.6	104.8	103.8	101.4	101.1
在外用膳食品	Dining Out	102.2	108.4	102.4	108.6	101.0	105.5
其它食品	Other Food Products	99.8	102.1	99.8	102.4	99.6	99.8
饮料、烟酒	**Beverage,Tobacco and Liquor**	**100.5**	**102.6**	**100.6**	**102.9**	**100.3**	**101.0**
茶及饮料	Tea and Beverage	100.0	102.8	99.9	102.9	100.4	102.2
烟　草	Tobacco	100.4	100.2	100.5	100.2	100.0	100.0
酒	Liquor	101.0	105.2	101.1	105.9	100.5	101.3
服装、鞋帽类	**Garments,Shoes and Hats**	**100.8**	**103.0**	**101.0**	**103.1**	**100.1**	**101.6**
服　装	Garments	101.9	104.0	102.3	104.2	100.2	102.2
鞋袜帽	Footgear and Hats	98.6	101.0	98.1	101.1	99.9	100.7
其　它	Others	100.2	97.8	100.4	97.2	100.0	100.0
纺织品类	**Textiles**	**101.1**	**106.9**	**100.7**	**107.9**	**102.2**	**101.2**
衣着材料	Clothing Materials	102.1	108.4	102.3	110.0	101.7	102.0
床上用品	Bed Articles	100.3	105.9	99.6	106.6	102.7	100.2

8－2 续表 Continued

类　别	Item	全省 Total		城市 Urban		农村 Rural	
		2010	2011	2010	2011	2010	2011
家用电器及音像器材	**Household Appliances and Music and Video Equipment**	**97.4**	**98.0**	**97.3**	**97.9**	**97.3**	**99.4**
家庭设备	Household Facilities	98.0	98.4	97.9	98.1	98.4	100.9
文娱用耐用消费品	Durable Consumer Goods for Recreational Use	96.2	97.2	96.2	97.1	95.8	97.5
音像器材类	Sound and Video Equipment	98.6	101.1	99.0	101.3	97.6	99.9
文化办公用品	**Cultural and Office Appliances**	**100.3**	**101.1**	**100.2**	**101.4**	**100.5**	**99.2**
日用品	**Articles for Daily Use**	**100.6**	**101.6**	**100.9**	**101.7**	**99.7**	**100.3**
日用百货	General Merchandise for Daily Use	99.3	100.0	99.3	100.2	99.4	98.4
日用杂品	Miscellaneous for Daily Use	100.8	104.4	101.0	105.0	100.2	100.3
洗涤用品	Things for Washing	99.7	101.0	99.9	100.8	99.1	102.7
其它日用品	Others	102.8	101.9	103.3	102.1	100.2	99.9
体育娱乐用品	**Sports and Recreation Articles**	**99.2**	**100.9**	**99.7**	**100.9**	**97.3**	**100.6**
体育用品	Sports Goods	102.6	102.5	103.7	103.1	99.6	100.6
娱乐用品	Amusement Goods	97.2	99.9	97.6	99.7	95.2	100.6
交通、通信用品	**Transportation and Communication Articles**	**95.6**	**92.1**	**94.9**	**91.2**	**98.5**	**99.8**
交通运输机械	Transportation Facility	98.7	94.2	98.5	93.6	99.5	99.8
通讯器材类	Communication Faciliy	90.8	89.0	88.8	87.8	97.2	99.9
家具	**Furniture**	**100.5**	**101.8**	**100.6**	**101.5**	**100.3**	**103.7**
化妆品类	**Cosmetics**	**100.1**	**100.8**	**100.1**	**100.8**	**99.7**	**100.6**
金银珠宝类	**Gold,Sivle and Jewelry**	**118.1**	**115.1**	**118.6**	**115.3**	**115.5**	**113.1**
中西药品及医疗保健用品	**Traditional Chinese and Western Medicines and Health Care Articles**	**102.1**	**102.9**	**101.8**	**102.8**	**103.1**	**104.0**
医疗器具及用品	Medical Apparatus and Articles	105.1	99.3	105.2	99.4	105.2	98.6
中药材及中成药	Traditional Chinese Medical Materials and Medicines	105.8	113.3	104.9	113.6	107.8	111.5
西 药	Westrn Medicine	100.2	98.5	100.3	98.5	99.7	99.0
保健器具及用品	Health Care Appliances and Articles	100.5	101.6	100.5	101.7	100.5	100.8
书报杂志及电子出版物	**Books,Newspapers,Magazines and Electronic Publications**	**99.5**	**99.9**	**99.3**	**99.8**	**100.1**	**100.5**
教材及参考书	Teaching Materials and Reference Books	98.8	99.1	98.5	98.8	100.4	102.2
书报杂志	Books, Newspapers and Magazines	100.4	101.0	99.9	101.1	101.8	100.0
电子音像制品	Electronic Audio-visual Products	99.4	99.8	100.0	99.9	97.7	98.8
燃料类	**Fuels**	**111.7**	**112.6**	**111.4**	**112.5**	**113.1**	**114.2**
煤炭及制品类	Coal and Related Products	102.3	109.4	101.7	109.4	103.5	109.0
石油及制品类	Petroleum and Related Products	114.5	113.3	113.7	113.1	119.0	116.2
建筑材料及五金电料类	**Building Materials and Hardware**	**100.4**	**105.3**	**100.2**	**105.7**	**101.0**	**103.6**
建筑装潢材料	Building Decoration Materials	100.1	106.7	99.6	107.0	101.6	105.2
五金电料类	Hardware	101.3	101.2	101.9	101.6	99.7	100.0

8-3 全省居民生活消费价格指数

Residents Living of Consumer Price Indices

（上年=100）　　（preceding year=100）

类别	Item	全省 Total		城市 Urban Indices		农村 Rural Indices	
		2010	2011	2010	2011	2010	2011
居民生活消费价格总指数	**General Consumer Price Index**	**103.7**	**105.2**	**103.4**	**105.2**	**104.1**	**105.4**
一、食品类	Food	109.2	110.9	109.0	110.7	109.4	111.8
粮食	Grain	113.9	110.9	115.4	110.1	112.4	112.4
鲜菜	Fresh Vegetables	124.2	95.2	121.6	94.5	128.5	97.7
肉禽及制品	Meat, Poultry and Processed Products	102.6	123.1	103.3	123.0	101.3	123.3
水产品	Aquatic Products	109.9	113.3	112.6	112.8	105.0	115.0
其它食品	Other Food Products	99.8	102.6	99.8	103.3	99.7	99.9
# 鲜果	# Fresh Fruits	108.5	115.8	107.2	115.1	112.6	118.6
二、衣着类	Clothing	100.7	103.0	100.9	103.2	100.1	102.4
三、家庭设备及用品类	Household Facilities and Articles	99.6	101.7	99.5	102.1	99.7	100.8
耐用消费品	Durable Consumer Goods	98.8	99.7	98.6	99.1	99.1	101.0
# 家具	Furniture	100.4	101.6	100.6	101.6	100.1	101.6
家庭设备	Household Facilities	97.8	98.8	97.6	98.2	98.2	100.7
室内装饰品	Interior Decorations	100.9	102.3	100.9	102.8	100.9	100.0
床上用品	Bed Articles	100.0	104.1	98.9	105.5	102.3	100.4
家庭日用品	Daily Use Household Articles	99.9	102.4	100.0	103.3	99.5	100.5
四、医疗保健和个人用品	Health Care and Personal Articles	101.8	103.5	101.5	103.4	102.5	103.6
五、交通和通信工具类	Transportation and Communication	99.1	100.7	98.7	99.9	99.8	103.4
六、娱乐教育文化用品类	Recreation, Education and Culture Articals	100.5	100.1	100.3	99.9	101.0	101.1
七、居住类	Residence	102.4	105.5	101.8	106.0	103.5	103.9
自有住房	Private Housing	101.1	107.1	101.1	108.2	100.7	102.5
建筑材料	Building Materials	100.8	104.3	100.4	104.2	101.4	104.4
水、电、燃料	Water, Electricity and Fuels	103.9	103.0	103.3	102.4	104.9	105.0
房租	Renting	100.8	113.3	101.0	114.6	100.0	100.4
八、服务项目类	Services	100.9	103.6	100.8	103.7	101.2	103.3
通信服务	Communication Service	100.0	100.1	100.0	100.1	100.0	100.0
交通费	Transportation Fares	100.7	102.5	100.9	101.6	100.5	106.0
个人用品及服务	Personal Articles and Personal Service	102.2	104.7	101.9	104.6	102.9	105.0
文娱费	Expending on Culture and Recreation	102.1	100.0	101.1	99.9	105.0	100.0
学杂托幼费	Tuition and Child Care	102.4	104.8	101.8	102.1	103.8	114.9
车辆修理服务费	Using and Upkeep Fare	101.7	103.0	100.0	103.5	104.2	100.0
医疗保健服务费	Health Care Services	99.8	100.5	100.2	100.1	99.0	101.8

8－4 固定资产投资价格指数（上年=100）

Price Indices of Investment in Fixed Assets (preceding year=100)

年 份 Year	总指数 General Index	建筑安装工程 Construction and Installation	设备、工器具购置 Purchase of Equipments and Instruments	其他费用 Other Expenses
1992	116.4	119.4	110.1	110.1
1993	128.8	141.7	116.2	116.2
1994	107.3	108.0	109.3	109.3
1995	109.6	106.8	112.1	112.1
1996	102.9	105.7	98.4	98.4
1997	104.4	106.4	101.1	101.1
1998	100.8	101.2	100.1	100.1
1999	102.2	106.1	100.1	100.1
2000	102.0	103.2	99.4	99.4
2001	101.1	102.6	98.5	98.5
2002	101.2	101.9	98.6	98.6
2003	101.1	102.3	98.1	98.1
2004	104.1	105.6	101.1	101.1
2005	102.0	102.5	100.1	100.1
2006	102.2	103.0	100.5	100.5
2007	103.9	105.2	99.9	99.9
2008	107.3	110.7	100.4	100.4
2009	99.4	99.6	98.1	101.7
2010	102.4	103.2	99.9	104.8
2011	105.6	108.4	100.9	104.2

8－5 主要原材料、燃料、动力购进价格指数

Purchasing Price Indices of Raw Materials、Fuels and Power

（上年=100）　　　　(preceding year=100)

类　　别	Item	2010	2011
全部原材料	**General Price Indices**	**108.6**	**106.1**
燃料、动力类	Fuel and Power	113.5	111.4
黑色金属材料类	Ferrous Metals	105.0	105.7
# 钢材	Steel	101.3	105.4
其它	Others	110.8	107.1
有色金属材料和电线类	Nonferrous Metals and Wire	113.9	103.5
化工原料类	Raw Chemical Materials	114.1	106.8
木材及纸浆类	Timber and Paper Pulp	105.6	108.0
建筑材料及非金属矿类	Buiding Materials and Nonmetal Minerals	103.9	102.4
其它工业原料及半成品类	Other Industrial Materials and Semi-finished Products	105.4	102.5
农副产品类	Agricultural Products	106.4	109.3
纺织原料类	Textile Materials	105.2	106.5

8－6　建筑安装工程价格指数（上年=100）

Gonstruction and Installation Price Index（preceding year=100）

<table>
<tr><th rowspan="2">年 份
Year</th><th rowspan="2">总指数
General Index</th><th rowspan="2">人工费
Manpower Costs</th><th rowspan="2">材料费
Material Cost</th><th>钢 材
Steel Products</th><th>木 材
Timber</th></tr>
<tr><th></th><th></th></tr>
<tr><td>2004</td><td>105.6</td><td>103.2</td><td>106.8</td><td>109.8</td><td>103.4</td></tr>
<tr><td>2005</td><td>102.5</td><td>104.8</td><td>102.1</td><td>102.6</td><td>103.9</td></tr>
<tr><td>2006</td><td>103.0</td><td>108.5</td><td>101.8</td><td>100.1</td><td>103.9</td></tr>
<tr><td>2007</td><td>105.2</td><td>111.4</td><td>104.2</td><td>104.5</td><td>104.2</td></tr>
<tr><td>2008</td><td>110.7</td><td>115.6</td><td>111.0</td><td>115.0</td><td>110.6</td></tr>
<tr><td>2009</td><td>99.4</td><td>104.1</td><td>97.9</td><td>92.1</td><td>104.5</td></tr>
<tr><td>2010</td><td>103.4</td><td>108.2</td><td>104.2</td><td>105.0</td><td>105.8</td></tr>
<tr><td>2011</td><td>105.6</td><td>117.7</td><td>107.2</td><td>108.3</td><td>106.7</td></tr>
</table>

8－6 续表　Continued

<table>
<tr><th>年 份
Year</th><th>水 泥
Cement</th><th>地方材料
Local Materials</th><th>化工材料
Chemical Materials</th><th>电料
Electrical Materials</th><th>其它材料
Other Materials</th><th>机械使用费
Machanical Charges</th></tr>
<tr><td>2004</td><td>102.1</td><td>103.3</td><td>107.3</td><td>108.3</td><td>110.9</td><td>102.3</td></tr>
<tr><td>2005</td><td>100.3</td><td>101.3</td><td>105.0</td><td>101.8</td><td>104.9</td><td>101.8</td></tr>
<tr><td>2006</td><td>100.8</td><td>104.4</td><td>104.2</td><td>102.5</td><td>102.1</td><td>102.5</td></tr>
<tr><td>2007</td><td>103.9</td><td>104.8</td><td>103.0</td><td>107.6</td><td>101.2</td><td>102.8</td></tr>
<tr><td>2008</td><td>104.1</td><td>106.4</td><td>109.5</td><td>106.6</td><td>107.3</td><td>103.3</td></tr>
<tr><td>2009</td><td>103.0</td><td>101.3</td><td>103</td><td>100.7</td><td>102.4</td><td>101.1</td></tr>
<tr><td>2010</td><td>101.2</td><td>103.7</td><td>104.6</td><td>107.4</td><td>103.4</td><td>100.7</td></tr>
<tr><td>2011</td><td>106.4</td><td>108.2</td><td>105.5</td><td>104.8</td><td>103.3</td><td>104.5</td></tr>
</table>

8－7 工业生产者出厂价格指数
Ex-Factory Price Indices of Industrial Products

（上年=100） (preceding year=100)

类　　别	Item	2010	2011
全部工业品	**Total Industry Products**	**105.2**	**105.4**
轻工业	Light Industry	105.2	109.3
以农产品为原料	Using Farm Products as Raw Materials	105.8	110.2
以非农产品为原料	Using Non-farm Products as Raw Matericals	103.8	102.0
重工业	Heavy Industry	105.2	104.3
采掘	Mining and Quarrying	128.2	119.3
原料	Raw Materials	109.2	104.6
加工	Processing	99.8	101.9
生产资料	Means of Production	108.8	106.3
采掘	Mining and Quarrying	127.1	119.3
原料	Raw Materials	110.3	104.9
加工	Processing	102.7	103.8
生活资料	Consumer Goods	100.9	104.1
食品	Food	106.2	109.7
衣着	Clothing	101.7	102.1
一般日用品	Articles for Daily Use	102.1	101.9
耐用消费品	Durable Consumer Goods	97.4	99.7
按工业部门分	Grouped by Sector		
冶金工业	Meatllurgical Industry	113.0	111.4
电力工业	Power Industry	101.4	100.4
煤炭及炼焦工业	Coal and Coke Industry	103.9	105.9
石油工业	Petroleum Industry	134.4	127.0
化学工业	Chemical Industry	111.5	103.0
机械工业	Machine Manufacturing Industry	98.3	100.1
建筑材料工业	Building Materials Industry	101.4	105.5
森林工业	Timber Industry	100.6	101.8
食品工业	Food Industry	106.7	111.2
纺织工业	Textile Industry	108.2	116.4
缝纫工业	Tailoring Industry	101.7	102.1
皮革工业	Leather Industry	100.0	100.3
造纸工业	Paper Industry	102.0	101.8
文教艺术用品工业	Cultural, Educational and Handicraft Articles	100.9	100.3
其它工业	Others	103.6	101.8

8－7 续表 continued

（上年=100） （preceding year=100）

类　　别	Item	2010	2011
按工业行业分	Grouped by Sector		
煤炭开采和洗选业	Mining and Washing of Coal	103.5	106.1
石油和天然气开采业	Extraction of Petroleum and Natural Gas	138.9	130.0
黑色金属矿采选业	Mining and Processing of Ferrous Metal Ores	140.9	119.7
有色金属矿采选业	Mining and Processing of Non-ferrous Metal Ores	104.9	106.9
非金属矿采选业	Mining and Processing of Nonmetal Ores	102.2	98.6
农副食品加工业	Processing of Food from Agriculture Products	108.4	114.1
食品制造业	Manufacture of Foods	101.1	103.9
饮料制造业	Manufacture of Bevrages	104.2	104.2
烟草制造业	Manufacture of Tobacco	99.2	100.1
纺织业	Manufacture of Textile	106.9	113.0
纺织服装、鞋、帽制造业	Manufacture of Textile Wearing Apparel, Footware and Caps	101.7	101.7
皮革、毛皮、羽毛（绒）及其制品业	Manufacture of Leather Furs,Feather and Ralated Products	100.3	100.2
木材加工及木、竹、藤、棕、草制品业	Processing of Timber,Manfacture of Wood,Bamboo,Rattan,Palm and Straw Products	100.5	101.9
家具制造业	Manufacture of Furniture	101.3	101.1
造纸及纸制品业	Manufacture of Paper and Paper Produts	102.0	101.8
印刷业和记录媒介的复制	Printing,Reproduction of Recording Media	100.6	99.9
文教体育用品制造业	Manufacture of Articles for Culture,Education and Sport Activities	100.0	101.7
石油加工、炼焦及核燃料加工业	Processing of Petroleum,Coking,Processing of Nuclear Fuel	114.5	118.3
化学原料及化学制品制造业	Manufacture of Raw Chemical Materials and Chemical Products	116.5	103.3
医药制造业	Manufacture of Medicines	100.1	100.8
化学纤维制造业	Manufacture of Chemical Fiber	125.3	105.9
橡胶制品业	Manufacture of Rubber	101.5	100.0
塑料制品业	Manufacture of Plastic	106.6	100.7
非金属矿物制品业	Manufacture of Non-metallic Mineral Products	101.8	105.8
黑色金属冶炼及压延加工业	Smelting and Pressing of Ferrous Metals	111.1	112.7
有色金属冶炼及压延加工业	Smelting and Pressing of Non-ferrous Metals	126.3	110.8
金属制品业	Manufacture of Metal Products	99.0	99.7
通用设备制造业	Manufacture of General Purpose Machinery	101.5	102.0
专用设备制造业	Manufacture of Special Purpose Machinery	101.1	100.6
交通运输设备制造业	Manufacture of Transport Equipment	98.0	100.2
电气机械及器材制造业	Manufacture of Electrical Machinery and Equipment	102.7	101.8
通信、计算机及其他电子设备制造业	Manufacture of Communitcation Equipment,Computers and Other Electronic Equipment	92.9	84.8
仪器仪表及文化、办公用机械制造业	Manufacture of Instrumentation and Culture and Office Machinery	98.8	100.2
工艺品及其他制造业	Manufacture of Artwork and Other Manufacturing	100.0	101.1
电力、热力的生产和供应业	Production and Supply of Electric Power and Heat Power	101.4	100.4
燃气生产和供应业	Production and Supply of Gas	102.2	103.3
水的生产和供应业	Production and Supply of Water	104.5	100.9

第九篇 CHAPTER 9

人民生活

PEOPLE'S LIVELIHOOD

9-1 人民生活基本情况（一）

Basic Statistics on People's Living Conditions (one)

单位：元　　　　unit: yuan

年 份 Year	城镇居民家庭平均每人全年 Unbarn Households Per Capita Annual				农村居民家庭平均每人全年 Rural Households Per Capita Annual				城镇居民家庭恩格尔系数(%) Engle's Coefficient of Urban Households (%)	农村居民家庭恩格尔系数(%) Engle's Coefficient of Rural Households (%)
	可支配收入 Disposable Income		生活性消费支出 Living Expenditure	#食品 Food	纯收入 Net Income		生活性消费支出 Living Expenditure	#食品 Food		
	绝对数 Absolute Figures	指数 Index (1978=100)			绝对数 Absolute Figures	指数 Index (1978=100)				
1978	290.20				181.65	100.0			59.3	
1979					222.50	122.5	193.83	130.90		67.5
1980	369.50				237.20	130.5	216.25	140.07	59.2	65.3
1981	401.00				293.34	161.5	246.08	152.40		61.9
1982	431.00				333.09	183.4	253.44	159.37		62.9
1983	451.31	155.5	392.40	224.71	462.50	254.6	274.98	174.23		63.4
1984	499.15	172.0	424.99	244.21	486.80	268.0	320.81	203.09		63.3
1985	607.50	209.3	554.15	303.19	413.74	227.7	364.47	199.48	54.7	56.5
1986	755.46	206.3	661.92	355.44	456.70	251.4	388.77	214.66		55.2
1987	851.64	293.5	715.20	390.00	523.09	288.0	441.60	239.54		54.2
1988	987.12	340.2	901.08	455.16	627.54	345.5	516.36	275.63		53.4
1989	1109.34	382.3	967.44	511.20	623.96	343.5	562.78	313.59		55.7
1990	1230.10	423.9	1053.96	552.60	717.30	394.8	585.71	332.27	52.4	56.7
1991	1395.36	480.8	1193.88	638.16	748.33	411.8	648.41	366.51	53.4	56.5
1992	1636.92	564.1	1374.72	690.72	807.41	444.4	643.13	381.53	50.2	59.3
1993	1953.12	673.0	1596.00	780.24	891.61	490.8	670.02	406.24	48.9	60.6
1994	2561.04	882.5	2096.40	1034.52	1271.63	699.8	853.73	532.47	49.3	62.4
1995	3174.84	1094.0	2598.00	1330.44	1609.61	885.8	1494.62	841.85	51.2	56.3
1996	3805.61	1311.4	3037.32	1438.92	2125.56	1169.8	1513.19	803.38	47.4	53.1
1997	4190.61	1444.0	3408.00	1600.68	2186.29	1203.2	1623.83	895.12	47.0	57.0
1998	4206.64	1449.6	3449.76	1585.44	2383.60	1311.8	1471.46	799.69	46.0	54.0
1999	4480.00	1543.8	3661.68	1561.92	2260.60	1244.1	1347.91	719.27	42.7	53.0
2000	4810.00	1657.7	4020.84	1582.68	2022.50	1113.1	1553.35	705.39	39.4	45.0
2001	5340.50	1840.3	4337.28	1650.96	2182.20	1201.0	1661.69	757.90	38.1	45.0
2002	6260.20	2157.2	4973.88	1809.48	2360.80	1299.3	1685.74	743.07	36.4	44.1
2003	7005.12	2413.9	5492.04	1957.92	2530.40	1392.6	1815.57	799.16	35.7	44.0
2004	7840.60	2701.8	6068.99	2180.09	3000.40	1652.1	1971.21	899.00	35.9	45.6
2005	8690.62	2995.1	6794.71	2356.00	3263.99	1796.9	2305.98	1003.22	34.7	43.5
2006	9775.07	3368.4	7352.64	2457.21	3641.13	2004.5	2700.66	1082.28	33.4	40.1
2007	11285.52	3888.9	8560.30	2842.68	4189.90	2306.0	3064.38	1240.50	33.2	40.0
2008	12829.45	4420.9	9729.05	3307.14	4932.74	2715.5	3443.24	1362.44	34.0	39.6
2009	14006.27	4826.4	10914.44	3637.32	5265.91	2898.9	3902.90	1371.12	33.3	35.1
2010	15411.47	5310.6	11679.04	3767.85	6237.44	3433.8	4147.36	1523.32	32.3	36.7
2011	17796.57	6132.5	13010.63	4252.85	7509.95	4134.3	5305.80	1872.10	32.7	35.3

9－2 人民生活基本情况（二）

Basic Statistics on People's Living Conditions（two）

年 份 Year	人均居住面积（平方米） Per Capita Living Space (sq.m)		职工平均工资 Average Wages of Staff and Workers		城乡居民储蓄存款余额(亿元) Savings Deposit in Urban and Rural Areas (year–end) (100 million yuan)	人均储蓄余额(元) Per Capita Savings Deposit(yuan)
	城市 Urban	农村 Rural	绝对数(元) Value (yuan)	指数 Index(1978=100)		
1978	3.10	7.80	651	100.0	5.86	27
1979	3.30	9.17	700	107.5	7.62	35
1980	3.50	9.00	763	117.2	10.64	48
1981	3.70	9.89	770	118.3	14.56	65
1982	3.90	10.05	799	122.7	18.91	84
1983	4.10	9.93	823	126.4	25.28	111
1984	4.30	12.42	927	142.4	34.23	150
1985	4.60	11.42	1081	166.1	43.96	191
1986	4.90	11.99	1221	187.6	58.36	252
1987	5.20	12.87	1366	209.8	83.20	356
1988	5.30	13.04	1630	250.4	109.49	464
1989	5.50	13.12	1755	269.6	141.26	590
1990	5.60	13.42	1888	290.0	196.59	806
1991	5.70	13.87	2045	314.1	253.28	1030
1992	5.95	14.19	2308	354.5	315.42	1275
1993	6.20	15.96	2701	414.9	389.44	1560
1994	6.50	16.06	3666	563.1	535.55	2129
1995	6.90	16.07	4430	680.5	726.28	2847
1996	7.21	16.51	5370	824.9	955.48	3705
1997	7.70	18.64	5664	870.0	1071.33	4077
1998	8.10	17.52	6551	1006.3	1211.83	4584
1999	8.71	18.47	7158	1099.5	1328.90	5000
2000	9.14	17.72	7924	1217.2	1515.80	5652
2001	13.41	17.10	8771	1347.3	1797.00	6652
2002	15.88	17.57	9990	1534.6	2019.40	7481
2003	16.27	19.75	11081	1702.2	2161.40	8007
2004	18.55	19.78	12431	1909.5	2405.60	8882
2005	19.47	20.10	14409	2213.4	2798.06	10302
2006	19.88	20.68	16583	2547.3	3107.50	11427
2007	21.13	21.21	20513	3151.0	3186.80	11689
2008	27.22	21.94	23486	3607.7	3923.10	14359
2009	28.06	22.79	26230	4029.2	4614.40	16860
2010	29.03	22.88	29399	4516.0	5147.26	18767
2011	29.31	24.40	34197	5253.0	5835.32	21234

注：2008年以后城市人均居住面积为总建筑面积。

Note:In 2008 the city average of living space per person is the total construction space.

9－3 居民消费水平及增长速度
Indices of Residents Consumption Level

年 份 Year	居民消费水平（元） Level of Households Consumption (yuan)	农村居民 Rural Households	城镇居民 Urban Households	居民消费增长速度（上年=100） Indices of Consumption (preceding Year=100)	农村居民 Rural Households	城镇居民 Urban Households
1978	246	165	427	6.3	8.5	4.0
1979	283	203	449	7.7	11.8	1.4
1980	305	214	491	7.5	5.3	9.0
1981	335	245	513	6.3	7.2	3.9
1982	369	267	564	8.9	10.1	6.5
1983	424	331	599	9.3	19.5	-0.7
1984	487	376	691	12.3	13.1	10.7
1985	522	384	765	2.3	-2.3	5.8
1986	593	420	884	4.9	1.4	7.0
1987	689	476	1038	8.3	9.1	6.7
1988	860	573	1316	3.7	1.6	4.8
1989	933	628	1405	-7.2	-9.0	-6.4
1990	955	649	1427	-1.0	-3.1	0.4
1991	1037	678	1585	2.8	-1.5	5.5
1992	1233	749	1958	6.0	3.0	7.4
1993	1458	850	2341	5.8	3.8	5.8
1994	1872	1062	2995	11.7	8.2	11.7
1995	2292	1291	3665	8.0	6.9	8.0
1996	2643	1488	4180	8.1	9.0	6.4
1997	2940	1609	4665	9.0	4.5	10.1
1998	2949	1582	4707	4.8	0.6	6.3
1999	2974	1519	4853	6.2	-1.2	9.5
2000	3178	1707	5034	5.6	-0.8	7.0
2001	3409	1810	5422	7.7	6.6	8.1
2002	3627	1820	5835	7.0	3.9	7.1
2003	4123	1949	6198	16.2	7.0	9.4
2004	4601	2139	6869	9.6	7.9	9.0
2005	5191	2504	7630	10.0	13.3	8.5
2006	5710	2969	8166	8.5	16.2	5.8
2007	6675	3369	9598	10.9	7.0	11.7
2008	7591	3854	10878	13.7	14.4	13.3
2009	8410	4239	12061	10.8	10.0	10.9
2010	9141	4663	13032	7.7	6.0	8.1
2011	10811	6239	14804	17.0	28.9	13.1

9－4 城镇居民家庭基本情况（2011）

指　　标	Item	单位 Unit	总平均 Total Average
一、城镇居民家庭调查户数	**Urban Households Surveyed**	**户 Household**	**1450.00**
各组户数占总户数比重	Proportion	%	100.0
平均每户家庭人口数	Average Household Size	人 Person	2.70
平均每户就业人口数	Average Number of Employed Persons per Household	人 Person	1.44
平均每户就业面	Proportion of Employment per Household	%	53.3
平均每一就业者负担人数（包括本人）	Number of Dependents per Employee (including the employee himself or Herself)	人 Person	1.88
平均每人可支配收入	Per Capita Disposable Income	元 Yuan	17796.57
平均每人总支出	Total Expenditure per Capita	元 Yuan	16957.82
# 消费支出	#Consumption Expenditure	元 Yuan	13010.63
二、城市居民家庭调查户数	**Urban Households Surveyed**	**户 Household**	**1200.00**
各组户数占总户数比重	Proportion	%	100.0
平均每户家庭人口数	Average Household Size	人 Person	2.74
平均每户就业人口数	Average Number of Employed Persons per Household	人 Person	1.41
平均每户就业面	Proportion of Employment per Household	%	51.5
平均每一就业者负担人数（包括本人）	Number of Dependents per Employee (including the employee himself or Herself)	人 Person	1.94
平均每人可支配收入	Per Capita Annual Income	元 Yuan	19615.17
平均每人总支出	Total Expenditure per Capita	元 Yuan	18598.69
#消费支出	#Consumption Expenditure	元 Yuan	14489.75

Basic Condition of Urban Households (2011)

最低收入户 Lowest Income Households	低收入户 Low Income Households	中等偏下户 Lower Middle Income Households	中等收入户 Middle Income Households	中等偏上户 Upper Middle Income Households	高收入户 High Income Households	最高收入户 Highest Income Households
140.58	**147.58**	**296.33**	**290.83**	**286.33**	**145.33**	**143**
9.7	10.2	20.4	20.1	19.7	10.0	9.9
2.75	2.97	2.88	2.75	2.60	2.46	2.22
1.07	1.57	1.53	1.45	1.45	1.40	1.60
38.9	52.9	53.1	52.7	55.8	56.9	72.1
2.57	1.89	1.88	1.90	1.79	1.76	1.39
5736.35	9119.94	12400.88	16589.66	22128.37	29693.49	48681.45
6738.32	9109.70	12797.53	16163.50	21487.11	25356.24	41693.65
5680.64	7449.87	10300.24	12471.05	16100.34	18843.53	30362.62
114.92	**123.25**	**245.75**	**241.08**	**235.42**	**120.33**	**119.25**
9.6	10.3	20.5	20.1	19.6	10.0	9.9
2.98	3.05	2.80	2.86	2.67	2.56	2.21
1.09	1.54	1.36	1.44	1.42	1.44	1.56
36.6	50.5	48.6	50.3	53.2	56.3	70.6
2.73	1.98	2.06	1.99	1.88	1.78	1.42
6190.86	9607.86	12795.67	17135.62	22870.5	30643.91	51664.46
7288.98	9277.26	13190.00	16651.40	23251.33	25064.07	44420.47
6118.06	7702.38	10804.04	13587.19	17390.91	19287.80	32488.00

9－5 城镇居民家庭平均每人消费支出（2011）

单位：元

项　　目	Item	总平均 Average	最低收入户 Lowest Income Households
消费性支出	**Total Consumption Expenditure**	**13010.63**	**5680.64**
一、食品类	**Food**	**4252.85**	**2380.82**
粮油类	Grain and Oil	683.32	654.67
肉禽蛋水产品类	Meat,Poultry,Eggs and Aquatic Products	1009.38	582.65
蔬菜类	Vegetables	452.21	335.66
调味品	Condiments	68.53	44.53
糖烟酒饮料类	Sugar,Tobacco,Liquor and Beverage	378.59	164.00
干鲜瓜果类	Dried and Fresh Melons an Fruits	460.69	195.84
糕点、奶及奶制品	Cake,Milk and Its Products	210.51	118.65
其他食品	Other Food	110.96	51.91
饮食服务	Food Services	878.67	232.91
二、衣着类	**Clothing**	**1769.47**	**526.56**
服装	Garments	1272.43	363.14
衣着材料	Clothing Materials	7.30	4.07
鞋类	Shoes	414.74	128.78
其他衣着用品	Other Clothing Items	62.54	25.49
衣着加工服务费	Tailoring and Laundering Service Fees	12.46	5.07
三、家庭设备用品及服务	**Household Facilities Articles and Services**	**839.31**	**274.88**
耐用消费品	Durable Consumer Goods	315.00	51.24
室内装饰品	Interior Decorations	17.10	1.05
床上用品	Bed Articles	70.16	23.64
家庭日用杂品	Daily Use Household Articles	377.46	191.68
家具材料	Furniture Materials	5.08	1.10
家庭服务	Household Services	54.51	6.17
四、医疗保健	**Health care and Medical Services**	**1108.51**	**721.68**
医疗器具	Medical Instrument	8.75	1.14
保健器具	Health Care Instrument	9.76	1.63
药品费	Medicine Fees	484.20	299.90
滋补保健品	Nourishing and Health Care Food	121.01	15.05
医疗费	Medical Fees	475.92	403.06
其他	Others	8.88	0.90
五、交通和通信	**Transportation and Communication Services**	**1541.37**	**373.79**
交通	Transportation	888.51	130.00
通信	Communication Services	652.86	243.79
六、教育文化娱乐服务	**Education,Cultural and Recreation Services**	**1468.34**	**548.29**
文化娱乐用品	Recreation Articles	358.23	81.18
文化娱乐服务	Recreation Services	370.97	79.52
教育	Education	739.14	387.60
七、居住	**Residence**	**1468.29**	**736.33**
住房	Housing	327.79	66.94
水、电、燃料、其他	Water,Electricity,Fuels and Others	1049.90	632.02
居住服务费	Residence Service Fees	90.60	37.37
八、杂项商品和服务	**Miscellaneous Commodities and Services**	**562.48**	**118.29**
杂项商品	Miscellaneous Commodities	316.17	56.79
服务	Services	246.32	61.50

Per Capita Annual Consumption Expenditure of Urban Households (2011)

unit: yuan

低收入户 Low Income Households	中等偏下户 Lower Middle Income Households	中等收入户 Middle Income Households	中等偏上户 Upper Middle Income Households	高收入户 High Income Households	最高收入户 Highest Income Households
7449.87	**10300.24**	**12471.05**	**16100.34**	**18843.53**	**30362.62**
2960.99	**3669.74**	**4405.53**	**5032.17**	**5674.43**	**7340.30**
630.65	639.95	707.53	716.54	700.71	777.22
775.84	933.28	1099.98	1202.45	1246.27	1321.03
363.13	408.86	472.56	517.55	565.97	569.20
47.83	56.87	71.88	83.59	90.47	105.35
276.73	316.78	382.83	474.13	480.27	734.98
303.67	377.94	505.25	553.58	648.74	849.01
132.29	186.25	223.96	229.55	310.37	372.74
84.78	93.97	111.18	150.66	144.07	163.77
346.08	655.84	830.36	1104.11	1487.56	2447.01
939.98	**1337.85**	**1620.10**	**2225.35**	**2566.27**	**5035.65**
636.16	912.96	1135.76	1620.77	1919.93	3812.39
4.60	6.58	8.24	6.45	9.76	16.70
244.36	360.74	405.48	509.64	536.22	1016.13
45.68	50.25	57.96	76.69	82.98	147.15
9.17	7.32	12.66	11.79	17.37	43.28
409.59	**510.49**	**734.47**	**1107.91**	**1445.21**	**2466.83**
134.72	177.68	277.96	475.56	457.30	1030.00
3.41	12.81	15.45	18.09	29.85	70.38
32.79	42.87	54.94	98.56	121.56	208.57
230.22	262.04	359.81	455.64	582.95	916.53
0.15	3.77	2.07	2.63	7.47	38.41
8.30	11.32	24.23	57.42	246.07	202.93
505.72	**934.86**	**1017.81**	**1377.72**	**1578.20**	**2351.47**
2.39	1.44	9.26	7.18	29.85	33.39
3.32	6.40	6.91	17.03	19.63	22.13
265.71	438.93	441.40	601.54	703.92	870.05
29.72	73.75	92.15	161.89	276.45	401.25
204.32	405.41	453.70	577.48	538.51	1014.66
0.27	8.92	14.38	12.61	9.85	9.99
702.62	**1143.65**	**1284.40**	**1992.09**	**2533.91**	**4670.66**
238.00	616.16	684.43	1239.24	1579.95	3041.93
464.62	527.49	599.97	752.84	953.96	1628.72
729.19	**1166.60**	**1519.35**	**1987.37**	**2190.59**	**2874.47**
165.14	228.48	317.51	474.47	673.85	1013.09
151.12	202.10	322.51	542.22	619.54	1176.63
412.94	736.01	879.34	970.69	897.20	684.75
988.08	**1175.27**	**1359.67**	**1739.50**	**1915.98**	**3583.34**
188.85	198.60	255.79	367.70	297.14	1608.24
757.74	915.27	1022.32	1254.89	1446.20	1758.60
41.50	61.40	81.56	116.91	172.64	216.51
213.70	**361.79**	**529.72**	**638.24**	**938.94**	**2039.90**
93.28	204.49	250.12	370.13	607.18	1219.69
120.41	157.29	279.60	268.11	331.75	820.21

9－6 城镇居民家庭平均每百户年末耐用消费品拥有量（2011）

项　　目	Item	单位 Unit	总平均 Total
摩托车	Motorcycle	辆 unit	11.56
助力车	Hand Car	辆 unit	4.69
家用汽车	Automobile	辆 unit	11.24
洗衣机	Washing Machine	台 set	94.75
电冰箱	Refrigerator	台 set	91.38
彩色电视机	Color TV Set	台 set	114.76
家用电脑	Computer	台 set	68.04
组合音响	Hi－fi Stereo Component System	套 set	14.59
摄像机	Video Camera	架 set	9.21
照相机	Camera	架 set	34.22
钢琴	Piano	架 set	2.08
其他中高档乐器	Other Medium and High Grade Musical Instrument	件 unit	5.10
微波炉	Microwave Oven	台 unit	48.80
空调器	Air Conditioner	台 unit	12.93
淋浴热水器	Water Heater for Shower	台 unit	58.46
消毒碗柜	Disinfection Cupboard	台 unit	8.58
洗碗机	Dishwasher	台 unit	0.86
健身器材	Health Equipment	套 set	2.44
普通电话	Telephone	部 unit	57.64
移动电话	Mobile Telepbone	部 unit	211.26

Ownership of Major Durable Consumer Goods Per 100 Urban Households at Year – end (2011)

最低收入户 Lowest Income Households	低收入户 Low Income Households	中等偏下户 Lower Middle Income Households	中等收入户 Middle Income Households	中等偏上户 Upper Middle Income Households	高收入户 High Income Households	最高收入户 Highest Income Households
13.31	11.01	11.50	14.21	8.30	9.64	13.56
1.39	6.85	4.99	2.96	6.67	5.76	4.19
	2.47	5.95	9.58	15.71	17.06	38.12
80.60	84.28	94.45	97.93	100.45	98.35	103.9
69.26	82.32	89.00	95.84	97.31	102.00	103.62
105.07	104.38	106.22	115.43	120.85	122.96	136.98
29.19	44.44	64.37	71.22	81.90	86.92	101.00
6.70	9.11	10.64	16.71	19.09	13.07	28.13
1.87	1.24	5.53	11.07	10.71	12.16	27.50
9.94	15.82	21.43	35.5	46.64	47.99	75.00
	0.37	1.91	1.12	1.94	2.87	9.46
0.33	1.93	4.01	5.14	7.04	7.91	10.77
11.04	26.47	47.31	51.52	61.02	64.73	81.76
0.82	3.19	8.82	13.53	17.76	16.86	35.27
24.00	36.33	53.72	63.58	72.14	72.81	86.53
2.91	4.30	8.57	6.33	10.02	8.77	24.08
		0.57	1.51		1.05	4.18
		0.53	2.68	3.14	1.77	12.10
44.23	41.38	52.32	62.53	64.29	67.77	71.33
164.22	222.05	217.11	205.15	224.99	221.26	221.9

9-7 城镇居民家庭基本情况
Basic Condition of Urban Households

指　　标	Item	单位 Unit	2010 城镇居民 Urban House-Holds	2010 #城市 City	2011 城镇居民 Urban House-Holds	2011 #城市 City
调查户数	Number of Households Surveyed	户 household	1450	1200	1450	1200
平均每户家庭人口数	Average Households Size	人 person	2.82	2.82	2.70	2.74
平均每户就业人口数	Average Number of Employed Persons per Household	人 person	1.42	1.43	1.44	1.41
平均每户就业面	Proportion of Employment per Household	%	50.4	50.7	53.3	51.5
平均每一就业者负担人数（含就业者本人）	Number of Dependents Employee (including the employee himself or Herself)	人 person	1.99	1.97	1.88	1.94
平均每人可支配收入	Disposable Income per Capita	元 yuan	15411.47	17254.05	17796.57	19615.17
按每人每月可支配收入分组的户数构成	Proportion of Households by Disposable Income per Capita	%	100.0	100.0	100.0	100.0
无收入	Non-Income	%	0.2	0.3	0.2	0.1
200元以下	Under 200yuan	%	0.6	0.4	0.3	0.3
200-400(元)	200-400yuan	%	2.9	2.0	2.9	2.3
400-600(元)	400-600yuan	%	6.8	5.8	6.4	5.8
600-800(元)	600-800yuan	%	10.5	9.7	9.4	8.3
800-1000(元)	800-1000yuan	%	13.5	13.1	10.9	11.0
1000-1500(元)	1000-1500yuan	%	29.3	30.0	27.3	27.7
1500-2000(元)	1500-2000yuan	%	17.5	19.0	17.9	18.5
2000-2500(元)	2000-2500yuan	%	9.5	9.9	9.9	10.1
2500-3000(元)	2500-3000yuan	%	4.5	4.8	5.8	6.0
3000-4000(元)	3000-4000yuan	%	2.8	3.1	4.8	5.2
4000-5000(元)	4000-5000yuan	%	0.9	0.9	2.0	2.2
5000元以上	Over 5000	%	0.9	1.0	2.1	2.5
平均每人消费支出	Per Captia Annual Consumption Expenditure	元 yuan	11679.04	13268.8	13010.63	14489.75

9－8 城镇居民家庭人均现金收支
Per Capita Cash Income and Expenditures of Urban Households

单位：元　　unit: yuan

指　　标	Item	2010	2011
城镇居民家庭	**Urban Households**		
年初手存现金	Total of Cash at Beginning of the Year	790.90	530.93
一、家庭总收入	Total Income of Households	16794.45	19211.71
其中：可支配收入	Disposable Income	15411.47	17796.57
工薪收入	Income of Wages and Salaries	10621.43	12217.09
经营净收入	Net Business Income	1363.73	1860.32
财产性收入	Income from Properties	163.83	235.31
转移性收入	Income from Transfers	4645.45	4898.99
二、出售财物收入	Income from Selling Property	203.75	133.29
三、借贷收入	Lending Income	4627.82	4121.29
四、家庭总支出	Total Expenditure of Households	15834.11	16957.82
消费支出	Consumption Expenditure	11679.19	13010.63
购房与建房支出	Expenditure of Housing	1056.97	345.79
转移性支出	Expenses on Transfer	1903.47	2384.92
财产性支出	Expenses on Properties	23.29	22.58
社会保障支出	Experditure of Social Security	1171.19	1193.91
五、借贷支出	Credit Expenditure	5391.28	5341.30
年末手存现金	Total Cash at end of the Year	1238.43	1661.41
城市居民家庭	**Households of Urban**		
年初手存现金	Total of Cash Beginning of the at Year	705.36	428.69
一、家庭总收入	Total Income of Households	18904.30	21240.05
其中：可支配收入	Disposable Income	17254.05	19615.17
工薪收入	Income of Wages and Salaries	11783.65	13284.03
经营净收入	Net Business Income	1573.75	1843.19
财产性收入	Income from Properties	184.49	268.37
转移性收入	Income from Transters	5362.40	5844.45
二、出售财物收入	Income from Selling Property	206.44	204.27
三、借贷收入	Lending Income	5693.82	4598.68
四、家庭总支出	Total Expenditures of Households	17738.14	18598.69
消费支出	Consumption Expenditure	13269.04	14489.75
购房与建房支出	Expenditure of Housing	1079.97	294.09
转移性支出	Expenses on Transfer	1957.31	2413
财产性支出	Expenses on Properties	29.32	29.32
社会保障支出	Experditure of Social security	1402.50	1372.52
五、借贷支出	Credit Expenditure	6457.83	5973.56
年末手存现金	Total Cash at end of the Year	1359.87	1838.31

9－9 城镇居民家庭平均每人购买的主要商品数量

Per Capita Purchases of Major Commodities of Urban Households

单位：千克　　unit: kg

指　　标	Item	2010 城镇居民 Urban Households	2010 #城市 City	2011 城镇居民 Urban Households	2011 #城市 City
粮　食	Crain	85.00	86.73	82.69	79.20
油脂类	Oil and Fat	9.57	9.90	9.88	9.74
猪　肉	Pork	14.95	14.92	14.06	13.63
牛　肉	Beef	3.75	4.75	3.77	4.39
羊　肉	Mutton	1.33	1.79	0.92	1.11
家禽(禽类)	Poultry	5.31	5.72	5.18	5.14
蛋　类	Fresh Eggs	11.59	11.58	9.98	10.14
鱼　虾	Fish and Shrimp	8.72	9.16	7.66	7.94
鲜　菜	Fresh Vegetables	126.54	127.91	121.48	119.59
白　酒	Liquor	3.76	2.59	2.50	2.18
啤　酒	Beer	7.47	7.19	7.14	7.19
饮　料	Beverage	10.70	13.85	9.54	10.29
鲜　果	Fresh Fruits	42.93	48.32	41.62	42.37
鲜　瓜	Fresh Melons	15.05	15.51	15.01	15.64
糕　点	Cake	3.89	4.08	4.24	4.37
奶　粉	Milk Powder	0.35	0.43	0.34	0.40
鲜乳品	Fresh Dairy Products	9.77	11.78	9.84	10.31

9－10 城镇居民家庭居住情况
Basic Condition of Urban Households

项　　目	Item	2010	2011
居住面积(平方米)	**Per Capita Net Living Space(sq.m)**		
人均现住房建筑面积	Building Space Presently per Capita	28.41	28.88
人均现住房使用面积	Usable Space Presently per Capita	21.31	21.71
居住条件	**Living Condition**		
按房屋产权分(%)	**Grouped By Property of Dwelling(%)**	**100.00**	**100.00**
租赁公房	Rent Public Housing	4.00	2.44
租赁私房	Rent Private Housing	3.40	4.75
自有私房	Self－owned Private Housing	91.71	88.14
其他	Others	0.89	4.67
按自来水使用情况分(%)	**Grouped By Using of Tap Water(%)**	**100.00**	**100.00**
无自来水	No Tap Water	0.49	0.67
独用自来水	Private Tap Water	99.49	99.26
公用自来水	Public Shared Tap Water	0.03	0.07
按卫生设备拥有情况分(%)	**Grouped by Possession of Sanitary Equipment(%)**	**100.00**	**100.00**
无卫生设备	No Sanitary Equipment	6.51	7.38
有浴室厕所	With Shower Room and Toilet	50.14	58.24
有厕所无浴室	With Toilet No Shower Room	40.95	31.25
公用卫生设备	Public Sanitary Equipment	2.41	3.13
按取暖设备拥有情况分(%)	**Grouped by Possession of Heating Installation(%)**	**100.00**	**100.00**
无取暖设备	No Heating Installation		
空调设备	Air Conditioner		0.05
暖气	Heating	94.25	92.66
其他	Others	5.75	7.29
按燃料使用情况分(%)	**Grouped by Using of Fuel(%)**	**100.00**	**100.00**
管道煤气	Pipeline Gas	16.73	13.13
液化石油气	Liquefied Petroleum Gas	45.89	36.04
煤	Coal	6.20	3.01
其他	Others	31.18	47.82
按住宅建筑式样分(%)	**Grouped by Types of House Constructions(%)**	**100.00**	**100.00**
家庭单栋配套住宅	Independent House	0.03	0.30
一居室	One-bedroom	5.26	7.55
二居室	Two-bedrooms	64.54	63.74
三居室	Three-bedrooms	16.57	14.27
四居室及以上	Four and More thean Four Rooms	1.61	2.17
普通楼房	Ordinary Multi Storey Building	1.03	1.31
普通平房	Ordinary Single Storey Building	10.96	10.67

9－11 各地区城镇居民人均可支配收入

Disposable Income of Urban Residents by Region

单位：元　　unit：yuan

地　区	Region	2005	2006	2007	2008	2009	2010	2011
全　省	**Total**	**8690.62**	**9775.07**	**11285.52**	**12829.45**	**14006.27**	**15411.47**	**17796.57**
长　春	Changchun	10063.53	11358.64	12810.91	15002.51	16072.14	17921.86	2048.30
吉　林	Jilin	9230.40	10155.14	12500.79	14000.03	15540.60	16935.74	19559.62
四　平	Siping	8641.30	9899.97	12329.14	13604.31	15100.44	16458.96	18482.92
辽　源	Liaoyuan	8663.38	9974.33	11692.72	13645.45	15247.80	16665.02	18757.39
通　化	Tonghua	8807.48	10154.37	12287.93	13944.70	15252.82	16703.81	18903.81
白　山	Baishan	8672.10	9774.03	11540.13	13522.99	15035.27	16356.04	18482.87
松　原	Songyuan	8925.00	10071.28	12460.63	13954.05	15276.79	16800.00	19226.97
白　城	Baicheng	8447.09	9603.32	11534.92	13519.84	15005.75	15904.24	17813.61
延　边	Yanbian	10000.86	11128.47	13155.24	14965.12	16148.12	17456.26	19557.71

9－12 各地区城镇居民人均消费支出

Per capita Consumption Expenditure of Urban Residents by Region

单位：元　　unit：yuan

地　区	Region	2005	2006	2007	2008	2009	2010	2011
全　省	**Total**	**6794.71**	**7352.64**	**8560.30**	**9729.05**	**10914.44**	**11679.04**	**13010.63**
长　春	Changchun	8321.17	8880.91	10216.65	12719.70	13409.28	14400.40	16328.45
吉　林	Jilin	7741.07	8345.67	10048.10	10449.34	12266.07	13223.21	13506.18
四　平	Siping	6545.41	7245.99	9708.68	9797.66	10593.81	10830.85	11290.75
辽　源	Liaoyuan	6756.94	6680.17	7831.98	8527.86	10943.17	11608.13	12854.95
通　化	Tonghua	5725.67	6395.96	8052.02	9497.43	10868.32	10940.48	12460.14
白　山	Baishan	5550.13	6198.33	7689.29	9446.03	11322.78	10722.41	11739.30
松　原	Songyuan	6516.63	7718.75	8984.82	10123.43	11983.35	12500.98	14481.49
白　城	Baicheng	5889.52	6315.29	8639.86	9265.95	11763.37	10509.21	12389.88
延　边	Yanbian	7792.25	8840.66	10083.23	11561.65	13616.09	14663.41	15527.95

9－13 农民家庭基本情况
Basic Condition on Rural Households

指　　标	Item	单位 Uuit	2010	2011
调查户数	Number of Houeholds Survey	户 household	1600	1600
调查户人口	Household Survey of Population	人 person	3.46	3.44
常住人口	Permanent Population in the Household Surveyed	人 person	5534	5508
平均每户常住人口	Average Permanent Resident Population per Household	人 person	3.46	3.44
平均每户整、半劳动力	Average Full/Semi Labour Force per Households	人 person	2.62	2.63
平均每个劳动力负担人口	Average Number of Dependents per Laborer Force	人 person	1.32	1.31
平均每人全年收入	**Per Capita Annual Income**			
总收入（人均）	Total Revenue(Per capita)	元 yuan	10085.49	13283.50
纯收入（人均）	Net Income(Per capita)	元 yuan	6237.44	7509.95
现金收入（人均）	Cash Income(Per capita)	元 yuan	8385.99	10832.70
人均住房面积	Per Capita Floor Space of Houses	平方米 sq.m	22.88	24.44
年末住房价值（人均）	Value of Building at the Year – end(Per capita)	元 yuan	9179.56	14299.70
新建（购）住房面积（人均）	Floor Space of Newly Built(Per capita)	平方米 sq.m	0.64	0.81

9-14 农民家庭平均每人纯收入
Per Capita Net Income of Rural Households

单位：元 unit: yuan

指 标	Item	2010	2011
平均每人纯收入	**Net Income Per Capita**	**6237.44**	**7509.95**
一、工资性收入	**Wages Income**	**1072.14**	**1469.19**
（一）在非企业组织中劳动得到收入	Income From Non - enterprises	184.86	134.26
（二）在本乡地域内劳动得到收入	Income From Local Enterprises	445.96	676.31
（三）外出从业得到收入	Income From Outwork	441.33	658.62
二、家庭经营纯收入	**Net Income of Household Business**	**4085.92**	**4950.40**
（一）第一产业纯收入	Net Income of the Primary Industry	3864.43	4685.00
1. 农业收入	Agriculture	3274.24	3946.16
2. 林业收入	Forestry	34.25	30.12
3. 牧业收入	Animal Husbandry	546.65	706.16
4. 渔业收入	Fishery	9.29	2.61
（二）非农产业纯收入	Non - agriculture	221.49	265.45
1. 第二产业纯收入	Net Income of the Secondary Industry	48.94	48.32
（1）工业收入	Industry	13.00	29.30
（2）建筑业收入	Construction	35.94	19.02
2. 第三产业纯收入	Net Income of the Tertiary Idustry	172.56	217.13
（1）交通、运输、邮电业收入	Transportation, Telecommuncations and Post	78.49	79.67
（2）批零贸易业、饮食业收入	Wholesale, Retail Trade and Catering Services	68.89	104.27
（3）社会服务业收入	Social Services	1.41	8.66
（4）文教卫生业收入	Education, Culture and Health Care	3.27	6.26
（5）其他行业收入	Others	20.50	18.26
三、财产性纯收入	**Property Income**	**377.45**	**395.73**
（一）利息	Interest	3.57	5.02

9－14 续表 continued

单位：元　　　　unit: yuan

指　　标	Item	2010	2011
（二）集体分配股息和红利	Collective Distributive of Dividend and Bonus	0.02	0.10
（三）其他股息和红利	Other Dividend and Bonus		
（四）租金(包括农业机械)	Rent(Including Agricultural Machinery)	5.99	7.69
（五）出让无形资产净收入	Income from Selling Intangible Assets		
（六）储蓄性保险投资收入	Insurance from Savings	0.97	0.24
（七）转让承包土地经营权收入	Transfering Land Management Right	35.33	84.99
（八）其他	Others	331.57	297.69
四、转移性纯收入	**Transfer Income**	**701.93**	**694.63**
（一）家庭住户成员寄回和带回	Family members send from Outside	22.40	2.02
（二）城市亲友赠送	Gift from Urban Relatives	7.17	10.54
（三）离退休金、养老金	Pensions and Annuities	51.81	62.14
（四）城市亲友支付赡养费	Estovers from Urban Relatives	1.63	4.29
（五）农村亲友支付赡养费	Estovers from Rural Relatives	5.86	10.78
（六）救济金、抚恤金、救灾款	Relief Payments、Pension、Disaster-relief Furds	13.82	5.03
（七）退税	Tax Draw Back	2.15	0.29
（八）退耕还林还草补贴	Subsidies for Returning Farmland to Forest and Grassland	22.20	8.85
（九）无偿扶贫或扶持款	Free for Poverty Alleviation	2.95	3.03
（十）得到赔款	Reparation	9.58	13.04
（十一）各项补贴收入	Subsides	510.64	530.32
（十二）其他	Others	51.72	44.32

9－15　农村家庭平均每人消费总支出

Per Capita Consumption Expenditure of Rural Households

单位：元　　　　unit: yuan

类　　别	Item	2010	2011
总支出	**Total Consumption Expenditure**	**9182.40**	**12715.10**
一、家庭经营费用支出	**Household Business Expenditure**	**3399.16**	**5170.70**
（一）第一产业生产费用支出	Primary Industry	3315.43	5010.40
1. 农业生产费用支出	Agriculture	2478.74	3641.90
2. 林业生产费用支出	Forestry	2.83	23.40
3. 牧业生产费用支出	Animing Husbandry	832.78	1343.60
4. 渔业生产费用支出	Fishery	1.08	1.60
（二）第二产业生产费用支出	Secondary Industry	24.15	24.50
1.工业生产费用支出	Industry	21.84	14.70
2.建筑业生产费用支出	Construction	2.31	9.90
（三）第三产业生产费用支出	Tertiary Industry	59.58	135.70
1. 交通运输邮电业生产费用支出	Transport，Post and Telecommuncation	44.85	92.70
2. 批零贸易餐饮业生产费用支出	Wholesale、Retail Trade and Catering Services	7.04	22.80
3. 社会服务业生产费用支出	Social Services	5.82	10.10
4. 文教卫生业生产费用支出	Culure，Education and Health Care	0.76	2.60
5. 其他行业生产费用支出	Others	1.10	7.50
二、购置生产性固定资产支出	**Purchasing Productive Fixed Assets**	**458.89**	**889.70**
三、建造生产性固定资产雇工支出	**Building Productive Fixed Assets、Employment Fees**	**1.02**	**7.40**
四、税费支出	**Tax**	**5.92**	**10.80**
（一）第一产业税	Primary Industry Tax		0.10
（二）第二产业税	Sceondary Industry Tax		
（三）第三产业税	Tertiary Industry Tax		4.70
（四）其他各种收费	Others	5.92	6.00
五、生活消费支出	**Living Consumption Expenditure**	**4147.36**	**5305.80**
（一）食品消费支出	Food	1523.32	1872.10
（二）衣着消费支出	Clothing	309.75	397.50
（三）居住消费支出	Residence	752.79	951.90
（四）家庭设备、用品及服务消费支出	Household Facilites, Articles and Services Expenditure	171.92	232.30
（五）交通和通讯消费支出	Transportation and Communcation	368.64	564.30
（六）文化教育、娱乐消费支出	Cultural, Education and Recreation	454.05	456.80
（七）医疗保健消费支出	Health Care and Medical Services	462.42	673.60
（八）其他商品和服务消费支出	Others	104.47	157.40
六、财产性支出	**Expenses on Properties**	**251.77**	**11.20**
七、转移性支出	**Expenses on Transfer**	**918.26**	**1319.60**

9-16 农民家庭平均每人生活消费支出
Per Capita Living Expenditure of Rural Households

单位：元　　　　unit: yuan

类　别	Item	2010	2011
生活消费支出合计	**Total Living Consumption Expenditure**	**4147.36**	**5305.75**
其中：服务性支出	Service Expenditure	1130.22	1457.70
一、食品消费支出	**Food Expenditure**	**1523.32**	1872.09
(一)食品消费支出	**Food**	**1384.93**	**1643.22**
1. 谷物	Grain	347.88	392.16
2. 薯类	Tubers	8.54	6.65
3. 豆类	Bean	16.79	11.69
4. 食用油	Oil	64.99	83.42
5. 蔬菜及制品	Vegetables and Its Produts	167.82	162.22
6. 肉、禽、蛋、奶及制品	Meal, Poultry, Eggs and its Products	330.70	417.99
7. 水产品及制品	Aquatic Product	41.19	46.70
8. 烟、酒	Tobacco, Liquor	159.78	201.70
9. 茶叶、饮料	Tea, Beverage	20.75	29.51
10. 其它类食品	Others	226.49	291.17
(二)食品消费服务性支出	**Food Service Expenditure**	**138.39**	**228.88**
1. 在外饮食	Dining Out	131.97	223.91
2. 食品加工费	Food Processing	3.67	4.45
3. 其他服务性支出	Other Services	2.74	0.51
二、衣着消费支出	**Clothing Expenditure**	**309.75**	**397.48**
(一)衣着消费支出	**Clothing**	**308.60**	**396.46**
1. 服装	Garment	195.88	263.37
2. 服装材料	Clothing Materials	3.47	5.10
3. 鞋类	Shoes	80.40	95.19
4. 其他	Others	28.85	32.79
(二)衣着消费服务性支出	**Clothing Services Expenditure**	**1.15**	**1.02**
1. 衣着加工费	Clothing Processing	0.83	0.61
2. 其他服务性支出	Other Services	0.32	0.41
三、居住消费支出	**Residence Expenditure**	**752.79**	**951.93**
(一)居住消费支出	**Residence**	**591.74**	**761.48**
1. 建筑生活用房材料	Construction Materials	219.25	286.93
2. 维修生活用房材料	Maintenance Materials	124.33	138.54

9－16 续表 1 continued

单位：元 unit: yuan

类　别	Item	2010	2011
3. 装修生活用房材料	Decorate Materials	70.52	89.11
4. 生活用房	Housing	85.29	93.91
5. 生活用燃料	Fuels used in Daily Life	92.35	152.99
（二）居住消费服务性支出	**Residence Services Expenditure**	**161.05**	**190.45**
1. 建筑、维修生活用房雇工工资	Wages of Construction and Maintenance	61.80	85.41
2. 房租	Rent	7.13	7.47
3. 生活用水	Water	2.52	2.89
4. 生活用电	Electricity	71.70	69.07
5. 清洁费、卫生费	Cleaning Fees and Sanitation Fees	0.09	0.03
6. 其他服务性支出	Other Services	17.81	25.57
四、家庭设备、用品消费支出	**Household Facilities and Atrciles Expenditures**	**171.92**	**232.29**
（一）家庭设备用品消费支出	**Household Facilities and Articles Expenditure**	**167.16**	**226.17**
1. 日用品	Commodities	66.59	72.50
2. 床上用品	Bed Articles	10.76	17.04
3. 室内装饰品	Interior Decorations	3.11	6.40
4. 家俱类	Furniture	18.91	42.27
5. 机电设备	Electrical Equipment	67.79	87.96
（二）家庭设备用品服务性消费支出	**Household Facilities,Articles and Services Expenditure**	**4.77**	**6.13**
1. 家庭设备修理费	Repair Fees for Household Facilities	1.58	3.27
2. 日杂用品加工修理费	Repair Fees for Articles	0.72	0.52
3. 家政服务费	Housekeeping Services		0.09
4. 其他服务性支出	Other Services	2.46	2.24
五、交通和通讯消费支出	**Transportation and Communication Expenditure**	**368.64**	**564.26**
（一）交通和通讯用品支出	**Transportation and Communicaion Expenditure**	**153.62**	**318.81**
1. 交通工具	Transport	64.63	175.54
2. 交通工具用燃料	Transport Fuels	36.13	70.45
3. 交通工具用零配件	Parts for Transport	7.84	16.36
4. 通讯工具	Means of Communication	44.30	55.12
5. 通讯工具用零配件	Parts for Means of Communication	0.72	1.35
（二）交通和通讯服务性消费支出	**Transportation and Communication Services Expenditure**	**215.02**	**245.45**
1. 交通消费服务支出	**Services for Transportation**	**120.75**	**162.06**

单位：元　　9－16 续表 2 continued　　unit: yuan

类　　别	Item	2010	2011
（1）交通客运费	Transport Passenger Fee	105.11	144.01
（2）生活物品货运费	Life Goods Freight Charges	0.52	1.27
（3）交通工具修理费	Vehicle Repair Fees	10.63	13.96
（4）其他(过路过桥费等)服务性支出	Other Services	4.49	2.82
2.通讯消费服务支出	**Services for Communication Expenditure**	**94.27**	**83.39**
（1）邮寄费	Post	0.76	0.74
（2）通讯费	Communication	92.55	81.42
（3）通讯工具修理费	Repair Fees for Means of Communication	0.68	0.96
（4）其他	Others	0.27	0.26
六、文化教育、娱乐消费支出	**Expenditure of Cultural,Education and Recreation**	**454.05**	**456.75**
(一)文化教育、娱乐用品消费支出	**Cultural,Education and Recreation Expenditure**	**121.06**	**142.05**
1. 文教、娱乐用机电消费品	Electromechanical Articles For Cultural,Education and Recreation	77.67	89.52
2. 书、报、杂志	Book,Newspapers,Magazines	10.35	9.73
3. 纸张、文具	Papar and Stationery	6.89	10.96
4. 音像制品	Audiovisual Products	0.18	0.28
5. 电脑软件	Computer Software	0.06	0.17
6. 体育用品	Sport Articles	0.07	0.18
7. 计算机零配件及耗材	Parts of Computer	0.19	0.49
8. 鲜花	Flowers	0.03	0.17
9. 娱乐用品	Recreational Articles	14.72	19.28
10. 其他用品	Others	10.91	11.27
(二)教育服务消费支出	**Educational Services Expenditure**	**305.53**	**280.14**
1. 托儿费	Nursery Fee	10.52	17.01
2. 幼儿园赞助费	Kindergartens Fee	0.32	2.76
3. 学杂费	Tuition Fee	91.43	166.37
4. 入学赞助费	Support Fee of Enrollment	2.18	4.29
5. 私立学校就读费	Tuition Fee in Privat Schools	1.76	6.73
6. 成人培训费	Training Fee of Adults	4.74	19.67
7. 教育设备修理费	Maintain Fee of Educational Appliances	0.05	
8. 其他服务性支出	Other Services	194.54	63.32
(三)文化、体育、娱乐服务消费支出	**Cultural,Educational and Recrentional Services Expenditure**	**27.45**	**34.56**

9－16 续表 3 continued

单位：元 unit: yuan

类 别	Item	2010	2011
1.旅游	Tourism	1.83	5.33
2.休闲娱乐费	Recreation Fee	8.09	6.38
3.文化、体育、娱乐用品修理费	Maintain Fee of Cultural, Sport and Recreation Articles	0.47	0.32
4.其他服务性支出	Other Services	17.07	22.53
七、医疗保健消费支出	**Expenditure of Health Care and Medical Services**	**462.42**	**673.57**
(一)医疗保健用品	**Health Care and Medical Articles**	**228.34**	**253.47**
1. 医疗卫生用品	Medical and Health	222.13	249.31
（1）药品	Medicine	216.47	247.91
（2）医疗卫生器械	Medical and Health Equipment	0.44	0.74
（3）其他医疗卫生用品	Others	5.22	0.66
2. 保健用品	Health Care Goods	6.20	4.16
（1）药品类保健品	Medicine and Health care Products	5.54	3.04
（2）保健器材	Health Equipment	0.67	1.12
(二)医疗保健服务性消费支出	**Services of Health Care and Medical Services**	**234.08**	**420.11**
1. 医疗费	Medical Services Fee	229.57	417.84
2. 医疗设备修理费	Repairing Fees of Medical Equipment	0.02	0.02
3. 保健费	Health Care Fee	1.18	0.69
4. 保健设备修理费	Repairing Fees of Health Care Equipment	0.06	
5. 其他服务性支出	Others	3.25	1.56
八、其他商品和服务消费支出	**Others Goods and Services Consumption Expenditure**	**104.47**	**157.38**
(一)其他商品支出	**Goods**	61.69	106.40
1. 首饰	Jewelry	18.94	39.49
2. 手表	Watches	0.61	0.85
3. 化妆品	Cosmetics	8.93	13.75
4. 迷信、宗教用品	Superstition Religious Articles	8.90	10.98
5. 其他	Others	24.29	41.32
(二)其他服务性消费支出	**Consumption Expenditure on Other Services**	**42.78**	**50.98**
1. 旅馆住宿费	Hotel Expenses	3.60	2.66
2. 美容美发	Beautification and Hairdressing	6.02	8.69
3. 殡殓费	Funeral Fee	5.99	11.35
4. 生活消费借贷利息	Interest of Living Consumption	1.26	2.69
5. 其他服务性支出	Others	25.90	25.59

9－17 农民家庭平均每人现金支出

Per Capita Cash Expenditures of Rural Households

单位：元 unit: yuan

指　标	Item	2010	2011
期内现金支出	**Cash Expenditures**	**8646.21**	**11936.74**
一、生产费用支出	**Production Expenditures**	**3697.41**	**5703.53**
（一）家庭经营费用支出	Household Business Expenditures	3237.51	4806.40
1. 第一产业生产费用支出	Primary Industry	3153.78	4646.18
（1）农业生产费用支出	Agriculture	2442.13	3613.39
（2）林业生产费用支出	Forestry	2.83	23.35
（3）牧业生产费用支出	Animal Husbandry	707.73	1007.83
（4）渔业生产费用支出	Fishery	1.08	1.61
2. 第二产业生产费用支出	Secondary Industry	24.15	24.53
（1）工业生产费用支出	Industry	21.84	14.65
（2）建筑业生产费用支出	Construction	2.31	9.88
3. 第三产业生产费用支出	Teriary Industry	59.58	135.68
（1）交通运输邮电业生产费用支出	Transportation, Post and Telecommunications	44.85	92.73
（2）批发贸易餐饮业生产费用支出	Wholesale, Retail Trade and Catering Services	7.04	22.76
（3）社会服务业生产费用支出	Social Services	5.82	10.13
（4）文教卫生业费用支出	Education, Culture and Health Care	0.76	2.57
（5）其他行业生产费用支出	Others	1.10	7.48
（二）购置生产性固定资产支出	Purchasing Productive Fixed Assets	458.89	889.70
（三）建造生产性固定资产雇工支出	Building Productive Fixed Assets Emplyment Fees	1.02	7.44
二、税费支出	**Expenditure of tax**	**5.92**	**10.77**
（一）第一产业税	Primary Industry Tax		0.05
（二）第二产业税	Secnodary Industry Tax		0.01
（三）第三产业纳税	Termary Industry Tax		4.70
（四）其他各种收费	Others	5.92	6.01
三、生活消费支出	**Living Consumption Expenditure**	**3772.82**	**4891.64**
四、财产性支出	**Expenses on Properties**	**251.77**	**11.19**
（一）宅基地有偿使用费	Fee of Land Use	2.99	5.89
（二）承包其他农户转让	Rent from Other Farmers	247.08	
（三）其他	Other Expenditure	1.70	5.30
五、转移性支出	**Expenses on Transfer**	**918.28**	**1319.61**
（一）寄给带给家庭非常住人口现金	Cashes Send to Others	125.75	180.69
（二）赠送农村亲友	Gift to Rural Relatives	646.80	864.09
（三）赠送城市亲友	Gift to Urban Relatives	52.97	107.11
（四）交纳医疗保险	Medical Insurance	19.53	41.47
（五）交纳社会保障基金	Social Welfare Funds	22.73	31.02
（六）购买非储蓄性保险	Non－saving Insuramce	22.18	36.48
（七）赡养费	Estovers	11.02	17.22
（八）其他直接税	Other Direct Tax	0.24	1.41
（九）捐赠	Donation	2.12	0.88
（十）罚款、赔款	Penalty and Reparations	2.21	19.66
（十一）其他	Others	12.74	19.57

9-18 农民家庭平均每人现金收入

Per Capita Cash Income of Rural Household

单位：元　　unit: yuan

指　　标	Item	2010	2011
期内现金收入	**Cash Income**	**8385.99**	**10832.71**
一、工资性收入	**Wages**	**1072.14**	**1467.96**
（一）在非企业组织中劳动得到的收入	Income From Non - enterprises	184.86	133.60
1. 乡村干部收入	County Cadre Income	64.76	61.82
2. 乡村教师收入	County Teacher Income	86.95	57.71
3. 行政事业单位等职工收入	Wages of Staffs and Workers in Administrative Instiutions	33.15	14.07
（二）在本乡地域内劳动得到的收入	Income From Local Enterprises	445.96	675.74
1. 在企业中劳动得到收入	From Enterprises	39.94	120.96
2. 在国家投资基建项目得到收入	Projects of National Ivestment Funds	1.69	3.56
3. 提供其他劳务收入	Others	404.32	551.22
（三）外出从业得到收入	Income From Outwork	441.33	658.62
1. 在乡外县内从业得到收入	From Other Countries in the County	92.66	211.42
2. 在县外省内从业得到收入	From Other Counties in the Province	182.64	269.75
3. 在省外国内从业得到收入	From Other Provinces in the State	106.00	144.43
4. 在国外从业得到收入	From Foreign Countries	60.03	33.01
二、家庭经营收入	**Cash Income of Household Business**	**6448.82**	**8419.29**
（一）第一产业现金收入	Primary Industry Income	6105.16	7920.65
1. 农业现金收入	Agriculture Income	4687.27	5867.50
（1）出售农产品收入	Sale of Agricultural Products	4580.05	5723.00
（2）农业服务性收入	Agricultural Services	107.21	144.50
a. 经营水利灌溉系统收入	Management of Water Conservancy and Irrigation System	2.17	0.51
b. 农产品初加工收入	Agricultural Products Pretreating	1.50	15.18
c. 提供机械和操作人收入	Supplying Machine and Operating Personnel	41.63	57.67
d. 其他服务收入	Others	61.91	71.14
2. 林业现金收入	Forestry Income	35.20	47.60
（1）出售林业产品收入	Sale of Forest Products	29.96	39.59
（2）林业服务性收入	Forest Services	5.24	8.01
3. 牧业现金收入	Livestock Income	1372.10	2001.44
（1）出售牧业产品收入	Sale of Livestock Products	1347.44	1963.05
（2）牧业服务性收入	Services	24.66	38.39
4. 渔业现金收入	Fishery Income	10.59	4.11
（1）出售渔业产品收入	Sale of Fishery Products	10.59	2.09
（2）渔业服务性收入	Services		2.02
（二）第二产业现金收入	Secondary Industry Income	74.95	82.00
1. 工业收入	Industry	36.70	45.11
（1）出售工业产品收入	Sale of Industry Products	24.77	20.05

单位：元　　　　9－18 续表 continued　　　　unit: yuan

指　　标	Item	2010	2011
（2）工业服务性收入	Industrial Services	11.93	25.07
2. 建筑业收入	Construction	38.25	36.88
（1）出售建筑业产品收入	Sale of Construction Products		
（2）建筑业服务性收入	Services	38.25	36.88
（三）第三产业现金收入	Tertiary Industry Income	268.72	416.65
1. 出售其他产品收入	Sale of Other Products	9.69	4.61
2. 第三产业服务性现金收入	Services	259.02	412.04
（1）交通、运输、邮电业收入	Transportation, Telecommumaction and Post	148.61	207.45
（2）批零贸易业、饮食业收入	Wholesale, Retail Trade and Catering Services	79.82	147.44
（3）社会服务业收入	Social Services	12.96	22.41
（4）文教卫生业收入	Culture, Education, and Health Care	4.45	10.42
（5）其他行业收入	Others	13.18	24.32
三、财产性收入	**Property Income**	**64.23**	**102.68**
（一）利息	Interest	3.57	5.02
（二）集体分配股息和红利	Collective Distributive of Dividend and Bonus	0.02	0.10
（三）其他股息和红利	Other Didivend and Bonus		
（四）租金(包括农业机械)	Rent (Including Agricultural Machinary)	5.99	7.69
（五）出让无形资产净收入	Income From Sale of Intangible Assets		
（六）储蓄性保险投资收入	Insurance From Savings	0.97	0.24
（七）土地征用补偿收入	Compensate from Land Use	14.72	
（八）转让承包土地经营权收入	Transfering Land Management Right	35.33	84.99
（九）其他投资收益	Other Investment Revenue		
（十）其他	Others	3.63	4.64
四、转移性收入	**Transfer Income**	**800.80**	**842.78**
（一）家庭住户成员寄回和带回	Family members send from Outside	22.40	2.02
（二）城市亲友赠送	Gift from Urban Relatives	7.17	10.50
（三）农村亲友赠送	Gift from Rural Relatives	108.50	167.40
（四）离退休金、养老金	Pensions and Annuities	51.81	62.14
（五）城市亲友支付赡养费	Estovers from Urban Relatives	1.63	4.29
（六）农村亲友支付赡养费	Estovers from Rural Relatives	5.86	10.78
（七）救济金	Relief Payments	1.94	2.64
（八）抚恤金	Pension		1.64
（九）救灾款	Disaster－relief Funds	11.88	0.75
（十）退税	Darwback	2.15	0.29
（十一）退耕还林还草补贴	Subsidies for Returning Farmland Forest and Grassland	22.20	8.85
（十二）无偿扶贫或扶持款	Free for Poverty Alleviation	2.95	3.03
（十三）得到赔款	Reparation	9.58	13.04
（十四）粮食直接补贴	Grain Subsidies	319.11	263.00
（十五）购置和更新大型农机具补贴	Purchase and Update of Large farm Machinery Subsidies	0.59	2.66
（十六）良种补贴收入	Seed Subsidies	42.85	34.61
（十七）购买生产资料综合补贴	Purchase of Production Subsidies	141.86	197.71
（十八）领取养殖业补贴	Breeding Subsidies		0.82
（十九）领取最低生活保障费	Minimun Living Security Charges	6.22	9.36
（二十）领取新型农村养老保险	New Rural Endoument Insuranle		6.56
（二十一）其他来自政府的补贴	Other Subsidies from the Government		15.60
（二十二）其他	Others	42.11	25.11

9-19 各地区农民人均纯收入
Per capita Income of the Farmers

单位：元 unit: yuan

地区	Region	2005	2006	2007	2008	2009	2010	2011
全省	**Total**	**3264**	**3641**	**4190**	**4933**	**5266**	**6237**	**7510**
长春	Changchun	3488	3920	4508	5292	5657	6665	7965
吉林	Jilin	3449	3905	4496	5281	5607	6594	7952
四平	Siping	3265	3679	4279	5045	5436	6586	7718
辽源	Liaoyuan	3229	3669	4275	5011	5368	6324	7557
通化	Tonghua	3327	3713	4346	5127	5512	6572	7716
白山	Baishan	3347	3695	4286	4990	5312	6134	7334
松原	Songyuan	3354	3746	3736	4839	5149	6167	7597
白城	Baicheng	2517	2858	2851	3519	3521	4504	5513
延边	Yanbian	2661	2994	3598	4392	4735	5416	6250

9-20 各地区农村居民人均生活消费支出
Per capia Consumption Expenditure of Rural Households by Region

单位：元 unit: yuan

地区	Region	2005	2006	2007	2008	2009	2011
全省	**Total**	**2305**	**2701**	**3064**	**3443**	**3903**	**5306**
长春	Changchun	2293	2373	2628	3124	3533	5245
吉林	Jilin	2420	2637	2917	3965	4441	5054
四平	Siping	2344	2322	2633	3606	4256	5467
辽源	Liaoyuan	2535	2579	2742	4150	3892	5459
通化	Tonghua	2287	2499	2549	3176	3506	5061
白山	Baishan	2122	2123	2316	3022	2826	4525
松原	Songyuan	1936	2127	2372	3050	3528	4945
白城	Baicheng	1724	2084	2407	3257	3400	4666
延边	Yanbian	2579	2675	2871	3663	4289	4361

9-21 农民家庭平均每百户年末耐用消费品拥有量

Number of Durable Consumer Goods Owned per 100 Rural Households at the Year-end

指　　标	Item	单位 Unit	2004	2005	2006	2007	2008	2009	2010	2011
洗衣机	Washing Machine	台 set	60.75	59.06	65.06	68.50	72.44	76.44	77.75	84.13
电冰箱	Refrigerators	台 set	9.00	10.81	17.56	23.75	29.06	40.5	44.88	72.56
抽油烟机	Exhaust Fan	台 unit	1.75	1.06	0.75	2.06	2.19	2.63	2.94	5.06
微波炉	Microwave Oven	台 unit		0.25	0.81	1.81	2.56	2.44	2.31	3.06
热水器	Water Heater	台 unit	0.94	1.00	1.75	2.25	2.56	2.94	3.44	6.00
自行车	Bicycles	辆 unit	84.13	77.50	65.19	66.63	68.56	61.75	57.56	42.75
摩托车	Motorcycles	辆 unit	37.31	43.75	50.31	54.63	59.81	61.00	60.94	66.63
汽车（生活用）	Automobile (Living-use)	台 unit	0.56	0.94	1.81	0.81	0.38	0.38	1.25	5.56
电话机	Telephone	部 set	58.06	71.18	72.19	70.94	67.69	53.13	50.69	35.75
移动电话	Mobile Telephone	部 set	40.75	51.18	80.13	108.69	125.69	151.81	157.63	204.31
彩色电视机	Color TV Set	台 set	87.63	90.93	99.31	105.81	106.25	111.06	108.56	115.25
黑白电视机	Black-and-White TV Set	台 set	21.56	10.38	5.94	4.88	3.25	2.69	0.44	0.44
影碟机	Video Dise Player	台 set	37.88	37.19	40.81	43.63	42.44	43.19	38.38	37.69
照相机	Camera	架 set	2.38	2.56	2.50	2.88	2.75	2.56	2.69	1.88

9-22 农民家庭平均每人主要消费品消费量

Per Capita Consumption on Major Consumer Goods of Rural Households

单位：公斤　　　　unit: kg

指　　标	Item	2010	2011
粮食	Grain	151.71	169.58
豆类及豆制品	Bean and Its Products	8.75	8.36
蔬菜及菜制品	Vegetables and its Products	107.8	119.75
油脂类	Oil and Fet	7.07	8.82
#植物油	# Vegetable Oil	6.88	8.65
肉禽及其制品	Meat, Poultry and Its Products	15.98	19.22
#猪肉	# Pork	11.11	12.21
蛋类及蛋制品	Eggs and Its Products	7.42	8.71
奶和奶制品	Milk and Its Pproducts	2.34	3.58
水产品	Aquatic Products	3.8	4.30
#鱼类	# Fish	3.51	3.96
食糖	Sugar	0.67	0.68
酒和饮料	Liquor and Beverage	17.36	20.56
#白酒	# Liquor	5.15	6.23
水果	Fruit	17.48	20.34

9－23 农村居民家庭每百户拥有主要生产性固定资产数量

Possession of Major Productive Fixed Assets per 100 Rural Households at the Year－end

项　　目	Item	2005	2006	2007	2008	2009	2010	2011
汽车（辆）	Motor Vehicles (unit)	1.25	1.75	2.31	3.31	2.63	3.81	3.88
大中型拖拉机（台）	Large and Medium Tractors (unit)	3.69	5.94	7.94	8.25	9.38	11.00	16.00
小型及手扶拖拉机（台）	Mini and Walking Tractors (unit)	42.00	41.50	41.81	42.69	42.88	45.88	45.88
机动脱粒机（台）	Motorized Threshing Machines (unit)	4.25	5.06	5.00	7.31	6.16	7.00	5.19
胶轮大车（辆）	Carts with Rubber Tires (unit)	22.22	20.81	18.88	16.38	15.25	14.00	5.19
农用水泵（台）	Pumps (unit)	19.94	22.25	25.38	28.69	29.56	30.81	26.13
役畜（头）	Draught Animals (head)	53.50	50.94	44.44	40.13	35.19	33.69	35.44
产品畜（头）	Commodity Animals (head)	70.00	78.44	91.19	85.06	96.63	81.13	141.44

9－24 农村居民家庭居住情况

Housing Condition of Rural Households

项　　目	Item	2005	2006	2007	2008	2009	2010	2011
住房情况	**Housing Conditions**							
住房面积（平方米／人）	Floor Space (sq.m/person)	20.10	20.68	21.21	21.94	22.79	22.88	24.40
#砖瓦平房面积	# Tile Single Storey Building	16.13	17.16	17.61	18.59	19.87	20.07	22.16
钢筋混凝土结构	# Reinforced Concrete Structure	0.63	0.52	0.48	0.78	0.69	0.56	0.16
砖木结构	Brick and Wood Structure	16.06	17.11	17.60	18.07	19.42	19.92	22.72
住房价值（元／平方米）	Value of House (yuan/sq.m)	270.29	279.27	314.64	333.05	364.41	401.2	585.09
本年新建住房情况	**House Newly Built Within the Year**							
新建住房面积（平方米／人）	Floor Space of Newly Built House (sq.m/person)	0.47	0.40	0.43	0.56	0.62	0.64	0.81
#砖瓦平房面积	# Tile Single Storey Building	0.47	0.39	0.42	0.53	0.62	0.64	0.78
砖木结构面积	# Brick and Wood Structure	0.45	0.37	0.36	0.40	0.62	0.64	0.78
新建住房价值（元／平方米）	Value of Newly Built House (yuan/sq.m)	460.01	486.20	625.05	635.02	689.31	824.17	950.87

第十篇

CHAPTER 10

市政公用事业和环境保护

URBAN PUBLIC UTILITIES AND ENVIRONMENT

10－1 市政公用事业基本情况
Basic Statistics on Municipal Public Utilities

指　　标	Item	单位 Unit	2010	2011
自来水全年供水总量	Annual Volume of Tap Water Supply	万立方米 10000cu.m	100743	100330
# 居民家庭用水量	Water Consumption for Residential Use	万立方米 10000cu.m	27526	28442
人均日生活用水	Per Capita Daily Consumption of Tap Water for Residential Use	升 litre	121.0	113.0
用水普及率	Percetage of Population with Access to Tap Water	%	89.6	92.7
道路长度	Length of Roads	公里 km	8543	7687
平均每万人拥有	Length of Roads per 10000 Population	公里 km	8	6
道路面积	Area of Roads	万平方米 10000sq.m	13243	13305
平均每万人拥有	Area of Roads per 10000 Population	万平方米 10000sq.m	12.39	10.00
排水管道长度	Length of Sewage Pipelines	公里 km	7738	8194
平均每万人拥有	Length of Swage Pipelines per 10000 Population	公里 km	7.2	6.1
人工煤气全年供气量	Annual Gaswork Supply	万立方米 10000cu.m	16727	17445
# 家庭用量	Consumption of Gaswork for Residential Use	万立方米 10000cu.m	9689	8896
煤气管道长度	Length of Gas Pipelines	公里 km	1759	1723
液化气全年供气量	Annual Supply of LPG	吨 ton	214818	236297
# 家庭用量	Residential Consumption of Liquefied Petorleum Gas for Residential Use	吨 ton	106325	115191
用气普及率	Percentage of Population with Access to Gas	%	85.64	88.28
集中供热总量	Total Volume of Centralized Heating	万吉焦 (10 billion joule)	23160	23222
蒸气	Steam	万吉焦 (10 billion joule)	1998	1470
热水	Hot Water	万吉焦 (10 billion joule)	21162	21752
集中供热面积	Area of Centralized Heating	万平方米 10000 sq.m	31718	34810
绿化覆盖面积	Green Coverage Areas	公顷 ha	43820	44700
平均每万人拥有	Public Green Areas per 10000 Population	公顷 ha	41	34
公园、动物园个数	Number of Parks and Zoos	个 unit	127	153
公园、动物园面积	Area of Parks and Zoos	公顷 ha	4402	4611
生活垃圾清运量	Volume of Garbage Disposal	万吨 10000 tons	499	493
清运粪便	Volume of Disposal of Excrement and Urine	万吨 10000 tons	76.3	72.4
每万人拥有公共厕所	Number of Public Lavatories per 10000 Population	座 unit	4.53	3.30

10－2 城市设施水平（2011）
Level of Public Facilities in City（2011）

城　市	City	自来水 Tap Water 人均日生活用水量（升） Per Capita Daily Consumption of Tap Water for Residential Use (litre)	用水普及率（%） Percentage of Population with Acces to Tap Water (%)	燃气普及率(%) Percentage of Population with Access to Gas (%)
全　省	**Total**	**113**	**92.7**	**88.3**
长春市	Changchun	124	99.7	98.0
九台市	Jiutai	65	87.1	88.1
榆树市	Yushu	72	66.4	58.8
德惠市	Dehui	83	79.4	85.2
吉林市	Jilin	121	97.9	96.0
蛟河市	Jiaohe	93	67.0	83.1
桦甸市	Huadian	72	99.3	73.5
舒兰市	Shulan	58	86.9	78.1
磐石市	Panshi	117	72.7	78.2
四平市	Siping	95	65.9	82.6
公主岭市	Gongzhuling	124	98.1	67.6
双辽市	Shuangliao	83	87.8	81.3
辽源市	Liaoyuan	76	94.0	70.3
通化市	Tonghua	49	88.6	81.7
梅河口市	Meihekou	146	98.9	98.1
集安市	Ji' an	85	87.8	77.3
白山市	Baishan	78	95.5	81.9
临江市	Linjiang	62	94.1	90.3
松原市	Songyuan	181	94.0	91.0
白城市	Baicheng	127	98.0	82.8
洮南市	Taonan	62	100.0	27.5
大安市	Da' an	110	90.7	96.5
延吉市	Yanji	127	95.9	96.7
图们市	Tumen	119	88.6	93.0
敦化市	Dunhua	110	95.9	94.1
珲春市	Hunchun	258	80.2	79.9
龙井市	Longjing	95	95.6	97.7
和龙市	Helong	179	97.5	77.0

10－2 续表 continued

城 市	City	市政工程 Municipal Engineering		园林绿化 Afforestation in City	
		人均拥有道路面积（平方米）Per Capita Area of Road(sq.m)	建成区排水管道密度（公里/平方公里）Density of Sewer Pipelines (km/sq.km)	人均公共绿地面积（平方米）Per Capita Public Green Areas (sq.m)	建成区绿化覆盖率（%）Green Coverage Rate in Developed Areas (%)
全 省	**Total**	**11.90**	**6.45**	**10.53**	**34.2**
长春市	Changchun	17.08	9.99	12.91	36.3
九台市	Jiutai	6.77	3.61	5.05	13.3
榆树市	Yushu	9.02	1.96	4.74	11.7
德惠市	Dehui	7.98	2.75	4.05	20.7
吉林市	Jilin	10.12	4.96	11.94	45.8
蛟河市	Jiaohe	10.29	6.80	14.01	26.1
桦甸市	Huadian	5.55	3.91	14.75	21.2
舒兰市	Shulan	4.51	1.36	7.08	15.8
磐石市	Panshi	10.73	4.60	5.98	31.8
四平市	Siping	7.69	4.01	7.40	33.6
公主岭市	Gongzhuling	14.88	10.26	5.02	16.1
双辽市	Shuangliao	5.61	4.39	6.75	15.9
辽源市	Liaoyuan	13.01	2.46	7.29	38.3
通化市	Tonghua	6.55	2.79	11.90	36.2
梅河口市	Meihekou	12.88	4.84	8.17	23.5
集安市	Ji' an	10.70	2.32	9.59	38.5
白山市	Baishan	9.79	3.79	10.83	33.0
临江市	Linjiang	7.55	9.96	12.71	25.0
松原市	Songyuan	10.64	4.52	11.17	41.0
白城市	Baicheng	9.22	6.80	7.86	31.5
洮南市	Taonan	9.81	6.59	6.50	38.5
大安市	Da' an	11.19	9.35	9.20	29.1
延吉市	Yanji	8.86	7.23	8.85	46.5
图们市	Tumen	6.57	2.88	10.48	37.6
敦化市	Dunhua	12.50	4.12	21.75	46.5
珲春市	Hunchun	15.21	9.33	8.18	38.0
龙井市	Longjing	8.13	5.65	11.34	41.2
和龙市	Helong	5.58	4.42	4.97	20.1

10-3 城市建设用地（2011）
Land for City Construction（2011）

单位：平方公里　　　　unit: 10000persons. sq. km

城　市	City	建城区面积 Developed Areas	建设用地 Land for Construction	#居住用地 Land for Living	#绿 地 Green Land
全　省	**Total**	**1270.99**	**1197.97**	**421.84**	**96.00**
长春市	Changchun	418.23	407.14	110.77	30.52
九台市	Jiutai	26.00	24.61	11.43	3.70
榆树市	Yushu	39.50	39.05	9.93	4.95
德惠市	Dehui	30.50	20.65	9.42	2.35
吉林市	Jilin	165.63	157.52	47.71	11.46
蛟河市	Jiaohe	14.32	14.12	6.58	0.35
桦甸市	Huadian	31.17	18.85	7.70	1.02
舒兰市	Shulan	25.00	25.00	16.20	1.10
磐石市	Panshi	13.27	13.27	6.36	0.93
四平市	Siping	51.42	51.36	22.67	3.20
公主岭市	Gongzhuling	32.58	27.59	8.30	0.85
双辽市	Shuangliao	18.66	16.37	12.60	0.43
辽源市	Liaoyuan	46.34	46.34	27.61	1.61
通化市	Tonghua	47.75	48.50	18.63	3.87
梅河口市	Meihekou	22.00	21.97	11.89	0.57
集安市	Ji' an	13.80	11.00	2.99	2.96
白山市	Baishan	37.66	34.81	15.80	4.27
临江市	Linjiang	8.65	8.65	3.30	2.30
松原市	Songyuan	44.51	44.51	14.50	9.50
白城市	Baicheng	38.11	37.85	10.83	0.79
洮南市	Taonan	17.40	16.66	6.29	0.90
大安市	Da' an	13.90	9.26	3.95	1.15
延吉市	Yanji	34.68	32.83	10.59	1.64
图们市	Tumen	8.67	8.67	3.17	0.07
敦化市	Dunhua	30.80	24.69	8.50	1.88
珲春市	Hunchun	17.89	15.89	4.30	3.12
龙井市	Longjing	10.00	10.00	4.11	0.50
和龙市	Helong	12.55	10.81	5.71	0.01

10－4 城市供水（2011）
Tap Water Supply in City（2011）

城　市	City	自来水综合生产能力（万立方米/日）Production Capacity of Tap Water Supply (10000cu.m/day)	#地下水 Groundwater	供水管道长度（公里）Length of Water Supply Pipelines (km)	供水总量（万立方米）Total Annual Volume of Water Supply (10000cu.m)	#生产运营用水量 For Productive Use	#居民家庭用水量 For Residential Use	用水人口（万人）Number of Residents with Access to Tap Water (10000 persons)
全　省	**Total**	**759**	**84**	**9335**	**100330**	**30193**	**28442**	**1037**
长春市	Changchun	110	8	1987	33275	6517	8020	345
九台市	Jiutai	4	2	206	778	116	389	18
榆树市	Yushu	4	4	84	1065		334	18
德惠市	Dehui	6	6	448	1990	1241	261	20
吉林市	Jilin	411	3	1223	23113	14253	4510	126
蛟河市	Jiaohe	2	1	130	591	86	190	9
桦甸市	Huadian	2		230	659	47	350	18
舒兰市	Shulan	4		123	916	412	356	19
磐石市	Panshi	3	3	122	734	149	268	9
四平市	Siping	23	2	431	3796	1449	832	45
公主岭市	Gongzhuling	19	10	443	2134	688	1010	26
双辽市	Shuangliao	2	2	72	480	116	210	11
辽源市	Liaoyuan	30		320	3258	975	815	47
通化市	Tonghua	14	0.21	534	2924	322	635	40
梅河口市	Meihekou	8		207	1650	382	494	18
集安市	Ji' an	3	0.15	118	485	154	154	9
白山市	Baishan	14	3	355	2763	244	682	35
临江市	Linjiang	4	0.30	112	470	62	136	8
松原市	Songyuan	19	12	409	4940	1200	2880	45
白城市	Baicheng	14	14	364	3256	928	837	28
洮南市	Taonan	2	2	81	435	60	296	16
大安市	Da' an	2	2	67	746	80	535	14
延吉市	Yanji	19	4	385	4440	152	1680	48
图们市	Tumen	2	1	115	666	71	290	8
敦化市	Dunhua	22	4	222	1323	173	638	23
珲春市	Hunchun	6		140	1813	43	770	16
龙井市	Longjing	4	1	105	765	203	272	10
和龙市	Helong	6		303	866	70	600	10

10－5 城市市政设施（2011）
Municipal Infrastructure in City（2011）

城　市	City	道路长度（公里）Length of Road (km)	道路面积（万平方米）Area of Road (10000 sq.m)	人行道面积（万平方米）Area of Sidewalk (10000 sq.m)	路灯盏数（盏）Number of Street Lights (units)	排水管道长度（公里）Length of Sewer Pipelines (km)
全　省	**Total**	**7687**	**13305**	**2604**	**562901**	**8194**
长春市	Changchun	2682	5913	1081	219582	4180
九台市	Jiutai	91	137	24	1288	94
榆树市	Yushu	137	238	68	1027	78
德惠市	Dehui	176	201	51	4404	84
吉林市	Jilin	1010	1300	248	56230	821
蛟河市	Jiaohe	157	134	19	7534	97
桦甸市	Huadian	57	98	33	6308	122
舒兰市	Shulan	113	99	18	4985	34
磐石市	Panshi	82	135	30	8000	61
四平市	Siping	326	522	83	12673	206
公主岭市	Gongzhuling	273	400	28	12514	334
双辽市	Shuangliao	80	69	11	2223	82
辽源市	Liaoyuan	264	648	95	17064	114
通化市	Tonghua	231	297	73	84745	133.2
梅河口市	Meihekou	116	236	52	12600	107
集安市	Ji' an	65	104	19	1750	32
白山市	Baishan	281	360	102	19211	143
临江市	Linjiang	49	68	23	7384	86
松原市	Songyuan	192	514	179	22400	201
白城市	Baicheng	197	261	50	9760	259
洮南市	Taonan	145	157	22	5580	115
大安市	Da' an	103	174	16	3306	130
延吉市	Yanji	202	440	129	9839	251
图们市	Tumen	33	57	9	3776	25
敦化市	Dunhua	252	300	79	9572	127
珲春市	Hunchun	249	305	45	5998	167
龙井市	Longjing	83	83	10	4039	57
和龙市	Helong	41	57	7	9109	56

10－5 续表 continued

城　市	City	桥梁数（座）Number of Bridges (unit)	#立交桥（座）Flyover Bridges (unit)	污水年处理量（万立方米）Disposal Capacity of Sewage (10000cu.m)	防洪堤长度（公里）Length of Flood Protecting Embankment (km)
全　省	**Total**	**681**	**147**	**61987**	**783**
长春市	Changchun	244	65	20855	251
九台市	Jiutai	5	2	622	4
榆树市	Yushu	4		939	
德惠市	Dehui	3	1	450	
吉林市	Jilin	80	28	16434	
蛟河市	Jiaohe	14		432	9
桦甸市	Huadian	5		626	
舒兰市	Shulan	26	2	501	2
磐石市	Panshi	13	2	509	1
四平市	Siping	16	5	1870	
公主岭市	Gongzhuling	43	13	1744	15
双辽市	Shuangliao	3	1	340	24
辽源市	Liaoyuan	24	1	2159	28
通化市	Tonghua	54	7	1808	111
梅河口市	Meihekou	23	8	894	30
集安市	Ji' an	4			27
白山市	Baishan	31	3	1794	49
临江市	Linjiang	14			20
松原市	Songyuan	8	3	3455	34
白城市	Baicheng	9	2	547	23
洮南市	Taonan			435	17
大安市	Da' an	1	1	498	15
延吉市	Yanji	17	2	3538	37
图们市	Tumen	8	1		14
敦化市	Dunhua	8		1025	19
珲春市	Hunchun	7		512	10
龙井市	Longjing	5			7
和龙市	Helong	12			36

10－6　城市园林绿化（2011）
Park and Green in City（2011）

城　市	City	绿化覆盖面积（公顷）Green Areas Covered (ha)	#建成区 Developed Areas	园林绿地面积（公顷）Total Area of Gardens and Green Areas (ha)	公园绿地面积（公顷）Public Green Areas (ha)	公园个数（个）Number of Parks (unit)	公园面积（公顷）Area of Parks (ha)
全　省	**Total**	**44700**	**43428**	**38740**	**11776**	**153**	**4611**
长春市	Changchun	15580	15195	13395	4470	33	1103
九台市	Jiutai	345	345	284	102	3	17
榆树市	Yushu	475	461	475	125	3	32
德惠市	Dehui	631	631	442	102	2	26
吉林市	Jilin	8002	7577	6511	1534	8	489
蛟河市	Jiaohe	373	373	333	182	6	175
桦甸市	Huadian	662	662	660	261	1	9
舒兰市	Shulan	412	394	396	155	1	14
磐石市	Panshi	422	422	336	75	1	67
四平市	Siping	1766	1725	1659	502	7	384
公主岭市	Gongzhuling	534	524	521	135	1	32
双辽市	Shuangliao	297	297	238	83	1	83
辽源市	Liaoyuan	1773	1773	1736	363	13	290
通化市	Tonghua	1729	1729	1490	540	5	272
梅河口市	Meihekou	516	516	467	150	5	121
集安市	Ji' an	531	531	507	93	5	47
白山市	Baishan	1242	1242	1000	398	8	145
临江市	Linjiang	235	216	202	114	4	34
松原市	Songyuan	1825	1825	1647	540	10	376
白城市	Baicheng	1232	1200	1115	222	3	93
洮南市	Taonan	670	670	506	104	1	17
大安市	Da' an	434	404	280	143	2	143
延吉市	Yanji	1702	1614	1551	439	4	130
图们市	Tumen	329	326	387	91	4	26
敦化市	Dunhua	1608	1433	1348	522	12	326
珲春市	Hunchun	679	679	659	164	2	150
龙井市	Longjing	444	412	365	116	7	8
和龙市	Helong	252	252	230	51	1	2

10－7 城市环境卫生（2011）
Urban Sanitation（2011）

城 市	City	道路清扫保洁面积(万平方米) Area under Clearing Areas (10000sq. m)	#机械化 Machine Clearing	生活垃圾清运量（万吨） Volume of Garbage Disposal (10000tons)	垃圾无害化处理量（万吨） Volume of Garbage Innocuous Disposal (10000tons)	公厕数量（座） Number of Public Lavatories (unit)	#三级以上 Third Grade and Above	环卫机械总数（台） Number of Environmental Sanitaition Equipment (unit)
全 省	**Total**	**12602**	**3224**	**493**	**243**	**4378**	**1358**	**3224**
长春市	Changchun	4305	1410	118	93	1168	567	1410
九台市	Jiutai	190	76	12	10	155	6	76
榆树市	Yushu	189		9	6	42	4	
德惠市	Dehui	210	50	12		92	15	50
吉林市	Jilin	1634	622	37	30	393	77	622
蛟河市	Jiaohe	170		8		58		
桦甸市	Huadian	225	100	10		42	6	100
舒兰市	Shulan	104		9		34		
磐石市	Panshi	114	55	6		44		55
四平市	Siping	570	5	25		353	353	5
公主岭市	Gongzhuling	305	3	11		33		3
双辽市	Shuangliao	210		6		60		
辽源市	Liaoyuan	384	147	30		260	61	147
通化市	Tonghua	414	32	19	16	197		32
梅河口市	Meihekou	237	120	17		100	10	120
集安市	Ji' an	65	6	6		48	43	6
白山市	Baishan	303	46	21		209	23	46
临江市	Linjiang	130	10	10		35	8	10
松原市	Songyuan	803	160	22	21	116	40	160
白城市	Baicheng	340	82	10		87		82
洮南市	Taonan	280		15		87	24	
大安市	Da' an	123		6		160		
延吉市	Yanji	554	118	35	35	135	60	118
图们市	Tumen	75		7		78	6	
敦化市	Dunhua	280	78	11	12	114	34	78
珲春市	Hunchun	244	66	11	9	97	17	66
龙井市	Longjing	68	13	5	5	95	4	13
和龙市	Helong	76	25	5	5	86		25

10－8 城市集中供热情况
Basic Statistics on Heating in City

指　标	Item	单位 Unit	2010	2011
供热能力	**Heating Capacity**			
蒸汽	Steam	吨／小时(ton/h)	5208	3494
热水	Hot Water	兆瓦(mw)	29145	30988
供热总量	**Quantity of Heat Supplied**			
蒸汽	Steam	万吉焦(10000 gigajoules)	1998	23222
管道长度	**Length of Pipelines**			
蒸汽	Steam	公里 km	217	232
热水	Hot Water	公里 km	9914	11156
供热面积	**Area of Centralized Heating**	**万平方米 10000sq.m**	**31718**	**34811**

10－9 城市燃气设备能力
Capacity of City Gas Facilities

指　标	Item	单位 Unit	2010	2011
液化石油气	**Liquefied Petroleum Gas**			
储气能力	Capacity of Gas Tank	吨 ton	20019	20862
天然气	**Natural Gas**			
储气能力	Capacity of Gas Tank	万立方米 10000cu.m	218	212
管道长度	Length of Pipelines	公里 km	3976	4708
煤气	**Coal Gas**			
储气能力	Capacity of Gas Tank	万立方米 10000cu.m	32.6	30.0
管道长度	Length of Pipelines	公里 km	1759	1723

10－10 城市燃气用气户数和供气总量
Basic Statistics on Gas Users and Gas Supply in City

指　标	Item	用气户数（户）Gas Users（household）		供气总量（吨、万立方米）Total Gas Supply（ton,10000cu.m）	
		2010	2011	2010	2011
液化石油气	Liquefied Petroleum Gas	1396935	1417946	214818	236297
# 家庭用量	Residential Use	1364691	1197102	106325	115191
天然气	Natural Gas	926473	1141501	43462	51758
# 家庭用量	Residential Use	903304	1126422	14139	14913
煤气	Coal Gas	540470	641864	16727	17445
# 家庭用量	Residential Use	524952	552525	9689	8896

10－11 城市环境卫生情况
Basic Statistics on Urban Sanitation

指　标	Item	单位 Unit	2010	2011
清运垃圾粪便工作量	**Volume of Garbage, Excrement and Crine Disposal**			
实际清扫面积	Actually Cleaning Areas	万平方米 10000sq. m	13037	12602
生活垃圾清运量	Volume of Garbage Disposal	万吨 10000tons	499.4	469.5
清运粪便	Volume of Excrement and Urine Disposal	万吨 10000tons	76.31	72.38
环境卫生设施	**Environment Sanitation Equipment**			
公共厕所	Public Lavatories	座 unit	4837	4378
垃圾无害化处理厂	Garbage Innocuous Disposal Plant	座 unit	7	13
垃圾无害化处理能力	Capacity of Garbage Innocuous Disposal	吨/日 ton/day	6496	8643
粪便无害化处理量	Volume of Excrement and Urine Disposal	万吨 10000tons		54

10－12　环境保护系统基本情况
Basic Statistics on Environmental Protection

单位：人　　unit: person

指　标	Item	2010	2011
年末实有人数	**Number of Staff and Worker(year－end)**	**5247**	**5268**
#行政人员	Administrative Personnel	773	793
高级职称	Senior Title of Poffessional Post	414	
中级职称	Medium Title of Proffessional Post	1075	
初级职称	Primary Title of Proffessional Post	1257	

10－13　企事业污染治理情况
Treatment of Pollution by Enterprises and Institutions

指　标	Item	单位 Unit	2010	2011
工业企业数	**Number of Industrial Enterprises**	**个 unit**	**76**	**107**
本年施工项目	**Projects of Pollution Treated**	**个 unit**	**98**	**124**
治理废水	Treament of Waste Water	个 unit	45	40
治理废气	Treament of Waste Gas	个 unit	41	26
治理固体废物	Treament of Solid Waste	个 unit	4	7
治理噪声	Treament of Noise Pollution	个 unit	2	
治理其他	Others	个 unit	6	51
污染治理项目本年完成投资	**Investment Completed of Pollution Treated Projects**	**万元 10000 yuan**	**63366**	**92257**
治理废水	Treament of Waste Water	万元 10000 yuan	26793	37644
治理废气	Treament of Waste Gas	万元 10000 yuan	31281	37511
治理固体废物	Treament of Solid Waste	万元 10000 yuan	4871	815
治理噪声	Treament of Noise Pollution	万元 10000 yuan	312	
治理其他	Others	万元 10000 yuan	109	16287

10 - 14 工业污染治理及污染物排放情况

Discharge and Treatment of Industrial Pollution

指　标	Item	单位 Unit	2010	2011
一、工业废水部分	**Waste Water Discharged and Treated**			
工业废水治理设施处理能力	Capacity of Industrial Waste Water Treatment Facilities	万吨/日 10000 tons/day	233.62	349.99
工业废水中化学需氧量去除量	Volume of Chemical Oxygen Demand Removed	万吨 10000 tons	23.05	53.76
工业废水中氨氮去除量	Volume of Ammonia Nitrogen Removed	万吨 10000 tons	0.35	1.82
工业废水中挥发酚去除量	Volume of Evaporable Creosote Removed	吨 ton	1409.36	857.91
工业废水中石油类去除量	Volume of Oil Removed	吨 ton	1517.10	1696.25
工业废水中氰化物去除量	Volume of Cyanide Removed	吨 ton	17.58	17.541
工业废水排放量	Volume of Industrial Waste Water Emission	万吨 10000 tons	38655.56	41884.13
工业废水排放达标率	Rate of Industrial Waste Water up to the Discharged Standards	%	88.97	
工业废水中化学需氧量排放量	Volume of Chemical Oxygen Demand Emission	万吨 10000 tons	13.11	7.87
工业废水中氰化物排放量	Volume of Cyanide Emission	吨 ton	7.68	2.17
工业废水中石油类排放量	Volume of Oil Emission	吨 ton	658.35	274.243
工业废水中铬排放量	Volume of Chrome Emission	吨 ton	0.63	
工业废水中铅排放量	Volume of Lead Dishcharged	吨 ton	0.05	0.12
工业废水中砷排放量	Volume of Arsenic Discharged	吨 ton		1.00
二、工业废气部分	**Waste Gas Discharged and Treated**			
废气治理设施处理能力	Capacity of Waste Gas Treatment Facilities	万标立方米/时 10000 cu.m/h	14606.93	22887.64
工业废气中二氧化硫去除量	Volume of Sulphur Dixide Removed	万吨 10000 tons	20.31	18.43
工业废气中烟粉尘去除量	Industrial Waste Smoke dust Removal	万吨 10000 tons	967.95	1857.20
工业粉尘去除量	Volume of Industrial Dust Removed	万吨 10000 tons	436.00	
工业废气排放总量	Volume of Industrial Waste Gas Emission	亿标立方米 100 million cu.m	8240.29	10636.69
其中：生产工艺过程中废气排放量	Volume of Waste Gas from the Process of Industrial Production	亿标立方米 100 million cu.m	2453.97	
燃烧过程中废气排放量	Volume of Waste Gas in the Process of Fuel Combus – tion	亿标立方米 100 million cu.m	5786.32	
工业废气中二氧化硫排放量	Volume of Sulphur Dioxide Emission	万吨 10000 tons	30.06	36.34
工业废气中烟粉尘排放量	Volume of Industrial Soot Emission	万吨 10000 tons	20.96	36.13
工业粉尘排放量	Industrial Soot Emissions	万吨 10000 tons	5.30	
三、工业固体废物部分	**Industrial Solid Wastes**			
工业固体废物产生量	Volume of Industrial Solid Wastes Produced	万吨 10000 tons	4641.63	5378.59
工业固体废物综合利用量	Volume of Industrial Solid Wastes Utilized	万吨 10000 tons	3114.11	3170.63
工业固体废物贮存量	Volume of Industrial Solid Wasted in Stocks	万吨 10000 tons	952.13	
工业固体废物处置量	Volume of Industrial Solid Wastes Treated	万吨 10000 tons	577.50	919.77
工业固体废物排放量	Industrial Solid Waste Emissions			

10－15 各地区工业废气排放和处理情况（2011）
Discharge and Treatment of Industrial Waste Gas by Region（2011）

地 区 Region		汇总工业企业数(个) Total Industrial Enter Prises	废气治理设施数(套) Total Waste Gas Treatment Facilities	工业废气排放总量（亿标方立米）Volume of Industrial Waste Gas Emission (100million cum)	工业二氧化硫去除量（万吨）Volume of Sulphur Dioxide Removed (10000tons)	工业二氧化硫排放量（万吨）Volume of Sulphur Dioxide Emission (10000tons)	工业烟粉尘去除量(万吨) Volume of Industrial Soot Kemoved (10000tons)	工业烟粉尘排放量(万吨) Volume of Industrial Soot Emission (10000tons)
全 省	**Total**	**1489**	**3096**	**10636.69**	**18.43**	**36.34**	**1857.2**	**36.13**
长 春	Changchun	346	616	2610.16	4.32	6.90	437.86	11.62
吉 林	Jilin	257	728	2415.21	3.83	8.39	470.70	12.09
四 平	Siping	236	517	1378.39	2.44	5.31	240.22	2.34
辽 源	Liaoyuan	79	172	561.78	1.89	1.32	139.21	0.84
通 化	Tonghua	133	257	1349.02	1.62	5.13	120.16	2.09
白 山	Baishan	109	241	510.44	1.80	1.99	120.17	1.19
松 原	Songyuan	110	144	598.23	−0.25	3.23	59.18	2.99
白 城	Baicheng	65	131	465.31	1.39	1.50	74.52	0.98
延 边	Yanbian	146	290	740.53	1.39	2.51	195.18	1.99
长白山管委会	Changbai Mountain Management Committee	8		7.62		0.06		

10－16 各地区工业废水排放和处理情况（2011）
Discharge and Treatment of Industrial Waste Water by Region（2011）

地 区 Region		废水治理设施（套）Facilities for Treatment of Waste Water (set)	工业废水排放量（万吨）Volume of Indnstrial Waste Water Emission(10000tons)	工业废水中化学需氧量去除量(万吨) Volume of COD Removed (10000 tons)	工业废水中化学需氧量排放量(万吨) Volume of COD Emission (10000 tons)	工业废水中氨氮去除量（吨）Volume of Ammonia Nitrogen Removed (ton)	工业废水中氨氮排放量（吨）Volume of Ammonia Nitrogen Emission (ton)
全省	**Total**	**685**	**41884.13**	**53.76**	**7.87**	**18181.24**	**4499.79**
长 春	Changchun	143	6335.45	26.05	1.23	14892.09	1314.87
吉 林	Jilin	126	11290.80	6.61	1.56	738.97	866.54
四 平	Siping	108	4024.24	6.31	0.79	357.15	309.57
辽 源	Liaoyuan	45	745.06	0.33	0.25	217.53	78.00
通 化	Tonghua	83	9019.23	2.67	1.15	1107.64	442.89
白 山	Baishan	57	1651.54	0.36	0.34	29.70	210.80
松 原	Songyuan	53	2141.35	6.18	0.37	666.13	678.40
白 城	Baicheng	25	2639.06	1.23	0.61	63.20	321.68
延 边	Yanbian	44	4021.72	4.02	1.56	108.74	276.37
长白山管委会	Changbai Mountain Management Committee	1	15.69	0.001	0.01	0.11	0.67

10－17 各地区主要生活污染物排放情况（2011）
Discharge of Pollutants from Daily Life by Region（2011）

地区 Region		城镇生活污水排放量(万吨) Volume of Living Waste Water Emission (10000 tons)	城镇生活污水中化学需氧量排放量(万吨) Volume of COD from Living Waste Water (10000 tons)	城镇生活污水中氨氮排放量(万吨) Volume of Living Ammonia Nitrogen Emission (10000 tons)	城镇生活及其他二氧化硫排放量(万吨) Volume of Living Sulfur Dioxide Emission (10000 tons)
全省	**Total**	**74213.67**	**20.48**	**3.41**	**4.97**
长春	Changchun	20425.31	3.14	0.72	0.73
吉林	Jilin	14210.00	3.35	0.58	0.64
四平	Siping	7032.66	1.66	0.33	0.52
辽源	Liaoyuan	2808.46	0.94	0.16	0.24
通化	Tonghua	5592.00	2.45	0.33	0.35
白山	Baishan	6085.47	2.33	0.32	0.78
松原	Songyuan	6169.12	2.12	0.31	0.66
白城	Baicheng	3941.09	1.80	0.24	0.28
延边	Yanbian	7653.00	2.54	0.40	0.75
长白山管委会	Changbai Mountain Management Committee	296.56	0.15	0.02	0.02

10－18 各地区环境保护机构及人员情况（2011）
Environmental Protection Agencies and Persons Engaged by Region（2011）

地区 Region		机构总数（个）Agencies (unit)	人员总数（人）Staff and Workers (person)	环保局人员数（人）Staff of Environmetal Protection (person)	监理人员数（人）Supervising and Administrative Personnel (person)	监测人员数（人）Monitoring Pesonnel (person)	其他人数（人）Others (Person)
全省	**Total**	**274**	**5268**	**793**	**2372**	**1508**	**406**
省本级	Provincial level	11	354	78	18	87	132
长春	Changchun	43	1181	146	658	319	58
吉林	Jilin	38	640	114	290	169	52
四平	Siping	22	552	58	260	170	64
辽源	Liaoyuan	14	263	29	93	78	10
通化	Tonghua	33	565	88	207	178	10
白山	Baishan	30	355	54	174	105	22
松原	Songyuan	26	525	55	308	123	39
白城	Baicheng	20	343	60	162	121	
延边	Yanbian	32	438	75	202	142	19
长白山管委会	Changbai Mountain Management Committee	5	52	36		16	

10－19 各地区自然生态环境保护情况（2011）
Basic Situation of Natural Protection by Region（2011）

地　区	Region	自然保护区个数 (个) Number of Natural Reserves (unit)	自然保护区总面积 (平方公里) Total Area of Nature Reserves (sq.km)
全省	**Total**	**38**	**23135**
长春	Changchun	1	249
吉林	Jilin	4	11611
四平	Siping	2	9
辽源	Liaoyuan		
通化	Tonghua	9	803
白山	Baishan	6	837
松原	Songyuan	4	1439
白城	Baicheng	3	3117
延边	Yanbian	9	5072

10－20 环境保护管理部分工作情况
Basic Situation of Environmental Protection Management Work by Region

指　标	Item	单位 Unit	2010	2011
当年实际的环境行政处罚案件数	Actual Number of Environet Administrive Penalty	起 (case)	623	828
当年受理的环境行政复议案件数	Current Year Number of Accepted Environment Administrative Reconsideration Cases	起 (case)	1	
从事环境科技活动人员数	Persons Engaged in Environmental Technological Activity	人 (person)	534	
环保产业单位数	Number of Envitonmental Protection Agencies	个 (unit)	234	
设立的建设项目数	Number of Construction Set Up	个 (unit)	7664	11868
执行环评制度的项目数	Projects of Performing Environmental Evaluation	个 (unit)	7664	
设立项目中当年建成投产的项目数	Projects Put into Use the Same Year	个 (unit)	1842	
当年实际执行“三同时”的投产项目数	Projects with “Three” at the Same Time Carried Out at the Same Year	个 (unit)	1842	

第十一篇

CHAPTER 11

农业

AGRICULTURE

11－1 农村基层组织情况
Basic Conditions of Rural Grass－roots Unit

年 份 Year	乡政府（个） Township Governments (unit)	镇政府（个） Town Governments (unit)	村民委员会（个） Number of Village' s Committes(unit)	乡村总户数（万户） Number of Rural Households (10000 households)	乡村人口数（万人） Rural Population (10000 persons)
1978	898		9733	295.20	1481.50
1979	902		9907	299.65	1477.64
1980	928		10104	303.90	1477.70
1981	932		10146	310.10	1480.40
1982	930		10163	315.00	1479.50
1983	936		10126	314.20	1477.50
1984	933		10162	317.10	1479.30
1985	656	263	10144	317.84	1464.15
1986	646	265	10163	317.70	1449.97
1987	640	294	10190	320.58	1446.91
1988	641	290	10299	325.26	1447.35
1989	641	288	10273	331.46	1453.58
1990	641	288	10300	340.93	1465.79
1991	638	289	10297	344.02	1475.71
1992	560	366	10288	347.76	1477.36
1993	530	396	10305	348.35	1466.15
1994	482	438	10299	348.40	1445.04
1995	475	443	10234	348.82	1434.54
1996	468	444	10139	351.10	1436.90
1997	466	445	10112	353.99	1430.00
1998	453	445	10121	357.82	1433.05
1999	433	454	10133	364.35	1442.03
2000	398	458	10107	370.01	1440.47
2001	354	452	10005	369.80	1433.00
2002	326	460	9850	376.05	1443.46
2003	315	456	9569	377.91	1439.40
2004	311	454	9365	381.84	1440.08
2005	198	426	9375	383.69	1443.62
2006	198	425	9335	390.67	1443.31
2007	198	423	9317	394.79	1454.96
2008	198	423	9321	399.08	1460.28
2009	196	426	9316	402.84	1470.82
2010	196	425	9319	411.31	1476.02
2011	196	425	9314	416.91	1489.82

11－2 各地区设施农业生产情况（2011）
Agricultural Production Facilities by Region（2011）

单位：公顷、吨 unit:ha.ton

市、州 Cities		一、蔬菜 Vegetables		二、瓜果类 Fruits		三、花卉苗木 Flowers and Trecs	四、食用菌 Edible Fungus		五、其他作物 Others
		种植面积 Sown Area	产量 Output	种植面积 Sown Area	产量 Output	种植面积 Sown Area	种植面积 Sown Area	产量 Output	种植面积 Sown Area
全 省	**Total**	**30270**	**1268732**	**5161**	**168894**	**999**	**1518**	**40701**	**8814**
长 春	Changchun	5351	271624	431	2964	616	3	113	177
吉 林	Jilin	3088	188259	346	12147	30	93	8470	2486
四 平	Siping	7401	295198	1154	32992	13	41	628	9
辽 源	Liaoyuan	964	28269	77	1390	1	4	447	
通 化	Tonghua	1395	44251	327	10092	112	215	6612	95
白 山	Baishan	1387	59277	230	5779	162	286	6822	52
松 原	Songyuan	7996	284272	1489	62054		3	727	663
白 城	Baicheng	974	23148	1043	41126	5	45	1535	699
延 边	Yanbian	1714	74434	64	350	60	828	15347	4633

11－3 农村基本情况和农村劳动力资源
Rural Basic Conditions and Rural Laborers

指　标	Item	2010	2011
一、农村基层组织情况	**Basic Conditions of Rural Grass roots Units**		
乡镇个数（个）	Number of Township and Town Governments(unit)	621	621
乡	Township	196	196
镇	Town	425	425
村民委员会（个）	Number of Villager' s Committees(unit)	9319	9314
二、农村社会基础设施	**Basic Facilities of Rural**		
自来水受益村（个）	Villages with Tapwater Supply(unit)	5185	5700
通汽车村（个）	Villages with Highways(unit)	9287	9286
通电话村（个）	Villages with Telephone(unit)	9292	9287
三、**农村人口**	**Rural Population**		
乡村户数（万户）	Number of Rural Households(10000 households)	411.3	416.9
乡村人口数（万人）	Rural Population(10000 persons)	1476.0	1489.8
四、农村劳动力资源	**Number of Rural Laborers**		
劳动年龄内人口（万人）	Population at Working Age(10000 persons)	735.0	
乡村劳动力（万人）	Laborers of Rural(10000 persons)	733.8	748.5
按性别分	Grouped by Sex		
男劳动力	Male Force	414.6	415.8
女劳动力	Female Force	319.2	332.8

11－4 各市县农村基层组织和乡村建设情况（2011）

Basic Conditions of Rural Grass-roots Units and Construction by City and County（2011）

市、县	City, County	乡政府（个）Township Governments (unit)	镇政府（个）Town Governments (unit)	乡村户数（户）Number of Rural Households (household)	乡村人口（人）Rural Population (person)	村民委员会（个）Number of Villager's Committees(unit)	#通电话村 Villages with Telephone	#自来水受益村 Villages with Tap Water Supply
全　省	**Total**	**196**	**425**	**4169052**	**14898174**	**9314**	**9287**	**5700**
长春市	**Changchun**	**30**	**67**	**1195282**	**4383816**	**1678**	**1675**	**568**
市　区	District	5	16	236858	779427	294	292	147
农安县	Nong' an	10	12	267483	1003597	377	377	142
九台市	Jiutai	2	12	179971	652107	311	310	71
榆树市	Yushu	9	15	308550	1134419	388	388	169
德惠市	Dehui	4	12	202420	814266	308	308	39
吉林市	**Jilin**	**23**	**54**	**584893**	**2125100**	**1377**	**1377**	**833**
市　区	District	8	11	155506	545147	347	347	195
永吉县	Yongji	2	7	87111	307000	140	140	87
蛟河市	Jiaohe	2	8	81696	277964	256	256	148
桦甸市	Huadian	5	5	59548	220290	156	156	107
舒兰市	Shulan	5	10	115984	442627	210	210	100
磐石市	Panshi	1	13	85048	332072	268	268	196
四平市	**Siping**	**17**	**56**	**591695**	**2109960**	**1159**	**1159**	**389**
市　区	District	2	4	57303	195035	83	83	38
梨树县	Lishu	6	14	161442	556151	295	295	88
伊通满族自治县	Yitong	3	12	105200	380785	187	187	116
公主岭市	Gongzhuling	2	18	192655	710851	404	404	96
双辽市	Shuangliao	4	8	75095	267138	190	190	51
辽源市	**Liaoyuan**	**7**	**23**	**194938**	**670546**	**518**	**518**	**306**
市　区	District	1	2	28431	93964	55	55	32
东丰县	Dongfeng	2	12	91249	303219	229	229	170
东辽县	Dongliao	4	9	75258	273363	234	234	104
通化市	**Tonghua**	**21**	**57**	**346759**	**1218849**	**986**	**985**	**731**
市　区	District	3	4	22247	67661	36	36	35
通化县	Tonghua	5	10	50522	161475	160	159	122
辉南县	Huinan	1	10	62736	222768	142	142	105

11－4 续表 continued

市、县	City，County	乡政府（个）Township Governments (unit)	镇政府（个）Town Governments (unit)	乡村户数（户）Number of Rural Households (household)	乡村人口（人）Rural Population (person)	村民委员会（个）Number of Villager' s Committees(unit)	#通电话村 Villages with Telephone	#自来水受益村 Villages with Tap Water Supply
柳河县	Liuhe	3	12	68399	258743	219	219	174
梅河口市	Meihekou	7	12	99929	368390	303	303	177
集安市	Ji' an	2	9	42926	139812	126	126	118
白山市	**Baishan**	**7**	**40**	**125070**	**393399**	**503**	**498**	**488**
市区	District		10	39734	127434	115	115	114
抚松县	Fusong	3	11	31750	102931	130	126	124
靖宇县	Jingyu	2	6	22162	67885	111	110	103
长白朝鲜族自治县	Changbai	1	7	10592	32296	77	77	77
临江市	Linjiang	1	6	20832	62853	70	70	70
松原市	**Songyuan**	**37**	**41**	**529537**	**2050408**	**1124**	**1122**	**682**
市区	District	4	3	62052	231589	112	110	80
前郭尔罗斯蒙古族自治县	Qianguo	14	8	118453	439979	233	233	108
长岭县	Changling	10	12	125966	526885	232	232	147
乾安县	Qian' an	4	6	57925	207357	164	164	164
扶余县	Fuyu	5	12	165141	644598	383	383	183
白城市	**Baicheng**	**38**	**37**	**363697**	**1212252**	**919**	**904**	**683**
市区	District	5	7	71650	226015	162	162	107
镇赉县	Zhenlai	4	7	55985	177963	141	141	123
通榆县	Tongyu	8	8	74612	242494	172	157	168
洮南市	Taonan	13	5	87138	285277	221	221	88
大安市	Da' an	8	10	74312	280503	223	223	197
延边朝鲜族自治州	**Yanbian**	**16**	**50**	**235181**	**733844**	**1050**	**1049**	**1020**
延吉市	Yanji		4	24042	70633	54	54	52
图们市	Tumen		4	8556	25992	50	50	50
敦化市	Dunhua	5	11	65194	212110	303	303	293
珲春市	Hunchun	5	4	29246	84856	121	121	109
龙井市	Longjing	3	4	20518	65570	65	65	65
和龙市	Helong		8	26132	74768	76	76	76
汪清县	Wangqing	1	8	35241	107170	200	200	194
安图县	Antu	2	7	26252	92745	181	180	181

11－5 耕地面积情况
Area of Cultivated Land

单位：千公顷 unit: 1000ha

指　　标	Item	2010	2011
一、年初耕地总资源	**Total Resources of Cultivated Land at the Year-begining**	**6199.31**	**6443.90**
二、年内增加	**Increase in the Year**	**260.51**	**436.47**
其中：新开荒地	Newly Reclaimed Wasteland	40.82	268.82
园地改为耕地	Garden Plot to Land Cultivated	16.53	9.01
三、年内减少	**Decrease in the Year**	**15.93**	**21.69**
其中：国家基建占地	Construction for State－used	4.06	4.44
其他基建占地	Construction for Others	1.54	5.01
退耕还林还草占地	Land to Forest and Grass	3.06	3.80
耕地改为园地	Land to Garden Plot	0.66	0.55
四、年末耕地总资源	**Total Resources at of Cultivated Land at the Year－end**	**6443.90**	**6858.68**
（一）常用耕地面积	Common Area of Cultivated Land	5578.41	6172.81
其中：水田	Paddy Field	717.26	760.26
水浇田	Irrigated Land	679.13	712.34
（二）临时性耕田	Temporarily Cultivated Land	865.49	685.87
其中：25度以上陡坡耕地	Cultivated Land on Slope above 25 Degrees	24.14	21.87
补充资料：沟渠路比重（%）	Supplementary Material：Proportion of Ditch（%）	2	2

11－6 各市县耕地面积（2011）

市、县	City，County	一、年初耕地总资源（公顷）Total Resources of Cultivated Land at the Year Begining (ha)	二、年内增加（公顷）Increase in the Year (ha)	#新开荒地 Newly Reclaimed Wasteland	#园地改耕地 Garden Plot to Land	三、年内减少（公顷）Decrease in the Year (ha)	#国家基建占地 Construction for State-used	#其它基建占地 Others
长春市	**Changchun**	**1226943**	**75020**	**73616**	**108**	**4808**	**642**	**3111**
市区	District	126018	17839	17639	108	1443	634	619
农安县	Nong' an	354442	23555	23555		2596		2254
九台市	Jiutai	182842	2280	1076		148		
榆树市	Yushu	348992	29134	29134		594		219
德惠市	Dehui	214649	2212	2212		27	8	19
吉林市	**Jilin**	**665119**	**3935**	**1321**	**1716**	**1584**	**250**	**905**
市区	District	117382	71	71		270		210
永吉县	Yongji	84574	184	170	14	580	221	
蛟河市	Jiaohe	111905	2078	446	1632	8	8	
桦甸市	Huadian	110131	523	38	70	22	10	2
舒兰市	Shulan	139055	1046	596		687	11	676
磐石市	Panshi	102072	33			17		17
四平市	**Siping**	**922378**	**768**		**16**	**9356**	**325**	
市区	District	58224	555			20	20	
梨树县	Lishu	246044				6638		
伊通满族自治县	Yitong	126453	70		16	2432	305	
公主岭市	Gongzhuling	317216	143			266		
双辽市	Shuangliao	174441						
辽源市	**Liaoyuan**	**182073**	**41501**	**36075**	**5426**	**171**	**151**	**20**
市区	District	11555	84	84		20		20
东丰县	Dongfeng	103378				151	151	
东辽县	Dongliao	67140	41417	35991	5426			
通化市	**Tonghua**	**287284**	**25682**	**25305**	**241**	**778**	**127**	
市区	District	4159	16	1	15	98	97	
通化县	Tonghua	28957	350	147	203	97		
辉南县	Huinan	80354	136			553		

注：此表为各地区上报数。
Note: Data were reported by every region in the table.

Area of Cultivation Land by City and County (2011)

#退耕还林还草 Land to Forest and Grass	#耕地改为园地 Land to Garden Plot	四、年末耕地面积总资源（公顷）Total Resources of Cultivated Land at Year－end(ha)	（一）常用耕地面积（公顷）Common Area of Cultivated Land (ha)	#水田 Paddy Field	#水浇地 Irrigated Land	（二）临时性耕地（公顷）Temporarily Cultivated Land(ha)	#25度以上坡耕地 Cultivated Land on Slope above 25 Degrees(25℃)	补充资料：沟渠路比重（%）Proportion of Ditch (%)
592	**313**	**1297155**	**1293991**	**172117**	**23499**	**3164**	**1186**	**1**
40		142414	141139	14777	4529	1275		1
29	313	375401	375367	11694	14670	34	34	1
148		184974	184506	24589		468	302	2
375		377532	377512	71189	4300	20		1
		216834	215467	49868		1367	850	1
357	**12**	**667470**	**590033**	**142386**	**2593**	**77437**	**9492**	**2**
		117183	108030	31802	1849	9153	1461	1
357	2	84178	74070	21613	50	10108	1467	2
		113975	102659	12446	159	11316	219	2
	10	110632	86350	8086		24282	3152	2
		139414	131895	45679	535	7519	790	2
		102088	87029	22760		15059	2403	2
2127		**913790**	**845256**	**59436**	**119618**	**68534**	**2263**	**2**
		58759	58759	7675	786			1
		239406	213649	6818	42226	25757	700	3
2127		124091	123375	8332	640	716	716	2
		317093	275032	14601	36969	42061	847	2
		174441	174441	22010	38997			2
		223403	**221960**	**19109**	**469**	**1443**	**1214**	**2**
		11619	11329	381	134	290	284	1
		103227	102074	14805	213	1153	930	2
		108557	108557	3923	122			2
	97	**312188**	**307487**	**91451**	**1291**	**4701**	**515**	**3**
		4077	3981	419	143	96	41	1
	97	29210	28950	5429		260		2
		79937	75600	26233	952	4337	466	3

11－6 续表

市、县	City，County	一、年初耕地总资源（公顷）Total Resources of Cultivated Land at the Year Begining (ha)	二、年内增加（公顷）Increase in the Year (ha)	#新开荒地 Newly Reclaimed Wasteland	#园地改耕地 Garden Plot to Land	三、年内减少（公顷）Decrease in the Year (ha)	#国家基建占地 Construction for State-used	#其它基建占地 Others
柳河县	Liuhe	89070						
梅河口市	Meihekou	73384	25153	25153		23	23	
集安市	Ji' an	11360	27	4	23	7	7	
白山市	**Baishan**	**55772**	**1160**	**886**	**129**	**188**	**16**	**78**
市　区	District	11760	57	38		56	16	29
抚松县	Fusong	17410	915	736	129	75		
靖宇县	Jingyu	12416	76			8		
长白朝鲜族自治县	Changbai	4981	46	46		29		29
临江市	Linjiang	9205	66	66		20		20
松原市	**Songyuan**	**1003683**	**205181**	**67259**	**752**	**1127**	**143**	**450**
市　区	District	85305	1546	794	752	521	71	450
前郭尔罗斯蒙古族自治县	Qianguo	279562	20623					
长岭县	Changling	249980	82589					
乾安县	Qian' an	144574	33958					
扶余县	Fuyu	244262	66465	66465		606	72	
白城市	**Baicheng**	**866346**	**75023**	**62983**	**35**	**1827**	**1791**	**36**
市　区	District	121028	12412	12412				
镇赉县	Zhenlai	170579	16670	12360	35			
通榆县	Tongyu	300135	7730					
洮南市	Taonan	161999	13434	13434				
大安市	Da' an	112605	24777	24777		1827	1791	36
延边朝鲜族自治州	**Yanbian**	**360113**	**8202**	**1378**	**585**	**1846**	**999**	**412**
延吉市	Yanji	17602	31	25	6	161	155	6
图们市	Tumen	9031	602	282	320	108	33	2
敦化市	Dunhua	164613	102	102		697	413	215
珲春市	Hunchun	30799	767	760		278	37	132
龙井市	Longjing	26990	396	87	240	128	85	20
和龙市	Helong	29069	1		1	190	155	35
汪清县	Wangqing	49304	6003	122	18	93	87	2
安图县	Antu	32705	300			191	34	

continued

#退耕还林还草 Land to Forest and Grass	#耕地改为园地 Land to Garden Plot	四、年末耕地面积总资源（公顷） Total Resources of Cultivated Land at Year－end(ha)	（一）常用耕地面积（公顷） Common Area of Cultivated Land (ha)	#水田 Paddy Field	#水浇地 Irrigated Land	（二）临时性耕地（公顷） Temporarily Cultivated Land(ha)	#25度以上坡耕地 Cultivated Land on Slope above 25 Degrees(25℃)	补充资料：沟渠路比重（%） Proportion of Ditch (%)
		89070	89070	21366	76			2
		98514	98506	35625	120	8	8	2
		11380	11380	2379				2
19	**75**	**56744**	**47445**	**1265**	**479**	**9299**	**1877**	**4**
11		11761	11756	310	76	5		2
	75	18250	11763	10	93	6487	1391	2
8		12484	12170	395		314	15	2
		4998	4594	294	294	404		
		9251	7162	256	16	2089	471	1
534		**1207737**	**1185526**	**111590**	**302932**	**22211**	**860**	**2**
		86330	69971	14532	38651	16359	860	2
		300185	300185	71203	34000			1
		332569	327284	1623	88650	5285		1
		178532	177965	1657	69857	567		1
534		310121	310121	22575	71774			1
		939542	**841546**	**122318**	**255552**	**97996**		**1**
		133440	133440	37547	85893			2
		187249	138894	64407	47742	48355		
		307865	291101		52659	16764		
		175433	175433	9995	11920			1
		135555	102678	10369	57338	32877		1
166	**56**	**366469**	**353160**	**40587**	**5905**	**13309**	**4466**	**4**
		17472	16767	3386	790	705		4
	31	9525	8616	1222	167	909	506	4
61	8	164018	163546	4916	71	472	240	1
105		31288	28901	9085	450	2387	890	4
	13	27258	27258	5137	4346			4
		28880	28561	8564	10	319		4
	4	55214	52571	5451	23	2643	983	4
		32814	26940	2826	48	5874	1847	4

11－7 历年农林牧渔业总产值和指数

Gross Output Value of Agriculture、Forestry、Animal Husbandry and Fishery and Related Indices

年 份 Year	农林牧渔总产值（亿元）Gross Output Value of Agriculture, Forestry, Animal Husbandry and Fishery（100million yuan）					指数（1949=100）Indices of Agriculture, Forestry Animal Husbandry and Fishery（1949=100）				
	总产值 Total	农业 Farming	林业 Forestry	牧业 Animal Husbandry	渔业 Fishery	总产值 Total	农业 Farming	林业 Forestry	牧业 Animal Husbandry	渔业 Fishery
1949	8.12	7.00	0.02	1.07	0.02	100.0	100.0	100.0	100.0	100.0
1950	9.65	8.32	0.02	1.27	0.04	118.8	118.7	85.5	119.4	170.8
1951	9.52	7.99	0.05	1.45	0.04	117.3	113.9	210.5	136.2	168.5
1952	12.42	10.56	0.26	1.58	0.02	153.0	150.7	1154.5	148.5	75.4
1953	12.54	10.80	0.08	1.61	0.06	142.7	142.3	315.5	139.4	237.4
1954	12.40	10.57	0.06	1.71	0.06	139.1	137.4	251.6	145.6	248.6
1955	13.34	11.58	0.08	1.61	0.07	146.6	147.5	336.3	134.6	252.8
1956	13.43	11.69	0.15	1.52	0.07	147.0	147.6	2889.3	95.0	291.6
1957	12.84	10.53	0.39	1.83	0.09	129.3	126.3	1887.1	108.0	291.6
1958	12.38	9.97	0.83	1.47	0.11	153.0	146.5	5061.0	106.4	427.8
1959	13.92	11.93	0.54	1.33	0.13	169.1	172.3	3238.7	94.5	499.4
1960	12.89	10.89	0.37	1.45	0.18	140.4	141.1	1939.0	93.6	624.8
1961	14.89	13.14	0.27	1.30	0.18	149.1	156.8	1278.6	77.3	535.6
1962	14.24	12.13	0.26	1.73	0.13	142.8	144.5	1299.7	102.0	422.1
1963	16.07	13.59	0.29	2.10	0.10	158.2	159.2	1399.9	121.5	294.3
1964	16.93	13.95	0.36	2.52	0.10	164.7	161.6	1707.4	144.3	300.9
1965	17.75	14.56	0.55	2.52	0.12	173.5	169.3	2621.8	145.3	377.0
1966	22.67	18.92	0.88	2.75	0.11	190.2	189.1	3633.5	135.5	259.7
1967	24.14	20.10	0.82	3.13	0.10	202.6	200.8	3384.2	153.9	245.1
1968	23.23	19.33	0.88	2.93	0.09	194.9	193.2	3584.0	144.1	226.6
1969	19.82	16.02	0.97	2.75	0.08	166.3	159.9	3954.0	136.5	202.0
1970	26.86	22.88	1.13	2.74	0.11	225.4	228.4	4591.5	135.8	304.3
1971	27.48	22.23	0.96	4.23	0.05	227.7	219.6	5011.0	189.1	260.8
1972	26.06	21.42	1.04	3.54	0.05	208.4	204.0	5282.5	152.9	233.7
1973	31.55	26.44	0.82	4.19	0.09	251.1	250.8	4091.6	179.4	457.8
1974	37.44	31.60	0.94	4.79	0.11	271.5	273.0	4231.0	187.1	566.3
1975	35.27	29.38	1.09	4.69	0.11	279.1	277.0	5457.0	199.9	516.3
1976	31.17	25.65	1.03	4.39	0.09	243.9	239.0	5038.8	186.4	447.0
1977	31.25	25.56	1.12	4.47	0.09	242.5	236.4	5531.7	186.9	379.2
1978	37.78	32.23	0.87	4.61	0.08	289.2	293.8	4225.7	190.9	288.6
1979	42.02	34.99	1.13	5.80	0.08	279.5	276.4	4703.3	214.0	234.6
1980	47.47	35.56	2.47	9.39	0.05	290.8	277.8	7851.3	241.3	246.5
1981	56.89	44.81	0.20	9.97	0.15	311.2	299.8	8486.6	245.4	383.6
1982	60.58	48.95	2.54	8.83	0.26	329.2	314.6	9022.4	268.9	449.8
1983	78.11	65.42	2.10	10.28	0.31	425.2	433.4	9070.9	260.1	521.4
1984	88.99	72.81	3.55	12.23	0.39	469.7	476.3	10585.0	291.1	625.1
1985	85.89	63.91	3.32	18.12	0.55	432.2	407.4	10760.2	385.1	862.8
1986	98.43	76.07	2.94	18.58	0.84	451.0	433.8	9360.2	382.2	1104.9
1987	120.81	93.14	2.93	23.45	1.28	516.1	515.4	8891.9	374.1	1333.3
1988	140.91	106.41	2.84	29.50	2.17	543.8	534.9	8928.8	429.9	1719.5
1989	133.79	91.52	3.46	36.25	2.56	480.4	447.8	8914.9	469.5	1920.4
1990	189.09	140.67	4.19	41.42	2.81	608.4	599.8	7682.6	497.2	2108.7
1991	188.38	135.74	4.42	45.16	3.06	605.1	580.1	7781.2	540.9	2336.9
1992	204.39	146.00	5.10	50.02	3.27	622.8	588.1	7782.7	586.1	2458.2
1993	243.95	174.63	5.10	60.35	3.86	685.2	640.8	7547.9	671.8	2859.0
1994	405.48	270.81	8.54	120.14	5.99	755.3	664.3	7994.5	876.6	3061.3
1995	490.28	301.44	8.28	173.32	7.24	800.2	646.9	7421.2	1117.0	3229.4
1996	581.04	363.68	7.57	201.99	7.80	953.2	760.9	7010.5	1382.8	3544.5
1997	565.54	315.45	7.99	233.39	8.71	932.8	656.4	7564.2	1616.7	3869.7
1998	666.48	394.86	8.08	254.11	9.43	1080.0	825.4	7870.2	1680.4	4150.2
1999	675.30	388.40	10.45	266.84	9.61	1101.0	818.1	9993.9	1766.7	4231.6
2000	609.37	320.27	11.38	268.72	9.00	1039.4	705.2	10243.8	1869.8	4150.2
2001	691.83	405.40	13.83	263.24	9.36	1195.7	787.1	12742.2	2194.6	6184.6
2002	734.21	410.22	33.91	271.13	10.83	1352.8	892.0	29981.7	2276.1	7242.5
2003	792.14	438.34	33.77	298.44	13.56	1438.0	936.4	30731.3	2471.5	7649.4
2004	940.67	486.23	32.85	399.06	13.44	1551.6	1015.3	28232.8	2666.8	7974.9
2005	1050.49	518.13	39.90	467.59	14.87	1733.1	1077.8	33110.5	3151.9	8777.2
2006	1155.50	597.02	44.35	483.46	16.98	1863.1	1181.7	32481.4	3314.2	10007.8
2007	1418.90	653.03	48.79	683.74	18.29	1960.0	1133.3	29135.8	3910.8	10588.2
2008	1614.80	749.20	54.97	770.21	22.52	2156.0	1305.6	28145.2	4137.6	11763.5
2009	1734.26	777.45	58.91	825.52	23.47	2270.3	1280.8	31353.8	4576.2	13163.4
2010	1850.28	866.94	68.34	831.45	25.35	2352.0	1361.5	32890.1	4599.1	13255.5
2011	2275.15	1020.44	81.85	1074.49	31.12	2474.3	1460.9	34830.6	4718.7	13944.8

11－8 农林牧渔业分项产值

Gross Output Value of Agriculture、Forestry、Animal Husbandry and Fishery by Sector

单位：万元　　　　unit: 10000yuan

指　　标	Item	2010	2011	2011年为2010年的% Increase Rate(%)
农林牧渔业总产值	**Total Output Value of Agriculture,Forestry, Animal Husbandry and Fishery**	**18502807**	**22751460**	**105.2**
一、农业产值	Agriculture	8669436	10204433	107.3
（一）谷物及其他作物	Cereal and Others	6361123	7549213	107.8
1. 谷物	Cereal	4560011	6179437	108.1
2. 薯类	Tubers	636905	301275	47.3
3. 油料	Oil－bearing Crops	376880	367257	97.4
4. 豆类	Beans	427637	526552	113.1
5. 棉花	Cotton	1251	2296	183.5
6. 麻类	Fiber Crops	37	40	108.1
7. 糖料	Sugar Crops	3008	9113	302.9
8. 烟草	Tobacco	86793	86760	100.0
9. 其他农作物	Others	75951	76483	100.7
（二）蔬菜园艺作物	Vegetables and Gardening Crops	1581278	1798991	105.9
（三）水果、坚果、饮料作物	Fruits, Nut and Beverage Crops	471420	512325	103.8
（四）中药材	Traditional Chinese Herbal Medicine	255615	343904	107.2
二、林业产值	Forestry	683359	818531	105.9
（一）林木的培育和种植	Forest Cultivated and Planted	150146	160597	94.0
（二）竹木采运	Wood	410264	478532	103.2
（三）林产品	Forest Goods	122949	179402	129.8
三、牧业产值	Animal Husbandry	8314503	10744855	102.6
（一）牲畜饲养	Animals Raising	3000380	3775618	103.6
（二）猪的饲养	Hogs Raising	2602279	3737505	101.4
（三）家禽饲养	Poultry Raising	2568577	3109232	104.0
（四）狩猎和捕捉动物	Hunt	28150	17483	98.2
（五）其他畜牧业	Others	115117	105017	102.5
四、渔业产值	Fishery	253480	311200	105.2
五、农林牧渔服务业产值	Service Industry Output Value of Farming	582029	672441	109.7

11－9 各市县农林牧渔总产值（2011）

Output Value of Agriculture、Forestry、Animal Husbandry and Fishery by City and County（2011）

单位：万元　　　　unit: 10000yuan

市、县 City，County		农林牧渔业总产值 Total	农业 Farming	林业 Forestry	牧业 Animal Husbandry	渔业 Fishery	农林牧渔业总产值指数 Indices
全　省	**Total**	**22751460**	**10204433**	**818531**	**10744855**	**311200**	**105.2**
长春市	**Changchun**	**5237896**	**2485801**	**28205**	**2544983**	**36837**	**105.0**
市　区	District	486397	181297	2060	276578	5364	104.5
农安县	Nong' an	1446417	678670	7144	714205	8509	107.0
九台市	Jiutai	615891	279821	5380	307652	9014	101.2
榆树市	Yushu	1559168	892421	4735	617426	7149	108.7
德惠市	Dehui	1130023	453592	8886	629122	6801	105.0
吉林市	**Jilin**	**3852392**	**1815216**	**88448**	**1691327**	**111852**	**105.4**
市　区	District	759528	360450	7940	348281	15657	108.0
永吉县	Yongji	338098	182944	1177	134258	6605	106.9
蛟河市	Jiaohe	531455	301687	21754	163408	30066	105.5
桦甸市	Huadian	627899	295680	34898	236215	34226	105.3
舒兰市	Shulan	848556	341876	16711	447934	9650	106.0
磐石市	Panshi	746856	332579	5968	361231	15648	105.1
四平市	**Siping**	**4653571**	**1831823**	**17399**	**2720511**	**8208**	**105.0**
市　区	District	281690	90228	1097	185319	2896	104.1
梨树县	Lishu	1500145	533875	3668	936749	853	106.5
伊通满族自治县	Yitong	598961	202674	2470	382131	1706	105.4
公主岭市	Gongzhuling	1635690	708597	4868	889311	2414	105.1
双辽市	Shuangliao	637085	296449	5296	327001	339	103.4
辽源市	**Liaoyuan**	**844320**	**361814**	**13741**	**458906**	**3772**	**105.2**
市　区	District	66765	23364	482	41864	93	102.9
东丰县	Dongfeng	474171	222639	6138	241961	1988	105.7
东辽县	Dongliao	303384	115811	7121	175081	1691	105.8
通化市	**Tonghua**	**1406535**	**671358**	**93304**	**521510**	**41396**	**106.7**
市　区	District	76133	38594	2087	33543	406	107.0
通化县	Tonghua	136600	80265	28910	20010	5905	108.9
辉南县	Huinan	279769	150093	4928	100166	5661	107.5
柳河县	Liuhe	362463	177061	30945	119807	9555	107.7
梅河口市	Meihekou	416200	144374	6148	229444	7583	103.8

注：各地区相加不等于全省总计。
Note: The Sum of data by every region is not equal to the whole province.

11－9 续表 continued

单位：万元 unit: 10000yuan

市、县	City，County	农林牧渔业总产值 Total	农业 Farming	林业 Forestry	牧业 Animal Husbandry	渔业 Fishery	农林牧渔业总产值指数 Indices
集安市	Ji' an	135370	80971	20286	18540	12286	108.5
白山市	**Baishan**	**823451**	**444103**	**235666**	**89641**	**48044**	**106.3**
市　区	District	236131	115791	65756	39832	11967	106.8
抚松县	Fusong	291987	141056	116097	12531	21341	106.8
靖宇县	Jingyu	102055	63494	10472	16904	9985	105.9
长白朝鲜族自治县	Changbai	78266	45697	23502	7495	972	105.2
临江市	Linjiang	115012	78065	19839	12879	3779	104.8
松原市	**Songyuan**	**4128400**	**2506905**	**41360**	**1389443**	**92180**	**105.5**
市　区	District	221186	162062	5393	39498	8250	105.5
前郭尔罗斯蒙古族自治县	Qianguo	1342553	850368	14499	369495	58191	106.9
长岭县	Changling	1133243	621096	5539	500467	2012	104.8
乾安县	Qian' an	323536	199349	3802	105045	4940	107.7
扶余县	Fuyu	1107882	674030	12127	374938	18787	104.7
白城市	**Baicheng**	**1794800**	**1108938**	**51749**	**545796**	**29867**	**106.4**
市　区	District	341279	267469	8286	62215	239	109.2
镇赉县	Zhenlai	449191	233026	14646	172040	17479	107.7
通榆县	Tongyu	270816	197332	10329	52027	3928	101.1
洮南市	Taonan	439005	242172	6548	159843	3562	108.4
大安市	Da' an	294509	168939	11940	99671	4659	101.5
延边朝鲜族自治州	**Yanbian**	**1097055**	**742809**	**196446**	**133942**	**13961**	**105.4**
延吉市	Yanji	76954	52046	3959	17549	160	104.9
图们市	Tumen	26558	18935	1043	6344	96	105.3
敦化市	Dunhua	425521	313036	55330	47699	7337	105.6
珲春市	Hunchun	93969	71692	8715	10568	2244	105.0
龙井市	Longjing	67830	48951	2312	15495	540	105.2
和龙市	Helong	108783	50828	44599	11886	569	105.6
汪清县	Wangqing	167749	112047	41563	10749	2175	105.5
安图县	Antu	129691	75274	38925	13652	840	104.9

11－10　农林牧渔业中间消耗

Intermediate Consumption of Agriculture、Forestry、Animal Husbandry and Fishery

单位：万元　　　　unit: 10000yuan

项　　目	Item	2010	2011
农林牧渔业中间消耗总计	**Total Intermediate Consumption of Agriculture,Forestry, Animal Husbandry and Fishery**	**8001256**	**9977056**
农业中间消耗	Intermediate Consumption of Agriculture	2899133	3442833
中间物质消耗	Intermediate Material Consumption	2660279	3158033
对非物质生产部门劳务支出	Expenditure of Labor Services to Branches of Non－material Production	238854	284800
林业中间消耗	Intermediate Consumption of Forestry	253318	306106
中间物质消耗	Intermediate Material Consumption	205783	248581
对非物质生产部门劳务支出	Expenditure of Labor Services to Branches of Non－material Production	47535	57525
牧业中间消耗	Intermediate Consumption of Animal Husbandry	4499702	5814776
中间物质消耗	Intermediate Material Consumption	4401421	5686700
对非物质生产部门劳务支出	Expenditure of Labor Services to Branches of Non－material Production	98281	128076
渔业中间消耗	Intermediate Consumption of Fishery	97141	120356
中间物质消耗	Intermediate Material Consumption	79828	98178
对非物质生产部门劳务支出	Expenditure of Labor Services to Branches of Non－material Production	17313	22178
农林牧渔服务业中间消耗	Total of Intermediate Consumption of Agriculture, Forestry, and Fishery Animal Husbanry	251962	292985
中间物质消耗	Intermediate Material Consumption	173769	190440
对非物质生产部门劳务支出	Expenditure of Labor Services to Branches of Non－material Production	78193	102545

11-11 历年农业生产条件

Main Indicators on Construction Enterprises of Agricultural

年 份 Year	农业机械总动力（万千瓦）Total Power of Agricultural Machinery (10 000 kw)	有效灌溉面 积（千公顷）Irrigated Area (1 000 hectares)	化肥施用量（实物量）（万吨）Consumption of Chemical Fertilizers (physical quantity) (10 000 tons)	农村用电量（亿千瓦小时）Electricity Consumption in Rural Area (100 million kw.h)	农作物总播种面积（千公顷）Total Sown Area (1 000hectares)	#粮食 Grain Crops	#油料 Oil-Bearing Crops	#大豆 Cotton Crops
1949		86.9			4384.5	4196.0	17.1	692.0
1950		98.1			4564.7	4341.0	33.9	821.5
1951		102.9			4510.8	4162.1	102.3	932.1
1952		115.4			4607.9	4318.4	64.3	906.4
1953		109.3			4495.1	4232.0	44.0	903.1
1954		124.9			4558.4	4262.5	59.6	939.2
1955		140.0			4566.1	4267.1	50.1	810.4
1956		331.5			4778.7	4469.3	60.4	953.9
1957	2.6	369.0			4603.9	4291.4	63.0	906.5
1958		493.6			4529.6	4178.6	93.3	851.5
1959		352.5			4310.5	3865.9	118.1	885.2
1960	14.3	257.6			4387.7	3911.0	82.1	866.7
1961		177.5			4368.9	3910.0	45.9	825.3
1962	11.7	154.3			4351.3	4031.7	29.7	777.3
1963	18.0	149.3		0.6	4359.0	4057.9	29.5	755.1
1964	21.6	168.4		0.8	4345.0	4060.3	31.1	742.3
1965	23.8	232.6	7.6	1.0	4350.4	4033.9	28.5	720.6
1966		241.5	12.6	1.1	4312.5	3992.4	28.5	698.4
1967		253.3	17.2	1.3	4270.9	3958.6	26.4	725.0
1968		265.9	16.0	1.4	4232.5	3946.3	30.7	704.5
1969		283.7	23.1	1.9	4227.6	3940.9	22.1	698.4
1970	34.4	351.3	30.9	2.3	4216.7	3966.8	14.9	715.1
1971	57.9	460.8	44.7	2.9	4200.7	3939.3	21.9	698.3
1972	82.4	339.9	43.2	3.9	4170.9	3861.5	34.2	691.2
1973	86.9	396.1	48.3	4.3	4163.3	3844.4	45.0	665.8
1974	133.9	478.1	63.7	5.1	4146.7	3815.7	59.2	628.1
1975	188.3	546.7	60.6	6.4	4111.3	3760.6	63.1	636.7
1976	261.3	600.6	65.8	7.6	4066.3	3611.0	108.3	619.9
1977	251.0	609.2	57.8	7.9	4051.5	3577.5	122.0	602.5
1978	284.1	598.6	66.7	8.1	4053.1	3603.1	106.2	584.4
1979	303.1	570.8	91.3	8.8	4060.5	3600.1	118.9	576.5
1980	367.5	730.7	120.2	9.7	4057.0	3524.3	186.3	556.5
1981	395.8	744.9	144.9	11.2	4074.8	3509.3	232.3	605.3
1982	396.1	733.5	135.3	12.3	4065.6	3555.2	192.5	587.0
1983	417.7	716.1	152.2	12.4	4069.6	3586.5	175.3	499.7
1984	452.7	711.4	180.5	12.4	4079.8	3501.7	288.1	397.1
1985	476.3	696.3	159.2	11.9	4063.9	3283.5	437.4	478.1
1986	528.5	717.5	179.1	13.9	4036.8	3469.5	272.8	489.1
1987	534.9	752.9	195.8	14.9	4036.9	3485.7	241.4	486.1
1988	552.6	774.5	190.7	15.8	4035.2	3422.5	248.7	544.9
1989	590.5	836.0	201.2	16.2	4021.4	3430.9	232.7	537.3
1990	629.0	881.9	233.1	16.8	4039.8	3525.9	200.9	463.8
1991	587.5	923.3	248.1	18.2	4065.9	3542.0	187.5	431.2
1992	591.4	914.8	245.0	19.0	4048.7	3536.9	154.1	437.5
1993	607.1	908.9	236.9	19.8	4050.7	3526.7	153.0	543.6
1994	598.8	910.1	245.1	21.5	4059.6	3566.7	154.0	504.9
1995	661.4	904.4	266.6	21.5	4059.8	3576.9	151.0	378.6
1996	718.7	936.0	283.9	22.1	4063.0	3624.5	119.0	296.1
1997	773.2	1078.0	282.7	22.7	4067.4	3592.1	112.4	309.6
1998	827.5	1250.9	289.3	22.5	4061.6	3567.2	121.9	304.3
1999	897.3	1293.2	293.6	23.3	4064.3	3513.4	165.8	278.3
2000	1015.4	1315.0	281.3	23.8	4065.6	3357.1	271.9	538.9
2001	1096.5	1383.0	280.6	24.1	4045.7	3357.2	234.0	476.8
2002	1150.7	1499.0	283.3	23.9	4687.7	4037.6	257.8	415.0
2003	1230.6	1546.0	287.3	23.1	4717.1	4013.8	301.8	430.0
2004	1319.8	1595.0	304.7	26.2	4904.0	4312.1	222.1	525.9
2005	1471.3	1613.7	306.0	28.7	4953.1	4294.5	288.5	504.8
2006	1572.3	1636.4	317.8	30.2	4984.6	4325.5	287.8	448.4
2007	1678.3	1640.6	331.9	32.6	5040.3	4334.7	305.6	355.9
2008	1800.0	1678.9	343.8	34.7	4998.2	4391.2	212.3	373.4
2009	2001.2	1683.7	359.0	37.5	5077.6	4427.7	243.0	437.4
2010	2144.7	1726.8	371.7	39.5	5221.4	4492.2	303.1	376.8
2011	2355.0	1831.7	391.9	42.5	5222.3	4545.1	245.1	304.8

11－12 农业生产条件
Conditions for Agricultural Production

项　　目	Item	2010	2011
一、主要农业机械拥有量	**Number of Agricultural Machinery**		
农业机械总动力（万千瓦）	Total Power of Agricultural Machinery(10000kw)	2144.7	2355.0
大中型拖拉机（混合台）	Large and Medium Tractors(unit)	293676	350724
小型拖拉机（台）	Mini－Tractors(unit)	612897	637687
大中型机引农具（台）	Large and Medium Tractors Towing Farm Machinery(unit)	590229	680922
联合收割机（台）	Combine Harvesters(unit)	10114	21868
机动脱粒机（台）	Thresher Sheller(unit)	160745	165645
机动水稻插秧机(台)	Rice Transplanter(unit)	13102	19715
粮食加工机械（台）	Machine of Grain Processing(unit)	117710	119740
油料加工机械（台）	Machine of Oil Bearing Seed Processing(unit)	5636	9517
农用载重汽车（辆）	Trucks for Agricultural Use(unit)	161457	154691
二、农业机械作业面积	**Operation Area of Agricultural Machinery**		
机耕面积（千公顷）	Area of Machinery Cultivated Land(1000ha)	4073	4523
占耕地面积比重（%）	Proportion of Cultivated Land(%)	79.5	82.6
机播面积（千公顷）	Area of Machinery Sowed Land(1000ha)	3728	4185
占播种面积比重（%）	Proportion of Sown Land(%)	67.5	80.1
机收面积(千公顷)	Area of Machinery Gathered Land(1000ha)	1136.0	1568.1
占播种面积比重（%）	Proportion of Sown Land(%)	21.8	30.0
三、农村用电量	**Electricity Consumption in Rural**		
农村用电量（万千瓦小时）	Electricity Consumption in Rural(10000kw.h)	394973.9	425072.0
每公顷用电量（千瓦小时）	Electricity Consumption per Hectrares(kw.h)	708.0	688.6
四、农田水利	**Irrigation and Water Conservancy**		
农用排灌机械（台）	Irrigating Machinery(unit)	467388	468334
农用水泵(台)	Water Pump(unit)	478695	478173
有效灌溉面积(千公顷)	Effective Irrigated Area(1000ha)	1726.8	1831.7
占耕地面积比重（%）	Proportion of Cultivated Land(%)	31.0	29.7
机电灌溉面积(千公顷)	Irrigated Areas by Power(1000ha)	869.1	893.1
占有效灌溉面积(%)	Proportion of Effective Irrigated Area(%)	50.3	48.6
五、农业化肥	**Agricultural Fertilizer**		
化肥施用量（实物）（万吨）	Consumption of Chemical Fertilizer(10000tons)	372	392
氮　　肥	Nitrogenous Fertilizer	165.2	169.5
磷　　肥	Phosphate Fertilizer	41.4	42.6
钾　　肥	Potash Fertilizer	24	26
复 合 肥	Compound Fertilizer	140.7	153.3
每公顷化肥施用量（公斤）	Comsumption of Chemeical Fertilizer per Hectare(kg)	666.40	634.80

11－13 各市县主要农业机械拥有量（2011）
Possession of Major Agricultural Machinery by City and County（2011）

市、县	City，County	农业机械总动力（万千瓦）Total Power of Agricultural Machinery (10000kw)	大中型农用拖拉机（混合台）Large and Medium Tractors Towing Farm Machinery (unit)	农用小型及手扶拖拉机（台）Mini－Tractors (unit)	大中型机引农具（部）Large and Medium Tractors Towing Farm Machinery (unit)	农用排灌动力机械（台）Irrigating Machinery (unit)	粮食加工机械（台）Machine of Grain Processing (unit)
全　　省	**Total**	**2355**	**350724**	**637687**	**680922**	**468334**	**119740**
长春市	**Changchun**	**469**	**81868**	**77612**	**147492**	**89501**	**29313**
市　　区	District	58	3854	13846	3538	14439	3154
农安县	Nong' an	140	41914	14891	63856	9919	5610
九台市	Jiutai	71	6493	18414	18901	10994	4577
榆树市	Yushu	105	16585	15433	31040	21237	8650
德惠市	Dehui	95	13022	15028	30157	32912	7322
吉林市	**Jilin**	**306**	**10630**	**167274**	**16912**	**62653**	**16367**
市　　区	District	58	1789	29153	2603	8302	1935
永吉县	Yongji	38	1269	21641	442	5545	3640
蛟河市	Jiaohe	44	2386	20264	1493	9950	2453
桦甸市	Huadian	45	1167	24655	1153	2194	3695
舒兰市	Shulan	82	2940	40330	10067	31354	2254
磐石市	Panshi	39	1079	31231	1154	5308	2390
四平市	**Siping**	**244**	**34653**	**51362**	**33009**	**78314**	**15920**
市　　区	District	26	3616	1533	3336	13251	567
梨树县	Lishu	44	4315	9178	9358	22762	4951
伊通满族自治县	Yitong	31	3658	9115	2027	4268	1230
公主岭市	Gongzhuling	89	14825	18196	11067	17365	7872
双辽市	Shuangliao	55	8239	13340	7221	20668	1300
辽源市	**Liaoyuan**	**100**	**6686**	**41353**	**12791**	**26585**	**5092**
市　　区	District	3	73	1214	78	645	705
东丰县	Dongfeng	52	4961	17514	9064	21662	2545
东辽县	Dongliao	45	1652	22625	3649	4278	1842
通化市	**Tonghua**	**143**	**8452**	**72424**	**12814**	**25619**	**10629**
市　　区	District	9	177	946	49	1867	404
通化县	Tonghua	18	1094	6928	1076	284	3725
辉南县	Huinan	34	906	24564	1408	4497	1814
柳河县	Liuhe	31	1755	21382	1345	4171	1490
梅河口市	Meihekou	34	3822	14318	8713	9186	965

11－13 续表 continued

市、县 City, County		农业机械总动力（万千瓦） Total Power of Agricultural Machinery (10000kw)	大中型农用拖拉机（混合台） Large and Medium Tractors Towing Farm Machinery (unit)	农用小型及手扶拖拉机（台） Mini－Tractors (unit)	大中型机引农具（部） Large and Medium Tractors Towing Farm Machinery (unit)	农用排灌动力机械（台） Irrigating Machinery (unit)	粮食加工机械（台） Machine of Grain Processing (unit)
集安市	Ji' an	15	698	4286	223	5614	2231
白山市	**Baishan**	**43**	**2131**	**1843**	**2155**	**8628**	**5043**
市区	District	14	271	454	646	3178	2127
抚松县	Fusong	8	335	301	518	2817	997
靖宇县	Jingyu	10	1180	542	546	1175	339
长白朝鲜族自治县	Changbai	3	124	23	46	639	482
临江市	Linjiang	8	221	523	399	819	1098
松原市	**Songyuan**	**500**	**82879**	**132898**	**186096**	**65471**	**18119**
市区	District	66	9540	10956	5512	12130	1262
前郭尔罗斯蒙古族自治县	Qianguo	138	15335	38511	57253	17280	3735
长岭县	Changling	102	17526	37702	27062	7645	1996
乾安县	Qian' an	74	22102	14200	45588	6200	1500
扶余县	Fuyu	121	18376	31529	50681	22216	9626
白城市	**Baicheng**	**386**	**89863**	**53151**	**195685**	**104205**	**14226**
市区	District	85	15184	10221	25618	28845	2145
镇赉县	Zhenlai	78	21619	5868	70423	25488	1955
通榆县	Tongyu	91	30453	5050	62545	12710	6300
洮南市	Taonan	79	10836	19609	16165	25960	2365
大安市	Da' an	54	11771	12403	20934	11202	1461
延边朝鲜族自治州	**Yanbian**	**163**	**33562**	**39770**	**73968**	**7358**	**5031**
延吉市	Yanji	13	1623	3841	1499	742	326
图们市	Tumen	5	1126	1099	2089	124	391
敦化市	Dunhua	58	13738	12001	44506	3052	1800
珲春市	Hunchun	16	2806	6119	2947	76	212
龙井市	Longjing	12	1870	4365	2505	127	521
和龙市	Helong	12	1398	5383	1296	29	780
汪清县	Wangqing	32	8192	3119	14672	2714	812
安图县	Antu	15	2809	3843	4454	494	189

11－14　各市县农业现代化水平（2011）

Agricultural Modernizing Level of the City and County（2011）

市、县 City，County		机耕面积（千公顷）Area of Machinery Cultivated Land (1000ha)	机播面积（千公顷）Area of Machinery Sowed Land (1000ha)	农村用电量（千千瓦小时）Electrical Consumption in Rual (10000kwh)	有效灌溉面积（千公顷）Effective Irrigated Area (1000ha)	配套机电井（眼）Electrical Machinery of Well (unit)	化肥施用量（实物量）（吨）Consumption of Chemical Fertilizer (ton)	#氮肥 Nitrogenous Fertilizers	#磷肥 Phosphate Fertilizer
全　　省	**Total**	**4522.80**	**4185.02**	**4250721**	**1831.70**	**175569**	**3918592**	**1694933**	**426400**
长春市	**Changchun**	**1063.30**	**979.60**	**1265041**	**249.49**	**30129**	**985338**	**468047**	**119742**
市　　区	District	106.00	88.60	420462	31.32	3583.00	129839	54208	6799
农安县	Nong' an	273.00	278.00	230158	43.84	8861	252967	121345	33556
九台市	Jiutai	164.00	161.00	197770	35.70	3065	158767	70057	19125
榆树市	Yushu	327.00	283.00	219909	74.69	6268	286464	137377	38075
德惠市	Dehui	193.30	169.00	196742	63.94	8352	157301	85060	22187
吉林市	**Jilin**	**573.50**	**490.90**	**496929**	**180.79**	**6867**	**543090**	**227166**	**39634**
市　　区	District	96.70	76.60	188905	45.09	2405	92663	41084	6724
永吉县	Yongji	67.40	60.20	43287	27.90	1739	74048	22323	4211
蛟河市	Jiaohe	106.90	95.80	65194	15.20	295	84184	33061	11639
桦甸市	Huadian	80.40	88.30	53239	8.56	251	94110	42579	3093
舒兰市	Shulan	136.50	91.00	88358	48.04	1401	95937	42366	8100
磐石市	Panshi	85.60	79.00	57946	36.00	776	102148	45753	5867
四平市	**Siping**	**810.70**	**769.50**	**565030**	**187.98**	**17327**	**665755**	**203178**	**29663**
市　　区	District	53.80	53.40	148704	1.49	207	48840	20163	2187
梨树县	Lishu	238.50	233.00	80318	58.18	2557	172493	68029	7679
伊通满族自治县	Yitong	110.90	102.70	73336	16.05	4833	96032	12848	3341
公主岭市	Gongzhuling	301.10	280.50	171818	67.53	2064	242750	53940	5276
双辽市	Shuangliao	106.40	99.90	90854	44.73	7666	105640	48198	11180
辽源市	**Liaoyuan**	**143.54**	**124.02**	**141924**	**31.47**	**2052**	**155308**	**60389**	**9734**
市　　区	District	8.40	8.30	6796	2.72	411	11415	4086	1086
东丰县	Dongfeng	75.20	53.80	102145	18.06	1004	82583	37239	3837
东辽县	Dongliao	59.94	61.92	32983	10.69	637	61310	19064	4811
通化市	**Tonghua**	**269.80**	**135.27**	**303242**	**109.48**	**1819**	**283161**	**152640**	**27798**
市　　区	District	1.30	0.10	33594	1.61	322	6351	4785	222
通化县	Tonghua	16.00	2.00	31493	7.76	117	25621	16610	820
辉南县	Huinan	71.60	38.20	44108	27.18	448	65855	42234	3721
柳河县	Liuhe	76.30	38.20	74849	20.35	617	76460	34662	10434
梅河口市	Meihekou	98.70	55.27	76168	48.90	255	92803	45533	10564

11－14 续表 continued

市、县 City, County		机耕面积（千公顷）Area of Machinery Cultivated Land (1000ha)	机播面积（千公顷）Area of Machinery Sowed Land (1000ha)	农村用电量（千千瓦小时）Electrical Consumption in Rual (10000kwh)	有效灌溉面积（千公顷）Effective Irrigated Area (1000ha)	配套机电井（眼）Electrical Machinery of Well (unit)	化肥施用量（实物量）（吨）Consumption of Chemical Fertilizer (ton)	#氮肥 Nitrogenous Fertilizers	#磷肥 Phosphate Fertilizer
集安市	Ji' an	5.90	1.50	43030	3.68	60	16071	8816	2037
白山市	**Baishan**	**23.73**	**11.33**	**84315**	**4.34**	**465**	**35364**	**17286**	**1631**
市　区	District	5.80	1.80	30970	1.64	34	9725	6051	275
抚松县	Fusong	7.33	5.33	14158	0.45	266	10493	3909	461
靖宇县	Jingyu	6.20	2.80	17214	0.96	163	6489	2660	356
长白朝鲜族自治县	Changbai	2.20	0.60	6458	0.93		2218	1179	52
临江市	Linjiang	2.20	0.80	15515	0.36	2	6439	3487	487
松原市	**Songyuan**	**796.30**	**795.70**	**496777**	**540.75**	**22474**	**690377**	**309678**	**126190**
市　区	District	51.70	50.10	57488	52.41	2794	41337	18288	8694
前郭尔罗斯蒙古族自治县	Qianguo	196.00	196.00	130616	187.25	5172	149129	65519	19769
长岭县	Changling	187.00	209.30	152489	97.20	5766	232938	103933	63465
乾安县	Qian' an	132.00	132.00	42446	101.69	5209	94833	42924	11508
扶余县	Fuyu	229.60	208.30	113738	102.20	3533	172140	79014	22754
白城市	**Baicheng**	**533.00**	**587.50**	**306231**	**442.41**	**90580**	**413837**	**191797**	**56533**
市　区	District	103.00	92.40	43043	107.35	30670	84105	42047	9186
镇赉县	Zhenlai	123.30	146.80	84575	92.47	6602	65972	32167	9545
通榆县	Tongyu	170.00	157.00	55347	70.77	3800	83703	32772	14189
洮南市	Taonan	75.10	135.30	69713	111.40	43924	111211	52901	13467
大安市	Da' an	61.60	56.00	53553	60.42	5584	68846	31910	10146
延边朝鲜族自治州	**Yanbian**	**308.92**	**291.20**	**591232**	**84.99**	**3856**	**146362**	**64752**	**15475**
延吉市	Yanji	11.80	13.60	112836	6.19	380	11673	6867	1270
图们市	Tumen	5.80	5.20	34826	3.89	169	5408	2647	649
敦化市	Dunhua	151.35	141.24	133788	16.15	892	45979	15256	6723
珲春市	Hunchun	26.27	20.46	61104	12.24	183	13248	4828	827
龙井市	Longjing	19.20	16.80	57955	12.85	1128	17226	8064	726
和龙市	Helong	18.00	15.00	76586	12.35	466	18361	12787	2009
汪清县	Wangqing	52.00	51.00	74856	12.94	311	20251	8931	1784
安图县	Antu	24.50	27.90	39281	8.38	327	14216	5372	1487

11－15 历年主要农业产品产量和大牲畜饲养量

Output of Major Agricultural Products over the Years and Large Number of Livestock Raised

年 份 Year	粮食 (万吨) Grain (10 000 tons)	大豆 (万吨) Soja (10 000 tons)	油料 (万吨) Oil-bearing Crops (10 000 tons)	蔬菜 (万吨) Vegetable (10 000 tons)	水果 (万吨) Fruits (10 000 tons)	大牲畜年底头数(万头) Large Animals at Year-end (10 000 heads)	肉类 (万吨) Meat (10 000 tons)	奶类 (万吨) Milk (10 000 tons)	水产品 (万吨) Aquatic Products (10 000 tons)
1949	458.95	67.75	1.13			164.80			
1950	553.90	96.34	2.17			183.30			
1951	468.30	97.83	4.18			199.20			
1952	613.20	117.52	3.89			219.60			
1953	561.45	121.56	2.18			221.40			
1954	530.95	118.00	3.53		0.33	231.80			
1955	556.53	82.28	2.58		0.87	219.50			
1956	493.64	108.60	2.78		0.95	188.10			
1957	429.35	80.92	2.42		0.40	170.90			
1958	528.84	85.93	6.91		1.14	172.80			
1959	526.60	111.67	5.76		1.82	184.10			
1960	394.70	80.28	2.19		0.83	182.30			
1961	398.55	67.72	1.04		0.97	175.20			
1962	437.10	69.73	1.05		0.82	183.40			
1963	501.60	79.82	1.59		1.39	201.90			
1964	491.80	76.36	1.95			211.40			
1965	525.10	77.07	1.76		1.86	214.20			
1966	597.60	93.03	1.68		2.04	221.10			
1967	647.74	79.39	1.77		2.24	229.90			
1968	622.15	82.68	1.72		1.84	245.80			
1969	498.70	66.44	1.50		1.76	246.70			
1970	738.80	84.81	1.30		1.80	245.30			
1971	713.05	86.34	2.27		2.69	245.00			
1972	556.90	55.80	3.46		3.04	247.20			
1973	783.00	86.73	6.18	234.51	3.62	249.90			
1974	858.15	71.68	7.78	239.29	4.19	245.20			
1975	906.50	68.81	8.69	302.37	2.74	246.40			
1976	755.50	48.64	9.77	274.72	4.71	245.10			
1977	728.35	51.05	10.87	302.97	3.25	237.70			
1978	914.70	66.63	12.29	351.04	5.65	231.62	15.64	2.02	1.03
1979	903.34	59.88	14.22	298.09	4.47	234.27	21.30	2.78	0.81
1980	859.60	60.69	26.60	302.94	4.45	236.76	24.57	3.07	0.84
1981	921.91	79.03	34.52	321.85	3.94	231.83	25.11	3.10	1.30
1982	1000.04	71.55	29.27	317.12	3.60	234.44	28.29	3.47	1.54
1983	1477.98	88.01	39.23	378.65	5.48	245.71	26.33	3.82	1.79
1984	1634.46	81.03	59.78	410.32	6.04	279.59	26.22	4.91	2.14
1985	1225.26	90.45	48.36	329.29	6.59	294.59	32.02	7.43	2.96
1986	1397.71	83.70	38.85	349.51	5.88	284.89	37.46	8.01	3.83
1987	1675.81	96.76	35.26	383.75	10.04	274.52	38.09	8.52	4.51
1988	1693.25	102.64	35.43	468.43	12.17	281.90	41.02	9.47	5.81
1989	1351.29	68.20	34.80	466.23	12.76	292.17	45.07	11.06	6.61
1990	2046.52	93.33	46.74	450.16	13.33	309.07	51.79	12.11	7.09
1991	1898.87	71.65	43.54	429.97	13.06	318.55	56.97	12.66	7.86
1992	1840.30	75.39	35.82	447.35	14.57	341.12	64.04	11.32	8.49
1993	1900.90	109.63	28.62	497.35	18.10	359.26	76.66	9.80	9.79
1994	2015.70	111.43	28.68	512.52	18.67	424.03	101.00	10.89	10.50
1995	1992.40	63.08	25.55	530.55	27.97	498.66	134.60	11.32	11.06
1996	2326.60	68.53	21.70	587.59	31.06	572.20	184.50	8.63	12.08
1997	1808.30	62.60	15.93	642.43	37.49	602.96	211.50	9.89	13.20
1998	2506.00	73.80	21.28	736.87	45.54	494.80	223.71	13.35	14.20
1999	2305.60	63.60	31.40	822.60	49.60	522.10	236.40	14.54	14.47
2000	1638.00	120.30	38.96	836.43	48.62	539.80	247.90	15.00	14.01
2001	1953.40	110.50	34.34	777.84	34.70	551.00	258.30	16.44	11.02
2002	2214.80	127.47	46.12	859.44	80.27	560.39	263.50	18.89	10.51
2003	2259.60	150.30	57.13	881.01	59.38	599.41	275.00	23.28	10.87
2004	2510.00	152.06	38.10	699.89	68.30	615.20	288.00	26.00	11.98
2005	2581.21	130.20	54.45	832.56	66.20	634.94	310.00	30.00	11.89
2006	2720.00	121.00	58.37	813.65	67.95	684.37	315.00	35.00	13.07
2007	2454.00	78.30	43.17	878.46	65.43	740.65	247.80	48.00	15.16
2008	2840.00	101.35	51.84	857.60	66.29	800.90	384.50	65.00	15.50
2009	2460.00	82.00	50.40	968.42	64.06	556.65	226.20	44.50	16.50
2010	2842.50	86.57	70.44	1078.75	65.08	537.60	238.90	44.60	16.60
2011	3171.00	78.79	69.56	971.38	60.63	505.60	243.90	46.00	17.28

11－16 主要农作物播种面积和产量

Output and Sown Areas of Major Farm Crops

项　目	Item	2010			2011		
		播种面积（千公顷）Total Sown Area (1000 ha)	总产量（万吨）Output (10000 tons)	单产（公斤/公顷）Yield Per Unit Area (kg/ha)	播种面积（千公顷）Total Sown Area (1000 ha)	总产量（万吨）Output (10000 tons)	单产（公斤/公顷）Yield Per Unit Area (kg/ha)
农作物总播种面积	Sown Area	5221.43			5222.32		
粮食作物合计	Total of Grain Crops	4492.24	2842.50	6327.58	4545.05	3171.00	6976.82
谷物	Cereal	3865.02	2654.11	6867.00	3976.95	3015.24	7581.79
# 水稻	Rice	673.53	568.50	8440.61	691.25	623.50	9019.89
小麦	Wheat	3.58	1.24	3473.15	3.18	1.30	4088.05
玉米	Corn	3046.73	2004.00	6577.54	3134.22	2339.00	7462.78
高粱	Grain Sorghum	95.62	66.82	6988.08	100.75	37.90	3761.79
豆类	Soy Beans	537.34	112.90	2101.05	481.85	101.26	2101.48
# 大豆	Soy	376.76	86.57	2297.73	304.83	78.79	2584.71
油料	Oil－bearing Crops	303.08	70.44	2324.15	245.05	69.56	2838.60
# 葵花籽	Sunflower Seeds	150.14	29.10	1938.18	111.14	31.10	2798.27
麻类	Fiber Crops	0.33	0.02	607.90	0.25	0.02	800.00
烟叶	Tobacco Crops	24.01	7.23	3011.12	22.25	7.23	3249.44
# 烤烟	Flue－cured Tobacco	13.73	3.14	2287.30	11.06	3.04	2748.64
园参	Garden Ginseng	3.48	2.82	8115.11	2.86	3.69	13113.01
蔬菜	Vegetables	245.50	1078.75	43940.22	236.86	971.38	41010.72
水果	Fruits	58.65	65.08	11096.33	55.29	60.63	10965.82

注：粮食作物、玉米、水稻播种面积和产量为抽样调查数。

Note: Grain crops,corns,paddy rice cultivated area and outputs as sampling survey number.

11－17　各市县总播种面积和产量（2011）

Total Sown Areas and Output of Major Farm Crops by City and County（2011）

市、县	City，County	总播种面积（公顷）Total Sown Area (ha)	粮食 Grain Crops		#水稻 Rice		#玉米 Corn	
			播种面积 Sown Area（公顷）(ha)	总产量 Output（吨）(ton)	播种面积 Sown Area（公顷）(ha)	总产量 Output（吨）(ton)	播种面积 Sown Area（公顷）(ha)	总产量 Output（吨）(ton)
长春市	**Changchun**	**1333060**	**1220935**	**8125163**	**173695**	**1532367**	**983105**	**6187148**
市　区	District	61611	47711	111270	4742	16528	41643	93607
双阳区	Shuangyang	89120	84168	406578	11258	69126	69968	325501
农安县	Nong' an	391694	347750	2501034	11193	109048	317832	2274395
九台市	Jiutai	186869	172944	805000	25445	198188	139252	573165
榆树市	Yushu	379126	367171	3106781	71189	768449	273935	2158252
德惠市	Dehui	224640	201191	1194500	49868	371028	140475	762228
吉林市	**Jilin**	**688732**	**642833**	**3653717**	**140644**	**935759**	**432097**	**2469553**
市　区	District	114918	99967	653717	31530	216522	66770	432699
永吉县	Yongji	84176	80649	485000	21848	138029	56571	333124
蛟河市	Jiaohe	111795	106048	515000	12426	79149	64280	347364
桦甸市	Huadian	117556	111590	535000	9001	56265	90922	452232
舒兰市	Shulan	142488	137433	855000	44896	303792	74247	456278
磐石市	Panshi	117799	107146	610000	20943	142002	79307	447856
四平市	**Siping**	**915056**	**848303**	**7550260**	**59060**	**578146**	**757992**	**6764756**
市　区	District	58830	56643	345260	7675	63593	48461	278017
梨树县	Lishu	240493	221054	2090000	6818	61362	203747	1969006
伊通满族自治县	Yitong	124087	121173	960000	8021	68420	110259	880416
公主岭市	Gongzhuling	317205	303369	3075000	14536	171006	279478	2812349
双辽市	Shuangliao	174441	146064	1080000	22010	213765	116047	824968
辽源市	**Liaoyuan**	**184891**	**178824**	**1259816**	**19288**	**139270**	**147865**	**1036120**
市　区	District	11784	10750	71316	550	4371	9981	66066
东丰县	Dongfeng	103414	100865	712000	14938	104427	78116	551346
东辽县	Dongliao	69693	67209	476500	3800	30472	59768	418708
通化市	**Tonghua**	**325846**	**293127**	**1706000**	**93089**	**570168**	**176831**	**1059431**
市　区	District	5418	3163	17500	420	2825	2163	13262
通化县	Tonghua	32115	26844	135500	5533	38807	15574	79506
辉南县	Huinan	80725	73897	492000	27678	202873	43084	278293
柳河县	Liuhe	89598	82675	494000	21257	118258	54849	354373
梅河口市	Meihekou	98630	94230	510000	35625	191560	53908	300010
集安市	Ji' an	19360	12318	57000	2576	15845	7253	33987

11－17 续表 1 continued

市、县 City，County		总播种面积（公顷）Total Sown Area (ha)	粮食 Grain Crops					
			播种面积 Sown Area（公顷）(ha)	总产量 Output（吨）(ton)	#水稻 Rice		#玉米 Corn	
					播种面积 Sown Area（公顷）(ha)	总产量 Output（吨）(ton)	播种面积 Sown Area（公顷）(ha)	总产量 Output（吨）(ton)
白山市	**Baishan**	**63470**	**49572**	**228306**	**1247**	**8147**	**27798**	**168363**
市区	District	13027	9672	46825	330	2183	6046	35876
抚松县	Fusong	19443	16945	74000	15	54	9322	55937
靖宇县	Jingyu	13813	10343	46333	350	2037	5919	34268
长白朝鲜族自治县	Changbai	6277	4217	20501	294	1896	1875	11532
临江市	Linjiang	10910	8395	40647	258	1977	4636	30750
松原市	**Songyuan**	**934154**	**815845**	**7001500**	**92540**	**1072607**	**597120**	**5136026**
市区	District	70622	58139	457500	13632	123239	41668	323522
前郭尔罗斯蒙古族自治县	Qianguo	231816	212738	2069000	54432	707000	128689	1213420
长岭县	Changling	243637	198581	1770500	1623	16198	156625	1357719
乾安县	Qian' an	145021	133614	641000	1796	15600	91934	484440
扶余县	Fuyu	243058	212773	2063500	21057	210570	178204	1756925
白城市	**Baicheng**	**957432**	**748470**	**3288500**	**117533**	**747406**	**405894**	**1927651**
市区	District	133440	108973	706000	37547	244055	60162	391053
镇赉县	Zhenlai	173442	158273	805000	57135	337431	68070	354805
通榆县	Tongyu	306961	190539	388000			79992	157698
洮南市	Taonan	220034	187132	707500	9995	80438	124264	512971
大安市	Da' an	123555	103553	682000	12856	85482	73406	511124
延边朝鲜族自治州	**Yanbian**	**375016**	**334063**	**1113732**	**40803**	**216765**	**145793**	**669176**
延吉市	Yanji	19189	16034	80015	3335	20858	9518	53057
图们市	Tumen	9473	8317	36366	1222	6979	4854	26443
敦化市	Dunhua	165413	150912	431326	5128	26769	65337	279361
珲春市	Hunchun	32914	29996	123801	9160	49271	10232	57573
龙井市	Longjing	28288	26385	119882	5167	28721	16638	85351
和龙市	Helong	28793	26443	101375	8564	43401	9403	46576
汪清县	Wangqing	54768	46563	130954	5401	28823	17955	66900
安图县	Antu	36178	29413	90013	2826	11943	11856	53915

11－17 续表 2 continued

市、县 City，County		大 豆 Soybean		油 料 Oilbearing Crops		#葵花籽 Sunflower Seeds	
		播种面积 Sown Area (公顷) (ha)	总产量 Output (吨) (ton)	播种面积 Sown Area (公顷) (ha)	总产量 Output (吨) (ton)	播种面积 Sown Area (公顷) (ha)	总产量 Output (吨) (ton)
长春市	**Changchun**	**25179**	**86169**	**14525**	**41888**	**7461**	**19919**
市 区	District	536	890	4	8	4	8
双阳区	Shuangyang	1545	4080				
农安县	Nong' an	4833	23957	12863	38315	6367	17262
九台市	Jiutai	2622	7018	9	45	9	45
榆树市	Yushu	10151	33298				
德惠市	Dehui	5492	16926	1649	3520	1081	2604
吉林市	**Jilin**	**61222**	**170252**	**1977**	**6245**	**476**	**1282**
市 区	District	1576	4120	63	110		
永吉县	Yongji	1511	5414	588	896	5	5
蛟河市	Jiaohe	27249	75885	571	1107	227	462
桦甸市	Huadian	10117	20481	561	3510	86	353
舒兰市	Shulan	16168	53637	23	136	5	16
磐石市	Panshi	4601	10715	171	486	153	446
四平市	**Siping**	**12188**	**45739**	**32218**	**92635**	**1054**	**1982**
市 区	District	240	750	400	800	265	503
梨树县	Lishu	5320	21280	7359	17649		
伊通满族自治县	Yitong	1916	6644				
公主岭市	Gongzhuling	2951	10852	182	593	2	3
双辽市	Shuangliao	1761	6213	24277	73593	787	1476
辽源市	**Liaoyuan**	**8080**	**37399**				
市 区	District	219	879				
东丰县	Dongfeng	5744	29340				
东辽县	Dongliao	2117	7180				
通化市	**Tonghua**	**15900**	**38699**	**700**	**1885**	**239**	**664**
市 区	District	499	1160	34	145	5	17
通化县	Tonghua	4715	11343	233	723	184	504
辉南县	Huinan	2237	5522	62	133	24	58
柳河县	Liuhe	5087	12735	108	164	23	76
梅河口市	Meihekou	1627	3983	102	316		
集安市	Ji' an	1735	3956	161	404	3	9

11－17 续表 3 continued

市、县	City，County	大豆 Soybean 播种面积 Sown Area (公顷) (ha)	大豆 Soybean 总产量 Output (吨) (ton)	油料 Oilbearing Crops 播种面积 Sown Area (公顷) (ha)	油料 Oilbearing Crops 总产量 Output (吨) (ton)	#葵花籽 Sunflower Seeds 播种面积 Sown Area (公顷) (ha)	#葵花籽 Sunflower Seeds 总产量 Output (吨) (ton)
白山市	**Baishan**	**18125**	**41440**	**1560**	**3115**	**1041**	**1921**
市区	District	2830	6457	262	678	255	580
抚松县	Fusong	6852	15594	188	327	166	268
靖宇县	Jingyu	3481	7773	762	1194	376	483
长白朝鲜族自治县	Changbai	1770	5151	32	78	10	33
临江市	Linjiang	3192	6465	316	838	234	557
松原市	**Songyuan**	**12343**	**52579**	**81914**	**270202**	**25511**	**95264**
市区	District	1340	2286	7949	22928	20	32
前郭尔罗斯蒙古族自治县	Qianguo	3590	9000	14937	42100	2070	5000
长岭县	Changling	3705	27510	27260	115778	19496	83209
乾安县	Qian' an	695	1731	4170	6920	3735	6567
扶余县	Fuyu	3013	12052	27598	82476	190	456
白城市	**Baicheng**	**11604**	**33567**	**108010**	**271624**	**72497**	**184035**
市区	District	1929	7259	19172	58786	3205	7692
镇赉县	Zhenlai	4333	11393	9776	24477	7218	15684
通榆县	Tongyu	2331	5571	50496	131872	44265	125357
洮南市	Taonan	1571	2150	19148	40256	12116	25306
大安市	Da' an	1440	7194	9418	16233	5693	9996
延边朝鲜族自治州	**Yanbian**	**140187**	**202911**	**4148**	**7969**	**2859**	**5894**
延吉市	Yanji	2852	4650	456	642	23	29
图们市	Tumen	2097	2617	169	248	8	20
敦化市	Dunhua	77499	113091	1535	3668	1500	3610
珲春市	Hunchun	10013	14727	100	224	12	65
龙井市	Longjing	4229	4952	111	169	63	94
和龙市	Helong	7853	10581	176	229	126	158
汪清县	Wangqing	22310	32617	402	635	388	600
安图县	Antu	13334	19676	1199	2154	739	1318

市、县 City，County		麻类 Fiber Crops		甜菜 Beetroots		烟叶 Tobacco	
		播种面积 Sown Area（公顷）(ha)	总产量 Output（吨）(ton)	播种面积 Sown Area（公顷）(ha)	总产量 Output（吨）(ton)	播种面积 Sown Area（公顷）(ha)	总产量 Output（吨）(ton)
长春市	**Changchun**	**19**	**38**			**9034**	**34102**
市　区	District						
双阳区	Shuangyang						
农安县	Nong' an					6317	27755
九台市	Jiutai	3	3			1568	3618
榆树市	Yushu					525	1337
德惠市	Dehui	16	35			624	1392
吉林市	**Jilin**	**31**	**81**	**1**	**30**	**936**	**2928**
市　区	District						
永吉县	Yongji						
蛟河市	Jiaohe	30	80	1	30	616	2316
桦甸市	Huadian	1	1			70	181
舒兰市	Shulan						
磐石市	Panshi					250	431
四平市	**Siping**					**69**	**60**
市　区	District						
梨树县	Lishu						
伊通满族自治县	Yitong					54	54
公主岭市	Gongzhuling					15	6
双辽市	Shuangliao						
辽源市	**Liaoyuan**			**1**	**1**		
市　区	District						
东丰县	Dongfeng			1	1		
东辽县	Dongliao						
通化市	**Tonghua**					**2972**	**12103**
市　区	District					2	6
通化县	Tonghua					190	872
辉南县	Huinan					1085	3900
柳河县	Liuhe					1669	7259
梅河口市	Meihekou					26	66
集安市	Ji' an						

11－17 续表 5 continued

市、县 City, County		麻 类 Fiber Crops		甜 菜 Beetroots		烟 叶 Tobacco	
		播种面积 Sown Area (公顷) (ha)	总产量 Output (吨) (ton)	播种面积 Sown Area (公顷) (ha)	总产量 Output (吨) (ton)	播种面积 Sown Area (公顷) (ha)	总产量 Output (吨) (ton)
白山市	**Baishan**					**317**	**1216**
市 区	District					49	179
抚松县	Fusong					19	72
靖宇县	Jingyu					5	20
长白朝鲜族自治县	Changbai					48	172
临江市	Linjiang					196	773
松原市	**Songyuan**			**3246**	**91008**	**439**	**1536**
市 区	District						
前郭尔罗斯蒙古族自治县	Qianguo			313	12520		
长岭县	Changling			365	12402		
乾安县	Qian' an			2568	66086		
扶余县	Fuyu					439	1536
白城市	**Baicheng**	**197**	**80**	**1269**	**53035**	**3378**	**8437**
市 区	District					313	1096
镇赉县	Zhenlai					1126	3025
通榆县	Tongyu			866	32860		
洮南市	Taonan			80	5934	20	50
大安市	Da' an	197	80	323	14241	1919	4266
延边朝鲜族自治州	**Yanbian**			**491**	**18660**	**5104**	**11918**
延吉市	Yanji					236	457
图们市	Tumen					155	358
敦化市	Dunhua			446	17316	2427	6364
珲春市	Hunchun					47	97
龙井市	Longjing					368	740
和龙市	Helong					476	1077
汪清县	Wangqing			45	1344	1251	2395
安图县	Antu					144	430

11－17 续表 6 continued

市、县 City, County		园参 Garden Ginseng 收获面积 Sown Area（公顷）(ha)	园参 Garden Ginseng 总产量 Output（吨）(ton)	蔬菜 Vegetables 播种面积 Sown Area（公顷）(ha)	蔬菜 Vegetables 总产量 Output（吨）(ton)	水果 Fruits 果园面积 Garden Area（公顷）(ha)	水果 Fruits 总产量 Output（吨）(ton)
长春市	**Changchun**			**72719**	**2783113**	**7933**	**55033**
市区	District			12547	352946	167	2745
双阳区	Shuangyang			4318	77461	20	200
农安县	Nong' an			17191	451862	2640	5194
九台市	Jiutai			9606	463458	1494	8327
榆树市	Yushu			10597	654426	2051	15897
德惠市	Dehui			18460	782960	1561	22670
吉林市	**Jilin**	**83**	**1718**	**35516**	**2291674**	**19308**	**319132**
市区	District			14033	898183	5563	72245
永吉县	Yongji			2783	134997	1056	21752
蛟河市	Jiaohe	63	437	3214	270142	2729	46166
桦甸市	Huadian		1246	3298	317048	4205	104792
舒兰市	Shulan			4557	282738	1801	29162
磐石市	Panshi	20	35	7631	388566	3954	45015
四平市	**Siping**			**26250**	**1137569**	**3484**	**24484**
市区	District			1782	77678	409	3853
梨树县	Lishu			9235	442631	991	6533
伊通满族自治县	Yitong			2772	68356	668	4188
公主岭市	Gongzhuling			9704	432902	1192	8906
双辽市	Shuangliao			2757	116002	224	1004
辽源市	**Liaoyuan**			**5367**	**183832**	**2321**	**18125**
市区	District			1023	29556	465	309
东丰县	Dongfeng			2102	74214	1180	11221
东辽县	Dongliao			2242	80062	676	6595
通化市	**Tonghua**	**66**	**5114**	**14683**	**548247**	**5734**	**61458**
市区	District	4	187	1901	55749	837	762
通化县	Tonghua		547	2187	62650	187	100
辉南县	Huinan			3794	115436	1096	16927
柳河县	Liuhe	62	266	3069	183819	1385	15035
梅河口市	Meihekou		1113	2809	98159	276	5297
集安市	Ji' an		3001	923	32434	1953	23337

11－17 续表 7 continued

市、县 City，County		园参 Garden Ginseng		蔬菜 Vegetables		水果 Fruits	
		收获面积 Sown Area (公顷) (ha)	总产量 Output (吨) (ton)	播种面积 Sown Area (公顷) (ha)	总产量 Output (吨) (ton)	果园面积 Garden Area (公顷) (ha)	总产量 Output (吨) (ton)
白山市	**Baishan**	**936**	**14888**	**5479**	**253655**	**2886**	**24213**
市区	District	62	765	2199	119017	979	11351
抚松县	Fusong	325	7698	909	37817	453	1446
靖宇县	Jingyu	92	1999	808	18769	372	2842
长白朝鲜族自治县	Changbai	392	3567	250	3042	166	1141
临江市	Linjiang	65	859	1313	75010	916	7433
松原市	**Songyuan**			**48288**	**1659942**	**3892**	**30217**
市区	District			5172	183988	237	5582
前郭尔罗斯蒙古族自治县	Qianguo			9000	290000	2612	19006
长岭县	Changling			30625	994978	618	618
乾安县	Qian' an			624	47626	305	2801
扶余县	Fuyu			2867	143350	120	2210
白城市	**Baicheng**			**16273**	**376556**	**1270**	**3472**
市区	District			4015	114508	364	2579
镇赉县	Zhenlai			1269	33637	55	199
通榆县	Tongyu			1626	24184	438	90
洮南市	Taonan			7891	108790	370	464
大安市	Da' an			1472	95437	43	140
延边朝鲜族自治州	**Yanbian**	**1729**	**15183**	**12288**	**479213**	**8459**	**70194**
延吉市	Yanji			2183	112352	1460	11219
图们市	Tumen	16	160	674	23926	372	1132
敦化市	Dunhua	906	8735	4243	169811	455	7729
珲春市	Hunchun	133	1862	1503	48125	1389	15555
龙井市	Longjing	11	14	710	27475	3383	24768
和龙市	Helong	135	326	671	35257	902	8472
汪清县	Wangqing	147	1093	887	36505	315	976
安图县	Antu	381	2993	1417	25762	183	343

注：各地区数相加不等于全省数。
Note: The sum of data by every region is not equal to the whole province.

11－18　林业、渔业和其他畜牧业生产情况

Output of Forestry、Fishery and Other Livestock Production

项　目	Item	2010	2011
造林面积（千公顷）	Area of Afforestation(1000ha)	119.45	131.60
#用材林	Commercial Forest		1.97
经济林	Economic Forest	0.03	3.08
防护林	Shelter Forest	82.49	31.55
零星植树（万株）	Surrounding Tree of Planting(10000plants)	1331.87	1489.83
年末实有育苗面积（千公顷）	Areas Growing Seeding at End of the Year(1000ha)	4.43	12.11
水产品产量（吨）	Output of Aquatic Products(ton)	165958	172818
#养殖产量	Output of Cultured	146202	152729
养殖面积（千公顷）	Areas of Cultured(1000ha)	273.84	277.66
水果总产量（吨）	Output of Fruits(ton)	650780	606328
年末实有水果面积（千公顷）	Actual Area of Fruits at End of the Year(1000ha)	58.65	55.29
蚕茧产量（吨）	Output of Silkworm Cocoons(ton)	4255.20	4097.80
养蜂（万箱）	Bee(10000cases)	32.91	34.36
蜂蜜产量（吨）	Honey(ton)	12044	15155
鹿茸产量（公斤）	Pilose Amtler(kg)	255384	277359

11－19 畜牧业生产情况
Output of Animal Husbandry

项　　目	Item	单位 Unit	2010	2011
大牲畜年末头数	Large Animals(year－end)	万头 10000 heads	537.6	505.6
牛	Cattle and Buffaloes	万头 10000 heads	455.7	423.7
#奶牛	#Cows	万头 10000 heads	19.5	18.0
马	Horses	万头 10000 heads	45.8	45.8
驴	Donkeys	万头 10000 heads	23.2	23.2
骡	Mules	万头 10000 heads	12.9	12.9
肉类总产量	Output of Meat	万吨 10000 tons	238.9	243.9
#猪 肉	#Prok	万吨 10000 tons	119.8	122.0
牛 肉	Beef	万吨 10000 tons	43.2	43.4
羊 肉	Mutton	万吨 10000 tons	3.8	3.9
肉猪出栏头数	Slaughtered Fattened Hogs	万头 10000 heads	1454.6	1480.2
猪年末头数	Hogs	万头 10000 heads	986.6	989.3
#能繁殖母猪	#Sow	万头 10000 heads	110.1	113.1
羊年末只数	Sheep and Coats(year－end)	万只 10000 heads	398.8	391.6
山 羊	Coats	万只 10000 heads	117.6	102.1
绵 羊	Sheep	万只 10000 heads	281.2	289.5
鹿年末只数	Deer (year－end)	万只 10000 heads	79.61	88.02
牛 奶	Cow Milk	吨 ton	435000	452000
羊 奶	Goat Milk	吨 ton	11000	8000
绵羊毛	Sheep Wool	吨 ton	22801.2	23093.9
#细羊毛	#Semi－fine Wool	吨 ton	13659.9	12398.8
家 禽	Poultry	万只 10000 units	14638.6	15302.8
禽 蛋	Poultry Eggs	万吨 10000 tons	95.64	95.30

11－20 各市县畜牧业生产情况（2011）

Output of Animal Husbandry by City and County（2011）

市、县 City, County	年底大牲畜头数（头）Large Animals (head) (year－end)	猪年末存栏（头）Hogs (head) (year－end)	羊年底只数（只）Sheep and Goats (head) (year－end)	肉猪出栏头数（头）Slanghtere Fattened Hogs (head)	肉类总产量（吨）Output of Meat (ton)	#猪 Hogs	#牛 Cattles	#羊 Sheeps	禽蛋产量（吨）Poultry Eggs (ton)
长春市 Changchun	**2135528**	**3599551**	**548235**	**5645436**	**1127424**	**511855**	**157417**	**4922**	**323739**
市区 District	199581	201374	20431	377764	64939	32791	18170	286	118660
农安县 Nong' an	387990	1064402	347512	1697281	335785	152665	42209	3374	15860
九台市 Jiutai	386433	566347	17808	1085512	181068	88837	32604	210	59142
榆树市 Yushu	738689	992416	93496	1254115	217101	115939	40127	550	105224
德惠市 Dehui	422835	775012	68988	1230764	328531	121623	24307	502	24853
吉林市 Jilin	**785383**	**1781070**	**223049**	**2779420**	**433594**	**223095**	**86279**	**2388**	**150774**
市区 District	98105	226964	31417	407493	54615	31215	11717	479	29554
永吉县 Yongji	41278	122173	26102	168026	19471	13502	4749	294	1960
蛟河市 Jiaohe	112053	340343	32201	584068	48738	38677	8116	315	9885
桦甸市 Huadian	228389	157869	92437	187917	34241	15381	16135	943	11952
舒兰市 Shulan	209039	715200	27184	1006100	163482	87700	35332	257	29545
磐石市 Panshi	96519	218521	13708	425816	113047	36620	10230	100	67878
四平市 Siping	**1326623**	**3207616**	**659368**	**3962895**	**615102**	**378708**	**99996**	**8679**	**355912**
市区 District	49224	164197	34409	167031	23552	14706	3589	362	34475
梨树县 Lishu	411842	1475604	180793	1739309	246162	175811	28819	2525	77473
伊通满族自治县 Yitong	345561	227645	43370	216880	57740	20136	27563	486	112159
公主岭市 Gongzhuling	271092	827978	115933	1187009	167213	107245	19609	1422	69372
双辽市 Shuangliao	248904	512192	284863	652666	120435	60810	20416	3884	62433
辽源市 Liaoyuan	**295444**	**281979**	**51229**	**403536**	**81292**	**32533**	**33692**	**449**	**46698**
市区 District	9855	18078	6746	40061	5774	3040	1178	181	6823
东丰县 Dongfeng	157345	134122	29231	213713	41307	17785	15142	135	22158
东辽县 Dongliao	128244	129779	15252	149762	34211	11708	17372	133	17717
通化市 Tonghua	**379603**	**431099**	**110927**	**704738**	**139502**	**62515**	**31976**	**1053**	**38127**
市区 District	15076	27464	4881	65777	9552	5690	2194	135	8837
通化县 Tonghua	38975	57512	16956	62245	9819	6224	1652	125	3649
辉南县 Huinan	103529	50748	21375	87508	30749	8661	9778	305	7634
柳河县 Liuhe	103278	112418	34064	188388	38384	15427	8949	271	5294
梅河口市 Meihekou	96618	155500	21266	261133	45569	23529	7383	126	10649
集安市 Ji' an	22127	27457	12385	39687	5429	2984	2020	91	2064

11－20 续表 continued

市、县 City，County		年底大牲畜头数（头）Large Animals (head) (year－end)	猪年末存栏（头）Hogs (head) (year－end)	羊年底只数（只）Sheep and Goats (head) (year－end)	肉猪出栏头数（头）Slanghtere Fattened Hogs (head)	肉类总产量（吨）Output of Meat (ton)	#猪 Hogs	#牛 Cattles	#羊 Sheeps	禽蛋产量（吨）Poultry Eggs (ton)
白山市	**Baishan**	**126802**	**131602**	**67311**	**176583**	**25692**	**13793**	**9112**	**930**	**17379**
市区	District	43031	56629	35488	79017	10409	6118	3163	476	6602
抚松县	Fusong	25734	26886	3150	24066	3085	2020	820	26	4192
靖宇县	Jingyu	27477	18608	11101	30717	5721	2416	2505	217	2311
长白朝鲜族自治县	Changbai	11648	13912	4753	14960	1904	1047	708	26	1605
临江市	Linjiang	18912	15567	12819	27823	4573	2192	1916	185	2669
松原市	**Songyuan**	**684342**	**1329632**	**1575824**	**2055047**	**334626**	**172105**	**47975**	**18525**	**192644**
市区	District	38525	40487	53386	44485	7964	3562	2375	560	4622
前郭尔罗斯蒙古族自治县	Qianguo	119135	259820	504460	575560	111775	41125	8943	4960	28570
长岭县	Changling	293179	357603	682338	374948	78980	37490	8919	8489	40344
乾安县	Qian' an	90204	103822	212940	147854	22000	11628	2388	2422	11108
扶余县	Fuyu	143299	567900	122700	912200	113907	78300	25350	2094	108000
白城市	**Baicheng**	**318380**	**441274**	**1098263**	**798957**	**98009**	**59790**	**5814**	**9666**	**50763**
市区	District	21313	65874	85478	91549	9713	6556	833	559	6849
镇赉县	Zhenlai	89809	129558	285773	176967	26728	13101	1176	2750	19798
通榆县	Tongyu	68225	45879	245692	79894	10162	6284	1108	837	6101
洮南市	Taonan	62317	80433	285780	171117	20240	12625	1755	2320	6975
大安市	Da' an	76716	119530	195540	279430	31166	21224	942	3200	11040
延边朝鲜族自治州	**Yanbian**	**302799**	**180489**	**128890**	**229546**	**43898**	**17965**	**19033**	**1208**	**16511**
延吉市	Yanji	8780	21630	6051	28714	3691	2215	742	106	2298
图们市	Tumen	7794	10584	6717	12708	1610	998	360	41	966
敦化市	Dunhua	109900	49807	48221	65445	13801	4845	7111	378	6081
珲春市	Hunchun	32054	21502	5552	20451	3714	1514	1747	63	2116
龙井市	Longjing	21956	19689	14236	24121	5621	2007	2579	223	1540
和龙市	Helong	24543	19276	7544	26916	4896	2256	1980	115	1760
汪清县	Wangqing	55503	17411	30904	22965	4923	1779	1994	213	1175
安图县	Antu	42269	20590	9665	28226	5642	2351	2520	69	575

注：1.各地区数相加不等于全省总计。
Note: 1.The sum of data by every city is not equal to the whole provice.

11－21 农业事业机构和气象台站
Agricultural and Meterological Observatories and Stations

单位：个 (unit)

指　　标	Item	2010	2011
农业技术推广站	Agricultural Technology Spreading Stations	739	761
畜牧兽医站	Veterinary Stations	683	683
气象台、站	Meterological Obsrvatories and Stations	66	66
气 象 台	Meterological Obsrvatories	10	10
气 象 站	Weather Stations	56	56

11－22 农业自然灾害受灾情况
Areas Covered and Affected by Natural Disaster

指　　标	Item	单位 Unit	2010	2011
受灾面积	**Disaster Areas**	**万公顷 10000ha**	**85.3**	**61.6**
#旱　灾	Drought	万公顷 10000ha	35.0	25.2
洪涝灾	Flood	万公顷 10000ha	38.8	5.8
风雹灾	Wind and Hail	万公顷 10000ha	11.5	10.8
绝收面积	**Areas Affected**	**万公顷 10000ha**	**11.3**	**3.3**
#旱　灾	Drought	万公顷 10000ha		
洪涝灾	Flood	万公顷 10000ha	10.6	
风雹灾	Wind and Hail	万公顷 10000ha	0.7	
受灾人口	Disaster Population	万人 10000persons	750.0	201.5
转移安置人口	Population Arranged	人 person	2012000	11000
损坏房屋	Houses Damaged	间 room	618916	8000
其中：倒塌房屋	Houses Collapsed	间 room	310606	1000
直接经济损失	Dircet Economic Losses	亿元 100million yuan	579.1	41.4

11－23　商品粮基地县基本情况（2011）

Basic Conditions for Commodity Grain County（2011）

市、县 City，County		农业人口（人）Agricltural Population (person)	耕地面积（公顷）Area of Cultivated Land (ha)	农林牧渔业总产值（现价、万元）Total Value of AFAF (Current price) (10000 yuan)	粮食播种面积（公顷）Grain Grops Sown Area (ha)	粮食总产量（吨）Output of Grain (ton)	每公顷粮食产量（公斤）Output of Grain per Hectare(kg)
农安县	Nong' an	797657	375401	1446417	347750	2501034	7192.05
九台市	Jiutai	530363	184974	615891	172944	805000	4654.69
榆树市	Yushu	1099292	377532	1559168	367171	3106781	8461.40
德惠市	Dehui	593292	216834	1130023	201191	1194500	5937.14
永吉县	Yongji	304609	84178	338098	80649	485000	6013.71
蛟河市	Jiaohe	281295	113975	531455	106048	515000	4856.29
桦甸市	Huadian	262981	110632	627899	111590	535000	4794.34
舒兰市	Shulan	465949	139414	848556	137433	855000	6221.21
磐石市	Panshi	366178	102088	746856	107146	610000	5693.17
梨树县	Lishu	640807	239406	1500145	221054	2090000	9454.70
伊通满族自治县	Yitong	395002	124091	598961	121173	960000	7922.56
公主岭市	Gongzhuling	252276	317093	1635690	303369	3075000	10136.17
双辽市	Shuangliao	260017	174441	637085	146064	1080000	7394.02
东丰县	Dongfeng	297730	103227	474171	100865	712000	7058.94
东辽县	Dongliao	281714	108557	303384	67209	476500	7089.82
通化县	Tonghua	161231	29210	136600	26844	135500	5047.68
辉南县	Huinan	199983	79937	279769	73897	492000	6657.92
梅河口市	Meihekou	360210	98514	416200	94230	510000	5412.29
前郭尔罗斯蒙古族自治县	Qianguo	444269	300185	1342553	212738	2069000	9725.58
长岭县	Changling	529822	332569	1133243	198581	1770500	8915.76
扶余县	Fuyu	661316	310121	1107882	212773	2063500	9698.13
镇赉县	Zhenlai	188991	187249	449191	158273	805000	5086.15
洮南市	Taonan	283739	175433	439005	187132	707500	3780.75
大安市	Da' an	270153	135555	294509	103553	682000	6586.00
敦化市	Dunhua	216271	164018	425521	150912	431326	2858.13

注：农业人口为公安年报数。
Note: The data of the population are from the publu securing annucd reort.

11－24 乡镇企业基本情况
Basic Conditions of Township and Town Enterprises

指　　标	Item	单位 Unit	2005	2006	2007	2008	2009	2010	2011
企业单位数	Number of Enterprises	个 unit	558327	618266	672246	679853	679896	680917	689802
第一产业	Primary Industry	个 unit	48575	47470	53780	54388	54391	54473	55184
第二产业	Secondary Industry	个 unit	120454	127370	134449	135970	135979	136184	136183
#工业	Industry	个 unit	103628	108614	114281	115575	115582	115756	115755
第三产业	Tertiary Industry	个 unit	389298	443426	484017	489495	489526	490260	498435
年末从业人员	Employment at Year－end	人 person	2165958	2357098	2391423	2538903	2543839	2600815	2563807
第一产业	Primary Industry	人 person	166475	162520	167399	177723	178068	182057	179466
第二产业	Secondary Industry	人 person	920342	982902	1004398	1066339	1068412	1092343	1076799
#工业	Industry	人 person	772592	834651	853738	906388	908150	928491	915279
第三产业	Tertiary Industry	人 person	1079141	1211676	1219626	1294841	1297359	1326415	1307542
增加值	Value Added	万元 10000yuan	7234671	8014326	8950635	10112838	11360270	13157000	15130072
第一产业	Primary Industry	万元 10000yuan	439086	338047	358025	394513	438050	507331	577968
第二产业	Secondary Industry	万元 10000yuan	3958520	4633741	5191368	5949446	6683247	7740267	8902535
#工业	Industry	万元 10000yuan	3592353	4224047	4724144	5413995	6081754	7043565	8101306
第三产业	Tertiary Industry	万元 10000yuan	2837065	3042538	3401242	3768879	4238973	4909402	5649569
营业收入	Operating Revenue	万元 10000yuan	20506282	22808330	29541329	35093096	38558356	43858174	50436268
利润总额	Total Profits	万元 10000yuan	1518832	1601889	1995631	2242615	2717149	3090528	3445178
上交税金（实交）	Taxes Payable	万元 10000yuan	424138	508604	633090	765434	835586	980600	1127060
劳动者报酬	Wages	万元 10000yuan	1357008	1531464	1689351	2203035	2295091	2621036	2805395
年末固定资产原值	Original Value of Fixed Assets at Year－end	万元 10000yuan	6711623	7539417	8776462	8577810	11678745	14035639	18105989

11－25 全省乡镇企业主要经济指标（2011）

Main Economic Indicators of Township and Town Enterprises（2011）

地　区 Region	企业个数（个）Number of Enterprises (unit)	从业人员（人）Employment (person)	营业收入（万元）Operating Revenue (10000yuan)	现价总产值（万元）Gross Value of Current Price (10000yuan)	利润总额（万元）Total Profits (10000yuan)	上交税金（万元）Taxes Payable (10000yuan)	增加值（万元）Value Added (10000yuan)
全　省　Total	**689802**	**2563807**	**50436268**	**52955178**	**3445178**	**1127060**	**15130073**
长　春　Changchun	219111	931000	19560000	19753705	1301887	330000	5670000
吉　林　Jilin	59420	225106	5620767	5863926	336516	117877	1719079
四　平　Siping	83636	279257	4922591	5202151	402328	105296	1689018
辽　源　Liaoyuan	28377	123253	2248109	2735600	140021	47214	680069
通　化　Tonghua	40435	221190	3157720	3257331	252037	113908	1030032
白　山　Baishan	42959	267291	4114708	4907494	421704	173766	1490067
松　原　Songyuan	143335	323425	6608544	6940410	289189	168084	1695349
白　城　Baicheng	27755	52813	1037466	1115242	102307	10914	255374
延　边　Yanbian	44774	140472	3166363	3179319	199189	60001	901085

11－26　2011年农民人均纯收入排序前100名乡镇

The First 100th Place Township in Net Income for Rural Households（2011）

乡 镇 名 称	Name of Township and Town	位 次 Order	人均纯收入（元） Net Income per Capita County(yuan)
前郭尔罗斯蒙古族自治县前郭尔罗斯镇	Qianguoerluosi Town Qianguo Erluosi Mongolia Autonomy County	1	11531
延吉市小营镇	Xiaoying Town Yanji City	2	10987
二道区卡伦湖镇	Kalunhu Town Erdao District	3	10600
榆树市延和朝鲜族乡	Yanhe Korean Nationality Township Yushu City	4	10500
抚松县抚松镇	Fusong Town Fusong County	5	10015
抚松县仙人桥镇	Xianrenqiao Town Fusong County	6	9871
榆树市刘家镇	LiujiaTownYushu City	7	9800
抚松县露水河镇	Lushuihe Town Fusong County	8	9700
榆树市五棵树镇	Wukeshu Town Yushu City	9	9670
抚松县泉阳镇	Quanyang Town Fusong County	10	9660
榆树市太安乡	Tai'an Township Yushu City	11	9600
抚松县松江河镇	Songjianghe Town Fusong County	12	9556
榆树市环城乡	Huancheng Town Yushu City	13	9499
抚松县抽水乡	Choushui Tounship Fusong Lounty	14	9487
梨树县梨树镇	Lishu Town Lishu County	15	9480
梨树县喇嘛甸镇	Lamadian Town Lishu County	16	9480
蛟河市黄松甸镇	Huangsongdian Town Jiaohe City	17	9430
抚松县北岗镇	Beigang Town Fusong County	18	9365
梨树县东河镇	Donghe Town Lishu County	19	9350
梨树县郭家店镇	Guojiadian Town Lishu County	20	9300
梨树县蔡家镇	Caijia Town Lishu County	21	9300
梨树县孟家岭镇	Mengjialing Town Lishu County	22	9300
梨树县小宽镇	Xiaokuan Town Lishu County	23	9300
梨树县双河乡	Shuanghe Township Lishu County	24	9300
双辽市永加乡	Yongjia Township Shuangliao City	25	9300
东丰县东丰镇	Dongfeng TOWN dongfeng County	26	9285
延吉市依兰镇	Yilan Town Yanji City	27	9283
东丰县横道河镇	Hengdaohe Town Dongfeng County	28	9280
公主岭市大岭镇	Daling Town Gongzhuling City	29	9265
桦甸市夹皮沟镇	Jiapigou Town Huadian City	30	9260
梨树县金山乡	Jinshan Township Lishu County	31	9207
梨树县刘家馆子镇	Liujiaguanzi Town Lishu County	32	9200
梨树县十家堡镇	Shijiapu Town Lishu County	33	9200
梨树县泉眼岭乡	Quanyan Ling Township Lishu County	34	9200
榆树市大坡镇	Dapo Town Shuangliao City	35	9184
公主岭市秦家屯镇	Qinjiatun Town Gongzhuling City	36	9180
双辽市王奔镇	Shuangshan Town Shuangliao City	37	9180
公主岭市怀德镇	Huaide town Gongzhuling City	38	9156
桦甸市红石砬子镇	Hongshilizi Town Huadian City	39	9150
九台市纪家镇	Jijia Town Jiutai City	40	9105
双辽市双山镇	Shuangshan Town Shuangliao City	41	9100
抚松县东岗镇	Donggang Town Fusong County	42	9096
榆树市泗河镇	Sihe Township Yushu City	43	9080
公主岭市朝阳坡镇	Chaoyangpo Town Gongzhuling City	44	9034
九台市兴隆镇	Xinglong Town Jiutai City	45	9028
二道区龙嘉镇	Longjia Town Erdao District	46	9023
榆树市土桥镇	Tuqiao Town Yushu City	47	9010
南关区玉潭镇	Yutan Town Nanguan District	48	9000
榆树市青山乡	Qingshan Township Yushu City	49	9000
梨树县榆树台镇	Yushutai Town Lishu County	50	9000

11－26 续表 continued

乡镇名称	Name of Township and Town	位次 Order	人均纯收入（元）Per Capita Net Income (yuan)
通榆县瞻榆镇	Zhanyu Town Tangyu County	51	9000
通榆县新发乡	Xinfa Township Tongyu County	52	9000
通榆县包拉温都蒙古族乡	Baolawendu Mongolia County	53	9000
九台市波泥河镇	Ponihe Town Jiutai City	54	8999
柳河县姜家店乡	Jiangjiadian Township Liuhe County	55	8984
朝阳区永春镇	Yongchun Town Chaoyang District	56	8920
前郭尔罗斯蒙古族自治县达里巴乡	Daliba Township Qianguo Eduosi Mongolia Antonomy County	57	8920
公主岭市范家屯镇	Fanjiatun Town Gongzhuling City	58	8918
梨树县沈洋镇	Shenyang Town Lishu County	59	8900
梨树县白山乡	Baishan Tounship Lishu County	60	8850
梨树县小城子镇	Xiaochengzi Town Lishu County	61	8750
浑江区七道江镇	Qidaojiang Town Hunjiang District	62	8749
梨树县林海镇	Limhai Town Lishu County	63	8739
抚松县沿江乡	Yanjiang Township Fusong County	64	8727
东丰县三合满族朝鲜族乡	Sanhe Manzu Korean Nationality Township Dongfeng County	65	8651
洮南市永茂乡	Yongmao Township Taonan City	66	8608
二道区英俊镇	Yingjun Town Erdao District	67	8600
榆树市育民乡	Yumin Township Yushu City	68	8600
宁江区兴原乡	Xingyuan Township Ningjiang District	69	8600
丰满区江南乡	Jiangnan Township Fengman District	70	8560
九台市苇子沟镇	Weizigou Town Jiutai City	71	8558
公主岭市大榆树镇	Dayushu Town Gongzhuling City	72	8550
九台市沐石河镇	Mushihe Town Jiutai City	73	8535
公主岭市双龙镇	Shuanglong Town Gongzhuling City	74	8502
榆树市新立镇	Xinli Town Yushu City	75	8500
桦甸市金沙乡	Jinsha Township Huadian City	76	8500
双辽市玻璃山镇	Bolishan Town Shuangliao City	77	8500
镇赉县嘎什根乡	Gashengen Township Zhenlai County	78	8500
浑江区六道江镇	Liudaojiang Town Hunjiang District	79	8490
九台市上河湾镇	Shanghewan Town Jiutai City	80	8480
洮南市黑水镇	Heishui Town Taonan City	81	8475
双辽市兴隆镇	Xinglong Town Shuangliao City	82	8450
龙山区工农乡	Gongnong Township Longshan District	83	8406
九台市土们岭镇	Tumenling Town Jiutai City	84	8400
榆树市黑林镇	Heilin Town Yushu City	85	8400
梨树县万发镇	Wanfa Town Lishu County	86	8400
敦化市黑石乡	Heishi Township Dunhua City	87	8397
前郭尔罗斯蒙古族自治县白依拉嘎乡	Baiyilaga Township Qianguo Erluosi Mongolia Autonomy Conty	88	8394
九台市其塔木镇	Qitamu Town Jiutai City	89	8374
桦甸市桦树林子乡	Huashucinzi Township Huadian City	90	8360
敦化市雁鸣湖镇	Yanminghu Town Dunhua City	91	8357
敦化市官地镇	Guandi Town Dunhua City	92	8348
梅河口市李炉乡	Lilu Township Meihekou City	93	8338
前郭尔罗斯蒙古族自治县乌兰图嘎镇	Wulantuga Town Qianguo Erluosi Mongolia Autonomy Conty	94	8332
龙山区寿山镇	Shoushan Town Longshan District	95	8325
船营区欢喜乡	Huanxi Township Chuanying District	96	8320
梅河口市中和镇	Zhonghe Town Meihekou City	97	8312
双辽市那木乡	Namu Township Shuangliao City	98	8300
西安区灯塔镇	Dengta Town Xi'an District	99	8300
前郭尔罗斯蒙古族自治县吉拉吐乡	Jilatu Township Qianguo Erluosi Mongolia Autonomy Conty	100	8269

11－27　2011年粮食总产量排序前100名乡镇

The First 100th Place Township in Output of Grain（2011）

乡 镇 名 称	Name of Township and Town	位 次 Order	总产量（吨） Output (ton)
公主岭市怀德镇	Huaide town Gongzhuling City	1	379429
公主岭市双城堡镇	Shuangchengpu Town Gongzhuling City	2	340500
农安县农安镇	Nong'an Town Nong'an County	3	275876
公主岭市黑林子镇	Heilingzi Town Gongzhuling City	4	220552
梨树县万发镇	Wanfa Town Lishu County	5	220000
长岭县三青山镇	Sanqingshan Town Changling County	6	218400
双辽市茂林镇	Maolin Town Shuangliao City	7	206996
榆树市环城乡	Huancheng Township Yushu City	8	203934
扶余县三岔河镇	Sanchahe Town Fuyu County	9	201163
榆树市土桥镇	Tuqiao Town Yushu City	10	196307
公主岭市杨大城子镇	Yangdachengzi Town Gongzhuling City	11	195108
榆树市大岭镇	Daling Town Yushu City	12	191677
榆树市于家镇	Yujia TownYushu City	13	185879
扶余县得胜镇	Desheng Town Fuyu County	14	185317
榆树市八号镇	Bahao Town Yushu City	15	181278
农安县哈拉海镇	Halahai Town Nong'an County	16	179952
榆树市弓棚镇	Gongpeng Town Yushu City	17	172001
梨树县小城子镇	Xiaochengzi Town Lishu County	18	170000
公主岭市玻璃城子镇	Bolichengzi Town Gongzhuling City	19	169480
榆树市秀水镇	Xiushui Town Yushu City	20	165741
扶余县肖家乡	Xiaojia Township Fuyu County	21	165476
扶余县陶赖昭镇	Talaizhao Town Fuyu County	22	165079
双辽市双山镇	Shuangshan Town Shuanliao City	23	164600
公主岭市秦家屯镇	Qinjatun Town Gongzhuling City	24	161713
农安县开安镇	Kai'an Town Nong'an County	25	159660
农安县前岗乡	Qiangang Township Nong'an County	26	155829
前郭尔罗斯蒙古族自治县平凤乡	Pingfeng Town Qianguo Eduosi Mongolia Antonomy County	27	155412
榆树市城发乡	Chengfa Town Yushu City	28	154306
梨树县林海镇	Linhai Town Lishu County	29	150000
长岭县太平山镇	Taipingshan Town Chanling County	30	150000
扶余县弓棚子镇	Gongpengzi Town Fuyu County	31	148828
长岭县流水镇	Liushui Town Chanling County	32	147535
农安县伏龙泉镇	Fulongquan Town Nong'an County	33	147248
宁江区大洼镇	Dawa Town ningjiang District	34	146686
长岭县永久镇	Yongjiu Town Changling County	35	146472
榆树市五棵树镇	Wukeshu Town Yushu City	36	145581
扶余县三骏满族蒙古族锡伯族乡	Sanjun Manzu Maogliazu Xibozu Town Fuyu Conty	37	145045
双阳区齐家镇	Qijia Town Shuangyang District	38	141590
榆树市新立镇	Xinli Town Yushu City	39	138613
公主岭市大岭镇	Daling Town Gongzhuling City	40	138320
扶余县长春岭镇	Changchunling Town Fuyu County	41	137287
梨树县梨树镇	Lishu Town Lishu County	42	136000
扶余县蔡家沟镇	Caijiagou Town Fuyu County	43	135948
榆树市黑林镇	Heilin Town Yushu city	44	135561
梨树县双河乡	Shuanghe Township Lishu County	45	135180
公主岭市响水镇	Xiangshui Town Gongzhuling City	46	135079
公主岭市范家屯镇	Fanjiatun Town Gongzhuling City	47	132533
长岭县三县堡乡	Sanxianpu Township Changling County	48	132505
公主岭市毛城子镇	Maochengzi Town Gongzhuling City	49	130040
梨树县榆树台镇	Yushutai Town Lishu County	50	130000

11－27 续表 continued

乡镇名称	Name of Township and Town	位次 Order	总产量（吨） Output (ton)
农安县巴吉垒镇	Bajilie Town Nong'an Country	51	129832
榆树市新庄镇	Xinzhuang Town Yushu City	52	128592
扶余县五家站镇	Wujiazhan Town Fuyu Country	53	127922
梨树县蔡家镇	Caijia Town Lishu County	54	124800
农安县万顺乡	Wanshun Township Nong'an County	55	123246
前郭尔罗斯蒙古族自治县乌兰塔拉乡	Wulantala Township Qianguo Eduosi Mongolia Autorong County	56	123044
德惠市大房身镇	Dafangshen Town Dehui City	57	121552
农安县杨树林乡	Yangshulin Township Nong'an County	58	121371
长岭县巨宝镇	Jubao TownChangling County	59	120942
梨树县孤家子镇（四平辽河农垦管理区）	Gujiazi Town Lishu County	60	120748
梨树县十家堡镇	Shijiapu Town Lishu County	61	120000
梨树县金山乡	Jinshan Town Lishu County	62	119940
梨树县刘家馆子镇	Liujiaguanzi Town Lishu County	63	118501
农安县三盛玉镇	Sanshengyu Town Nong'an County	64	116570
前郭尔罗斯蒙古族自治县海渤日戈镇	Haiborige Town Qianguo Eduosi Mongolia Autonomy County	65	115895
梨树县东河镇	Donghe Town Lishu County	66	115538
德惠市同太乡	Tongtai Township Dehui City	67	115524
梨树县白山乡	Baishan Town Lishu County	68	115000
梨树县沈洋镇	Shenyang Town Lishu County	69	114864
前郭尔罗斯蒙古族自治县王府站镇	Wangfuzhan Town Qianguo Eduosi Mongolia Autonomy County	70	113580
前郭尔罗斯蒙古族自治县长龙乡	Changling Township Qianguo Eduosi Mongolia Autonomy County	71	112925
农安县永安乡	Yong'an Township Nong'an County	72	111255
榆树市泗河镇	Sihe Town Yushu City	73	111060
前郭尔罗斯蒙古族自治县乌兰图嘎镇	Wulantuga Town Qianguo Eduosi Mongolia Autonomy County	74	110040
梨树县郭家店镇	Guojiadian Town Lishu County	75	110000
榆树市育民乡	Yumin Township Yushu City	76	109401
扶余县永平乡	Yongping Township Fuyu County	77	109143
宽城区米沙子镇	Mishazi Town Kuancheng District	78	108449
农安县华家镇	Hujia Town Nong'an County	79	107907
榆树市青山乡	Qingshan Township Yushu City	80	107561
双辽市服先镇	Fuxian Town Shuangliao City	81	105460
梨树县四棵树乡	Xikeshu Township Lishu County	82	105000
船营区搜登站镇	Soudengzhan Town Chuanying District	83	104837
榆树市红星乡	Hongxing Town Yushu City	84	104406
公主岭市大榆树镇	Dayushu Town Gongzhuling City	85	104325
农安县龙王乡	Longwang Twonship Nong'an County	86	104045
永吉县一拉溪镇	Yilaxi Town Yongji County	87	103986
前郭尔罗斯蒙古族自治县蒙古艾里乡	Mengguaili Township Qianguo Eduosi Mongolia Autonomy County	88	103930
伊通满族自治县大孤山镇	Dagushan Town Yitong Mangzu Autonomy County	89	103526
洮南市福顺镇	Fushun Ttown Taonan City	90	102627
镇赉县嘎什根乡	Gashigen Township Zhenlai County	91	102080
公主岭市双龙镇	Shuanglong Town Gongzhuling City	92	101000
公主岭市陶家屯镇	Taojiatun Town Gongzhuling City	93	100611
长岭县前进乡	Qianjin Township Chanlin County	94	100500
农安县三岗镇	Sangang Town Nong'an County	95	100238
前郭尔罗斯蒙古族自治县长山镇	Changshan Town Qianguo Eduosi Mongolia Autonomy County	96	99372
九台市苇子沟镇	Weizigou Town Jiutai City	97	99343
桦甸市桦郊乡	Hujiao Township Huadian City	98	99028
榆树市刘家镇	Liujia Town Yushu City	99	97801
公主岭市桑树台镇	Sangshutai Town Gongzhuling City	100	97195

11－28　2011年肉类总产量排序前100名乡镇

The First 100th Place Township in Output of Meat (2011)

乡镇名称	Name of Township and Town	位次 Order	总产量（吨） Output (ton)
农安县农安镇	Nong'an Town Nong'an County	1	46770
榆树市土桥镇	Tuqiao Town Yushu City	2	35017
磐石市吉昌镇	Jichang Town Panshi City	3	34636
磐石市烟筒山镇	Yantongshan Town Panshi City	4	31719
梨树县梨树镇	Llishu Town Lishu County	5	31492
公主岭市黑林子镇	Heilinzi Town Gongzhuling City	6	31325
德惠市大房身镇	Dafangshen Town Dehui City	7	30259
德惠市五台乡	Wutai Township Dehui City	8	27749
磐石市宝山乡	Baoshan Township Panshi City	9	26479
梨树县万发镇	Wanfa Town Lishu County	10	26335
梨树县十家堡镇	Shijiapu Town Lishu County	11	25700
磐石市石嘴镇	Shizui Town Panshi City	12	25262
龙潭区缸窑镇	Gangyao Town Longtan District	13	25181
农安县哈拉海镇	Halahai Town Nong'an County	14	24820
榆树市五棵树镇	Wukeshu Town Yushu City	15	24795
梨树县四棵树乡	Sikeshu Township Lishu County	16	24468
德惠市朱城子镇	Zhuchengzi Town Dehui City	17	23666
德惠市松花江镇	Songhuajiang Town Dehui City	18	23474
龙潭区乌拉街镇	Wulajie Town Longtan District	19	23310
磐石市红旗岭镇	Hongqiling Town Panshi City	20	22999
磐石市朝阳山镇	Chaoyangshan Town Panshi City	21	22535
磐石市明城镇	Mingcheng Town Panshi City	22	22532
宽城区米沙子镇	Mishazi Town Kuancheng District	23	22111
公主岭市大岭镇	Daling Town Gongzhuling City	24	22017
德惠市达家沟镇	Dajiagou Town Dehui City	25	21374
昌邑区孤店子镇	Gudianzi Town Changyi District	26	21327
九台市纪家镇	Jijia Town Jiutai City	27	20896
梨树县小城子镇	Xiaochengzi Town Lishu County	28	20453
梨树县金山乡	Jinshan Township Lishu County	29	20122
农安县小城子乡	Xiaochengzi Township nong'an County	30	19641
榆树市弓棚镇	Gongpeng Town Yushu City	31	19319
永吉县西阳镇	Xiyang Town Yongji County	32	19302
舒兰市白旗镇	Baiqi Town Shulan City	33	19123
德惠市布海镇	Buhai Town Dehui City	34	19081
德惠市朝阳乡	Chaoyang Township Dehui City	35	18931
公主岭市永发乡	Yongfa Township Gongzhuling City	36	18900
梨树县林海镇	Linhai Town Lishu County	37	18600
磐石市松山镇	Songshan Town Panshi City	38	18573
九台市城子街镇	Chengzijie Town Jiutai City	39	18552
磐石市牛心镇	Niuxin Town Panshi City	40	18542
德惠市岔路口镇	Chalukou Town Dehui City	41	18424
东丰县东丰镇	Dongfeng Town Dongfeng County	42	18406
梨树县白山乡	Baishan Township Lishu County	43	18212
舒兰市开原镇	Kaiyuan Town Shulian City	44	18125
舒兰市平安镇	Ping'an Town Shulian City	45	18012
榆树市八号镇	Bahao Town Yushu City	46	17879
舒兰市法特镇	Fate Town Shulian City	47	17728
桦甸市桦郊乡	Hujiao Township Huadian City	48	17704
舒兰市朝阳镇	Chaoyang Town Shulian City	49	17562
九台市上河湾镇	Shanghewan Town Jiutai City	50	17511

11－28 续表 continued

乡 镇 名 称	Name of Township and Town	位 次 Order	总产量（吨）Output (ton)
九台市兴隆镇	Xinglong Town Jiutai City	51	17488
桦甸市二道甸子镇	Erdaodianzi Town Huadian City	52	17488
农安县开安镇	Kai'an Town Nong'an County	53	17346
舒兰市天德乡	Tiande Township Shulan City	54	16985
农安县万金塔乡	Wanjinta Township Nong'an County	55	16899
农安县万顺乡	Wanshun Township Nong'an County	56	16846
梨树县东河镇	Donghe Town Lishu County	57	16739
舒兰市亮甲山乡	Liangjiashan Township Shulian City	58	16601
梅河口市新合镇	Xinhe Town Meihekou City	59	16513
农安县华家镇	Huajia Town Nong'an County	60	16370
舒兰市莲花乡	Lianhua Township Shulan City	61	16203
舒兰市金马镇	Jinma Town Shulan City	62	16123
公主岭市范家屯镇	Fanjiatun Town Gongzhuling City	63	16081
舒兰市七里乡	Qili Township Shulian City	64	15945
舒兰市溪河镇	Xihe Town Shulan City	65	15916
舒兰市水曲柳镇	Shuiquliu Town Shulian City	66	15891
农安县前岗乡	Qiangang Township Nong'an County	67	15860
铁西区平西乡	Pingxi Township Tiexi District	68	15676
磐石市呼兰镇	Hulan Town Panshi City	69	15614
德惠市同太乡	Tongtai Township Dehui City	70	15545
永吉县一拉溪镇	Yilaxi Town Yongji County	71	15420
农安县新农乡	Xinnong Township Nong'an county	72	15376
农安县高家店镇	Gaojiadian Town Nong'an County	73	15270
舒兰市上营镇	Shangying Town Shulan City	74	15196
舒兰市新安乡	Xin'an Township Shulan City	75	14916
德惠市天台镇	Tiantai Town Dehui City	76	14915
梅河口市红梅镇	Hongmei Town Meihekou City	77	14253
农安县黄鱼圈乡	Huanyuquan Township Nong'an County	78	14240
公主岭市玻璃城子镇	Bolichengzi Town Gongzhuling City	79	14186
舒兰市小城镇	Xiaocheng Town Shulan City	80	14158
长岭县八十八乡	Bashiba Township Changling County	81	14083
德惠市菜园子镇	Caiyuanzi Town Dehui City	82	13769
农安县伏龙泉镇	Fulongquan Town Nong'an County	83	13610
双辽市新立乡	Xinli Township Shuangliao City	84	13600
长岭县永久镇	Yongjiu Town Changling County	85	13547
磐石市驿马镇	Yima Town Panshi City	86	13451
磐石市富太镇	Futai Town Panshi City	87	13387
船营区搜登站镇	Soudengzhan Town Chuanying District	88	13298
农安县靠山镇	Kaoshan Town Nong'an County	89	12968
九台市沐石河镇	Mushihe Town Jiutai City	90	12960
农安县青山口乡	Qingshankou Township Nong'an County	91	12860
梅河口市山城镇	Shancheng Town Meihekou City	92	12637
东辽县白泉镇	Baiquan Town Dongliao County	93	12326
农安县杨树林乡	Yangshulin Township Nong'an County	94	12322
农安县三盛玉镇	Sanshengyu Town Nong'an County	95	12298
榆树市黑林镇	Heilin Town Yushu City	96	12071
九台市其塔木镇	Qitamu Town Jiutai City	97	12010
农安县龙王乡	Longwang Township Nong'an County	98	11936
桦甸市八道河子镇	Badaohezi Town Huadian City	99	11728
德惠市大青嘴镇	Daqingzui Town Dehui City	100	11633

第十二篇 工业

CHAPTER 12 INDUSTRY

12－1 规模以上工业企业主要指标（2011）

单位：万元

项　　目	Item	企业单位数(个) Number of Enterprises (unit)	#亏损企业 Loss－making Enterprises
总计	**Total**	**5158**	**424**
一、按登记注册类型分组：	**Grouped by Status Registration**		
内资企业	Domestic Funded	4824	369
国有企业	State-owned Enterprises	145	48
中央企业	National Enterprises	39	10
地方企业	Local Enterprises	106	38
集体企业	Collective-owned Enterprises	77	8
股份合作企业	Cooperative Enterprises	17	2
联营企业	Joint Ownership Enterprises	5	2
国有联营企业	State Joint Ownership Enterprises	2	1
集体联营企业	Collective Joint Ownership Enterprises	1	
国有与集体联营企业	Joint State-collective Enterprises		
其他联营企业	Other Joint Ownership Enterprises	2	1
有限责任公司	Limited Liability Corporations	1323	158
国有独资公司	State Sole Funded Corporations	35	9
其他有限责任公司	Other Limited Liability Corporations	1288	149
股份有限公司	Share-holding Corporations Limited	267	30
私营企业	Private Enterprises	2676	108
私营独资企业	Private-funded Enterprises	636	22
私营合作企业	Private Partnership Enterprises	23	
私营有限责任公司	Private Limited Liability Corporations	1883	77
私营股份有限公司	Private Share-holding Corporations Ltd.	134	9
其他企业	Other Enterprises	314	13
港、澳、台商投资企业	Enterprises with Funds Hong Kong,Macao and Taiwan	73	9
合资经营企业(港或澳、台资)	Joint-venture Enterprises	40	6
合作经营企业(港或澳、台资)	Cooperative Enterprises	5	
港澳台商独资经营企业	Enterprises with Sole Investment form Hong Kong,Macao and Taiwan	24	3
港澳台商投资股份有限公司	Share-holding Corporations ltd. with Funds from Hong Kong, Macao and Taiwan	4	
外商投资企业	Foreign Funded Enterprises	261	46
中外合资经营企业	Joint-venture Enterprises	140	26
中外合作经营企业	Cooperation Enterprises	13	1
外资企业	Enterprises with Sole Funds	104	18
外商投资股份有限公司	Share-holding Cooperative Ltd.	4	1

Main Indicators of Industrial Enterprises above Designated Size（2011）

unit: 10000 yuan

工业总产值（当年价格）Gross Industrial Output Value (current price)	工业销售产值（当年价格）Sales Value of Industry (current price)	出口交货值 Delivery Value for Export	年初存货 Beginning Inventorg	产成品 Finished Goods	在产品 Goods	资产总计 Total Assets	流动资产合计 Total Current Assets	应收帐款 Account Receivable
169176078	**166361960**	**2885314**	**11185134**	**3593741**	**1891998**	**118988756**	**50455012**	**8275476**
129206135	126705144	1667104	8732148	2825420	1732535	97421086	38962882	6308133
15448411	15181020	396910	1756247	732391	77060	19636904	10143588	1005689
13472437	13286472	392794	1620709	671312	66096	16655945	9236303	849087
1975975	1894548	4116	135538	61079	10964	2980959	907285	156602
895635	888245	17429	37738	19082	1395	404738	217006	62548
303035	290644	197	10835	2827	3217	174765	59281	13240
230187	228972		11177	248	10023	528213	30721	13184
162748	162440		10156	133	10023	496610	25431	12801
36526	35709		307	113		1897	902	307
30913	30824		714	3		29706	4388	76
31311222	30527968	275206	1806735	632021	234434	24660742	7961552	1719040
5013159	4955853	31929	200698	84896	70239	6090728	1170297	223020
26298063	25572116	243277	1606037	547125	164195	18570014	6791255	1496020
31089138	30594025	601424	3038437	683838	980815	24573036	10768360	1838654
41289638	40464722	338925	1510941	666395	99361	18392506	6996510	1359179
10246974	9992106	61597	177883	83390	16121	3785901	997061	203712
286366	281839		7417	5035	129	76956	26727	7265
28607197	28152885	265573	1237826	532923	73029	13120749	5383200	1032614
2149102	2037892	11754	87815	45047	10082	1408900	589523	115588
8638869	8529548	37014	560037	88619	326231	9050183	2785864	296599
6698969	6646380	521981	282016	122507	26265	3326969	1292694	283330
1587546	1564630	94387	125909	54476	7498	1119891	541056	80899
257940	264800	8514	34188	9509	33	235916	101937	7518
4776217	4743932	419081	110329	48090	18453	1888815	584320	185052
77266	73019		11590	10432	282	82347	65382	9861
33270974	33010436	696228	2170971	645815	133198	18240701	10199435	1684014
28389897	28032733	207779	1692911	486024	79119	13917418	7915790	1085298
594177	614262		65011	47567	1304	995577	257582	36466
3571733	3648194	404811	375777	103447	48665	2515680	1502393	419078
715167	715246	83639	37272	8778	4111	812026	523671	143171

单位：万元

12－1 续表 1

项 目	Item	企业单位数(个) Number of Enterprises (unit)	#亏损企业 Loss－making Enterprises
二、按经济组织类型分组	**Grouped by Ownership**		
独资企业	Solely–invested Enterprise	986	99
国有企业	State–owned Enterprises	145	48
集体企业	Collective–owned Enterprises	77	8
私营独资企业	Private–funded Enterprises	636	22
港澳台商独资经营企业	Enterprises with Sole Investment form Hong Kong,Macao and Taiwan	24	3
外资企业	Enterprises with Sole Funds	104	18
合作、合伙企业	Cooperation and Partnership Enterprises	377	18
股份合作企业	Cooperative Enterprises	17	2
国有联营企业	State Joint Ownership Enterprises	2	1
集体联营企业	Collective Joint Ownership Enterprises	1	
国有与集体联营企业	Joint State–collective Enterprises		
其他联营企业	Other Joint Ownership Enterprises	2	1
私营合伙企业	Private Partnership Enterprises	23	
合作经营企业(港或澳、台资)	Cooperative Enterprises	5	
中外合作经营企业	Cooperation Enterprises	13	1
其他企业（内资）	Other Enterprises（domistic funded）	314	13
股份有限公司	Share–holding Corporations Limited	409	40
股份有限公司(内资)	Share–holding Corporations Limited（domistic funded）	267	30
私营股份有限公司	Private Share–holding Corporations Ltd.	134	9
港澳台商投资股份有限公司	Share–holding Corporations Ltd. with Funds from Hong Kong, Macao and Taiwan	4	
外商投资股份有限公司	Share–holding Cooperative Ltd.	4	1
有限责任公司	Limited Liability Corporations	3386	267
国有独资公司	State Sole Funded Corporations	35	9
私营有限责任公司	Private Limited Liability Corporations	1883	77
合资经营企业(港或澳、台资)	Joint–venture Enterprises	40	6
中外合资经营企业	Joint–venture Enterprises	140	26
其他有限责任公司	Other Limited Liability Corporations	1288	149
三、在总计中：亏损企业	**Loss–making Enterprises**	**424**	**424**
在总计中:国有控股企业	State–owned Holding Enterprises	344	93
在总计中:农村工业	Village Industry	42	
在总计中:轻工业	Light Industry	2012	143
重工业	Heavy Industry	3146	281
在总计中:大型企业	Large–sized Enterprise	111	15
中型企业	Mdeium–sized Enterprise	550	103
小型企业	Small–sized Enterprise	4291	292
微型企业	Micro–Size Enterprise	206	14

contiued

unit: 10000 yuan

工业总产值（当年价格）Gross Industrial Output Value (current price)	工业销售产值（当年价格）Sales Value of Industry (current price)	出口交货值 Delivery Value for Export	年初存货 Beginning Inventorg	产成品 Finished Goods	在产品 Goods	资产总计 Total Assets	流动资产合计 Total Current Assets	应收帐款 Account Receivable
34938971	34453497	1299828	2457974	986400	161693	28232038	13444367	1876080
15448411	15181020	396910	1756247	732391	77060	19636904	10143588	1005689
895635	888245	17429	37738	19082	1395	404738	217006	62548
10246974	9992106	61597	177883	83390	16121	3785901	997061	203712
4776217	4743932	419081	110329	48090	18453	1888815	584320	185052
3571733	3648194	404811	375777	103447	48665	2515680	1502393	419078
10310573	10210064	45724	688665	153804	340936	11061610	3262112	374273
303035	290644	197	10835	2827	3217	174765	59281	13240
162748	162440		10156	133	10023	496610	25431	12801
36526	35709		307	113		1897	902	307
30913	30824		714	3		29706	4388	76
286366	281839		7417	5035	129	76956	26727	7265
257940	264800	8514	34188	9509	33	235916	101937	7518
594177	614262		65011	47567	1304	995577	257582	36466
8638869	8529548	37014	560037	88619	326231	9050183	2785864	296599
34030672	33420183	696817	3175115	748094	995290	26876309	11946935	2107274
31089138	30594025	601424	3038437	683838	980815	24573036	10768360	1838654
2149102	2037892	11754	87815	45047	10082	1408900	589523	115588
77266	73019		11590	10432	282	82347	65382	9861
715167	715246	83639	37272	8778	4111	812026	523671	143171
89895862	88278217	842944	4863380	1705443	394079	52818799	21801598	3917850
5013159	4955853	31929	200698	84896	70239	6090728	1170297	223020
28607197	28152885	265573	1237826	532923	73029	13120749	5383200	1032614
1587546	1564630	94387	125909	54476	7498	1119891	541056	80899
28389897	28032733	207779	1692911	486024	79119	13917418	7915790	1085298
26298063	25572116	243277	1606037	547125	164195	18570014	6791255	1496020
14911512	**14600932**	**230618**	**1618549**	**396990**	**536800**	**15865523**	**5306160**	**849974**
70033349	69539308	1030812	6699368	1734125	1512926	65203569	28352302	3268879
606087	597373	6336	14064	7736	112	156367	70007	14338
46476479	45537363	1173238	2671886	985502	239096	25054610	10438257	2003359
122699600	120824597	1712076	8513249	2608239	1652902	93934146	40016755	6272118
77709634	77354382	1416869	6411489	1691372	1264468	62965429	28002793	3297410
22749306	21884081	728973	2010636	707253	241596	23253938	10005676	2264981
66602571	65078553	725954	2701111	1171005	382960	31469277	12062825	2574030
2114567	2044945	13518	61897	24112	2974	1300112	383718	139056

单位：万元

12－1 续表 2

项　　目	Item	存货 Stock-in-trade	产成品 Finished Goods
总计	**Total**	**13265550**	**3992356**
一、按登记注册类型分组：	**Grouped by Status Registration**		
内资企业	Domestic Funded	10525246	3282784
国有企业	State-owned Enterprises	1665726	583433
中央企业	National Enterprises	1514751	519904
地方企业	Local Enterprises	150974	63529
集体企业	Collective-owned Enterprises	41686	22425
股份合作企业	Cooperative Enterprises	12734	5164
联营企业	Joint Ownership Enterprises	9847	261
国有联营企业	State Joint Ownership Enterprises	9483	133
集体联营企业	Collective Joint Ownership Enterprises	113	75
国有与集体联营企业	Joint State-collective Enterprises		
其他联营企业	Other Joint Ownership Enterprises	251	54
有限责任公司	Limited Liability Corporations	2191296	816353
国有独资公司	State Sole Funded Corporations	207955	93630
其他有限责任公司	Other Limited Liability Corporations	1983342	722723
股份有限公司	Share-holding Corporations Limited	3758527	729929
私营企业	Private Enterprises	2163916	982330
私营独资企业	Private-funded Enterprises	259023	141877
私营合作企业	Private Partnership Enterprises	8126	4962
私营有限责任公司	Private Limited Liability Corporations	1781584	792105
私营股份有限公司	Private Share-holding Corporations Ltd.	115184	43385
其他企业	Other Enterprises	681513	142889
港、澳、台商投资企业	Enterprises with Funds Hong Kong,Macao and Taiwan	333407	154094
合资经营企业(港或澳、台资)	Joint-venture Enterprises	142575	46593
合作经营企业(港或澳、台资)	Cooperative Enterprises	40996	27898
港澳台商独资经营企业	Enterprises with Sole Investment form Hong Kong,Macao and Taiwan	131076	62123
港澳台商投资股份有限公司	Share-holding Corporations ltd. with Funds from Hong Kong, Macao and Taiwan	18759	17481
外商投资企业	Foreign Funded Enterprises	2406897	555478
中外合资经营企业	Joint-venture Enterprises	1819101	396485
中外合作经营企业	Cooperation Enterprises	75629	46022
外资企业	Enterprises with Sole Funds	473909	104196
外商投资股份有限公司	Share-holding Cooperative Ltd.	38258	8775

contiued

unit: 10000 yuan

在成品 Goods	固定资产合计 Total Fixed Assets	固定资产原价 Original Value of Fixed Assets	累计折旧 Accumulated Depreciation	本年折旧 Depreciation in this Year	在建工程 Construction Progress	负债合计 Total Liabilities	流动负债合计 Total Current Liabilities	应付账款 Accounts Payable
2396083	**52657163**	**102444587**	**54755688**	**7737320**	**7280095**	**64844031**	**46686642**	**15377335**
2110081	45259642	89062519	48398689	6782261	5432609	53342563	37827121	11725580
105058	6120275	10856401	5148566	682995	1328711	13505769	8639636	3021651
95290	4426073	8243025	3855227	545990	1187776	11321703	7254892	2854381
9768	1694202	2613376	1293339	137004	140935	2184066	1384744	167270
1372	158382	608100	461256	57481	5672	218282	201620	53678
2925	104403	229262	132787	23829	1110	64733	55381	21772
9326	472979	540458	67479	29932	2088	144733	48975	18095
9326	456244	520325	64081	28879	1622	137316	41557	13681
						1260	1260	160
	16735	20133	3398	1053	465	6157	6157	4255
268376	12008726	24491585	13310786	1892919	2092426	14115176	10071341	2837598
74169	4111778	7026048	3033498	404380	139354	3879249	2394733	799236
194206	7896949	17465538	10277288	1488539	1953073	10235927	7676608	2038361
1240931	10450503	15436248	6547586	1104419	1528802	12708508	9778545	2783115
141343	9927825	25757820	17169848	2334057	404306	7993441	6379311	1646087
32276	2577911	6915827	5072101	674034	85620	1187737	926321	192548
373	37154	131275	95281	13984	2077	30407	23917	10556
104703	6606658	17494564	11368191	1549387	270102	6054262	4884704	1346411
3991	706102	1216155	634275	96652	46507	721035	544369	96572
340750	6016549	11142645	5560382	656629	69495	4591922	2652312	1343584
30972	1832888	2790916	1034406	141309	129041	2216731	1170469	306064
10731	515969	1153660	674727	82504	36899	575641	439816	107016
34	75710	120581	47756	6029	41117	147067	119779	14671
19905	1228449	1494885	302895	51501	49582	1466045	586754	178477
303	12761	21789	9028	1274	1442	27977	24120	5900
255031	5564633	10591152	5322593	813750	1718446	9284737	7689052	3345692
145664	3843164	7255701	3571527	554451	1505936	7104269	6072033	2766270
1090	622685	1040233	448276	77312	50538	445039	194998	66834
103784	853444	2016473	1213750	167307	87959	1292702	1050712	318216
4492	245340	278745	89040	14679	74013	442727	371309	194371

单位：万元

12－1 续表 3

项 目	Item	存货 Stock–in–trade	产成品 Finished Goods
二、按经济组织类型分组	**Grouped by Ownership**		
独资企业	Solely–invested Enterprise	2571420	914054
国有企业	State–owned Enterprises	1665726	583433
集体企业	Collective–owned Enterprises	41686	22425
私营独资企业	Private–funded Enterprises	259023	141877
港澳台商独资经营企业	Enterprises with Sole Investment form Hong Kong,Macao and Taiwan	131076	62123
外资企业	Enterprises with Sole Funds	473909	104196
合作、合伙企业	Cooperation and Partnership Enterprises	828845	227196
股份合作企业	Cooperative Enterprises	12734	5164
国有联营企业	State Joint Ownership Enterprises	9483	133
集体联营企业	Collective Joint Ownership Enterprises	113	75
国有与集体联营企业	Joint State–collective Enterprises		
其他联营企业	Other Joint Ownership Enterprises	251	54
私营合伙企业	Private Partnership Enterprises	8126	4962
合作经营企业(港或澳、台资)	Cooperative Enterprises	40996	27898
中外合作经营企业	Cooperation Enterprises	75629	46022
其他企业（内资）	Other Enterprises（domistic funded）	681513	142889
股份有限公司	Share–holding Corporations Limited	3930728	799570
股份有限公司(内资)	Share–holding Corporations Limited（domistic funded）	3758527	729929
私营股份有限公司	Private Share–holding Corporations Ltd.	115184	43385
港澳台商投资股份有限公司	Share–holding Corporations Ltd. with Funds from Hong Kong, Macao and Taiwan	18759	17481
外商投资股份有限公司	Share–holding Cooperative Ltd.	38258	8775
有限责任公司	Limited Liability Corporations	5934557	2051537
国有独资公司	State Sole Funded Corporations	207955	93630
私营有限责任公司	Private Limited Liability Corporations	1781584	792105
合资经营企业(港或澳、台资)	Joint–venture Enterprises	142575	46593
中外合资经营企业	Joint–venture Enterprises	1819101	396485
其他有限责任公司	Other Limited Liability Corporations	1983342	722723
三、在总计中：亏损企业	**Loss–making Enterprises**	**1882259**	**476992**
在总计中:国有控股企业	State–owned Holding Enterprises	7375869	1518511
在总计中:农村工业	Village Industry	21310	9879
在总计中:轻工业	Light Industry	3441203	1341647
重工业	Heavy Industry	9824347	2650709
在总计中:大型企业	Large–sized Enterprise	7187970	1524774
中型企业	Mdeium–sized Enterprise	2432899	865254
小型企业	Small–sized Enterprise	3588037	1573639
微型企业	Micro–Size Enterprise	56644	28688

contiued

unit: 10000 yuan

在成品 Goods	固定资产合计 Total Fixed Assets	固定资产原价 Original Value of Fixed Assets	累计折旧 Accumulated Depreciation	本年折旧 Depreciation in this Year	在建工程 Construction Progress	负债合计 Total Liabilities	流动负债合计 Total Current Liabilities	应付账款 Accounts Payable
262395	10938460	21891685	12198568	1633318	1557543	17670535	11405043	3764570
105058	6120275	10856401	5148566	682995	1328711	13505769	8639636	3021651
1372	158382	608100	461256	57481	5672	218282	201620	53678
32276	2577911	6915827	5072101	674034	85620	1187737	926321	192548
19905	1228449	1494885	302895	51501	49582	1466045	586754	178477
103784	853444	2016473	1213750	167307	87959	1292702	1050712	318216
354498	7329479	13204453	6351961	807717	166424	5423901	3095362	1475513
2925	104403	229262	132787	23829	1110	64733	55381	21772
9326	456244	520325	64081	28879	1622	137316	41557	13681
						1260	1260	160
	16735	20133	3398	1053	465	6157	6157	4255
373	37154	131275	95281	13984	2077	30407	23917	10556
34	75710	120581	47756	6029	41117	147067	119779	14671
1090	622685	1040233	448276	77312	50538	445039	194998	66834
340750	6016549	11142645	5560382	656629	69495	4591922	2652312	1343584
1249717	11414706	16952937	7279928	1217024	1650764	13900247	10718343	3079957
1240931	10450503	15436248	6547586	1104419	1528802	12708508	9778545	2783115
3991	706102	1216155	634275	96652	46507	721035	544369	96572
303	12761	21789	9028	1274	1442	27977	24120	5900
4492	245340	278745	89040	14679	74013	442727	371309	194371
529473	22974517	50395511	28925231	4079261	3905363	27849348	21467894	7057295
74169	4111778	7026048	3033498	404380	139354	3879249	2394733	799236
104703	6606658	17494564	11368191	1549387	270102	6054262	4884704	1346411
10731	515969	1153660	674727	82504	36899	575641	439816	107016
145664	3843164	7255701	3571527	554451	1505936	7104269	6072033	2766270
194206	7896949	17465538	10277288	1488539	1953073	10235927	7676608	2038361
564488	**8757334**	**14461042**	**6135652**	**900654**	**1096678**	**10611439**	**7007842**	**1994420**
1921274	28355585	45760771	19611382	2769123	4360285	39459212	27318575	10046434
251	74083	353557	282870	35199	382	56716	48710	10994
289749	11194220	24856290	14892592	2052100	846104	12046625	9096769	1674997
2106334	41462943	77588297	39863096	5685220	6433991	52797406	37589873	13702338
1691389	25345647	42924125	19233451	2932420	5018353	36499025	26123425	10163676
273819	10293235	19617796	10211724	1469234	1374670	13454173	9567435	2529646
429316	16300642	38660324	24759214	3272588	871154	14323910	10723259	2551395
1559	717639	1242342	551299	63078	15919	566922	272524	132618

单位：万元

项　　目	Item	非流动负债合计 Non-Current Liabilities	所有者权益合计 Total Owners' Equities
总计	**Total**	**14912006**	**53785563**
一、按登记注册类型分组：	**Grouped by Status Registration**		
内资企业	Domestic Funded	12333078	43789429
国有企业	State-owned Enterprises	4551812	6115279
中央企业	National Enterprises	3895794	5333699
地方企业	Local Enterprises	656018	781580
集体企业	Collective-owned Enterprises	7602	184821
股份合作企业	Cooperative Enterprises	207	109931
联营企业	Joint Ownership Enterprises	95758	383480
国有联营企业	State Joint Ownership Enterprises	95758	359294
集体联营企业	Collective Joint Ownership Enterprises		637
国有与集体联营企业	Joint State-collective Enterprises		
其他联营企业	Other Joint Ownership Enterprises		23549
有限责任公司	Limited Liability Corporations	2489158	10489293
国有独资公司	State Sole Funded Corporations	540953	2211478
其他有限责任公司	Other Limited Liability Corporations	1948205	8277815
股份有限公司	Share-holding Corporations Limited	2494903	11809820
私营企业	Private Enterprises	839485	10260872
私营独资企业	Private-funded Enterprises	137541	2587008
私营合作企业	Private Partnership Enterprises	5402	46349
私营有限责任公司	Private Limited Liability Corporations	561764	6944291
私营股份有限公司	Private Share-holding Corporations Ltd.	134778	683225
其他企业	Other Enterprises	1854152	4435934
港、澳、台商投资企业	Enterprises with Funds Hong Kong,Macao and Taiwan	967279	1109741
合资经营企业(港或澳、台资)	Joint-venture Enterprises	84539	543753
合作经营企业(港或澳、台资)	Cooperative Enterprises	4438	88849
港澳台商独资经营企业	Enterprises with Sole Investment form Hong Kong,Macao and Taiwan	874445	422769
港澳台商投资股份有限公司	Share-holding Corporations ltd. with Funds from Hong Kong, Macao and Taiwan	3857	54370
外商投资企业	Foreign Funded Enterprises	1611649	8886394
中外合资经营企业	Joint-venture Enterprises	1090759	6805147
中外合作经营企业	Cooperation Enterprises	246956	500205
外资企业	Enterprises with Sole Funds	202517	1211743
外商投资股份有限公司	Share-holding Cooperative Ltd.	71418	369299

contiued

unit: 10000 yuan

实收资本 Paid-in Capital	国家资本 State Capital	集体资本 Collective Capital	法人资本 Legal Persons Capital	个人资本 Individual Capital	港澳台资本 Hong Kong, Macao, Taiwan Capital	外商资本 Foreign Capital	营业收入 Operating Revenue	主营业务收入 Revenue from Principal Business
21871468	**4364451**	**237838**	**10342203**	**4591955**	**372989**	**1921305**	**172481430**	**167454235**
18284541	3746693	212368	9706327	4465116	38208	79102	136466667	133660062
3915016	2934700		951073	29251			24327977	22818224
3269945	2487888		780884	1200			22230892	20888759
645071	446812		170188	28051			2097085	1929465
67854	2794	31132	23170	11625			925327	898726
23047			18962	4085			295235	289607
407663			397993	9671			237948	233588
383993			383493	500			167615	163265
300				300			39500	39500
23371			14500	8871			30833	30824
5388475	406270	55482	3449690	1453383	14117	6694	30896433	30135033
1236438	107005	300	1126366	2767			5143837	4910670
4152037	299264	55182	2323324	1450616	14117	6694	25752596	25224363
3449247	385138	90812	2229850	708082	587	12712	30284441	29966426
3654328	11628	34942	1454794	2121206	17503	1560	40645742	40500438
681603	638	908	314361	365614	673		10170690	10167194
15808			4390	11288			294143	294143
2738408	10990	33734	1004641	1657591	16830	1470	28200484	28046189
218510		300	131402	86713		90	1980425	1992912
1378910	6164		1180796	127814	6000	58136	8853565	8818020
669284	35266	8005	171140	46207	298119	110547	6629760	6572393
318187	32766	205	140257	39007	52094	53858	1490456	1468455
41940	2500	7800	24700	3830	2210	900	248842	232432
295359			1515	2370	235686	55789	4813218	4796495
13798			4668	1000	8129		77243	75011
2917643	582492	17465	464735	80632	36662	1731657	29385003	27221779
1812226	531560	17465	365179	56323	32380	805319	24440976	22311523
128458	50931		19706	1960	1524	54337	601938	601937
870351			79850	3629	2758	784113	3601606	3567960
106607				18720		87887	740483	740359

单位：万元

12-1 续表 5

项　　目	Item	非流动负债合计 Non-Current Liabilities	所有者权益合计 Total Owners' Equities
二、按经济组织类型分组	**Grouped by Ownership**		
独资企业	Solely-invested Enterprise	5773917	10521619
国有企业	State-owned Enterprises	4551812	6115279
集体企业	Collective-owned Enterprises	7602	184821
私营独资企业	Private-funded Enterprises	137541	2587008
港澳台商独资经营企业	Enterprises with Sole Investment form Hong Kong,Macao and Taiwan	874445	422769
外资企业	Enterprises with Sole Funds	202517	1211743
合作、合伙企业	Cooperation and Partnership Enterprises	2206913	5564748
股份合作企业	Cooperative Enterprises	207	109931
国有联营企业	State Joint Ownership Enterprises	95758	359294
集体联营企业	Collective Joint Ownership Enterprises		637
国有与集体联营企业	Joint State-collective Enterprises		
其他联营企业	Other Joint Ownership Enterprises		23549
私营合伙企业	Private Partnership Enterprises	5402	46349
合作经营企业(港或澳、台资)	Cooperative Enterprises	4438	88849
中外合作经营企业	Cooperation Enterprises	246956	500205
其他企业（内资）	Other Enterprises（domistic funded）	1854152	4435934
股份有限公司	Share-holding Corporations Limited	2704956.4	12916713
股份有限公司(内资)	Share-holding Corporations Limited（domistic funded）	2494903	11809820
私营股份有限公司	Private Share-holding Corporations Ltd.	134778	683225
港澳台商投资股份有限公司	Share-holding Corporations Ltd. with Funds from Hong Kong, Macao and Taiwan	3857	54370
外商投资股份有限公司	Share-holding Cooperative Ltd.	71418	369299
有限责任公司	Limited Liability Corporations	4226219	24782483
国有独资公司	State Sole Funded Corporations	540953	2211478
私营有限责任公司	Private Limited Liability Corporations	561764	6944291
合资经营企业(港或澳、台资)	Joint-venture Enterprises	84539	543753
中外合资经营企业	Joint-venture Enterprises	1090759	6805147
其他有限责任公司	Other Limited Liability Corporations	1948205	8277815
三、在总计中:亏损企业	**Loss-making Enterprises**	**3446363**	**5244991**
在总计中:国有控股企业	State-owned Holding Enterprises	10750550	25833961
在总计中:农村工业	Village Industry	2952	98218
在总计中:轻工业	Light Industry	2119517	12845396
重工业	Heavy Industry	12792489	40940167
在总计中:大型企业	Large-sized Enterprise	9189076	26423235
中型企业	Mdeium-sized Enterprise	3124665	9657945
小型企业	Small-sized Enterprise	2308210	16980048
微型企业	Micro-Size Enterprise	290055	724335

contiued

unit: 10000 yuan

实收资本 Paid-in Capital	国家资本 State Capital	集体资本 Collective Capital	法人资本 Legal Persons Capital	个人资本 Individual Capital	港澳台资本 Hong Kong, Macao, Taiwan Capital	外商资本 Foreign Capital	营业收入 Operating Revenue	主营业务收入 Revenue from Principal Business
5830183	2938132	32040	1369969	412488	239117	839902	43838819	42248599
3915016	2934700		951073	29251			24327977	22818224
67854	2794	31132	23170	11625			925327	898726
681603	638	908	314361	365614	673		10170690	10167194
295359			1515	2370	235686	55789	4813218	4796495
870351			79850	3629	2758	784113	3601606	3567960
1995827	59595	7800	1646548	158647	9734	113373	10531671	10469728
23047			18962	4085			295235	289607
383993			383493	500			167615	163265
300				300			39500	39500
23371			14500	8871			30833	30824
15808			4390	11288			294143	294143
41940	2500	7800	24700	3830	2210	900	248842	232432
128458	50931		19706	1960	1524	54337	601938	601937
1378910	6164		1180796	127814	6000	58136	8853565	8818020
3788162	385138	91112	2365920	814515	8717	100689	33082592	32774707
3449247	385138	90812	2229850	708082	587	12712	30284441	29966426
218510		300	131402	86713		90	1980425	1992912
13798			4668	1000	8129		77243	75011
106607				18720		87887	740483	740359
10257296	981586	106886	4959767	3206305	115421	867341	85028349	81961200
1236438	107005	300	1126366	2767			5143837	4910670
2738408	10990	33734	1004641	1657591	16830	1470	28200484	28046189
318187	32766	205	140257	39007	52094	53858	1490456	1468455
1812226	531560	17465	365179	56323	32380	805319	24440976	22311523
4152037	299264	55182	2323324	1450616	14117	6694	25752596	25224363
4279847	**595985**	**67746**	**3066438**	**252530**	**18187**	**271905**	**15268779**	**14882470**
10642752	4152103	49656	5760976	312309	20413	347289	75688472	71958522
44243		2393	27231	14619			570801	569787
5340802	323483	121584	2183315	1769768	211833	712903	44821299	44571455
16530666	4040969	116254	8158887	2822187	161156	1208402	127660131	122882780
9287391	3069267	25110	4755208	538926	142845	756062	83743778	79844855
5212224	741358	131184	2525626	949892	155004	694927	21778744	21351706
7018635	438992	79893	2963374	3032375	74319	404534	64797016	64701393
353218	114835	1651	97995	70762	821	65783	2161892	1556281

单位：万元

12－1 续表 6

项　　目	Item	营业成本 Operating Cost	主营业务成本 Cost of Principal Business
总计	**Total**	**146841875**	**141212442**
一、按登记注册类型分组：	**Grouped by Status Registration**		
内资企业	Domestic Funded	118351407	114889052
国有企业	State-owned Enterprises	21767813	20448547
中央企业	National Enterprises	20069991	18899362
地方企业	Local Enterprises	1697822	1549185
集体企业	Collective-owned Enterprises	827956	800535
股份合作企业	Cooperative Enterprises	234709	234662
联营企业	Joint Ownership Enterprises	225464	222189
国有联营企业	State Joint Ownership Enterprises	159121	155856
集体联营企业	Collective Joint Ownership Enterprises	38730	38730
国有与集体联营企业	Joint State-collective Enterprises		
其他联营企业	Other Joint Ownership Enterprises	27613	27603
有限责任公司	Limited Liability Corporations	26575438	25765006
国有独资公司	State Sole Funded Corporations	4787017	4549676
其他有限责任公司	Other Limited Liability Corporations	21788422	21215331
股份有限公司	Share-holding Corporations Limited	26600812	25719877
私营企业	Private Enterprises	35243987	34852847
私营独资企业	Private-funded Enterprises	8847277	8778997
私营合作企业	Private Partnership Enterprises	266322	266322
私营有限责任公司	Private Limited Liability Corporations	24466072	24137808
私营股份有限公司	Private Share-holding Corporations Ltd.	1664316	1669720
其他企业	Other Enterprises	6875227	6845388
港、澳、台商投资企业	Enterprises with Funds Hong Kong,Macao and Taiwan	5890938	5850342
合资经营企业(港或澳、台资)	Joint-venture Enterprises	1226623	1199670
合作经营企业(港或澳、台资)	Cooperative Enterprises	218817	218572
港澳台商独资经营企业	Enterprises with Sole Investment form Hong Kong,Macao and Taiwan	4383857	4370544
港澳台商投资股份有限公司	Share-holding Corporations ltd. with Funds from Hong Kong, Macao and Taiwan	61641	61556
外商投资企业	Foreign Funded Enterprises	22599530	20473049
中外合资经营企业	Joint-venture Enterprises	18854752	16752890
中外合作经营企业	Cooperation Enterprises	340373	340323
外资企业	Enterprises with Sole Funds	2825572	2801141
外商投资股份有限公司	Share-holding Cooperative Ltd.	578833	578696

contiued

unit: 10000 yuan

营业税金及附加 Business Tax and Surcharge	主营业务税金及附加 Taxes and Other Charges on Principal Business	其他业务收入 Other Operating Income	其他业务利润 Income from Other Operation	销售费用 Selling Cost	管理费用 Management Cost	税金 Expenses of Taxation	差旅费 Travelling Expense	工会经费 Union Funds
3958115	**2712106**	**5027195**	**432787**	**4732235**	**7107240**	**347202**	**446896**	**56300**
2555141	2580521	2806605	111942	3885111	5998838	293332	390901	47168
701425	696407	1509753	34706	906620	1453650	83294	39624	14451
632064	627937	1342132	20360	857876	1239868	43672	34512	3684
69361	68470	167621	14347	48744	213782	39621	5112	10767
7018	5555	26601	2749	13510	35651	703	1662	219
1451	1444	5628	183	8902	11830	831	293	465
235	235	4359		2666	2178	187	14	8
60	60	4350		1956	675	41		
25	25			70	99	25		
150	149.9	9		640	1404	121	14	8
523440	660131	761401	27690	628871	1363515	61264	84995	8336
31853	27424	233167	-6430	44975	216261	7545	8508	1225
491587	632706	528234	34119	583896	1147255	53719	76487	7111
762428	755238	318015	17563	1159255	1276010	54280	139738	7737
403358	344893	145304	28442	1060275	1468017	67097	109291	14035
87193	69537	3496	5927	228774	320245	20175	26442	4124
1790	1790			6064	16485	313	1126	106
301893	261102	154295	22140	757076	1061568	42289	76485	9304
12482	12464	-12487	375	68361	69719	4319	5237	502
155785	116619	35545	610	105012	387988	25677	15285	1917
29534	22495	57367	8504	438818	120831	6825	19228	913
6980	5759	22001	3952	51218	63289	4737	4705	507
5279	452	16410		7084	4676	323	326	6
16921	15930	16723	2425	378122	50059	1558	14024	371
354	354	2232	2127	2394	2807	208	173	30
1373440	109089	2163224	312340	408307	987571	47044	36767	8218
1285068	23402	2129453	309553	215589	657598	27632	23448	6026
63800	63800	0.1	-1492	11930	21348	565	839	168
20404	17719	33646	4280	162620	216632	14074	9786	872
4168	4168	124	-0.8	18168	91993	4773	2694	1152

12－1 续表 7

单位：万元

项　目	Item	营业成本 Operating Cost	主营业务成本 Cost of Principal Business
二、按经济组织类型分组	**Grouped by Ownership**		
独资企业	Solely-invested Enterprise	38652476	37199764
国有企业	State-owned Enterprises	21767813	20448547
集体企业	Collective-owned Enterprises	827956	800535
私营独资企业	Private-funded Enterprises	8847277	8778997
港澳台商独资经营企业	Enterprises with Sole Investment form Hong Kong,Macao and Taiwan	4383857	4370544
外资企业	Enterprises with Sole Funds	2825572	2801141
合作、合伙企业	Cooperation and Partnership Enterprises	8160912	8127456
股份合作企业	Cooperative Enterprises	234709	234662
国有联营企业	State Joint Ownership Enterprises	159121	155856
集体联营企业	Collective Joint Ownership Enterprises	38730	38730
国有与集体联营企业	Joint State-collective Enterprises		
其他联营企业	Other Joint Ownership Enterprises	27613	27603
私营合伙企业	Private Partnership Enterprises	266322	266322
合作经营企业(港或澳、台资)	Cooperative Enterprises	218817	218572
中外合作经营企业	Cooperation Enterprises	340373	340323
其他企业（内资）	Other Enterprises（domistic funded）	6875227	6845388
股份有限公司	Share-holding Corporations Limited	28905602	28029848
股份有限公司(内资)	Share-holding Corporations Limited（domistic funded）	26600812	25719877
私营股份有限公司	Private Share-holding Corporations Ltd.	1664316	1669720
港澳台商投资股份有限公司	Share-holding Corporations Ltd. with Funds from Hong Kong, Macao and Taiwan	61641	61556
外商投资股份有限公司	Share-holding Cooperative Ltd.	578833	578696
有限责任公司	Limited Liability Corporations	71122886	67855374
国有独资公司	State Sole Funded Corporations	4787017	4549676
私营有限责任公司	Private Limited Liability Corporations	24466072	24137808
合资经营企业(港或澳、台资)	Joint-venture Enterprises	1226623	1199670
中外合资经营企业	Joint-venture Enterprises	18854752	16752890
其他有限责任公司	Other Limited Liability Corporations	21788422	21215331
三、在总计中：亏损企业	**Loss-making Enterprises**	**14537584**	**14143259**
在总计中:国有控股企业	State-owned Holding Enterprises	63583008	59779159
在总计中:农村工业	Village Industry	491477	490463
在总计中:轻工业	Light Industry	37523701	36970566
重工业	Heavy Industry	109318174	104241876
在总计中:大型企业	Large-sized Enterprise	71059703	66820603
中型企业	Mdeium-sized Enterprise	18105362	17677430
小型企业	Small-sized Enterprise	55719097	55393957
微型企业	Micro-Size Enterprise	1957714	1320452

contiued

unit: 10000 yuan

营业税金及附加 Business Tax and Surcharge	主营业务税金及附加 Taxes and Other Charges on Principal Business	其他业务收入 Other Operating Income	其他业务利润 Income from Other Operation	销售费用 Selling Cost	管理费用 Management Cost	税金 Expenses of Taxation	差旅费 Travelling Expense	工会经费 Union Funds
832962	805149	1590219	50087	1689646	2076237	119804	91538	20038
701425	696407	1509753	34706	906620	1453650	83294	39624	14451
7018	5555	26601	2749	13510	35651	703	1662	219
87193	69537	3496	5927	228774	320245	20175	26442	4124
16921	15930	16723	2425	378122	50059	1558	14024	371
20404	17719	33646	4280	162620	216632	14074	9786	872
228340	184340	61942	-699	141658	444505	27895	17883	2669
1451	1444	5628	183	8902	11830	831	293	465
60	60	4350		1956	675	41		
25	25			70	99	25		
150	150	9		640	1404	121	14	8
1790	1790			6064	16485	313	1126	106
5279	452	16410		7084	4676	323	326	6
63800	63800		-1492	11930	21348	565	839	168
155785	116619	35545	610	105012	387988	25677	15285	1917
779433	772224	307885	20064	1248178	1440529	63581	147842	9421
762428	755238	318015	17563	1159255	1276010	54280	139738	7737
12482	12464	-12487	375	68361	69719	4319	5237	502
354	354	2232	2127	2394	2807	208	173	30
4168	4168	124	-1	18168	91993	4773	2694	1152
2117380	950393	3067149	363335	1652754	3145970	135923	189633	24172
31853	27424	233167	-6430	44975	216261	7545	8508	1225
301893	261102	154295	22140	757076	1061568	42289	76485	9304
6980	5759	22001	3952	51218	63289	4737	4705	507
1285068	23402	2129453	309553	215589	657598	27632	23448	6026
491587	632706	528234	34119	583896	1147255	53719	76487	7111
799137	**791260**	**386309**	**-6217**	**212581**	**679914**	**44448**	**23136**	**3479**
3181243	1904699	3729950	339118	1446865	3343082	179023	93827	28203
3296	3273	1013		10139	10311	481	995	266
863285	766829	249845	21233	2339514	1739223	83317	239130	11319
3094830	1945276	4777351	411554	2392722	5368017	263885	207766	44981
3119917	1996528	3898923	319047	2425138	3328021	135932	198834	27450
237541	224587	427038	61614	679698	1209627	80439	100233	8693
589229	481877	95623	51715	1594101	2503042	126344	145670	19909
11428	9114	605611	411	33299	66550	4487	2160	248

单位：万元

12－1 续表 8

项 目	Item	财务费用 Finance Cost	利息收入 Interest Income
总计	**Total**	**1557364**	**156170**
一、按登记注册类型分组：	**Grouped by Status Registration**		
内资企业	Domestic Funded	1424466	93319
国有企业	State-owned Enterprises	189236	28570
中央企业	National Enterprises	123948	41566
地方企业	Local Enterprises	65288	-12996
集体企业	Collective-owned Enterprises	5943	921
股份合作企业	Cooperative Enterprises	4204	39
联营企业	Joint Ownership Enterprises	27767	0.3
国有联营企业	State Joint Ownership Enterprises	27683	0.3
集体联营企业	Collective Joint Ownership Enterprises	74	
国有与集体联营企业	Joint State-collective Enterprises		
其他联营企业	Other Joint Ownership Enterprises	10	
有限责任公司	Limited Liability Corporations	407165	7210
国有独资公司	State Sole Funded Corporations	135156	2577
其他有限责任公司	Other Limited Liability Corporations	272009	4634
股份有限公司	Share-holding Corporations Limited	355341	15081
私营企业	Private Enterprises	352611	7397
私营独资企业	Private-funded Enterprises	83083	1361
私营合作企业	Private Partnership Enterprises	1544	3
私营有限责任公司	Private Limited Liability Corporations	248742	5724
私营股份有限公司	Private Share-holding Corporations Ltd.	19242	308
其他企业	Other Enterprises	82200	34101
港、澳、台商投资企业	Enterprises with Funds Hong Kong,Macao and Taiwan	51994	7362
合资经营企业(港或澳、台资)	Joint-venture Enterprises	17443	4137
合作经营企业(港或澳、台资)	Cooperative Enterprises	6341	2842
港澳台商独资经营企业	Enterprises with Sole Investment form Hong Kong,Macao and Taiwan	27723	218
港澳台商投资股份有限公司	Share-holding Corporations ltd. with Funds from Hong Kong, Macao and Taiwan	486	166
外商投资企业	Foreign Funded Enterprises	80904	55489
中外合资经营企业	Joint-venture Enterprises	48759	46658
中外合作经营企业	Cooperation Enterprises	3670	7167
外资企业	Enterprises with Sole Funds	22464	680
外商投资股份有限公司	Share-holding Cooperative Ltd.	6012	984

contiued

unit: 10000 yuan

利息支出 Interest Expense	营业利润 Operating Profit	资产减值损失 Impairment of Assets	公允价值变动收益 Fair Value Gain	投资收益 Investment Income	补贴收入 Subsidy Income	营业外收入 Non-business Income	营业外支出 Non-business Expenditure	利润总额 Total Profits
1496778	**12231956**	**159758**	**-3341**	**2000239**	**123005**	**616194**	**880668**	**11759686**
1287806	7380335	149835	-2454	1815067	116790	524303	736230	6964356
210076	866713	51896	-6	1565056	30602	305083	55331	1101997
165763	801350	50233	-7	1572705	6673	270182	44090	1020903
44313	65363	1663	1	-7649	23929	34900	11241	81095
5283	32110	4948		0.1	6551	7001	3213	29933
2868	15616				132	105	1233	14407
27661	-20365					245	7	-20128
27577	-21880					105	2	-21778
74	498							498
10	1017					140	5	1152
327923	1776931	20410	-99	19672	33333	62445	116518	1694915
111852	19422	14824	-173	4941	7008	31911	36244	9281
216071	1757510	5586	75	14730	26326	30534	80274	1685635
310942	826755	65541	-2353	309844	20176	130649	127972	713344
291688	2705617	4673	4	-90380	25818	-43884	375818	2248221
65934	663219	1365	4	-30257	1394	-34788	97259	496439
937	10620					128	474	10647
209109	1840780	1895		-57123	20897	-12111	250122	1578143
15708	190997	1412		-3000	3528	2886	27963	162993
111367	1176959	2368		10875	178	62660	56138	1181666
58396	459525	249	-1	6	1811	2948	10357	445469
18702	148536	37	-1	-1	685	-3258	9224	130709
9133	6772				801	1106	263	6814
29872	294569	294		6	325	5043	795	298318
689	9648	-82				57	76	9629
150576	4392096	9674	-887	185166	4404	88943	134081	4349861
106463	3868414	8981	-887	186760	2332	76997	117224	3831670
11144	152856				225	33	550	152831
22403	324102	53		-7324	1848	11427	16120	318337
10567	46725	641		5730		486	187	47024

单位：万元

项　　目	Item	财务费用 Finance Cost	利息收入 Interest Income
二、按经济组织类型分组	**Grouped by Ownership**		
独资企业	Solely-invested Enterprise	328449	31750
国有企业	State-owned Enterprises	189236	28570
集体企业	Collective-owned Enterprises	5943	921
私营独资企业	Private-funded Enterprises	83083	1361
港澳台商独资经营企业	Enterprises with Sole Investment form Hong Kong,Macao and Taiwan	27723	218
外资企业	Enterprises with Sole Funds	22464	680
合作、合伙企业	Cooperation and Partnership Enterprises	125725	44152
股份合作企业	Cooperative Enterprises	4204	39
国有联营企业	State Joint Ownership Enterprises	27683	0.3
集体联营企业	Collective Joint Ownership Enterprises	74	
国有与集体联营企业	Joint State-collective Enterprises		
其他联营企业	Other Joint Ownership Enterprises	10	
私营合伙企业	Private Partnership Enterprises	1544	3
合作经营企业(港或澳、台资)	Cooperative Enterprises	6341	2842
中外合作经营企业	Cooperation Enterprises	3670	7167
其他企业（内资）	Other Enterprises（domistic funded）	82200	34101
股份有限公司	Share-holding Corporations Limited	381081	16540
股份有限公司(内资)	Share-holding Corporations Limited（domistic funded）	355341	15081
私营股份有限公司	Private Share-holding Corporations Ltd.	19242	308
港澳台商投资股份有限公司	Share-holding Corporations Ltd. with Funds from Hong Kong, Macao and Taiwan	486	166
外商投资股份有限公司	Share-holding Cooperative Ltd.	6012	984
有限责任公司	Limited Liability Corporations	722109	63728
国有独资公司	State Sole Funded Corporations	135156	2577
私营有限责任公司	Private Limited Liability Corporations	248742	5724
合资经营企业(港或澳、台资)	Joint-venture Enterprises	17443	4137
中外合资经营企业	Joint-venture Enterprises	48759	46658
其他有限责任公司	Other Limited Liability Corporations	272009	4634
三、在总计中：亏损企业	**Loss-making Enterprises**	**335420**	**7155**
在总计中:国有控股企业	State-owned Holding Enterprises	761069	124505
在总计中:农村工业	Village Industry	5033	92
在总计中:轻工业	Light Industry	419941	11327
重工业	Heavy Industry	1137423	144843
在总计中:大型企业	Large-sized Enterprise	586547	124629
中型企业	Mdeium-sized Enterprise	363558	18127
小型企业	Small-sized Enterprise	587984	12639
微型企业	Micro-Size Enterprise	19274	775

contiued

unit: 10000 yuan

利息支出 Interest Expense	营业利润 Operating Profit	资产减值损失 Impairment of Assets	公允价值变动收益 Fair Value Gain	投资收益 Investment Income	补贴收入 Subsidy Income	营业外收入 Non-business Income	营业外支出 Non-business Expenditure	利润总额 Total Profits
333568	2180713	58555.9	-2	1527481	40719	293766	172718	2245024
210076	866713	51896	-6	1565056	30602	305083	55331	1101997
5283	32110	4948		0.1	6551	7001	3213	29933
65934	663219	1365	4	-30257	1394	-34788	97259	496439
29872	294569	294		6	325	5043	795	298318
22403	324102	53		-7324	1848	11427	16120	318337
163108	1342458	2368		10875	1335	64276	58664	1346236
2868	15616				132	105	1233	14407
27577	-21880					105	2	-21778
74	498							498
10	1017					140	5	1152
937	10620					128	474	10647
9133	6772				801	1106	263	6814
11144	152856				225	33	550	152831
111367	1176959	2368		10875	178	62660	56138	1181666
337906	1074125	67511	-2353	312574	23704	134079	156198	932989
310942	826755	65541	-2353	309844	20176	130649	127972	713344
15708	190997	1412		-3000	3528	2886	27963	162993
689	9648	-82				57	76	9629
10567	46725	641		5730		486	187	47024
662196	7634661	31323	-986	149309	57247	124073	493087	7235436
111852	19422	14824	-173	4941	7008	31911	36244	9281
209109	1840780	1895		-57123	20897	-12111	250122	1578143
18702	148536	37	-1	-1	685	-3258	9224	130709
106463	3868414	8981	-886.9	186760	2332	76997	117224	3831670
216071	1757510	5586	75	14730	26326	30534	80274	1685635
315402		**79858**	**-358**	**-24124**	**11507**	**129869**	**130805**	**-1396826**
822517	5688730	137586	-404	1840425	62554	579411	358294	5759604
3538	42546			200		-10996	1321	30230
367119	3009738	23130	-3091	255258	26436	44270	242035	2809084
1129660	9222218	136628	-250	1744981	96569	571924	638633	8950602
666020	6264123	124934	-2010	2116890	33273	587786	338903	6379743
335018	1649052	21540	-298	-76880	42487	113128	182124	1544945
480156	4195970	12844	-849	-37470	46793	-83471	334409	3740523
15585	122812	441	-185	-2302	452	-1249	25231	94475

单位：万元

12－1 续表 10

项　目	Item	应交所得税 Income Tax Payable	亏损企业亏损总额 Total Loss
总计	**Total**	**2416071**	**1396826**
一、按登记注册类型分组：	**Grouped by Status Registration**		
内资企业	Domestic Funded	1619899	1315952
国有企业	State-owned Enterprises	127163	253966
中央企业	National Enterprises	112150	214869
地方企业	Local Enterprises	15013	39097
集体企业	Collective-owned Enterprises	3666	3392
股份合作企业	Cooperative Enterprises	659	104
联营企业	Joint Ownership Enterprises	50.7	23369
国有联营企业	State Joint Ownership Enterprises	50.7	21981
集体联营企业	Collective Joint Ownership Enterprises		
国有与集体联营企业	Joint State-collective Enterprises		
其他联营企业	Other Joint Ownership Enterprises		1388
有限责任公司	Limited Liability Corporations	1088413	131231
国有独资公司	State Sole Funded Corporations	7465	40737
其他有限责任公司	Other Limited Liability Corporations	1080948	90494
股份有限公司	Share-holding Corporations Limited	194863	697296
私营企业	Private Enterprises	186668	71785
私营独资企业	Private-funded Enterprises	25584	14453
私营合作企业	Private Partnership Enterprises	1164	
私营有限责任公司	Private Limited Liability Corporations	142922	46559
私营股份有限公司	Private Share-holding Corporations Ltd.	16998	10773
其他企业	Other Enterprises	18416	134809
港、澳、台商投资企业	Enterprises with Funds Hong Kong,Macao and Taiwan	39975	6009
合资经营企业(港或澳、台资)	Joint-venture Enterprises	22580	3506
合作经营企业(港或澳、台资)	Cooperative Enterprises	2017	
港澳台商独资经营企业	Enterprises with Sole Investment form Hong Kong,Macao and Taiwan	13248	2503
港澳台商投资股份有限公司	Share-holding Corporations ltd. with Funds from Hong Kong, Macao and Taiwan	2131	
外商投资企业	Foreign Funded Enterprises	756197	74865
中外合资经营企业	Joint-venture Enterprises	641198	35497
中外合作经营企业	Cooperation Enterprises	43341	201
外资企业	Enterprises with Sole Funds	54355	21260
外商投资股份有限公司	Share-holding Cooperative Ltd.	17304	17907

contiued

unit: 10000 yuan

利税总额 Total Pre-tax Profits	应交税金及附加 Tax Payable and Surcharge	本年应付职工薪酬 The Year of Payable Employees	本年应交增值税 Value Added Tax Payable This Year	本年进项税额 Input Vat in Current Year	本年销项税额 Output Vat in Current Year	土地和固定资产支出 Land and Fixed Assets Ixpenses	土地购置 Purchase of Land	房屋和建筑物 Houses and Buildings
20224252	**11227839**	**6265176**	**4506452**	**18237700**	**21478974**	**5274809**	**203103**	**1809245**
12709667	7658542	5562936	3190171	14183895	16176655	4603868	169250	1556178
2253700	1362159	1019281	450277	3684389	4089907	845961	16031	289002
2006166	1141086	816574	353199	3558682	3906613	642497	6921	254014
247534	221073	202707	97078	125707	183294	203464	9110	34988
55003	29440	31097	18052	40331	48253	16510		9466
23061	10144	8879	7202	111662	105854	2939		347
-19678	687	7061	215	16974	29581			
-21677	193	5844	41	15955	28678			
557	84	24	34					
1442	411	1194	140	1019	903			
3135200	2589962	1257553	916845	2834607	3450247	1271210	37013	379811
243647	249376	396702	202513	679698	876778	298666	4344	85500
2891553	2340586	860851	714332	2154909	2573469	972544	32669	294311
2026042	1561842	1500051	550270	3062293	3435993	891798	69155	397761
3537407	1542951	1111836	885827	3750284	4006189	692737	42508	219954
777476	326796	206282	193844	1652996	1638307	86472	6337	18203
16595	7426	5014	4158	14132	15339	639	95	117
2507451	1114520	830629	627416	1830907	2078123	544162	34869	176405
235885	94209	69912	60410	252249	274421	61464	1208	25229
1698932	561359	627177	361482	683355	1010630	882712	4543	259837
643811	245143	124399	168808	741848	875012	194116	9361	39512
184104	80713	67116	46416	124429	153429	68650	103	7729
13454	8979	7787	1360	8242	9602	167		
433964	150452	46939	118726	597884	698736	125299	9257	31783
12289	4999	2557	2307	11293	13245			
6870774	3324154	577842	1147473	3311957	4427307	476825	24492	213555
6142380	2979541	453586	1025643	2822797	3843533	344797	12012	172695
243280	134355	22845	26650	6926	32632	56525	495	26485
418521	168612	96347	79779	377137	427637	58494	7394	14375
66593	41646	5065	15401	105098	123505	17010	4591	

12－1 续表 11

单位：万元

项　目	Item	应交所得税 Income Tax Payable	亏损企业亏损总额 Total Loss
二、按经济组织类型分组	**Grouped by Ownership**		
独资企业	Solely-invested Enterprise	224016	295574
国有企业	State-owned Enterprises	127163	253966
集体企业	Collective-owned Enterprises	3666	3392
私营独资企业	Private-funded Enterprises	25584	14453
港澳台商独资经营企业	Enterprises with Sole Investment form Hong Kong,Macao and Taiwan	13248	2503
外资企业	Enterprises with Sole Funds	54355	21260
合作、合伙企业	Cooperation and Partnership Enterprises	65647	158483
股份合作企业	Cooperative Enterprises	659	104
国有联营企业	State Joint Ownership Enterprises	51	21981
集体联营企业	Collective Joint Ownership Enterprises		
国有与集体联营企业	Joint State-collective Enterprises		
其他联营企业	Other Joint Ownership Enterprises		1388
私营合伙企业	Private Partnership Enterprises	1164	
合作经营企业(港或澳、台资)	Cooperative Enterprises	2017	
中外合作经营企业	Cooperation Enterprises	43341	201
其他企业（内资）	Other Enterprises（domistic funded）	18416	134809
股份有限公司	Share-holding Corporations Limited	231295	725976
股份有限公司(内资)	Share-holding Corporations Limited（domistic funded）	194863	697296
私营股份有限公司	Private Share-holding Corporations Ltd.	16998	10773
港澳台商投资股份有限公司	Share-holding Corporations Ltd. with Funds from Hong Kong, Macao and Taiwan	2131	
外商投资股份有限公司	Share-holding Cooperative Ltd.	17304	17907
有限责任公司	Limited Liability Corporations	1895113	216793
国有独资公司	State Sole Funded Corporations	7465	40737
私营有限责任公司	Private Limited Liability Corporations	142922	46559
合资经营企业(港或澳、台资)	Joint-venture Enterprises	22580	3506
中外合资经营企业	Joint-venture Enterprises	641198	35497
其他有限责任公司	Other Limited Liability Corporations	1080948	90494
三、在总计中：亏损企业	**Loss-making Enterprises**	**-1895**	**1396826**
在总计中:国有控股企业	State-owned Holding Enterprises	923296	1169042
在总计中:农村工业	Village Industry	1443	
在总计中:轻工业	Light Industry	1119119	148678
重工业	Heavy Industry	1296952	1248148
在总计中:大型企业	Large-sized Enterprise	948434	992033
中型企业	Mdeium-sized Enterprise	260913	245352
小型企业	Small-sized Enterprise	1196307	152515
微型企业	Micro-Size Enterprise	10417	6925.8

contiued

unit: 10000 yuan

利税总额 Total Pre-tax Profits	应交税金及附加 Tax Payable and Surcharge	本年应付职工薪酬 The Year of Payable Employees	本年应交增值税 Value Added Tax Payable This Year	本年进项税额 Input Vat in Current Year	本年销项税额 Output Vat in Current Year	土地和固定资产支出 Land and Fixed Assets Ixpenses	土地购置 Purchase of Land	房屋和建筑物 Houses and Buildings
3938664	2037460	1399946	860678	6352738	6902841	1132737	39019	362829
2253700	1362159	1019281	450277	3684389	4089907	845961	16031	289002
55003	29440	31097	18052	40331	48253	16510		9466
777476	326796	206282	193844	1652996	1638307	86472	6337	18203
433964	150452	46939	118726	597884	698736	125299	9257	31783
418521	168612	96347	79779	377137	427637	58494	7394	14375
1975644	722949	678763	401068	841290	1203638	942981	5133	286786
23061	10144	8879	7202	111662	105854	2939		347
-21677	193	5844	41	15955	28678			
557	84	24	34					
1442	411	1194	140	1019	903			
16595	7426	5014	4158	14132	15339	639	95	117
13454	8979	7787	1360	8242	9602	167		
243280	134355	22845	26650	6926	32632	56525	495	26485
1698932	561359	627177	361482	683355	1010630	882712	4543	259837
2340809	1702696	1577585	628387	3430933	3847164	970271	74953	422990
2026042	1561842	1500051	550270	3062293	3435993	891798	69155	397761
235885	94209	69912	60410	252249	274421	61464	1208	25229
12289	4999	2557	2307	11293	13245			
66593	41646	5065	15401	105098	123505	17010	4591	
11969135	6764735	2608883	2616319	7612739	9525331	2228819	83997	736640
243647	249376	396702	202513	679698	876778	298666	4344	85500
2507451	1114520	830629	627416	1830907	2078123	544162	34869	176405
184104	80713	67116	46416	124429	153429	68650	103	7729
6142380	2979541	453586	1025643	2822797	3843533	344797	12012	172695
2891553	2340586	860851	714332	2154909	2573469	972544	32669	294311
-324025	**1115355**	**1024915**	**273664**	**1948289**	**2192756**	**1505768**	**32622**	**410533**
11348848	6691564	3326681	2408002	10049374	12316295	3041427	60802	1072903
38865	10558	16305	5339	56069	57578	5024	5	2644
4691845	3085196	1461009	1019476	3546060	4125145	930868	87289	404372
15532407	8142643	4804167	3486975	14691640	17353829	4343942	115814	1404873
11965695	6670317	3569652	2466035	10559028	12796702	2296688	55919	832424
2455234	1251641	1153032	672748	2182565	2542445	1293462	45536	388020
5671324	3253453	1511096	1341573	5450951	5986023	1680888	101355	587272
132000	52428	31397	26096	45156	153805	3771	294	1529

单位：万元

12－1 续表 12

项　目	Item	机器设备 Machinery and Equipment	运输工具 Conveyance
总计	**Total**	**2162551**	**254652**
一、按登记注册类型分组：	**Grouped by Status Registration**		
内资企业	Domestic Funded	1833345	242354
国有企业	State-owned Enterprises	467592	9850
中央企业	National Enterprises	321987	5371
地方企业	Local Enterprises	145605	4479
集体企业	Collective-owned Enterprises	4483	2135
股份合作企业	Cooperative Enterprises	516	2076
联营企业	Joint Ownership Enterprises		
国有联营企业	State Joint Ownership Enterprises		
集体联营企业	Collective Joint Ownership Enterprises		
国有与集体联营企业	Joint State-collective Enterprises		
其他联营企业	Other Joint Ownership Enterprises		
有限责任公司	Limited Liability Corporations	602666	53823
国有独资公司	State Sole Funded Corporations	191458	13086
其他有限责任公司	Other Limited Liability Corporations	411209	40737
股份有限公司	Share-holding Corporations Limited	388201	24208
私营企业	Private Enterprises	332273	87829
私营独资企业	Private-funded Enterprises	57152	3401
私营合作企业	Private Partnership Enterprises	340	62
私营有限责任公司	Private Limited Liability Corporations	244197	81627
私营股份有限公司	Private Share-holding Corporations Ltd.	30584	2739
其他企业	Other Enterprises	37615	62433
港、澳、台商投资企业	Enterprises with Funds Hong Kong,Macao and Taiwan	130427	5780
合资经营企业(港或澳、台资)	Joint-venture Enterprises	54924	1973
合作经营企业(港或澳、台资)	Cooperative Enterprises	114	53
港澳台商独资经营企业	Enterprises with Sole Investment form Hong Kong,Macao and Taiwan	75389	3754
港澳台商投资股份有限公司	Share-holding Corporations ltd. with Funds from Hong Kong, Macao and Taiwan		
外商投资企业	Foreign Funded Enterprises	198779	6519
中外合资经营企业	Joint-venture Enterprises	152304	3917
中外合作经营企业	Cooperation Enterprises	3066	721
外资企业	Enterprises with Sole Funds	30991	1881
外商投资股份有限公司	Share-holding Cooperative Ltd.	12419	

contiued

unit: 10000 yuan

其他费用 Other Costs	全部从业人员年平均人数（人） Annual Average Employed Persons (person)	总资产贡献率（%） Total Assets Contribution Rate (%)	资产负债率（%） Assets-liability Ratio (%)	流动资产周转率（次/年） Current Assets Turnover (times/year)	成本费用利润率（%） Ratio of Pre-tax Profit to Cost (%)	产品销售率（%） Proportion of Products Sold (%)
847110	**1395097**	**18.1**	**54.5**	**3.4**	**7.3**	**98.3**
796547	1253377	14.3	54.8	3.5	5.4	98.1
46285	192545	12.4	68.8	2.4	4.5	98.3
36903	130677	12.8	68.0	2.4	4.6	98.6
9382	61868	10.2	73.3	2.3	4.0	95.9
426	14477	14.7	53.9	4.3	3.4	99.2
	2112	14.8	37.0	5.0	5.6	95.9
	1229	1.5	27.4	7.8	-7.8	99.5
	677	1.2	27.7	6.6	-11.5	99.8
	24	33.3	66.4	43.8	1.3	97.8
	528	4.9	20.7	7.0	3.9	99.7
200182	363124	14.0	57.2	3.9	5.9	97.5
4279	102699	5.8	63.7	4.4	0.2	98.9
195904	260425	16.7	55.1	3.8	7.1	97.2
21117	244323	9.5	51.7	2.8	2.4	98.4
10173	348166	20.8	43.5	5.8	5.9	98.0
1379	76427	22.2	31.4	10.2	5.2	97.5
25	2502	22.8	39.5	11.0	3.7	98.4
7065	246915	20.7	46.1	5.2	6.0	98.4
1704	22322	17.8	51.2	3.4	9.0	94.8
518363	87401	19.6	50.7	3.2	15.9	98.7
9049	32784	20.9	66.6	5.1	6.9	99.2
3933	16243	17.7	51.4	2.8	9.6	98.6
	2958	8.4	62.3	2.4	2.9	102.7
5116	13070	24.6	77.6	8.2	6.2	99.3
	513	15.6	34.0	1.2	14.3	94.5
41514	108936	38.2	50.9	2.9	18.1	99.2
11522	76223	44.6	51.1	3.1	19.4	98.7
25758	3667	24.8	44.7	2.3	40.5	103.4
4235	24997	17.5	51.4	2.4	9.9	102.1
	4049	9.4	54.5	1.4	6.8	100.0

单位：万元

12－1 续表 13

项　目	Item	机器设备 Machinery and Equipment	运输工具 Conveyance
二、按经济组织类型分组	**Grouped by Ownership**		
独资企业	Solely-invested Enterprise	635608	21021
国有企业	State-owned Enterprises	467592	9850
集体企业	Collective-owned Enterprises	4483	2135
私营独资企业	Private-funded Enterprises	57152	3401
港澳台商独资经营企业	Enterprises with Sole Investment form Hong Kong,Macao and Taiwan	75389	3754
外资企业	Enterprises with Sole Funds	30991	1881
合作、合伙企业	Cooperation and Partnership Enterprises	41650	65345
股份合作企业	Cooperative Enterprises	516	2076
国有联营企业	State Joint Ownership Enterprises		
集体联营企业	Collective Joint Ownership Enterprises		
国有与集体联营企业	Joint State-collective Enterprises		
其他联营企业	Other Joint Ownership Enterprises		
私营合伙企业	Private Partnership Enterprises	340	62
合作经营企业(港或澳、台资)	Cooperative Enterprises	114	53
中外合作经营企业	Cooperation Enterprises	3066	721
其他企业（内资）	Other Enterprises（domistic funded）	37615	62433
股份有限公司	Share-holding Corporations Limited	431203	26947
股份有限公司(内资)	Share-holding Corporations Limited（domistic funded）	388201	24208
私营股份有限公司	Private Share-holding Corporations Ltd.	30584	2739
港澳台商投资股份有限公司	Share-holding Corporations Ltd. with Funds from Hong Kong, Macao and Taiwan		
外商投资股份有限公司	Share-holding Cooperative Ltd.	12419	
有限责任公司	Limited Liability Corporations	1054090	141340
国有独资公司	State Sole Funded Corporations	191458	13086
私营有限责任公司	Private Limited Liability Corporations	244197	81627
合资经营企业(港或澳、台资)	Joint-venture Enterprises	54924	1973
中外合资经营企业	Joint-venture Enterprises	152304	3917
其他有限责任公司	Other Limited Liability Corporations	411209	40737
三、在总计中：亏损企业	**Loss-making Enterprises**	**465942**	**62476**
在总计中:国有控股企业	State-owned Holding Enterprises	1092682	99863
在总计中:农村工业	Village Industry	1014	1210
在总计中:轻工业	Light Industry	372963	32877
重工业	Heavy Industry	1789588	221775
在总计中:大型企业	Large-sized Enterprise	678472	140699
中型企业	Mdeium-sized Enterprise	774160	24867
小型企业	Small-sized Enterprise	703634	88163
微型企业	Micro-Size Enterprise	6285	923

contiued

unit: 10000 yuan

其他费用 Other Costs	全部从业人员年平均人数（人）Annual Average Employed Persons (person)	总资产贡献率（%）Total Assets Contribution Rate (%)	资产负债率（%）Assets-liability Ratio (%)	流动资产周转率（次/年）Current Assets Turnover (times/year)	成本费用利润率（%）Ratio of Pre-tax Profit to Cost (%)	产品销售率（%）Proportion of Products Sold (%)
57441	321516	15.0	62.6	3.3	5.3	98.6
46285	192545	12.4	68.8	2.4	4.5	98.3
426	14477	14.7	53.9	4.3	3.4	99.2
1379	76427	22.2	31.4	10.2	5.2	97.5
5116	13070	24.6	77.6	8.2	6.2	99.3
4235	24997	17.5	51.4	2.4	9.9	102.1
544146	99869	18.9	49.0	3.2	15.2	99.0
	2112	14.8	37.0	5.0	5.6	95.9
	677	1.2	27.7	6.6	-11.5	99.8
	24	33.3	66.4	43.8	1.3	97.8
	528	4.9	20.7	7.0	3.9	99.7
25	2502	22.8	39.5	11.0	3.7	98.4
	2958	8.4	62.3	2.4	2.9	102.7
25758	3667	24.8	44.7	2.3	40.5	103.4
518363	87401	19.6	50.7	3.2	15.9	98.7
22821	271207	9.9	51.7	2.8	2.9	98.2
21117	244323	9.5	51.7	2.8	2.4	98.4
1704	22322	17.8	51.2	3.4	9.0	94.8
	513	15.6	34.0	1.2	14.3	94.5
	4049	9.4	54.5	1.4	6.8	100.0
222701	702505	23.8	52.7	3.9	9.4	98.2
4279	102699	5.8	63.7	4.4	0.2	98.9
7065	246915	20.7	46.1	5.2	6.0	98.4
3933	16243	17.7	51.4	2.8	9.6	98.6
11522	76223	44.6	51.1	3.1	19.4	98.7
195904	260425	16.7	55.1	3.8	7.1	97.2
518520	**190304**	**-0.1**	**66.9**	**2.9**	**-8.9**	**97.9**
706683	550917	18.5	60.5	2.7	8.3	99.3
151	4191	27.1	36.3	8.2	5.9	98.6
32276	408579	20.2	48.1	4.3	6.7	98.0
814834	986518	17.6	56.2	3.2	7.6	98.5
580516	592067	19.9	58.0	3.0	8.2	99.5
61693	315478	11.9	57.9	2.2	7.6	96.2
204268	481838	19.5	45.5	5.4	6.2	97.7
632	5714	11.3	43.6	5.6	4.6	96.7

12－2 各市县规模以上工业企业主要指标（2011）

单位：万元

市、县	City，County	企业单位数(个) Number of Enterprises (unit)	#亏损企业 Loss－making Enterprises	工业总产值（当年价格） Gross Industrial Output Value (current price)
吉林省	**Jilin**	**5158**	**424**	**169176078**
长春市	**Changchun**	**1035**	**99**	**70479715**
市　区	District	750	74	65416041
双　阳	Shuangyang	30	5	254496
农安县	Nong' an	47	9	988890
九台市	Jiutai	37	3	704459
榆树市	Yushu	52	4	925483
德惠市	Dehui	119	4	2190346
吉林市	**Jilin**	**1103**	**77**	**26954100**
市　区	District	505	47	17792473
永吉县	Yongji	61	10	928067
蛟河市	Jiaohe	136	11	1602115
桦甸市	Huadian	163	1	1933014
舒兰市	Shulan	98		1118130
磐石市	Panshi	140	8	3580301
四平市	**Siping**	**506**	**41**	**14112585**
市　区	District	213	23	5575345
梨树县	Lishu	66	4	2613843
伊通满族自治县	Yitong	38	1	940926
公主岭市	Gongzhuling	108	9	2643588
双辽市	Shuangliao	81	4	2338882
辽源市	**Liaoyuan**	**313**	**21**	**8597511**
市　区	District	156	14	5214193
东丰县	Dongfeng	79	3	2042832
东辽县	Dongliao	78	4	1340486
通化市	**Tonghua**	**498**	**56**	**12032668**
市　区	District	109	13	6591625
通化县	Tonghua	70	14	762659
辉南县	Huinan	67	10	609832
柳河县	Liuhe	83	5	850889
梅河口市	Meihekou	118	7	2829447
集安市	Ji' an	51	7	388216

Main Indicators of Industrial Enterprises above Designated Size by City and County（2011）

unit: 10000 yuan

工业销售产值（当年价格）Sales Value of Industry（current price）	出口交货值 Delivery Value for Export	年初存货 Beginning Inventorg	产成品 Finished Goods	在产品 Goods	资产总计 Total Assets	流动资产合计 Total Current Assets	应收帐款 Account Receivable
166361960	**2885314**	**11185134**	**3593741**	**1891998**	**118988756**	**50455012**	**8275476**
69468360	**1470132**	**5765914**	**1798999**	**1074215**	**49808745**	**26155436**	**4179797**
64665765	1361676	5400017	1612199	1037229	46478069	24804435	3895122
229527		22088	5706	917	359486	139623	39907
953122	1005	71715	36197	2310	473217	277270	28722
720707		75459	49670	10620	892996	213754	30264
908940	3302	71204	28905	976	546930	204207	24528
1990300	104150	125431	66322	22163	1058047	516148	161255
26298988	**247216**	**1866758**	**578608**	**277356**	**21490892**	**7648827**	**1010299**
17424932	188479	1340935	365874	244420	14367079	5100536	521635
874262	1547	26390	10479	3192	533200	210431	58806
1554702	29709	46071	25978	10306	727618	185882	24732
1845550	11	57442	31888	4803	1841668	383231	117208
1099484	6494	60185	29193	2823	515610	223900	57639
3500058	20977	335735	115196	11812	3505717	1544847	230280
13985031	**41246**	**716249**	**296020**	**22179**	**6588569**	**2635126**	**540528**
5532893	24337	270881	103096	12641	2695274	1127952	233178
2609438	1932	132704	44406		734708	428316	99845
943039		31824	13413	6245	1127032	116081	31416
2580777	14977	156772	68286	3268	898738	462310	93410
2318884		124067	66820	25	1132818	500467	82679
8637599	**29684**	**384855**	**120827**	**21018**	**4516585**	**1984981**	**319718**
5217383	29684	190375	63472	12967	3099375	1121403	165153
2105982		151750	43712	3559	999413	688089	95548
1314234		42730	13643	4492	417798	175489	59017
11680352	**116697**	**795919**	**294443**	**69981**	**7908398**	**4241833**	**980125**
6417691	34053	394541	112119	48753	4763078	2426126	627345
709424	18814	78096	40905	3003	743286	403130	98144
586699	6	59889	24071	9261	449015	288347	91902
841309	8	42433	23615	1765	574915	342919	54388
2718236	61349	172495	69789	3706	955498	492126	62324
406993	2468	48467	23945	3493	422606	289184	46023

单位：万元

12-2 续表 1

市、县	City, County	企业单位数(个) Number of Enterprises (unit)	#亏损企业 Loss-making Enterprises	工业总产值（当年价格） Gross Industrial Output Value (current price)
白山市	**Baishan**	**407**	**30**	**9587434**
市区	District	96	15	2712961
抚松县	Fusong	81	2	2063544
靖宇县	Jingyu	35	1	900815
长白朝鲜族自治县	Changbai	35	7	301543
江源县	Jiangyuan	98	5	2393876
临江市	Linjiang	62		1214696
松原市	**Songyuan**	**561**	**23**	**16193306**
市区	District	147	13	5754274
前郭尔罗斯蒙古族自治县	Qianguo	132	5	3095086
长岭县	Changling	91	1	1802995
乾安县	Qian' an	84	1	2641966
扶余县	Fuyu	107	3	2898986
白城市	**Baicheng**	**279**	**25**	**3536682**
市区	District	84	10	1030115
镇赉县	Zhenlai	44	3	507771
通榆县	Tongyu	34	4	430361
洮南市	Taonan	61	4	890894
大安市	Da' an	56	4	677540
延边朝鲜族自治州	**Yanbian**	**455**	**52**	**7496717**
延吉市	Yanji	69	7	1900412
图们市	Tumen	43	6	474002
敦化市	Dunhua	110	10	1503197
珲春市	Hunchun	94	13	1805722
龙井市	Longjing	39	3	335717
和龙市	Helong	23	1	651554
汪清县	Wangqing	45	9	529046
安图县	Antu	32	3	297066

contiued

unit: 10000 yuan

工业销售产值（当年价格）Sales Value of Industry (current price)	出口交货值 Delivery Value for Export	年初存货 Beginning Inventorg	产成品 Finished Goods	在产品 Goods	资产总计 Total Assets	流动资产合计 Total Current Assets	应收帐款 Account Receivable
9411196	**37521**	**263784**	**131202**	**25675**	**4194341**	**1107355**	**218364**
2682177	14674	94997	46111	10834	2260329	558415	119274
2034025	22113	53926	29640	1633	780479	166140	37706
877719		29674	4811	2130	208600	70611	14494
268750	9	18630	13764	8037	137706	46894	9496
2356396		35095	17454	1229	343410	131107	13299
1192128	724	31462	19423	1813	463816	134188	24096
15845066	**53117**	**584507**	**112041**	**333441**	**14148251**	**3256257**	**294140**
5662275	34469	501290	64067	329903	8813242	2518722	234761
3091921	18648	47932	25919	1909	1086541	163043	12175
1789801		5282	3627	1629	987160	127364	8444
2557680		5991	4463		2175005	307418	12476
2743389		24012	13966		1086303	139711	26284
3506947	**17488**	**148374**	**50924**	**13162**	**3101472**	**967464**	**274186**
1031165	3399	70502	21223	5636	1415633	459078	165218
505417		24742	6735	2105	446211	117249	35278
427596	8306	8226	4272		347591	64033	4779
873563		31338	15365	5094	479690	205352	46151
669205	5783	13566	3329	327	412347	121752	22761
7350069	**872212**	**647393**	**207968**	**52401**	**6128575**	**2279104**	**446510**
1873029	82581	271900	31882	14144	1276439	636105	118448
463558	26906	24635	9255	15380	330118	75128	11452
1472198	206291	148505	74692	13981	1872555	562384	104135
1763559	442607	71428	29566	4759	1217141	449594	74792
331571	45716	25140	5375	1410	185721	66877	17047
634016	829	56936	34734	991	496106	211891	48654
522798	35382	28029	10014	845	488278	194655	48585
289341	31900	20818	12451	890	262218	82472	23398

单位：万元

市、县	City，County	存货 Stock-in-trade	产成品 Finished Goods	在产品 Goods
吉林省	**Jilin**	**13265550**	**3992356**	**2396083**
长春市	**Changchun**	**6504656**	**1631921**	**1469388**
市　区	District	6003646	1425585	1372445
双　阳	Shuangyang	37886	13933	4416
农安县	Nong' an	116312	47290	2386
九台市	Jiutai	92014	53487	11721
榆树市	Yushu	101834	39850	1061
德惠市	Dehui	152964	51776	77359
吉林市	**Jilin**	**2232982**	**781119**	**343861**
市　区	District	1523933	501973	309878
永吉县	Yongji	55100	30913	2509
蛟河市	Jiaohe	64574	27851	4778
桦甸市	Huadian	93977	52951	4671
舒兰市	Shulan	84206	46531	8665
磐石市	Panshi	411193	120900	13359
四平市	**Siping**	**850516**	**376439**	**33350**
市　区	District	301849	109393	15499
梨树县	Lishu	146950	43763	
伊通满族自治县	Yitong	30950	10815	12760
公主岭市	Gongzhuling	188186	79373	4938
双辽市	Shuangliao	182581	133094	153
辽源市	**Liaoyuan**	**607579**	**212126**	**32385**
市　区	District	347686	155837	18660
东丰县	Dongfeng	214869	40281	9830
东辽县	Dongliao	45025	16009	3894
通化市	**Tonghua**	**1061714**	**369585**	**57823**
市　区	District	495818	131573	31370
通化县	Tonghua	103814	55063	3443
辉南县	Huinan	69851	28271	11567
柳河县	Liuhe	94858	23639	2189
梅河口市	Meihekou	240426	96296	5277
集安市	Ji' an	56948	34743	3977

contiued

unit: 10000 yuan

固定资产合　计 Total Fixed Assets	固定资产原价 Original Value of Fixed Assets	累计折旧 Accumulated Depreciation	本年折旧 Depreciation Charge fof the Year	在建工程 Construction in Progress	负债合计 Total Liabilities	流动负债合计 Total Current Liabilities	应付账款 Accounts Payable
52657163	**102444587**	**54755688**	**7737320**	**7280095**	**64844031**	**46686642**	**15377335**
16273552	**24451700**	**9704183**	**1509061**	**3252284**	**29110609**	**21804089**	**8712850**
14586425	22340333	9164646	1407286	3139186	27301102	20383191	8328356
163491	206382	55268	13379	21420	274199	255909	57007
182490	200798	39626	7715	12746	355862	340450	146620
605243	671249	106861	38584	36311	215365	112709	32006
220718	292418	73384	12510	5963	282603	266761	28175
515184	740520	264397	29588	36658	681479	445069	120686
10280381	**16817590**	**7310165**	**1120901**	**2335736**	**11509053**	**8334334**	**2145073**
6831539	12549078	6085237	822088	1731338	7373238	5473600	1555134
247891	176348	28966	8930	51142	320739	206452	58687
454628	518697	125098	32308	67859	269512	134411	13688
878963	1339172	547318	68273	153695	911047	462217	116812
262342	433554	190113	24649	6807	311920	239884	78087
1605018	1800741	333433	164652	324896	2322597	1817770	322665
3459970	**13989399**	**10688580**	**1394790**	**160128**	**3388783**	**2442424**	**354466**
1270536	6207518	5051600	639095	82342	1488675	902057	174318
272089	2609640	2352715	260791		462583	309547	2284
985082	1142751	160780	125277	19115	106214	96272	23011
377616	543150	179327	39948	19885	554998	476924	114637
554647	3486340	2944158	329680	38787	776312	657622	40217
2302751	**13707367**	**11585194**	**1300699**	**198939**	**2830992**	**1888957**	**641443**
1773609	9227591	7626724	789469	142428	1771985	956013	196024
306185	3473563	3173248	407786	36921	796559	770950	409044
222958	1006214	785222	103444	19590	262448	161994	36374
2879417	**4349040**	**1823179**	**365444**	**309800**	**4273456**	**3726916**	**893845**
1876992	2917323	1333428	259216	227519	2831126	2440333	704177
274160	416084	168703	28663	16018	310064	264615	49777
114682	156060	50668	11583	12429	259622	236459	52547
187507	235378	59286	15771	6515	242662	217325	28747
338450	501477	172759	44297	24124	452008	401193	30240
87626	122719	38336	5915	23195	177973	166991	28358

单位：万元

12－2 续表 3

市、县	City，County	存货 Stock-in-trade	产成品 Finished Goods	在产品 Goods
白山市	**Baishan**	**280018**	**144861**	**14127**
市　区	District	108669	49080	4357
抚松县	Fusong	67350	36611	1866
靖宇县	Jingyu	16929	7993	1538
长白朝鲜族自治县	Changbai	10877	8546	2295
江源县	Jiangyuan	38027	21059	2555
临江市	Linjiang	38165	21572	1518
松原市	**Songyuan**	**696511**	**161833**	**358110**
市　区	District	551350	75354	341798
前郭尔罗斯蒙古族自治县	Qianguo	46549	21440	1413
长岭县	Changling	23638	19416	4211
乾安县	Qian' an	46410	31568	10688
扶余县	Fuyu	28564	14056	
白城市	**Baicheng**	**218414**	**88488**	**14011**
市　区	District	119544	44878	6420
镇赉县	Zhenlai	31612	7000	2073
通榆县	Tongyu	14795	8078	
洮南市	Taonan	34657	19605	4703
大安市	Da' an	17807	8927	815
延边朝鲜族自治州	**Yanbian**	**794469**	**222768**	**70494**
延吉市	Yanji	315219	39312	26136
图们市	Tumen	31369	16144	15082
敦化市	Dunhua	184053	79315	15441
珲春市	Hunchun	94094	36085	7967
龙井市	Longjing	21621	4903	658
和龙市	Helong	85577	19098	950
汪清县	Wangqing	38313	13925	2290
安图县	Antu	24223	13986	1970

contiued

unit: 10000 yuan

固定资产合计 Total Fixed Assets	固定资产原价 Original Value of Fixed Assets	累计折旧 Accumulated Depreciation	本年折旧 Depreciation Charge fof the Year	在建工程 Construction in Progress	负债合计 Total Liabilities	流动负债合计 Total Current Liabilities	应付账款 Accounts Payable
2504127	**5825576**	**3668014**	**501781**	**165760**	**2560756**	**1637394**	**340834**
1379650	2644296	1307917	243968	70061	1418960	974610	231749
585034	1446893	1127261	98215	39562	593066	312705	42096
96171	953400	869124	103848	16374	101516	74874	28302
85163	88555	11010	1373	16563	55956	43074	3117
188848	347996	165779	22497	18	114649	59098	6812
169261	344436	186924	31882	23183	276610	173034	28758
10264016	**13898883**	**5094741**	**787629**	**484023**	**5949175**	**3384877**	**1460253**
6091271	9513843	3707825	478820	100850	4599792	2540184	1378372
602717	855362	257978	29928	315398	602474	236144	56756
826478	1330128	633008	112106		86030	73082	3732
1854360	1163196	285143	79418	665	483703	466292	10821
889191	1036354	210787	87358	67111	177176	69175	10572
1826979	**2050441**	**278437**	**69472**	**47599**	**1548755**	**875053**	**320347**
757042	836875	93083	31420	27285	558377	344321	146510
315089	356047	53028	13465	11742	241503	110493	24618
280462	330802	55203	13244	2606	224562	127641	5218
262636	293223	55172	7463	3169	264253	143457	40191
211749	233495	21951	3881	2797	260060	149142	103809
2792111	**7244312**	**4566456**	**682813**	**323745**	**3539200**	**2505395**	**500753**
552730	1336563	848059	135767	51236	707202	522540	157123
235341	246474	29039	29039		264819	264819	26892
763141	2460321	1704778	197285	166516	1084139	651060	112446
649970	2113271	1465079	226831	60599	799016	550615	115221
67443	89907	33475	5188	10631	77216	65738	8218
184509	524167	345910	61588	13442	280159	216630	51216
205266	259644	57864	13131	8424	244999	164708	18679
133712	213967	82253	13983	12897	81651	69286	10958

单位：万元

市、县	City，County	非流动负债合计 Non-Current Liabilities	所有者权益合计 Total Owners' Equities	实收资本 Paid-in Capital
吉林省	**Jilin**	**14912006**	**53785563**	**21871468**
长春市	**Changchun**	**6208908**	**20714235**	**6683245**
市　区	District	5831387	19250434	5681592
双　阳	Shuangyang	10268	85121	121718
农安县	Nong' an	15029	111885	84716
九台市	Jiutai	101976	627198	442285
榆树市	Yushu	15024	263509	101483
德惠市	Dehui	235224	376087	251452
吉林市	**Jilin**	**2641745**	**9893116**	**5219567**
市　区	District	1645439	6974799	3780315
永吉县	Yongji	65185	209212	112092
蛟河市	Jiaohe	117596	448953	143706
桦甸市	Huadian	350295	881522	733354
舒兰市	Shulan	5265	201975	80682
磐石市	Panshi	457966	1176656	369417
四平市	**Siping**	**289519**	**3037157**	**1361012**
市　区	District	126252	1204206	644061
梨树县	Lishu	1760	271868	263774
伊通满族自治县	Yitong	8226	869824	43310
公主岭市	Gongzhuling	42948	340109	207314
双辽市	Shuangliao	110334	351150	202553
辽源市	**Liaoyuan**	**816602**	**1642918**	**748286**
市　区	District	715214	1288764	518757
东丰县	Dongfeng	8726	201036	174333
东辽县	Dongliao	92662	153117	55196
通化市	**Tonghua**	**482474**	**3614256**	**2030337**
市　区	District	362074	1930216	1338606
通化县	Tonghua	38925	431754	188285
辉南县	Huinan	13516	189392	79407
柳河县	Liuhe	14536	318847	129049
梅河口市	Meihekou	46083	503240	144254
集安市	Ji' an	7341	240807	150736

contiued

unit: 10000 yuan

国家资本 State Capital	集体资本 Collective Capital	法人资本 Legal Persons Capital	个人资本 Individual Capital	港澳台资本 Hong Kong, Macao, Taiwan Capital	外商资本 Foreign Capital	营业收入 Operating Revenue	主营业务收入 Revenue from Principal Business
4364451	**237838**	**10342203**	**4591955**	**372989**	**1921305**	**172481430**	**167454235**
1702742	**74142**	**2848253**	**633682**	**255542**	**1159696**	**74941730**	**71209623**
1665126	53018	2272354	460225	246341	976999	70046200	66371585
11000	9000	78074	23643			224044	221883
1735	9157	36967	26868	9200		973981	964279
	353	418930	4361		18641	710338	705988
24781	2044	19794	24842		30022	920933	915832
100	570	22133	93744	1	134034	2066233	2030057
1838089	**48283**	**2140422**	**1071363**	**30943**	**79195**	**28084862**	**27563582**
1497033	40643	1530387	605924	28760	72795	18408654	17965090
13973		29249	67870	1000		869429	869299
13615	200	103450	26441			1605379	1568339
299048	4576	181437	241795			2389606	2406528
3160		35368	40972	1183		1137172	1136127
11260	2864	260531	88362		6400	3674621	3618199
255004	**30687**	**493652**	**446994**	**42017**	**92659**	**12901207**	**12799754**
249541	23554	236511	93781	23285	17390	4886146	4868248
2249	133	13820	247572			2526806	2523804
		25251	12976		5083	927439	917876
3214	7000	32328	83943	18732	62098	2516740	2491068
		185742	8722		8089	2044076	1998759
45122	**13144**	**442332**	**95031**	**23**	**153134**	**8620529**	**8277242**
44291	12448	234874	74488	23	153134	5099308	4935830
831	646	161423	11433			2250047	2070546
	50	46036	9110			1271175	1270866
78107	**12816**	**1333605**	**542861**	**4050**	**42010**	**11424165**	**11326337**
54545	7722	1129246	124682	2450	4974	6271064	6214053
817	4632	69400	104188		9148	572557	611962
19410	30	24042	34201		1725	551643	533484
256	402	70706	55885			845907	845499
2252	30	33006	81603	1200	26163	2789312	2736270
827		7206	142303	400		393682	385069

单位：万元

市、县	City，County	非流动负债合计 Non-Current Liabilities	所有者权益合计 Total Owners' Equities	实收资本 Paid-in Capital
白 山 市	**Baishan**	**716206**	**1599441**	**872757**
市　　区	District	392140	833471	311569
抚 松 县	Fusong	265891	183043	126229
靖 宇 县	Jingyu	12512	103549	77329
长白朝鲜族自治县	Changbai	7699	81289	63630
江 源 县	Jiangyuan	25088	228379	159452
临 江 市	Linjiang	12877	169710	134548
松 原 市	**Songyuan**	**2401857**	**8192313**	**2847308**
市　　区	District	2046722	4209259	1368540
前郭尔罗斯蒙古族自治县	Qianguo	339675	484026	513461
长 岭 县	Changling	231	900948	64264
乾 安 县	Qian' an	5462	1688953	41673
扶 余 县	Fuyu	9767	909127	859370
白 城 市	**Baicheng**	**494426**	**1549764**	**732813**
市　　区	District	97978	857590	276128
镇 赉 县	Zhenlai	130478	204567	161252
通 榆 县	Tongyu	66455	122482	66300
洮 南 市	Taonan	101923	214823	106068
大 安 市	Da' an	97591	150304	123064
延边朝鲜族自治州	**Yanbian**	**814219**	**2572688**	**1307342**
延 吉 市	Yanji	184492	568716	275710
图 们 市	Tumen		64875	108617
敦 化 市	Dunhua	243180	779164	280927
珲 春 市	Hunchun	238919	417883	176964
龙 井 市	Longjing	5519	105833	72154
和 龙 市	Helong	53146	212473	182656
汪 清 县	Wangqing	77684	243177	105107
安 图 县	Antu	11280	180567	105207

contiued

unit: 10000 yuan

国家资本 State Capital	集体资本 Collective Capital	法人资本 Legal Persons Capital	个人资本 Individual Capital	港澳台资本 Hong Kong, Macao, Taiwan Capital	外商资本 Foreign Capital	营业收入 Operating Revenue	主营业务收入 Revenue from Principal Business
167880	**6623**	**514338**	**157573**	**9755**	**18591**	**9390309**	**9248387**
114202	1236	169003	24253	4241		2666796	2554744
20964	1416	65405	31363	5214	1867	2057582	2031978
16573	3971	35140	15725		5919	870615	868220
1500		42848	8178	300	10805	247893	247893
8875		74473	76104			2354259	2353464
5766		127470	1950			1193164	1192089
25572	**7756**	**1568273**	**1037857**	**5871**	**200095**	**16509641**	**16496113**
7214	5297	1009004	158797	1910	186305	6203811	6195988
18358	1909	471560	6993		13790	3101747	3096325
		43593	19650			1800709	1800709
	500	30373	10300	500		2565040	2564853
	50	13743	842117	3461		2838335	2838239
124886	**1032**	**370865**	**128016**	**4477**	**99537**	**3460937**	**3537141**
26477	300	86193	65793	4477	88888	1035806	1036362
8500	619	147637	4496			490124	489136
		58180	6770		1350	400809	428640
4141	113	73170	23015		5629	773811	772869
85768		5685	27942		3670	760388	810135
125991	**43355**	**625252**	**416044**	**20312**	**76388**	**7009475**	**6857478**
44000		184813	14542	5897	26459	1797713	1776904
4420	36640	13820	48071		5665	429838	429838
12671	5485	170632	76234	12406	3500	1310404	1301659
24279		80078	39964	1437	31205	1853395	1736057
1580	800	59097	5579	26	5071	312132	310913
2808	430	28981	150438			552205	551617
6141		69097	29819	50		497753	494576
30093		18734	51397	497	4487	256036	255914

单位：万元

12－2 续表 6

市、县	City, County	营业成本 Operating Cost	主营业务成本 Cost of Principal Business	营业税金及附加 Business Tax and Surcharge
吉林省	**Jilin**	**146841875**	**141212442**	**3958115**
长春市	**Changchun**	**63765250**	**59762470**	**2080962**
市区	District	59660109	55687142	1990205
双阳	Shuangyang	174027	172983	4915
农安县	Nong' an	785092	774997	64322
九台市	Jiutai	623029	619764	2342
榆树市	Yushu	836514	830782	8430
德惠市	Dehui	1686478	1676802	10749
吉林市	**Jilin**	**24206719**	**23620537**	**875783**
市区	District	16101043	15654883	758201
永吉县	Yongji	731133	727879	6101
蛟河市	Jiaohe	1311117	1287839	13468
桦甸市	Huadian	1817683	1776980	54238
舒兰市	Shulan	993071	984892	2758
磐石市	Panshi	3252672	3188064	41017
四平市	**Siping**	**11570982**	**11484472**	**117786**
市区	District	4268356	4251663	80948
梨树县	Lishu	2372192	2371710	14717
伊通满族自治县	Yitong	804851	803733	8843
公主岭市	Gongzhuling	2288000	2264146	6336
双辽市	Shuangliao	1837584	1793221	6943
辽源市	**Liaoyuan**	**7943505**	**7581378**	**74121**
市区	District	4611954	4451164	67992
东丰县	Dongfeng	2133001	1931957	2645
东辽县	Dongliao	1198549	1198257	3483
通化市	**Tonghua**	**9709825**	**9462897**	**70168**
市区	District	5373320	5253952	12235
通化县	Tonghua	472142	469324	7437
辉南县	Huinan	441126	432254	2236
柳河县	Liuhe	715547	713156	5620
梅河口市	Meihekou	2389252	2290547	39276
集安市	Ji' an	318438	303665	3364

contiued

unit: 10000 yuan

主营业务税金及附加 Taxes and Other Charges on Principal Business	其他业务收入 Other Operating Income	其他业务利润 Income from Other Operation	销售费用 Selling Cost	管理费用 Management Cost	税金 Expenses of Taxation	差旅费 Travelling Expense	工会经费 Union Funds
2712106	**5027195**	**432787**	**4732235**	**7107240**	**347202**	**446896**	**56300**
800489	**3732107**	**391217**	**1940647**	**2958668**	**99248**	**132716**	**21503**
710912	3674615	389491	1818165	2795257	92365	125240	20420
4915	2161	1550	17666	27247	1721	899	292
64314	9703	16	17629	15362	1128	1211	161
2342	4350		24660	12547	645	684	111
8430	5101	466	11913	19816	847	1323	91
9577	36176	-307	50614	88440	2542	3360	429
969088	**521279**	**8303**	**710740**	**1325003**	**119422**	**81205**	**8638**
902526	443564	-3942	384328	878463	70605	43900	4214
4879	130	20	45681	25364	358	3849	303
13360	37040	6261	71210	77603	3257	14698	1143
27761	-16922	5742	112013	166850	7346	10975	2220
2654	1046	356	24666	46723	556	3492	144
17908	56422	-133	72842	130001	37301	4292	613
117054	**101452**	**11502**	**275689**	**288462**	**8566**	**19131**	**1908**
80915	17898	3997	118144	134092	3513	10083	743
14497	3002	2988	26670	28903	366	630	51
8776	9563	1928	27486	6610	271	770	67
5923	25673	1636	71037	86054	3137	6734	603
6943	45317	954	32352	32802	1279	913	444
29906	**343288**	**-7245**	**159635**	**227828**	**5636**	**19896**	**3927**
23794	163478	-14055	89708	144016	3431	10655	3381
2630	179501	6793	54821	51941	755	4840	75
3483	309	17	15106	31872	1450	4401	471
68901	**97828**	**17507**	**772475**	**424587**	**19661**	**86979**	**2605**
11653	57011	3865	541304	215695	7891	41960	1309
7433	-39405		47563	46096	885	22344	285
2229	18158	1748	24364	21358	569	3373	119
5613	407	96	30148	29838	889	2496	153
38675	53043	9785	99160	92824	8784	6446	572
3298	8613	2013	29937	18776	644	10360	167

单位：万元

12－2 续表 7

市、县	City，County	营业成本 Operating Cost	主营业务成本 Cost of Principal Business	营业税金及附加 Business Tax and Surcharge
白山市	**Baishan**	**8277376**	**8139084**	**56112**
市区	District	2362078	2246368	18205
抚松县	Fusong	1899934	1898916	9656
靖宇县	Jingyu	737956	717534	6004
长白朝鲜族自治县	Changbai	177112	177112	10239
江源县	Jiangyuan	2264522	2263943	7048
临江市	Linjiang	835774	835211	4960
松原市	**Songyuan**	**12575366**	**12547096**	**340337**
市区	District	4297577	4295407	239674
前郭尔罗斯蒙古族自治县	Qianguo	2437347	2411514	53525
长岭县	Changling	1401489	1401489	19745
乾安县	Qian' an	2212170	2212122	19982
扶余县	Fuyu	2226783	2226565	7411
白城市	**Baicheng**	**3104999**	**3098438**	**20540**
市区	District	864480	854269	3700
镇赉县	Zhenlai	459633	448877	1029
通榆县	Tongyu	394150	399346	8635
洮南市	Taonan	660762	660490	4343
大安市	Da' an	725974	735456	2832
延边朝鲜族自治州	**Yanbian**	**5622036**	**5450253**	**320887**
延吉市	Yanji	1236202	1211427	292754
图们市	Tumen	417570	417570	5449
敦化市	Dunhua	1015717	994230	5403
珲春市	Hunchun	1615042	1495979	8299
龙井市	Longjing	280134	279064	946
和龙市	Helong	452137	451416	2636
汪清县	Wangqing	383087	378507	3414
安图县	Antu	222148	222061	1986

contiued

unit: 10000 yuan

主营业务税金及附加 Taxes and Other Charges on Principal Business	其他业务收入 Other Operating Income	其他业务利润 Income from Other Operation	销售费用 Selling Cost	管理费用 Management Cost	税金 Expenses of Taxation	差旅费 Travelling Expense	工会经费 Union Funds
53825	**141922**	**1387**	**239562**	**687718**	**11250**	**54124**	**10240**
16687	112052	482	80863	170088	3908	30721	9076
9324	25604	139	34533	116152	1386	16188	259
5775	2395	303	52747	53337	2745	3001	210
10239			3962	5478	77	124	13
6972	796		11288	223579	643	2541	136
4829	1075	463	56171	119085	2491	1550	547
339240	**13527**	**5060**	**326145**	**494296**	**38442**	**20280**	**3457**
239512	7823	4920	85969	262814	22290	8589	2065
52937	5422	-0.1	38570	48201	7105	1537	401
19629			50870	48823	6717	2274	367
19971	187	140	81231	74527	1600	4522	288
7191	95		69506	59932	729	3359	335
12492	**-76205**	**2033**	**42404**	**354220**	**36666**	**6465**	**484**
3658	-556	638	16314	55569	1419	1188	242
962	988	436	4001	75724	33831	163	13
725	-27831	22	2828	24969	88	91	2
4342	942	914	16560	56857	1181	4701	97
2805	-49747	22	2703	141103	148	322	130
319692	**151997**	**3023**	**227428**	**326800**	**7675**	**21155**	**3476**
292754	20809	452	41141	86647	2259	4036	666
5449			4027	14324	251	84	237
5399	8745	2761	130126	93375	2659	10579	1862
7710	117338	52	20074	78148	1253	3174	510
901	1219	148	5105	7683	191	124	
2635	588	-280	9893	14049	309	282	69
2867	3177	-109	12678	21513	626	1856	106
1977	122		4384	11061	128	1021	64

单位：万元

12－2 续表 8

市、县	City, County	财务费用 Finance Cost	利息收入 Interest Income	利息支出 Interest Expense
吉 林 省	**Jilin**	**1557364**	**156170**	**1496778**
长 春 市	**Changchun**	**412779**	**85815**	**490037**
市　　区	District	304281	84691	409612
双　　阳	Shuangyang	6104	378	6180
农 安 县	Nong' an	4298	195	3754
九 台 市	Jiutai	34992	334	34315
榆 树 市	Yushu	6041	194	4207
德 惠 市	Dehui	57065	23	31968
吉 林 市	**Jilin**	**340596**	**25754**	**296364**
市　　区	District	163741	11171	159948
永 吉 县	Yongji	12723	307	10312
蛟 河 市	Jiaohe	11396	165	10646
桦 甸 市	Huadian	41497	1963	33525
舒 兰 市	Shulan	6334	310	5745
磐 石 市	Panshi	104906	11839	76189
四 平 市	**Siping**	**123167**	**1697**	**90766**
市　　区	District	70745	648	48250
梨 树 县	Lishu	10958	3	9701
伊通满族自 治 县	Yitong	8487	10	3848
公主岭市	Gongzhuling	19001	965	15746
双 辽 市	Shuangliao	13977	70	13221
辽 源 市	**Liaoyuan**	**101461**	**4848**	**100025**
市　　区	District	70975	4324	69485
东 丰 县	Dongfeng	19517	442	19864
东 辽 县	Dongliao	10969	82	10675
通 化 市	**Tonghua**	**118152**	**5805**	**96071**
市　　区	District	61198	4150	45313
通 化 县	Tonghua	7242	42	6681
辉 南 县	Huinan	4373	393	4236
柳 河 县	Liuhe	9476	593	9774
梅河口市	Meihekou	33307	575	25855
集 安 市	Ji' an	2555	51	4212

contiued

unit: 10000 yuan

营业利润 Operating Profit	资产减值损失 Impairment of Assets	公允价值变动收益 Faiv Value Gain	投资收益 Investment Income	补贴收入 Subsidy Income	营业外收入 Non-business Income	营业外支出 Non-business Expenditure	利润总额 Total Profits
12231956	**159758**	**-3341**	**2000239**	**123005**	**616194**	**880668**	**11759686**
6327399	**49693**	**-326**	**1773339**	**42927**	**364597**	**127708**	**6452058**
6111429	48963	-325	1773318	38798	294667	107962	6184614
-789	75			24	3449	572	2202
-4747				2713	15805	874	10953
7171	563			225	1152	928	7888
25506	83		22	1112	3988	3936	25559
188829	10	-1	-1	55	45535	13437	220843
1290110	**94924**	**-780**	**42160**	**29346**	**214431**	**586118**	**892083**
201381	94122	-780	24532	9866	165255	242778	113713
62842	1		528	313	1881	322	65041
163081	50		-2334	315	1399	45104	119377
291891	1786		4001	15014	22980	53923	247969
131196				10	1593	63351	69328
439720	-1036		15433	3829	21322	180640	276654
461167	**2325**	**4**	**5920**	**4606**	**17975**	**6610**	**471501**
151825	146		984	2708	10215	4061	158111
49301					493	241	49552
58360	1769	4	4841		149	507	58002
81427	-176		153	70	3685	1641	83402
120254	587		-57	1828	3434	160	122433
207039	**120**	**-161**	**2355**	**13723**	**33404**	**12273**	**217461**
139414	83	-161	2355	12379	24308	7572	145871
42904	-3			1344	1085	1127	42431
24721	39				8012	3574	29159
631649	**3832**		**-56774**	**6231**	**-44344**	**25828**	**529568**
168440	2991		889	565	-1351	5792	161605
119211			-58568	433	1250	1475	92546
59729	-22		189	403	-37750	4299	16357
64660	845		526		4890	2520	66442
193628	18		190	4784	-12964	10231	166279
25982				46	1580	1512	26338

单位：万元

市、县	City，County	财务费用 Finance Cost	利息收入 Interest Income	利息支出 Interest Expense
白山市	**Baishan**	**123331**	**-10820**	**91856**
市区	District	53988	-12121	35491
抚松县	Fusong	31368	-14	28159
靖宇县	Jingyu	10867	142	9810
长白朝鲜族自治县	Changbai	1404	705	319
江源县	Jiangyuan	3507	21	3326
临江市	Linjiang	22196	447	14751
松原市	**Songyuan**	**197729**	**41880**	**212696**
市区	District	65633	40707	106106
前郭尔罗斯蒙古族自治县	Qianguo	40796	553	39281
长岭县	Changling	32265	417	25157
乾安县	Qian' an	15904	178	12586
扶余县	Fuyu	43131	25	29565
白城市	**Baicheng**	**61271**	**1554**	**53945**
市区	District	35321	328	32931
镇赉县	Zhenlai	12326	937	10747
通榆县	Tongyu	6832	79	5944
洮南市	Taonan	5644	-6	4126
大安市	Da' an	1149	217	197
延边朝鲜族自治州	**Yanbian**	**81287**	**-363**	**67429**
延吉市	Yanji	16534	485	14013
图们市	Tumen	4132	-1	3635
敦化市	Dunhua	18423	42	12747
珲春市	Hunchun	21256	-1699	17554
龙井市	Longjing	1413	176	1176
和龙市	Helong	9846	-136	8762
汪清县	Wangqing	7871	242	7280
安图县	Antu	1811	528	2262

contiued

unit: 10000 yuan

营业利润 Operating Profit	资产减值损失 Impairment of Assets	公允价值变动收益 Faiv Value Gain	投资收益 Investment Income	补贴收入 Subsidy Income	营业外收入 Non-business Income	营业外支出 Non-business Expenditure	利润总额 Total Profits
266337	**835**	**77**	**-3916**	**14786**	**41029**	**4947**	**289273**
108884	94	77	-4096	13634	32656	3944	124931
44182	297		10	109	4320	235	48339
27546	128				1110	381	27541
3299	170		170				3643
57764	-24				2397	144	60017
24662	172			1043	547	243	24803
2246567	**3461**		**14250**	**654**	**-65389**	**93241**	**2081848**
1124004	2607		12697	436	86201	57850	1154224
403081	854		364	106	-154367	13900	233531
166612			1189	1	1262	13293	153378
113576					50	356	113270
439295				111	1466	7843	427447
111105	**211**		**1800**	**1774**	**14095**	**2228**	**123432**
50595	154		1302	1182	3551	520	54651
7892	190			12	2163	406	9648
11461					6725	125	18061
25344	-137		9		948	958	25334
15813	4		489	580	709	219	15738
446437	**3670**	**-340**	**-8967**	**8959**	**31410**	**21312**	**449733**
103592		13	1724	419	2137	7178	99176
-21993			-20641	251	1276	2821	-23223.1
61120	-472	-349	10841	1250	7040	1111	65799
129601	381		44	1223	7748	4031	132248
19404	-135		-1	519	-880	688	17592
58473	2519		129	24	1097	4262	55309
86097	1337			5274	10327	985	90263
10141	40	-4	-1062		2665	236	12571

单位：万元

12－2 续表 10

市、县	City，County	应交所得税 Income Tax Payable	亏损企业亏损总额 Total Loss	利税总额 Total Pre-tax Profits
吉林省	**Jilin**	**2416071**	**1396826**	**20224252**
长春市	**Changchun**	**1824068**	**256259**	**10432757**
市　区	District	1800573	213186	10020213
双　阳	Shuangyang	2229	13234	17197
农安县	Nong' an	1785	6670	86979
九台市	Jiutai	2535	22521	19420
榆树市	Yushu	655	183	43496
德惠市	Dehui	16293	466	245451
吉林市	**Jilin**	**184002**	**781195**	**2691178**
市　区	District	89318	748676	1390307
永吉县	Yongji	5412	1328	95415
蛟河市	Jiaohe	14938	17338	199843
桦甸市	Huadian	33908	5123	406467
舒兰市	Shulan	6657		83644
磐石市	Panshi	33769	8730	515502
四平市	**Siping**	**41948**	**35659**	**765764**
市　区	District	10289	28199	311293
梨树县	Lishu	19810	1352	81138
伊通满族自治县	Yitong	2825	163	99861
公主岭市	Gongzhuling	6155	4648	124385
双辽市	Shuangliao	2868	1298	149088
辽源市	**Liaoyuan**	**32921**	**37570**	**417256**
市　区	District	22932	17531	307591
东丰县	Dongfeng	1622	8468	59986
东辽县	Dongliao	8368	11572	49679
通化市	**Tonghua**	**53576**	**42479**	**856377**
市　区	District	16265	28334	254917
通化县	Tonghua	5743	4079	124165
辉南县	Huinan	3210	1650	32679
柳河县	Liuhe	6571	584	86518
梅河口市	Meihekou	17355	2696	314574
集安市	Ji' an	4433	5136	43524

contiued

unit: 10000 yuan

应交税金及附加 Tax Payable and Surcharge	本年应付职工薪酬 The Year of Payable Employees	本年应交增值税 Value Added Tax Payable This Year	本年进项税额 Input Vat in Current Year	本年销项税额 Output Vat in Current Year	土地和固定资产支出 Land and Fixed Assets Ixpenses	土地购置 Purchase of Land	房屋和建筑物 Houses and Buildings
11227839	**6265176**	**4506452**	**18237700**	**21478974**	**5274809**	**203103**	**1809245**
5904015	**2052437**	**1899737**	**9269660**	**10982207**	**1704672**	**75390**	**669372**
5728536	1913914	1845394	8910062	10582687	1566536	70148	633294
18945	22529	10081	23407	30109	17670	2194	5894
78939	22865	11705	102303	112643	39741	2484	14370
14712	30060	9190	33270	52525	11749		1763
19439	21655	9508	96024	100312	4426	97	2316
43443	41414	13859	104595	103932	64551	467	11736
2102518	**1383908**	**923311**	**2512654**	**3086879**	**690578**	**28483**	**203583**
1436517	1033604	518392	2005341	2313921	573217	25190	151778
36144	52720	24273	38428	41895	10673	933	3697
98660	46183	66998	91254	155599	10224	45	4599
199752	104591	104260	118238	157893	41753	1469	25362
21528	70012	11558	77130	76755	10082	846	4651
309917	76798	197831	182263	340817	44629		13496
344778	**257619**	**176477**	**516660**	**609015**	**208621**	**14244**	**72997**
166984	127144	72234	187144	248179	154159	9873	53354
51762	44443	16869	59017	75328	820		125
44955	12345	33015	41850	43753	10655		8441
50275	53358	34647	149336	153103	40336	4371	11029
30802	20329	19712	79313	88653	2651		48
238352	**371438**	**125674**	**674168**	**770849**	**237856**	**6466**	**72227**
188082	310826	93727	237819	302171	121308	4912	37735
19931	34052	14909	320582	336315	92349	1542	28534
30338	26561	17038	115767	132364	24198	11	5958
400047	**698305**	**256641**	**832202**	**1020247**	**401660**	**17320**	**183073**
117466	523881	81076	520161	592959	96123	1196	70707
38247	26225	24182	46839	70084	15499	367	6393
20101	22407	14087	29836	40126	101266	7842	46246
27537	24628	14456	27473	36909	9899	1387	3680
174434	78785	109018	182869	242802	149579	5024	43790
22263	22379	13822	25024	37367	29296	1504	12257

12－2 续表 11

单位：万元

市、县	City，County	应交所得税 Income Tax Payable	亏损企业亏损总额 Total Loss	利税总额 Total Pre-tax Profits
白山市	**Baishan**	**55031**	**38266**	**564002**
市　区	District	41606	36815	267709
抚松县	Fusong	2924	561	85474
靖宇县	Jingyu	5854	189	47157
长白朝鲜族自治县	Changbai	203	352	17055
江源县	Jiangyuan	3177	350	103109
临江市	Linjiang	1266		43498
松原市	**Songyuan**	**89881**	**148796**	**3046572**
市　区	District	78584	140876	1803524
前郭尔罗斯蒙古族自治县	Qianguo	2379	5722	297674
长岭县	Changling	3054	329	237947
乾安县	Qian' an	10	88	238139
扶余县	Fuyu	5855	1781	469287
白城市	**Baicheng**	**7256**	**17982**	**188066**
市　区	District	2543	14347	76352
镇赉县	Zhenlai	946	523	14792
通榆县	Tongyu	180	1859	38791
洮南市	Taonan	2302	229	38311
大安市	Da' an	1284	1025	19821
延边朝鲜族自治州	**Yanbian**	**79486**	**38619**	**995987**
延吉市	Yanji	20842	5513	477598
图们市	Tumen	132	26397	-14783
敦化市	Dunhua	9993	3114	95725
珲春市	Hunchun	18757	1967	181213
龙井市	Longjing	2019	270	29295
和龙市	Helong	9920	114	87913
汪清县	Wangqing	16023	986	115450
安图县	Antu	1800	258	23577

contiued

unit: 10000 yuan

应交税金及附加 Tax Payable and Surcharge	本年应付职工薪酬 The Year of Payable Employees	本年应交增值税 Value Added Tax Payable This Year	本年进项税额 Input Vat in Current Year	本年销项税额 Output Vat in Current Year	土地和固定资产支出 Land and Fixed Assets Ixpenses	土地购置 Purchase of Land	房屋和建筑物 Houses and Buildings
341009	**287418**	**218617**	**330998**	**461158**	**198781**	**12036**	**51705**
188292	162090	124573	182513	271281	98704	476	24635
41446	28135	27479	54283	68350	2047	83	824
28216	14112	13612	55944	71912	23623	4553	4218
13692	5056	3173	1161	3533	4097		3590
46912	43712	36044	7094	9182	57506	6806	12224
22452	34314	13735	30003	36900	12804	119	6214
1093047	**844691**	**624387**	**3451573**	**3725056**	**1598917**	**11645**	**481862**
750175	593697	409627	590284	1010584	1433513	10986	470078
73628	66451	10619	15458	12154	31291	459	3282
94341	38285	64824	1146839	1087449			
126480	87104	104888	1684044	1597445	1048		757
48424	59154	34429	14949	17425	133066	200	7746
108556	**74370**	**44094**	**184178**	**193713**	**36206**	**4182**	**10246**
25663	31477	18001	111332	102898	17170	2468	5907
39921	11454	4114	16749	29041	5573	1342	451
20997	6626	12094	2687	4902	157		110
16460	16449	8634	49969	53502	11394		2912
5515	8365	1251	3440	3371	1911	372	867
633416	**287098**	**225367**	**454478**	**606718**	**160765**	**17419**	**54218**
401524	41399	85669	120000	189009	40146	9991	8002
8823	12805	2992	13477	16475			
42578	66065	24523	113770	134222	57396	456	22313
68975	91069	40666	97301	121129	27201	220	11059
13912	10078	10758	5323	5537	12181	4545	3580
42834	24741	29968	61453	72050	3532	162	2297
41836	25953	21773	29584	50352	14186	2020	2695
12934	14988	9021	13570	17945	6124	25	4271

12-2 续表 12

单位：万元

市、县	City，County	机器设备 Manchinery Equipment	运输工具 Conveyance	其他费用 Other Costs
吉林省	**Jilin**	**2162551**	**254652**	**847110**
长春市	**Changchun**	**853609**	**44105**	**71285**
市　区	District	763174	39824	69186
双　阳	Shuangyang	7421	1589	572
农安县	Nong' an	21176	1031	681
九台市	Jiutai	9885	96	6
榆树市	Yushu	1645	128	240
德惠市	Dehui	50308	1438	601
吉林市	**Jilin**	**442114**	**9482**	**6915**
市　区	District	383715	6142	6391
永吉县	Yongji	5013	849	181
蛟河市	Jiaohe	4420	1040	119
桦甸市	Huadian	13767	956	200
舒兰市	Shulan	4464	115	6
磐石市	Panshi	30735	380	19
四平市	**Siping**	**99931**	**8045**	**13404**
市　区	District	73936	4131	12864
梨树县	Lishu	579	116	
伊通满族自治县	Yitong	2140	14	61
公主岭市	Gongzhuling	20835	3757	344
双辽市	Shuangliao	2441	27	135
辽源市	**Liaoyuan**	**61583**	**63413**	**16867**
市　区	District	56312	1915	3133
东丰县	Dongfeng	807	61437	29
东辽县	Dongliao	4465	61	13704
通化市	**Tonghua**	**179588**	**25205**	**3783**
市　区	District	30506	2137	219
通化县	Tonghua	5394	1869	141
辉南县	Huinan	39780	5833	1565
柳河县	Liuhe	3224	1414	193
梅河口市	Meihekou	87570	12421	773
集安市	Ji' an	13113	1531	891

contiued

unit: 10000 yuan

全部从业人员年平均人数（人）Annual Average Employed Persons（person）	总资产贡献率（%）Total Assets Contribution Rate（%）	资产负债率（%）Assets-liability Ratio（%）	流动资产周转率（次/年）Current Assets Turnover（times/year）	成本费用利润率（%）Ratio of Pre-tax Profit to Cost（%）	产品销售率（%）Proportion of Products Sold（%）
1395097	**18.1**	**54.5**	**3.4**	**7.3**	**98.3**
431234	**21.8**	**58.4**	**2.9**	**9.3**	**98.6**
380820	22.3	58.7	2.8	9.6	98.9
6044	6.4	76.3	1.6	1.0	90.2
8486	19.1	75.2	3.5	1.3	96.4
8035	6.0	24.1	3.3	1.1	102.3
9190	8.7	51.7	4.5	2.9	98.2
18659	26.2	64.4	4.0	11.7	90.9
271780	**13.8**	**53.6**	**3.7**	**3.4**	**97.6**
170884	10.7	51.3	3.6	0.7	97.9
11261	19.8	60.2	4.1	8.0	94.2
21245	28.9	37.0	8.6	8.1	97.0
26300	23.8	49.5	6.2	11.6	95.5
18883	17.3	60.5	5.1	6.5	98.3
23207	16.5	66.3	2.4	7.8	97.8
86799	**13.0**	**51.4**	**4.9**	**3.9**	**99.1**
43072	13.3	55.2	4.3	3.4	99.2
11220	12.4	63.0	5.9	2.0	99.8
5908	9.2	9.4	8.0	6.8	100.2
18328	15.5	61.8	5.4	3.4	97.6
8271	14.3	68.5	4.1	6.4	99.1
87979	**11.4**	**62.7**	**4.3**	**2.6**	**100.5**
60587	12.0	57.2	4.6	3.0	100.1
14839	8.0	79.7	3.3	1.9	103.1
12553	14.4	62.8	7.2	2.3	98.0
142122	**12.0**	**54.0**	**2.7**	**4.8**	**97.1**
81820	6.2	59.4	2.6	2.6	97.4
10894	17.6	41.7	1.4	16.2	93.0
9916	8.1	57.8	1.9	3.3	96.2
9967	16.7	42.2	2.5	8.5	98.9
22834	35.6	47.3	5.7	6.4	96.1
6691	11.3	42.1	1.4	7.1	104.8

单位：万元

12－2 续表 13

市、县	City，County	机器设备 Manchinery Equipment	运输工具 Conveyance	其他费用 Other Costs
白 山 市	**Baishan**	**85868**	**11869**	**37453**
市　　区	District	38027	2992	32586
抚 松 县	Fusong	1055	86	
靖 宇 县	Jingyu	13661	849	343
长白朝鲜族自治县	Changbai	582	61	3
江 源 县	Jiangyuan	26872	7422	4183
临 江 市	Linjiang	5673	459	339
松 原 市	**Songyuan**	**333103**	**85065**	**689848**
市　　区	District	185274	83959	685822
前郭尔罗斯蒙古族自治县	Qianguo	23313	694	3543
长 岭 县	Changling			
乾 安 县	Qian' an	255		35
扶 余 县	Fuyu	124260	412	448
白 城 市	**Baicheng**	**18521**	**1496**	**1761**
市　　区	District	6211	1095	1489
镇 赉 县	Zhenlai	3688		92
通 榆 县	Tongyu	32	16	
洮 南 市	Taonan	8180	245	57
大 安 市	Da' an	409	140	124
延边朝鲜族自治州	**Yanbian**	**79327**	**4221**	**5581**
延 吉 市	Yanji	20298	1018	837
图 们 市	Tumen			
敦 化 市	Dunhua	30607	1266	2755
珲 春 市	Hunchun	15428	470	25
龙 井 市	Longjing	3444	214	398
和 龙 市	Helong	672	96	305
汪 清 县	Wangqing	7973	342	1156
安 图 县	Antu	906	816	106

contiued

unit: 10000 yuan

全部从业人员年平均人数（人）Annual Average Employed Persons（person）	总资产贡献率（%）Total Assets Contribution Rate（%）	资产负债率（%）Assets–liability Ratio（%）	流动资产周转率（次/年）Current Assets Turnover（times/year）	成本费用利润率（%）Ratio of Pre–tax Profit to Cost（%）	产品销售率（%）Proportion of Products Sold（%）
92436	**15.9**	**61.1**	**8.5**	**3.1**	**98.2**
42235	14.0	62.8	4.8	4.7	98.9
12495	14.6	76.0	12.4	2.3	98.6
4850	27.2	48.7	12.3	3.2	97.4
3416	12.1	40.6	5.3	1.9	89.1
16636	31.0	33.4	18.0	2.4	98.4
12804	12.5	59.6	8.9	2.4	98.1
152583	**22.7**	**42.1**	**5.1**	**15.3**	**97.9**
71494	21.2	52.2	2.5	24.5	98.4
20060	31.0	55.5	19.0	9.1	99.9
11706	26.6	8.7	14.1	10	99.3
22616	11.5	22.2	8.3	4.8	96.8
26707	45.9	16.3	20.3	17.8	94.6
31648	**7.8**	**49.9**	**3.6**	**3.5**	**99.2**
11763	7.7	39.4	2.3	5.6	100.1
4319	5.5	54.1	4.2	1.8	99.5
2950	12.9	64.6	6.3	4.2	99.4
7882	8.9	55.1	3.8	3.4	98.1
4734	4.8	63.1	6.3	1.8	98.8
96125	**17.4**	**57.8**	**3.1**	**7.2**	**98.0**
12513	38.5	55.4	2.8	7.2	98.6
7984	–3.4	80.2	5.7	–5.3	97.8
28276	5.8	57.9	2.3	5.2	97.9
20907	16.5	65.7	4.1	7.6	97.7
3953	16.3	41.6	4.7	6.0	98.8
7116	19.5	56.5	2.6	11.4	97.3
9805	25.1	50.2	2.6	21.2	98.8
5571	9.7	31.1	3.1	5.3	97.4

12－3 工业企业大行业主要经济指标（2011）

单位：万元

市、县	City，County	企业单位数(个) Number of Enterprises (unit)	#亏损企业 Loss－making Enterprises	工业总产值（当年价格） Gross Industrial Output Value (current price)
总计	**Total**	**5158**	**424**	**169176078**
煤炭开采和洗选业	Mining and Washing of Coal	136	16	3997352
石油和天然气开采业	Extraction of Petroleum and Natural Gas	47	10	3705363
黑色金属矿采选业	Mining and Procssing of Ferrous Metal Ores	91	1	1851518
有色金属矿采选业	Mining and Processing of Non-ferrous Metal Ores	51	1	1014024
非金属矿采选业	Mining and Processing of Nonmetal Ores	66	7	824546
开采辅助活动	Mining Support Activities	21	4	731813
其他采矿业	Mining of Other Ores	2		18200
农副食品加工业	Processing of Food form Agricultural Products	821	36	21946333
食品制造业	Manufacture of Food	155	10	2771557
酒、饮料和精制茶制造业	Manufacture of Wine Beveragesand Tea	202	12	3792530
烟草制品业	Manufacture of Tobacco	6		1176090
纺织业	Manufacture of Textile	47	6	838564
纺织服装、服饰业	Manufacture of Textile and Apparel	56	5	737777
皮革、毛皮、羽毛及其制品和制鞋业	Leather,Fur,Feathers and Fatwear Industry	11	2	105894
木材加工和木、竹、藤、棕、草制品业	Processing of Timber，Manufacture of Wood，Bamboo，Rattan，Palm and Straw Products	357	23	6224995
家具制造业	Manufacture of Furniture	58	4	686672
造纸和纸制品业	Manufacture of Paper and Paper Products	85	8	1220815
印刷和记录媒介复制业	Printing，Reproduction of Recording Media	44	1	372467
文教、工美、体育和娱乐用品制造业	Calture Education ,Art,Sports and Entertainment Goods Industry	16		232257
石油加工、炼焦和核燃料加工业	Processing of Petroleum，Coking，Processing of Nuclear Fuel	34	6	1732152
化学原料和化学制品制造业	Manufacture of Raw Chemical Materials and Chemical Products	358	23	14436365
医药制造业	Manufacture of Medicines	288	31	8771134
化学纤维制造业	Manufacture of Chemical Fibers	7	2	815131
橡胶和塑料制品业	Manufacture of Rubber and Plastic	146	9	1746066
非金属矿物制品业	Manufacture of Non-metallic Mineral Products	485	27	10459120
黑色金属冶炼和压延加工业	Smelting and Pressing of Ferrous Metals	88	11	7877821
有色金属冶炼和压延加工业	Smelting and Pressing of Non- ferrous Metals	32	2	1420105
金属制品业	Manufacture of Metal Products	146	6	2315768
通用设备制造业	Manufacture of General Purpose Machinery	204	13	2781592
专用设备制造业	Manufacture of Special Purpose Machinery	211	12	3867038
汽车制造业	Manufacture of Automotive	387	39	46086048
铁路、船舶、航空航天和其他运输设备制造业	Manufacture of Railuay,Aerospace and Other transport Equipment	30	3	2709357
电气机械和器材制造业	Manufacture of Electrical Machinery and Equipment	132	10	2351274
计算机、通信和其他电子设备制造业	Manufacture of Compater,Communication and Other Electronic Equipment	33	4	787262
仪器仪表制造业	Manufacture of Instrument	31	4	331137
其他制造业	Other Manufacturing	14		165214
废弃资源综合利用业	Wast Resources Utilization Industry	10	1	305627
金属制品、机械和设备修理业	Metal Products,Machinery and Equipment Repair Industry	7	2	102287
电力、热力生产和供应业	Production and Supply of Electric Power and Heat Power	203	60	7160127
燃气生产和供应业	Production and Supply of Gas	17	2	477703
水的生产和供应业	Production and Supply of Water	21	11	209787

Industry Enterprise Big Industry Main Elonomic Indicators（2011）

unit: 10000 yuan

工业销售产值（当年价格）Sales Value of Industry (current price)	出口交货值 Delivery Value for Export	年初存货 Beginning Inventory	产成品 Finished Goods	在产品 Goods	资产总计 Total Assets	流动资产合计 Total Current Assets	应收帐款 Account Receivable
166361960	**2885314**	**11185134**	**3593741**	**1891998**	**118988756**	**50455012**	**8275476**
3821378		93112	47611	6633	2631354	877230	128051
3706521		41046	25453	10110	7791033	1683870	40296
1818892	8	59278	37179	2185	1630331	450967	129524
997901	11	27066	8695	1928	886313	272260	30059
808808	1073	6404	4639	351	230789	53086	15882
732709	8084	410121	28676	314077	1791857	735388	174558
18400					29400	3990	1460
21647880	691734	811084	376485	36430	8043904	2883783	562936
2720406	103490	213091	118950	16849	1711158	688169	100035
3712936	1040	317197	63664	10139	2268567	897577	89573
1161500		345719	14212	16295	984930	631455	97547
819542	25198	47394	24483	7532	425286	135968	29198
740001	166172	62218	12080	1028	318758	177506	27645
103030	4638	7170	1554	261	51323	18780	3853
6057190	531695	285551	141964	28247	2586286	798754	132214
681065	49048	20085	11123	2244	263211	92431	20517
1174648	7784	80702	30070	15548	1065954	323661	59370
364367	13493	18358	5895	1753	423770	110104	30244
226122	9948	4496	3302	373	79243	23536	5352
1654510		36294	16135	8126	614382	206689	29725
14249487	42665	881249	253775	88351	7592907	2858313	306470
8411334	43799	530573	230470	78352	6844774	3499127	780714
789668	3652	110705	49381	45362	856363	316881	34126
1705699	15888	61192	32401	6799	754953	334289	85548
10311598	79519	897504	268612	263035	7601178	3449645	684469
7813303	40063	593738	169813	25212	6192882	2581549	434007
1377767	45796	242195	66350	2320	2815324	1364644	137261
2265250	24704	193011	51390	13379	1393445	657721	167876
2726748	2015	155964	76047	28687	1448406	772263	201067
3767672	18786	211000	69093	88669	1824905	832455	197244
45613246	538011	3116062	1210201	143228	26911678	16965896	2326098
2678831	364492	933551	17466	588840	3261645	2164989	457442
2284277	563	101906	57222	7183	1314329	714557	167403
770040	38843	58742	25875	7639	953256	420443	59863
317799	8369	21583	8298	6613	294695	158239	39188
176722		1309	972	153	35114	12416	2787
300852		8442	1331	84	144009	96492	42969
101261	4736	8211	635	3138	100324	45437	9724
7070359		147094	18174	11874	13961937	1935223	406077
437261		19250	12125	2823	225158	65549	4902
205781		3780	276	131	611294	130220	19648

单位：万元

12－3 续表 1

市、县	City, County	存货 Stock-in-trade	产成品 Finished Goods	在产品 Goods
总计	**Total**	**13265550**	**3992356**	**2396083**
煤炭开采和洗选业	Mining and Washing of Coal	109452	58774	11445
石油和天然气开采业	Extraction of Petroleum and Natural Gas	45753	15574	9470
黑色金属矿采选业	Mining and Procssing of Ferrous Metal Ores	93601	30270	3077
有色金属矿采选业	Mining and Processing of Non-ferrous Metal Ores	29457	13778	3836
非金属矿采选业	Mining and Processing of Nonmetal Ores	9512	6833	727
开采辅助活动	Mining Support Activities	432390	24756	326701
其他采矿业	Mining of Other Ores	470	70	
农副食品加工业	Processing of Food form Agricultural Products	1063000	544930	60610
食品制造业	Manufacture of Food	269673	123570	58112
酒、饮料和精制茶制造业	Manufacture of Wine Beveragesand Tea	433892	130916	15074
烟草制品业	Manufacture of Tobacco	386317	16384	32629
纺织业	Manufacture of Textile	54718	29429	7957
纺织服装、服饰业	Manufacture of Textile and Apparel	81495	15307	840
皮革、毛皮、羽毛及其制品和制鞋业	Leather,Fur,Feathers and Fatwear Industry	7323	4047	313
木材加工和木、竹、藤、棕、草制品业	Processing of Timber, Manufacture of Wood, Bamboo, Rattan, Palm and Straw Products	337308	163981	37900
家具制造业	Manufacture of Furniture	32164	14689	3273
造纸和纸制品业	Manufacture of Paper and Paper Products	97852	43215	13183
印刷和记录媒介复制业	Printing, Reproduction of Recording Media	20324	7062	1939
文教、工美、体育和娱乐用品制造业	Calture Education ,Art,Sports and Entertainment Goods Industry	6885	3179	648
石油加工、炼焦和核燃料加工业	Processing of Petroleum, Coking, Processing of Nuclear Fuel	77192	35121	2571
化学原料和化学制品制造业	Manufacture of Raw Chemical Materials and Chemical Products	918857	284800	95555
医药制造业	Manufacture of Medicines	744768	292044	46843
化学纤维制造业	Manufacture of Chemical Fibers	99765	52756	38207
橡胶和塑料制品业	Manufacture of Rubber and Plastic	82625	45239	6687
非金属矿物制品业	Manufacture of Non-metallic Mineral Products	1060121	318877	259815
黑色金属冶炼和压延加工业	Smelting and Pressing of Ferrous Metals	781229	226745	55906
有色金属冶炼和压延加工业	Smelting and Pressing of Non- ferrous Metals	319937	71402	4278
金属制品业	Manufacture of Metal Products	242325	68478	23201
通用设备制造业	Manufacture of General Purpose Machinery	202954	101638	30199
专用设备制造业	Manufacture of Special Purpose Machinery	288692	95951	115863
汽车制造业	Manufacture of Automotive	3086639	994857	202841
铁路、船舶、航空航天和其他运输设备制造业	Manufacture of Railuay,Aerospace and Other transport Equipment	1363055	21706	880110
电气机械和器材制造业	Manufacture of Electrical Machinery and Equipment	160153	82887	8455
计算机、通信和其他电子设备制造业	Manufacture of Compater,Communication and Other Electronic Equipment	57650	29428	8394
仪器仪表制造业	Manufacture of Instrument	30892	8048	6840
其他制造业	Other Manufacturing	5002	2794	127
废弃资源综合利用业	Wast Resources Utilization Industry	5715	2427	1644
金属制品、机械和设备修理业	Metal Products,Machinery and Equipment Repair Industry	12297	1632	4242
电力、热力生产和供应业	Production and Supply of Electric Power and Heat Power	202982	4004	12504
燃气生产和供应业	Production and Supply of Gas	3288	835	3823
水的生产和供应业	Production and Supply of Water	4460	672	132

contiued

unit: 10000 yuan

固定资产合　计 Total Fixed Assets	固定资产原价 Original Value of Fixed Assets	累计折旧 Accumulated Depreciation	本年折旧 Depreciation Charge for the Year	在建工程 Construction in Progress	负债合计 Total Liabilities	流动负债合计 Total Current Liabilities	应付账款 Accounts Payable
52657163	**102444587**	**54755688**	**7737320**	**7280095**	**64844031**	**46686642**	**15377335**
1509757	2434780	1005055	197243	93751	1761127	1316995	254908
5999534	9062841	3378621	503893	32888	3490405	1476657	1073339
626279	1212888	603239	107704	196672	885670	621588	167735
518399	583188	130693	41713	27993	309510	211137	29236
140226	444405	309643	40330	1337	74048	40549	9463
734879	1512922	735592	102413	92226	1366053	1226092	293473
25410	28875	3465	3000		300	300	
4565917	10116567	5911967	770338	202435	4386829	2905716	552685
860519	1553707	815626	119940	97452	701173	470116	93772
1149227	2065519	1148764	182064	71681	1232480	1088067	128136
328346	430343	168779	35828	25246	514867	497242	124378
246181	574501	343575	46004	19001	182268	138832	22631
127283	862806	765180	93164	13555	177038	137341	48296
32459	80953	48535	6354	286	28749	11438	4707
1541358	3788949	2468580	356700	92066	1066574	734011	86331
139880	333186	212379	31977	5691	87759	78095	18720
606075	844003	345075	70016	48492	598813	442240	89243
102786	461035	377414	21944	8816	177061	139179	31557
48323	178311	131685	16816	46	26800	21442	4966
344595	644244	335530	54919	19560	383593	319242	77903
4120081	8848244	5252985	656552	397238	2846123	2044563	554860
1624285	3949214	2447237	395348	259858	2540089	2162167	349619
401427	786070	391720	41607	56262	599328	466444	73339
365540	1075421	733467	100222	15581	317214	265978	75001
3250893	5331018	2630375	415734	154545	4214561	3462322	721636
2025796	4833222	3133774	438238	1360114	4373989	3601522	1509109
1142680	1945012	964297	192355	365635	1952245	1487862	211481
667736	1593517	1059117	118791	62805	657472	493332	160745
580014	2238939	1680383	194540	35652	726021	548365	181975
846134	3382067	2629670	314309	22413	719542	573878	133406
5459771	11110566	6032782	876718	2047220	14245899	11629956	5647001
798311	665009	202321	40505	315437	2450349	2090702	895237
556494	1816447	1272583	181656	8435	581107	508308	119431
454828	632695	188670	37311	15261	433285	336478	59128
88437	305089	218982	29424	29055	114309	79337	19077
18438	64646	85569	11100	97	9781	5543	2456
34376	36858	7977	2429	2819	74317	42511	34248
54887	136486	93709	10781	2916	73889	69577	8552
9924307	15452074	6007337	812086	1026923	9926324	4569406	1465427
140697	356445	218309	37886	26180	244547	227287	35241
443929	665632	263749	27008	20405	286374	138676	8767

单位：万元

12-3 续表 2

市、县	City, County	非流动负债合计 Non-Current Liabilities	所有者权益合计 Total Owners' Equities	实收资本 Paid-in Capital
总计	**Total**	**14912006**	**53785563**	**21871468**
煤炭开采和洗选业	Mining and Washing of Coal	385319	867780	376640
石油和天然气开采业	Extraction of Petroleum and Natural Gas	1970745	4144629	119481
黑色金属矿采选业	Mining and Procssing of Ferrous Metal Ores	242782	734867	428934
有色金属矿采选业	Mining and Processing of Non-ferrous Metal Ores	91028	570519	242481
非金属矿采选业	Mining and Processing of Nonmetal Ores	9423	155439	60130
开采辅助活动	Mining Support Activities	139961	425804	1120874
其他采矿业	Mining of Other Ores		29100	1500
农副食品加工业	Processing of Food form Agricultural Products	1067476	3621250	1726573
食品制造业	Manufacture of Food	192170	958052	381787
酒、饮料和精制茶制造业	Manufacture of Wine Beveragesand Tea	59836	1015761	554493
烟草制品业	Manufacture of Tobacco		470062	203135
纺织业	Manufacture of Textile	23980	233212	61095
纺织服装、服饰业	Manufacture of Textile and Apparel	29260	138447	85503
皮革、毛皮、羽毛及其制品和制鞋业	Leather,Fur,Feathers and Fatwear Industry	408	21959	4262
木材加工和木、竹、藤、棕、草制品业	Processing of Timber, Manufacture of Wood, Bamboo, Rattan, Palm and Straw Products	130146	1499399	850270
家具制造业	Manufacture of Furniture	6603	175358	49284
造纸和纸制品业	Manufacture of Paper and Paper Products	123619	459815	312166
印刷和记录媒介复制业	Printing, Reproduction of Recording Media	23967	246436	65729
文教、工美、体育和娱乐用品制造业	Calture Education ,Art,Sports and Entertainment Goods Industry	1906	52232	18193
石油加工、炼焦和核燃料加工业	Processing of Petroleum, Coking, Processing of Nuclear Fuel	57274	227946	124007
化学原料和化学制品制造业	Manufacture of Raw Chemical Materials and Chemical Products	697102	4734262	2329046
医药制造业	Manufacture of Medicines	274673	4281009	1321008
化学纤维制造业	Manufacture of Chemical Fibers	122578	257035	103412
橡胶和塑料制品业	Manufacture of Rubber and Plastic	25487	435679	196126
非金属矿物制品业	Manufacture of Non-metallic Mineral Products	524664	3356210	1226751
黑色金属冶炼和压延加工业	Smelting and Pressing of Ferrous Metals	598726	1814827	1563899
有色金属冶炼和压延加工业	Smelting and Pressing of Non- ferrous Metals	447796	858770	263050
金属制品业	Manufacture of Metal Products	118248	724634	373500
通用设备制造业	Manufacture of General Purpose Machinery	138108	719739	337359
专用设备制造业	Manufacture of Special Purpose Machinery	43525	1091508	310534
汽车制造业	Manufacture of Automotive	2649862	12651054	2968843
铁路、船舶、航空航天和其他运输设备制造业	Manufacture of Railuay,Aerospace and Other transport Equipment	358375	809302	322625
电气机械和器材制造业	Manufacture of Electrical Machinery and Equipment	30255	727052	240625
计算机、通信和其他电子设备制造业	Manufacture of Compater,Communication and Other Electronic Equipment	96768	519870	148189
仪器仪表制造业	Manufacture of Instrument	8934	180184	51630
其他制造业	Other Manufacturing	654	25243	11737
废弃资源综合利用业	Wast Resources Utilization Industry	2750	61113	9400
金属制品、机械和设备修理业	Metal Products,Machinery and Equipment Repair Industry	4312	26296	18413
电力、热力生产和供应业	Production and Supply of Electric Power and Heat Power	4051331	4029411	3009985
燃气生产和供应业	Production and Supply of Gas	16922	94640	47645
水的生产和供应业	Production and Supply of Water	145034	323953	225630

contiued

unit: 10000 yuan

国家资本 State Capital	集体资本 Collective Capital	法人资本 Legal Persons Capital	个人资本 Individual Capital	港澳台资本 Hong Kong, Macao, Taiwan Capital	外商资本 Foreign Capital	营业收入 Operating Revenue	主营业务收入 Revenue from Principal Business
4364451	**237838**	**10342203**	**4591955**	**372989**	**1921305**	**172481430**	**167454235**
15238	50	276052	85300			4122026	3778173
15111	771	58643	38102		6842	3726733	3725350
48375	130	169095	211335			1793754	1774275
23796	1100	87139	130446			1018569	1016980
	32	29613	30044	300	140	847824	847538
130049	3242	980911	6672			1204509	1163113
			1500			15600	13600
17541	25182	525823	615525	129517	412183	21376165	21290113
3410	646	105542	169317	4611	98261	2807664	2802746
22841	27599	192585	212070	40937	43661	3825849	3794619
	50	203085				1185337	1156107
	1348	28444	22121	1183	7764	769420	769267
1500	3237	35938	19759		25070	732608	737177
	205	2001	1440	79	537	103627	103627
64342	631	242732	512965	18951	10939	6011497	5982798
		13536	31824	672	3253	650962	650669
4420	36640	215407	55699			1133479	1127472
64	2423	29026	19127	5887	9072	360639	359367
		12298	5395		500	223768	240813
20800	6102	50757	45598		750	1650391	1647480
1491540	29289	438603	259348	7390	97504	14374950	14214050
59207	24253	643207	507479	18088	66873	7819911	7785923
		102512	900			784728	734327
15069	1371	79486	70868	16812	12521	1703081	1683693
69902	15564	581333	512266	9368	31179	10460863	10409350
26483	3828	1471904	52268		10201	8235776	7788602
21955	294	56145	36982		147675	1457447	1452324
38419		78782	218076		37724	2242956	2231737
36736	24454	119303	107560		49306	2710725	2707438
29685	309	118443	121282	12023	28792	3698980	3701164
1071209	25327	898211	214025	92730	663369	50600549	47180860
75018	1504	210685	20854		14563	2711995	2677588
3339	400	70757	95255	21	70852	2262693	2260477
19051	3	110339	14147	1748	2901	766705	763206
380		34226	17025			315308	313293
		3742	7994			184831	184316
5710		750	2940			333554	330810
	1055	16001	1358			102191	100652
827636		2019660	90805	6372	58574	7365802	7188011
5795	800	21800	2650	6300	10300	496359	490434
199831		2665	23135			272779	256018

单位：万元

市、县	City，County	营业成本 Operating Cost	主营业务成本 Cost of Principal Business	营业税金及附加 Basiness Tax and Surcharge
总计	**Total**	**146841875**	**141212442**	**3958115**
煤炭开采和洗选业	Mining and Washing of Coal	3585101	3192995	34355
石油和天然气开采业	Extraction of Petroleum and Natural Gas	1911121	1910574	186960
黑色金属矿采选业	Mining and Procssing of Ferrous Metal Ores	1464311	1447110	12879
有色金属矿采选业	Mining and Processing of Non-ferrous Metal Ores	704450	702455	11199
非金属矿采选业	Mining and Processing of Nonmetal Ores	736945	736751	5243
开采辅助活动	Mining Support Activities	1227091	1184930	40402
其他采矿业	Mining of Other Ores	10700	10700	136
农副食品加工业	Processing of Food form Agricultural Products	19177339	18855806	109464
食品制造业	Manufacture of Food	2267979	2264524	14641
酒、饮料和精制茶制造业	Manufacture of Wine Beveragesand Tea	3139006	3072176	105534
烟草制品业	Manufacture of Tobacco	444347	406903	503830
纺织业	Manufacture of Textile	659594	661555	2236
纺织服装、服饰业	Manufacture of Textile and Apparel	665099	654698	1392
皮革、毛皮、羽毛及其制品和制鞋业	Leather,Fur,Feathers and Fatwear Industry	88258	88258	127
木材加工和木、竹、藤、棕、草制品业	Processing of Timber，Manufacture of Wood，Bamboo，Rattan，Palm and Straw Products	5113765	5090268	33943
家具制造业	Manufacture of Furniture	554202	554033	5328
造纸和纸制品业	Manufacture of Paper and Paper Products	968965	962567	10094
印刷和记录媒介复制业	Printing，Reproduction of Recording Media	304750	304134	6014
文教、工美、体育和娱乐用品制造业	Calture Education ,Art,Sports and Entertainment Goods Industry	205999	201286	14185
石油加工、炼焦和核燃料加工业	Processing of Petroleum，Coking，Processing of Nuclear Fuel	1523504	1521648	65625
化学原料和化学制品制造业	Manufacture of Raw Chemical Materials and Chemical Products	12655678	12475673	725985
医药制造业	Manufacture of Medicines	5717861	5682568	33874
化学纤维制造业	Manufacture of Chemical Fibers	711404	689524	3095
橡胶和塑料制品业	Manufacture of Rubber and Plastic	1450042	1428788	52509
非金属矿物制品业	Manufacture of Non-metallic Mineral Products	8893589	8807228	96241
黑色金属冶炼和压延加工业	Smelting and Pressing of Ferrous Metals	8015268	7484645	16302
有色金属冶炼和压延加工业	Smelting and Pressing of Non- ferrous Metals	1209703	1203809	7415
金属制品业	Manufacture of Metal Products	1919310	1875236	20493
通用设备制造业	Manufacture of General Purpose Machinery	2317051	2295578	15185
专用设备制造业	Manufacture of Special Purpose Machinery	3107425	3065118	23152
汽车制造业	Manufacture of Automotive	42688568	39263593	1727125
铁路、船舶、航空航天和其他运输设备制造业	Manufacture of Railuay,Aerospace and Other transport Equipment	2322776	2285299	3564
电气机械和器材制造业	Manufacture of Electrical Machinery and Equipment	1925755	1917773	11026
计算机、通信和其他电子设备制造业	Manufacture of Compater,Communication and Other Electronic Equipment	632703	619526	3684
仪器仪表制造业	Manufacture of Instrument	253227	246684	1983
其他制造业	Other Manufacturing	162643	162454	1452
废弃资源综合利用业	Wast Resources Utilization Industry	308185	300274	763
金属制品、机械和设备修理业	Metal Products,Machinery and Equipment Repair Industry	90257	89491	508
电力、热力生产和供应业	Production and Supply of Electric Power and Heat Power	7018843	6835673	43493
燃气生产和供应业	Production and Supply of Gas	425621	424792	4912
水的生产和供应业	Production and Supply of Water	248099	220001	1649

continued

unit: 10000 yuan

主营业务税金及附加 Taxes and Other Charges on Principal Business	其他业务收入 Other Operating Income	其他业务利润 Income from Other Operation	销售费用 Selling Cost	管理费用 Management Cost	税金 Expenses of Taxation	差旅费 Travelling Expense	工会经费 Union Funds
2712106	**5027195**	**432787**	**4732235**	**7107240**	**347202**	**446896**	**56300**
33269	343853	−6612	57605	380412	6969	8582	10926
186954	1382	−542	54690	293428	50048	4931	890
11860	19479	8816	27888	95187	5092	1931	253
11199	1589	474	26874	65948	2893	4578	625
5242	287		22121	40152	2894	3195	218
38510	41395	5249	6280	50762	4954	2582	176
69	2000		50	11			
79378	86053	403	758657	512835	21283	64305	2890
13303	4918	1232	112753	118752	4108	7189	516
102776	31230	9416	166608	149875	14881	10805	1140
503830	29230	−235	29406	88709	2628	3452	539
2287	153	58	17804	41270	2191	1515	156
936	−4569	148	11176	29079	1013	1430	156
103			950	8669	118	291	40
31012	28700	2322	173147	269730	8970	19442	1708
5128	293	26	14527	19231	1442	1504	273
5105	6007	−422	31023	52886	2724	2098	529
6014	1272	626	9362	17702	609	842	274
1186	−17045		7752	8550	466	717	73
65625	2911	905	13053	56003	721	729	209
723484	160901	−15361	203758	601004	46534	15034	3801
32319	33989	4015	1084937	510866	17606	135841	2364
477	50401		18080	35141	3758	1397	66
13409	19388	2518	37341	60173	2213	6922	888
80184	51513	15305	252589	414771	26064	21722	3087
166167	447174	12384	58095	104098	8887	3705	691
7415	5124	−264	17034	42302	3721	1683	460
20144	11219	1576	48892	104028	2677	6260	1104
15122	3287	2380	55253	118127	7248	6781	1785
22993	−2184	886	78456	125656	3212	11783	1380
456774	3419690	345344	1137877	2145190	67778	68785	13110
3508	34407	8023	44430	153034	6556	3309	2384
10387	2216	808	45237	93853	7186	8703	540
3601	3500	2813	14476	49938	555	2359	565
1763	2016	53	8666	21242	501	1792	127
1441	515		3820	6579	78	732	154
709	2744	1974	2383	9605	329	672	59
505	1540		1973	7898	87	617	23
41471	177791	20588	40134	153112	4840	6772	1449
4708	5925	2676	21918	17369	692	1257	83
1619	16761	5058	14567	33055	2631	634	589

单位：万元

12－3 续表 4

市、县	City，County	财务费用 Finance Cost	利息收入 Interest Income	利息支出 Interest Expense
总计	**Total**	**1557364**	**156170**	**1496778**
煤炭开采和洗选业	Mining and Washing of Coal	52775	－13465	29445
石油和天然气开采业	Extraction of Petroleum and Natural Gas	44416	39622	83152
黑色金属矿采选业	Mining and Procssing of Ferrous Metal Ores	28586	－785	25567
有色金属矿采选业	Mining and Processing of Non-ferrous Metal Ores	9481	－1284	7841
非金属矿采选业	Mining and Processing of Nonmetal Ores	6762	38	3283
开采辅助活动	Mining Support Activities	24516	1054	25411
其他采矿业	Mining of Other Ores	40		40
农副食品加工业	Processing of Food form Agricultural Products	195469	6253	174456
食品制造业	Manufacture of Food	37586	704	29405
酒、饮料和精制茶制造业	Manufacture of Wine Beveragesand Tea	38335	1567	32575
烟草制品业	Manufacture of Tobacco	10021	127	8403
纺织业	Manufacture of Textile	4402	117	4240
纺织服装、服饰业	Manufacture of Textile and Apparel	5544	70	3598
皮革、毛皮、羽毛及其制品和制鞋业	Leather,Fur,Feathers and Fatwear Industry	541	2	500
木材加工和木、竹、藤、棕、草制品业	Processing of Timber，Manufacture of Wood，Bamboo，Rattan，Palm and Straw Products	64721	945	57036
家具制造业	Manufacture of Furniture	5521	58	4979
造纸和纸制品业	Manufacture of Paper and Paper Products	11940	156	10320
印刷和记录媒介复制业	Printing，Reproduction of Recording Media	6024	75	5336
文教、工美、体育和娱乐用品制造业	Calture Education ,Art,Sports and Entertainment Goods Industry	1186	217	1233
石油加工、炼焦和核燃料加工业	Processing of Petroleum，Coking，Processing of Nuclear Fuel	11725	106	10479
化学原料和化学制品制造业	Manufacture of Raw Chemical Materials and Chemical Products	80454	8455	74931
医药制造业	Manufacture of Medicines	49902	1949	46181
化学纤维制造业	Manufacture of Chemical Fibers	29181	－423	27249
橡胶和塑料制品业	Manufacture of Rubber and Plastic	10261	－21	9496
非金属矿物制品业	Manufacture of Non-metallic Mineral Products	138754	2166	122419
黑色金属冶炼和压延加工业	Smelting and Pressing of Ferrous Metals	100852	5151	67136
有色金属冶炼和压延加工业	Smelting and Pressing of Non- ferrous Metals	80862	11228	69162
金属制品业	Manufacture of Metal Products	22128	1235	19780
通用设备制造业	Manufacture of General Purpose Machinery	15892	2396	13184
专用设备制造业	Manufacture of Special Purpose Machinery	26801	488	21630
汽车制造业	Manufacture of Automotive	－11993	77123	105855
铁路、船舶、航空航天和其他运输设备制造业	Manufacture of Railuay,Aerospace and Other transport Equipment	46916	1501	36172
电气机械和器材制造业	Manufacture of Electrical Machinery and Equipment	16555	1178	12919
计算机、通信和其他电子设备制造业	Manufacture of Compater,Communication and Other Electronic Equipment	10011	174	8766
仪器仪表制造业	Manufacture of Instrument	1898	999	1928
其他制造业	Other Manufacturing	1507	13	386
废弃资源综合利用业	Wast Resources Utilization Industry	1069	20	278
金属制品、机械和设备修理业	Metal Products,Machinery and Equipment Repair Industry	857	4	823
电力、热力生产和供应业	Production and Supply of Electric Power and Heat Power	366970	6258	333645
燃气生产和供应业	Production and Supply of Gas	3043	80	2757
水的生产和供应业	Production and Supply of Water	5528	506	4347

contiued

unit: 10000 yuan

营业利润 Operating Profit	资产减值损失 Impairment of Assets	公允价值变动收益 Fair Value Gain	投资收益 Investment Income	补贴收入 Subsidy Income	营业外收入 Non-business Income	营业外支出 Non-business Expenditure	利润总额 Total Profits
12231956	**159758**	**-3341**	**2000239**	**123005**	**616194**	**880668**	**11759686**
205977	283		-18663	16846	26632	10004	189281
1211986	-1225		12655		6367	36437	1184042
192212	1989		-18486		1062	5812	178963
248780	917		-16893	3962	8756	55228	198381
43827	1005				641	8997	34883
-221708	3048	-26	79		79802	13251	-155157
1550							1550
1156107	751	37	5492	8090	-31325	108355	1012842
278872	580	-600	-12437	2469	11916	34819	254690
248146	1014		195	4937	10031	26590	228283
113182			2621		721	4932	108972
36926	60		100	10	735	5213	32482
14603	29		-1893	1529	1526	312	14977
5658					23	342	5339
382921	2060	-13	-6352	2632	16522	21548	371771
59844			189	2	-5506	1776	52561
74529	1609			2640	8247	9072	73965
28128	-416	-14	10528	43	477	126	28510
22092				20	-1832	3441	16800
29247	451		-19873	4	270	7405	22258
-94596	80420		66986	2255	126698	145007	-112429
846467	10889	-2155	256032	3753	43120	39671	856366
-23924	8641	-358	416	245	4803	1449	-20814
136165	15	4	-11001	1052	-14300	11754	111207
734507	3200		-30548	24845	59534	30444	730551
188861	2390		10454	1382	-13581	34378	139841
161936	-926		17157	11224	16118	72188	94896
192212	836		1605	897	-5196	37712	148557
199452	4360		150	6201	-264	7289	185030
252076	178	-7	-6486	232	739	19000	230738
5122886	29861	-286	1755307	6157	195831	65623	5134668
172441	2428		11543		957	1938	180952
166996	204		-7213	814	-2432	9643	153871
65547	202		94	1570	4086	765	71872
28270	31		200	115	1167	196	29247
10300				1	-1697	277	8326
46948	223		161		-27633	1531	17568
2247	324			550	1226	54	2869
-127179	4488	77	-1812	15029	76552	46540	-90762
23799	-159		-77	550	9270	970	31549
-6789	-0.3		10	2207	5383	583	-267

单位：万元

12－3 续表 5

市、县	City，County	应交所得税 Income Tax Payable	亏损企业亏损总额 Total Loss	利税总额 Total Pre-tax Profits
总计	**Total**	**2416071**	**1396826**	**20224252**
煤炭开采和洗选业	Mining and Washing of Coal	34265	7548	445302
石油和天然气开采业	Extraction of Petroleum and Natural Gas	38174	10387	1722898
黑色金属矿采选业	Mining and Procssing of Ferrous Metal Ores	32885	2	274071
有色金属矿采选业	Mining and Processing of Non-ferrous Metal Ores	43650	165	259055
非金属矿采选业	Mining and Processing of Nonmetal Ores	1555	8970	50044
开采辅助活动	Mining Support Activities	6929	186751	-93501
其他采矿业	Mining of Other Ores			2262
农副食品加工业	Processing of Food form Agricultural Products	45188	43922	1444365
食品制造业	Manufacture of Food	26748	3257	322350
酒、饮料和精制茶制造业	Manufacture of Wine Beveragesand Tea	45289	11291	448426
烟草制品业	Manufacture of Tobacco	26783		740179
纺织业	Manufacture of Textile	4904	874	44516
纺织服装、服饰业	Manufacture of Textile and Apparel	1952	137	24390
皮革、毛皮、羽毛及其制品和制鞋业	Leather,Fur,Feathers and Fatwear Industry	983	265	6371
木材加工和木、竹、藤、棕、草制品业	Processing of Timber，Manufacture of Wood，Bamboo，Rattan，Palm and Straw Products	22192	11933	516364
家具制造业	Manufacture of Furniture	3969	990	72222
造纸和纸制品业	Manufacture of Paper and Paper Products	10714	29509	109731
印刷和记录媒介复制业	Printing，Reproduction of Recording Media	828323	13	42870
文教、工美、体育和娱乐用品制造业	Calture Education ,Art,Sports and Entertainment Goods Industry	909		35143
石油加工、炼焦和核燃料加工业	Processing of Petroleum，Coking，Processing of Nuclear Fuel	5125	17109	116916
化学原料和化学制品制造业	Manufacture of Raw Chemical Materials and Chemical Products	65544	583591	924437
医药制造业	Manufacture of Medicines	116135	11484	1142737
化学纤维制造业	Manufacture of Chemical Fibers	-3487	29795	-1243
橡胶和塑料制品业	Manufacture of Rubber and Plastic	12466	1244	198647
非金属矿物制品业	Manufacture of Non-metallic Mineral Products	116827	18523	1111153
黑色金属冶炼和压延加工业	Smelting and Pressing of Ferrous Metals	16068	25646	255530
有色金属冶炼和压延加工业	Smelting and Pressing of Non- ferrous Metals	19369	1879	171004
金属制品业	Manufacture of Metal Products	16497	3477	211735
通用设备制造业	Manufacture of General Purpose Machinery	23746	11590	261987
专用设备制造业	Manufacture of Special Purpose Machinery	20378	4974	322306
汽车制造业	Manufacture of Automotive	772401	105313	8186259
铁路、船舶、航空航天和其他运输设备制造业	Manufacture of Railuay,Aerospace and Other transport Equipment	23915	3559	204863
电气机械和器材制造业	Manufacture of Electrical Machinery and Equipment	10568	6066	217958
计算机、通信和其他电子设备制造业	Manufacture of Compater,Communication and Other Electronic Equipment	10925	1238	92889
仪器仪表制造业	Manufacture of Instrument	2663	830	41694
其他制造业	Other Manufacturing	303		11115
废弃资源综合利用业	Wast Resources Utilization Industry	1536	346	22962
金属制品、机械和设备修理业	Metal Products,Machinery and Equipment Repair Industry	182	1327	5585
电力、热力生产和供应业	Production and Supply of Electric Power and Heat Power	8363	236190	194876
燃气生产和供应业	Production and Supply of Gas	1123	1042	50992
水的生产和供应业	Production and Supply of Water	15	15592	11276

contiued

unit: 10000 yuan

应交税金及附加 Tax Payable and Surcharge	本年应付职工薪酬 The Year of Payable Employees	本年应交增值税 Value Added Tax Payable This Year	本年进项税额 Input Vat in Current Year	本年销项税额 Output Vat in Current Year	土地和固定资产支出 Land and Fixed Assets Expense	土地购置 Purchase of Land	房屋和建筑物 Houses and Buildings
11227839	**6265176**	**4506452**	**18237700**	**21478974**	**5274809**	**203103**	**1809245**
297254	505914	221666	289378	432431	261400	6005	71976
627078	343342	351897	282504	630025	213258	4571	20437
133084	65509	82228	116396	181037	40185	576	18105
107217	55409	49475	20079	45092	70314	853	23557
19610	19609	9918	25963	30810	4575	778	1046
73539	222554	21254	145001	151800	834372	934	249410
712	408	576					
497994	341328	322059	1854399	1971819	306802	14326	121862
98515	71521	53019	179798	198123	68491	341	26546
280313	129102	114609	370282	437534	84926	9365	25877
660619	25512	127378	69520	196925	7021	2704	
19129	86815	9798	62948	66928	11607	2258	4887
12379	23644	8022	31503	30374	2662	1055	508
2133	4817	906	9469	9479	286		185
175755	167425	110650	421272	435344	171936	3061	20198
25072	25753	14333	20878	27238	10135		4680
49204	36465	25672	128793	142717	20765	1002	7694
843292	15420	8345	24211	29368	7262	24	558
19718	8972	4158	15210	15879	63		
100504	31045	29033	196973	215907	14218	2363	4421
1148945	577649	310882	2007803	2192328	145434	3061	58774
420112	563169	252497	371652	549115	264405	32648	143629
19843	29274	16477	93972	105561	37627	7799	6642
102119	51187	34931	90353	114758	54039	1802	26757
523493	298964	284361	1223597	1375427	507487	23327	235995
140644	202632	99387	889546	937073	111483	1699	41602
99198	38912	68693	81717	145925	38413	6335	125
82352	85988	42686	175885	189904	49159	2595	15665
107950	114068	61772	262146	284920	51583	2834	12473
115159	105237	68416	309811	332713	105757	3493	44217
3891769	1287832	1324466	6843165	8183901	760472	21183	378954
54381	149619	20347	372362	404462	50844	14200	3175
81840	78492	53061	174148	189939	47829	2004	17149
32498	43730	17333	47278	46473	54650	680	14854
15611	16378	10463	15758	20029	12317		4238
3170	1954	1338	4666	5554	5576	1486	733
7259	5787	4632	53721	59651	645	9	85
2985	14347	2208	5526	5194	3499		37
298841	368244	242146	864478	995866	757157	14941	150838
21259	19460	14531	39327	42340	3863	190	1137
14188	31351	9894	44879	47646	82297	12602	50216

单位：万元

12－3 续表 6

市、县	City，County	机器设备 Manchinery and Equipment	运输工具 Conveyance	其他费用 Other Costs
总计	**Total**	**2162551**	**254652**	**847110**
煤炭开采和洗选业	Mining and Washing of Coal	155720	15757	11942
石油和天然气开采业	Extraction of Petroleum and Natural Gas	34698	4326	149227
黑色金属矿采选业	Mining and Procssing of Ferrous Metal Ores	14942	5749	813
有色金属矿采选业	Mining and Processing of Non-ferrous Metal Ores	17152	838	27913
非金属矿采选业	Mining and Processing of Nonmetal Ores	1839	894	18
开采辅助活动	Mining Support Activities	13158	56447	514422
其他采矿业	Mining of Other Ores			
农副食品加工业	Processing of Food form Agricultural Products	146320	13213	11110
食品制造业	Manufacture of Food	32511	3493	4264
酒、饮料和精制茶制造业	Manufacture of Wine Beveragesand Tea	38930	2739	8015
烟草制品业	Manufacture of Tobacco	4069	147	101
纺织业	Manufacture of Textile	4395	50	18
纺织服装、服饰业	Manufacture of Textile and Apparel	951	143	7
皮革、毛皮、羽毛及其制品和制鞋业	Leather,Fur,Feathers and Fatwear Industry	113		
木材加工和木、竹、藤、棕、草制品业	Processing of Timber，Manufacture of Wood，Bamboo，Rattan，Palm and Straw Products	145203	1897	1576
家具制造业	Manufacture of Furniture	4153	989	313
造纸和纸制品业	Manufacture of Paper and Paper Products	10102	1299	668
印刷和记录媒介复制业	Printing，Reproduction of Recording Media	6594	78	7
文教、工美、体育和娱乐用品制造业	Calture Education ,Art,Sports and Entertainment Goods Industry	45	17	
石油加工、炼焦和核燃料加工业	Processing of Petroleum，Coking，Processing of Nuclear Fuel	6867	552	15
化学原料和化学制品制造业	Manufacture of Raw Chemical Materials and Chemical Products	70063	6304	8053
医药制造业	Manufacture of Medicines	74505	7168	6657
化学纤维制造业	Manufacture of Chemical Fibers	22405	233	547
橡胶和塑料制品业	Manufacture of Rubber and Plastic	14220	4475	6784
非金属矿物制品业	Manufacture of Non-metallic Mineral Products	208885	31668	10219
黑色金属冶炼和压延加工业	Smelting and Pressing of Ferrous Metals	12764	63278	783
有色金属冶炼和压延加工业	Smelting and Pressing of Non- ferrous Metals	31104	837	12
金属制品业	Manufacture of Metal Products	25997	1705	3197
通用设备制造业	Manufacture of General Purpose Machinery	30795	3468	2013
专用设备制造业	Manufacture of Special Purpose Machinery	38685	2591	16771
汽车制造业	Manufacture of Automotive	308639	10278	49517
铁路、船舶、航空航天和其他运输设备制造业	Manufacture of Railuay,Aerospace and Other transport Equipment	30434	392	2644
电气机械和器材制造业	Manufacture of Electrical Machinery and Equipment	23442	1558	3740
计算机、通信和其他电子设备制造业	Manufacture of Compater,Communication and Other Electronic Equipment	37787	842	488
仪器仪表制造业	Manufacture of Instrument	7589	294	197
其他制造业	Other Manufacturing	2646	638	74
废弃资源综合利用业	Wast Resources Utilization Industry	175	361	27
金属制品、机械和设备修理业	Metal Products,Machinery and Equipment Repair Industry	3435	24	3
电力、热力生产和供应业	Production and Supply of Electric Power and Heat Power	563028	7749	3301
燃气生产和供应业	Production and Supply of Gas	758	193	1585
水的生产和供应业	Production and Supply of Water	17436	1971	73

contiued

unit: 10000 yuan

全部从业人员年平均人数（人）Annual Average Employed Persons（person）	总资产贡献率（%）Total Assets Contribution Rate（%）	资产负债率（%）Assets-liability Ratio（%）	流动资产周转率（次/年）Current Assets Turnover（times/year）	成本费用利润率（%）Ratio of Pre-tax Profit to Cost（%）	产品销售率（%）Proportion of Products Sold（%）
1395097	**18.1**	**54.5**	**3.4**	**7.3**	**98.3**
100291	18.6	66.9	4.7	4.6	95.6
37206	22.7	44.8	2.2	51.4	100.0
18582	18.4	54.3	4.0	11.1	98.2
15374	30.3	34.9	3.7	24.6	98.4
6696	23.1	32.1	16.0	4.3	98.1
28288	-3.9	76.2	1.6	-11.9	100.1
200	7.8	1.02	3.9	14.4	101.1
120342	20.1	54.5	7.4	4.9	98.6
23689	20.5	41.0	4.1	10.0	98.2
35755	21.1	54.3	4.3	6.5	97.9
4892	76.0	52.3	1.9	19.0	98.8
21722	11.4	42.9	5.7	4.5	97.7
12642	8.8	55.5	4.1	2.1	100.3
1680	13.4	56.0	5.5	5.4	97.3
78081	22.1	41.2	7.5	6.6	97.3
8074	29.3	33.3	7.0	8.9	99.2
16119	11.3	56.2	3.5	7.0	96.2
5726	11.4	41.8	3.3	8.4	97.8
2637	45.6	33.8	9.5	7.5	97.4
7957	20.7	62.4	8.0	1.4	95.5
86550	13.1	37.5	5.0	-0.8	98.7
107154	17.3	37.1	2.2	11.6	95.9
10964	3.1	70.0	2.5	-2.6	96.9
18864	27.6	42.0	5.1	7.1	97.7
79368	16.2	55.5	3.0	7.5	98.6
45903	5.1	70.6	3.2	1.7	99.2
10942	8.1	69.3	1.1	7.0	97.0
21452	16.5	47.2	3.4	7.1	97.8
31922	18.8	50.1	3.5	7.4	98.0
31123	18.8	39.4	4.4	6.9	97.4
227121	30.5	52.9	3.0	11.2	99.0
23661	7.3	75.1	1.3	7.1	98.9
20739	17.5	44.2	3.2	7.4	97.2
10386	10.7	45.5	1.8	10.2	97.8
4939	14.5	38.8	2.0	10.3	96.0
1004	32.7	27.9	14.9	4.8	107.0
2607	16.1	51.6	3.5	5.5	98.4
3777	6.4	73.7	2.3	2.8	99.0
94489	3.7	71.1	3.8	-1.2	98.8
4502	23.8	108.6	7.6	6.7	91.5
11581	2.5	46.9	2.1	-0.1	98.1

12－4 工业企业产品产量（2011）

Industrial Enterprises Major Products Outputs（2011）

项　　目	Item	单位 unit	2011
原煤	Total	吨 ton	53738813
1、无烟煤	Anthracite	吨 ton	1192540
2、烟煤	Bituminous Coal	吨 ton	36567010
(1)炼焦烟煤	Coking Bituminous Coal	吨 ton	12212398
(2)一般烟煤	General Bituminous Coal	吨 ton	24354612
3、褐煤	Wood Coal	吨 ton	15979263
洗煤	Coal Washing	吨 ton	8182162
其中：洗精煤	Washed Coal	吨 ton	3813257
天然原油	Crude Petroleum Oil	吨 ton	7394025
天然气	Natural Gas	万立方米 10000cu.m	150027
铁矿石原矿	Iron Ore	吨 ton	16663358
铜金属含量	Copper Content	吨 ton	11799
铅金属含量	Lead Metal Content	吨 ton	32412
锌金属含量	Zinc Content	吨 ton	39456
钼精矿折合量（折纯钼４５％）	Molybdenum in Quantity	吨 ton	7728
小麦粉	Wheat Flour	吨 ton	11219
大米	Rice	吨 ton	8119032
饲料	Feed	吨 ton	7338087
其中:配合饲料	Compound Feed	吨 ton	3014265
混合饲料	Mixed Feed	吨 ton	3210790
精制食用植物油	Refined Edible Vegetable Oil	吨 ton	878579
鲜、冷藏肉	Fresh, Frozen Meat	吨 ton	1831122
糖果	Candy	吨 ton	333
速冻米面食品	Frozen Rice food	吨 ton	78254
方便面	Instant Noodles	吨 ton	100904
乳制品	Dairy	吨 ton	68790
其中:液体乳	Liquid Milk	吨 ton	58390
乳粉	Milk	吨 ton	10184
罐头	Canned Foods	吨 ton	6543
酱油	Soy Sauce	吨 ton	106852
冷冻饮品	Frozen Drinks	吨 ton	303536
食品添加剂	Food Additives	吨 ton	4308
发酵酒精(折96度,商品量)	Fermentation Alcohol	千升 kl	1479829
饮料酒	Potable Spirit	千升 kl	2123491
其中:白酒(折65度,商品量)	Chinese Liquor	千升 kl	424475
啤酒	Beer	千升 kl	1485437
葡萄酒	Wine	千升 kl	206519
软饮料	Soft Drink	吨 ton	6235434
其中:碳酸饮料类(汽水)	Carbonated Drink	吨 ton	466742
包装饮用水类	Packaged Water	吨 ton	5136459
果汁和蔬菜汁饮料类	Fruit and Vegetable Juice Drinks	吨 ton	298680

12－4 续表 1 continued

项 目	Item	单位 unit	2011
卷烟	Cigarette	万支 10000pieces	4300000
纱	Yarn	吨 ton	70719
1、棉纱	Cotton Yarn	吨 ton	15564
2、棉混纺纱	Blended Yarn	吨 ton	13513
3、化学纤维纱	Chemical Fiber Yarn	吨 ton	41642
布	Cloth	万米 10000m	5125
其中：1.棉布	Cotton	万米 10000m	3501
2.棉混纺布	Cotton Cloth	万米 10000m	1624
3.化学纤维布	Chemical Fiber Cloth	万米 10000m	
印染布	Printing and Dyeing Cloth	万米 10000m	59
毛机织物（呢绒）	Wool Fabrics	万米 10000m	1884
亚麻布(含亚麻≥55%)	Linen	万米 10000m	93
无纺布(无纺织物)	Non-woven	吨 ton	942
服装	Clothing	万件 10000pieces	21583
1、针织服装	Knitwear	万件 10000pieces	18912
2、梭织服装	Woven Garments	万件 10000pieces	2671
西服套装	Suits	万件 10000pieces	447
衬衫	Shirt	万件 10000pieces	136
轻革	Light Leather	平方米 sq.m	513380
皮革鞋靴	Leather Footwear	万双 10000pairs	116
人造板	Wood-based Panels	立方米 cu.m	11275369
其中:胶合板	Plywood	立方米 cu.m	897245
纤维板	Fiberboard	立方米 cu.m	1057526
刨花板	Particleboard	立方米 cu.m	728021
人造板表面装饰板	Plywood Cladding	平方米 cu.m	1195461
实木木地板	Solid Wood Flooring	平方米 cu.m	9549985
复合木地板	Laminate Flooring	平方米 cu.m	25807894
家具	Furniture	件 piece	1928400
其中:木质家具	Wood Furniture	件 piece	1744314
软体家具	Upholstered Furniture	件 piece	180203
纸浆(原生浆及废纸浆)	Pulp	吨 ton	142761
机制纸及纸板(外购原纸加工除外)	Machine-made Paper and Paperboard	吨 ton	880457
其中:未涂布印刷书写用纸	Uncoated Printing and Writing Paper	吨 ton	1200
其中:新闻纸	Newsprint	吨 ton	
涂布类印刷用纸	Coated Printing Paper Category	吨 ton	235193
卫生用纸原纸	Sanitary Paper Base Paper	吨 ton	15170
箱纸板	Linerboard	吨 ton	54614
纸制品	Paper Products	吨 ton	455477
其中：瓦楞纸箱	Corrugated	吨 ton	387137
单色印刷品	Monochrome Printing	令 ream	74195
多色印刷品	Multi-color Print	对开色令 bisect color ream	737824
原油加工量	Crude Runs	吨 ton	10016374
汽油	Gasoline	吨 ton	1934918
柴油	Diesel Oil	吨 ton	4129024
燃料油	Fuel Oil	吨 ton	399954

12－4 续表 2 continued

项　　目	Item	单位 unit	2011
石脑油	Naphtha	吨 ton	895165
液化石油气	Liquefied Petroleum Gas	吨 ton	487819
石油焦	Solvent Oil	吨 ton	248681
石油沥青	Petroleum Pitch	吨 ton	27801
焦炭	Coke	吨 ton	4738060
其中:机焦	Coke Machine	吨 ton	3446634
硫酸（折100%）	Sulfuric Acid	吨 ton	230767
盐酸（氯化氢,含量31%）	Hydrochloric Acid	吨 ton	82406
烧碱（折100%）	Caustic Soda	吨 ton	230303
其中：离子膜法烧碱（折100%）	Ion-exchange Membrane Caustic Soda	吨 ton	230303
碳化钙（电石,折 300升／千克）	Calcium Carbide	吨 ton	7624
乙烯	Ethylene	吨 ton	804872
纯苯	Benzene	吨 ton	265000
精甲醇	Refined Methanol	吨 ton	9998
冰乙酸（冰醋酸)	Glacial Acetic Acid	吨 ton	
浓硝酸(折100%)	Concentrated Nitric Acid	吨 ton	24263
合成氨（无水氨）	Synthesis Ammonia	吨 ton	553371
农用氮、磷、钾化学肥料总计(折纯)	Agricultural Nitrogen, Phosphorus and Potassium Fertilizers Total	吨 ton	276708
1、氮肥（折含N100%）	Nitrogenous Fertilizer	吨 ton	276708
其中：尿素（折含N100%）	Urea	吨 ton	197352
2、磷肥（折五氧化二磷100 %）	Phosphate	吨 ton	
磷酸二铵（实物量）	Diammonium Phosphate	吨 ton	549391
化学农药原药(折有效成分100%)	Chemical Pesticides	吨 ton	13076
除草剂原药	Herbicides Original Drug	吨 ton	11471
涂料	Paint	吨 ton	141096
初级形态的塑料	Primary Plastic	吨 ton	981362
聚丙烯树脂	Polypropylene Resin	吨 ton	5262
聚氯乙烯树脂	PVC Resin	吨 ton	174941
合成橡胶	Synthetic Rubber	吨 ton	180085
合成纤维单体	Synthetic Fiber Monomers	吨 ton	414103
合成纤维聚合物	Synthetic Fiber Polymer	吨 ton	2106
化学试剂	Chemical Reagents	吨 ton	6016
合成洗涤剂	Synthetic Detergent	吨 ton	135063
其中:合成洗衣粉	Synthetic Detergent	吨 ton	78174
化学药品原药	Chemical Medicines	吨 ton	28638
中成药	Chinese Patent Medicine	吨 ton	415835
化学纤维用浆粕	Chemical Fiber Pulp	吨 ton	148622
化学纤维	Chemical Fiber	吨 ton	295512
其中：人造纤维（纤维素纤维）	Man-made Fibers	吨 ton	63879
其中:粘胶短纤维	Viscose Staple Fiber	吨 ton	46204
粘胶纤维长丝	Viscose Filament	吨 ton	17674

12－4 续表 3 continued

项　　目	Item	单位 unit	2011
合成纤维	Synthetic Fiber	吨 ton	231633
涤纶纤维	Polyester Fiber	吨 ton	26068
腈纶纤维	Acrylic Fiber	吨 ton	196800
丙纶纤维	Polypropylene Fiber	吨 ton	8765
橡胶轮胎外胎	Rubber Tire	条 tire	45500
塑料制品	Plastic Products	吨 ton	567850
其中:塑料薄膜	Plastic Film	吨 ton	117076
其中：农用薄膜	Agricultural Film	吨 ton	107202
泡沫塑料	Foam	吨 ton	14206
塑料人造革、合成革	Plastic Artificial Leather, Synthetic Leather	吨 ton	3130
日用塑料制品	Household Plastic Products	吨 ton	43672
硅酸盐水泥熟料	Portland Cement Clinker	吨 ton	36926138
其中:窑外分解窑水泥熟料	Outside the Kiln Cement Clinker Kiln	吨 ton	32236069
水泥	Cement	吨 ton	42213065
其中:强度等级42.5水泥(含R型)	Strength Grade 42.5 Cement	吨 ton	21617929
商品混凝土	Commercial Concrete	立方米 cu.m	1784581
水泥混凝土排水管	Concrete Drainage Pipes	千米 km	1287
水泥混凝土压力管	Concrete Pressure Pipe	千米 km	526
水泥混凝土电杆	Cement Concrete Pole	根 root	54452
预应力混凝土桩	Prestressed Concrete Piles	米 meter	7501983
砖	Brick	万块 10000units	730307
瓦	Tile	万片 piece	265314
天然大理石建筑板材	Natural Marble Building Boards	平方米 sq.m	1372367
天然花岗石建筑板材	Natural Granite Building Boards	平方米 sq.m	12114188
沥青和改性沥青防水卷材	Asphalt and Modified Bitumen Membrane	平方米 sq.m	2450000
平板玻璃	Plate Glass	重量箱 weight case	4117833
钢化玻璃	Armoured Glass	平方米 sq.m	6410541
夹层玻璃	Laminated Glass	平方米 sq.m	107501
日用玻璃制品	Household Glass Products	吨 ton	481763
玻璃包装容器	Glass Containers	吨 ton	100395
耐火材料制品	Fire-resisting Materials	吨 ton	119195
石墨及炭素制品	Graphite and Carbon Products	吨 ton	244104
生铁	Pig Iron	吨 ton	9414349
粗钢	Crude Steel	吨 ton	9252288
钢材	Rolled Steel	吨 ton	10690079
2.大型型钢	Large steel	吨 ton	72613
3.中小型型钢	Medium,Small Steel	吨 ton	26770
4.棒材	Bar	吨 ton	790538
5.钢筋	Steel Bar	吨 ton	3198726
6.线材（盘条)	Wire Rod	吨 ton	1191785
11.冷轧薄板	Cold-rolled Sheet	吨 ton	60186
12.中厚宽钢带	Medium Wide Steel Belt	吨 ton	1311583
13.热轧薄宽钢带	Hot-rolled Thin Wide Steel Belt	吨 ton	1336090
14.冷轧薄宽钢带	Cold-roll Thin Wide Steel Belt	吨 ton	368
15.热轧窄钢带	Hot-rolled Narrow Steel Belt	吨 ton	1480019

12－4 续表 4 continued

项 目	Item	单位 unit	2011
16.冷轧窄钢带	Cold-rolled Narrow Steel Belt	吨 ton	110258
20.无缝钢管	Seamless Steel Pipe	吨 ton	612006
21.焊接钢管	Welded Steel Pipe	吨 ton	438160
22.其它钢材	Other Steel	吨 ton	60977
用外购国产钢材再加工生产的钢材	Domestically Produced Steel Used for Further Processing Production Steel	吨 ton	312589
铁合金	Ferroalloy	吨 ton	579093
其中：硅铁(折合含硅75%)	Ferrosilicon	吨 ton	16217
锰硅合金	Silicon Manganese Alloy	吨 ton	248739
十种有色金属	Ten Kind of Ferrous Metals	吨 ton	17444
镍	Nickel	吨 ton	13839
镁	Magnesium	吨 ton	3605
黄金	Gold	千克 kg	9642
单晶硅	Monocrystalline Silicon	千克 kg	8670
多晶硅	Polycrystalline Silicon	千克 kg	194956
铝合金	Aluminium Alloy	吨 ton	47804
铜材	Copper	吨 ton	879
铝材	Aluminum	吨 ton	56427
金属切削工具	Metal Cutting Tools	万件 10000pieces	610
钢绞线	Steel Strand	吨 ton	30814
工业锅炉	Industrial Boiler	蒸发量吨 ton	12872
发动机	Engine	千瓦 kw	68205520
其中：汽车用发动机	Automotive Engine	千瓦 kw	68205520
金属切削机床	Metal Cutting Machine	台 unit	1608
其中:数控金属切削机床	Metal Cutting Machine Tool and Numerical Control	台 unit	57
电焊机	Welder	台 unit	15953
起重机	Crane	吨 ton	67590
输送机械(输送机和提升机)	Transportation Machinery	吨 ton	8738
泵	Pump	台 unit	19944
其中:真空泵	Vacuum Pump	台 unit	18649
气体压缩机	Gas Compressor	台 unit	10341
其中:制冷设备用压缩机	Compressors for Refrigerating Equipment	台 unit	596
阀门	Valve	吨 ton	44
滚动轴承	Antifriction Bearing	万套 10000sets	5896
齿轮	Gear	吨 ton	1558
风机	Fan	台 unit	22421
包装专用设备	Special Equipment Package	台 unit	5048
衡器（秤）	Scale	台 unit	2078
减速机	Reducer	台 unit	843
铸铁件	Iron Casting	吨 ton	229177
铸钢件	Steel Castings	吨 ton	158538
锻件	Forgings	吨 ton	15219
矿山专用设备	Mine Equipment	吨 ton	37668
金属冶炼设备	Metal Smelting Equipment	吨 ton	22318
炼油、化工生产专用设备	Refining and Chemical Production Equipment	吨 ton	18373
模具	Mold	套 set	277478
饲料生产专用设备	Special Equipment for Feed Production	台 unit	639
大型拖拉机	Large Tractor	台 unit	965
中型拖拉机	Medium-sized Tractors	台 unit	1082
小型拖拉机	Small Tractors	台 unit	8969

12－4 续表 5 continued

项 目	Item	单位 unit	2011
收获机械	Harvesting Manchinery	台 unit	15652
其中:谷物收获机械	Grain Harvesting Manchinery	台 unit	4037
玉米收获机械	Maize Harvester	台 unit	7044
棉花加工机械	Cotton Processing Manchinery	台 unit	4961
环境污染防治专用设备	Pollution Prevention Special Equipment	台（套）set	20152
其中:大气污染防治设备	Air Pollution Control Equipment	台 unit	16263
水质污染防治设备	Water Pollution Control Equipment	台（套）set	2398
铁路客车	Railway Passenger Coaches	辆 set	2253
汽车	Motor Vehicle	辆 set	1632007
其中：基本型乘用车(轿车)	Car	辆 set	1197263
1升<排量≤1.6升	1 Litre < Displacement ≤ 1.6 Litres	辆 set	726283
1.6升<排量≤2.0升	1.6Litres < Displacement ≤ 2.0 Litres	辆 set	407820
2.0升<排量≤2.5升	2.0 Litres< Displacement ≤ 2.5 Litres	辆 set	46522
2.5升<排量≤3.0升	2.5 Litres< Displacement ≤ 3.0 Litres	辆 set	16638
多功能乘用车(MPV)	Multi-Purpose Vehicle	辆 set	46443
运动型多用途乘用车(SUV)	Sports Utility Vehicle	辆 set	62314
客车	Bus	辆 set	65821
(1)大型客车(车长>10米)	Large Bus	辆 set	2689
(2)中型客车(7米<车长≤10米)	Medium Bus	辆 set	1227
(3)轻型客车(车长≤7米)	Light Bus	辆 set	61905
载货汽车	Lorry	辆 set	260099
改装汽车	Modified Car	辆 set	30517
发电机组(发电设备)	Generating Set	千瓦 kw	347866
风力发电机组	Wind Generating Set	千瓦 kw	347866
交流电动机	Alternating Current Motor	千瓦 kw	112352
变压器	Transformer	千伏安 kva	8394718
其中：电力变压器(额定容量≥8000kVA，电压≥500kV)	Power Transformer	千伏安 kva	1099400
高压开关板	High-voltage Switch Board	面 cover	1985
低压开关板	Low-voltage Switch Board	面 cover	134334
高压开关设备（11万伏以上）	High-voltage Switchgear	台 unit	940
通信及电子网络用电缆	Communications and Electronic Networks Used Cable	对千米 km	27195
电力电缆	Power Cable	千米 km	302289
绝缘制品	Insulation Products	吨 ton	10964
铅酸蓄电池	Lead-acid Batteries	千伏安时 kva	98479
锂离子电池	Lithium Ion Battery	只(自然只) pieces	7095219
太阳能电池	Solar Cell	千瓦 kw	9774
家用燃气热水器	Residential Gas Water Heater	台 unit	24297
灯具及照明装置	Lamps and Lighting Fittings	套(台、个) set	492337
移动通信手持机（手机）	Mobile Telephones	台 unit	1460873
半导体分立器件	Semiconductor Discrete Devices	万只 10000 pieces	197398
电子元件	Electronic Component	万只 10000 pieces	1560
彩色电视机	Color TV	台 unit	132209
其中：显像管彩色(CRT)电视机	Color Picture Tube (CRT) TV	台 unit	132209
工业自动调节仪表与控制系统	Industrial Instrumentation and Control Systems Automatically Adjust	台（套）set	4305
电工仪器仪表	Electric Instruments	台 unit	1466546
分析仪器及装置	Analytical Instruments and Devices	台（套）set	965
试验机	Testing Machine	台 unit	438
汽车仪器仪表	Automotive Instrumentation	台 unit	1158068
发电量	Power Capacity	万千瓦小时 10000kwh	7019336
其中：火力发电量	Thermal Power Capacity	万千瓦小时 10000kwh	5839556
水力发电量	Hydraulic Power Capacity	万千瓦小时 10000kwh	629160
风力发电量	Wind Power Capacity	万千瓦小时 10000kwh	339665
煤气生产量	Gas Production	万立方米 10000cu.m	1021305
自来水生产量	Water Production	万立方米 10000cu.m	63867

12－5 各地区主要工业产品产量（2011）
Output of Major Industrial Products by Region（2011）

地区 Region		纱（吨）Yarn (1000tons)	布（万米）Cloth (10000m)	服装（万件）Garments (10000 pieces)	机制纸及纸板（吨）Machinemade Paper and Paperboard (ton)	化学纤维（吨）Chemical Fibers (ton)	原煤（万吨）Coal (10000tons)	天然原油（万吨）Crude Oil (10000tons)
长 春	Changchun	4800		679	344		328	
吉 林	Jilin	36840		546	237410	260679	677	
四 平	Siping	6700	631	420	242314	26068	22	110
辽 源	Liaoyuan	3297	1180		32526	8765	1457	
通 化	Tonghua	2175	524		54614		579	
白 山	Baishan	3701	573	76	234663		1686	
松 原	Songyuan							575
白 城	Baicheng	7272	2217	850	60398		10	43
延 边	Yanbian	5935		19012	18188		1030	11

地区 Region		发电量（亿千瓦小时）Electricity (100 million kw.h)	汽油（万吨）Gasoline (10000 tons)	柴油（万吨）Diesel Oil (10000tons)	焦炭（万吨）Coke (10000 tons)	合成氨（万吨）Synthetic Ammonia (10000tons)	农用化肥（吨）Chemical Fertilizer (ton)	粗钢（万吨）Crude Steel (10000tons)	钢材（万吨）Steel (10000tons)
长 春	Changchun	222	20	19	45				12
吉 林	Jilin	142	159	380	77	28		233	264
四 平	Siping	85					33800	153	160
辽 源	Liaoyuan	42					45556	20	103
通 化	Tonghua	40			161	9	52466	513	498
白 山	Baishan	52			177				
松 原	Songyuan	25	9	9		18	144886		
白 城	Baicheng	80			13				2
延 边	Yanbian	60	6	4				6	31

第十三篇

CHAPTER 13

交通运输和邮电通信业

TRANSPORTATION, POSTAL AND TELECOMMUNICATIONS SERVICES

13－1 历年交通运输基本情况
Basic Conditions of Transportation

年份 Year	铁路里程（公里）Length of Railways (km)	公路里程（公里）Length of Highways (km)	客运量（万人）Passenger Traffic (10000 persons)	#铁路 Railways	#公路 Highways	#水运 Waterways	货运量（万吨）Freight Traffic (10000 tons)	#铁路 Railways	#公路 Highways	#水运 Waterways
1949	2364	3567	601	567	34	0.1	627	616	5	7
1950	2420	4114	955	901	54	0.1	1045	862	153	31
1951	2420	5580	930	843	87	0.1	1482	990	478	15
1952	2419	5505	1141	1000	142	0.1	2138	1138	992	8
1953	2418	6106	1613	1404	209	0.1	3353	1671	1676	5
1954	2418	6746	1675	1385	289	2	3965	1835	2123	8
1955	2418	7437	1461	1150	309	2	3150	1494	1647	9
1956	2418	9574	2273	1894	376	3	3572	1856	1703	13
1957	2435	10248	2633	2178	451	4	3663	1889	1763	11
1958	2446	11129	3059	2382	673	4	5079	2340	2728	11
1959	2469	11291	3615	3016	594	4	7431	3122	4284	26
1960	2471	12473	4335	3750	567	18	8075	3695	4333	47
1961	2471	12539	5257	4758	493	5	4854	2639	2194	22
1962	2471	12606	5302	4699	595	9	3893	2098	1778	17
1963	2885	12954	4242	3548	688	5	3988	2194	1781	13
1964	2912	13184	4149	3281	864	4	4649	2395	2244	10
1965	2967	14256	4097	3057	1037	3	5098	2716	2373	9
1966	3384	15158	4615	3224	1376	15	5494	3025	2452	17
1967	3408	15785	4949	3479	1454	16	4672	2331	2325	16
1968	3399	16059	5412	4027	1367	18	4372	2191	2164	16
1969	3308	16861	6058	4277	1762	19	5366	2720	2629	17
1970	3389	17932	6269	4349	1892	27	6091	3255	2817	20
1971	3399	18063	7084	4774	2279	30	6909	3657	3232	20
1972	3463	18112	7926	5282	2625	19	7647	3813	3813	20
1973	3463	18493	8344	5531	2793	20	8042	3997	4021	25
1974	3492	18966	8946	5828	3115	3	8256	4068	4174	14
1975	3492	19539	9859	6436	3418	4	8869	4331	4520	18
1976	3575	20343	10301	6766	3532	3	8728	4450	4264	14
1977	3646	23406	11497	7734	3758	3	9914	4616	5284	15
1978	3720	23836	11876	7790	4080	3	10666	5048	5602	16
1979	3720	23545	12476	8080	4390	4	11480	6235	5228	17
1980	3719	23545	13205	8380	4819	5	9249	5169	4071	9
1981	3721	24026	14216	8959	5250	5	9023	5191	3821	11
1982	3730	24047	15539	9583	5948	7	9913	5436	4464	13
1983	3730	24115	16530	9917	6605	7	10167	5645	4511	11
1984	3781	24271	17869	10203	7657	7	10812	5459	5339	14
1985	3489	24271	17181	9432	7744	4	11680	5762	5902	16
1986	3482	24625	19299	9145	10142	5	18047	5662	12369	16
1987	3482	24688	21783	9399	12369	6	21172	5842	15311	19
1988	3488	24966	26641	10139	16483	7	22218	6213	15980	25
1989	3488	25326	21403	9421	11956	14	20589	6493	14076	20
1990	3472	26468	18731	7810	10889	17	23148	6122	17005	21
1991	3473	27110	19259	7408	11810	20	23591	6317	17253	21
1992	3473	27192	20135	7630	12458	22	24055	6516	17519	20
1993	3473	28374	18667	7973	10656	13	23497	6844	16629	24
1994	3487	29581	20716	8305	12310	64	26285	6531	19333	421
1995	3480	31321	21367	7894	13371	48	26655	6123	20477	55
1996	3479	32098	20620	6781	13728	52	27604	6154	21394	56
1997	3479	33075	21124	6200	14821	47	27582	6483	21020	79
1998	3474	33812	22376	5849	16431	46	28039	5751	22221	67
1999	3549	34516	23366	5897	17352	60	32435	6058	22261	58
2000	3568	35216	24084	5785	18170	62	33323	5766	23640	46
2001	3568	39747	24492	5346	19001	70	33059	5671	23649	60
2002	3564	41095	25027	4962	19904	78	34291	5781	24777	79
2003	3562	44008	24513	4232	20112	87	34804	6044	25211	72
2004	3555	47255	27192	4687	22293	108	36683	6552	26659	75
2005	3641	50308	27724	4618	22870	113	37529	6634	27441	87
2006	3475	84444	29050	4590	24198	115	38829	6107	28965	89
2007	3635	85445	31651	4855	26506	116	41560	6199	31573	84
2008	3749	87099	56225	5320	50511	198	34373	7118	23558	125
2009	3913	88430	58823	5687	52723	170	38960	7478	27032	261
2010	4037	90437	64783	5770	58577	140	44977	7674	33013	226
2011	4000	91754	68494	6138	61830	215	51905	7877	39308	270

13－2 历年旅客周转量和货物周转量

Passenger－kilometers and Freight Ton－kilometers

年份 Year	旅客周转量（百万人公里）Passenger－Kilometers (million passenger-km)	#铁路 Railways	#公路 Highways	#水运 Waterways	货物周转量（百万吨公里）Freight Ton－Kilometers (million ton-km)	#铁路 Railways	#公路 Highways	#水运 Waterways
1949			17.61	0.07			1.99	10.17
1950			27.49	0.07			13.45	34.20
1951			42.34	0.12			33.03	20.63
1952	235	166	69.04	0.06	434	356	69.50	8.38
1953			94.25	0.06			116.92	5.86
1954			109.00	0.98			124.90	11.50
1955			112.70	1.04			98.83	10.41
1956			131.44	1.43			110.23	17.03
1957	533	390	140.64	2.16	771	642	112.13	16.64
1958			169.08	2.05			179.05	8.56
1959			203.85	2.48			344.48	17.97
1960			202.39	5.43			362.49	29.46
1961			176.19	4.36			193.75	18.58
1962	1550	1318	226.50	5.14	2654	2466	168.68	19.26
1963			245.19	2.76			136.96	13.43
1964			275.37	2.34			157.04	11.65
1965	2612	2287	323.68	1.57	3428	3241	175.59	11.19
1966			408.65	2.15			204.83	20.12
1967			424.99	2.39			196.43	15.08
1968			437.13	2.48			204.33	13.89
1969			551.67	3.24			274.35	15.93
1970	4592	3985	603.93	3.13	11119	10811	290.92	17.55
1971			695.41	3.47			334.56	24.13
1972			802.07	3.72			388.95	30.82
1973			867.81	3.84			443.60	31.27
1974			974.39	2.09			462.18	28.81
1975	6346	5265	1078.10	2.19	17108	16531	541.30	35.98
1976			1103.75	1.40			532.63	36.10
1977			1197.65	1.90			644.51	49.88
1978	7802	6514	1286.05	1.77	25782	25042	686.93	53.36
1979	8181	6812	1366.49	2.43			655.33	54.30
1980	8429	6946	1479.61	3.12	24558	23967	562.16	28.98
1981	9169	7555	1610.53	3.28	24663	24009	612.67	41.61
1982	9947	8085	1859.27	3.19	28038	27212	778.44	48.10
1983	10931	8857	2070.72	3.14	31576	30747	790.08	39.08
1984	12392	9817	2571.86	2.99	31882	30726	1095.33	60.46
1985	13464	10671	2790.82	2.28	34316	33077	1160.29	78.89
1986	15113	11209	3901.27	2.55	38130	33556	4491.42	82.58
1987	16753	12259	4491.42	2.68	42257	35992	6162.00	103.01
1988	18773	13976	4794.45	2.90	43373	36865	6369.83	137.89
1989	17649	12968	4674.81	5.94	46623	39838	6657.56	127.22
1990	14788	10430	4350.39	7.49	43471	37858	5479.90	132.74
1991	15511	10625	4877.85	8.32	45028	38760	6148.22	119.96
1992	17221	11721	5491.90	8.56	46776	40599	6086.88	90.05
1993	17171	12812	4352.44	6.85	47980	41146	6731.47	102.76
1994	17809	13059	4733.48	16.29	49564	41350	8002.55	211.80
1995	17711	12552	5148.28	10.52	49731	42023	7600.25	107.26
1996	16821	11398	5411.21	11.44	50188	42230	7850.21	107.66
1997	17609	11717	5881.67	10.28	52070	44132	7827.38	110.64
1998	18409	11616	6785.78	7.25	59094	38543	7872.19	69.12
1999	19683	12347	7329.05	7.09	61781	40971	8127.69	70.68
2000	20667	12952	7679.26	5.89	61204	40621	8564.35	26.57
2001	21223	13263	7951.00	9.12	61394	41372	8601.00	35.81
2002	23232	13274	8416.54	7.00	61552	40916	9293.52	30.00
2003	21649	11505	8841.82	8.11	62017	42255	9056.59	21.29
2004	25615	14680	9002.10	11.79	69917	49986	9592.91	13.00
2005	26602	15185	9279.00	9.00	70825	50668	9875.00	43.00
2006	28063	16262	10024.00	9.06	72212	50464	10625.33	48.94
2007	32247	18184	11249.00	13.52	76403	52988	12400.11	57.07
2008	43232	19120	21290.00	43.00	126425	59227	56360.00	123.00
2009	45600	19771	22858.47	26.59	128300	56969	59621.16	141.86
2010	51131	20593	26958.00	20.06	139194	59590	68314.00	126.94
2011	55188	22894	28653.00	28.18	158169	63525	81600.00	120.75

13－3 交通运输里程
Length of Transportation Routes

单位：公里　　　　unit：km

项　　目	Item	2010	2011
一、铁路	Railways		
正线延展里程	Extention Length of the Track Lines	4503	4886
营业里程	Length of Railways in Operation	4037	4000
二、公路通车里程	Length of Highways	90437	91754
等级路	Expressway and Class I to IV Highways	81006	83790
高速公路	Express way	1850	2252
一级	First Class	1856	1880
二级	Second Class	9087	8756
三级	Third Class	10462	10627
四级	Fourth Class	57752	60274
等外路	Highways Below Class IV	9432	7964
三、内河通航里程	Length of Navigable Inland Waterways	1621	1621
四、民航	Civil Aviation	270000	277500

13－4 客运量及旅客周转量
Passenger Traffic and Passenger－kilometers

项　　目	Item	客运量（万人）Passenger Traffic (10000 persons)		旅客周转量（万人公里）Passenger－kilometers (10000 passenger－km)	
		2010	2011	2010	2011
全社会总计	**Total**	**64783**	**68494**	**5113130**	**5518805**
铁　路	Railways	5770	6138	2059300	2289400
公　路	Highways	58577	61830	2695800	2865325
水　运	Waterways	140	215	2006	2818
民　航	Civil Aviation	296	311	356024	361287

13－5 货运量及货物周转量

Freight Traffic and Freight Ton－kilometers

项 目	Item	货运量（万吨）Freight Traffic (10000 tons)		货物周转量（万吨公里）Freight Ton－kilometeters (10000 ton-km)	
		2010	2011	2010	2011
全社会总计	**Total**	**44977**	**51905**	**13919400**	**15816900**
铁路	Railways	7674	7877	5959000	6352500
# 地方铁路	Local Railways	327	372	18973	20484
公路	Highways	33013	39308	6831400	8160000
民航	Civil Aviation	2	2	4949	4769
管道	Pipelines	4061	4819	1111270	1307975
水运	Waterways	226	270	12694	12075

13－6 旅客运输平均运距

Average Transport Distance of Passengers

单位：公里 unit：km

项 目	Item	2010	2011
全社会总计	**Total**	**78.66**	**80.57**
铁路	Railways	356.87	372.98
公路	Highways	46.02	46.34
水运	Waterways	14.33	13.1

13－7 货物运输平均运距

Average Transport Distance of Freight

单位：公里 unit：km

项 目	Item	2010	2011
全社会总计	**Total**	**309.32**	**304.72**
铁路	Railways	776.52	806.46
公路	Highways	206.93	207.59
水运	Waterways	56.17	44.72

13－8 各地区公路客货运输量（2011）
Passenger and Freight Traffic by Region（2011）

地　区	Region	客运量（万人） Passenger Traffic (10000 Persons)	旅客周转量（万人公里） Passenger－kilometers (10000 passenger－km)	货运量（万吨） Freight Traffic (10000 tons)	货物周转量（万吨公里） Freight ton－kilometeters (10000 ton－km)
全　省	**Total**	**61830**	**2865325**	**39308**	**8159973**
长春	Changchun	10749	476318	12500	2546520
吉林	Jilin	10605	461050	6792	1636726
四平	Siping	4730	217750	5440	1350400
辽源	Liaoyuan	1535	85587	1298	236807
通化	Tonghua	7898	371575	2102	404598
白山	Baishan	4845	314954	1666	358298
松原	Songyuan	8201	368930	4592	958691
白城	Baicheng	2048	96767	1357	180099
延边	Yanbian	10785	452846	3549	484762
长白山管委会	Changbai Mountain Management Committee	434	19548	12	3072

13－9 民用汽车拥有量
Possession of Civil Vehicles

单位：辆　　　　unit：coach

项　　目	Item	2010	2011
民用汽车合计	**Total**	**1731931**	**2011044**
载客汽车	Passenger Vehicles	1187778	1445402
# 大型	Large	29494	32684
小轿车	Minicar	753984	911110
载货汽车	Trucks	328541	369843
# 普通载货汽车	Ordinary Truck	200702	215398
其他汽车	Others	215612	195799
在合计中	**In Total**		
私人汽车	**Private Vehicles**	**1344251**	**1592421**
载客汽车	Passenger Vehicles	942000	1173855
# 大型	Large	4786	5201
小轿车	Minicar	633329	778519
载货汽车	Trucks	199821	235708
# 普通载货汽车	Ordinary Truck	130844	148692
其他专用汽车	Other Special Purpose Vehicles	202430	182858

注：全省民用汽车拥有量中不包括三轮汽车和低速货车。
Note：It was not include tricar and low－speed trucks in Civil Motor Vehicles Owned.

13－10 民用车辆拥有量（2011）

Possession of Civil Vehicles（2011）

单位：辆　　　　unit：coach

指　　标	Item	总计 Total	#个人 Individual	#营运 Working	#非营运 Non－Working
合 计	**Total**	**4873865**	**3425510**	**551000**	**3334454**
汽 车	**Vehicles**	**2011044**	**1592421**	**488552**	**1522492**
载客汽车	Passenger Vehicles	1445402	1173855	103616	1341786
大　型	Large	32684	5201	21471	11213
中　型	Medium	26065	11144	7243	18822
小　型	Small	1305717	1084220	72224	1233493
微　型	Mini car	80936	73290	2678	78258
#轿　车	# Car	911110	778519	69629	841481
载货汽车	Trucks	369843	235708	270731	99112
重　型	Heavy	112209	54865	102487	9722
中　型	Medium	53123	35101	44617	8506
轻　型	Light	201719	143510	122270	79449
微　型	Mini	2792	2232	1357	1435
#普通载货	# Ordinary	215398	148692	139109	76289
其它汽车	Others	195799	182858	114205	81594
摩托车	**Motorcycles**	**1841505**	**1823386**	**31348**	**1810157**
普　通	Ordinary	1810796	1792799	31328	1779468
轻　便	Light	30709	30587	20	30689
挂车	**Trailers**	**31845**	**9281**	**30775**	**1070**

13－11 公路按货物种类分的货运量和货物周转量（2011）

Highway Freight Traffic and Freight－kilometers by Category of Cargo（2011）

货　　类	Category	货运量（万吨）Freight Traffic (10000tons)	货物周转量（万吨公里）Freight Ton－kilometers (10000 ton－km)	平均运距（公里）Average Transport Distance(km)
总 计	**Coal**	**39308**	**8159973**	**207.59**
煤炭及制品	Coal and Products	6858	1320092	192.48
石油、天然气及制品	Petroleum, Natural Gas and Products	1769	324777	183.59
金属矿石	Metal Ores	1323	254526	192.38
钢　铁	Steel and Iron	1960	480378	245.09
矿建材料	Mineral Building Materials	4513	633104	140.28
水　泥	Cement	3286	539152	164.07
木　材	Timber	2193	522449	238.23
非金属矿石	Nonmetal Ores	260	38702	148.85
化肥和农药	Chemical Fertilizers and Pesticides	973	195252	200.67
盐	Salt	512	100389	196.07
粮食	Grain	5403	995877	184.31
机械、设备、电器	Machinery, Equipment and Household Appliances	2121	802447	378.33
化工原料及制品	Raw Chemical Material and products	928	337343	363.51
有色金属	Non－ferrons Metal Ores	257	53815	209.39
轻工、医药产品	Light Industry, Medical and Pharmaceutical Products	1441	355792	246.90
农林牧渔业产品	Agriculture, Forestry, Animal Husbandry and Fishery Products	1889	531562	281.39
其他	Others	3622	674316	186.17

13－12　民用其他车辆拥有量
Possession of Other Civil Vehicles

单位：辆　　unit：coach

项　　目	Item	2010	2011
民用其他车辆	**Other Civil Motor Vehicles**		
摩托车	Motorcycles	1793607	1841505
其中：普通	General	1757397	1810796
其他机动车	Other Vehicles	830	1009
载货挂车	Trailers	27102	31845
在民用其他车辆中私人其他车辆	**Private－owned**		
摩托车	Motorcycles	1772252	1823386
其中：普通	General	1736405	1792799
载货挂车	Trailers	7404	9281

13－13　各地区民用汽车拥有量（2011）
Passession of Civil Vehicles by Region（2011）

单位：辆　　unit：coach

地　　区	Region	民用汽车 Civil Vehicles	#私人 Private	载客汽车 Passenger Vehicles	#私人 Private	载货汽车 Trucks	#私人 Private
长　春	Changchun	772653	600541	591282	482758	123612	63915
吉　林	Jilin	313610	253905	236421	199740	52701	31501
四　平	Siping	180270	152378	123932	106649	39804	29904
辽　源	Liaoyuan	65857	52093	40191	31680	15150	10369
通　化	Tonghua	121092	95202	83910	67523	22244	13836
白　山	Baishan	70864	52505	47160	34765	14759	9521
松　原	Songyuan	206261	177456	112786	94889	50836	41787
白　城	Baicheng	112215	92695	82631	67884	17624	13478
延　边	Yanbian	146169	112999	106232	86068	32095	20758

13－14 历年邮电通信业务情况

Postal and Telecommunication Services over the Years

年份 Year	邮电业务总量（万元） Business Volume of Post and Telecommunications (10 000 yuan)	邮政业务总量 Business Volume of Post	电信业务总量 Business Volume of Telecommunications	函件（万件） Number of Letters (10 000 pcs)	本地电话用户（万户） Subscribers of Local Telephone (10 000 subscribers)	移动电话用户（万户） Subscribers of Mobile Telephone (10 000 subscribers)	本地电话局用交换机容量（门） Capacity of Local Telephone Exchanges (line)	长途光缆线路长度（公里） Length of Optical Cable Lines (km)	电话普及率（含移动）（部/百人） Popularization Rate of Telephone (sets/100 persons)
1949	475			1648	1.0				0.1
1950	558			1986	1.0				0.1
1951	712			2097	1.0				0.1
1952	770			2210	1.1				0.1
1953	913			3010	1.2				0.1
1954	966			3499	1.4				0.1
1955	1034			3899	1.4				0.1
1956	1089			4316	1.7				0.1
1957	1090			4836	1.7				0.1
1958	1361			5191	1.9				0.1
1959	1817			5756	2.1				0.2
1960	2376			7023	2.4				0.2
1961	2251			6790	2.5				0.2
1962	1965			5644	2.6				0.2
1963	1892			4760	2.8				0.2
1964	1991			4610	2.9				0.2
1965	2016			4735	3.0				0.2
1966	2306			4365	3.1				0.2
1967	2017			3997	3.2				0.2
1968	1909			4148	3.1				0.2
1969	2130			5101	3.1				0.2
1970	2501			5717	3.2				0.2
1971	2098			6031	3.1				0.2
1972	2275			6303	3.3				0.2
1973	2465			6443	3.5				0.2
1974	2620			6949	3.7				0.2
1975	3466			7265	3.8				0.2
1976	3490			7351	4.0				0.2
1977	3685			7597	4.2				0.2
1978	3853			7478	4.4				0.2
1979	3999			8167	4.8				0.2
1980	4055			8333	5.0				0.2
1981	6057			8309	5.4				0.2
1982	6293			8237	5.9				0.3
1983	6779			8646	6.4				0.3
1984	7517			9953	7.2				0.3
1985	8886			12114	8.1		185556		0.4
1986	9503			13278	9.3		200493		0.4
1987	10540			13933	10.7		233586		0.5
1988	13539			16269	13.3		266321		0.6
1989	17046			16545	16.8		335172		0.7
1990	41556			15805	20.3		391408		0.8
1991	51394			13151	25.0		465565		1.0
1992	70063			12369	33.0		564261		1.3
1993	106797			13831	49.9		896393		2.0
1994	155114			15416	75.9		1791260		3.0
1995	212153			15333	107.8		2501105		4.2
1996	290041			14045	137.6		3189912	3793	5.3
1997	375102			11518	164.5		3551886	4493	6.3
1998	538459			10405	192.6		3656308	4702	7.4
1999	839500	85500	754000	9838	223.0	110.0	4060000	5086	12.7
2000	1163500	91500	1072000	9500	260.0	203.3	5560000	5461	17.6
2001	929500	91900	837600	10900	294.0	339.0	5650000	12785	24.0
2002	1122300	100300	1022000	16086	325.0	463.0	7760000	13289	29.7
2003	1582900	112900	1470000	17200	421.3	633.0	8410000	16044	39.7
2004	2113800	112800	2001000	7154	473.3	763.0	9950000	18668	46.4
2005	2858100	133100	2725000	6300	769.0	916.0	10370000	19197	62.0
2006	3382300	155600	3226700	6200	734.0	1138.0	11320000	20000	69.0
2007	4131800	165800	3966000	6600	746.0	1311.0	7060000	19834	74.9
2008	4558500	176500	4382000	7000	622.0	1441.2	5710000	16000	75.5
2009	5326000	205600	5120000	8088	581.3	1574.2	8600000	20161	78.9
2010	6527000	238000	6289000	9319	595.2	1805.4	8370000	21801	87.6
2011	2353000	151000	2202000	6587	579.3	2004.1	7970000	21843	94.1

13－15 邮电业务总量
Business Volume of Postal and Telecommunication Services

项　　目	Item	单位 unit	2010	2011
邮电业务总量	**Business Volume of Postal and Telecommunication Services**	**亿元 100 million yuan**	**652.7**	**235.3**
邮政	Postal	亿元 100 million yuan	23.8	15.1
电信	Telecommunication Services	亿元 100 million yuan	629	220
函件	Letters	亿件 100 million pcs	0.93	0.66
包件	Package	万件 10000pcs	116	124
订销报纸期发数	Issue of Newspapers	万份 10000pcs	119	114
订销杂志期发数	Issue of Magazines	万份 10000pcs	67	74
特快专递	Express Mail Services	万件 10000pcs	849	986
邮政储蓄平均余额	Postal Deposits Balance	亿元 100 million yuan	576	521
集邮业务	Stamps for Collection	万枚 10000pcs	874	4639
本地电话用户	Local Telephone Subscribers	万户 10000sub	595	579
# 住宅电话用户	Household Fixed Telephone Subscribes	万户 10000sub	451	429
移动电话用户	Mobile Telephone Subscribers	万户 10000sub	1805.4	2004.1

13－16 邮电通信网及主要设备
Postal and Telecommunication Network and Major Equipment

项　　目	Item	单位 unit	2010	2011
邮政局、所	Postal and Postal Offices	处 unit	957	964
# 农村	#Rural	处 unit	699	700
邮路长度	Length of Postal Routes	公里 km	99424	98181
# 铁路邮路	#Railway Routes	公里 km	6169	10306
航空邮路	Aviation Routes	公里 km	67282	59377
汽车邮路	Highway Routes	公里 km	25004	28471
固定长途业务电路	Long Distance of Local Telephone Circuit	2M	11561	12587
移动长途业务电路	Long Distance of Mobile Telephone Circuit	2M	127747	131570
长途光缆线路长度	Length of Long Distance Optical Cable Lines	公里 km	21801	21843
本地网中继光缆线路长度	Local Network Length of Optical Cable Lines	公里km	112572	134009
局用交换机容量	Capacity of Office Telephone Exchanges	万门 10000lines	837	797
火车邮箱	Railway Postal Boxes	辆 coach	13	14
邮政汽车	Postal Vehicles	辆 coach	1299	1337

第十四篇

CHAPTER 14

建筑业

CONSTRUCTION

14－1　1978—2011年建筑业企业主要指标
1978—2011 Main Indicators on Construction Enterprises

年 份 Year	建筑业企业增加值（亿元） Total Value-added of Construction Enterprises (100 million yuan)	资产合计（亿元） Total Assets (100 million yuan)	利润总额（亿元） Total Profits (100 million yuan)	税金总额（亿元） Total Tax (100 million yuan)	按总产值计算劳动生产率（元/人） Overall Labor Productivity by Gross Output Value (yuan/person)	房屋建筑面积（万平方米） Floor Space of Building Construction (10 000 sq.m)	
						施工面积 Under Construction	竣工面积 Completed
1978						388	194
1979						560	280
1980			0.34			673	329
1981			0.76			643	312
1982			0.54			726	342
1983			0.8			872	479
1984			0.64			886	503
1985			0.69			970	508
1986			0.83			989	493
1987			1.04			1007	538
1988			1.65			1135	629
1989			1.31			1041	584
1990			0.78			913	546
1991			1.3			1121	645
1992			1.85			1446	866
1993	27.85	96.15	2.53	3.52	23739	1685	995
1994	35.37	117.35	1.49	3.6	23759	1526	916
1995	39.05	150.59	0.62	3.88	29820	1311	755
1996	46.27	169.31	-0.73	4.25	35488	1345	803
1997	44.31	184.94	1.15	4.37	38556	1290	826
1998	41.00	187.96	-1.65	4.69	42695	1290	814
1999	47.77	201.87	0.07	5.34	47832	1447	929
2000	64.83	252.92	1.73	7.09	61177	2209	1440
2001	65.15	323.16	3.69	9.97	70159	2474	1716
2002	75.18	383.14	2.44	11.29	69734	2476	1597
2003	62.33	405.14	2.35	14.63	76978	2532	1629
2004	76.25	461.69	4.24	13.52	96414	2823	1750
2005	91.97	490.03	2.47	18.67	109612	3166	1745
2006	106.77	525.68	7.52	21.66	128476	3638	1933
2007	304.00	519.78	10.27	22.56	128949	4586	2543
2008	377.65	663.52	41.25	37.16	140431	5436	3378
2009	487.32	652.23	38.56	39.34	158801	5369	3956
2010	583.87	895.92	46.18	45.86	170784	5901	4273
2011	693.53	1128.6	88.93	57.39	244299	7447	4195

注：1.自2002年起，建筑业增加值核算口径有所调整。
2.从2004年第一次全国经济普查开始，建筑业增加值按新核算方法核算。
Note:a) Since 2002, the statistical coverage of value added of construction have been adjusted.accordingly.
b) New accounting methods were applied in 2004 during the First Economic Census in calculating the value-added of the construction industry.

14－2 建筑施工企业生产情况（2011）

项目	Item	按经济类型分 Grouped by Type of Economy 总计 Total	#国有及国有控股 State－owned and Share－holding	国有经济 State－owned
企业个数（个）	Number of Enterprises(unit)	1346	96	77
建筑业产值（万元）	Value of Construction Output (10000 yuan)	16266484	2572498	1372786
建筑工程	Construction Engineering	13667698	1949261	1065930
安装工程	Installation Engineering	2129820	550385	238940
其他产值	Other	468966	72852	67916
竣工产值（万元）	Output Value of Building Completed(10000 yuan)	9875588	1240869	644252
房屋建筑施工面积（万平方米）	Floor Space of Buildings under Construction(10000 sq.m)	7447	663	285
# 本年新开工	#New Starting This Year	5380	371	186
# 投标承包	Contract to Tender	5827	618	243
自有机械设备年末总台数（万台）	Total Number of Machinery and Equipment Owned(10000 set)(year－end)	7.5	2.0	1.0
自有机械设备净值（万元）	Net Value of Machinery and Equipment Owned(10000 yuan)	504431	82995	47725
计算劳动生产率平均人数（万人）	Average of Staff and Workers(10000 persons)	67	8	5

Basic Statistics on Production of Construction (2011)

		按行业类别分 Grouped by Sector				
集体经济 Collective – owned	其他经济 Others	房屋建筑业 Building Construction	土木工程建筑业 Civil Engineering	建筑安装业 Construction Installation	建筑装饰业 Construction Decoration	其他建筑业 Others
59	1210	564	266	301	162	53
521493	14372205	7836625	5967892	2032489	303587	125891
415789	12185979	7608366	4655778	1152646	222257	28651
99938	1790942	168432	1062158	770009	45444	83777
5766	395284	59827	249956	109834	35886	13463
312549	8918787	5496084	2848838	1165072	248764	116830
145	7017	6396	341	647	59	4
139	5055	4686	254	382	54	4
57	5527	5054	271	458	42	2
0.1	6.0	4.0	2.0	1.0	0.1	0.1
4211	452495	179366	282480	37381	2887	2317
3	59	42	15	7	1	1

14－3 建筑施工企业财务状况（2011）

单位:万元

项目	Item	按经济类型分 Grouped by Type of Economy		
		总计 Total	#国有及国有控股 State－owned and Share－holding	国有经济 State－owned
流动资产合计	Total Current Assets	8970711	1636003	84731
固定资产原价合计	Total Original of Fixed Assets	2218561	574222	467757
资产合计	Total Assets	11286012	2116070	1208077
流动负债合计	Total Current Liabilities	7223725	1462788	769381
负债合计	Total Liabilities	7687931	1519755	812584
所有者权益合计	Total Owners Equities	3598081	596316	395493
营业收入	Operating Revenue	15958810	2655497	1329414
营业成本	Operating Costs	14153146	2429432	1210965
营业税金及附加	Business Tax and Surcharge	573854	78832	40523
营业利润	Operating Profit	877593	34740	3423
管理费用	Management Expenses	422140	95069	63053
利润总额	Total Profits	889273	38443	4605
应交所得税	Income Tax Payable	133206	19302	7269
本年应付职工薪酬总额	Total Wages Payable This Year	1507892	226215	147833

Building Construction Company Financial Position（2011）

unit:10000 yuan

		按行业类别分 Grouped by Sector				
集体经济 Collective – owned	其他经济 Others	房屋建筑业 Building Construction	土木工程建筑业 Civil Engineering	建筑安装业 Construction Installation	建筑装饰业 Construction Decoration	其他建筑业 Others
121990	8763990	3635322	4121920	969415	163827	80227
37115	1713689	575518	1263264	261382	68864	49533
160801	9917134	4445158	5185441	1295991	239746	119676
96785	6357559	2817066	3457398	765739	117859	65663
112003	6763344	2984805	3677351	828858	129458	67459
48798	3153790	1460353	1508090	467131	110289	52218
479504	14149892	7744006	5818703	1948916	319157	128028
431157	12511024	6896649	5147129	1732259	274731	102378
18180	515151	300077	195009	55797	18486	4485
10306	863864	342746	434589	77398	13864	8996
15705	343382	167754	162562	68351	9482	13991
10517	874151	344987	441829	79104	13597	9756
2988	122949	81374	32059	16165	2046	1562
22800	1337259	852831	431840	167851	27885	27485

14－4　各地区建筑业企业（含劳务分包企业）主要指标（2011）
Main Indicators on Construction Enterprises by Region（2011）

单位：万元、人　　　　unit：10000 yuan/person

地　区	Region	企业个数 Number of Enterprises (个)(uint)	#有工作量的企业个数 Enterprises with Projects	建筑业总产值 Value of Construction Output	企　业总收入 Total Income	期末从业人员 Employed Persons (term－end)	工程技术人员 Engineers
总　计	**Total**	**1346**	**1077**	**16266484**	**16514014**	**343226**	**54947**
长　春	Changchun	383	320	7875484	7935487	135349	22631
吉　林	Jilin	215	207	2132652	2217024	61196	10720
四　平	Siping	131	69	664877	675996	18889	1673
辽　源	Liaoyuan	77	68	655593	655906	30338	2855
通　化	Tonghua	97	86	1489695	1544081	19365	2984
白　山	Baishan	85	76	487138	492455	14930	3680
松　原	Songyuan	134	105	2028748	2031107	35304	5733
白　城	Baicheng	48	35	231440	255499	11209	1339
延　边	Yanbian	176	111	700857	706459	16646	3332

14－5　各地区建筑业企业房屋建筑竣工面积及竣工价值情况（2011）
Floor Space Completed and the Cost of Building Construction by Region（2011）

地　区	Region	房屋建筑竣工面积（平方米） Floor Space of Buildings Completed(sq.m)	#住宅 Houses	房屋建筑竣工价值（万元） Value of Building Completed (10000 Yuan)	#住宅 Houses
总　计	**Total**	**41946001**	**31664894**	**5045950**	**3697474**
长　春	Changchun	12842070	8396063	1470832	851013
吉　林	Jilin	5840124	4558362	632626	480734
四　平	Siping	3303938	3146816	345772	327506
辽　源	Liaoyuan	2335898	1637822	238928	148478
通　化	Tonghua	4439427	3187045	473065	331144
白　山	Baishan	1324677	1233225	159073	151360
松　原	Songyuan	7304215	6253480	1223063	1073685
白　城	Baicheng	1022775	898875	100936	83696
延　边	Yanbian	3532877	2353206	401655	249857

第十五篇

CHAPTER 15

批发零售贸易和餐饮业

WHOLESALE, RETAIL TRADE AND CATERING SERVICES

15－1 历年社会消费品零售总额
Total Retail Sales of Consumer Goods

单位：万元　　　　unit：10000 yuan

年 份 Year	社会消费品零售总额 Total Retair Sales of Consumer Goods	按城乡分 Grouped by Urban and Rural		按行业分 Grouped by Sector		
		城 镇 Urban	乡 村 Rural	批发零售贸易业 Wholesale and Retail Trades	餐饮业 Catering Services	其他行业 Others
1978	385620	291514	94106	346032	15854	23734
1979	453079	316707	136372	388943	18937	45199
1980	528330	377198	151132	438715	24509	65106
1981	592590	430405	162185	481611	29934	81045
1982	670226	490219	180007	531540	38307	100379
1983	755406	555884	199522	589343	46380	119683
1984	914002	662759	251243	711368	52394	150240
1985	1119958	843468	276490	862671	65462	191825
1986	1278126	979384	298742	972965	71948	233213
1987	1454974	1131042	323932	1086680	81881	286413
1988	1808111	1441649	366462	1344761	104819	358531
1989	1982953	1592980	389973	1479969	112779	390205
1990	1989470	1607039	382431	1478528	108295	402647
1991	2236919	1840771	396148	1666612	117840	452467
1992	2614745	2199504	415241	1924394	143653	546698
1993	3343703	2863910	479793	2424135	205796	713772
1994	4075974	3489145	586829	2835541	311446	928987
1995	4948232	4291301	656931	3352296	393027	1202909
1996	5710259	4851313	858946	3702892	588976	1418391
1997	6363939	5443801	920138	4051446	583022	1729471
1998	6990899	6070339	920560	4380291	637065	1973543
1999	7543181	5980241	1562940	6468115	750146	324920
2000	8335214	6702331	1632883	6934171	1015132	385911
2001	9318770	7604115	1714655	7782754	1230265	305751
2002	10362472	8642210	1720262	8628310	1458547	275615
2003	11409082	9583657	1825425	9778923	1573420	56739
2004	12869444	10870650	1998794	11403545	1415677	50222
2005	14608055	12418366	2189689	12662653	1897789	47613
2006	16758413	14315479	2442934	14400797	2300776	56840
2007	19992025	17058728	2933297	17178073	2768516	45437
2008	24842571	21360896	3481675	21279062	3546703	16806
2009	29573297	25285381	4287916	26981555	2560746	30996
2010	35049165	31071747	3977418	31521763	3496402	31000
2011	41198175	36738161	4460014	37280303	3880872	37000

注：从2005年的数据是按经济普查数据进行调整后的数据。
Note：Data was adjusted by economic census during 2005.

15－2　社会消费品零售总额
Total Retail Sales of Consumer Goods

单位：万元　　　　unit：10000 yuan

项　　目	Item	2010	2011
社会消费品零售总额	**Total Retair Sales of Consumer Goods**	**35049165**	**41198175**
一、按销售地区分	Grouped by Region		
城镇的零售额	Urban Retail Sales	31071747	36738161
乡村的零售额	Rural Retail Sales	3977418	4460014
二、按行业分	Grouped by Sector		
批发、零售贸易业	Wholesale and Retail Trades	31521763	37280303
限额以上	Above Designated Size	9769005	14096544
限额以下及个体户	Under Designated Size and Individual	21752758	23183759
住宿和餐饮业	Hotels and Catering Services	3496402	3880872
星级（限额以上）企业	Above Designated Size	519477	1043534
星级以外（限额以下）企业和个体户	Below Designated Size and Individual	2976925	2837338
其他	Others	31000	37000

15－3　各地区社会消费品零售总额
Total Retail Sales of Consumer Goods by Region

单位：亿元　　　　unit：100 million yuan

地　区	Region	2003	2004	2005	2006	2007	2008	2009	2010	2011
长　春	Changchun	481.63	544.36	600.06	666.28	778.35	945.71	1089.38	1289.85	1515.85
吉　林	Jilin	215.33	245.80	283.94	329.66	388.99	481.06	578.77	684.02	803.87
四　平	Siping	83.89	95.30	109.80	128.11	158.80	198.63	242.52	287.71	337.66
辽　源	Liaoyuan	34.21	38.32	44.07	51.07	60.30	75.39	90.50	107.51	126.83
通　化	Tonghua	74.94	78.10	91.08	106.23	131.11	170.66	207.81	247.08	290.73
白　山	Baishan	44.92	48.93	56.88	66.09	77.92	96.37	117.83	139.08	163.14
松　原	Songyuan	74.60	89.53	105.20	130.63	165.81	222.19	275.98	329.74	388.62
白　城	Baicheng	50.78	58.10	67.28	78.46	95.45	114.13	136.74	162.24	190.18
延　边	Yanbian	84.60	88.50	102.50	119.31	142.47	180.12	217.82	257.67	302.94

注：从2005年开始数据调整。
Note:Adjusted Data from 2005.

15－4 各市县社会消费品零售总额（2011）

单位：万元

市、县	City, county	社会消费品零售总额 Total Retail Sales of Consumer Goods	按销售地区分 Grouped by Region 城镇 Urban	乡村 Rural
全　省	**Total**	**41198175**	**36738161**	**4460014**
长春市	**Changchun**	**15158537**	**13749600**	**1408937**
市　区	District	11955734	11212785	742949
九台市	Jiutai	778902	623142	155760
榆树市	Yushu	803763	632475	171288
德惠市	Dehui	818240	648094	170146
农安县	Nong' an	801898	633104	168795
吉林市	**Jilin**	**8038668**	**7293652**	**745016**
市　区	District	5574218	5370539	203679
桦甸市	Huadian	570133	484613	85520
蛟河市	Jiaohe	504269	454346	49923
舒兰市	Shulan	504564	333012	171552
磐石市	Panshi	574256	511088	63168
永吉县	Yongji	311228	140053	171175
四平市	**Siping**	**3376566**	**2842075**	**534491**
市　区	District	965534	869133	96401
公主岭市	Gongzhuling	1039393	976482	62911
双辽市	Shuangliao	415305	374396	40909
梨树县	Lishu	547621	362433	185188
伊通满族自治县	Yitong	333469	185146	148323
辽河垦区	Liaoheken	75244	74485	759
辽源市	**Liaoyuan**	**1268280**	**1133308**	**134972**
市　区	District	853592	852603	989
东丰县	Dongfeng	274682	196780	77902
东辽县	Dongliao	140007	83926	56081
通化市	**Tonghua**	**2907250**	**2499023**	**408227**
市　区	District	795265	747558	47707
梅河口市	Meihekou	900467	831047	69420
集安市	Ji' an	287735	231162	56573
通化县	Tonghua	244028	155000	89028
辉南县	Huinan	348137	278509	69627

Total Retail Sales of Consumer Goods by City and County (2011)

unit: 10000 yuan

按行业分 Grouped by Sector		
批发零售贸易业 Wholesale and Retail Trades	住宿和餐饮业 Hotels and Catering Services	其他行业 Others
37280303	**3880872**	**37000**
13905760	**1215777**	**37000**
11248947	669787	37000
711061	67841	
539925	263838	
755475	62765	
650352	151547	
7302505	**736163**	
5051746	522471	
535427	34707	
446818	57451	
466917	37648	
518101	56155	
283497	27731	
3005333	**371233**	
804788	160746	
963502	75891	
379500	35805	
482568	65053	
300905	32564	
74070	1174	
1145001	**123280**	
774325	79267	
243420	31262	
127256	12751	
2675818	**231432**	
761697	33568	
806041	94426	
262900	24835	
220939	23089	
320668	27469	

15－4 续表

单位：万元

市、县	City, County	社会消费品零售总额 Total Retail Sales of Consumer Goods	按销售地区分 Grouped by Region 城镇 Urban	乡村 Rural
柳河县	Liuhe	331618	255746	75872
白山市	**Baishan**	**1631419**	**1431864**	**199556**
市区	District	700441	677178	23263
临江市	Linjiang	220936	157492	63444
抚松县	Fusong	313560	235308	78252
靖宇县	Jingyu	130675	113915	16759
长白朝鲜族自治县	Changbai	63295	46487	16807
江源县	Jiangyuan	202514	201484	1030
松原市	**Songyuan**	**3886233**	**3251436**	**634797**
市区	District	1043863	941828	102036
长岭县	Changling	637968	475822	162146
前郭尔罗斯蒙古族自治县	Qianguo	1124529	934116	190413
乾安县	Qian' an	352010	277011	74998
扶余县	Fuyu	727864	622659	105205
白城市	**Baicheng**	**1901824**	**1691119**	**210705**
市区	District	1059204	988183	71022
洮南市	Taonan	230612	189719	40893
大安市	Da' an	224671	191671	33000
镇赉县	Zhenlai	180791	160068	20723
通榆县	Tongyu	206546	161478	45068
延边朝鲜族自治州	**Yanbian**	**3029397**	**2846084**	**183313**
延吉市	Yanji	1529800	1509136	20664
图们市	Tumen	109465	99578	9887
敦化市	Dunhua	628549	577102	51447
龙井市	Longjing	87777	61600	26177
珲春市	Hunchun	310547	304435	6112
和龙市	Helong	112289	87293	24996
汪清县	Wangqing	137167	109734	27433
安图县	Antu	113803	97206	16597

continued

unit：10000 yuan

按行业分 Grouped by Sector		
批发零售贸易业 Wholesale and Retail Trades	住宿和餐饮业 Hotels and Catering Services	其他行业 Others
303573	28045	
1284516	**346904**	
600226	100214	
137055	83882	
224982	88578	
110694	19981	
46487	16807	
165072	37442	
3697346	**188887**	
982979	60884	
605948	32021	
1082502	42026	
329343	22667	
696575	31290	
1676533	**225291**	
920251	138953	
222827	7786	
201513	23158	
149363	31428	
182580	23966	
2587490	**441907**	
1319595	210205	
65772	43693	
551009	77540	
71882	15895	
274190	36357	
100406	11883	
108741	28426	
95895	17908	

15－5　限额以上批发零售贸易业商品购进、销售、库存总额（2011）

单位：万元

项　　目	Item	法人企业数（个）Number of Corporation Units (unit)	产业活动单位（个）Number of Economic Active Units (unit)	从业人数（人）Number of Person Employed (person)
总　计	**Total**	**1229**	**3143**	**119689**
按登记注册类型分	**Grouped by Status of Registration**			
内资企业	Domestic Funded Enterprises	1213	3110	115431
国有企业	State– owned Enterprises	118	657	16940
集体企业	Collective– owned Enterprises	39	40	1658
股份合作企业	Cooperative Enterprises	10	21	2437
联营企业	Joint Venture Enterprises	1	1	54
有限责任公司	Limited Liability Corporations	322	675	41373
股份有限公司	Share– holding Corporations Ltd	52	797	16943
私营企业	Private Enterprises	627	872	34028
其他企业	Others	44	47	1998
港、澳、台商投资企业	Hongkong Macao and Taiwan Funded Enterprises	7	22	2550
外商投资企业	Foreign Funded Enterprises	9	11	1708
按国民经济行业分	**Grouped by Sector**			
批发业合计	**Total Wholesale Trade**	**378**	**1512**	**35119**
农畜产品批发业	Farm Produce and Livestock Product	135	169	8573
食品、饮料及烟草制品批发业	Food Beverage and Tobaccos	44	86	7053
#米、面制品及食用油批发业	Rice ,Flour and Edible Oil	9	9	432
烟草制品批发业	Tobaccos	13	45	5058
纺织、服装及日用品批发业	Textiles Garment and Daily Consumer Artides	9	9	310
#服装批发业	Ganrent	2	2	143
文化、体育用品及器材批发业	Culture, Sports Goods and Equipments	4	4	605
医药及医疗器材批发业	Medicines and Medical Appliances	52	55	3131
矿产品、建材及化工产品批发业	Mineral Products, Building Materials and Chemica Products	86	1131	12905
煤炭及制品批发业	Coal and related Products	13	13	277
石油及制品批发业	Petroleum and Related Products	15	1059	10747
金属及金属矿批发业	Metals and Mineral Products	24	25	721
建材批发业	Construction Materials	8	8	495
化肥批发业	Chemical Fertilizer	11	11	233

Total Purchases、Sales and Inventory of Enterprises above Designated Size of Wholesale and Retail Trade (2011)

unit: 10000 yuan

购进总额 Total Goods Purchase	#进口 Import	销售总额 Total Sales	批发 Wholesale	#出口 Emport	零售 Retail Trade	年末库存总额 Inventory (year - end)
22860982	**935268**	**27887226**	**15603755**	**127411**	**12283472**	**1846698**
20812360	935268	25287203	13509513	127411	11777690	1792753
5518568	337566	6451977	4860296	26178	1591681	543848
120327		138218	28923		109295	16282
39873		43484	3267		40217	4341
510		502			502	8
4676309	425982	5269656	2763287	60805	2506369	468303
5351729		7526407	3640193	4175	3886215	155002
4834966	171720	5570420	2112406	36253	3458014	584038
270077		286539	101142		185397	20932
71884		478813	81308		397505	8388
1976738		2121211	2012934		108277	45557
16491388	**827947**	**18028754**	**15124868**	**127411**	**2903886**	**1016119**
2064794	323814	2129331	2101712	37378	27619	449558
1497751		1847876	1836411		11465	157271
75309		50106	47466		2639	43658
1337136		1694583	1692129		2454	97723
64946		89128	53793	11277	35335	14792
37629		43598	25559		18039	12840
81256		77312	75438		1875	25968
654497	110	710317	687933	2666	22384	67244
9939105	452524	10642879	7871564	69462	2771315	229667
64731		102401	75764		26637	8242
6491682		6685962	3941284		2744678	148804
2074437	452524	2500685	2500685	69462		53831
547397		556952	556952			5964
71587		97558	97558			8271

单位：万元

15－5 续表

项　　目	Item	法人企业数（个）Number of Corporation Units (unit)	产业活动单位（个）Number of Economic Active Units (unit)	从业人数（人）Number of Person Employed (person)
机械设备、五金交电及电子产品批发业	Machinery,Hardware and Electronic Equipment	40	47	2412
汽车、摩托车及零配件批发业	Motor Vehicles, Motorcycles and Parts	3	3	400
家用电器批发业	Household Electrical Applicanes	6	6	663
计算机、软件及辅助设备批发	Computer, Software and Assistant Applicanes	3	3	43
贸易经纪与代理	Trade Broker and Agency	1	1	12
其他批发业	Others	7	10	118
零售业合计	**Total Retail Trade**	**851**	**1631**	**84570**
综合零售业	Synthesize Retail Trade	177	331	45329
百货零售业	General Merchandise	98	170	33303
超级市场零售业	Supermarkets	52	134	10983
食品、饮料及烟草制品专门零售业	Food Beverage and Tobaccos	49	135	2462
纺织、服装及日用品专门零售业	Texitles, Garments, Daily Consumer Articles	64	88	7019
服装零售业	Garments	43	52	6054
文化、体育用品及器材专门零售业	Culture, Sports Appliances and Equipments	60	78	3101
体育用品零售业	Sports Goods	4	4	560
图书零售业	Books	40	54	2093
医药及医疗器材专门零售业	Medicines and Medical Appliances	55	463	5312
药品零售业	Medicines	52	460	5283
汽车、摩托车、燃料及零配件专门零售业	Motor Vehicles, Motorcycles, Fuel and Parts	262	290	14106
汽车零售业	Motor Vehicles	200	200	11414
机动车燃料零售业	Fuel of Motor Vehicles	39	67	2284
家用电器及电子产品专门零售业	Household Electric Appliances and Electronic Products	101	162	5671
家用电器零售业	Household Electric Applicance	53	87	4442
计算机、软件及辅助设备零售业	Computer, Software and Assistant Appliances	34	34	707
通讯设备零售业	Telecommuncation Equipment	10	37	429
五金、家具及室内装修材料专门零售业	Handware,Furniture and Decoratiou Material	36	37	676
无店铺及其他零售业	Non- shop and Others	47	47	894
邮购及电子销售业	Distribution of Post and E- commerce Sales			

continued

unit：10000 yuan

购进总额 Total Goods Purchase	#进口 Import	销售总额 Total Sales	批发 Wholesale	#出口 Emport	零售 Retail Trade	年末库存总额 Inventory (year – end)
2150990	51500	2485496	2456851	802	28645	64400
1902903	21067	2029775	2029775	802		41915
35363	30433	145119	145119			2043
21329		55415	45979		9436	939
2400		2330	2330			220
35649		44085	38836	5827	5249	6999
6369594	**107321**	**9858473**	**478887**		**9379586**	**830580**
1760370		4291162	31274		4259889	306659
1256407		3705038	9097		3695941	189257
446894		521926	19186		502741	111775
308222		297312	51654		245658	44340
309645		442324	5458		436866	60467
178783		303019	13		303006	46395
138056		150210	4463		145747	36636
952		6660			6660	3180
88712		86963	432		86531	19254
166501	2	194284	34646		159637	29982
162819	2	190977	32674		158303	29607
2957762	107320	3688038	282335		3405703	273610
2352085	107320	2969783	108069		2861715	248646
547754		656431	173927		482504	19245
526766		560051	51169		508882	40115
419199		445899	45140		400759	29592
53982		62061	2824		59237	4415
50344		48882	2237		46645	5583
61493		66412	891		65521	7526
140780		168680	16998		151682	31244

15－6 限额以上批发零售企业财务状况（2011）

单位：万元

项　　目	Item	流动资产合计 Total Circulating Funds	固定资产原价 Original Value of Fixed Assets	累计折旧 Depreciation	#本年折旧 Depreciation This Year
批发、零售贸易企业总计	**Total**	**6667671**	**2393144**	**666459**	**119609**
一、批发企业	**Wholesale Trade**	**4191248**	**1028432**	**355233**	**64331**
（一）按登记注册类型分组	Grouped by Status of Registration				
内资企业	Domestic funded Enterprises	4082386	1025257	353257	63689
国有企业	State- owned Enterprises	1795213	564369	209144	35694
集体企业	Collective- owned Enterprises	7258	1410	110	23
股份合作企业	Cooperative Enterprises	571			
联营企业	Joint Venture Enterprises				
有限责任公司	Limited Liability Corporations	1167882	94167	26771	3414
股份有限公司	Share- holding Corporations Ltd	116143	150042	53896	7051
私营企业	Private Enterprises	982316	213647	63003	17408
其他企业	Others	13004	1621	334	98
港、澳、台商投资企业	Hongkong Macao and Taiwan Funded Enterprises	3841	57	4	
外商投资企业	Foreign Funded Enterprises	105022	3118	1972	642
（二）按国民经济行业分组	Grouped by Sector				
农畜产品批发	Farm Produce and Livestock Product	1347818	320686	100410	11958
食品、饮料及烟草制品批发	Food, Beverage and Tobaccos	478572	200051	66428	10881
#米、面制品及食用油批发	Rice, Flour and Edible Oil	49489	17499	4091	622
烟草制品批发	Tobaccos	400452	167655	58880	9790
纺织、服装及日用品批发	Textiles, Garment and Daily Consumer Articles	45473	5046	718	221
#服装批发	Garment	36405	294	80	25
文化、体育用品及器材批发	Culture, Sports Goods and Appliances	37352	22172	6160	1120
医药及医疗器材批发	Medicines and Medical Appliances	475352	21687	8289	1233
矿产品、建材及化工产品批发	Mineral,Construction and Chemical Products	1624658	437095	168356	37820
煤炭及制品批发	Coal and Related Products	14392	2985	594	131
石油及制品批发	Petroleum and Related Products	199938	286264	115954	22481
金属及金属矿批发	Metals and Mineral Products	1101476	130609	46078	14353
建材批发	Consmtction Materials	185648	2828	903	144
化肥批发	Chemical Fertilizer	48023	6616	1204	173
机械设备、五金交电及电子产品批发	Machinery, Hardware and Electronic Equipment	172971	17823	4442	985
汽车、摩托车及零配件批发	Motorvehicles, Motorcycles and Parts	108456	4003	2625	635
家用电器批发	Household Electric Appliances	13112	211	98	12
计算机、软件及辅助设备批发	Computer,Software and Assistant Appliances	190	612	76	
贸易经纪与代理	Trade Broker and Agency	129	44	8	2
其他批发	Others	8924	3830	423	110

Main Financial Indicators of Enterprises Above Designated Size of Wholesale and Retail Trades (2011)

unit: 10000 yuan

资产总计 Total Assets	负债合计 Total Liabilities	实收资本 Paid – up Capital	营业收入 Operating Revenue	主营业务收入 Revenue from Principal Business	营业成本 Operating Cost	主营业务成本 Cost of Principal Business	主营业务税金及附加 Tax and Extra Charges on Principal Business
9802616	**6904480**	**1224848**	**25463384**	**25222660**	**23296798**	**23001621**	**154560**
5479202	**3694516**	**626754**	**17243133**	**17197949**	**16075676**	**15885708**	**116406**
5364998	3605327	612874	15144020	15099242	13975278	13915314	115874
2479136	1735141	302697	5992116	5963046	5389724	5340932	87589
11400	6264	3494	25247	25247	23602	23602	
610	55	550	3100	3100	2418	2418	
1313319	1113908	98310	2335712	2333380	2144830	2144172	13542
274473	205461	92586	4792514	4781264	4654070	4643903	3767
1269929	530705	112002	1916912	1914786	1686456	1686109	10798
16131	13793	3236	78420	78420	74178	74178	178
3992	3346	1000	81308	81308	79355	79355	59
110212	85843	12880	2017805	2017400	2021042	1891039	474
1796206	1104737	176435	2143706	2138800	1928519	1923357	825
650772	136176	29286	1750104	1747947	1322397	1291331	94372
65469	52844	11234	50230	50106	46277	46277	466
541819	59908	11560	1600662	1599842	1191635	1161768	93408
57860	36942	11887	88953	88013	76038	76037	950
40331	28159	4100	43598	42669	37498	37498	187
88037	38716	16665	76523	60961	52912	52725	147
502696	435287	37440	662722	662687	592182	591981	2360
2171272	1788240	324802	10008190	9987875	9639481	9616654	16326
18223	8021	5933	102401	102401	91461	91461	2247
574462	530692	112261	6407752	6388086	6133325	6115526	5219
1246041	954845	179219	2281336	2280987	2228141	2223152	7683
189890	182177	6500	491765	491465	485801	485761	61
56188	45943	5849	93090	93090	87663	87663	23
199258	145409	27951	2467884	2466615	2423201	2292676	908
115968	86464	13557	2030180	2029775	2034056	1904053	63
13517	14363	1610	141044	140504	133165	132644	213
1696	604	100	14689	14689	12485	12485	38
165	35	130	2330	2330	2137	2137	4
12937	8974	2159	42721	42721	38810	38810	513

单位：万元

15－6 续表 1

项目	Item	流动资产合计 Total Circulating Funds	固定资产原价 Original Value of Fixed Assets	累计折旧 Depreciation	#本年折旧 Depreciation This Year
二、零售企业	**Total of Retail Trade**	**2476423**	**1364712**	**311226**	**55278**
（一）按登记注册类型分组	Grouped by Status of Registration				
内资企业	Domestic Funded Enterprises	2109687	1290856	297863	51889
国有企业	State– owned Enterprises	16561	16173	4154	960
集体企业	Collective– owned Enterprises	14294	13149	1276	390
股份合作企业	Coopertive Enterprises	5516	4427	855	87
联营企业	Joint Venture Enterprises	166	318	58	6
有限责任公司	Limited Liability Corporations	634444	342378	95828	15035
股份有限公司	Share– holding Corporatious Ltd	337170	487729	91501	14575
私营企业	Private Enterprises	1061038	415685	101628	20084
其他企业	Others	40498	10998	2563	754
港、澳、台商投资企业	Hongkong Macao and Taiwan Funded Enterprises	336754	10850	1865	725
外商投资企业	Foreign Funded Enterprises	29981	63006	11498	2664
（二）按国民经济行业分组	Grouped by Sector				
综合零售	Synthesize Retail Trade	997284	859005	178037	25000
百货零售	General Merchandise	846681	721248	139576	21133
超级市场零售	Supermarket	143641	127214	37916	3828
食品、饮料及烟草制品专门零售	Food Beverage and Tobaccos	81085	31604	7274	2669
纺织、服装及日用品专门零售	Textiles, Garments,Doily Consumer Aiticles	111534	122147	27470	1732
服装零售	Garments	91821	108654	24947	1023
文化、体育用品及器材专门零售	Culture, Sports Appliances and Equipments	59446	32610	10856	1760
体育用品零售	Sports Goods	3076	190	10	6
图书零售	Books	37753	25494	9303	1428
医药及医疗器材专门零售	Medicines and Medical Appliances	95313	25774	7444	1208
药品零售	Medicines	94374	25465	7407	1190
汽车、摩托车、燃料及零配件专门零售	Motorvehicles Fuel and Parts	899585	225069	65549	19456
汽车零售	Motorvehicles	814059	195148	55938	16857
汽车零配件零售	Fuel of Motor Vehicels	72657	27572	9101	2503
家用电器及电子产品专门零售	Household Electric Appliances and Electronic Products	167120	47654	9632	2575
家用电器零售	Household Electric Applicauce	140053	36639	6967	1957
计算机、软件及辅助设备零售	Computer, Software and Assistant Applicances	14760	9457	2334	568
通信设备零售	Telecommuncation Equipment	11515	1504	291	49
五金、家具及室内装修材料专门零售	Hardware, Furniture and Decoration Materials	19493	5047	1089	157
无店铺及其他零售	Non– shop and Others	45564	15803	3877	721
邮购及电子销售	Distribution of Post and E–commerce Sales				

continued

unit：10000 yuan

资产总计 Total Assets	负债合计 Total Liabilities	实收资本 Paid – up Capital	营业收入 Operating Revenue	主营业务收入 Revenue from Principal Business	营业成本 Operating Cost	主营业务成本 Cost of Principal Business	主营业务税金及附加 Tax and Extra Charges on Principal Business
4323414	**3209965**	**598094**	**8220252**	**8024710**	**7221123**	**7115912**	**38154**
3739241	2697688	563222	7736449	7545849	6821866	6717249	34310
31653	13431	11664	121744	121448	111371	111369	314
29657	10556	7482	107947	107425	94525	94456	243
10691	4647	4808	37371	37371	33862	33779	420
426	259	130	502	502	343	343	
1131510	821778	199945	2497223	2447441	2205609	2166242	9033
893077	681849	72817	1314110	1197999	1091288	1035713	8745
1587804	1125660	253227	3455365	3431524	3101190	3091832	14716
54424	39508	13150	202186	202140	183678	183516	840
489096	417861	18234	374299	373290	306895	306841	3534
95077	94416	16638	109503	105572	92361	91823	311
2154790	1633931	211280	2866047	2700542	2383127	2292205	21448
1876644	1437179	163975	2266915	2111275	1877914	1789088	17260
259918	186956	41880	535034	525169	456179	454083	3828
130460	82247	25446	279291	279232	234629	232203	1833
268904	233007	65300	416011	415176	356992	355359	3949
235363	208929	61312	281383	280548	232591	231700	3547
93508	51200	19537	144101	139313	112002	111301	843
3362	2896	455	6660	6660	5468	5468	85
61531	32001	11195	82906	78118	59025	58976	175
126465	76078	38129	183466	182254	150556	148798	926
125054	75482	37689	181126	179914	148813	147055	919
1215250	906639	183070	3548880	3541121	3292996	3289738	5580
1048808	791675	146108	2887839	2881723	2676005	2673310	4151
150924	102488	34443	599258	597616	559373	558811	1369
235756	178638	33513	552968	537945	483937	481936	1793
192060	150218	22197	440398	426138	380679	379927	1269
23517	15222	4904	60731	60227	54459	53277	452
19371	12295	6252	48630	48601	45938	45870	70
36536	19545	12291	67111	66810	60076	57935	302
61746	28681	9528	162377	162318	146809	146437	1480

单位：万元

15－6　续表　2

项　　目	Item	其他业务利润 Profits of Other Business	营业费用 Operating Expenses
批发、零售贸易企业总计	**Total**	**134550**	**941628**
一、批发企业	**Wholesale Trade**	**13440**	**592251**
（一）按登记注册类型分组	Grouped by Status of Registration		
内资企业	Domestic Funded Enterprises	13033	463784
国有企业	State- owned Enterprises	6995	184645
集体企业	Collective- owned Enterprises		1242
股份合作企业	Cooperative Enterprises		250
联营企业	Joint Venture Enterprises		
有限责任公司	Limited Liability Corporations	3189	67288
股份有限公司	Share- holding Corporations Ltd	593	79041
私营企业	Private Enterprises	2255	130081
其他企业	Others		1238
港、澳、台商投资企业	Hongkong Macao and Taiwan Funded Enterprises	2	636
外商投资企业	Foreign Funded Enterprises	406	127830
（二）按国民经济行业分组	Grouped by Sector		
农畜产品批发	Farm Produce and Livestock Product	1592	145290
食品、饮料及烟草制品批发	Food, Beverage and tobaccos	-215	66891
米、面制品及食用油批发	Rice, Flour and Edible Oil	125	1422
烟草制品批发	Tobaccos	-450	58623
纺织、服装及日用品批发	Texitles, Garment and Daily Consumer Articles	948	8038
服装批发	Garment		6135
文化、体育用品及器材批发	Culture, Sports Goods and Appliances	3345	2993
医药及医疗器材批发	Medicines and Medical Appliances	193	42981
矿产品、建材及化工产品批发	Mineral,Construction and Chemical Products	6105	181192
煤炭及制品批发	Coal and Related Products		3308
石油及制品批发	Petroleum and Related Products	3989	155161
金属及金属矿批发	Metals and Mineral Products	1846	14518
建材批发	Consmtction Materials	260	2384
化肥批发	Chemical Fertilizer	10	2442
机械设备、五金交电及电子产品批发	Machinery, Hardware and Electronic Equipment	1472	144195
汽车、摩托车及零配件批发	Motorvehicles, Motorcycles and Parts	417	127562
家用电器批发	Household electric Appliances	2	4863
计算机、软件及辅助设备批发	Computer,Software and Assistant Appliances		21
贸易经纪与代理	Trade Broker and Agency		65
其他批发	Others		607

continued

unit: 10000 yuan

管理费用 Management Expenses	营业利润 Operating Profits	利润总额 Total Profit	应交所得税 Income - tax Payable	应付工资 Wages Payable	本年应交增值税 Value - added Tax Payable
488742	**638542**	**559895**	**101080**	**360605**	**421491**
193686	**378364**	**352860**	**70179**	**182900**	**304434**
189864	382210	356826	70072	177640	304081
113555	230426	205579	57239	107861	176392
453	-378	-379		278	
242	56	56		15	
34202	53612	54786	7210	18258	62930
2079	50238	50166	34	32869	40421
36213	48786	46864	5589	17835	24109
3120	-530	-245		525	229
680	573	573	83	655	183
3142	-4419	-4540	24	4604	171
33087	2051	18818	3523	21957	26145
95924	197616	197460	55014	64111	65154
2289	-1918	-1882	7	971	559
87792	198257	198147	39420	58346	62639
4863	-1979	200	287	2588	5593
1692	-3390	-2461		2111	1582
7392	3615	3602	589	1542	2881
11610	12064	7990	2905	6647	14508
25334	147361	108074	4325	73985	181702
1774	3396	3396	219	638	738
2868	107464	71039	1151	66316	123210
10806	28231	25865	2016	3568	56202
3218	392	703	349	1047	109
1227	1064	739	53	585	287
15038	15164	14183	3485	11743	5249
3539	-4811	-4932		4796	238
1086	1804	1658	111	2822	941
107	2036	2036	679	100	4
36	89	89		19	
402	2383	2442	51	307	3203

单位：万元

15－6 续表 3

项 目	Item	其他业务利润 Profits of Other Business	营业费用 Operating Expenses
二、零售企业	**Total of Retail Trade**	**121109**	**349377**
（一）按登记注册类型分组	Grouped by Status of Registration		
内资企业	Domestic Funded Enterprises	114784	321412
国有企业	State- owned Enterprises	432	5165
集体企业	Collective- owned Enterprises	426	6362
股份合作企业	Coopertive Enterprises	218	1026
联营企业	Joint Venture Enterprises		
有限责任公司	Limited Liability Corporations	42553	123929
股份有限公司	Share- holding Corporatious Ltd	46664	77933
私营企业	Private Enterprises	23993	101018
其他企业	Others	498	5979
港、澳、台商投资企业	Hongkong Macao and Taiwan Funded Enterprises	955	14677
外商投资企业	Foreign Funded Enterprises	5371	13288
（二）按国民经济行业分组	Grouped by Sector		
综合零售	Synthesize Retail Trade	88667	180221
百货零售	General Merchandise	71526	124654
超级市场零售	Supermarket	17141	49235
食品、饮料及烟草制品专门零售	Food Beverage and Tobaccos	2083	11586
纺织、服装及日用品专门零售	Texitles, Garments,Doily Consumer Aiticles	3322	19329
服装零售	Garments	2432	16917
文化、体育用品及器材专门零售	Culture, Sports Appliances and Equipments	2611	9320
体育用品零售	Sports Goods		523
图书零售	Books	1827	7042
医药及医疗器材专门零售	Medicines and Medical Appliances	1500	13749
药品零售	Medicines	1500	13515
汽车、摩托车、燃料及零配件专门零售	Motorvehicles Fuel and Parts	11108	73880
汽车零售	Motorvehicles	9579	58345
汽车零配件零售	Fuel of Motor Vehicels	1528	14337
家用电器及电子产品专门零售	Household Electric Appliances and Electronic Products	10807	32079
家用电器零售	Household Electric Applicauce	9322	29143
计算机、软件及辅助设备零售	Computer, Software and Assistant Applicances	1125	2367
通信设备零售	Telecommuncation Equipment	342	533
五金、家具及室内装修材料专门零售	Hardware, Furniture and Decoration Materials	492	4736
无店铺及其他零售	Non- shop and Others	520	4477
邮购及电子销售	Distribution of Post and E-commerce Sales		

continued

unit：10000 yuan

管理费用 Management Expenses	营业利润 Operating Profits	利润总额 Total Profit	应交所得税 Income – tax Payable	应付工资 Wages Payable	本年应交增值税 Value – added Tax Payable
295056	**260178**	**207035**	**30901**	**177705**	**117057**
272935	237611	184413	23210	165496	99939
4272	647	36	47	3845	-54
3949	2713	2630	37	1813	398
1126	836	616	56	2405	220
138	17	17		219	2
112513	52465	40321	6375	61239	38866
34292	79539	53795	5162	31639	16503
110289	96465	83082	11039	60942	42496
6357	4929	3916	494	3393	1509
14971	27447	27173	6854	7668	7711
7150	-4879	-4551	837	4541	9407
130398	130945	101753	15572	85159	39672
110321	111700	85679	12741	59467	31646
17370	13854	10681	1989	24491	6868
20693	12670	11288	1530	7080	3082
17598	15108	5266	1167	10479	3189
12523	12363	3413	834	8176	2548
14514	4886	3810	528	8370	2666
103	438	416	8	656	115
11161	2547	1701	145	6545	1669
10784	7417	6397	1715	10118	4275
10558	7289	6269	1704	10044	4222
74800	73384	66528	8798	41420	38026
66224	62944	55971	7575	35160	35369
6653	9547	9016	1152	5410	2343
20350	8005	7632	1357	11384	23371
15719	5952	5812	998	9160	7086
2406	1723	1400	310	1305	16091
2061	399	307	46	801	179
3123	970	-290	61	1453	1135
2796	6793	4653	175	2242	1643

15－7 限额以上餐饮企业主要财务状况（2011）

单位：万元

项　　目	Item	流动资产合计 Total Circulating Funds	固定资产原价 Original Value of Fixed Assets	累计折旧 Depreciation	#本年折旧 Depreciation This Year
总　　计		**291516**	**932074**	**265534**	**32529**
一、住宿业	**Hotels**	**218082**	**722976**	**219683**	**23064**
按登记注册类型分组	Grouped by Status of Registration				
内资企业	Domestic Funded Enterprises	189835	576883	146419	21635
国有企业	State- owned Enterprises	68249	231385	66206	9153
集体企业	Collective- owned Enterprises	1429	3700	1359	526
股份合作企业	Cooperative Enterprises	110	2158	303	96
联营企业	Joint Venture Enterprises				
有限责任公司	Limited Liability Corporations	30270	154895	44415	3847
股份有限公司	Share- holding Corporations Ltd	791	1732	609	37
私营企业	Private Enterprises	78789	148799	26924	6553
其他企业	Others	10198	34215	6603	1422
港、澳、台商投资企业	Hongkong Macao and Taiwan Funded Enterprises	11785	39543	19078	150
外商投资企业	Foreign Funded Enterprises	16463	106549	54185	1279
按住宿行业小类分组	Grouped by Hotel				
旅游饭店	Tour Restaurant	191821	698919	214397	22135
一般旅馆	General Restaurant	11572	21368	4409	702
其他住宿服务	Other Hotel Services	14689	2689	877	227
二、餐饮业	**Catering Services**	**73434**	**209098**	**45851**	**9465**
（一）按注册类型分组	Grouped by Status of Registration				
内资企业	Domestic Funded Enterprises	73291	208371	45533	9448
国有企业	State- owned Enterprises	23993	53800	13380	1689
集体企业	Collective- owned Enterprises	2003	10435	2230	605
股份合作企业	Cooperative Enterprises				
联营企业	Joint Venture Enterprises				
有限责任公司	Limited Liability Corporations	23347	60978	12881	2537
股份有限公司	Share- holding Corporations Ltd	3662	31079	5944	1756
私营企业	Private Enterprises	19172	52079	11098	2860
其他企业	Others	1115			
港、澳、台商投资企业	Hongkong Macao and Taiwan Funded Enterprises				
外商投资企业	Foreign Funded Enterprises	143	727	318	17
（二）按国民行业分组	Grouped by Sector				
正餐服务	Restaurant	73296	209036	45851	9465
快餐服务	Fast Food	139	62		
饮料及冷饮服务	Beverages and Drinks				
其他餐饮服务	Others				

Main Financial Indicators of Enterprises above Designated Size of Catering and Hotels (2011)

unit: 10000 yuan

资产总计 Total Assets	负债合计 Total Liabilities	实收资本 Paid – up Capital	营业收入 Operating Revenue	主营业务收入 Revenue from Principal Business	营业成本 Operating Cost	主营业务成本 Cost of Principal Business	主营业务税金及附加 Tax and Extra Charges on Principal Business
1119534	**659463**	**312993**	**491074**	**487801**	**234837**	**224822**	**25190**
823593	**519665**	**234945**	**293014**	**290006**	**131701**	**122045**	**16149**
713045	437536	193911	250593	247602	118824	109171	13913
282515	162931	98503	104093	101579	51306	46899	6569
6164	3660	1841	3415	3415	2114	2113	151
1965	276	552	1105	1105	767	767	40
160714	105641	44508	55405	55036	19899	19829	2952
2020	1160	1117	4052	4051	2829	2829	105
220007	144513	32805	70486	70414	32967	32673	3301
39661	19355	14586	12036	12002	8942	4061	796
38686	35287	11846	12332	12315	3559	3556	685
71862	46842	29187	30089	30089	9317	9317	1551
767978	481193	218281	261424	258878	112885	103562	13927
39018	22945	15378	19913	19452	11970	11638	1567
16597	15527	1286	11677	11677	6845	6845	655
295941	**139798**	**78048**	**198060**	**197794**	**103136**	**102778**	**9041**
295225	139347	77767	196542	196276	102414	102055	8994
68326	40272	19614	23803	23803	9831	9831	1089
11225	5929	5160	6003	6003	3703	3703	362
93200	26354	15574	48961	48893	26810	26644	2311
35218	19812	15529	20135	20082	8151	8151	1005
82515	42087	19697	95394	95250	52598	52406	4148
4741	4893	2193	2246	2246	1319	1319	79
716	451	281	1518	1518	722	722	47
295732	139798	77928	196146	195880	101487	101129	9009
209		120	1914	1914	1649	1649	32

单位：万元

15－7 续表

项　　目	Item	其他业务利润 Profits of Other Business	营业费用 Operating Expenses
总　　计	**Total**	**2335**	**107733**
一、住宿业	**Hotels**	**1844**	**78504**
按登记注册类型分组	Group by Status of Registration		
内资企业	Domestic Funded Enterprises	1830	68940
国有企业	State－owned Enterprises	730	29690
集体企业	Collective－owned Enterprises	245	585
股份合作企业	Cooperative Enterprises		169
联营企业	Joint Venture Enterprises		
有限责任公司	Limited Liability Corporations	494	17423
股份有限公司	Share－holding Corporations Ltd	339	343
私营企业	Private Enterprises	22	16411
其他企业	Others		4318
港、澳、台商投资企业	Hongkong Macao and Taiwan Funded Enterprises	13	4490
外商投资企业	Foreign Funded Enterprises		5074
按住宿行业小类分组	Group by Hotel		
旅游饭店	Tour Restaurant	1578	72083
一般旅馆	General Restaurant	265	3456
其他住宿服务	Other Hotel Serviles		2965
二、餐饮业	**Catering Serviles**	**492**	**29229**
（一）按注册类型分组	Grouped by Status of Registration		
内资企业	Domestic Funded Enterprises	492	28960
国有企业	State－owned Enterprises		2913
集体企业	Collective－owned Enterprises		538
股份合作企业	Cooperative Enterprises		
联营企业	Joint Venture Enterprises		
有限责任公司	Limited Liability Corporations	76	5460
股份有限公司	Share－holding Corporations Ltd	145	6435
私营企业	Private Enterprises	271	13569
其他企业	Others		46
港、澳、台商投资企业	Hongkong Macao and Taiwan Funded Enterprises		
外商投资企业	Foreign Funded Enterprises		269
（二）按国民行业分组	Gouped by Sector		
正餐服务	Restaurant	492	29105
快餐服务	Fast Food		124
饮料及冷饮服务	Beverages and Drinks		
其他餐饮服务	Others		

continued

unit: 10000 yuan

管理费用 Management Expenses	营业利润 Operating Profits	利润总额 Total Profit	应交所得税 Income – tax Payable	应付工资 Wages Payable	应交增值税 Value Added Tax Payable
114523	**4195**	**4399**	**5667**	**72215**	**854**
79533	**–14643**	**–10528**	**2206**	**47821**	**477**
67937	–18573	–13218	981	44639	224
31383	–14088	–10201	78	20517	122
592	213	264	20	762	2
103	7	–1		98	
13608	700	–86	540	8867	72
562	475	447	8	453	7
17910	–4660	–2861	133	11696	20
3781	–1220	–781	202	2246	0
3517	–1678	–1508	26	1849	1
8079	5609	4198	1199	1332	253
73486	–11489	–8771	2171	43770	378
3399	–1132	–1590	34	3091	99
2648	–2021	–167	1	959	1
34990	**18837**	**14927**	**3461**	**24395**	**376**
34879	18491	15050	3457	24081	376
10996	–1261	–702	43	3300	75
707	652	359	62	959	
8666	5196	4224	997	5838	66
2138	1493	1475	66	3048	21
11842	12363	9646	2289	10544	193
531	48	48		393	21
					0
112	346	–123	5	314	0
34895	18824	14913	3461	24320	366
96	13	14		75	10

15－8 限额以上批发零售贸易业、星级住宿业和限额以上餐饮业基本情况（2011）

Basic Conditions of Wholesale、Retail Trades、Star－ranking Hotels and Catering Services above Designated Size（2011）

		法人企业数（个）Number of Corporation Units (unit)	产业活动单位（个）Number of Economic Active Units (unit)	从业人数（人）Number of Person Employed (person)
总　计	**Total**	**1598**	**3541**	**154443**
一、批发业	**Wholesale Trade**	**381**	**1515**	**35277**
内资企业	Domestic Funded Enterprises	375	1509	34667
国有企业	State－owned Enterprises	100	634	16032
集体企业	Collective－owned Enterprises	3	3	60
股份合作企业	Cooperative Enterprises	1	1	10
联营企业	Joint Venture Enterprises			
有限责任公司	Limited Liability Corporations	85	130	5401
股份有限公司	Share－holding Corporations Ltd	14	557	5797
私营企业	Private Enterprises	165	174	7149
其他企业	Others	7	10	218
港、澳、台商投资企业	Hongkong Macao and Taiwan Funded Enterprises	2	2	162
外商投资企业	Foreign Funded Enterprises	4	4	448
二、零售业	**Retail Trade**	**854**	**1634**	**84632**
内资企业	Domestic Funded Enterprises	843	1606	80894
国有企业	State－owned Enterprises	19	24	956
集体企业	Collective－owned Enterprises	36	37	1598
股份合作企业	Cooperative Enterprises	9	20	2427
联营企业	Joint Venture Enterprises	1	1	54
有限责任公司	Limited Liability Corporations	237	545	35972
股份有限公司	Share－holding Corporations Ltd	38	240	11146
私营企业	Private Enterprises	466	702	26961
其他企业	Others	37	37	1780
港、澳、台商投资企业	Hongkong Macao and Taiwan Funded Enterprises	5	20	2388
外商投资企业	Foreign Funded Enterprisesries	6	8	1350
三、住宿业	**Hotels**	**191**	**197**	**22835**
内资企业	Domestic Funded Enterprises	183	189	20965
国有企业	State－owned Enterprises	65	65	9196
集体企业	Collective－owned Enterprises	7	7	409
股份合作企业	Cooperative Enterprises	2	2	86
联营企业	Joint Venture Enterprises			
有限责任公司	Limited Liability Corporations	35	40	3752
股份有限公司	Share－holding Corporations Ltd	7	7	234
私营企业	Private Enterprises	61	61	6166
其他企业	Others	6	7	1122
港、澳、台商投资企业	Hongkong Macao and Taiwan Funded Enterprises	4	4	890
外商投资企业	Foreign Funded Enterprises	4	4	980
四、餐饮业	**Catering Services**	**172**	**195**	**11699**
内资企业	Domestic Funded Enterprises	166	189	11440
国有企业	State－owned Enterprises	9	9	1218
集体企业	Collective－owned Enterprises	9	9	482
股份合作企业	Cooperative Enterprises			
联营企业	Joint Venture Enterprises			
有限责任公司	Limited Liability Corporations	32	40	2580
股份有限公司	Share－holding Corporations Ltd	12	12	1089
私营企业	Private Enterprises	102	117	5874
其他企业	Others	2	2	197
港、澳、台商投资企业	Hongkong Macao and Taiwan Funded Enterprises			
外商投资企业	Foreign Funded Enterprises	6	6	259

15－9 限额以上餐饮企业主要财务状况（2011）

Main Financial Indicators of Enterprises above Designated Size of Catering and Hotels（2011）

单位：万元　　　　unit：10000 yuan

项　目	Item	法人企业（个）Corporation Units(unit)	产业活动单位（个）Number of Economic Active Units(unit)	营业额 Turnover	餐费收入 Catering Income
总　计	**Total**	**361**	**390**	**493507**	**281804**
一、住宿业	**Hotels**	**191**	**197**	**294759**	**130107**
按国民行业分组	Grouped by Sector				
旅游饭店	Tour Restaurant	155	161	263165	115849
一般旅馆	Greneral Restaurant	29	29	19662	7468
其他住宿服务	Other Hotel Services	7	7	11933	6790
二、餐饮业	**Catering Services**	**170**	**193**	**198748**	**151696**
按国民行业分组	Grouped by Sector				
正餐服务	Restaurant	168	191	196834	150617
快餐服务	Fast Food	2	2	1914	1079
饮料及冷饮服务	Beverages and Drinks				
其他餐饮服务	Others				

15 - 10 各地区限额以上批发零售贸易情况（1）(2011)

Basic Conditions on Wholesale and Retail Trades above Designated Size by Region (1) (2011)

地　区	Region	批发零售贸易业法人企业(个) Wholesale and Retail Trades Corporation Units (unit)	#零售贸易业 Retail Trade	批发零售贸易从业人员(人) Wholesale and Retail Trades Employees (person)	#零售贸易业 Retail Trade
全　省	**Total**	**1235**	**854**	**119909**	**84632**
长　春	Changchun	277	192	39739	29300
吉　林	Jilin	296	181	16870	10674
四　平	Siping	153	96	21848	17931
辽　源	Liaoyuan	81	73	4938	3999
通　化	Tonghua	164	113	10152	6655
白　山	Baishan	28	24	3617	2342
松　原	Songyuan	57	45	7902	3870
白　城	Baicheng	39	18	3358	1492
延　边	Yanbian	140	112	11485	8369

15 - 11 各地区限额以上批发零售贸易情况（2）(2011)

Basic Conditions on Wholesale and Retail Trades above Designated Size by Region (2) (2011)

地　区	Region	批发零售贸易业购进总额（万元）Total Purchases (10000 yuan)	批发零售贸易销售总额（万元）Total Sales (10000 yuan)	#批　发 Wholesale	#零　售 Retail Trade	批发零售贸易业库存总额（万元）Inventories (10000 yuan)
全　省	**Total**	**22860982**	**27887226**	**15603755**	**12283472**	**1846698**
其中：长白山管委会	Changbai Mountain Adiministrative Committee	2181	2233	848	1385	46
长　春	Changchun	8824758	13026727	6612845	6413881	777781
吉　林	Jilin	6657154	6968392	5289765	1678627	318660
四　平	Siping	1522629	1725619	641084	1084535	119533
辽　源	Liaoyuan	458017	462860	173923	288938	81200
通　化	Tonghua	1673693	1769319	997478	771842	145093
白　山	Baishan	363280	383589	118206	265383	51748
松　原	Songyuan	1176134	1238083	742844	495240	69011
白　城	Baicheng	562227	575418	292768	282650	122711
延　边	Yanbian	1623090	1737220	734843	1002377	160962

15-12 城乡个体工商户基本情况（2011）

Basic Statistics on Urban and Rural Individual Economy（2011）

行业	Item	户数（户）Households (subscribers)	从业人数（人）Employees (person)	注册资金（万元）Registered Funds (10000 yuan)	总产值（万元）Gross Output (10000 yuan)	营业收入（万元）Revenue of Business (10000 yuan)
合计	**Total**	**875591**	**2124022**	**3459751**	**1408938**	**7187629**
按城乡分	Grouped by Urban and Rural					
城镇	Urban	680935	1533836	2473148	949691	5859829
乡村	Rural	194656	590186	986603	459247	1327800
按行业分	Grouped by Sector					
农林牧渔业	Agriculture,Forestry,Animal Husbandry and Fishrey	51562	261306	508561	276606	249025
采矿业	Mining	1788	7868	33693	236549	53359
制造业	Manufacturing	41725	135781	249870	775340	201952
电力、燃气及水的生产和供应业	Prodction and Supply for Electricity、Gas and Water	281	1226	9561	13276	5426
建筑业	Construction	1824	6729	12901	107166	52807
交通运输、仓储业和邮政业	Transport,Storage and Post	59733	95995	416947		378047
信息传输、计算机服务和软件业	Information Transmission,Compture Service and Software	4216	8981	18196		95327
批发零售业	Wholesale and Retail Trades	503579	972445	1452043		3437233
住宿和餐饮业	Hotels and Catering Services	96078	254315	406985		1912357
房地产业	Real Estate	469	982	1802		11217
租赁和商务服务业	Leasing and Business Services	7703	17017	38061		81506
居民服务和其他服务业	Services to Households and Other Services	85426	311414	229608		345179
卫生、社会保障社会福利业	Health、Solial Security and Social Welfare	5107	12563	22142		37868
文化体育和娱乐业	Culture,Sports and Entertainment	4255	11734	30094		39079
其他行业	Others	11845	25666	29287		287248

15-13 城乡私营企业基本情况（2011）

Basic Statistics on Urban and Rural Private Enterprises（2011）

行业	Item	户数（户）Household (subscribers)	雇工人数(人) Investors (person)	投资人数(人) Employee (person)	注册资金(万元) Registered Funds (10000 yuan)	总产值(万元) Groos Output (10000 yuan)	销售总额或营业收入(万元) Value of Sale (10000 yuan)
合计	**Total**	**142331**	**1219701**	**293431**	**28467940**	**19158236**	**19392653**
按经济类型分	Crouped by Ownership						
独资企业	Foreign Funded	19371	127580	19421	1051508		
合伙企业	Partnership Enterprises	562	3486	1466	317423		
有限责任公司	Limited liability Corporation	121571	1064673	268319	24626829		
股份有限公司	Share-holding Corporation Ltd	827	23962	4225	2472179		
按行业分	Grouped by Sector						
农林牧渔业	Farming,Forestry,Animal Husbandry and Fishrey	6620	50033	12742	1409955	621241	363890
采矿业	Mining	1401	21175	2591	648909	503661	156824
制造业	Manfacturing	25654	316574	58713	6816638	16382177	4533306
电力、燃气及水的生产和供应业	Production and Supply for Electricity、Gas and Water	1050	15058	3052	446790	437566	156223
建筑业	Constuction	8505	276792	19818	2904077	1213592	2139354
交通运输、仓储业和邮政业	Transport,Storage and Post	4217	40136	9605	633661		795494
信息传输、计算机服务和软件业	Information、Transmission Computer Service and Software	5747	24856	8988	456803		310655
批发零售业	Wholesale and Retail Trade	54170	272742	101452	5644255		7230202
住宿和餐饮业	Hotels and Catering Services	2001	20504	3462	221016		200991
房地产业	Real Estate	6198	47436	15813	4214081		2184547
租赁和商务服务业	Leasing and Business Services	13321	56348	26145	2232805		515573
居民服务和其他服务业	Household Services and Other Services	4001	22676	8015	262436		199425
卫生、社会保障社会福利业	Health、Social Security and Social Welfare	282	3732	399	41875		41247
文化体育和娱乐业	Culture Sports and Entertainment	647	4144	1188	93726		11783
其他行业	Others	8517	47495	21448	2440913		553142

15-14 市场分类基本情况

Basic Conditions of Classification of Market

单位：个 unit：unit

指 标	Item	2010			2011		
		合计 Total	城市 Urban	农村 Rural	合计 Total	城市 Urban	农村 Rural
合 计	**Total**	**936**	**633**	**303**	**835**	**553**	**282**
一、消费品市场	**Consumer Goods Market**	**803**	**518**	**285**	**737**	**469**	**268**
(一)消费品综合市场	Comprehensive Market for Consumer Goods	244	156	88	303	184	119
(二)农副产品市场	Agriculture and Sideline Products Market	402	229	173	302	168	134
1. 农副产品综合市场	Farm and Sideline Products Comprehensive Market	363	209	154	271	149	122
2. 农副产品专业市场	Farm and Sideline Products Special Market	39	20	19	31	19	12
(三)工业消费品市场	Industrial Consumer Goods Market	122	106	16	108	100	8
1. 工业消费品综合市场	Comprehensive Market for Industrial Consumer Goods	91	78	13	81	76	5
2. 工业消费品专业市场	Special Market for Industrial Consumer Goods	31	28	3	27	24	3
(四)其他消费品市场	Other Consumer Goods Market	35	27	8	24	17	7
二、生产资料市场	**Production Means Market**	**119**	**102**	**17**	**85**	**72**	**13**
(一)生产资料综合市场	Production Means Comprehensive Market	21	13	8	23	14	9
(二)工业生产资料市场	Industrial Production Means Market	70	62	8	34	32	2
1. 机动车交易市场	Motor Vehicle Trading Market	46	39	7	16	14	2
2. 钢材交易市场	Steel Trading Market	6	6		6	6	
3. 煤炭交易市场	Coal Trading Market	5	5		3	3	
4. 木材交易市场	Timber Trading Market	9	9		4	4	
5. 其他工业生产资料市场	Other Industrial Production Means	4	3	1	5	5	
(三)农业生产资料市场	Agriculture Production Market	23	23		23	22	1
1. 农业生产资料综合市场	Agriculture Production Means Comprehensive Market	2	2		1	1	
2. 农业生产资料专业市场	Agriculture Production Means Special Market	21	21		22	21	1
(四)其他生产资料市场	Other Production Means Market	5	4	1	5	4	1
三、生产要素市场	**Production Factor Market**	**14**	**13**	**1**	**13**	**12**	**1**
(一)房地产市场	Real Estate Market	2	2		1	1	
(二)金融市场	Financial Market	4	4		3	3	
(三)劳动力市场	Labour Market	5	4	1	5	4	1
(四)技术市场	Technology Market				1	1	
(五)信息市场	Information Market						
(六)产权市场	Property Right Market						
(七)其他要素市场	Other Market	3	3		3	3	

15－15 各地区限额以上批发零售贸易企业按商品类别分社会消费品零售总额（2011）

Total Retail Sales of Social Consumer Goods by Category of Enterprises above Designated Size（2011）

单位：万元 unit：(10000 yuan)

地　区	Region	社会消费品零售总额 Total Retail Sales of Consumer Goods	食品类 Food	粮油、肉禽蛋 Grain,Oil, Meat,Poultry and Eggs	其他食品类 Other Food	烟、酒、茶、饮料 Tobacco, Liquor,Tea and Beverages	衣着类 Clothing	针、纺织品 Knitwear and Textiles	服装鞋帽类 Clothing, Shoes and Hats	用品类 Articles
全　省	**Total**	**14096544**	**1751905**	**551007**	**759789**	**441109**	**2285129**	**319800**	**1965329**	**6472455**
长　春	Changchun	6496619	649841	122137	375783	151920.8	1260454	181225	1079228	3582326
吉　林	Jilin	1996820	267604	53105	158553	55946	264232	37360	226872	958509
四　平	Siping	1053449	97489	39870	24645	32974	203356	30380	172977	307905
辽　源	Liaoyuan	294966	45415	17469	18524	9422	50388	6758	43630	99655
通　化	Tonghua	1086535	165697	56038	42846	66813	129511	26219	103293	514117
白　山	Baishan	378510	66243	5968	15091	45185	43514	2596	40918	79877
松　原	Songyuan	967397	294146	241992	31569	20585	99342	5412	93930	257492
白　城	Baicheng	751963	31097	4391	5901	20805	98046	6581	91466	218629
延　边	Yanbian	1070287	134374	10037	86879	37458	136286	23269	113017	453946

续表 Continued

单位：万元 unit：(10000 yuan)

地　区	Region	#日用品 Atricles for Daily Use	#生活电器 Household Appliances	#文化体育娱乐 Culture and Sports Articles	#化妆品 Cosmetics	#金银珠宝 Jewelry	#中西药品 Transitional Chinese and Western Medicines	#书报杂志 Newspaper and Magazines	#建筑材料 Construction Material	燃料类 Fuel
全　省	**Total**	**398621**	**1188105**	**225836**	**186409**	**323080**	**327463**	**94319**	**401582**	**3587056**
长　春	Changchun	203105	553493	110964	85960	186007	143870	31644	182370	1003998
吉　林	Jilin	62141	151894	21277	21512	55317	45737	18176	88773	506476
四　平	Siping	17766	105154	14705	17829	15954	20603	10721	10021	444698
辽　源	Liaoyuan	9458	27993	1592	4658	13370	5884	3119	1839	99509
通　化	Tonghua	41315	88259	22011	19716	11227	40863	6975	66034	277210
白　山	Baishan	4838	24745	2486	4288	3881	7271	3395	1981	188876
松　原	Songyuan	20543	80444	9874	17869	2644	13947	5718	27421	316417
白　城	Baicheng	8976	62805	2888	7169	18666	18877	9163	14287	404190
延　边	Yanbian	30479	93319	40039	7410	16014	30411	5407	8856	345682

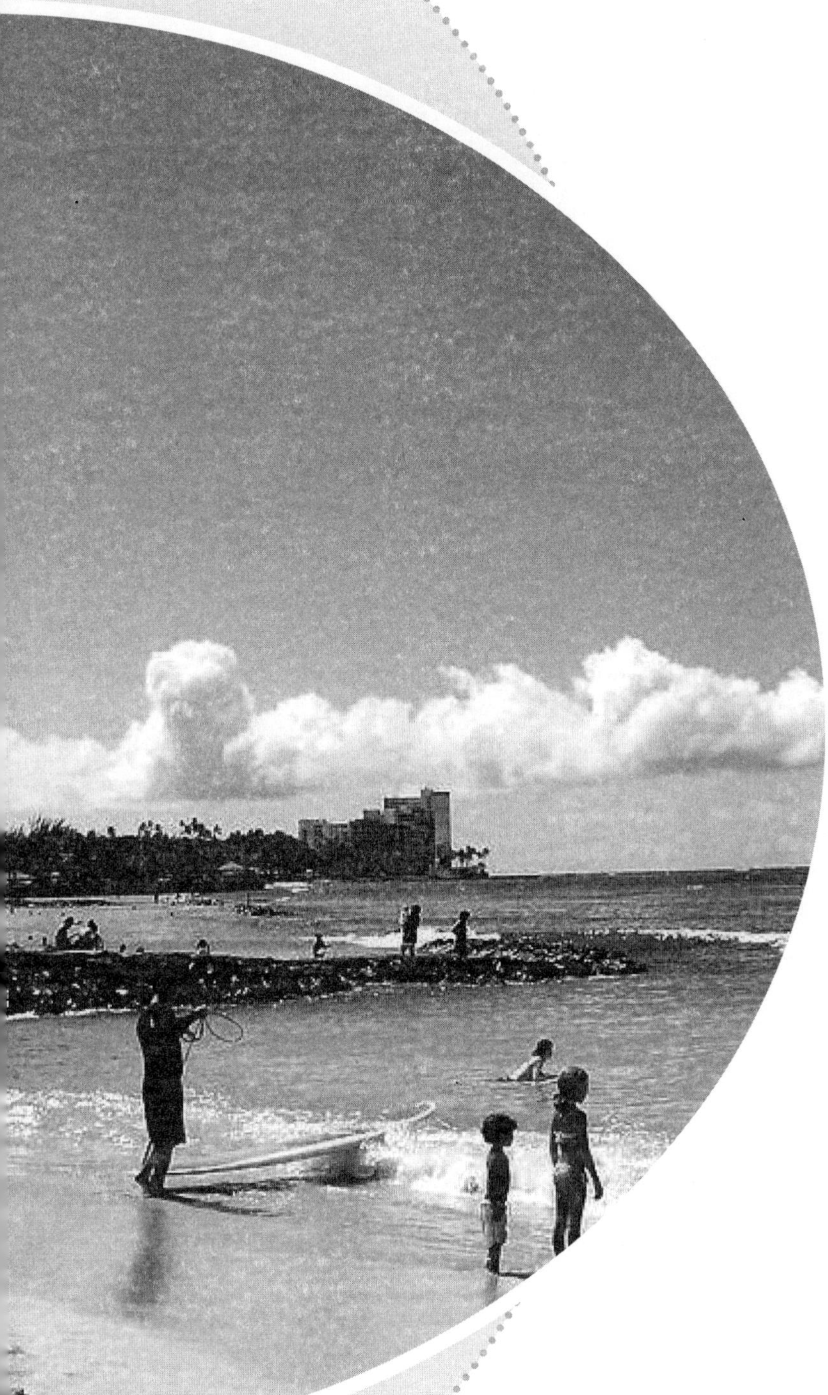

第十六篇

CHAPTER 16

对外经济贸易和旅游业

FOREIGN ECONOMY TRADE AND INTERNATIONAL TOURISM

16－1　历年进出口贸易总额

Total Value of Imports and Exports

年　份 Year	进出口总额（万美元）Total Imports and Exports (USD 10000)	出口总额 Total Exports	进口总额 Total Imports	进出口总额（万元）Total Imports and Exports (10000yuan)	出口总额 Total Exports	进口总额 Total Imports
1957	1106	1106		2881	2881	
1962	849	829	20	2091	2042	49
1965	3021	2888	133	7436	7109	327
1970	495	93	402	1218	228	990
1975	2623	1886	737	5164	3713	1451
1978	3704	2357	1347	6372	4055	2317
1979	6067	4413	1654	9683	6840	2843
1980	11108	6625	4483	16024	9344	6680
1981	17196	12896	4300	30093	22568	7525
1982	17753	13207	4546	34172	25422	8750
1983	21884	16661	5223	42833	32610	10223
1984	34046	24972	9074	75048	55046	20002
1985	55072	42712	12360	176295	136731	39564
1986	71716	52515	19201	266855	195408	71447
1987	63946	46766	17180	237981	174044	63937
1988	70766	53214	17552	263363	198041	65322
1989	94459	68447	26012	351538	254732	96806
1990	95272	75172	20100	449821	354920	94901
1991	134933	102707	32226	716204	545154	171050
1992	192278	130678	61600	1095985	744865	351120
1993	298100	161649	136451	2592173	1405643	1186530
1994	361209	202247	158962	3052216	1708987	1343229
1995	271474	141932	129542	2266997	1185231	1081766
1996	283725	150440	133285	2354918	1248652	1106266
1997	185442	93293	92149	1535460	772466	762994
1998	165282	74904	90378	1368204	620075	748149
1999	221698	101956	119742	1835549	844145	991404
2000	255396	124164	131232	2114168	1027830	1086338
2001	313330	146343	166987	2593307	1211222	1382085
2002	370724	176815	193909	3068394	1463351	1605043
2003	617230	216199	401031	5108627	1789414	3319213
2004	679326	171504	507822	5622442	1419453	4202989
2005	652837	246688	406149	5268525	1990821	3277704
2006	791407	299668	491739	6179860	2340018	3839842
2007	1029943	385819	644124	7523322	2818254	4705068
2008	1334065	477159	856906	9265215	3313917	5951298
2009	1174744	313154	861590	8024676	2139155	5885521
2010	1684637	447640	1236997	11404150	3030299	8373851
2011	2204742	499848	1704894	14239988	3228418	11011570

注：本表1978–1996年为外贸部门统计数，进出口总额中未包括口岸代理进口数。从1997年开始为海关统计数。

Note：Data were obtained from the minstry of foreign trade during 1978 – 1996, and data have been obtain from the costoms since 1997.

16－2 海关主要商品出口总值（2011）
Total Value of Main Exports Commodities（2011）

单位:万美元　　　　unit:10000 dollars

品　名	Item	数量单位 The Number of Units	数量 Amount	金额 Sum
出口贸易总值	**Total Exports Value**			**663261**
#水海产品	Aquatic and Seawater Products	吨 ton	9891	6681
填充用羽毛、羽绒	Feathers and Down for Stuffing	吨 ton	172	1174
蔬菜	Vegetables	吨 ton	57567	6065
鲜、干水果及坚果	Fresh、Dry Fruits and Nuts	吨 ton	14908	11913
药材	Medical Materials	吨 ton	4566	4621
粮食	Grain	万吨 10000tons	32	23236
食用油籽	Edible Oil	吨 ton	59083	6526
粘土及其他耐火矿物	Clay and Other Five Proof Mineral	吨 ton	19396	870
煤	Coal	吨 ton	5711	128
医药品	Pharmaceutical Products	吨 ton	4742	3463
塑料制品	Plastic Products	吨 ton	12021	2953
服装及衣着附件	Clothing and Garniture			56026
新的充气橡胶轮胎	New Rubber Tyres			14469
箱包及类似容器	Suitcase and Similar Packages			2210
胶合板及类似多层板	Veneer and Similar Products	立方米 cu.m	194237	29585
家用或装饰用木制品	Wood for Household and Decoration	吨 ton	5539	1273
纸及纸板(未切成形的)	Paper and Newspaper(not cut)	吨 ton	29794	2672
纺织原料及纺织制品	Spinning Raw Material and Spinning Products			78146
鞋靴	Shoes and Boots	万双 10000pairs	816	7152
鞋靴零件	Shoes, Boots and Parts	吨 ton	455	292
玻璃制品	Glasswork			249
钢材	Steels	吨 ton	59853	4816
发动机及其零件	Engine and Parts			17303
金属加工机床	Metal Processing Machine	台 unit	184	179
自动数据处理设备及其部件	Automatic Data Processing Equipment and Parts			369
通断保护电路装置及零件	Electrical Apparatus for Switching or Protecting Electrical			1566
二极管及类似半导体器件	Cricuits Diode and Similar Semiconductor	万个 10000 units	52308	3502
电线和电缆	Wire and Cable	吨 ton	1273	1637
汽车(包括整套散件)(以下简述)	Motor (included a complete set of Spare Part)	辆 coach	9746	18295
装有引擎的汽车底盘	Motor Vehicles and Chassis	台 unit	356	597
汽车零件	Parts of Motor Vehicles			15505
摩托车	Motorcycle	辆 coach	27186	1160
铁道及电车道机车.车辆	Railway and Tramway Locomotives	辆 coach	351	33568
铁道及电车道机车或车辆的零件	Railway and Tramway Locomotives or Parts			2460
家具及其零件	Furniture and Parts			5780
灯具、照明装置及其零件	Lamps, Lighting Equipment and Its Parts			477
床垫.寝具及类似品	Mattress,Bedclothing and Similar Products			1360

16－3　海关主要商品进口总值（2011）
Total Value of Main Imports Commodities（2011）

单位:万美元　　　　unit:10000 dollars

品　　名	Item	数量单位 The Number of Units	数量 Amount	金额 Sum
进口贸易总值	**Total Value of Imports**			**3078350**
#水海产品	Aquatic and Seawater Products	吨 ton	59681	7162
其中:冻鱼	Frozen Fish	吨 ton	16980	1685
鲜.干水果及坚果	Fresh Dry Fruits and Nuts	吨 ton	11050	3597
粮食	Grain and Grist	万吨 10000 ton	93	52756
煤	Coal	吨 ton	156647	1964
矿砂及其精矿	Iron Ores and Refined Ores	吨 ton	6539764	99218
初级形状的塑料	Primary Shape Plastic	吨 ton	31330	8033
塑料制品	Plastic Products	吨 ton	2257	4050
非泡沫塑料的板.片.膜.箔	Unfoam Board,Fflake,Diaphragm,Foil	吨 ton	1821	1398
橡胶(初级形状或板.片.带)	Rubber (board, sheets, shrip)	吨 ton	13578	5790
其中:天然橡胶	Natural Rubber	吨 ton	9193	4262
合成橡胶	Synthetic Rubber	吨 ton	4385	1527
锯材	Sawn Timber	立方米 cu.m	89347	3763
纺织原料及纺织制品	Spinning Raw Material and Spinning Products			11086
钢材	Steel	吨 ton	92593	15880
钢铁制品	Steel Products			26886
其中:钢铁制标准件(螺栓螺母等)	Steel Standardized Firmware (bolts and nuts)	吨 ton	18291	16337
未锻造的铝及铝材	Non-forge Aluminium and Aluminium Products	吨 ton	2301	1673
发动机及其零件	Engine and Parts			112609
液泵及液体提升机	Liquid Pump and Liquid Hoist	台 unit	1751105	8555
制冷设备用压缩机	Compressors for Refrigerating Equipment	台 unit	383135	4465
空气调节器	Air Conditioners	台 unit	150851	3197
机械提升搬运装卸设备及零件	Mechanical Handling Equipment and Parts			6701
机床及零件	Machine and Parts			28441
其中:金属加工机床	Metal Processing Machine	台 unit	418	27572
橡胶或塑料加工机械及零件	Rubber or Plastic Processing Machinery and Parts			2374
阀门	Valve	万套 10000 sets	492	3809
电动机及发电机	Motors and Generators	台 unit	6494668	10962
变压.整流.电感器及零件	Transformer,Rectifier, Inductors and Parts			15664
声音录制和重放设备	Sound Recording and Playback Setting			2457
无线电导航雷达及遥控设备	Wireless Navigation Radar and Control Equipments	台 unit	1429620	2006
收音设备(包括收录音组合机及整套散件)	Radio Equipment			12450
电视.收音机及无线电讯装置的零附件	Television,Radiogram and Wireless Radiotelephone Equipment	吨 ton	329	23802
二极管及类似半导体器件	Diode and Similar Semiconductor	百万个 Million units	399	1819
通断保护电路装置及零件	Protection Devices and Electrical Parts			27963
集成电路	Integrated Circuit	百万个 Million units	132	10004
电线和电缆	Wire and Cable	吨 ton	2492	5807
汽车(包括整套散件)	Auto (included complete set of pieces)	辆 coach	86284	453474
汽车零件	Parts of Motor Vehicles			390328
医疗仪器及器械	Medical Instruments and Appliances			5842
检测仪器	Testing Instruments	台 unit	386379	16844

16－4 全部企业按贸易方式分进出口总值表（2011）

Total Value of Imports and Exports by Trade Mode（2011）

单位: 万美元 unit:10000 dollars

指　标	Item	进出口总值 Total Imports and Exports	出口总值 Total Exports	进口总值 Total Imports
进出口贸易总值	**Total Value of Imports and Exports**	**2204742**	**499848**	**1704894**
一般贸易	General Trade	1898580	308691	1589889
国家间、国际组织无偿援助和赠送的物资	Ponation of Tnternational Associations	1763	1763	
华侨、港澳同胞、外籍华人捐赠物资	Donation of Overseas Chinese	8	8	
加工贸易	Processing Trade	159767	109418	50349
补偿贸易	Compensation Trade			
来料加工装配贸易	Processing and Assembly Trade	40734	26335	14399
进料加工贸易	Processing Trade for Imported Material	119033	83083	35950
寄售、代销贸易	Sale by Consignment			
边境小额贸易（边民互市贸易除外）	Small Trade on Border	48954	30371	18584
加工贸易进口设备	Imported Equipment for Processing Trade	20		20
对外承包工程出口货物	Exported Goods on Contracted Projects	854	854	
租赁贸易	Leasehold Trade	473	473	
外商投资企业作为投资进口的设备、物品	Imported Equipment used as Investment by Foreign Funded Enterprises	32182		32182
出料加工贸易	Prossing Trade for Exported Materials			
易货贸易	Dicker Trade			
免税外汇商品	Tax-free Foreign Exchange Commodities			
保税监管场所进出境货物	Importing Goods in Bonded Supervision Places	18115	5312	12803
海关特殊监管区域物流货物	Goods in the Areas under Special Customs Supervision	57	57	
海关特殊监管区域进口设备	Imported Equipment in the Areas under Special Customs Supervision	7		7
其它	Others	43962	42902	1060

16－5 全部企业按主要国家（地区）分进出口总值表（2011）

Total Value of Imports and Exports of All Enterprises by Major Countries（regions）（2011）

单位：万美元　　unit:10000 dollars

国　别（地区）	Region	进出口总值 Total Exports and Imports	出口总额 Total Exports	进口总额 Total Imports
进出口贸易总值	**Total Value of Imports and Exports**	**2204742**	**499848**	**1704894**
亚洲	**Asia**	**656387**	**271537**	**384850**
# 柬埔寨	Kampuchea	1420	1420	
香港	Hongkong	19455	17990	1466
印度	India	17475	13063	4412
印度尼西亚	Indonesia	35883	8489	27394
伊朗	Iran	25277	25214	62
伊拉克	Iraq	562	562	
以色列	Israel	2393	1870	522
日本	Japan	312615	58744	253871
约旦	Jordan	883	883	
马来西亚	Malayqia	20109	5277	14833
巴基斯坦	Pakistan	10061	5733	4328
菲律宾	The Philippines	6144	4900	1243
沙特阿拉伯	Saudi Arabia	9520	9475	45
新加坡	Singapore	5952	2884	3068
韩国	South Korea	68803	47334	21469
叙利亚	Syria	288	288	
泰国	Thailand	10310	3975	6335
土耳其	Turkey	4980	2094	2886
阿拉伯联合酋长国	United Arab Emirates	4240	3999	241
越南	Vietnam	7823	6588	1234
中国台湾	Taiwan,China	12909	8637	4272
哈萨克	Kazakstan	435	435	
非洲	**Africa**	**29540**	**17093**	**12447**
# 阿尔及利亚	Algeria	500	423	77
埃及	Egypt	1325	1239	86
埃塞俄比亚	Ehtiopia	1547	1547	
加纳	Chana	265	265	
尼日利亚	Nigeria	1817	1817	
南非（阿扎尼亚）	South Africa	14626	4090	10536
苏丹	Sudan	860	860	

注：由于四舍五入，进口+出口不等于进出口总值。
Note：Because of rounding，the import and export is not equivalent to total imports and exports.

16－5 续表

单位：万美元 unit:10000 dollars

国　别（地区）	Region	进出口总值 Total Exports and Imports	出口总额 Total Exports	进口总额 Total Imports
欧洲	**Europe**	**1316712**	**138480**	**1178232**
# 比利时	Belgium	49696	8598	41098
丹麦	Denmark	2651	1308	1343
英国	UK	12641	8030	4611
德国	Germany	754926	17756	737170
法国	France	23820	2662	21158
爱尔兰	Ireland	676	268	408
意大利	Italy	39763	10535	29227
卢森堡	Luxemburg	433		433
荷兰	Netherland	22363	9980	12383
西班牙	Spain	8870	2362	6508
奥地利	Austria	13228	753	12476
匈牙利	Hungary	96276	372	95904
挪威	Norway	3048	1520	1529
波兰	Poland	6818	1272	5546
瑞典	Sueden	4620	1426	3194
瑞士	Switzerland	6431	246	6185
俄罗斯	Russia	70564	63978	6587
乌克兰	UKraine	2702	2179	522
捷克共和国	Czech Rep	27958	103	27855
拉丁美洲	**Latin America**	**67610**	**16855**	**50755**
# 阿根廷	Argentina	4289	540	3750
巴西	Brazil	45693	2786	42908
墨西哥	Mexico	7808	3792	4016
委内瑞拉	Venezuela	650	642	8
北美洲	**North America**	**88503**	**39625**	**48878**
加拿大	Canada	10703	5600	5103
美国	USA	77800	34025	43775
大洋洲	**Oceanic and Pacific Islands**	**45991**	**16258**	**29732**
# 澳大利亚	Austrialia	45450	15795	29655
#国别不详的或联合国组织	**U.N.Organization**			
东盟组织	**The Association of Southest Asian**	**87800**	**33677**	**54123**
欧盟组织	**European Economic Community**	**1229902**	**69656**	**1160247**

16－6　实际利用外资情况

Actually Utilization of Foreign Capital

单位：万美元　　　　unit：10000 dollars

指　　标	Item	2010	2011
签订合同数（个）	**Number of Signed Contracts**	**200**	**138**
签订利用外资协议合同额	**Total Value of Foreign Capital Through Signed Contracts and Agreements**	**140552**	**125939**
对外借款	Foreign Loans		
外商直接投资	Direct Foreign Investment	140552	125939
外商其他投资	Other Foreign Investment		
实际利用外资额	**Total Amount of Foreign Capital Actually Used**	**416461**	**494705**
对外借款	Foreign Loans	205976	302768
外商直接投资	Direct Foreign Investment	128042	148125
外商其他投资	Other Foreign Investment	82443	43812

16－7　国外经济合作情况

Economic Cooperation with Foreign County

指　　标	Item	新签合同（万美元）New Contracted (10000 USD)		实际完成（万美元）Actual Finish (10000 USD)	
		2010	2011	2010	2011
合计	**Total**	**56182**	**22010**	**57221**	**63466**
对外承包工程	Contracted Projects	38178	7605	26364	29510
对外劳务工程	Labor Cooperation	18004	14405	30857	33956

16－8 旅游事业发展情况（一）
Development of Tourism (One)

年 份 Year	星级饭店总数（个）Total Number of Star-ranked Holels (unit)	入境旅游人数（万人次）Number of International Tourists (10 000 person – times)	#外国人 Foreigners	国际旅游外汇收入（万美元）Foreign Exchange Earning From Tourism (10 000 USD)	国内旅游人次（万人次）Number of Domestic Tourists (10 000 person – times)	国内旅游收入（万元）Income from Domestic Tourism (10 000yuan)	国内旅游人均花费（元）Domestic Tourism Spending Per Capita (yuan)
1981	135						
1982	130						
1983	130						
1984	156						
1985		2.4	1.0	165		1261	
1986		3.1	1.6	235		1203	
1987		3.6	1.5	255		1995	
1988		4.2	1.8	380		3174	
1989	23	2.5	1.2	335		3293	
1990	27	4.6	3.0	610		4353	
1991	33	6.2	3.6	859		7848	
1992	35	8.4	5.3	1106		25492	
1993	38	7.9	5.6	1110		27606	
1994	48	10.7	9.3	2488			
1995	52	15.6	14.5	4148			
1996	72	18.8	17.6	5310			
1997	73	20.0	18.1	5935	1240	167100	134.8
1998	86	13.1	11.6	3783	1317	266100	202.1
1999	95	15.9	14.1	4483	1463	349000	238.6
2000	151	22.3	19.2	5804	1809	519400	287.1
2001	151	27.2	23.7	7579	2225	773900	347.8
2002	172	29.4	25.9	8700	2455	1081700	440.6
2003	182	21.2	18.5	6638	2331	1362200	584.3
2004	176	32.4	27.7	9600	2588	1759200	679.8
2005	198	37.3	30.7	11953	2851	2193400	769.4
2006	210	44.9	36.8	14244	3193	2640000	826.9
2007	216	54.4	44.2	17931	3704	3365100	908.6
2008	236	61.7	52.5	21144	4497	4361000	969.8
2009	231	68.1	58.3	24294	5433	5641000	1038.3
2010	223	82.0	72.2	30492	6409	7123900	1111.6
2011	208	99.3	85.5	38528	7542	9042900	1199.0

16－9 旅游事业发展情况（二）
Development of Tourism（Two）

指 标	Item	单位 Unit	2010	2011
入境旅游者人数	Total Number of International Tourists	人次 person－time	820062	993204
外国人	Foreigners	人次 person－time	721590	854940
港澳同胞	Compatriots from HongKong and Macao	人次 person－time	65903	83354
台湾同胞	Compatriots from Taiwan	人次 person－time	32569	54910
海外旅游者人天数	Intenational Tourists for One Day	人天 person－day	1725133	2164178
外国人	Foreigners	人天 person－day	1526176	1819834
港澳同胞	Compatriots from HongKong and Macao	人天 person－day	136775	205173
台湾同胞	Compatriots from Taiwan	人天 person－day	62182	139171
国际旅游外汇收入	Foreign Exchanqe Earnings from Tourism	万美元 10000 USD	30492	38528
国内旅游人数	Total Number of Domestic Tourists	万人次 10000 person－times	6408.89	7541.98
国内旅游收入	Income from Domestic Tourism	亿元 100 million yuan	712.39	904.29
旅游接待总人数	Total Number of Tourists	万人次 10000 person－times	6490.9	7641.30
旅游业总收入	Total Income of Tourism	亿元 100 million yuan	732.83	929.33

注：海外旅游者人数及人天数中的外国人包括华侨数。
Note：The dafa of international tourists include overseas Chinese.

16－10 旅游部门接待能力
Reception Capability on Tourist Sector

指 标	Item	单位 Unit	2010	2011
优秀旅游城市	Number of Excellent City for Tourism	个 unit	7	7
星级饭店	# Star－ranked Hotels	个 unit	223	208
旅行社	Travel Agency	个 unit	567	583
客房数	Number of Guest room	间 Room	24619	24861
客房床位数	Number of Beds	张 bed	39413	36928

16－11　各地区实际利用外商直接投资（2011）
Foreign Direct Investment Actually Used by Region（2011）

单位：万美元　　unit:10000 dollars

地　区	Region	签订合同数（个）Number of Signed Contracts (unit)	签订利用外资协议合同额 Value of Foreign Capital Through Signed Agreements and Contracts	实际利用外商直接投资 Foreign Direct Foreign investment
全　省	**Total**	**138**	**125939**	**148125**
长　春	Changchun	35	24659	77352
吉　林	Jilin	7	2489	16048
四　平	Siping	5	4012	7279
辽　源	Liaoyuan	4	10200	11918
通　化	Tonghua	11	9108	5815
白　山	Baishan	2	8637	7585
松　原	Songyuan	3	434	7934
白　城	Baicheng	2	-112	3459
延　边	Yanbian	44	16286	10011
省　直	Shengzhi	25	50231	724

16－12　接待外国旅游人数
Reception Number of Oversea Travelling

国　家	Countries	2005	2006	2007	2008	2009	2010	2011
旅游人数（万人次）	Total Number of Tourists（10000 person－times）	2887.99	3237.63	3757.95	4558.65	5501.08	6490.90	7641.32
入境旅游人数（人次）	Number of Oversea Visitor Arrivals（person－time）	373249	448797	543602	617303	680528	820062	993204
外国人（人次）	Foreigners（person－time）	306794	368293	441832	524625	582861	721590	854940
#日本（人次）	Japan（person－time）	45113	52958	62976	69598	70263	73564	74650
韩国（人次）	South Korea（person－time）	129451	153552	183364	219533	247767	314931	377940
菲律宾（人次）	Philippines（person－time）	1390	780	720	879	886	932	871
新加坡（人次）	Singapore（person－time）	5413	6210	7148	7216	7426	8414	9568
英国（人次）	United Kingdom（person－time）	2534	1140	1060	1324	368	1396	1524
德国（人次）	Germany（person－time）	10701	11393	12782	14425	15532	17692	21406
俄罗斯（人次）	Russia（person－time）	85985	110458	139263	176044	199837	259765	317054
加拿大（人次）	Canada（person－time）	3145	1059	1120	1410	1488	1522	1608
美国（人次）	United States（person－time）	3987	4749	5663	5798	5849	6586	7364
港澳同胞（人次）	Chinese Compatriots form Hong Kong, Macao (person－time)	32025	41986	52364	56879	65201	65903	83354
台湾同胞（人次）	Chinese Compatriots from Taiwan Province (person－time)	34430	38518	49406	35799	32466	32569	54910

16－13 各地区旅游主要指标（2011）
Main Indicators of Regional Tourism（2011）

地　区	Region	接待入境旅游者人数（万人次）Total Mumber of Internation Tourists(10000 Person－times)	#外国人数（万人次）Foreigners (10000 Person－times)	国内旅游外汇收入（万美元）Foreign Exchange Earning from Tourism(10000 USD)	旅游人数（万人次）Number of Tourists (10000 Person－times)	国内旅游收入（亿元）Zncome from Domestic Tourism(100 million yuan)	星级饭店 Star－yanked Hotels
全省	**Total**	**99.32**	**85.49**	**38527.75**	**7541.98**	**904.29**	**208**
长春	Changchun	30.17	24.80	16974.46	3084.17	420.62	55
吉林	Jilin	7.64	4.03	2431.80	2042.46	215	26
四平	Siping	0.23	0.23	71.15	144.17	15.68	3
辽源	Liaoyuan	0.03	0.03	11.17	117.66	12.76	3
通化	Tonghua	9.84	9.72	1820.18	465.30	47.36	26
白山	Baishan	3.41	2.22	1266.37	411.11	38.63	33
松原	Songyuan	1.89	0.84	895.04	290.38	35.34	9
白城	Baicheng	1.14	0.69	212.44	173.65	19.46	8
延边	Yanbian	44.98	42.93	14845.14	813.08	99.44	30
全省中：长白山	Changbaishan	15.83	15.83	6218.64	271.73	22.23	15

16－14 国内游客出游方式构成表

Composition of Domestic Tourists Travelling Ways

单位：%　　　　unit：%

年　份 Year	单位组织 Units Organized	家庭或与亲朋结伴 Family or Friend Together	旅行社组织 Travel Service	个人旅行 Personal Travel	其他 Others
2001	25.13	23.26	7.35	19.85	24.41
2002	24.52	23.84	8.56	18.51	24.57
2003	24.98	23.67	8.69	21.19	21.47
2004	23.86	22.50	5.69	22.29	25.66
2005	25.46	24.32	11.73	20.97	17.52
2006	22.81	26.71	9.73	22.96	17.79
2007	19.00	25.70	7.80	24.50	23.00
2008	18.70	26.30	6.60	26.70	21.70
2009	19.00	26.00	6.00	22.00	27.00
2010	22.00	27.00	5.00	22.00	24.00
2011	20.00	27.00	7.00	24.00	22.00

第十七篇

CHAPTER 17

教育和文化事业

EDUCATION AND CULTURE

17－1　历年教育基本情况
Basic Statistics on Education

年 份 Year	在校学生数（万人） Student Enrollment（10000 persons） 普通高等学校 Regular Institutions of Higher Education	中等学校 Secondary Schools	#普通中学 Regular Secondary Schools	小学 Primary Schools	学龄儿童入学率(%) Percentage of School-aged Children Enrollment (%)	专任教师数（人） Number of Full－time Teachers（person） 普通高等学校 Regular Institutions of Higher Education	中等学校 Secondary Schools	#普通中学 Regular Secondary Schools	小学 Primary Schools
1949	0.37	3.92	3.49	90.37		255	1705	1510	22206
1950	0.37	4.75	3.97	109.43		434	2352	1887	25985
1951	0.38	6.57	5.22	125.77		523	2808	2095	29345
1952	0.67	11.27	8.59	119.09		768	4762	3284	30746
1953	0.81	13.88	10.99	143.38		1203	6056	4262	35417
1954	0.93	17.11	14.12	126.87		1315	7402	5437	34514
1955	1.18	17.35	14.80	115.29		1584	7696	6054	33483
1956	1.69	20.37	17.22	131.95		2356	8293	6192	34189
1957	1.82	21.46	18.76	142.15		2762	8910	6744	38188
1958	2.86	37.80	22.58	179.59		3779	13856	8404	49980
1959	3.27	34.53	24.13	196.52		4302	15887	9509	54040
1960	3.91	37.92	26.32	235.60		5781	18473	11178	67499
1961	3.82	34.67	24.59	223.79		6852	19236	11500	73082
1962	3.49	34.30	26.23	230.17		5800	18697	12896	76457
1963	3.21	35.13	28.85	229.28		5612	18801	13928	79327
1964	2.87	43.30	33.89	269.08		5228	21730	15781	89052
1965	2.60	59.67	35.87	303.20		5187	28085	16158	93203
1966	2.60	61.95	56.74	282.06		5289	30049	25618	88662
1967	1.57	63.30	60.41	295.95		5324	31241	26810	90566
1968	0.98	66.69	65.84	299.41		5377	36287	31856	96699
1969	0.46		66.35	309.55		4695	35358	32304	101427
1970	0.30		77.14	307.17		2110	34694	32851	101272
1971	0.30	97.82	95.37	331.55		2447	44984	42875	106298
1972	0.70	128.57	125.82	342.65		3476	57544	55009	115765
1973	1.18	130.66	128.61	344.49		4198	61789	58018	121146
1974	1.70	142.87	140.01	346.34		4521	65420	61612	119453
1975	2.21	164.83	161.42	346.92		4636	76778	72901	121020
1976	2.30	202.54	199.28	342.09		5258	94276	89910	121826
1977	2.35	213.35	210.52	335.90		6182	100547	96336	122325
1978	3.00	209.10	205.95	342.97	97.7	7221	101705	96732	124978
1979	3.57	196.57	192.26	350.41	95.3	7931	106588	100814	133875
1980	3.80	189.29	183.14	355.29	98.0	8468	103427	96189	133402
1981	4.65	173.87	169.21	349.30	96.5	8641	100443	93508	134664
1982	4.14	165.14	156.42	330.98	96.5	9670	98244	89129	133796
1983	4.54	156.39	143.60	306.12	97.0	10570	95818	84399	129288
1984	5.10	158.24	141.89	300.88	97.8	10956	94443	81494	132786
1985	5.95	158.47	138.70	299.81	97.7	12443	96294	82201	134515
1986	6.55	154.42	133.77	306.90	98.0	13580	97188	82108	137499
1987	6.87	154.49	133.45	299.39	98.3	13752	99868	83609	142040
1988	7.29	152.31	129.77	291.02	98.5	14707	102334	84897	144864
1989	7.31	141.80	120.18	283.42	98.6	14726	102626	85211	147118
1990	7.28	140.41	119.57	276.12	98.9	14791	101692	84492	145952
1991	7.25	145.32	124.02	267.24	98.8	14664	104064	86460	147729
1992	7.57	152.36	129.80	259.95	98.5	14706	104489	86962	146337
1993	8.63	152.95	129.46	257.35	99.3	14864	105149	87622	147678
1994	9.52	151.47	126.64	264.19	99.6	14956	106326	88238	150242
1995	10.08	155.18	128.74	269.03	99.7	15024	107533	88908	152734
1996	10.50	156.82	128.71	274.91	99.7	15497	109883	91241	153537
1997	11.02	158.49	129.00	280.07	99.6	15610	110514	92019	149396
1998	11.79	158.35	127.89	274.27	99.8	15531	110651	92482	151758
1999	13.96	162.14	133.68	260.38	99.8	15166	108245	90943	152052
2000	17.53	167.75	143.12	241.59	99.8	17476	106110	90007	150291
2001	21.78	169.18	148.81	221.01	97.4	18194	103631	88921	145092
2002	26.47	173.36	155.20	202.22	97.6	19975	104834	91291	144586
2003	31.95	177.38	157.76	183.31	95.7	21824	109079	92338	141363
2004	36.22	180.51	159.96	174.14	99.4	25011	110318	93056	140904
2005	40.73	176.43	154.74	162.52	99.4	28129	111590	94248	137675
2006	43.51	174.81	149.01	155.60	99.2	29918	113603	94619	134450
2007	47.02	170.55	144.68	153.67	99.6	31667	113703	94464	131475
2008	50.41	167.32	139.46	150.07	99.8	32539	114192	94202	129118
2009	53.10	166.88	133.76	146.11	99.8	33239	115160	95614	128301
2010	54.44	159.03	128.84	144.46	99.8	33982	114622	94666	124502
2011	56.28	149.63	122.41	143.92	99.7	35647	123544	104417	111487

17-2 各级各类教育基本情况（2011）
Basic Statistics on Education by Level and Type（2011）

学校类别	Item	学校数（所）Number of Schools (unit)	教职工数（人）Teachers and Staff (person)	
			合计 Total	其中：专任教师 Fill-time Teachers
一、高等教育	Higher Education			
研究生培养机构	Institutions Providing Postgraduate Programs	19		
普通高等教育	Regular Institution of Higher Education	57	61429	35647
成人高等教育	Institutions of Higher Education for Adult	14	2603	1581
二、中等教育	Secondary Education			
高中阶段教育	Senior Secondary Education	600		50772
普通高中教育	Regular Senior Secondary Education	248		32239
中等职业教育	Vocational Secondary Education	352	26978	18533
普通中等专业学校	Regular Specialized Secondary Schools	49	6442	4502
中等技术学校	Technical Secondary Schools	47	6236	4344
中等师范学校	Teacher Training Schools	2	206	158
成人中等专业学校	Specialized Secondary Schools for Adults	81	6213	4406
职业高中	Vocational Senior Secondary Schools	183	12528	8461
其他机构	Others	39	1795	1164
初中阶段教育	Junior Secondary Education	1230		72772
普通初中	Regular Junior Secondary Schools	1218		72178
职业初中	Junior Secondary Vocational Schools	12	687	594
三、小学教育	Pimary Education	5600	132521	111487
四、特殊教育学校	Special Education	46	1752	1316
五、工读学校	Schools for Juvenile Delingguents	4	124	99
六、幼儿园	Kindergartens	3432	36776	22397

学校类别	Item	毕业生数（人）Graduates(person)	招生数（人）New Students Enrollment (person)	在校学生数（人）Students Enrollment (person)
一、高等教育	Higher Education			
研究生培养机构	Institutions Providing Postgraduate Programs	14312	17988	55027
普通高等教育	Regular Institution of Higher Education	141569	162751	562831
成人高等教育	Institutions of Higher Education for Adult	59348	72542	153161
二、中等教育	Secondary Education			
高中阶段教育	Senior Secondary Education	252283	260621	744735
普通高中教育	Regular Senior Secondary Education	155349	168965	478783
中等职业教育	Vocational Secondary Education	96934	91656	265952
普通中等专业学校	Regular Specialized Secondary Schools	25687	26509	77007
中等技术学校	Technical Secondary Schools	25240	25644	75199
中等师范学校	Teacher Training Schools	447	865	1808
成人中等专业学校	Specialized Secondary Schools for Adults	3506	4031	12680
职业高中	Vocational Senior Secondary Schools	44681	41925	133524
其他机构	Others	23060	19191	42741
初中阶段教育	Junior Secondary Education	285578	232122	751532
普通初中	Regular Junior Secondary Schools	282838	230258	745308
职业初中	Junior Secondary Vocational Schools	2740	1864	6224
三、小学教育	Pimary Education	226712	250353	1439237
四、特殊教育学校	Special Education	547	887	6015
五、工读学校	Schools for Juvenile Delingguents	113	42	104
六、幼儿园	Kindergartens	160836	283075	460348

17－3 各市县各级各类教育基本情况（2011）

Basic Statistics on Education by Type of City and County（2011）

市、县	City，County	小学 Primary Schools 学校数（所）Number of Schools (unit)	毕业生（人）Graduates (person)	招生数（人）New Student Enrollment (person)	在校学生数（人）Students Enrollment (person)	专任教师数（人）Number of Full－time Teachers (person)
全　　省	**Total**	**5600**	**226712**	**250353**	**1439237**	**111487**
长 春 市	**Changchun**	**1451**	**64269**	**71248**	**404490**	**30433**
南 关 区	Nanguan	46	5395	5783	32669	2162
宽 城 区	Kuancheng	86	5567	6013	33808	2538
朝 阳 区	Chaoyang	37	7632	6916	40020	2173
二 道 区	Erdao	75	5152	5212	31298	1662
绿 园 区	Lvyuan	38	5252	5954	31015	1822
双 阳 区	Shuangyang	112	2828	3377	19454	2034
农 安 县	Nong' an	305	7849	9249	49965	5303
九 台 市	Jiutai	184	5062	6345	35009	3318
榆 树 市	Yushu	352	11976	13031	79467	5615
德 惠 市	Dehui	216	7556	9368	51785	3806
吉 林 市	**Jilin**	**730**	**36013**	**36706**	**223664**	**16692**
昌 邑 区	Changyi	52	4878	4328	27126	1867
龙 潭 区	Longtan	42	3598	3725	20129	1331
船 营 区	Chuanying	56	3549	3081	20105	1577
丰 满 区	Fengman	18	2458	2424	15803	704
永 吉 县	Yongji	44	2612	2944	19300	1171
蛟 河 市	Jiaohe	123	5078	3870	23175	2172
桦 甸 市	Huadian	100	4070	5548	34238	2288
舒 兰 市	Shulan	161	5020	5878	35515	2824
磐 石 市	Panshi	134	4750	4908	28273	2758
四 平 市	**Siping**	**939**	**27881**	**36083**	**188025**	**13820**
铁 西 区	Tiexi	26	2247	2165	12852	1246
铁 东 区	Tiedong	54	2778	2680	16049	1241
梨 树 县	Lishu	265	7387	9275	47809	3174
伊 通 县	Yitong	164	3786	5264	28134	2233
公主岭市	Gongzhuling	259	7704	11771	56808	3828
双 辽 市	Shuangliao	171	3979	4928	26373	2098
辽 源 市	**Liaoyuan**	**366**	**8945**	**9895**	**57784**	**5624**
龙 山 区	Longshan	28	2291	2261	14441	1004
西 安 区	Xi'an	27	725	737	4491	651
东 丰 县	Dongfeng	178	3288	3684	21149	2059
东 辽 县	Dongliao	133	2641	3213	17703	1910
通 化 市	**Tonghua**	**377**	**20194**	**21509**	**132187**	**8714**

17－3 续表 1 continued

市、县	City, County	小学 Primary Schools 学校数（所）Number of Schools (unit)	毕业生（人）Graduates (person)	招生数（人）New Students Enrollment (person)	在校学生数（人）Students Enrollment (person)	专任教师数（人）Number of Full－time Teachers (person)
东昌区	Dongchang	28	2880	2441	14971	1043
二道江区	Erdaojiang	14	1244	939	6638	540
通化县	Tonghua	37	2169	2319	13646	728
辉南县	Huinan	60	2939	3199	19864	1588
柳河县	Liuhe	52	2965	3871	20076	1718
梅河口市	Meihekou	152	6005	6044	43304	2223
集安市	Ji' an	34	1992	2696	13688	874
白山市	**Baishan**	**231**	**9992**	**9185**	**58467**	**4837**
浑江区	Hunjiang	36	2681	2380	15263	1336
江源区	Jiangyuan	18	1329	1113	7503	438
抚松县	Fusong	28	3222	2547	18098	1350
靖宇县	Jingyu	64	1030	1298	7201	541
长白县	Changbai	27	597	612	3679	549
临江市	Linjiang	58	1133	1235	6723	623
松原市	**Songyuan**	**730**	**25861**	**30259**	**172282**	**13735**
宁江区	Ningjiang	79	6075	5917	37912	2381
前郭县	Qianguo	143	4684	6493	33502	3057
长岭县	Changling	236	4872	7605	36889	2453
乾安县	Qian' an	62	3179	2373	15721	2602
扶余县	Fuyu	210	7051	7871	48258	3242
白城市	**Baicheng**	**568**	**18491**	**20053**	**112413**	**9689**
洮北区	Taobei	81	4506	5146	28262	1874
镇赉县	Zhenlai	118	2850	2889	18989	1720
通榆县	Tongyu	49	3690	4627	22931	1506
洮南市	Taonan	172	4160	4167	23062	2100
大安市	Da' an	148	3285	3224	19169	2489
延边州	**Yanbian**	**208**	**15066**	**15415**	**89925**	**7943**
延吉市	Yanji	25	4387	4589	26627	1661
图们市	Tumen	9	588	491	3311	373
敦化市	Dunhua	79	3412	3768	20603	1732
珲春市	Hunchun	15	1771	1616	9881	1083
龙井市	Longjing	13	790	667	4410	468
和龙市	Helong	19	1087	828	5837	805
汪清县	Wangqing	25	1528	1365	8719	1054
安图县	Antu	23	1503	2091	10537	767

17－3 续表 2 continued

市、县	City，County	幼儿园 Kindergartens 学校数（所）Number of Schools (unit)	毕业生（人）Graduates (person)	招生数（人）New Students Enrollment (person)	在校学生数（人）Students Enrollment (person)	专任教师数（人）Number of Full-time Teachers (person)
全　省	**Total**	**3432**	**160836**	**283083**	**460407**	**22397**
长春市	**Changchun**	**756**	**41525**	**70863**	**129363**	**7741**
南关区	Nanguan	70	1533	5199	10516	973
宽城区	Kuancheng	55	2962	3876	7790	642
朝阳区	Chaoyang	71	3173	4386	11570	1186
二道区	Erdao	86	3477	5547	14050	930
绿园区	Lvyuan	95	3824	4416	14782	1158
双阳区	Shuangyang	54	3334	2434	8553	450
农安县	Nong' an	70	6100	10780	15411	458
九台市	Jiutai	40	2995	10156	13829	562
榆树市	Yushu	117	5475	12886	16317	699
德惠市	Dehui	98	8652	11183	16545	683
吉林市	**Jilin**	**658**	**44395**	**61806**	**90066**	**3961**
昌邑区	Changyi	108	2625	4442	14829	731
龙潭区	Longtan	67	6528	10045	10045	437
船营区	Chuanying	81	2338	4294	7570	410
丰满区	Fengman	53	4151	5529	6277	290
永吉县	Yongji	51	3467	3896	8364	340
蛟河市	Jiaohe	85	5171	7247	10029	378
桦甸市	Huadian	58	7286	9533	10972	601
舒兰市	Shulan	59	8041	10423	12578	294
磐石市	Panshi	96	4788	6397	9402	480
四平市	**Siping**	**417**	**6408**	**34251**	**49523**	**2164**
铁西区	Tiexi	41	1356	1013	5175	413
铁东区	Tiedong	60	1476	2885	5627	353
梨树县	Lishu	113	1489	12553	13924	435
伊通县	Yitong	25	426	4683	4965	196
公主岭市	Gongzhuling	61	389	10059	10598	274
双辽市	Shuangliao	117	1272	3058	9234	493
辽源市	**Liaoyuan**	**172**	**8646**	**10152**	**18158**	**838**
龙山区	Longshan	69	1761	2001	5747	416
西安区	Xi'an	1	0	573	573	18
东丰县	Dongfeng	78	4267	4650	7468	303
东辽县	Dongliao	24	2618	2928	4370	101
通化市	**Tonghua**	**330**	**12059**	**20255**	**36417**	**1630**

17－3 续表 3 continued

市、县	City，County	幼儿园 Kindergartens				
		学校数（所）Number of Schools (unit)	毕业生（人）Graduates (person)	招生数（人）New Students Enrollment (person)	在校学生数（人）Students Enrollment (person)	专任教师数（人）Number of Full－time Teachers (person)
东昌区	Dongchang	60	1458	1274	4560	301
二道江区	Erdaojiang	11	584	476	1530	89
通化县	Tonghua	44	1668	1187	4015	159
辉南县	Huinan	69	96	5342	5924	320
柳河县	Liuhe	25	2245	2985	4677	163
梅河口市	Meihekou	70	4852	6185	11397	382
集安市	Ji' an	51	1156	2806	4314	216
白山市	**Baishan**	**228**	**4958**	**11873**	**18132**	**1007**
浑江区	Hunjiang	66	1410	3095	5161	346
江源区	Jiangyuan	35	388	2510	2510	149
抚松县	Fusong	85	1720	2487	5033	293
靖宇县	Jingyu	11	359	1497	2127	53
长白县	Changbai	4	516	544	1526	45
临江市	Linjiang	27	565	1740	1775	121
松原市	**Songyuan**	**277**	**14276**	**31634**	**43589**	**1630**
宁江区	Ningjiang	60	4066	4567	9213	502
前郭县	Qianguo	89	1684	9236	9719	442
长岭县	Changling	68	2431	8085	11052	293
乾安县	Qian' an	29	1389	2759	3873	165
扶余县	Fuyu	31	4706	6987	9732	228
白城市	**Baicheng**	**286**	**15599**	**23443**	**33571**	**1243**
洮北区	Taobei	106	4441	1439	9172	510
镇赉县	Zhenlai	17	2712	4575	4575	76
通榆县	Tongyu	41	1960	5017	6042	181
洮南市	Taonan	59	3900	5534	6657	244
大安市	Da' an	63	2586	6878	7125	232
延边州	**Yanbian**	**308**	**12970**	**18806**	**41588**	**2183**
延吉市	Yanji	86	1472	7907	14170	716
图们市	Tumen	13	477	304	1447	108
敦化市	Dunhua	93	4589	4630	9310	591
珲春市	Hunchun	24	1947	1878	4114	147
龙井市	Longjing	16	576	524	2438	96
和龙市	Helong	21	753	408	2617	171
汪清县	Wangqing	13	1556	1820	3443	164
安图县	Antu	42	1600	1335	4049	190

17－3　续表 4　continued

市、县	City，County	普通初中 Regular Junior Secondary Schools 学校数（所） Number of Schools (unit)	毕业生（人） Graduates (person)	招生数（人） New Students Enrollment (person)	在校学生数（人） Students Enrollment (person)	专任教师数（人） Number of Full－time Teachers (person)
全　省	**Total**	**1218**	**285578**	**232122**	**751532**	**66496**
长春市	**Changchun**	**273**	**85722**	**64635**	**213940**	**17787**
南关区	Nanguan	19	6658	6260	19908	1643
宽城区	Kuancheng	22	6967	5083	17707	1408
朝阳区	Chaoyang	19	9498	8204	26539	1926
二道区	Erdao	17	7211	5124	17550	1273
绿园区	Lvyuan	16	5801	4505	14890	1355
双阳区	Shuangyang	24	3466	2825	9057	915
农安县	Nong' an	41	15105	7573	24499	2703
九台市	Jiutai	27	7074	5583	17508	1769
榆树市	Yushu	50	13924	11853	37888	2644
德惠市	Dehui	38	10018	7625	28394	2151
吉林市	**Jilin**	**151**	**44478**	**38024**	**122503**	**9714**
昌邑区	Changyi	17	6559	4618	14129	1280
龙潭区	Longtan	13	4381	3826	11865	991
船营区	Chuanying	12	5172	4254	13539	901
丰满区	Fengman	8	2427	2379	7062	449
永吉县	Yongji	14	3844	2794	10380	819
蛟河市	Jiaohe	23	4323	5078	16121	1541
桦甸市	Huadian	21	5418	5306	15292	1147
舒兰市	Shulan	24	6154	5020	16489	1294
磐石市	Panshi	19	6200	4749	17626	1292
四平市	**Siping**	**157**	**33040**	**27988**	**88947**	**8095**
铁西区	Tiexi	9	3068	2509	7749	791
铁东区	Tiedong	11	3918	2992	9061	905
梨树县	Lishu	40	8160	6808	22232	1828
伊通县	Yitong	25	5151	4187	13613	1062
公主岭市	Gongzhuling	45	8331	7767	24540	2439
双辽市	Shuangliao	27	4412	3725	11752	1070
辽源市	**Liaoyuan**	**58**	**12572**	**9030**	**29790**	**2993**
龙山区	Longshan	12	3699	2439	8225	725
西安区	Xi'an	6	1106	662	2462	351
东丰县	Dongfeng	23	4333	3255	10722	1074
东辽县	Dongliao	17	3434	2674	8381	843
通化市	**Tonghua**	**123**	**24949**	**19947**	**65075**	**5896**

17－3 续表 5 continued

市、县	City，County	普通初中 Regular Junior Secondary Schools 学校数（所）Number of Schools (unit)	毕业生（人）Graduates (person)	招生数（人）New Students Enrollment (person)	在校学生数（人）Students Enrollment (person)	专任教师数（人）Number of Full－time Teachers (person)
东昌区	Dongchang	11	3103	2245	7611	693
二道江区	Erdaojiang	8	1650	1251	4211	446
通化县	Tonghua	23	2895	2309	7439	655
辉南县	Huinan	19	4045	2921	9908	1072
柳河县	Liuhe	22	3701	2958	9520	942
梅河口市	Meihekou	26	7187	6274	19369	1465
集安市	Ji' an	14	2368	1989	7017	623
白山市	**Baishan**	**94**	**13396**	**9994**	**34719**	**4038**
浑江区	Hunjiang	15	3912	3043	10320	932
江源区	Jiangyuan	14	1680	1157	4160	562
抚松县	Fusong	23	4233	2932	10415	1156
靖宇县	Jingyu	17	1192	1127	3588	563
长白县	Changbai	11	797	602	1990	347
临江市	Linjiang	14	1582	1133	4246	478
松原市	**Songyuan**	**124**	**32870**	**27969**	**86609**	**6798**
宁江区	Ningjiang	18	8610	7575	23381	1532
前郭县	Qianguo	31	5909	4608	14874	1669
长岭县	Changling	35	7429	5776	17150	1256
乾安县	Qian' an	16	2201	2985	8931	1033
扶余县	Fuyu	24	8721	7025	22273	1308
白城市	**Baicheng**	**108**	**20193**	**19206**	**60713**	**4987**
洮北区	Taobei	25	5858	5247	16293	1249
镇赉县	Zhenlai	14	3518	2846	9708	808
通榆县	Tongyu	21	3684	3687	11597	794
洮南市	Taonan	21	4176	4149	12773	1021
大安市	Da' an	27	2957	3277	10342	1115
延边州	**Yanbian**	**130**	**18358**	**15329**	**49236**	**6188**
延吉市	Yanji	19	5212	4555	14011	1411
图们市	Tumen	7	993	537	2066	322
敦化市	Dunhua	22	4528	3373	10794	1199
珲春市	Hunchun	14	1906	1749	5793	719
龙井市	Longjing	12	888	772	2275	399
和龙市	Helong	16	1352	1052	3534	600
汪清县	Wangqing	24	1796	1524	5070	834
安图县	Antu	16	1683	1767	5693	704

17-3 续表 6 continued

市、县	City, County	普通高中 Regular Senior Secondary Schools 学校数（所） Number of Schools (unit)	毕业生（人） Graduates (person)	招生数（人） New Students Enrollment (person)	在校学生数（人） Students Enrollment (person)	专任教师数（人） Number of Full-time Teachers (person)
全 省	**Total**	**248**	**155349**	**168965**	**478783**	**27554**
长春市	**Changchun**	**66**	**44965**	**52169**	**146649**	**7462**
南关区	Nanguan	6	4460	5129	14988	851
宽城区	Kuancheng	7	3155	4132	10189	759
朝阳区	Chaoyang	14	6669	8758	23323	1361
二道区	Erdao	6	2420	2579	7617	452
绿园区	Lvyuan	7	3427	4540	12464	682
双阳区	Shuangyang	2	1550	1957	5424	310
农安县	Nong' an	10	6572	5882	20206	1134
九台市	Jiutai	4	5495	4250	13185	623
榆树市	Yushu	6	6482	9180	22806	777
德惠市	Dehui	4	4735	5762	16447	513
吉林市	**Jilin**	**39**	**25240**	**27300**	**77576**	**4430**
昌邑区	Changyi	7	3138	3062	9322	638
龙潭区	Longtan	5	2792	2680	8616	488
船营区	Chuanying	4	3278	3912	10631	599
丰满区	Fengman	3	1620	1701	5364	312
永吉县	Yongji	3	2421	2131	6847	429
蛟河市	Jiaohe	4	2103	2713	6515	362
桦甸市	Huadian	3	3672	4514	11458	491
舒兰市	Shulan	5	2649	2656	7872	444
磐石市	Panshi	5	3567	3931	10951	667
四平市	**Siping**	**32**	**19223**	**18840**	**54240**	**2892**
铁西区	Tiexi	3	1898	1889	5652	269
铁东区	Tiedong	3	2971	2420	8777	381
梨树县	Lishu	8	3342	3505	10007	624
伊通县	Yitong	4	1857	2663	6860	327
公主岭市	Gongzhuling	10	7652	6721	18167	992
双辽市	Shuangliao	4	1503	1642	4777	299
辽源市	**Liaoyuan**	**9**	**6332**	**7690**	**21074**	**1192**
龙山区	Longshan	3	2001	2257	6786	413
西安区	Xi'an	1	479	452	1270	99
东丰县	Dongfeng	3	1832	3043	7047	372
东辽县	Dongliao	2	2020	1938	5971	308
通化市	**Tonghua**	**21**	**13290**	**16409**	**43632**	**2492**

市、县	City，County	普通高中 Regular Senior Secondary Schools 学校数（所）Number of Schools (unit)	毕业生（人）Graduates (person)	招生数（人）New Students Enrollment (person)	在校学生数（人）Students Enrollment (person)	专任教师数（人）Number of Full－time Teachers (person)
东昌区	Dongchang	4	1974	2006	5829	471
二道江区	Erdaojiang	2	1164	1321	3849	296
通化县	Tonghua	2	1706	1824	5137	271
辉南县	Huinan	2	2051	2745	6524	345
柳河县	Liuhe	2	1760	1596	5706	274
梅河口市	Meihekou	7	3457	5319	12616	669
集安市	Ji' an	2	1178	1598	3971	166
白山市	**Baishan**	**16**	**7955**	**7637**	**23351**	**1543**
浑江区	Hunjiang	3	2212	2416	7038	345
江源区	Jiangyuan	3	969	1014	3183	236
抚松县	Fusong	5	2630	2151	7057	504
靖宇县	Jingyu	1	565	520	1550	139
长白县	Changbai	2	480	422	1280	102
临江市	Linjiang	2	1099	1114	3243	217
松原市	**Songyuan**	**18**	**16020**	**17029**	**47461**	**2743**
宁江区	Ningjiang	7	6496	7235	19608	1050
前郭县	Qianguo	4	2790	3251	8329	497
长岭县	Changling	3	3165	3251	9609	442
乾安县	Qian' an	2	1411	1099	3338	458
扶余县	Fuyu	2	2158	2193	6577	296
白城市	**Baicheng**	**17**	**9655**	**10776**	**30445**	**1897**
洮北区	Taobei	6	3479	3655	10344	609
镇赉县	Zhenlai	3	1525	1637	4869	290
通榆县	Tongyu	3	1741	1837	5148	402
洮南市	Taonan	2	1374	1866	5012	275
大安市	Da' an	3	1536	1781	5072	321
延边州	**Yanbian**	**30**	**12669**	**11115**	**34355**	**2903**
延吉市	Yanji	8	4319	3529	11207	835
图们市	Tumen	2	575	458	1450	160
敦化市	Dunhua	7	3146	3093	9223	699
珲春市	Hunchun	2	1264	1087	3421	325
龙井市	Longjing	2	770	473	1594	192
和龙市	Helong	3	559	548	1740	187
汪清县	Wangqing	3	1120	897	2822	251
安图县	Antu	3	916	1030	2898	254

17－3 续表 8 continued

市、县	City，County	中等职业教育 Vocational Secondary Education			
		毕业生数（人）Graduates (person)	招生数（人）New Students Enrollment (person)	在校学生数（人）Students Enrollment (person)	专任教师数（人）Number of Full－time Teachers (person)
全 省	**Total**	**96934**	**91656**	**265952**	**18533**
长 春 市	**Changchun**	**37887**	**31819**	**89632**	**5809**
南 关 区	Nanguan	3431	2773	9738	912
宽 城 区	Kuancheng	2858	3141	9758	869
朝 阳 区	Chaoyang	19484	13461	30450	1284
二 道 区	Erdao	2610	2298	7796	486
绿 园 区	Lvyuan	5214	5162	15222	926
双 阳 区	Shuangyang	729	150	1112	161
农 安 县	Nong' an	1030	1227	3926	250
九 台 市	Jiutai	590	807	3005	285
榆 树 市	Yushu	211	1653	3968	255
德 惠 市	Dehui	1730	1147	4657	381
吉 林 市	**Jilin**	**16723**	**17086**	**58110**	**3037**
昌 邑 区	Changyi	3584	4549	15899	603
龙 潭 区	Longtan	1912	1935	4886	366
船 营 区	Chuanying	6421	5367	19757	706
丰 满 区	Fengman	2370	2734	8102	648
永 吉 县	Yongji	647	276	865	116
蛟 河 市	Jiaohe	374	319	589	117
桦 甸 市	Huadian	433	898	4947	211
舒 兰 市	Shulan	287	375	837	121
磐 石 市	Panshi	695	633	2228	149
四 平 市	**Siping**	**16070**	**15854**	**41510**	**1910**
铁 西 区	Tiexi	6298	7716	17119	749
铁 东 区	Tiedong	1585	758	2398	226
梨 树 县	Lishu	3232	3261	6708	225
伊 通 县	Yitong	384	937	2336	152
公主岭市	Gongzhuling	1632	1461	8207	332
双 辽 市	Shuangliao	2939	1721	4742	226
辽 源 市	**Liaoyuan**	**4685**	**4114**	**11941**	**540**
龙 山 区	Longshan	3276	3171	8835	312
西 安 区	Xi'an	698	365	1473	64
东 丰 县	Dongfeng	560	256	599	102
东 辽 县	Dongliao	151	322	1034	62
通 化 市	**Tonghua**	**7706**	**4959**	**18464**	**1705**

17－3 续表 9 continued

市、县	City，County	中等职业教育 Vocational Secondary Education 毕业生数（人） Graduates (person)	招生数（人） New Students Enrollment (person)	在校学生数（人） Students Enrollment (person)	专任教师数（人） Number of Full－time Teachers (person)
东昌区	Dongchang	2177	2788	8608	837
二道江区	Erdaojiang				
通化县	Tonghua	978	259	1838	61
辉南县	Huinan	1359	206	1184	175
柳河县	Liuhe	510	541	1393	196
梅河口市	Meihekou	2612	1006	5075	206
集安市	Ji' an	70	159	366	230
白山市	**Baishan**	**3183**	**2279**	**8573**	**959**
浑江区	Hunjiang	2417	1339	5039	599
江源区	Jiangyuan				
抚松县	Fusong	204	282	846	132
靖宇县	Jingyu	323	109	1098	106
长白县	Changbai	146	291	683	66
临江市	Linjiang	93	258	907	56
松原市	**Songyuan**	**2591**	**3707**	**9699**	**1079**
宁江区	Ningjiang	1536	2147	4787	365
前郭县	Qianguo	384	102	365	248
长岭县	Changling	36	186	685	97
乾安县	Qian' an	192	471	826	218
扶余县	Fuyu	443	801	3036	151
白城市	**Baicheng**	**2985**	**4210**	**8597**	**1706**
洮北区	Taobei	929	1771	3700	966
镇赉县	Zhenlai	440	765	1326	141
通榆县	Tongyu	908	881	1389	196
洮南市	Taonan	416	346	1142	198
大安市	Da' an	292	447	1040	205
延边州	**Yanbian**	**5104**	**7628**	**19426**	**1788**
延吉市	Yanji	2785	3140	7993	842
图们市	Tumen	346	510	1488	123
敦化市	Dunhua	910	1550	3786	227
珲春市	Hunchun	397	288	906	158
龙井市	Longjing	78	407	548	69
和龙市	Helong	93	403	903	108
汪清县	Wangqing	339	721	2162	142
安图县	Antu	156	609	1640	119

17－4　普通高等教育基本情况（2011）

单位：人

项　　目	Item	本专科毕业生数 Graduates of Undergraduate and Specialized Courses	本专科招生数 New Students Enrollment in Undergraduate and Specialized Courses	本专科在校学生数 Students Enrollment in Undergraduate and Specialized Courses
总　计	**Total**	**141569**	**162751**	**562831**
本科院校：大学	**University**			
吉林大学	Jilin University	9679	10577	41381
延边大学	Yanbian University	4511	4750	17984
长春理工大学	Changchun Universiey of Science and Technology	4185	4040	17469
东北电力大学	Northeast Dianli University	4082	4647	16892
长春工业大学	Changchun University of Technology	5114	4800	16219
吉林农业大学	Jilin Agricultural University	4035	3996	15783
长春中医药大学	Changchun University of Chinese Medicine	1259	1981	8739
东北师范大学	Northeast Normal University	3459	3608	14365
北华大学	Beihua University	6326	6520	23383
吉林师范大学	JiLin Normal University	4218	4382	16724
吉林财经大学	Jilin University of Finance and Economics	2334	3097	11424
长春大学	Changchun University	3917	3903	15307
本科院校：学院	**Collages**			
吉林建筑工程学院	Jilin Construction College	2557	4109	15081
吉林化工学院	JiLin Chemical College	2429	3375	12648
通化师范学院	Tonghua Normal University	2510	3054	11319
吉林工程技术师范学院	Jilin Engineering Technology Normal College	2435	2466	8486
长春师范学院	Changchun Normal University	4956	5841	18307
白城师范学院	Baicheng Normal University	2575	3096	11257
吉林体育学院	Jilin Physical Culture College	1656	1548	6535
吉林艺术学院	Jilin College of The Arts	1872	1845	6823
吉林华桥外国语学院	Jilin HuaQiao Foreign Language College Siping Occupation University	1711	1900	7831
吉林工商学院	Jilin Business and Technology College	4026	4077	13532
长春工程学院	Changchun Engineering College	3721	4231	13548
吉林农业科技学院	Jilin Agriculture Science and Technology College	2484	2928	11297
吉林警察学院	Jilin Police College	1989	1663	4999
吉林医药学院	Jilin Medicine College	1521	2240	7948
吉林动画学院	Jilin Animation College	1410	2770	9212
长春建筑学院	Changchun College of Architecture	1834	2620	9524

Basic Statistics on Institutions of Higher Education (2011)

unit: person

#专任教师 Full-time Teachers	正高级 Senior Title	副高级 Sub-senior Title	中级 Middle Title	初级 Junior Title	无职称 No Rank
35647	**5123**	**10975**	**12991**	**5733**	**825**
4646	1449	1516	1612	69	
1989	289	648	714	210	128
1288	172	415	603	98	
888	143	292	350	97	6
1067	133	334	479	121	
1066	139	284	409	100	134
503	80	157	190	72	4
1554	384	473	615	75	7
1716	235	555	481	416	29
1153	108	321	498	220	6
680	117	280	209	74	
893	102	275	405	111	
730	78	201	292	159	
609	86	160	234	129	
719	36	205	237	238	3
529	43	157	264	62	3
1033	131	302	297	303	
501	38	174	161	89	39
410	33	105	102	161	9
476	49	153	160	108	6
456	78	101	173	100	4
650	65	219	266	100	
769	97	297	316	59	
530	43	140	196	130	21
297	31	74	94	87	11
412	35	129	161	87	
424	45	74	80	130	95
538	76	171	128	163	

单位：人

17－4 续表

项　　目	Item	本专科毕业生数 Graduates for Undergroduate and Specialized Courses	本专科招生数 New Students Enrollment in Undergroduate and Specialized Courses	本专科在校学生数 Students Enrollment in Undergroduate and Specialized Courses
专科院校：高等专科学校	**Higher Specialized School**			
长春汽车工业高等专科学校	ChangChun Vehicle Higher Specialized School	1482	2599	6603
长春金融高等专科学校	ChangChun Banking Higer Specialized School	1608	1802	5374
长春医学高等专科学校	ChangChun Medicine Higher Specialized School	1497	2006	5861
白城医学高等专科学校	BaiCheng Medicine Higher Specialized School	1115	2016	5411
专科院校：高等职业学校	**Higher Occupation School**			
四平职业大学	Siping Professional College	1350	1752	5345
吉林交通职业技术学院	Jilin Traffic Occupation Technical School	2516	2353	7084
长春东方职业学院	Changchun Dongfang Occupation College	798	218	1219
吉林司法警官职业学院	Jilin Police Occupation College	1015	903	2919
吉林电子信息职业技术学院	Jilin Electronic Information College	2677	2966	8152
吉林工业职业技术学院	Jilin Industrial Occupation College	2040	1933	5669
吉林农业工程职业技术学院	Jilin Agricultural Engeering College	1455	1834	4939
长春职业技术学院	Changchun Occupation College	3453	3532	9615
辽源职业技术学院	Liaoyuan Occupation Technical School	1756	1845	5412
长春信息技术职业学院	Changchun and Technical College Information Technology	1066	1042	1493
松原职业技术学院	Songyuan Occupation University	923	1409	3463
吉林铁道职业技术学院	Jilin Raicway Occupation College	2057	2865	7576
白城职业技术学院	Changchun Occupation College	672	469	1949
长白山职业技术学院	Baicheng Occupation College	672	415	1587
吉林科技职业技术学院	Jilin Science and Technology Vocational College		1563	2222
延边职业技术学院	Yanbian Vocational Technical College		158	158
其他机构：独立学院	**Independent College**			
长春大学光华学院	GuangHua in Changchun College	2356	2759	9960
长春工业大学人文信息学院	RenWen Information in Changchun Industrial Universiey	2012	2360	8801
长春理工大学光电信息学院	Electric Information in Changchun Science and Engineeaing Universiey	2040	2184	8400
吉林财经大学信息经济学院	JiLin Counstruction Project City Con-strution College	1707	2145	7211
吉林建筑工程学院城建学院	The Architecture Decoration College of Jilin Institude of Architecure Technology	2008	2502	8667
吉林农业大学发展学院	Jilin Animation College	3134	2881	10583
吉林师范大学博达学院	Jilin Construction College Boda College	1502	2306	7185
长春大学旅游学院	Traveling in Changchun Traveling College	1219	2315	8070
东北师范大学人文学院	Northeast Normal College Renwen College	2081	2954	10573
成人高校举办普通本专科	**Adult College**			
吉林省教育学院	Jilin Education College	391	451	1098
吉林省经济管理干部学院	Jilin Economy Carder Management College	2162	2150	6215

continued

unit: person

# 专任教师 Full-time Teachers	正高级 Senior Title	副高级 Sub-senior Title	中级 Middle Title	初级 Junior Title	无职称 No Rank
279	11	117	79	54	18
251	12	59	122	58	
373	25	99	140	96	13
256	17	84	91	64	
228	2	88	65	58	15
302	15	76	104	87	20
115	32	41	20	5	17
125	5	39	29	40	12
355	18	83	120	122	12
234	9	80	91	54	
256	21	94	70	71	
453	11	176	139	127	
311	14	107	84	79	27
82	5	16	27	34	
359	11	80	196	56	16
249	12	84	79	72	2
190	2	80	60	39	9
251	22	122	62	44	1
196	11	56	105	24	
258	1	145	69	30	13
410	51	97	120	142	
433	66	155	196	16	
398	41	130	136	88	3
422	54	86	154	114	14
443	46	147	130	114	6
442	53	91	128	94	76
423	56	71	165	85	46
396	41	123	184	48	
631	144	137	300	50	

17－5 各高等学校、科研机构培养研究生情况（2011）

单位：人

项　　目	Item	毕业生数 Graduates
总计	**Total**	**14312**
一、普通高校总计	**Regular Institutions of Higher Education**	
1.国家教育部所属院校	University Under State Education Ministry	
吉林大学	Jilin University	6372
东北师范大学	Northeast Normal University	2571
2.省教育厅所属院校	Belorg to Education Bureau	
延边大学	Yanbian University	913
长春理工大学	Changchun Science and Engineerig University	1069
东北电力大学	Northeast Electric Power College	433
长春工业大学	Changchun Industrial University	510
吉林建筑工程学院	JiLin Architecture Technology College	95
吉林农业大学	Jilin Agriculture University	646
长春中医药大学	Changchun Chinese Medicine College	238
北华大学	Beihua University	287
吉林师范大学	Jilin Teaching University	365
长春师范学院	Changchun Teaching University	66
吉林财经大学	Jilin University of Finance and Economics	258
吉林体育学院	Jilin Institute of Physical Education	34
吉林艺术学院	Jilin Art College	101
二、科研机构	**Institutions of Science and Research**	
中国科学院长春应用化学研究所	Changchun Applied Chemistry Institute	118
中国科学院东北地理与农业生态研究所	Changchun Northeast Geographical and Agriculture Institute	40
中科院长春光学精密机械与物理研究所	Changchun Guangji Institute	186
长春生物制品研究所	Changchun Biological Product Institute	10

Basic Statistics on Postgraduates in Higher Schools and Research Institutions（2011）

unit：person

博士 Doctor	硕士 Master	在校研究生 Postgraduate Enrdlement	博士 Doctor	硕士 Master
2053	**12259**	**55027**	**9095**	**45932**
1330	5042	25095	6569	18526
359	2212	9478	1166	8312
39	874	3568	196	3372
47	1022	3701	346	3355
	433	1572		1572
	510	1718		1718
	95	418		418
45	601	2452	219	2233
10	228	1030	57	973
	287	1104		1104
	365	1386		1386
	66	210		210
	258	1267		1267
	34	184		184
	101	507		507
105	13	701	419	282
27	13	162	98	64
91	95	445	25	420
	10	29		29

17-6 各级各类成人学校基本情况

单位：人

项　　目	Item	招生数New
		2010
一、成人高等学校	**Higher Education Schools for Adults**	**6480**
广播电视大学	Radio and TV Universities	1461
职工大学	Schools of Higher Education for Staff and Workers	2594
农民大学	Schools of Higher Education for Peasants	864
管理干部学院	College for Management Cadres	560
教育学院	Pedagogical Colleges	1001
二、成人中等学校	**Secondary Schools for Adults**	**6401**
职工中等专业学校	Specialized Secondary Schools for Staff and Workers	926
农民中等专业学校	Specialized Secondary Schools for Peasants	1490
广播电视和函授中等专业学校	Radio、TV and Corrspondence Specialized Secondary Schools	3985
三、成人技术培训学校	**Technical Training Schools for Adults**	
四、成人初等学校	**Primary Schools for Adults**	
职工初等学校	Primary Schools for Staff and Workers	
农民初等学校	Primary Schools for Peasants	
小学班	Primary Schools Courses	
扫盲班	Literacy Classes	

Student Enrollment in Adult Schools by Level and Type

unit：person

Students Enrollment	在校生数 Students Enrollment		毕业生数 Graduates	
2011	2010	2011	2010	2011
8438	**14366**	**15206**	**11077**	**6802**
1999	3863	3550	3441	2300
4396	5092	7004	4708	2125
561	1614	1366	865	613
580	1137	1140	734	577
902	2660	2146	1329	1187
4031	**13160**	**12680**	**5710**	**3506**
	3902		2368	
	2591		252	
	6667		3090	
	646233	**626817**	**561974**	**445310**
	7439	**28069**	**1655**	**6197**
	7439	28069	1655	6197
		22154		3504
	7439	5915	1655	2693

17－7 高等学校研究生情况

Basic Statistics on Postgraduates in Institutions of Higher Education

单位：人　　unit：person

指　标	Item	研究生合计 Total Postgraduates		博士学位 Doctor		硕士学位 Master	
		2010	2011	2010	2011	2010	2011
毕业生数	Graduates	12340	14312	2135	2053	10205	12259
招生数	New Student Enrollment	17624	17988	2336	2308	15288	15680
在学研究生数	Number of Postgraduate Enrollment	51624	55027	8815	9095	42809	45932
毕业班学生数	Students in Graduating Class	17868	19804	4083	4289	13785	15515

17－8 高等学校分学科研究生情况

Basic Statistics on Postgraduates in Institution of Higher Education by Field of Study

单位：人　　unit：person

指　标	Item	研究生合计 Total Postgraduates		博士学位 Doctor		硕士学位 Master	
		2010	2011	2010	2011	2010	2011
招生数	**New Students Enrollment**						
总计	**Total**	**17624**	**17988**	**2336**	**2308**	**15288**	**15680**
一、学术型学位	Academic Degree	14086	13398	2330	2300	11756	11098
哲学	Philosophy	146	147	32	41	114	106
经济学	Economics	612	624	155	160	457	464
法学	Law	1504	1416	220	211	1284	1205
教育学	Education	721	592	75	77	646	515
文学	Literature	1794	1552	121	120	1673	1432
历史学	History	371	371	82	92	289	279
理学	Science	2620	2554	676	651	1944	1903
工学	Engineering	3597	3587	476	479	3121	3108
农学	Agriculture	489	529	90	80	399	449
医学	Medicine	1249	1168	295	270	954	898
军事学	Military	1	7			1	7
管理学	Management	982	851	108	119	874	732
二、专业学位	Professional Degree	3538	4590	6	8	3532	4582
在校学生数	**Students Enrollment**						
总计	**Total**	**51624**	**55027**	**8815**	**9095**	**42809**	**45932**
一、学术型学位	Academic Degree	46232	45770	8809	9081	37423	36689
哲学	Philosophy	445	455	133	146	312	309
经济学	Economics	1904	1928	627	638	1277	1290
法学	Law	4801	4733	824	868	3977	3865
教育学	Education	2327	2117	208	223	2119	1894
文学	Literature	5460	5326	442	489	5018	4837
历史学	History	1349	1269	355	371	994	898
理学	Science	8611	8755	2249	2243	6362	6512
工学	Engineering	11594	11750	2058	2071	9536	9679
农学	Agriculture	1525	1685	297	355	1228	1330
医学	Medicine	5079	4727	1113	1135	3966	3592
军事学	Military	18	17			18	17
管理学	Management	3119	3008	503	542	2616	2466
二、专业学位	Professional Degree	5392	9257	6	14	5386	9243

17－9 幼儿园基本情况
Basic Statistics on Kindergartens

指　　标	Item	单位 Unit	2010	2011
园数	Number of Kindergartens	所 unit	2876	3432
在园幼儿数	Students Enrollment	万人 10000 persons	39.7	46.0
教职工数	Teachers and Staff	人 person	26619	36776
# 专任教师数	Number of Full-time Teachers	人person	16980	22397

17－10 特殊教育基本情况
Basic Statistics on Special Education

指　　标	Item	单位 Unit	2010	2011
学校数	Number of Schools	所 unit	45	46
招生数	New Students Enrollment	人 person	1059	887
在校学生数	Students Enrollment	人 person	6884	6015
毕业生数	Graduates	人 person	434	547
教职工数	Teachers and Staff	人 person	1736	1752
# 专任教师数	Number of Full-time Teachers	人 person	1309	1316

17－11 小学学龄儿童入学率
Percentage of School-age Children Enrolled

指　　标	Item	单位 Unit	2010	2011
学龄儿童数	School-age Children	万人 10000 persons	135.99	137.31
入学儿童数	School-age Children Enrollment	万人 10000 persons	135.78	136.94
学龄儿童入学率	Enrollment Rate	%	99.84	99.73
# 女儿童数	Female Children	%	99.84	99.59

17－12 普通高等教育本科在校学生数（2011）
General Higher Education Undergraduate Students（2011）

单位：人　　　　unit：person

项　目	Item	招生 New Students Enrollment	在校生 Students Enrollment	毕业生 Graduates
总计	**Total**	**91750**	**113820**	**424556**
哲学	Philosophy	53	71	243
经济学	Economics	4246	6363	21790
法学	Law	2435	3017	11287
教育学	Education	4116	5606	19514
文学	Literature	22149	25156	94642
中：外语	Foreign Language	8407	8025	32328
艺术	Art	9537	12285	44085
历史学	History	571	586	2466
理学	Science	9680	10472	41404
工学	Engineering	29205	35366	132904
农学	Agriculture	2051	2443	10082
医学	Medicine	4564	5914	24843
管理学	Management	12680	18826	65381
# 师范生	Teacher Training	14341	14117	56105

17－13 普通高等教育分科专任教师数（2011）
Numbers o f Full Time Teacher by Field of Study in Regular Higher Educational Institutions（2011）

单位：人　　　　unit：person

项　目	Item	合计 Total	正高级 Senior Title	副高级 Sub-Senior Title	中级 Middle Title	初级 Junior Title	无职称 No Rank
总计	**Total**	**35647**	**5123**	**10975**	**12991**	**5733**	**825**
其中：女	Female	18537	1834	5718	7324	3174	487
哲学	Philosophy	1154	204	369	399	130	52
经济学	Economics	1815	269	584	674	255	33
法学	Law	1582	210	424	600	304	44
教育学	Education	3289	303	1007	1178	739	62
其中：体育	Sports	1839	151	589	690	382	27
文学	Literature	8404	811	2314	3386	1668	225
其中：外语	Foreign Language	3908	339	1019	1725	738	87
艺术	Art	2627	255	674	979	643	76
历史学	History	579	135	166	187	73	18
理学	Science	4306	874	1432	1419	530	51
工学	Engineering	8818	1327	2828	3173	1344	146
其中：计算机	Computer	2122	180	552	939	430	21
农学	Agriculture	1446	246	413	505	160	122
其中：林学	Forestry	59	14	19	17	7	2
医学	Medicine	2210	420	709	744	281	56
管理学	Management	2044	324	729	726	249	16

17－14　各级学校教师负担学生数
Student-teacher Ratio by Level of Schools

单位：人　　　　unit: person

指　　标	Item	2010	2011
高等学校	**Institutions of Higher Education**		
教师数	Number of Teachers	33982	35647
每个教师负担学生	Student-teacher Ratio	16.02	15.79
中等学校	**Secondary School**		
教师数	Number of Teachers	114622	123544
每个教师负担学生	Student-teacher Ratio	13.87	12.11
小学	**Primary School**		
教师数	Number of Teachers	124502	111487
每个教师负担学生	Student-teacher Ratio	11.60	12.91

17－15　平均每万人口在校学生数
Student Enrollment per 10000 Population

指　　标	Item	单位 Unit	2010	2011
各级学校在校生数占全省人口比重	Students as Percentage of Total Population	%	15.04	15.20
平均每万人口中	Per 10000 Population			
高等学校	Institutions of Higher Education	人 person	270.64	280.00
高中阶段	Senior Secondary	人 person	279.36	271.00
初中阶段	Junior Secondary	人 person	301.15	273.00
小　学	Primary Secondary	人 person	527.33	523.00
幼儿园	Kindergartens	人 person	144.81	167.00

17－16　研究机构情况（2011）

项　目	Item	机构数（个）Institutions (unit)	R&D人员（人）R&D personnel (person)
总　计	**Total**	**670**	**33714**
一、按数据来源分组	**Grouped by Data Source**		
1、科技部	Ministry of S&T	116	9085
科研机构	Research Institutions	111	8150
非工业企业	Non-industrial Enterprises	4	903
事业单位	Institutions	1	32
部分转制院所及园区企业	Part of Transferring Institute and Park Enterprises		
园区事业单位	Park Institution		
2、工信部	Industry Ministry	1	239
3、教育部	Education Ministry	301	4346
理工农医院校	Science and Technology, Agriculture, Medical Academies	201	3154
人文社科院校	Natural and Science Human Academies	100	1192
4、统计局	Statistics	252	20044
工业企业	Industrial Enterprises	173	18685
大中型	Large and Medium-sized	98	17459
规上小型	Small-size	75	1226
规上微型	Mini-size		
其他	Others		
统计部门非工企业	Statistical Non-industrial Enterprises	28	526
统计部门事业单位	Statistical Institutions	51	833
二、按执行部门分组	**Grouped by Executive Department**		
1、企业	Enterprise	205	20114
规模以上	Above Designated Size	173	18685
大中型	Large and Medium-sized	98	17459
2、科研机构	Research Institutions	112	8389
3、高等院校	Institutions of Higher Education	301	4346
4、其他	Others	52	865
三、按学科分类分组	**Grouped by Subject Category**		
自然科学	Natural Science	60	5467
农业科学	Agricultural Sciences	64	2787
医药科学	Medical Science	109	2031
工程与技术科学	Science Engineering and Technology	314	21877
人文与社会科学	Human and Social Sciences	123	1552
四、按机构服务的国民经济行业分组	**Grouped by Institution Served National Economic Industries**		
农、林、牧、渔业	Agriculture，Forestry，Animal，Husbandry and Fishery	50	2501
采矿业	Mining	6	1629
制造业	Manufacturing	216	17996
电力、燃气及水的生产和供应业	Production and Supply of Electricity，Gas and Water	15	453
建筑业	Construction	13	508
交通运输、仓储和邮政业	Transport，Storage and Post	1	65
信息传输、计算机服务和软件业	Information Transmission，Computer Services and Software	8	26
批发和零售业	Wholesale and Retail Trades		
住宿和餐饮业	Hotels and Catering Services		
金融业	Financial	1	7
房地产业	Real Estate		
租赁和商务服务业	Leasing and Business Services	2	

Research Institution Situations（2011）

#博士毕业 PHD Graduate	#硕士毕业 Master Graduate	R&D经费支出（万元） R&D Expenditure (10000yuan)	科研用仪器设备原价（万元） Scientific Instruments and Equipment Regular Price(10000yuan)	#进口 Import
3896	**6731**	**442761**	**819521**	**313929**
1221	2455	213276	164867	81163
1182	2284	199456	159407	80896
37	161	13369	4654	267
2	10	451	806	
	22	2574	240	173
2346	1466	19302	196566	83285
1730	973	17589	195680	83237
616	493	1713	886	48
329	2788	207609	457848	149308
124	2422	201740	438406	144600
93	2313	190086	408647	142392
31	109	11654	29759	2208
4	21	4627	10442	3810
201	345	1242	9001	898
165	2604	219736	453502	148677
124	2422	201740	438406	144600
93	2313	190086	408647	142392
1182	2306	202030	159647	81069
2346	1466	19302	196566	83285
203	355	1693	9807	898
1524	1851	165049	166212	99466
318	577	38968	37664	15088
578	639	5639	62421	17432
855	3098	226235	549113	181335
621	566	6870	4112	609
218	538	39563	28481	11438
6	154	19713	25877	5192
347	2465	186655	444955	159239
89	137	3669	14802	3465
16	22	3434	9103	3810
3	13	648	1650	856
		884	2033	
	2	309	109	

单位：万元

17－16 续表

项 目	Item	机构数（个） Institutions (unit)	R&D人员（人） R&D personnel (person)
科学研究、技术服务和地质勘查业	Scientific Research,Technical Service and Geologic Prospecting	173	7775
水利、环境和公共设施管理业	Management of Water Conservation, Environment and Public Facilities	15	131
居民服务和其他服务员	Services to Households and Other Services	7	151
教育	Education	46	483
卫生、社会保障和社会福利业	Health, Social Security and Social Welfare	80	1558
文化、体育和娱乐业	Culture, Sports and Entertainment	23	190
公共管理和社会组织	Public and Management Organization	14	241
国际组织	International Organization		
五、按机构组成类型分组	**Grouped by According to Organizational Type**		
政府部门办	Government Departments	153	9757
与国内高校合办	Jointly With Domestic Universities	6	62
与国内独立研究机构合办	Jointly With Domestic Independent Research Institution		
与境外机构合办	Jointly With Foreign Institutions	1	5
与境内注册外商独资企业合办	Jointly With Domestic Registed Foreign-owned Enterprises		
与境内注册其他企业合办	Jointly With Other Domestic Registration Enterprises	11	91
单位自办	Units of their Own	496	23766
其他	Others	3	33
六、按隶属关系分组	**Group by Administration**		
中 央	National	181	20410
地 方	Local	489	13304
七、按行业分组	**Grouped by Industry**		
农、林、牧、渔业	Agriculture, Forestry, Animal, Husbandry and Fishery	7	
采矿业	Mining	4	1426
制造业	Manufacturing	173	17108
电力、燃气及水的生产和供应业	Production and Supply of Electricity, Gas and Water	2	221
建筑业	Construction	11	492
交通运输、仓储和邮政业	Transport, Storage and Post		
信息传输、计算机服务和软件业	Information Transmission, Computer Services and Software	7	26
金融业	Financial	1	7
租赁和商务服务业	Leasing and Business Services	2	
科学研究、技术服务和地质勘查业	Scientific Research,Technical Service and Geologic Prospecting	117	9324
水利、环境和公共设施管理业	Management of Water Conservation, Environment and Public Facilities	1	
教育	Education	295	4277
卫生、社会保障和社会福利业	Health, Social Security and Social Welfare	49	830
文化、体育和娱乐业	Culture, Sports and Entertainment	1	3
八、按地区分组	**Grouped by Region**		
长春市	Changchun	395	22745
吉林市	Jilin	84	5357
四平市	Siping	29	418
辽源市	Liaoyuan	14	246
通化市	Tonghua	49	1981
白山市	Baishan	24	302
松原市	Songyuan	13	1462
白城市	Baicheng	24	473
延边朝鲜族自治州	Yanbian	38	730

continued

unit: 10000 yuan

#博士毕业 PHD Graduate	#硕士毕业 Master Graduate	R&D经费支出（万元） R&D Expenditure (10000yuan)	科研用仪器设备原价（万元） Scientific Instruments and Equipment Regular Price(10000yuan)	#进口 Import
2324	2430	178181	231163	116444
27	28	2429	6429	1678
103	48	565	29	
227	206	1010	681	12
332	518	4371	52583	11774
41	99	1094	1587	21
163	71	235	40	
1482	2628	217076	165324	81344
39	12	518	8697	4304
3	2	43	400	320
45	40	1399	4495	1608
2306	4039	223707	640555	226334
21	10	18	51	20
2695	4209	269461	421534	215478
1201	2522	173300	397987	98451
			68	
5	125	16790	24447	4925
133	2273	181501	408589	138260
10	70	3511	5409	1430
4	18	3434	8342	3810
		884	1923	
	2	309	109.	
1221	2477	215851	165106	81336
			15	
2322	1421	19238	196528	83270
201	345	1186	8986	898
		56		
3430	5366	280770	501142	258874
219	758	112812	128652	8992
20	54	3166	11005	655
4	13	1577	49152	26230
48	139	14751	43676	4331
11	35	6353	5094	890
5	131	16821	26295	4926
12	108	2438	9258	532
147	127	4073	45249	8499

17－17 科技活动人员情况（2011）

单位：人

项目	Item	科技活动人员 Personnel Engaged in S&T Activities	#大学本科及以上学历 University Degree or Above
总计	**Total**	**139627**	**71261**
一、按数据来源分组	**Grouped by Data Source**		
1、科技部	Ministry of S&T	12451	9094
科研机构	Research Institutions	10848	8122
非工业企业	Non-industrial Enterprises	1230	782
事业单位	Institutions	221	119
部分转制院所及园区企业	Part of Transferring Institute and Park Enterprises	40	10
园区事业单位	Park Institution	112	61
2、工信部	Industry Ministry	256	180
3、教育部	Education Ministry	45115	40934
理工农医院校	Science and Technology, Agriculture, Medical Academies	30212	26671
人文社科院校	Natural and Science Human Academies	14903	14263
4、统计局	Statistics	81805	21053
工业企业	Industrial Enterprises	73581	18796
大中型	Large and Medium-sized	66925	17053
规上小型	Small-size	6341	1707
规上微型	Mini-size	315	36
统计部门非工企业	Statistical Non-industrial Enterprises	4379	992
统计部门事业单位	Statistical Institutions	3845	1265
二、按执行部门分组	**Grouped by Executive Department**		
1、企业	Enterprise	79230	20580
规模以上	Above Designated Size	73581	18796
大中型	Large and Medium-sized	66925	17053
2、科研机构	Research Institutions	11104	8302
3、高等院校	Institutions of Higher Education	45115	40934
4、其他	Others	4178	1445
三、按隶属关系分组	**Group by Administration**		
中央	National	66382	30387
地方	Local	73245	40874

Technological Activities Human Resource Situation（2011）

unit: person

项　　目	Item	科技活动人员 Personnel Engaged in S&T Activities	#大学本科及以上学历 University Degree or Above
四、按行业分组	**Grouped by Industry**		
农、林、牧、渔业	Agriculture，Forestry，Animal，Husbandry and Fishery	167	79
采矿业	Mining	2279	939
制造业	Manufacturing	68708	17527
电力、燃气及水的生产和供应业	Production and Supply of Electricity，Gas and Water	2594	330
建筑业	Construction	1802	694
交通运输、仓储和邮政业	Transport，Storage and Post	5	
信息传输、计算机服务和软件业	Information Transmission，Computer Services and Software	660	234
金融业	Financial	185	3
租赁和商务服务业	Leasing and Business Services	1289	10
科学研究、技术服务和地质勘查业	Scientific Research,Technical Service and Geologic Prospecting	12555	9203
水利、环境和公共设施管理业	Management of Water Conservation，Environment and Public Facilities	122	49
教育	Education	45115	40934
卫生、社会保障和社会福利业	Health，Social Security and Social Welfare	4103	1256
文化、体育和娱乐业	Culture，Sports and Entertainment	43	3
五、按地区分组	**Grouped by Region**		
长春市	Changchun	101518	50679
吉林市	Jilin	17420	9544
四平市	Siping	2945	1591
辽源市	Liaoyuan	2469	661
通化市	Tonghua	4998	2423
白山市	Baishan	812	431
松原市	Songyuan	2544	1232
白城市	Baicheng	1909	1326
延边朝鲜族自治州	Yanbian	5012	3374

17－18 研究与试验发展（R&D）人员情况（2011）

项　　目	Item	单位数（个）Numerous of Enterprises(unit)	#有R&D活动单位 Unit of R&D activities
总　　计	**Total**	**5584**	**405**
一、按数据来源分组	**Grouped by Data Source**		
1、科技部	Ministry of S&T	137	58
科研机构	Research Institutions	111	52
非工业企业	Non-industrial Enterprises	6	3
事业单位	Institutions	16	2
部分转制院所及园区企业	Part of Transferring Institute and Park Enterprises	1	
园区事业单位	Park Institution	3	1
2、工信部	Industry Ministry	1	1
3、教育部	Education Ministry	96	76
理工农医院校	Science and Technology, Agriculture, Medical Academies	40	39
人文社科院校	Human Social Sciences School	56	37
4、统计局	Statistics	5350	270
工业企业	Industrial Enterprises	5157	219
大中型	Large and Medium-sized	660	115
规上小型	Small-size	4291	102
规上微型	Mini-size	206	2
其他	Others		
统计部门非工企业	Statistical Non-industrial Enterprises	103	18
统计部门事业单位	Statistical Institutions	90	33
二、按执行部门分组	**Grouped by Executive Department**		
1、企业	Enterprise	5267	240
规模以上	Above Designated Size	5157	219
大中型	Large and Medium-sized	660	115
2、科研机构	Research Institutions	112	53
3、高等院校	Institutions of Higher Education	96	76
4、其他	Others	109	36
三、按隶属关系分组	**Group by Administration**		
中　央	National	132	54
地　方	Local	5452	351
四、按行业分组	**Grouped by Industry**		
农、林、牧、渔业	Agriculture，Forestry，Animal，Husbandry and Fishery	19	1
采矿业	Mining	415	3
制造业	Manufacturing	4518	211
电力、燃气及水的生产和供应业	Production and Supply of Electricity，Gas and Water	224	5
建筑业	Construction	27	6
交通运输、仓储和邮政业	Transport，Storage and Post	3	
信息传输、计算机服务和软件业	Information Transmission，Computer Services and Software	32	6
金融业	Financial	5	3
租赁和商务服务业	Leasing and Business Services	10	1
科学研究、技术服务和地质勘查业	Scientific Research,Technical Service and Geologic Prospecting	134	58
水利、环境和公共设施管理业	Management of Water Conservation，Environment and Public Facilities	7	1
教育	Education	96	76
卫生、社会保障和社会福利业	Health，Social Security and Social Welfare	92	33
文化、体育和娱乐业	Culture，Sports and Entertainment	2	1
五、按地区分组	**Grouped by Region**		
长春市	Changchun	1233	199
吉林市	Jilin	1192	59
四平市	Siping	531	25
辽源市	Liaoyuan	341	24
通化市	Tonghua	524	37
白山市	Baishan	424	11
松原市	Songyuan	570	10
白城市	Baicheng	300	21
延边朝鲜族自治州	Yanbian	469	19

Research and Experiment Development（R&D）Human Resource Situation（2011）

R&D人员（人） R&D Personnel (person)	#其中:女性 Female	#其中:研究人员 Researchers	其中 全时人员 Full-time Personnel	非全时人员 Part-time Personnel	其中 博士毕业 PHD Graduate
70704	**24001**	**43316**	**38907**	**31797**	**7994**
9146	2952	3875	5417	3729	1225
8150	2617	3525	5060	3090	1182
903	288	319	290	613	37
70	39	18	44	26	2
23	8	13	23		4
239	68	196	239		
32038	12399	25115	16625	15413	6007
20621	6217	16733	16493	4128	4404
11417	6182	8382	132	11285	1603
29281	8582	14130	16626	12655	690
24706	6435	11986	14439	10267	262
21764	5680	10920	12738	9026	206
2628	748	998	1633	995	56
314	7	68	68	246	
1480	424	1182	873	607	28
3095	1723	962	1314	1781	296
27089	7147	13487	15602	11487	303
24706	6435	11986	14439	10267	262
21764	5680	10920	12738	9026	206
8389	2685	3721	5299	3090	1182
32038	12399	25115	16625	15413	6007
3188	1770	993	1381	1807	302
32218	10342	22189	18832	13386	5328
38486	13659	21127	20075	18411	2466
23	8	13	23		5
1534	655	465	922	612	5
21822	5417	10357	13335	8487	245
1350	363	1164	182	1168	12
1073	277	899	689	384	10
117	29	80	97	20	17
30	3	22	27	3	
100	33	58	5	95	
9362	3012	4058	5633	3729	1221
12	2	2		12	
32038	12399	25115	16625	15413	6007
3200	1783	1068	1334	1866	400
43	20	15	35	8	
50245	17464	31607	26790	23455	6942
10447	2942	6186	6705	3742	327
1204	459	713	445	759	78
828	247	409	570	258	21
2766	1023	1546	1624	1142	75
290	84	161	205	85	18
1781	811	649	1033	748	5
941	346	515	387	554	25
2202	625	1530	1148	1054	303

项　　目	Item	其中	
		硕士毕业 Master Graduate	本科毕业 Undergraduate Graduates
总　　计	**Total**	**16934**	**24892**
一、按数据来源分组	**Grouped by Data Source**		
1、科技部	Ministry of S&T	2469	3652
科研机构	Research Institutions	2284	3226
非工业企业	Non-industrial Enterprises	161	381
事业单位	Institutions	16	37
部分转制院所及园区企业	Part of Transferring Institute and Park Enterprises		
园区事业单位	Park Institution	8	8
2、工信部	Industry Ministry	22	154
3、教育部	Education Ministry	11874	11575
理工农医院校	Science and Technology, Agriculture, Medical Academies	6963	7300
人文社科院校	Human Social Sciences School	4911	4275
4、统计局	Statistics	2033	9940
工业企业	Industrial Enterprises	1506	8638
大中型	Large and Medium-sized	1381	7772
规上小型	Small-size	125	831
规上微型	Mini-size		35
其他	Others		
统计部门非工企业	Statistical Non-industrial Enterprises	77	887
统计部门事业单位	Statistical Institutions	1039	271
二、按执行部门分组	**Grouped by Executive Department**		
1、企业	Enterprise	1691	9621
规模以上	Above Designated Size	1506	8638
大中型	Large and Medium-sized	1381	7772
2、科研机构	Research Institutions	2306	3380
3、高等院校	Institutions of Higher Education	11874	11575
4、其他	Others	1063	316
三、按隶属关系分组	**Group by Administration**		
中　央	National	8727	11552
地　方	Local	8207	13340
四、按行业分组	**Grouped by Industry**		
农、林、牧、渔业	Agriculture，Forestry，Animal，Husbandry and Fishery	14	51
采矿业	Mining	125	720
制造业	Manufacturing	1293	7733
电力、燃气及水的生产和供应业	Production and Supply of Electricity，Gas and Water	88	185
建筑业	Construction	36	648
交通运输、仓储和邮政业	Transport，Storage and Post		
信息传输、计算机服务和软件业	Information Transmission，Computer Services and Software	27	190
金融业	Financial	2	1
租赁和商务服务业	Leasing and Business Services	3	7
科学研究、技术服务和地质勘查业	Scientific Research,Technical Service and Geologic Prospecting	2483	3798
水利、环境和公共设施管理业	Management of Water Conservation，Environment and Public Facilities	1	6
教育	Education	11874	11575
卫生、社会保障和社会福利业	Health，Social Security and Social Welfare	452	404
文化、体育和娱乐业	Culture，Sports and Entertainment		3
五、按地区分组	**Grouped by Region**		
长春市	Changchun	13721	16419
吉林市	Jilin	1624	4245
四平市	Siping	300	450
辽源市	Liaoyuan	26	325
通化市	Tonghua	283	1131
白山市	Baishan	37	210
松原市	Songyuan	137	832
白城市	Baicheng	259	399
延边朝鲜族自治州	Yanbian	547	881

continued

其他学历 Others	R&D人员折合全时当量（人年） Full-time Equivalent of R&D Personnel (person-year)	#研究人员 Researchers	其中 基础研究 Basic Research	应用研究 Applied Research	试验发展 Experimental Development
21084	**44815**	**27582**	**9150**	**12492**	**23174**
1800	6965	3086	894	2619	3452
1458	6266	2848	732	2292	3242
324	620	211	138	294	188
15	56	14	16	33	7
3	23	13	8		15
63	239	196		15	224
2582	16406	13260	7951	7212	1244
1954	13744	11150	6540	5987	1218
628	2662	2110	1411	1225	26
16618	21206	11040	304	2647	18255
14300	17884	9289		1331	16553
12405	16090	8638		1278	14812
1616	1496	590		53	1444
279	298	61			298
488	1296	1062		20	1276
1489	2025	690	305	1296	425
15474	19800	10562	138	1644	18017
14300	17884	9289		1331	16553
12405	16090	8638		1278	14812
1521	6505	3044	732	2307	3466
2582	16406	13260	7951	7212	1244
1507	2104	717	329	1329	447
6611	22227	15264	5193	6417	10618
14473	22588	12319	3957	6074	12556
-47	23	13	8		15
684	1534	465			1534
12551	15190	7826		1331	13859
1065	1160	998			1160
379	1014	853		19	994
-117	68	51			68
27	20	18			20
90	100	58			100
1860	7181	3269	886	2634	3661
5	9	2			9
2582	16406	13261	8055	7099	1251
1944	2068	754	280	1279	510
40	43	15	25	18	
13163	30558	19746	7409	10486	12663
4251	7879	4590	684	1336	5860
376	592	311	146	3	442
456	426	228		83	343
1277	1852	956	35	396	1422
25	220	115			220
807	1737	614	25		1712
258	435	252	167	45	224
471	1117	771	685	144	289

17－19 研究与试验发展（R&D）经费情况（2011）

单位：万元

项目	Item	R&D经费内部支出 Internal Expenditures	其中 基础研究 Basic Research
总　计	**Total**	**891338**	**89294**
一、按数据来源分组	**Grouped by Data Source**		
1、科技部	Ministry of S&T	213535	18473
科研机构	Research Institutions	199456	17506
非工业企业	Non-industrial Enterprises	13369	856
事业单位	Institutions	670	90
部分转制院所及园区企业	Part of Transferring Institute and Park Enterprises		
园区事业单位	Park Institution	40	21
2、工信部	Industry Ministry	2574	
3、教育部	Education Ministry	166600	68387
理工农医院校	Science and Technology, Agriculture, Medical Academies	147734	60396
人文社科院校	Human Social Sciences School	18866	7991
4、统计局	Statistics	508630	2434
工业企业	Industrial Enterprises	488723	
大中型	Large and Medium-sized	423956	
规上小型	Small-size	46018	
规上微型	Mini-size	18750	
其他	Other		
统计部门非工企业	Statistical Non-industrial Enterprises	7652	
统计部门事业单位	Statistical Institutions	12256	2434
二、按执行部门分组	**Grouped by Executive Department**		
1、企业	Enterprise	509744	856
规模以上	Above Designated Size	488723	
大中型	Large and Medium-sized	423956	
2、科研机构	Research Institutions	202030	17506
3、高等院校	Institutions of Higher Education	166600	68387
4、其他	Others	12965	2545
三、按隶属关系分组	**Group by Administration**		
中　央	National	473099	67005
地　方	Local	418239	22289
四、按行业分组	**Grouped by Industry**		
农、林、牧、渔业	Agriculture，Forestry，Animal，Husbandry and Fishery	40	21
采矿业	Mining	35235	
制造业	Manufacturing	444285	
电力、燃气及水的生产和供应业	Production and Supply of Electricity，Gas and Water	9202	
建筑业	Construction	5018	
交通运输、仓储和邮政业	Transport,Storage and Post		
信息传输、计算机服务和软件业	Information Transmission，Computer Services and Software	642	
金融业	Financial	1427	
租赁和商务服务业	Leasing and Business Services	130	
科学研究、技术服务和地质勘查业	Scientific Research,Technical Service and Geologic Prospecting	216070	18452
水利、环境和公共设施管理业	Management of Water Conservation，Environment and Public Facilities	46	
教育	Education	166602	68388
卫生、社会保障和社会福利业	Health，Social Security and Social Welfare	12032	2366
文化、体育和娱乐业	Culture，Sports and Entertainment	614	68
五、按地区分组	**Grouped by Region**		
长春市	Changchun	592002	83418
吉林市	Jilin	172286	2067
四平市	Siping	10407	756
辽源市	Liaoyuan	15415	
通化市	Tonghua	28278	181
白山市	Baishan	7803	
松原市	Songyuan	38105	43
白城市	Baicheng	13256	307
延边朝鲜族自治州	Yanbian	13787	2521

Research and Experiment Development（R&D）Expenditure Situation（2011）

unit: 10000 yuan

		其中				其中
应用研究 Applied Research	试验发展 Experimental Development	日常性支出 Ordinary Expenditure	#人员劳务费 Labor Costs	资产性支出 Assets Expenditure	#仪器和设备 Apparatus and Equipment	政府资金 Government Funds
268496	**533549**	**758088**	**171245**	**133250**	**124981**	**334721.5**
91378	103683	173198	55214	40336	35342	191482
81373	100577	164678	49140	34777	32743	183544
9604	2908	7836	5770	5533	2573	7284
401	179	644	302	26	26	654
	19	40	2			
1	2573	2478	900	96		2563
77385	20830	150763	23851	15836	14274	113315
66720	20620	134987	19244	12747	11563	103752
10665	210	15776	4607	3089	2711	9563
99733	406464	431649	91280	76981	75364	27361
91401	397322	414761	80192	73962	72821	17749
90102	333854	357352	68363	66604	65527	13062
1299	44718	38801	7826	7217	7155	4687
	18750	18608	4003	142	139	
508	7144	6067	1830	1585	1541	358
7824	1997	10821	9258	1435	1003	9254
101512	407374	428664	87792	81079	76935	25391
91401	397322	414761	80192	73962	72821	17749
90102	333854	357352	68363	66604	65527	13062
81374	103150	167156	50040	34873	32743	186107
77385	20830	150763	23851	15836	14274	113315
8225	2195	11504	9561	1461	1029	9908
211314	194781	401022	92322	72077	66986	242818
57182	338769	357066	78923	61173	57994	91904
	19	40	2			
	35235	23175	11493	12060	11809	852
91401	352885	383602	68293	60683	59852	16618
	9202	7984	406	1219	1160	278
199	4819	3882	974	1136	1128	254
	642	628	429	14	7	90
309	1118	1005	108	422	394	
	130	130	79			12
91379	106238	175637	56113	40432	35342	194044
	46	33	16	13	13	
77385	20829	150764	23850	15837	14274	113314
7279	2388	10612	8972	1420	988	9256
545		600	510	14	14	
240036	268547	519191	117426	72809	69785	300914
19275	150943	142401	24182	29885	25545	19921
15	9636	8340	2557	2068	1760	869
808	14607	9725	1781	5690	5633	1994
6964	21135	22178	5189	6101	6001	17714
	7803	6729	2194	1074	1045	20594
	38062	25809	12276	12296	12043	10284
64	12885	11567	1752	1688	1673	34064
1335	9932	12149	3888	1639	1497	4554

单位：万元

17－19 续表

项　　目	Item	其中 企业资金 Enterprise Funds	境外资金 Overseas Funds
总　　计	**Total**	**527222**	**4108**
一、按数据来源分组	**Grouped by Data Source**		
1、科技部	Ministry of S&T	4526	914
科研机构	Research Institutions	2010	914
非工业企业	Non-industrial Enterprises	2496	
事业单位	Institutions		
部分转制院所及园区企业	Part of Transferring Institute and Park Enterprise		
园区事业单位	Park Institution	20	
2、工信部	Industry Ministry		
3、教育部	Education Ministry	47858	1186
理工农医院校	Science and Technology, Agriculture, Medical Academies	41785	967
人文社科院校	Human Social Sciences School	6073	219
4、统计局	Statistics	474838	2008
工业企业	Industrial Enterprises	464951	2008
大中型	Large and Medium-sized	405318	1982
规上小型	Small-size	40884	26
规上微型	Mini-size	18750	
其他	Other		
统计部门非工企业	Statistical Non-industrial Enterprises	7294	
统计部门事业单位	Statistical Institutions	2593	
二、按执行部门分组	**Grouped by Executive Department**		
1、企业	Enterprise	474741	2008
规模以上	Above Designated Size	464951	2008
大中型	Large and Medium-sized	405318	1982
2、科研机构	Research Institutions	2010	914
3、高等院校	Institutions of Higher Education	47858	1186
4、其他	Others	2613	
三、按隶属关系分组	**Group by Administration**		
中　央	National	209486	3637
地　方	Local	317736	471
四、按行业分组	**Grouped by Industry**		
农、林、牧、渔业	Agriculture, Forestry, Animal, Husbandry and Fishery	20	
采矿业	Mining	34383	
制造业	Manufacturing	421644	2008
电力、燃气及水的生产和供应业	Production and Supply of Electricity, Gas and Water	8924	
建筑业	Construction	4764	
交通运输、仓储和邮政业	Transport,Storage and Post		
信息传输、计算机服务和软件业	Information Transmission, Computer Services and Software	551	
金融业	Financial	1427	
租赁和商务服务业	Leasing and Business Services	118	
科学研究、技术服务和地质勘查业	Scientific Research,Technical Service and Geologic Prospecting	4506	914
水利、环境和公共设施管理业	Management of Water Conservation, Environment and Public Facilities	46	
教育	Education	47858	1185
卫生、社会保障和社会福利业	Health, Social Security and Social Welfare	2368	
文化、体育和娱乐业	Culture, Sports and Entertainment	614	
五、按地区分组	**Grouped by Region**		
长春市	Changchun	269722	3924
吉林市	Jilin	146704	
四平市	Siping	8883	26
辽源市	Liaoyuan	15215	
通化市	Tonghua	25056	
白山市	Baishan	5744	
松原市	Songyuan	37075	
白城市	Baicheng	9838	
延边朝鲜族自治州	Yanbian	8985	157

continued

unit: 10000 yuan

其他资金 Others	R&D经费外部支出 R&D Exterior Expenditures	对国内研究机构支出 Expenditure on Domestic Research Institutions	对国内高等学校支出 Expenditure on Domestic Higher Learning	对国内企业支出 Expenditure on Domestic Enterprises	对境外支出 Expenditure on Overseas
25288	**43429**	**24501**	**11481**	**2840**	**4557**
16612	330	330			
12987					
3589	330	330			
16					
20					
11	155	1	154		
4243	5856	1917	1802	1928	160
1232	5583	1847	1706	1871	160
3011	273	70	96	57	
4423	37088	22253	9525	913	4397
4015	36873	22173	9441	861	4397
3594	35494	21631	8682	851	4330
421	1279	443	759	10	67
	100	100			
	215	80	84	51	
408					
7604	37418	22583	9525	913	4397
4015	36873	22173	9441	861	4397
3594	35494	21631	8682	851	4330
12998	155	1	154		
4243	5856	1917	1802	1928	160
443					
17161	22730	12301	6097	2437	1846
8127	20699	12201	5384	403	2711
20					
	9960	8754	1206		
4015	26913	13419	8235	861	4397
	23	10	11	2	
	130	64	63	3	
	12	3		9	
	10		10		
16603	485	331	154		
4245	5857	1917	1802	1928	160
408	41	3		38	
17441	20216	10231	4383	2558	2996
5660	2831	722	2071	38	
629	948	663	265	2	18
	1210	785	355	60	10
1452	3596	1113	915	76	1493
	1170	848	323		
1	9910	8724	1186		
11	161	54		107	
93	3387	1362	1985		40

17－20 研究与试验发展（R&D）产出情况（2011）

项　　目	Item	专利申请数（件） Number of Patent Applications(piece)
总　　计	**Total**	**3999**
一、按数据来源分组	**Grouped by Data Source**	
1、科技部	Ministry of S&T	610
科研机构	Research Institutions	575
非工业企业	Non-industrial Enterprises	21
事业单位	Institutions	14
部分转制院所及园区企业	Part of Transferring Institute and Park Enterprises	
园区事业单位	Park Institution	
2、工信部	Industry Ministry	10
3、教育部	Education Ministry	1259
理工农医院校	Science and Technology, Agriculture, Medical Academies	1253
人文社科院校	Natural and Science Human Academies	6
4、统计局	Statistics	2120
工业企业	Industrial Enterprises	2030
大中型	Large and Medium-sized	1555
规上小型	Small-size	474
规上微型	Mini-size	1
其他	Others	
统计部门非工企业	Statistical Non-industrial Enterprises	45
统计部门事业单位	Statistical Institutions	45
二、按执行部门分组	**Grouped by Executive Department**	
1、企业	Enterprise	2096
规模以上	Above Designated size	2030
大中型	Large and Medium-sized	1555
2、科研机构	Research Institutions	585
3、高等院校	Institutions of Higher Education	1259
4、其他	Others	59
三、按隶属关系分组	**Group by Administration**	
中　央	National	2309
地　方	Local	1690
四、按行业分组	**Grouped by Industry**	
农、林、牧、渔业	Agriculture，Forestry，Animal，Husbandry and Fishery	1
采矿业	Mining	35
制造业	Manufacturing	1912
电力、燃气及水的生产和供应业	Production and Supply of Electricity，Gas and Water	83
建筑业	Construction	26
交通运输、仓储和邮政业	Transport, Storage and Post	
信息传输、计算机服务和软件业	Information Transmission，Computer Services and Software	17
金融业	Financial	
租赁和商务服务业	Leasing and Business Services	1
科学研究、技术服务和地质勘查业	Scientific Research,Technical Service and Geologic Prospecting	620
水利、环境和公共设施管理业	Management of Water Conservation，Environment and Public Facilities	
教育	Education	1259
卫生、社会保障和社会福利业	Health，Social Security and Social Welfare	45
文化、体育和娱乐业	Culture，Sports and Entertainment	
五、按地区分组	**Grouped by Region**	
长春市	Changchun	3087
吉林市	Jilin	353
四平市	Siping	62
辽源市	Liaoyuan	59
通化市	Tonghua	145
白山市	Baishan	49
松原市	Songyuan	124
白城市	Baicheng	27
延边朝鲜族自治州	Yanbian	93

Research and Experiment Development（R&D）Output Situation（2011）

#发明专利 Invention Patents	专利授权数（件） Number of Patents(piece)	#发明专利 Invention Patents	有效发明专利数（件） Number of Effective Patents(piece)	专利所有权转让及许可数（件） Patent Right of Ownership Transfer and the License Number(piece)
2195	**1021**	**693**	**4378**	**56**
552	312	277	1667	10
536	296	275	1641	9
15	8	1	25	
1	8	1	1	1
8	2	1	4	
841	707	415	1679	8
839	703	413	1679	7
2	4	2		1
794			1028	38
751			1006	38
526			791	30
224			215	8
1				
18			22	
25				
784	8	1	1053	38
751			1006	38
526			791	30
544	298	276	1645	9
841	707	415	1679	8
26	8	1	1	1
1331	701	538	2685	29
864	320	155	1693	27
			29	
724			966	38
27			11	
7			15	
11			7	
560	314	278	1671	10
841	707	415	1679	8
25				
1705	929	659	3455	42
191	53	25	463	5
24	1		36	
21			25	3
108	5	5	135	1
42			26	
49			62	
7	2		7	5
48	31	4	169	

17－20　续表

项　　目	Item	专利所有权转让及许可收入(万元) Patent Right of Ownership Transfer and Licensing Revenue(10000yuan)
总　　计	**Total**	**677**
一、按数据来源分组	**Grouped by Data Source**	
1、科技部	Ministry of S&T	57
科研机构	Research Institutions	56
非工业企业	Non-industrial Enterprises	
事业单位	Institutions	1
部分转制院所及园区企业	Part of Transferring Institute and Park Enterprises	
园区事业单位	Park Institution	
2、工信部	Industry Ministry	
3、教育部	Educ.tion Ministry	543
理工农医院校	Science and Technology, Agriculture, Medical Academies	543
人文社科院校	Natural and Science Human Academies	
4、统计局	Statistics	77
工业企业	Industrial Enterprises	77
大中型	Large and Medium-sized	1
规上小型	Small-size	76
规上微型	Mini-size	
其他	Others	
统计部门非工企业	Statistical Non-industrial Enterprises	
统计部门事业单位	Statistical Institutions	
二、按执行部门分组	**Grouped by Executive Department**	
1、企业	Enterprise	77
规模以上	Above Designated size	77
大中型	Large and Medium-sized	1
2、科研机构	Research Institutions	56
3、高等院校	Institutions of Higher Education	543
4、其他	Others	1
三、按隶属关系分组	**Group by Administration**	
中 央	National	56
地 方	Local	621
四、按行业分组	**Grouped by Industry**	
农、林、牧、渔业	Agriculture, Forestry, Animal, Husbandry and Fishery	
采矿业	Mining	
制造业	Manufacturing	77
电力、燃气及水的生产和供应业	Production and Supply of Electricity, Gas and Water	
建筑业	Construction	
交通运输、仓储和邮政业	Transport, Storage and Post	
信息传输、计算机服务和软件业	Information Transmission, Computer Services and Software	
金融业	Financial	
租赁和商务服务业	Leasing and Business Services	
科学研究、技术服务和地质勘查业	Scientific Research,Technical Service and Geologic Prospecting	57
水利、环境和公共设施管理业	Management of Water Conservation, Environment and Public Facilities	
教育	Education	543
卫生、社会保障和社会福利业	Health, Social Security and Social Welfare	
文化、体育和娱乐业	Culture, Sports and Entertainment	
五、按地区分组	**Grouped by Region**	
长春市	Changchun	488
吉林市	Jilin	112
四平市	Siping	
辽源市	Liaoyuan	
通化市	Tonghua	1
白山市	Baishan	
松原市	Songyuan	76
白城市	Baicheng	
延边朝鲜族自治州	Yanbian	

continued

集成电路布图设计登记数(件) Number of Integrated Circuits Design(piece)	植物新品种权授予数(项) Number of New Plant Variety Rights Granted (item)	形成国家或行业标准数(项) National or Industry Standard Digital(item)	发表科技论文(篇) S&T Thesis Issued (piece)	出版科技著作(种) S&T Works Published (kind)
1	**28**	**606**	**47362**	**1111**
	18	108	4481	108
	7	99	4188	99
	4	9	243	3
			28	
	7		15	
			7	6
		4	24	
1	10	14	27919	903
	10	14	19610	311
1			8309	592
		480	14938	100
		467	10031	
		388	9982	
		79	49	
		13	299	
			4608	100
	11	489	10588	3
		467	10031	
		388	9982	
	7	103	4212	99
1	10	14	27919	903
			4643	106
	8	66	14443	405
1	20	540	32919	706
	7		28	6
			397	
		467	9428	
			206	
		5	133	
		7	53	
			1	
	11	112	4483	102
			9	2
1	10	14	27919	903
		1	4700	98
			5	
1	15	157	37531	879
	6	67	3761	87
	7	28	1003	34
		3	608	4
		319	523	10
		7	67	
		7	420	2
		2	711	21
		16	2738	74

17－21　研究与试验发展（R&D）项目（课题）情况（2011）

Research and Experiment Development（R&D）Project (topic) Situation（2011）

项　　目	Item	项目(课题)数(项) Number of Project (topic) (item)	项目(课题)参加人员折合全时当量(人年) Project (topic) to Full-time Equivalent of Personnel (person-year)	项目（课题）经费内部支出（万元） Project (topic) Internal Expenditures (10000yuan)
总　计	**Total**	**19356**	**39992**	**697771**
一、按数据来源分组	**Grouped by Data Source**			
1、科技部	Ministry of S&T	1858	5995	118139
科研机构	Research Institutions	1734	5406	114283
非工业企业	Non-industrial Enterprises	98	526	3755
事业单位	Institutions	23	49	91
部分转制院所及园区企业	Part of Transferring Institute and Park Enterprises			
园区事业单位	Park Institution	3	14	10
2、工信部	Industry Ministry	26	239	2478
3、教育部	Education Ministry	15175	16401	144804
理工农医院校	Science and Technology, Agriculture, Medical Academies	8545	13744	135028
人文社科院校	Human Social Sciences School	6630	2657	9776
4、统计局	Statistics	2297	17357	432350
工业企业	Industrial Enterprises	1885	15278	425061
大中型	Large and Medium-sized	1445	13726	373692
规上小型	Small-size	398	1255	32761
规上微型	Mini-size	42	297	18608
其他	Others			
统计部门非工企业	Statistical Non-industrial Enterprises	83	961	5574
统计部门事业单位	Statistical Institutions	329	1118	1716
二、按执行部门分组	**Grouped by Executive Department**			
1、企业	Enterprise	2066	16765	434389
规模以上	Above Designated Size	1885	15278	425061
大中型	Large and Medium-sized	1445	13726	373692
2、科研机构	Research Institutions	1760	5645	116761
3、高等院校	Institutions of Higher Education	15175	16401	144804
4、其他	Others	355	1181	1816
三、按项目（课题）来源分组	**Grouped by Projects (topic) Source**			
1.国家科技项目	National Science and Technology Project	5307	11612	196322
2.地方科技项目	Local Technology Projects	7037	10946	125036
3.企业委托科技项目	Enterprises Entrust Technological Projects	3035	4404	78532
4.自选科技项目	Optional Projects	3449	11613	266371
5.来自国外的科技项目	Projects from Foreign Technology	126	255	7941
6.其它科技项目	Other Technology Projects	402	1163	23570
四、按项目（课题）合作形式分组	**Grouped by Projects (topic) Cooperating Types**			
1.与境外机构合作	Cooperation with Foreign Institutions	150	500	29852
2.与国内高校合作	Cooperation with Domestic Universities	654	2938	66839
3.与国内独立研究机构合作	Cooperate with Domestic Independent Research Institution	524	2936	37505
4.与境内注册外商独资企业合作	Cooperate with Domestic Registed Foreign-owned Enterprises	20	24	146
5.与境内注册其他企业合作	Cooperate with Other Domestic Registration Enterprises	930	2169	35219

17－21 续表 continued

项　　目	Item	项目(课题)数(项) Number of Project (topic) (item)	项目(课题)参加人员折合全时当量(人年) Project (topic) to Full-time Equivalent of Personnel (person-year)	项目（课题）经费内部支出（万元） Project (topic) Internal Expenditures (10000yuan)
6.独立完成	Independently	16432	30405	505978
7.其他	Others	646	1020	22231
五、按项目（课题）活动类型分组	**Grouped by Projects (topic) Activities Types**			
1.基础研究	Basic Research	7984	8965	70225
2.应用研究	Applied Research	7810	11978	234942
3.试验发展	Experimental Development	3562	19049	392604
4.研究与试验发展成果应用	Applied Research and Experimental Development Results			
5.科技服务	Technology Services			
六、按学科分类分组	**Grouped by Subject Category**			
自然科学	Natural Science	2700	4167	94838
农业科学	Agricultural Sciences	1365	2501	17771
医药科学	Medical Science	2738	6513	33215
工程与技术科学	Science Engineering and Technology	5766	23803	538459
人文与社会科学	Human and Social Sciences	6787	3009	13488
七、按项目（课题）服务的国民经济行业分组	**Grouped by Projects (topic) Served National Economic Iindustries**			
农、林、牧、渔业	Agriculture，Forestry，Animal，Husbandry and Fishery	1070	2137	13010
采矿业	Mining	96	2124	37152
制造业	Manufacturing	4262	16690	450540
电力、燃气及水的生产和供应业	Production and Supply of Electricity，Gas and Water	228	621	9197
建筑业	Construction	404	943	4683
交通运输、仓储和邮政业	Transport，Storage and Post	33	67	274
信息传输、计算机服务和软件业	Information Transmission，Computer Services and Software	199	303	1956
批发和零售业	Wholesale and Retail Trades	19	14	39
住宿和餐饮业	Hotels and Catering Services	5	4	13
金融业	Financial	106	58	1286
房地产业	Real Estate	5	2	7
租赁和商务服务业	Leasing and Business Services	228	205	411
科学研究、技术服务和地质勘查业	Scientific Research,Technical Service and Geologic Prospecting	6332	10337	159309
水利、环境和公共设施管理业	Management of Water Conservation，Environment and Public Facilities	274	331	3680
居民服务和其他服务员	Resident Services and Other Services	92	37	136
教育	Education	3361	1494	4982
卫生、社会保障和社会福利业	Health，Social Security and Social Welfare	1440	4046	8435
文化、体育和娱乐业	Culture，Sports and Entertainment	485	255	1137
公共管理和社会组织	Public Management and Ssocial Organizations	715	324	1523
国际组织	International Organizations	2	1	3
八、按项目（课题）社会经济目标分组	**Grouped by Projects (topic) Society Economic Aids Target**			
环境保护、生态建设及污染防治	Environmental Protection, Ecological Construction and Pollution Prevention	730	1055	20121
能源生产、分配和合理利用	Promote Energy Production, Distribution and Reasonable Use	487	3960	72644
卫生事业的发展	Promote the Development of Public Health Undertakings	1623	4162	9644

17－21　续表 1　continued

项　　目	Item	项目(课题)数(项) Number of Project (topic) (item)	项目(课题)参加人员折合全时当量(人年) Project (topic) to Full-time Equivalent of Personnel (person-year)	项目（课题）经费内部支出（万元） Project (topic) Internal Expenditures (10000yuan)
教育事业的发展	Promote the Development of Education	4111	1814	6389
基础设施以及城市和农村规划	Urban and Rural Infrastructure and Planning	250	1551	9388
社会发展和社会服务	Social Development and Docial Services	1578	1263	7357
地球和大气层的探索与利用	The Earth and the Atmosphere of Exploration and Use	27	40	402
民用空间探测及开发	Civilian Space Exploration and Development	12	8	35
农林牧渔业发展	Promote the Development of Agriculture, Forestry, Animal, Husbandry and Fishery	1238	2286	14344
工商业发展	Promotion of Industrial and Commercial Development	3124	12477	354050
非定向研究	Non-oriented Research	5674	9438	147105
其他民用目标	Other Civilian Targets	222	215	2419
国防	National Defense	280	1724	53873
九、按隶属关系分组	**Group by Administration**			
中　央	National	8601	20281	374725
地　方	Local	10455	19711	323046
十、按行业分组	**Grouped by Industry**			
农、林、牧、渔业	Agriculture, Forestry, Animal, Husbandry and Fishery	3	14	10
采矿业	Mining	84	1308	34836
制造业	Manufacturing	1781	12948	387633
电力、燃气及水的生产和供应业	Production and Supply of Electricity, Gas and Water	20	1022	2593
建筑业	Construction	41	684	3697
交通运输、仓储和邮政业	Transport, Storage and Post			
信息传输、计算机服务和软件业	Information Transmission, Computer Services and Software	12	57	320
金融业	Financial	5	17	1135
租赁和商务服务业	Leasing and Business Services	8	114	78
科学研究、技术服务和地质勘查业	Scientific Research,Technical Service and Geologic Prospecting	1881	6220	120607
水利、环境和公共设施管理业	Management of Water Conservation, Environment and Public Facilities	3	9	12
教育	Education	15175	16401	144803
卫生、社会保障和社会福利业	Health, Social Security and Social Welfare	338	1164	1994
文化、体育和娱乐业	Culture, Sports and Entertainment	5	35	54
十一、按地区分组	**Grouped by Region**			
长春市	Changchun	15163	27485	451687
吉林市	Jilin	2024	6724	149651
四平市	Siping	386	535	7835
辽源市	Liaoyuan	74	367	9691
通化市	Tonghua	421	1656	20941
白山市	Baishan	55	196	6013
松原市	Songyuan	127	1562	37048
白城市	Baicheng	192	402	6982
延边朝鲜族自治州	Yanbian	914	1065	7924

17-22 科技事业发展情况
Development of Science and Technology

指标	Item	单位 Unit	2006年	2007年	2008年	2009年	2010年	2011年
研究与实验发展(R&D)活动	**R&D Activities**							
研究与实验发展折合全时人员	Full-time Equivalent of R&D Personnel	人年 Person-year	28464	32509	33624	56428	45314	44815
研究与实验发展经费支出	Expenditure on R&D	万元 10000 yuan	429419	508658	632618	813602	758005	934767
研究与实验发展经费支出占地区生产总值比重	R&D Expenditure as GDP Proportion	%	1.00	0.96	0.87	1.12	0.87	0.88
技术成果	**Technological Achievement and Natioral Awards**							
科技成果总数	Number of Achievements in Science and Technology	项 Item	493	515	413	510	487	500
#应用技术成果	Application of Technology Results	项 Item	493	448	357	441	398	419
国家奖励	**Natioral awards**							
#国家自然科学奖	State Natural Science Award	项 Item	1	2	1	3	2	1
国家技术发明奖	State Technological Invention Award	项 Item	2		1	1	1	
国家科技进步奖	Number of National Scientific and Technological Progress Prizes Awarded	项 Item	4	5	5	4	3	1
技术市场成交额	Technical Market	亿元 100 million yuan	15.4	17.5	19.8	19.8	18.8	26.3
科技服务	**Technology Services**							
气象观测站点(气象台站总数)	Meteorological Observation Site	个 unit	62	62	56	56	56	56
地震台站	Seismic Stations	个 unit	10	10	14	14	14	18
质量监督	**Quality Supervision**							
产品质量检验机构	Product Quality Inspection Agency	个 unit	607	694	670	685	709	723
监督抽查产品	Quality Checks of Products	种kind	40	56	50	58	37	28
监督抽查产品	Supervision and Checking of Products	批次Batch	637	804	892	1254	775	625
专利	**Patents**							
专利申请受理量	Number of Paterts Application Accepted	件 Piece	4578	5251	5536	5934	6445	8196
专利申请授权量	Number of Patents Application Granted	件 Piece	2319	2855	2984	3274	4343	4920

17－23　全部规模以上工业企业限额以上R&D项目情况（2011）

项　　目	Item	全部科技项目数(项) All the Technology Projects(Item)	参加科技项目人员(人) Project Personnel for S&T(person)	本年度项目经费内部支出(万元) Annual Project Internal Expenditures (10000yuan)
总计	**Total**	**1108**	**15505**	**376297**
一、按项目来源分组	**Grouped by Projects (topic) Source**			
国家科技项目	National Science and Technology Project	47	1407	23724
地方科技项目	Local Technology Projects	115	2002	51763
其他企业委托科技项目	Enterprises Entrust Technological Projects	71	317	11988
本企业自选科技项目	Optional Projects	857	11423	279432
来自境外的科技项目	Projects from Foreign Technology	4	64	2597
其他科技项目	Other Technology Projects	14	292	6795
二、按项目合作形式分组	**Grouped by Projects (topic) Cooperating Types**			
与境外机构合作	Cooperation with Foreign Institutions	10	130	4606
与境内高校合作	Cooperation with Domestic Universities	111	1294	34554
与境内独立研究院所合作	Cooperate with Domestic Independent Research Institution	101	1497	15567
与境内注册的外商独资企业合作	Cooperate with Domestic Registed Foreign-owned Enterprises	3	15	93
与境内注册的其他企业合作	Cooperate with Other Domestic Registration Enterprises	46	551	16072
独立研究	Independently	796	11748	300858
其他	Others	41	270	4546
三、按项目活动类型分组	**Grouped by Projects (topic) Activities Types**			
基础研究	Basic Research			
应用研究	Applied Research	76	1372	83420
试验发展	Experimental Development	1032	14133	292877
四、按项目成果形式分组	Grouped by Projects Results			
论文或专著	Papers or Monographs	34	390	6993
自主研制的新产品原型或样机、样件、样品、配方、新装置	Independently Developed New Prodact Prototype, Sample,Recjpes,New Device	541	6086	183073
自主开发的新技术或新工艺、新工法	Indeperdently Developed of New Technology or New Techniques,New Constrution Method	463	8401	176807
发明专利	Patents for Inventions	69	612	9381
实用新型专利	Utility Model Patent			
外观设计专利	Design Patent			
带有技术、工艺参数的图纸、技术标准、操作规范	Technology、Drawing of the Prdess Parameters、Technical Standard、practices			
基础软件	Basic Software	1	16	43
应用软件	Application Software			
其他	Others			
五、按项目技术经济目标分组	**Grouped by Projects Technical and Economic Target**			
科学原理的探索、发现	Scientific Principles of Exploration、Discovery	4	64	2280
技术原理的研究	Technical Principles Research	80	1487	89367
开发全新产品	Development of New Products	717	9288	192395
增加产品功能或提高性能	Add Product Features or Improve Performance	174	1890	42590
提高劳动生产率	Increase Labor Productivity	26	157	1540
减少能源消耗或提高能源使用效率	Reduce Energy Consumption or Improve Energy Efficiency in the use	71	2195	43363
节约原材料	Conservation of Raw Materials	16	238	3156
减少环境污染	Reduce Environmental Pollution	11	117	940
其他	Others	9	69	666

Industrial Enterprises R&D Projects Situation（2011）

项　　目	Item	全部科技项目数(项) All the Technology Projects(Item)	参加科技项目人员(人) Project Personnel for S&T(person)	本年度项目经费内部支出(万元) Annual Project Internal Expenditures（10000yuan）
六、企业规模分组	**Group by Size of Enterprises**			
大型	Large-sized Enterprise	563	10444	295607
中型	Mdeium-sized Enterprise	315	3241	52138
小型	Small-sized Enterprise	230	1820	28552
微型	Mini-sized Enterprise			
七、隶属关系分组	**Group by Administration**			
中央	National	301	5078	139809
省(自治区、直辖市)	Province	98	2252	21954
地(区、市、州、盟)	City	280	3588	98368
县(区、市、旗)	Country	95	1565	24739
街道	Street			
镇	Town			
乡	Township	1	16	310
(社区)居委会	Neighborhood			
村委会	Village Committee			
其他	Others	333	3006	91118
八、登记注册类型分组	**Grouped by Status Registration**			
内资企业	Domestic Funded	954	13478	324833
港、澳、台商投资企业	Enterprises with Funds Hong Kong,Macao and Taiwan	31	610	34144
外商投资企业	Foreign Funded Enterprises	123	1417	17321
九、按新国民经济行业大类分组	**Grouping by National Economy Industry**			
采矿业	Mining	18	1301	26100
制造业	Manufacturing	1070	13963	347604
电力、燃气及水的生产和供应业	Production and Supply of Electricity，Gas and Water	20	241	2593
十、企业控股情况分组	**Grouping by Enterprises Share Holding Situation**			
国有控股	State-owned Holding	526	9770	251024
集体控股	Collective Holding	51	182	3932
私人控股	Private Holding	360	3452	60400
港澳台商控股	Hong Kong, Macao and Taiwan Funded Holding	20	471	32331
外商控股	Foreign Holdings	64	611	8865
其他	Others	87	1019	19745
十一、按地区分组	**Grouped by Region**			
长春市	Changchun	547	7348	170625
吉林市	Jilin	231	3184	127653
四平市	Siping	66	450	7650
辽源市	Liaoyuan	35	530	8376
通化市	Tonghua	146	1895	19622
白山市	Baishan	16	113	4921
松原市	Songyuan	22	1315	27644
白城市	Baicheng	18	261	6208
延边朝鲜族自治州	Yanbian	27	409	3600

17－24 工业企业R&D人员情况（2011）

项　目	Item	研究与试验发展(R&D)人员（人）Research and Development (R&D) Personnel(person)
总计	**Total**	**24305**
一、按企业规模分组	**Group by Size of Enterprises**	
大型	Large-sized Enterprise	16430
中型	Mdeium-sized Enterprise	5267
小型	Small-sized Enterprise	2608
微型	Mini-sized Enterprise	
二、按隶属关系分组	**Group by Administration**	
中央	National	8600
省(自治区、直辖市)	Province	3123
地(区、市、州、盟)	City	4580
县(区、市、旗)	Country	2303
街道	Street	
镇	Town	
乡	Township	20
(社区)居委会	Neighborhood	
村委会	Village Committee	
其他	Others	5679
三、按登记注册类型分组	**Grouped by Status Registration**	
内资企业	Domestic Funded	21461
港、澳、台商投资企业	Enterprises with Funds Hong Kong,Macao and Taiwan	1139
外商投资企业	Foreign Funded Enterprises	1705
四、按新国民经济行业大类分组	**Grouping by National Economy Industry**	
采矿业	Mining	1554
制造业	Manufacturing	21401
电力、燃气及水的生产和供应业	Production and Supply of Electricity，Gas and Water	1350
五、按企业控股情况分组	**Grouping by Enterprises Share Holding Situation**	
国有控股	State-owned Holding	14682
集体控股	Collective Holding	576
私人控股	Private Holding	5568
港澳台商控股	Hong Kong, Macao and Taiwan Funded Holding	983
外商控股	Foreign Holdings	699
其他	Others	1797
六、按地区分组	**Grouped by Region**	
长春市	Changchun	11832
吉林市	Jilin	6093
四平市	Siping	624
辽源市	Liaoyuan	690
通化市	Tonghua	2359
白山市	Baishan	249
松原市	Songyuan	1496
白城市	Baicheng	327
延边朝鲜族自治州	Yanbian	635

注：按企业规模分组包含部分规模以下小型工业企业数据（下同）
Note:Contains some small sized industrial enterprise date.

Industrial Enterprises R&D Human Resource Situation（2011）

其中:				其中
#本年度参加项目人员 Personnel Involved in the Project This Year	#科技管理和服务人员 S&T Management and Service Personnel	#女性 Female	#研究人员 Researchers	全时人员 Full-time Personnel
20792	**3513**	**6402**	**11854**	**14304**
14554	1876	4342	8645	9775
4090	1177	1316	2222	2916
2148	460	744	987	1613
7200	1400	2585	5422	5012
2787	336	613	1469	1961
4260	320	1088	2048	2110
1952	351	594	543	1758
16	4	3	4	14
4577	1102	1519	2368	3449
18249	3212	5794	10379	12239
1093	46	332	701	973
1450	255	276	774	1092
1326	228	662	482	942
18263	3138	5377	10208	13180
1203	147	363	1164	182
12765	1917	3911	8252	7952
431	145	207	223	72
4580	988	1451	2083	3745
954	29	308	645	904
612	87	108	130	415
1450	347	417	521	1216
10200	1632	3089	5699	5981
4889	1204	1211	3146	4333
554	70	151	261	430
620	70	191	307	459
2118	241	833	1307	1506
228	21	77	143	195
1337	159	668	482	968
304	23	58	111	194
542	93	124	398	238

17－24 续表

项　　目	Item	非全时人员 Part-time Personnel
总计	**Total**	**10001**
一、按企业规模分组	**Group by Size of Enterprises**	
大型	Large-sized Enterprise	6655
中型	Mdeium-sized Enterprise	2351
小型	Small-sized Enterprise	995
微型	Mini-sized Enterprise	
二、按隶属关系分组	**Group by Administration**	
中央	National	3588
省(自治区、直辖市)	Province	1162
地(区、市、州、盟)	City	2470
县(区、市、旗)	Country	545
街道	Street	
镇	Town	
乡	Township	6
(社区)居委会	Neighborhood	
村委会	Village Committee	
其他	Others	2230
三、按登记注册类型分组	**Grouped by Status Registration**	
内资企业	Domestic Funded	9222
港、澳、台商投资企业	Enterprises with Funds Hong Kong,Macao and Taiwan	166
外商投资企业	Foreign Funded Enterprises	613
四、按新国民经济行业大类分组	**Grouping by National Economy Industry**	
采矿业	Mining	612
制造业	Manufacturing	8221
电力、燃气及水的生产和供应业	Production and Supply of Electricity，Gas and Water	1168
五、按企业控股情况分组	**Grouping by Enterprises Share Holding Situation**	
国有控股	State-owned Holding	6730
集体控股	Collective Holding	504
私人控股	Private Holding	1823
港澳台商控股	Hong Kong, Macao and Taiwan Funded Holding	79
外商控股	Foreign Holdings	284
其他	Others	581
六、按地区分组	**Grouped by Region**	
长春市	Changchun	5851
吉林市	Jilin	1760
四平市	Siping	194
辽源市	Liaoyuan	231
通化市	Tonghua	853
白山市	Baishan	54
松原市	Songyuan	528
白城市	Baicheng	133
延边朝鲜族自治州	Yanbian	397

contiued

R&D人员折合全时当量（人年） Full-time Equivalent of R&D Personnel (person-year)	其中		
	#研究人员 Researchers	应用研究人员 Applied Researchers	试验发展人员 Personnel of Experimental Development
17403	**9083**	**1331**	**16072**
12654	7147	1246	11407
3256	1348	32	3225
1493	588	53	1441
7822	4850	942	6880
1641	943		1641
2472	1303	27	2445
1696	424	291	1405
2	0.3		2
3770	1562	70	3700
15403	7968	1303	14100
738	427	28	710
1262	688		1262
1546	475		1546
14697	7609	1331	13366
1160	998		1160
10940	6592	943	9998
191	99	10	181
4051	1535	350	3701
592	377	28	564
365	104		365
1263	376		1263
7661	4319	987	6674
5270	2784		5270
431	191		431
331	158	26	305
1677	857	318	1360
193	104		193
1494	480		1494
149	64		149
197	126	0.3	197

17－25　工业企业R&D经费情况（2011）

单位：万元

项　　目	Item	R&D经费内部支出合计 R&D Internal Expenditures	应用研究支出 Applied Research Expenditures
总计	**Total**	**465705**	**91401**
一、按企业规模分组	**Group by Size of Enterprises**		
大型	Large-sized Enterprise	350266	85497
中型	Mdeium-sized Enterprise	69605	4604
小型	Small-sized Enterprise	45835	1299
微型	Mini-sized Enterprise		
二、按隶属关系分组	**Group by Administration**		
中央	National	174701	79671
省(自治区、直辖市)	Province	25249	
地(区、市、州、盟)	City	113584	868
县(区、市、旗)	Country	36383	3581
街道	Street		
镇	Town		
乡	Township	330	
(社区)居委会	Neighborhood		
村委会	Village Committee		
其他	Others	115458	7281
三、按登记注册类型分组	**Grouped by Status Registration**		
内资企业	Domestic Funded	403878	87353
港、澳、台商投资企业	Enterprises with Funds Hong Kong,Macao and Taiwan	38120	4048
外商投资企业	Foreign Funded Enterprises	23708	
四、按新国民经济行业大类分组	**Grouping by National Economy Industry**		
采矿业	Mining	35372	
制造业	Manufacturing	421131	91401
电力、燃气及水的生产和供应业	Production and Supply of Electricity，Gas and Water	9202	
五、按企业控股情况分组	**Grouping by Enterprises Share Holding Situation**		
国有控股	State-owned Holding	305587	79679
集体控股	Collective Holding	5643	134
私人控股	Private Holding	79943	7540
港澳台商控股	Hong Kong, Macao and Taiwan Funded Holding	36123	4048
外商控股	Foreign Holdings	13411	
其他	Others	25000	
六、按地区分组	**Grouped by Region**		
长春市	Changchun	207502	84255
吉林市	Jilin	140930	
四平市	Siping	9336	
辽源市	Liaoyuan	14553	630
通化市	Tonghua	27053	6508
白山市	Baishan	7559	
松原市	Songyuan	37423	
白城市	Baicheng	12021	
延边朝鲜族自治州	Yanbian	9329	8

Industrial Enterprises R&D Expenditure Situation（2011）

unit: 10000 yuan

试验发展支出 Experimental Development Expenditures	其中				
	经常费支出 Ordinary Expenditure	#劳务费 Labor Costs	资产性支出 Assets Expenditure	土建工程支出 Civil Works Expenditures	仪器设备 Equipment
374305	**392223**	**75889**	**73483**	**1138**	**72345**
264768	296896	54254	53370	837	52533
65001	56709	13887	12897	240	12657
44535	38618	7749	7217	62	7155
95030	144306	38417	30395	393	30002
25249	21579	3748	3670	155	3515
112717	98409	13407	15175	224	14952
32802	28460	3836	7923	36	7887
330	330	42			
108177	99138	16439	16320	331	15989
316526	336426	67731	67452	1138	66314
34071	37939	1737	181		181
23708	17858	6422	5850	1	5849
35372	23262	11527	12110	252	11859
329730	360977	63957	60154	828	59326
9202	7984	406	1219	59	1160
225908	257429	51487	48158	946	47212
5509	5573	1654	69		69
72403	65058	13706	14884	173	14711
32075	36123	1223			
13411	8980	3843	4431		4430
25000	19059	3977	5941	19	5922
123247	183534	36164	23968	417	23551
140930	120341	14822	20589	156	20433
9336	7795	2212	1541	8	1533
13923	9005	1567	5549	54	5494
20545	21190	4657	5863	101	5763
7559	6487	1995	1072	29	1043
37423	25127	11740	12296	253	12043
12021	10466	941	1555	8	1547
9321	8278	1793	1051	112	939

单位：万元

17－25 续表

项　目	Item	其中	
		政府资金 Government Funds	企业资金 Enterprise Funds
总计	**Total**	**17705**	**441977**
一、按企业规模分组	**Group by Size of Enterprises**		
大型	Large-sized Enterprise	8817	338119
中型	Mdeium-sized Enterprise	4245	63114
小型	Small-sized Enterprise	4643	40744
微型	Mini-sized Enterprise		
二、按隶属关系分组	**Group by Administration**		
中央	National	5710	165658
省(自治区、直辖市)	Province	2313	22128
地(区、市、州、盟)	City	2502	111056
县(区、市、旗)	Country	2728	33655
街道	Street		
镇	Town		
乡	Township		330
(社区)居委会	Neighborhood		
村委会	Village Committee		
其他	Others	4451	109150
三、按登记注册类型分组	**Grouped by Status Registration**		
内资企业	Domestic Funded	15376	382779
港、澳、台商投资企业	Enterprises with Funds Hong Kong,Macao and Taiwan	2111	36009
外商投资企业	Foreign Funded Enterprises	218	23189
四、按新国民经济行业大类分组	**Grouping by National Economy Industry**		
采矿业	Mining	882	34490
制造业	Manufacturing	16545	398563
电力、燃气及水的生产和供应业	Production and Supply of Electricity, Gas and Water	278	8924
五、按企业控股情况分组	**Grouping by Enterprises Share Holding Situation**		
国有控股	State-owned Holding	10907	290539
集体控股	Collective Holding	52	5590
私人控股	Private Holding	3901	74560
港澳台商控股	Hong Kong, Macao and Taiwan Funded Holding	1783	34340
外商控股	Foreign Holdings	168	12943
其他	Others	893	24005
六、按地区分组	**Grouped by Region**		
长春市	Changchun	7678	196817
吉林市	Jilin	3404	136122
四平市	Siping	277	8883
辽源市	Liaoyuan	199	14354
通化市	Tonghua	561	25056
白山市	Baishan	1815	5744
松原市	Songyuan	987	36436
白城市	Baicheng	2342	9679
延边朝鲜族自治州	Yanbian	442	8887

continued

unit: 10000 yuan

其中		R&D经费外部支出合计 R&D Exterior Expenditures	#对国内研究机构的支出 Expenditure on Domestic Research Institutions	#对国内高等学校支出 Expenditure on Domestic Higher Learning	#对境外支出 Expenditure on Overseas
国外资金 Foreign Funds	其他资金 Others				
2008	**4015**	**36759**	**22073**	**9428**	**4397**
1964	1366	22245	12844	5677	3207
18	2228	13249	8786	3005	1123
26	421	1266	443	746	67
1964	1369	17010	10606	4208	1686
18	790	1797	1056	707	28
26		9425	6527	1629	1162
		3077	1008	505	1493
	1857	5452	2877	2379	28
2008	3715	28178	15279	8936	3208
		1013	986		27
	300	7569	5808	492	1162
		9960	8754	1206	
2008	4015	26800	13319	8222	4397
1982	2158	18602	10904	5496	1687
		103	67	36	
	1482	9220	3971	3615	1503
		986	986		
	300	6972	5802	21	1149
26	75	876	344	261	58
1982	1025	14030	8241	2336	2836
	1404	2448	384	2064	
26	150	948	663	265	18
		1110	685	355	10
	1436	3596	1113	915	1493
		1170	848	323	
		9910	8724	1186	
		161	54		
		3387	1362	1985	40

17－26 工业企业办科技机构情况（2011）

项　　目	Item	国内机构数（个）Domestic Institutions (unit)	机构科技活动人员（人）S&T Activities Personnel(person)
总计	**Total**	**230**	**24551**
一、按企业规模分组	**Group by Size of Enterprises**		
大型	Large-sized Enterprise	52	17398
中型	Mdeium-sized Enterprise	78	4599
小型	Small-sized Enterprise	100	2554
微型	Mini-sized Enterprise		
二、按隶属关系分组	**Group by Administration**		
中央	National	23	12199
省(自治区、直辖市)	Province	21	2066
地(区、市、州、盟)	City	49	3496
县(区、市、旗)	Country	35	1794
街道	Street		
镇	Town	2	25
乡	Township	1	23
(社区)居委会	Neighborhood		
村委会	Village Committee		
其他	Others	99	4948
三、按登记注册类型分组	**Grouped by Status Registration**		
内资企业	Domestic Funded	202	22234
港、澳、台商投资企业	Enterprises with Funds Hong Kong,Macao and Taiwan	7	369
外商投资企业	Foreign Funded Enterprises	21	1948
四、按新国民经济行业大类分组	**Grouping by National Economy Industry**		
采矿业	Mining	5	1597
制造业	Manufacturing	221	22585
电力、燃气及水的生产和供应业	Production and Supply of Electricity，Gas and Water	4	369
五、按企业控股情况分组	**Grouping by Enterprises Share Holding Situation**		
国有控股	State-owned Holding	62	15935
集体控股	Collective Holding	8	302
私人控股	Private Holding	121	5295
港澳台商控股	Hong Kong, Macao and Taiwan Funded Holding	4	353
外商控股	Foreign Holdings	10	816
其他	Others	25	1850
六、按地区分组	**Grouped by Region**		
长春市	Changchun	62	13240
吉林市	Jilin	36	4292
四平市	Siping	17	769
辽源市	Liaoyuan	26	681
通化市	Tonghua	34	2482
白山市	Baishan	18	419
松原市	Songyuan	12	1789
白城市	Baicheng	10	252
延边朝鲜族自治州	Yanbian	15	627

Industrial Enterprises Science and Technology Agency Situation（2011）

#博士毕业 PHD Graduate	#硕士毕业 Master Graduate	#本科毕业 University Graduate	机构内部开展科技活动经费支出(万元) Expenditure of Situation Inner Develop Technology Activities (10000yuan)	#仪器设备原价 Equipment	#进口 Import	企业在国外设立的科技机构个数(个) Number of Enterprises Setting Up Science and Technology Agency Situation in Foreign Countries (unit)
433	**3038**	**15284**	**549154**	**438246**	**144600**	**9**
217	2330	10784	471887	358257	142059	3
141	507	3074	45279	50390	333	6
75	201	1426	31988	29599	2208	
171	1873	7406	259289	209689	102907	5
18	170	1245	9816	23068	6323	
83	401	2472	101061	73747	1740	3
60	94	1002	18435	29379	1847	1
	5	20	38	39		
		3	310			
101	495	3136	160204	102324	31783	
408	2754	13651	423359	358581	114105	9
6	33	266	87007	2046	205	
19	251	1367	38788	77619	30290	
6	138	801	17921	24929	4925	
415	2809	14256	525717	407908	138245	9
12	91	227	5516	5409	1430	
241	2306	9944	350611	276061	109491	6
8	30	197	3872	4557		
108	279	3285	58391	73463	2558	3
7	25	235	86066	1096		
13	168	525	33026	67265	30290	
56	230	1098	17188	15804	2261	
224	2265	8669	362164	193740	98254	5
47	304	2744	104980	96102	5461	2
14	29	371	7462	9971	655	
21	36	379	12691	49149	26230	
69	121	1382	24762	42789	4331	1
20	43	297	8302	4955	890	
8	150	930	18851	26295	4926	
2	10	180	1257	6558	20	1
28	80	332	8686	8688	3833	

17－27 工业企业全部R&D项目情况（2011）
Industrial Enterprises All R&D Projects Situations（2011）

项　目	Item	全部科技项目数(项) All the Technology Projects(Item)	参加科技项目人员(人) Project Personnel for S&T(person)	参加项目人员折合全时当量(人年) Project Personnel in Full-time Equivalent (person-year)	本年度项目经费内部支出(万元) Annual Project Internal Expenditures (10000yuan)
总计	**Total**	**1837**	**20792**	**14815**	**402375**
一、按企业规模分组	**Group by Size of Enterprises**				
大型	Large-sized Enterprise	896	14554	11092	314821
中型	Mdeium-sized Enterprise	546	4090	2471	54902
小型	Small-sized Enterprise	395	2148	1252	32652
微型	Mini-sized Enterprise				
二、按隶属关系分组	**Group by Administration**				
中央	National	532	7200	6610	156698
省(自治区、直辖市)	Province	143	2787	1470	23916
地(区、市、州、盟)	City	455	4260	2262	100734
县(区、市、旗)	Country	149	1952	1493	25715
街道	Street				
镇	Town				
乡	Township	1	16	1	310
(社区)居委会	Neighborhood				
村委会	Village Committee				
其他	Others	557	4577	2978	95002
三、按登记注册类型分组	**Grouped by Status Registration**				
内资企业	Domestic Funded	1572	18249	13056	347607
港、澳、台商投资企业	Enterprises with Funds Hong Kong,Macao and Taiwan	40	1093	705	36264
外商投资企业	Foreign Funded Enterprises	225	1450	1054	18504
四、按新国民经济行业大类分组	**Grouping by National Economy Industry**				
采矿业	Mining	85	1326	1319	34878
制造业	Manufacturing	1732	18263	12473	364904
电力、燃气及水的生产和供应业	Production and Supply of Electricity, Gas and Water	20	1203	1022	2593
五、按企业控股情况分组	**Grouping by Enterprises Share Holding Situation**				
国有控股	State-owned Holding	890	12765	9464	270599
集体控股	Collective Holding	65	431	142	4007
私人控股	Private Holding	584	4580	3273	63734
港澳台商控股	Hong Kong, Macao and Taiwan Funded Holding	20	954	576	34285
外商控股	Foreign Holdings	84	612	295	9031
其他	Others	194	1450	1064	20719
六、按地区分组	**Grouped by Region**				
长春市	Changchun	927	10200	6534	178457
吉林市	Jilin	349	4889	4286	133075
四平市	Siping	101	554	376	7659
辽源市	Liaoyuan	61	620	298	9159
通化市	Tonghua	192	2118	1497	20298
白山市	Baishan	38	228	177	5915
松原市	Songyuan	89	1337	1336	36902
白城市	Baicheng	25	304	144	6512
延边朝鲜族自治州	Yanbian	55	542	166	4398

17－28 工业企业新产品开发、生产及销售情况（2011）
Industrial Enterprises New Products Development, Producing and Sale Situations （2011）

单位：万元 unit: 10000 yuan

项　　目	Item	新产品开发项目数 Number of New Products Development Pprojects	新产品开发经费支出 Expenditure on New Products Development	新产品产值 Output Value of New Products	新产品销售收入 Sales Revenue of New Products	#出口 Export
总计	**Total**	**2581**	**688778**	**24683096**	**23986525**	**746941**
一、按企业规模分组	**Group by Size of Enterprises**					
大型	Large-sized Enterprise	1190	491272	22849652	22190983	699534
中型	Mdeium-sized Enterprise	798	114686	1099066	1148793	44880
小型	Small-sized Enterprise	593	82821	734378	646750	2527
微型	Mini-sized Enterprise					
二、按隶属关系分组	**Group by Administration**					
中央	National	626	173313	19319047	18774238	578977
省(自治区、直辖市)	Province	139	44214	853510	825012	70835
地(区、市、州、盟)	City	662	137501	1218717	1261745	74081
县(区、市、旗)	Country	206	41874	368268	329149	1660
街道	Street					
镇	Town			24278	20103	
乡	Township	1	330	76	57	
(社区)居委会	Neighborhood					
村委会	Village Committee					
其他	Others	947	291546	2899200	2776222	21387
三、按登记注册类型分组	**Grouped by Status Registration**					
内资企业	Domestic Funded	2158	490328	21921124	21354743	690359
港、澳、台商投资企业	Enterprises with Funds Hong Kong,Macao and Taiwan	72	76972	1675031	1595900	10988
外商投资企业	Foreign Funded Enterprises	351	121479	1086940	1035882	45593
四、按新国民经济行业大类分组	**Grouping by National Economy Industry**					
采矿业	Mining	5	1299	21283	6039	
制造业	Manufacturing	2558	677098	24537449	23867915	746941
电力、燃气及水的生产和供应业	Production and Supply of Electricity，Gas and Water	18	10381	124365	112572	
五、按企业控股情况分组	**Grouping by Enterprises Share Holding Situation**					
国有控股	State-owned Holding	1141	331884	20647985	20066021	687430
集体控股	Collective Holding	87	8065	110657	103468	1110
私人控股	Private Holding	827	122529	1208635	1232559	19930
港澳台商控股	Hong Kong, Macao and Taiwan Funded Holding	38	73806	1650873	1572467	11188
外商控股	Foreign Holdings	190	111504	830059	790696	25529
其他	Others	298	40990	234887	221314	1754
六、按地区分组	**Grouped by Region**					
长春市	Changchun	1655	380142	21916225	21219455	555179
吉林市	Jilin	356	140517	1265326	1292242	116120
四平市	Siping	134	16021	311403	296120	12203
辽源市	Liaoyuan	76	68504	237209	221702	24446
通化市	Tonghua	218	44540	661076	618055	32505
白山市	Baishan	26	7979	75627	141601	1823
松原市	Songyuan	29	6806	17190	13984	
白城市	Baicheng	23	10327	12024	11760	
延边朝鲜族自治州	Yanbian	64	13943	187017	171608	4665

17－29 工业企业技术获取和技术改造情况（2011）

Industrial Enterprises Technology Acquiring and Technology Transforming Situation （2011）

单位：万元　　unit: 10000 yuan

项　目	Item	引进国外技术经费支出 Expenditure for Import Foreign Technology	引进技术的消化吸收经费支出 Expenditure for Absorb and Digest of Introduction Technology	购买国内技术经费支出 Expenditures for Inner Technology	技术改造经费支出 Expenditures for Technical Renovation
总计	**Total**	**52575**	**6819**	**16429**	**594574**
一、按企业规模分组	**Group by Size of Enterprises**				
大型	Large-sized Enterprise	48442	5413	6779	537664
中型	Mdeium-sized Enterprise	2144	713	9242	33256
小型	Small-sized Enterprise	1989	692	409	23655
微型	Mini-sized Enterprise				
二、按隶属关系分组	**Group by Administration**				
中央	National	16831	5354	6026	348803
省(自治区、直辖市)	Province		15	1526	162606
地(区、市、州、盟)	City	1162	222	6066	27093
县(区、市、旗)	Country	663	95	2439	19085
街道	Street				
镇	Town				
乡	Township				
(社区)居委会	Neighborhood				
村委会	Village Committee				
其他	Others	33919	1132	373	36988
三、按登记注册类型分组	**Grouped by Status Registration**				
内资企业	Domestic Funded	22779	6504	10471	576456
港、澳、台商投资企业	Enterprises with Funds Hong Kong,Macao and Taiwan				10403
外商投资企业	Foreign Funded Enterprises	29796	315	5958	7715
四、按新国民经济行业大类分组	**Grouping by National Economy Industry**				
采矿业	Mining				117
制造业	Manufacturing	48430	6819	16148	584871
电力、燃气及水的生产和供应业	Production and Supply of Electricity，Gas and Water	4145		282	9586
五、按企业控股情况分组	**Grouping by Enterprises Share Holding Situation**				
国有控股	State-owned Holding	22116	5359	6799	529931
集体控股	Collective Holding	359	9	6	143
私人控股	Private Holding		1077	2518	35007
港澳台商控股	Hong Kong, Macao and Taiwan Funded Holding				10200
外商控股	Foreign Holdings	29397	242	5958	3500
其他	Others	704	132	1149	15794
六、按地区分组	**Grouped by Region**				
长春市	Changchun	51871	5842	12861	201369
吉林市	Jilin		171	468	184102
四平市	Siping		54	28	12535
辽源市	Liaoyuan		109	6	582
通化市	Tonghua		536	1537	164752
白山市	Baishan			370	5860
松原市	Songyuan				300
白城市	Baicheng				7567
延边朝鲜族自治州	Yanbian	704	108	1159	17507

17－30 工业企业政府相关政策落实情况（2011）

Industrial Enterprises Government Related Policies Committing Situations（2011）

单位：万元　　　　unit: 10000 yuan

项　目	Item	政府资金 Government Funds	研究开发费用加计扣除减免税 Expenditure of Investigate and Ddevelopment Adding Deducting Tax Reduction	高新技术企业减免税 Tax Breaks for High-tech Enterprises
总计	**Total**	**43295**	**18203**	**35331**
一、按企业规模分组	**Group by Size of Enterprises**			
大型	Large-sized Enterprise	28610	7986	14266
中型	Mdeium-sized Enterprise	5901	8231	17303
小型	Small-sized Enterprise	8784	1987	3762
微型	Mini-sized Enterprise			
二、按隶属关系分组	**Group by Administration**			
中央	National	19727	4897	2016
省(自治区、直辖市)	Province	3730	423	4317
地(区、市、州、盟)	City	4082	5889	4386
县(区、市、旗)	Country	3623	1211	4801
街道	Street			
镇	Town	12		
乡	Township			
(社区)居委会	Neighborhood			
村委会	Village Committee			
其他	Others	12122	5783	19811
三、按登记注册类型分组	**Grouped by Status Registration**			
内资企业	Domestic Funded	37792	16821	24128
港、澳、台商投资企业	Enterprises with Funds Hong Kong,Macao and Taiwan	5253	128	429
外商投资企业	Foreign Funded Enterprises	250	1255	10774
四、按新国民经济行业大类分组	**Grouping by National Economy Industry**			
采矿业	Mining	904		
制造业	Manufacturing	42070	18203	35331
电力、燃气及水的生产和供应业	Production and Supply of Electricity，Gas and Water	320		
五、按企业控股情况分组	**Grouping by Enterprises Share Holding Situation**			
国有控股	State-owned Holding	26391	7732	4885
集体控股	Collective Holding	136	119	1597
私人控股	Private Holding	8411	8666	15123
港澳台商控股	Hong Kong, Macao and Taiwan Funded Holding	4885		
外商控股	Foreign Holdings	168	1200	8633
其他	Others	3304	487	5093
六、按地区分组	**Grouped by Region**			
长春市	Changchun	26317	11189	20023
吉林市	Jilin	6763	2011	5788
四平市	Siping	352	2460	2174
辽源市	Liaoyuan	887	5	66
通化市	Tonghua	1774	2005	5585
白山市	Baishan	2550	120	60
松原市	Songyuan	1394	115	
白城市	Baicheng	2429	102	41
延边朝鲜族自治州	Yanbian	829	197	1595

17－31 工业企业自主知识产权保护情况（2011）

项　　目	Item	专利申请数（件） Number of Patent Applications(piece)	#发明专利 Invention Patents
总计	**Total**	**2021**	**744**
一、按企业规模分组	**Group by Size of Enterprises**		
大型	Large-sized Enterprise	1114	296
中型	Mdeium-sized Enterprise	441	230
小型	Small-sized Enterprise	466	218
微型	Mini-sized Enterprise		
二、按隶属关系分组	**Group by Administration**		
中央	National	933	228
省(自治区、直辖市)	Province	73	33
地(区、市、州、盟)	City	248	86
县(区、市、旗)	Country	178	95
街道	Street		
镇	Town	2	2
乡	Township	1	1
(社区)居委会	Neighborhood		
村委会	Village Committee		
其他	Others	586	299
三、按登记注册类型分组	**Grouped by Status Registration**		
内资企业	Domestic Funded	1822	652
港、澳、台商投资企业	Enterprises with Funds Hong Kong,Macao and Taiwan	20	11
外商投资企业	Foreign Funded Enterprises	179	81
四、按新国民经济行业大类分组	**Grouping by National Economy Industry**		
采矿业	Mining	35	
制造业	Manufacturing	1903	717
电力、燃气及水的生产和供应业	Production and Supply of Electricity, Gas and Water	83	27
五、按企业控股情况分组	**Grouping by Enterprises Share Holding Situation**		
国有控股	State-owned Holding	1112	296
集体控股	Collective Holding	40	22
私人控股	Private Holding	553	276
港澳台商控股	Hong Kong, Macao and Taiwan Funded Holding	16	15
外商控股	Foreign Holdings	144	72
其他	Others	156	63
六、按地区分组	**Grouped by Region**		
长春市	Changchun	1310	369
吉林市	Jilin	229	108
四平市	Siping	52	20
辽源市	Liaoyuan	59	21
通化市	Tonghua	120	84
白山市	Baishan	48	42
松原市	Songyuan	124	49
白城市	Baicheng	22	7
延边朝鲜族自治州	Yanbian	57	44

Industrial Interprise Independent Intellectual Property Rights Protection（2011）

拥有发明专利数（件）Inventive Patents Owned（piece）	#国外授权 Foreign Authorized	专利所有权转让及许可数(项) Patent Right of Ownership Transfer and the License Number(item)	专利所有权转让与许可收入(万元) Patent Right of Ownership Transfer and Licensing Revenue (10000yuan)	发表科技论文(篇) S&T Thesis Issued（piece）	拥有注册商标数(件) Number of Registered Trademarks (pieces)	#境外注册 Overseas Registration	形成国家或行业标准数(项) Formation of National or Industry Standard Digital (item）
1005	**9**	**38**	**76.6**	**10031**	**3710**	**706**	**466**
544	3	22	0.6	1070	1997	686	36
247	5	8		8912	858	7	352
214	1	8	76.0	49	852	13	78
					3		
312	3	20		729	997	653	31
32	2	1		331	75	1	14
224	1	1	0.6	8880	799	12	24
129	1	10		37	485		138
					1		
1					2		
307	2	6	76.0	54	1351	40	259
919	9	33	76.6	1214	3403	685	450
5					270	21	2
81		5		8817	37		14
29				397			4
965	9	38	76.6	9428	3709	706	462
11				206	1		
522	7	28	0.6	1078	1143	659	48
11				6	40		7
282	2	4		95	1588	19	389
11					200	12	2
56		5		8796	22		9
123		1	76.0	56	717	16	11
379	7	29	0.6	9248	1423	682	42
281		1		189	345	7	43
31				22	579		27
25		3		261	94		3
116	1			38	922	15	319
26	1			51	25		7
62			76.0	149	7		7
4		5		10	69		2
81				63	246	2	16

17-32 群众文化事业基本情况
Basic Statistics on Mass Culture

指　　标	Item	2010	2011
机构数（个）	**Number of Institutions(unit)**	**965**	**966**
群众艺术馆	Mass Art Centers	14	14
文化馆	Cultural Centers	63	77
文化站	Cultural Stations	888	889
从业人员数（人）	**Employment(person)**	**3437**	**3501**
文化活动情况	**Cultural Activities**		
举办展览（次）	Number of Exhibitions(time)	1304	1263
组织文艺活动（次）	Organization of Artistic Activities	7482	9549
举办训练班（班）	Training Courses(class)	4029	3525

17-33 公共图书馆、博物馆和文物保护单位基本情况
Basic Statistics on Public Libraries、Museums and Cultural Relic Agencies

指　　标	Item	单位 unit	2010	2011
公共图书馆	**Public Libraries**			
单位数	Institutions	个 unit	65	65
从业人员数	Number of Empolyed Persons	人 person	1661	1674
藏书	Collections	万册/件 10000volume/pcs	1380	1575
阅览室座席	Seating Capacity of Reading Rooms	千个 1000seats	14	15
建筑面积	Floor Space of Public Buildings	千平方米 1000sq.m	146	116
# 阅览室	Reading Room	千平方米 1000sq.m	43	49
书库	Stack Rooms	千平方米 1000sq.m	37	39
借阅人次	Total Number of Circulation	万人次 10000 person-times	503	610
借阅册次	Number of Books Borrowed by Reader	万册次 10000 volume-times	412	403
博物馆	**Museums**			
单位数	Institutions	个 unit	52	58
从业人员数	Number of Empolyed Persons	人 person	918	965
文物藏品	Number of Collections	万件 10000pcs	24	23
举办展览	Number of Exhibitions	次 time	165	250
参观人次	Number of Visitors	千人次 1000 person-times	5078	7419
文物保护单位	**Agencies of Historical Relics Preservation**			
单位数	Institutions	个 unit	48	48
从业人员	Number of Person Empolyed	人 person	330	362
藏品	Number of Collections	万件 10000pcs	2	3

17－34 文化事业活动单位机构和人员（2011）
Number of Institutions and Personnel in Culture（Relics）（2011）

单位：个、人 unit：unit，person

指 标	Item	总计 Total 机构数 Number of Institutions	总计 Total 人数 Number of Employed Person	文化部门 Cultural Departments 机构数 Number of Institutions	文化部门 Cultural Departments 人数 Number of Employed Person
总 计	**Total**	**6927**	**35701**	**1453**	**13438**
艺术事业	Art Culture	67	4043	67	4043
图书馆事业	Public Libraries	65	1674	65	1674
群众文化事业	Mass Culture	966	3501	938	3482
文化市场	Culture Markets	5472	21516		
文艺科研	Art Reseach Institutions	10	181	10	181
其他文化产业及非文化产业	Others and No–culture Industry	176	2561	174	1814
文物事业	Cultural Relics	112	1505	112	1505

17－35 电影事业基本情况
Basic Statistics on Film

指 标	Item	2010	2011
电影制片厂(个)	Number of Film Studios (unit)	1	1
电影发行放映管理机构(个)	Film Administrations(unit)	52	52
专业电影放映单位(个)	Film Projection Institutions(unit)	577	588
电影院	Cinemas	54	65
农村电影放映队	Rural Film Projection Teams	523	523
电影放映从业人员（人）	Personnel for Film(person)	1333	1553
放映场次合计（千场）	Number of Shows(1000 times)	211	275.6
观众人次（千人次）	Number of Spectators(1000 person/times)	39900	14420

17－36 图书出版
Books Published

指　标	Item	种类（种） Number of Publications(kind)		总印数（万册） Total Printed Copies(10000 copies)	
		2010	2011	2010	2011
总计	**Total**	**14760**	**22484**	**22619**	**34380**
书籍	Books	14760	22484	22619	34380

17－37 期刊出版
Magazines Published

指　标	Item	种类（种） Number of Publications(kind)		总印数（万册） Total Printed Copies (10000 copies)		总印张（万印张） Printed Sheets (10000 sheets)	
		2010	2011	2010	2011	2010	2011
总计	**Total**	**238**	**238**	**11100**	**32000**	**46351**	**133491**
综合	General Books	30	30	3320	9594	13699	39453
哲学、社会科学	Philosophy and Social Sciences	58	58	2195	6322	9517	27409
自然科学、技术	Natural Sciences and Technology	97	97	926	2667	5337	15371
文化、教育	Culture and Education	30	30	3200	9216	11359	32714
文学、艺术	Literature and Arts	18	18	1140	3283	4970	14314
少年儿童读物	Children Books	4	4	312	899	1457	4196
画刊	Illustrated Periodical	1	1	7	20	12	35

17－38 报纸出版
Newspapers Published

指　标	Item	种类（种） Number of Publications(kind)		总印数（万份） Total Printed Copies (10000 copies)		总印张（万印张） Printed Sheets (10000 sheets)	
		2010	2011	2010	2011	2010	2011
总计	**Total**	**81**	**81**	**99071**	**150000**	**499505**	**756285**
综合报	General Newspapers	49	49	59443	89237	299703	502929
专业报	Specialized Newspapers	32	32	39628	60763	199802	253356
省级报纸合计	Total Newspapers of Provincial Level	37	37	52507	79502	254747	385705
综合报	General Newspapers	16	16	14702	22265	106994	161996
专业报	Specialized Newspapers	21	21	37805	57237	147754	223709
市级报纸合计	Total Newspapers of Municipal Level	44	44	46564	70498	244757	370580
综合报	General Newspapers	33	33	44235	66972	225177	340933
专业报	Specialized Newspapers	11	11	2329	3526	19581	29647

17－39　工会基本情况
Basic Statistics on Trade Union

指　　标	Item	2010	2011
基层工会组织数（个）	Number of Grassroot Trade Unions (unit)	28109	38196
职工人数（万人）	Staff and Workers(10000 persons)	473	511
#女职工人数	Female	155	179
会员人数（万人）	Membership(10000 persons)	469	496
#女会员人数	Female	154	177
女职工工作委员会（个）	Female Worker's Committee(unit)	11097	19758
建立工会经费审查组织（个）	Investigating Expenses of Trade Union Organizations(unit)	7195	9279
建立职工代表大会制度的单位（个）	Staff and Worker's Congress Regulation (unit)	8765	28665
实行厂务公开的单位（个）	Opening Service Unit(unit)	10221	27020
建立工会劳动保护监督检查委员会（个）	Labor Protective Supervising and Investigating Committee(unit)	3811	6663
建立工会劳动法律监督组织（个）	Labor Law Supervising Organizations (unit)	2736	4130
建立劳动争议调解委员会的单位（个）	Labor Dispute Mediating Commission (unit)	3228	4558
建有职工技协组织（个）	Organization for Staff and Workers (unit)	318	400

第十八篇

CHAPTER 18

体育、卫生和其他事业

SPORTS, PUBLIC HEALTH AND OTHERS

18－1　体委系统体育工作者
Personnel of Physical Culture and Sports Commissions

单位：人　　　　unit：person

项　　目	Item	2010	2011
合计	**Total**	**4475**	**4441**
专职教练员	Full-time Coaches	495	595
运动员	Athletes	682	612
管理干部	Administrative Cadre	1059	1106
文化教师	Full-time Teachers	702	688
科技人员	Scientific and Technical Personnel	62	67
医务人员	Medical Personnel	40	38
公务员	Civil Servants	402	413
公勤人员	Logistics Workers	543	501
其他	Others	490	421

18－2　运动员获奖情况（2011）
Players Awards（2011）

单位：枚　　　　（unit）

项　　目	Item	获得金牌 Gold	获得银牌 Silver	获得铜牌 Bronze
全国比赛	National Competitions	77	73	64
竞技体育在亚洲大赛中	Sports in Asian Series	14	6	5
竞技体育在世界大赛中	Sports in the World Series	16	16	10

18－3 等级教练员、裁判员、运动员发展人数

Coaches、Athletes and Referees in Grades by Type of Sports

单位：人 unit：person

指　　标	Item	2010	2011
等级教练员合计	**Number of Coaches in Grades**	**60**	**23**
高级教练员	Senior Grade Coaches	20	8
教练员	Coaches	25	7
助理教练员	Assistant Coaches	15	8
等级裁判员合计	**Number of Referees in Grades**	**855**	**885**
国家级裁判	National Referees		5
一级裁判员	First Grade Referees	248	
二级裁判员	Secondary Grade Referees	607	880
等级运动员合计	**Number of Athletes in Grades**	**1464**	**936**
国际级运动健将	International Master of Sports		2
发展国家运动健将	National Master of Sports	4	37
一级运动员	First Grade Athletes	201	215
二级运动员	Second Grade Athletes	1259	682

18－4 历年卫生事业基本情况
Basic Statistics on Health

年份 Year	卫生机构数（个）Number of Health Institutions (unit)	#医院、卫生院 Hospitals and Health Centers	卫生机构床位数（万张）Number of Beds in Health Institutions (10000 beds)	#医院、卫生院 Hospitals and Health Centers	卫生技术人员数（万人）Medical Technical Personnel (10000 persons)	#医生 Doctors	每万人口 Per10000persons 床位数（张）Number of Beds(bed)	每万人口 Per10000persons 医生数（人）Number of Doctors (person)
1949	204	54	0.20	0.19	1.01	0.78	2.0	7.7
1950	442	73	0.32	0.30	1.20	0.86	3.1	8.1
1951	1066	77	0.36	0.33	1.33	0.87	3.5	8.4
1952	1230	83	0.51	0.40	1.77	0.86	4.8	8.1
1953	1712	88	0.71	0.56	2.23	1.06	6.3	9.3
1954	1800	82	0.90	0.58	2.54	0.98	7.7	8.4
1955	2145	87	1.03	0.62	2.58	1.18	8.6	9.8
1956	2740	96	1.09	0.76	2.79	1.41	8.9	11.5
1957	3232	108	1.26	0.85	3.11	1.46	10.1	11.7
1958	9942	780	2.97	1.52	3.03	1.40	23.2	10.9
1959	7797	543	2.62	1.69	3.82	1.52	19.9	11.6
1960	13423	678	3.16	2.00	4.86	1.64	22.6	11.7
1961	10719	822	3.09	2.16	4.80	1.92	21.9	13.6
1962	6554	274	2.88	2.07	4.57	2.10	19.5	14.2
1963	6431	279	2.81	1.99	4.68	2.24	18.3	14.6
1964	6098	300	2.94	2.14	4.84	2.40	18.4	15.1
1965	5955	320	3.04	2.25	4.84	2.43	18.5	14.8
1966	5022	1061	3.20	2.78	4.54	2.15	19.1	12.8
1967	4994	1076	3.15	2.84	4.69	2.20	18.3	12.8
1968	5034	1079	3.20	2.89	4.76	2.26	18.1	12.8
1969	5141	1090	3.41	3.11	4.76	2.22	18.9	12.3
1970	4917	1150	3.96	3.89	4.15	2.01	21.3	10.8
1971	2251	1107	4.15	3.96	4.65	2.11	21.7	11.0
1972	2944	1144	4.67	4.28	5.15	2.09	23.8	10.7
1973	3302	1149	4.90	4.44	5.61	2.34	24.4	11.7
1974	3340	1159	5.13	4.65	5.91	2.43	25.2	12.0
1975	3418	1167	5.30	4.77	6.20	2.53	25.7	12.3
1976	3593	1175	5.63	5.06	6.56	2.65	26.7	12.7
1977	3620	1211	5.82	5.34	6.86	2.80	27.5	13.2
1978	3889	1220	6.27	5.80	7.36	3.03	29.2	14.1
1979	4263	1227	6.57	5.97	8.19	3.15	30.1	14.5
1980	4274	1249	6.71	6.06	8.57	3.45	30.4	15.6
1981	4565	1251	6.84	6.17	9.44	3.60	30.7	16.1
1982	4494	1268	7.20	6.49	9.70	3.66	31.9	16.2
1983	4540	1266	7.38	6.61	9.99	3.77	32.5	16.7
1984	4557	1275	7.69	6.83	10.35	3.90	33.6	17.1
1985	4568	1269	7.88	6.97	10.54	3.98	34.3	17.3
1986	4539	1268	8.23	7.30	10.79	4.01	35.5	17.3
1987	4566	1281	8.65	7.61	11.04	4.11	37.0	17.6
1988	4447	1272	8.93	7.82	11.34	4.60	37.9	19.5
1989	4425	1290	9.07	7.95	11.70	4.79	37.8	20.0
1990	4407	1299	9.21	8.06	12.00	5.03	37.8	20.6
1991	4369	1295	9.27	8.14	12.43	5.13	37.7	20.8
1992	4189	1290	9.49	8.40	12.77	5.15	38.3	20.8
1993	4006	1306	9.65	8.58	12.91	5.26	38.7	21.0
1994	3920	1341	9.47	8.45	13.23	5.39	37.7	21.3
1995	3891	1310	9.66	8.41	13.42	5.61	37.9	22.0
1996	3720	1327	9.49	8.41	13.42	5.56	36.8	21.6
1997	3663	1329	9.50	8.44	13.51	5.63	36.5	21.6
1998	3832	1324	9.32	8.33	13.56	5.89	35.8	22.6
1999	3912	1314	9.21	8.27	13.71	6.15	35.2	23.5
2000	3323	1293	8.93	8.05	13.20	5.97	34.0	22.7
2001	7417	1299	9.15	8.25	13.37	6.17	34.7	23.4
2002	2080	1432	8.51	7.97	11.63	4.21	32.1	19.3
2003	7695	1431	8.61	8.18	12.86	4.76	32.4	21.5
2004	8219	1425	8.64	8.11	12.87	5.83	32.5	21.9
2005	8755	1380	8.77	8.21	12.57	5.64	32.3	18.5
2006	9696	1386	9.09	8.55	12.85	5.91	33.4	21.7
2007	9683	1388	9.44	8.92	12.58	5.70	34.6	20.9
2008	9659	1370	9.93	9.35	12.79	5.75	36.3	21.1
2009	9565	1361	10.83	10.07	13.10	5.87	39.6	21.4
2010	9532	1346	11.51	10.65	13.84	6.21	41.9	22.6
2011	8178	1329	12.14	9.54	13.91	5.96	44.2	21.7

18－5　卫生技术人员情况（2011）

单位：人

项　　目	Item	合计 Total	执业（助理）医师 Certified (Assistant) Doctors	执业医师 Certified Doctors	注册护士 Registered Nurses
总　　计	**Total**	**139108**	**59632**	**52640**	**47967**
一、医　　院	Hospital	86278	33780	31677	35401
综合医院	General Hospital	61994	24308	22888	26228
中医医院	Traditional Chinese Medicine Hospital	12210	5113	4702	3808
中西医结合医院	Synthetical Hospital	1194	457	444	406
民族医院	National Hospital	127	58	57	33
专科医院	Specialized Hospital	10749	3843	3585	4923
口腔医院	Stomatological Hospital	775	415	390	203
眼科医院	Eye Hospital	345	95	83	148
耳鼻喉科医院	ENT Hospital	85	29	28	40
肿瘤医院	Tumour Hospital	1286	405	400	733
心血管病医院	Cardivovascular Disease Hospital	132	46	42	55
胸科医院	Chest Hospital				
血液病医院	Blood Diseases Hospital				
妇产(科)医院	Maternity Hospital	2242	909	860	979
儿童医院	Childrens Hospital	863	314	308	423
精神病医院	Mental Disease Hospital	1909	533	482	979
传染病医院	Infections Disease Hospital	1249	377	343	595
皮肤病医院	Skin Disease Hospital	41	15	15	12
结核病医院	Tuberculosis Hospital	582	172	153	293
麻风病医院	Leprosy Hospital				
职业病医院	Occupation Diseases Hospital				
骨科医院	Orthopaedics Hospital	214	90	77	68
康复医院	Convalescent Hospital	192	101	96	61
整形外科医院	Plastic Surgery Hospital	37	16	16	18
美容医院	Beauty Hospital	126	56	51	47
其他专科医院	Others Specialized Hospital	671	270	241	269
护理院	Nursing Hospital	4	1	1	3
二、基层医疗卫生机构	Basic Medical Institutions	39358	19924	15748	10057
社区卫生服务中心(站)	Community Health Service Centers(stations)	5165	2143	1809	1601
社区卫生服务中心	Community Health Service Centers	4340	1876	1596	1425
社区卫生服务站	Community Health Service Stations	825	267	213	176
卫生院	Health Center	19561	8429	5916	4767
街道卫生院	Health Center of Urban	14	7	6	3
乡镇卫生院	Health Center of Township	19547	8422	5910	4764
中心卫生院	Central Health Center	8175	3581	2585	2179
乡卫生院	Health Center of Township	11372	4841	3325	2585
村卫生室	Village Health Clinic	1796	1670	994	126
门诊部	Clinics	2569	1501	1357	740
综合门诊部	General Hospital	1512	837	775	445
中医门诊部	Hospital Specialized in Traditional Chinese Medicine	159	97	93	35
中西医结合门诊部	Hospital in Traditional Chinese Medicine With Western Medicine	144	97	92	39
民族医门诊部	National Out Patient Department				
专科门诊部	Specialized Hospital	754	470	397	221
诊所.卫生所.医务室	Clinic、Medical Institute、Infirmary and Nursing Station	10267	6181	5672	2823
诊所	Clinic	9477	5759	5298	2536
卫生所、医务室	Medical Institute Infirmary	716	419	371	216
护理站	Nursing Station	74	3	3	71

Basic Statistics on Medical Technical Personnel（2011）

unit：person

药师（士）Pharmacists	技师（士）Technicians	检验师(士) Examiner	其他 Other	见习医师 Trainee Doctors	其　他技术人员 Other Technical Personnel
8100	**7792**	**5330**	**15617**	**2984**	**8096**
5357	5059	3273	6681	2171	5644
3475	3651	2397	4332	1567	4254
1073	756	406	1460	328	636
193	50	39	88	43	80
28	3	2	5	2	
588	599	429	796	231	673
12	17	6	128	20	72
12	10	7	80	24	15
8	1	1	7	6	12
54	46	28	48	8	85
10	6	6	15	3	1
131	122	91	101	29	162
60	58	49	8	8	76
82	82	63	233	60	119
107	115	94	55	29	40
6	4	3	4	4	0
31	49	33	37	13	29
17	24	8	15		7
12	12	7	6	2	9
1	2	2			
4	3	3	16	10	5
41	48	28	43	15	41
					1
2294	1414	891	5669	628	1322
379	253	167	789	132	235
347	219	144	473	104	205
32	34	23	316	28	30
1398	1003	610	3964	413	1045
1			3		
1397	1003	610	3961	413	1045
614	459	285	1342	144	405
783	544	325	2619	269	640
89	106	72	133	21	42
57	81	53	92	9	18
18	3	3	6	2	4
2	4	4	2	2	3
12	18	12	33	8	17
428	52	42	783	62	
421	46	37	715	57	
7	6	5	68	5	

单位：人

18-5 续表

项　　目	Item	合计 Total	执业（助理）医师 Certified (Assistant) Doctors	执业医师 Certified Doctors	注册护士 Registered Nurses
三、专业公共卫生机构	Professional Public Health Institutions	12068	5382	4761	2111
疾病预防控制中心	Disease Precaution and Control Centre	4504	2495	2183	343
省属	Under Province Governed	112	67	67	6
省辖市(地区)属	Under Province Municipality Governed	743	412	374	51
地辖市属	Under City Governed	2163	1329	1202	156
县属	Under County Governed	1381	614	479	126
其他	Others	105	73	61	4
专科疾病防治院(所、站)	Special Disease Prevention and Cure Hospital	1220	563	492	293
专科疾病防治院	Special Disease Prevention and Cure Hospital	286	131	122	81
传染病防治院	Infections Disease Prevention Hospital	28	2	1	2
结核病防治院	Tubercalesis Disease Prevention Hospital	49	27	25	15
职业病防治院	Occupational Disease Prevention and Cure Hospital	209	102	96	64
其他	Others				
专科疾病防治所(站、中心)	Special Disease Prevention andCare Institutions	934	432	370	212
口腔病防治所(站、中心)	Stomatosis Prevention Institute	1			
精神病防治所(站、中心)	Mental Prevention Institute				
皮肤病与性病防治所(中心)	Skin Disease and Venereal Disease Prevention Institute				
结核病防治所(站、中心)	Tuberculosis Prevention Institute	929	430	368	211
职业病防治所(站、中心)	Occupation Disease Prevention Institute				
地方病防治所(站、中心)	Endemic Disease Prevention Institute				
血吸虫病防治所(站、中心)	Schistosomiasis Prevention Institute				
药物戒毒所(中心)	Drug Rehabilitation Center	4	2	2	1
其他	Others				
健康教育所(站、中心)	Health Education Center	39	1		4
妇幼保健院(所、站)	Mathemity and Child Health Care Centre	4275	2071	1875	1221
省属	Under Province Governed	139	78	78	44
省辖市(地区)属	Under Province Municipality Governed	761	356	350	251
地辖市属	Under City Governed	2133	955	863	610
县属	Under County Governed	1173	652	554	287
其他	Others	69	30	30	29
妇幼保健院	Mother and Child Health Care Hospital	3380	1590	1431	995
妇幼保健所	Mother and Child Health Care Institute	417	223	209	94
妇幼保健站	Mother and Child Health Care Centre	447	249	226	116
生殖保健中心	Reproduction Health Center	31	9	9	16
急救中心(站)	Emergency Center	218	99	83	32
采供血机构	Blood Collection Agencies	636	153	128	218
卫生监督所(中心)	Health Supervision Stations	1176			
省属	Under Province Govened	75			
省辖市(地区)属	Under Province Municipality Governed	246			
地辖市属	Under City Governed	571			
县属	Under County Governed	284			
其他	Others				
计划生育技术服务机构	Family Planning Technical Service Institutions				
四、其他卫生机构	Other Health Institutions	1404	546	454	398
疗养院	Sanatorium	558	215	194	204
卫生监督检验(监测、检测)所(站)	Health Supervision and Inspection	82	14	12	2
医学科学研究机构	Medical Scientific Research Institutions	276	127	124	75
医学在职培训机构	Medical Training Institutions	5	1	1	2
临床检验中心（所、站）	Clinical Laboratory Center				
其他	Others	483	189	123	115

continued

unit：person

药师（士）Pharmacists	技师（士）Technicians	检验师(士) Examiner	其他 Other	见习医师 Trainee Doctors	其他技术人员 Other Technical Personnel
380	1208	1063	2987	163	890
100	645	619	921	38	404
1	27	27	11	7	23
8	169	161	103	6	57
60	268	256	350	9	159
30	156	152	455	15	161
1	25	23	2	1	4
75	120	85	169	30	96
24	25	21	25	7	26
4	4	4	16	3	
3	2	2	2		6
17	19	15	7	4	20
51	95	64	144	23	70
			1	1	
50	95	64	143	22	70
1					
0			34		11
185	285	204	513	83	215
3	6	6	8	4	18
39	70	46	45	20	47
77	140	95	351	56	93
62	64	53	108	2	45
4	5	4	1	1	12
141	214	146	440	66	155
27	33	32	40	13	23
15	35	23	32	3	25
2	3	3	1	1	12
1			86		28
19	158	155	88	12	77
			1176		59
			75		
			246		9
			571		19
			284		31
69	111	103	280	22	240
30	18	15	91	11	80
1	46	46	19		21
14	37	32	23	9	47
	2	2			
24	8	8	147	2	92

18－6 卫生机构、床位、人员情况（2011）

Basic Statistic on Health Institutions、Bed and Personnel（2011）

项　　目	Item	卫生机构（个）Number of Health Institutions (unit)	卫生机构实有床位（张）Number of Bed in Health Institutions (Bed)	卫生人员（个）Medical Persons (person)
总　　计	**Total**	**19790**	**121398**	**193052**
一、医　　院	Hospital	560	94636	109489
综合医院	General Hospital	343	67509	78228
中医医院	Traditional Chinese Medicine Hospital	75	11497	14949
中西医结合医院	Synthetical Hospital	8	1298	1557
民族医院	National Hospital	2	80	142
专科医院	Specialized Hospital	131	14072	14605
口腔医院	Stomatological Hospital	17	159	1050
眼科医院	Eye Hospital	7	340	477
耳鼻喉科医院	ENT Hospital	2	140	100
肿瘤医院	Tumour Hospital	3	1340	1539
心血管病医院	Cardivovascular Disease Hospital	3	192	162
胸科医院	Chest Hospital			
血液病医院	Blood Diseases Hospital			
妇产(科)医院	Maternity Hospital	19	1689	2880
儿童医院	Childrens Hospital	2	678	1150
精神病医院	Mental Disease Hospital	14	4523	2717
传染病医院	Infections Disease Hospital	7	1842	1805
皮肤病医院	Skin Disease Hospital	2	20	56
结核病医院	Tuberculosis Hospital	4	847	923
麻风病医院	Leprosy Hospital			
职业病医院	Occupation Diseases Hospital			
骨科医院	Orthopaedics Hospital	11	479	311
康复医院	Convalescent Hospital	8	578	351
整形外科医院	Plastic Surgery Hospital	1	20	37
美容医院	Beauty Hospital	6	109	179
其他专科医院	Others Specialized Hospital	25	1116	868
护理院	Nursing Hospital	1	180	8
二、基层医疗卫生机构	Basic Medical Institutions	18887	21198	65302
社区卫生服务中心(站)	Community Health Service Centers(stations)	539	3319	6247
社区卫生服务中心	Community Health Service Centers	179	2799	5322
社区卫生服务站	Community Health Service Stations	360	520	925
卫生院	Health Center	769	17715	24572
街道卫生院	Health Center of Urban	1	17	20
乡镇卫生院	Health Center of Township	768	17698	24552
中心卫生院	Central Health Center	201	7161	10128
乡卫生院	Health Center of Township	567	10537	14424
村卫生室	Village Health Clinic	11612		21207
门诊部	Clinics	432	155	2762
综合门诊部	General Hospital	203	91	1622
中医门诊部	Hospital Specialized in Traditional Chinese Medicine	36	7	188
中西医结合门诊部	Hospital in Traditional Chinese Medicine With Western Medicine	26		149
民族医门诊部	National Outpatient Department			
专科门诊部	Specialized Hospital	167	57	803
诊所.卫生所.医务室	Clinic、Medical Institute、Infirmary and Nursing Station	5535	9	10514
诊所	Clinic	5082		9690
卫生所、医务室	Medical Institute Infirmary	411		750
护理站	Nursing Station	42	9	74

18－6 续表 continued

项　　目	Item	卫生机构（个）Number of Health Institutions (unit)	卫生机构实有床位（张）Number of Bed in Health Institutions (Bed)	卫生人员（个）Medical Persons (person)
三、专业公共卫生机构		260	2836	15999
疾病预防控制中心	Disease Precaution and Control Centre	67		5946
省属	Under Province Governed	1		175
省辖市(地区)属	Under Province Municipality Governed	9		978
地辖市属	Under City Governed	33		2730
县属	Under County Governed	23		1926
其他	Others	1		137
专科疾病防治院(所、站)	Special Disease Prevention and Cure Hospital	53	985	1726
专科疾病防治院	Special Disease Prevention and Cure Hospital	4	562	441
传染病防治院	Infections Disease Prevention Hospital	1	60	30
结核病防治院	Tubercalesis Disease Prevention Hospital	1	133	72
职业病防治院	Occupational Disease Prevention and Cure Hospital	2	369	339
其他	Others			
专科疾病防治所(站、中心)	Special Disease Prevention andCare Institutions	49	423	1285
口腔病防治所(站、中心)	Stomatosis Prevention Institute	1		2
精神病防治所(站、中心)	Mental Prevention Institute			
皮肤病与性病防治所(中心)	Skin Disease and Venereal Disease Prevention Institute			
结核病防治所(站、中心)	Tuberculosis Prevention Institute	47	373	1265
职业病防治所(站、中心)	Occupation Disease Prevention Institute			
地方病防治所(站、中心)	Endemic Disease Prevention Institute			
血吸虫病防治所(站、中心)	Schistosomiasis Prevention Institute			
药物戒毒所(中心)	Drug Rehabilitation Center	1	50	18
其他	Others			
健康教育所(站、中心)	Health Education Center	4		64
妇幼保健院(所、站)	Mathernity and Child Health Care Centre	70	1851	5308
省属	Under Province Governed	1	102	179
省辖市(地区)属	Under Province Municipality Governed	8	261	955
地辖市属	Under City Governed	36	894	2650
县属	Under County Governed	22	526	1423
其他	Others	3	68	101
妇幼保健院	Mother and Child Health Care Hospital	45	1516	4181
妇幼保健所	Mother and Child Health Care Institute	13	80	529
妇幼保健站	Mother and Child Health Care Centre	10	207	541
生殖保健中心	Reproduction Health Center	2	48	57
急救中心(站)	Emergency Center	6		452
采供血机构	Blood Collection Agencies	20		879
卫生监督所(中心)	Health Supervision Stations	40		1624
省属	Under Province Govened	1		75
省辖市(地区)属	Under Province Municipality Governed	6		341
地辖市属	Under City Governed	19		793
县属	Under County Governed	14		415
其他	Others			
计划生育技术服务机构	Family Planning Technical Service Institutions			
四、其他卫生机构	Other Health Institutions	83	2728	2262
疗养院	Sanatorium	11	2728	915
卫生监督检验(监测、检测)所(站)	Health Supervision and Inspection	4		128
医学科学研究机构	Medical Scientific Research Institutions	5		452
医学在职培训机构	Medical Training Institutions	2		9
临床检验中心（所、站）	Clinical Laboratory Center			
其他	Others	61		758

18－7 各地区卫生机构情况（2011）
Basic Statistics on Health Institutions by Region（2011）

单位：个　　　　(unit)

地　区	Region	卫生机构 Number of Health Institutions	医院 Hospital	卫生院 Health Center	妇幼机构 Maternity and Child Care Centers	疾病控制机构 Disease Control Center
全　省	**Total**	**19790**	**560**	**769**	**70**	**67**
长　春	Changchun	4153	171	135	11	14
吉　林	Jilin	3544	129	99	12	12
四　平	Siping	2101	52	93	8	4
辽　源	Liaoyuan	697	15	42	3	3
通　化	Tonghua	1801	39	90	8	7
白　山	Baishan	1100	32	64	6	6
松　原	Songyuan	2701	23	86	7	6
白　城	Baicheng	1553	33	89	6	5
延　边	Yanbian	2140	66	71	9	10

注：卫生机构包含乡卫生室。
Note:Health Institutions Inclaece Township Health.

18－8 各地区卫生床位、人员情况（2011）
Beds and Employed Personnel by Region（2011）

单位：张、人　　　　unit：bed，person

地　区	Region	卫生机构床位 Health Institutions Beds	医院床位 Hospital Beds	卫生技术人员 Medical Technical Personnel	执业(助理)医师 Certified (Assistants) Physicians	注册护士 Registered Nurses
全　省	**Total**	**121398**	**94636**	**139108**	**59632**	**47967**
长　春	Changchun	39712	34768	40745	17851	14650
吉　林	Jilin	21313	16736	24775	10194	9114
四　平	Siping	13169	9532	15695	6360	5091
辽　源	Liaoyuan	5587	4151	6714	2538	2440
通　化	Tonghua	10347	7098	11068	5257	3480
白　山	Baishan	7831	5157	7852	3326	2700
松　原	Songyuan	6486	4880	10290	4129	2996
白　城	Baicheng	7045	4520	8684	4210	2604
延　边	Yanbian	9908	7794	13285	5767	4892

18－9　民政事业费用支出情况
Expenditure for Civil Affairs

单位：万元　　unit：10000 yuan

项　　目	Item	2010	2011
总　计	**Total**	**761714**	**801698**
抚恤事业费	Pensions Expenses	79419	81007
退役安置事业费	Retirement Settlement Expenses	52124	35376
社会救助事业费	Spending for Social Assistance	458871	567506
自然灾害生活救助事业费	Relief Life for Natural Disaster Expenses	82224	20346
社会福利事业费	Social Welfare Relief Funds	26686	29920
民政管理事务事业费	Civil Administration Services Expenes	33916	60800
行政事业单位离退休事业费	Retired Administrative Institutions Expenses	3345	6744
彩票公益金事业费	Lottery Commonweal Fee	25131	

18－10　享受救济补助人员情况
Persons Receiving Subsidies or Relief Funds

项　　目	Item	单位 Unit	2010	2011
农村居民最低生活保障人数	Number of Persons Receiving Minimum Living Allowance in Rural Area	万人 10000 Persons	97	98
#农村五保户救济	Livelihood Guaranteed In Five Aspects Relief in Rural Area	万人 10000 Persons	13	14
城镇居住最低生活保障人数	Number of Persons Receiving Minimum Living Allowance in Urban Areas	万人 10000 Persons	115	116
城乡医疗救助人数	Number of Medical Assistance in Urban and Rural	万人次 10000 Persons /times	53	339

18 - 11 社会福利单位数和工作人员
Number of Social Welfare Units and Staff

项　　目	Item	机构数（个）Number of Institutions (unit)		工作人员（人）Staff and Workers (person)	
		2010	2011	2010	2011
总　　计	**Total**	**667**	**650**	**23337**	**23725**
工商登记福利企业	Industry and Commerce Registration Welfare Enterprise	443	441	15943	16002
假肢厂	Aftifical Limb Factories	2	2	174	174
安置农场	Aftercare Farms	1	1	40	40
其他福利企业	Others	221	206	7180	7509

18 - 12 收养类单位基本情况（2011）
Basic Statistics on Residential Institutions（2011）

项　　目	Item	单位数 Number of Units	年末职工数 Number of Workers at the Year-end	年末床位数 Number of Bed at the Year-end	年末在院人数 Number of Persons at the Year-end
总　　计	**Total**	**829**	**6520**	**76042**	**57861**
荣誉军人康复医院	Convalescent Hospitals for Honorable Serviceman	2	387	420	420
复员军人疗养院	Sanstoriums for Ex-serviceman	1	45	225	225
复退军人精神病院	Mental Hospitals for Ex-serviceman	2	232	894	894
光荣院	Homes for Disable Venterans	12	180	1415	997
社会福利院	Social Welfare Homes	25	615	5171	4193
儿童福利机构	Baby Welfare Homes	8	209	1217	895
社会福利医院	Social Welfare Hospitals	5	499	2140	1805
城市养老服务机构	Urban Restirement Service Organization	144	889	11496	6898
农村养老服务机构	Rural Restirement Servile Organization	621	3385	52046	41026
其他收养性机构	Other Adoption Organization	9	79	1018	508

18－13 残疾人事业基本情况
Basic Information of Person with Disabilities

项　　目	Item	2010	2011
康　　复	**Rehabilitation**		
视力残疾康复	Rehabilitation of Persons with Sight Disability		
白内障复明手术（例）	Sight-restoring Cataract Surgeries(case)	14881	18083
贫困白内障患者免费手术（例）	Free Surgeries for Poor Cataract Patients(case)	2417	3543
低视力者配用助视器（人）	Vision-aids Provided for Persons of Low-vision(person)	718	745
盲人定向行走训练（人）	Blindman Trained with Direction Walking(person)	291	297
聋儿康复	Rehabilitation of Chindren with Hearing Disability		
年收训聋儿（人）	Hearing and Speech Training(person)	341	343
聋儿入普幼普小率（%）	Enrollment Rate of Trained Children to Ordinary Kindergartens and Primary Schools(%)	24.7	22.1
培训家长（人）	Parents Trained(person)	355	875
精神病防治康复	Prevention and Treatment of Psychiatric Diseases		
开展精神病防治康复工作市县数（个）	Counties Carried on the Works of Prevention and Treatment of Psychiatric Diseases(unit)	44	56
综合防治康复精神病人数（万人）	Prevention and Treatment Provided for Patients with Severe Psychiatric Diseases(10 000 persons)	12.37	14.54
监护率（%）	Guardianship Rate(%)	97.2	96.7
显好率（%）	Significant Improvement Rate(%)	69.9	69.8
社会参与率(%)	Social Involvement Rate(%)	57.8	576
肇事率（%）	Violent Events Rate(%)	0.05	0.15
孤独症儿童训练数（人）	Trained Persons with Infantile Autism(person)	232	350
肢体残疾康复	Rehabilitation of Persons with Physical Disability(person)		
肢体残疾人社区康复训练数（人）	Persons Rehabilitated at Community(person)	749	1115
肢体残疾人儿童机构康复训练数（人）	Children Rehabilitated at Institutions(person)	155	82
智力残疾康复	Rehabilitation of Persons with Intellectual Disability		
智力残疾儿童康复训练数（人）	Children Rehabilitated(person)	413	477
辅助器具配置	The Distribution of Assistant Appliance		
辅助器具供应数量（件）	Quantity of Assistant Appliance Supply(supply)	21352	9689
免费发放辅助器具数量（件）	Quantity of Free Assistant Appliance Supply(supply)	5764	6913
教　　育	**Education**		
未入学适龄残疾儿童少年（人）	School-age Disabled Children without Schooling(person)	1716	1868
职业教育与培训机构数（个）	Vocational Education and Training(unit)	278	176
就　　业	**Employment**		
城镇残疾人就业状况	Employment of Urban Handicapped		

18－13　续表

项　　目	Item	2010	2011
当年安排就业（人）	Persons Employed in the Year(person)	184092	154943
按比例就业	Employed by Quota Scheme	26169	25625
集中就业	Employed at Welfare Enterprises	40062	40298
个体就业	Self–employed	119815	86592
未安排就业	Unemployed	42294	40751
农村残疾人就业状况	Employment of Rural Handicapped		
就业（人）	Employed(person)	254481	305335
未就业（人）	Unemployed(person)	65711	66018
盲人按摩	**Massage by Persons with Visual Disability**		
保健按摩员培训（人）	Massage Therapists Training(person)	528	896
医疗按摩员培训（人）	Keep–fit Massager Training(preson)	92	195
扶　　贫	**Poverty Alleviation**		
本年扶持贫困残疾人（人次）	Supports the impoverished Disable Person	27868	26318
本年实际脱贫人数（人）	Actual Escaping from Poverty Population in this Year	34945	21752
残联组织建设	**Organization of the Disabled Persons Federation**		
全省残疾人总数（万人）	Total Population of Disabled Persons in the Whole Province (10 000 persons)	190.9	193.28
残疾人工作者（人）	Works Working for the Disabled(person)	2392	2763
残疾人信访	**Disabled Persons' Letters and Visits from People**		
残疾人来信（件）	Disabled Persons Letters(piece)	300	547
残疾人来访	Disabled Persons Visitors		
个人访（人次）	Personal Visits(person–time)	5678	6400
集体访（批次）	Congregated Visits(batch)	13	25
集体访（人次）	Congregate Visits(person–time)	508	658

18－14 律师、调解工作基本情况
Basic Statistics on Lawyers and Mediation

项　　目	Item	单位 Unit	2010	2011
律师工作	**Lawyers**			
律师机构	Law Offices	处 unit	336	548
# 律师	# Full-time Lawyers	人 person	2682	3206
聘请担任常年法律顾问单位	Number of Units with Permanent Legal Advisors	处 unit	2968	
民事代理	Agent of Civil Cases	件 case	17258	17840
刑事辩护、代理	Defender of Criminal Cases	件 case	4555	4527
非诉讼法律事务	Agent of Non-litigious Legal Affairs	件 case	1198	1897
解答法律咨询	Agent of Legal Advisory Services	件 case	1172	1061
代写法律事务文书	Agent of Legal Documents Written on Behalf of Clients	件 case	429	326
人民调解工作	**People' s Mediation Work**			
专职司法助理员	Full-time Judical Assistants	人 person	1039	
人民调解委员会	People' s Mediation Committees	个 unit	13948	15019
调解人员	Mediators	人 person	82648	75160
调解民间纠纷	Civil Disputes Mediated	件 case	344263	263345

18－15 婚姻登记情况
Basic Statistics on Marriage Registrations and Divorces

项　　目	Item	2010	2011
准予登记结婚（对）	Registered Marriages(couple)	222921	238177
初婚（人）	First Marriage (person)	394112	408576
再婚（人）	Re-marriages(person)	51730	67778
男 性	Male	25215	34222
女 性	Female	26515	33556
恢复结婚（人）	Resume Marriage(person)	16074	13490
准予离婚（对）	Divorces(couple)	76838	82705
涉外婚姻（对）	Foreign-related Marriages(couple)	1037	1129
国内公民（人）	Domestic Citizen(person)	1037	1128

18－16　公证工作基本情况

Basic Statistics on Notarization

项　　目	Item	2010	2011
公证机构和人员	**Institutions and Personnel**		
公证处（个）	**Nortarial Offices(unit)**	**70**	**70**
公证人员（人）	**Nortarial Personel(person)**	**735**	**705**
#公　证　员	# Notaries	416	383
助理公证员	Assistant Notaries	319	322
办理公证（项目）总计（件）	**Notarized Documents(piece)**	**352747**	**351075**
经济合同公证合计（件）	**Notarized Documents on Economic Contracts(piece)**	**111408**	**54050**
民事公证合计	**Notarized Domestic Civil Affairs**	**68733**	**156429**
涉外公证合计（件）	**Notarized Foreign Affairs(piece)**	**171457**	**143666**
涉台、港、澳公证合计（件）	**Relate to Taiwan、Hongkong and Macao Notarization Summation(piece)**	**1164**	**1186**
涉台公证合计	**Relate to Taiwan Notarization Summation**	**898**	**901**
涉港、澳公证合计	**Relate to Hongkong and Macao Notarization Summation**	**266**	**285**

18－17 火灾情况

Basic Statistics on Fire

项　　目	Item	单位 Unit	2010	2011
火 灾 数	**Number of Fire**	**起 case**	**7862**	**7587**
城 市	Urban Area	起 case	2496	1966
农 村	Rural Area	起 case	5366	4311
其 他	Others	人 person		1310
死亡人数	**Number of Deaths**	**人 person**	**43**	**13**
城 市	Urban Area	人 person	28	6
农 村	Rural Area	人 person	15	7
受伤人数	**Number of Injuries**	**人 person**	**25**	**5**
城 市	Urban Area	人 person	25	4
农 村	Rural Area	人 person		1
损失金额	**Losses Converted into Cash**	**万元 10000 yuan**	**7129**	**3720**
城 市	Urban Area	万元 10000 yuan	4879	1027
农 村	Rural Area	万元 10000 yuan	2250	1372
其 他	Others	万元 10000 yuan		1321

18－18 交通事故情况

Basic Statistics on Traffic Auidents

项　　目	Item	单位 Unit	2010	2011
交通事故数	**Traffic Accidents**	**起 case**	**4438**	**3639**
城 市	Urban Area	起 case	2477	1835
农 村	Rural Area	起 case	1961	1804
机 动 车	Vehicles	起 case	4334	3535
汽 车	Motor Vehicles	起 case	3390	2735
摩托车	Motorcycles	起 case	752	674
拖拉机	Tractors	起 case	52	33
其 他	Others	起 case	140	93
非机动车	Non-motor-driven Vehicles	起 case	79	76
# 自行车	# Bicycles	起 case	35	36
行人、乘车人	Pedestrians and Passengers	起 case	20	18
其 他	Others	起 case	25	10
死亡人数	**Number of Deaths**	**人 person**	**1454**	**1422**
城 市	Urban Area	人 person	451	417
农 村	Rural Area	人 person	1003	1005
受伤人数	**Number of Injuries**	**人 person**	**5178**	**4033**
城 市	Urban Area	人 person	2724	1927
农 村	Rural Area	人 person	2454	2106
损失金额	**Losses Converted into Cash**	**万元 10000yuan**	**2666**	**5972**
城 市	Urban Area	万元 10000yuan	1175	4057
农 村	Rural Area	万元 10000yuan	1491	1915

18－19 检察机关立案侦察贪污贿赂案件情况（2011）
Economic Cases Investigation by Procurator's Offices (2011)

项目	Item	侦察贪污贿赂案件 Economic Cases Investigated	贪污 Coruption	贿赂 Bribery	挪用公款 Defalacte	集体私分 Collective Illegal Possession of Public Funds
一、受案（件）	Cases (case)	716	343	291	73	9
二、立案（件）	Accepted Cases Registered (case)	701	326	294	72	9
# 5-10万元	5000-100000yuan	191	101	85	5	
10—50万元	100000-500000yuan	217	79	94	37	7
50—100万元	500000—1000000yuan	49	25	17	7	
100万元以上	Above 1000000yuan	45	12	11	20	2
三、立案案犯构成（人）	Constructure (person)	1122	588	407	103	24
权力机关工作人员	Staff	1		1		
行政机关工作人员	Staff	239	98	117	24	
国有公司企业工作人员	Enterprises	286	154	73	40	19
国有事业单位工作人员	Institutions	174	87	68	15	4
四、结案	Cases Settled					
件数（件）	Cases (case)	702	333	288	74	7
人数（人）	Persons (person)	121	592	403	104	22
移送起诉	Referral for Prosecution					
件数（件）	Cases (case)	692	331	280	74	7
人数（人）	Persons (person)	1111	590	395	104	22
移送不起诉	Referral not for Prosecution					
件数（件）	Cases (case)	8	1	7		
人数（人）	Persons (person)	8	1	7		
撤销案件	Withdrawed					
件数（件）	Cases (case)	2	1	1		
人数（人）	Persons (person)	2	1	1		
五、侦结认定金额（万元）	Cognizance Value(10000yuan)	33572	16347.02	8739.67	8119.78	366.39
六、挽回经济损失（万元）	Retrieve Economic Loses (10000yuan)	13614.73	5160.38	4490.93	3835.02	128.40

注：所列项目与检察统计表比不全，故不平。
Note: Projects are different with sheets of statistics, so it is not equal.

18－20 妇联组织情况
Basic Statistics for the Women's Federation Organization

项目	Item	组织机构（个） Institutions (unit)		干部总数（人） Number of Cadres (person)	
		2010	2011	2010	2011
合计	**Total**	**964**	**966**	**1343**	**1361**
省妇联	Province Level	1	1	46	46
市（州）妇联	City Level	9	9	128	123
县（市、区）妇联	County Level	60	60	275	281
乡（镇）妇联	Township Level	630	628	630	630
街道妇联	Street Level	264	268	264	281

18－21 人民法院审理刑事一审案件收结案情况（2011）
First Trial Criminal Cases Accepted and Concluded by Courts（2011）

单位：件 （case）

项目	Item	收案 Cases Accepted	结案 Cases Concluded
合计	**Total**	**17350**	**17216**
危害公共安全罪	Crimes of Endangering Public Security	2438	2255
破坏社会主义市场经济秩序罪	Crimes of Disrupting the Order of the Socialist Market Economy	519	552
侵犯公民人身权利民主权利罪	Crimes of Infringing upon Citizens' Right of the Person and Democratic Rights	4844	4881
侵犯财产罪	Crimes of Property Violation	5468	5454
妨害社会管理秩序罪	Crimes of Obstructing Administration of Public Order	3126	3172
危害国防利益罪	Crimes of Impairing the Interests of National Defence	2	2
贪污贿赂罪	Crimes of Embezzlement and Bribery	708	676
渎职罪	Crimes of Dereliction of Duty	240	219
其他	Others	5	5
合计中含自诉案件	Private Prosecution of Total	481	520

注：结案中含上年旧存（以下各表同）。
Note: Data of cases settled include cases turned over from previous year.The same applies to the tables following.

18－22 人民法院审理婚姻家庭、继承一审案件收结案情况（2011）
First Trial Civil Cases of Marriages、Family Affairs and Inheritance Accepted and Concluded by Courts（2011）

单位：件 （case）

项目	Item	收案 Cases Accepted	结案 Cases Concluded	调解 Mediation	判决 Judgement	驳回 Reject	撤诉 Withdrawal	其他 Other
合计	**Total**	**41076**	**41893**	**18722**	**10379**	**348**	**11987**	**457**
婚姻家庭	Marriages and Family Affairs	39467	40317	17936	9971	328	11666	416
离婚	Divorce	32860	33509	14842	8217	257	9898	295
赡养纠纷	Support Disputes	1221	1274	484	322	14	429	25
抚养、扶养关系纠纷	Upbringing and Maintenance Relationship Disputes	1330	1352	883	214	8	225	22
抚养费纠纷	Upbringing Fee Disputes	1063	1088	508	304	8	253	15
其他	Others	2993	3094	1219	914	41	861	59
继承	Inheritance	1609	1576	786	408	20	321	41
法定继承	Legal Inheritance	676	654	322	179	8	136	9
遗嘱继承	Testament Inheritance	164	145	57	47		38	3
其他	Others	769	777	407	182	12	147	29

18－23　人民法院审理合同纠纷一审案件收结案情况（2011）
First Trial Cases of Contracts Disputes Accepted and Concluded by Courts（2011）

单位：件　　　　（case）

项目	Item	收案 Cases Accepted	结案 Cases Concluded	调解 Mediation	判决 Judgement	驳回 Reject	撤诉 Withdrawal	其他 Other
合计	**Total**	**74932**	**78516**	**21114**	**23914**	**2288**	**29009**	**2191**
借款合同	Loan Contracts	38765	40517	12129	11279	1102	15193	814
买卖合同	Trade Contracts	10676	11250	3258	3930	267	3447	348
电信合同	Telecom Contracts	89	85	52	18		15	
租赁合同	Lease Contracts	1814	1771	314	545	42	827	43
劳动争议	Labour Disputes	2649	2808	544	1275	197	725	67
房地产合同	Real Estate Contracts	1491	1723	514	689	64	379	77
供用动力合同	Labor Contracts	2804	3033	468	358	139	1990	78
建设工程合同	Construction Contracts	1759	1964	488	786	83	491	116
农村承包合同	Rural Contracts	1498	1585	461	591	45	466	22
承揽合同	Contracts for Work	730	834	269	220	15	313	17
其他	Others	12657	12946	2617	4223	334	5163	609

18－24　人民法院审理权属、侵权纠纷及其他民事一审案件收结案情况（2011）
First Trial Cases of Disputes of Right、Infringement of Right and Other Civil Affairs Accepted and Concluded by Courts（2011）

单位：件　　　　（case）

项目	Item	收案 Cases Accepted	结案 Cases Concluded	调解 Mediation	判决 Judgement	驳回 Reject	撤诉 Withdrawal	其他 Other
合计	**Total**	**30012**	**31703**	**9019**	**9812**	**644**	**8674**	**3554**
所有权及其相关权利	Ownership and Related Rights	10030	10832	3788	3317	319	3206	202
特别程序	Special Proceedings	3576	3660	238	340	49	262	2771
人身权纠纷	Personal Rights Disputes	10604	12230	3750	5027	173	2873	407
特殊侵权纠纷	Disputes of Special In-fringement	3992	3128	825	524	36	1643	100
不当得利	Unjustified Enrichment	574	607	98	255	36	208	10
票据、证券、股票纠纷	Disputes of Bills,Securities and Stocks	5	2			1	1	
其他	Others	1231	1244	320	349	30	481	64

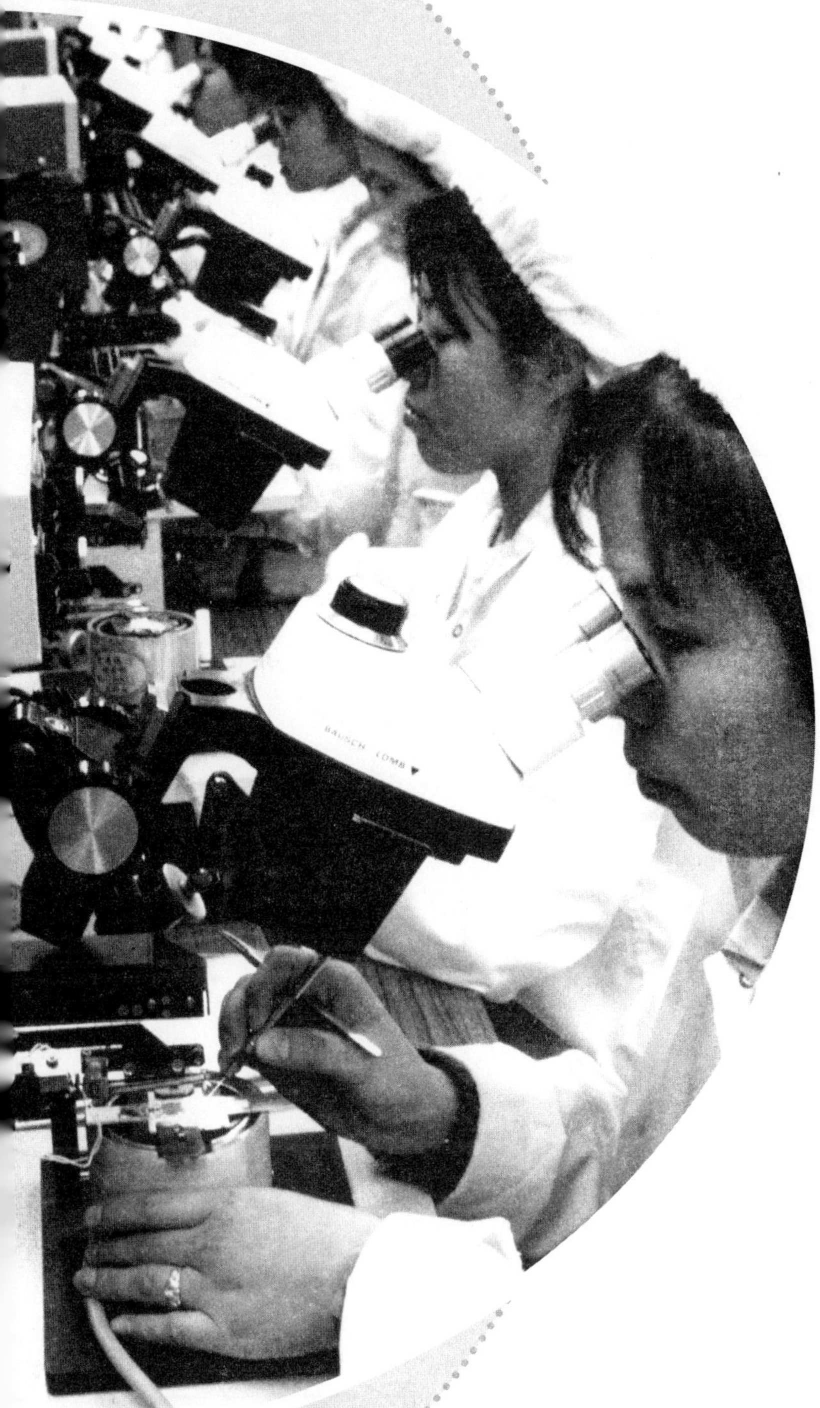

第十九篇 CHAPTER 19

企业景气

PROSPERITY OF ENTERPRISES

19－1 企业家信心指数（2011）
Index of Entrepreneur Confidence（2011）

指　　标	Item	一季度 the First Quarter	二季度 the Second Quarter	三季度 the Third Quarter	四季度 the Fourth Quarter
全　省	**General Index**	**144.8**	**136.7**	**141.8**	**137.8**
按企业登记注册类型分	**By Status of Registration**				
国有企业	State-owned Enterprises	144.4	137.5	154.0	140.4
集体企业	Collective-owned Enterprises	107.7	100.0	107.7	123.1
有限责任公司	Limited Liability Corporations	143.0	136.2	137.7	134.1
股份有限公司	Share-holding Corporation Limited	142.8	142.7	141.8	138.4
私营企业	Private Enterprises	132.7	112.7	116.4	114.8
港、澳、台投资企业	Enterprises with Funds from Hongkong,Macao and Taiwan	158.4	158.5	151.3	151.3
外商投资企业	Foreign Funded Enterprises	160.7	152.0	161.1	154.4
按行业门类分	**Grouped by Secter**				
工业	Industry	149.3	137.9	142.5	139.0
采掘业	Mining	168.1	131.3	135.5	121.0
制造业	Manufacturing	148.1	138.9	142.6	139.6
电力、燃气及水的生产和供应业	Production and Supply of Electricity, Gas and Water	150.2	132.6	140.9	143.9
建筑业	Construction	132.7	126.6	126.6	123.9
房屋和土木工程建筑业	Constraction of Buildings and Civil Engineering	136.7	125.5	126.8	125.1
建筑安装业	Building Installation	112.5	137.5	125.0	125.0
交通运输、仓储及邮政业	Transprot,Storage and Post	146.3	139.0	141.5	136.6
铁路运输业	Railway Transport	200.0	200.0	200.0	200.0
道路运输业	Road Transport	123.5	111.8	123.5	111.8
城市公共交通业	Urban Public Transport	122.2	111.1	111.1	111.1
批发和零售业	Wholesale and Retail Trades	146.8	135.8	147.4	146.9
批发业	Wholesale Trade	140.1	129.1	149.2	154.1
零售业	Retail Trade	149.5	137.5	145.7	142.2
房地产业	Real Estate	127.5	124.2	117.2	115.3
社会服务业	Social Services	120.0	128.6	141.2	129.4
信息传输、计算机服务和软件业	Information Transmission,Computer Services and Software	172.7	171.6	170.4	170.4
住宿和餐饮业	Hotels and Catering Services	110.4	133.3	151.1	128.3
按企业规模分	**Grouped by Size of Enterprises**				
大型	Large-sized	171.1	133.1	166.5	159.9
中型	Medium-sized	146.7	140.9	137.9	136.1
小型	Small-sized	136.0	132.6	138.3	132.3
按其他分类	**Grouped by Others**				
国家重点企业	State Key Enterprises	184.1	102.0	179.0	171.6
上市公司	Listed Companies	156.4	149.6	152.8	155.9
国有控股企业	State-owned Holding Enterprises	150.1	137.4	150.3	144.5

19－2　企业景气指数（2011）

Index of Prosperity of Enterprises（2011）

指　　标	Item	一季度 the First Quarter	二季度 the Second Quarter	三季度 the Third Quarter	四季度 the Fourth Quarter
全　省	**General Index**	**135.9**	**140.9**	**139.9**	**135.6**
按企业登记注册类型分	**By Status of Registration**				
国有企业	State-owned Enterprises	134.7	141.2	144.0	138.7
集体企业	Collective-owned Enterprises	92.3	115.4	115.4	115.4
有限责任公司	Limited Liability Corporations	132.0	139.3	136.5	130.6
股份有限公司	Share-holding Corporation Limited	141.6	146.4	145.5	141.3
私营企业	Private Enterprises	121.8	116.4	116.4	118.5
港、澳、台投资企业	Enterprises with Funds from Hongkong,Macao and Taiwan	154.7	158.8	162.9	154.0
外商投资企业	Foreign Funded Enterprises	154.4	151.1	158.1	151.4
按行业门类分	**Grouped by Secter**				
工业	Industry	142.0	146.0	143.2	137.9
采掘业	Mining	128.8	131.4	123.0	111.3
制造业	Manufacturing	141.8	147.3	144.6	139.9
电力、燃气及水的生产和供应业	Production and Supply of Electricity,Gas and Water	145.8	133.7	138.2	135.6
建筑业	Construction	105.9	129.4	129.4	128.2
房屋和土木工程建筑业	Construction of Building and Civil Engineering	106.9	131.5	130.2	127.4
建筑安装业	Building Installation	112.5	100.0	112.5	125.0
交通运输、仓储及邮政业	Transprot, Storage and Post	136.6	134.2	139.0	124.4
铁路运输业	Railway Transport	100.0	200.0	100.0	200.0
道路运输业	Road Transport	117.7	111.8	123.5	100.0
城市公共交通业	Urban Public Transport	133.3	133.3	144.4	111.1
批发和零售业	Wholesale and Retail Trades	147.2	143.7	143.2	145.8
批发业	Wholesale Trade	143.3	128.0	122.7	147.6
零售业	Retail Trade	148.7	150.1	152.4	144.0
房地产业	Real Estate	111.7	119.8	111.6	111.4
社会服务业	Social Services	105.7	111.4	111.8	111.8
信息传输、计算机服务和软件业	Information Transmission,Computer Services and Software	163.3	164.5	165.6	165.6
住宿和餐饮业	Hotels and Catering Services	104.2	122.9	142.6	128.3
按企业规模分	**Grouped by Size of Enterprises**				
大型	Large-sized	177.4	169.2	173.9	165.4
中型	Midium-sized	138.2	147.0	143.7	135.8
小型	Small-sized	123.6	129.4	129.8	127.6
按其他分类	**Grouped by Others**				
国家重点企业	State key Eenterprises	191.4	186.3	186.9	179.0
上市公司	Listed Companies	142.8	139.3	146.4	157.6
国有控股企业	State-owned Holding Enterprises	144.8	146.0	148.9	142.9

19－3 企业生产情况景气指数（2011）
Index of Productive Prosperity of Enterprises（2011）

指　　标	Item	一季度 the First Quarter	二季度 the Second Quarter	三季度 the Third Quarter	四季度 the Fourth Quarter
全　省	**General Index**	**107.9**	**126.6**	**128.8**	**115.4**
按企业登记注册类型分	**By Status of Registration**				
国有企业	State-owned Enterprises	95.8	131.6	146.0	127.1
集体企业	Collective-owned Enterprises	92.3	130.8	123.1	92.3
有限责任公司	Limited Liability Corporations	97.6	124.9	128.2	103.5
股份有限公司	Share-holding Corporation Limited	130.8	137.5	128.2	128.5
港、澳、台投资企业	Enterprises with Funds from Hongkong,Macao and Taiwan	136.1	120.2	116.4	113.0
外商投资企业	Foreign Funded Enterprises	120.9	122.7	128.5	125.1
按行业门类分	**Grouped by Secter**				
工业	Industry	108.9	123.7	125.1	121.4
采掘业	Mining	124.9	100.0	90.9	74.6
制造业	Manufacturing	107.0	126.2	124.6	121.3
电力、燃气及水的生产和供应业	Production and Supply of Electricty, Gas and Water	121.5	115.1	140.7	150.4
建筑业	Construction	80.5	144.3	143.8	99.4
房屋和土木工程建筑业	Construction of Buildings and Civil Engineering	86.9	148.8	149.6	102.0
建筑安装业	Building Installation	37.5	125.0	125.0	100.0
交通运输、仓储及邮政业	Transprot,Storage and Post	131.7	119.5	136.6	124.4
铁路运输业	Railway Transport	200.0	100.0	200.0	200.0
道路运输业	Road Transport	141.2	105.9	129.4	105.9
城市公共交通业	Urban Public Transport	100.0	122.2	133.3	133.3
批发和零售业	Wholesale and Retail Trades	127.7	128.9	125.8	104.3
批发业	Wholesale Trade	134.1	137.7	132.4	83.1
零售业	Retail Trade	124.3	123.3	122.9	113.3
房地产业	Real Estate	101.5	122.8	122.0	90.3
社会服务业	Social Services	71.4	125.7	123.5	114.7
商务服务业	Business Servies	72.0	116.0	129.2	125.0
公共设施管理业	Management of Public Facilities	75.0	175.0	100.0	50.0
居民服务业	Services to Households	75.0	150.0	100.0	125.0
信息传输、计算机服务和软件业	Information Transmission,Computer Services and Software	144.9	139.4	147.5	138.9
住宿和餐饮业	Hotels and Catering Services	75.0	127.1	151.1	71.7
按企业规模分	**Grouped by Size of Electricity**				
大型	Large-sized	119.4	137.1	168.5	129.4
中型	Midium-sized	103.6	133.2	129.3	115.0
小型	Small-sized	102.9	116.2	120.2	112.0
按其他分类	**Grouped by Others**				
国家重点企业	State Key Eenterprises	123.0	114.4	197.9	160.6
上市公司	Listed Companies	130.9	143.1	114.0	144.5
国有控股企业	State-owned Holding Enterprises	106.6	126.6	144.3	117.4

19－4 企业盈利（亏损）变化景气指数（2011）
Corporate Protits（Deficit）Change of Climate Index（2011）

指　　标	Item	一季度 the First Quarter	二季度 the Second Quarter	三季度 the Third Quarter	四季度 the Fourth Quarter
全　省	**General Index**	**105.6**	**113.3**	**115.7**	**102.6**
按企业登记注册类型分	**By Status of Registration**				
国有企业	State-owned Enterprises	105.0	104.0	125.1	80.7
集体企业	Collective-owned Enterprises	61.5	123.1	115.4	92.3
有限责任公司	Limited Liability Corporations	95.7	109.6	113.5	105.1
股份有限公司	Share-holding Corporation Limited	121.1	120.8	115.3	108.3
港、澳、台投资企业	Enterprises with Funds from Hongkong,Macao and Taiwan	94.8	124.5	116.1	88.8
外商投资企业	Foreign Funded Enterprises	117.7	137.1	130.2	120.2
按行业门类分	**Grouped by Secter**				
工业	Industry	109.4	118.7	118.2	105.6
采掘业	Mining	112.2	107.8	107.8	75.8
制造业	Manufacturing	109.9	123.0	121.0	109.4
电力、燃气及水的生产和供应业	Production and Supply of Electricty, Gas and Water	109.5	93.8	100.0	102.0
建筑业	Construction	92.2	113.3	116.0	106.1
房屋和土木工程建筑业	Construction of Buildings and Civil Engineering	89.5	115.5	115.9	104.3
建筑安装业	Building Installation	125.0	112.5	112.5	112.5
交通运输、仓储及邮政业	Transprot,Storage and Post	82.9	73.2	107.3	68.3
铁路运输业	Railway Transport	100.0	100.0		100.0
道路运输业	Road Transport	70.6	47.1	94.1	70.6
城市公共交通业	Urban Public Transport	77.8	55.6	111.1	44.4
批发和零售业	Wholesale and Retail Trades	121.3	108.8	109.8	119.9
批发业	Wholesale Trade	112.1	99.0	116.8	132.2
零售业	Retail Trade	125.7	111.4	105.2	112.6
房地产业	Real Estate	102.0	95.4	90.6	64.9
社会服务业	Social Services	82.9	108.6	108.8	91.2
商务服务业	Business Servies	92.0	116.0	125.0	95.8
公共设施管理业	Management of Public Facilities	50.0	100.0	100.0	75.0
居民服务业	Services to Households	50.0	100.0	25.0	75.0
信息传输、计算机服务和软件业	Information Transmission,Computer Services and Software	128.7	135.8	143.9	131.4
住宿和餐饮业	Hotels and Catering Services	66.7	106.3	114.9	58.7
按企业规模分	**Grouped by Size of Electricity**				
大型	Large-sized	142.1	109.3	153.3	83.6
中型	Midium-sized	107.7	121.8	117.8	102.8
小型	Small-sized	93.5	104.6	106.4	98.5
按其他分类	**Grouped by Others**				
国家重点企业	State Key Eenterprises	186.7	120.9	195.3	9.1
上市公司	Listed Companies	125.4	104.0	104.8	97.4
国有控股企业	State-owned Holding Enterprises	112.3	112.4	123.9	90.5

19－5　企业流动资金景气指数（2011）

Index of Prosperity of Circulating Funds of Enterprises（2011）

指　　标	Item	一季度 the First Quarter	二季度 the Second Quarter	三季度 the Third Quarter	四季度 the Fourth Quarter
全　省	**General Index**	**94.6**	**92.0**	**91.7**	**89.7**
按企业登记注册类型分	**By Status of Registration**				
国有企业	State-owned Enterprises	86.9	91.6	95.8	89.3
集体企业	Collective-owned Enterprises	69.2	76.9	76.9	69.2
有限责任公司	Limited Liability Corporations	85.7	83.4	82.1	79.0
股份有限公司	Share-holding Corporation Limited	105.3	93.1	91.8	96.8
港、澳、台投资企业	Enterprises with Funds from Hongkong,Macao and Taiwan	133.0	125.9	132.0	126.1
外商投资企业	Foreign Funded Enterprises	147.5	149.5	151.4	133.2
按行业门类分	**Grouped by Secter**				
工业	Industry	96.6	94.7	92.9	92.0
采掘业	Mining	84.7	65.1	67.3	62.9
制造业	Manufacturing	98.3	97.4	95.1	93.9
电力、燃气及水的生产和供应业	Production and Supply of Electricty, Gas and Water	79.7	79.7	79.3	81.6
建筑业	Construction	79.3	54.6	55.7	57.6
房屋和土木工程建筑业	Construction of Buildings and Civil Engineering	78.6	49.8	52.6	53.3
建筑安装业	Building Installation	62.5	75.0	62.5	75.0
交通运输、仓储及邮政业	Transprot,Storage and Post	61.0	51.2	73.2	61.0
铁路运输业	Railway Transport	100.0	100.0	100.0	200.0
道路运输业	Road Transport	52.9	52.9	52.9	52.9
城市公共交通业	Urban Public Transport	22.2	11.1	44.4	
批发和零售业	Wholesale and Retail Trades	122.8	128.0	120.0	117.8
批发业	Wholesale Trade	108.1	127.4	112.4	111.9
零售业	Retail Trade	128.7	126.5	122.4	119.2
房地产业	Real Estate	75.7	83.6	84.6	79.1
社会服务业	Social Services	77.1	77.1	76.5	82.4
商务服务业	Business Servies	88.0	84.0	79.2	79.2
公共设施管理业	Management of Public Facilities	25.0	25.0	25.0	50.0
居民服务业	Services to Households	75.0	75.0	100.0	125.0
信息传输、计算机服务和软件业	Information Transmission,Computer Services and Software	130.8	124.7	125.5	120.9
住宿和餐饮业	Hotels and Catering Services	66.7	91.7	102.1	78.3
按企业规模分	**Grouped by Size of Electricity**				
大型	Large-sized	162.0	141.5	145.9	149.0
中型	Midium-sized	95.9	96.4	91.6	86.1
小型	Small-sized	77.6	76.9	79.4	78.2
按其他分类	**Grouped by Others**				
国家重点企业	State Key Eenterprises	168.8	168.8	168.5	165.4
上市公司	Listed Companies	145.2	120.8	109.5	108.6
国有控股企业	State-owned Holding Enterprises	102.4	96.9	97.9	96.3

19－6 企业货款拖欠情况景气指数（2011）
Index of Prosperity of Enterprises Arrears（2011）

指　　标	Item	一季度 the First Quarter	二季度 the Second Quarter	三季度 the Third Quarter	四季度 the Fourth Quarter
全　省	**General Index**	**104.0**	**102.4**	**102.7**	**108.7**
按企业登记注册类型分	**By Status of Registration**				
国有企业	State-owned Enterprises	97.4	96.4	94.2	110.1
集体企业	Collective-owned Enterprises	100.0	100.0	107.7	100.0
有限责任公司	Limited Liability Corporations	102.7	100.5	101.5	104.1
股份有限公司	Share-holding Corporation Limited	105.1	104.6	101.1	110.4
港、澳、台投资企业	Enterprises with Funds from Hongkong,Macao and Taiwan	105.7	100.0	97.4	105.9
外商投资企业	Foreign Funded Enterprises	108.8	115.0	114.6	112.7
按行业门类分	**Grouped by Secter**				
工业	Industry	103.8	102.7	105.6	111.2
采掘业	Mining	95.9	100.5	102.1	108.1
制造业	Manufacturing	103.9	104.0	105.9	111.1
电力、燃气及水的生产和供应业	Production and Supply of Electricity, Gas and Water	103.8	98.2	101.9	110.1
建筑业	Construction	90.0	71.1	66.5	72.4
房屋和土木工程建筑业	Construction of Buildings and Civil Engineering	93.8	69.0	61.0	69.2
建筑安装业	Building Installation	50.0	100.0	112.5	100.0
交通运输、仓储及邮政业	Transprot,Storage and Post	105.1	102.6	102.6	100.0
铁路运输业	Railway Transport	100.0	100.0	100.0	200.0
道路运输业	Road Transport	105.9	94.1	94.1	88.2
城市公共交通业	Urban Public Transport	100.0	114.3	100.0	87.5
批发和零售业	Wholesale and Retail Trades				
批发业	Wholesale Trade	121.3	109.4	111.7	144.2
零售业	Retail Trade	116.5	120.1	118.0	125.0
房地产业	Real Estate	115.8	111.7	112.7	105.2
社会服务业	Social Services	97.1	120.0	102.9	105.9
商务服务业	Business Servies	100.0	124.0	104.2	112.5
公共设施管理业	Management of Public Facilities	100.0	75.0	75.0	100.0
居民服务业	Services to Households	100.0	150.0	100.0	75.0
信息传输、计算机服务和软件业	Information Transmission,Computer Services and Software	109.7	107.4	115.1	118.2
住宿和餐饮业	Hotels and Catering Services	85.4	89.6	76.6	93.5
按企业规模分	**Grouped by Size of Electricity**				
大型	Large-sized	104.9	70.0	101.2	138.9
中型	Midium-sized	103.0	102.5	106.4	106.7
小型	Small-sized	101.9	103.8	97.4	102.6
按其他分类	**Grouped by Others**				
国家重点企业	State Key Eenterprises	99.4	34.2	100.3	189.5
上市公司	Listed Companies	109.7	107.8	101.5	110.3
国有控股企业	State-owned Holding Enterprises	102.2	93.8	101.1	116.5

19－7 企业劳动力需求景气指数（2011）
Enterprises Labour Demand Climate Index （2011）

指 标	Item	一季度 the First Quarter	二季度 the Second Quarter	三季度 the Third Quarter	四季度 the Fourth Quarter
全 省	**General Index**	**111.9**	**121.6**	**124.6**	**108.7**
按企业登记注册类型分	**By Status of Registration**				
国有企业	State-owned Enterprises	101.5	120.3	140.4	105.1
集体企业	Collective-owned Enterprises	84.6	115.4	138.5	92.3
有限责任公司	Limited Liability Corporations	109.7	121.6	123.3	101.3
股份有限公司	Share-holding Corporation Limited	114.4	124.7	119.9	115.1
港、澳、台投资企业	Enterprises with Funds from Hongkong,Macao and Taiwan	108.5	126.4	130.2	127.3
外商投资企业	Foreign Funded Interprises	131.3	129.6	123.6	127.3
按行业门类分	**Grouped by Secter**				
工业	Industry	116.8	119.4	123.6	113.8
采掘业	Mining	99.5	104.0	105.5	106.2
制造业	Manufacturing	119.2	121.5	125.1	114.4
电力、燃气及水的生产和供应业	Production and Supply of Electricity, Gas and Water	103.8	109.5	111.5	115.1
建筑业	Construction	77.5	152.9	150.1	73.0
房屋和土木工程建筑业	Construction of Buildings and Civil Engineering	71.0	156.2	152.8	67.2
建筑安装业	Building Installation	112.5	125.0	112.5	100.0
交通运输、仓储及邮政业	Transprot,Storage and Post	102.4	107.3	119.5	109.8
铁路运输业	Railway Transport	100.0	200.0	200.0	100.0
道路运输业	Road Transport	100.0	105.9	105.9	94.1
城市公共交通业	Urban Public Transport	111.1	111.1	144.4	122.2
批发和零售业	Wholesale and Retail Trades	126.9	120.3	119.2	127.8
批发业	Wholesale Trade	109.8	118.2	83.3	110.4
零售业	Retail Trade	134.8	120.2	136.0	135.8
房地产业	Real Estate	98.5	97.2	87.1	71.2
社会服务业	Social Services	88.6	114.3	111.8	88.2
商务服务业	Business Servies	76.0	100.0	100.0	79.2
公共设施管理业	Management of Public Facilities	100.0	175.0	125.0	75.0
居民服务业	Services to Households	175.0	150.0	175.0	150.0
信息传输、计算机服务和软件业	Information Transmission,Computer Services and Software	132.2	138.8	139.8	135.0
住宿和餐饮业	Hotels and Catering Services	110.4	122.9	144.7	84.8
按企业规模分	**Grouped by Size of Electricity**				
大型	Large-sized	104.5	123.1	154.2	107.8
中型	Midium-sized	115.7	123.5	120.3	107.8
小型	Small-sized	107.1	118.1	123.2	104.3
按其他分类	**Grouped by Others**				
国家重点企业	State Key Eenterprises	112.0	99.1	187.8	110.2
上市公司	Listed Companies	113.3	116.9	129.1	134.6
国有控股企业	State-owned Holding Enterprises	102.8	121.2	135.2	108.7

19－8 企业固定资产投资景气指数（2011）

Index of Prosperity of Enrerprise Investment in Fixed Assets （2011）

指　　标	Item	一季度 the First Quarter	二季度 the Second Quarter	三季度 the Third Quarter	四季度 the Fourth Quarter
全　省	**General Index**	**103.7**	**120.5**	**122.6**	**110.4**
按企业登记注册类型分	**By Status of Registration**				
国有企业	State-owned Enterprises	84.1	124.5	133.3	125.1
集体企业	Collective-owned Enterprises	92.3	107.7	115.4	92.3
有限责任公司	Limited Liability Corporations	99.4	119.2	120.0	100.2
股份有限公司	Share-holding Corporation Limited	105.9	123.4	115.7	105.5
港、澳、台投资企业	Enterprises with Funds from Hongkong,Macao and Taiwan	104.7	112.7	116.3	93.7
外商投资企业	Foreign Funded Interprises	134.9	143.9	138.6	136.0
按行业门类分	**Grouped by Secter**				
工业	Industry	102.0	125.0	123.2	112.0
采掘业	Mining	118.5	129.7	110.8	84.1
制造业	Manufacturing	102.3	124.1	121.3	112.0
电力、燃气及水的生产和供应业	Production and Supply of Electricity, Gas and Water	99.2	131.9	134.4	126.2
建筑业	Construction	85.6	114.1	107.4	88.5
房屋和土木工程建筑业	Construction of Buildings and Civil Engineering	84.6	120.5	109.9	88.0
建筑安装业	Building Installation	87.5	75.0	100.0	87.5
交通运输、仓储及邮政业	Transprot,Storage and Post	119.5	129.3	143.9	131.7
铁路运输业	Railway Transport	100.0	200.0	200.0	200.0
道路运输业	Road Transport	117.7	117.7	141.2	123.5
城市公共交通业	Urban Public Transport	144.4	155.6	166.7	144.4
批发和零售业	Wholesale and Retail Trades	121.1	110.2	131.2	119.2
批发业	Wholesale Trade	102.6	89.5	138.0	118.4
零售业	Retail Trade	128.8	119.2	127.9	119.5
房地产业	Real Estate	90.6	113.9	105.9	97.5
社会服务业	Social Services	94.3	94.3	108.8	97.1
商务服务业	Business Servies	96.0	96.0	104.2	108.3
公共设施管理业	Management of Public Facilities	75.0	75.0	125.0	75.0
居民服务业	Services to Households	100.0	75.0	100.0	100.0
信息传输、计算机服务和软件业	Information Transmission,Computer Services and Software	131.5	132.7	132.6	119.3
住宿和餐饮业	Hotels and Catering Services	95.8	110.4	112.8	93.5
按企业规模分	**Grouped by Size of Electricity**				
大型	Large-sized	46.8	171.8	157.9	120.1
中型	Midium-sized	109.3	121.0	121.2	108.1
小型	Small-sized	103.4	111.6	114.9	106.8
按其他分类	**Grouped by Others**				
国家重点企业	State Key Eenterprises	16.7	186.9	183.7	173.2
上市公司	Listed Companies	110.4	122.3	120.0	113.6
国有控股企业	State-owned Holding Enterprises	85.4	133.2	132.4	113.9

19－9 工业企业景气指数（2011）
Index of Prosperity of Industrial Enterprises（2011）

指　标	Item	一季度 the First Quarter	二季度 the Second Quarter	三季度 the Third Quarter	四季度 the Fourth Quarter
全　省	**General Index**	**142.0**	**146.0**	**143.2**	**137.9**
按企业登记注册类型分	**By Status of Registration**				
国有企业	State-owned Enterprises	154.7	161.6	153.4	153.1
集体企业	Collective-owned Enterprises	100.0	128.6	114.3	142.9
有限责任公司	Limited Liability Corporations	141.7	145.1	140.8	133.7
股份有限公司	Share-holding Corporation Limited	136.5	144.1	143.0	140.6
港、澳、台投资企业	Enterprises with Funds from Hongkong,Macao and Taiwan	147.4	157.9	157.9	142.1
外商投资企业	Foreign Fumded Enterprises	152.4	147.6	152.4	145.2
按企业规模分	**Grouped by Size of Enterprises**				
大型	Large-sized	181.7	172.6	178.5	167.2
中型	Midium-sized	139.6	148.7	142.7	137.6
小型	Small-sized	136.5	138.5	136.8	132.5
按其他分类	**Grouped by Others**				
国家重点企业	Important Enterprises	191.4	186.3	186.9	179.0
上市公司	Listed Companies	137.7	136.7	142.5	156.8
国有控股企业	State-owned and Holding Enterprises	150.8	154.5	152.3	147.6
按主要经济指标分类	**Grouped by Economic Indicators**				
生产总量	Output of Production	108.9	123.7	125.1	121.4
生产成本	Cost of Production	58.1	61.0	57.0	70.8
产品订货	Order of Products	111.6	118.7	119.6	115.2
# 国外订货	Order of Abroad	121.8	122.0	116.3	111.1
产品销售	Sale of Products	110.2	121.5	125.4	120.6
产品销售价格	Price of Products	109.1	108.4	103.8	96.1
产成品库存	Stock	137.3	136.2	138.3	138.7
盈利（亏损）变化	Profit(loss) Changes	109.4	118.7	118.2	105.6
流动资金	Circulating Funds	96.6	94.7	92.9	92.0
企业融资	Enterprises Financing	85.8	82.2	82.8	85.1
货款拖欠	Arrears	103.8	102.7	105.6	111.2
劳动力需求	Labour Demand	116.8	119.4	123.6	113.8
固定资产投资	Investment in Fixed Assets	102.0	125.0	123.2	112.0
科技创新	Science and Technology Innovation	110.1	119.1	117.3	113.7
主要原材料及能源购进价格	Purchasing Price of Raw Material and Energy	39.6	52.2	51.1	65.6
主要原材料及能源供应	Supply of Raw Material and Energy	136.0	136.9	132.9	131.1

19－10 建筑业企业景气指数（2011）
Index of Prosperity of Construction（2011）

指　　标	Item	一季度 the First Quarter	二季度 the Second Quarter	三季度 the Third Quarter	四季度 the Fourth Quarter
全　省	**General Index**	**105.9**	**129.4**	**129.4**	**128.2**
按企业登记注册类型分	**By Status of Registration**				
国有企业	State-owned Enterprises	77.8	111.1	122.2	122.2
集体企业	Collective-owned Enterprises	125.0	125.0	125.0	100.0
有限责任公司	Limited Liability Corporations	108.2	134.4	131.2	127.9
股份有限公司	Share-holding Corporation Limited	133.3	150.0	150.0	150.0
港、澳、台投资企业	Enterprises with Funds from Hongkong,Macao and Taiwan	100.0	100.0	100.0	100.0
外商投资企业	Foreign Funded,Enterprises	100.0	100.0	100.0	100.0
按行业门类分	**Grouped by Sector**				
房屋和土木工程建筑业	Construction of Building and Civil Engineering	106.9	131.5	130.2	127.4
建筑安装业	Building Installation	112.5	100.0	112.5	125.0
按企业规模分	**Grouped by Size of Enterprises**				
大型	Large-sized	133.4	133.4	133.4	133.4
中型	Midium-sized	116.1	132.3	141.9	122.6
小型	Small-sized	95.8	127.1	120.8	131.3
按主要经济指标分类	**Grouped by Main Economic Indicators**				
工程合同鉴定	Contracts	91.4	132.5	132.2	87.4
其中：国(境)外工程合同	Contracts to Foreign	75.0	75.0	93.3	100.0
建筑产品实物工程量	Completed Work on Projects	80.5	144.3	143.8	99.4
新开工工程量	New Project	85.0	133.2	133.2	72.0
技术设备能力	Capacity of Technical Equipment	151.5	136.2	136.5	154.1
工程进度	Engineering Progress	79.1	132.0	143.1	117.4
工程结算收入	Revenue of Project Settle Accounts	55.6	121.9	124.7	119.8
建筑材料购进价格	Purchasing Price of Constructional Materials	69.9	31.4	32.8	76.9
工程结算成本	Cost of Project Settle Accounts	86.5	42.9	38.2	60.0
盈利（亏损）变化	Profit(loss) Changes	92.2	113.3	116.0	106.1
流动资金	Circulating Funds	79.3	54.6	55.7	57.6
企业融资	Enterpises Financing	58.3	57.2	54.3	50.1
工程款拖欠	Arrears of Projects	90.0	71.1	66.5	72.4
劳动力需求	Demand of Labourr Fore	77.5	152.9	150.1	73.0
固定资产投资	Investment in Fixed Assets	85.6	114.1	107.4	88.5

19－11 交通运输、仓储及邮政业企业景气指数（2011）
Index of Prosperity of Transport、Storage and Post（2011）

指　　标	Item	一季度 the First Quarter	二季度 the Second Quarter	三季度 the Third Quarter	四季度 the Fourth Quarter
全　省	**General Index**	**136.6**	**134.2**	**139.0**	**124.4**
按企业登记注册类型分	**By Status of Registration**				
国有企业	State-owned Enterprises	145.5	136.4	145.5	136.4
有限责任公司	Limited Liability Corporations	126.7	126.7	133.3	106.7
股份有限公司	Share-holding Corporation Limited	166.7	200.0	166.7	166.7
按行业门类分	**Grouped by Sector**				
铁路运输业	Railway Transprot	100.0	200.0	100.0	200.0
道路运输业	Road Transprot	117.7	111.8	123.5	100.0
城市公共交通业	Urban Public Transport	133.3	133.3	144.4	111.1
按企业规模分	**Grouped by Size of Enterprises**				
大型	Large-sized	200.0	200.0	200.0	200.0
中型	Midium-sized	146.2	153.9	146.2	130.8
小型	Small-sized	129.6	122.2	133.3	118.5
按主要经济指标分类	**Grouped by Main Economic Indicators**				
业务预订	Business Ordered	129.3	122.0	139.0	124.4
业务量	Business Volume	131.7	119.5	136.6	124.4
业务收费价格	Business Price	100.0	104.9	107.3	104.9
营业成本	Operating Cost	53.7	65.9	51.2	34.2
盈利（亏损）变化	Profit(loss) Changes	82.9	73.2	107.3	68.3
流动资金	Circulating Funds	61.0	51.2	73.2	61.0
企业融资	Enterprises Financing	65.8	63.2	67.5	63.4
货款拖欠	Arrears of Loans	105.1	102.6	102.6	100.0
劳动力需求	Demand of Labour Force	102.4	107.3	119.5	109.8
固定资产投资	Investment in Fixed Assets	119.5	129.3	143.9	131.7

19－12 批发和零售业企业景气指数（2011）
Index of Prosperity of Wholesale and Retail Trade of Enterprises（2011）

指　　标	Item	一季度 the First Quarter	二季度 the Second Quarter	三季度 the Third Quarter	四季度 the Fourth Quarter
全　省	**General Index**	**147.2**	**143.7**	**143.2**	**145.8**
按企业登记注册类型分	**By Status of Registration**				
国有企业	State-owned Enterprises	181.8	197.9	190.9	174.0
集体企业	Collective-owned Enterprises	100.0	100.0	100.0	100.0
有限责任公司	Limited Liability Corporations	127.9	109.2	115.9	129.1
股份有限公司	Share-holding Corporation Limited	169.4	172.7	172.7	168.2
按行业门类分	**Grouped by Sector**				
批发业	Wholesale Trade	143.3	128.0	122.7	147.6
零售业	Retail Trade	148.7	150.1	152.4	144.0
按企业规模分	**Grouped by Size of Enterprises**				
大型	Large-sized	174.2	163.6	160.2	175.1
中型	Midium-sized	141.9	145.2	154.8	145.2
小型	Small-sized	125.0	121.4	113.8	117.2
按主要经济指标分	**Grouped by Main Economic Indicators**				
购货合同	Contracts	119.8	114.1	116.3	109.7
商品购进价格	Purchase Price of Goods	64.7	60.3	75.8	76.4
商品销售	Sale	127.7	128.9	125.8	104.3
其中：出口	Export	133.3	100.0	100.0	125.0
商品销售价格	Price of Sale	127.3	123.8	129.8	108.3
商品库存	Stocks	130.9	133.6	133.7	141.4
经营费用	Operating Cost	81.5	74.5	60.8	58.1
竞争能力	Capacity of Competition	154.1	153.9	147.8	148.7
盈利（亏损）变化	Profit(loss) Changes	121.3	108.8	109.8	119.9
流动资金	Circulating Funds	122.8	128.0	120.0	117.8
企业融资	Enterprises Financing	108.2	98.3	98.6	98.1
货款拖欠	Arrears of Loans	118.3	117.1	116.3	131.3
劳动力需求	Demand of Labour Fore	126.9	120.3	119.2	127.8
固定资产投资	Investment in Fixed Assets	121.1	110.2	131.2	119.2

19－13 房地产业企业景气指数（2011）
Index of Prosperity of Real Estate（2011）

指标	Item	一季度 the First Quarter	二季度 the Second Quarter	三季度 the Third Quarter	四季度 the Fourth Quarter
全省	**General Index**	**111.7**	**119.8**	**111.6**	**111.4**
按企业登记注册类型分	**By Status of Registration**				
国有企业	State-owned Enterprises	200.0	200.0	100.0	100.0
有限责任公司	Limited Liability Corporations	118.4	129.1	121.3	119.9
股份有限公司	Share-holding Corporation Limited	140.0	140.0	120.0	120.0
港、澳、台投资企业	Enterprises with Funds from Hongkong,Macao and Taiwan	100.0		100.0	100.0
外商投资企业	Foreign Funded Enterprises	100.0	100.0	100.0	100.0
按企业规模分	**Grouped by Sector**				
大型	Large-sized	112.4	110.9	110.8	109.4
中型	Midium-sized	125.9	144.4	125.9	114.8
小型	Small-sized	96.0	96.0	95.8	108.3
按主要经济指标分	**Grouped by Economic Indicator**				
土地开发	Land Development	101.7	95.8	92.2	75.9
完成投资	Investment Completed	101.5	122.8	122.0	90.3
新开工情况	Newly Started Project	96.3	98.7	71.4	67.4
房屋竣工	Buildings Completed	76.5	92.5	86.4	80.7
商品房预售	Advance Sales of Commercial Housing	72.3	91.2	96.3	67.9
商品房销售	Sales of Commercial Housing	67.9	97.8	86.3	56.4
商品房销售价格	Price of Sale	112.0	125.9	123.5	89.6
空置商品房	Vacancy Commercial Housing	148.1	124.6	123.3	144.7
盈利（亏损）变化	Profit(loss) Changes	102.0	95.4	90.6	64.9
流动资金	Circulating Funds	75.7	83.6	84.6	79.1
企业融资	Enterprises Financing	66.7	58.2	70.8	72.3
货款拖欠	Arrears of Loans	115.8	111.7	112.7	105.2
劳动需求	Demand of Labour Force	98.5	97.2	87.1	71.2
固定资产投资	Investment in Fixed Assets	90.6	113.9	105.9	97.5

19－14　社会服务业企业景气指数（2011）

Index of Prosperity of Social Services（2011）

指　　标	Item	一季度 the First Quarter	二季度 the Second Quarter	三季度 the Third Quarter	四季度 the Fourth Quarter
全　省	**General Index**	**105.7**	**111.4**	**111.8**	**111.8**
按企业登记注册类型分	**By Status of Registration**				
国有企业	State-owned Enterprises	91.7	100.0	108.3	108.3
有限责任公司	Limited Liability Corporations	122.2	127.8	117.7	117.7
股份有限公司	Share-holding Corporation Limited	50.0	50.0	50.0	50.0
按行业门类分	**Grouped by Sector**				
商务服务业	Business Servies	116.0	120.0	120.8	120.8
公共设施管理业	Management of Public Facilities	75.0	75.0	75.0	75.0
居民服务业	Services to Households	75.0	100.0	100.0	125.0
按企业规模分	**Grouped by Size of Enterprises**				
大型	Large-sized	100.0	100.0	100.0	100.0
中型	Midium-sized	137.5	162.5	162.5	150.0
小型	Small-sized	96.2	96.2	96.0	100.0
按主要经济指标分	**Grouped by Main Economic Indicator**				
服务预订	Services Booked	91.4	122.9	120.6	100.0
竞争能力	Capacity of Competition	122.9	131.4	138.2	144.1
旅游客源	Tourists Resources	81.8	125.0	141.7	75.0
业务收费（服务）价格	Price of Services	108.6	114.3	129.4	102.9
业务量	Business Volume	71.4	125.7	123.5	114.7
营业成本	Operating Cost	91.4	68.6	61.8	64.7
盈利（亏损）变化	Profit(loss) Changes	82.9	108.6	108.8	91.2
流动资金	Circulating Funds	77.1	77.1	76.5	82.4
企业融资	Enterprises Financing	68.6	77.1	73.5	79.4
货款拖欠	Arrears of Loans	97.1	120.0	102.9	105.9
劳动力需求	Demand of Labour Force	88.6	114.3	111.8	88.2
固定资产投资	Investment in Fixed Assets	94.3	94.3	108.8	97.1

19－15　信息传输、计算机服务和软件业企业景气指数（2011）

Index of Prosperity of Information Transmission、Computer Service and Software（2011）

指　　标	Item	一季度 the First Quarter	二季度 the Second Quarter	三季度 the Third Quarter	四季度 the Fourth Quarter
全　省	**General Index**	**163.3**	**164.5**	**165.6**	**165.6**
按企业登记注册类型分	**By Status of Registration**				
国有企业	State-owned Enterprises	100.0	50.0	50.0	50.0
集体企业	Collective-owned Enterprises	100.0	100.0	100.0	100.0
有限责任公司	Limited Liability Corporations	122.2	155.6	155.6	144.4
股份有限公司	Share-holding Corporation Limited	175.0	158.3	166.7	166.7
港、澳、台投资企业	Enterprises with Funds from Hongkong,Macao and Taiwan	151.1	177.8	163.9	175.0
外商投资企业	Foreign Funded Enterprises	197.8	197.8	200.0	190.0
按行业门类分	**Grouped by Secter**				
信息传输业	Information Transmission	177.2	173.1	171.1	171.1
计算机服务业	Computer Services	133.3	166.7	200.0	133.3
软件业	Software	142.9	146.2	146.2	161.5
按企业规模分	**Grouped by Size of Enterprises**				
大型	Large-sized	185.8	198.2	194.6	194.6
中型	Midium-sized	173.3	153.3	160.0	153.3
小型	Small-sized	128.6	138.5	138.5	146.2
按主要经济指标分	**Grouped by Main Economic Indicators**				
产品销售（提供服务）	Sales of Products	144.9	139.4	147.5	138.9
产品订货	Order of Products	146.5	142.6	146.2	139.3
竞争能力	Capacity of Competition	162.3	155.6	154.1	157.2
销售（收费）价格	Price of Sale	105.7	112.2	100.7	100.0
营业收入	Operating Revenue	139.2	133.4	147.5	140.0
营业成本	Operating Cost	67.2	70.2	77.4	72.9
盈利（亏损）变化	Profit(loss) Changes	128.7	135.8	143.9	131.4
流动资金	Circulating Funds	130.8	124.7	125.5	120.9
企业融资	Enterprises Financing	113.6	113.1	122.7	119.6
货款拖欠	Arrears of Loans	109.7	107.4	115.1	118.2
劳动力需求	Demand of Labour Force	132.2	138.8	139.8	135.0
固定资产投资	Investment in Fixed Assets	131.5	132.7	132.6	119.3

19－16 住宿和餐饮业企业景气指数（2011）
Index of Prosperity of Hotels and Catering Services（2011）

指　标	Item	一季度 the First Quarter	二季度 the Second Quarter	三季度 the Third Quarter	四季度 the Fourth Quarter
全　省	**General Index**	**104.2**	**122.9**	**142.6**	**128.3**
按企业登记注册类型分	**By Status of Registration**				
国有企业	State-owned Enterprises	109.1	122.7	140.9	127.3
集体企业	Collective-owned Enterprises		50.0	100.0	50.0
有限责任公司	Limited Liability Corporations	93.8	125	140.0	114.3
股份有限公司	Share-holding Corporation Limited	100.0	100.0	100.0	100.0
港、澳、台投资企业	Enterprises with Funds from Hongkong,Macao and Taiwan	150.0	150.0	150.0	150.0
外商投资企业	Foreign Funded Enterprises	133.3	133.3	166.7	166.7
按行业门类分	**Grouped by Sector**				
住宿业	Hotels	100.0	118.4	140.5	122.2
餐饮业	Catering Services	120.0	140.0	150.0	150.0
按企业规模分	**Grouped by Size of Enterprises**				
大型	Large-sized	100.0	100.0	100.0	100.0
中型	Midium-sized	133.3	133.3	144.4	133.3
小型	Small-sized	97.4	120.5	142.1	127.0
按主要经济指标分	**Grouped by Economic Indicator**				
业务预订	Business Ordered	79.2	112.5	148.9	76.1
业务量	Business Volume	75.0	127.1	151.1	71.7
竞争能力	Capacity of Competition	116.7	129.2	121.3	113.0
客房出租	Rent of Guest Rooms	34.2	65.8	97.3	63.9
收费（服务）价格	Price of Services	77.1	104.2	119.2	69.6
营业收入	Operating Revenue	60.4	120.8	131.9	63.0
营业成本	Operating Cost	70.8	54.2	46.8	80.4
盈利（亏损）变化	Profit(loss) Changes	66.7	106.3	114.9	58.7
流动资金	Circulating Funds	66.7	91.7	102.1	78.3
企业融资	Enterprises Financing	76.1	80.4	91.3	78.3
货款拖欠	Arrears of Loans	85.4	89.6	76.6	93.5
劳动力需求	Demand of Labour Force	110.4	122.9	144.7	84.8
固定资产投资	Investment in Fixed Assets	95.8	110.4	112.8	93.5

第二十篇

CHAPTER 20

市、(州)和县(市)概况

GENERAL SURVEY OF CITY AND COUNTY

20 - 1 城市社会经济基本情况（2011）

		单位 Unit
一、劳动力及土地面积	**Population,Employment and Territory**	
（一）从业人员	Employment	
年末单位从业人员数（城镇）	Employment(urban)	万人 10000persons
第一产业（农、林、牧、渔业）	Primary Industry(Farming,Forestry、Animal Husbandry and Fishing)	万人 10000persons
第二产业	Secondary Industry	万人 10000persons
（1）采矿业	Mining	万人 10000persons
（2）制造业	Manufacturing	万人 10000persons
（3）电力、燃气及水的生产和供应业	Production and Supply of Electricity,Gas and Water	万人 10000persons
（4）建筑业	Construction	万人 10000persons
第三产业	Tertiary Industry	万人 10000persons
（1）交通运输、仓储及邮政业	Transport ,Storage and Post	万人 10000persons
（2）信息、转输、计算机服务和软件业	Information Transmission,Computer Services and Software	万人 10000persons
（3）批发和零售业	Wholesale and Retail Trade	万人 10000persons
（4）住宿、餐饮业	Hotels and Catering Services	万人 10000persons
（5）金融业	Finamcial Intermediation	万人 10000persons
（6）房地产业	Real Estate	万人 10000persons
（7）租赁和商业服务业	Leasing and Business Services	万人 10000persons
（8）科学研究、技术服务和地质勘查业	Scientific Research,Technical Services and Geological Prospecting	万人 10000persons
（9）水利、环境和公共设施管理业	Management of Water Conservancy,Environment and Public Focilities	万人 10000persons
（10）居民服务和其他服务业	Services to Households and Other Services	万人 10000persons
（11）教育	Education	万人 10000persons
（12）卫生、社会保障和社会福利业	Health, Social Securities and Social Welfare	万人 10000persons
（13）文化、体育和娱乐业	Culture, Sports and Entertainment	万人 10000persons
（14）公共管理和社会组织	Public Management and Social Organizations	万人 10000persons
（15）国际组织	Tnternational Organizations	万人 10000persons
城镇私营和个体从业人员	Private Enterprises and Self-employed Individuals	人 person
年末城镇登记失业人员数	Urban Unemployment Registered	人 person
（二）土地面积	Territory	
行政区域土地面积	Territory of Administrative Areas	平方公里 sq.km
公共设施用地面积	Areas of Public Facilities	平方公里 sq.km
工业用地面积	Areas of Industry	平方公里 sq.km
二、综合经济	**Macroeconomic Indicators**	
（一）财政	Government Finance	
# 各项税收入	Revenue	万元 10000yuan
文化体育与传媒支出	Cultural, Sports and Media Expenditures	万元 10000yuan
城乡社区事务支出	Expenditure of Urban and Rural Community Affairs	万元 10000yuan
交通运输支出	Transportation Expenses	万元 10000yuan
（二）金融	Financial	
年末金融机构存款余额	End Balance of Deposits of Financial Institutions	万元 10000yuan
#城乡居民储蓄年末余额	The end of the Balance of Urban and Rural Residents Savings	万元 10000yuan

Basic Statistics on Urban Social And Economical Indicators (2011)

长春市 Changchun		吉林市 Jilin		四平市 Siping		辽源市 Liaoyuan	
全市 Total	市区 District	全市 Total	市区 District	全市 Total	市区 District	全市 Total	市区 District
94.95	79.73	38.40	24.96	20.88	9.52	9.08	6.09
1.23	0.21	1.69	0.17	1.09	0.19	0.35	0.03
37.93	34.76	18.39	13.68	7.07	4.52	3.87	3.57
1.20	0.77	1.16	0.00	0.43	0.08	2.53	2.48
29.04	27.22	12.78	10.25	5.46	3.83	0.78	0.64
2.72	2.22	1.62	0.99	0.75	0.39	0.43	0.36
4.97	4.55	2.83	2.44	0.43	0.22	0.13	0.09
55.79	44.76	18.32	11.11	12.72	4.81	4.86	2.49
3.44	2.89	1.01	0.61	0.55	0.20	0.23	0.12
2.21	2.01	0.39	0.35	0.33	0.18	0.14	0.11
4.52	4.31	1.03	0.73	0.45	0.19	0.15	0.08
2.00	1.97	0.24	0.21	0.05	0.03	0.02	0.02
3.76	3.17	1.24	0.98	0.91	0.41	0.45	0.31
2.61	2.51	0.51	0.37	0.24	0.05	0.08	0.05
2.79	2.68	0.28	0.22	0.05	0.03	0.07	0.05
4.25	4.06	0.48	0.32	0.45	0.22	0.14	0.10
2.73	2.03	0.99	0.56	0.81	0.39	0.20	0.09
0.49	0.47	0.05	0.03	0.03	0.01	0.02	0.00
12.68	8.09	5.06	2.52	3.88	1.23	1.33	0.51
5.07	3.78	2.35	1.42	1.89	0.72	0.70	0.33
1.68	1.51	0.34	0.25	0.31	0.08	0.12	0.07
7.56	5.28	4.35	2.54	2.77	1.07	1.21	0.65
727270	530099	381029	193834	289445	54268	174577	102460
70151	49517	22958	14617	24942	6673	10429	6565
20604	4789	27126	3636	14080	1075	5140	442
	13		14		4		2
	98		47		12		9
2268621	1979216	712253	445317	255695	108957	101324	62699
63185	48856	50309	39445	21805	8961	7712	4287
766880	655738	219127	119625	43110	19021	19214	13536
201151	147017	74414	31624	42995	12991	24420	14887
55682292	50188861	14879612	10565774	6371777	2752008	2967461	1814979
23377846	19352550	9769124	6927706	4563950	1869130	2024318	1186279

20－1 续表 1

		单位 Unit
年末金融机构各项贷款余额	The end of the Balance of Loans of Financial Institutions	万元 10000yuan
（三）保险	Insurance	
保费收入	Premiun Income	万元 10000yuan
#财产险	Property Insurance	万元 10000yuan
人身险	Life Insurance	万元 10000yuan
赔款、给付	Claim and Payment	万元 10000yuan
#财产险	Property Insaramce	万元 10000yuan
人身险	Life Insurance	万元 10000yuan
三、工业	**Industry**	
规模以上工业法人企业	Industrial- scale Corporate Enterprises	
（一）工业企业数	Industrial Enterprises	个 Uni
（1）内资企业	Domestic Funded	个 Unit
# 国有企业	State- owned Enterprises	个 Unit
私营企业	Private Enterprise	个 Unit
# 私营独资企业	Private Funded Enterprises	个 Unit
私营股份有限公司	Private Share–holding Corporations Ltd	个 Unit
（2）港、澳、台商投资企业	HongKong,Macao,Taiwan Invested Enterprises	个 Unit
（3）外商投资企业	Foreign Funded Enterprises	个 Unit
（二）工业总产值（当年价）	Iotal industrial Output Value	万元 10000yuan
（1）内资企业（总产值）	Domestic Funded (GDP)	万元 10000yuan
# 国有企业	State- owned Enterprises	万元 10000yuan
私营企业	Private Enterprise	万元 10000yuan
#私营独资企业	Private Funded Enterprises	万元 10000yuan
私营股份有限公司	Private Share–holding Corporations Ltd	万元 10000yuan
（2）港、澳、台商投资企业	Enterprises With Funds HongKong, Macao,Taiwan	万元 10000yuan
（3）外商投资企业	Foreign Funded Enterprises	万元 10000yuan
四、交通运输、邮电通信、能源电力	**Transport, Post, Telecommunications and Power**	
（一）交通运输	Transport	
铁路旅客运量	Railway Passenger Traffic	万人
铁路货物运量	Railway Cargo Traffic	万吨

continued

长春市 Changchun		吉林市 Jilin		四平市 Siping		辽源市 Liaoyuan	
全市 Total	市区 District	全市 Total	市区 District	全市 Total	市区 District	全市 Total	市区 District
51559611	48092357	8328074	5809073	3771039	1697044	1971592	1179177
845265		407894		163797		74259	
326192		98069		58038		22185	
519073		309825		105759		52074	
252325		105133		43576		23951	
148283		43620		24679		9947	
104041		61513		18897		14004	
1035	750	1103	505	506	213	313	156
882	610	1069	481	492	205	305	149
35	29	26	14	12	6	7	6
503	330	785	316	209	63	222	91
76	35	133	25	49	19	117	44
13	5	27	15	20	6	13	5
30	26	8	5	8	4	2	1
123	114	26	19	6	4	6	6
70479715	65416041	26954100	17792473	14112585	5575345	8597511	5214193
36781306	32857639	25396767	16876682	13226103	5254493	8223255	4858055
11927645	11874819	1441230	1224496	489777	332380	217709	199709
5916489	3657859	10143149	4353438	4663626	1262916	5060369	2247492
673267	305385	1530180	304163	874439	386790	2339016	1031193
257705	86196	389590	193451	231737	78906	183487	56846
5039414	4683321	422807	362641	437404	64855	130033	111915
28658995	27875081	1134526	553150	449079	255997	244223	244223
2612.59		1031.16		659.36		59.45	
640		2389		505		396	

		单位 Unit
民用航空货邮运量	Freight in Airway	吨 ton
民用航空客运量	Passenger in Airway	人 person
（二）邮电通讯	Post and Telecommunication	
年末邮电局（所）数	Post and Telecommunications Offices	处 unit
邮政业务收入	Revenue of Post	万元 10000yuan
电信业务收入	Revenue of Telecommunications	万元 10000yuan
年末固定电话用户数	Local Telephone Subscribers Offices	万户 10000sub
年末移动电话用户数	Mobile Telephone Subscribers	万户 10000sub
国际互联网用户数	Subscribers of Internet Service	户 sub
（三）能源电力	Energy Consumption	
综合能源消费量	Volume of Energy Consumption	万吨／标准煤 10000tons/SCE
全社会用电量	Volume of Electrictity Consumption	万千瓦时 10000kw.h
# 工业用电	Industrial Electricity	万千瓦时 10000kw.h
城乡居民生活用电	Residence Living Electricity	万千瓦时 10000kw.h
五、内外贸易、外经、旅游	**Trade,Economic Cooperation and Tourism**	
（一）商 业	Business	
限额以上批发零售贸易业商品销售总额	Sales of Wholesale and Retail Trade Enterprises above Designate Size	万元 10000yuan
限额以上批发零售贸易企业数(法人数)	Number of Wholesale Retail Trade Enterprises above Designated (Legal person)	个 unit
#零售业	Retail Trade	个 unit
（二）外贸 外经	Foreign Trade	
货物进口额（海关数）	Imports	万美元 $ 10000
货物出口额（海关数）	Exports	万美元 $ 10000
六、固定资产投资	**Investment in Fixed Assets**	
（一）固定资产投资	Investment in Fixed Assets	
固定资产投资总额（不含农户）	Total Investment in Fixed Assets(Excluding Rural)	万元 10000yuan
#住宅	Housing	万元 10000yuan
全年新增固定资产	Newly Increased in Fixed Assets	万元 10000yuan
（二）房地产	Real Estate	
待售面积	Sale Area	万平方米 10000sq.m
七、教育科技卫生	**Education and Health Care**	
（一）教育	Education	
普通高等学校数	Higher Education	所
普通高等学校教师数	Teachers in Higher Education	人 person
普通高等学校学生数	Students in Higher Education	人 person
高中阶段在校学生数	Students in High School	人 person
初中毕业生升学率	Junior High School Graduation Rate	%
（二）科 技	Science and Technology	
R&D内部经费支出	R&D Internal Expenditure	万元 10000yuan
（三）体 育	Sports	
体育场馆数	Number of Stadium	个 unit
（四）文 化	Culture	

continued

长春市 Changchun		吉林市 Jilin		四平市 Siping		辽源市 Liaoyuan	
全市 Total	市区 District	全市 Total	市区 District	全市 Total	市区 District	全市 Total	市区 District
22537							
2513546							
208	118	138	53	103	15	48	5
46476		23771		15987		7185	
630889		253693		143440		62049	
176.99	120.7	92.24	57.44	50.33	15.06	24.21	13.77
669.19	434.97	415	202.5	220.86	82.75	86.24	41.22
968835	748000	536712	385864	274093	100889	151557	115355
1105	901	1533	1225	537	245	315	145
1698834	1333319	1522481	1160525	631308	426932	281584	190557
897440	730239	1233554	1013253	435624	344702	225649	149542
396362	258996	167896	96619	110445	29302	36575	28084
13026727	12703083	6968392	6372348	1725619	659820	462860	338744
277	239	296	176	153	43	81	67
192	165	181	122	96	35	73	62
1507414		69624		18057		5405	
227473		57407		7391		5293	
23566189	16531238	14912712	9126958	4578236	1460030	3711637	1502237
5025311	4636418	1644079	1286633	482603	174049	240727	228017
17520700	11374258	12441935	8143858	1848668	546615	2481907	599400
235.64	214.49	26.90	23.40	106.70	49.10	34.21	17.37
36	36	8	8	4	4	1	1
23760	23760	4993	4993	2060	2060	311	311
376533	376533	93565	93565	34193	34193	5412	5412
236281	144344	135686	82577	95750	46514	33015	18364
94	100	92	94	90	92	93	95
592004		172286		10407		15415	
42	40	22	16	9	2	6	5

		单位 Unit
剧场、影剧院数	Theatres and Music Halls	个 unit
公共图书馆图书总藏量	Number of Books in Public Libraty	千册、件 1000 volume,unit
订销报刊杂志累计份数	Sales of Newspopers and Magazines the Cumulative Mumber of Copies	千份
广播节目综合人口覆盖率	Population Coverage of the Broadcast Pragrams	%
电视节目综合人口覆盖率	Population Coverage of the Television Pragrams	%
八、人民生活、社会保障	**People´s Livelihood,Social Security**	
（一）居民收支	Income and Expenditure	
家庭总收入	Total Household Indome	元 yuan
工资性收入	Wage Income	元 yuan
经营净收入	Operating Net Income	元 yuan
财产性收入	Property Income	元 yuan
转移性收入	Income from Transfers	元 yuan
城镇居民人均可支配收入	Urban Per Capita Disposable Income	元 yuan
最低10%户人均可支配收入	Minimun 10% of Household Per Capita Disposable Income	元 yuan
最高10%户人均可支配收入	Up to 10% of Households Per Capita Disposable Income	元 yuan
城镇居民人均消费支出	Residents of Balance of Payments	元 yuan
其中：(1)食品	Food	元 yuan
(2)衣着	Clothing	元 yuan
(3)居住	Residence	元 yuan
(4)家庭设备用品及服务	Houschold Facilities Articles and Services	元 yuan
(5)医疗保健	Medicine and Medical Service	元 yuan
(6)交通和通信	Transportation and Communications	元 yuan
(7)教育文化娱乐服务	Education 、Cultural and Education Services	元 yuan
（二）城镇居民生活	People' s Livelihood	
每百户居民家庭拥有：	Owned per 100 Households	
（1）家用汽车	Civil Vehicles	辆 unit
（2）家用电脑	Civil Computer	台 unit
（3）固定电话	Fixed Telephone	部
（4）移动电话	Mobile Telephone	部
（5）电冰箱（柜）	Refrigerator	台 unit
（6）彩色电视机	Color TV	台 unit
（7）钢琴	Piano	架
（8）照相机	Camera	架
（9）摄像机	Video Camera	架
（10）洗衣机	Washing Machine	台 unit
居民消费价格指数（上年为100）	Cunsumer Price Index	%
九、社会治安	**Public Secuity**	
（一）交通	Transport	
交通事故死亡人数	Cases of Traffic Accidents	人 person
交通事故损失额	Death Traffic Accidents	万元 10000yuan
火灾事故死亡人数	Death of Fire	人 person

continued

长春市 Changchun		吉林市 Jilin		四平市 Siping		辽源市 Liaoyuan	
全市 Total	市区 District	全市 Total	市区 District	全市 Total	市区 District	全市 Total	市区 District
23	18	4	3	2	1	1	1
8486	8148	2127	1543	697	469	307	219
70498.62	44581.07	46252.00	24829.00	19904.24	7654.67	10036.43	5538.88
100.00	100.00	98.03	100.00	100.00	100.00	96.50	100.00
100.00	100.00	96.73	100.00	100.00	100.00	97.00	100.00
	21989		21627		19416		20687
	13885		13072		12612		15477
	1707		1384		1861		1978
	346		216		182		119
	6050		6955		4761		3113
	20487		19560		18483		18757
	6734		6534		5370		6823
	56682		52173		50046		41440
	16328		13506		11291		12855
	5040		4231		4024		4298
	1949		1704		1623		2147
	1756		1622		1253		1204
	1095		821		749		816
	1626		1361		734		809
	2189		1711		981		1233
	1936		1568		1466		1563
	17		16		5		5
	77		64		78		76
	60		66		74		55
	230		191		220		230
	96		96		100		91
	122		117		131		103
	2		3		1		2
	49		43		43		35
	16		11		7		5
	99		95		96		94
	105.5		104.8		104.8		104.6
563	311	185	84	112	16	65	30
4691	622	152	76	52	4	15	2
10	3			1			

		单位 Unit
火灾事故损失额	Loss of Fire	万元 10000yuan
（二）社会治安	Public Security	
刑事案件立案数	Criminal Cases Registered	起 case
犯罪人数	Criminal Persons	人 person
#青少年（18周岁以下）刑事案件	Teenagers(below 18 year old)	人 person
十、市政公用事业	**Urban Public Utilities**	
（一）基础设施	Infrastructure	
城市维护建设资金支出	City Building Maintenance Capital Expenditure	万元 10000yuan
年末实有城市道路面积	City Road Area at Year-end	万平方米 10000 cu.m
排水管道长度	Drainage Pipe Length	公里
供水综合生产能力(包括自备水源)	Water Supply Comprehensive Production Ability	万立方米/日
供水总量	Water Population	万吨 10000 tons
售水量	The Sale of Water	万吨 10000 tons
其中：居民生活用水量	Residents Lioing Water	万吨 10000 tons
用水人口	Water Population	万人
（二）供气	Gas	
供气总量（人工、天然气）	Total Gas Supply	万立方米 10000 cu.m
#家庭用量	Residential Use	万立方米 10000 cu.m
用气人口	Population of Used	人 person
液化石油气供气总量	Liquefied Petrolum Cas	吨 ton
#家庭用量	Residential Use	吨 ton
用液化气人口	Population of Liquefied Petrolum Gas Used	人 person
（三）公共交通	Transport	
年末实有公共汽(电)车营运车辆数	At Year-end Buses Operating Vehicle Number	辆 unit
全年公共汽(电)车客运总量	Total Annual Bus Passenger	万人次
年末实有出租汽车数	Year-end Taxi Number	辆 unit
轨道交通线路长度	The Length of the Rail lines	公里
轨道交通客运总量	Total Rail Passenger Transport	万人次
（四）绿地	Green	
绿地面积	Green Area	公顷
其中：公园绿地面积	Park Green Area	公顷
建成区绿化覆盖面积	Urban Green Coverage	公顷
十一、环境保护	**Environment Protection**	
工业废水排放量	Industrial Wastewater Discharge	万吨 10000 tons
工业烟（粉）尘去除量	Industrial Soot Removed	吨 ton
工业烟（粉）尘排放量	Industrial Soot Emissions	吨 ton
工业固体废物综合利用率	Rate of Industrial Solid Waste Utilized	%
污水集中处理率	Rate of Treatment of Waste Water	%
生活垃圾无害化处理率	Wastes Treatment Rate	%

continued

长春市 Changchun		吉林市 Jilin		四平市 Siping		辽源市 Liaoyuan	
全市 Total	市区 District	全市 Total	市区 District	全市 Total	市区 District	全市 Total	市区 District
836	414	316	95	474	37	287	100
4631	2741	2588	1003	2129	369	879	485
4102	2816	3658	1311	2984	518	907	598
1067	908	566	249	144	125	92	75
	884013		62930		130065		37662
	5913		1300		521		648
	4180		821		206		114
	110.37		411		22.6		30
	33275		23113		3796		3258
	22467		19803		3526		2377
	8020		4510		832		815
	345.14		125.7		44.7		46.8
	39810		10644		2870		
	14796		3063		1095		
	2955400		752600		466000		380000
	72506		44741		9000		7700
	9436		18475		6000		2350
	437200		480000		94000		350000
	4473		1221		234		344
	67391.8		22392		3646.1		5400
	16967		5158		2905		1071
	39						
	4495						
	13395		6511		1659		1736
	4470		1534		502		363
	15195		7577		1725		1773
6335		11291		4024		745	
4378637		4706957		2402251		1392127	
116194		120946		23375		8468	
99.36		38.99				70.00	
87.26		93.90		70.38		91.64	
84.83		93.90		70.38		91.64	

20－1 续表 5

		单位 Unit
一、人口、劳动力及土地面积	**Population,Employment and Territory**	
（一）从业人员	Employment	
年末单位从业人员数（城镇）	Employment(urban)	万人 10000persons
第一产业（农、林、牧、渔业）	Primary Industry(Farming,Forestry、Animal Husbandry and Fishing)	万人 10000persons
第二产业	Secondary Industry	万人 10000persons
（1）采矿业	Mining	万人 10000persons
（2）制造业	Manufacturing	万人 10000persons
（3）电力、燃气及水的生产和供应业	Production and Supply of Electricity,Gas and Water	万人 10000persons
（4）建筑业	Construction	万人 10000persons
第三产业	Tertiary Industry	万人 10000persons
（1）交通运输、仓储及邮政业	Transport ,Storage and Post	万人 10000persons
（2）信息、转输、计算机服务和软件业	Information Transmission,Computer Services and Software	万人 10000persons
（3）批发和零售业	Wholesale and Retail Trade	万人 10000persons
（4）住宿、餐饮业	Hotels and Catering Services	万人 10000persons
（5）金融业	Finamcial Intermediation	万人 10000persons
（6）房地产业	Real Estate	万人 10000persons
（7）租赁和商业服务业	Leasing and Business Services	万人 10000persons
（8）科学研究、技术服务和地质勘查业	Scientific Research,Technical Services and Geological Prospecting	万人 10000persons
（9）水利、环境和公共设施管理业	Management of Water Conservancy,Environment and Public Focilities	万人 10000persons
（10）居民服务和其他服务业	Services to Households and Other Services	万人 10000persons
（11）教育	Education	万人 10000persons
（12）卫生、社会保障和社会福利业	Health, Social Securities and Social Welfare	万人 10000persons
（13）文化、体育和娱乐业	Culture, Sports and Entertainment	万人 10000persons
（14）公共管理和社会组织	Public Management and Social Organizations	万人 10000persons
（15）国际组织	Tnternational Organizations	万人 10000persons
城镇私营和个体从业人员	Private Enterprises and Self－employed Individuals	人 person
年末城镇登记失业人员数	Urban Unemployment Registered	人 person
（二）土地面积	Territory	
行政区域土地面积	Territory of Administrative Areas	平方公里 sq.km
公共设施用地面积	Areas of Public Facilities	平方公里 sq.km
工业用地面积	Areas of Industry	平方公里 sq.km
二、综合经济	**Macroeconomic Indicators**	
（一）财政	Government Finance	
# 各项税收入	Revenue	万元 10000yuan
文化体育与传媒支出	Cultural, Sports and Media Expenditures	万元 10000yuan
城乡社区事务支出	Expenditure of Urban and Rural Community Affairs	万元 10000yuan
交通运输支出	Transportation Expenses	万元 10000yuan
（二）金融	Financial	
年末金融机构存款余额	End Balance of Deposits of Financial Institutions	万元 10000yuan
#城乡居民储蓄年末余额	The end of the Balance of Urban and Rural Residents Savings	万元 10000yuan

continued

通化市 Tonghua		白山市 Baishan		松原市 Songyuan		白城市 Baicheng		延边朝鲜族自治区 Yanbian	
全市 Total	市区 District	全市 Total	市区 District	全市 Total	市区 District	全市 Total	市区 District	全市 Total	市区 District
21.00	8.03	19.19	11.84	21.85	10.83	19.44	9.44	25.61	8.08
0.63	0.02	2.18	0.66	2.14	0.07	3.52	1.84	3.44	0.04
8.74	3.91	6.33	4.60	7.86	6.10	3.24	1.95	8.02	1.95
1.58	0.08	1.77	1.49	4.80	4.61	0.03	0.01	1.29	0.04
5.29	2.75	2.99	2.03	1.55	0.73	2.16	1.37	4.86	1.13
0.90	0.46	0.72	0.38	0.51	0.10	0.48	0.22	0.82	0.35
0.97	0.62	0.85	0.70	1.00	0.66	0.57	0.35	1.05	0.43
11.63	4.10	10.68	6.58	11.85	4.66	12.68	5.65	14.14	6.10
0.66	0.32	0.37	0.19	0.44	0.18	0.46	0.21	0.77	0.33
0.34	0.15	1.44	1.38	0.25	0.23	0.23	0.14	0.46	0.38
0.57	0.19	0.31	0.26	0.72	0.37	0.68	0.44	0.89	0.57
0.11	0.07	0.02	0.01	0.24	0.11	0.11	0.08	0.34	0.24
0.96	0.54	0.56	0.37	0.80	0.51	0.56	0.25	1.27	0.86
0.66	0.14	0.18	0.14	0.46	0.40	0.29	0.23	0.27	0.15
0.13	0.05	0.28	0.24	0.36	0.24	0.14	0.09	0.28	0.17
0.33	0.15	0.19	0.12	0.29	0.10	0.26	0.16	0.37	0.20
0.58	0.25	0.47	0.37	0.42	0.08	1.52	0.56	0.77	0.18
0.06	0.02	0.01	0.01	0.03	0.00	0.18	0.16	0.04	0.02
2.54	0.70	1.76	0.76	3.28	0.80	3.23	1.29	3.05	0.94
1.37	0.46	1.93	1.49	1.42	0.47	1.35	0.62	1.34	0.57
0.24	0.09	0.23	0.13	0.15	0.08	0.25	0.12	0.41	0.25
3.08	0.97	2.93	1.11	2.99	1.09	3.42	1.30	3.87	1.24
203612	82725	208284	92669	324760	109256	139944	15440	364043	162043
10999	3223	12997	5574	14033	5493	12600	2574	21411	7018
15608	745	17485	2673	21090	1325	25745	2525	43779	1748
	4		1		4		5		4
	11		5		7		10		2
323336	92112	240896	111755	272755	131333	160082	47083	344468	124413
19110	4711	17253	6848	15102	4429	14285	4888	49753	6267
81159	16547	92201	36018	90423	50335	55595	16178	124659	50084
57897	10085	67365	32277	46055	18982	39499	9364	90095	13428
6376042	2449138	4333971	2379338	5533257	2454340	3579623	1455120	8897120	3791019
4230401	1443624	2864770	1578581	3359695	1546981	2174004	958620	5911398	2466165

		单位 Unit
年末金融机构各项贷款余额	The end of the Balance of Loans of Financial Institutions	万元 10000yuan
（三）保险	Insurance	
保费收入	Premiun Income	万元 10000yuan
#财产险	Property Insurance	万元 10000yuan
人身险	Life Insurance	万元 10000yuan
赔款、给付	Claim and Payment	万元 10000yuan
#财产险	Property Insaramce	万元 10000yuan
人身险	Life Insurance	万元 10000yuan
三、工业	**Industry**	
规模以上工业法人企业	Industrial- scale Corporate Enterprises	
（一）工业企业数	Industrial Enterprises	个 Uni
（1）内资企业	Domestic Funded	个 Unit
# 国有企业	State- owned Enterprises	个 Unit
私营企业	Private Enterprise	个 Unit
# 私营独资企业	Private Funded Enterprises	个 Unit
私营股份有限公司	Private Share-holding Corporations Ltd	个 Unit
（2）港、澳、台商投资企业	HongKong,Macao,Taiwan Invested Enterprises	个 Unit
（3）外商投资企业	Foreign Funded Enterprises	个 Unit
（二）工业总产值（当年价）	Iotal industrial Output Value	
（1）内资企业（总产值）	Domestic Funded (GDP)	万元 10000yuan
# 国有企业	State- owned Enterprises	万元 10000yuan
私营企业	Private Enterprise	万元 10000yuan
#私营独资企业	Private Funded Enterprises	万元 10000yuan
私营股份有限公司	Private Share-holding Corporations Ltd	万元 10000yuan
（2）港、澳、台商投资企业	Enterprises With Funds HongKong, Macao,Taiwan	万元 10000yuan
（3）外商投资企业	Foreign Funded Enterprises	万元 10000yuan
四、交通运输、邮电通信、能源电力	**Transport, Post, Telecommunications and Power**	
（一）交通运输	Transport	
铁路旅客运量	Railway Passenger Traffic	万人
铁路货物运量	Railway Cargo Traffic	万吨

continued

通化市 Tonghua		白山市 Baishan		松原市 Songyuan		白城市 Baicheng		延边朝鲜族自治区 Yanbian	
全市 Total	市区 District	全市 Total	市区 District	全市 Total	市区 District	全市 Total	市区 District	全市 Total	市区 District
3871066	1747095	2745460	1753369	3030803	1137439	2197947	903073	3736015	1667291
164847		99784		140360		85726		251652	
34289		23461		52040		31675		44078	
130558		76323		88320		54051		207574	
41424		27487		37246		24568		43992	
17229		11968		21937		12866		19068	
24195		15519		15308		11702		24924	
498	109	407	96	561	147	279	84	455	69
480	105	389	94	551	141	265	78	390	46
9	2	8	1	16	2	14	3	18	
240	22	128	10	254	39	125	28	210	17
36		43	4	127	4	30	10	25	3
13	3	4		19	4	12	5	13	
6	2	8	1	2	1	3	1	6	
12	2	10	1	8	5	11	5	59	23
12032668	6591625	9587434	2712961	16193305	5754274	3536682	1030115	7496717	1900412
11318385	6460062	8948285	2640569	15637814	5263864	3141009	732560	6347851	1435002
100430	4450	476728	360101	333157	25004	172503	26664	289233	
2939490	221417	2588678	176921	6282071	910220	1370303	192678	2325464	178822
399791		786607	60394	3190289	112964	270801	56245	182584	29682
240733	17092	52553		418675	56178	114186	29645	260438	
265746	113746	300809	2509	12178	12178	26194		64382	
448537	17817	338340	69883	543313	478232	369479	297555	1084483	465410
371.87		165.73		339.61		417.15		480.73	
1367		516		325		450		1288.32	

		单位 Unit
民用航空货邮运量	Freight in Airway	吨 ton
民用航空客运量	Passenger in Airway	人 person
（二）邮电通讯	Post and Telecommunication	
年末邮电局（所）数	Post and Telecommunications Offices	处 unit
邮政业务收入	Revenue of Post	万元 10000yuan
电信业务收入	Revenue of Telecommunications	万元 10000yuan
年末固定电话用户数	Local Telephone Subscribers Offices	万户 10000sub
年末移动电话用户数	Mobile Telephone Subscribers	万户 10000sub
国际互联网用户数	Subscribers of Internet Service	户 sub
（三）能源电力	Energy Consumption	
综合能源消费量	Volume of Energy Consumption	万吨/标准煤 10000tons/SCE
全社会用电量	Volume of Electrictity Consumption	万千瓦时 10000kw.h
# 工业用电	Industrial Electricity	万千瓦时 10000kw.h
城乡居民生活用电	Residence Living Electricity	万千瓦时 10000kw.h
五、内外贸易、外经、旅游	**Trade,Economic Cooperation and Tourism**	
（一）商 业	Business	
限额以上批发零售贸易业商品销售总额	Sales of Wholesale and Retail Trade Enterprises above Designate Size	万元 10000yuan
限额以上批发零售贸易企业数(法人数)	Number of Wholesale Retail Trade Enterprises above Designated (Legal person)	个 unit
#零售业	Retail Trade	个 unit
（二）外贸 外经	Foreign Trade	
货物进口额（海关数）	Imports	万美元 $ 10000
货物出口额（海关数）	Exports	万美元 $ 10000
六、固定资产投资	**Investment in Fixed Assets**	
（一）固定资产投资	Investment in Fixed Assets	
固定资产投资总额（不含农户）	Total Investment in Fixed Assets(Excluding Rural)	万元 10000yuan
#住宅	Housing	万元 10000yuan
全年新增固定资产	Newly Increased in Fixed Assets	万元 10000yuan
（二）房地产	Real Estate	
待售面积	Sale Area	万平方米 10000sq.m
七、教育科技卫生	**Education and Health Care**	
（一）教育	Education	
普通高等学校数	Higher Education	所
普通高等学校教师数	Teachers in Higher Education	人 person
普通高等学校学生数	Students in Higher Education	人 person
高中阶段在校学生数	Students in High School	人 person
初中毕业生升学率	Junior High School Graduation Rate	%
（二）科 技	Science and Technology	
R&D内部经费支出	R&D Internal Expenditure	万元 10000yuan
（三）体 育	Sports	
体育场馆数	Number of Stadium	个 unit
（四）文 化	Culture	

continued

通化市 Tonghua		白山市 Baishan		松原市 Songyuan		白城市 Baicheng		延边朝鲜族自治区 Yanbian	
全市 Total	市区 District	全市 Total	市区 District	全市 Total	市区 District	全市 Total	市区 District	全市 Total	市区 District
		11						2400.4	
		90928						510100	
109	17	60	8	93	36	90	20	133	15
15595		12641		11984		9336		23634	
117952		69476		121976		85979		140674	
48.74	15.61	39.71	7.39	-32.20	14.10	36.87	3.38	53.64	24.20
207.06	71.35	88.86	72.72	358.00	180.36	131.64	113.78	242.77	91.10
243135	88722	151800	67246	185603	101422	179703	39520	391177	191032
678	469	456	304	389	165	142	82	377.42	133.97
561756	219676	323272	222526	443792	209253	298771	66978	421444	114640
440185	187126	240462	165657	300454	150672	172870	40650	249286	28651
76709	25313	48509	34045	85253	24530	77263	14712	101457	33359
1769319	1310753	383589	345897	1238083	598021	575418	417525	1737220	1163956
164	56	28	16	57	19	39	15	140	94
113	39	24	13	45	12	18	12	112	81
53913		7374		558		2028		40522	
17489		20238		9559		10015		144983	
5478096	1279820	4099401	915410	7614190	2696392	3444887	960665	4861146	1488813
674291	220297	140381	70194	554374	281217	73782	25568	372507	116808
6377780	873020	1633484	491864	6205151	2951608	2043091	688268	3440262	1301014
118.55	40.39	32.55	6.15	23.76	15.18	1.33	1.13	66.22	7.15
1	1	1	1	1	1	3	3	2	2
719	719	251	251	359	359	947	947	2247	2247
11319	11319	1587	1587	3463	3463	18617	18617	18142	18142
62096	18286	31924	15260	57160	24395	39042	14044	53781	19200
85	92	88	90	63	99	66	90	88	100
28278		7803		38105		13256		13787	
22	13	5	3	7	2	12	6	11	2

		单位 Unit
剧场、影剧院数	Theatres and Music Halls	个 unit
公共图书馆图书总藏量	Number of Books in Public Libraty	千册、件 1000 volume,unit
订销报刊杂志累计份数	Sales of Newspopers and Magazines the Cumulative Mumber of Copies	千份
广播节目综合人口覆盖率	Population Coverage of the Broadcast Pragrams	%
电视节目综合人口覆盖率	Population Coverage of the Television Pragrams	%
八、人民生活、社会保障	**People´s Livelihood,Social Security**	
（一）居民收支	Income and Expenditure	
家庭总收入	Total Household Indome	元 yuan
工资性收入	Wage Income	元 yuan
经营净收入	Operating Net Income	元 yuan
财产性收入	Property Income	元 yuan
转移性收入	Income from Transfers	元 yuan
城镇居民人均可支配收入	Urban Per Capita Disposable Income	元 yuan
最低10%户人均可支配收入	Minimun 10% of Household Per Capita Disposable Income	元 yuan
最高10%户人均可支配收入	Up to 10% of Households Per Capita Disposable Income	元 yuan
城镇居民人均消费支出	Residents of Balance of Payments	元 yuan
其中：(1)食品	Food	元 yuan
(2)衣着	Clothing	元 yuan
(3)居住	Residence	元 yuan
(4)家庭设备用品及服务	Houschold Facilities Articles and Services	元 yuan
(5)医疗保健	Medicine and Medical Service	元 yuan
(6)交通和通信	Transportation and Communications	元 yuan
(7)教育文化娱乐服务	Education 、Cultural and Education Services	元 yuan
（二）城镇居民生活	People' s Livelihood	
每百户居民家庭拥有：	Owned per 100 Households	
（1）家用汽车	Civil Vehicles	辆 unit
（2）家用电脑	Civil Computer	台 unit
（3）固定电话	Fixed Telephone	部
（4）移动电话	Mobile Telephone	部
（5）电冰箱（柜）	Refrigerator	台 unit
（6）彩色电视机	Color TV	台 unit
（7）钢琴	Piano	架
（8）照相机	Camera	架
（9）摄像机	Video Camera	架
（10）洗衣机	Washing Machine	台 unit
居民消费价格指数（上年为100）	Cunsumer Price Index	%
九、社会治安	**Public Secuity**	
（一）交 通	Transport	
交通事故死亡人数	Cases of Traffic Accidents	人 person
交通事故损失额	Death Traffic Accidents	万元 10000yuan
火灾事故死亡人数	Death of Fire	人 person

continued

通化市 Tonghua		白山市 Baishan		松原市 Songyuan		白城市 Baicheng		延边朝鲜族自治区 Yanbian	
全市 Total	市区 District	全市 Total	市区 District	全市 Total	市区 District	全市 Total	市区 District	全市 Total	市区 District
1	1	2	2	1	1	5	2	5	3
767	288	527	225	611	185	455	237	1770	920
24595.30	8316.38	18588.60	6736.96	28950.70	15063.00	14875.73	5319.30	39115.80	14168.30
98.64	98.99	87.85	88.57	97.87	99.20	99.24	100.00	99.71	100.00
99.03	99.71	95.18	93.83	98.27	98.98	99.94	100.00	97.49	99.59
	20292		20298		22370		19029		21322
	12444		13846		16495		12980		11928
	2227		2159		1636		2415		2263
	247		262		467		153		287
	5373		4030		3774		3481		6844
	18904		18483		19227		17814		19558
	6817		5402		6949		5620		7221
	46202		47506		41606		47744		49434
	12460		11739		14481		12390		15528
	4232		4060		4177		3545		5025
	1604		1594		2030		1537		2147
	1692		1334		918		1323		1952
	974		608		822		836		1029
	818		1063		1641		1072		1271
	1165		1208		2491		1665		1925
	1492		1325		1720		1874		1602
	6		9		24		9		15
	63		68		94		66		77
	58		71		76		45		51
	210		206		202		217		222
	86		88		106		90		96
	114		110		112		108		106
	1		3		2		2		3
	20		26		44		22		40
	4		8		14		6		10
	96		96		100		89		94
	104.6		104.9		104.6		104.6		104.7
101	13	78	36	64	20	42	13	122	43
157	5	82	47	38	10	48	35	81	23
				1				1	1

		单位 Unit
火灾事故损失额	Loss of Fire	万元 10000yuan
（二）社会治安	Public Security	
刑事案件立案数	Criminal Cases Registered	起 case
犯罪人数	Criminal Persons	人 person
#青少年（18周岁以下）刑事案件	Teenagers(below 18 year old)	人 person
十、市政公用事业	**Urban Public Utilities**	
（一）基础设施	Infrastructure	
城市维护建设资金支出	City Building Maintenance Capital Expenditure	万元 10000yuan
年末实有城市道路面积	City Road Area at Year–end	万平方米 10000 cu.m
排水管道长度	Drainage Pipe Length	公里
供水综合生产能力(包括自备水源)	Water Supply Comprehensive Production Ability	万立方米/日
供水总量	Water Population	万吨 10000 tons
售水量	The Sale of Water	万吨 10000 tons
其中：居民生活用水量	Residents Lioing Water	万吨 10000 tons
用水人口	Water Population	万人
（二）供气	Gas	
供气总量（人工、天然气）	Total Gas Supply	万立方米 10000 cu.m
# 家庭用量	Residential Use	万立方米 10000 cu.m
用气人口	Population of Used	人 person
液化石油气供气总量	Liquefied Petrolum Cas	吨 ton
# 家庭用量	Residential Use	吨 ton
用液化气人口	Population of Liquefied Petrolum Gas Used	人 person
（三）公共交通	Transport	
年末实有公共汽(电)车营运车辆数	At Year–end Buses Operating Vehicle Number	辆 unit
全年公共汽(电)车客运总量	Total Annual Bus Passenger	万人次
年末实有出租汽车数	Year–end Taxi Number	辆 unit
轨道交通线路长度	The Length of the Rail lines	公里
轨道交通客运总量	Total Rail Passenger Transport	万人次
（四）绿地	Green	
绿地面积	Green Area	公顷
其中：公园绿地面积	Park Green Area	公顷
建成区绿化覆盖面积	Urban Green Coverage	公顷
十一、环境保护	**Environment Protection**	
工业废水排放量	Industrial Wastewater Discharge	万吨 10000 tons
工业烟（粉）尘去除量	Industrial Soot Removed	吨 ton
工业烟（粉）尘排放量	Industrial Soot Emissions	吨 ton
工业固体废物综合利用率	Rate of Industrial Solid Waste Utilized	%
污水集中处理率	Rate of Treatment of Waste Water	%
生活垃圾无害化处理率	Wastes Treatment Rate	%

continued

通化市 Tonghua		白山市 Baishan		松原市 Songyuan		白城市 Baicheng		延边朝鲜族自治区 Yanbian	
全市 Total	市区 District	全市 Total	市区 District	全市 Total	市区 District	全市 Total	市区 District	全市 Total	市区 District
244	60	85	25	334	58	317	58	581	161
1569	453	799	187	1801	623	861	236	1876	544
1340	290	1067	348	2207	469	986	282	1494	467
70	9	97		233		50		423	179
	39392		30589		17400		33297		36203
	297		360		514		261		440
	133		143		201		259		251
	14.21		14.18		18.6		14		19
	2924		2763		4940		3256		4440
	1052		1239		4234		2240		2411
	635		682		2880		837		1680
	40.23		35.1		45.45		27.7		47.6
	2400		155		6200		917		404
	1631		120		1700				372
	323340		61000		158200				140000
	1960		5705		22700		7820		18184
	1900		5000		13000		7820		9700
	51000		240000		282000		234000		340000
	373		321		514		234		740
	7986.2		2126.0		7200.5		2505.0		11777.5
	1387		1401		2177		1815		2500
	1490		1000		1647		1115		1551
	540		398		540		222		439
	1729		1242		1825		1232		1614
9019		1652		2141		2639		4022	
1201561		1201693		591805		745203		1951806	
20856		11891		29868		9826		19856	
80.02		33.33		96.32		80.61		73.66	
88.02		85.39		91.64		39.35		98.28	
88.02		85.39		91.64		39.35		98.28	

20－2 县（市）社会经济基本情况（2011）

指　　标	Item	农安县 Nongan	九台市 Jiutai
通有线电视的村（个）	Cable Television Village(unit)	248	175
年末单位从业人员数（人）	Employed Personal at end of the Year(person)	36122	43281
其中：女（人）	Women(person)	15788	14154
其中：第二产业（人）	Secondary Industry(person)	1233	1485
第三产业（人）	Tertiary Industry(person)	13659	11890
乡村从业人员数（人）	Employed Person(person)	508186	325738
其中：农林牧渔业（人）	FFAF(person)	346021	214524
财政总收入（万元）	Finance Revenue(10000yuan)	379234	385749
奶类产量（吨）	Milk(ton)	3136	18000
水产品产量（吨）	Aquatic Products(ton)	5600	4846
民用汽车拥有量（辆）	Civil Vehicles Owned(coach)	44956	35456
限额以上批发零售贸易业商品销售总额（万元）	Sales of Wholesale and Retail Trade Above Designated Size(10000yuan)	58517.9	12147.7
出口总额（万美元）	Exports(USD10000)	3125	1600
当年实际使用外资金额（万美元）	Utilizationof Foreign Capital(USD10000)	5210	5639
新增固定资产（万元）	Newly Added Fixed Assets(10000yuan)	911698	1213969
房地产开发投资中住宅完成额（万元）	Civil Building Completed(10000yuan)	70315	71635
专业技术人员数(人)	Number of Professionals(person)	44574	42404
其中：农业技术人员(人)	Professionals of Agricultare(person)	1836	1755

Basic Statistics on Social and Economy by County (city) (2011)

榆树市 Yushu	德惠市 Dehui	永吉县 Yongji	蛟河市 Jiaohe	桦甸市 Huadian	舒兰市 Shulan	磐石市 Panshi	梨树县 Lishu	伊通满族自治县 Yitong	公主岭市 Gongzhuling	双辽市 Shuangliao	东丰县 Dongfeng
320	232	114	175	143	129	219	295	160	217	132	229
35292	37383	13327	25412	32606	30744	32598	30926	22030	38722	21998	15859
13550	17321	4749	9807	10785	10043	10976	11876	7716	15476	9284	6228
1225	5848	492	2031	2515	1611	2827	2361	824	2674	756	94
11760	10594	4025	6756	6716	7390	7814	8454	6379	12018	7640	5395
548465	382759	153002	158603	120285	206916	177607	242163	177565	349342	152561	174524
330009	221653	120262	88608	86508	148286	117055	202154	121768	255438	106829	106870
387906	325729	183791	208794	278011	261579	249988	256107	179246	358628	181579	175838
19643	4432	4311	1602	4004	2632	1812	42486	7258	27792	19892	1527
4566	4500	3350	6517	3753	7054	8762	499	1398	1530	210	1350
32573	11276	4622	6873	19451	5124	19565	4885	4787	8899	2989	5560
61637.6	149356.4	43723.0	102009.5	154558.7	251858.3	110668.2	367734.0	79685.0	656555.0	149714.0	267567.6
721	12500	743	516	1280	2646	3478	47	21	325	612	2525
4560	5632	3500	4926	3600	4700	4355					1287
1422783	1530717	167723	1099934	915077	1010851	1207304	179816		444430	635246	1142036
9600	132631	107768	33065	79450	35519	101644	28699	34585	127270	118000	10030
19978	26813	7873	4624	20388	12145	23161	11456	6839	14368	8404	25189
286	838	475	257	1306	2379	2840	1083	518	560	584	2210

20-2 续表 1

指　　标	Item	农安县 Nongan	九台市 Jiutai
全年专利申请数（件）	Number of Application For Patent(case)		22
体育场馆数（个）	Stadium(unit)	2	1
剧场、影剧院数（个）	Theatre(unit)	3	1
公共图书馆图书总藏量（千册）	Libraries Books(1000 volume)	98	84
医院、卫生院数（所）	Hospital(unit)	41	37
医院、卫生院床位数（床）	Beds(Bed)	2748	2951
医院、卫生院卫生技术人员数（人）	Employed Persons(person)	2732	3050
其中：执业(助理）医师	Practicing (Assisant) Physicians	2118	1332
卫生防疫人员数（人）	Epidemic Prevention Person(person)	550	153
城镇在岗职工年平均人数（人）	Average Employment(person)	34946	43260
城镇在岗职工工资总额（万元）	Wages(10000 yuan)	75691.5	103683.1
各种社会福利收养性单位数（个）	Social Welfare Adopting Institution(unit)	30	18
各种社会福利收养性单位床位数（床）	Beds(Bed)	5500	3700
参加基本养老保险的职工数（人）	Persons with Basic Pension Insurance(person)	35480	41818
参加基本医疗保险的职工数（人）	Persons with Basic Medical Insurance(person)	51205	59403
参加失业保险人数（人）	Unemployment Insurance(person)	36015	31535
城镇居民最低生活保障人数（人）	Lowest Income Person in Urban(person)	22802	22696
农村居民最低生活保障人数（人）	Lowest Income Person in Rural(person)	23362	20577
森林面积（公顷）	Forest(ha)	49419	51309
当年造林面积（公顷）	Afforestation(ha)	378	2067
环境污染治理本年完成投资总额（万元）	Investment of Environment Treatment Completed(10000 yuan)		59404
污水处理厂数（座）	Treatment of Waste Water(unit)	2	1
垃圾处理站数（个）	Treatment of Waste(unit)	1	1

continued

榆树市 Yushu	德惠市 Dehui	永吉县 Yongji	蛟河市 Jiaohe	桦甸市 Huadian	舒兰市 Shulan	磐石市 Panshi	梨树县 Lishu	伊通满族自治县 Yitong	公主岭市 Gongzhuling	双辽市 Shuangliao	东丰县 Dongfeng
	18	36	11	82	17	100	80	2		120	3
1	1	4	2	1	1	4	1	2	2	2	
3	2	2	2	4	1	7	1	1	2	2	
110	112	51	49	238	33	154	92	45	98	22	60
40	26	21	26	26	31	33	29	23	40	16	27
1629	994	1158	1349	2581	2091	1770	1780	1057	3286	720	2222
2249	2244	888	2083	2534	1748	2090	1562	1322	3359	1236	2062
1316	993	374	1335	941	805	1861	716	492	1319	479	834
335	116	48	101	187	77	285	132	81	302		216
35246	35310	13388	24722	31120	31873	33133	29889	21875	38591	20674	15794
96702.4	91105.4	40421.4	66156.5	94153.2	82684.2	92750.4	71656.5	66303.1	99095.3	57192.9	42985.0
26	19	13	26	28	19	16	25	23	35	16	25
4130	3196	1300	474	2282	1171	2319	1740	1326	2860	1350	1906
45235	47213	33056	49662	70178	44236	38858	55640	21604	62142	43867	23775
214120	65409	37133	84802	214590	73618	70839	75007	43021	72142	22473	42918
37600	38512	19022	1787	24102	32006	23495	34459	13531	35010	18769	16800
33003	14426	10919	57326	10383	32545	5821	15326	12380	25510	17985	14114
37667	27468	15120	34226	6826	24170	8946	41787	17823	32724	16924	33706
47003	21340	98543	456000	449368	152649	182594	66629	40981	25365	43665	85882
144	210	416	1384	1290	2016	146	934	5020	650		
5670	29223	400	39	13426	6159	64000	310	1010	210	6847	5400
2	8	1	1	2	2	1	1	1	1	1	1
4	1		2	1	1	1		1	1		1

20－2 续表 2

指　　标	Item	东辽县 Dongliao	通化县 Tonghua
通有线电视的村（个）	Cable Television Village(unit)	201	150
年末单位从业人员数（人）	Employed Personal at end of the Year(person)	14054	21420
其中：女（人）	Women(person)	5567	8528
其中：第二产业（人）	Secondary Industry(person)	656	4019
第三产业（人）	Tertiary Industry(person)	4597	4283
乡村从业人员数（人）	Employed Person(person)	112887	85391
其中：农林牧渔业（人）	FFAF(person)	81074	57558
财政总收入（万元）	Finance Revenue(10000yuan)	159400	170136
奶类产量（吨）	Milk(ton)	2228	10
水产品产量（吨）	Aquatic Products(ton)	1675	2600
民用汽车拥有量（辆）	Civil Vehicles Owned(coach)	8699	10358
限额以上批发零售贸易业商品销售总额（万元）	Sales of Wholesale and Retail Trade Above Designated Size(10000yuan)	253741.9	32881.0
出口总额（万美元）	Exports(USD10000)	233	3324
当年实际使用外资金额（万美元）	Utilizationof Foreign Capital(USD10000)	1024	5000
城镇新增固定资产（万元）	Newly Added Fixed Assets(10000yuan)	760771	3415632
房地产开发投资中住宅完成额（万元）	Civil Building Completed(10000yuan)	2680	57193
专业技术人员数(人)	Number of Professionals(person)	8500	14374
其中：农业技术人员(人)	Professionals of Agricultare(person)	453	1859

continued

辉南县 Huinan	柳河县 Liuhe	梅河口市 Meihekou	集安市 Jian	抚松县 Fusong	靖宇县 Jingyu	长白朝鲜族自治县 Changbai	临江市 Linjiang	前郭尔罗斯蒙古族自治县 Qianguo	长岭县 Changling	乾安县 Qianan
142	219	287	120	126	111	77	59	233	73	121
21734	22073	45125	19332	29593	13330	11731	18730	46626	28402	16088
9083	8936	12720	8034	11582	5359	3882	6685	20011	9859	5723
2740	2353	2608	2760	2618	1120	577	939	1916	1554	226
5763	6190	9850	5144	6766	4060	2926	5032	10169	7843	4554
139244	133870	179952	81322	52447	33243	17467	41947	197605	238685	119253
95247	99659	118446	63265	40210	22860	13257	30485	141204	188625	110948
178529	205800	301073	185381	265791	143029	132719	180917	313969	211424	172273
1488	409	1819		35	269		199	31380	27190	5660
4016	1437	5806	6023	5092	1385	534	2067	18165	592	2490
16976	14873	34481	10997	12590	3812	1063	3824	27000	3686	9650
151874.0	214211.1	327325.6	72243.6	11397.0	12358.4	3257.0	28148.7	171516.7	46572.0	18346.3
3055	105	5047	2058	9293	784	4215	2582	3246	579	663
2518	4140	4853	3766	2600	2146		1000	2750		2400
166546	102578	927838	381532	33162	165573	281555	648689	1301322	1015616	1066814
102116	46670	233307	14708	12618	13288	3577	5300	229132	7188	25212
17750	12975	37808	12066	6283	4270	3449	5045	17560	9766	10720
2765	691	3115	1215	283	251	508	86	5470	273	322

20－2　续表　3

指　　标	Item	东辽县 Dongliao	通化县 Tonghua
全年专利申请数（件）	Number of Application For Patent(case)	17	51
体育场馆数（个）	Stadium(unit)	1	1
剧场、影剧院数（个）	Theatre(unit)	1	
公共图书馆图书总藏量（千册）	Libraries Books(1000 volume)	30.5	66
医院、卫生院数（所）	Hospital(unit)	19	24
医院、卫生院床位数（床）	Beds(Bed)	1364	1496
医院、卫生院卫生技术人员数（人）	Employed Persons(person)	1513	1006
其中：执业(助理）医师	Practicing (Assisant) Physicians	490	597
卫生防疫人员数（人）	Epidemic Prevention Person(person)	167	77
城镇在岗职工年平均人数（人）	Average Employment(person)	13928	21590
城镇在岗职工工资总额（万元）	Wages(10000 yuan)	38764.4	58119.4
各种社会福利收养性单位数（个）	Social Welfare Adopting Institution(unit)	13	17
各种社会福利收养性单位床位数（床）	Beds(Bed)	1760	1012
参加基本养老保险的职工数（人）	Persons with Basic Pension Insurance(person)	15464	24347
参加基本医疗保险的职工数（人）	Persons with Basic Medical Insurance(person)	34180	32985
参加失业保险人数（人）	Unemployment Insurance(person)	8762	18063
城镇居民最低生活保障人数（人）	Lowest Income Person in Urban(person)	9922	8855
农村居民最低生活保障人数（人）	Lowest Income Person in Rural(person)	14991	9065
森林面积（公顷）	Forest(ha)	74327	277513
当年造林面积（公顷）	Afforestation(ha)	714	2590
环境污染治理本年完成投资总额（万元）	Investment of Environment Treatment Completed(10000 yuan)	480	25142
污水处理厂数（座）	Treatment of Waste Water(unit)	1	1
垃圾处理站数（个）	Treatment of Waste(unit)	4	1

continued

辉南县 Huinan	柳河县 Liuhe	梅河口市 Meihekou	集安市 Jian	抚松县 Fusong	靖宇县 Jingyu	长白朝鲜族自治县 Changbai	临江市 Linjiang	前郭尔罗斯蒙古族自治县 Qianguo	长岭县 Changling	乾安县 Qianan
20	43	416	17	8	1	13	8			3
1	1	2	1	3		1	1	8	1	1
2	1	2	1	1	1	2	1	3	1	1
54	170	80	65	110	60	78	12	250	138	61
20	24	25	24	21	15	12	19	63	31	18
1497	1462	2115	780	1237	554	322	947	2530	1249	1105
1314	1897	2552	777	1526	897	510	1151	3500	1596	1664
617	939	1217	371	1006	418	270	538	1258	1318	764
62	131	161	23	95	183	38	52	545	266	256
21473	22064	45022	28047	28690	11513	10093	17348	46550	28372	15273
52844.9	54400.8	132900.4	68376.8	80390.3	32425.3	28673.0	49450.8	142653.6	77564.7	43956.9
12	14	33	13	14	10	8	14	23	23	13
1154	1120	2194	960	930	400	264	282	980	592	1230
32841	46598	84156	35495	55417	10860	13532	31000	33289	22256	13961
54850	110200	276039	69122	91498	31969	20599	37593	136058	50231	49486
18920	14312	26493	15986	37420	6452	5605	19900	19994	11808	10230
11474	16946	22711	12173	27578	13094	10816	15000	9527	11785	13364
12285	12784	24274	8723	9738	7962	4969	4766	19047	31788	10242
89022	172650	64130	262101	389228	33381	218564	243648	113258	70311	34275
274	5596	1467	1333	4500		1358	468	2760	3946	434
453	767	27007	11335	350	11234	820	375	5100	728	8585
1	1	1		1				1		1
1	1	1	1	1	1			1	1	1

20－2 续表 4

指　　标	Item	扶余县 Fuyu	镇赉县 Zhenlai
通有线电视的村（个）	Cable Television Village(unit)	378	103
年末单位从业人员数（人）	Employed Personal at end of the Year(person)	19093	22164
其中：女（人）	Women(person)	6860	8086
其中：第二产业（人）	Secondary Industry(person)	326	300
第三产业（人）	Tertiary Industry(person)	5994	5713
乡村从业人员数（人）	Employed Person(person)	287570	102187
其中：农林牧渔业（人）	FFAF(person)	211056	84171
财政总收入（万元）	Finance Revenue(10000yuan)	192040	192080
奶类产量（吨）	Milk(ton)	38050	15407
水产品产量（吨）	Aquatic Products(ton)	12000	14000
民用汽车拥有量（辆）	Civil Vehicles Owned(coach)	29330	10730
限额以上批发零售贸易业商品销售总额（万元）	Sales of Wholesale and Retail Trade Above Designated Size(10000yuan)	630784.9	485740.3
出口总额（万美元）	Exports(USD10000)	293	285
当年实际使用外资金额（万美元）	Utilizationof Foreign Capital(USD10000)		2111
新增固定资产（万元）	Newly Added Fixed Assets(10000yuan)	1051852	557614
房地产开发投资中住宅完成额（万元）	Civil Building Completed(10000yuan)	11625	5302
专业技术人员数(人)	Number of Professionals(person)	9701	8829
其中：农业技术人员(人)	Professionals of Agricultare(person)	396	182

continued

通榆县 Tongyu	洮南市 Taonan	大安市 Daan	延吉市 Yanji	图们市 Tumen	敦化市 Dunhua	珲春市 Hunchun	龙井市 Longjing	和龙市 Helong	汪清县 Wangqing	安图县 Antu
90	112	117	53	50	303	116	65	76	200	180
24465	28236	25100	80830	12561	50691	30909	11268	20542	25819	23473
8264	14577	11425	34266	5211	20114	11345	4293	6293	8669	8918
1324	1828	1114	5933	2612	6135	5031	1045	1020	1946	1731
6270	10992	9070	28240	2553	10077	5727	3140	3808	4655	5847
123515	136103	129074	37700	13954	117199	54200	38241	42675	63246	47140
110932	115306	96174	22437	6931	87697	29099	5135	29022	48504	33262
196138	180984	264248	331145	105208	307613	214615	142655	163216	188684	145921
21033	80505	9241	158	116	9153	226	337	279	109	75
4021	3286	5883	133	65	3753	1481	302	149	333	690
3663	3100	3166	77168	1257	45904	31111	3516	2416	4835	2500
233328.6	515209.8	224266.9	1087121.9	234716.7	201591.5	91710.4		13084.1	19290.1	27291.4
	3569	1460	15000	10766	13637	87425	3768	2356	2208	9823
	1675	7640	3986	430	649	2321	645	12		2069
188027	565956	234633	1239013	165688	434090	555872	118849	115487	176335	253844
8522	31100	3290	116808	3586	111396	46828	14327	7080	15981	56501
9008	9501	12140	25082	3076	13683	7502	3935	5760	8617	7413
332	398	1780	442	153	945	288	174	175	359	331

20－2 续表 5

指　　标	Item	扶余县 Fuyu	镇赉县 Zhenlai
全年专利申请数（件）	Number of Application For Patent(case)		
体育场馆数（个）	Stadium(unit)	1	1
剧场、影剧院数（个）	Theatre(unit)	1	1
公共图书馆图书总藏量（千册）	Libraries Books(1000 volume)		52
医院、卫生院数（所）	Hospital(unit)	20	17
医院、卫生院床位数（床）	Beds(Bed)	966	638
医院、卫生院卫生技术人员数（人）	Employed Persons(person)	968	1179
其中：执业(助理）医师	Practicing (Assisant) Physicians	701	525
卫生防疫人员数（人）	Epidemic Prevention Person(person)	275	151
城镇在岗职工年平均人数（人）	Average Employment(person)	19076	22121
城镇在岗职工工资总额（万元）	Wages(10000 yuan)	47714.8	49184.8
各种社会福利收养性单位数（个）	Social Welfare Adopting Institution(unit)	19	11
各种社会福利收养性单位床位数（床）	Beds(Bed)	1532	1464
参加基本养老保险的职工数（人）	Persons with Basic Pension Insurance(person)	16232	24431
参加基本医疗保险的职工数（人）	Persons with Basic Medical Insurance(person)	32199	52319
参加失业保险人数（人）	Unemployment Insurance(person)	15296	21208
城镇居民最低生活保障人数（人）	Lowest Income Person in Urban(person)	9816	11393
农村居民最低生活保障人数（人）	Lowest Income Person in Rural(person)	34653	13763
森林面积（公顷）	Forest(ha)	48844	45547
当年造林面积（公顷）	Afforestation(ha)	675	3389
环境污染治理本年完成投资总额（万元）	Investment of Environment Treatment Completed(10000 yuan)	47500	13506
污水处理厂数（座）	Treatment of Waste Water(unit)	1	1
垃圾处理站数（个）	Treatment of Waste(unit)		1

continued

通榆县 Tongyu	洮南市 Taonan	大安市 Daan	延吉市 Yanji	图们市 Tumen	敦化市 Dunhua	珲春市 Hunchun	龙井市 Longjing	和龙市 Helong	汪清县 Wangqing	安图县 Antu
	18	10	212	18	58	56	25	43	17	14
3	1	1	3	2	1	1	1	1	1	1
1	1	1	3	2	1	1	1	1		1
35	69	27	920	105	265	113	85	150	80	83
22	25	30	96	18	33	18	11	15	20	16
948	1872	1500	3350	464	1938	468	418	602	705	810
947	1859	1685	4510	630	2285	1194	533	538	1342	1147
450	863	933	2011	288	1192	502	195	245	519	490
83	72	92	463	52	126	229	69	70	68	70
22089	22027	20511	78932	12331	58091	30582	11414	18136	21912	22098
50428.5	49183.3	51051.6	248759.6	29761.1	144848	96706.1	27339.8	45666.2	54893.2	48256.1
17	22	19	60	3	6	15	16	9	14	11
765	1234	1114	3416	208	630	550	487	506	580	501
17455	28980	34260	141890	25948	100848	37928	34304	46783	52250	28188
51137	91340	45720	439936	66013	162003	64953	51045	54130	81056	46022
16115	18610	17390	76625	25882	70575	25986	23880	25444	33956	22290
13975	16849	14701	17702	8906	20881	19296	20615	25107	23207	13445
18300	18324	19534	4584	3055	12846	6330	6217	10191	11605	11615
128354	99980	44351	82688	63984	894123	411629	166356	520868	847716	384626
3760	5134	1800			1666	2668	745		30	
5048	1060	27137	71176	6096	23370	3980	899	514	6792	300
2	1	1	1		1	1			1	
1	1	1	1	6	1	1	6	1	1	1

附录

EXPLANATORY NOTES ON MAIN STATISTICAL INDICATORS

附录1：

东北三省一区国民经济主要指标（2011）

Main National Economic and Social Development Indicators of Liaoning ,Jilin, Inner Mongolia and Heilongjiang Province（2011）

指　　标	Item	合计 Total	其中 There in 内蒙古 Inner Mongolia	辽宁 Liaoning	吉林 Jilin	黑龙江 Heilongjiang	吉林省相当于四省合计(%) Proportion of Heilongjiang to Total (%)
国民经济核算	**National Accounting**						
地区生产总值(亿元)	Gross Domestic Product (100 million yuan)	59737.4	14359.9	22226.7	10568.8	12582.0	17.7
第一产业	Primary Industry	6200.8	1306.3	1915.6	1277.4	1701.5	20.6
第二产业	Secondary Industry	32131.9	8037.7	12152.2	5611.5	6330.5	17.5
第三产业	Tertiary Industry	21404.8	5015.9	8159.0	3679.9	4550.0	17.2
人均地区生产总值(元)	Per Capita GDP (yuan)		57515	50760	38460	32819	
地区生产总值指数(上年=100)	Indices of Gross Domestic Product (preceding year=100)		114.3	112.2	113.8	112.3	
第一产业	Primary Industry		105.9	106.5	105.1	106.2	
第二产业	Secondary Industry		117.1	114.1	117.7	113.2	
第三产业	Tertiary Industry		112.4	111.0	111.0	113.2	
人口	**Population**						
年底总人口（万人）	Population at the Year-end(10000 persons)	13448.1	2481.7	4383.0	2749.4	3834.0	20.4
城镇人口	Urban		1405.2		1468.2	2166.2	
乡村人口	Rural		1076.5		1281.2	1667.8	
自然增长率 (‰)	Natural Growth Rate (‰)		3.5	0.3	1.0	1.1	
就业	**Employment**						
年末就业人员（万人）	Employment (10000 persons)	6929.8	1249.3	2364.9	1337.8	1977.8	19.3
第一产业	Primary Industry		573.0	699.9	573.9		
第二产业	Secondary Industry		221.5	645.1	270.2		
第三产业	Tertiary Industry		454.8	1019.9	493.7		
城镇非私营单位在岗职工平均工资(元)	Average Wage of Staff and Workers In Urban Non-private Units (yuan)		41481	38713	34197	33503	
城镇登记失业人数(万人)	Registered Unemployed in Urban Areas(10000 persons)	118.4	21.8	39.4	22.2	35.0	18.8
城镇登记失业率(%)	Registered Unemployment Rate in Urban Areas (%)		3.80		3.70	4.38	
固定资产投资	**Investment in Fixed Assets**						
全社会固定资产投资总额(亿元)	Total Investment in Fixed Assets (100 million yuan)	43543.2	10899.8	17726.3	7441.7	7475.4	17.1
#房地产开发	#Real Estate Development	8534.4	1623.8	4487.6	1195.4	1227.6	14.0
#国有经济	#State-Owned Units	12003.2	3700.7	3718.6	1752.4	2831.5	14.6
集体经济	Collective-Owned Units	704.5	126.5	457.9	62.2	57.9	8.8
个体经济	Self-employed Individuals	8086.7	144.6	6637.7	1263.2	41.2	15.6
财　政	**Government Finance**						
财政收入（亿元）	Financial Revenue (100 million yuan)	14109.0	2261.8	7853.3	1620.1	2373.8	11.5
#地方财政收入	#Local Financial Revenue	6470.4	1356.7	2643.2	850.1	1620.4	13.1
地方财政支出(亿元)	Financial Expenditures (100million yuan)	12494.8	2989.2	3905.9	2201.7	3398.0	17.6
物价总指数(上年=100)	**Price Indices (preceding year=100)**						
商品零售价格指数	Retail Price Index		104.9	105.0	104.8	104.5	
居民消费价格指数	Consumer Price Index		105.6	105.2	105.2	105.8	
人民生活	**People´s Living Conditions**						
城镇居民人均可支配收入(元)	Per Capita Annual Disposable Income of Urban Households (yuan)		20408	20467	17797	15696	
农村居民人均纯收入(元)	Per Capita Net Income of Rural Residents (yuan)		6642	8297	7510	7591	
城市人均住宅建筑面积(平方米)	Per Capita Gross Living Space in Cities (sq.m)		29.4	27.3	29.3	26.4	
农村人均住房面积(平方米)	Per Capita Net Floor Space of Rural Residents (sq.m)		24.3	29.0	24.4	24.8	
城市居民的恩格尔系数(%)	Engle Coefficient of Urban Households(%)		31.3	35.5	32.7	36.1	

附录1 续表 continued

指标	Item	合计 Total	其中 There in				吉林省相当于四省合计(%) Proportion of Heilongjiang to Total (%)
			内蒙古 Inner Mongolia	辽宁 Liaoning	吉林 Jilin	黑龙江 Heilongjiang	
农村居民的恩格尔系数(%)	Engle Coefficient of Rural Households（%）		39.3	39.1	35.3	35.1	
农　业	**Agriculture**						
农林牧渔业总产值(亿元)	Gross Output Value of Farming,Forestry, Animal Husbandryand Fishery(100 million yuan)	9187.5	2204.5	1484.3	2275.2	3223.5	24.8
播种面积(万公顷)	Sown Areas (10000 hectares)	3117.4	711.0	435.6	522.2	1448.6	16.8
粮食产量(万吨)	Output of Grain(10000 tons)	13164.6	2387.5	2035.5	3171.0	5570.6	24.1
规模以上工业企业主要指标	**Industrial Enterprises of bove Designated Size**						
工业总产值(亿元)	Gross Industrial Output Value(100 million yuan)	87526.5	17317.6	41776.7	16917.6	11514.6	19.3
#国有及国有控股	#State-owned and State-holding	31562.9	5659.2	12420.8	7000.33	6482.6	22.2
利润总额(亿元)	Total Profits(100 million yuan)	7291.6	2157.7	2511.2	1176.0	1446.7	16.1
#国有及国有控股	#State-owned and State-holding	2741.4	803.1	253.0	576.0	1109.3	21.0
税金总额(亿元)	Total Tax (100 million yuan)	6686.7	222.1	4310.5	846.4	1307.7	12.7
#国有及国有控股	#State-owned and State-holding	2966.6	80.7	1203.0	558.9	1124.0	18.8
产品销售率(%)	Proportion of Products Sold（%）		97.9	98.4	98.3	97.2	
#国有及国有控股	#State-owned and State-holding			98.9	99.3	97.8	
原油产量(万吨)	Crude Oil(10000 tons)	5948.4	203.0	1000.0	739.4	4006.0	12.4
天然气(亿立方米)	Natural Gas(100 million cu.m)	302.3	249.1	7.2	15.0	31.0	5.0
发电量(亿千瓦小时)	Electricity(100 million kwh)	5873.3	2972.8	1369.9	701.9	828.7	12.0
钢产量(万吨)	Rolled Steel(10000 tons)	8365.3	1417.3	5424.8	925.2	598.0	11.1
水泥产量(万吨)	Cement(10000 tons)	20622.8	6396.5	5791.1	4221.3	4213.9	20.5
汽车产量(万辆)	Motor Vehicles(10000 units)	260.6	3.7	75.5	163.2	18.2	62.6
交通运输业	**Transportation**						
货运量(万吨)	Total Freight Traffic (10000 tons)	465383.2	156700.0	190329.0	51905.0	66449.0	11.2
货物周转量(亿吨公里)	Total Freight Ton-kilometers (100 million ton-km)	18383.7	4353.0	10464.3	1581.7	1984.7	8.6
客运量(万人)	Total Passenger Traffic (10000 persons)	245048.5	25963.8	99328.4	68494.0	51262.0	28.0
旅客周转量(亿人公里)	Total Passenger-Kilometers (100 million passenger-km)	2704.8	409.2	1065.4	551.9	678.3	20.4
邮电通信业	**Post and Telecommunication**						
邮电业务总量(亿元)	Business Volume of Postal and Telecommunication Services(100 million yuan)	1264.8	254.5	472.2	235.3	302.8	18.6
本地固定电话用户数(万户)	Number of Fixed Telephone Subscribers at Year-end (10000 subscribers)	3106.1	380.0	1353.3	579.3	793.5	18.7
移动电话用户数(万户)	Number of Mobile Telephone Subscribers at Year-end(10000 subscribers)	10724.6	2310.0	3844.5	2004.1	2566.0	18.7
互联网用户数(万户)	Subscribers of Internet Service (10000 subscribers)	2875.1	1501.0	665.1	310.6	398.4	10.8
国内商业	**Domestic Trade**						
社会消费品零售总额(亿元)	Total Retail Sales of Consumer Goods (100 million yuan)	20865.2	3991.7	8003.6	4119.8	4750.1	19.7
对外贸易	**Foreign Trade**						
进出口总额(亿美元)	Total Exports and Imports (USD 100 million)	1684.6	119.4	959.6	220.5	385.1	13.1
出口总额	Total Exports	784.0	46.9	510.4	50.0	176.7	6.4
进口总额	Total Imports	900.7	72.6	449.2	170.5	208.4	18.9
利用外资	**Utilization of Foreign Capital**						
实际利用外商直接投资(亿美元)	Foreign Direct Investments Actually Utilized(USD 100 million)	330.4	40.4	242.7	14.8	32.5	4.5
旅　游	**Tourism**						
国际旅游人数(万人次)	Number of International Tourists (10000 person-times)	867.6	151.5	410.3	99.3	206.5	11.4
#外国人	#Foreigners	775.3	147.6	344.4	85.5	197.8	11.0
国际旅游收入(亿美元)	Foreign Exchange Earnings from International Tourism (100 million USD)	46.9	6.71	27.13	3.85	9.18	8.2
金　融	**Finance**						
金融机构人民币存款余额(亿元)	Deposits of National Banking System (100 million yuan)	68098.7	12063.7	30832.4	10874.2	14328.4	16.0
#储蓄存款余额	#Saving Deposit			15529.6	5835.3	8147.4	
金融机构人民币贷款余额(亿元)	Loans of National Banking System (100 million yuan)	49234.3	9727.7	22831.7	8126.2	8548.7	16.5

附录2：

企业“一套表”

什么是企业“一套表”

“企业一套表”是指以统计调查对象为核心，整合现行报表制度，消除不同统计调查制度对同一调查单位的重复布置和重复统计，充分运用现代信息技术，实现数据采集方式的统一组织管理和统计资源共享的一种新的统计调查制度。“企业一套表”制度下，统计部门只向企业布置一套统计报表，由企业通过网络直接向国家统计局数据中心报送数据，各级统计部门在线审核、查询及汇总处理统计数据。

整合现行报表制度，就是改革统计生产方式，将对企业（单位）分散实施的各项调查整合统一到一起，统一布置报表，统一采集原生性指标数据，统一不同专业报表中相同指标的涵义、计算方法、分类标准和统计编码，推进统计调查业务一体化。运用现代信息技术，实现数据采集方式的统一组织管理和统计资源共享，就是充分利用计算机和网络技术，采用统一数据采集系统（或软件）采集数据，由基层企业采取网上在线填报方式向国家统计局网络数据平台提供统计报表。纳入一套表的企业通过网络载体只需向统计部门报送一套报表，即可满足各级统计部门各专业的需求。这样极大地减轻了企业的负担，各级统计部门也从层层上报统计报表中解脱出来，把工作的主要精力放在在线审核、查询及汇总处理统计数据上。

企业“一套表”统计调查内容和范围

“企业一套表”分为通用表和行业表两部分。通用表是指将对各行业调查对象都要调查的内容，如单位基本情况、各行业财务状况指标、劳动情况、能源消费情况、水消费情况、信息化情况等报表作为通用表，统一设置。行业表是指将反映各行业特性内容的报表作为行业表，分行业设置。其分为：规模以上工业企业一套表、资质内建筑业企业一套表、限额以上批发和零售业企业一套表、限额以上住宿和餐饮业企业一套表、房地产开发经营业企业一套表、部分第三产业企业一套表。

目前企业“一套表”的统计范围：是三上企业和房地产开发经营企业(即规模以上工业、有资质的建筑业、限额以上批发和零售业、限额以上住宿和餐饮业、房地产开发经营业)5个主体专业，实行统一的“企业一套表”制度，此外，将劳资和能源两个专业报表也归并到“企业一套表”制度中。

确定各行业及重点耗能单位的标准为：

（1）规模以上工业：年主营业务收入2000万元及以上的工业法人单位。

（2）有资质的建筑业：有总承包、专业承包和劳务分包资质的建筑法人单位。

（3）限额以上批发和零售业：年主营业务收入2000万元及以上的批发业、年主营业务收入500万元及以上的零售业法人单位。

（4）限额以上住宿和餐饮业：年主营业务收入200万元及以上住宿和餐饮业法人单位。

（5）房地产开发经营业：全部房地产开发经营业法人单位。

（6）能源消费：除以上规定的调查单位外，还包括年综合能源消费量1万吨标准煤及以上的其他第三产业法人单位（不包括批发和零售业、住宿和餐饮业、房地产开发经营业）。

实施企业一套表的意义

长期以来，我国实行的统计调查制度，就是统计部门按国民经济各行业分别向企业布置统计报表，再层层上报统计数据。在这种工作模式下，各专业独立采集原始数据，自成体系地完成各环节统计业务，客观上导致了各统计专业之间互补性不强，统计制度方法及数据处理软件标准化程度不高，不仅制约了现代信息技术在统计工作中的应用，增加了基层统计部门和调查对象的工作负担，也影响了统计工作整体水平和各级、各专业统计数据的衔接及匹配性。“企业一套表”制度对统计调查流程和数据产生系统进行了再造，有利于减少中间环节，提高统计生产过程的透明度与可控性，保证统计数据的客观真实；有利于避免统计任务的多头布置、调查单位重复填报，减轻调查单位统计负担；有利于统一规范数据采集、处理、汇总工作流程，提升政府统计科学化、信息化水平。这既能解决当前统计工作中存在的制度设计缺陷、统计手段落后、口径不统一和标准不规范等问题，又能保证数据质量，避免重复上报，节省企业的人力财力。

“企业一套表”改革的主要目的是整合统计资源，统一设计和布置统计调查报表，统一采集原生性指标数据，统一不同专业报表中相同指标的涵义、计算方法、分类标准和统计编码，统一数据处理软件及平台，推进统计工作一体化，从而实现由各专业独立设计转变为统一设计，由各专业分散布置转变为统一布置，由各专业自行确定调查单位转变为统一确定调查单位，由间接采集数据转变为直接采集，建立与市场经济体制和宏观调控需要相适应的新型统计制度和工作机制。所以说，实施“企业一套表”改革工作，是提高统计数据的权威性和政府的公信力的重大举措，是适应社会主义市场经济发展的客观需要，是服务科学决策的需要，对于推动统计建设和发展、有效发挥政府统计在宏观调控和社会管理中的基础性作用具有极为重要的意义。

“企业一套表”的实施，是利用计算机和网络技术优势，采用统一数据处理平台，集中统一对企业采集数据，避免统计机构多头向企业布置报表收集数据的重复劳动；实现数据在线审核，提高源头数据质量；实现统计机构专业间、上下级间数据的共享，保证统计数据的完整性和一致性，提高统计工作能力和工作效率。

推行企业“一套表”要坚持的“四条红线”

1、坚持“先进库、再有数”，“不在库、不出数”；

2、坚持由企业独立报送真实的统计数据，绝不干预企业独立报送真实数据；

3、坚持由企业自己上报联网直报数据，绝不代填代报企业数据；

4、坚持由企业修改差错或补填不完整报表的原始数据，绝不自行修改企业任何数据。

The enterprise table

The Enterprise Table

“The enterprise table" refers to the statistical investigation objects as the core, the integration of the current reporting system, the elimination of different statistical survey system on the same survey of the repeat units arranged and repetitive statistics, making full use of modern information technology, to realize the data acquisition mode of unified management and statistics resource sharing a new statistical survey system. Under "The enterprise of list" system, the statistical department only need to layout a set of statistics the enterprise, enterprises directly submit data to the National Bureau of Statistics Data Center through the network, the statistical departments at various levels could review□examine and summarize statistics data online.

The integration of the current report system, is reforming the statistical mode of production, gathering the dispersion of implementation of the survey integration, unified arrangement of statements, unified collect primary data, unify the different professional statements the same index calculation method, meaning, classification and statistical coding, promoting business integration of statistical survey. using modern information technology to realize the data acquisition mode of unified management and statistics resource sharing, is the full use of computer and network technology, using unified data acquisition system (or software) collect data, via basic level enterprise take online reporting methods to the National Bureau of statistics of network data platform statistics report. Included in a set of tables of enterprise through the network only needs to submit a set of statements to statistical departments, which can satisfied the professional needs of various statistic branch. This greatly reduced the burden of the enterprise, the statistical departments at various levels, from layers of reporting statistics out, put working focus in the online review, inquiries and summary statistics data.

Content and Scope of Table

"The enterprise table" is divided into universal table and professional table two parts. Universal table refers to the industry survey object to investigate the content, such as the basic unit of each industry situation, financial status indicators, labor, energy consumption, water consumption, information etc as common table, unified setting. Professional table refers to reflect the characteristics of various sectors the statements as the industry scale, industries setting. It is divided into : Industrial Enterprises above Designated Size of a table, qualified enterprises in the construction industry in a table, above Designated Size in wholesale and retail enterprises above designated size table set, accommodation and catering enterprises a set of tables, real estate development business enterprise a table, part of the tertiary industry enterprises a set of table.

At present the enterprise" a table" statistical range: three business and real estate development enterprises (namely the dimensions above industry, quality of the construction industry, enterprises above Designated Size in wholesale and retail trade above Designated Size, accommodation and catering industry, the real estate development business)5 main professional," a unified enterprise set table" system, in addition, the labor and energy in two major statements also merge into" enterprise a table" system.

Determination of various industries and key energy-consuming unit standard:

(1)Industry of above dimensions :main business income of 20000000 Yuan a year and above the industrial corporation.

(2) Qualified construction industry: a general contract, major contracts and labor subcontractor qualification of

building corporate units.

(3) Wholesale and retail trade above Designated Size: in the main business income of 20000000yuan and above the wholesale industry, in the main business income of 5000000yuan and above the retail corporation.

(4) Above Designated Size in hotel and catering industry: in the main business income of 2000000yuan and above accommodation and catering industry corporate units.

(5) The real estate development business: the entire real estate development business legal person unit.

(6) the energy consumption: in addition to the above provisions investigation unit, also includes the comprehensive energy consumption of 10000 tons of standard coal one above the other and the tertiary industry corporate units (not including the wholesale and retail trade, accommodation and catering industry, the real estate development business).

significance of implementing Table for enterprise

Long-term since, the statistical investigation system in our country, is statistics departments according to national economy each industry separately to the enterprise layout statistics, again layer upon layer reporting statistics. In this mode, the professional independence of collecting original data, since the system to complete each link of statistical business, objectively has led to various statistics between complementary sex is not strong, the statistical system method and data processing software, the degree of standardization is not high, not only the constraints of modern information technology in the application of statistical, increased base statistics and survey work burden, also affect the overall level of statistical work and various, each professional statistic data convergence and matching. "The enterprise of a list" system on the survey procedure and data generation system for reconstruction, to reduce intermediate links, improve statistical process transparency and controllable, guarantee the objectivity of statistics data; to avoid statistical task bull layout, survey unit repeated reporting, reduce survey statistical units burden; beneficial standardization of data acquisition, processing, summarizing the work flow, enhance the government statistical science, informatization level. It can not only solve the current existing in the statistical work system design flaws, statistical method is backward, caliber is not unified and standard non-standard wait for a problem, but also can ensure the data quality, avoid duplication of reporting, save the enterprise human resources.

the main purpose of "The enterprise a table" is to integrate statistical resources, uniform design and layout survey report, unified collection of original data, the uniformity of different professional statements the same index calculation method, meaning, classification and statistical coding, unified data processing software and platform, promote the integration of statistical work, so as to realize by the professional design into a unified design, by the professional dispersed into the uniform arrangement, by the professional to determine survey units into unified investigation unit, by the indirect acquisition data are transformed into direct acquisition, establishment of market economy system and the macro-control needs to adapt to the new statistical system and working mechanism. Therefore, the implementation of " enterprise table" reform work, is to improve the statistical data on the authority and credibility of the government 's major move, be used to development of socialist market economy is the objective need of service, scientific decision-making needs, to promote the construction and development of effective statistics, play government statistics in macroscopical adjusting control and social management the fundamental role of has extremely important significance.

The implement of "The enterprise table" , is the use of computer and network technology, using unified data processing platform, unified to enterprise data collection, avoid the statistical institutions longs to enterprise layout report data collection duplication; realize data online audit, improve the source data quality; statistical agencies specializing in between, between superiors and subordinates the sharing of data, to ensure data integrity and consistency, improve statistical work ability and work efficiency.

" Four Red Lines" for Enterprise Table Implementing

1、Adhere to the "Enterprise data in Table is valid ";

2、adhere to submitted by enterprises real statistical data independently , not intervene the enterprise independently submit real data;

3、Stick by the enterprises themselves report data to the network directly , not acting out substitute for enterprise data on behalf;

4、insisted that the enterprise to revise the error or fill incomplete reporting of raw data, does not modify any data.

附录3：

主 要 统 计 指 标 解 释

行政区划 指国家对行政区域的划分。根据宪法规定，我国的行政区域划分如下：(1)全国分为省、自治区、直辖市；(2)省、自治区分为自治州、县、自治县、市；(3)自治州分为县、自治县、市；(4)县、自治县分为乡、民族乡、镇；(5)直辖市和较大的市分为区、县；(6)国家在必要时设立的特别行政区。

气候 指地球与大气之间长期能量交换与质量交换所形成的一种自然环境状态，它是多种因素综合作用的结果。气候既是人类生活和生产的环境要素之一，又是供给人类生活和生产的重要资源。气温、降水、湿度等气象要素的多年平均值是用来描述一个地区气候状况的主要参数，而各种气象要素某年、某月的平均值(或总量)则可以反映出该时期天气气候状况的重要特征。

自然资源 指人类可以直接从自然界获得，并用于生产和生活的物质资源。自然资源一般可以分成可再生资源和非再生资源两大类。可再生资源指在较短时间内可以再生、可以循环利用的资源，包括土地资源、水资源、气候资源、生物资源和海洋资源等。非再生资源指在使用后不能再生的资源，包括矿产资源和地热能源。

土地资源 土地指陆地的表层部分，它主要由岩石、岩石的风化物和土壤构成。土地资源按利用类型可以分为农用地、建筑用地和未利用地。农用地包括耕地、园地、林地、牧草地和水面。建筑用地包括居民点及工矿用地、交通用地和水利设施用地。未利用地指农用地和建筑用地以外的土地，包括滩涂、荒漠、戈壁、冰川和石山等。

耕地面积 指经过开垦用以种植农作物并经常进行耕耘的土地面积。包括种有作物的土地面积、休闲地、新开荒地和抛荒未满三年的土地面积。

林业用地面积 指生长乔木、竹类、灌木、沿海红树林等林木的土地面积，包括有林地、灌木林、疏林地、未成林造林地、迹地、苗圃等。

草地面积 指牧区和农区用于放牧牲畜或割草，植被盖度在5%以上的草原、草坡、草山等面积。包括天然的和人工种植或改良的草地面积。

森林资源 指森林、林木、林地以及依托森林、林木、林地生存的野生动物、植物和微生物。林木指树木和竹子。森林指以乔木为主体的植物群落，是集生的乔木及与共同作用的植物、动物、微生物和土壤、气候等的总体。

活立木总蓄积量 指一定范围内土地上全部树木蓄积的总量，包括森林蓄积、疏林蓄积、散生木蓄积和四旁树蓄积。

森林面积 指由乔木树种构成，郁闭度0.2以上(含0.2)的林地或冠幅宽度10米以上的林带的面积，即有林地面积。森林面积包括天然起源和人工起源的针叶林面积、阔叶林面积、针阔混交林面积和竹林面积，不包括灌木林地面积和疏林地面积。

森林蓄积量 指一定森林面积上存在着的林木树干部分的总材积。它是反映一个国家或地区森林资源总规模和水平的基本指标之一，也是反映森林资源的丰富程度、衡量森林生态环境优劣的重要依据。

森林覆盖率 指一个国家或地区森林面积占土地总面积的百分比。森林覆盖率是反映森林资源的丰富程度和生态平衡状况的重要指标。在计算森林覆盖率时，森林面积包括郁闭度0.2以上的乔木林地面积和竹林地面积，国家特别规定的灌木林地面积、农田林网以及四旁(村旁、路旁、水旁、宅旁)林木的覆盖面积。计算公式为：

森林覆盖率（%）=森林面积/土地总面积×100%

水资源 水在自然界中以固体、液体和气态三种聚集状态存在，分布于海洋、陆地(包括土壤)以及大气之中，通过水循环形成水资源。水资源包括经人类控制并直接可供灌溉、发电、给水、航运、养殖等用途的地表水和地下水，以及江河、湖泊、井、泉、潮汐、港湾和养殖水域等。水资源是发展国民经济不可缺少的重要自然资源。

地表水和地下水 陆地上的水因空间分布不同，分为地表水和地下水。地表水指分别存在于河流、湖泊、沼泽、冰川和冰盖等水体中水分的总称，又称陆地水。地下水指储存在地面以下饱和岩土孔隙、裂隙及溶洞中的水。

径流 指陆地上接受降水后扣除损耗外，从地表和地下向流域出口断面汇集的水流。径流可分为地表径流、地下径流和壤中流。地表径流指沿地表向河流、湖泊、沼泽、海洋等汇集的水流；地下径流指沿潜水层或隔水层间的含水层，向河流、湖泊、沼泽、海洋等汇集的地下水水流。

径流量 指在一定时段内通过河流某一过水断面的水量，用以反映一个国家或地区水资源的丰歉程度。计算公式为：

$$径流量=降水量-蒸发量$$

矿产资源 矿产指由地质作用形成，富集于地壳中或出露于地表达到工农业利用要求的有用矿物。矿产是一种重要的自然资源，是社会发展的重要物质基础。

矿产基础储量 基础储量是查明矿产资源的一部分。它能满足现行采矿和生产所需的指标要求，是控制的、探明的并通过可行性或预可行性研究认为属于经济的、边界经济的部分，用未扣除设计、采矿损失的数量表示。

流域 每条河流都有自己的干流和支流，干支流共同组成这条河流的水系。每条河流都有自己的集水区域，这个集水区域就称为该河流的流域。

气温 指空气的温度，我国一般以摄氏度(℃)为单位表示。气象观测的温度表是放在离地面约1.5米处通风良好的百叶箱里测量的，因此，通常说的气温指的是离地面1.5米处百叶箱中的温度。其统计计算方法为：

月平均气温是将全月各日的平均气温相加，除以该月的天数而得。

年平均气温是将12个月的月平均气温累加后除以12而得。

相对湿度 指空气中实际所含水蒸气密度和同温度下饱和水蒸气密度的百分比值。其统计方法与气温相同。

降水量 指从天空降落到地面的液态或固态(经融化后)水，未经蒸发、渗透、流失而在地面上积聚的深度。其统计计算方法为：

月降水量是将全月各日的降水量累加而得。

年降水量是将12个月的月降水量累加而得。

日照时数 指太阳实际照射地面的时间。其统计方法与降水量相同

水资源总量 一定区域内的水资源总量指当地降水形成的地表和地下产水量，即地表径流量与降水入渗补给量之和，不包括过境水量。

地表水资源量 指河流、湖泊、冰川等地表水体中由当地降水形成的、可以逐年更新的动态水量，即天然河川径流量。

地下水资源量 指当地降水和地表水对饱水岩土层的补给量。

地表水与地下水资源重复计算量 指地表水和地下水相互转化的部分，即在河川径流量中包括一部分地下水排泄量，地下水补给量中包括一部分来源于地表水的入渗量。

可比价格 指计算各种总量指标所采用的扣除了价格变动因素的价格，可进行不同时期总量指标的对比。按可比价格计算总量指标有两种方法：一种是直接用产品产量乘某一年的不变价格计算；另一种是用价格指数

进行缩减。

不变价格 指以同类产品某年的平均价格作为固定价格，用于计算各年的产品价值。按不变价格计算的产品价值消除了价格变动因素，不同时期对比可以反映生产的发展速度。新中国成立后，随着工农业产品价格水平的变化，国家统计局先后五次制定了全国统一的工业产品不变价格和农业产品不变价格。从1952年到1957年使用1952年工(农)业产品不变价格，从1957年到1970年使用1957年不变价格，从1971年到1980年使用1970年不变价格，从1981年到1990年使用1980年不变价格，从1991年开始使用1990年不变价格。

平均增长速度 我国计算平均增长速度有两种方法：一种是习惯上经常使用的“水平法”，又称几何平均法，是以间隔期最后一年的水平同基期水平对比来计算平均每年增长(或下降)速度；另一种是“累计法”，又称代数平均法或方程法，是以间隔期内各年水平的总和同基期水平对比来计算平均每年增长(或下降)速度。在一般正常情况下，两种方法计算的平均每年增长速度比较接近；但在经济发展不平衡、出现大起大落时，两种方法计算的结果差别较大。

国民经济行业分类 自2003年定期报表开始使用新的《国民经济行业分类》（GB/T4754–2002）该分类是由国家统计局组织修订，经国家质量监督检验检疫总局批准，于2002年5月10日发布实施。这次修订是在1994年分类标准的基础上，参照联合国《全部经济活动的国际标准产业分类》（ISIC/Rev.3）进行的。修订后的《国民经济行业分类》（GB/T4754–2002）共有门类20个，大类95个，中类396个，小类913个。新增门类4个，大类增加3个，中类增加28个，小类增加67个。

企业(单位)登记注册类型 是以在工商行政管理机关登记注册的各类企业为划分对象，以工商行政管理部门对企业登记注册的类型为依据，将企业登记注册类型分为内资企业、港澳台商投资企业和外商投资企业三大类。内资企业包括国有企业、集体企业、股份合作企业、联营企业、有限责任公司、股份有限公司、私营公司和其他企业；港澳台商投资企业和外商投资企业分别包括合资经营企业、合作经营企业、独资经营企业和股份有限公司。对不在工商行政管理部门进行登记注册的行政机关、事业单位和社会团体，主要按其经费来源和管理方式进行划分。

国有企业 指企业全部资产归国家所有，并按《中华人民共和国企业法人登记管理条例》规定登记注册的非公司制的经济组织。不包括有限责任公司中的国有独资公司。

集体企业 指企业资产归集体所有，并按《中华人民共和国企业法人登记管理条例》规定登记注册的经济组织。

股份合作企业 指以合作制为基础，由企业职工共同出资入股，吸收一定比例的社会资产投资组建，实行自主经营，自负盈亏，共同劳动，民主管理，按劳分配与按股分红相结合的一种集体经济组织。

联营企业 指两个及两个以上相同或不同所有制性质的企业法人或事业单位法人，按自愿、平等、互利的原则，共同投资组成的经济组织。联营企业包括国有联营企业、集体联营企业、国有与集体联营企业和其他联营企业。

有限责任公司 指根据《中华人民共和国公司登记管理条例》规定登记注册，由两个以上、五十个以下的股东共同出资，每个股东以其所认缴的出资额对公司承担有限责任，公司以其全部资产对其债务承担责任的经济组织。有限责任公司包括国有独资公司以及其他有限责任公司。

股份有限公司 指根据《中华人民共和国公司登记管理条例》规定登记注册，其全部注册资本由等额股份构成并通过发行股票筹集资本，股东以其认购的股份对公司承担有限责任，公司以其全部资产对其债务承担责任的经济组织。

私营企业 指由自然人投资设立或由自然人控股，以雇佣劳动为基础的营利性经济组织。包括按照《公司法》、《合伙企业法》、《私营企业暂行条例》规定登记注册的私营有限责任公司、私营股份有限公司、私营合伙企业和私营独资企业。

其他企业　指上述企业之外的其他内资经济组织。

与港澳台商合资经营企业　指港澳台地区投资者与内地企业依照《中华人民共和国中外合资经营企业法》及有关法律的规定，按合同规定的比例投资设立、分享利润和分担风险的企业。

与港澳台商合作经营企业　指港澳台地区投资者与内地企业依照《中华人民共和国中外合作经营企业法》及有关法律的规定，依照合作合同的约定进行投资或提供条件设立、分配利润和分担风险的企业。

港澳台商独资经营企业　指依照《中华人民共和国外资企业法》及有关法律的规定，在内地由港澳台地区投资者全额投资设立的企业。

港澳台商投资股份有限公司　指根据国家有关规定，经原外经贸部依法批准设立，其中港、澳、台商的股本占公司注册资本的比例达25%以上的股份有限公司。凡其中港、澳、台商的股本占公司注册资本的比例小于25%的，属于内资企业中的股份有限公司。

中外合资经营企业　指外国企业或外国人与中国内地企业依照《中华人民共和国中外合资经营企业法》及有关法律的规定，按合同规定的比例投资设立、分享利润和分担风险的企业。

中外合作经营企业　指外国企业或外国人与中国内地企业依照《中华人民共和国中外合作经营企业法》及有关法律的规定，依照合作合同的约定进行投资或提供条件设立、分配利润和分担风险的企业。

外资企业　指依照《中华人民共和国外资企业法》及有关法律的规定，在中国内地由外国投资者全额投资设立的企业。

外商投资股份有限公司　指根据国家有关规定，经原外经贸部依法批准设立，其中外资的股本占公司注册资本的比例达25%以上的股份有限公司。凡其中外资股本占公司注册资本的比例小于25%的，属于内资企业中的股份有限公司。

行政机关、事业单位和社会团体　参照企业登记注册类型，主要按其经费来源和管理方式划分。具体规定如下：

⑴行政机关：包括国家机关和政党机关，原则上均列为“国有”。但有特殊规定的，如供销社等，则列为“集体”。

⑵事业单位：包括经国家机构编制部门和有关业务主管部门批准成立的各类事业单位，不包括实行企业化管理的事业单位。事业单位的划分办法如下：

①由国家财政预算拨款或列入财政预算外资金管理以及经费主要来源于国有主管部门或国有上级单位的事业单位，列为“国有”。

②经费主要来源于集体单位的事业单位，列为“集体”。

③公民个人(或个人合伙)开办的事业单位，列为“私营”。

④上述以外的其他事业单位，如果其经费来源不明确，按管理方式进行归类。

⑶社会团体：包括经民政部门批准成立以及未纳入社会团体管理条例范围的工会、妇联等各类社会团体。社会团体的划分办法如下：

①未纳入民政部社会团体管理条例范围的工会、妇联、共青团、青联、工商联、科协、侨联等社会团体，国家拨款设立的基金会或基金管理组织以及经费主要来源于国有业务主管部门或国有上级单位的社会团体，列为“国有”。

②经费主要来源于集体单位的社会团体，列为“集体”。

③公民个人(或个人合伙)开办的社会团体，划为“私营”。

④上述以外的其他社会团体，如果其经费来源不明确，改按管理方式进行归类。

地区生产总值(GDP)　指按市场价格计算的一个国家(或地区)所有常住单位在一定时期内生产活动的最终成果。地区生产总值有三种表现形态，即价值形态、收入形态和产品形态。

从价值形态看，它是所有常住单位在一定时期内生产的全部货物和服务价值超过同期投入的全部非固定资产货物和服务价值的差额，即所有常住单位的增加值之和；从收入形态看，它是所有常住单位在一定时期内创造并分配给常住单位和非常住单位的初次收入之和；从产品形态看，它是所有常住单位在一定时期内最终使用的货物和服务价值减去货物和服务进口价值。在实际核算中，地区生产总值有三种计算方法，即生产法、收入法和支出法。三种方法分别从不同的方面反映地区生产总值及其构成。

三次产业　三产业的划分是世界上较为常用的产业结构分类，但各国的划分不尽一致。我国的三次产业划分是：

第一产业是指农、林、牧、渔业。

第二产业是指采矿业，制造业，电力、煤气及水的生产和供应业，建筑业。

第三产业是指除第一、二产业以外的其他行业。

支出法地区生产总值　是从最终使用的角度反映一个国家(或地区)一定时期内生产活动最终成果的一种方法，包括最终消费、资本形成总额及货物和服务净出口三部分。计算公式为：

支出法地区生产总值=最终消费+资本形成总额+货物和服务净出口

最终消费　指常住单位为满足物质、文化和精神生活的需要，从本国经济领土和国外购买的货物和服务的支出。它不包括非常住单位在本国经济领土内的消费支出。最终消费分为居民消费和政府消费。

居民消费　指常住住户在一定时期内对于货物和服务的全部最终消费支出。居民消费除了直接以货币形式购买的货物和服务的消费支出外，还包括以其他方式获得的货物和服务的消费支出，即所谓的虚拟消费支出。居民虚拟消费支出包括如下几种类型：单位以实物报酬及实物转移的形式提供给劳动者的货物和服务；住户生产并由本住户消费了的货物和服务，其中的服务仅指住户的自有住房服务和付酬的家庭雇员提供的家庭和个人服务；金融机构提供的金融媒介服务；保险公司提供的保险服务。

政府消费　指政府部门为全社会提供的公共服务的消费支出和免费或以较低的价格向居民住户提供的货物和服务的净支出，前者等于政府服务的产出价值减去政府单位所获得的经营收入的价值，后者等于政府部门免费或以较低价格向居民住户提供的货物和服务的市场价值减去向住户收取的价值。

资本形成总额　指常住单位在一定时期内获得减去处置的固定资产和存货的净额，包括固定资本形成总额和存货增加两部分。

固定资本形成总额　指生产者在一定时期内获得的固定资产减处置的固定资产的价值总额。固定资产是通过生产活动生产出来的，且其使用年限在一年以上、单位价值在规定标准以上的资产，不包括自然资产。可分为有形固定资本形成总额和无形固定资本形成总额。有形固定资本形成总额包括一定时期内完成的建筑工程、安装工程和设备工器具购置(减处置)价值，以及土地改良、新增役、种、奶、毛、娱乐用牲畜和新增经济林木价值。无形固定资本形成总额包括矿藏的勘探、计算机软件等获得减处置。

存货增加　指常住单位在一定时期内存货实物量变动的市场价值，即期末价值减期初价值的差额，再扣除当期由于价格变动而产生的持有收益。存货增加可以是正值，也可以是负值，正值表示存货上升，负值表示存货下降。存货包括生产单位购进的原材料、燃料和储备物资等存货，以及生产单位生产的产成品、在制品和半成品等存货。

货物和服务净出口　指货物和服务出口减货物和服务进口的差额。出口包括常住单位向非常住单位出售或无偿转让的各种货物和服务的价值；进口包括常住单位从非常住单位购买或无偿得到的各种货物和服务的价值。由于服务活动的提供与使用同时发生，一般把常住单位从非常住单位得到的服务作为进口，非常住单位从常住单位得到的服务作为出口。货物的出口和进口都按离岸价格计算。

人口数　指一定时点、一定地区范围内有生命的个人总和。

城镇人口和乡村人口的划分　城镇人口是指居住在城镇范围内的全部人口；乡村人口是除上述人口以外的

全部人口。

历年城乡人口数据是按照当时国家《关于统计上划分城乡的规定》计算的。

三次普查之间年份的城乡人口根据1990年和2000年人口普查数据进行了调整。

出生率(又称粗出生率) 指在一定时期内(通常为一年)一定地区的出生人数与同期内平均人数(或期中人数)之比，用千分率表示。本资料中的出生率指年出生率，其计算公式为：

出生率=年出生人数/年平均人数×1000‰

式中：出生人数指活产婴儿，即胎儿脱离母体时(不管怀孕月数)，有过呼吸或其他生命现象。年平均人数指年初、年底人口数的平均数，也可用年中人口数代替。

死亡率(又称粗死亡率) 指在一定时期内(通常为一年)一定地区的死亡人数与同期内平均人数(或期中人数)之比，用千分率表示。本资料中的死亡率指年死亡率，其计算公式为：

死亡率=年死亡人数/年平均人数×1000‰

人口自然增长率 指在一定时期内(通常为一年)人口自然增加数(出生人数减死亡人数)与该时期内平均人数(或期中人数)之比，用千分率表示。计算公式为：

人口自然增长率=(本年出生人数-本年死亡人数)/年平均人数×1000‰=人口出生率-人口死亡率

总负担系数 指人口总体中非劳动年龄人口数与劳动年龄人口数之比。通常用百分比表示。说明每100名劳动年龄人口大致要负担多少名非劳动年龄人口。用于从人口角度反映人口与经济发展的基本关系。计算公式为：

$$GDR=(P_{0\sim14}+P_{65+})/P15\sim64\times100\%$$

其中：GDP为总抚养比；

$P_{0\sim14}$为0～14岁少年儿童人口数；

P_{65+}为65岁及65岁以上的老年人口数；

$P_{15\sim64}$为15～64岁劳动年龄人口数。

老年人口抚养比 也称老年人口抚养系数。指某一人口中老年人口数与劳动年龄人口数之比。通常用百分比表示。用以表明每100名劳动年龄人口要负担多少名老年人。老年人口抚养比是从经济角度反映人口老化社会后果的指标之一。计算公式为：

$$ODR=P_{65}+/P_{15\sim64}\times100\%$$

其中：ODR为老年人口抚养比；

P_{65}+为65岁及65岁以上的老年人口数；

$P_{15\sim64}$为15～64岁的劳动年龄人口数。

少年儿童抚养比 也称少年儿童抚养系数。指某一人口中少年儿童人口数与劳动年龄人口数之比。通常用百分比表示。以反映每100名劳动年龄人口要负担多少名少年儿童。计算公式为：

$$CDR=P_{0\sim14}/P_{15\sim64}\times100\%$$

其中：CDR为少年儿童抚养比；

$P_{0\sim14}$为0～14岁少年儿童人口数；

$P_{15\sim64}$为15～64岁劳动年龄人口数。

经济活动人口 指在16岁以上，有劳动能力，参加或要求参加社会经济活动的人口。包括就业人员和失业人员。

就业人员 指从事一定社会劳动并取得劳动报酬或经营收入的人员，包括在岗职工、再就业的离退休人员、私营业主、个体户主、私营和个体就业人员、乡镇企业就业人员、农村就业人员、其他就业人员(包括民办教师、宗教职业者、现役军人等)。这一指标反映了一定时期内全部劳动力资源的实际利用情况，是研究我国基本国情国力的重要指标。

各单位的就业人员 指在各级国家机关、政党机关、社会团体及企业、事业单位中工作，取得工资或其他形式的劳动报酬的全部人员。包括在岗职工、再就业的离退休人员、民办教师以及在各单位中工作的外方人员和港澳台方人员、兼职人员、借用的外单位人员和第二职业者。不包括离开本单位仍保留劳动关系的职工。各单位的就业人员反映了各单位实际参加生产或工作的全部劳动力。

城镇私营和个体就业人员 城镇私营就业人员指在工商管理部门注册登记，其经营地址设在县城关镇(含县城关镇)以上的私营企业就业人员，包括私营企业投资者和雇工。城镇个体就业人员指在工商管理部门注册登记，并持有城镇户口或在城镇长期居住，经批准从事个体工商经营的就业人员，包括个体经营者和在个体工商户劳动的家庭帮工和雇工。

城镇登记失业人员 指有非农业户口，在一定的劳动年龄内(16岁以上及男50岁以下、女45岁以下)，有劳动能力，无业而要求就业，并在当地就业服务机构进行求职登记的人员。

城镇登记失业率 城镇登记失业人员与城镇单位就业人员(扣除使用的农村劳动力、聘用的离退休人员、港澳台及外方人员)、城镇单位中的不在岗职工、城镇私营业主、个体户主、城镇私营企业和个体就业人员、城镇登记失业人员之和的比。计算公式为：

城镇登记失业率=城镇登记失业人数/［（城镇单位就业人员-使用的农村劳动力-聘用的离退休人员-聘用的港澳台及外方人员）+不在岗职工+城镇私营业主+城镇个体户主+城镇私营企业及个体就业人员+城镇登记失业人数］×100%

职工 指在国有、城镇集体、联营、股份制、外商和港、澳、台投资、其他单位及其附属机构工作，并由其支付工资的各类人员。不包括下列人员：(1)乡镇企业就业人员；(2)私营企业就业人员；(3)城镇个体劳动者；(4)离休、退休、退职人员；(5)再就业的离、退休人员；(6)民办教师；(7)在城镇单位中工作的外方及港、澳、台人员；(8)其他按有关规定不列入职工统计范围的人员。(1998年及以后的数据均为在岗职工数据，其他相关指标如职工工资总额，职工平均工资等指标也从1998年按此口径进行了相应调整)。

国有单位 指资产归国家所有的经济组织。包括按《中华人民共和国企业法人登记管理条例》规定登记注册的非公司制的经济组织，以及中央、地方各级国家机关、事业单位和社会团体。

集体单位 指生产资料归集体所有，并按《中华人民共和国企业法人登记管理条例》规定登记注册的经济组织。

其他单位 包括股份合作单位、联营单位、有限责任公司、股份有限公司、港澳台商投资单位以及外商投资单位等其他登记注册类型单位。

在岗职工 指在本单位工作并由单位支付工资的人员，以及有工作岗位，但由于学习、病伤产假等原因暂未工作，仍由单位支付工资的人员。

工资总额 指各单位在一定时期内直接支付给本单位全部职工的劳动报酬总额。工资总额的计算原则应以直接支付给职工的全部劳动报酬为根据。各单位支付给职工的劳动报酬以及其他根据有关规定支付的工资，不论是计入成本的还是不计入成本的，不论是按国家规定列入计征奖金税项目的，还是未列入计征奖金税项目的，不论是以货币形式支付的还是以实物形式支付的，均包括在工资总额内。

平均工资 指企业、事业、机关单位的职工在一定时期内平均每人所得的货币工资额。它表明一定时期职工工资收入的高低程度，是反映职工工资水平的主要指标。计算公式为:

平均工资=报告期实际支付的全部职工工资总额/报告期全部职工平均人数

平均工资指数 指报告期职工平均工资与基期职工平均工资的比率，是反映不同时期职工货币工资水平变动情况的相对数。计算公式为:

平均工资指数=报告期职工平均工资/基期职工平均工资×100%

平均实际工资指数 职工平均实际工资指扣除物价变动因素后的职工平均工资。职工平均实际工资指数是反映实际工资变动情况的相对数，表明职工实际工资水平提高或降低的程度。计算公式为:

平均实际工资指数=报告期职工平均工资指数/报告期城镇居民消费价格指数×100%

全社会固定资产投资 以货币形式表现的在一定时期内全社会建造和购置固定资产的工作量以及与此有关的费用的总称。该指标是反映固定资产投资规模、结构和发展速度的综合性指标,又是观察工程进度和考核投资效果的重要依据。全社会固定资产投资按登记注册类型可分为国有、集体、个体、联营、股份制、外商、港澳台商、其他等。

房地产开发投资 指各种登记注册类型的房地产开发公司、商品房建设公司及其他房地产开发法人单位和附属于其他法人单位实际从事房地产开发或经营活动的单位统一开发的包括统代建、拆迁还建的住宅、厂房、仓库、饭店、宾馆、度假村、写字楼、办公楼等房屋建筑物和配套的服务设施，土地开发工程（如道路、给水、排水、供电、供热、通讯、平整场地等基础设施工程）的投资；不包括单纯的土地交易活动。

其他固定资产投资 指全社会固定资产投资中未列入基本建设、更新改造和房地产开发投资的总投资在50万元以上的城镇范围内建造和购置固定资产的活动，以及城镇私人建房和农村企业、事业、行政单位和农村个人固定资产投资活动。具体包括：

(1)国有单位未纳入基本建设计划和更新改造计划管理，计划总投资（或实际需要总投资）在50万元以上的以下工程：①用油田维护费和石油开发基金进行的油田维护和开发工程；②煤炭、铁矿、森工等采掘采伐业用维简费进行的开拓延伸工程；③交通部门用公路养路费对原有公路、桥梁进行改建的工程；④商业部门用简易建筑费建造的仓库工程。

(2)城镇集体固定资产投资：指所有隶属直辖市、省辖市、县级市和县城所在地城关镇区域范围内的集体经济单位（乡镇企业局管理的除外）建造和购置固定资产其计划总投资（或实际需要总投资）在50万元及50万元以上，未列入基本建设和更新改造计划的单位(项目)投资。

(3)除上述以外的其他各种登记注册类型的企、事业单位(包括城镇私营企、事业单位和个体户)建造和购置固定资产总投资在50万元及50万元以上、未列入基本建设计划和更新改造计划的单位(项目)。其中个体经营户只统计50万元以上非建房投资。

(4)城镇和工矿区私人建房投资：包括市、县城、城关镇、工矿区所辖范围内的全部私人建房，不论其房主是否系本地的常住户口均应包括。

(5)农村投资：包括农村区域范围内进行固定资产投资活动的企业、事业、行政单位及农村个人投资。

固定资产投资的资金来源 根据固定资产投资的资金来源不同，分为国家预算内资金、国内贷款、利用外资、自筹资金和其他资金来源。

(1)国家预算内资金：分为财政拨款和财政安排的贷款两部分。包括中央财政的基本建设基金(分经营性基金和非经营性基金两部分)、专项支出(如煤代油专项等)、收回再贷、贴息资金，财政安排的挖潜改造和新产品试制支出、城建支出、商业部门简易建筑支出、不发达地区发展基金等资金中用于固定资产投资的资金；地方财政中由国家统筹安排的资金等。

(2)国内贷款：指报告期固定资产投资单位向银行及非银行金融机构借入的用于固定资产投资的各种国内借款，包括银行利用自有资金及吸收的存款发放的贷款、上级主管部门拨入的国内贷款、国家专项贷款(包括煤代油贷款、劳改煤矿专项贷款等)、地方财政专项资金安排的贷款、国内储备贷款、周转贷款等。

(3)利用外资：指报告期收到的用于固定资产建造和购置的国外资金(包括设备、材料、技术在内)。包括对外借款(外国政府、国际金融组织贷款、出口信贷、外国银行商业贷款、对外发行债券和股票)、外商直接投资及外商其他投资。不包括我国自有外汇资金(国家外汇、地方外汇、留成外汇、调剂外汇和中国银行自有资金发行的外汇贷款等)。计算利用外资时，需要折算成人民币，折算中所使用的外汇汇率按现汇计算，即按使用外汇时的汇率计算。

(4)自筹资金：指固定资产投资单位报告期收到的，由各地区、各部门及企、事业单位筹集用于固定资产投资的预算外资金，包括中央各部门、各级地方和企、事业单位的自筹资金。

(5)其他资金来源：指在报告期收到的除以上各种资金之外其他用于固定资产投资的资金，包括企业或金融机构通过发行各种债券筹集到的资金、群众集资、个人资金、无偿捐赠的资金及其他单位拨入的资金等。

固定资产投资按国民经济行业分 建设项目归哪个行业，按其建成投产后的主要产品或主要用途及社会经济活动性质来确定。基本建设按建设项目划分国民经济行业，更新改造、其他固定资产投资根据整个企业、事业单位所属的行业来划分。一般情况下，一个建设项目或一个企业、事业单位只能属于一种国民经济行业。为了更准确地反映国民经济各行业之间的比例关系，联合企业(总厂)所属分厂属于不同行业的，原则上按分厂划分行业。

固定资产投资按建设性质分 建设项目的性质一般分为新建、扩建、改建、迁建、恢复。房地产开发单位、农村投资、城镇工矿区私人建房投资不划分建设性质。基本建设按建设项目划分建设性质，更新改造、国有经济中其他固定资产投资及城镇集体投资等按整个企业、事业单位的建设情况确定建设性质。

(1)新建：一般指从无到有"平地起家"开始建设的企业、事业和行政单位或独立的工程。现有企业、事业、行政单位一般不属于新建。但如有的单位原有基础很小，经过建设后新增的固定资产价值超过该企、事业、行政单位原有固定资产价值(原值)三倍以上的也应作为新建。

(2)扩建：指在厂内或其他地点，为扩大原有产品的生产能力(或效益)或增加新的产品生产能力，而增建主要的生产车间(或主要工程)、分厂、独立的生产线。行政、事业单位在原单位增建业务用房(如学校增建教学用房、医院增建门诊部、病房等)也作为扩建。现有企、事业单位为扩大原有主要产品生产能力或增加新的产品生产能力，增建一个或几个主要生产车间(或主要工程)、分厂，同时进行一些更新改造工程的，也应作为扩建。

(3)改建：指对原有设施进行技术改造或更新(包括相应配套的辅助性生产、生活福利设施)，没有增建主要生产车间、分厂等。现有企、事业单位为适应市场变化的需要，而改变企业的主要产品种类(如军工企业转产民品等)，或原有产品生产作业线由于各工序(车间)之间能力不平衡，为填平补齐充分发挥原有生产能力而增建不增加本企业主要产品设计能力的车间，也应作为改建。

固定资产投资按构成分 固定资产投资活动按其工作内容和实现方式分为建筑安装工程，设备、工具、器具购置，其他费用三个部分。

(1)建筑安装工程(建筑安装工作量)：指各种房屋、建筑物的建造工程和各种设备、装置的安装工程。包括各种房屋建造工程，各种用途设备基础和各种工业窑炉的砌筑工程及金属结构工程；为施工而进行的各种准备工作和临时工程以及完工后的清理工作等；铁路、道路的铺设，矿井的开凿及石油管道的架设等；水利工程；防空地下建筑等特殊工程；列入房屋工程预算内的暖气、卫生、通风、照明、煤气等设备的价值及装设油饰工程；列入建筑工程预算内的各种管道(蒸汽、压缩空气、石油、给排水等管道)、电力、电讯电缆导线等的敷设工程；以及各种机械设备的安装工程；为测定安装工程质量，对设备进行的试运工作；房地产开发单位进行的商品房屋开发建设工程、土地开发工程。在安装工程中，不包括被安装设备本身的价值。

(2)设备、工具、器具购置：指建设单位或企、事业单位购置或自制的，达到固定资产标准的设备、工具、器具的价值。新建单位及扩建单位的新建车间，按照设计或计划要求购置或自制的全部设备、工具、器具，不论是否达到固定资产标准均计入"设备、工具、器具购置"中。

(3)其他费用：指在固定资产建造和购置过程中发生的，除上述几项内容以外的各种应分摊计入固定资产的费用。

基本建设项目按大中小型划分 基本建设划分大中小型项目原则上应按照上级批准的设计任务书或初步设计所确定的总规模或总投资划分，没有正式批准设计任务书或初步设计的，按国家或省、自治区、直辖市年度基本建设投资计划中所列的总规模或总投资划分。上述两条均不具备的，按本年计划施工工程的建设总规模或总投资划分。生产单一产品的工业项目，按产品的设计能力划分；生产多种产品的工业项目，按其主要产品的设计能力划分。品种繁多，难以按生产能力划分的，按全部计划总投资划分。划分标准以国家颁发的《大中小型建设项目划分标准》为依据。国家曾在1953年、1962年、1972年、1977年和1979年先后五次修订《大中小型建设项目划分标准》，因此各历史时期的大中型项目数不完全可比。

施工项目 指报告期内进行过建筑或安装施工活动的项目。凡是报告期内施过工的建设项目，不论施工时间长短，均作为施工项目统计。施工项目个数可以反映一定时期固定资产投资的实际规模，与同期建成投产的建设项目个数相比，可以从建设速度的角度反映固定资产投资的效果。根据建设项目施工活动的不同性质，施工项目又分为：本年正式施工项目、本年收尾项目和以前年度全部停缓建项目。

全部建成投产项目 工业项目指设计文件规定形成生产能力的主体工程及其相应配套的辅助设施全部建成，经负荷试运转，证明具备生产设计规定合格产品的条件，并经过验收鉴定合格或达到竣工验收标准，与生产性工程配套的生活福利设施可以满足近期正常生产的需要，正式移交生产的建设项目。非工业项目指设计文件规定的主体工程和相应的配套工程全部建成，能够发挥设计规定的全部效益，经验收鉴定合格或达到竣工验收标准，正式移交使用的建设项目。

新增生产能力(或工程效益) 指通过固定资产投资活动而增加的设计能力(或工程效益)，该指标是以实物形态表现的反映固定资产投资成果的指标，也是考核投资经济效果的重要依据之一。

新增生产能力(或工程效益)一般有以下几种表现形式：

(1)用产品数量表示，以工程在单位时间内(一般是一年)所能生产的产品数量(即年产量)表示。如原煤开采用万吨／年表示，化学农药用吨／年表示，拖拉机制造用台／年表示等。某些化工产品由于含量差别较大，按其设计含量计算折合量表示，如硫酸、纯碱、烧碱等。

(2)用单位时间内所能处理的原料数量表示，以工程每天(或小时)所能处理原料的数量表示。如机制糖工程日处理原料吨，食用植物油日处理原料吨，城市污水处理能力用万吨／日表示等。

(3)用新增加的主要设备的数量或容量表示，如新增棉布织机、丝织机等台数，毛纺锭等锭数，发电厂新增发电机组容量用千瓦表示等。

(4)以节约的原材料、燃料、动力实物量表示，适用于反映更新改造节约项目的效益。

(5)用建筑物容积、容量、面积、长度表示，是非工业项目或工程新增效益的一种表现形式。如铁路里程、公路里程、水库容量、仓库容量、房屋建筑面积、学校学生席位、医院病床、灌区灌溉面积等。

根据工程的特点，有时需要用两种或两种以上的复合计量单位表示新增生产能力(或工程效益)，如新增内燃机生产能力同时用年产台数、千瓦数表示等。

为了规范新增生产能力(或工程效益)的名称和计算单位，国家统计局制订了《新增生产能力(或工程效益)目录》和《节约原材料、燃料、动力目录》，各固定资产投资单位在统计新增生产能力(或工程效益)时，必须按目录中规定的名称和计量单位填报。

房屋建筑面积 指房屋建筑物勒脚以上外墙外围的水平截面面积，包括房屋建筑物的有效面积和结构面积。该指标是从实物形态上反映建设规模和建设成果的重要指标之一，也是检查工程形象进度、计算工程造价、分析投资效果、研究施工任务和建筑材料之间平衡情况的重要依据。

住宅建筑面积 指施工和竣工房屋建筑面积中供居住用的房屋建筑面积。

施工面积 指报告期内施工的全部房屋建筑面积。包括本期新开工的面积和上期开工跨入本期继续施工的房屋面积，以及上期已停建在本期恢复施工的房屋面积。本期竣工和本期施工后又停缓建的房屋，其建筑面积仍计入本期房屋施工面积中。

竣工面积 指在报告期内房屋建筑按照设计要求已经全部完工，达到住人和使用条件，经验收鉴定合格(或达到竣工验收标准)，正式移交使用单位的各栋房屋建筑面积的总和。

房屋建筑面积竣工率 指一定时期内房屋竣工面积占同期房屋施工面积的比率。该指标从房屋建筑施工速度的角度反映投资效果的指标。

新增固定资产 指报告期内已经完成建造和购置过程，并已交付生产或使用单位的固定资产价值。该指标是表示固定资产投资成果的价值指标，也是反映建设进度，计算固定资产投资效果的重要指标。

建设项目投产率 指一定时期内全部建成投产项目个数与同期施工项目个数的比率。该指标是从建设单位建设速度的角度反映投资效果的指标。

固定资产交付使用率 指一定时期新增固定资产与同期完成投资额的比率。该指标是反映固定资产动用速度，衡量建设过程中宏观投资效果的综合指标。由于新增固定资产是较长时期内形成的结果，而投资额则是当年完成的，因此，该指标一般适宜于反映较长时期内固定资产的动用情况。

经济适用房 指根据国家经济适用房计划安排建设的政策性住宅。经济是指房屋建筑造价和销售价格低于一般商品住宅；适用是指适合中低收入家庭购买使用。经济适用房主要是由国家统一下达投资计划，房地产公司开发，对外销售；用地一般采用行政划拨或招标投标方式，免收土地出让金；对各种经批准的收费减半征收，开发利润不超过3%；销售价格实行政府指导价。该指标可以分析房地产投资结构，反映中低收入家庭商品住宅的供求平衡情况。

能源生产总量 指一定时期内全国一次能源生产量的总和，是观察全国能源生产水平、规模、构成和发展速度的总量指标。一次能源生产量包括原煤，原油，天然气，水电、核能及其他动力能(如风能、地热能等)发电量，不包括低热值燃料生产量、生物质能、太阳能等的利用和由一次能源加工转换而成的二次能源产量。

能源消费总量 指一定时期内全国物质生产部门、非物质生产部门和生活消费的各种能源的总和，是观察能源消费水平、构成和增长速度的总量指标。能源消费总量包括原煤和原油及其制品、天然气、电力，不包括低热值燃料、生物质能和太阳能等的利用。能源消费总量分为终端能源消费量、能源加工转换损失量和损失量三部分。

⑴终端能源消费量:指一定时期内全国生产和生活消费的各种能源在扣除了用于加工转换二次能源消费量和损失量以后的数量。

⑵能源加工转换损失量:指一定时期内全国投入加工转换的各种能源数量之和与产出各种能源产品之和的差额，是观察能源在加工转换过程中损失量变化的指标。

⑶能源损失量:指一定时期内能源在输送、分配、储存过程中发生的损失和由客观原因造成的各种损失量，不包括各种气体能源放空、放散量。

能源生产弹性系数 是研究能源生产增长速度与国民经济增长速度之间关系的指标。计算公式为:

能源生产弹性系数＝能源生产总量年平均增长速度／国民经济年平均增长速度

国民经济年平均增长速度，可根据不同的目的或需要，用国民生产总值、国内生产总值等指标来计算，本年鉴是采用国内生产总值指标计算的。

能源消费弹性系数 是反映能源消费增长速度与国民经济增长速度之间比例关系的指标。计算公式为:

能源消费弹性系数＝能源消费量年平均增长速度／国民经济年平均增长速度

财政收入 指国家财政参与社会产品分配所取得的收入，是实现国家职能的财力保证。财政收入所包括的内容几经变化，目前主要包括:

(1)各项税收：包括增值税、营业税、消费税、土地增值税、城市维护建设税、资源税、城市土地使用税、企业所得税、个人所得税、关税、证券交易印花税、车辆购置税、农牧业税和耕地占用税等。

(2)专项收入：包括排污费收入、城市水资源费收入、矿产资源补偿费收入、教育费附加收入等。

(3)其他收入：包括利息收入、基本建设贷款归还收入、基本建设收入、捐赠收入等。

(4)国有企业亏损补贴：此项为负收入，冲减财政收入。主要包括对工业企业、商业企业、粮食企业的补贴。

财政支出 国家财政将筹集起来的资金进行分配使用，以满足经济建设和各项事业的需要，主要包括：

(1)基本建设支出：指按国家有关规定，属于基本建设范围内的基本建设有偿使用、拨款、资本金支出以及经国家批准对专项和政策性基建投资贷款，在部门的基建投资额中统筹支付的贴息支出。

(2)企业挖潜改造资金：指国家预算内拨给的用于企业挖潜、革新和改造方面的资金。包括各部门企业挖潜改造资金和企业挖潜改造贷款资金，为农业服务的县办“五小”企业技术改造补助，挖潜改造贷款贴息资金。

(3)地质勘探费用：指国家预算用于地质勘探单位的勘探工作费用，包括地质勘探管理机构及其事业单位经费、地质勘探经费。

(4)科技三项费用：指国家预算用于科技支出的费用，包括新产品试制费、中间试验费、重要科学研究补助费。

(5)支援农村生产支出：指国家财政支援农村集体(户)各项生产的支出。包括对农村举办的小型农田水利和打井、喷灌等的补助费，对农村水土保持措施的补助费，对农村举办的小水电站的补助费，特大抗旱的补助费，农村开荒补助费，扶持乡镇企业资金，支援农村合作生产组织资金、农村农技推广和植保补助费，农村草场和畜禽保护补助费，农村造林和林木保护补助费，农村水产补助费，发展粮食生产专项资金。

(6)农林水利气象等部门的事业费用：指国家财政用于农垦、农场、农业、畜牧、农机、林业、森工、水利、水产、气象、乡镇企业的技术推广、良种推广(示范)、动植物(畜禽、森林)保护、水质监测、勘探设计、资源调查、干部训练等项费用，园艺特产场补助费，中等专业学校经费，飞播牧草试验补助费，营林机构、气象机构经费，渔政费以及农业管理事业费等。

(7)工业交通商业等部门的事业费：指国家预算支付给工交商各部门用于事业发展的人员和公用经费支出，包括勘探设计费、中等专业学校经费、技术学校经费、干部训练费。

(8)文教科学卫生事业费：指国家预算用于文化、出版、文物、教育、卫生、中医、公费医疗、体育、档案、地震、海洋、通讯、电影电视、计划生育、党政群干部训练、自然科学、社会科学、科协等项事业的人员和公用经费支出以及高技术研究专项经费。主要包括工资、补助工资、福利费、离退休费、助学金、公务费、设备购置费、修缮费、业务费、差额补助费。

(9)抚恤和社会福利救济费：指国家预算用于抚恤和社会福利救济事业的经费。包括由民政部门开支的烈士家属和牺牲病残人员家属的一次性、定期抚恤金，革命伤残人员的抚恤金，各种伤残补助费，烈军属、复员退伍军人生活补助费，退伍军人安置费，优抚事业单位经费，烈士纪念建筑物管理、维修费，自然灾害救济事业费和特大自然灾害灾后重建补助费等。

(10)行政事业单位离退休支出：指实行归口管理的行政事业单位离退休经费。

(11)社会保障补助支出：指国家预算用于社会保障的补助支出，包括对社会保险基金的补助、促进就业补助、国有企业下岗职工补助、补充全国社会保障基金等。

(12)国防支出：指国家预算用于国防建设和保卫国家安全的支出，包括国防费、国防科研事业费、民兵建设以及专项工程支出等。

(13)行政管理费：包括行政管理支出，党派团体补助支出，外交支出，公安安全支出，司法支出，法院支出，检察院支出和公检法办案费用补助。

(14)政策性补贴支出：指经国家批准，由国家财政拨给用于粮棉油等产品的价格补贴支出。主要包括粮、棉、油差价补贴，平抑物价和储备糖补贴，农业生产资料价差补贴，粮食风险基金，副食品风险基金，地方煤炭风险基金等。

(15)债务利息支出：指国家预算中用于偿还国内外债务利息的支出。

中央财政收入和地方财政收入 指按现行分税制财政体制划分的中央本级收入和地方本级收入。1994年实行分税制财政体制以后，属于中央财政的收入包括关税、海关代征消费税和增值税，消费税，中央企业所得税，地方银行和外资银行及非银行金融企业所得税，铁道部门、各银行总行、各保险总公司等集中缴纳的营业税、利润和城市维护建设税，车辆购置税，船舶吨税，增值税的75%部分，证券交易税(印花税)94%部分，个人所得税中的利息所得税，利息所得税之外的个人所得税中央分享的部分，海洋石油资源税。属于地方财政的收入包括营业税，地方企业所得税，利息所得税之外的个人所得税地方分享的部分，城镇土地使用税，固定资产投资方向调节税，城镇维护建设税，房产税，车船使用税，印花税，屠宰税，农牧业税，农业特产税，耕地占用税，契税，土地增值税、国有土地有偿使用收入，增值税25%部分，证券交易税(印花税)6%部分和除海洋石油资源税以外的其他资源税。

中央财政支出和地方财政支出 指根据政府在经济和社会活动中的不同职责，划分中央和地方政府的责权，按照政府的责权划分确定的支出。中央财政支出包括国防支出，武装警察部队支出，中央级行政管理费和各项事业费，重点建设支出以及中央政府调整国民经济结构、协调地区发展、实施宏观调控的支出。地方财政支出主要包括地方行政管理和各项事业费，地方统筹的基本建设、技术改造支出，支援农村生产支出，城市维护和建设经费，价格补贴支出等。

预算外资金收支 预算外资金指国家机关、事业单位和社会团体为履行或代行政府职能，依据国家法律、法规和具有法律效力的规章而收取、提取和安排使用的未纳入国家预算管理的各种财政性资金。其范围主要包括：法律、法规规定的行政事业性收费、政府性基金和附加收入等；国务院或省级人民政府及其财政、计划（物价）部门审批的行政事业性收费；国务院及财政部审批建立的政府性基金、附加收入等；主管部门所属单位集中上缴资金；用于乡镇政府开支的乡自筹和乡统筹资金；其他未纳入预算管理的财政性资金。社会保障基金在国家财政尚未建立社会保障预算制度以前，先按预算外资金管理制度进行管理，专款专用。财政部门在银行开设统一的专户，用于预算外资金收入和支出管理。部门和单位的预算外收入必须上缴同级财政专户，支出由同级财政按预算外资金收支计划和单位财务收支计划统筹安排，从财政专户中拨付，实行收支两条线管理。

信贷资金 指金融机构以信用方式积聚和分配的货币资金。金融机构信贷资金的来源有各项存款、金融债券发行、应付及暂收款、对国际金融机构负债、流通中货币、各项准备、所有者权益和其他项目等；信贷资金的运用有各项贷款、有价证券及投资、应收及预付款、委托投资、金银占款、外汇占款、库存现金、财政借款及在国际金融机构中的资产等。

存款 指企业、机关、团体或居民根据资金必须收回的原则，把货币资金存入银行或其他信贷机构保管并取得一定利息的一种信用活动形式。根据存款对象或性质的不同可划分为企业存款、财政存款、机关团体存款、基本建设存款、储蓄存款、农村存款、委托存款、其他存款等科目。它是银行信贷资金的主要来源。

贷款 指银行或其他信贷机构根据资金必须归还的原则，按一定利率，为企业、个人等提供资金的一种信用活动形式。我国银行贷款分为短期贷款、中期流动资金贷款、中长期贷款、信托贷款、融资租赁、委托贷款、票据融资、各项垫款等。

保险公司 在中国境内的、经过保险监督管理部门批准设立，并依法登记注册的各类商业保险公司。

保险金额 指保险人承担赔偿或者给付保险金责任的最高限额。

保费 指投保人为取得保险人在约定范围内所承担赔偿责任而支付给保险人的费用。

赔款 指保险人根据保险合同的规定，向被保险人支付的赔偿保险责任损失的金额。

给付 包括死伤医疗给付和满期给付。死伤医疗给付是指保险人根据人寿保险及长期健康保险合同的规定，因被保险人在保险期内发生保险责任范围内的保险事故支付给被保险人(或受益人)的金额。满期给付是指被保险人生存期满，保险人按人寿保险合同规定支付给被保险人的满期保险金额。

居民消费价格指数 是反映一定时期内城乡居民所购买的生活消费品价格和服务项目价格变动趋势和程度

的相对数，是对城市居民消费价格指数和农村居民消费价格指数进行综合汇总计算的结果。该指数可以观察和分析消费品的零售价格和服务价格变动对城乡居民实际生活费支出的影响程度。

城市居民消费价格指数 是反映一定时期内城市居民家庭所购买的生活消费品价格和服务项目价格变动趋势和程度的相对数。该指数可以观察和分析消费品的零售价格和服务项目价格变动对职工货币工资的影响，作为研究职工生活和确定工资政策的依据。

农村居民消费价格指数 是反映一定时期内农村居民家庭所购买的生活消费品价格和服务项目价格变动趋势和程度的相对数。该指数可以观察农村消费品的零售价格和服务项目价格变动对农村居民生活消费支出的影响，直接反映农民生活水平的实际变化情况，为分析和研究农村居民生活问题提供依据。

商品零售价格指数 是反映一定时期内城乡商品零售价格变动趋势和程度的相对数。商品零售物价的变动直接影响到城乡居民的生活支出和国家的财政收入，影响居民购买力和市场供需的平衡，影响到消费与积累的比例关系。因此，该指数可以从一个侧面对上述经济活动进行观察和分析。

农业生产资料价格指数 指反映一定时期内农业生产资料价格变动趋势和程度的相对数。农业生产资料价格指数分为小农具、饲料、幼禽家畜、半机械化农具、机械化农具、化学肥料、农药及农药械、农机用油等八大类。其编制目的是了解农业生产中物质资料投入价格的变动状况，服务于国民经济核算。1994年以前，农业生产资料价格指数仅仅是商品零售价格指数的一个类别，此后，从商品零售价格指数中分离出来，单独编制。

农产品生产价格指数 是反映一定时期内，农产品生产者出售农产品价格水平变动趋势及幅度的相对数。该指数可以客观反映全国农产品生产价格水平和结构变动情况，满足农业与国民经济核算需要。其中某代表品生产价格指数是通过对全部有出售该产品行为的调查单位的个体指数进行几何平均求得的，类价格指数是通过对其所属的类（或代表品）的价格指数进行加权平均求得的。季度累计价格指数的计算方法与分季指数的计算方法相同。

工业品出厂价格指数 是反映一定时期内全部工业产品出厂价格总水平的变动趋势和程度的相对数，包括工业企业售给本企业以外所有单位的各种产品和直接售给居民用于生活消费的产品。该指数可以观察出厂价格变动对工业总产值及增加值的影响。

原材料、燃料和动力购进价格指数 是反映工业企业作为生产投入，而从物资交易市场和能源、原材料生产企业购买原材料、燃料和动力产品时，所支付的价格水平变动趋势和程度的统计指标，是扣除工业企业物质消耗成本中的价格变动影响的重要依据。

目前，我国编制的原材料、燃料和动力购进价格指数所调查的产品包括燃料动力、黑色金属、有色金属、化工、建材等九大类的900多种产品。

固定资产投资价格指数 是反映一定时期内固定资产投资品及项目的价格变动趋势和程度的相对数。固定资产投资额是由建筑安装工程投资完成额、设备工器具购置投资完成额和其他费用投资完成额三部分组成的。编制固定资产投资价格指数应首先分别编制上述三部分投资的价格指数，然后采用加权算术平均法求出固定资产投资价格总指数。

该指数可以准确地反映固定资产投资中涉及的各类投资品和取费项目价格变动趋势和变动幅度，消除按现价计算的固定资产投资指标中的价格变动因素，真实地反映固定资产投资的规模、速度、结构和效益，为国家科学地制定、检查固定资产投资计划并提高宏观调控水平，为完善国民经济核算体系提供科学的、可靠的依据。

城镇家庭人口 指居住在一起，经济上合在一起共同生活的家庭成员。凡计算为家庭人口的成员其全部收支都包括在本家庭中。

城镇就业面 指就业人口占家庭人口的百分比。

城镇就业者负担人数 指家庭人口与就业人口之比。

城市居民家庭总收入 指调查户中生活在一起的所有家庭成员在调查期得到的工薪收入、经营净收入、财产性收入、转移性收入的总和，不包括出售财物和借贷收入。收入的统计标准以实际发生的数额为准，无论收入是补发还是预发，只要是调查期得到的都应如实计算，不作分摊。

城市居民家庭可支配收入 指调查户可用于最终消费支出和其它非义务性支出以及储蓄的总和，即居民家庭可以用来自由支配的收入。它是家庭总收入扣除个人所得税、个人交纳的社会保障费以及调查户的记帐补贴后的收入。计算公式为：

可支配收入=家庭总收入−个人所得税−个人交纳的社会保障支出−记帐补贴

城市居民家庭总支出 指家庭除借贷支出以外的全部实际支出。包括消费性支出、购房建房支出、转移性支出、财产性支出、社会保障支出。支出统计是以实际购得的商品或服务的总价值填报，不论其付款方式是一次付清、分期付款，还是赊购，只要商品或服务已被消费就要按其总价值计量。如果采用分期付款或赊购形式，则要在借贷收入类相应的项目填入实付款与总的应付款的差额。

城市居民家庭消费支出 指调查户用于本家庭日常生活的全部支出，包括食品、衣着、家庭设备用品及服务、医疗保健、交通和通讯、娱乐教育文化服务、居住、杂项商品和服务八大类等。不包括用于赠送的商品或服务。消费支出按商品（服务）的用途分类。

城镇家庭服务性消费支出 指家庭用于支付社会提供的各种非商品性服务费用。

城镇家庭收入分组方法 将所有调查户依户人均可支配收入由低到高排队，按10%，10%，20%，20%，20%，10%，10%的比例依次分成：最低收入户、低收入户、中等偏下收入户、中等收入户、中等偏上收入户、高收入户、最高收入户等七组。总体中最低5%的户为困难户。

恩格尔系数 指食物支出金额在生活消费总支出金额中所占的比例。计算公式为：

恩格尔系数=食品支出金额/生活消费总支出金额×100%

农村住户 指农村常住户。农村常住户指长期(一年以上)居住在乡镇(不包括城关镇)行政管理区域内的住户，以及长期居住在城关镇所辖行政村范围内的农村住户。户口不在本地而在本地居住一年及以上的住户也包括在本地农村常住户范围内；有本地户口，但举家外出谋生一年以上的住户，无论是否保留承包耕地都不包括在本地农村住户范围内。

常住人口 指全年经常在家或在家居住6个月以上，而且经济和生活与本户连成一体的人口。外出从业人员在外居住时间虽然在6个月以上，但收入主要带回家中，经济与本户连为一体，仍视为家庭常住人口；在家居住，生活和本户连成一体的国家职工、退休人员也为家庭常住人口。但是现役军人、中专及以上(走读生除外)的在校学生、以及常年在外(不包括探亲、看病等)且已有稳定的职业与居住场所的外出从业人员，不算家庭常住人口。家庭常住人口主要作为计算农村住户平均每人收入、消费和积累水平及分析家庭人口状况的依据。

整、半劳动力 整劳动力指男子18周岁到50周岁，女子18周岁到45周岁；半劳动力指男子16周岁到17周岁，51周岁到60周岁；女子16周岁到17周岁，46周岁到55周岁，同时具有劳动能力的人。虽然在劳动年龄之内，但已丧失劳动能力的人，不应算为劳动力；超过劳动年龄，但能经常参加劳动，计入半劳动力数内。常住人口中的职工，若这些职工为劳动力，就包括在本户的整半劳动力中。

总收入 指调查期内农村住户和住户成员从各种来源渠道得到的收入总和。按收入的性质划分为工资性收入、家庭经营收入、财产性收入和转移性收入。

工资性收入 指农村住户成员受雇于单位或个人，靠出卖劳动而获得的收入。家庭经营收入 指农村住户以家庭为生产经营单位进行生产筹划和管理而获得的收入。农村住户家庭经营活动按行业划分为农业、林业、牧业、渔业、工业、建筑业、交通运输业邮电业、批发和零售贸易餐饮业、社会服务业、文教卫生业和其他家庭经营。

财产性收入 指金融资产或有形非生产性资产的所有者向其他机构单位提供资金或将有形非生产性资产供

其支配，作为回报而从中获得的收入。

转移性收入 指农村住户和住户成员无须付出任何对应物而获得的货物、服务、资金或资产所有权等，不包括无偿提供的用于固定资本形成的资金。一般情况下，是指农村住户在二次分配中的所有收入。

现金收入 指农村住户和住户成员在调查期内得到以现金形态表现的收入。按来源分成工资性收入、家庭经营现金收入、财产性收入、转移性收入。

纯收入 指农村住户当年从各个来源得到的总收入相应地扣除所发生的费用后的收入总和。计算方法：

纯收入=总收入-税费支出-家庭经营费用支出-生产性固定资产折旧-调查补贴-赠送农村外部亲友支出

纯收入主要用于再生产投入和当年生活消费支出，也可用于储蓄和各种非义务性支出。“农民人均纯收入”按人口平均的纯收入水平，反映的是一个地区或一个农户农村居民的平均收入水平。

总支出 指农村住户用于生产、生活和再分配的全部支出。家庭经营费用支出、购置生产性固定资产支出、生产性固定资产折旧、税费支出、生活消费支出、财产性支出和转移性支出。

供水综合生产能力 指按供水设施取水、净化、送水、出厂输水干管等环节设计能力计算的综合生产能力。包括在原设计能力的基础上，经挖、革、改增加的生产能力。计算时，以四个环节中最薄弱的环节为主确定能力。

年末供水管道长度 指从送水泵至用户水表之间所有管道的长度。不包括新安装尚未使用的管道。

全年供水总量 指报告期供水企业(单位)供出的全部水量。包括有效供水量和漏损水量。

生活用水量 包括公共服务用水和居民家庭用水。公共服务用水指为城市社会公共生活服务的用水。包括行政事业单位、部队营区和公共设施服务、社会服务业、批发零售贸易业、旅馆饮食业以及其他公共服务业等单位的用水。居民家庭用水指城市范围内所有居民家庭的日常生活用水。包括城市居民、农民家庭、公共供水站用水。

用水普及率 指城市用水人口数与城市人口总数的比率。计算公式：

用水普及率=城市用水人口数/城市人口总数×100%

人工煤气生产能力 指报告期末人工煤气生产厂制气、净化、输送等环节的综合生产能力，不包括备用设备能力。一般按设计能力计算，如果实际生产能力大于设计能力时，应按实际测定的生产能力计算。测定时应以制气、净化、输送三个环节中最薄弱的环节为主。

供气管道长度 指报告期末从气源厂压缩机的出口或门站出口至各类用户引入管之间的全部已经通气投入使用的管道长度。不包括煤气生产厂、输配站、液化气储存站、灌瓶站、储配站、气化站、混气站、供应站等厂(站)内的管道。

全年供气总量 指全年燃气企业(单位)向用户供应的燃气数量。包括销售量和损失量。

用气普及率 指报告期末使用燃气的城市人口数与城市人口总数的比率。计算公式为：

用气普及率=城市用气人口数/城市人口总数×100%

城市供热能力 指供热企业(单位)向城市热用户输送热能的设计能力。

城市供热总量 指在报告期供热企业(单位)向城市热用户输送全部蒸汽和热水的总热量。

城市供热管道长度 指从各类热源到热用户建筑物接入口之间的全部蒸汽和热水的管道长度。不包括各类热源厂内部的管道长度。

年末道路长度 指年末道路长度和与道路相通的广场、桥梁、隧道的长度，按车行道中心线计算。在统计时只统计路面宽度在3.5米(含3.5米)以上的各种铺装道路，包括开放型工业区和住宅区道路在内。

城市桥梁 指为跨越天然或人工障碍物而修建的构筑物。包括跨河桥、立交桥、人行天桥以及人行地下通道等。包括永久性桥和半永久性桥。

城市排水管道长度 指所有排水总管、干管、支管、检查井及连接井进出口等长度之和。

城市污水日处理能力 指污水处理厂(或处理装置)每昼夜处理污水量的设计能力。

年末运营车数 指年末公交企业(单位)用于运营业务的全部车辆数。以企业(单位)固定资产台帐中已投入运营的车辆数为准。

城市园林绿地面积 指报告期末用作园林和绿化的各种绿地面积。包括公共绿地、居住区绿地、单位附属绿地、防护绿地、生产绿地、道路绿地和风景林地面积。

不包括:

1.屋顶绿化、垂直绿化、阳台绿化和室内绿化。

2.以物质生产为主的林地、耕地、牧草地、果园和竹园等。

3.城市总体规划中不列入绿地的水域。

公共绿地 指向公众开放的市级、区级、居住区级各类公园、街旁游园，包括其范围内的水域。其中居住区级公园应不小于1万平方米，街旁游园的宽度不小于8米，面积不小于400平方米。

农林牧渔业总产值 指以货币表现的农、林、牧、渔业全部产品和对农林牧渔业生产活动进行的各种支持性服务活动的价值总量，它反映一定时期内农林牧渔业生产总规模和总成果。1957年以前的农林牧渔业总产值中包括了厩肥和农民自给性手工业(如农民自制衣服、鞋、袜，自己从事粮食初步加工等)。1958年及以后，林业中增加了村及村以下竹木采伐产值；牧业中取消了厩肥产值；副业中取消了农民自给性手工业产值，增加了村及村以下办的工业产值；渔业中增加了海洋捕捞水产品产值。1980年及以后，在副业中增加了农民家庭兼营工业商品部分的产值。从1984年起村及村以下工业产值划归工业。从1993年起取消副业，将野生动物的捕猎划入牧业、野生植物采集和农民家庭兼营商品性工业划归农业。从2003年起，执行新的国民经济行业分类标准，农林牧渔业总产值中包括了农林牧渔服务业产值。林业中增加了森林采运业产值。农业中取消了家庭兼营商品性工业产值，将野生林产品的采集划归林业。第一次农业普查以后，由于畜牧业产品年报数据与普查数据之间存在一定的差距，国家统计局农调总队对畜牧业年报数据与普查数据进行衔接，相应的畜牧业产值进行调整。

农林牧渔业总产值的计算方法通常是按农、林、牧、渔业产品及其副产品的产量分别乘以各自单位产品价格求得；少数生产周期较长，当年没有产品或产品产量不易统计的，则采用间接方法匡算其产值；然后将四业产品产值相加即为农林牧渔业总产值。

粮食产量 指全社会的产量。包括国有经济经营的、集体统一经营的和农民家庭经营的粮食产量，还包括工矿企业办的农场和其他生产单位的产量。粮食除包括稻谷、小麦、玉米、高粱、谷子及其他杂粮外，还包括薯类和豆类。其产量计算方法，豆类按去豆荚后的干豆计算；薯类(包括甘薯和马铃薯，不包括芋头和木薯)1963年以前按每4公斤鲜薯折1公斤粮食计算，从1964年开始改为按5公斤鲜薯折1公斤粮食计算。城市郊区作为蔬菜的薯类(如马铃薯等)按鲜品计算，并且不作粮食统计。其他粮食一律按脱粒后的原粮计算。棉花产量 指全社会的产量。包括春播棉和夏播棉。产量按皮棉计算。3公斤籽棉折1公斤皮棉，不包括木棉。

油料产量 指全部油料作物的生产量。包括花生、油菜籽、芝麻、向日葵籽、胡麻籽（亚麻籽）和其他油料。不包括大豆、木本油料和野生油料。花生以带壳干花生计算。

水产品产量 指人工养殖的水产品和天然生长的水产品的捕捞量。包括海水的鱼类、虾蟹类、贝类和藻类以及内陆水域的鱼类、虾蟹类和贝类，不包括淡水生植物。

猪、牛、羊肉产量 指当年出栏并已屠宰、除去头蹄下水后带骨肉(即胴体重)的重量。期初(末)畜禽存栏头(只)数 指报告期初(末)农村各种合作经济组织和国营农场、农民个人、机关、团体、学校、工矿企业、部队等单位以及城镇居民饲养的大牲畜、猪、羊、家禽等畜禽的存栏数。数据上报方式及数据调整情况同猪、牛、羊肉产量。

常用耕地 是指耕地总资源中专门种植农作物并经常进行耕种、能够正常收获的土地。包括当年实际耕种的熟地；弃耕、休闲不满三年，随时可以复耕的地；开荒利用三年以上的土地。在统计口径上包括南方小于1

米、北方小于2米宽的沟、渠、路和田埸。不包括临时种植农作物的坡度在25度以上的陡坡地；在河套、湖畔、库区临时开发的成片或零星土地；也不包括已列为国家和省（区、市）退耕计划但临时耕种的土地。常用耕地是国家需要重点保护的耕地，是反映我国农业综合生产能力的一个重要指标。

农作物播种面积 指实际播种或移植有农作物面积。凡是实际种植有农作物的面积，不论种植在耕地上还是种植在非耕地上，均包括在农作物播种面积中。在播种季节基本结束后，因遭灾而重新改种和补种的农作物面积，也包括在内。

有效灌溉面积 指具有一定的水源，地块比较平整，灌溉工程或设备已经配套，在一般年景下当年能够进行正常灌溉的耕地面积。在一般情况下，有效灌溉面积应等于灌溉工程或设备已经配备，能够进行正常灌溉的水田和水浇地面积之和。它是反映我国耕地抗旱能力的一个重要指标。

农用化肥施用量 指本年内实际用于农业生产的化肥数量，包括氮肥、磷肥、钾肥和复合肥。化肥施用量要求按折纯量计算数量。折纯量是指把氮肥、磷肥、钾肥分别按含氮、含五氧化二磷、含氧化钾的百分之百成份进行折算后的数量。复合肥按其所含主要成分折算。公式为：

折纯量=实物量×某种化肥有效成份含量的百分比

农业机械总动力 指主要用于农、林、牧、渔业的各种动力机械的动力总和。包括耕作机械、排灌机械、收获机械、农用运输机械、植物保护机械、牧业机械、林业机械、渔业机械和其他农业机械〔内燃机按引擎马力折成瓦(特)计算、电动机按功率折成瓦(特)计算〕。不包括专门用于乡、镇、村、组办工业、基本建设、非农业运输、科学试验和教学等非农业生产方面用的动力机械与作业机械。这个指标的统计数据主要来源于农机部门。

乡村从业人员 指乡村人口中劳动年龄在16周岁以上实际参加生产经营活动并取得实物或货币收入的人员，包括劳动年龄内经常参加劳动的人员，也包括超过劳动年龄但经常参加劳动的人员，但不包括户口在家的在外学生、现役军人和丧失劳动能力的人，也不包括待业人员和家务劳动者。从业人员按从事主业时间最长（时间相同按收入）分为农业从业人员、工业从业人员、建筑业从业人员、交运仓储及邮电业从业人员、批零贸易及餐饮业从业人员、其它从业人员。

工业 指从事自然资源的开采，对采掘品和农产品进行加工和再加工的物质生产部门。具体包括：(1)对自然资源的开采，如采矿、晒盐等(但不包括禽兽捕猎和水产捕捞)；(2)对农副产品的加工、再加工，如粮油加工、食品加工、缫丝、纺织、制革等；(3)对采掘品的加工、再加工，如炼铁、炼钢、化工生产、石油加工、机器制造、木材加工等，以及电力、自来水、煤气的生产和供应等；(4)对工业品的修理、翻新，如机器设备的修理、交通运输工具(包括小卧车)的修理等。

1984年以前农村的村及村以下办工业归属农业，1984年以后划归工业。

工业统计调查单位为独立核算法人工业企业。

独立核算法人工业企业指从事工业生产经营活动的单位。独立核算法人工业企业应同时具备以下条件：①依法成立，有自己的名称、组织机构和场所，能够承担民事责任；②独立拥有和使用资产，承担负债，有权与其他单位签订合同；③独立核算盈亏，并能够编制资产负债表。本年鉴中涉及的企业登记注册类型：

国有及国有控股企业 指国有企业加上国有控股企业。国有企业(即原全民所有制工业或国营工业)指企业全部资产归国家所有，并按《中华人民共和国企业法人登记管理条例》规定登记注册的非公司制的经济组织。包括国有企业、国有独资公司和国有联营企业。1957年以前的公私合营和私营工业，后均改造为国营工业，1992年改为国有工业，这部分工业的资料不单独分列时，均包括在国有企业内。国有控股企业是对混合所有制经济的企业进行的“国有控股”分类。它是指这些企业的全部资产中国有资产(股份)相对其他所有者中的任何一个所有者占资(股)最多的企业。该分组反映了国有经济控股情况。

集体企业 指企业资产归集体所有，并按《中华人民共和国企业法人登记管理条例》规定登记注册的经济组织。是社会主义公有制经济的组成部分。包括城乡所有使用集体投资举办的企业，以及部分个人通过集资自愿放弃所有权并依法经工商行政管理机关认定为集体所有制的企业。

股份合作企业 指以合作制为基础，由企业职工共同出资入股，吸收一定比例的社会资产投资组建，实行自主经营，自负盈亏，共同劳动，民主管理，按劳分配与按股分红相结合的一种集体经济组织。

联营企业 指两个及两个以上相同或不同所有制性质的企业法人或事业单位法人，按自愿、平等、互利的原则，共同投资组成的经济组织。联营企业包括：

国有联营企业指国有企业与国有企业间的联营；

集体联营企业指集体企业与集体企业间的联营；

国有与集体联营企业指国有企业与集体企业间的联营。

有限责任公司 指根据《中华人民共和国公司登记管理条例》规定登记注册，由两个以上，五十个以下的股东共同出资，每个股东以其所认缴的出资额对公司承担有限责任，公司以其全部资产对其债务承担责任的经济组织。

有限责任公司包括国有独资公司以及其他有限责任公司。

股份有限公司 指根据《中华人民共和国企业法人登记管理条例》规定登记注册，其全部注册资本由等额股份构成并通过发行股票筹集资本，股东以其认购的股份对公司承担有限责任，公司以其全部资产对其债务承担责任的经济组织。

私营企业 指由自然人投资设立或由自然人控股，以雇佣劳动为基础的营利性经济组织。包括按照《公司法》、《合伙企业法》、《私营企业暂行条例》规定登记注册的私营有限责任公司、私营股份有限公司、私营合伙企业和私营独资企业。

港、澳、台商投资企业 指企业注册登记类型中的港、澳、台资合资、合作、独资经营企业和股份有限公司之和。

外商投资企业 指企业注册登记类型中的中外合资、合作经营企业、外资企业和外商投资股份有限公司之和。

“三资”企业系指港、澳、台商投资企业和外资企业的简称。

轻工业 指主要提供生活消费品和制作手工工具的工业。按其所使用的原料不同，可分为两大类：(1)以农产品为原料的轻工业，是指直接或间接以农产品为基本原料的轻工业。主要包括食品制造、饮料制造、烟草加工、纺织、缝纫、皮革和毛皮制作、造纸以及印刷等工业；(2)以非农产品为原料的轻工业，是指以工业品为原料的轻工业。主要包括文教体育用品、化学药品制造、合成纤维制造、日用化学制品、日用玻璃制品、日用金属制品、手工工具制造、医疗器械制造、文化和办公用机械制造等工业。

重工业 指为国民经济各部门提供物质技术基础的主要生产资料的工业。按其生产性质和产品用途，可以分为下列三类：(1)采掘(伐)工业，是指对自然资源的开采，包括石油开采、煤炭开采、金属矿开采、非金属矿开采等工业；(2)原材料工业，指向国民经济各部门提供基本材料、动力和燃料的工业。包括金属冶炼及加工、炼焦及焦炭、化学、化工原料、水泥、人造板以及电力、石油和煤炭加工等工业；(3)加工工业，是指对工业原材料进行再加工制造的工业。包括装备国民经济各部门的机械设备制造工业、金属结构、水泥制品等工业，以及为农业提供的生产资料如化肥、农药等工业。

根据上述划分原则，修理业中以重工业产品为修理作业对象的划为重工业，反之划为轻工业。

工业总产值

(1)定义：工业总产值是以货币形式表现的，工业企业在一定时期内生产的工业最终产品或提供工业性劳务活动的总价值量。它反映一定时间内工业生产的总规模和总水平。

(2)计算原则：

工业生产的原则，即凡是企业在报告期生产的经检验合格的产品，不管是否在报告期销售，均包括在内。

最终产品的原则，即凡是计入工业总产值的产品，必须是本企业生产的经检验合格的，不需要再进行任何加工的最终产品。如果企业有中间产品(半成品)对外销售，则对外销售的中间产品应视为企业的最终产品。

工厂法原则，即工业总产值是以工业企业作为基本计算(核算)单位，即按企业的最终产品计算工业总产值。按这种方法计算的工业总产值，不允许同一产品价值在企业内部重复计算，不能把企业内部各个车间(分厂)生产的成果相加，但允许企业间的重复计算。

(3)内容及计算方法：1995年全国工业普查对工业总产值(原规定)的内容及计算原则和方法做了某些修订，修订后的工业总产值(新规定)包括三项内容：即本期生产成品价值、对外加工费收入、在制品半成品期末期初差额价值三部分。本期生产成品价值：指企业本期生产，并在报告期内不再进行加工，经检验、包装入库的全部工业成品(半产品)价值合计，包括企业生产的自制设备及提供给本企业在建工程、其他非工业部门和福利部门等单位使用的成品价值。

本期生产成品价值为按自备原材料生产的产品的数量乘以本期不含增值税(销项税额)的产品实际销售平均单价计算；会计核算中按成本价格转帐的自制设备和自产自用的成品，按成本价格计算生产成品价值。生产成品价值中不包括用定货者来料加工的成品(半产品)价值。

对外加工费收入：指企业在报告期内完成的对外承接的工业品加工(包括用定货者来料加工产品)的加工费收入和对外工业修理作业所取得的加工费收入。对外加工费收入按不含增值税(销项税额)的价格计算，可根据会计“产品销售收入”科目的有关资料取得。

对于本企业对内非工业部门提供的加工修理、设备安装的劳务收入，如果企业会计核算基础较好，能取得这部分资料，而且这部分价值所占比重较大，应包括在对外加工费收入中。

自制半成品在制品期末期初差额价值：指企业报告期在制品期末减期初的差额价值，本指标一般可以从会计核算资料中取得。如果会计产品成本核算中不计算半成品、在制品的成本，则总产值中也不包括这部分价值，反之则包括。

(4)工业总产值统计范围变化和计算方法修订情况：

1984年以前工业总产值不包括村办工业，村办工业总产值划归农业。1984年以后工业总产值包括村办工业。

1995年工业普查对工业总产值计算方法做了修订，即从1995年始按新修订(新规定)方法计算工业总产值。新规定与原规定的区别如下：

全价与加工费的计算原则不同：新规定为凡自备原材料，不论其生产繁简程度如何，一律按全价计算工业总产值；凡来料加工，允许按加工费计算工业总产值。原规定则视生产加工的繁简程度不同，规定哪些行业按全价，哪些行业按加工费计算工业总产值。

自制半成品、在产品期末期初差额价值的计算原则不同：新规定要求，凡会计产品成本核算时计算了成本的差额价值，总产值中就应包括，否则可不包括；原规定则按生产周期六个月的界限区分，凡生产周期六个月以上的企业，总产值计算中应包括这部分差额价值，否则可不包括。

计算价格不同：新规定按不含增值税(销项税额)的价格计算；原规定则按含增值税(销项税额)的价格计算。

工业增加值　指工业企业在报告期内以货币表现的工业生产活动的最终成果。工业增加值有两种计算方法：一是生产法，即工业总产出减去工业中间投入加上应交增值税；二是收入法，即从收入的角度出发，根据生产要素在生产过程中应得到的收入份额计算，具体构成项目有固定资产折旧、劳动者报酬、生产税净额、营业盈余，这种方法也称要素分配法。本年鉴中的工业增加值是以生产法计算的。

生产法工业增加值的计算方法为：

工业增加值=工业总产出-工业中间投入+应交增值税

(1)工业总产出：指工业企业在一定时期内工业生产活动的总成果。工业总产出包括：成品生产价值，对外加工费收入，自制半成品、在产品期末期初差额价值。1995年后用新规定计算的工业总产值代替。

(2)工业中间投入：指工业企业在工业生产活动中消耗的外购物质产品和对外支付的服务费用。服务费用包括支付给物质生产部门(工业、农业、批发零售贸易业、建筑业、运输邮电业)的服务费用和支付给非物质生产部门(如保险、金融、文化教育、科学研究、医疗卫生、行政管理等)的服务费用。工业中间投入的确定须遵循以下原则：必须从外部购入的，并已计入工业总产出的产品和服务价值；必须是本期投入生产，并一次性消耗掉(包括本期摊销的低值易耗品等)的产品和服务价值。

工业中间投入包括直接材料费用、制造费用中的工业中间投入、管理费用中的工业中间投入、销售费用中的工业中间投入和利息支出五部分。

实收资本：指企业实际收到投资者的可作为长期周转使用的经营资金。根据现行会计制度规定，实收资本按投资主体分为：国家资本、集体资本、法人资本、个人资本、港澳台资本和外商资本。

国家资本：指有权代表国家投资的政府部门或者机构以国有资产投入企业形成的资本。

集体资本：指有权代表国家投资的集体部门或者机构以国有资产投入企业形成的资本。

法人资本：指其他法人单位以其依法可以支配的资产投入企业形成的资本。

个人资本：指社会个人或者本企业内部职工以个人合法财产投放到企业形成的资本。

港澳台资本：指我国香港、澳门和台湾地区投资者以各种形式的资产进行投资形成的资本。

外商资本：指外国投资者对企业投资形成的资本。

资产总计　指企业拥有或控制的能以货币计量的经济资源，包括各种财产、债权和其他权利。资产按流动性分为流动资产、长期投资、固定资产、无形资产、递延资产和其他资产。该指标根据企业会计“资产负债表”中“资产总计”项目的期末数增列。

流动资产合计　指可以在一年或者超过一年的一个营业周期内变现或者耗用的资产，包括现金及各种存款、短期投资、应收及预付货款、存款等。

流动资产平均余额　指企业在报告期内全部流动资产的平均余额。

固定资产原价　指企业在建造、购置、安装、改建、扩建、技术改造某项固定资产时所支出的全部货币总额。它一般包括买价、包装费、运杂费和安装费等。

固定资产净值年平均余额　指固定资产净值在报告期内余额的平均数。计算公式为：

固定资产净值年平均余额=1至12月各月月初、月末固定资产净值之和/24

该指标根据“资产负债表”中“固定资产原价”、“累计折旧”指标的期初、期末数计算填列。

固定资产净值指固定资产原价减去历年已提折旧额后的净额。计算公式为：

固定资产净值=固定资产原价−累计折旧

流动负债合计　指将在一年或超过一年的一个营业周期内偿还的债务。流动负债包括短期负债、应付票据、应付帐款、预收帐款、应付工资、应付福利费、应交税金、应付利润、其他应付款、预提费用等。

流动负债具有偿还期限短，在债权人提出要求时即期偿付，或在一年内必须偿还的特点。

长期负债合计　指偿还期在一年或超过一年的一个营业周期以上的债务，它是除了投资人投入企业的资本以外，企业向债权人筹集、可供企业长期使用的资金，是企业必须以资产或劳务偿还的经济责任，包括长期借款、应付债款、长期应付款、其他长期负债等。与流动负债相比，长期负债具有为数较大、偿还期限较长的特点，且对投资者来说可带来更大的利益。

所有者权益　指企业投资人对企业净资产的所有权。企业净资产等于企业全部资产减去全部负债后的余额，包括企业投资人对企业的最初投入的实际到位的资产及资本公积金、盈余公积金和未分配利润。所有者权益合计数小于零，表示企业资不抵债。

产品销售收入 指企业在报告期内生产的成品、自制半成品和工业性劳务取得的收入。

产品销售成本 指企业在报告期内销售本企业生产的成品、自制半成品和工业性劳务等的实际成本。

产品销售税金及附加 指企业在报告期内销售产品、提供的劳务等主要经营业务应负担的城市维护建设税、消费税、资源税和教育费附加等。

利润总额 指企业生产经营活动的最终成果，是企业在一定时期内实现的盈亏相抵后的利润总额(亏损以"–"号表示)，它等于营业利润加上补贴收入加上投资收益加上营业外净收入再加上以前年度损益调整。

本年应交增值税 指企业在报告期内应交纳的增值税额。它等于本年销项税额加上出口退税加上进项税额转出数减去本年进项税额。小规模纳税企业直接按全年计税销售额乘以征收率计算取得。

年末从业人员平均人数 从业人员是指在企业工作并取得劳动报酬的全部人员数。包括在岗职工、再就业的离退休人员、民办教师及在企业工作的外方人员和港澳台方人员、兼职人员、借用的外单位人员和第二职业者。不包括离开本单位但仍保留劳动关系的职工。

从业人员平均人数是指报告期内每天拥有的从业人员人数。其计算公式为：

月平均人数=报告月内每天实有人数之和/报告月日历日数

季平均人数=季内各月平均人数之和/3

年平均人数=年内各月平均人数之和/12

总资产贡献率 反映企业全部资产的获利能力，是企业经营业绩和管理水平的集中体现，是评价和考核企业盈利能力的核心指标。计算公式为：

总资产贡献率（%）=利润总额+税金总额+利息支出/平均资金总额×100%

公式中：税金总额为产品销售税金及附加与应交增值税之和；平均资产总额为期初期末资产之和的算术平均值。

资产负债率 该指标既反映企业经营风险的大小，也反映企业利用债权人提供的资金从事经营活动的能力。计算公式为：

资产负债率（%）=负债总额/资产总额×100%

资产与负债均为报告期期末数。

流动资产周转次数 指一定时期内流动资产完成的周转次数，反映投入工业企业流动资金的周转速度。计算公式为：

流动资产周转次数=产品销售收入/全部流动资产平均余额

公式中：全部流动资产平均余额为期初和期末的流动资产之和的算术平均值。

成本费用利润率 反映企业投入的生产成本及费用的经济效益，同时也反映企业降低成本所取得的经济效益。计算公式为：

成本费用利润（%）=利润总额/成本费用总额×100%

公式中：成本费用总额为产品销售成本、销售费用、管理费用、财务费用之和。

全员劳动生产率 该指标反映企业的生产效率和劳动投入的经济效益。计算公式为：

全员劳动生产率（元/人）=工业增加值/全部从业人员平均人数

产品销售率 该指标反映工业产品已实现销售的程度，是分析工业产销衔接情况、研究工业产品满足社会需求的指标。计算公式为：

产品销售率（%）=工业销售产值/工业总产值（现价）×100%

建筑业统计单位 指从事房屋、构筑物建造和设备安装活动的法人企业。建筑业法人企业应具有建筑业资质并能够独立核算；同时应具备以下条件：①依法成立，有自己的名称、组织机构和场所，能够承担民事责任；②独立拥有和使用资产，承担负债，有权与其他单位签订合同；③独立核算盈亏，能够编制资产负债表。

建筑业总产值 是以货币形式表现的建筑业企业在一定时期内生产的建筑业产品和提供的服务的总和。建筑业总产值包括：

⑴建筑工程产值：指列入建筑工程预算内的各种工程价值。

⑵安装工程产值：指设备安装工程价值，不包括被安装设备本身的价值。

⑶其他产值：建筑业总产值中除建筑工程、安装工程以外的产值。包括房屋构筑物修理产值、非标准设备制造产值、总包企业向分包企业收取的管理费以及不能明确划分的施工活动所完成的产值。

a.房屋构筑物修理产值：指房屋和构筑物修理所完成的产值，但不包括被修理房屋、构筑物本身价值和生产设备的修理产值。

b.非标准设备制造产值：指加工制造没有定型的非标准生产设备的加工费和原材料价值(如化工厂、炼油厂用的各种罐、槽，矿井生产统一使用的各种漏斗、三角槽、阀门等)以及附属加工厂为本企业承建工程制作的非标准设备的价值。

建筑业增加值 指建筑业企业在报告期内以货币形式表现的建筑业生产经营活动的最终成果。目前建筑业增加值采用分配法(收入法)计算，即从收入的角度出发，根据生产要素在生产过程中应得的收入份额计算。具体计算公式为：

建筑业增加值=本年提取的固定资产折旧+应付工资+应付福利费+管理费用中的劳动待业保险费、税金+工程结算税金及附加+营业利润

房屋建筑施工面积 指在报告期内施过工的全部房屋建筑面积，包括本期新开工的房屋面积、上期施工跨入本期继续施工的房屋面积、上期停缓建在本期恢复施工的房屋面积、本期竣工的房屋面积及本期施工后又停缓建的房屋面积。

房屋建筑竣工面积 指在报告期内房屋建筑按照设计要求全部完工，达到了使用条件，经验收鉴定合格，正式移交使用单位的房屋建筑面积。

自有机械设备年末总台数 指归本企业所有，属于本企业固定资产的生产性机械设备年末总台数。包括施工机械、生产设备、运输设备以及其他设备。

自有机械设备年末总功率 指本企业自有施工机械、生产设备、运输设备以及其他设备等列为在册固定资产的生产性机械设备年末总功率，按设定能力或查定能力计算。包括机械本身的动力和为该机械服务的单独动力设备，如电动机等。计算单位用千瓦，动力换算可按1马力＝0.735千瓦折合成千瓦数。电焊机、变压器、锅炉不计算动力。

工程结算收入 指企业承包工程实现的工程价款结算收入，以及向发包单位收取的除工程价款以外的按规定列作营业收入的各种款项，如临时设施费、劳动保险费、施工机械调迁费等以及向发包单位收取的各种索赔款。

工程结算利润 指已结算工程实现的利润，如亏损以“-”号表示。计算公式为：

工程结算利润=工程结算收入-工程结算成本-工税结算税金及附加

企业总收入 指与企业生产经营直接有关的各项收入，包括工程结算收入和其他业务收入。计算公式为：

企业总收入=工程结算收入+其他业务收入

铁路营业里程 又称营业长度(包括正式营业和临时营业里程)，指办理客货运输业务的铁路正线总长度。凡是全线或部分建成双线及以上的线路，以第一线的实际长度计算；复线、站线、段管线、岔线和特殊用途线以及不计算运费的联络线都不计算营业里程。该指标可以反映铁路运输业基础设施的发展水平，也是计算客货周转量、运输密度和机车车辆运用效率等指标的基础资料。

铁路电气化里程 指在全部铁路营业里程中已安装了供电线路及设备，可以供电力机车牵引列车运行的区段的总里程。

铁路自动、半自动闭塞里程 指装有列车自动或人工完成闭塞状态的铁路设备里程。为保证列车安全运行，在一个区间、同一时间内，一般只允许一列列车运行，这种保证列车在这个区间安全间隔运行的技术方法称为“闭塞”。自动或半自动闭塞里程占铁路营业里程的比重是反映铁路现代化的重要标志之一。

公路里程 指在一定时期内实际达到《公路工程[WTBZ]技术标准JTJ01–88》规定的等级公路，并经公路主管部门正式验收交付使用的公路里程数。包括大中城市的郊区公路以及通过小城镇街道部分的公路里程和桥梁、渡口的长度，不包括大中城市的街道、厂矿、林区生产用道和农业生产用道的里程。两条或多条公路共同经由同一路段，只计算一次，不得重复计算里程长度。该指标可以反映公路建设的发展规模，也是计算运输网密度等指标的基础资料。

内河航道里程 也称内河通航里程，指在一定时期内，能通航运输船舶及排筏的天然河流、

湖泊水库、运河及通航渠道的长度。包括全年季节性通航累计三个月以上的航道，不包括仅供零散流放竹、木排的河道。该指标可以反映内河水运网的规模、水平和发展情况。

民用航空航线里程 指民航运输定期班机飞行的航线长度的总和。航线长度按机场之间的距离计算，通常有两种计算方法：一是将每条航线长度相加称为重复计算航线里程；一是将两线或两条以上航线经过同一区段里程，只计算一次航线长度称为不重复计算航线里程。一般常用的是后者，该指标可以确切反映民航运输网的规模，是表明民航事业为国民经济服务和方便人民生活程度的主要指标。

输油(气)管道长度 也称输油(气)里程，指油品(或天然气)的实际输送距离，一般按输油(气)管道的单线长度计算。若包括复线和备用线长度则称为输油(气)管道延展长度，是指管道铺设的实际长度。我们通常使用的是不包括复线的“输油(气)管道里程”，该指标可以反映管道运输的发展规模和水平。

货(客)运量 指在一定时期内，各种运输工具实际运送的货物(旅客)数量。该指标是反映运输业为国民经济和人民生活服务的数量指标，也是制定和检查运输生产计划、研究运输发展规模和速度的重要指标。货运按吨计算，客运按人计算。货物不论运输距离长短、货物类别，均按实际重量统计。旅客不论行程远近或票价多少，均按一人一次客运量统计；半价票、小孩票也按一人统计。

货(客)运密度 指在一定时期内某种运输方式在营运线路的某一区段平均每公里线路通过的货物(旅客)运输周转量。计算公式为：

货（客）运密度=货物（旅客）周转量/营业线路长度

该指标可以反映交通运输线路上的货物(旅客)运输量运输繁忙程度，是平衡运输线路运输能力和通过能力，规划线路建设及改造、配备技术设备，研究运输网布局的重要依据。

货物(旅客)周转量 指在一定时期内，由各种运输工具运送的货物(旅客)数量与其相应运输距离的乘积之总和。该指标可以反映运输业生产的总成果，也是编制和检查运输生产计划，计算运输效率、劳动生产率以及核算运输单位成本的主要基础资料。计算货物周转量通常按发出站与到达站之间的最短距离，也就是计费距离计算。计算公式为：

货物（旅客）周转量=∑货物（旅客）运输量×运输距离

铁路货车平均静载重 指铁路货车在始发站静止状态下平均每车装载的货物重量，用以分析货车完成装车时车辆载重力的利用情况。计算公式为：

货车平均静载量=货物发送吨数/装车数

静载重的多少取决于运送货物的性质、种类、车辆的类型和装载技术的高低。根据货车的平均标记载重与静载重进行对比，可以反映货车载重能力的利用程度。计算公式为：

货车载重力利用率（%）=货车平均静载重/货车平均标记载重×100%

铁路货运机车日产量 指在一定时期内，平均每台货运机车在一昼夜内所完成的总重吨公里数，包括载运货物的重量和车辆本身的自重。该指标从时间和牵引能力两方面反映了机车运用效率。计算公式为：

货运机车平均日产量=货运总重吨公里数/货运机车台日数

沿海主要港口货物吞吐量 指经水运进出沿海主要港区范围，并经过装卸的货物数量，包括邮件及办理托运手续的行李、包裹以及补给运输船舶的燃、物料和淡水。货物吞吐量按货物流向分为进口、出口吞吐量，按货物交流性质分为外贸货物吞吐量和国内贸易货物吞吐量。货物吞吐量的货类构成及其流向，是衡量港口生产能力大小的重要指标。

民用汽车拥有量 指报告期末，在公安交通管理部门按照《机动车注册登记工作规范》，已注册登记领有民用车辆牌照的全部汽车数量。汽车拥有量统计的主要分类：根据汽车结构分为载客汽车、载货汽车及其他汽车；根据汽车所有者不同分为个人(私人)汽车、单位汽车；根据汽车的使用性质分为营运汽车、非营运汽车和特种汽车；根据汽车大小规格不同载客汽车分为大型、中型、小型和微型，载货汽车分为重型、中型、轻型和微型。

邮电业务总量 指以价值量形式表现的邮电通信企业为社会提供各类邮电通信服务的总数量。邮电业务量按专业分类包括函件、包件、汇票、报刊发行、邮政快件、特快专递、邮政储蓄、集邮、公众电报、用户电报、传真、长途电话、出租电路、无线寻呼、移动电话、分组交换数据通信、出租代维等。计算方法为各类产品乘以相应的平均单价(不变价)之和，再加上出租电路和设备、代用户维护电话交换机和线路等的服务收入。该指标综合反映了一定时期邮电业务发展的总成果，是研究邮电业务量构成和发展趋势的重要指标。计算公式为：

邮电业务总量=∑（各类邮电业务量×不变单价）+出租代维及其他业务收入=邮电业务总量+电信业务总量

无线寻呼用户 无线寻呼是指电话用户通过无线寻呼中心，在规定范围内向携带小型寻呼机的用户发出声音、数字或文字显示信息。在寻呼台办理登记手续携带小型寻呼机的用户，称为无线寻呼用户。

移动电话用户 指通过移动电话交换机进入移动电话网、占用移动电话号码的各类电话用户。包括签约用户和智能网预付费用户。一个移动电话号码统计为一户。

互联网上网人数 指平均每周使用互联网至少1小时的中国公民人数。

本地电话用户 指接入本地电信运营商固定电话网上的电话用户。包括：住宅用户、单位用户、公用电话用户等。按电话用户位置又分为市内电话用户和农村电话用户。1997年以前，“市内电话用户”是指接入县城及县以上城市的电话网上的电话用户；“农村电话用户”是指接入县邮电局农话台及县以下农村电话交换点，以县城为中心(除市话用户外)联通县、乡(镇)、行政村、村民小组的用户。从1997年起，电话用户数分组调整为以用户所在区域划分为“城市电话用户”和“乡村电话用户”，与过去的按市内电话和农村电话划分方法不同。而电话用户总数、电话机总部数统计范围不变。

城市电话用户 指直辖市、省辖市、地级市、县级市的市区、市郊区及县城(包括县人民政府所在地的县城关区或行政建制相当于县人民政府所在地的镇)范围内接入局用交换机的电话用户数，包括分布在农村地区的独立工矿区、林区、驻军等电话用户数。

乡村电话用户 指按行政区划属于城市范围以外的乡(镇)、村的电话用户数。

住宅电话用户 指安装在居民住宅或农民家里并按照住宅电话用户登记注册和收费的电话用户。包括私人付费、单位付费和按规定免费安装的住宅电话用户。

长途电话交换机容量 指用于接入长途电话网的电话交换机设备的额定容量，包括国际电话交换机容量。

局用交换机容量 指安装在电信运营企业内用于接续本地固定电话的电话交换机容量，包括现用和备用的人工或自动交换机的全部容量。不包括用户交换机容量。

移动电话交换机容量 指移动电话交换机根据一定话务模型和交换机处理能力计算出来的最大同时服务用户的数量。

社会消费品零售总额 批发和零售业、餐饮业、新闻出版业、邮政业和其他服务业等，售予城乡居民用于生活消费的商品和社会集团用于公共消费的商品之总量。社会消费品零售总额包括：

一、批发和零售业企业（单位）：

1.售予城乡居民的各种生活消费品；

2.售予入境旅游的外国人、华侨、港澳台同胞的各类商品；

3.售予行政事业单位、社会团体、军队和武警等机构的商品，以及以零售方式售予各类企业的商品。具体包括：用于非生产和社会交往的办公用品，如通讯设备、计算器具和设备、电讯网络设备、文印设备、音像视听器材和设备、纸张、本册、文具及装订文印材料、家具、日用电器、针纺织品、清洁卫生用品、文体用品、奖品、纪念品、礼品等；供内部人员乘坐的交通工具和燃料；用于办公设施修缮的各类配件、材料、工具等；用于取暖和防暑降温的设备、燃料、材料及食品等；专用于教学的用品和设备；非营利医疗机构的中、西药品、中药材和医疗设备器材；非专用的劳动保护用品；不对外营业的内部食堂用的餐具、炊具、设备、清洁卫生工具和食品、燃料等；军队、武警用于其人员生活的衣着品和个人用品；其他各类非生产性设备和用品。

二、餐饮业出售的主食、菜肴、烟酒饮料和其他商品。

三、新闻出版业、邮政业售予城乡居民、企事业单位、军队和武警等机构的书报杂志、音像制品、邮品等。

四、其他服务业出售的食品、烟酒饮料、服装鞋帽、日常生活用品、医药保健用品、艺术品、工艺美术品、玩具、殡葬用品以及其他消费品。

批发零售贸易业商品购、销、存总额　指各种登记注册类型的批发、零售业企业(单位)以本企业(单位)为总体的，从国内、国外市场购进的商品总量，销售和出口的商品总量、库存商品总量等情况。该指标可以反映商品流转过程中商品的购进、销售、库存之间的比例关系和存在的问题。

商品购进总额　指从本企业(单位)以外的单位和个人购进(包括从境外直接进口)作为转卖或加工后转卖的商品总额。它反映批发零售贸易业从国内、国外市场上购进商品的总量。商品购进总额包括：(1)从工农业生产者购进的商品；(2)从出版社、报社的出版发行部门购进的图书、杂志和报纸；(3)从各种登记注册类型的批发零售贸易企业(单位)购进的商品；(4)从其他单位购进的商品，如从机关、团体、企业等单位购进的剩余物资，从餐饮业、服务业购进的商品，从海关、市场管理部门购进的缉私和没收的商品，从居民手中收购的废旧商品等；(5)从国(境)外直接进口的商品。不包括企业(单位)为自身经营用和未通过买卖行为而收入的商品以及销售退回、商品升溢等。

商品销售总额　指对本企业(单位)以外的单位和个人出售(包括对境外直接出口)的商品总额。它反映批发零售贸易业在国内市场上销售商品以及出口商品的总量。商品销售总额包括：(1)售给城乡居民和社会集团消费用的商品；(2)售给工业、农业、建筑业、运输邮电业、批发零售贸易业、餐饮业、服务业等作为生产、经营使用的商品；(3)售给批发零售贸易业作为转卖或加工后转卖的商品；(4)对国(境)外直接出口的商品。不包括出售本企业(单位)自用的废旧包装用品；未通过买卖行为付出的商品；经本单位介绍，由买卖双方直接结算，本单位只收取手续费的业务；购货退出的商品以及商品损耗和损失等。

批发零售贸易业库存　指报告期末各种登记注册类型的批发零售贸易企业(单位)已取得所有权的商品。它反映批发零售贸易企业(单位)的商品库存情况和对市场商品供应的保证程度。期末库存包括：(1)存放在批发零售贸易业经营单位(如门市部、批发站、经营处)仓库、货场、货柜和货架中的商品；(2)挑选、整理、包装中的商品；(3)已记入购进而尚未运到本单位的商品，即发货单或银行承兑凭证已到而货未到的部分；(4)寄放他处的商品，如因购货方拒绝承付而暂时存放在购货方的商品和已办完加工成品收回手续而未提回的商品；(5)委托其他单位代销(未作销售或调出)尚未售出的商品；(6)代其他单位购进尚未交付的商品。不包括所有权不属于本单位的商品、拨付除批发零售贸易业以外的其他行业所属独立核算加工厂等加工生产尚未收回成品的商品、代国家物资储备部门保管的商品等。

库存总额采用的计算价格是：农副产品采购单位按购进价计算；批发单位按进货价计算；

零售单位按核算价格计算，即按什么价格核算就按什么价格计算。

餐饮业营业收入　指餐饮企业、产业活动单位或个体户的全部营业额，包括商品零售额和其他服务性收入。其主要反映餐饮企业、活动单位或个体户的经营情况及发展变化趋势。

餐饮业商品零售额　指餐饮企业、产业活动单位或个体户直接对居民和社会集团零售的各种商品。包括：(1)经烹饪、调制加工后出售的各种食品，如主食、炒菜、凉拌菜等；(2)不经加工直接转卖的各种外购商品，如卷烟、酒、饮料、熟食、水果等；(3)附设非独立核算的专门销售商品的小卖部出售的各种食品及其他商品。

消费品市场成交额　指在全国消费品交易市场成交的全部商品金额。消费品市场包括农副产品市场和工业消费品市场。

亿元商品交易市场成交额　指年销售额达到亿元以上，经工商部门批准、专门从事商品批发、零售业务活动的市场。其市场所有摊位销售总额称为商品交易市场成交额。

连锁企业(或称连锁店、连锁公司)　指在核心企业或总店的领导下，由分散的、经营同类商品或服务的企业或活动单位，采取共同方针，实行集中采购和分散销售的有机结合，通过规范化经营，实现规模效益的经济联合组织形式。一般连锁店应由若干个分店组成。其经营特征：(1)经营同类商品；(2)使用统一商号；(3)统一采购配送，采购与销售相分离（部分商品可根据物流合理和保质保鲜原则，由供应商直接送货到门店，其余均由总部统一配送）。

连锁门店包括下列两种形式：

直营连锁：指正规连锁。连锁门店均由总部独资或控股开设，在总部的直接领导下统一经营。

加盟连锁：指特许连锁。各连锁门店（被特许人）通过合同形式，取得使用总部（特许人）商标、商号、经营技术和销售总部开发的商品的特许权，各加盟连锁门店为独立法人，在总部指导下统一经营。

进出口总额　指实际进出我国国境的货物总金额。包括对外贸易实际进出口货物，来料加工装配进出口货物，国家间、联合国及国际组织无偿援助物资和赠送品，华侨、港澳台同胞和外籍华人捐赠品，租赁期满归承租人所有的租赁货物，进料加工进出口货物，边境地方贸易及边境地区小额贸易进出口货物(边民互市贸易除外)，中外合资企业、中外合作经营企业、外商独资经营企业进出口货物和公用物品，到、离岸价格在规定限额以上的进出口货样和广告品(无商业价值、无使用价值和免费提供出口的除外)，从保税仓库提取在中国境内销售的进口货物，以及其他进出口货物。该指标可以观察一个国家在对外贸易方面的总规模。我国规定出口货物按离岸价格统计，进口货物按到岸价格统计。

商品经营单位所在地进、出口额　指所在地海关注册登记的有进出口经营权的企业实际进、出口额。

商品目的地进口额和商品货源地出口额　目的地进口额指进口货物的消费、使用或最终抵运地的实际进口额，货源地出口额指出口货物的产地或原始发货地的实际出口额。

利用外资　指我国各级政府、部门、企业和其他经济组织通过对外借款、吸收外商直接投资以及用其他方式筹措的境外现汇、设备、技术等。

对外借款　指通过对外正式签订借款协议，从境外筹措的资金，包括外国政府贷款、国际金融组织贷款、外国银行商业贷款、出口信贷以及对外发行债券等。1996年及以前还包括对外发行股票。该指标是我国利用外资的重要部分。

外商直接投资　指外国企业和经济组织或个人(包括华侨、港澳台胞以及我国在境外注册的企业)按我国有关政策、法规，用现汇、实物、技术等在我国境内开办外商独资企业、与我国境内的企业或经济组织共同举办中外合资经营企业、合作经营企业或合作开发资源的投资(包括外商投资收益的再投资)，以及经政府有关部门批准的项目投资总额内企业从境外借入的资金。

外商其他投资　指除对外借款和外商直接投资以外的各种利用外资的形式。包括企业在境内外股票市场公开发行的以外币计价的股票（目前主要是在香港证券市场发行的H股和在境内证券市场发行的B股）发行价总额，国际租赁进口设备的应付款，补偿贸易中外商提供的进口设备、技术、物料的价款，加工装配贸易中外商提供的进口设备、物料的价款。

对外承包工程 指各对外承包公司以招标议标承包方式承揽的下列业务：(1)承包国外工程建设项目；(2)承包我国对外经援项目；(3)承包我国驻外机构的工程建设项目；(4)承包我国境内利用外资进行建设的工程项目；(5)与外国承包公司合营或联合承包工程项目时我国公司分包部分；(6)对外承包兼营的房屋开发业务。对外承包工程的营业额是以货币表现的本期内完成的对外承包工程的工作量，包括以前年度签订的合同和本年度新签订的合同在报告期内完成的工作量。

对外劳务合作 指以收取工资的形式向业主或承包商提供技术和劳动服务的活动。我国对外承包公司在境外开办的合营企业，中国公司同时又提供劳务的，其劳务部分也纳入劳务合作统计。劳务合作营业额按报告期内向雇主提交的结算数(包括工资、加班费和奖金等)统计。

对外设计咨询 指以服务成果向业主收费的技术服务项目。包括承担地形地貌测绘，地质资源勘探与普查，建设区域规划，提供设计文件、图纸、生产工艺技术资料和工程技术经济咨询，工程项目的可行性考察、研究和评估，进行技术指导和培训人员等；也包括承担国(境)内利用外资建设工程项目中的设计咨询项目内收取外币部分。

旅游者人数

(1)入境国际旅游者人数：指来中国参观、访问、旅行、探亲、访友、休养、考察、参加会议和从事经济、科技、文化、教育、宗教等活动的外国人、华侨、港澳同胞和台湾同胞的人数。不包括外国在我国的常驻机构，如使领馆、通讯社、企业办事处的工作人员;来我国常住的外国专家、留学生以及在岸逗留不过夜人员。

(2)出境居民人数：指大陆居民因公务活动或私人事务短期出境的人数。公务活动出境居民人数包括在国际交通工具上的中国服务员工，因私出境居民人数不包括在国际交通工具上的中国服务员工。

(3)国内旅游者人数：指我国大陆居民和在我国常住1年以上的外国人、华侨、港澳台同胞离开常住地在境内其他地方的旅游设施内至少停留一夜，最长不超过6个月的人数。

国际旅游(外汇)收入 指入境旅游的外国人、华侨、港澳同胞和台湾同胞在中国大陆旅游过程中发生的一切旅游支出，对于国家来说就是国际旅游(外汇)收入。

国际旅行社 指经营对外招徕并接待外国人、华侨、港澳同胞和台湾同胞来中国、归国或回内地旅游业务的旅行社。

国内旅行社 指负责经营招徕、组团、接待国内旅客的旅游业务，以及不对外招徕，负责经营接待国际旅行社或其它涉外部门组织的外国人、华侨、港澳同胞和台湾同胞来中国、归国或回内地的旅游业务的旅行社。

星级饭店 指已评定星级的饭店。

普通高等学校 指按照国家规定的设置标准和审批程序批准举办的，通过全国普通高等学校统一招生考试，招收高中毕业生为主要培养对象，实施高等教育的全日制大学、独立设置的学院和高等专科学校、高等职业学校和其他机构。

大学、独立设置的学院主要实施本科层次以上教育，高等专科学校、高等职业学校实施专科层次教育，其他机构是承担国家普通招生计划任务不计校数的机构。包括普通高等学校分校和批准筹建的普通高等学校等。

成人高等学校 指按照国家规定的设置标准和审批程序批准举办的，通过全国成人高等学校统一招生考试，招收具有高中毕业或同等学历的在职从业人员为主要培养对象，利用函授、业余、脱产等多种形式对其实施高等学历教育的学校。包括职工高等学校、农民高等学校、管理干部学院、教育学院、独立函授学院、广播电视大学、其他机构等。其他机构是承担国家成人招生计划任务不计校数的机构。

小学学龄儿童入学率 指调查范围内已入小学学习的学龄儿童占校内外学龄儿童总数(包括弱智儿童，不包括盲聋哑儿童)的比重。计算公式为：

小学学龄儿童入学率=已入学的小学学龄儿童数/校内外小学学龄儿童总数×100%

科技活动 指在自然科学、农业科学、医药科学、工程与技术科学、人文与社会科学领域(简称科学技术领域)中，与科技知识的产生、发展、传播和应用密切相关的有组织的活动。

可分为研究与试验发展(R&D)、研究与试验发展成果应用及相关的科技服务三类活动。该定义是联合国教科文组织考虑成员国特别是发展中国家开展科技统计工作的需要，而对科技活动所作的统计界定。

科技活动人员 指直接从事科技活动、以及专门从事科技活动管理和为科技活动提供直接服务，累计的实际工作时间占全年制度工作时间10%及以上的人员。(1)直接从事科技活动的人员包括：在独立核算的科学研究与技术开发机构、高等学校、各类企业及其他事业单位内设的研究室、实验室、技术开发中心及中试车间(基地)等机构中从事科技活动的研究人员、工程技术人员、技术工人及其它人员；虽不在上述机构工作，但编入科技活动项目(课题)组的人员；科技信息与文献机构中的专业技术人员；从事论文设计的研究生等。(2)专门从事科技活动管理和为科技活动提供直接服务的人员，包括：独立核算的科学研究与技术开发机构、科技信息与文献机构、高等学校、各类企业及其他事业单位主管科技工作的负责人，专门从事科技活动的计划、行政、人事、财务、物资供应、设备维护、图书资料管理等工作的各类人员，但不包括保卫、医疗保健人员、司机、食堂人员、茶炉工、水暖工、清洁工等为科技活动提供间接服务的人员。该指标用来反映投入科技活动人力的规模。

科学家与工程师 指科技活动人员中具有高、中级技术职称(职务)的人员和不具有高、中级技术职称(职务)的大学本科及以上学历人员。该指标用来反映投入科技活动人力的素质。

研究与试验发展(R&D) 指在科学技术领域，为增加知识总量、以及运用这些知识去创造新的应用进行的系统的创造性的活动，包括基础研究、应用研究、试验发展三类活动。国际上通常采用R&D活动的规模和强度指标反映一国的科技实力和核心竞争力。

基础研究 指为了获得关于现象和可观察事实的基本原理的新知识(揭示客观事物的本质、运动规律，获得新发现、新学说)而进行的实验性或理论性研究，它不以任何专门或特定的应用或使用为目的。其成果以科学论文和科学著作为主要形式。用来反映知识的原始创新能力。

应用研究 指为获得新知识而进行的创造性研究，主要针对某一特定的目的或目标。应用研究是为了确定基础研究成果可能的用途，或是为达到预定的目标探索应采取的新方法(原理性)或新途径。其成果形式以科学论文、专著、原理性模型或发明专利为主。用来反映对基础研究成果应用途径的探索。

试验发展 指利用从基础研究、应用研究和实际经验所获得的现有知识，为产生新的产品、材料和装置，建立新的工艺、系统和服务，以及对已产生和建立的上述各项作实质性的改进而进行的系统性工作。其成果形式主要是专利、专有技术、具有新产品基本特征的产品原型或具有新装置基本特征的原始样机等。在社会科学领域，试验发展是指把通过基础研究、应用研究获得的知识转变成可以实施的计划(包括为进行检验和评估实施示范项目)的过程。人文科学领域没有对应的试验发展活动。主要反映将科研成果转化为技术和产品的能力，是科技推动经济社会发展的物化成果。

研究与试验发展人员 指参与研究与试验发展项目研究、管理和辅助工作的人员，包括项目(课题)组人员，企业科技行政管理人员和直接为项目(课题)活动提供服务的辅助人员。反映投入从事拥有自主知识产权的研究开发活动的人力规模。

专业技术人员 指从事专业技术工作和专业技术管理工作的人员，即企事业单位中已经聘任专业技术职务从事专业技术工作和专业技术管理工作的人员，以及未聘任专业技术职务，现在专业技术岗位上工作的人员。包括工程技术人员，农业技术人员，科学研究人员，卫生技术人员，教学人员，经济人员，会计人员，统计人员，翻译人员，图书资料、档案、文博人员，新闻出版人员，律师、公证人员，广播电视播音人员，工艺美术人员，体育人员，艺术人员及企业政治思想工作人员，共十七个专业技术职务类别。用来反映科技人力资源情况。

科技活动经费筹集指从各种渠道筹集到的计划用于科技活动的经费，包括政府资金、企业资金、事业单位资金、金融机构贷款、国外资金和其他资金等。反映各社会经济主体对促进科技进步所做的努力。

政府资金 指从各级政府部门获得的计划用于科技活动的经费，包括科学事业费、科技三项费、科研基建费、科学基金、教育等部门事业费中计划用于科技活动的经费以及政府部门预算外资金中计划用于科技活动的经费等。

企业资金 指从自有资金中提取或接受其他企业委托的、科研院所和高校等事业单位接受企业委托获得的，计划用于科研和技术开发的经费。不包括来自政府、金融机构及国外的计划用于科技活动的资金。

金融机构贷款 指从各类金融机构获得的用于科技活动的贷款。

科技活动经费内部支出 指报告年内用于科技活动的实际支出，包括劳务费、科研业务费、科研管理费，非基建投资购建的固定资产、科研基建支出以及其他用于科技活动的支出。不包括生产性活动支出、归还贷款支出及转拨外单位支出。反映科技投入实际完成情况。

劳务费 指以货币或实物形式直接或间接支付给从事科技活动人员的劳动报酬及各种费用。包括各种形式的工资、津贴、奖金、福利、离退休人员费用、人民助学金等。反映改善科技人员待遇情况。

固定资产购建费 指报告年内使用非基建投资购建的固定资产和用于科研基建投资的实际支出额，即固定资产实际支出和科研基建投资实际完成额之和。固定资产是指长期使用而不改变原有实物形态的主要物资设备、图书资料、实验材料和标本以及其他设备和家具、房屋、建筑物。反映用于改善科研条件和科研手段方面的投入情况。

新产品 指采用新技术原理、新设计构思研制、生产的全新产品，或在结构、材质、工艺等某一方面比原有产品有明显改进，从而显著提高了产品性能或扩大了使用功能的产品。既包括政府有关部门认定并在有效期内的新产品，也包括企业自行研制开发，未经政府有关部门认定，从投产之日起一年之内的新产品。用来反映科技产出及对经济增长的直接贡献。

专利 是专利权的简称，是对发明人的发明创造经审查合格后，由专利局依据专利法授予发明人和设计人对该项发明创造享有的专有权。包括发明、实用新型和外观设计。反映拥有自主知识产权的科技和设计成果情况。

发明 指对产品、方法或者其改进所提出的新的技术方案。是国际通行的反映拥有自主知识产权技术的核心指标。

实用新型 指对产品的形状、构造或者其结合所提出的适于实用的新的技术方案。反映具有一定技术含量的技术成果情况。

外观设计 指对产品的形状、图案、色彩或者其结合所作出的富有美感并适于工业上应用的新设计。反映拥有自主知识产权的外观设计成果情况。

文化事业机构 指从事专业文化工作和为专业文化工作服务的独立建制的单位。不包括这些单位另外举办独立核算的其他机构和各部门的业余文化组织。该指标主要反映文化事业机构发展规模水平。

艺术表演团体 指从事戏曲、音乐、舞蹈、杂技等专业艺术表演，有独立帐户的单位，不包括半工半艺、半农半艺和民间职业剧团。

艺术表演观众人数(人次) 指售票、包场演出或民族地区免费演出的艺术表演观众人次数，不包括彩排审查和内部观摩演出的观看人次数。

等级运动员人数 指经考核正式批准授予等级运动员称号的人数。运动员等级分为国际级运动健将、运动健将、一级运动员、二级运动员、三级运动员、少年级运动员。该指标主要反映运动员队伍的技术质量水平。

等级裁判员人数 指经考核正式批准授予等级裁判员称号的人数。裁判员等级分为国际裁判、国家级裁判、一级裁判、二级裁判、三级裁判。该指标主要反映裁判员队伍的技术质量水平。

体育场 指有400米跑道(中心含足球场)，有固定道牙，跑道6条以上，并有固定看台的室外田径场地。体育场按看台容纳观众人数分为：甲级25000人以上，乙级15000–25000人，丙级5000–15000人，丁级5000人以下。该指标主要反映大中型体育场数量水平。

体育馆 指有固定看台，可供篮球、排球、羽毛球、乒乓球、体操等项目训练比赛活动用的室内运动场地。体育馆按看台容纳观众人数分为：甲级6000人以上，乙级4000–6000人，丙级2000–4000人，丁级2000人以下。该指标主要反映大中型体育馆数量水平。

卫生机构 包括医疗机构、疾病预防控制中心(防疫站)、采供血机构、卫生监督及监测(检验)机构、医学科研和在职培训机构、健康教育所等。

医疗机构 包括医院、社区卫生服务中心(站)、疗养院、卫生院、门诊部、诊所(卫生所、医务室)、妇幼保健院(所、站)、专科疾病防治院(所、站)、急救中心(站)和临床检验中心。医疗机构分为非赢利性医疗机构和赢利性医疗机构。

医院 包括综合医院、中医医院、中西医结合医院、民族医院、各类专科医院和护理院。

卫生技术人员 指卫生机构中医生、护理人员、药剂人员、检验人员等卫生技术人员。

医生 指在医疗、预防保健机构工作且取得《执业医师证书》的执业医师和执业助理医师。

社会福利事业单位 指集中收养社会孤老、残、幼的机构，包括由民政部门管理的社会福利院、儿童福利院、精神病人福利院和城镇集体举办的福利院及农村集体举办的敬老院以及优抚医院和具有收养能力的社区服务中心等。该指标主要反映我国在社会福利性单位投入的水平。

社会福利事业单位收养人数 包括民政部门管理和城镇、农村集体举办的社会福利事业单位中收养的老人、少年儿童、缺乏生活自理能力的残疾人员和精神病人。该指标主要反映收养性社会福利单位的收养能力。

社会福利企业单位 指以安置城镇有一定劳动能力的盲、聋、哑和肢体残疾人员就业为目的，享受国家减免税待遇的国有或集体企业。包括福利工厂、福利商业和服务业、假肢厂和安置农场等单位。该指标主要反映我国对残疾人照顾的特殊政策。

农村五保户 指农村中既无劳动能力，又无经济来源的老、弱、孤、残的农民，其生活由集体供养，实行保吃、保穿、保住、保医、保葬(孤儿保教)，简称“五保”，享受五保待遇的家庭叫五保户。该指标主要反映农村弱势群体的人员数量。

律师 指依法取得律师执业证书，担任法律顾问，民事(刑事、行政)案件代理人、刑事案件辩护人、办理非诉讼业务，解答法律询问，代写法律事务文书等，为社会提供法律服务的人员。

公证人员 指在公证处工作的人员总称，包括公证处主任、副主任、公证员、公证员助理(助理公证员)和其他从事辅助性工作的人员。

公证文书 指公证处根据当事人申请，依照事实和法律，按照法定程序制作的，具有法律效力的司法证明文书。根据公证书用途和使用地，公证书分为国内公证书、国内经济公证书、涉外民事公证书、涉外经济公证书四类。

调解员 指在人民调解委员会担负调解民间纠纷工作的人员，包括调解委员会的委员和调解小组的调解员。该指标主要反映从事人民调解工作的人员数量。

调解民间纠纷 指调解委员会按照法律规定，根据自愿原则，用说服教育的方法调解民间发生的有关民事权利和义务争执的件数，包括调解成功数和调解未成功数。该指标主要反映人民调解委员会的工作量。

受理劳动争议案件数 指劳动争议仲裁委员会根据国家有关规定，对劳动争议当事人的申请予以审查，符合受理条件而正式立案、准备处理的劳动争议案件数。

基本养老保险

1.参加保险人数：指报告期末按照国家法律、法规和有关政策规定参加基本养老保险的职工人数。包括不能正常缴费、已中断缴费但未终止保险关系的职工人数。

2.社会统筹基金收入：指根据国家规定，由纳入基本养老保险范围的单位，按照国家规定的缴费基数和缴费比例缴纳的社会统筹基金，以及通过其他方式取得的形成基金来源的收入，包括：单位缴纳的社会统筹基金收入、财政补贴收入、利息收入、其他收入。

3.社会统筹基金支出：指按照国家政策规定的开支范围和开支标准从社会统筹基金中支付给参加基本养老保险的离休、退休、退职人员个人的养老金、丧葬抚恤补助，以及由于保险关系转移、上下级之间调剂资金等原因而发生的支出。包括：基础性养老金、过渡性养老金、离休金、退休金、退职金、补贴、丧葬抚恤补助、其他支出。

4.社会统筹基金结余：指截止报告期末基本养老保险的社会统筹基金结余金额。包括银行存款、财政专户、债券投资和其他。

离休、退休、退职人员　指正式办理了离休、退休、退职手续，并享受相应的离休、退休、退职待遇的人员。

保险福利费用总额　指各单位在工资以外支付给职工和离休、退休、退职人员个人和用于集体的保险福利费用，不包括用于职工的劳动保护费用，由保险福利费用开支的医务人员工资，集体福利机构工作人员和病伤休息期满6个月以上人员的工资。

离休、退休、退职人员保险福利费用包括：

1.离休金：指发给离休干部的工资和按1982年国务院《关于老干部离职休养制度的几项规定的通知》发给符合规定的离休干部相当于一至两个月标准工资的生活补贴及1988年增发的生活补贴。

2.退休金：指按照国家有关规定发给退休职工的退休费和1988年增发的生活补贴。

3.退职生活费：指按照1978年国务院《关于工人退休、退职的暂行办法》发给退职人员的生活费用和1988年增发的生活补贴。以上离退休、退职人员的离退休金、退职生活费还应包括发给离退休、退职人员的生活补贴和物价补贴。

4.医疗卫生费：指离休、退休、退职人员的医疗费、住院费以及住院伙食补助等费用。

5.其他：指上述费用以外的其他保险福利费用，如丧葬抚恤救济费、交通费补贴、冬季取暖补贴等。

工业废水排放量　指经过企业厂区所有排放口排到企业外部的工业废水量。包括生产废水、外排的直接冷却水、超标排放的矿井地下水和与工业废水混排的厂区生活污水，不包括外排的间接冷却水(清污不分流的间接冷却水应计算在内)。

工业废水排放达标量　指报告期内废水中各项污染物指标都达到国家或地方排放标准的外排工业废水量，包括未经处理外排达标的，经废水处理设施处理后达标排放的，以及经污水处理厂处理后达标排放的。

工业废水排放达标率　指工业废水排放达标量占工业废水排放量的百分率，计算公式为：

工业废水排放达标率=工业废水排放达标量/工业废水排放量×100%

工业废气排放量　指报告期内企业厂区内燃料燃烧和生产工艺过程中产生的各种排入大气的含有污染物的气体的总量，以标准状态(273K，101325Pa)计算。测算公式为：

工业废气排放量=燃料燃烧过程中废气排放量+生产工艺过程中废气排放量

工业SO_2排放量　指报告期内企业在燃料燃烧和生产工艺过程中排入大气的SO_2总量，计算公式为：

工业SO_2排放量=燃料燃烧过程中SO_2排放量+生产工艺过程中SO_2排放量

工业烟尘排放量　指企业厂区内燃料燃烧过程中产生的烟气中夹带的颗粒物排放量。

工业粉尘排放量　指企业在生产工艺过程中排放的能在空气中悬浮一定时间的固体颗粒物排放量。如钢铁企业的耐火材料粉尘、焦化企业的筛焦系统粉尘、烧结机的粉尘、石灰窑的粉尘、建材企业的水泥粉尘等。不包括电厂排入大气的烟尘。

工业固体废物产生量 指报告期内企业在生产过程中产生的固体状、半固体状和高浓度液体状废弃物的总量，包括危险废物、冶炼废渣、粉煤灰、炉渣、煤矸石、尾矿、放射性废物和其他废物等；不包括矿山开采的剥离废石和掘进废石(煤矸石和呈酸性或碱性的废石除外)。酸性或碱性废石指采掘的废石其流经水、雨淋水的pH值小于4或pH值大于10.5者。

工业固体废物综合利用量 指报告期内企业通过回收、加工、循环、交换等方式，从固体废物中提取或者使其转化为可以利用的资源、能源和其他原材料的固体废物量(包括当年利用往年的工业固体废物贮存量)，如用作农业肥料、生产建筑材料、筑路等。综合利用量由原产生固体废物的单位统计。

工业固体废物综合利用率 指工业固体废物综合利用量占工业固体废物产生量(包括综合利用往年贮存量)的百分率。计算公式为：

工业固体废物综合利用率=工业固体废物综合利用量/工业固体废物产生量+综合利用往年贮存量×100%

工业固体废物贮存量 指报告期内企业以综合利用或处置为目的，将固体废物暂时贮存或堆存在专设的贮存设施或专设的集中堆存场所内的数量。专设的固体废物贮存场所或贮存设施必须有防扩散、防流失、防渗漏、防止污染大气、水体的措施。

工业固体废物处置量 指报告期内企业将固体废物焚烧或者最终置于符合环境保护规定要求的场所，并不再回取的工业固体废物量(包括当年处置往年的工业固体废物贮存量)。处置方式有填埋(其中危险废物应安全填埋)、焚烧、专业贮存场(库)封场处理、深层灌注、回填矿井及海洋处置(经海洋管理部门同意投海处置)等。

工业固体废物排放量 指报告期内企业将所产生的固体废物排到固体废物污染防治设施、场所以外的数量，不包括矿山开采的剥离废石和掘进废石(煤矸石和呈酸性或碱性的废石除外)。

“三废”综合利用产品产值 指报告期内利用“三废”作为主要原料生产的产品价值(现行价)；已经销售或准备销售的应计算产品价值，留作生产自用的不应计算产品价值。

边境经济合作区 经省政府或国务院批准设立的，在边境地区一定范围内集中建设并享有一定优惠政策和配套设施的开发区。边境经济合作区以与毗邻国家对外贸易、经济技术合作为主。经省政府批准的即为省级开发区，经国务院批准设立的为国家级开发区。

经济技术开发区 经省政府或国务院批准设立的，设在内陆地区依托中心城市集中在一定地域建设，享有一定优惠政策和配套设施的开发区。经济技术开发区以招商引资、建立出口加工基地为主，成为本地招商引资，扩大开放的窗口和基地。

高新技术产业开发区 经省政府或国务院批准设立的，依托具有一定经济实力和科技力量的中心城市，享有一定优惠政策和配套设施，通过招商引资，扩大开放，发展高新技术产业开发区。

民营经济 登记注册类型为股份合作企业、其他联营企业、非国有控股的其他责任公司和股份有限公司、私营企业、内资其他企业的企业法人和有固定经营场所并持有工商营业执照，或有固定经营场所但暂时没有领取工商营业执照的个体经营户。

EXPLANATORY NOTES ON MAIN STATISTICAL INDICATORS

Administrative Division refers to the division of a dministr ative areas by the state. The Constitution of the People's Republic of China stipulates that the ad ministrative areas in China are divided as: 1) The whole country is divided into provinces, autonomous regions and municipalities directly under the central gov ernment; 2) Provinces and autonomous regions are divided into autonomous prefect ures, counties, autonomous counties and cities; 3) Autonomous prefectures are di vided into counties, autonomous counties and cities; 4) Counties and autonomous counties are divided into townships, nationality townships and towns; 5) Municip alities and large cities are divided into districts and counties, 6) The state s hall, when necessary, establish special administrative regions.

Climate refers to the natural environmental status formed by the long-term exc hange of energy and mass between the earth and the air, and is the results of in teraction of many factors. Climate is both one of the environment factors and t he important resources for the living and production activities of the human bei ng. The average values across several years of meteorological factors such as te mperature, rainfall and humidity are used as important parameters to describe th e climate of a region, while the average values (or total values) of a given yea r or month of meteorological factors reflect the key characteristics of climate for that period of time.

Natural Resources refer to material resources that could be obtained from the nature by human being and used for production and living. Natural resources in g eneral can be classified as renewable resources and non-renewable resources. Ren ewable resources refer to resources that could be renewed and recycled during a relatively short period of time, including land resource, water resource, climat e resource, biology resource and marine resource. Non-renewable resources includ e resources that could not be renewed, such as minerals and geothermal resource. Land Resource Land refers to the surface of the earth, consisting of mainly rock s and its whethering and earth. Land resource can be classified, by its utilizat ion, as land for agriculture, land for construction and unused land. Land for ag riculture includes cultivated land, plantation land, forestland, grassland and w aters. Land for construction includes land for residential purpose, for manufact uring and mining, for transportation and for water-conservancy projects. Unused land refers to land other than land for agriculture and construction, including beaches, deserts, Gobi, glaciers and rock mountains.

Area of Cultivated Land refers to area of land recl aimed for the regular cult ivation of various farm crops, including crop-cover land, fallow, newly reclaime d land and land laid idle for less than 3 years.

Area of Afforested Land refer to land for trees bam boo, bushes and mangrove, i ncluding forest-cover land, bush-covered land, sparse forest land, land planned for afforestation and nurseries of young trees.

Area of Grassland refers to areas of grassland, gra ss-slopes and grass-covered hills with a vegetation-covering rate of over 5% that are used for animal husba ndry or harvesting of grass. It includes natural, cultivated and improved grassl and areas.

Forest Resource refers to forests, trees, forestlan d and wild animals, plants and microorganism that live on forest and trees. Trees include trees and bamboo. Forest refers to the population of clusters of trees and other plants, animals and microorganism as well as the earth and climate that have interactions with t he trees.

Total Standing Stock Volume refers to the total sto ck volume of trees growing in land, including trees in forest, tress in sparse forest, scattered trees and trees planted by the side of villages, farm houses and along roads and rivers. Forest Area refers to the area of forest where trees and bamboo grow with cano py density above 0.2, including land of natural woods and planted woods, but exc luding bush land and thin forest land. It reflects the total areas of afforestat ion.

Stock Volume of Forest refers to total stock volume of wood growing in forest area, which shows the total size and level of forest resources of a country or a r egion.It is also an important indicator illustrating the richness of forest res ource and the status of forest ecological environment.

Forest Coverage Rate refers to the ratio of area of afforested land to total land area. It is a very important indicator that reflects the status of abundanc e of forest resource and ecosystem balance. Forest area includes the area of tre es and bamboo grow with canopy density above 0.2, the area of shrubby tree accor ding to regulations of the government, the area of forest land inside farm land and the area of trees planted by the side of villages, farm houses and along roa ds and rivers. The formula for calculating forest coverage rate is as follows:

Forestry coverage rate (%)= (Area of Afforested Land/Area of Total Land) x 100%

Water Resource Water exists in the nature in solid, liquid and gaseous states, is distributed in the ocean, land (including earth) and air, and constitutes th e water resource through the circulation of water. Water resource includes the s urface water and underground water that is controlled by the human being for irr igation, power-generation, water supply, navigation and cultivation. It also inc ludes rivers, lakes, wells, springs, tides, gulf and water area for cultivation. Water resource as an important natural resource is indispensable for the develo pment of the national economy.

Surface Water and Underground Water Water on earth can be divided into surface water and underground water according to its distribution. Surface water refers to moisture exists in rivers, lakes, swamps, glaciers, icecaps and so on. It is also called land water. The underground water refers to water deposited undergr ound in the cranny and the hole of saturated rock soil and in the water-eroded c ave.

Runoff refers to the water gathered at the way out of t he cross section of drai nage area either from the surface or underground after deducting the wastage of the precipitation on the land. Runoff can be divided into surface runoff, under ground runoff and within soil runoff. Surface runoff refers to water flow to the rivers, lakes, swamps, and seas on the surface of the earth. Underground runoff refers to water flow to rivers, lakes, swamps, and seas through the water-beari ng stratum of confined layer or unconfined layer.

Volume of Runoff refers to the total volume of water ru nning through a certain cross section of a river during a certain period of time, reflecting the water resource condition in a country or a region. The formula for calculating volume or runoff is as follows:

Runoff =Precipitation – Evaporation

Mineral Resources refer to useful minerals that can be used for industrial or agricultural purposes enriched in lithosphere or on earth due to the geological process. Minerals are important natural resources, and important material base f or social development.

Ensured Mineral Reserves refer to the actual mineral re serves, which equal to the proven mineral reserves (including industrial reserves and prospective reser ves) minus extracted parts and underground losses.

Drainage Area Each river has its own main stream and branches to form the water system of the river. Each river has its own catchment area, which is also calle d as the drainage area of the river.

Temperature refers to the air temperature. China uses c entigrade as the unit.

The thermometry used for weather observation is put in a breezy shutter, which i s 1.5 meters high from the ground. Therefore, the commonly used temperature refe rs to the temperature in the breezy shutter 1.5 meters away from the ground. The calculation method is as follows:

Monthly average temperature is the summation of average daily temperature of one month divided by the actual days of that particular month.

Annual average temperature is the summation of monthly average of a year divided by 12 months.

Relative Humidity refers to the ratio of actual water v apor pressure to the sa turation water vapor density under the current temperature. The statistical meth od is the same as that of temperature.

Volume of Precipitation refers to the deepness of liqu id state or solid state (thawed) water falling from the sky to the ground that has not been evaporated, infiltrated or run off. The calculation method is as follows:

Monthly precipitation is the summation of daily precipitation of a month.

Annual precipitation is the summation of 12 months precipitation of a year.

Sunshine Hours refer to the actual hours of sun irradia ting the earth. The calculation method is the same as that of the precipitation.

Total Water Resources refers to total volume of water resourc es measured as run- off for surface water from rainfall and recharge for groundwater in a given area , excluding transit water.

Surface Water Resources refers to total renewable resources w hich exist in river s, lakes, glaciers and other collectors from rainfall and are measured as run-of f of rivers.

Groundwater Resources refers to replenishment of aquifers with rainfall and surface water.

Duplicated Measurement Between Surface Water and Groundwater refers to mutual exchange between surface water and groundwater, i.e. run-off of rivers includes so me depletion with groundwater while groundwater includes some replenishment with surface water.

Comparable Prices refer to pr ices that are used to remove the factors of price change in calculating economic aggregates, so as to facilitate comparison of aggregates over time. Two methods are used for calculating economic aggregates at comparable prices: 1) Multiplyi ng the output of products by their constant prices of certain year; 2) Deflating data at current prices by relevant price indices.

Constant Price refers to the average price of a given p roduct in certain year, which is used for comparison of output value over time. As the output value at constant prices removes the factor of price changes, it reflects the trend of pr oduction development over time. Since 1949, with the changes in general price le vel, National Bureau of Statistics has issued nationally unified constant prices five times: the 1952 constant prices for 1949-1957; the 1957 constant prices fo r 1957-1971; the 1970 constant prices for 1971-1981; the 1980 constant prices fo r 1981-1990; and the 1990 constant prices have been used since 1991.

Average Annual Growth Rate Two methods for calculating average annual growth rate are applied in China, one is often called level approach, or the method of c alculating geometric average, which is derived by comparing the level of the las t year of the interval with that of the beginning year; the other is called accu mulative approach or algebraic average or equation method, which is derived by t he summation of the actual figure of each year in the interval divided by the fi gure in the base year.

Usually the results calculated by the two methods are fairly close, but they dif fered sharply when uneven economic development occurred with striking fluctuatio ns in growth.

Industrial Classification of the National Economy The new Indu strial Classifica tion of the National Economy (GB/T 4754-2002) is introduced starting from the co mpilation of 2003 annual statistics. The revision of the 1994 classification was organized by the National Bureau of Statistics taking into consideration of the International Standards of the Industrial Classification of All Economic Activi ties (ISIC/Rev.3) of the United Nations, and the new Classification was promulga ted by the National Administration of Quality Supervision, Inspection and Quaran tine on May 10, 2002. The revised version of the Industrial Classification of th e National Economy (GB/T 4754-2002) is composed of 20 major divisions, 95 divisi ons, 396 major groups and 913 groups, including 4 new major divisions, 3 new div isions, 28 major groups and 67 groups.

Registration Status of Enterprises Enterprises are clas sified into 3 categories, namely domestic-funded enterprises, enterprises with investment from Hong Ko ng, Macau and Taiwan, and enterprises with foreign investment, in the light of t he registration status of an enterprise in industrial and commercial administrat ion agencies. Domestic-funded enterprises include state-owned enterprises, colle ctive-owned enterprises, cooperative enterprises, joint ownership enterprises, limited liability corporations, share-holding corporations Ltd., private enterpr ises and other enterprises. Included in the enterprises with investment from Hon g Kong, Macau and Taiwan and enterprises with foreign investment are joint-ventu re enterprises, cooperative enterprises, sole investment enterprises and share-h olding corporations Ltd. For government agencies, institutions and social organi zations which are not requested to be registered in industrial and commercial ad ministration agencies, they are classified mainly by their sources of funds and way of management.

State-owned Enterprises refer to non-corporation econom ic units where the entire assets are owned by the state and which have registered in accordance with th e Regulation of the People's Republic of China on the Management of Registration of Corporate Enterprises. Excluded from this category are sole state-funded cor porations in the limited liability corporations.

Collective-owned Enterprises refer to economic units where the assets are owne d collectively and which have registered in accordance with the Regulation of th e People's Republic of China on the Management of Registration of Corporate Ente rprises.

Cooperative Enterprises refer to a form of collective e conomic units (enterpri ses) where capitals come mainly from employees as their shares, with certain pro portion of capital from the outside, where production is organized on the basis of independent operation, independent accounting for profits and losses, joint w ork, democratic management, and a distribution system that integrates remunerati on according to work with dividend according to capital share.

Joint Ownership Enterprises refer to economic units est ablished by two or more corporate enterprises or corporate institutions of the same or different owners hip, through joint investment on the basis of equality, voluntary participation and mutual benefits. They include state joint ownership enterprises, collective joint ownership enterprises, joint state-collective enterprises, other joint own ership enterprises.

Limited Liability Corporations refer to economic units established with invest ment from 2-50 investors and registered in accordance with the Regulation of the People's Republic of China on the Management of Registration of Corporations, e ach investor bearing limited liability to the corporation depending on its share of investment, and the corporation bearing liability to its debt to the maximum of its total assets. Limited liability corporations include exclusive state-fun ded limited liability corporations and other limited liability corporations.

Share-holding Corporations Ltd. refer to economic units registered in a ccordanc e with the Regulation of the People's Republic of China on the Management of Reg istration of Corporations, with total registered capitals divided into equal sha res and raised through issuing stocks. Each investor bears limited liability to the corporation depending on the holding of shares, and the corporation bears li ability to its debt to the maximum of its total assets.

Private Enterprises refer to profit-making economic uni ts invested and establis hed by natural persons, or controlled by natural persons using employed labour. Included in this category are private limited liability corporations, private sh are-holding corporations Ltd., private partnership enterprises and private-funde d enterprises registered in accordance with the Corporation Law, Partnership Ent erprises Law and Interim Regulations on Private Enterprises .

Other Domestic-funded Enterprises refer to domestic-fun ded economic units other than those mentioned above.

Cooperative Enterprises with Funds from Hong Kong Macau and Taiwan established by investors from Hong Kong, Macau and Taiwan with enterprises in the mainland of China in accordance with the Law of the People's Republic of China on Sino-fo reign Cooperative Enterprises and other relevant laws, where the investment or p rovision of facilities, and the share of profits and risks is stipulated in the cooperative contract.

Enterprises with Sole (exclusive) Investment from Hong Kong, Macau and Taiwan refer to enterprises established in the mainland of China with exclusive investm ent from investors from Hong Kong, Macau and Taiwan in accordance with the Law o f the People's Republic of China on Foreign-Funded Enterprises and other relevan t laws.

Share-holding Corporations Ltd. with Investment from Hong Kong, Macau and Taiwan refer to share-holding corporations Ltd. established with the approval from t he former Ministry of Foreign Trade and Economic Relations in line with relevant state regulations, where the share of investment from Hong Kong, Macau or Taiwa n businessmen exceeds 25% of the total registered capital of the corporation. In case the share of investment from Hong Kong, Macau or Taiwan is less than 25% o f the total registered capital, the enterprise is to be classified as domestic-f unded share-holding corporation Ltd.

Joint-venture Enterprises with Foreign Investment refer to enterprises jointly established by foreign enterprises or foreigners with enterprises in the mainla nd of China in accordance with the Law of the People's Republic of China on Sin o-foreign Joint Venture Enterprises and other relevant laws, where the share of investment, profits and risks is stipulated in the contract.

Cooperation Enterprises with Foreign Investment refer t o enterprises jointly e stablished by foreign enterprises or foreigners with enterprises in the mainland of China in accordance with the Law of the People's Republic of China on Sino-f oreign Cooperative Enterprises and other relevant laws, where the investment or provision of facilities, and the share of profits and risks is stipulated in the cooperative contract.

Enterprises with Sole (exclusive) Foreign Investment refer to enterprises esta blished in the mainland of China with exclusive investment from foreign investor s in accordance with the Law of the People's Republic of China on Foreign-Funded Enterprises and other relevant laws.

Share–holding Corporations Ltd. with Foreign Investment refer t o share-holding corporations Ltd. established with the approval from the Ministry of Foreign Tra de and Economic Relations in line with relevant state regulations, where the sha re of investment from foreign investors exceeds 25% of the total registered capi tal of the corporation. In case the share of foreign investment is less than 25% of the total registered capital, the enterprise is to be classified as domestic -funded share-holding corporation Ltd.

Government Agencies, Institutions and Social Organizations are classified into following categories by source of funds and way of management taking reference o f the registration status of enterprises:

(1) Government agencies: include state and party agencies, classified in princip le as state-owned. There are exceptions, such as supply and marketing cooperativ es which are classified as collective-owned.

(2) Institutions: include institutions of various types established with the app roval by organization and staffing departments of the government, but exclude in stitutions where enterprise management system is introduced. Institutions are fu rther classified as follows:

(a) Institutions whose main budget is listed in the government budget appropriat ions or extra-budget funds, or allocated from the budget of their competent gove rnment agencies. Such institutions are classified as state-owned.

(b) Institutions whose budget mainly comes from collective units. Such instituti ons are classified as collective-owned.

(c) Institutions other than those mentioned above whose source of budget is not clear. Such institutions are classified by way of management.

(3) Social organizations: include social organizations established with the appr oval from the Ministry of Civil Affairs, and organizations that are not covered by social organization management regulations such as trade unions, womens feder ations etc.. Social organizations are further classified as follows:

(a) Social organizations that are not covered by social organization management regulations of the Ministry of Civil Affairs such as trade unions, womens federa tions, communist youth leagues, youth associations, industrial and commerce asso ciations, scientists associations, overseas Chinese associations, etc., foundati ons and fund management organizations established with funds from the state, and social organizations whose funds mainly come from the budget of their competent government agencies. Such institutions are classified as state-owned.

(b) Social organizations whose budget mainly comes from collective units. Such i nstitutions are classified as collective-owned.

(c) Social organizations established by individual or a group of citizens, which are classified as private.

(d) Social organizations other than those mentioned above whose source of budget is not clear. Such organizations are classified by way of management

Gross Domestic Product (GDP) refers to the final products at ma rket prices produced by a ll resident units in a country (or a region) during a certain period of time. Gr oss domestic product is expressed in three different forms, i.e. value , income, and products respectively. GDP in its value form refers to the total v alue of all goods and services produced by all resident units during a certain p eriod of time, minus the total value of input of goods and services of the natur e of non-fixed assets; in order term, it is the sum of the value-added of all re sident units. GDP in the form of income includes the income created by all resid ent units and distributed to resident and non-resident units. GDP in the form of products refers to the value of all goods and services for final consumption by all resident units minus the net exports of goods and services during a given p eriod of time. In the practice of national accounting, gross domestic product is calculated with three approaches, i.e. production approach, income approach and expenditure approach, which reflect gross domestic product and its composition from different aspects.

Three Industries Classification of economic activities into three branches of industries is a common practice in the world, although the grouping varies to so me extent form country to country. In China economic activities are categorized into following industries:

Primary industry: refers to agriculture, forestry, animal husbandry and fishery. Secondary industry: refers to mining and quarrying, manufacturing, production an d supply of electricity, water and gas, and construction. Tertiary industry: refers to all other economic activities not included in prima ry or secondary industry.

GDP by Expenditure Approach refers to the method of mea suring the final result s of production activities of a country (region) during a given period from the perspective of final use. It includes final consumption, total capital formation and net export of goods and services, i.e.:GDP by expenditure approach = final consumption + total capital formation + net export of goods and services Final Consumption refers to the total expenditure of resident units for purcha ses of goods and services from domestic economic territory and abroad to meet th e requirements of material, cultural and spiritual life. It excludes the expendi ture of non-resident units on consumption in the economic territory of the count ry. The final consumption is broken down into household consumption and governme nt consumption.

Households Consumption refers to the total expenditure of resident households on the final consumption of goods and services. In addition to the consumption o f goods and services bought by the households directly with money, the household s consumption also includes expenditure on goods and services obtained by the ho useholds in other ways, i.e. the so-called imputed consumption expenditure, whic h includes the following: (a) the goods and services provided to the households by the employer in the form of payment in kind and transfer in kind; (b) goods a nd services produced and consumed by the households themselves, in which the ser vices refer only to the owner-occupied housing and domestic and individual servi ces provided by the paid household workers; (c) financial intermediate services provided by financial institutions; (d) insurance services provided by insurance companies.

Government Consumption refers to the expenditure on the consumption of the pub lic services provided by the government to the whole society and the net expendi ture on the goods and services provided by the government to the households free of charge or at low prices. The former equals to the output value of the govern ment services minus the value of operating income obtained by the government dep artments. The latter equals to the market value of the goods and services provid ed by the government free of charge or at low prices to the households minus the value received by the government from the households.

Total Capital Formation refers to the fixed assets acqu ired minus those dispos ed of and the net value of inventory, including the total fixed capital formatio n and the increase in inventory.

Total Fixed Capital Formation refers to the value of fi xed assets acquired min us those disposed of during a given period. Fixed assets are the assets produced through production activities with specified unit value which could be used for over one year, excluding natural assets. Total fixed capital formation can be categorized into total tangible capital formation and total intangible capital f ormation. The total tangible capital formation include the value of the construc tion projects, installation projects completed and the equipment, apparatus and instruments purchased as well as the value of land improved, the value of draugh t animals, breeding stock, animals for milk, wool and for recreational purpose, and the newly increased forest with economic value during a given period. The to tal intangible capital formation includes the prospecting of minerals, the acqui sition of computer software minus the disposal of them.

Increase in Inventory refers to the market value of the change in inventory of resident units during a given period, i.e. the difference of value between the beginning and the end of the period minus the current gains due to the change in prices. The increase in inventory can be positive or negative. A positive value indicates the increase in inventory while a negative value indicates the decrea se in stock. The inventory includes the raw materials, fuels and reserve materia ls purchased by the production units as well as the inventory of finished produc ts, semi-finished products, work-in-progress, etc.

Net Export of Goods and Services refers to the differen ce of the exports of go ods and services minus the imports of goods and services. The imports include t he value of various goods and services sold or gratuitously transferred by the r esident units to the non-resident units. The imports include the value of variou s goods and services purchased or gratuitously acquired by the resident units fr om the non-resident units. Because the provision of services and the use of them happen simultaneously, the acquisition of services by the resident units from a broad is usually treated as import while the acquisition of services by non-resi dent units in this country is usually treated as export. The export and import o f goods are calculated at FOB.

Total Population refers to the total number of peop le alive at a certain point of time within a given area.

Urban Population and Rural Population Urban population refer to all people resi ding in cities and towns, while rural population refer to population other than urban population.

Statistics on urban and rural population over the years are compiled in line wit h the regulations of statistical classification on urban and rural population st ipulated by the government, which were in effect at different times. Figures on urban/rural population for the years between the 3 censuses are adjusted in accordance with the 1990 and 2000 population census data.

Birth Rate or (Crude Birth Rate) refers to the ratio of the number of births to the average population (or mid-period population) during a certain period of tim e (usually a year), expressed in ‰. Birth rate in the chapter refers to annual birth rate. The following formula is used:

Birth Rate = (Number of Births/Average Number of Population) × 1000‰

Number of births in the formula refers to live births, i.e. when a baby has brea thed or showed any vital phenomena regardless of the length of pregnancy.

Annual average number of population is the average of the number of population a t the beginning of the year and that at the end of the year. Sometimes it is sub stituted by the mid-year population.

Death Rate (or Crude Death Rate) refers to the ratio of the number of deaths to the average population (or mid-period population) during a certain period of tim e (usually a year), expressed in ‰. Death rate in the chapter refers to annual death rate. The following formula is used: Death Rate= (Number of Deaths/Annual Average Number of Population)×1000‰

Natural Growth Rate of Population refers to the ratio o f natural increase in pop ulation (number of births minus number of deaths) in a certain period of time (u sually a year) to the average population (or mid-period population) of the same period, expressed in ‰. The following formula is applied:

Natural Growth Rate of Population = [(Number of Births-Number of Deaths)/Average Number of Population] ×1000‰

Natural Growth Rate of Population = Birth Rate-Death Rate

Gross Dependency Ratio also called gross dependency c oefficient, refers to the ratio of non-working-age population to the working-age population, express in %. Describing in general the number of non-working-age population that every 100 p eople at working ages will take care of, this indicator reflects the basic relat ion between population and economic development from the demographic perspective . The gross dependency ratio is calculated with the following formula:

$$GDR= (P_{0-14}+P_{65}+)/P_{15-64} \times 100\%$$

Where: GDR is the gross dependency ratio

P_{0-14} is the population of children aged 0-14

P_{65+} is the elderly population aged 65 and over, and

P_{15-64} is the working-age population aged 15-64

Old Dependency Ratio also called old dependency coeffic ient, refers to the rati o of the elderly population to the working-age population, express in %. It desc ribes the number of the elderly population that every 100 people at working ages will take care of. Old dependency ratio is one of the indicators reflecting the social implication of population aging from the economic perspective. The old d ependency ratio is calculated with the following formula:

$$ODR=P_{65+}/P_{15\text{-}64} \times 100\%$$

Where: ODR is the old dependency ratio

P_{65+} is the elderly population aged 65 and over, and

$P_{15\text{-}64}$ is the working-age population aged 15-64

Children Dependency Ratio also called children dependency coefficient, refers to the ratio of the children population to the working-age population, express in %. It describes the number of children population that every 100 people at worki ng ages will take care of. The children dependency ratio is calculated with the following formula:

$$CDR=P_{0\text{-}14}/P_{15\text{-}64} \times 100\%$$

Where:CDR is the children dependency ratio

$P_{0\text{-}14}$ is the children population aged 0-14, and

$P_{15\text{-}64}$is the working-age population aged 15-64

Economically Active Population refers to the population aged 16 and over who ar e capable to work, are participating in or willing to participate in economic ac tivities, including employed persons and unemployed persons.

Employed Persons refer to the persons who are engaged i n social working and rece ive remuneration payment or earn business income, including total staff and work ers, re-employed retirees, employers of private enterprises, self-employed worke rs, employees in private enterprises and individual economy, employees in townsh ip enterprises, employed persons in the rural areas, and other employed persons (including teachers in the schools run by the local people, people engaged in re ligious profession and the servicemen, etc.). This indicator reflects the actual utilization of total labour force during a certain period of time and is often used for the research on China's economic situation and national power.

Persons Employed in Various Units refer to all the per sons working in governme nt agencies of various levels, political and party organizations, social organiz ations, enterprises and institutions, and receiving wages or other forms of paym ent. They include fully-employed staff and workers, re-employed retirees, teache rs in schools run by the local people, foreigners and Chinese compatriots from H ong Kong, Macao, and Taiwan working in various units, part-time employees, emplo yees of other units working temporarily at current posts, and employees holding the second job, but exclude staff and workers who have left their working units while keeping their labour contract (employment relation) unchanged. This indica tor reflects the total number of laborers actually engaged in production or othe r operations in various units.

Persons Employed in Private Enterprises and Self-Employed Individuals in Urban A reas Persons employed in private enterprises refer to the persons employed in the private enterprises which have been registered at the departments of industr ial and commercial administration and are situated at a county town (i.e. a town where the county government is located) for business operation or at urban area s with the level higher than a county town. The self-employed individuals in urb an areas refer to persons who hold the certificates of residence in urban areas or have resided in the urban areas for a long time and have been registered at t he departments of industrial and commercial administration and approved to be en gaged in individual industrial or commercial business, including self-employed p ersons as well as helpers and hired labourers who work in the individual househo lds engaged in industrial or commercial business.

Registered Urban Unemployed Persons refer to the person s with non-agricultural household registration at certain working ages (16-50 years for male and 16-45 years for females), who are capable of work, unemployed and willing to work, and have been registered at the local employment service agencies to apply for a jo b.

Registered Urban Unemployment Rate refers to the ratio of the number of the re gistered unemployed persons to the sum of the number of persons employed in vari ous units (minus the rural labour force, retirees, and Hong Kong, Macao, Taiwan or foreign employees they employ) laid-off workers in urban units, owners and em ployees in urban private enterprises, urban self-employed individuals and the re gistered urban unemployed persons. The formula is as follows:

Registered urban unemployment rate = number of registered urban unemployed perso ns÷(number of persons employed in urban units - rural labour force employed - r etirees employed - Hong Kong, Macao, Taiwan or foreign employees employ + laid-o ff workers + owners and employees in urban private enterprises + self-employed i ndividuals in urban areas + registered urban unemployed persons) × 100%.

Staff and Workers refer to persons working in, and rece ive payment from units o f state ownership, collective ownership, joint ownership, share holding ownershi p, foreign ownership, and ownership by entrepreneurs from Hong Kong, Macao, and Taiwan, and other types of ownership and their affiliated units. They do not inc lude 1) persons employed in township enterprises, 2) persons employed in private enterprises, 3) urban self-employed persons, 4) retirees, 5) re-employed retire es, 6) teachers in the schools run by the local people, 7) foreigners and person s from Hong Kong, Macao and Taiwan who work in urban units, and 8) other persons not to be included by relevant regulations. (Data of 1998 and afterward refer t o fully employed staff and workers. Other related statistics such as total wage bill and average wage are adjusted since 1998 accordingly).

State–owned Units refer to economic units whose assets are owne d by the state. Included are non-corporation units registered according to Regulation of the Peo ple's Republic of China on the Registration of Enterprises and Corporations, sta te organs, institutions and social organizations at the central and local levels .

Collective Units refer to economic units registered acc ording to Regulation of the People's Republic of China on the Registration of Enterprises and Corporatio ns where the means of production are collectively owned.

Units of Other Types of Ownership refer to units regist ered with other types of ownership, including cooperative units, joint ownership units, limited companie s, share holding corporations, units invested by entrepreneurs from Hong Kong, M acao, and Taiwan, and foreign-invested units.

Fully Employed Staff and Workers refer to persons who w ork in, and receive wag es from their working units, as well as persons who have their work posts, but a re temporarily absent from work for reasons of study or on sick, injury or mater nal leave and still receive wages from their working units.

Total Wages Bill refer to the total remuneration paymen t to staff and workers i n various units during a certain period of time. The calculation of total wages is based on the total remuneration payment to the staff and workers. Therefore, all the wages and salaries and other payments to staff and workers are included in the total wages regardless of their sources, category, and forms (in kind or cash). (Total wages of staff and workers in this yearbook include only total wag es of fully employed staff and workers, excluding the living allowances distribu ted to those who have left their working units while keeping their labour contra ct/employment relation unchanged).

Average Wage refers to the average wage in money terms per person during a cert ain period of time for staff and workers in enterprises, institutions, and gover nment agencies, which reflects the general level of wage income during a certain period of time and is calculated as follows:

Average Wage = Total Wages of Staff and Workers at Reference Time /Average Numbe r of Staff and Workers at Reference Time.

Average Wage Indices refers to the ratio of average wag e of staff and workers i n the report period to that in the base period, which reflects the change of wag e of staff and workers at the different period. It is calculated as follows:

Average Wage Indices = Average Wage of Staff and Workers at Reference Time / Average Wage of Staff and Workers at Base Period x 100%

Average Real Wage Indices average real wage of staff and workers refers to the average wage of staff and workers after removing the effects of the price change s and average real wage indices of staff and workers refers to the change of rea l wage, which reflects the relative increasing or decreasing level of real wage of staff and workers, which is calculated as follows:

Average Real Wage Indices = Average Wage Indices of Staff and Workers at the Ref erence Time / Urban Consumer Price Indices at Reference Time x 100%

Total Investment in Fixed Assets in the Whole Country refers to the volume of activities in construction and purchases of fixed assets and related fees, expre ssed in monetary terms. It is a comprehensive indicator which shows the size, st ructure and growth of the investment in fixed assets, providing basis for observ ing the progress of construction projects and evaluating results of investment. Total investment in fixed assets in the whole country includes, by type of owner ship, the investment by the state-owned units, collective units, individuals, jo int ownership units, share-holding units, as well as investment by businessmen f rom foreign countries and from Hong Kong, Macau and Taiwan, and by other units.

Investment in Real Estate Development It includes the investment by the real estate development companies, commercial buildings construction companies and othe r real estate development units of various types of ownership in the constructio n of house buildings, such as residential buildings, factory buildings, warehous es, hotels, guesthouses, holiday villages, office buildings, and the complementa ry service facilities and land development projects, such as roads, water supply , water drainage, power supply, heating, telecommunications, land leveling and o ther projects of infrastructure. It excludes the activities in simple land trans actions.

Other Investment in Fixed Assets refers to the construc tion and purchases of fi xed assets with an investment of over 500,000 yuan which are not listed in the i nvestment in capital construction, investment in innovation and investment in re al estate development, as well as urban private housing projects and investment in fixed assets by enterprises, institutions and individuals in rural areas. It includes:

1) The following projects of the state-owned units with the total planned (or ac tually needed) investment of over 500,000 yuan, which are not included in the pl an of capital construction and the plan of innovation: (1) projects of oil field s maintenance and exploitation with the oil fields maintenance funds and petrole um development funds; (2) opening and extending projects with the maintenance fu nds in coal, ore and other mining enterprises and logging enterprises; (3) proje ct of reconstruction of the original highways and bridges with the highway maint enance funds in the department of communication; (4) projects of construction of warehouses with the funds of simple construction in the commercial department.

2) The investment in fixed assets by urban collective units: refer to projects o f construction and purchases of fixed assets with the planned total investment o f 500,000 yuan and over by all collective units in areas under the jurisdiction of cities and county towns (excluding investment by collective units under towns hip enterprise administration offices).

3) The projects of construction and purchases of fixed assets by the enterprises , institutions (including urban private enterprises or institutions) or individu als other than those mentioned above with total investment of 500,000 yuan and o ver, which are not included in the plan of capital construction and the plan of innovation. For individual investment, only the investment in non-housing projec ts is to be included.

4) The private investment in housing construction in the urban areas and in indu strial and mining areas: including all private housing construction under the ju risdiction of cities, county towns and industrial and mining areas, no matter wh ether the owner of the house is registered as the permanent resident in the loca lity or not.

5) The investment in rural areas: including investment in fixed assets by enterp rises, institutions and individuals in the rural areas.

Sources of Funds for Investment in Fixed Assets include fund fr om state budget, domestic loans, foreign investment, self-raised funds, and others depending on the source of investment.

(1) Fund from state budget consists of budgetary appropriation and loans from st ate budget. More specifically, it includes, from the budget of the central gover nment, capital construction fund (operation fund and non-operational fund), spec ial expenses (e.g. expenses on substituting petroleum with coal), loans from rep ayment, discount fund, expenses on innovation and trial production of new produc ts, expenses on urban construction, expenses on temporary construction by trade departments, development fund for less developed areas, as well as local budgeta ry fund transferred from the central budget.

(2) Domestic loans refer to loans of various forms borrowed by investing units f rom banks and non-bank financial

institutions during the reference period for th e purpose of investment in fixed assets, including loans issued by banks from th eir self-owned funds and deposit, loans appropriated by higher responsible autho rities, special loans by government (including loan for substituting petroleum w ith coal, special loan for reform-through-labour coal mines), loans arranged by local government from special funds, domestic reserve loan, and working loan, etc..

(3) Foreign Investment refers to foreign funds received during the reference per iod for the construction and purchase of investment in fixed assets (covering eq uipment, materials and technology), including foreign borrowings (loans from for eign governments and international financial institutions, export credit, commer cial loans from foreign banks, issue of bonds and stocks overseas), foreign dire ct investment and other foreign investment. Excluded in this category are capita ls in foreign exchanges owned by China (foreign exchanges owned by the central a nd local governments, foreign exchanges retained by enterprises, foreign exchang es by enterprises through regulating mechanism, loans in foreign exchanges issue d by the Bank of China with its own fund, etc.). In calculating the utilization of foreign capitals, foreign currencies are converted into Chinese Renminbi appl ying the current exchange rate when the foreign capitals are actually used.

(4) Self-raised funds refer to extra-budgetary funds for investment in fixed ass ets received by investing units from central government ministries, local govern ments, enterprises and institutions, including their self-raised funds.

(5) Others refer to funds for investment in fixed assets received from the sourc es other than those listed above, including capitals raised through issuing bond s by enterprises or financial institutions, funds raised from individuals and th rough donations, and funds transferred from other units.

Investment in Fixed Assets by Sector The classification of construction project s by sector is determined by the major products or the purpose of the projects w hen they are put into production or use, and by the nature of their social econo mic activities. The investment in capital construction is classified into differ ent sectors of the national economy by the nature of construction projects, whil e investment in innovation and other investment are classified according to the sector to which the whole enterprise or institution belongs. In general, one pro ject or one enterprise or institution can only be classified into one sector. In order to reflect more accurately the relation among various sectors, the branch factories of an integrated complex are classified into different sectors accord ing to the economic activities of the branch factories.

Investment in Fixed Assets by Type of Construction The construction projects in general can be classified, by the type of construction, into new construction, expansion, reconstruction, moving and restoration. However, investment by type o f construction is not applied to investment by real-estate development units, in vestment in rural areas and investment in housing by urban individuals. In capit al construction, the type of construction is determined by the nature of the pro ject. In investment in innovation, in other investment by state-owned units and investment by collective-owned units, the type of construction is determined by the condition of the whole enterprise or institutions.

(1) New construction in general refers to newly constructed enterprises, institu tions, administrative agencies or independent projects from scratch. Constructio n in the existing enterprises, institutions or agencies is not considered as new construction. In case the assets of the existing unit is quite small, and the v alue of newly added fixed assets exceeds the original value of assets by three t imes, the expansion will be considered as new construction.

(2) Expansion refers to construction of new major production workshop, branch fa ctory or independent production line within a factory or in other locations, for the purpose of increasing the production capacity (or improving efficiency) of the original products. Newly constructed houses for the operation of institution s and administrative organizations (such as the newly constructed buildings for teaching in schools, buildings for clinics or wards in hospitals, etc.) are also classified as expansion. Also included in the expansion are investments by existing enterprises or instit utions in building major production line(s) or branch factory(ies) along with so me work on innovation, for the purpose of expending the production capacity of o riginal products or producing new products.

(3) Reconstruction refers to innovation or technical transformation of the exist ing facilities (including auxiliary production equipment and welfare facilities) , without building major new workshops or branch factories. Also considered

as reconstruction is the construction of new workshops by the existing enterprises or institutions for improving the existing production capacity (improving or cha nging the variety of products to meet the market demand), rather than increasing the designed capacity of the main products.

Investment in Fixed Assets by Structure By their contents investment activitie s are classified into 3 categories, i.e. construction and installation, purchase of equipment and instrument, and other expenses.

(1) Construction and installation (work volume of construction and installation) refers to the construction of various houses and buildings and installation of various kinds of equipment and instruments. They include construction of various houses; equipment foundations, industrial kilns and stoves, and metal structure work; preparation works for project construction, and clearing up works post pr oject construction; pavement of railways and roads, drilling of mines and puttin g up of oil pipes; construction of projects of water conservancy; construction o f underground air-raid shelters and construction of other special projects; valu e of equipment for heating, sanitation, ventilation, lighting, gas, painting, et c. that are covered by the budget of housing projects; laying out of various pip elines (for steam, compressed air, petroleum, tap water and sewage) and lines fo r electric power and for communications; installation of various machinery equip ment, testing operation for pre-testing the quality of installation projects, an d land and other development work conducted by real estate developers for commer cial housing. The value of equipment installed is not included in the value of i nstallation projects.

(2) Purchase of equipment and instruments refers to the total value of equipment , tools, and instruments purchased or self-produced which come up to standards f or fixed assets by the construction units or investing enterprises or institutio ns. Equipment, tools and instruments purchased or self-produced for new workshop s by newly established or expanded units are categorized as "purchase of equipme nt and instruments" no matter whether they come up to the standards for fixed as sets.

(3) Other expenses refer to expenses occurring during the construction or purcha se of fixed assets other than those mentioned above.

Capital Construction Projects by Size The classification of size of capital con struction projects should be determined according to the total scale or total in vestment set in the approved construction plan by higher responsible authorities or in the tentative design, otherwise according to the total scale or total inv estment set in the current capital construction plan of the state, provinces, au tonomous regions, and municipalities directly under central government. Industri al projects which produce unitary products are classified according to its desig n capacity of products; projects which produce multi-products are classified by the design capacity of the major product or by the total planned investment. Sta ndards for the Classification of Construction Projects into large, medium-sized and small ones issued by the government are the base for size division of constr uction projects, which was revised five times in 1958, 1962, 1972, 1977, and 197 9 respectively and therefore, data on projects by size are not entirely comparab le from year to year.

Projects under Construction refer to projects with construction and installation activities undertaken in the reference period. All projects that have construc tion activities undertaken during the reference period are reported as projects under construction irrespective of the length of construction work. The number o f projects under construction can reflect the actual size of investment in fixed assets during a given period, and when compared with the number of projects com pleted and put into use during the same period, it demonstrates the results of i nvestment in fixed assets. Depending on the nature of construction activities, p rojects under construction can also be classified into projects under constructi on in current year, winding-up projects in current year and stopped or suspended projects in previous years (with preservation work in current year).

Projects Completed and Put into Use Industrial projects refer to the major proj ects and accessory facilities completed which result in forming production capac ity and have been checked and accepted while the living and welfare facilities h ave been completed and can ensure normal production and formally put into produc tion. Non-industrial projects refer to the major projects and accessory faciliti es completed which possess the designed capacity and have been checked, accepted and formally put into production.

Newly Increased Production Capacity (or Project Efficiency) refers to the increa se of designed capacity (or project efficiency) through investment in fixed asse ts, which reflects the accomplishment of investment in fixed assets in kind and serves as important basis for evaluating the economic efficiency of investment. The newly increased production capacity (project efficiency) are usually express ed in one of the following forms:

(1) output of products, i.e. the output that the project can produce during a gi ven period (usually a year). For instance, the capacity in coal mining is expres sed in 10,000 tons/year, the capacity in producing chemical pesticides expressed in ton/year, the capacity in producing tractors in tractor/year, etc. For some chemical products where the effective contents differ significantly, the product ion capacity is expressed as the designed effective content equivalent, such as in the case of sulphuric acid, soda ash, caustic soda, etc;

(2) raw materials processing capacity, i.e. the volume of raw materials that cou ld be processed by the project per day (or per hour), such as tons of materials processed per day by a sugar refining project or edible vegetable oil project, o r tons of urban sewage processed per day;

(3) number or capacity of major equipment increased, such as number of cotton or silk looms increased, wool spindles increased, or capacity (in kilowatts) of po wer generators increased;

(4) saved raw materials, fuels or power, which are mainly used for the efficienc y of innovation and transformation projects; and

(5) physical measures (volume, capacity, area, and length) of construction, whic h is typical for non-industrial projects, for instance, the length of new railwa ys or highways, the capacity of reservoirs, the floor space of housing projects, capacity for new students in schools or beds in hospitals, areas under new irri gation project, etc.

Features of projects sometimes call for combined use of two or more measurement to reflect the increased production capacity (or project efficiency), for instan ce, the new capacity for the production of internal combustion engines are expre ssed in sets per year and kilowatts per year simultaneously.

To standardize the nomenclature and unit of measurement for new production capac ity (or project efficiency), the National Bureau of Statistics has developed Nom enclature for New Production Capacity (Project Efficiency) and Nomenclature for Saving Raw Materials, Fuels and Power. All reporting units with investment activ ities are required to follow these two nomenclatures in reporting statistics on new production capacity (project efficiency).

Floor Space of Buildings under Construction and Completed refers to total floor space of the horizontal section of outer walls above the plinth of the building , including the effective area and the area occupied by the structure. This indi cator is one of the important indicators in physical terms to reflect the scale and accomplishment of the construction industry, and important basis for monitor ing the progress, calculating the cost, analyzing the efficiency and studying th e supply of building materials in relation with the construction projects.

Floor Space of Residential Buildings refers to the floo r space of the residenti al buildings among the total space of buildings under construction or completed. Floor Space under Construction refers to total floor space of all buildings un der construction during the reference period, including floor space of newly sta rted buildings during the reference period, floor space of construction extended from the previous period to the current period, and floor space of construction suspended during the previous period and resumed in the current period. Floor s pace of construction completed in the current period, and floor space of constru ction started and then suspended in the current period are also included in the floor space under construction of the current year.

Floor Space of Buildings Completed refers to the floor space of all buildings c ompleted in the reference period, which have been appraised and accepted (or com e up to the designed standards) and have been transferred to the owners for use. Completion Rate of Floor Space of Buildings refers to the ratio of the floor sp ace of buildings completed in certain period of time to the floor space of build ings under construction in the same period. This indicator reflects the investme nt result from the perspective of the speed of construction.

Newly Increased Fixed Assets refer to the newly increas ed value of fixed assets , constructed or purchased, that have been transferred to the investors. This is an indicator that demonstrates the results of investment in fixed assets in mon etary terms, and an important indicator to reflect the speed of construction and to calculate the efficiency of investment.

Rate of Construction Projects Completed and Put into Use refers to the ratio of the number of construction projects completed and put into use in certain perio d of time to the number of projects under construction in the same period. This reflects the investment efficiency from the perspective of the speed of projects construction.

Rate of Projects of Fixed Assets Completed and Put into Operation refers to the ratio of the newly increased fixed assets to the total investment made in the s ame period. This is a comprehensive indicator reflecting the speed of the employ ment of fixed assets and the investment efficiency at the macro-level. As the ne wly increase fixed assets is the result of a long period while the investment is completed in the current year, this indicator is expected to be used to reflect the employment of fixed assets over a long period of time.

Economically Affordable Housing refers to housing const ructed according t o the state plan for economically affordable housing. Houses of this category fe atured in low cost in construction and low prices, and therefore are affordable to mid-income or low income households. Economically affordable housing projects are developed by real estate companies under the state investment plan, with th e land provided through government allocation or tendering procedures. Developer s are exempted from land utilization fees and enjoy another 50% exemption of all other legitimate fees, while their profits are limited to less than 3%, and the completed houses are sold under the government-guided prices. This indicator he lps to analyze the investment structure of the real estate industry and the dema nd and supply of housing for mid or low income households.

Total Energy Production refers to the total production of primary energ y by all energy producing enterprises in the country in a given period of time. It is a c omprehensive indicator to show the capacity, scale, composition and development of energy production of the country. The production of primary energy includes t hat of coal, crude oil, natural gas, hydropower and electricity generated by nuc lear energy and other means such as wind power and geothermal power. However, it excludes the production of fuels of low calorific value, bio-energy, solar ener gy and the secondary energy converted from the primary energy.

Total Domestic Energy Consumption refers to the total c onsumption of energy of v arious kinds by material production sectors, non-material production sectors and households in the country in a given period of time. It is a comprehensive indi cator to show the scale, composition and development of energy consumption. The total energy consumption includes that of coal, crude oil and their products, na tural gas and electricity. However, it excludes the consumption of fuel of low c alorific value, bio-energy and solar energy. Total domestic energy consumption c an be divided into three parts:

(1)Final Energy Consumption: It refers to the total energy consumption by materi al production sectors, non-material production sectors and households in the cou ntry (region) in a given period of time, but excludes the consumption in convers ion of the primary energy into the secondary energy and the loss in the process of energy conversion.

(2)Loss During the Process of Energy Conversion: It refers to the total input of various kinds of energy for conversion, minus the total output of various kinds of energy in the country in a given period of time. It is an indicator to show the loss that occurs during the process of energy conversion.

(3)Loss: It refers to the total of the loss of energy during the course of energ y transport, distribution and storage and the loss caused by any objective reaso n in a given period of time. The loss of various kinds of gas due to gas dischar ges and stocktaking is excluded.

Elasticity Ratio of Energy Production is an indicator to show the relationship between the growth rate of energy production and the growth rate of the national economy. The formula is:

Elasticity Ratio of Energy Production = Average Annual Growth Rate of Energy Pro duction / Average Annual Growth Rate of National Economy

The average annual growth rate of the national economy can be shown by the gross national product, gross domestic product and other indicators, depending upon t he purposes or needs. The gross domestic product is used in calculation of the r atio in this chapter.

Government Revenue refers to the revenue of the gov ernment finance by mea ns of participating in the distribution of the social products, which is the financial resources for ensuring the government to function. The contents of government r evenue have been changed several times. Now it includes the following main items :

(1) Various tax revenues, including value added tax, business tax, consumption t ax, land value added tax, tax on city maintenance and construction, resources ta x, tax on use of urban land, enterprise income tax, personal income tax, tariff, stamp tax on security transactions, tax on purchase of motor vehicles, tax on a griculture and animal husbandry and tax on occupancy of cultivated land, etc.

(2) Special revenues, including revenues from the fee on sewage treatment, fee o n urban water resources, fee for the compensation of mineral resources and extra -charges for education, etc.

(3) Other revenues, including revenue from interest, revenue from the repayment of capital construction loan, revenue from capital construction projects, and do nations and grants.

(4) Subsidies for the losses of the state-owned enterprises. This is an item of negative revenue, consisting of subsidies to industrial, commercial and grain pu rchasing and supply enterprises.

Government Expenditure refers to the distribution and use of th e funds the gove rnment finance has raised, so as to meet the needs of economic construction and various causes. It includes the following main items:

(1) Expenditure for capital construction: It refers to the non-gratuitous use an d appropriation of funds for capital construction in the range of capital constr uction, outlay of capital as well as the loans on capital construction approved by the government for special purpose or policy purpose and the expenditure with discount paid in an overall way within the amount of the funds appropriated to the departments for capital construction.

(2) Innovation funds of the enterprises: They refer to the funds appropriated fr om the government budget for the enterprises to tap the latent power, upgrade th e technology and carry out innovation, including the innovation fund of the depa rtments, loan of the enterprises for innovation, subsidies on the innovation of the small fertilizer plant, small cement plant, small coal mines, small machiner y plant and small steel plant, the expenditure of interest for the loan for inno vation.

(3) Geological prospecting expenses: They refer to the expenses appropriated fro m the government budget to the geological prospecting units for the expenditure of the prospecting work, including the expenditures of the administrative agenci es for geological prospecting and their institutional units as well as the geolo gical prospecting expenditure.

(4) expenditures for science and technology promotion: They refer to the expens es appropriated from the government budget for the scientific and technological expenditure, including new products development expenditure, expenditure for int ermediate trial and subsidies on important scientific researches.

(5) Expenditure for supporting rural production: It refers to the expenditures a ppropriated from the government budget for supporting the various expenditures o f the rural collective units or households for production, including the subsidi es to the small water conservancy projects and well drilling, sprinkling irrigat ion projects run by the villages; subsidies on the rural water and soil conservi ng measures; subsidies to the small power stations run by the villages; subsidie s to the expenditure for fighting against particularly severe draughts; subsidie s on the rural waste land exclamation; fund for supporting the township enterpri ses; fund for supporting rural cooperative production organizations, subsidies t o the expenditure for popularization of the agricultural technologies and plant protection in the rural areas; subsidies to the expenditure for the protection o f grasslands and cattle and fowls; subsidies on afforestation and forest protect ion in rural areas; subsidies on the rural aquatic products industry; special fu nd for developing grain production.

(6) Operating expenses of the departments of farming, forestry, water conservanc y and meteorology etc.: They refer to the expenses appropriated from the governm ent budget for the expenditures of agricultural exclamation, farms, agriculture, animal husbandry, agricultural machinery, forestry, timber industry, water cons ervancy, aquatic products industry, meteorology, technology popularization in to wnship enterprises, popularization (demonstration) of improved

varieties, plant (cattle and fowls, forest) protection, water quality monitoring, prospecting and designing, resources investigation, cadres training, subsidies to horticulture gardens, expenditure of specialized secondary schools, subsidies on the experime nts of sowing herbage seeds by flights, expenditures of afforestation agencies a nd meteorology agencies, expenses for fishery administration and operating expen ses for agricultural administration, etc.

(7) Operating expenses of the departments of industry, transport and commerce: T hey refer to the expenses appropriated from the government budget to cover the e xpenditure on salaries and operational expenditure of the departments of industr y, transport and commerce for the expenditure of business development, including expenses for prospecting and designing, expenditures of specialized secondary s chools, expenditures of the technical training schools and expenditures for cadr es training, etc.

(8) Operating expenses of the departments of culture, education, science and pu blic health: They refer to the expenses appropriated from the government budget for the expenditures on salaries and operational expenditure of the causes of cu lture, publication, cultural relics, education, public health, traditional Chine se medical science, free medical services, sports, archives, earthquake, ocean, communications, broadcasting, film and television, family planning; expenditure for training of cadres of government, party and mass organization; expenditures for natural sciences, social sciences, associations for science and technology a nd the special expenditure for the high-tech researches. They include mainly wag es, extra wages, welfare funds, pension for the retirees, stipend, expenses for official business, expenses for equipment purchases, expenses for repairs, busin ess expenses and subsidies to the units which are unable to support their expend itures by their own earnings.

(9) Pension for the disabled or for the families of the bereaved and relief fund s for social welfare: They refer to the funds appropriated from the government b udget for the expenditures of pension for the disabled or for the families of th e bereaved and relief funds for social welfare, including the lump-sum or regula r pension paid by the departments of civil affairs to the members of martyrs fam ilies and families of those who died for the public interest, pension to the rev olutionary disabled, subsidies for permanent disability of various kinds, subsid ies to the military martyrs dependents and the demobilized servicemen, expenditu re for settling down the demobilized servicemen, operating expenses of the conso ling institutions, expenses for management and repair of the commemorative build ings for the martyrs, the expenses managed by the departments of civil affairs f or the retirees and those who have quitted their work, expenses for social relie f in rural and urban areas, operating expenses for providing relief to the areas of natural calamity and subsidies on the reconstruction after the particularly severe natural calamities, etc.

(10) Expenditure on retirees: It refers to the expenditure on retirees of govern ment agencies and institutions that are covered by the state budget.

(11) Expenses on subsidies to social security system: It refers to expenditure f rom the state budget for subsidies to social security system, including subsidie s to the social insurance fund, subsidies to promoting employment, subsidies to laid-off workers of state-owned enterprises, supplement to national social secur ity funds, etc.

(12) Expenditures for national defence: They refer to the funds appropriated fro m the government budget for the expenditures for building up national defence an d safeguarding national security, including expenses of national defence, expens es of scientific researches on national defence, expenses for building up people s militia and expenditure for special projects, etc.

(13) Administrative expenses: They include expenditure for administration, subsi dies to the parties and mass organizations, diplomatic expenditure, expenditure for public security, judicial expenditure, law court expenditure, procuratorial expenditure and subsidies to the expenses for treating the cases by the public s ecurity departments, procuratorial organs and law courts.

(14) Expenditure on policy-related subsidies: It refers to the expenditure appro priated, with the approval of the government, from the state budget for price su bsidies on such products as grain, cotton and edible oil. More specifically, it includes subsidies to the difference between the selling prices and purchasing p rices of grains, cotton and edible oil, subsidies for curtaining prices and for sugar reserve, subsidies to the difference between the selling prices and purcha

sing prices of means pf agricultural production, risk fund for grains, risk fund for non-staple food, risk fund for local production of coal, etc.

(15) Expenditure on interest of debts: It refers to expenses from the state budg et on paying interest of domestic and foreign debts.

Revenue of the central government and revenue of the local governments: refers to the revenue of the central government and that of the local governments as de fined by the decentralized taxation system starting from 1994. In accordance wit h this system, the revenue of the central government includes tariff, consumptio n tax and value added tax levied by the customs, consumption tax, income tax of the enterprises subordinate to the central government, income taxes of the local banks, foreign-funded banks and non-bank financial institutions, business tax a nd profits of railways, head offices of banks, head office of insurance company , which are handed over to the government in a centralized way, tax on city main tenance and construction, tax on purchasing motor vehicles, tonnage tax of ships , 75% of the value added tax, 94% of the tax on stock dealing (stamp tax), inter est income tax in the personal income tax, proportion of the personal income tax (other that interest income tax) to be shared by the central government, and ta x on ocean petroleum resources,. The revenue of the local governments includes b usiness tax, income tax of the enterprises subordinate to the local government, proportion of the personal income tax (other that interest income tax) to be sha red by the central government, tax on the use of urban land, tax on the adjustme nt of the investment in fixed assets, tax on town maintenance and construction, tax on real estates, tax on the use of vehicles and ships, stamp tax, slaughter tax, tax on agriculture and animal husbandry, tax on special agricultural produc ts, tax on the occupancy of cultivated land, contract tax, value-added tax on la nd, income from charges on use of state-owned land, 25% of the value added tax, 6% of the tax on stock dealing (stamp tax) and tax on resources other than the o cean petroleum resources.

Expenditure of the central government and expenditure of the local governments: according to the different functions of the central g overnment and local govern ments in the economic and social activities, the rights of affairs administratio n are classified between the central government and local governments; and the c lassification of the expenditure between the central government and local govern ments are made on the basis of the classification of the rights of affairs admin istration between them. The expenditure of the central government includes the e xpenditure for national defence, expenditure for armed police forces, the admini strative expenses and various operating expenses at the level of central governm ent, expenditure for key projects and the expenditure of the central government for adjusting the national economic structure, coordinating the development amon g different regions and exercising the macro-economic regulation and control. Th e expenditure of the local governments includes mainly the administrative expens es and various operating expenses at the level of local governments, the expendi ture for capital construction and technological innovation with the funds raised by the local government, expenditure for supporting rural production, expenditu re for city maintenance and construction and expenditure for price subsidies, etc.

Extra–budgetary revenue and expenditure Extra-budgetary fund refers to financia l fund of various types not covered by the regular government budgetary manageme nt, which is collected, allocated or arranged by government agencies, institutio ns and social organizations while performing duties delegated to them or on beha lf of the government in accordance with laws, rules and regulations. It mainly c overs following items: administrative and institutional fees, governmental funds and extra charges that are stipulated by laws and regulations; administrative a nd institutional fees approved by the State Council and provincial governments a nd their financial and planning (price management) departments; governmental fun ds and extra charges established by the State Council and the Ministry of Financ e; funds turned over to competent departments by their subordinate institutions; self-raised and collected funds by township governments for their own expenditu re; and other financial funds that are not covered in budgetary management. Soci al security funds are treated as extra-budget fund and managed for its exclusive use, given the circumstance that separate government budgetary system for socia l security is yet to be designed. Special accounts are opened by the financial d epartments in banks for the management of revenue and expenditure of extra-budge tary fund. Extra-budgetary revenue and expenditure is managed separately, namely , revenue of institutions and departments must enter into the special accounts o f the financial departments at the same administrative level, and their extra-bu dgetary expenditure is arranged in line with the extra-budget plans and appropri ated from these accounts.

Credit Funds refer to the funds issued as loans by bank ing institutions. The sources of credit funds of the banking institutions included deposits, issue of financial bonds, account-payable and temporary gathering, liabilities to int ernational financial institutions, currency in circulation, various reserves, ow ners' rights and interests and other items. The credit funds can be used in form s of loans, securities and investment, account receivable and advance payment, e ntrusted investment, gold, foreign exchange, cash on hand, government debt and a ssets in the international financial institutions.

Deposit is a form of credit by which enterprises, insti tutions, organizations or households can put money into banks and other credit institutions for safekee ping and interest earning under the principle of free withdrawal. According to d ifferent depositors, deposits are divided into enterprise deposits, treasury dep osits, deposits of government agencies and organizations, capital construction d eposits, savings deposits, rural saving deposits, entrusted deposits and other d eposits. Deposits are major sources of the credit funds of banks.

Loan is a form of credit by which banks and other credi t institutions provide funds at certain interest rate to enterprises and individuals in the light of th e principle of unconditional repayment. Loans from Chinese banks include circula ting capital loans, fixed assets loans, loans to urban and rural individuals eng aged in industrial and commercial business and agricultural loans.

Insurance Companies refer to commercial insurance compa nies of various forms re gistered by law and established in China with the approval of insurance regulato ry agencies.

Amount Insured refers to the maximum that the insurant will get for the claim of the case insured.

Premium is the fee paid by the insurant to the insurer to obta in the obligation of compensation from the insurance within the agreed terms. Settled Claim is the compensation paid by the insurer to the insurant in accor dance with the insurance contract.

Payment includes payment for death, injury or medical t reatment and mature pay ment. Payment for death, injury or medical treatment refers to the money paid to the insurant (or the beneficiary) in accordance with the life or health insuran ce contract when the insurant encounters accidents within the insured period cov ered in the contract. Mature payment refers to the mature payment to the insuran t in accordance with the life insurance contract at the end of the insured period.

Consumer Price Indices reflect the trend and degr ee of changes in prices of con sumer goods and services purchased by urban and rural residents, and is a compos ite indices derived from the urban consumer price indices and the rural consumer price indices. Consumer price indices can be used to analyze the impact of cons umer price change on actual expenditure for living cost of urban and rural residents.

Urban Consumer Price Indices reflect the trend and degr ee of changes in prices of consumer goods and services purchased by urban households during a given peri od. It can be used to observe and analyze the impact of price changes in consume r goods and services on wages (in monetary terms) of staff and workers, and prov ide basis for policy-making concerning the living cost and wages of staff and workers.

Rural Consumer Price Indices reflect the trend and degr ee of changes in prices of consumer goods and services purchased by rural households during a given peri od. It can be used to observe the impact of change in retail prices of consumer goods and service prices in rural areas on living expenditure of rural household s, and to show the changes in the living standard of peasants. It provides basis for analysis and research on condition of life in rural areas.

Retail Price Indices reflect the trend and degree o f change in retail p rices of commodities during a given period. The change in retail prices of commodities d irectly affect the living expenditure of urban and rural residents, government r evenue, purchasing power of residents and the equilibrium of market supply and d emand, and the ratio of consumption to accumulation. Therefore, the retail price indices are useful to analyze the changes of the above economic activities.

Price Indices of Means of Agricultural Production reflect the trend and degree of changes in prices of means of agricultural production during a given period. Price indices of means of agricultural production are composed of 8 categories i ncluding small farm tools, feeds, young domestic animals and poultries, semi-mec hanized farm machinery, mechanized farm machinery, chemical fertilizers, pestici des and spraying machinery, fuels for farm machinery. Compilation of these indic es help to understand the changes in prices of input into agricultural productio n and facilitate the compilation of national account statistics. Before 1994, pr ice indices of means of agricultural production was a sub-category in the in the retail price indices of commodities, and it has been compiled separately since 1994.

Indices of Producers´ Prices for Farm Products reflect the trend and degree of changes in producers' prices received by farmers when they sell farm products du ring a given period. These indices depict the change in the level and structure of producers' prices of farm products of the country and meet the needs of agric ulture statistics and national account statistics. The producers' price index of a given product is calculated through geometrical mean of individual indices of all surveyed units who sell such product, and the indices of a product category is obtained through weighted mean of price indices of all products in the categ ory. Method for calculating accumulative quarterly indices is the same as for ca lculating the distinctive quarterly indices.

Ex–factory Price Indices of Industrial Products reflect the trend and degree of changes in general ex-factory prices of all industrial products during a given period, including sales of industrial products by an industrial enterprise to al l units outside the enterprise, as well as sales of consumer goods to residents. It can be used to analyze the impact of ex-factory prices on gross output value and value-added of the industrial sector.

Indices of Purchasing Prices of Raw Materials, Fuels and Power reflect changes in the level and degree of prices paid by industrial enterprises when they purch ase production input such as raw materials, fuels and power from the market or f rom other energy or raw materials producing enterprises. These indices provide i mportant basis for measuring the material consumption of industrial enterprises after removing influence of price changes.

At present, over 900 products in 9 categories, including fuels a nd power, ferrou s metals, non-ferrous metals, chemicals, building materials, are covered in Chin a for the survey to produce indices of purchasing prices of raw materials, fuels and power.

Price Indices of Investment in Fixed Assets reflect the trend and degree of cha nges in prices of investment goods and projects in fixed assets during a given p eriod. The investment in fixed assets consists of three components, namely the i nvestment in construction and installation, the investment in purchases of equip ment and instrument, and the investment in other items. Price indices of investm ent in fixed assets are calculated as the weighted arithmetic mean of the price indices of the three components of investment in fixed assets.

Removing the factor of price change in the aggregates of investment at current p rices, this indicator shows the changes in the prices of commodities and fees in volved in the investment of fixed assets, and can be used to observe the actual size, growth, structure, and efficiency of investment in fixed assets and provid es reliable and scientific data for government planning, management, decision-ma king, and further improving the current national accounting system.

I. Urban Households

Population of urban households refer to members of the household living and sh aring economically together. All income and expenditure of the population of the household are included in the income and expenditure of the household.

Proportion of urban employment refer to the proportion of employed population to the population of urban households.

Number of dependents per urban employee refers to the ratio between number of p ersons in urban households and the number of dependents.

Total Income of Urban Households refers to the sum of w age and salary, net busi ness income, income from properties, and income from transfers of members of the households, excluding income from selling of properties and income from borrowings.

Disposable Income of Urban Households refers to the act ual income at the dispos al of members of the households which can be used for final consumption, other non-compulsory expenditure and savings. This equals to total income minus income tax, personal contribution to social security and sample household subsidy for k eeping dairies. Following formula is used:

Disposable income = total household income - income tax - personal contribution to social security - sample household subsidy for keeping dairies

Total expenditure of Urban Households refer to all expe nditure of the household s except expenditure on leading. It includes expenditure on consumption, on purc hasing or building houses, on transfers, on properties and on social security.

Consumption Expenditure of Urban Households refers to t otal expenditure of the sample households for consumption in daily life, including expenditure on eight categories such as food, clothing, household appliances and services, health ca re and medical services, transport and communications, recreation, education and cultural services, housing, miscellaneous goods and services.

Expenditure of Urban Households on Consumption of Services refers to expenditure of households on services of various kinds provided by the society.

Urban Households by Income Group All households in the sample are grouped, by per capita disposable income of the household, into groups of lowest income, low income, lower middle income, middle income, upper middle income, high income and highest income, each group consisting of 10%, 10%, 20%, 20%, 20%, 10% and 10% o f all households respectively. The lowest 5% of households are also referred to as poor households.

Engel Coefficient refers to the percentage of expenditu re on food in the total consumption expenditure, using the following formula:

Engel Coefficient = (expenditure on food / total consumption expenditure) x 100%

II. Rural Households

Rural Households refer to resident households in rural areas. Resident househol ds in rural areas are the households residing for more than one year in the area s under the jurisdiction of administration of township governments (excluding co unty towns), and in the areas under the jurisdiction of administration of villag es in county towns. Migrated households residing in the current addresses for ov er one year with their household registration in other places are included in th e resident households of their current addresses. For households with their hous ehold registration in one place but all members of the households moving away fo r living in another place for over one year, they will not be included in the ru ral households of the area where they are registered, irrespective of whether th ey still keep their contracted land.

Resident Population refers to population staying at hom e permanently or for ove r 6 months during a year and sharing life economically with the household. Membe rs of the household staying away from the household for over 6 months but keepin g a close economic relation with the household by sending the majority of income to the household are regarded as resident population of the household. Governme nt staff and workers or retirees living as close members of the household are al so considered as resident population. However, servicemen, students of secondary technical schools or schools of higher education and persons with stable jobs a nd residence outside the household (excluding those visiting relatives or seekin g medical service) are not included as resident population of the household. Res ident population is used in calculating income, consumption, accumulation on per capita basis of rural households and in analyzing composition of rural households.

Full/Semi Labour Force Full labour force refers to pers ons capable of work, age d 18-50 for males and 18-45 for females. Semi labour force refers to persons cap able of work, aged 16-17 and 51-60 for males and 16-17 and 46-55 for females. Pe rsons at their working ages but not capable of work are not to be included as la bour force. Persons not at working ages but participating regularly in work are included in semi labour force. For staff and workers as resident population of t he household, they are included as full or semi labour force of the household if they are in the labour force.

Total Income refers to the sum of income earned from various so urces by the rur al households and their members during the reference period, and is classified a s income from wages and salaries, income from household operations, income from properties and income from transfers.

Income from Wages and Salaries refers to income from la bour ear ned by the members of rural households employed by other units or individuals.

Income from Household Operations refers to income by the rural househol ds as un its of production and operations. Operations by rural households are classified by economic activities as agriculture, forestry, animal husbandry, fishery, manu facturing, construction, transportation, post and telecommunications, wholesale, retail and catering, social service, culture, education, health, and other hous ehold operations.

Income from Properties refers to the income received as returns by owners of fi nancial assets or tangible non-productive assets by providing capitals or tangib le non-productive assets to other institutional units.

Income from Transfers refers to the receipt by rural ho useholds and their membe rs of goods, services, capitals or rights of assets without giving or repaying a ccordingly, excluding capitals provided to them for the formation of fixed asset s. In general, it refers to all income received by rural households through redi stribution.

Cash Income refers to income received by rural househol ds and their members in the form of cash during the reference period. It is classified, by source of inc ome, into income from wages and salaries, cash income from household operations , income from properties and income from transfers

Net Income refers to the total income of rural househol ds from all sources minu s all corresponding expenses. The formula for calculation is as follows:

Net income = total income - household operation expenses - taxes and fees - depr eciation of fixed assets for production - subsidy for participating in household survey - gifts to non-rural relatives Net income is mainly used as input for re production and as consumption expenditure of the year, and also used for savings and non-compulsory expenses of various forms. "Per capita net income of farmer s" is the level of net income averaged b y population which reflects the average income level of rural households in a gi ven area.

Production Capacity of Water Supply refers to the d esigned comprehensive produc tion capacity of water facilities, covering the 4 links of water collection, pur ification, conveyance, and outflow through trunk pipelines. Increase capacity th rough transformation and innovation projects are included as well. The capacity is determined mainly on the weakest of the above-mentioned 4 links.

Length of Water Supply Pipelines at the Year–end refers to the total length of all the pipelines between the water pumps and the user's water meters, excluding pipelines newly installed but not used yet.

Annual Volume of Water Supply refers to the total volum e of water supplied by w ater-works (units) during the reference period, including both the effective wat er supply and loss during the water supply.

Consumption of Water for Residential Use refers to the water consumption of hou seholds for daily life and the water consumption of public service facilities. T he latter refers to water consumption for urban public services, including the c onsumption of government agencies and public institutions, military barracks, pu blic facilities, wholesale and retail outlets, restaurants, hotels, and other un its providing public services. Household water consumption refers to consumption of water for daily life of all households in the boundary of cities, including households of urban residents and farmers, and public water supply stations.

Percentage of Urban Population with Access to Tap Water refers to the ratio of t he urban population with access to tap water to the total urban population. The formula is:

Percentage of population with access to tap water= (Urban population with access to tap water) / (Urban population)×100%

Production Capacity of Gaswork Gas refers to the comprehensive production capac ity of the urban gasworks in gas generation, purification and delivery at the en d of the reference period, excluding capacity of the reserved facilities. In gen eral, it is determined by the designed capacity, and when actual production capa city is larger than the designed capacity, the capacity is determined by the act ual measurement on the weakest link in the production, purification and delivery .

Length of Gas Pipelines refers to the total length of p ipelines in use between the outlet of the compressor of gas-work or outlet of gas stations and the leadi ng pipe of users, excluding pipelines within gasworks, delivery stations, LPG st orage stations, refilling stations, gas-mixing stations and supply stations.

Volume of Gas Supply refers to the total volume of gas provided to users by gas -producing enterprises (units) in a year, including the volume sold and the volu me lost.

Percentage of Urban Population with Access to Gas refers to the ratio of the urban population with access to gas to the total urban population at the end of th e reference period. The formula is:

Percentage of population with access to gas = (Urban population with access to g as / Urban population) x 100%

Heating Capacity in Urban Area refers to the designed c apacity of heating enter prises (units) in supplying heating energy to urban users during the reference period.

Quantity of Heat Supplied in Urban Area refers to the t otal quantity of heat fr om steam and hot water supplied to urban users by heating enterprises (units) du ring the reference period.

Length of Heating Pipelines refers to the total length of steam or hot water pi pelines for sources of heat to the leading pipelines of the buildings of the use rs, excluding internal pipelines in heat generating enterprises.

Length of Paved Roads at the Year-end refers to the len gth of roads with paved surface including squares bridges and tunnels connected with roads by the end of the year. Length of the roads is measured by the central lines for vehicles fo r paved roads with a width of 3.5 meters and over, including roads in open-ended factory compounds and residential quarters.

Urban Bridges refer to bridges built to cross over natu ral or man-made barriers , including bridges over rivers, overpasses for traffic and for pedestrian, unde rpasses for pedestrian, etc. Both permanent and semi-permanent bridges are included.

Length of Urban Sewage Pipes refers to the total length of general drainage, tr unks. branch and inspection wells, connection wells, inlets and outlets, etc.

Daily Disposal Capacity of Urban Sewage refers to the d esigned 24 hour capacity of sewage disposal by the sewage treatment works or facilities.

Number of Vehicles under Operation at the Year-end refers to the total number o f vehicles under operation by public transport enterprises (units) at the end of the year, based on the records of operational vehicles by the enterprises (units).

Area of Urban Gardens and Green Areas refers to the tot al area occupied for gre en projects at the end of the reference period, including public green land, gre en land in residential quarters, green land attached to institutions, protection green land, production green land, roadside green land and forest in scenic spo ts. It does not include the following:

(1) Greenery and plants on roofs, balconies, indoors and vertical green areas;

(2) Forest, cultivated land, grassland, orchards and bamboo grooves that are for production purpose; and

(3) Water areas that are not included in urban master plan as green land.

Public Green Area refers to green areas open to the pub lic such as municipal, community and neighborhood parks and roadside parks, including waters within park s. Neighborhood parks should occupy an area larger than 10,000 square meters, an d the width of roadside parks should occupy an area larger than 400 square meter s, with a width of more that 8 meters.

Gross Output Value of Farming, Forestry, Animal Husbandry and Fishery refers to the total value of products of farming, forestry, animal husbandry and fishery, and total value of services rendered to support farming, forestry, animal husba ndry and fishery activities. It reflects the total scale and results of agricult ural production during a given period. Prior to 1957, Chinas gross agricultural output value included barnyard manure and handicraft products for self-consumpti on (clothes, shoes, stockings, and initial grain processing undertaken by peasan ts). Since 1958, cutting and felling of bamboo and trees by villages and other c ooperative organizations under villages have been included in forestry; value of barnyard manure has been excluded from animal husbandry; self consumed handicra fts has been excluded from sideline occupations, while the output value of indus tries run by villages and cooperative organizations under village had been incl uded in sideline occupations and the output value of fish catches by motor fishi ng boats has been added to fishery. Since 1980, the value of handicraft products made for sale by individuals in households had been added to sideline occupatio ns. Since 1984, industries run by villages and under villages have been included in the sector of industry. Since 1993, the subdivision of sideline occupations has been canceled, and the hunting of wild animals has been classified into anim al husbandry, and the gathering of wild plants and commodity industry run by rur al household have been included in farming. A new industrial classification of e conomic activities was introduced in 2003. Under the new classification, value o f services to farming, forestry, animal husbandry and fishery is included in the gross output value of agriculture, value of wood felling and transport is inclu ded in forestry, value of industrial output by rural households is not included in agriculture, and the collection of wild forest products is taken from agricul ture and included in the forestry. The first agriculture census of China reveale d some discrepancy between the production of animal products from the annual rep orts and that from the census. Efforts were made by the Rural Socio-economic Sur vey Organization of NBS to adjust the output value of animal husbandry to make t he figures from the annual reports consistent with the census data.

Gross output value of agriculture is obtained by first multiplying the output of each product or by product by its price, resulting in the output value of each single item. For a small number of products, annual output of which is not avail able or difficult to get due to the long production (growing) process involved, the output value is estimated through an indirect approach. The sum of output va lue of all products of farming, forestry, animal husbandry and fishery is then e qual to the gross output value of agriculture.

Grain Output refers to the total output in the whole coun try including grains p roduced by state farms, collective units, rural households, as well as by farms affiliated to industrial and mining enterprises and other production units. Grai n includes rice, wheat, corn, sorghum, millet and other miscellaneous grains as well as tubers and bean. Output of beans refers to dry beans without pods. The o utput of tubers (sweet potatoes and potatoes, not including taros and cassava) w as converted into that of grain at the ratio 4:1, i.e. 4 kilograms of fresh tube rs was equivalent to 1 kilogram of grain up to 1963. Since 1964 the ratio for co nversion has been 5:1. Tubers supplied as vegetables (such as potatoes) in citie s and suburbs are calculated as fresh vegetables and their output is not include d in the output of grain. Output of all other grains refers to husked grain.

Output of Oil-bearing Crops refers to the total product ion of oil-bearing crops of various kinds, including peanuts, (dry, in shell) rapeseeds, sesame, sunflow er seeds, flax seeds, and other oil-bearing crops. Soybeans, oil-bearing woody p lants, and wild oil-bearing crops are not included.

Output of Aquatic Products refers to catches of both ar tificially cultured and naturally grown aquatic products, including fish, shrimps, crabs and shellfish i n sea and inland water as well as seaweed. Freshwater plants are not included. Output of Pork, Beef, and Mutton refers to the meat of slaughtered hogs, cattl e, sheep and goats with head, feet, and offal taken away.

Number of Livestock or Poultry in Stock at Beginning (or End) refers to the tota l number of large animals, pigs, sheep, fowls, etc. raised by rural cooperative organizations, state farms, rural individuals, government agencies, schools, ind ustrial and mining enterprises, army, and urban residents at the beginning (or e nd) of the reference period. Data reporting system and data adjustment are the s ame as that in the output of pork, beef and mutton.

Regularly Cultivated Land refers to farmland among the total land resources, whi ch is exclusively used for farming and is under regular cultivation with harvest in normal years. Included are currently cultivated land, land that has been aba ndoned or put in idle for less than 3 years and could be re-used for cultivation at any time, and new-claimed land that has been put into cultivation for more t han 3 years. According to statistical coverage, it includes the gouges, dykes, r oads and ridges of field with 1 meter wide in Southern areas and 2 meters wide i n Northern areas. Excluded under this category are steep slope land over 25 degr ees under temporary cultivation, land (large or small plots) that is claimed alo ng river bends, lake sides or banks of reservoirs, as well as land that has been designated under the "Green for Grain" programmes of the state and provincial g overnments but is still temporarily under cultivation. The regularly cultivated land is the key protection land of the nation, an important indicator reflecting the comprehensive productivity of agriculture of China.

Sown Area of Crops refers to area of land sown or trans planted with crops regar dless of being in cultivated area or non-cultivated area. Area of land re-sown d ue to natural disasters is also included. This is an important indicator that ca n reflect the utilization condition of the cultivated land in China.

Irrigated Area refers to areas that are effectively irr igated, i.e. level land, which has water source and complete sets of irrigation facilities to lift and m ove adequate water for irrigation purpose under normal conditions. Under normal conditions, irrigated area is the sum of watered fields and irrigated fields whe re irrigation systems or equipment have been installed for regular irrigation pu rpose. This important indicator reflects drought resistance capacity of the cult ivated land in China.

Consumption of Chemical Fertilizers in Agriculture refers to the quantity of che mical fertilizers applied in agriculture in the year, including nitrogenous fert ilizer, phosphate fertilizer, potash fertilizer, and compound fertilizer. The co nsumption of chemical fertilizers is required in calculation to convert the gros s weight into weight containing 100% effective component (e.g. 100% nitrogen con tent in nitrogenous fertilizer, 100% phosphorous pent oxide contents in phosphat e fertilizer, 100% potassium oxide contents in potash fertilizer). Compound fert ilizer is converted with its major component. The formula is :

Volume of effective component= physical quantity x effective com ponent of certain chemical fertilizer (%)

Total Power of Farm Machinery refers to total mechanica l power of machinery us ed in farming, forestry, animal husbandry, and fishery, including ploughing, irr igation and drainage, harvesting, transport, plant protection, stock breeding, f orestry and fishery. The power of internal combustion engines is required to con vert horsepower into watts and the power of electric motors is required to be co nverted into watts. Machinery employed for non-agricultural purposes, such as th e machines used in township run and village-run industry, construction, non-agri cultural transport, scientific experiments and teaching, is excluded. Data are m ainly from agricultural machinery agencies.

Rural Employed Persons refer to rural labor forces aged over 16 years old who a re engaged in real production and management activities and receive payment in k ind or wages, including those covered within the age frame and regularly partici pating in production activities, and those who are out of the range of age frame and also participating in production activities regularly. Excluding students s tudying in other places with their permanent residence registered in local areas , servicemen and persons incapable of working; also excluding those who are wait ing for jobs and those engaged in household work. Persons employed are classifie d as rural employed persons; industrial employed persons; construction industry employed persons; transport, storage and telecommunications industries employed persons; whole sales and retail sales trade and catering industry employed perso ns and others according to the longest period of employment in major activities (or using income indicator when period of employment is the same).

Industry refers to the material production sector w hich is engaged in extraction of natural resources and processing and reprocessing of minerals and agricultur al products, including (1) extraction of natural resources, such as mining, salt production (but not including hunting and fishing); (2) processing and reproces sing of farm and sideline produces, such as rice husking, flour milling, wine ma king, oil pressing, silk reeling, spinning and weaving, and leather making; (3) manufacture of industrial products, such as steel making, iron smelting, chemica ls manufacturing, petroleum processing, machine building, timber processing; wat er and gas production and electricity generation and supply; (4) repairing of ind ustrial products such as the repairing of machinery and means of transport (incl uding cars).

Prior to 1984, the rural industry run by villages and cooperative organizations under village was classified into agriculture. Since 1984, it has been grouped into industry.

Units of industrial statistics survey corporate industrial enterprises with inde pendent accounting system.

Corporate industrial enterprises with independent accounting system refer to ent erprises engaging in industrial production activities, which meet the following requirements: ①They are established legally, having their own names, organizati ons, location, able to take civil liability; ②They possess and use their assets independently, assume liabilities, and are entitled to sign contracts with othe r units; ③They are financially independent and compile their own balance sheets . Enterprises covered in the industrial statistics in the Yearbook include followi ng categories by their registration:

State–owned Enterprises refer to industrial enterprises where the means of produ ction or income are owned by the state. Joint state-private industries and priva te industries, which existed before 1957, have been transformed into state indus tries. Statistics on these enterprises has been included in the state-owned indu stries since 1957 when separation of data was no longer necessary.

Collective–owned Enterprises refer to industrial enterp rises where the means of production are owned collectively, including urban and rural enterprises investe d by collectives and some enterprises which were formerly owned privately but ha ve been registered in industrial and commercial administration agency as collect ive units through raising fund from the public.

Share–holding Cooperative Enterprises refer to economic units set up on co operative basis, with funding partly from members of the enterprise and partly f rom outside investment, where the operation and management is decided by the mem bers who also participate in the production, and the distribution of income is b ased both on work (labour input) and on shares (capital input).

Joint-operation enterprises refer to economic units that are established by join t investment by two or more corporate enterprises or institutions of the same or different types of ownership on voluntary, equal and mutual-beneficial basis. T hey include:

a) state-owned joint-operation enterprises (joint operation between state- owned enterprises);

b) collective joint-operation enterprises (joint operation between collect ive enterprises; and

c) state-collective joint-operation enterprises (joint operation between s tate and collective enterprises).

Limited Liability Corporations refer to economic units registered in accordance with the Regulation of the People's Republic of China on the Management of Regis tration of Corporations, with capitals from 2 to 49 investors, each investor bea rs limited liability to the corporation depending on his/her holding of shares, and the corporation bears liability to its debt to the maximum of its total assets.

Share–holding Corporations Ltd. refer to economic units registered in accordance with the Regulation of the People's Republic of China on the Management of Regi stration of Corporate Enterprises, with total registered capitals divided into e qual shares and raised through issuing stocks. Each investor bears limited liabi lity to the corporation depending on the holding of shares, and the corporation bears liability to its debt to the maximum of its total assets.

Private Enterprises refer to economic units invested or controlled (by hol ding the majority of the shares) by natural persons who hire labours for profit- making activities. Included in this category are private limited liability corpo rations, private share-holding corporations Ltd., private partnership enterprise s and private sole investment enterprises registered in accordance with the Corp oration Law, Partnership Enterprise Law and Tentative Regulation on Private Ente rprises.

Enterprises with Funds form Hong Kong, Macao and Taiwan refers to all industrial enterprises registered as the joint-venture, cooperative, sole (exclusive) inve stment industrial enterprises and limited liability corporations with funds from Hong Kong, Macao and Taiwan.

Foreign Funded Enterprises refers to all industrial ent erprises registered as the joint-venture, cooperative, sole (exclusive) investment industrial enterpris es and limited liability corporations with foreign funds.

Light Industry refers to the industry that produces con sumer goods and hand too ls. It consists of two categories, depending on the materials used:

(1) Industries using farm products as raw materials. These are branches of light industry which directly or indirectly

use farm products as basic raw materials, including the manufacture of food and beverages, tobacco processing, textile, c lothing, fur and leather manufacturing, paper making, printing, etc.

(2) Industries using non farm products as raw materials. These are branches of l ight industry which use manufactured goods as raw materials, including the manuf acture of cultural, educational articles and sports goods, chemicals, synthetic fiber, chemical products for daily use, glass products for daily use, metal prod ucts for daily use, hand tools, medical apparatus and instruments, and the manuf acture of cultural and clerical machinery.

Heavy Industry refers to the industry which produces ca pital goods, and provide s various sectors of the national economy with necessary material and technical basis. It consists of the following three branches according to the purpose of p roduction or the use of products:

(1) Mining, quarrying and logging industry refers to the industry that extracts natural resources, including extraction of petroleum, coal, metal and non-metal ores.

(2) Raw materials industry refers to the industry that provides various sectors of the national economy with raw materials, fuels and power. It includes smeltin g and processing of metals, coking and coke chemistry, chemical materials and bu ilding materials such as cement, plywood, and power, petroleum refining and coal dressing.

(3) Manufacturing industry refers to the industry that processes raw materials. It includes machine building industry which equips sectors of the national econo my, industries of metal structure and cement products, industries producing mean s of agricultural production, such as chemical fertilizers and pesticides. Accor ding to the above principle of classification, the repairing trades which are en gaged primarily in repairing products of heavy industry are classified into heav y industry while these engaged in repairing products of light industry are class ified into light industry.

Gross Industrial Output Value

(1) Definition: Gross industrial output value is the total volume of final indus trial products produced and industrial services provided during a given period. It reflects the total achievements and overall scale of industrial production du ring a given period.

(2) Principles for calculation:

Statistics on industrial production follow the principle that all products produ ced by the enterprises and accepted during the reference period are to be includ ed no matter whether they are sold or not during the reference period.

Determination of final products follow the principle that all products that are included in the calculation of grow industrial output value are the final produc ts of the enterprise which have been accepted through quality check and require no further processing. If an enterprise has intermediate (semi-finished) product s to sell, these intermediate products are considered as the final products of t he enterprise.

Gross industrial output value is calculated following the principle of factory a pproach, i.e. industrial enterprise is used as the basic accounting unit in calc ulating the gross industrial output value. By this approach, value of the same p roduct is not to be double counted, and the output value of different workshops (branch factories) should not be added. However, this approach does not exclude the possibility of double counting between enterprises.

(3) Content and calculation method: The old definition of gross industrial outpu t value was modified during the national industrial census in 1995. The revised (new) definition of gross industrial output value consists of 3 components: valu e of the finished products during the reference period, income from external pro cessing, and value of change in semi-finished products at the end and at the beg inning of the reference period.

Value of the finished products during the reference period: refers to the value of all finished (semi-finished) industrial products that are produced during the reference period without the need for further processing, checked for acceptance, packed and put into the warehouse of the enterprise, including the value of o wn-produced equipment and the value of products provided to the projects under c onstruction of the enterprise, and to other non-industrial or welfare units. Val ue of finished products during the reference period is calculated by the quantit y of products produced using own materials multiplied by the average unit prices at which products are sold (excluding value-added tax). Own-produced equipment and products produced for own use are value at cost prices as in the case of ent erprise accounting. Value of finished products does not include the value of fin ished products (semi-finished products) that are produced using the materials fr om the clients who make the orders.

Income from external processing: refers to income from contracted external proce ssing of industrial products (including processing of industrial products using materials from the clients), and the income from industrial repairing work provi ded to other units. Income from external processing is calculated using informat ion from the item "products sales income" in the enterprise accounting at the pr ices excluding value-added tax.

For income from services such as processing, repairing and installation of equip ment provided to non-industrial units within the enterprise, if the accounting work of the enterprise is good enough to separate it from other records, and the share of such services is significant, it should also be included in the income from external processing.

Value of change in semi-finished products at the end and at the beginning of the reference period: refers to the value of change in semi-finished products at th e end and at the beginning of the reference period, which generally can be obtai ned from accounting records of enterprises. If the enterprise accounting exclude s the cost of semi-finished products, then it should not be included in the gros s industrial output value, and vice versa.

(4) Changes in the coverage and method of calculation of gross industrial output value Prior to 1984, the value of rural industry run by villages was classified into a griculture instead of industry. Since 1984, it has been included in the gross in dustrial output value.

Method of calculation for the gross industrial output value was modified in the industrial census in 1995. The difference in the new method as compared with the old one is outlined below:

Principle in using full value vs. processing fee: The new method stipulates that all products produced using own materials are to be calculated with full value in reporting the gross industrial output value irrespective of sophistication of production, and for external processing, it allows calculation using processing fee. In the old method, however, the use of full value or processing fee was de termined by the degree of sophistication of production in different branches of industries.

Principle in determining the value of change in semi-finished products: The new method requires that value of the change in semi-finished products should be inc luded in the gross industrial output value if it is included in the accounting r ecord of the enterprise, otherwise it should not be included. By the old method, it is determined by the type of enterprises in terms of production cycle. If th e production cycle is over 6 months, the value of change in semi-finished produc ts is included in the gross industrial output value, otherwise it is excluded.

Difference in prices: The new method uses prices excluding value-added tax in th e calculation of gross industrial output value, while the old method used prices including value-added tax.

Value–added of Industry refers to the final results of industrial production of industrial enterprises in money terms during the reference period.

Industrial value-added can be calculated by two approaches: the production appro ach, i.e. gross industrial output value minus intermediate input plus value-added tax, and the income approach, i.e. income for various factors used in the cour se of production, including depreciation of fixed assets, remuneration of labourers, net of production tax, and operating surplus. Value-added of industry in th e Yearbook is calculated by production approach as following:

Value-added of industry = gross industrial output - industrial intermediate inpu t + value-added tax

(1) Gross industrial output: refers to the total achievements of industrial prod uction during a given period. Gross industrial output includes value of finished products, income from external processing, and value of change in semi-finished products at the end and at the beginning of the reference period. Since 1995, i t was substituted by the gross industrial output value by new method.

(2) Industrial intermediate input: refers to purchased goods and paid services c onsumed during the industrial production of enterprises. Fees paid for services include fees paid for the services provided by material production sectors (indu stry, agriculture, wholesale and retail trade, construction, transport, post and telecommunications) and by non-material production sectors (insurance, banking, culture, education, scientific research, health and medical care, public

admini stration, etc.). The determination of industrial intermediate input follows the principle that the goods and services must be purchased from outside and include d in the gross industrial output, and that the goods and services are inputted i nto production and consumed (include low-value consumables) during the reference period.

Industrial intermediate input includes 5 components, namely direct consumption o f materials, industrial intermediate input in manufacturing cost, industrial int ermediate input in management cost, industrial intermediate input in marketing c ost and expenditure on interest.

Capitals Obtained refers to capital actually received b y the enterprise from in vestors that could be used as operational capitals for a long period. According to the current accounting system, capitals obtained can be classified by investo rs as state capital, collective capital, corporate capital, individual capital, capital from Hong Kong, Macau and Taiwan and foreign capital.

State capital:refers to capital which is formed through state-o wned investment into the enterprise by government agencies or institutions that could represent the state in the investment.

Collective capital: refers to capital which is formed through state-owned invest ment into the enterprise by collective institutions or units that could represen t the state in the investment.

Corporate capital: refers to capital which is formed through investment by other corporate units using assets which is at their disposal by law.

Individual capital: refers to capital which is formed through investment by indi viduals outside the enterprise or employees of the enterprise using their person al legal properties.

Capital from Hong Kong, Macau and Taiwan: refers to cap ital which is formed thro ugh investment by investors from Hong Kong, Macau and Taiwan of China using thei r assets of various forms.

Foreign capital: refers to capital which is formed through investment by foreign investors.

Total Assets refer to all economic resources, in moneta ry terms, that is owned or controlled by enterprises, including properties, creditors equity and other e conomic rights of all forms. Classified by the degree of equitability, total ass ets include circulating assets, long-term investment, fixed assets, intangible a ssets and deferred assets, and other assets. Data on this indicator can be obtai ned by the year-end figures of total assets in the Assets and Liability Table of accounting records of enterprises.

Total Working Capitals refer to capitals which can be cashed in or spent or consumed in an operating cycle of one year or over one year, including cash, all kinds of deposits, short term investment, receivable and payable payment for go ods or deposits.

Average Value of Working Capitals refers to the average value of all working capitals of the enterprise during the reference period. Original Value of Fixed Assets refers to the value of payment by the enterprise in building, purchasing installing reconstructing, expending or transforming a particular item of fixed assets. In general, it includes value of purchase, cost for packaging, transportation, installation, etc.

Annual Average of Net Value of Fixed Assets refer to av erage of the net value o f fixed assets during the reference period, calculated with the following formula:

Annual Average of Net Value of Fixed Assets = sum of net value of fixed assets at the beginning and at the end of each month from January to December / 24.

Information on this indicator can be obtained from the beginning and ending figu res of the original value of fixed assets and cumulative depreciation from the A ssets and Liability Table of enterprises.

Net value of fixed assets refers to the original value of fixed assets minus dep reciation over the years, i.e.:

Net value of fixed assets = original value of fixed assets - cumulative deprecia tion

Total Liquid Liabilities refer to enterprises' total de bt payable within an op erating cycle of one year or over one year, including short-term loans, notes an d accounts payable, advance payments received, wages and welfare funds payable, taxes and profit payable, other payables, fees received by advance payment, etc. Liquid liabilities feature in the short term of payment, immediate payment at th e request of creditors, or payable within one year.

Total Long–term Liabilities refers to the debt payable within an operating cycl e of one year or over one year. It is the capital that enterprises raised from c reditors for the long-term use of enterprises in addition to capitals put into t he enterprise by investors, and constitutes the economic liabilities that enterp rises have to repay by assets or labour services, including long-term loans, pay able liabilities, long-term payable, other long-term liabilities, etc. Compared with the liquid liabilities, the long-term liabilities feature in large volume, longer term for repayment, and larger benefits for investors.

Creditors′ Equity refers to investors ownership of net assets of the enterprise , which is equal to the total assets of the enterprise minus its total liabiliti es, including the primary input actually received at the enterprise from investo rs, capital accumulation fund, surplus accumulation fund and undistributed profi t. When the total of creditors' equity is less than zero, that indicates the lia bility of the enterprise is larger that its assets.

Sales Revenue of Industrial Products refers to the reve nue from the sales of fi nished and semi-finished products and from rendering of industrial services by industrial enterprises during the reference period.

Cost of Industrial Products Sold refers to the actual c ost of finished and semi- finished products sold and industrial services rendered by industrial enterprise s during the reference period.

Tax and Extra Charges on Sales of Products refer to the tax on city maintenance and construction, consumption tax, resources tax and extra charges for education, which should be borne by the enterprises in selling products and providing in dustrial services during the reference period.

Total Profits refer to the final achievements of produc tion and operation of th e enterprises, represented by the total profits after deducting losses (loss is expressed by the negative figure). It is the sum of profits from operation, inco me from subsidies, investment earnings, net income from activities other than op eration, and adjustment of profits and losses of previous years.

Value–added Tax Payable refers to the amount of the val ue-added tax which shoul d be paid by the enterprises during the reference period. It is the sum of tax o n sales, export rebate, and transferred tax on purchases of the current year, mi nus the tax on purchases of the current year. Value-added tax payable of small-s ize enterprises is determined by the taxable sales of the year multiplied by the tax rate.

Average Annual Number of Employed Persons Employed persons refer to all those who are employed in enterprises and receive remunerations therefrom, including c urrently working employees, retirees who are re-employed, teachers of local-run schools, as well as foreigners, staff from Hong Kong, Macau and Taiwan, part-tim e employees and persons with second job who are employed by the enterprise, and employees of other units temporarily working in the enterprises, but excluding f ormer employees who left the enterprise with their employment records still kept by the enterprises.

Average number of employed persons refers to the number of employees everyday du ring the reference period, calculated with the following fomula:

Monthly average number = sum of actual employees everyday in reference month/number of calendar dates in reference month

Quarterly average number = sum of monthly average number in reference quarter/3

Annual average number = sum of monthly average number in reference year/12

Ratio of Profits, Taxes and Interests to Average Assets reflects the profit-mak ing capability of all assets of the enterprise and is a key indicator manifestin g the performance and management and evaluating the profit-making potential of t he enterprise. It is calculated as follows:

Ratio of Profits, Taxes and Interests to Average Assets (%) = ［(total profits + total taxes + interest payment) / average assets ］×100%

In the above formula, total taxes is the sum of tax and extra charges on the sal es of products and value-added tax payable; and average assets is the arithmetic mean of the sum of beginning assets and ending assets.

Ratio of Debts to Assets reflect both the operation ris k and the capability of the enterprise in making use of the capital from the creditors. It is calculated as follows:

Ratio of Debts to Assets (%) = (total debts / total assets)×100%

Both assets and debts are figures at the end of the reference period.

Turnover of Working Capital refers to the number of tim es of turnover of workin g capital in a given period of time, which reflects the speed of the turnover of working capital of industrial enterprises, and is calculated as follows:

Turnover of Working Capital=(sales revenue of products) / (average balance of to tal working capital)

In the above formula, average balance of total working capital refers to the ari thmetic mean of the sum of working capital at the beginning and at the end of th e reference period.

Ratio of Profits to Total Industrial Costs refers to th e ratio of profits reali zed in a given period to the total costs in the same period, which reflects the economic efficiency of input cost and is calculated as follows:

Ratio of Profits to Total Industrial Cost(%)=(total profits/ total costs)×100%

Total costs in the above formula is the sum of cost of products sold, marketing cost, management cost and financial cost.

Overall Labour Productivity of Industrial Enterprises reflects efficiency of pro duction and economic results of labour input of enterprises. The formula used is :

Overall Labour Productivity=(value added of industry) / (average number of staff and workers)

Ratio of Sales to Gross Output Value reflects the degre e at which industrial pr oducts are sold. It helps to analyze the linkage between production and sales an d the extent of the needs of the society that has been met by the supply of indu strial products. It is calculated as follows:

Ratio of Sales to Gross Output Value=(Industrial sales / Gross industrial output value at current prices) ×100%

Statistical Unit in Construction refers to corporat e enterprise engaged in the c onstruction of buildings and structures and in the installation of equipment. A corporate construction enterprise should have qualification certificates with in dependent accounting system, and should meet the following 3 requirements: ① be ing set up in line with relevant legal basis, having its full name, organization and location, and capable of taking civil liabilities; ② independently possess ing and using its assets and assuming its liabilities, and entitled to sign cont racts with other institutions; and ③ making independent accounts of its profits and losses, and capable of compiling its own balance sheet.

Gross Output Value of Construction refers to total of c onstruction products and services, expressed in money terms, produced or rendered by construction and ins tallation enterprises during a given period of time. It includes:

(1) Output value of construction projects, that is the value of projects covered by the project budgets;

(2) Output value of installation projects, that is the value of the installation of equipment, (excluding the value of the equipment to be installed);

(3) Output value of others, that is the output value of construction industry ex cluding that of construction projects and installation projects. It includes: ou tput value of repair of buildings and structures; output value of non-standard e quipment manufacturing; overhead expenses received by contracted enterprises to the sub-contracted enterprises and the completed output value of construction ac tivities that have no clear definition.

a. Output value of repair of buildings and structures, that is the value created through the repairs of buildings or structures, but does not include the value of buildings or structures being repaired and the value of the repair of product ion equipment;

b. Output value of manufactured non-standard equipment, that is the value of non -standard production equipment including raw materials and manufacturing cost ma de for the construction project (i.e., chemical plant; kettles or tanks used by refineries; various fillers, triangle tanks, valves used by mines), and the outp ut value of equipment manufactured by subsidiary workshops.

Value-added of Construction refers to the final result of the activities of prod uction and management of construction industry in monetary terms in the referenc e period. At present, the value-added of construction is calculated with the inc ome approach, that is to say, it is the sum of income of various production fact ors in the production process. The formula is as follows:

Value-added of Construction=depreciation of fixed assets in the year + wages pay able + welfare expenses payable + insurance premium and tax for waiting for empl oyment in the administrative expenses + taxes and surcharges on project settleme nt + profit.

Floor Space of Buildings Under Construction refers to f loor space of buildings u nder construction during the reference period, including newly started buildings , buildings started earlier and continued during the reference period, and build ings suspended earlier but restarted during the reference period, buildings comp leted during the reference period, and buildings under construction and then sus pended during the reference period.

Floor Space of Buildings Completed refers to the floor space of buildings that a re completed in the reference period in accordance with the requirements of the design, up to the standard for putting them into use, and have been checked and accepted by concerned departments as qualified ones.

Total Number of Machinery and Equipment Owned by the End of Year refers to the n umber of machines and equipment owned by the enterprises, and listed as the fixe d assets of the enterprises by the end of the year, including machinery and equi pment for construction, production and transportation and other equipment.

Total Power of Machinery and Equipment Owned by the End of Year refers to the to tal power of machinery and equipment owned by the enterprises, and listed as the fixed assets of the enterprises by the end of the year, including machinery and equipment for construction, production and transportation and other equipment.

The power of the machinery is calculated on basis of the designed or verified ca pacity, covering the power of the machinery/equipment and the separate power equ ipment serving the machinery/equipment (such as electric motors), but excluding welders, transformers and boilers. The unit used for the calculation of power is kilowatt, with horsepower converted to kilowatt by 1 horsepower=0.735 kilowatt.

Income from Settlement of Projects refers to the income receive d by the construc tion enterprise from the contracted project through settlement procedures, and o ther charges to the contractee as operational costs in addition to the value of the project, such as temporary facility fee, labour insurance premium, moving co st of construction equipment, as well as various types of claims to the contract ee.

Profit from Settlement of Projects refers to profit rea lized through settled projects. It is calculated with the following formula:

Profit from Settlement of Projects=Income from Settlement of Pro jects - Settled Cost - Settled Taxes and Other Cost

Total Revenue of Enterprises refers to the sum of incom e from production and operation of enterprises, including income from settlement of projects and other operational income, namely:

Total Revenue of Enterprises=Income from Settlement of Projects + Other Operatio nal Income

Length of Railways in Operation refers to the total length of the trunk line und er passenger and freight transportation (including both full operation and temp orary operation). The calculation is based on the actual length of the first lin e even if this line has a full or partial double track or more tracks, excluding double tracks, station sidings, tracks under the charge of stations, branch lin es, special-purpose lines and the non-payable connecting lines. The length of ra ilways in operation is an important indicator to show the development of the inf rastructure for the railway transport, and also the essential data to calculate volume of passenger freight transport, traffic density and utilization efficienc y of the locomotives and carriages.

Length of Electrified Railways refers to the length of the section of railways in operation in which the power supply lines and other equipment are installed fo r the running of electrified locomotives. The proportion of the length of electr ified railways to the total length of railways in operation is an important indicator to show the modernization of railways.

Automatic-blocking and Semi-automatic-blocking Length of Railways refer to length of railways installed with equipment to perform automatic or manual blocking o f trains. Blocking is a spacing technique by which a section of the railway only allows one train to pass at a time in the aim of ensuring the traffic safety. t he proportion of automatic/semi-automatic blocking length to the total length of railways in operation is an important indicator to show the modernization of railways.

Length of Highways refers to the length of highways whi ch are built in conformity with the grades specified by the highway engineering standard formulated by th e Ministry of Communications, and have been formally checked and accepted by the departments of highways and put into use. The length of highways includes th at of the suburb highways at large and medium-sized cities, highways passing thr ough streets at small cities and towns, and also the length of bridges and ferri es. It does not include the length of streets in big and medium-sized cities and highways built for the production purpose at factories, mines, forest areas and agricultural areas. If two or more highways go the same section of the way, the length of the section is only calculated for once and no duplication is allowed . The length of highways is an important indicator to show the development of th e highway construction and to provide essential information to calculate the tra nsport network density.

Length of Navigable Inland Waterways it is an indicator reflecting the size and development of inland water network, it refers to the length of the natural rive rs, lakes, reservoirs, canals, and ditches open to navigation during a given per iod, which enables the transport by ships and rafts. It includes the channels op en to navigation for over an accumulative 3 months in a year, yet this does not include the river courses, which are only used to float odd logs and bamboo raft s. This indicator can reflect the scale, level and development situation of the inland waterway network.

Length of Civil Aviation Routes refers to the length of all routes for regular civilaviation flights. There are usually two ways to calculate the distance betw een airports connected by the route length: One is to put the length of all air routes together, called duplicated calculation of the length of the routes; the other is not to allow the duplication in calculation when two or more routes pas sing the same section of aviation routes. The latter is usually used, as it can precisely show the size of the civil aviation network and indicate the extent of civil aviation serving the national economy and the people.

Length of Oil (Gas) Pipelines used as an indicator to show the development, scale and level of the pipeline transportation, it refers to the actual transport distance of oil (or gas) products, and is in general calculated in the length of single pipeline. If the length of the double pipelines and alternate pipeline a re included, it is called the extension length of the oil (gas) pipelines, which indicates the actual length of the pipelines built, excluding double pipelines. Freight (Passenger) Traffic refers to the volume of freight (passenger) transpor ted with various means. Freight transport is calculated in tons and passenger tr affic is calculated in the number of persons. Despite the type of freight and tr aveling distance, the freight transport is calculated in the actual weight of th e goods: and despite the traveling distance and ticket price, the passenger traf fic is calculated by the principle that one person can be counted only once in o ne travel. The passengers who travel with a half price ticket or a child ticket is also calculated as one person. The freight (passenger) traffic provides a qua ntitative measure to show how the transport industry serves the national economy and people, and is also an important indicator for planning the transport indus try and for studying the development scale and speed of the transport industry.

Freight (Passenger) Traffic Density refers to the freig ht (passenger) traffic vo lume carried by a particular means of transportation during a given period throu gh one kilometer of a specific section of transportation route. The formula is a s follows:

Freight (Passenger) traffic density= [freight ton-kilometers (passenger-kilomet ers)] / (length of route in operation)

Freight (passenger) traffic density reflects the degree of business of freight (passenger) traffic on transportation routes, and therefore provides important in formation for balancing transport capability, planning construction and upgradin g of transport routes and studying the distribution of transport network.

Freight Ton–kilometers (Passenger–kilometers) refer to the sum of the products o f the volume of transported cargo (passengers) multiplying by the transport dist ance. It is an important indicator to reflect the achievement of transportation industry. Normally, the shortest distance between the departure station and the destination station (i.e., the payable distance) is the basis to calculate the f reight ton-kilometers. This is an important indicator to show the total results of the transport industry, to prepare and examine the transport plan and to meas ure the efficiency, the labour productivity and the unit cost of transport.

The formula is as follows:

Freight ton-kilometers (passenger-kilometers) =∑{freight (passenger) traffic x distance of transportation}

Static Load of Freight Cars refers to the average cargo weight as loaded by eac h freight car under the static condition at the departure station. It is used to show the utilization extent of the loading capacity of the freight cars. The fo rmula is:

Static load (ton) of freight car=(tonnage of goods dispatched) / (number of frei ght cars loaded)

The static load of freight cars is determined by the nature and type of goods lo aded, the type of vehicles, and the technique of loading. The difference between the average marked load and the static load of freight cars reflects the utiliz ation of loading capacity of freight cars. For its calculation the following for mula is applied:

Utilization rate of capacity of freight cars(%)= [(Average static load) / (Avera ge marked load)] ×100%

Average Daily Haul of Freight Locomotives refers to the average total ton-kilometers accomplished by each freight transport locomotive over day and night during a given period of time. It includes both the weight of the goods carried and th e dead weight of the train itself. It is a comprehensive indicator reflecting th e locomotive efficiency in terms of both time and the pulling force.

Average daily haul of freight transport locomotive (ton-kilometer)=(Total ton/ki lometers of freight) / (Daily number of freight transport locomotive)

Volume of Freight Handled in Major Coastal Ports refers to the volume of cargo p assing in and out the harbor area of the major coastal ports and having been loa ded and unloaded. The volume includes that of the postal matters, registered lug gage and fuels, materials and fresh water as supplies of the ships. The volume o f freight handled may be classified by direction of flow as freight for import a nd freight for export, or by nature of cargo as freight for domestic trade and f reight for foreign trade. As an important indicator, the volume of freight handl ed by type of cargo and by main flow direction reflects the production capacity of ports.

Possession of Civil Motor Vehicles: refer to the total numbers of vehicles that are registered and received vehicles' license tags according to the Work Standar d for Motor Vehicles Registration formulated by transport management office unde r department of public security at the end of reference period. They are divided into following categories according to the structure of motor vehicles: passeng er vehicles, trucks and others; and private vehicles and vehicles for units use according to ownerships; working vehicles, non-working vehicles and special moto r vehicles according to kind of usage; large passenger vehicles, medium passenge r vehicles and small passenger vehicles, heavy trucks, light-heavy trucks and li ght trucks according to sizes of vehicles.

Business Volume of Post and Telecommunications refers t o the total amount of pos t and telecommunication services, expressed in value terms, provided by the post and telecommunications departments for the society. Post and telecommunication services can be classified as letters, parcels, remittance, issue of newspapers and magazines, fast mail service, express mail service, savings deposits, stamps for collection, public and individual telegraph service, facsimiles, long-dista nce telephone service, leasing of telephone lines, urban paging service, mobile telephone service, data transfer and transmission, etc. The accounting approach is to multiply the service products of all types with their average unit price (constant price) to get sum of business value, plus income from other services su ch as leasing of telephone lines and equipment, maintenance of telephone switchb oards and lines on behalf of customers. This indicator reflects the overall resu lts of post and telecommunications service during a given period, and is importa nt to study the composition of business service and the development of post and telecommunications service.

The formula is as follows:

Business volume of post and telecommunications=∑(Transaction of post and teleco mmunication service x constant price) + Income from leasing, maintenance and other services

Subscribers of Wireless Paging Services Wireless paging service refers the servi ce by which telephone users send audio, digital or character signals to persons carrying small-size pagers within the designated areas through wireless paging c enters. The page carriers who have registered in paging centers are counted as p aging subscribers.

Mobile Telephone Subscribers refer to the persons who o wn mobile telephone numbe rs and are connected with the mobile telephone communication network through the mobile telephone switchboards, including contracted subscribers and pre-paid su bscribers for intelligent network. One mobile telephone is taken as a subscriber .

Internet Users refer to the number of Chinese citizens who use Internet at least for one hour each week.

Local Telephone Subscribers refer to subscribers that a re connected to the local telecommunication service provider through fix line network, including househol d subscribers, institutional subscribers and public telephones. They are also cl assified as city subscribers and rural subscribers according to locations. Befor e 1997, city subscribers referred to those connected to city telephone networks in county towns and cities, while village subscribers referred to those connecte d to village telephone stations at and below counties. Since 1997, the classific ation of telephone subscribers was modified on the basis of physical location of the subscribers as urban telephone subscribers and rural telephone subscribers, which is different from the previous classification of categorizing local telep hones and rural telephones, while the definition of total subscribers and total number of telephones remain unchanged.

Urban Telephone Subscribers refer to number of telephon e subscribers, located at municipalities, cities under the jurisdiction of province, cities at prefecture level, downtown and suburb of city at county level town and county towns (inclu ding country towns where county government located, and towns of county level ac cording to the administrative organizational system), that are connected to the public line telephone network, including rural mineral area, forest area, military area.

Rural Telephone Subscribers refer to telephone subscrib ers, located at counties (towns) and villages outside the range of cities according to administrative jur isdiction.

Household Telephone Subscribers refer to telephone sets installed in the dwellin g units of urban or rural residents, and registered as residence subscribers for payment, including 3 types of payment for the service: private payment, public payment and free service.

Capacity of Long Distance Telephone Exchanges refers t o the rated capacity of t elephone exchanges to connect long distance telephone network, including capacity of international telephone exchanges.

Capacity of Office Telephone Exchanges refers to the ca pacity (measured in gate) of telephone exchanges installed in the offices of telecommunication service pr oviders for communication between fixed telephones. It includes the capacity of both manual and automatic exchanges in use and for stand-by purpose, excluding t he capacity of subscribers' exchanges.

Capacity of Mobile Telephone Exchanges: refers to the capacity of the maximum se rvices provided to subscribers at one time basing on a certain model and transacting capacity of the mobile telephone exchanges.

Total Retail Sales of Consumer Goods refer to the sum of retail sales of commod ities sold by wholesale, retail, catering, publishing, post and telecommunicatio ns and other service industries to urban and rural households for private consum ption and to social institutions for public consumption. Retail sales of consumer goods include:

A、Sales by wholesale and retail units:

1. of consumer goods sold to urban and rural households

2. of commodities sold to foreigners, overseas Chinese and Chinese compatriots f rom Hong Kong, Macau and Taiwan visiting in China

3. of commodities sold to government agencies, institutions, social organizatio n s, military and armed police units, and commodities sold to enterprises in the f orm of retail sales. More specifically, they include: office facilities and arti cles for non-production purposes such as communications equipment, computing equ ipment and instruments, TV and network equipment, printing and copying equipment , audio-visual equipment and instruments, paper, notebooks,

stationeries, furnit ure, electric appliances, knitwear, sanitation and cleaning articles, cultural a nd sport articles, articles for prizes, souvenirs, etc.; transport vehicles and fuels for employees; materials, spare parts and tools for the maintenance of off ice facilities; equipment, fuels, materials and food for winter heating or summe r cooling purposes; articles and equipment for teaching purpose; Chinese and wes tern medicines and medical equipment and facilities purchased by non profit-maki ng medical institutes; non-specialized work safety articles; cooking utensils, t ableware, equipment, cleaning articles, food and fuels purchased by internal caf eterias; clothes and personal articles purchased by military or armed police uni ts for their officials and soldiers; and other equipment and articles for non-pr oduction purposes.

B、Sales of stable food, cooked dishes, beverages, tobaccos and other articles by catering units.

C、 Sales of books, newspapers, magazines, audio-visual products and post produ ct s by publishing, post and telecommunications departments to urban and rural hous eholds and to enterprises, institutions, military and armed police units.

D、 Sales of food, beverages, tobaccos, clothing, hats, footwear, articles for da ily use, medicines, medical and health articles, work of art, handicrafts, toys, funeral articles and other articles by other service industries.

Purchase, Sales and Stock of Commodities by Wholesale and Retail Trades refer to the total volume of commodities purchased, total volume of sales and exports, a nd the stock of commodities by wholesale and retail enterprises (establishments) of different status of registration from domestic and overseas markets. This in dictor reflects the relationship among purchase, sales and stock of commodities in the circulation of goods and reveals the existing problems.

Total Purchases of Commodities refer to the total value of purchases of commodit ies by the enterprises (establishments) from other establishments or individuals (including direct import from abroad) for the purpose of re-selling, either wit h or without further processing of the commodities purchased. This indicator is used to show the total value of purchases of commodities by wholesale and retail establishments from domestic and overseas markets. The total purchases include: (1) agricultural and industrial products purchased from producers; (2) books, m agazines and newspapers purchased from distribution departments of the publisher s; (3) commodities purchased from wholesale and retail establishments of differe nt status of registration; (4) commodities purchased from other units, such as s urplus materials purchased from government agencies, enterprises or institutions , commodities purchased from catering and service establishments, confiscated go ods purchased from customs authorities or market management agencies, second-han d goods and wastes purchased from residents; and (5) commodities directly import ed from abroad. Excluded are commodities purchased by enterprises (establishment s) for use in their own business operation, commodities obtained without buying or selling procedures, rejected commodities, etc.

Total Sales of Commodities refer to value of commoditie s sold by the establishme nts to other establishments and individuals (including direct export). This indi cator is used to show the total value of sales of commodities at domestic market s and export. The total sales include: (1) commodities sold to urban and rural r esidents and social groups for their consumption; (2) commodities sold to establ ishments in industry, agriculture, construction, transportation, post and teleco mmunications, wholesale and retail trades, catering trade and public utility for their production and operation; (3) commodities sold to wholesale and retail es tablishments for re selling, with or without further processing; and (4)commodi ties for direct export to other countries. Excluded are selling of waste packagi ng materials used by the establishments (units) themselves, commodities transfer red without buying or selling procedures, commission income from brokerage in tr ansactions whose settlement is directly handled by buyers and sellers, rejected commodities in the purchase, loss in commodities, etc.

Commodity Stock of Wholesale and Retail Enterprises refers to total commodities possessed by wholesale and retail enterprises (units) of various types of regist ration status at the end of the reference period, which reflects the commodity s tock level of various wholesale and retail enterprises and the potential for mar ket supply. It includes: (1) commodities located in storage, garages, counters, and shelves of operating units (such as sale stores, wholesale centers, and oper ating offices) of wholesale and retail enterprises; (2) commodities in the proce ss of selecting, sorting, and packing; (3) commodities not arrived but recorded as purchase in the account, i.e. commodities not arrived but payment receipts fo r the commodities from the sellers or the banks arrived; (4) commodities deposit ed in other places rather than places mentioned above, for instance: commodities in the hold of purchasers temporarily due to the refusal of payment and commodi ties not taken back after going through the formalities; (5) commodities entrust ed to other units to sell but not sold yet; (6) commodities purchased for other units but not delivered yet. Commodities not included as stock are those not own ed by the enterprises (units), those allocated to financially independent factor ies rather than wholesale and retail enterprises for processing but not taken back yet, and finally those put in stock by wholesale and retail enterprises on be half of the state material reserves units.

For the calculation of the value of commodities stock, the value is calculated at purchasing prices in agricultural goods purchasing units and wholesale units, and at the accounting prices in retail units.

Business Income of Catering Industry: refer to the total turnover of catering bu sinesses, establishments or individuals, including retail sales and other servic es income. It reflects the operational and managerial conditions and development trend of catering businesses, establishments and individuals in this sector.

Retail Sales of Commodities in Catering Industry: refer to retail sales to resid ents and social groups by catering enterprises, establishments and individual, i ncluding: (1) various food sold after cooking and processing, such as: staple fo od, cooked dishes, cold and dressed dishes and so on. (2) re-selling commodities without further processing, such as beverages, tobaccos, cooked food, fruits an d so on. (3) food and other commodities sold in affiliated shops without indepen dent accounting system.

Volume of Transaction at Consumer Goods Markets refers to the value of transacti on of all goods at consumer goods markets in the country, including both markets for farm and sideline products and for industrial consumption goods.

Volume of Transaction at Large Commodity Markets (with transacti on value over 100 million yuan) refers to markets approved by the industrial and commer cial admi nistration departments, which specialize in wholesale and retail of commodities with an annual sales of over 100 million yuan. The sum of sales of all sellers i n the markets makes up the transaction value of the markets.

Chain Enterprises (also called chain stores or chain corporations) refer to a fo rm of joint economic entities under which scattered enterprises or establishment s engaged in providing homogeneous commodities or services, with the central lea dership of core enterprise or headquarters and guided by common policies, conduc t centralized purchase and distributed selling of commodities, in order to gain better efficiency through standardized operation. Consisting of a number of bran ch stores, the chain stores have in general following features: 1) homogeneous c ommodities, 2) unique name of stores, 3) centralized purchase and delivery which is separated from distributed selling operation (most commodities are delivered from the headquarters except some items which, from logistics, quality or fresh ness considerations, might be delivered by the suppliers directly).

Chain stores have two categories:

a) Chain stores under direct management: These are formal chain stores invested or controlled by the headquarters. They operate under the direct and unified man agement from the headquarters.

b) Chain stores through license arrangement: Through contracts, chain stores (th eir owners) obtain licenses from the headquarters to use designated trade marks, names, operation know-how, and to sell the commodity developed by the headquart ers. Under this arrangement, each store in the chain is an independent legal ent ity and operates under the guidance from the headquarters.

Total Imports and Exports at Customs refer to the r eal value of commodities impo rted into and exported from the boundary of China. They include the actual impor ts and exports through foreign trade, imported and exported goods under the proc essing and assembling trades and materials, supplies and gifts as aid given grat is between governments and by the United Nations and other international organiz ations, and contributions donated by overseas Chinese, compatriots in Hong Kong and Macao and Chinese with foreign citizenship, leasing commodities owned by ten ant at the expiration of leasing period, the imported and exported commodities p rocessed with imported materials, commodities trading in border areas (excluding mutual exchange goods), the imported and exported commodities and articles for public use of the Sino-foreign joint ventures, cooperative enterprises and ventu res exclusively with foreign own investment. Also included are import or export of samples and advertising goods for whose CIF or FOB value are beyond the permi tted ceiling (excluding goods of no trading or use value and free commodities fo r export), imported goods sold in China from bonded warehouses and other importe d or exported goods. The indicator of the total imports and exports at customs c an be used to observe the total size of external trade in a country. In accordan ce with the stipulation of the Chinese government, imports are calculated at CIF , while exports are calculated at FOB

Import Export Value by Location of Chinas Foreign Trade Managing Units refers to actual value of imports and exports carried out by corporations which have bee n registered by the local customhouse and are vested with right to run import ex port business.

Import Value of Commodities by the Places of their Destination and Export Value of Commodities by the Places of their Origin in China: The former indic ator ref ers to the value of import commodities of the places of their consumption, utili zation or the places of their final destination. The latter indicator refers to the value of export commodities of the places of their origin or the places of t he commodities dispatched.

Utilization of Foreign Capitals refers to remittance, e quipment and technology f inanced from abroad, by loans, foreign direct investment and other forms underta ken by the Chinese governments at all levels, by various departments, enterprise s and other economic units.

Foreign Borrowings refer to funds borrowed from abroad through formal signing of borrowing agreements with foreign institutions, including loans of foreign gove rnments, loans of international financial institutions, commercial loans of fore ign banks, export credit, and funds raised by Chinese bonds (and shares before 1 996) issued abroad. It is an important part of China's utilization of foreign ca pitals.

Foreign Direct Investment refers to the investments ins ide China by foreign ente rprises and economic organizations or individuals (including overseas Chinese, c ompatriots from Hong Kong, Macao and Taiwan, and Chinese enterprises registered abroad), following the relevant policies and laws of China, for the establishmen t of ventures exclusively with foreign own investment, Sino-foreign joint ventur es and cooperative enterprises or for co-operative exploration of resources with enterprises or economic organizations in China. It includes the re investment o f the foreign entrepreneurs with the profits gained from the investment and the funds that enterprises borrow from abroad in the total investment of projects which are approved by the relevant department of the government.

Other Investment by Foreign Entrepreneurs refers to all forms of utilization of foreign capitals other than foreign borrowings and foreign direct investment. It includes the total value of stock shares in foreign currencies issued by enterp rises at domestic or foreign stock exchanges (now mainly consisting of H shares issued at Hong Kong Security Market and B shares issued at domestic security mar kets), rent payable for the imported equipment through international leasing arr angement, cost of imported equipment, technology and materials provided by forei gn counterparts in compensation trade and processing and assembly trade.

Contracted Projects with Foreign Countries refer to projects undertaken by Chine se contractors (project contracting companies) through bidding process. They include: (1) overseas civil engineering construction projects financed by foreign investors; (2) overseas projects financed by the Chinese government through its foreign aid programs; (3) construction projects of Chinese diplomatic missions, trade offices and other institutions stationed abroad; (4)construction projects in China financed by foreign investment; (5) sub-contracted projects to be taken by Chinese contractors through a joint umbrella project with foreign contractor (s); (6) housing development projects. The business income from international co ntracted projects is the work volume of contracted projects completed during the reference period, expressed in monetary terms, including completed work on proj ects signed in previous years.

Service Cooperation with Foreign Countries refers to the activities of providin g technology and labour services to employers or contractors in the forms of receiving salaries and wages. Labour services providing by contractual joint ventur es of Chinese international contracting corporations should be included in the s tatistics of service co-operation with foreign countries. The business income of labour service cooperation is the income in the form of wages and salaries, ove rtime pay, bonuses and other remuneration received from the employers during the reference period.

Overseas Design and Consultation Service refers to projects with charges for tec hnical services from overseas operators. It includes geographic and topographic mapping, geological resource prospecting and survey, planning of construction ar eas, provision of design documents, blueprints, materials on production process and techniques, as well as engineering, technical and economic consultation, and feasibility study, research and evaluation of projects. Also included under thi s category are the above-mentioned services of foreign-financed projects in Chin a that are paid in foreign currencies.

Number of Tourists

(1) International tourists refer to foreigners, overseas Chinese, Chinese compat riots from Hong Kong, Macao and Taiwan coming to China for sight-seeing, visits, tours, family reunions, vacations, study tours, conferences and other activitie s of a business, scientific and technological, cultural, educational and religio us nature. It does not include representatives and employees of resident institu tions of foreign countries in China such as embassies, consulates, news agencies and offices of foreign companies and organizations, nor does it include long-te rm foreign experts or students residing in China, or persons in transition witho ut spending a night in China.

(2) Chinese residents going abroad refer to Chinese residents going abroad for s hort terms for either public business or private purposes. Chinese employees wor king on international transport carriers are included in those going abroad for public business purpose, not in those for private purpose.

(3) Domestic tourists refer to residents of the mainland of China who stay for o ne night at least but no more than 6 months at tourist facilities in other place s than their permanent residence within the territory of the mainland China, inc luding foreigners, overseas Chinese and Chinese compatriots from Hong Kong, Maca o and Taiwan who have resided in China for over one year.

Foreign Exchange Earnings from International Tourism refer to the total expend itures of foreigners, overseas Chinese, Chinese compatriots from Hong Kong, Maca o and Taiwan during their stay in the mainland of China, which are earnings of f oreign exchange from international tourism from the point of view from China.

International Travel Agencies refer to travel agencies engaged in the promotio n, solicitation, organization and reception of tours to the mainland of China by foreigners, overseas Chinese, Chinese compatriots from Hong Kong, Macao and Tai wan.

Domestic Travel Agencies refer to travel agencies engag ed in the promotion, so licitation, organization and reception of domestic tourists, and in the receptio n of foreigners, overseas Chinese, Chinese compatriots from Hong Kong, Macao and Taiwan organized by international travel agencies or other departments concerne d, without their own promotion and solicitation programmes.

Star–Hotels refer to hotels rated with stars

Regular Institutions of Higher Learning refer to educational establishments set up according to the government evaluation and approval procedures, enrolling gra duates from senior secondary schools and providing higher education courses and training for senior professionals. They include full-time universities, colleges , high professional schools, high professional vocational schools and others.

Universities and colleges are mainly providing undergraduate courses; those high professional schools and high professional vocational schools are mainly provid ing professional trainings; and others refer to educational establishments, whic h are responsible for enrolling students but not covered in the total number of schools, including: branch schools of universities and colleges, and universitie s and colleges that have been proved and prepared to construct.

Institutions of Higher Learning for Adults refer to edu cational establishments, set up in line with relevant rules approved by the government, enrolling staff and workers with senior secondary school or equivalent education, and providing higher education courses in many forms of correspondence, spare time, or full time for adults. Professionals thus trained receive a qualification equivalent to graduates studying regular courses at regular universities, colleges and professional colleges. Institutions of higher learning for adults include schools of high education for staff and workers, schools of high education for peasants, colleges for management cadres, pedagogical colleges, independent correspondence colleges, Radio and TV universities and other educational establishments. Other educational establishments are responsible for enrolling adult students but not covered in the number of schools.

Enrollment Rate of Primary School Age Children refers to the proportion of school age children enrolled at schools to the total number of school age children both in and outside schools (including retarded children, but excluding blind, deaf and mute children). The formula is:

Enrollment Rate of Primary School-age Children = (Total Primary School-age Children at Schools)/(Total Primary School age Children Both at and Outside Schools) x 100%

Scientific and Technological Activities (S&T Activities) refer to organized activities which are closely related with the creation, development, dissemination and application of the scientific and technical knowledge in the fields of natural sciences, agricultural science, medical science, engineering and technological science, humanities and social sciences (referred to as scientific and technological fields). S&T activities can be classified in to 3 categories: research and development (R&D) activities, application of R&D results, and related S&T services. This statistical definition is made by UNICHIEF for scientific and technological activities to meet the need of carrying out statistical work in this field for its member countries in particular those developing countries.

Personnel Engaged in S&T Activities refer to personnel directly engaged in S&T activities, in the management of S&T activities, and in providing direct service to S&T activities, who spend over 10% of the total working hours in a year in S&T activities. (1) Personnel directly engaged in S&T activities include researchers, engineers, technicians and other related personnel engaged in S&T activities in independent-accounting R&D institutions, institutions of higher learning, and in research institutes, laboratories, technology development centers and central experiment workshops under enterprises and institutions. Also included are people working in S&T research project teams, professional and technical personnel working in S&T information archiving institutes, and graduate students working on the design of their thesis. (2) Personnel engaged in the management of S&T activities and in providing direct service to S&T activities include senior management people responsible for S&T activities in independent-accounting R&D institutions, S&T information archiving institutes, institutions of higher learning, and in enterprises and institutions where S&T activities are undertaken. Also included are people responsible for the planning, administration, personnel management, financial management, logistics supply, equipment maintenance, information and library management that are related with S&T activities. People providing indirect services are excluded, such as security, medical service, drivers, plumbers, cleaners and those providing catering and related service. This indicator reflects the size of personnel engaged in S&T activities.

Scientists and Engineers refer to persons engaged in S&T activities who have obtained titles of senior and middle level professional positions, and those without such position but have completed university or higher education. This indicator reflects the quality of personnel engaged in S&T activities.

Research and Development (R&D) refers to systematic and creative activities in the field of science and technology aiming at increasing the knowledge and using the knowledge for new application. R&D includes 3 categories of activities: basic research, applied research and experiments and development. The scale and intensity of R&D are widely used internationally to reflect the strength of S&T and the core competitiveness of a country in the world.

Basic Research refers to empirical or theoretical researchaiming at obtaining new knowledge on the fundamental principles of phenomena of observable facts to reveal the nature and law of movement of objects and to acquire new discoveries or new theories. Basic research takes no specific or designated application as the aim of the research. Results of basic research are mainly released or disseminated in the form of scientific papers or monographs. This indicator reflects the original innovation capacity of knowledge.

Applied Research refers to creative research aiming at obtaining new knowledge o n a specific objective or target. Purpose of the applied research is to identify the possible use of results from basic research, or to explore new (fundamental) methods or new approaches. Results of applied research are expressed in the fo rm of scientific papers, monographs, fundamental models or invention patents. Th is indicator reflects the exploration of ways to apply the results of basic research.

Experiments and Development refer to systematic activit ies aiming at using the k nowledge from basic and applied researches or from practical experience to devel op new products, materials and equipment, to establish new production process, s ystems and services, or to make substantial improvement on the existing products , process or services. Results of experiment and development activities are embo died in patents, exclusive technology, and monotype of new products or equipment . In social sciences, experiment and development activities refer to the process of converting the knowledge from basic or applied researches into feasible prog rammes (including conduct of demonstration projects for assessment and evaluatio n). There are no experiment and development activities in the science of humanit ies. This indicator reflects the capability of transferring the results of S&T into technique and products, which is the materialized measurement of S&T pushing forward the economic and social development.

R&D Personnel refer to persons engaged in research, man agement and supporting ac tivities of R&D, including persons in the project teams, persons engaged in the management of S&T activities of enterprises and supporting staff providing direc t service to the research projects. This indicator reflects the size of personne l engaged in R&D activities with independent intellectual property.

Professional and Technical Personnel refer to persons engaged in professional and technical work or in the management of professional and technical activities, i.e., people with professional or technical positions who are engaged in profess ional and technical work or in the management of professional and technical acti vities, and people without professional or technical positions but are working o n professional or technical posts. They include professionals and technicians wo rking in 17 categories of technical occupations including engineering, agricultu re, scientific researches, medical service, teaching, economic research and appl ication, accounting, statistics, translation, libraries, archives, cultural and museum service, journalism and publication, lawyers, notarization service, radio and television broadcasting, handicraft and fine arts, sports, performing art, and political workers in enterprises. This indicator reflects the condition of human resources in S&T.

Funding for S&T Activities refers to funds obtained fro m various sources for S&T activities, including government funds, self-raised funds by enterprises, self- raised funds by institutions, loans from financial institutions, foreign funds a nd other funds. This indicator reflects the efforts made by various social econo mic entities in promoting the development of S&T.

Government Funds refer to funds obtained from governmen t agencies at all levels to be used for S&T activities, including fund for scientific undertakings, 3 kin ds of fund for S&T activities, fund for capital construction for scientific rese arches, science fund, funds from education expenditures by education departments for S&T activities, and extra-budget fund from government agencies for S&T acti vities.

Self–raised Funds by Enterprises refers to self-raised funds by enterprises from their own expenditure or from other enterprises and funds received by universit ies or research institutions from enterprises for scientific research or technic al development projects. Excluded in this category are funds from government age ncies, financial institutions or from foreign institutions.

Loans from Financial Institutions refer to loans from v arious financial institutions for S&T activities.

Internal Expenditures on S&T activities refer to the actual expenditures on S&T activities during the reference year, including service fees, expenditure on research activities, expenditure on research management, purchase or construction o f fixed assets not included in the investment for capital construction, expendit ure on capital construction for scientific researches, and other expenditures on S&T activities. Not included are expenditure on production activities, repaymen t of loans and transfer expenditure. This indicator reflects the real accomplish ment of input in S&T.

Service Fees refer to direct or indirect payment, in ca sh or in kind, made to pe rsonnel engaged in S&T activities as remuneration and other fees. They include, in various forms, salaries, subsidies, bonus, benefits, retirement pension, stip end, etc. This indicator reflects the improvement of treatment toward S&T person nel.

Purchase or Construction of Fixed Assets refers to the fixed assets purchased or constructed using funds other than the investment in capital construction, and the actual expenditure on capital construction for scientific researches. In oth er words, it is the sum of the actual expenditure on fixed assets and the accomp lished investment in capital construction for scientific researches. Fixed asset s refer to main materials and equipment, literatures and documents in libraries, materials for experiments, specimen, instruments, furniture, buildings and cons tructions that can be used for a long time without changing the form and shape o f those articles or constructions. This indictor reflects the input in improving the condition of S&T and the means of scientific research.

New Products refer to new products produced with new tech nology and new design, or products that represent noticeable improvement in terms of structure, materia l, or production process so as to improve significantly the character or functio n of the older versions. They include new products certified by relevant governm ent agencies within the period of certification, as well as new products designe d and produced by enterprises within a year without certification by government agencies. This indictor reflects the direct contribution of S&T output to econom ic growth.

Patent is an abbreviation for the patent right and refers to the exclusive right of ownership by the inventors or designers for the creation or inventions, give n from the patent offices after due process of assessment and approval in accord ance with the Patent Law. Patents are granted for inventions, utility models and designs. This indicator reflects the achievements of S&T and design with indepe ndent intellectual property.

Inventions refer to the new technical proposals to the products or methods or th eir modifications. This is universal core indicator reflecting the technologies with independent intellectual property.

Utility Models refer to the practical and new technical proposals on the shape a nd structure of the product or the combination of both. This indicator reflects the condition of technological results with certain technical content.

Designs refer to the aesthetics and industrially applic able new designs for the shape, pattern and color of the product, or their combinations. This indicator reflects the appearance design achievements with independent intellectual property.

Cultural Institutions refer to units, which have their own organizational system and independent accounting system and specialize in or serve cultural developme nt. They exclude other establishments run by these cultural institutions and ama teur cultural groups established by various departments. This indicator reflects the development of cultural units.

Art Troupe refers to the troupe which is engaged in dra ma, opera, music, dance, acrobatics or other art performance, opens independent accounts with banks and h as self-supporting accounting system; excluding the troupes which are engaged pa rtly in industrial or agricultural activities, partly in art performance and the professional troupes organized by the people.

Number of Audience at Art Performance refers to the num ber of attendants at comm ercial shows, completely booked shows or free shows given in minority national a reas, and does not include the number of spectators at rehearsals for examinatio n and internal shows for study.

Number of Athletes in Grades refers to the number o f athletes who have been give n titles through examination. The titles of athletes include international maste rs of sports, masters of sports, first-grade, second-grade and third-grade sport smen and young athletes. This indicator reflects skill of the athletes.

Number of Referees in Grades refers to the number of re ferees who have been give n titles after examination. They are classified as international referees, natio nal referees and referees of the first, second and third grades. This indicator reflects the skill of referees.

Stadiums refer to stadiums for track and field events with six lane 400-meter tracks around soccer fields, permanent track marks and permanent bleachers. Stadiu ms are classified according to seating capacity. They include:

Class A stadiums have the capacity of seating 25000 people each. Class B stadiums have the capaci ty of seating 15000 to 25000 people each. Class C stadiums have the capacity of seating 5000 to 15000 people each, and Class D stadiums have the capacity of sea ting fewer than 5000 people. This indicator reflects numbers of large and medium -sized stadiums.

Gymnasiums refer to indoor sports grounds with permanen t seats in which basketball, volleyball. badminton, table tennis and gymnastics competitions can be held. Gymnasiums are classified according to seating capacity. They include: Class A gymnasiums with seating over 6000 people. Class B gymnasiums with seating 4000 t o 6000 people. Class C gymnasiums with seating 2000 to 4000 people, and Class D gymnasiums with eating fewer than 2000 people. This indicator reflects the total number of large and medium-sized gymnasiums.

Health Care Institutions include: medical institutions, disease preven tion and c ontrol centers (epidemic prevention stations), blood gathering and supplying ins titutions, health supervision and inspection (check up) institutions, medicinal scientific research and on-job training institutions, health education and so on .

Medical Organizations include: hospitals, health service center s (stations) of c ommunities, nursing homes, health centers, clinics, clinics (health stations and infirmaries), maternity and child care agencies (centers and stations), special disease prevention and curing agencies (centers and stations), first aid center s (stations) and clinical inspection centers. Medical organizations are grouped by two types: profit-making and non-profit-making medical organizations.

Hospitals include: polyclinics, traditional Chinese medical hos pitals, hospitals integrated with traditional Chinese therapeutics and western therapeutics, ethi cal hospitals, various specialties hospitals and nursing hospitals.

Medical Technical Personnel refers to doctors, assistan t nurses, pharmacists, and laboratory technicians working in medical institutions.

Doctors refer to certified physicians and certified as sistant physicians with ce rtifications working in medical and health care and prevention agencies.

Social Welfare Institutions refer to institutions takin g care of old people with out children, handicapped people and orphans. They include social welfare instit utions run by civil affairs departments, children welfare institutions, social w elfare institutions for mental patients, collective-owned old peoples homes in r ural areas, convalescent homes and community service centers with the capacity o f receiving those people. This indicator reflects the input in social welfare in stitutions.

Number of People Taken in by Social Welfare Institutions refers to the number of old people, children, totally dependent handicapped people and mental patients taken in by social welfare institutions run by civil affairs departments and tho se run by collective units in urban and rural areas. This indicator reflects the capacity of social welfare institutions.

Social Welfare Enterprises are collective owned enterprises whi ch employ the bli nd, deaf-mute, and other handicapped people who are able to work in cities and t owns and enjoy exemption from state taxes, including welfare plants, welfare com mercial services, artificial limb plants and farms, etc. This indicator reflects the preferential policies toward disabled persons.

Rural Households with Livelihood Guaranteed in Five Aspects refer to the househo lds in which there are old people without child, orphans and handicapped people who are unable to work and without financial resources in rural areas. They are taken care of by the collective units and their food, clothing, housing, medical care, funeral expenses (or schooling for orphans) are guaranteed to be provided for. This indicator reflects the total number of disadvantageous groups of rura l population.

Lawyers are certified legal workers according to law, and who a re employed by le gal counseling firms to act as legal advisers, agents in criminal or civil lawsu its, or defenders in criminal lawsuits, or to handle non-litigious legal affairs , to advise on matters of law or to write legal papers for others, and provide s ervice to the public.

Notary Personnel refers to people working for notary of fices including: director s, deputy director, notaries, assistant notaries, and other people providing ass istance.

Notary Documents refer to the judicatory notary documen ts drawn up by the reques t of the party and are in accordance with facts and laws and following certain l egal proceedings. According to usage and locality, the notary documents are divi ded into following 4 types: domestic notary documents, domestic economic notary documents, foreign-related civil notary documents and foreign-related economic notary documents.

Mediators refer to workers on peoples mediation committ ees responsible for media ting in civil disputes and cases of slight infraction of the law. They include m embers of the mediation committees and mediators of mediation groups. This indic ator reflects the number of people engaged in meditation.

Mediation of Civil Disputes refers to number of cases m ade by mediation committe es in mediating in civil disputes concerning civil rights and duties through per suasion and education in accordance with the provisions of law on a voluntary ba sis, so as to solve disputes by helping the parties involved come to an agreemen t and understanding, including those unsuccessful ones. This indicator reflects the workload of the mediation committees.

Acceptance of Case refers to the decision made by the p eople's procuratorate off ice on reported cases, prosecution, impeachment, surrender, self-found criminal clues or suspects after initial investigation to confirm the act of crime and to start legal proceedings of the case as criminal case.

Number of Labour Dispute Cases Accepted refers to the n umber of cases of labour dispute submitted that, after being reviewed by the lab our dispute arbitration c ommittees in line with the relevant state regulations, are accepted and registered for treatment.

Retired or Resigned Personnel refers to people who have formally gone through th e formalities for their retirement or quitting work and enjoy the corresponding treatments.

Insurance and Welfare Funds refers to labour insurance and welfare fund paid by enterprises, organizations and institutions to their staff and workers as well a s retired and resigned persons in addition to their wages and salaries, excludi ng labour protection fees, wages paid to medical workers from insurance and welf are fund and wages paid to staff members working in collective welfare agencies and to people with over 6 months of sick-leave.

Insurance and Welfare Funds for Retired and Resigned Staff and W orkers covers:

1. Pensions for retired veteran cadres: They refer to pensions, other subsidies, and additional allowances paid to retired in linc with relevant government docu ments.

2. Pensions for Retirement: They refer to living allowance; other subsidies and additional allowances paid to retired staff and workers in line with the relevan t government documents.

1. Resignation Allowances for Living Expenses: They refer to living allowance, a nd additional allowances subsidies paid to resigned staff and workers in line wi th relevant government instructions.

It also includes living subsidies and prices subsidies paid to retired and resig ned staff and workers.

2. Medical Care Allowance: refer to fee-for-service, cost of medical care and pe r diem subsidies during hospitalizations of retired and resigned staff and worke rs.

3. Others: They refer to other expenses, including other types of insurance and welfare fund, fees for funerals, traveling subsidies and heating subsidies durin g the winter time.

Waste Water Discharged by Industry refers to the volume of waste water discharge d by industrial enterprises through all their outlets, including waste water fro m production process, directly cooled water, groundwater from mining wells which does not meet discharge standards and sewage from households mixed with waste w ater produced by industrial activities, but excluding indirectly cooled water di scharged (It should be included if the discharge is not separated with waste wat er). Industrial Waste Water Meeting Discharge Standards refers to volume of industria l waste water discharge which, with or without treatment, reaches national or lo cal standards.

Ratio of Industrial Waste Water Meeting Discharge Standards refers to percentage of industrial waste water meeting discharge standards over total industrial was te water discharge. Its calculation formula is:

Industrial Waste Air Emission refers to discharge into atmosphere of waste air c ontaining pollutants generated from fuel burning and production process in enter prises within a given period of time. It is converted into standard (273K, 10132 5Pa) with the following formula:

Industrial SO_2 Emission refers to volume of sulphur dio xide emission from fuel b urning and production process in premises of enterprises for a given period of time.

Industrial Soot Emission refers to volume of soot in sm oke emitted in process of fuel burning in premises of enterprises.

Industrial Dust Emission refers to volume of dust emitt ed by production process of enterprises and suspended in the air for a given period of time, including du st from refractory material of iron and steel works, dust from coke-screening sy stems and sintering machines of coke plants, dust from lime kilns and dust from cement production in building material enterprises, but excluding soot and dust emitted from power plants.

Industrial Solid Wastes Produced refers to total volume of solid, semi-solid and high concentration liquid residues produced by industrial enterprises from prod uction process in a given period of time, including hazardous wastes, slag, coal ash, gangue, tailings, radioactive residues and other wastes, but excluding sto nes stripped or dug out in mining (gangue and acid or alkaline stones not includ ed). A stone is acid or alkaline depending on the pH value of the water below 4 or above 10.5 when the stone is in, or soaked by, the water.

Industrial Solid Wastes Utilized refers to volume of so lid wastes from which use ful materials can be extracted or which can be converted into usable resources, energy or other materials by means of reclamation, processing, recycling and exc hange (including utilizing in the year the stocks of industrial solid wastes of the previous year). Examples of such utilizations include fertilizers, building materials and road materials. The information shall be collected by the producing units of the wastes.

Ratio of Industrial Solid Wastes Utilized refers to the percentage of industrial solid wastes utilized over industrial solid wastes produced (including stocks o f the previous year). Its calculation formula is:

Stocks of Industrial Solid Wastes refers to volume of s olid wastes placed in spe cial facilities or special sites for purposes of utilization or disposal. The sites or facilities should take measures against dispersion, loss, seepage, and air and water contamination.

Industrial Solid Wastes Disposed refers to quantity of industrial solid wastes w hich are burnt or placed ultimately in the sites meeting the requirements for en vironmental protection and not salvaged or recycled (including disposition in th e year of those wastes of previous years). The disposition includes landfill (Sa fe landfills should be conducted for hazardous wastes), incineration, containmen t spaces, deep underground disposal, backfill in mining pits and disposal at sea .

Industrial Solid Wastes Discharged refers to volume of industrial solid wastes d ischarged by producing enterprises to disposal facilities or to other sites. The wastes exclude stones stripped or dug from mining (gangue and acid or alkaline waste stones not included).

Output Value of Products Made from Waste Gas, Waste Water and So lid Wastes refers current value of products with waste gas, waste water and solid wastes as main materials of production. Products sold and ready to sell shall be included whil e those produced for own use shall not be included.

Border Economic Cooperation Zone Border economic cooperation zone is authorized by provincial government or the State Council, being concentrating constructed o n the border, enjoying some preferential policies and corresponding establishment. Abutted countries are major foreign trade, economic and technology cooperati on partners of the Border Economic Cooperation Zone . A border economic cooperat ion zone authorized by provincial government is a province-level development zone, authorized by the State Council is a state-level development zone. New high technology industry development district.

Economic and Technology Cooperation Development Zone Economic and technology cooperation development zone is authorized by provincial government or the State C ouncil, locating in inland central city and being concentrating constructed, enj oying some preferential policies and corresponding establishment. The economic and technology cooperation development zone becomes local window and base of inve stment promotion & extended opening through promoting investment and establishin g export-processing bases.

New High Technology Industry Development Zone New high technology industry deve lopment zone is authorized by provincial government or the State Council, locating in central city possessing stronger economic and technological capability, en joying some preferential policies and corresponding establishment. New high tech nology industry development zone develop new high technology industry through in vestment promotion & extended opening.

Civilian Batlalion Economic Type of Registration for the joint -stock cooperative Enterprises,other joint venture Enterprise,Non-state holding other liability company and limited by shave Ltd.Private Enterprise,Domestic other enterprise legal person and has the fixed operating sites and holding the business license or has fixed management field,but do not recive business license of the self-employed households.

2012年，吉林省第四届“长白之声”合唱节隆重落幕

吉林省文化厅

2011年文化建设成效明显

在全国宣传部长会议上，李长春同志特别提到了吉歌集团体制改革和发展情况，并给予了充分肯定。长春同志用“硕果累累，亮点纷呈”来概括吉林文化建设。

文艺创作演出继续呈现活跃与繁荣态势。一是圆满完成了吉林省庆祝中国共产党成立90周年、东博会、东北亚艺术周和重大国务演出任务。二是吉林歌舞已形成了一树多枝、繁花似锦的局面。吉歌集团省歌舞团有限责任公司转企改制后创排的大型原创歌舞《长白神韵》正式上演，得到李长春等领导同志的高度评价。已累计演出45场，综合收入738万元。吉林市歌舞团全年演出227场，收入2300万元；延边的《长白山阿里郎》等剧目（节目），全年演出收入700万元；前郭民族歌舞团全年演出450余场，收入200余万元，较2010年翻一番。三是舞台艺术涌现一批精品。满族新城戏《洪皓》入围“国家舞台艺术精品工程重点资助项目”；吉剧《贵妃还乡》成功入选第十二届中国戏剧节。复排、新编了吉剧《江姐》、《鹿乡三姐妹》、《贵妃还乡》，京剧《红灯记》、《牛子厚》、《康熙东巡》等一批剧目。

2011年8月，非物质文化遗产展演活动首次在长春农博会期间举办

林君厅长在农安县了解乡镇综合文化站建设情况

文化产业发展势头良好。总的思路是：实现传统文化产业提质、提速，新兴文化产业孵化、成长，特色文化产业整合、提升。一是《吉林省文化产业提速计划（2011—2015）》已印发。“松花石韵——吉林省长白山松花石、松花砚精品展”成功举办，取得了良好的社会效益和经济效益；“中国 通化松花砚（石）文化节”吸引了省内外187户企业参展，实现直接交易额约5000万元；通化市文化局主推的电视剧《远去的飞鹰》在全国热播；组织我省文化企业参展东北文博会并获得“最佳组织奖”，参展北京文博会，签约总额共计达78亿元。二是新兴文化产业发展势头强劲。禹硕公司已形成动漫、游戏、网络、新媒体四大支柱产业优势；知合公司引进外资2亿元，外向发展趋势很好；铭诺公司与童话大王郑渊洁的合作已取得良好开端；凯蒂公司与出版集团、台湾富士康的合作都有了实质性进展；风雷公司实现利税近400万元；由吉林京演儿艺联合剧院出品，吉林动漫集团联合国内、省内优秀演出团体共同推出的中国首部网络防沉迷动漫儿童剧《网童》在省内演出50余场，受到观众好评；《你看起来好像很好吃》等动漫儿童剧陆续上演；年年动画公司原创大型三维动画片《七星传奇》在中央电视台一套综合频道播出。三是特色文化产业日益向品牌化发展。吉林市科学推进文艺演出、艺术培训、电影放映等文化产业发展，吉林剧场、瀚华拍卖公司、群艺航运公司等发展势头很好，全年实现产业收入6000万元。中筝文化集团和显顺琵琶学校正在开发“光明文化艺术综合体”项目，并与世界各地的中国孔子学院建立业务联系，探索在艺术培训方面走出一条多元化、国际化发展的路子；东丰农民画、宝凤剪纸、紫玉木兰布鞋、宇平人形、松花湖浪木根雕、敦化刀油画、林田远达创意设计等地方特色工艺品正向品牌化发展；通化、白山、延边的松花石、松花砚产业发展迅速，全年销售收入2亿多元，并逐步走上科学开采、规模发展轨道。四是文化产业园区建设欣欣向荣。投资超亿元的东北亚文化创意科技园、知合动漫产业园、吉林省游艺游戏产业园、东北亚文汇不夜城、东北亚国际标识和创意旅游产业园、关东文化园、国际茶文化产业园均已开工建设。五是文化产品出口创汇成效显著。2011年，宇平公司、紫玉木兰公司出口创汇均达700万美元，文化企业的出口创汇能力呈现快速增长趋势。

文艺“走出去”、“请进来”成效显著。省交响乐团赴朝鲜参加“四月之春”国际友好艺术节演出，省歌舞团、省民族乐团赴哈萨克斯坦演出，均取得圆满成功。特别是9月21日，作为“‘感知中国’俄罗斯行——‘吉林文化周’”活动的主要内容，《长白神韵》在俄罗斯克林姆林宫演出，6000个座位的大剧场80%以上是俄罗斯观众，据俄方讲“这是首开中国省级院团在克林姆林宫国家大剧院演出的先河”。引进的《天鹅湖》、《红歌汇》、美国歌舞剧、《梁祝》等演出获得成功，活跃了省内演出市场。

文化遗产保护工作继续加强。渤海重点遗迹、高句丽遗迹保护工作扎实开展；长城资源调查通过国家验收。第三次全国文物普查工作圆满完成。完成了《国家文物局和吉林省人民政府关于合作加强吉林省文化遗产保护工作的框架协议》修改、送审工作。龙潭山——帽儿山墓地国家考古遗址公园项目扎实推进。

全省非物质文化遗产保护工作取得新成果。我省又有7大类11个非物质文化遗产项目列入国务院公布的第三批国家级非物质文化遗产名录及扩展项目名录，同时新增省级非物质文化遗产名录项目103个、新增省级非物质文化遗产项目代表性传承人145人。

吉林省财政厅松花湖培训基地暨吉林省财税干部休养所，是省财政厅所属县处级全民事业单位，负责财政部和吉林省财政干部业务培训、财政系统人员继续教育等相关工作，以及省级干部休假、疗养等相关工作。

基地坐落在国家4A级风景区——松花湖畔，设办公室、财务部、接待部、培训部、客房部、康乐部、餐饮部、采购部、保卫部、后勤部、工程部等11个部门。始建于1985年，1988年开业。占地面积十五万平方米，建筑面积二万多平方米。有风格各异的建筑13栋，客房112间，床位211张。其中高级套房5间，普通套房12间，标房91间，三人房2间，单人房、五人房各1间。餐厅分布在3、6、7、8、9号楼，其中8号楼为综合性餐厅，可容纳200多人同时就餐；3号楼、6号楼、7号楼、9号楼可单独开餐。基地各种配套设施功能齐全，有大中小会议室10个，微机培训室1个，还有台球室、乒乓球室、棋牌室、美发室、健身房、保龄球馆、游泳馆、网球馆、射击馆、咖啡厅、卡拉OK歌舞厅等休闲娱乐设施。商务中心可提供长途电话、打字复印、收发传真邮件、资料册装订等服务项目。有大客车、中客车、商务车、小轿车十余辆，可提供租车服务。目前基地各项功能基本能够满足举办各种会议、培训班和接待省部级领导健康休养的需求。

这里环境幽雅，四季分明。春天里生机盎然，鸟语花香，湖光山色，美不胜收；盛夏时节青山碧水，相映成趣，绿树成荫，清爽宜人；秋天白桦红叶，交相辉映，姹紫嫣红，层林尽染；冬季里银装素裹，冰清玉洁，雾凇美景，仪态万千。漫步培训基地清静

松花湖培训基地

幽雅的园区，置身其中，定会使您赏心悦目，心旷神怡，流连忘返。会议、培训之余，还可以游览吉林风景名胜松花湖、北山公园、吉林雾凇、陨石雨博物馆、丰满水电博物馆、北大湖滑雪场、乌拉满族风情、朝鲜族民俗村等。

做为财政部和吉林省财政厅的会议和培训基地，几年来，紧紧围绕财政中心工作任务，把员工的思想统一到“为财政服务”这一中心工作上来，全面履行自己的职能，发挥培训基地的作用。紧密联系行业实际和工作特点，完善制度、落实责任、监督检查、跟踪问效，圆满完成了接待各种会议和培训班的工作任务，多次被评为省市“精神文明先进单位”、吉林市“绿化先进单位”、丰满区和丰满街“突出贡献先进单位”等称号。

总经理 于万年

几年来，培训基地还接待了温家宝、王丙乾、郝建秀、曾培炎、华建敏、严隽琪、何勇等党和国家领导人，热心周到、细致入微的服务受到了各级政府和领导的一致好评。

地址：吉林省吉林市丰满街湖滨西路15-2号
电话总机：0432-64690406　64690408
接待热线：0432-64690050
总经理：于万年

多功能厅

吉林省促进中小企业发展服务中心

吉林省促进中小企业发展服务中心是2009年3月经吉林省编委批准设立，由原省中小企业发展局所属八个县处级事业单位整合而成，致力于为全省中小企业提供各类公共服务的副厅级建制公益性综合服务机构，隶属于吉林省工业和信息化厅。中心承担着贯彻落实中小企业法律法规和方针政策，集聚、带动、指导社会服务机构为中小企业提供优质服务，推进中小企业服务体系建设，建设、运营、管理、指导吉林省中小企业公共服务平台网络等重要职责。

中心成立以来，秉承“服务企业、促进发展”的宗旨，围绕“**八大服务、一大建设**”创造性地开展工作，即为中小企业及民营经济提供信息咨询、人才培训、技术支持、创业辅导、市场开拓、管理咨询、融资担保、法律维权等服务，同时，发挥省级中小企业综合服务机构的龙头示范带动作用，指导全省市、县中小企业服务中心的业务建设。中心是全国中小企业服务联盟副主任单位、吉林省中小企业服务联盟理事长单位、吉林省政府批准成立的吉林省中小企业融资服务平台和吉林省信用担保协会会长单位。中心已通过ISO9001质量管理体系认证；2009年、2010年、2011年连续三年被吉林省政府授予“吉林省十佳中小企业社会服务机构”称号；2011年3月，被国家工信部认定为首批“国家中小企业公共服务示范平台”；2011年7月，受吉林省工信厅委托，由中心牵头组织编制上报工信部、财政部的《吉林省中小企业公共服务平台网络建设总体方案》获批，并获得国家中小企业服务体系发展资金支持，使我省成为全国首批中小企业服务平台网络建设项目试点省之一，中心全面负责省服务平台建设及指导各窗口服务平台的建设与运营；2011年12月，在全国中小企业服务联盟能力竞赛活动中被评为全国“优秀综合服务机构”。中心集聚各类服务资源300余家，年服务企业30000户以上。

信息咨询。通过加强“中国中小企业吉林信息网（吉林省中小企业服务联盟网）”建设，逐步集聚和完善全省各级中小网的网络资源，建立涵盖业务信息发布、企业产品展示、技术难题寻解等板块的网络信息服务平台。网站信息更新率30-50条/日，站内信息3万余条，点击率1.7-2.5万次/日，总浏览

中心王洪博主任在吉林省中小企业（民营企业）大型公益招聘会上，接受新华社记者采访。

2011年1月6日，吉林省中小企业服务联盟揭牌仪式在省宾馆举行。图为吉林省人民政府副省长王祖继(左)、省政协副主席别胜学(右)为服务联盟揭牌。

在吉林省新一轮民营经济腾飞高峰论坛上，吉林省政府副省长王祖继（中）、省政协副主席别胜学（右一）、北京大学副校长海闻（左二）、中华民营企业家联合会会长保育钧（右二）、省工信厅厅长常明（左一），共同点击“吉林省中小企业服务联盟网站”开通。

量3458万次。

人才培训。与清华大学、吉林大学、专业培训机构合作，开展企业高层经营管理者培训、高技能培训、专项技能培训、国家银河培训等多种培训，培养各类专业人才，满足企业多元化的人才需求，全年可培训人员4500人次。举办大型公益性中小企业人才招聘会，服务千户企业实现人才供需对接，为企业发展提供有力的人才保障。

技术支持。汇集高等院校、科研院所的技术实力、人才优势和科技成果，以中小企业技术难题网上寻解系统和“知识产品网”为载体，以产学研用对接活动为手段，以各类专家信息资源库为依托，建立产学研用项目对接的技术需求服务平台。年开展10次产学研用对接活动，解决技术难题100余个；推动3个公共技术服务平台开展特色服务，加强3个区域特色产业的质量、标准和品牌建设。

创业辅导。以小微企业经营管理者为服务对象，联合省地税局、会计师事务所、律师事务所、金融机构、担保公司等单位和部门，依托市县中小企业服务中心开展“贴身式”专业化创业辅导活动，培训创业技能，解决创业难题，提高创业成功率。年实施创业辅导1000人。

市场开拓。以全省中小企业专精特新产品信息库为基础，以省内外行业特色专业展会为依托，搭建全省中小企业市场开拓服务平台，年服务企业500户。开展服务需求调研，开发服务产品，年服务企业1000户以上。

管理咨询。借助专业管理咨询服务机构和外部管理、智力资源，重点开展管理咨询试点、管理咨询诊断和中小企业健康体检活动，着力提升全省中小企业的经营管理水平。年服务企业500户。

融资担保。以省中小企业融资服务平台为载体，以破解中小微企业融资难为出发点，与全省金融机构、担保机构紧密合作，开展“万民创业小额担保贷款”、“千户成长工程融资支持”品牌融资服务项目，每年为中小微企业融资20亿元，服务企业4000户以上。其中，“万民创业小额贷款”被基层和企业誉为惠民工程、温暖工程，2011年荣获中国银行业协会“2011年服务小企业及三农十佳特优金融产品”奖，排名第三位。

法律维权。发挥吉林省中小企业法律专家顾问团作用，为企业聘请法律顾问开展法律服务；开通法律咨询服务热线，切实维护中小企业合法权益。年服务企业1000户。

一大建设。2010年4月，成立了以省促进中小企业发展服务中心为龙头，以市、县两级中小企业服务中心为骨干，以社会各类专业化服务机构为基础，以街道、社区、产业集群的服务机构为补充的全省中小企业服务联盟，这是全国首家省级中小企业服务联盟，目前共有成员单位136家。中心承担全省中小企业服务联盟秘书处工作，负责对全省市、县两级中小企业服务中心的业务指导，从而全面提升省、市、县三级服务机构的服务质量和水平。

开展以社会责任、服务体系、信息网络等为内容的国家银河培训工程。

2009年4月15日，“吉林省促进中小企业发展服务中心”正式挂牌运营。图为王洪博主任主持中心挂牌仪式。

省中心协调金融机构走进市县，走进企业，开展小规模、专业化的银企保对接活动。

吉林省有色金属地质勘查局

局长、党委书记孙众志

吉林省有色金属地质勘查局成立于1959年3月，曾先后隶属于国家重工业部、冶金工业部、中国有色金属工业总公司和国家有色金属工业局。2000年7月划归吉林省人民政府管理，更名为吉林省有色金属地质勘查局，为省政府直属副厅级事业单位。

吉林省有色金属地质勘查局共有职工4501人，下属12个县团级地勘单位，分布在长春、吉林、四平、通化、白山、延边等6个地区，拥有固体矿产勘查甲级资质8个，综合地勘单位的综合管理和党建工作全部通过ISO9001:2008质量管理体系认证。吉林省有色金属地质勘查局是为吉林省冶金及有色矿山服务而建设的一支从事基础性、公益性、战略性地质勘查队伍，是我国专业从事固体矿产勘查的一支重要地质勘查队伍。半个世纪以来，一直活跃在我国冶金、有色战线，成绩卓著，为社会主义经济建设和吉林省的经济发展做出了巨大的贡献。

2010年，吉林省有色金属地质勘查局新班子成立以来，在省委省政府的正确领导下，在主管省领导王祖继副省长的具体指导下，局长、党委书记孙众志同志带领一班人深入调研，审时度势，确立了“一二三四五六”的发展方向和管理思路。“一”就是坚定一个方向，即坚持探采一体化和事业单位企业化管理的方向。“二”就是养成两个习惯，即目标管理的习惯和规范化管理的习惯。“三”就是维护好三个系统，即生产经营系统、政务管理系统、监督监管系统。“四”就是强化四个意识，即法律意识、责任意识、市场意识、质量意识。“五”就是处理好五个关系，即与政府的关系、社区的关系、客户的关系、内部团结的关系和外部稳定的关系。“六”就是追求六个结果，即经济效益的结果、技术进步的结果、安全生产的结果、廉洁高效的结果、和谐美誉的结果、体面生活的结果。

2011年，吉林省有色金属地质勘查局干部职工坚持“一二三四五六”的发展方向和管理思路，坚持“诚信为本、实干为先”的工作作风，埋头苦干，锐意进取，各项工作取得了可喜成绩。

一、经济增长速度较快

2011年，局经营业绩考核指标超额完成，总产值和净利润均创历史最高水平。全局经营类收入突破亿元大关，达1.15亿元，比上年0.94亿元增长22.34%；实现利润0.33亿元，比上年0.29亿元增长14%。8个综合地勘单位超额完成年初确定的目标值，实际完成经营性收入10921.36万元，超额完成25.53%；实现净利润2881.93万元，超额完成61.91%。

二、地质找矿成果显著

珲春市马滴达北山金铜矿普查、珲春市大东南岔金铜矿普查、和龙市官地铁矿、桦甸市小北沟东山金矿普查、桦甸市老牛沟金矿普查、桦甸市二荒顶子区石灰石矿详查、桦甸市二道甸子北山金矿详查、舒兰市长安堡铜钼矿详查、柳河县兴隆铁矿补充详查等项目都取得了一定的地质成果。

三、“走出去”战略取得新进展

局承担内蒙、新疆、海南、安徽等省区9个地质勘查项目，其中内蒙古查干文都日铁金矿普查项目西部石墨矿区预估算石墨矿物量在1000万吨以上。考察了朝鲜、老挝、玻利维亚等境外合

王祖继副省长视察我局时深入坑道查看矿脉

桦甸市大楼区金矿普查项目合作勘查开发签字仪式

作项目，为下一步勘查开发奠定了基础。

四、探采一体化稳步推进

签订桦甸市夹皮沟矿区烟筒砬子区金矿普查合作勘查合同书，该合同是我局第一份以《合作勘查合同书》标准文本为蓝本的合作勘查合同书，标志着全局地质勘查合作合同的签订，实现了标准化、规范化，该项目也是我局第一个控股的合作项目，开创了合作勘查控股的先河。

桦甸市大楼区金矿普查通过近几年的工作有了一定的进展，并且签订了合作勘查开发协议，实现了57%的控股。该项目是我局继吉林省桦甸市夹皮沟矿区烟筒砬子区金矿普查合作勘查项目后又一实现控股的合作勘查开发项目，预计2年内完成详查工作并提交报告。该项目的合作将加速推进全局探采一体化进程。

桦甸市小北沟东山区六〇四队占有49%的股份，金资源量已达到2吨，部分地段达到详查，可望于2012年底提交详查报告。该区和矿山企业合作，附近已有矿山和选厂，大大缩短了开发周期。

五、综合管理迈上新台阶

全局综合管理体系规范化建设已经完成，并顺利通过ISO9001:2008质量管理体系认证，开创全省事业单位企业化管理先河，成为我省事业单位综合管理体系和党建工作认证的第一家。修改完善了《吉林省有色金属地质勘查局地勘单位生产经营业绩考核办法（暂行）》，广大职工工作热情空前高涨，工作效率大幅度提高。引入央企效能监察模式，制定局效能监察暂行办法，从源头上防范腐败行为的发生。聘请了“北京中天恒会计师事务所”对全局17个企事业单位进行了全面审计，审计中未发现重大违纪问题。

六、职工队伍和谐美誉

局新班子成立两年来，认真执行中央和省委省政府关于社会矛盾化解工作的一系列决策部署，全面落实信访工作目标责任制，不断探索总结新形势下我局社会矛盾化解工作规律特点，畅通信访渠道，反映群众诉求，采取有效措施，妥善解决了一些矛盾比较突出的难点问题，稳定工作创近十年来最好水平。省委省政府对局矛盾化解工作给予充分肯定，2012年1月30日，局信访处被省委省政府授予社会矛盾化解工作先进集体。

此外，局喜获长春市五一劳动奖状，这是建局50多年以来首次获此殊荣。局工会连续3年被评为中国职工保险互助会先进单位。局新班子的工作得到了广大职工的认可和好评，这些荣誉的获得，不但提升了我局的对外形象和知名度，而且极大地鼓舞了广大干部职工工作斗志和信心，为实现2012年总产值翻一番的目标奠定了良好的基础。

2012年，吉林省有色金属地质勘查局将以科学发展观为统领，秉承“良知胜过技能，责任成就业绩”的企业精神，以质量赢得商机，用品质结缘朋友，树立“以事业为导向、用成果论英雄”的工作理念，努力实现探采结合、造福社会、和谐美誉、体面生活的企业宗旨，实现2012年总产值翻一番的目标，为全省经济社会发展做出新的更大的贡献！

谋"三化"统筹

吉林省发改委党组书记、主任　隋忠诚

吉林省发展和改革委员会的前身是吉林省计划委员会,基本与共和国同龄。多年来,不断顺应国家和我省经济社会发展的需要,历经数次机构调整和职能名称变更。2004年,由省发展计划委员会更名为省发展和改革委员会。省发展和改革委员会的机构沿革在一定意义上是我省紧跟国家前进步伐从传统计划经济走向社会主义市场经济、从封闭单一走向开放多元社会的缩影,也是政府职能由微观管理向宏观管理、由直接管理向间接管理演进的历程。

作为政府的宏观调控部门,省发展改革委历届机构在我省发展的各个阶段都发挥了极为重要的作用。计划经济时期,省计划委员会承担着我省主要建设任务,按照国家整体产业投资布局,组织规划实施了一大批关系经济和社会发展全局的重大基础项目,奠定了我省目前比较完备的工业体系基础和支柱产业基本格局。改革开放后,适应经济社会结构的深刻变化,积极转变职能、工作思路和调控手段,坚持有所为有所不为,注重发挥市场在资源配置方面的基础性作用,逐渐探索出社会主义市场经济条件下宏观调控的有效机制。国家实施东北振兴战略以后,省发展改革委认真贯彻执行国家的战略决策,按照省委、省政府的部署和要求,坚持以科学发展观统领工作全局,大胆谋划振兴思路,深入实施投资拉动战略、谋划推进事关全省发展全局的重大规划、着力推进经济结构调整和发展方式转变,统筹社会事业全面发展,及时关注和研究解决制约我省发展的新情况、新问题,为推动吉林加快振兴做出了积极贡献。

2011年,面对复杂多变的国际国内形势,在省委、省政府的正确领导下,省发展改革委按照"科学发展,努力让城乡居民生活得更加美好"的总体要求,牢牢把握主题主线,统筹推进"三化",实施"三动"战略,紧紧围绕省政府各项中心工作,兢兢业业,恪尽职守,做了大量富有成效的工作,很好的发挥了参谋助手作用,为促进经济平稳较快发展和社会和谐稳定、实现"十二五"良好开局做出了积极贡献。一是强化经济运行调节和重大战略谋划,推动全省经济总量迈上万亿元新台阶。准确把握外部环境和经济走势,分析研究经济运行中的新情况、新问题,及时提出政策建议,为省委、省政府科学决策提供依据。组织推进"十二五"专项规划、主体功能区规划和长吉图开发开放先导区规划的编制和实施。强化特色资源产业、战略性新兴产业和服务业"三大计划"的谋划和推动实施。有力地推动了全省地区生产总值突破万亿元大关。二是认真落实"三

绘吉林新篇

——吉林省发展和改革委员会

动”战略，全力推进固定资产投资和项目建设。努力破解项目审批难、征地拆迁难、融资难等问题，实施项目“绿色通道”审批制度，加快项目前期工作和建设条件的落实。强化服务和管理，组织召开全省“三动”战略推进落实工作会议。扎实推进重大项目谋划工作。积极落实建设资金。全省投资呈现出增速加快、质量提升、动力增强的良好态势。全年固定资产投资完成7441.7亿元，增长30.3%。共实施3000万元以上重大项目3695个，比上年增加1045个。其中，新开工项目2650个，比上年增加870个；竣工项目1980个，比上年增加635个。三是统筹推进城镇化，促进城乡协调发展。强力推进长吉一体化，组织制定了《长吉一体化实施意见》，《长吉一体化区域发展规划》及基础设施建设规划取得重要进展，长吉快速通道建设取得显著成果，东北地区第一条城际快速铁路长吉城际正式运营。加快发展区域中心城市。积极推进体制机制创新。改革户籍管理、社会保障和土地管理制度，17个类型、21个试点取得积极进展。四是强化节能减排和环境保护。严格落实目标责任制。强化重点行业及企业节能监管，推行合同能源管理新机制，推进重点流域、重点领域的污染防治，实施了一批重点减排工程。圆满完成全年节能减排任务，预计全年单位GDP能耗同比下降3.5%。我省的节能工作得到了国家的充分肯定，是国务院表彰的8个先进省份之一。五是协调推进各项改革和扩大开放，增强经济发展活力和后劲。扎实推进医药卫生体制改革，完善政策、健全机制、落实责任、强化督导，统筹推进五项重点改革，取得了初步成效。同时，推进集体林权制度配套改革、厂办大集体改革的总体指导和统筹协调工作，长吉图开发开放先导区建设取得积极进展，积极参与重大招商引资工作。六是加强价格调控监管。通过保障重要商品的供求平衡，降低流通费用，加强价格调控和监督检查，完善价格联动机制，有效抑制了价格过快上涨势头。2011年年初以来，我省物价总水平虽处于高位，但一直低于全国平均水平，在全国排在第20位以后。同时，社会事业发展和民生改善、对口援建、机关自身建设等项工作也扎实推进。

2012年是实施“十二五”规划承前启后的关键一年，发展改革工作面临的形势更加复杂，承担的任务更加艰巨。省发展改革委将继续深入贯彻落实党的十七大和十七届三中、四中、五中、六中全会精神，紧紧围绕科学发展主题、加快转变经济发展方式主线，抓住“发展”和“民生”两个关键，统筹推进“三化”，实施“三动”战略，重点抓好经济运行、投资和项目建设、服务业跨越发展、战略性新兴产业培育和特色资源产业提升、加强农业基础设施建设、统筹推进城镇化、能源保障、价格稳定、节能减排、重点领域改革和民生改善等11个方面工作，以优异成绩迎接省十次党代会和党的十八大胜利召开。

吉林省司法厅 创新发展的 吉林司法行政工作

王进义 厅长

2011年8月31日，吉林省“五五”普法总结表彰暨“六五普法动员部署会议。

吉林省司法厅大力加强特殊人群管理，全力维护社会和谐稳定。6月8日，省司法厅、省人力资源和社会保障厅、长春市司法局在吉林省华邦汽车维修养护有限公司隆重举行长春市首批省级彩虹基地启动仪式。

吉林省监狱劳教系统积极探索“出监所即就业模式”，帮助服刑在教人员与企业签订就业协议。图为省女子监狱服刑人员与企业签订就业协议。

2011年，省司法厅党委带领全省司法行政干警和法律服务工作者，团结奋斗，攻坚克难，勇于创新，亮点频现，在维护社会和谐稳定、服务经济发展中做出了积极贡献。创新监狱劳教工作。深入开展“监狱劳教（戒毒）系统规范化管理年”活动和“百日安全排查整治”活动，监狱系统建立了罪犯假释常态办理机制和狱内侦查工作机制，实现了全省24所监狱信息化联网和实时监控，劳教系统初步建立了劳教（戒毒）工作规范性体系。全省监狱劳教单位全部实现了“四无”目标。创新化解社会矛盾工作。组织实施了“人民调解防护网工程”，培育了千名“人民调解能手”，建立“百姓说事点”近万个，与省电视台联合推出以人民调解为主题的公益性新闻栏目《广角民生》，全年调处矛盾纠纷26万多件，成功率达98%以上。创新法律服务工作。组织开展了“百名优秀律师挂职百户优秀企业”、“同心　律师服务团”、“反担保公证助推民营经济发展”、“司法鉴定为项目建设和园区创业服务”等专项法律服务活动，积极推进全省重大项目和重点工程建设。围绕改善和保障民生，开展了“我为民生办实事”、“幸福　尊严”法律援助活动，法律援助继续保持一万件以上，法律服务工作者义务服务群众近万件（次）。创新特殊人群管理工作。加强社区矫正机制创新，推广建立集教育管理帮扶为一体的社区矫正中心，社区服刑人员管理帮扶工作得到全面加强，社区服刑人员再犯罪率低于全国再犯罪率。提请省委、省政府办公厅转发了《关于进一步加强刑释解教人员安置帮教工作的实施意见》，依托社会企业建立省市县三级“彩虹基地”223家。开展“呼唤回归、重塑尊严、就业帮扶”活动，刑释解教人员衔接率、安置率、帮教率明显提升。创新法制宣传教育工作。高规格启动“六五”普法工作，高标准开展“法治吉林”创建活动，高站位推进“法治文化”建设。省委省政府对“五五”普法工作进行了总结表彰，全面部署了“六五”普法工作。围绕加强和创新社会管理，大力宣传相关法律法规；围绕推进行业和部门法制教育，深入开展“法律六进”活动；围绕提高全社会法治化管理水平，大力加强基层普法依法治理工作；围绕推进依法治省方略，扎实推进区域法治城市、法治县（市、区）创建活动。在“12·4”法制宣传日，全省组成228个普法服务小分队，开展了“走基层、进社区、入村屯”活动，受到群众欢迎。创新队伍建设工作。对省直15个监狱劳教所主要领导进行轮岗交流，首次对全省903名司法所长集中培训，新设60个律师事务所党建公益岗位人员，律师党建在动态中实现双覆盖，组织20名处级干部进村开展“三帮扶”工作，培树出赵春芳、修保、陈思国、李强等先进典型。

省委副书记、省政协主席巴音朝鲁，省委统战部部长刚级标，长春市副市长高学章，省司法厅党委书记、厅长王进义出席同心_律师服务团”法律服务活动誓师动员大会。

人民日报记者到长春市宽城区采访“百姓说事点”

2011年，我省司法行政工作7次在全国性会议上介绍经验，得到省、部领导16次批示肯定，中央政法委、司法部、省委省政府办公厅115次反映我省司法行政工作。人民日报、光明日报、法制日报和中央电视台、中央人民广播电台报道了我省开展“百姓说事点”等工作。

吉林省国家税务局

2011年工作情况

【税收收入】 2011年，全省国税系统共组织税收收入860.89亿元，比上年增收199.01亿元，增长30.1%。其中，组织中央级税收收入701.85亿元，增收162.93亿元，增长30.2%；组织地方级税收收入159.04亿元，增收36.08亿元，增长29.3%。全口径收入和地方级收入均为历史最好水平。

【税收调控】 认真落实国家出台的结构性减税措施以及发展高新技术产业、支持企业技术进步、扩大就业再就业、鼓励农民增收、促进资源节约和环境保护等一系列税收优惠政策，加强政策宣传和培训辅导，确保政策落实到位，全年共形成税式支出总额91.49亿元，较好地发挥了税收优惠政策在促进发展、调整结构、改善民生等方面的积极作用，有力地支持了地方经济的发展。经与财政、地税部门沟通，报经省政府同意，自2011年11月1日起，将我省增值税起征点提高到国家最新规定的上限标准，促进民营经济发展。

孙云志局长深入企业调研

【纳税服务】 继续做好以“简化办税程序、下放审批权限、提高办税效率、优化业务流程”为主要内容的“简放提优”工作，进一步提升纳税服务水平。加强纳税服务体系建设，推进办税服务厅标准化建设，试行涉税事项“同城通办”。以信息化为依托，完善多元化报缴税方式，扎实推进门户网站建设，12366纳税服务热线成功切换到新系统。建立纳税人诉求响应机制，开展多种形式的纳税人需求和满意度调查活动，广泛征求纳税人的意见建议。加强税收宣传和咨询辅导，全面实行公开办税。

召开全省国税系统纪念建党90周年暨创先争优表彰大会

【税收管理】 积极推进税源专业化管理，制定《吉林省国家税务局“四位一体”互动工作制度（试行）》，加强税收分析、纳税评估、税源监控、税务稽查各环节互动，增强税源管理合力。积极探索专业化的大企业税收管理模式，建立健全管理和服务制度。全面加强各税种管理、国际税收管理，提高税源控管能力。加强税收信息化建设，强化数据分析应用，提高信息管税水平。深入推进依法行政，切实维护纳税人合法权益。加强税务稽查工作，严肃查处税收违法案件，全年共查补税款、加收滞纳金、罚款合计7.18亿元。

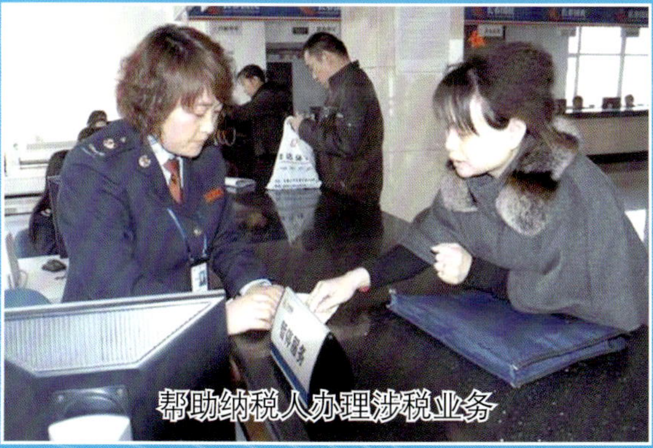
帮助纳税人办理涉税业务

【队伍建设】 加强领导班子建设，增强各级局领导班子的整体功能。省局连续四年开展了由局领导带队深入基层单位的集中工作调研，发现分析问题，研究解决措施，收到较好成效。加强系统党的建设，认真开展创先争优、纪念建党90周年、党建“七个一”系列活动，较好地发挥了党支部的战斗堡垒作用和党员的先锋模范作用。落实省委关于“三帮扶”和“千名处长进千村”工作部署，认真开展对口帮扶工作，较好地履行了部门社会责任。加强反腐倡廉建设，确立“六个加强”党风廉政建设责任目标，完善惩防体系建设，健全内控机制，严肃案件查处，深入开展纠风专项治理，提高干部廉洁从税意识和拒腐防变能力。加强精神文明建设，2011年全省国税系统有19个单位或个人获得省部级以上荣誉称号，包括省局机关在内的6个单位通过“全国文明单位”复检，另有5个单位被中央文明委命名为“全国文明单位”。加强教育培训工作，深入开展领导干部任职及更新知识、公务员初任、高层次人才、岗位专业知识等培训，干部职工综合素质和岗位技能进一步提升。

深入校园开展税收宣传

宿政厅长检查水库防汛准备工作

吉林省水利厅

努力推进吉林水利改革发展新跨越

抢抓机遇 强化落实

2011年是"十二五"开局之年。在国家和省一系列水利发展政策的强势拉动下，在省委、省政府的正确领导下，各级水利部门深入贯彻落实科学发展观，积极践行可持续发展治水方略，全力推进水利改革发展。全省水利投入突破70亿元、增长幅度超过50%，再创历史新高，实现了"十二五"全省水利大发展的良好开局，为吉林水利大发展、大跨越拉开帷幕。

重点项目建设取得标志性成果。重点项目建设是近年来拉动全省水利投入的引擎，也是全省水利项目建设的重点和标志。截至2011年末，5大项目累计完成投资74.73亿元。其中：老龙口主体工程已全部完成，正常蓄水，并网发电；引嫩入白、哈达山等水利枢纽和大安灌区主体工程基本完工；中部城市引松供水工程3条支线基本完工，干线工程正式启动。全省几代水利人盼了多年，跨越了几个五年规划的重大水利项目建设，已经取得标志性成果。

农田水利基础设施建设持续推进。继续实施了大中型灌区续建配套与节水改造，8个大型灌区项目完成投资2.4亿元，完成了70%的建设任务。积极开展了3处大型泵站更新改造，全面实施了34个重点县小型农田水利重点县建设。

旱田高效节水灌溉项目顺利实施。玉米膜下滴灌是未来几年全省农业节水灌溉项目建设新的增长点。省委、省政府决定"十二五"期间，在中西部15个县（市、区）投资100亿元，5年发展旱田高效节水灌溉1000万亩，到2015年再增加100亿斤粮食综合生产能力。目前已实现投资4.36亿元，建设旱田高效节水灌溉面积110万亩。

防汛抗旱减灾工作成效明显。全省水利系统本着"从早、从严、从紧、从实"的原则，认真开展了各项防汛准备。通过开展汛前检查、落实防汛责任制、加强物资储备、山洪防治非工程措施建设和抢险队伍建设等措施，科学应对了局地暴雨灾害。2011年，协调实施了"引察济向"生态应急补水，及时解决了向海湿地缺水问题。

民生水利建设全面铺开。持续抓好十件惠民实事之一的农村饮水安全，解决了农村居民和农村学校师生135.5万人饮水安全，切实搞好64座重点小（I）型病险水库除险加固，积极推动47条中小河流治理，着力开展水土流失治理175万亩，实现小水电发电13.5亿千瓦时，适时启动了牧区水利建设，全省国家级水利风景区达16处、省级水利风景区41处。

最严格的水资源管理强力启动。开展用水总量控制制度建设。协调水利部将我省2015年用水总量控制指标调整为141.55亿立方米。严格执行水资源论证制度，规范取水许可审批。开展用水效率控制制度建设。开展水功能区限制纳污制度建设。加强了立法和行政执法。出台了《吉林省取水许可管理办法》。

渔业基础设施建设和种质资源保护进一步加强。优化渔业结构提升了渔业产量，突出水产品质量安全管理，强化水生生物资源养护，不断加强水产技术推广和渔业行政执法力度。

水利改革管理不断深化。启动水资源管理体制改革，同步抓好水利工程建设与管理，积极推进水价改革和收费管理，认真加强河务管理，不断强化监督检查，狠抓安全生产和审计稽察，有效地推进了水利普查和水利科研。

2012年是"十二五"承上启下的关键之年，吉林水利改革发展目标明确、任务艰巨、责任重大、使命光荣。全省各级水利人将以对党和人民高度负责的态度，科学谋划、狠抓落实、改革创新、合力攻坚，全面掀起治水兴水新高潮，不断开创我省水利改革发展新局面，为实现全省经济社会又好又快发展做出新的更大的贡献！

12冬开幕式

吉林省体育局

2011年是吉林省筹办第十二届全国冬运会最为关键的一年，在国家体育总局的有力指导下，在省委、省政府的正确领导下，全省体育战线团结一致，戮力同心，求真务实，扎实工作，各方面都取得了显著成绩。主要有：

——群众体育深入推进。去年，借筹办十二冬之机，全省开展了形式多样的“全民健身与冬运同行”活动，共有上千万人次参加了健身活动。不仅有力地唱响了“全民健身与冬运同行”的主旋律，而且还为十二冬的成功举办，营造了良好的社会体育氛围。

建设了一批全民健身工程。省市县三级体育行政部门投入5.82亿元、吸引社会资金9305万元，建设全民健身设施1697处，包括农民体育健身工程726处、乡镇体育健身工程147处、全民健身路径207处、大中型全民健身活动中心14处、小型全民健身中心8处、体育公园14个、健身广场110个、户外体育营地2个、社区健身场所27处、社区健身点368个、健身步道20处，其他健身设施54处，使我省的全民健身场地面积增加了265457平方米，有力地改善了群众参与全民健身的条件。

中华人民共和国第十二届冬季运动会长春火炬传递

参加全国群众体育竞赛活动取得好成绩。第九届民运会取得了三个一等奖、第八届全国残运会取得10枚金牌、第二届智运会上夺得1枚金牌，结束了新中国成立以来我省在全国群众体育综合性赛事上棋牌项目没有金牌的历史。

七城会田径王清林在比赛中

——竞技体育成绩显著。全年共获得世界冠军17个、全国冠军51个。5名运动员、1名教练员荣获2011年度国家体育总局体育运动荣誉奖章。长春、吉林、延边组队参加七城会获得2枚金牌，奖牌总数和总分均超过上届。十二运备战有序进行。全省业余训练运动员注册及确认共计6466人，我省有2个单位、3名个人荣获全国业余训练先进单位和先进个人，有10名教练和1名老师获得国家体育总局全国各级各类体校优秀教练员和文化课教师称号。

12冬群体活动

省领导视察12冬场馆（速滑）

——体育产业继续发展。全省销售体育彩票16.13亿元，提取公益金4.6亿元。体育竞赛表演市场、体育技术培训、冰雪体育旅游、体育用品销售等市场也都相互促进，都有新的发展。省体育局综合训练馆工程完成设计招标、土建招标和内部装饰设计及施工招标工作。

——体育文化稳步前进。吉林体院教学成果丰硕，“体育学”一级学科被评为“十二五”省级优势特色重点学科，原省级重点学科体育教育训练学和运动人体科学，顺利通过了“十一五”省级重点学科的验收，开展了博士学位授权服务国家特殊需求人才培养项目论证和申报工作，成功申办了表演新专业（体育表演方向），体育教育、运动训练、民族传统体育和社会体育四个专业被评为省级“十二五”特色专业，运动解剖学与环境被评省级精品课程，等等。吉林体院高水平运动队办得有声有色，社会体育指导员培训成果显著。圆满完成了十二冬大型活动和志愿者服务的重任。

运动员文化教育教学工作取得进展。召开了“吉林省公办体育运动学校教育教学研究会”首届年会，出台了《吉林省公办体育运动学校教学管理规程》和《吉林省公办体育运动学校训练管理规程》。与教育部门联合制定了《吉林省体育后备人才培养阶段暨优秀运动队运动员文化教育工作实施细则》。与省教育厅联合下发了《关于转发〈中等体育运动学校设置标准〉和〈少年儿童体育学校管理办法〉的通知》。与多部门配合出台了《关于贯彻落实23号文件保证少儿体校运动员外训期间文化课学习的通知》。有力地促进和保障了各级运动员的文化教育和训练管理。

吉林省畜牧业管理局

吉林省是农业大省，也是畜牧业大省。经过多年发展，畜牧业经济实力显著增强，在加快农业农村经济结构调整、促进农民持续增收、丰富城乡“菜篮子”和实施县域突破战略中，发挥了重要作用。2011年，全省肉蛋奶总产量达到237.1万吨、95.3万吨和45.2万吨，牧业养殖业产值达到1074.5亿元，农民人均牧业收入达到1805元，畜产品加工业销售收入达到1020亿元。目前，牧业经济已占农村经济的4成以上，牧业收入已占农民人均纯收入的3成以上。

省委、省政府审时度势、高瞻远瞩，在加快“三化”统筹、“三动”并举的宏观决策中，继续把畜牧业作为全省农业农村经济的战略产业优先发展，决定从2012年起，启动实施现代畜牧业四年提升计划，以科学发展观为指导，以加快转变畜牧业发展方式为主线，以现代科学技术为支撑，依托资源和基础优势，创新发展模式和机制，坚持“五化”并举，推动畜牧业转型升级，打造全国重要的畜禽产品生产加工基地。统筹疫病防控安全、畜产品质量安全和草原生态安全，推进畜禽养殖规模化标准化、畜产品加工精深化、兽医工作制度化、畜产品质量和畜牧投入品安全化、畜牧业服务与管理信息化进程，努力构建现代畜牧产业体系。力争到2015年，全省肉蛋奶总产量达到330万吨、115万吨和56万吨，牧业养殖业产值达到1240亿元，畜产品加工业销售收入达到1600亿元；畜禽规模养殖比重由目前的80%提高到85%，标准化比重由45%提高到60%；科技创新与服务体系不断完善，畜牧业科技进步贡献率由54%提高到58%；完善草原承包制度，改善草原生态环境，粗饲料加工利用率由15.4%提高到25%；动物疫病防控长效机制基本建立，无疫区建设通过国家评估验收；畜产品质量安全水平不断提高，违禁添加物检出率控制在0.1%以下，无公害畜产品产地认定、产品认证800个；畜牧业社会化服务体系日益完善，信息化管理、市场化营销、合作化经营、多元化融资能力显著提升。

省政府决定，从2012年起到“十二五”期末，省里在1亿元专项资金的基础上，每年视情况再适当增加一定资金，鼓励引导分散、小规模饲养向标准化规模养殖转变。坚持“引育繁”相结合的方针，继续加大投入力度，建设与现代畜牧业发展相适应的畜禽良种繁育体系。省委、省政府对畜牧业重视程度之高、寄予希望之大、扶持力度之强，都是前所未有的，必将推进吉林省畜牧业在新历史起点上，实现新跨越、再创新辉煌。

图为九江潮集团肉鸡屠宰加工线

图为贾涛局长（左一）陪同王守臣副省长（左二）深入吉林天一牧业有限公司检查指导工作

图为吉林省标准化肉牛养殖场

图为吉林省标准化蛋鸡养殖场

吉林省地震局

局党组书记、局长 任利生

省领导李申学、王祖继为吉林省地震应急救援总队揭牌

省地震灾害应急救援总队揭牌授旗仪式

全省防震减灾工作会议

吉林省地震局成立于1972年，正厅级建制，实行中国地震局和吉林省人民政府双重领导，以中国地震局为主的管理体制，根据授权承担本行政区域内防震减灾工作政府行政管理职能，依法履行防震减灾主管机构的各项职能。

吉林省地震局总编制181人，其中，机关行政编制47人，事业编制134人。内设机构9个：办公室、人事教育处、发展与财务处、监测预报处（科学技术处）、震害防御处（市县工作处）、应急救援处（政策法规处）、纪检监察审计处、机关党委、离退休干部管理处；直属事业单位5个：吉林省地震与火山分析预报研究中心、吉林省地震与火山监测中心、吉林省震灾预防中心（吉林省火山科学研究所）、吉林省地震应急保障中心（机关服务中心）和吉林省地震行政执法监察总队；地震台9个：长春净月地震台、长春合隆地震台、吉林省延边朝鲜族自治州地震台、吉林丰满地震台、吉林省磐石地震台、吉林省四平市地震台、吉林省通化地震台、白城地震台、吉林省敦化地震台；火山监测站2个：吉林省长白山天池火山监测站、吉林省龙岗火山监测站。

吉林省防震减灾工作40年来，吉林省地震局以最大限度地减轻地震灾害损失为根本宗旨，扎实地震监测预报、震害防御、应急救援防震减灾三大体系建设。坚持依靠科技，地震监测预报能力不断提高。通过“十五”、“十一五”建设，全省地震、火山监测站达到37个，前兆测项66个，强震台10个，实现了地震与火山监测数字化、网络化；坚持预防为主，震害防御能力进一步增强。以建筑物抗震设防为重点，通过加强重大建设工程抗震设防监督管理，强化棚户区、泥草房等抗震薄弱区抗震设防，开展中小学校舍安全工程等手段，逐步提高城乡抗震能力；坚持常备不懈，地震应急处置能力进一步提高。通过健全地震应急预案体系，开展地震应急演练，成立专业地震应急救援队伍，地震应急响应能力不断提高。

省委常委、常务副省长竺延风为武警吉林总应急队救援队授旗

王祖继副省长来吉林省地震局视察指导工作

省委常委、常务副省长竺延风在武警吉林省总队应急救援队成立仪式上讲话

吉林省农业委员会

“十一五”以来，全省农业农村经济加快发展，为保障国家粮食安全、加快吉林全面振兴做出了重要贡献。

吉林省农委主任 任克军

一、“十一五”全省农业农村经济跃上新台阶

一是粮食综合生产能力稳步提升。“十一五”的五年间，全省累计生产粮食2663.3亿斤，年均532.66亿斤，比“十五”年均提高71.9亿斤，全国前10名产粮大县我省占6个，率先在全国实施增产百亿斤商品粮能力建设规划。2010年，粮食生产创历史最好水平，总产量达到568.5亿斤，比上年增产15.5%，增量占全国近1/4。二是农村产业结构进一步优化。2010年，畜牧业、园艺特产业、林业产值和农产品加工业销售收入分别实现925亿元、707.8亿元、733亿元和2550亿元，比上年增长12.1%、27.3%、14%和18%。三是农民人均纯收入持续增加。农民人均纯收入相继跨越4000元、5000元和6000元三个大关，增加2978.5元，年递增13.8%，高于全国5.5个百分点。2010年，农民人均收入达到6237.44元，增长18.4%，增幅高于上年11.6个百分点，高于全国平均水平3.5个百分点，实现了10年连续增长，连续3年稳定在全国第10位的水平上。四是农村改革不断深化。2010年，完成农村义务教育阶段性化债任务。农民专业合作社发展到11347个，同比翻了一番。农业保险参保农户同比增长44%。五是新农村建设扎实推进。2010年，“千村示范、万村提升”工程新上各类项目2300个。完成12件民生实事。新解决130.5万农村人口安全饮水问题，新改造农村泥草房20万户。提高新农合和农村低保补助标准。开展农村养老保险试点。实现13.3万贫困人口脱贫。六是县域经济加快发展。2010年，GDP、固定资产投资和财政收入分别达到5200亿元、3850亿元和292.1亿元，主要经济指标增幅连续四年高于全省平均水平。

二、“十二五”全省农业农村经济绘出新蓝图

“十二五”时期，全省农业农村经济发展的总体思路是：

紧紧围绕三增一稳的任务目标：一是粮食增产，坚持把提高粮食综合生产能力作为农业农村经济工作的首要任务，确保粮食稳产增产，努力为保障国家粮食安全做出更大贡献。二是农民增收，坚持把持续增加农民收入作为农业农村工作的核心目标，拓宽增收渠道，完善增收机制，确保农民增收与全省经济同步增长。三是县域财力增强，坚持把提高县域经济实力作为农村经济发展的战略重点，努力保持县域经济持续快速发展的好形势，切实增强城镇对乡村的辐射带动功能。四是农村和谐稳定，坚持把维护农村和谐稳定作为加快改革发展的出发点和落脚点，不折不扣落实强农惠农政策，充分调动农民生产积极性，切实保护农民合法权益。

突出发展五大主导产业：一是粮食产业。到2012年，全省粮食综合生产能力达到600亿斤阶段性水平，到2015年达到700亿斤。二是畜牧产业。“十二五”期间，全省肉、蛋、奶总产量年递增6%、5%和7%。三是园艺特产业。到2015年，园艺特产业产值达到1760亿元，年递增19%。四是林业产业。到2015年，林业总产值达到1400亿元，年递增12%。五是农产品加工产业。到2015年，农产品加工业销售收入实现5000亿元以上，年递增15%。

重点抓好十大产业系列：就是抓好玉米、水稻、大豆、肉猪、肉牛、禽蛋、乳品、参茸（中药材）、蔬菜、林特产品等十大产业系列。

着力强化六项重大措施：就是强基础、调结构、保供给、促增收、惠民生、建制度，进一步增强创新发展活力，形成重农强农的社会合力，不断开创农业农村发展新局面。

加快建设农村经济强省：经过5－10年努力，把吉林建设成为粮食大省、牧业大省、林业大省、北方特产大省和农产品加工大省，进而实现农村经济强省的奋斗目标。

三、二○一一全省农业农村经济实现新开局

一是粮食生产获得特大丰收。粮食总产达到634.2亿斤，比上年增产65.7亿斤，占全国增量的13.3%，位居全国第七，比上年晋升两位。亩产实现930.2斤，比上年增加86.6斤，比全国平均水平高出242.7斤，位居全国第一，比上年晋升一位。粮食人均占有量2309.5斤，粮食商品率达到84.2%，位居全国首位。我们提前一年实现了国务院要求的增产百亿斤商品粮能力建设规划目标。二是农民人均纯收入跃上新台阶。全省农民人均纯收入达到7510元，同比增长20.4%，创造了2001年以来的“十一连增”，先后跨越2000元到7000元六个千元大关。三是农村各业全面发展。畜牧业产值达到881.8亿元，同比增长6%，肉蛋奶总产量分别比上年增长4.8%、3.4%和5%，规模养殖场（小区）达到8052个，规模化养殖比重达到80%。全省连续8年无重大动物疫情发生。园艺特产业总产值实现830亿元，同比增长17.3%。农产品加工业实现收入3083亿元，增长20.9%。四是农业基础建设力度加大。百亿斤商品粮能力建设工程累计落实资金216.2亿元，占规划总投资的83.2%。重大农业技术补贴8000万元，比上年增加4500万元，推广面积1.2亿亩次。全省农业科技进步贡献率达到53%。农机总动力达到2355万千瓦，同比增长9.8%，主要农作物耕种收全程农机化作业水平达到65%，比上年提高4个百分点。五是农村改革继续深化。农村土地承包经营权确权登记试点工作进展顺利。村办公益事业“一事一议”共议成项目6684个，投资33.3亿元。农村义务教育累计化解债务22.93亿元。农民专业合作社发展到21331家，比上年增长88%。农业保险参保农户162万，占总数的44%。六是新农村建设扎实推进。“千村示范、万村提升”工程投入资金53.2亿元，新上项目3792个。13件农村民生实事全部完成。建成农村公路4000公里，通乡路面硬化率达到100%。新解决133.5万农村居民和师生安全饮水问题。改造农村电网5598公里。完成7600户国有垦区危房改造，农村泥草房四年改造76.4万户任务全部完成。农村低保、新农合实现全覆盖。新农保试点面覆盖53个县（市、区），占总数的88.3%。实现20万农村贫困人口脱贫。

四、二○一二全省农业农村经济谋划新突破

2012年，全省农业农村经济发展的主要目标任务是：粮食综合生产能力稳定在600亿斤以上阶段性水平，总产量力争再创历史新高；肉蛋奶产量同比分别增长7.7%、3.9%和5%；园艺特产业实现产值1000亿元，增长20%；林业总产值实现1150亿元，增长15%；农产品加工业销售收入实现3500亿元，增长16%；县域GDP、固定资产投资、地方级财政收入分别增长19%、30%和35%；农民人均纯收入增长12%。

抓好八项重点工作：一是大力发展粮食和农业生产。二是加强农业基础设施建设。三是加快农产品加工业转型升级。四是加快发展园艺特产业。五是千方百计增加农民收入。六是加大科技创新和推广力度。七是继续深化农村改革。八是扎实推进新农村建设。

吉林省物价局

推动科学发展　促进富民强省
为吉林全面振兴创造良好价格环境

党组书记、局长 冯晓波

吉林省物价局作为政府价格职能部门，担负着稳定物价、促进发展、改善民生的重要职责。多年来，在吉林省委、省政府的正确领导下，牢牢把握服务大局的工作基调，全面落实科学发展观和中央及省重大决策部署，正确处理促进经济发展、调整经济结构和管理通胀预期的关系，认真履行价格职能，扎实做好各项价格工作，为富民强省和振兴吉林创造了良好的价格环境。

加强价格调控，努力保持价格总水平稳定。2010年以来，受国际国内多种因素影响，我省居民消费价格上涨较快，一定程度影响了居民生活、经济发展和社会稳定。根据中央部署，我省出台了稳定物价保障群众基本生活的19项措施，建立完善4项机制。一是完善了价格调控齐抓共管机制。建立了物价调控部门联席会议制度，明确各部门职责，强化落实"米袋子"、"菜篮子"责任制，建立物价涨幅通报制度、联动机制补贴发放通报制度。二是完善农副产品调控机制。提高稻谷最低收购价格和玉米、大豆临储价格；落实促进蔬菜生产流通的优惠价格政策及"绿色通道"制度，积极开展以平价商店为重点的蔬菜"三项建设"；完善生猪调控预案，稳定生猪生产和价格。加大价调基金投放力度。2010年以来共投放价调基金1.6亿元。审慎出台政府调价项目，积极转化各种涨价因素。三是建立社会救助和保障标准与物价上涨联动机制。保障对象覆盖242万低收入群体，占全省总人口的9%左右。2011年全省向低收入群体发放价格临时补贴2.07亿元（含按联动机制要求提高城乡低保标准增加的低保补助资金1.18亿元）。四是建立应急价格监测机制。加强价格监测、预警和市场巡查，加强分析判断，为党委政府决策和组织生产流通提供参考信息。由于措施得力，有效控制了价格总水平上涨势头。2011年，吉林省居民消费价格总水涨幅自7月份达到6.6%的高点后逐波回落，12月份回落至4.5%，全年累计上涨5.2%，比全国平均水平低0.2个百分点，涨幅排在全国第22位。

推动价格改革，积极促进经济结构调整。按照统筹兼顾、分步推进的原则，提出了运用价格杠杆促进资源节约和环境保护的总体思路。根据我省发展情况，出台了两部制水价改革，开征了水资源费；落实成品油价格改革政策；开展大用户直购电交易试点，推行差别电价政策；建立并完善了可再生能源电价机制和脱硫电价政策；建立了取暖与煤炭价格联动机制，推行用热计量收费。

强化价费监管，不断优化经济发展环境。从2004年开始，我省已连续7年开展"清费减负"工作，到2011年末共取消及暂停征收收费项目238项，降低收费标准326项，累计减轻企业和社会负担37.8亿元。同时加强市场价格监管。2010年以来，全省物价部门共查处各类价格违法案件3899件，实施经济制裁8678万元

改善民生价格，全心全意维护群众利益。牢牢把握保障和改善民生这一根本目的，着力解决价格热点问题。进一步规范义务教育阶段学校收费，取消了义务教育阶段择校费，制定了中小学服务性收费和代收费政策。规范医药价格。在2010年降低266个品规药品价格、减负近3亿元的基础上，2011年对公办基层医疗卫生机构实行药品零差率政策，药品价格下降30%左右；降低部分药品和医疗服务价格，全年减轻患者负担5.7亿元。

冯晓波局长陪同省人大领导调研粮食储备情况

冯晓波局长调研市场价格

吉林储备物资管理局

238处站台及货场

635仓库及货场

吉林储备物资管理局受国家发展改革委员会国家物资储备局垂直领导，是管理我国在吉林省储备仓库、储备物资的正厅级建制行政单位。下设6个基层事业单位，主要以通用物资仓库为主。

我局主要工作职责是负责提出本区域国家战略物资储备年度计划、中长期计划、仓库建设计划和事业发展计划的建议；组织实施战略储备物资和调节储备物资的收储、周转、保管、出库等工作；承担对国家或本区域发生的重大灾害及突发性事件的物资保障工作；根据市场需求和国家物资储备局指令，支持国有大中型企业生产所需的生产资料，支援地方发展经济，并不断提高储备物资的经济效益和社会效益；按照“服务国防建设、应对突发事件、参与宏观调控、维护国家安全”的功能定位，负责督促、检查、指导本区域内的国家战略储备物资和调节储备物资管理工作，协调地方政府和国家应急储备物资管理工作，做好国家或本地区发生突发事件的物资保障工作，积极为地方经济社会发展、平安和谐建设服务。

近年来，我局结合自身的区位、技术、队伍和仓储能力优势，抓住国务院、中央军委、国家发展和改革委员会对国家战略物资储备不同类型仓库进行安全改造的机遇，积极改扩建仓库，完善储备基地功能，以便更好地为国家和地方应急体系建设服务。截至2011年底，我局3种类型、5个仓库的安改工作已经全面完成，极大地提高了应急储备的基本能力。

与此同时，局党组狠抓管理升级工作，根据国家物资储备局的工作部署，紧密结合我局实际，大力推行标准化管理理念，将规范化、标准化、精细化的管理理念用于物资管理和仓库管理工作之中，严格执行国家储备物资管理办法及实施细则，做好物资保管保养，坚持三级查库制度，库存物资质清量准，“物、证、账、卡”相符，达到保质、保量、保急需、保安全的“四保”要求。所有综合仓库都已经通过ISO9000质量管理体系认证。2006年以来，我局物资储存量环比增长40%、物资吞吐量环比增长35%。

为了确保国家战略物资安全，我局一直狠抓安全管理，坚持储备、公安、武警三方联席会议制度，深入开展思想共建、队伍共管、安全共保的“三共”活动，狠抓安全生产，每年都开展“安全生产月”活动，增强全员安全意识，建立安全管理长效机制。自2010年起逐步在系统内实行安全审计和职业健康安全管理体系建设，在各类物资出入库及保管保养过程中，从没有出现任何问题，已连续多年未发生安全生产事故和责任事故，树立了良好的国储品牌形象。

在60余年的发展历程中，我局一直积极参与吉林省经济建设和应急工作，上个世纪八十年代，为缓解我省企业困难，支持地方经济发展，曾多次向省内企业提供有色金属、黑色金属等借贷物资，为汽车厂储存大批量军用卡车，为解决汽车厂生产急需集中出库大批钢板等。近年来，我局与长春市民政局在所属单位635处设立了社会捐助接收站收储民政救灾物资，237处、238处积极配合当地红十字会收储社会救灾物资。在我省支援汶川地震灾区工作中，635处共转运救灾药品和其他物资各类共计1000余万件，总金额达6400余万元。

2011年，按照中共中央国务院关于分类推进事业单位改革的指导意见和国家物资储备局规范体制机制工作的部署，我局已将经营业务全部剥离到吉林国储物流股份有限公司进行统一运作，公司利用库房、货场、专用线、吊装卸设备等优势为社会提供仓储、装卸等物流服务。目前拥有8台龙门吊，一次性吊装能力超过100吨；库内铁路专用线7条，总长超过15000米，各分公司在省内形成有效支点，构成了功能齐备的仓储物流网络。

今后，我局将不断解放思想，开拓创新，更加努力地为地方经济建设和应急体系建设做出更大贡献！

237处物流园区

吉林省监狱管理局

励精图治 切实提高监狱监管改造能力

2011年，在省委、省政府和省司法厅的领导下，全省监狱机关坚持以邓小平理论和“三个代表”重要思想为指导，深入贯彻落实科学发展观，围绕社会管理创新、社会矛盾化解和公正廉洁执法三项重点工作，正视各种困难和问题，依托“三大载体”，围绕“六项工作”，全力破解“24个难题”，确保了监狱持续安全稳定，教育改造质量不断提高，罪犯生活卫生管理不断加强，监狱建设实现新的突破，《省政府工作报告》中指出：“监狱布局调整和信息化建设成效显著”，民警队伍素质和规范化管理水平全面提高。一年中，全省监狱机关坚决清缴狱内违禁品、全面遏制了“牢头狱霸”现象，稳定了狱内秩序。坚决贯彻“从严治警”方针，严格整肃民警队伍，民警队伍纪律作风明显好转。狠抓监狱安全技防建设，实现全省监狱重点部位实时视频监控，结束了吉林省监狱没有监控的历史。坚持监狱工作的“首要标准”，不断创新教育改造工作，改造质量不断提高。积极探索狱内侦查机制，推进依法假释工作，努力提高执法水平。切实改善罪犯伙食、医疗水平，依法保障罪犯合法权益。加快监狱布局调整步伐，下决心改造安防硬件，切实改善监管条件。解放思想，真抓实干，加强劳动管理。精心组织，强力推进，规范化管理年活动成效显著，监狱管理水平明显提高。选贤任能，交流轮岗，监狱班子和民警队伍建设得到大力加强。公开选拔处级干部34名，交流12名，改任6名，省直监狱监狱长交流面达到93%。全省监狱实现了“四无”（无罪犯脱逃，无重大狱内案件，无重大疫情，无重大安全生产事故）目标，创造历史最好成绩。

2012年，全省监狱系统要按照省政府提出的“切实提高监狱监管改造能力”的要求，硬件落后软件补，越级升位创一流。以科学发展观为指导，以“监所基层基础建设年活动”为载体，以信息化支撑规范化，推进“四防一体化”建设，创新监狱文化建设，规范监狱法治建设，狠抓基层基础建设，加强民警素质建设。提高监狱执法透明度，主动接受社会监督，深入开展“忠诚、为民、公正、廉洁”的政法干警核心价值观教育实践活动，切实提高监管改造能力，实现“四无”目标，维护社会稳定和谐，促进吉林经济社会发展，以优异的成绩迎接党的十八大和省十次党代会召开。

省司法厅副厅长、省监狱管理局局长马晓东考察省未成年犯管教所“创先争优”活动开展情况

省司法厅厅长、省监狱管理局第一政委王进义，省司法厅副厅长、省监狱管理局局长马晓东视察四平监狱

省司法厅厅长、省监狱管理局第一政委王进义到长春市净月监狱视察并慰问监狱干警。

司法部政治部主任张彦珍到省女子监狱视察、慰问监狱干警

省司法厅、省监狱管理局领导与全省监狱系统优秀监区长合影

全省监狱重点部位安防监控系统建成，实现信息化建设和安全防范能力重大突破。

厅局领导察看服刑人员伙食管理工作情况。

吉林省经济技术合作局

省经合局党组书记李铁在全省经合工作会议上讲话

吉林省经济技术合作局于2009年1月正式组建。是由原省开发办、经协办和商务厅三个外资处室划转整合而成，为省政府直属机构，正厅级建制。商务部正式行文省经合局作为吉林省的两个地方商务主管部门之一。省政府赋予的主要职能有三项：一是国际国内经济技术合作，二是开发区、县域工业集中区管理，三是边境区域合作（包括图们江区域国际开发）。同时，省经合局还承担了省招商引资工作领导小组办公室、省开发区工作领导小组办公室以及外资审批、外埠商会管理、省政府经济顾问联络等职能。

近年来，省经合局按照“专业、和协、奋进”的指导思想，扎实开展各项工作，为全省经济社会发展做出了贡献。在招商引资方面。省经合局每年围绕全省重大招商引资任务，制定年度招商引资活动计划，在环渤海、长三角、珠三角、亚太、亚非、欧美等地区组织大型“请进来”、“走出去”经贸交流活动。建立全省招商引资签约项目跟踪调度系统，保证重大项目的顺利推进和招商引资目标落实。在开发区建设方面。2009年由省委、省政府联合发文实施《关于进一步加快推进开发区发展的意见》，是当前和今后一段时期指导全省开发区发展的纲领性文件。在推动开发区和工业集中区升级方面，出台了《吉林省工业集中区管理办法》、《吉林省工业集中区晋升省级开发区实施办法（暂行）》，制定了全省工业集中区2011-2012年三年跃升发展计划。目前，吉林省现有各类开发区、工业集中区109家，有4个省级开发区相继晋升为国家级开发区，全省国家级开发区数量达到8个，占全国的4%。在边境区域合作方面。三年来，图们江区域合作取得重大进展，与俄、日、韩 、蒙的合作稳步推进。重点围绕建设“一核”、“两轴”、“两条产业带”、“四条对外通道”来参与图们江区域合作，编制了《构建中国—图们江边境自由贸易区规划及其可行性研究报告》、《珲春先行先试先导区规划》，启动了中国图们江边境自由贸易区、珲春—哈桑和珲春—罗先跨境经济合作区的工作，并取得明显成效。2011年，配合商务部国际司承办了“大图们倡议”东北亚地方合作机制研讨会议，会议就组织形式、合作领域、投资贸易等达成了多项共识，取得了预期效果。2011年，在朝鲜罗先市举行了共同开发和共同管理罗先经济贸易区项目启动仪式，并启动了公路维修改造等一批项目。

“吉林—北京科技文化产业座谈联谊会”在京举行

省经合局代表团赴加、美推介东博会，省经合局局长杨安娣（左二）拜会美国芝加哥商会高层。

吉林省城乡规划设计研究院

院长 张晓艳

吉林省城乡规划设计研究院是1978年经吉林省人民政府批准成立的隶属吉林省住房和城乡建设厅的事业单位，经过全院职工多年的拼搏和努力，现已发展成为一个具有甲级城市规划设计、甲级建筑工程设计、甲级工程咨询，乙级市政工程设计、乙级旅游规划设计、乙级建设监理资质、乙级工程造价资质、乙级文物保护勘察设计资质的综合性规划设计研究单位。现拥有各类专业技术人员320人，其中教授级高级工程师25人、高级工程师59人，各类国家注册人员70余人。

吉林省城乡规划设计研究院始终秉承“诚信、优质、高效、创新”的企业文化，凭借雄厚的专业技术力量，立足本省、面向全国，在激烈的市场竞争中保持健康、快速的发展态势，创造了良好的社会效益和经济效益。近年来重点完成了吉林省城镇体系规划，“长吉图”城镇体系规划和全省镇村体系规划50余项，为统筹推进吉林特色城镇化发展作出了突出贡献。承担了全省29个市（县）以上城市总体规划编制工作。完成控制性详细规划和修建性详细规划等200余项。完成吉林省城镇污水及再生利用设施专项规划、城镇垃圾处理专项规划、城市供水设施和燃气设施专项规划及各县市各础设施专项规划近80余项。完成吉林省速滑馆、集安市博物馆、四川省黑水县高级中院、吉林省体育局综合训练馆等医疗、文化、教育、商业、办公、体育公共建筑设计项建筑设计项目及市政工程、监理、造价等项目300余项。

类 基
学、抚松县医
目、中海国际社区等居住

吉林省城乡规划设计研究院
任，积极投身于全省城乡公益事业。近年
迁、城市棚户区、林业棚户区、工矿棚户
居工程规划和保障性住房设计工作100余
子”改造规划、能评和改造施工等设计，
了重大贡献。参加了四川省平武县和四川
建规划、建筑工程设计与施工服务，出色
任务，得到吉林省政府和黑水县政府的高
协助省住房和城乡建设厅参加对口支援新
作，编制阿勒泰地区农牧民定居点示范规
划和对口支援的专项规划，获得吉林省援
建指挥部和当地政府的一致好评。

教学楼

始终以“关注民生，服务社会”为己
来完成全省煤矿棚户区、塌陷区移民搬
区、农村泥草房改造等“六路”安
项，8个市县中心城区“暖房
为我省实施民生工程做出
省黑水县地震灾区重
完成了各项援建
度评价。
疆工

2002年吉林省城乡规划设计研究院顺利通过了ISO19001－2000质量管理体系认证，实现了设计质量的规范化管理。近年来承担的《长吉图城镇体系规划研究》、《依安县依龙镇总体规划》、《四川省黑水县高级中学》等项目荣获省级优秀城市规划设计、优秀工程设计、优秀工程咨询等一等奖10余项，二、三等奖40余项。荣获吉林省文明委员会授予的“先进单位”、吉林省直机关党工委授予的“先进基层党组织”等荣誉称号10余项。

吉林省城乡规划设计研究院将恪守“科技领先、顾客至上、优质高效、尊信守约”的质量方针，竭诚为社会各界提供优质的设计和高效的服务。

抚松县医院

▶城镇空间结构规划图

▲长吉图城镇空间结构规划图

吉林省红十字会

JILINSHENGHONGSHIZIHUI

吉林省红十字会是从事人道主义工作的社会救助团体，以弘扬“人道、博爱、奉献”的红十字精神，保护人的生命和健康，促进人类和平进步事业为宗旨。吉林省红十字会创建于1919年，是我国建立较早的地方红十字组织之一。

省红十字会领导为器官捐献志愿者家属颁发证书

1997年8月，吉林省编办以吉编〔1997〕41号文批复吉林省红十字会机关机构改革方案，确定红十字会的主要职能是协助省政府开展人道主义工作，在自然灾害和突发事件中进行人道救助，组织开展群众性初级卫生救护培训，传播国际红十字运动知识和国际人道法，以及完成政府委托的其它事宜等。目前，全省9个市（州）、60个县（市、区）都建立了红十字会。全省共建立红十字基层组织3957个，会员总数80余万人。

2012年1月10日省红十字会组织为社区送温暖活动，图中为省红十字会负责人苗秀荣为困难群众发放慰问品

近年来，在吉林省委、省政府的正确领导下，吉林省红十字会高举邓小平理论和“三个代表”重要思想伟大旗帜，深入贯彻落实科学发展观，突出吉林振兴发展的时代主题，积极开展人道主义救援和服务活动，在备灾救灾、人道救助、应急救护培训、志愿者发展、造血干细胞捐献者资料库建设、器官无偿捐献、红十字青少年工作等方面不断取得新进展。2008年以来，吉林省红十字会累计募集灾款物4亿元，救助灾区群众和社会弱势人群200多万人，为推动吉林经济社会又好又快发展和老工业基地的全面振兴作出了积极贡献。

2012年1月11日省红十字会组织造血干细胞捐献志愿者座谈会

2011年3月，吉林省红十字会积极争取国家总会支持，共获得国家总会400多万元的项目支持，援建14所红十字博爱卫生站，建成22处农村洗手环境改善工程，引进挪威红十字会项目资金95万元，为延边500多名农村群众进行了改水改厕。

吉林省红十字会在元宵节看望慰问孤儿，为吉林市红十字会爱心救助家园平安救助站的孩子们送去了2万元善款和价值8000余元的物资

2011年7月，国家总会和卫生部批准吉林省红十字会开展人体器官捐献试点。为积极稳妥地推进人体器官捐献工作，吉林省红十字会制订出台了一整套规范人体器官捐献工作规程的管理制度，目前吉林省的器官捐献工作进展顺利，已在吉林大学第一医院的配合下，完成志愿捐献14例，成功救治34名重症患者，使20名接受眼角膜移植的患者重建光明。国家总会和卫生部人体器官捐献工作调研组对我省器官捐献工作给予了充分肯定，捐赠者遗属对红十字会的人道关怀和工作效率也十分满意。

目前在吉林省各级红十字会登记注册的志愿者已有2万多名，多支志愿服务队伍，在服务百姓、服务民生等方面作了许多工作。为规范志愿活动的管理，发展壮大志愿者队伍，2011年11月，吉林省红十字会成立志愿者管理中心，承担志愿服务活动的组织协调和管理服务，志愿者管理中心的成立，为广大热心社会公益事业的志愿者创造了一个良好的互动平台。省红十字会组织志愿者深入城市社区和基层农村，开展社区服务、健康教育、卫生知识咨询等工作，受益人数达5余万人，为保护人民群众的生命与健康和精神文明建设做出了积极贡献。

2011年10月20日，吉林省红十字会志愿者管理中心成立

中国造血干细胞捐献者资料库吉林分库建设取得积极进展。分库成立9年来，发展造血干细胞捐献志愿者4.5万人，向中华骨髓库输送4万余人份血样分型数据，再动员人数800余人，成功捐献36例，为救治白血病等重症患者发挥了重要作用。

2012年以来，吉林省红十字会继续加大工作力度，积极争取社会各界对红十字工作的支持和捐助，募捐款物价值人民币1000多万元。吉林省红十字会组织的十万善款救助大学生活动，在吉林大学和吉林财经大学分别资助50名和44名贫困学生，省红十字会还向贫困学生捐赠了价值4000余元的羽绒服，帮助贫困学生度过难关。省红十字会还组织了“学雷锋—红十字志愿者在行动”主题志愿服务活动、纪念五八世界红十字日“红十字博爱周”宣传活动，组织开展大型活动20余次，为困难群众、贫困学生、敬老院、三帮扶联系点送去救助款物150余万元，受到社会各界的广泛好评。

吉林省金融工作办公室

2011年，省金融办按照省委、省政府统筹推进“三化”，实施“三动”战略和富民工程的总体部署，紧扣“坚持科学发展、加快经济发展方式转变”的主题，围绕实现“十二五”良好开局的工作目标，努力抓住和用好重要战略机遇期，着力深化金融体制改革，着力提高我省金融业综合实力、市场竞争力和抗风险能力，着力构建结构合理、服务高效、安全稳健的现代金融体系，进一步增强金融对我省经济社会发展的支撑保障作用。

一、全省金融业对经济社会发展的支撑作用显著提升

一是全面贯彻落实省委、省政府《关于加快经济发展方式转变的若干意见》，推动金融创新，拓展金融服务，制定并印发了《吉林省金融创新拓展计划》，为进一步推动金融创新夯实了政策基础。二是加强与各金融机构的沟通与合作，与国家开发银行签署《吉林省人民政府 国家开发银行合作备忘录》，进一步支持吉林省重大项目及基础设施建设。截至2011年末，全省银行业金融机构本外币各项贷款余额8240.9亿元，较年初新增1129.3亿元，信贷增幅为近十年第二高水平，信贷规模逐步扩大。三是有序开展跨境贸易人民币结算试点工作，截至2011年末，全省各银行机构共办理跨境贸易人民币结算业务175亿元，是2010年业务量的40.1倍，实现快速增长。四是开展“金融服务下基层”活动。2011年，省金融办、人民银行长春中心支行、吉林银监局、吉林证监局、吉林保监局组织有关金融机构共同开展金融服务下基层活动，以实地调研、组织座谈、召开银企对接会的形式，宣传金融服务产品，突出企业融资需求，充分调动了企业和金融机构积极性，为有融资需求的企业发放各类贷款198亿元，有效地缓解了企业融资难题。五是组织召开全省金融创新经验交流会议。贯彻实施金融创新拓展计划，总结交流金融创新经验，编印《吉林省金融创新典型案例》，切实帮助各级政府和各类企业破解资金短缺，进一步推进金融创新，扩大融资总量，优化金融结构，拓展融资渠道，提升融资效率，确保全省经济又好又快发展。

二、大力推动多层次资本市场体系建设

一是企业直接融资工作取得新进展。全省通过企业债、短期融资券和中期票据融资113亿元，同比增长145.6%。中科英华、欧亚集团获准发行总计不超过7.7亿元公司债，这也是吉林省上市公司首次通过发行公司债券在资本市场融资。二是拟上市公司培育工作稳步推进。积极挖掘和培育上市资源，审核批准长春市新金享冷弯型钢有限公司等7户企业进入上市培育工程。目前，完成和进入辅导期备案的企业共计20家。具有明确上市意愿，基本能够达到上市标准的股份公司达30余家。

三、加快培育新型金融业态

一是积极推动股权投资基金发展。2011年，全省新增注册成立16家股权投资基金管理机构和11家股权投资基金，注册（认缴）资本共计20.66亿元，另有1家省外基金管理公司吉林分公司注册成立。二是长春高新区申报国家代办股份转让试点园区（新三板）准备工作进展顺利。园区内与券商签署新三板辅导协议的企业23家，已完成内核的企业6家，完成股份制改造的企业55家，长春高新区基本具备了进入国家代办股份转让试点园区的条件。三是推动金融支持大力纳米集团发展及纳米碳酸钙产业园区建设。2011年，中科招商创业投资管理有限公司以股权形式投资1.5亿元，债权形式投资5000万元，企业增产扩容形成20万吨生产能力，为企业上市奠定坚实基础。

四、积极开展金融对外开放与合作交流

一是加强域外银行引进。积极推动设立中国进出口银行吉林省分行有关工作。二是推动吉林银行跨区域经营。吉林银行已在大连和沈阳设立了分支机构，在江苏省发起成立的江都吉银村镇银行已经正式开业，在河北省发起成立的永清吉银村镇银行和沧县吉银村镇银行也已经获批筹建。三是引导保险资金投入吉林省。省金融办、省发改委、省工信厅、省农委、省经合局、省商务厅等部门密切配合，集中整理了包括高速公路项目、保障房建设项目、城市中部引松供水项目、阳光养老保险项目、气化吉林项目等项目需求。四是举办吉沪两地金融合作交流系列活动。由省领导带队考察了上海浦东发展银行、交通银行、上海证券交易所、上海联合产权交易所和中国太平洋保险（集团）股份有限公司；签署了《吉林省金融工作办公室、上海证券交易所资本市场服务合作备案录》和《吉林省金融工作办公室 上海市金融服务办公室金融交流与合作协议》；开展了与上海金融界吉林籍人才和总部在上海的部分外资银行负责人的沟通与交流活动，深入加强吉沪两地金融合作。

吉林省政府金融工作坐谈会

五、不断完善金融服务体系

一是深化农村信用社改革。推进县域法人社深化改革，长春、九台、延边、舒兰、榆树、长白山农村信用社改制为农村商业银行，九台农商行全资并购重组长白山联社，开创了全国农村商业银行并购重组高风险社的先河。二是大力培育新型金融组织，加快发展村镇银行。积极联系省内外银行业金融机构，支持其作为主发起人在吉林省设立村镇银行等新型农村金融机构。三是进一步推进小额贷款公司试点，提高信贷服务能力。截至2011年末，全省已有小额贷款公司231家，注册资本金53.31亿元，累计发放贷款117.88亿元，其中2011年发放贷款66.48亿元，超过试点前两年的总和，服务“三农”和中小企业的能力快速提升。

上海证券交易所和吉林省金融办公室资本市场服务合作备忘录签约仪式

王儒林省长在省金融办调研

六、着力优化金融生态环境

一是全面推进全省社会信用体系建设。制定了《吉林省社会信用体系建设“十二五”规划》，确立了以政府信用为先导、企业信用为重点、个人信用为基础，全面加强信用体系建设的目标任务。二是做好维护金融稳定工作。以防范金融风险、打击非法集资、宣传金融法律知识、推介金融创新产品为重点开展宣传，提醒广大群众提高预防金融诈骗、非法集资意识，远离危险。

吉林省民营企业和中小企业协会

会长李元才在首届海峡两岸论坛上发言

吉林省民营企业和中小企业协会是全省规模最大、覆盖面最广的经济类民间组织。现有理事以上会员单位526家。其中，各级人大代表、政协委员、劳动模范和获县以上人民政府各项奖励的占会员总数的75%。协会汇集了一大批来自全省各地区、各行业的知名企业家和专家学者。这是一支实施全省新一轮民营经济腾飞计划的有生力量，也可以说是主力部队。协会拥有自己的网站，并创办了会刊《创业》杂志。协会自2010年建立以来，一直努力将自己打造成为会员企业的“服务平台、沟通平台、交流合作平台”，以贯彻好省委书记孙政才“要把协会办成全省中小企业、民营企业之家”的指示精神。现在，吉林省民营企业和中小企业协会已被评为“中国中小企业创新服务先进机构”。

2011年8月18日，省政府参事室主任王立安（右二）和张屹山参事在通榆县调研。

2011年1月18日，省长王儒林（前排右七）与省政府参事、文史研究馆馆员合影。

吉林省人民政府参事室文史研究馆

2011年9月14日，省政府参事室主任王立安在第334次参事馆员学习会上讲话。

吉林省人民政府参事室始建于1957年4月，省政府秘书长肖丹峰兼任主任，历任参事62人，现有参事21人。现任参事室主任王立安。参事工作是党的统一战线工作的重要方面，是政府工作的组成部分，是我国民主政治的具体体现。

2010年1月《政府参事工作条例》实施以来，吉林省政府参事室牢牢把握“参政议政、建言献策、咨询国是、民主监督、统战联谊”的工作原则，围绕中心，服务大局，组织参事深入基层调查研究，讲真话、查实情，向省政府提交调研报告和咨询建议34件，领导批示34件，批示率100%。这些报告和建议，得到了省政府领导的高度重视。如《关于加强食品生产企业自律的建议》、《关于中国新加坡吉林食品区规划与建设情况的考察报告》、《关于加强核辐射安全应急处置基地建设的建议》、《关于减轻中小企业负担的建议》、《关于动员年轻干部到基层任职推动县域经济发展的建议》等都为省政府领导科学民主决策提供了重要参考。参事积极参与修改地方性法规（草案）和政府工作报告（征求意见稿）。如，对《吉林省公路条例》（征求意见稿）、《吉林省人工影响天气管理办法》（征求意见稿）等提出了很好的修改意见和建议，对政府工作报告（征求意见稿）提出修改意见和建议113条，大多数被采纳。

吉林省人民政府文史研究馆成立于1955年4月，副省长关俊彦兼任馆长，累计聘任（任命）馆员64人，现有馆员35人。中国文联副主席段成桂同志任馆长，原省级老领导谷长春同志任名誉馆长。政府文史研究馆作为统战性、荣誉性的机构，主要任务是，组织馆员开展文史研究和艺术创作，传承、弘扬和创新中华民族优秀传统文化；围绕文化建设的重要问题，深入研究，建言献策；开展统战联谊活动；开展对外文化交流。

2010年以来，文史研究馆组织馆员积极开展存史资政、文化建设、艺术创作等活动。如，王同策馆员作为常务副主编编撰的《罗振玉学术论著集》获全国古籍图书出版一等奖，举办了“庆祝建党九十周年馆员书画展”等5次书画展览活动，受到社会各界好评。由省政府文史研究馆负责编撰的《中国地域文化通览　吉林卷》，是国家“十二五”重点图书出版项目。在中央文史研究馆评审表决时，《中国地域文化通览　吉林卷》获14位评委全票通过，我省成为全国6个全票通过的省份之一。王儒林省长在文史研究馆工作报告上批示：“《通览吉林卷》编撰完成，是我省文史研究的大事、喜事、盛事。谷老、立安和各位编撰人员呕心沥血成此巨著，令人钦佩。”

新闻媒体十分关注省政府参事室文史研究馆的工作，2010年以来，《人民日报》、《人民政协报》、国务院参事室网站、《吉林日报》、吉林电视台、《协商新报》、省政府公众信息网等刊登、播发参事馆员活动71件（次）。

2011年5月31日，省政府参事室主任王立安（右七）和参事馆员及工作人员到吉林师范大学调研。

2011年6月16日，段成桂馆长在省政府文史研究馆庆祝建党90周年书画展开幕式讲话。

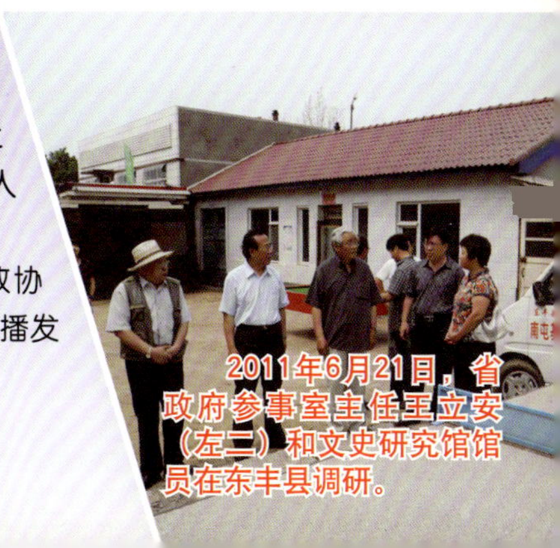

2011年6月21日，省政府参事室主任王立安（左二）和文史研究馆馆员在东丰县调研。

四平市人民政府

四平市2011年经济

市长 石国祥

2011年是四平市奋起赶超、合力攻坚的一年，更是破解难题、筑牢基础的一年。一年来，在省委、省政府的正确领导下，全市上下深入实施“一核三带”富民优先战略，强力推进各项重点工作，攻坚克难，求富图强，呈现出经济发展阔步前行、财税收入攀升晋位、城建规划历史跨越、社会民生明显改善、干部群众精神面貌焕然一新的喜人局面，实现了“十二五”的强势开局。

综合经济实力明显提升。全市地区生产总值实现983.1亿元，增长16.5%，高于全省平均水平2.8个百分点。其中，三次产业增加值分别增长4.9%、25.2%和14.3%。固定资产投资完成450.6亿元，增长31.8%，增幅居全省第三位。全口径财政收入连续跨越60亿、70亿两个关口，完成73.6亿元，增长31.4%；地方级财政收入跨越30亿关口，完成38.9亿元，增长39.4%；市本级地方级财政收入完成17.5亿元，增长44.6%，实现两年翻番。全市规模以上工业总产值、增加值、利润分别完成1464.5亿元、433.9亿元、47.43亿元，分别增长50.1%、27.3%和43.1%，工业经济总量稳居全省第四位。社会消费品零售总额达到337.7亿元，增长17.4%，居民消费价格涨幅控制在4.8%以内。外贸出口额实现8240万美元，增长21.1%。荣获全省“发展杯”竞赛活动第二名。

国家热交换产品监督检验中心主体检验间

玉米产地

伊通石油增能项目

城乡规划实现新跨越。高标准编制城市总体规划、土地利用总体规划、东部生态新城规划和城市公交、供热、供水等21项专项规划及水利、林业、环保等11项重大项目规划，中心城区控详规覆盖率达到60%，是我市建市以来第一次全

社会发展概况

圆环方案3+透视

覆盖、分专项、大尺度编制城市发展规划。金融环境实现新跨越。13亿元城投债券发行到位。中小企业担保公司和小额贷款公司发展到36家，发放贷款26亿元。全市存款余额达到639亿元，增长17.25%。项目建设取得新跨越。建设3000万元以上项目875个，其中亿元以上252个，总投资超过1100亿元。以烟厂易地扩能改造为代表的全市首批46个亿元以上项目集中开工，

巨元换热器

在全省率先拉开项目建设序幕。现代农业实现新跨越。粮食高产示范区、棚室蔬菜园区、牧业小区分别新增30个、23个和356个，数量居全省前列。粮食产量再创历史新高，突破150亿斤。公主岭、梨树进入全国产粮大县前5强，公主岭被命名为中国玉米之乡，成功举办中国玉米节和玉米产业博览会。以梨树县为代表的农民专业合作社发展到3287户，覆盖全市所有行政村，保持全省领先。公主岭市进入全省县域综合发展前5强。城市建设实现新跨越。城市基础设施投资完成73.5亿元，其中市区完成27亿元、实施53项重点工程，是历史上最多的一年。民生事业实现新跨越。深入实施“工资倍增计划”，市区财政供养人口津补贴标准由全省末位上升到第四位。城镇居民人均可支配收入实现18483元，增长8%；农民人均纯收入预计实现7200元，增长10%。新增就业6.4万人，再就业6064人。惠及全市人民的发展成果增强了干部群众攻坚克难、求富图强的信心和决心，全市上下形成了千军万马一条心，众人划桨开大船的良好氛围。

转山湖

辽源市人民政府

2011年辽源市经济社会发展主要情况

中共辽源市委书记　姜有为

辽源市市长　金育辉

省委书记孙政才到辽源调研文化产业发展

方大奠基

全市地区生产总值完成500亿元，增长22%；全口径财政收入完成33亿元，增长17.9%；全社会固定资产投资完成392亿元，增长32.5%；社会消费品零售总额完成126.8亿元，增长18%；外贸进出口总额完成1.07亿美元，增长73.5%；城镇居民人均可支配收入和农民人均纯收入达到18757元和7200元，分别增长12.6%和13.9%；人口自然增长率控制在2‰；城镇登记失业率控制在3.54%；单位GDP能耗降低率和主要污染物减排量完成省下达指标。其中，全社会固定资产投资、规模以上工业总产值和增加值、外贸进出口总额等四项指标增速位居全省第一，中小企业和民营经济主要指标增速位居全省前列。

经济转型进入新阶段。启动实施重点企业三年技术改造、服务业三年跃升、中小企业成长、科技创新“四项计划”，六个接续替代产业占全部工业比重达到75%，高精铝加工、纺织袜业、医药健康等7个产业集群，实现产值占全部工业比重达到52%，产值超亿元企业发展到214户。集中组织实施3000万元以上重点项目252个，竣工71个。《辽源市

夜色阑珊

棚改夜战

新通车的一环路极大提升了城市的承载能力

资源枯竭型城市转型规划》顺利通过国家评审，建设国家级转型示范城市工作全面启动。

县域经济发展取得新成果。钢铁铸造、冶金建材、农产品加工等主导产业初具规模，农业产业化市级以上重点龙头企业发展到67户，改扩新建标准化牧业养殖小区89个，粮食产量达到35亿斤。完成36个新农村省级示范村项目建设。县区全口径财政收入增长28.6%，地方级财政收入增长22.6%。

城镇化建设迈出新步伐。城市规划体系基本建立，启动实施辽白经济一体化、南部新城开发，东丰西城区、白云新城建设取得可喜进展。完成了市区一环路、矿北大街等11条街路和仙城西路桥、辽河广场、仙城景观带、东辽河城区段2.8公里综合治理、城市生活垃圾处理场等一批城乡基础设施建设。开工建设库河联调工程、矿山环境综合治理和东辽河流域综合治理、辽源国家矿山公园等重点工程。启动实施了省级园林城、卫生城、生态城和国家级文明城、环保模范城“五城联创”，省级园林城创建两年任务一年完成，市容环境和交通秩序进一步改善。

扩大开放实现新突破。组织赴欧洲、北美、深港、长三角等地招商活动12次，接待各类考察洽谈团组105批次，先后与宁波均胜、大连美罗、深圳粤海、芬兰拉普兰、美国莱克森等大企业成功合作，签约项目52个，落地大项目12个。引进域外资金279亿元，增长18.8%；实际利用外资1.59亿美元，增长25.5%。探索建立“互保池”融资合作模式。成功举办第二届PE高峰论坛、第三届房交会。

人民群众生活水平得到新提高。投入37亿元，完成80件惠民实事。统筹实施“六路安居”工程，征收房屋1.4万户，开工111万平方米，回迁安置10352户，全面超额完成省计划。完成既有建筑节能改造80万平方米。改造老旧小区41个。新增城镇就业3.9万人，城镇登记失业率3.54%。转移农村富余劳动力14.2万人。养老保险实现城乡全覆盖，失业保险、新农保和城镇医保参保率、新农合参合率均在90%以上。医保报销比例达到70%，患者住院费用和平均药价双降30%。设立企业家扶贫助残基金、教育资助基金，849名贫困大学生得到资助。扎实推进平安辽源建设，建立智能交通卡口系统，新增平安监控探头4835个，刑事案件发案率下降5%，社会保持和谐稳定，群众安全感满意度位居全省前列，荣获全国见义勇为城市奖。

公主岭市人民政府

公主岭市经济社会 发展实现新跨越

中国粮食行业协会会长白美清，省委常委、副省长马俊清为我市授牌；市领导杨洪波、梅丽娜代表我市接牌。

近年来，公主岭市准确定位区域性和阶段性特征，立足自身产业、区位、交通等优势，以“两核四级三化统筹”的“二四三”工程为统领，以经济发展和民生改善为目标，发扬“团结务实，创新跨越”的公主岭精神，经济社会发展实现了新跨越。2011年，完成地区生产总值300.2亿元，比2006年增长152%。一般预算全口径财政收入14.7亿元，比2006年增长259%，其中地方级财政收入10.2亿元，比2006年增长325%。城镇居民人均可支配收入17074元，比2006年增长97.1%，农民人均纯收入7841元，比2006年增长107%。在全省县域综合发展评比中，连续实现了晋前十、晋前八、晋前六、晋五位的目标，创历史最好水平。

固投力度不断加大，项目建设硕果累累。五年来，新建宁波长华、华翔汽车内饰件、国能生物质发电、国华物流、嘉瑞沥青、安宝冲压蹄片、吉通电缆等一批备受社会关注的招商引资和退城进区项目。累计新增固定资产投资530亿元，年均增长23.8%。呈现出项目开工数量多、投资强度大、产业集聚度高、带动效果好的可喜局面。

工业经济快速发展，质量效益同步提升。新口径规模以上工业企业由2006年的60户发展到2011年的108户，规模以上工业总产值、增加值、利润分别完成298.7亿元、81.5亿元、9.2亿元，分别比2006年增长496%、367%、1233%。以农产品加工和汽车配套产业为主导的优势产业不断壮大，以能源新能源、建材和新型建材、医药化工、现代物流为主的新兴产业加速成型，新型工业体系建设成效明显。十个特色工业园区启动建设，项目承载能力不断增强。建立了轴承厂、安宝公司、中大公司3个省级技术中心，黄龙、中粮和金优公司3家企业跨进全省百强企业行列。多次获全省工业经济运行奖、工业提速增效奖、民营经济腾飞竞赛奖，连续3年被评为全省工业经济十强县。

农业基础不断巩固，农业现代化稳步推进。高度重视粮食生产，2011年粮食总产达61.5亿斤，荣获全国粮食生产先进县称号，受到国务院表彰，被农业部确认为粮食高产创建整建制推进县；农业设施建设成效显著，全市棚膜发展到3万亩、2.45万栋，牧业小区发展到663个。农业产业化取得新进展，全市各类农产品加工企业发展到362户；新农村建设扎实推进，建设省级示范村36个，五年来新建农村道路1956公里，通村率达100%，通屯率达71%；现代农业全面提升，先后被国家确定为全国绿色食品原料标准化生产基地、全国农产品加工创业基地、全国农业科技示范市、国家绿色能源示范县和“中国玉米之乡”。成功举办了首届“中国·公主岭玉米节”和首届“中国·公主岭玉米产业博览会”。

基础设施逐步完善，城市建设日新月异。按照改造老城区、建设新城区、消灭棚户区的总体构想，高起点、高标准编制完成了新一轮城市总体规划。城建重点工程扎实推进。五年来共计投资70.8亿元，完成房地产开发240万平方米，新修城区道路57条、117万平方米，改造棚户区2.12万户、95.6万平方米，建廉租房24.9万平方米，完成暖房子工程43万平方米，改造旧小区284万平方米、人行步道39.3万平方米、广场4个，新增和改造城区绿地70公顷，新建、更新路灯1400级杆，主要街路和广场实现了景观亮化。城市供热、供水质量不断提高，城区集中供热面积达到499.5万平方米，3万户居民实现了24小时供水。主要街区实现了全天候无缝隙管理，市容市貌焕然一新。

民生工程顺畅实施，社会事业显著进步。科技工作成果明显，组织落实国家和省级科技项目23项，相继成为国家科技富民强县专项行动计划试点市、国家粮食丰产科技工程示范市。教育事业均衡发展，在常规工作基础上，完成了全市所有中心校幼儿园建设，新建了一所建筑面积6500平方米的高标准特殊教育学校。文体工作进展顺利，实现了乡镇文化站和行政村农家书屋全覆盖；医药卫生体制改革扎实推进，在乡农民新农合参合率达到100%。广播电视覆盖率达到100%。人口和计生工作获得省里表彰。市档案馆在全省县级首家晋升为国家一级档案馆。政府网站新版正式运行。扎实推进社会管理创新，保持了和谐稳定的社会局面。

岭城之夜

玉米丰收

松原市人民政府

SONGYUANSHIRENMINZHENGFU

吉林油田滨江嘉园

吉林油田总部

松花江大桥夜景——丁磊

【经济发展】

2011年，全市地区生产总值实现1360.5亿元，比上年增长13.8%。全口径财政收入完成100.7亿元，增长34.2%。地方级财政收入42.7亿元，比上年增长37.8%。全年完成全社会固定资产投资796.9亿元，比上年增长31.5%。

全市规模以上工业增加值520.3亿元，比上年增长13.2%。全年新开工项目1270个，投产项目1244个。新开工亿元以上项目85个，完成投资142.93亿元。油气化工产业发展实现突破，松原石油化学工业循环经济园区获准设立，前郭石化资产移交我市。大唐长山热电厂60万千瓦1号机组顺利通过试运行。松原吉安生化实现重组。中国北车集团风电产业园、嘉吉生化3万吨麦芽糊精等114个大项目开工建设。现代农业发展步伐加快。哈达山水利枢纽工程实现库区蓄水，百公里干渠具备通水条件，5台机组并网发电。完成土地开发整理20.9万亩。推广玉米膜下滴灌30.2万亩，新打抗旱井8620眼。粮食产量达到701万吨。前郭县王府站镇现代农业示范区集约化经营模式获得成功。新建标准化规模养殖场（小区）220个，实现畜牧业增加值89亿元。规模以上农产品加工企业达到680户。服务业增速继续保持全省第一。中东新天地购物广场建成运营，金钻、哈萨尔等商圈初具规模。与中青旅合作整体打造查干湖景区进展顺利。2011年，全市接待海内外游客292.27万人次，比上年增长19.8%，增速居全省首位。全年旅游总收入实现35.9 亿元，增长32.1%，居全省首位。产业结构不断优化，三次产业比重为16.9:49.3:33.8。

【城乡建设】

围绕中心城市建设提档升级，调整完善了城市总体规划，高水平编制了一江两岸、中心城区门户区等专项规划。完成和谐大街新建和中山大街延伸等重点工程。新建城区巷路15条，改造供换热站28座、供热管网120公里，两座大型热源厂二期工程竣工。江南10万吨、

江北5万吨两座污水处理厂投入使用。乌兰大街地下人防主体工程封闭。西大嘴子护岸等城区水利工程开工建设。宁江湾游船码头建成运营。高质量完成城区23条街路绿化美化和一廊、三桥、三带等亮化工程。哈大客专扶余段、松陶铁路、绕城高速等重大交通基础设施工程有序推进。县城和小城镇建设步伐加快。建设新农村试点社区 5 0个。新建县乡村公路430公里，全市行政村晴雨通车率达到98.8%。

【人民生活】

城镇居民人均可支配收入达到19226.97元，比上年增长14.4%，城镇恩格尔系数为28.9%。新增城镇就业7.02万人，城镇登记失业率为2.89%。农村劳动力转移就业人数74万人，其中异地转移就业人数55万人。城镇基本医疗保险实现市级统筹，参保人数达到87.2万人，增长0.6%。城市低保月标准由230元提高到280元，农村低保年标准由1200元提高到1542元。免费为全市1008名白内障患者实施复明手术。城镇居民养老保险和新农保试点扩大到三县一区。发放失业保险金1.8亿元，彻底解决下岗失业人员失业保险历史遗留问题。改造棚户区59.3万平方米，开工建设回迁房116.3万平方米、廉租房15.2万平方米，改造“暖房子”178万平方米、农村泥草房36708户。解决了16.3万农村人口饮水安全问题。开工建设中小学校舍安全工程项目120个，改造薄弱学校30所。顺利实现平安高考，喜获4个全省单科第一，再度夺得全省理科状元。成功申办第八届全国农民运动会。市文化“三馆”建成开馆，新建农家书屋、乡镇综合文化站和农村文化大院683个。马头琴制作技艺等3个项目列入国家级非物质文化遗产名录。大型满族新城戏《洪皓》晋京展演成功。《天歌》、《大金始祖》等5部影视作品进入后期制作阶段。完成383个村屯广播电视“村村通”工程。

大型满族新城戏《洪皓》进京展演

生猪包装车间

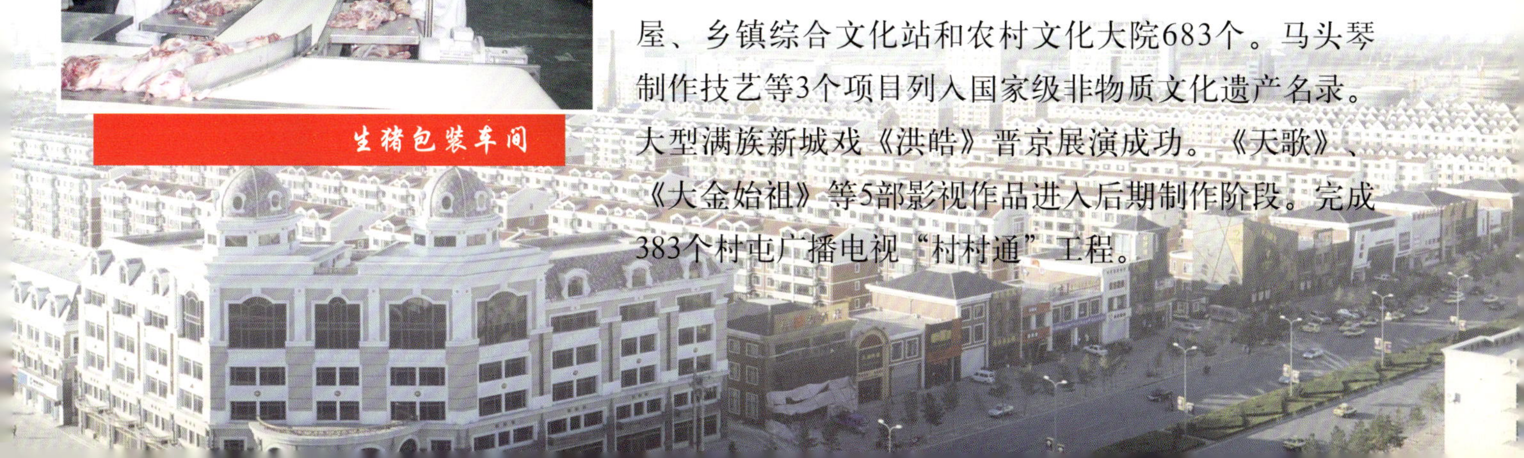

榆树市人民政府

天下粮仓 沃土榆树

榆树市位于吉林省中北部美丽富饶的第二松花江畔，处于长春、吉林、哈尔滨三大城市的经济辐射半径之内。现辖长春五棵树经济开发区、榆树环城工业集中区两个省级开发区、24个乡（镇）、4个市区街道办事处、388个行政村，幅员面积4712.49平方公里，总人口130.6万人。

榆树市市委书记　李国强

榆树市市长　李洪亮

近年来，榆树市以建设“一个中心（建设吉林省北部区域性中心城市）、四大基地（全国粮食生产基地、全国农产品加工及集散基地、中国北方酒业基地、中国北方冬季蔬菜生产基地）为发展战略，全市上下合力拼搏，埋头苦干，经济社会发展取得了显著成就。连续八年获得“全国粮食生产标兵县（市）”荣誉称号，连续六年被评为“全国最具投资潜力中小城市百强”，被国家评为“全国农产品加工创业基地”、“国家级生态示范区”，被“中食协”命名为“中国北方酒业基地”，吉林省省级卫生城市，全国产业发展能力百强县（市），被农业部确定为全国50个国家级现代农业示范区重点创建县（市）。

社会经济快速发展，综合实力整体增强。2011年，全市生产总值实现302.5亿元，比上年增长20.9%。规上工业企业达到52户，总产值实现94.82亿元，比上年增长72.5%；农业总产值实现156亿元，比上年增长15.5%；全口径财政收入10.05亿元，比上年增长41.9%，本级财政收入实现7.5亿元，同比增长49.3%；固定资产投资完成额152亿元，比上年增长67%，工业固定资产投资额81亿元，比上年增长50.6%；城镇居民人均可支配收入达到14960元，农民人均纯收入8470元。

农牧业全面发展，全力打造全国粮食生产基地。我市处于世界“三大黄金玉米带”上，自然水土条件优越，素有“天下第一粮仓”美誉，粮食总产量占吉林省的1/10、全国的1/180。2011年粮食产量62亿斤，再创历史新高。全面加快中国北方冬季蔬菜生产基地建设，破解了北方冬季不能生产蔬菜的难题。丰富的粮食资源，促进畜牧业快速发展。全市生猪、黄牛、家禽年发展分别是710.9万头、172.2万头、4723.8万只左右，畜禽饲养总量居吉林省县（市）之首。

特色工业整体跃升，全力打造中国北方酒业基地。五棵树经济开发区和环城工业集中区基础设施日趋完善，承载能力显著提高，跨入省级优秀开发区行列。目前，落户“两区”外埠投资企业100多家，其中世界500强5家、国内500强3家、中国民营百强企业2家、中国酒类百强企业2家。规上工业形成了玉米化工、生物制药、畜禽加工、白酒酿造、机械制造、新型建材六条产业链，工业经济整体实力快速提升。2007年，榆树市被中国食品工业协会命名为中国北方酒业基地。目前，全市酒类生产企业达到132家，初步形成了以吉林省榆树钱酒业、长春冰峰啤酒、长春市丰谷酒业、榆树市吉久王酒厂等企业为龙头，吉林茅酒、榆树酿酒集团、长春世宝酒业等企业为重点的产业集群，年生产能力达到27万吨。“榆树钱”酒荣获“中国优质酒”称号，2010年喜获 “中国驰名商标”称号；榆树大曲、长琫液、吉久王、榆树粮液、榆树王、榆五特液等品牌酒，不仅在东北市场占有相当的份额，而且销往北京、天津、河南、河北、广东等二十多个省市。

长春通威饲料有限公司

城市面貌变化显著，城市承载功能提高。以建设吉林省北部区域性中心城市为目标，坚持高起点规划、高标准建设的原则，全面加快城镇化发展步伐。新城区路网建成使用，承载功能逐步完善。市区建成区面积扩大到22.5平方公里，常住人口达到30万人。老城区功能明显提升，棚户区改造、房地产开发面积逐年加大，一批精品小区和休闲广场相继建成，市政道路、供水、供热、供电、供气管网等设施不断完善。市区大气环境质量稳定保持国家二级标准，美化、绿化、亮化、净化水平全面提高，成功跨入省级卫生城市行列。小城镇建设突飞猛进，农村城镇化步伐明显加快。

社会建设全面推进，社会保障日臻完善。以畅通路、安居房、洁净水、满意热、安全电等工程为重点的民生工程全面实施。道路交通全面升级，乡村公路硬质化路面实现“村村通”，通屯率达到85%以上。各级各类教育全面发展，文体基础设施日益完善。城乡医疗和公共卫生服务体系不断完善，城镇职工、居民和新农合保险实现全覆盖。社会保障覆盖面逐步扩大，弱势群体生活得到保障。养老、失业、工伤、生育保险覆盖面进一步扩大，城乡低保、农村“五保”和大病医疗救助标准进一步提高。广播电视、人口计生工作整体升位，经济社会发展的协调性、稳定性显著增强。

榆树百万人民愿与海内外有识之士同握商机，共谋发展，精诚合作，携手创造更加美好的明天！

前郭县人民政府

草原明珠前郭尔罗斯蒙古族自治县

市委常委、县委书记　赵彪

县长　宝音太

吉林省前郭尔罗斯蒙古族自治县（简称前郭县），隶属于吉林省松原市，位于吉林省西北部，松嫩平原南部，东经123°35′至125°18′，北纬44°17′至45°28′之间，属于温带大陆性季风气候，年平均气温5.1℃，日照2879小时，无霜期140天，降水量400—500毫米。前郭县政府与松原市政府共处一城，全县辖8个镇，14个乡，16个国有农林牧渔场，233个行政村，总人口59.8万，其中蒙古族人口占总人口的11%。

前郭县是吉林省唯一的蒙古族自治县，是中国北方最具民族风情、最具文化特色、最具资源禀赋、最具生态优势、最具发展活力的县份，是全国120个少数民族自治县综合实力第一县。自治县各族人民在长期的历史实践中，逐步形成了“友好诚信、求实创新、团结奉献、敢为人先”的前郭尔罗斯精神，为全县经济社会健康发展提供了强大的精神动力。

牧场景观

土地资源　前郭县土地资源丰富，可以满足项目建设用地需求。全县幅员面积6980平方公里，其中耕地346.5万亩，林地220万亩，草原270万亩。

水资源　前郭县地表水充足，地下水丰

富。地表水资源10亿立方米，地下水可采量3亿立方米，可满足各类工业用水的需要。

矿产资源　前郭县矿产资源丰富，现已探明石油储量3.2亿吨，天然气储量1000亿立方米，油页岩储量49.4亿吨，紫砂陶储量510万立方米。

生物资源　前郭县野生经济植物品种繁多。盛产鲤、鳙、鲫等多种淡水鱼和虾类、珍珠等水产品，年产鲜鱼15000吨，其中查干湖鳙鱼（俗称胖头鱼）获得了国家AA级绿色食品和有机食品认证，并荣获“中国名牌农产品”称号。

查干湖一瞥—苇塘信步

前郭县旅游资源颇具特色，围绕查干湖、郭尔罗斯草原，形成了郭尔罗斯特有的文化现象。自治县境内有青山头人遗址、辽金重镇塔虎城遗址、清孝庄祖陵、王爷府和藏传佛教妙因寺等人文景观。

查干湖风景——百鸟归巢

查干湖水域面积420平方公里，是全国十大淡水湖之一，也是吉林省最大的内陆湖泊，素以“北国大湖，塞外明珠”而著称，现已成为国家AAAA级旅游风景区、国家级水利风景名胜区和国家级自然保护区，是集观光、娱乐、休闲、度假、餐饮、会展功能于一体的综合性旅游服务区。2009年，“查干湖冬捕”入选“吉林八景”。

城市基础设施配套齐全，给排水畅通，集中供热布局合理；广播电台、电视台形成了高频、微频、卫星地面收转立体传播，有线、无线电视交叉覆盖网；全县城乡建设了完善的程控电话网、数字数据网等功能齐全的通讯网络，实现了传输数字化和交换程控化；电力供应充足，长白主干线输电线路纵贯全境；交通运输四通八达，距长春148公里，距哈尔滨220公里，长白铁路南北贯穿全境，境内铁路里程105公里，有大、小站所12个，从前郭县可直达北京、长春、大连、齐齐哈尔、乌兰浩特等城市。大广、珲乌高速公路在境内通过，与国省干线公路和乡级公路交织纵横，前郭县已成为联结东北三省和内蒙古自治区8市14县的交通枢纽和物流中心。

前郭县工业基础好，发展条件优越，境内有中国石油吉林油田分公司、中石化东北油气分公司、大唐长山热电厂、中化吉林长山化工有限公司等企业。全县已经建成了6个工业园区，为工业经济的发展提供了良好的条件。

2011年，全县生产总值实现425亿元，全口径财政收入24.8亿元，全社会固定资产投资161亿元，城镇居民可支配收入20886元，农民人均纯收入8000元。

查干湖冬捕——丰收的喜悦

DAANSHIRENMINZHENGFU

大安市人民政府

过去五年，大安市始终牢牢把握转方式、调结构、促转变这条主线，统筹推进“三化”，着力实施“三动”，保持了经济又好又快发展的良好势头。

综合实力连年提升跨越。到2011年底，全市地区生产总值达到113.2亿元，突破百亿元整数大关，五年增长3.3倍；全口径财政收入11.9亿元，地方级财政收入6.1亿元，均创历史新高，分别是五年前的2.5倍和3.4倍，地方级财政收入发展指数全省第一，获得全省县域突破单项奖；县域综合实力排名由2006年37位上升至18位，五年提高了19位，创造了跨越发展中的“大安速度”。

吉林省委书记孙政才视察大安市慧阳街城南社区

“三农”工作迈出坚实步伐。农业基础地位更加稳固，落实强农惠农政策资金6.1亿元，加强农田水利基础设施建设，推广农业实用技术，粮食产量达到17.8亿斤，跨入了全国粮食生产先进县（市）行列。农业结构不断优化，特色经济作物面积占耕地近四分之一，畜牧业已占农业产业比重半壁江山，成为全国生猪调出大县。产业化经营水平明显提高，龙头＋基地＋农户＋合作经济组织的模式基本形成。生态恢复步伐加快，主要泡沼实现了满库容蓄水，扎实开展“三年大造林”活动，森林覆盖率提高1.5个百分点，被评为全国绿化先进集体。

白城市市长安桂武来我市就大安港建设、农业产业化龙头企业发展等工作进行调研。

工业经济保持强劲增势。规模以上企业达57户，完成总产值94亿元，年均增长30%。工业占三次产业结构比重提高9个百分点，对财政贡献率大幅增加。工业集中区从开篇布局到“二次创业”，构筑了新格局，迈入了新阶

吉林省委常委、常务副省长竺延风深入到大安市调研走访“三帮扶”联系点

中共大安市委书记张洪军

大安市人民政府市长何野平工作照

白城市委书记李晋修到大安市慧阳街城南社区调研检查

段。认真落实优惠政策，推行“一区四园”统一管理，开发区在全省排名逐年前移。按期完成节能减排任务，单位增加值能耗降低率连年好于“发展杯”任务指标。

第三产业活力显著增强。社会消费品零售总额完成22.6亿元，年均增长14.3%；庆客隆、苏宁等全国知名连锁商企纷纷入驻大安；发展私营企业568户、个体工商户1.8万户，民营经济比重逐年提升。生态旅游方兴未艾，嫩江湾被国家林业局正式批准为国家湿地公园，完成投资2亿元，基础设施日臻完善，景区功能显著提升，“东赏长白山，西游嫩江湾”旅游品牌深入人心。

项目建设取得丰硕成果。项目拉动作用明显增强，全社会固定资产投资年均增长35%。事关全局的重大项目取得历史性突破，启动实施了大安历史上投资最大的土地开发整理项目，大安灌区开工建设，万亩水稻试验田试种成功，油田产量实现翻番，风力发电发展迅猛，并网发电35万千瓦，我市成功跻身全国新能源产业百强县行列。

城市面貌发生巨大变化。大力改造棚户区，新建楼房210万平方米，1.5万户居民喜迁新居，主城区平房基本得到改造，大安北建起“北部明珠”新城，连续4年被评为全省棚户区改造先进县（市）。城市基础设施不断完善，新建、改造主次街路43条、巷道600条，天然气入户2万户，污水处理厂和垃圾处理场建成使用，供（排）水、供气、供热、供电等市政公用设施进一步健全。环境整治效果明显，加大绿化、美化、亮化、净化力度，加强城市综合执法，大安市容市貌发生了历史性巨变。

通化市二道江区人民政府

二道江区经济社会实现又好又快发展

攻坚克难 锐意进取

项目集中开工仪式

双龙上市一周年

工矿棚户区回迁帮扶仪式

▲通化巨源实业

二道江区座落在吉林省东南部，长白山脚下，是通化市的两个市辖区之一，辖三镇一乡两个街道办事处，幅员378平方公里，人口14万人。区内驻有通化钢铁股份公司，中电投二道江发电公司、亚泰水泥等多家大中型企业。

近几年，全区上下紧紧围绕“抓项目、兴产业、惠民生、促发展”的工作主线，以积极态度应对困难挑战，以创新举措破解发展难题，埋头苦干，奋力拼搏，工业经济、项目建设、招商引资、城市建设和民生保障取得显著成效，全区经济社会实现了持续健康较快发展。

——工业实力显著增强。坚决贯彻“支持通钢、服务通钢、振兴二道江”发展战略，举全区之力支持通钢新一轮升级改造。大力发展围钢经济，初步形成了原辅材料配套、钢产品深加工、副产品综合开发利用的围钢产业格局，围钢经济占工业经济比重达到80%以上。冶金、建材、能源、化工、医药、食品等支柱产业不断壮大。2011年全区新口径规模企业达到37户，规模企业实现产值57.7亿元、增加值15.2亿元、利润3.1亿元，分别比上年增长30.4%、34.5%和34.8%。

——资本运营成果丰硕。主动推进并促成首钢集团重组通钢，金长江药业重组振霖药业、万通集团重组天露饮品，为企业发展注入新的活力。双龙化工成功上市，成为我省首家在创业板上市企业。成立两家小额贷款公司和一个投融资平台。耐博耐火、玉圣药业、九如物流完成股份制企业发起设立工作，正在加快推进上市进程。

——招商引资和重点项目建设成效显著。积极实施“请进来”战略，成功吸引首钢集团、亚泰集团、欧亚集团、河南濮耐、北京宝宜、福建金长江、通化万通等知名企业前来落户。充分挖掘民间资本，大力扶持“草根经济”，巨源实业、双龙化工、铭邦彩涂、嘉成耐火、耐博耐火、宏源炉料、五一环保等一批当地企业家新建项目相继建成投产。

——农村经济稳步发展。以工业化思维谋划农业，“一镇一园区”建设初见成效，四个乡镇全部进入市甲级经济强镇。大力发展围城农业、生态农业和品牌农业，“菜、药、牧、特、林”五大特色农业产业不断壮大。建成各类农业生产基地152个，发展农村经济合作组织18个、省市级龙头企业8户。落实强农惠农富农政策，农民收入持续增加。农村环境综合整治成效显著，三道江村、菇园村被评为省级新农村建设示范村，四道江村被评为全国文明村。

——民生事业全面发展。深入实施“六路”安居工程，在全国率先启动工矿棚户区改造，新建住宅81万平方米，安置棚户区居民1.7万户。完成55万平方米暖房子改造任务。成功举办了两届创业促就业项目推介会，启动“五七家属工”、新农保试点工作，城乡低保连续三次扩面提标，社会保障和社会救助体系不断完善。全区中小学基本实现教学楼房化、教学设备标准化。全面推行医药卫生体制改革，社区卫生服务中心基本药物实现“零加价”。在全市率先组建升级计划生育技术服务站。大力推进文化产业建设，乡镇综合文化站、社区文化中心、农家书屋实现全覆盖。全面完成城镇及农村安全饮水工程，入户率达到100%，惠及人口10万人。

2012年二道江区将着力实施投资拉动、项目带动、创新驱动战略，全力打造“精品钢城”和“工业新城”，统筹推进具有二道江特色的工业化、城镇化和农业现代化，努力让城乡居民生活得更加美好，以优异成绩迎接党的十八大和省第十次党代会胜利召开。

通化铭邦异型钢厂

通化市人民政府

通化市沿江景观

通化斜拉桥

通化市沿江景观带

2007年以来，通化市委、市政府团结带领全市人民拼搏进取，攻坚克难，全面推进通化老工业基地振兴，经济社会发展实现新跨越。获得了国家新型工业化产业示范基地、中国医药城、中国通化葡萄酒城、中国人参产业基地、中国松花砚之乡等多个国家级命名，被列入国家老工业基地调整改造试点城市、国家知识产权试点城市。

狠抓项目建设，壮大重点产业，经济实力明显提升。连续组织开展“项目建设年”活动，固定资产投资增速保持全省领先位次，100万吨冷轧、40万吨硅钢、3000公斤人胰岛素、45万吨特优级食用酒精、20万吨啤酒、500千伏输变电、200兆瓦热电联产等一批重大项目建成投产。经济结构调整和产业优化升级取得重要进展，医药、冶金、食品三大支柱产业支撑作用明显增强，高新技术产业和战略性新兴产业加速成长，规模以上工业总产值达到1200亿元；服务业特别是商贸、旅游、文化、房地产业发展较快，服务业增加值达到290亿元。2011年，全市地区生产总值、全口径财政收入分别比2006年增长1.7倍和1.9倍。县域经济占全市经济总量的比重持续攀升，对全市经济增长的贡献率达到77%。

推进改革开放，创新体制机制，发展活力日益增强。国有企业改革遗留问题得到妥善解决。农村综合配套改革深入推进，集体林权制度改革在全省率先完成。医疗卫生体制、文化体制、行政审批制度以及事业单位等改革稳步推进。吉林银行通化分行挂牌营业，小额贷款公司加快发展，4户企业成功上市。通丹经济带建设列入省“十二五”发展规划。建设通化医药高新技术产业开发区获省政府批准，辉南县、东昌区工业集中区晋升为省级开发区。韩国浦项、美国辉瑞两户世界500强和四环、步长、神威、威高等国内知名企业相继落户通化。

持续加大投入，完善基础设施，城乡面貌变化巨大。通沈、通丹、梅沈、营松高速公路通化段建成通车，新增普通公路、农村公路和村屯水泥路3723公里，通丹铁路、通化机场、通化陆港建设加快推进，快速交通建设取得新突破。市区城市建设和城市改造投资达142亿元，江南商贸新城初具规模，一批大型商贸设施建成运营，城市基础设施更为完善，承载力和辐射力明显增强。县城建设力度加大，中心镇建设稳步推进，城乡环境整治成效明显，新农村建设走在全省前列。节能减排超额完成省下达目标任务。生态建设取得积极进展。全市城镇化率达到54.3%。

坚持以人为本，注重民生改善，社会保持和谐稳定。城镇居民人均可支配收入和农村居民人均纯收入分别达到18904元、7950元。2007—2011年，累计新增就业27.6万人。社会保障范围逐步扩大，城乡生活困难群众保障标准逐年提高。大力实施城市棚户区改造、农村泥草房和危房改造等保障性安居工程以及“暖房子”工程，有23.9万户城乡居民受益。全面改造薄弱校舍，青少年宫和中等职业教育园一期工程投入使用。公共卫生和医疗服务体系趋于完善。科技、文化、体育、新闻出版、老龄、妇女儿童、残疾人等事业健康发展。扎实推进平安通化建设，人民群众安全感进一步增强。通化被评为全国最具幸福感城市。

吉林省残疾人联合会

2011年，在省委、省政府的重视支持下，全省各级残联认真贯彻落实中央和省委、省政府关于促进残疾人事业发展的重大部署，以实施富民工程为契机，以保障残疾人“三权”为中心，以推进残疾人“两个体系”建设为主线，紧紧围绕促进残疾人生活改善与全面发展，强化制度保障措施，发挥工程（项目）带动作用，不断提高为残疾人服务的能力和水平，精心组织实施残疾人事业“十二五”规划和残疾人社会保障工作三年推进计划，全省残疾人事业继续保持良好的发展态势，实现了“十二五”的良好开局。

长江新里程计划项目重点省启动仪式在我省举行，图为参加启动仪式有关领导专家合影

我省积极开展残疾人文化交流活动，图为我省与澳门开展交流活动

全省残疾人社会保障覆盖面进一步扩大。农村残疾人基本全部参加新农合；新农保试点县政府共投入资金235.1万元，为12,292名重度残疾人和22,703名非重度残疾人代缴全部或部分保险费共有37,275名残疾人参加新农保，已有19,029名残疾人按月领取养老金。全省20.8万名残疾人纳入低保，其中5.98万名残疾人享受分类施保待遇，6.56万名残疾人得到集中供养、临时救济、定期补助等社会救助。对6,552名残疾人托养服务给予资金补助。帮助1,300户农村贫困残疾人家庭改善居住条件。

我省认真组织开展残疾人状况监测工作，图为工作人员深入残疾人家庭了解情况

为残疾人服务的能力和水平进一步提升。精心组织实施就业、康复、扶贫、助学等专项助残工程（项目）。通过实施“带传培训工程”，开发新项目271个，辐射带动84,838名农村残疾人。实施“千家万户巧手工程”，组织实训残疾人5,413名，吸纳、辐射带动残疾人6,502名。开展“盲人按摩妙手兴业活动”，促进盲人培训就业率达100%。全省共培训残疾人64,083人（次），扶持3,882名残疾人创业、就业，全年新增12,403名残疾人就业。投入康复扶贫贴息资金和扶贫基地扶持资金579.4万元，扶持带动10,378名贫困残疾人发展生产。组团参加全国第四届残疾人职业技能竞赛，取得团体第三名的历史最好成绩。投入扶残助学金511万元，资助1,951名残疾学生和贫困残疾人家庭子女接受中高等教育。通过实施国家彩金康复救助项目、长江新里程计划、“重性贫困精神病患者康复医疗救助项目”等，使28万名残疾人得到不同程度的康复训练与服务，近5万名残疾人得到免费康复医疗救助，免费配发各类辅助器具近1万余件。

各级残联组织积极扶持残疾人创业就业，图为残疾人进行手工编织。

我省在第四届全国残疾人职业技能竞赛中取得优异成绩，图为王化文副省长等领导和代表团全体成员合影

残疾人事业宣传及文化体育等工作取得新进展。积极组织实施残疾人文化建设、全民健身助残、特殊人才培养和志愿助残示范基地建设等工程，有力推动了人道主义思想和扶残助残社会风尚的弘扬，营造了良好的社会环境。积极开展了第二届残疾人文化周、文化进社区和残疾人读书活动，推进盲人数字图书馆建设。选树和宣传优秀残疾人典型杜顺。成功举办了省首届残疾人运动会，组团参加了第八届全国残运会，取得历史最好成绩。积极争取国家支持和大力开展社会募捐，全省筹集款物近2000多万元，使4万多名残疾人受益。

残联组织建设进一步加强。全省残联系统深入开展创先争优活动和“情系我的兄弟姐妹”活动，评选出第三批“残疾人的贴心人”。重点工作目标考评机制不断完善，残联组织思想、作风和廉政建设得到加强。通过不断改进干部教育培训方式，加大培训工作力度，干部素质和能力得到提高。在全省残联专门协会中组织开展创先争优活动，8个专门协会工作优秀单位和个人获得中国残联表彰。深入开展志愿助残工作，全省注册助残志愿者达到14万人，评选出16个示范基地和30名光明使者。受国家委托进行试点，全省新一轮残疾人状况监测工作进展顺利。全省核发残疾人证55.35万个。

2012年全省残疾人工作将围绕全省“科学发展、加快振兴、富民强省”的总目标，以加快推进残疾人“两个体系”建设为主线，以加强农村残疾人工作为重点，统筹实施残疾人事业“十二五”规划，完成《吉林省残疾人社会保障工作三年推进计划》，促进残疾人民生改善和全面发展，为加快吉林振兴做出应有贡献。

梅河口市人民政府

全景图

辉发河景观带

庞庆波 书记

于翠利 市长

梅河口市地处松辽平原与长白山区的过渡地带，是吉林省东南部重要的交通枢纽、商贸中心、物流集散中心。全市幅员2174平方公里，辖1个省级经济开发区、19个乡镇、5个街道办事处，总人口62万人，城区常住人口28.4万人。是全国文化先进市、全国体育先进市、全国双拥模范城、全国综治工作先进集体。

区位优势明显。梅河口市素有“长白山门户”之称，是长白山区出入松辽平原进入环渤海经济圈的咽喉要道，是东北地区重要的公路、铁路交通枢纽，半径200公里范围内，环绕着辽吉两省10多个大中城市，处于长吉、沈阳经济圈区位中心，距离沈阳和长春机场170公里，距离正在修建的通化机场75公里。国道202线、303线贯穿全境，吉林至草市、营城子至松江河、营城子至梅河口三条过境高速公路开通后拉近我市与长吉经济圈和沈阳经济圈的距离。

产业基础雄厚。工业经济形成了能源、食品、医药三个支柱产业和机械冶金、化工建材两个优势产业，规模以上工业企业发展到107户，有吉林省产量最大的煤炭生产企业梅河煤矿、生产规模和能力居亚洲第一位的阜康酒精公司、全国最大的肥肝生产和东北地区最大的肉鸭加工企业正方食品公司，以及中国最大的果仁生产加工集散中心。工业化率达到37.8%，进入工业化中后期发展阶段，正在向现代化迈进。商贸物流产业繁荣活跃，建国初期，省政府在梅河口设立了7个国家二级采购批发站，负责长白山区11个县市物资供应。经过多年的发展，建成了果仁、大米、建材、农机等10个专业批发市场，年交易额均在亿元以上，辐射半径可达周边4个地级市、10多个县（市）、800多万人口。2011年，全市社会消费品零售总额达到90亿元。

物产资源丰富。是全国商品粮基地和省水稻主产区之一、全国农机化百强县和吉林省全程农机化示范区。梅河大米素有“皇粮御米”之称，畅销国内外市场。矿产资源主要有煤、油页岩、石油、黄金、硅藻土、基性岩等20余种，其中煤炭储量2亿吨以上，油页岩储量20亿吨以上，石油预计理论储量5600万吨，极具开采价值。

河东新区

城市功能完善。按照建设生态园林式现代化中等城市目标，完成了南环绕越线、新区路网、城市供水、城市污水、垃圾处理和辉发河综合整治工程，建设了政务中心、文体中心、欧亚购物中心等标志性建筑，城市基础设施和综合服务功能日益完善，城市规模和城市人口在吉林省41个县（市）中排在第3位，建成区面积扩展到29平方公里，城市化率达到56%。

2011年，全市实现地区生产总值230亿元，同比增长27.5%；全口径财政收入达到20亿元，增长45%；地方级财政收入达到12.2亿元，增长43%；完成固定资产投资140亿元，增长44.3%。规模以上工业企业实现产值247亿元、销售收入230亿元、利润15.8亿元、税金12.2亿元，分别增长30%以上。农民人均纯收入达到7810元，增长13%；城镇居民人均可支配收入达到18820元，增长14%。县域突破工作获全省升级晋位一等奖、特殊贡献奖和争创强县奖，经济综合实力晋升到全省第4位。预计2012年实现地区生产总值276亿元，同比增长20%；完成固定资产投资182亿元，增长30%；全口径财政收入26亿元，增长30%，地方级财政收入15.2亿元，增长25%；实现工业总产值316亿元，销售收入294亿元，利润20亿元，税金15.6亿元，分别增长28%；农民人均纯收入达到8822元，增长13%，城镇居民家庭人均可支配收入达到21455元，增长14%以上。

辉发桥夜景

梅河大桥

长春市二道区人民政府

市委书记高广滨、市长崔杰来二道区调研项目建设情况

二道区位于长春市区东部，东与吉林市永吉县万昌镇相连，南与经开南区、净月区接壤，西靠伊通河，北与宽城区、高新北区、经开北区、九台市东湖镇相临。全区幅员面积452平方公里，含2个省级开发区（长春莲花山生态旅游度假区、长春国际物流经济开发区），7街、3镇、1乡，总人口40.2万。其中，二道区直接管辖区域102平方公里，辖1个省级开发区——长春国际物流经济开发区，7街、1镇，共47个社区、8个建制村，总人口36.1万。二道区交通便捷，区位优势突出，区内临河街、东盛（远达）大街、东环城路、洋浦大街贯穿南北，自由大路、吉林大路、机场快速路和东荣大路横贯东西，构成了“四纵四横”的城区交通格局；正在建设的轻轨4号线、规划建设的地铁2号线、开通运营的长吉城际高铁穿区而过；哈大、长吉高速等交通干线与该区紧密相连。吉林省唯一的国家级陆路口岸——长春东站坐落在区内，是东北地区3个铁路货运口岸之一，是铁道部确定的大型集装箱办理站，是全国53个集装箱接站点之一，可以直接办理出口货物通关、转关手续，与大连、营口等海港口岸相通，与满洲里、绥芬河、丹东等边境口岸相衔接，承载国际货物和通港运输能力强。长春龙嘉国际机场紧邻辖区东部，是由机场进入长春市区的首先区域和必经之地。二道区水源、电力、热力能源供应充足，路网、电网、信息通讯网络和金融网络等基础配套设施齐备，服务功能齐全。

【国民经济】全年生产总值完成141.06亿元，同比增长13.4%。固定资产投资完成105.5亿元，同比增长32%。实际引进内资28.2亿元，实际使用外资4500万美元。全区全口径财政收入完成24.23亿元，按可比口径增长43.4%，本级财政收入完成5.15亿元，按可比口径增长36.7%，可用财力达17.7亿元，按可比口径增长29.5%。

【二道经济开发区】2011年，二道经济开发区全口径财政收入（不含国税）完成 12 亿元,同比增长120 %。固定资产投资完成 85亿元，同比增长 125%。规模企业工业产值完成28亿元，同比增长116%。实际利用内资 44.6亿元，外资0.23亿美元。全面启动区域内9条道路及水、电、气、热、污水处理等工程。完成东新开河应急渡汛工程，确保743万治理专项资金到位，保证汛期安全渡汛。

【民生工作】深入实施民生行动计划，全力做好7大类108项民生实事。加大教育投入力度，完成中小学校舍改造9所，幼儿园改（扩）建2所，市十一高分校引入二道区，教育大厦正式启动。优化卫生服务环境，建成大型优抚疗区、爱心透析中心，投入1500万元，实施基本药物制度改革。投入760万元，新建了2个社区卫生服务中心。投入180万元，更新医疗设备，引进医疗技术人才。开展“幸福家庭”创建活动，人口计生工作得到上级肯定。开展广场文化系列活动，举办了万人红歌会、首届职工运动会和第二届残疾人文化周等活动，丰富干部群众文化生活。贾春红编织、东生泥人、董丛红草编三项非物质文化遗产得到挖掘保护。完善公共服务设施，投入5000万元，改（扩）建社区24个。投入600万元，进行居家养老服务试点，新增公益养老床位400张。在全省率先开展低保审批流程改革和优抚医疗“一站式”结算服务，发放低保金3456万元、慈善救助款94万元，为重度残疾人安装“电子保姆”860台。设立了200万元大救助资金，解决突发事件家庭的生活困难问题。深入推进创业就业，开发就业岗位1.2万个，新增就业1万人，失业再就业6360人，城镇登记失业率控制在4%以内。国家科技进步示范城区通过申报。全区投入5000万，完成22个社区的基础设施改造提升，超千米社区达到8个，城市社区服务用房平均面积已达到720平方米，农村社区用房平均面积为920平方米，辖区内社区办公用房全部达到500平方米以上。

吉林大路东盛大街节点

通化县人民政府

书记 李永杰

县长 姜信成

通化县位于吉林省东南部，长白山西南麓，浑江中游。全境环绕通化市区，总面积3726.5平方公里，辖5乡、10镇、1个开发区，160个行政村，人口24.6万人。2011年，通化县积极应对挑战，解放思想，迎难而上，全县经济社会实现了平稳较快发展。全县生产总值实现106.1亿元，比上年增长21.3%（现价比）；全口径财政收入实现100789万元，增长28.9%；地方级财政收入实现62945万元，增长33.3%；社会消费品零售总额达到244028万元，增长18.4%；全社会固定资产投资实现90.4亿元，比上年增长34.9%。

（一）工业经济运行良好。2011年，全县规模以上工业企业达到74家，纳税超千万元企业达到21户，产值超亿元企业19户。规模以上工业完成总产值84.9亿元，比2010年增长42.92%；入库税金49066万元，增长30.8%；实现利润8.2亿元，增长65.49%。全县18户医药企业全部通过GMP二次认证。

（二）招商引资和项目建设成效显著。全社会固定资产投资达到90.4亿元，增长34.9%。东宝集团年产3000公斤重组人胰岛素冻干粉、7000万支制剂生产线以及宏信研磨材、吉恩镍业扩能改造等35个超亿元项目竣工，通天酒业葡萄酒科技产业园、英额布康乐谷旅游度假区、四方山铁矿扩能改造等17个超亿元项目进展顺利。全年落实招商引资项目35个，实际到位资金761868万元。

团结广场

（三）城镇面貌焕然一新。实施了棚户区改造、廉租房建设、文化产业园区建设、城市供水改扩建、污水处理厂、垃圾处理厂、县医院广场建设、蝲蛄河沿岸景观带建设、街巷路改造、城区绿化美化亮化提升等10项工程，全国文明县城、国家卫生县城、国家园林县城建设成果得到进一步巩固。通丹高速公路（吉林段）交付使用。城镇环境实现整体跃升，获得中国人居环境范例奖。

梅花鹿

（四）新农村建设有序推进。累计投资5.3亿元，进行“六化、七个一”工程建设，新修农村水泥路334公里，修建一体化围墙59万延长米，新建文化活动室70个，文化健身广场153个，农村面貌焕然一新。成功打造标兵村37个、先进村64个，有两个镇、三个村被评为全市魅力乡村，赶马河村被评为全国生态文化村。投资1.58亿元，启动特色村建设项目58个。全县农业总产值达到136600万元，比2010年增长22.6%。粮食播种面积达到46.43万亩，落实农业订单14.2万亩，粮食总产量达到3.1亿斤，比上年增长18%。加大了农村土地流转工作力度，流转土地20.7万亩；成立了各类专业农村合作社193个。农村产业向规模化、特色化方向发展，培育了都赶线棚膜经济示范区、大泉源乡新设食用菌基地等规模产业典型。

（五）社会事业和谐发展。顺利通过了第六次“国家科技进步先进县”验收，东宝等企业的4个项目被列入国家创新药物（吉林）基地建设子课题。英额布康乐谷被列为全省“十二五”旅游重点建设项目，通化县被授予“中国最佳生态休闲文化旅游县”称号。生态建设取得重大进展，被列为全省生态建设试点县和农村环境连片整治整体推进县。成功破解农村社会福利服务中心建设新难题，被省政府评为全省民政工作目标责任制创新工作先进单位。投资350万元新购19辆学生上下学交通车，开创了全省财政投资配备农村中小学学生上下学交通车的先河，全省中小学学生上下学交通安全工作现场会在通化县召开，先进经验在中央人民广播电台中播出。卫生事业加快发展，被评为全国农村中医药工作先进县；在全省首个开展了农村基本医疗服务包试点工作，为参合农民提供 “一元钱门诊”服务，新农合参合率连续3年达到100%，累计报销金额6200多万元，受益农民达到35万人次，新农合工作连续3年被评为全省先进单位。计划生育率达到94.94%。城镇登记失业率达到3.98%，解决零就业家庭比率达到100%；发放城乡低保金3129万元，实现动态管理下的应保尽保；基本养老保险金、失业保险金的发放率均达到100%。

集安市人民政府

JIANSHIRENMINZHENGFU

副省长王守臣视察我市防汛工作

东博会

全省振兴人参产业现场会

2011年，集安市以科学发展观为统领，深入实施“生态立市、产业强市、名城兴市、文化塑市”战略，依托资源谋发展，立足特色上项目，在挑战中抢抓机遇，在困境中开拓进取，迎难而上求突破，奋力拼搏保增长，经济社会实现了跨越式发展。

经济总量增长较快。2011年，全市地区生产总值实现78.2亿元，比上年增长13.6%。一般预算全口径财政收入实现7.85亿元，增长48.5%；其中，地方级财政收入实现5.4亿元，首次突破5亿元大关，增长53.7%。农村经济总收入实现24.9亿元，增长14%；农民人均纯收入实现7635元，增长18.3%。规模以上工业总产值实现36.2亿元，增长30%；增加值实现11.9亿元，增长9.3%；利润实现2.48亿元，增长27.1%。固定资产投资完成79.5亿元，增长34.7%。招商引资完成57.9亿元。旅游综合收入实现9.8亿元，增长23%。外贸进出口总额实现3200万美元，增长33%。民营经济主营业务收入109亿元，增长32%。

项目建设增势强劲。全年共安排固定资产投资项目285个，总投资232.3亿元，其中投资3000万元以上的项目35个，投资亿元以上项目15个，开工建设项目278个。重点实施了界河电站、桓集隧道、通天酒业葡萄酒庄、康美药业吉林人参产业园、边境危房改造、保障性安居工程、污水处理厂、垃圾处理场等项目。兼顾当前需要和长远发展要求，储备项目600个，其中投资超亿元的大项目50个，10亿元以上的大项目30个。全年完成项目可研50个以上、项目建议书100个以上、项目简介400个以上。招商引资工作取得新成效，全年共引进项目366个。

工业主体地位日益突出。深入实施“产业强市”战略，不断强化工业主导地位，全力抓好重点企业、重点产业培育，工业经济总量不断扩大，运行质量明显提升。以益盛药业、康美新开河药业、博祥药业为龙头的参药业对全市工业经济发展的支撑作用进一步增强，实现产值17亿元，占全市规模以上工业的47%；利润1.65亿元，占全市规模以上工业的67%；税金实现1.5亿元，占全市规模以上工业的88%。规模以上工业企业培育取得较大进展，全市规模以上企业发展到38户；其中，产值超5000万元的企业发展到15户，产值超亿元的企业6户，税金超千万元的企业3户；实施工业项目29个，完成投资18亿元。工业扶持政策成效明显，积极搭建银企融资平台，新组建小额贷款公司4户，累计为企业发放贷款9.42亿元。

新农村建设整体推进。继续实施新农村建设“示范带动、整体提升”工程，突出抓好农村环境综合整治和村屯绿化美化工作，整体提升新农村建设水平。全市共投入新农村建设资金13.3亿元，建设项目340余个，43个村达到标兵村标准，33个村达到先进村标准。深入实施边境地区农村危房改造工程，投入改造资金9300余万元，改造农村泥草房和危房1600户。农业产业基地建设取得新成效，重点建设了人参、山葡萄、五味子、食用菌、蔬菜、水果以及鸭绿江渔业、林蛙、蜂、鸭绿江鸭等“十大特色产业基地”。其中，全市林地种植人参和西洋参面积发展到47万帘，山葡萄发展到2.1万亩，五味子发展到1.7万亩，新发展食用菌1000万袋，建设标准化日光温室蔬菜基地260亩，果业总面积达到3.1万亩，蜂发展到5.5万箱，鸭绿江鸭发展到5.2万只，发展网箱养鱼500标准箱。农特产品加工水平进一步提高，每个乡镇至少新培育1户农特产品加工企业和至少新增1户以农特产品加工为主的规模企业，全市新培育农特产品加工企业19户，农特产品加工业实现产值5.5亿元。

旅游业发展态势良好。充分发挥政府主导作用，科学整合旅游资源，全面培育旅游市场，形成了“世界遗产高句丽，长白山下小江南，中朝界河鸭绿江”三张旅游品牌。旅游产品开发力度逐步加大。编制完成《五女峰国家森林公园规划》，对《旅游产业发展总体规划》进行高标准修编，为旅游业发展提供科学依据。旅游基础设施不断完善。紫都苑宾馆已投入使用，豆谷离宫已进入内部装修，真人CS俱乐部、羊鱼港码头异国观光娱乐、鸭绿江大桥景区建设项目等相继投入作用。旅游宣传促销取得新成效。与辽宁丹东、大连、长白山等地进行战略合作，打造大东北旅游线路，实现区域旅游资源、人脉资源共享。参加了第六届中国东北旅游交易会、全国旅游交易会、中国旅游产业博览会、第七届海峡旅游博览会，积极进行对外宣传推介，与各旅行社签订合作协议书70余份，增强了集安旅游影响力。

城市面貌发生可喜变化。全年实施城市建设重点项目11项，累计完成固定资产投资9.6亿元。城市功能得到新提升，垃圾处理场、污水处理厂已完工，粮丰街、莲东街等9条街路共安装路灯107盏，维修道路7186米，建设垃圾中转站4座、水冲式公厕3座，购置密闭式垃圾收集车300辆、果皮箱200个，完成乔木栽植630株、灌木球164丛、灌木模纹2.1万平方米45万株，铺设及播种草坪1.5万平方米，安装树盘石202套。建成区绿化覆盖率 38.51 %、绿地率达到36.65%，人均公园绿地面积达到10.34平方米；市区年供水总量达到 3万立方米；城市集中供热面积达到251万平方米。公路建设取得新突破，下临边防公路已全线贯通，中朝集安—满浦界河公路大桥主体工程由朝方投资并开工建设，集通高速公路已完成工程可行性和规划设计专家评审，新建农村水泥路27.1公里，桥梁10座。完成鸭绿江界河通沟段堤防四期、太王段堤防六期工程以及11处水毁堤防和33座水毁灌溉拦河坝工程的修复任务。

柳河县人民政府

柳河河北新区全景

县委书记 经希军

县长 王坤

柳河县位于吉林省东南部，幅员面积3348平方公里，辖15个乡镇、219个行政村、38万人口，是一个“七山半水二分田、半分道路和庄园”的山区县，享有稻香、酒香、清香、墨香“四香柳河”的美誉。2011年，实现地区生产总值79亿元，增长14.7%；全口径财政收入7.58亿元，增长41.4%；地方级财政收入4.94亿元，增长47.9%；社会消费品零售总额33.4亿元，增长25%；城镇居民人均可支配收入达到16302元，增长12%；农民人均纯收入达到7039元，增长15%。柳河县被国家标准化委员会批准为“烟叶生产农业标准化示范区”，被国家林业局批准为“国家级苗木交易市场”，被国家文化部评定为“中国民间文化艺术之乡”。2010年县域综合发展指数位居全省县（市）第6位，综合实力晋升到第25位。

【工业化进程加快】完成固定资产投资66.7亿元，增长91%；招商引资98.5亿元，增长23.1%；向上争取资金19.85亿元；新增建设用地5275亩。经济开发区项目集聚功能进一步增强；引进了中广核、中航重机、北京汇源、广春药业等一批重大项目；医药、矿产建材、绿色食品、机械制造四个主导优势产业产能不断扩大，75户规模以上工业企业实现产值85.6亿元，增长20%；纳税超百万元企业达到61户，超千万元企业达到4户。

【城镇化水平提高】编制完成了城市总体规划和镇村体系规划及供热、燃气等专项规划，修改完善了河北新区控制性详细规划。快速推进总投资3.06亿元的新区路网工程；总投资2.2亿元的一统河综合整治工程进入收尾阶段；净水厂扩建项目投入使用，县城日供水能力由1.3万吨提高到3.3万吨；推进旧城供热改造，启动新区供热体系建设，县城集中供热面积达到188万平方米；加快“气化吉林”建设，实施了燃气公司异地新建项目；拆迁棚户区14.2万平方米，启动了20个、规划建筑面积147万平方米的房地产开发项目；完成28.7万平方米的暖房子改造任务。大力推进小城镇建设，投资5.63亿元，实施农村环境整治项目870个，进一步改善了城乡环境。

柳河与北京汇源集团葡萄加工项目签约仪式

【农业现代化建设稳步推进】实现农业总产值36.8亿元，粮食产量12.5亿斤，农业综合机械化水平达到47.8%，市级以上农业产业化龙头企业发展到35户，柳河畜牧产业园区被农业部确定为全省唯一的“全国农产品加工业示范基地”。大力发展特色富民产业，引进总投资3亿元的国信有机米开发项目；国家级葡萄加工研发分中心投入使用；发展烟叶面积3.2万亩，实现产值7198万元、税收3124万元、农民增收3960万元；苗木面积突破10万亩，带动全县农民人均增收1200元，承办了中国（吉林）第二届林木园艺展销会、全省林木种苗工作会议。新造和补植造林8.98万亩，巩固了林业生态建设成果；完成公路绿化2567公里、河道绿化22.3公里，139个村屯实现绿化达标。

【民生事业全面改善】实施十大民生及社会事业工程，城镇登记失业率控制在3.59%；转移农村劳动力9.5万人；城乡“五险”和低保覆盖面不断扩大，补助标准进一步提高；启动了“五七家属工”和农村基层医疗卫生体制改革，城乡居民社会养老保险参保率86%以上；大幅提高行政事业单位人员的津贴补贴标准，达到与省、市标准同步；全面推进城市廉租房、县医院扩建、寄宿制学校等民生工程，青少年活动中心投入使用，全省校车安全管理工作会议在柳河召开，群众的幸福指数显著提高。

吉林紫鑫药业股份有限公司

一统河综合整治工程

辉南经济开发区已晋升为省级开发区，入区企业已达54户。

县委书记**彭庆慧**在辉南县第十四次党代会上作重要讲话

付帮成县长在辉南县第十七届人大一次会议上

辉南县人民政府

辉南县地处吉林省东南部，位于长白山脉与松辽平原交汇处，是进入长白山腹地的西门户，是中国绿色大米之乡、中国矿泉水之乡、中国野山参之乡、中国生态旅游大县。幅员面积2275平方公里，总人口36万人，辖11个乡镇，共142个行政村。县城朝阳镇是省级卫生县城。

2011年，本地生产总值实现76.6亿元，增长12.3%；全口径财政收入实现7.8亿元，增长42.1%；地方级财政收入实现4.7亿元，增长43.4%；固定资产投资完成80亿元，增长35%；招商引资完成83亿元，增长5.1%；社会消费品零售总额完成35亿元，增长18.5%；农民人均纯收入实现8268元，增长24%；城镇居民人均可支配收入实现14504元，增长18.4%。获得了通化市固定资产投资先进单位、招商引资先进县、工业提速增效优胜奖和全省县域经济综合实力升级晋位奖等多项殊荣。

[项目建设成效显著] 继续实施“项目兴县”战略，举全县之力多上项目、上大项目、上好项目。共实施固定资产投资项目249项，完成投资123.9亿元，其中：新开工项目225项，完成投资101.9亿元；续建项目24项，完成投资22亿元。实施亿元以上项目35项，完成投资48.1亿元；3000万元以上项目166项，完成投资114.2亿元。一大批工业、农业、基础设施和民生项目扎实推进，文辉胶囊、三荣纸业等一批项目建成投产，拉动了经济较快增长；国原动物疫苗、三和制药、长龙利胆清丸等一批项目开工建设，即将形成新的经济增长点；农业综合开发、农村中低产田改造、中小水库除险加固、小流域综合治理等项目全面实施，农业基础地位不断加强；辉南镇林业棚户区改造、抚民镇供水工程、金川镇路网等项目的实施，进一步推动了城镇化进程。

[开发开放步伐加快] 招商引资取得重大突破，引进各类项目139个，其中：3000万元以上项目95个、亿元以上项目44个。韩国浦项和美国辉瑞两个世界500强企业、总投资10亿元的吉煤集团现代农牧业和总投资50亿元的城南新区等一批大企业、大项目相继落户辉南。对外贸易快速发展，实现进出口额3085万美元，增幅列全市第一。大力推进开发区建设，开发面积达到3.3平方公里，入区企业达到54户，顺利通过了省级开发区的评审验收，成为全省首批升级的工业集中区。乡镇特色产业园建设步伐加快，全县“一区多园”产业新格局基本形成。以龙湾景区为核心的旅游特色产业快速发展，旅游入境人数达到210万，旅游产业收入达到4.1亿元，在全省生态景区中排名第二。

[工业经济较快增长] 把推进工业提速增效作为加快发展的核心举措，分解任务指标，全力抓好落实。加强工业企业运行监测，帮助解决生产运行、市场开发和项目建设中的实际问题，加强要素协调和生产运行组织，千方百计保持生产稳定，力保工业平稳较快增长，力推企业上规模、上水平。对规模以上工业企业实行重点包保，建立企业重大问题联席会议制度，构建支持企业发展的快速反应机制，打造优势企业群体，推动工业经济快速发展；积极组织搭建银企对接平台，对管理规范、资信良好的企业，积极帮助解决资金短缺问题；加大对成长性好的企业服务和扶持力度，设立支持企业发展专项资金，鼓励企业建立互助金融组织，鼓励企业上市融资，促进企业做强做大。规模以上工业实现总产值56.1亿元，增长25.8%；实现增加值18.9亿元，增长15.3%；实现利润1.5亿元，增长45.2%。

[三农工作稳步推进] 坚持用工业化思维谋划农业和农村发展，把新农村建设作为农村工作的主线，认真落实各项强农惠农政策，积极推广科技增粮新品种、新技术，粮食产量达到11亿斤。牧业产业化快速发展，卓越养禽、康大养兔、瑞丰养牛、五晟养猪带动了现代畜牧业发展，标准化牧业小区发展到306个。特色产业不断壮大，朝阳镇、团林镇、庆阳镇、石道河镇引领了特色种植业发展，棚膜蔬菜种植面积达到1300亩，野山参等中药材种植面积达到13万亩。顺利完成了集体林权制度主体改革和国有粮食购销企业改革，增强了农村经济发展活力。农业增加值达到14.6亿元，增长12.3%。

[城市建设步伐加快] 以县城为中心，以干线公路为轴线，串连各乡镇的“一心三轴”城镇发展格局基本形成，城镇化率达到41%，县城框架进一步拉大，城区面积达到13.2平方公里。8项城建重点工程全面完成：一是棚户区改造工程，完成拆迁面积12.6万平方米，规划建筑面积40万平方米，配建廉租房2000平方米；二是街路建设改造工程，实施了富强大街、东朝阳大街延伸至抚长高速公路朝阳镇连接线工程、建设大街部分路段新建和朝阳大街、兴工路、爱国路等街路巷路改造工程；三是老旧小区、弃管楼综合整治工程，投资1380万元对老旧小区环境进行综合整治；四是“暖房子”工程，投资3657万元对城区56栋楼房、3430户进行既有居住建筑供热计量及节能改造，改造面积20.32万平方米；五是滨河景观带续建工程，投资15万元完成了部分标段设计，投资46万元完成了南大桥以东300米范围内的景观带绿化任务；六是城南新区基础设施建设工程，正在编制县城水系专项规划、城南新区修建性详细规划、竖向规划方案、城市设计及老城区重要节点的规划；七是城区燃气工程，投资3000万元，完成厂区土建和民用天然气门站建设，铺设燃气管网20公里；八是城区绿化工程，投资190万元，完成了富强大街、爱民大街、兴工路、南出口等街路绿化任务。

[城乡居民生活水平不断提高] 城乡居民消费能力不断增强，“万村千乡”农家店发展到260户，批发、零售、餐饮、住宿限额以上企业发展到25户。民生状况不断改善，动态消除了“零就业家庭”。社会保险覆盖面进一步扩大，被评为全省社会保险工作先进县。城镇低保月补助水平达到209元，农村低保年补助水平达到1120元。在通化市率先实行了医疗救助“一站式”服务，被评为全省医疗救助工作样板单位。

辉南县人民政府与大连佳诚投资有限公司签订合作协议

辉南县新农村建设现场会

世界500强浦项集团在辉南县奠基典礼

吉林省梨树铁塔制造有限公司

梨树县人民政府

梨树位于吉林省西南部，地处松辽平原腹地，全县幅员面积4209平方公里，辖20个乡镇、2个经济开发区、295个行政村，总人口81万，其中农业人口61万。2011年末，全县GDP实现400亿元，全口径财政收入接近8亿元，地方级财政收入突破4亿元。梨树交通便利，"京哈"、"哈大"铁路，"长大"高速公路、102国道从境内通过，县城梨树镇距四平市仅10公里，距省城长春100公里，距大连港560公里。

梨树县委书记　闫旭

梨树县委副书记、县长孙艳军

梨树素有"东北粮仓"和"松辽明珠"之美誉。全县耕地面积418万亩，2011年粮食总产达到50.18亿斤，人均占有粮食、人均贡献粮食、粮食单产和粮食商品率四项指标曾在全国名列前茅；县内建有"供港活牛"基地，建有全国最大的生猪交易市场，年生猪交易量高达150万头以上，猪、牛、羊、禽饲养量分别达到650万头、140万头、60万只和6500万只，猪、牛饲养水平居东北之首。梨树先后被确定为全国粮食生产先进县、国家重点商品粮基地县、全国瘦肉型商品猪生产基地县、秸秆养牛示范县、三北防护林改造试点县，是省新农村建设整体推进县。

梨树农业科技发达。作为全国农业科技示范县，率先在全国构建了以"333"工程为主体的农技推广网络，中国农业大学在梨树建有试验站，中国科学院在梨树建立了全国第一块玉米秸秆全覆盖栽培保护性耕作示范基地。

梨树是农民专业合作社的发源地。全国第一家农民专业合作社1999年在梨树诞生，全国第一个在工商注册的合作社是我县太平百信农民专业合作社，全国第一个获得国家银监会批准的农村资金互助社是我县闫家百信资金互助合作社，全国第一个出台合作社规章制度的是我们梨树，全国第一部反映农民专业合作社的电影《梨树花开》以我县合作社为题材，并在我县拍摄完成。

梨树文化建设成果丰硕。2011年继被中国曲协授予"中国二人转之乡"之后，又被文化部命名为"中国诗歌之乡"，电视剧《阳光路上》成为2012年央视一套的开年大戏，以计划生育为题材的电影《巢》在我县成功拍摄。

梨树自然资源优势明显。南部山区有煤、铜、铝、铁、锌、锰、金、石灰石、大理石、白云石、硅灰石、石墨、石英等百余种矿藏，硅灰石储量和品位处于亚洲领先地位；石油和天然气物探储量丰富，具有很高的开采价值；风电资源前景广阔，投资27亿元的大黑山风电项目已正式获得省发改委批复，年内即可开工建设。县内基础设施配套完善，通讯发达，电力供应充足，地下水资源丰富，总量达4.9亿立方米。

梨树产业基础雄厚。立足自身的发展基础和资源禀赋，打造形成了粮食深加工、畜产品加工、矿产品加工、现代物流、新能源开发和机械设备制造等支柱产业，已建成全国最大的食用酒精生产基地、全国最大的马铃薯加工基地。在500多种工农业产品中，酒精、硅灰石、铁塔、梨树白猪等20多种产品畅销国内外市场。

梨树按照吉林省委统筹推进工业化、城镇化和农业现代化的要求，确定了以农业现代化促进工业化、推动城镇化，实现以农促工、以城带乡的发展思路，制定了"一城三线五区"创业富民战略，明确要以项目建设为载体，集中力量推进四梨同城化和四梨经济一体化发展，加速全县优势资源转化，加速城乡基础设施建设，加速民生改善步伐，实现四平和梨树在吉林省中部城市群中快速崛起，成为哈大经济大动脉上一个隆起高地。

东北粮仓

"中国二人转之乡"授牌仪式

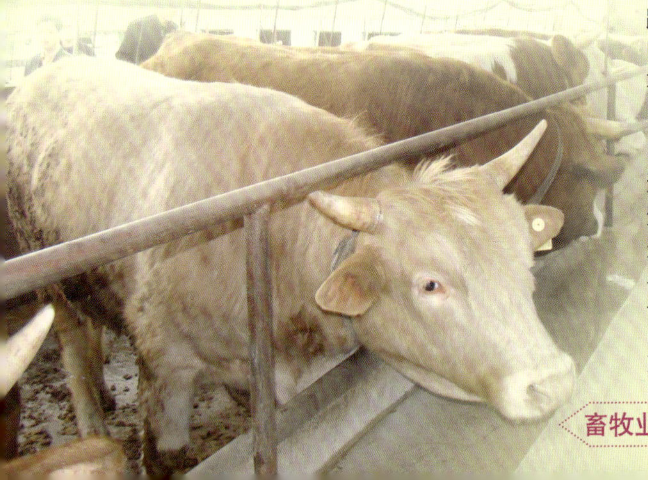

畜牧业

铁东区"十二五"精彩开局

四平市铁东区人民政府

2011年，铁东区委、区政府团结带领全区人民在攻坚克难中励精图治，在求富图强中改革创新，围绕"走特色立区之路，建富裕和谐铁东"为发展主题，实施了"五区"战略，全区各项工作取得了可喜成绩。

中共四平市铁东区委书记 王宇

四平市铁东区人民政府区长 黄成

综合实力持续增强。全区生产总值实现89.8亿元，同比增长18.9%，增幅排名全市第一；新增固定资产投资完成53.4亿元，同比增长40.1%，增幅排名全市第一；全口径财政收入实现5.94亿元，占GDP比重为6.1%，所占比重排名全市第一，地方级财政收入实现1.7亿元，同比增长60.1%，增幅排名全市第一；工业增加值能耗降低率达到30.3%，降幅排名全市第一，规上工业总产值完成274.2亿元，同比增长62.3%，增幅排名全市第三；规上工业增加值完成76.9亿元，同比增长41.8%，增幅排名全市第三；社会消费品零售总额也达到38.2亿元，同比增幅25.4%的较快增长；农民人均纯收入达到8159元，同比增长15.6%；城镇居民人均可支配收入达到了18483元，同比增长12.3%，主要经济指标综合排名全市第一。

工业经济发展势头强劲。规上工业企业户数达到129户，位居全市第一，规上工业总产值、增加值、利润分别同比增长62.3%、41.8%、50.8%。2011年，纳税超千万元和超百万元的企业分别达到13户和57户。中广核集团、久盛集团、金星国际教育集团等一批总部型企业落户铁东区。吉林世宝、四平精细化工、一正药业、天成玉米等多家企业上市工作加快推进，拉动了全区经济的快速发展。"四风"、"金士百"荣获中国驰名商标，提高了铁东区的知名度。多家小额贷款公司的成立和域外金融分支机构四平市铁东区德丰村镇银行的引进，拓宽了企业发展融资渠道，成为拉动全区经济增长的重要力量。

项目攻坚势如破竹。围绕"两区六园"建设，今年新建和续建千万元以上项目169个，亿元以上项目23个，铁东经济开发区、叶赫旅游开发区已成为企业投资发展的重要载体；专用汽车产业园、机械加工产业园，光伏光电产业园，生物农业产业园、教育文化产业园、风电装备产业园等六大园区已分别引进了年产8000辆特种专用车、年产360万片LED－PSS基板和75MW薄膜太阳能电池、中广核风电装备等一批亿元项目投资建厂，并取得了较好的投资效益。

新农村建设扎实推进。全区农业产业化龙头企业已发展到32家。"三区一建"全面展开，粮食连续5年丰收，产量达到3.5亿斤，已建成棚膜小区7个，蔬菜大棚2831个，温室260栋、标准化牧业小区27个，全区畜禽养殖分别达到39.7万头、180万只。全区农村人居环境建设取得明显成果，投资1110万元解决了35000人饮水安全问题，安装环保型农家厕所3000座，投资2150万元治理、加固河堤，投资8130万元改建农村公路244公里，基本实现了"村村通"。全区完成林权改革，完成三北生态防护林工程建设，森林覆盖率达到40%。

第三产业实现较快发展。现代服务业初具规模，欧亚商贸、三达不夜城、汇发经贸等一批商贸企业入驻铁东区，限额以上贸易企业（个体户）达到73户。金融服务业、旅游业已成为全区第三产业发展的新亮点。2011年，全区社会消费品零售总额实现38.2亿元，同比增长25.4%，消费市场的繁荣与活跃，拉动了全区经济快速发展。

城区环境变化显著。对全区114个弃废小区进行了综合整治，对破损路面进行了修复，城区基础设施维护、修复实行了常态化管理。绿化美化进一步加强，围绕东南新城建设，一批高标准路、桥工程相继竣工投入使用。国家级卫生城，国家级园林城建设成果进一步得到巩固。

民生质量不断提升。全区实施了"工资倍增"计划，城镇居民人均可支配收入和农民人均纯收入不断增加，2011年分别达到18483元和8159元。城乡低收入家庭实现了应保尽保。为604名"五七家属工"纳入社会养老保险范围。城镇登记失业率控制在4%以内，新农保参保率居全省第一，新农合参保率达98%。发放城乡医疗救助资金517.28万元，城市社区卫生服务中心全部建成并投入使用，2011年，421户低保户得到廉租房租赁补贴。教育事业全面发展，教学质量进一步提高，中考成绩连续五年全市第一。科技兴区成果显著，2011年被评为"国家可持续发展实验区示范单位"。大力推进"文化惠民工程"送戏下乡演出82场，成功举办了七月红歌颂、龙年元宵灯会等活动，农家书屋覆盖率达到100%。群众体育和竞技体育协调发展，坚持生育计划与生育关怀双轨并行，人口自然增长率控制在4‰以内。深入开展"平安铁东"创建活动，社会综合治理和严打整治力度不断加大，人民幸福指数明显攀升。

四平奋进专用汽车年产8000辆特种专用车项目竣工仪式

2011中国叶赫冰雪旅游节暨转山湖渔猎文化节开幕式

叶赫民俗旅游节现场

叶赫那拉古城

双辽市人民政府

2011年，双辽市始终坚持以经济建设为中心，解放思想，抢抓机遇，求实奋进，国民经济持续增长，改革开放成果丰硕，人民生活实现较大改善，社会各项事业全面发展。全市地区生产总值完成162.6亿元，同比增长16.6%。地方级财政收入完成3.4亿元，同比增长13.3%。全社会固定资产投资完成66.5亿元，同比增长39.4%。社会消费品零售总额实现45.4亿元，同比增长14.5%。工业总产值完成226.2亿元，同比增长61.5%。城镇居民人均可支配收入达到14067元，同比增长16.7%；农民人均纯收入达到8216元，同比增长12.4%。

——新型工业化体系逐步形成，主导产业日渐壮大。以“电力能源、玻璃建材、农产品加工”三大基地为主体的优势产业群粗具规模。总投资29.9亿元的电厂二期工程，已进入设备安装阶段，2013年可并网发电；风电产业完成并网发电20万千瓦；油气勘探前景比较乐观。远征玻璃工贸深加工、年产3亿只玻璃制瓶、吉利轴承三期工程、粉煤灰综合利用、石膏板及水泥缓凝剂生产等一大批重点项目相继开工建设。

——现代农业建设步伐明显加快，农村经济日益繁荣。农田水利设施建设得到加强，抗旱水源井数量逐年增加，粮食生产连续四年荣获“全国粮食生产先进市”称号；农村土地流转步伐加快；农民专业合作经济组织发展迅速；农业机械化水平不断提高；牧业经济再上新台阶；劳务经济蓬勃发展；农业产业化经营取得新进展；国有土地节约、集约利用水平明显提升；农业生态环境不断改善；新农村建设扎实推进，城乡统筹发展迈出新步伐，农民生产生活水平明显提高。

——改革开放不断深化，发展后劲明显增强。改革步伐深入推进，对外开放力度不断加大。全民创业活动深入开展，民营经济发展迅速。投资环境明显改善，开发区基础设施进一步完善，承载、辐射和带动能力明显增强。金融服务水平明显提升，经济发展软环境不断优化。

——城乡面貌日新月异，城镇化步伐明显加快。市区街巷路改造步伐加快，农村公路村村通工程深入推进。市区住房成套率达到67%。城区绿化覆盖率达23%，人均公共绿地面积达6.7平方米。辽东新区五条街路开工奠基。小城镇建设迈出新步伐。城市管理体制进一步理顺，长效机制基本形成。

——民生保障和改善工作稳步推进，人民群众安居乐业。城乡就业工作得到加强。社会保障体系进一步完善。新型农村合作医疗参合率达97%，城镇居民基本医疗保险覆盖面达92%；城乡低保保障面不断扩大，保障标准逐年提高，全市享受到最低生活保障的贫困居民达2.5万人；城乡居民居住条件明显改善。

同时，各项事业齐头并进，社会更加和谐稳定。民主法制工作深入推进，政府自身建设不断加强。

风电产业蓬勃发展

华舷风电项目

双辽硅砂资源丰富

双辽电厂

福耀玻璃

双辽油气田开发取得阶段性成果（双11井）

白山市人民政府

2011年，白山市委、市政府以实现经济大提速为主题，以加快转变经济发展方式为主线，以富民强市为目标，坚持生态立市、产业强市，实施投资拉动、项目带动、创新驱动战略，统筹推进新型工业化、生态城镇化和农业现代化建设，培育壮大“三五二”产业，以增量带动结构优化，以创新促进转型升级，以发展保障民生改善，加强资源和环境保护，繁荣发展社会各项事业，为建设全省“较发达城市”奠定了良好基础。

一、综　　合

初步核算，全市实现地区生产总值（GDP）531.43亿元，按可比价格计算，增长16.6%。人均GDP达到41325元/人，增长17.1%。

二、农　　业

全年实现农林牧渔业增加值48.45亿元，按可比价格计算，比上年增长6.1%。其中，实现种植业增加值25.51亿元，增长31.9%；林业增加值15.75亿元，增长2.9%；牧业增加值4.45亿元，下降47.9%；渔业增加值2.34亿元，下降2.9%；农林牧渔服务业增加值0.39亿元，增长8.3%。

三、工业和建筑业

工业生产速度加快。2011年，全市规模以上工业企业累计实现增加值291.88亿元，按可比价格计算，同比增长29.9%，对全市经济增长的贡献率达到75.3%，拉动经济增长12.5个百分点。

四、固定资产投资

固定资产投资规模继续扩大。全年完成固定资产投资422.9亿元，比上年增长31.8%。第一产业完成投资13.0亿元，增长332.5%；全年完成工业投资216.7亿元，增长34.3%。全年完成非国有投资206.1亿元，占全部投资总额的48.7%。

五、交通和邮电业

交通运输业平稳发展。全年交通运输、仓储及邮电通信业实现增加值19.03亿元，比上年增长3.0%。年末全市汽车保有量达到15.09万辆，比上年末增长4.7%。个人汽车保有量达到12.84万辆，增长6.3%。全年完成公路货运量1666万吨，完成公路客运量4845万人次，分别比上年增长3.0%和4.1%。

六、贸易和旅游业

消费品市场持续繁荣。全年实现社会消费品零售总额163.14亿元，比上年增长17.3%。

七、金融和保险业

金融机构存贷款规模继续扩大。2011年末，全市金融机构本外币存款余额434.55亿元，比年初增加60.87亿元；金融机构本外币贷款余额274.72亿元，比年初增加34.14亿元。

八、科学技术和教育事业

科技创新取得进步。2011年，全市国内专利申请量120件，授权量70件。

九、文化、卫生和体育事业

文化事业繁荣发展。年末全市共有艺术表演团体7个，有群众艺术馆1个，文化馆6个，公共图书馆6座，博物馆、纪念馆10座。全市60%的乡镇成立了文化站，全部行政村建立了“农家书屋”，有效的丰富了农民的业余文活生活。

十、环境保护

环境保护工作取得新进展。2011年，全市污水处理厂化学需氧量（COD）排放量削减1467吨，氨氮排放量削减90吨，垃圾渗滤液处理化学需氧量（COD）削减量148吨，氨氮削减量17吨，畜禽养殖粪便处理化学需氧量（COD）削减量299吨，氨氮削减量45吨。二氧化硫（SO2）排放量削减8467吨，氮氧化物排放量削减 2831吨。

十一、人口、人民生活和社会保障事业

人口数量保持稳定。2011年末，全市总人口（户籍）为128.51万人，其中：农业人口为40.07万人，占总人口比重31.2%；非农业人口为88.44万人，占总人口比重68.8%。全年出生人口8485人，出生率为6.6‰，比上年提高0.1个千分点；死亡人口5905人，死亡率为4.6‰，比上年下降1.1个千分点；自然增加人口2580人，人口自然增长率为2.0‰，比上年提高1.2个千分点。

白山市江源区人民政府

BAISHANSHIJIANGYUANQURENMINZHENGFU

2011年，江源区紧紧围绕富民强区的奋斗目标，坚持“生态立区、产业强区、特色富区”不动摇，狠抓项目建设，经济运行、城市建设等重点工作，经济和社会发展呈现出良好态势，取得了“十二五”开门红。实现GDP122.5亿元，同比增长15.5%，其中：一、二、三产业增加值分别完成5.6亿元、78.4亿元和38.5亿元，分别增长8.6%、19.5%和9.4%，三次产业比重调整为4.6：64：31.4。固定资产投资完成93亿元，同比增长31%。全口径财政收入完成9.3亿元，同比增长24.2%，财政支出突破18.5亿元，同比增长25.7%。民营经济主营业务收入实现280亿元，同比增长27%。全社会消费品零售总额完成20.3亿元，同比增长15.6%。城镇人均可支配收入16668元，同比增长10.2%，农村人均纯收入7278元，同比增长14.7%。

工业经济运行质量大幅攀升：全年实现规模以上工业总产值241.3亿元，同比增长36.6%，实现规模以上工业增加值74.4亿元，增长20.8%；实现利润6.0亿元，同比增长21.0%。工业企业万元工业增加值能耗比去年同期下降7.1%。全年累计完成技术改造资金48亿元，同比增长14.3%。全年新增规模以上工业企业8户，总数达到98户。

项目建设步伐明显加快：全年实施3000万元以上重点项目101项，完成投资73亿元。其中总投资27亿元的东北亚集团铁精粉深加工、10亿元的鼎运煤化工百万吨焦化、1.2亿元的和顺汽贸城等58个新建项目全部开工建设；总投资30亿元的华能煤矸石电厂、1.8亿元的金鼎电动车、5亿元的官道岭煤矿等43个续建项目完成年度投资计划。

新农村建设实现新进展：全年实现“退粮进特”2.46万亩，新增特色农产品生产基地4个，新增农产品加工企业5户，特色农产品产值达到4亿元。新型农民专业合作组织蓬勃发展，全年新增农民专业合作社30个，新增省级龙头企业1户，市级龙头企业5户，新增“三品”认证10个。加大基础设施投入，农村环境持续改善。投入农村环境综合整治资金2400万元，对公路、铁路沿线31个村屯进行改造，绿化村路30公里，新增农村文化休闲广场1万平方米，修建农村公路5条19公里，农村饮水工程32处，解决1万名农民安全饮水问题。“强村示范、整体提升”工程进展顺利，江源被省政府评为新农村建设先进单位。

生态城镇化进程扎实推进。立足山水城市建设，打造白山市后花园，不断加大投入，进一步提升宜居宜业水平。总投资15亿元的江南新城完成投资9.39亿元，46.16万平方米主体封闭；18万平方米的松树镇煤矿棚户区全面开工，9.21万平方米的夹信子林业棚户区、5.19万平方米的新片工矿棚户区交付使用。完成“暖房子”改造面积61万平方米。城市基础设施建设进一步加快。石三线罗锅桥至纺织厂段竣工通车；江南新城大桥主体完工，盛泰路、兴泰路等6条街路建设进展顺利；城区给水管网改造项目完成投资1600万元；污水处理工程项目完工试运行。全年新增绿地面积3.2万平方米，栽植绿化树22万株，栽植花草50万株；新增路灯55盏，安装节能路灯控制箱800个，新设果皮箱240个。

民生事业全面进步：多渠道开发就业岗位，全年新增就业4.4万人，城镇登记失业率控制在4.2%以内。城镇职工、居民基本医疗保险参保人数分别达到9.1万人和11.5万人；新型农村合作医疗参合率达99%。城镇低保月人均补助标准提高到221元，农村低保年人均补助提高到1144元；农村“五保”集中供养率达到100%。全年完成校安工程7050平方米，新建和改建医疗卫生基础设施2.99万平方米，国家基本药物制度得到全面落实，城乡医疗服务网络得到进一步完善，医疗卫生体制改革基本完成；新建农家书屋10个，农村文化大院10个，新增镇级综合文化站3个，组织开展群众文化活动80余场次，参与群众3万多人次；继续保持低生育水平，人口自然增长率控制在1.9‰以内。

欧亚购物中心项目总投资10亿元，占地面积16公顷，总建筑面积30万平方米，其中欧亚购物中心为6万平方米，高档住宅建筑面积24万平方米。目前，欧亚商都项目规划方案已经确定，正在进行前期手续办理和项目拆迁征地工作，该项目预计于2014年全部竣工完成。

省文化厅副厅长朱成华为江源长白山奇石文化城荣获《吉林省文化产业示范园区》称号授牌。

7月8日，第三届中国吉林白山江源 长白山奇石暨松花石产品博览会隆重召开。东北亚铁路集团股份有限公司董事长李丰茂、深圳炜东控股公司董事长陈志欣、长春众诚发展集团有限公司董事长赵金岷等50余名嘉宾应邀参加签约仪式。先后签订总投资1亿元的北京潜龙公司松花石、松花砚产品深精加工项目、投资5.4亿元的深圳炜东控股公司麦饭石山泉水项目、投资5.5亿元的白山市昌泰集团百万吨焦化等16个项目，签约金额54亿元。

◀江南新城总占地面积62.6公顷，总建筑面积83.8万平方米，住宅区分为五个独立地块，分别是商业开发、独立工矿棚户区、煤炭棚户区、城市廉租房、大阳岔林场廉租房，共128栋住宅楼，总共可安置居民10834户。目前，江南新城各项工程进展顺利。

蓬勃发展的全民健身运动

美丽的参乡文化广场

抚松县人民政府

回顾过去五年

团结奋进 攻坚克难 抚松实现历史新跨越

南京同仁堂健康产业园开工奠基仪式

吉林省人参产业二次创业工程（抚松）项目开工奠基仪式

天池圣景回迁安置区开工奠基

棚户区改造居民喜迁新居

省市领导视察抚松新城沙盘

县委书记李平、县长李红光视察人参节经贸会展区

2007年以来，抚松经济综合实力大幅提升、城乡面貌发生显著变化、人民群众得到更多实惠，全县经济建设、政治建设、文化建设和社会建设全面发展。

——经济总量全面扩充，综合实力步入全省先进行列。

经济总量不断攀高。过去五年，累计完成地区生产总值420.2亿元，年均增长31.6%；人均GDP达到4.4万元，比2006年高出3.2万元。完成全口径财政收入30.8亿元、地方级财政收入22.7亿元、财政支出77.3亿元，年均增长36.8%、47.2%和39.6%。

——工业发展全面加速，主导产业实现规模化、集群化发展。

“工业提速增效”成果显著。过去五年，累计实现规模以上工业总产值和工业增加值560.1亿元和164.3亿元，年均递增43.9%和36.0%；规模以上工业企业达到65户。园区经济蓬勃发展。先后建立了工业集中区、经济开发区和人参产业园区3个享受省级优惠政策的园区，投入基础设施建设资金90亿元，入园企业达49家，项目总投资286亿元，累计对上争取资金4230万元，工业集中区在全省综合考评中位居全市第一，被评为全省优秀园区。获得以奖代补专项资金800万元，已被省政府确定升格为省级工业园区。

——城乡建设全面提升，城乡面貌发生显著变化。

城市建设投入创历史新高。累计完成投资46.5亿元，是前五年的3倍。县医院综合楼、污水处理厂、县城水源地上移工程等一批重大基础设施建成使用，全民健身中心、垃圾无害化处理工程年内竣工。完成棚户区改造等各类建筑面积257万平方米，江畔花园、敖东佳苑等24个标准化小区建成使用，连续3年被省政府评为棚户区改造先进县。实施硬化、绿化、美化、净化、亮化工程，新建和改造松山大街一期、县城北出口等市政道路72条，新增道路面积16万平方米、公共绿地132万平方米、排水管线4500延长米，安装路灯338盏，完成9600户、88.4万平方米的“暖房子”工程，2010年被命名为国家园林县城。抚松新城全面启动，成为全省城镇化建设首批试点和白山市生态城镇化建设亮点工程。总投资11.5亿元、建设面积74万平方米的天池圣景回迁安置区项目一期工程如期完工，1400户居民顺利回迁。交通建设大步跃进。累计完成投资47.7亿元，是前五年的4倍，公路总里程达1619公里，“二纵二横”路网格局基本形成。长白山机场建成通航，环长白山旅游公路竣工通车，宇松铁路、营松高速等重大交通项目顺利推进。被省政府命名为“运输管理先进县”和“交通发展先进县”。

——改革开放全面深化，县域发展活力持续迸发。

招商引资成绩斐然。成功引进大连万达、农夫山泉、南京医药等一批战略投资者。过去五年，累计引进域外资金232亿元，被评为全省招商引资标兵县。外贸进出口总额累计达到4.22亿美元，其中出口3.76亿美元。2011年，共引进招商项目102个，到位资金112.6亿元，历史性的实现了 “双过百”目标，完成任务总量、增幅、比例均为全市第一。民营企业发展到941户，吸纳就业5.33万人，民营经济已成为县域经济的重要支撑和最具活力的增长点。各项改革顺利推进。县乡政府机构改革、国有企业改革和大集体改制、农村综合改革全面完成，被省政府评为粮食制度改革和集体林权制度改革先进单位，经验做法在全省推广。

——人民生活质量和各项社会事业全面进步，发展成果惠及社会各阶层。

民生保障能力不断加强。列入国家新型农村和城镇居民社会养老保险试点，养老、失业、工伤保险参保人数分别达到5.5万、3.7万和4.2万。城镇基本医疗保险实现全覆盖，新农合参合率达99.9%。为4.1万城乡困难群众提供了最低生活保障。被评为全省退伍士兵安置工作先进县。城镇居民可支配收入、农民人均纯收入分别达到15074元和9050元，年均分别递增16.0%、16.3%。农民人均纯收入始终位居全省前三名。各项社会事业全面推进。实施校安工程14项，新建职教中心和抚松一中教学楼，“普九”化债全面完成，荣获全国首届“教育改革创新特别奖”，抚松十中被评为“全国教育系统先进集体”。完成了县医院、中医院及7个乡镇卫生院改扩建，顺利通过了“全国农村中医工作先进县”的验收。28个科技项目列入国家、省科技发展计划，国家级青少年科学工作室和县科技馆建成使用，长白山采参习俗成功申报为国家级非物质文化遗产，荣获全国文明县城、全国文化先进县和中国人参文化之乡，列为国家科技富民强县试点县。中国人参博物馆、新农村建设展览馆、人防应急救援指挥中心投入使用。

临江市人民政府

2011年临江市经济社会发展概况

一、自然情况：临江市位于吉林省东南部，地处长白山腹地，鸭绿江中上游，与朝鲜两道（两江道、慈江道）、三郡（中江郡、金亨稷郡、慈城郡）隔江相望，国境线长146公里，辖区面积3008.5平方公里。全市辖13个乡镇（街），70个行政村、22个社区，总人口21.6万。临江生态环境优越，自然资源丰富，素称“长白山立体资源宝库”。水能资源理论蕴藏量51万千瓦，现已建成水电站29座。矿业资源种类多、品位高、储量大，其中，硅藻土和白云岩储量及品位居全国第一。森林资源和野生动物资源得天独厚，全市有林地23.8万公顷，森林覆盖率达83%以上。以丰富的药物资源赢得了“中国高山红景天之乡”和“国家北药基地”的美誉。

临江市委书记 王树平

临江市长 张习庆

二、发展概况：2011年，临江市以科学发展观为指导，牢牢把握“发展”和“民生”两大关键，坚持生态立市、产业强市、打资源牌、走特色路，大力实施“三动”战略，全力推进“三化统筹”，实现了“十二五”规划的良好开局，开创了前所未有的新局面。

——**经济实力持续增强**。地区生产总值完成71.3亿元，增长17.1%。全口径财政收入完成5.61亿元，增长41.9%，地方级财政收入完成4.18亿元，增长45.2%。一般预算财政支出完成17.59亿元，增长16.5%。完成固定资产投资62.61亿元，增长32.8%。全年安排3000万元以上项目161项比去年增加了63项。全市工业增加值完成31.16亿元，增长46.5%。民营经济主营业务收入完成98亿元，增长66%。完成现代服务业增加值17亿元，增长16%。经济开发区和四个特色园区建设步伐加快，“三三二”产业发展格局愈加凸显。

——**改革开放成效显著**。农村各项改革不断深化，集体林权制度改革、农村土地承包确权登记和土地流转管理服务试点工作有序开展。行政审批制度改革不断深化。融资性担保企业得到稳步发展，组建了3户小额贷款公司和1户民营性质的担保公司。

——**“三农”工作扎实推进**。大力实施“退粮进特”战略，扩大中药材、食用菌等经济作物种植面积，加快环城、沿江等3条特色牧业带和沿江葡萄、城郊蔬菜等4条农特产品经济带建设，特色经济作物种植面积占农业种植面积的40%以上。

市委书记王树平、市长张习庆陪同省委书记孙政才、白山市委书记李伟视察临江县城经济发展

——**基础设施建设步伐加快**。积极推进村镇建设和环境综合治理，农村环境卫生有了质的变化。投资7.48亿元，重点实施了畅通、安居、“暖房子”、绿化、亮化和城市管理等六大工程。完成了临江大街西段、森工大街等9条主要街路的拓宽改造，铺设人行道板2.6万平方米。积极推进三公里、水闸等棚户区改造，完成改造面积33.9万平方米。加快“暖房子”工程建设，完成了75.9万平方米的既有建筑节能改造。城乡供热、供电设施得到加强，更新供热管网9000延长米。投资8200万元，投运3座66千伏变电所，改造线路6.2公里，改造10千伏及以下线路68公里，城乡电网传输能力明显提升。

临江市与盼盼集团硅藻功能新材料项目签约仪式

——**社会保障能力不断提高**。就业、再就业和社会保障体系逐步完善。城镇新增就业5865人，失业人员再就业1320人，免费培训5120人，“零就业”家庭实现动态为零，养老、失业、医疗等保险的范围应保尽保，不断扩大，城乡低保工作实现了动态管理下的221元，农村城镇低保人均补助水平每人每月由180元提高到低保人均补助水平每人每年由880元提高到1157元。全年发放低保资金4750万元，惠及低保人员2万人。

市委书记王树平、市长张习庆与辽宁盼盼集团董事长韩召善先生研究硅藻土深度开发项目

——**社会事业协调发展**。科技成果转化取得重大突破，科技创新能力不断增强。谋划和储备了界河电站、临江风电等一批符合国家产业政策的大项目。开发省级新产品51个。积极推进品牌创新工程，培育省级名牌产品1个。各项社会事业蓬勃发展。科技成果转化和应用取得新突破，承担国家和省各类科技项目11项，促进了资源开发和新产品、新材料的推广应用。义务教育各项政策得到有效落实，投资1612万元，完成了17所学校“校安工程”建设，新建、改造校舍2.23万平方米，城乡办学条件得到明显改善。成功举办了市第五届中小学生运动会。

——**和谐社会建设稳步推进**。社会文明程度普遍提高，临江已跨入白山市级文明城市行列。实施绩效考核评估工作，全面开展公开承诺、民主评议政行风等主题实践活动，出台了一系列促进软环境建设的政策规定，广泛实行“一站式”办公和“一条龙”服务，在10个乡镇（街）、8个社区、70个行政村建立了便民服务中心，推进了政务公开，强化了服务职能，依法行政水平不断提高，经济发展软环境明显改善。进一步强化市长公开电话职能，建立了矛盾纠纷调处机制，畅通了群众诉求渠道。构建了“打、防、管、控、建”一体化的治安防控体系，社会治安综合治理成效显著。

靖宇县人民政府

靖宇县人民政府县长毕增祥深入企业调研。近年来，靖宇县大力推行“一线办公法”，坚持执行决策在一线、落实任务在一线、发现问题在一线、解决问题在一线，对重点企业实行“一名县级领导专门联系，一个工作小组专门负责，一套工作方案跟踪到底”的推进办法，全力帮助企业破解难题，促进企业健康发展。

农夫山泉吉林长白山有限公司矿泉饮品生产线。公司始建于2001年，设计年生产能力47万吨，主要生产天然矿泉水、天然水、碳酸饮料、运动饮料、果汁饮料等二十四类产品。近年来，公司相继组织实施了农夫山泉二期、三期天然矿泉水及果汁饮料生产线建设项目，新增产能62万吨。目前，公司矿泉饮品生产能力已达到109万吨，全县矿泉饮品生产能力达到了276万吨，实际产量突破了50万吨。

靖宇县原名濛江县，1946年2月为纪念在此殉国的民族英雄杨靖宇将军，易名靖宇县。全县幅员面积3094平方公里，辖8个乡（镇）、111个行政村、203个自然屯，总人口14.5万人，有满、朝、蒙、回、锡伯、白、水、苗、藏、侗等10个少数民族。拥有“中国矿泉城”、“中国矿泉饮品第一县”、“国家火山矿泉群地质公园”、“中国最具特色旅游胜地”、“中国绿色名县”、“中国西洋参之乡”、“最具发展潜力魅力县”、“中国低碳经济示范县”、“中国最佳投资价值(环境)县”九张国家级“名片”。

2011年，全县地区生产总值完成456650万元，同比增长16.7%；规模以上工业增加值完成280994万元，同比增长42%；全社会固定资产投资完成413089万元，同比增长33.1%；全口径财政收入完成44425万元，同比增长45.1%；地方级财政收入35157万元，同比增长62.8%；招商引资到位资金完成566000万元，同比增长37%；城镇居民人均可支配收入和农民人均纯收入分别达到12345元和4488元，分别同比增长23.2%和30.1%。

重点项目建设高效推进。全县共运作3000万元以上项目137个，总投资491亿元，已完成投资39亿元。工业企业完成技改投入122000万元，实施3000万元以上技改项目18个。全县规模以上工业企业总户数达到35户，主营业务收入超亿元的企业达到18户，工业总产值实现900000万元，同比增长43.2%，工业对经济增长贡献率达到57%。吉林赤松核电项目前期工作进展顺利，农夫山泉二三期矿泉饮品、天士力六环小分子水及功能性饮料、来宝矿业铁精粉、天一批洲金铅矿等一批续建项目强力推进，部分项目已投产或试生产。福爱山核桃露、诚必达行人工制砂、金利石材板材、北京同仁堂长白山人参规范化种植精深加工等一批新建项目形象进度明显加快。大连万达千万吨中高端矿泉水、日本津村人参精深加工等一大批攻关项目取得阶段性成果。

农业现代化稳步向前。2011年，新增省、市级龙头企业5户，新增农产品加工企业18户，新增无公害、绿色、有机食品品牌14个，全县农产品加工企业达到106户。筹措资金1550万元实施了25个基础设施建设项目，投入整治资金280万元，对47个村进行了环境综合整治，农村生产生活环境得到了极大改善。

第三产业健康发展。以创建“国家级优秀旅游城市”为目标，累计投资1200万元，实施了白山湖、龙湾湖旅游景区升级改造工程。委托北京达沃斯巅峰旅游规划设计院高标准编制了《靖宇县旅游发展总体规划》、《白山湖旅游区控制性详细规划》、《东北抗联纪念园控制性详细规划》和《靖宇县旅游项目招商说明书》。全县旅游业总收入实现10000万元，同比增长19%。全县社会消费品零售总额实现130000万元，同比增长14.7%，居民存款余额达到326415万元。

城市发展基础进一步夯实。累计投资 46000万元，实施了畅通、绿化、美化、亮化、净化、安居六大工程，重点实施城市路网升级改造、供热管网改造以及珠子河、青龙河、八宝栏河堤防建设工程，城市面貌发生了翻天覆地的变化。交通区位优势进一步彰显。营松高速公路靖宇段建设项目完成了总工程量的75.2%，靖宇至辉南已竣工通车，开启了我县交通历史新篇章；靖松铁路建设项目完成了总工程量的67%；投资10461万元，完成了靖宇至西南岔段、靖宇至抚松段89.4公里的公路升级工程。

社会保障全面覆盖。新增城镇就业19699人次，转移农村剩余劳动力85494人次，下岗失业人员再就业9616人次，累计发放养老金18700万元、失业金1042万元、低保金17155万元，困难群众和弱势群体的基本生活得到了有效保障。

民主法治建设取得实效。严格执行《行政许可法》和《全面推进依法行政实施纲要》，民主科学决策和依法行政水平不断提高。严格执行政务信息公开以及绩效评估考核制度，调整县本级审批机关行政审批项目109个，政务公开运行质量和效率明显提高。

吉林·靖宇火山矿泉群国家地质公园的主景区之一龙湾湖风景区。景区总面积10平方公里，由龙湾湖和龙湾西湖两个火山湖泊组成，内有玛珥湖、堰塞湖和火山剖面三处地质遗址景观，其地质构造与长白山天池有异曲同工之妙，素有小天池的美誉。

赤松镇岗顶村。近年来，靖宇县按照典型带动、梯次推进的整体思路，不断加大新农村建设力度，对示范村和重点村在水、电、路、气、房等方面进行了重点建设，农村基础设施建设水平明显提升，全县新农村建设呈现出示范村全力挺进、重点村大力推进、一般村积极跟进的新格局。

白城市人民政府

成果不凡 别样风采——白城市2011年经济发展情况

2011年，在省委、省政府的正确领导下，白城市紧紧围绕建设吉林西部特色经济区，全力构建“五大基地”，加快开发区“二次创业”，全市呈现出经济增长、民生改善、社会和谐的良好局面，实现了“十二五”良好开局。

一、突出赶超跨越，经济发展取得新成效

2011年全市地区生产总值完成554.43亿元，增长16.7%，增速位居全省第一。规模以上工业增加值完成127.57亿元，增长30.4%，增速位居全省第一。固定资产投资完成357.95亿元，增长31.6%。财政收入再上新台阶，全口径财政收入完成42.5亿元，增长29.5%。地方级财政收入完成24.57亿元，增长36.4%。粮食产量65.77亿斤，创历史最好水平，增长12.4%。城镇居民人均可支配收入17813.6元，增长12%。农民人均纯收入5513元，增长23.1%。

二、突出“二次创业”，对外开放迈出新步伐

2011年我市坚持内涵提升、外延驱动，加快开发区“二次创业”步伐。扩区建设加速启动。项目建设已成为开发区跨越发展的重要引擎。经济发展已步入了快车道，对全市引领带动作用不断增强。社会消费品零售总额完成190.18亿元，增长17.2%；外贸进出口总额完成1.2亿美元，增长47.7%，其中出口完成1.0亿美元，增长58.3%。

三、突出统筹推进，城镇化建设实现新发展

围绕特色城镇化建设，编制了全市城镇体系规划，启动实施新一轮城市总体规划。市区建设步伐加快。突出提升综合承载能力，完成了投资31.6亿元的10大工程、90个项目建设，开发建设23个住宅小区。实施“一桥、四场、五塔、两街、两路”亮化工程，市容市貌大为改观。积极破解交通瓶颈，重点加大长白快速铁路、白阿铁路扩能改造、嫩丹高速公路、长安机场等重点基础设施项目攻关推进力度，取得了重大进展。

四、突出构建和谐，人民生活实现新提高

坚持民生优先，全力惠民生、办实事、增福祉。创业就业活动深入开展。全市城镇新增就业4.86万人，登记失业率3.9%，“零就业”家庭保持动态为零。社会保障体系不断完善。企业最低工资标准、退休人员基本养老金和城乡低保、城镇居民基本医疗保险、新型农村合作医疗等补助标准进一步提高。启动学前教育三年行动计划。实施校舍安全工程。新建农村标准化学校15所。全面推进医药卫生体制改革，所有乡镇卫生院、社区卫生服务机构实行基本药物零差率销售。稳步推进文化体制改革，乡镇综合文化站、农家书屋实现全覆盖。白城数字图书馆投入使用。改造城市棚户区225.2万平方米，新建廉租房27.5万平方米，改造农村泥草房99082户。阳光休闲广场、市殡仪馆改造工程已竣工使用。全民健身中心开工建设。海明路步行街改造和地下人防工程主体已完工。建设农村公路631.2公里，基本实现了村村通等级公路。又有6.5万农村贫困人口实现脱贫，7.5万人口用上安全水。社会管理创新有效推进。深入开展“平安白城”建设，严厉打击各类违法犯罪活动，“清网行动”成效显著。加强社会治安巡逻防控体系建设，社会治安形势持续稳定。集中开展食品药品安全专项整治行动，实现了无药害事件、无餐饮重大食品安全事故“双无”目标。积极做好物价稳定工作。强化应急管理，各类突发事件得到有效处置。

▲工业园区办公楼夜景

▲新农村 洮南

▲向海

长白县人民政府

CHANGBAIXIANRENMINZHENGFU

长白县委书记 褚来福

长白县政府县长 郑亨日

长白县是全国唯一的朝鲜族自治县，位于吉林省东南部、长白山南麓、鸭绿江源，与朝鲜两江道一市五郡隔江相望，边境线260.5 公里，幅员2497.6平方公里，辖7镇1乡， 77个行政村和一个省级经济开发区，全县总人口8.4万人，其中朝鲜族占17%。

2011年，县委、县政府全面贯彻落实科学发展观，抢抓机遇，开拓创新，奋力拼搏，着力实施“三动”战略，不断优化产业结构，进一步加强基础设施建设，大力招商引资和扩大改革开放，县域经济实力不断壮大，社会各项事业长足发展，人民生活水平稳步提高，“和谐长白”建设全面推进。

农业和农村 全面推广人参标准化种植和精深加工，绿色有机人参基地面积50万平方米，林下参总面积1.83万亩，中药材种植2.3万亩。特色效益农业快速发展，蓝莓、返魂草等种植基地发展到1500亩，抗寒大果榛子发展500亩，特产业种植面积达到5.8万亩。全县省级、市级农业产业化龙头企业发展到13户，实现销售收入2.66亿元、利税4792万元。发展各类专业合作经济组织93个，培育种植大户382户、养殖大户27户、特产大户48户，带动农户1503户。全年特产业总产值实现4.7亿元，增长30%。新农村建设成果显著。

工业 招商引资成效明显。通过参加各种赴外经贸活动和承办全国朝鲜族高层经济论坛等形式不断创新招商模式，成功引进日本昭禾、台湾炳翰、首都国际、北京大地远通、山东绿叶等一批国内外知名企业落户。重新编制招商引资优惠政策，招商引资工作呈现强劲发展态势。全年共引进项目360个，引进域外资金30亿元，总投资240亿元。

三产 旅游业发展迅速。旅游服务基础设施进一步完善，望天鹅会馆投入使用，3个旅游综合服务区和紫罗兰旅游文化综合开发项目完成主体建设；景区入口旅游服务示范区配套设施、鸭绿江大酒店、志诚园大酒店、世纪大酒店开工建设。完成全县旅游商品普查，开发自驾游、农家乐等旅游项目。全年旅游总人数达60.2万人次，实现综合经济收入3.9亿元，分别增长33%和34%。边贸业取得新突破。

郑亨日县长率代表团赴日本开展经贸交流活动

基础设施 城市建设步伐加快。棚改和廉租房工程完成7栋楼房建设，暖房子工程完成42万平米墙体保温处理。县城功能不断提高，重新铺设所有破损路面，更换鸭绿江大街中华灯和居民区路灯；净水厂开工建设，污水处理厂和垃圾处理场、县城集中供热新增备用热源项目投入使用。交通建设突飞猛进。铁路项目列入铁道部十二五发展规划，高速公路项目通过预可研评审。

社会事业 办学水平明显提高，启动学前教育五年推进工程，开工建设4所乡镇中心幼儿园。民族教育教学水平得到提升，义务教育初步均衡发展工作代表全市接受省政府教育督导团评估。公共卫生体系和基本医疗服务不断健全，农村三级卫生服务网络和社会卫生服务机构建设实现全覆盖。

民生保障 就业和社会保障体系不断健全，新增就业2400人；下岗失业人员再就业400人；城镇登记失业率4.6%以内；小额担保贷款完成发放计划的100%。加强城乡低保动态管理，全县参加城乡低保1.55人，发放低保资金3231万元。积极推进医疗保险事业，新型农村合作医疗参保人数为3.6万人，参合率达到99%，城镇基本医疗保险参保人数为2.4万人。养老保险面逐步扩大，参保人数达1.35万人，新型农村社会养老保险试点工作和五七家属工统计工作进展顺利。全面开展困难群众医疗救助活动，定点医疗机构医疗救助服务覆盖率达到100%，救助城乡困难群众8029人次，切实解决低保对象、五保对象、优抚对象和低收入家庭治病难问题。

洮南市人民政府

瀚海明珠——洮南欢迎您

自然情况

風電廠

洮南市位于吉林省西北部，1904年建置设府，1987年撤县设市，素有“千年古城、百年府县”之称。全市幅员面积5103平方公里，总人口46万（农村人口28万，城市人口18万），辖16个乡（镇）、8个街道办事处。洮南工业有基础。作为吉林省的老工业基地，上个世纪八十年代末，拥有医药、纺织、造纸、化工、机械、冶金、制革、食品等十多个行业，工业效益曾位居全省县级之首。近几年，经过改革招商、资产重组，顺利完成了国有企业改组改制。目前，全市规模以上工业企业已发展到61户，初步形成了以能源、医药、农产品加工、矿产冶金、纺织服装为支撑的“五大产业”格局。农业有特色。是全国有名的杂粮杂豆之乡、西瓜之乡、辣椒之乡和粉条之乡，也是全省奶牛饲养量最多、标准化程度最高、发展速度最快的县市之一。近年来，在稳定粮食生产的基础上，重点培育发展龙型经济。目前，全市拥有各类农产品加工企业220户，重点龙头企业180个（其中国家级1个，省级7个，白城市级5个），示范带动农户2万余户。商贸有传统。上个世纪之初就是关东商贸重镇，目前，境内拥有全国著名的杂粮杂豆交易市场和东北最大的红干椒市场，以及包括黑水西瓜、万宝粉条等各类专业市场在内的有形市场51个，商贸辐射全国各省市及境外30多个国家和地区，年市场交易额达68亿元。拥有自营进出口权企业60户，是吉林省农产品重点出口基地县。

发展掠影

2008年以来，为了加快把这些相对优势转化为经济优势和竞争优势，我们立足当前，着眼长远，确立并实施了工业立市、项目强市、开放活市、民营富市四项战略，加快推进新型工业城、特色农业城、区域商贸城、绿色生态城、和谐文明城“五城”建设的总体发展思路。通过实实在在抓项目，认认真真办实事，全力以赴促发展，全市经济社会保持了较快的发展势头，城乡面貌和群众生产生活持续改善。

县域经济实现较快增长。在全省县域发展考评中，我市2009年县域综合增长指数由2008年的全省第41位上升到第15位，一年跃升26位；2010年县域发展指数跻身全省三甲；2011年全市经济继续保持高位增长，全口径财政收入、地方级财政收入、全口径财政支出同比分别增长48%、57%和16.8%，增幅连续三年保持在全省前十位。

社会各项事业长足发展。实现全国“双拥”模范城五连冠，并荣获全国科技进步先进县（市）、全国老龄工作先进县（市）、全国造林先进县（市）、全国计生优质服务先进单位，省级园林城、省级卫生城、全省劳务输出先进县、全省困难群众生活保障工作先进市、全省党建带团建先进单位、全省招商引资先进县、全省普法依法治理先进县（市）、全省平安县（市）、全省平安畅通县（区）、全省平安吉林建设示范县等称号。

未来展望

进入“十二五”以来，为了能够在新的起点上实现提速跨越、振兴崛起，洮南市把统筹“三动”并举，加快“三化”进程做为引领县域发展的工作主线，突出依托资源挖潜能，打造载体引项目，转变方式提质量，凝心聚力抓落实，着力建设区域新能源产业基地，纺织服装生产基地，生化药和植化药生产研发基地，农产品加工基地，矿产冶金生产基地，蔬菜瓜果、肉蛋奶生产集散基地，力争未来五年跻身全省强县行列。

瀚海明珠历经大浪淘沙，必将璀璨生辉，光耀塞北！

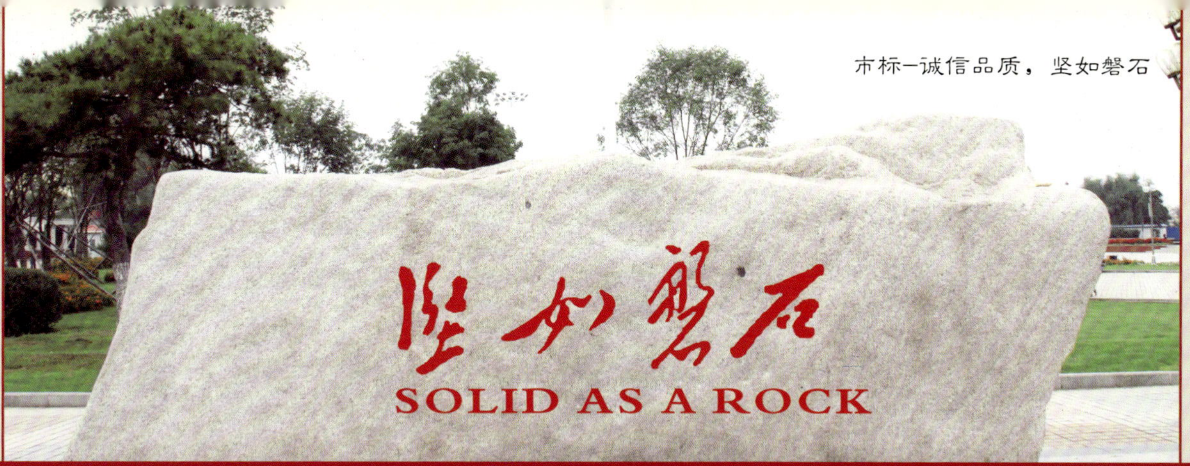

市标—诚信品质，坚如磐石

正在崛起的东北新型工业城市—磐石市

一、基本情况

磐石市位于吉林省中南部、吉林市南部，地处松辽平原向长白山的过渡地带，属丘陵半山区。幅员面积3960平方公里，辖14个乡镇、3个街道办事处、2个省级经济开发区和1个有色金属高新技术产业园区，户籍人口54万。

地理区位优越。雄踞长吉侧翼，位于长吉1小时经济圈，沈哈3小时经济圈中心地带。202国道、沈吉铁路、沈吉和营松高速公路、铁路复线纵贯全境，客货物流发达。矿产资源丰富。硅灰石储量占全国储量的四分之一，质量为世界之首。森林资源富足。全市有林地面积18万公顷，占全市总幅员面积的47.3%。森林活立木蓄积量为1170万立方米。旅游资源独特。境内旅游资源得天独厚，已发现古文化遗址10余处，保留抗日战争革命遗址20余处，现已初步形成了以“一洞（官马溶洞）、两山（仙人洞山、莲花山）、四库（黄河水库、亚吉水库、柳杨水库、官马水库）”为主的独具地方特色的旅游格局。域内有国家级旅游景区莲花山原始森林公园和全省最大的地表熔岩洞官马溶洞。

二、经济社会发展情况

近年来，磐石市紧紧抓住省委、省政府实施“三动”促“三化”战略的契机，围绕建设中等城市、东北新型工业城市和“实力、和谐、生态”磐石目标，坚持以科学发展为主题，以转变发展方式为主线，大力招商引资，狠抓项目建设，全力打造“两区三园”（即磐石经济开发区、明城经济开发区、吉林有色金属高新技术产业园、现代医药产业园、新材料产业园），加快改善民生民利事业，推动了县域经济社会的平稳较快发展。

亚泰全景

2011年，全市地区生产总值实现284.5亿元，增长17.1%，其中一、二、三产业增加值分别实现42.5亿元、15.2亿元和89.9亿元；财政收入实现14.51亿元，增长30.1%；地方级财政收入实现10.08亿元，增长36.2%；固定资产投资实现147亿元；招商引资到位资金实现80亿元；规模工业总产值和增加值分别实现358.3亿元和122.1亿元，分别增长21%和17.6%。社会消费品零售总额实现57.4亿元，增长16.7%。城镇居民人均可支配收入和农民人均纯收入实现15506元和7500元，分别增长23.8%和14%。

（一）招商引资和项目建设成果显著。全年引进实质性项目169个，其中亿元以上项目28个。新建续建各类项目354个，其中3000万元以上项目91个。中航西安航空制动公司、国家开发投资公司先后进驻；修正药业产业园区、深圳宝航等一批重大项目签约落地；娃哈哈乳制品、汇源天之润饮品等22个重点工业项目建成投产；紫鑫药业、华威特电子等一批项目快速推进。

（二）工业经济发展势头强劲。重点企业运行平稳，吉恩镍业、吉林恒联产销两旺，冀东水泥、亚泰水泥效益明显提升。成长型企业快速发展，13户企业进入规模企业行列。规模工业企业利润总额实现27.7亿元，增长185%。万元增加值综合能耗同比下降4.5%。化学需氧量和二氧化硫分别减排1020吨和206吨。

（三）园区建设高效推进。投资1.6亿元，完成磐石、明城两个开发区基础设施建设28项，收储土地292公顷。吉林有色金属高新技术产业园区完成初步规划和项目谋划等工作。新材料、现代医药园区建设进展顺利，入园项目分别达到5个和9个。全年，“两区三园”工业总产值和税收分别实现212亿元和7.6亿元，占全市的52%和53%。

（四）城市建管成效明显。总投资7.5亿元的城市建设10项重点工程稳步实施，东外环北段、前景路立交桥、永盛大路建成通车，石城大街南北延、腾飞大街、人民路改造、净水厂一期、丽泽文化主题公园等工程完成年度建设任务。城市管理精细化程度不断提高，各类违章建设行为得到有效遏制。主街路实现全程机械化除尘，完成彩砖铺设4万平方米，新建高杆灯12处，新增公共绿地2万平方米。

（五）新农村建设进展顺利。各项惠农政策全面落实，建成安全储粮仓4000座，粮食产量实现80万吨。“千村示范、万村提升”工程成效明显，15个示范村、73个提升村各项建设任务全面完成，建成绿色文明走廊21条、水泥路80公里、饮水安全工程42处、农村文化大院44个，改造有线电视村屯32个，改厕4200座。连续32年实现无重大森林火灾。

（六）服务业发展态势良好。投资近8亿元，加快服务业项目建设，天元五星级宾馆、商贸城三星级商务酒店、总部经济大厦完成主体工程建设，吉高陆港物流园、修正电子商务大厦全面启动。旅游总体规划通过专家论证并全面实施，游客人数大幅度提升。2011年共接待游客30万人次，实现旅游收入2000余万元。新增个体工商户2634户，新型服务业态20户。

（七）民生事业蓬勃发展。完成暖房子工程建设48万平方米；改造农村泥草房3015户；教育园区高中部主体完工；阜康大路东西延及景观带工程全部完成；城乡低保补助标准进一步提高，城镇月人均达225元，农村年人均达1150元；城镇职工基本医疗保险报销比例提高5%，最高报销限额提高到20万元；参合农民在省内定点医疗机构住院实现即时报销。各项社会事业全面进步。

西点药业

（八）软环境建设不断加强。“两访两促”、“三帮扶”等活动扎实开展，解决各类问题2473件。“制度+科技”预防腐败模式试点深入推进，公共资源交易平台建成运行，科技防腐工作走在全省前列。“绿色通道”、项目领办代办制度深入实施，全民参与软环境建设的氛围进一步浓厚。

乾安县人民政府

乾安县县委书记 张兴贵

乾安县县长 宇树志

乾安县位于吉林省的西北部，松原市西部，下辖16个（乡、镇、场、园区），164个行政村，总人口30万人，农业人口20万人。几年来，乾安县委县政府以科学发展观为统领，以“打造富庶和谐文明新乾安”为目标，深入实施“三化、四城、五县”发展战略，努力打造勤政廉明的政务环境、公平公正的法制环境、优惠开放的政策环境、文明诚信的人文环境、优质高效的服务环境，带领全县人民聚精会神搞建设，一心一意谋发展，县域综合经济实力在全省县区排序中位次不断前移。2008年乾安县被确定为中央深入学习实践科学发展观的试点县，2010年又被确定为中央创先争优活动示范县，并先后被评为全国县域经济基本竞争力提升速度最快的百强县，全国最具投资潜力的中小城市百强县，全国商品粮基地县，国家商品牛基地县，国家草原绿化达标县，省级平安示范县，省级精神文明建设先进县。

伊通满族自治县

满族婚俗挑盖头

孤山秋色

伊通满族艺术团参加中央电视台《欢乐中国行》舞蹈《满风神韵》

南山旅游风景区

伊通满族自治县位于吉林省中部，伊通河上游，省会长春市南面。地处长白山脉向松辽平原过渡的丘陵地带。幅员面积2523平方公里。辖12镇、3乡，4个街道。人口48万人，其中满族人口16.8万人，占总人口35%。

2011年，全县生产总值实现144.4亿元，同比增长17.3%。其中第一、二、三产业增加值实现39.2亿元、34.2亿元、71亿元，同比分别增长33.5%、37.5%、15.7%。固定资产投资完成38.4亿元。社会消费品零售总额实现33.9亿元，同比增长17.6%。全县城镇居民人均可支配收入和农民人均纯收入达到14580元和7085 元，同比分别增长13%。全县一般预算全口径财政收入实现5.66亿元，同比增长30.8%。地方级财政收入实现3.35亿元，同比增长33%。一般预算全口径财政支出完成16.88亿元，同比增长18%。

全年新上续建重点项目79个，其中亿元以上项目20个。招商引资到位资金42.3亿元。全县规模以上工业企业产值、增加值实现94.08亿元和31.4亿元，同比分别增长40.7%和42%；利润、税金实现58亿元和25.4亿元，同比分别增长45.5%和42.7%。民营经济主营业务收入和实缴税金实现175亿元和4.2亿元，同比分别增长62%和29%。

全年农业总产值实现64亿元，同比增长17.9%。畜牧业总产值实现39.15亿元，同比增长9.6%。落实粮食种植面积12万公顷，粮食总产达到30.8亿斤，被国务院评为“全国粮食生产先进县”，被省评为粮食高产创建先进县。牧业小区累计发展到314个，被国家列为生猪调出大县。打造了伊公、伊磐公路沿线和县城周边三个样板村群，被评为全省新农村建设先进县。全年完成造林27945亩，完成村屯绿化 67 个，被省政府评为“连续三十年无重大森林火灾”先进单位和“集体林改先进县”。水利建设完成投资2.23亿元，完成了伊通河城区防洪工程第一期主体工程建设。完成了3处黑土区水土流失治理工程和9处水毁修复工程。解决了全县3.72万人口的饮水安全问题。

全年完成各类城乡规划22项，累计规划用地140.4公顷，规划建筑面积211.1万平方米。棚改工程、伊通河两岸新区建设、南部新城建设扎实推进。暖房子工程完成21万平方米。完成道路建设工程22项。新建农村公路32.4公里，等级公路通村率达到100%。

全年城镇新增就业人口7885人。城镇登记失业率控制在4.0%以内。新农合参合率达到98.58%。27项校舍改建工程全部完工。新发展有线电视村5个。完成了“柳条边、大驿路”申遗工作。运动场、民族文化宫和体育场馆开工建设。13个乡镇综合文化站建成使用。新建农村文化大院30家、农民健身广场20个。农家书屋实现全覆盖。

北尖山下井架林立

查干湖旅游经济开发区

CHAGANHULVYOUJINGJIKAIFAQU

捕食

荷塘仙境

2002年1月，经松原市政府批准查干湖旅游经济开发区成立，为市级开发区；2002年11月，经吉林省人民政府批准升格为省级开发区。开发区幅员面积888.21平方公里，全区总人口28407人，南距长春市193公里，北距哈尔滨市265公里，长白铁路、大广、珲乌高速公路傍湖而过，入境路为二级路，交通便利，通讯快捷。开发区具有丰富的自然资源，吉林省最大的内陆湖泊——查干湖位于开发区内，水域总面积420平方公里，年均蓄水量7亿立方米，平均水深2.5米。湖区现有鸟类16目47科239种，有国家一级保护鸟类丹顶鹤、白头鹤、东方白鹳等9种。

2011年，开发区按照打造神奇的查干湖、四季的查干湖、世界的查干湖的总体要求，扎实推进“二次创业”活动，全面实施“一二三四”发展战略，即加快环查干湖经济带的建设步伐，实现以查干湖旅游度假区核心区为中心的查干湖旅游经济区的建设目标；成功申报“二”个国际级称号，即查干湖冬捕争创世界级非物质文化遗产，查干湖湿地争创国际重要湿地；创建“三”个国家级园区，即创建国家AAAAA级旅游景区、国家级非物质文化产业园区和国家生态旅游示范区；构建“四位一体”特色旅游区，即构建游览观光、休闲度假、运动健身、美食养生“四位一体”的特色旅游区。全区经济和社会事业实现大发展，地区生产总值实现31.09亿元，同比增长21%；全区总收入实现46.96亿元，同比增长23.5%；全口径财政收入实现1.4亿元，地方级财政收入实现8800万元，分别增长8.5%和39.5%；固定资产投资实现14.3亿元；旅游综合收入达到9亿元，同比增长19.4%，旅游人数达到126万人次。

一、扎实推进招商引资和项目建设，大发展的框架和格局基本形成

2011年，我们以“三化统筹”引领招商引资和项目建设工作，共建设重点项目28个，完成投资18.5亿元。其中，查干湖渔猎文化博物馆及博览苑、查干湖生态农业观光、查干湖休闲渔业园区和野鸭岛等项目已完工；合资合作石油开发、土地整理、新庙泡环湖大坝（路）、水生态修复及塌岸治理、海宽公园、水岸风情街、祭湖广场、查干湖水上运动中心、查干湖旅游岛综合开发、温泉勘探等项目取得阶段性成果；污水处理、路桥建设项目已开展前期工作，房地产二期开发有序进展。组建了物业管理公司、园林公司、金石开发建设公司、华日房地产公司等一批实体公司，积极开展工作，不断拓展开发区发展空间，构筑了大发展、快发展的框架和格局。

二、宣传促销工作收效巨大，旅游业持续发展

成功举办了第十届蒙古族民俗旅游节、冰雪渔猎文化旅游节和全国公路自行车冠军赛，活动的规模、档次和影响力不断提高。强化与主流媒体的合作，在冰雪渔猎文化旅游节期间，中央电视台和南方卫视、辽宁卫视等中央及省级卫视，新华网、新浪网等网络媒体及《工人日报》、《吉林日报》等平面媒体对旅游节盛况进行了综合报道，其中央视新闻频道、综合频道、国际频道对旅游节开幕

水天一色

式及捕鱼生产进行了全程直播或跟踪报道。认真办好查干湖旅游专刊，与松原大众生活广播联合开设《魅力查干湖》专栏等，起到了多角度、多层次、全方位的宣传效果。客源地市场日益扩大，美国、日本、新加坡、台湾等地游客和团队不断增加。扎实开展平安景区创建活动，被评为吉林省平安景区。随着旅游开发的不断深入，查干湖的知名度和影响力日益扩大，在我省旅游大格局中的地位不断巩固和提升。

三、文化事业成果喜人，查干湖软实力不断提升

一是组建了文化实体。先后成立了查干湖书画院和查干湖文化研究会。查干湖渔猎文化博物馆投入运营，社会反响良好。查干淖尔文化传媒公司积极参与节庆和文化产品的开发工作，成效明显。二是打造了文化精品。动漫片《查干湖小精灵》和乐舞诗《查干湖》成功播出和公演，动漫衍生产品开发工作正有序进行，实现了由文化创意向文化产品的转变。出版发行了《查干湖文化走笔》等一批文化宣传品，为弘扬查干湖历史文化，大力发展文化产业奠定了基础。三是举办了多项文化活动。“情系查干湖书画展”、“用镜头讲述查干湖”世界摄影大赛、“查干湖，我们的母亲湖”全国诗歌散文大赛等文化活动相继开展，提高了查干湖的影响力、知名度和文化软实力。

四、实施品牌战略和精品战略，渔业经济稳步发展

继续实施查干湖胖头鱼品牌战略，打造精品渔业，渔业生产企业统一使用“查干湖胖头鱼”和地理标志产品保护品牌，收效明显。积极开展中国驰名商标的申报工作，目前已通过省工商局审核，并报送至国家工商总局审批。坚持“人工投放、自然增值、科学捕捞、适度加工”的原则，渔业投入不断加大，渔政管理日趋规范，鱼产品加工包装日趋精细，品牌优势充分彰显，对旅游的拉动效应日益加大。全年实现商品鱼产量4442吨，实现产值5000万元。不断扩展鱼产品销售半径，远销京、津、沪、穗等大中城市，并打进中南海，摆上皇城根的餐桌。加大涉渔旅游业的发展步伐，生态农业观光项目、休闲渔业项目相继投入使用。旅游业占渔业企业收入的比重日益提高，也带动了企业的稳步发展。

查干湖俯视图

五、强化各项管理，维护查干湖发展大局

狠抓旅游行业管理和景区环境整治，加强旅游从业人员培训、导游员队伍和游客服务中心建设，景区服务水平和管理质量进一步提高。重点整治非法排污行为，严格落实“三同时”制度。强化安全生产管理，全年无安全生产事故。积极组织收入，不断拓展税源，为开发区发展提供财力保障。严格用地管理，确保开发区项目建设用地。进一步完善管理职能，与县发改局联合成立了价格分局，强化了景区物价管理。公安、消防、海事、景区管理处和综合执法大队等各部门相互支持、团结合作，强有力的维护了开发区持续发展的大局。

六、切实推进党建、精神文明建设，为开发区和谐发展提供有力保障

深入开展创先争优活动，在区内民营企业中建立了党组织，充分发挥党组织的战斗堡垒和党员的先锋模范作用。举办干训班，开展解放思想大讨论活动，狠抓学习型机关建设，干部队伍素质不断提高。开展多项党群和文体活动，党的建设和精神文明建设进一步加强。开展行政效能检查和效绩考核工作，不断完善规章制度，强化机关工作纪律、工作作风建设，工作效率和工作质量进一步提高。大力加强民生工作，全年共投资2489万元，用于企业基础设施建设和帮扶困难企业、困难职工和群众，进一步解决企业和职工群众的实际困难，民生工作稳步推进。

十年来，开发区在市、县党委和政府的正确领导下，查干湖旅游区已发展成为松原市旅游业的龙头，引领和带动全市旅游业的健康发展，同时进一步巩固了查干湖旅游在全省大旅游格局中的战略地位。

【概况】吉林市化学工业循环经济示范园区（简称吉林化工园区）于2008年10月29日经吉林省人民政府批准成立，规划面积59.8平方公里，享受省级开发区经济管理权限和相关政策。2011年园区地区生产总值实现392.3亿元（预计数，下同），同比增长27.4%；工业增加值实现257.6亿元，同比增长30.1%，其中规模工业增加值实现212.4亿元，同比增长38.1%；规模工业总产值实现883.7亿元，同比增长41.5%；全口径财政收入完成94.4亿元，同比增长17.2%；地方级财政收入完成11.1亿元，同比增长18.2%；全社会固定资产投资实现207.7亿元，同比增长22.8%；招商引资到位资金实现60亿元，同比增长45.6%。2011年实际利用外资3800万美元，实际利用外资到位资金3500万美元。

吉林市化学工业循环经济示范园区

吉林化工园区办公楼

【招商引资】2011年招商引资计划到位资金58亿元，实际全年完成59.1亿元。全区各类招商引资项目共计125项，其中工业项目77项，申报到位资金55.6104亿元。2011年签约项目41个，总投资103亿元，其中青上硫酸钾、大地化工硫酸铵、荣德钢材100万吨钢卷开平等亿元以上项目19个。

60万吨乙烯全景

园区招商在国际化项目引进方面取得了新的成就，特别是在德国与德固赛公司、林德公司、亨斯迈公司、吉神公司签署的总投资达53.2亿元的丙烯产业链示范项目系列合作协议，标志着园区向着国际化发展迈出关键

乙烯裂解炉

吉林化工园区规划展览馆

吉林化工园区总部基地、政务大厅

一步。

2011年高频次走出去请进来开展招商活动，全年走出去35次、请进来45次。在经济发达区域独立或参加省市组织的推介活动10次。通过招商顾问、各种会议、博览会和吉化资源拓展人脉。利用中国化工论坛精心布展、推介园区，拓展新的渠道。东博会深圳对接会上同客商广泛联系，发掘出多个项目，对这些项目进行重点跟踪，化学试剂等项目已经有了初步意向。

【重点企业、项目】2011年共建设3000万元以上重点项目59项，工业项目58项，其他项目1项，总投资239.7亿元，年内计划投资94.5亿元，可完成投资130亿元。项目全部达产后可实现产值339亿元。其中，新建卓尔科技投资6亿元的6000立方米/年超厚泡沫金属、吉化北方公司投资5亿元的10万吨/年甲甲酯等项目30项，完成了年计划的150%；复工了中油吉化公司投资30.7亿元的40万吨/年ABS、13.9亿元的32万吨/年苯乙烯等结转项目29项，完成年计划100%；竣工或投产坤瑞化工5万吨/年MTBE、30万吨碳四芳构化等项目项目22项，完成年计划的110%。此外，吉化公司合成氨油改气、TMP增产丙烯项目、吉神公司环氧丙烷项目、亨斯迈聚醚及组合聚醚、德固赛双氧水项目、林德公司制氢等6个项目的前期手续也在有序的办理，有望2012年3-5月份开工建设。

【园区建设】以优化工业结构、提高运行质量为核心，全力推动产业跃升，深入实施工业经济结构战略性调整，以增量投入带动存量优化，全力推进建成项目达产达效，竭力扶持重点骨干企业，加快生成民营规模企业，促进工业经济继续保持高速、高效增长。2011年化工和钢铁两个支柱产业产值分别达到761亿元和51亿元，其中中油吉化公司实现产值707.6亿元，同比增长42.1%。食品、机械加工、建筑建材、汽车配件四个行业产值增幅分别达到39.1%、15.7%、9.4%和31.4%。中油吉化、吉林钢铁、吉林热电等16户全市百户重点工业企业完成产值835.6亿元，占全区规模工业产值的94.6%。

2011年吉化公司实现原油加工量910万吨，同比增加186万吨，创历史新高。吉林建龙钢铁实现钢产量117万吨。吉化公司十种主要产品中柴油、汽油、丙烯、聚乙烯、丁苯橡胶、ABS等产量同比都有较大幅度增长，全年实现产品产量1600万吨，同比增长10%，实现商品量870万吨，同比增长20%。

【土地使用】2011年园区共收储土地96.49公顷。其中，结合千万吨炼油扩建项目卫生防护间距内居民动迁安置，与吉化公司协商收回工业用地7.49公顷，商住用地28.3公顷，收回吉化公司联化果园工业用地42.8公顷。做好申报工作，组件申报征收集体土地106.6公顷，截至到目前，获得省国土资源厅批复土地50.9公顷，待批准55.7公顷。做好场地平整工作，收纳回填土方约30万立，平整场地约60万平方米，满足了统泰、青上科技、金谷科技、天茂彩钢、木材市场、新民农药等项目的开工需要。

【管理与服务】目前，园区政务大厅实现了“两集中”、“两到位”。政务大厅共有112个服务窗口，进驻服务部门28个，其中区属部门19个，市属部门9个，工作人员86名；集中审批项目204项，其中区属部门审批项目166项，市属部门审批项目38项，集中审批服务功能基本实现，月办件近万件，平均每天办件400余件，日接待办事人员600多人。实施项目审批手续领办、代办。园区设立项目代办中心，对所有外来投资项目、投资千万元以上项目和新建项目提供全程咨询和代办服务，一对一专人包保。已为69户工业项目企业完善前期手续档案，办结工商注册50户，涉及审批事项一千余项，实际提速率达到90%以上。做好企业孵化工作。龙潭精细化工小企业孵化基地累计孵化企业36户，毕业10户。大学生创业园建立“3+N”体系服务，从协调政策、创业指导、项目扶持等方面给予点对点包保、手把手服务、心贴心帮助。祺兴创业孵化基地建地完成10栋标准化厂房建设，正在建设2栋配套服务综合楼。

松原市宁江区

区委书记施大宁

区长潘书华

宁江区成立于1995年12月12日，位于吉林省中西部，松花江、第二松花江和嫩江汇合处。这里物华天宝，人杰地灵，素有“粮仓、肉库、渔乡、油海”之美誉。是全市政治、经济、文化的中心，幅员面积1619平方公里，辖17个街道、7个乡镇，总人口59.7万，有汉、满、蒙、回、朝等20多个民族。

宁江区位优越，资源丰富。松花江、第二松花江、嫩江穿境而过，长白铁路和大广高速、图乌、科铁等国省级公路与乡村公路连网贯通。区内矿产资源品种多，储量大。主要有石油、天燃气、油母页岩、硅砂、耐火土、硝、矿泉水等。石油储量1.3亿吨，天燃气储量10亿立方米，油母页岩达100万立方米，硅砂土2亿吨。粮食资源丰富。盛产玉米、水稻、大豆、油料、杂粮和瓜菜、林果等优质农产品。森林草地辽阔。农田林网交错，街路绿树掩映，沿江4000公顷森林资源被列为省级森林公园。旅游资源得天独厚，自然景观千姿百态。森林公园景色宜人，龙华宝寺属东北之最，大雄宝殿居亚洲之首。

宁江经济繁荣，潜力巨大。2011年，全区地区生产总值完成265亿元，一般预算全口径财政收入达到26亿元。全社会固定资产投资完成91亿 元。社会消费品零售总额达到114亿元。城镇居民人均可支配收入达到19227 元；农民人均 纯收入达到7151元。农业优势突出，基地农业、设施农业、节水农业不断发 展，粮食总产 量稳步增加。城郊高效农业初具规模，棚膜经济日益壮大。现代农畜产品加 工业标准化进 程不断加快，农畜产品质量显著提高，初步形成了以节水农业为主，以棚菜 生产、农畜产 口加工为辅“一主两副”的产业格局。工业经济快速发展，区属雅达虹工业 集中区，已建 设成为省级工业园区， 起步区内建设 达到“七通一 平”标准。松原港工贸 集中区起步区 达到“三通一 平”的标准，3个千吨级 泊位正在兴 建中，各项基 础设施建设日趋完善。 区内现有规 模以上工业企 业76户，地方工业总产 值实现122亿 元，增加值实 现31.5亿元。第三产业 不断壮大，信 息、金融、会计、咨询、法律服务等新兴行业迅速兴起，带动了服务业整体 水平的提高。 传统服务业经过改造升级，逐步向商 贸流通、交通 运输、家政服务等领域延伸，并涌现 出连锁经营、 物流配送、多式联运、网络销售等组 织形式和服 务方式，服务质量和经济效益明显提 高。沿江旅游 开发区综合服务配套设施不断完善， 龙华风景区、滨江休闲区成为宁江旅游新亮点。

区委副书记、区长潘书华与相关部分负责人研究工作

区委书记施大宁到雅达虹工业集中区内企业调研

宁江社会繁荣，安定和谐。全 区教育、文化、卫生等项事业欣欣向荣。教育事业蓬 勃发展，整合教育资源，实施素质教 育，全区教育事业现入一个新的发展时期，宁江教育 的品牌已经享誉全省。区属实验小学 已跨入全国百所重点小学行列。实验中学，已成为北 京师范大学在东北地区唯一的教学试 验基地。文体活动丰富多彩，广泛开展以社区文化、 广场文化和农村文化为主的群众性文 体活动，一年一度的“伯都讷端午文化旅游节”已被 评为最具弘扬传统节日节庆奖。卫生 事业长足发展，医药卫生体制改革不断深化，新型农村合作医疗工作扎实推进，农民参合率稳步提高。就业、社会保障、农村公路、泥草房改造和安全饮水工程全面实施，民生福祉明显改善，全区社会和谐稳定。

区委书记施大宁到善友镇光荣村调研

北车风电项目投产运行

荣聚达建筑商砼项目投产

雅达虹工业集中区进一步发展壮大

长白山管委会机关办公大楼

长白山保护开发区

一、长白山保护开发区基本情况

长白山位于吉林省东南部，是联合国“人与生物圈”自然保留地、国家级自然保护区、国家5A级旅游景区、中国十大名山之一。长白山是图们江、松花江、鸭绿江三江之源，天池是中国和朝鲜的界湖。长白山生态资源丰富、人文积淀厚重，保存有欧亚大陆北部最完整的森林生态系统，是世界少有的“物种基因库”；人类活动历史始于原始社会，设立建制历史始于西汉时期，金朝和清朝将其视为圣地，是满族的发祥地。

长白山保护开发区党工委书记、管委会主任徐晗同志在2012年全区工作会议上作工作报告。

长白山管委会经济发展局兼长白山统计局局长黄贵君同志主持召开局机关干部工作会议。

2005年6月，为实现对长白山的“统一规划、统一保护、统一开发、统一管理”，省委、省政府决定成立长白山保护开发区管理委员会。2006年1月，长白山管委会正式挂牌，作为省政府派出机构、正厅级建制，代表省政府依法对管理区域内的经济和社会行政事务，以及自然资源实行统一领导和管理。长白山管委会规划指导区（协调区）面积13478平方公里，行政管辖区面积3278平方公里，国家级自然保护区面积1964.65平方公里。管委会下辖池北、池西、池南三个县级经济管理区，总人口8.4万人、常驻人口6.5万人。

二、长白山管委会成立以来工作情况

——经济社会快速发展。管委会成立以来，长白山保护开发事业实现新跨越。2011年，全区地区生产总值实现20.3亿元，同比增长25%；全口径财政收入完成3亿元，同比增长63.9%，地方级财政收入完成2.03亿元，同比增长75.8%；全社会固定资产投资完成33.2亿元，同比增长38.2%。长白山景区旅游人数实现142万人次（单日接待量最高达3万人次），同比增长57.8%；景区旅游收入实现3.7亿元，同比增长76.2%。

——生态环境明显改善。我们始终坚持“保护第一”思想，累计实施生态保护项目96个，完成投资32.6亿元。保护区实现连续51年无重大森林火灾，森林覆盖率达到87%，年生物多样性经济总值达到80亿元。

——发展战略日臻清晰。确立了“全面建设生态、魅力、和谐长白山”的发展目标，深入思考和科学谋划了“大长白山”发展战略、“大生态”发展理念、“大旅游”发展格局。

——品牌形象显著提升。我们深入挖掘和整理了长白山“神奇、神圣、神秘”，“原始、源头、元气”的文化内涵；提炼了由开拓、拼搏、包容、大义为内核的长白山精神；确立了“休闲养生地、大美长白山”的主题形象定位。累计投入8000余万元进行宣传推介连续五年举办“中国长白山国际旅游节”、“中国长白山国际雪文化旅游节”等节庆活动。

——设施功能不断优化。在旅游功能服务设施方面，开通了四条航线和环长白山景区旅游快线。4家五星级以上酒店投入使用，浙江卡森等大型商家投资项目已经启动。利用火山温泉资源，建成国内一流的聚龙泉养生会馆。在景区服务设施建设和管理方面，对景区实行全面封闭运营和全年开放；亚洲最大的天然滑雪公园投入使用；建设了旅游电子商务平台，形成了景区智能管理系统，实现了“数字长白山”向“智慧长白山”的转变。

——社会事业全面进步。六年来，实施民生项目79个，专项投入资金10.6亿元。长白山保护开发区中心医院等重大民生工程陆续投入使用，长白山教育、卫生、民政、科技、广播电视、民族宗教等各项社会事业取得长足进步。

三、2012年主要工作安排和“十二五”时期工作思路

一是抓生态，努力建设好国家重点示范保护区。二是创品牌，全力推动旅游产业向转型升级。三是促投资，拉动区域经济快速增长。四是优环境，着力提升软硬环境建设水平。五是保民生，努力让全区人民生活得更加美好。六是强队伍，切实加强和改进党的建设。

“十二五”时期，长白山管委会将始终坚持“全面建设生态、魅力、和谐长白山”的发展目标，坚持保护与开发并重，以科学发展、加快发展为主题，全力推动长白山旅游产业向休闲度假复合型、功能服务配套型、生态文化融合型方向转型升级，重点做好“抓生态、创品牌、促投资、优环境、保民生、强队伍”等工作，努力把长白山打造成为生态环境优美、文化魅力独特、社会文明祥和的国际生态经济示范区。

长白山保护开发区党工委书记、管委会主任徐晗同志在管委会秘书长王库同志的陪同下，带领管委会经济发展局（长白山统计局）、财政局、住建局、环资局等相关部门深入到池北区项目建设工地检查指导工作。（从右到左依次为池北区区长李南哲、管委会主任徐晗、秘书长王库、经发局局长黄贵君、住建局局长唐伟）

2012年3月1日，全区统计工作暨第六次全国人口普查总结表彰会议于长白山管委会池北区胜利召开！

长白山管委会经济发展局兼长白山统计局局长黄贵君同志在全区统计工作暨第六次全国人口普查总结表彰会议上作汇报。

立足实际 创新发展

——吉林高新区实现经济跨越发展

20年前，现代工业文明的火种在这里播种，20年后，科技的火炬在这里闪耀；

20年前，这里一片荒芜，杂草丛生，20年后，这里厂房林立，园区纵横；

20年的艰辛与汗水，20年的探索与实践，20年的改革与创新，一座座各具特色的厂房，一幢幢拔地而起的高楼，一张张锦绣宏伟的科技蓝图，无疑都印证着一件事，一座现代化科技新城已然屹立在松花江畔。

一、基本情况

2011年6月18日，常务副省长竺延风（前中）在吉林高新区调研

吉林高新技术产业开发区（简称吉林高新区）于1992年11月由国务院批准成立，几经调整，现由22.08平方公里的江南新建区和吉林市汽车产业工业园区（以下简称吉林高新南区）、3平方公里的江北精细化工试验区（国务院批准的政策区）及108平方公里吉林高新区北部新区暨吉林市战略新兴产业聚集区（以下简称吉林高新北区）组成，江南新建区地区生产总值、规模工业企业户数、财政收入、可用财力分别从2005年的34亿元、48户、5.8亿元、1.66亿元增长到2011年的161.6亿元、102户、27亿元、16亿元，年均增长均在30%左右。

二、主要成就

（一）产业建设成绩辉煌

2011年5月2日，市人大主任曲国良（前左二）在高新区调研

经过近二十年的建设，吉林高新区得到了长足发展，尤其在“十一五”期间，吉林高新区经济总量迅速增大，产业基础日趋完善，发展态势进入良性轨道，已经形成了六大主导产业，奠定了两个千亿级和四个百亿级特色产业集群的发展基础。

1、以特色产业园区为载体，聚集产业发展要素，发展特色产业。打造六个特色产业基地暨汽车及零部件产业基地、精细化工产业园区、装备制造产业基地、电子信息产业基地、生物医药产业基地、现代服务业产业基地。

2、以强化区域间经济技术合作为纽带，优化产业结构。通过引进德国巴斯夫、荷兰飞利浦、上海凯赛集团、等一批国内外知名企业，使吉林高新区在风电、水电、核电设备制造以及生物医药制剂、新能源等产业从无到有；汽车及零部件制造、电力电子分立器件等产业从弱到强，形成了一定的特色主导产业基础。

3、以实施名牌产品战略为途径，提升主导产业竞争力。通过组织企业申报产品专利、商标注册等，形成了区域性品牌效应。

（二）科技创新硕果累累

1、实行“点”式运作，引导企业成为自主研发的主体。依托与中国科学院长春分院、北华大学、东北电力大学等研究院校，建立了大学科技园和研发中心，对在研的项目优中选优，中国科学院力学所的“激光毛化设备”项目、中国科大“863”计划“基因重组纤维素酶”项目均已建成投产。

2011年8月18日，市委书记张晓霈在高新区吉林龙山集团调研

2、实行“线”式孵化，提高产业链创新能力和竞争能力。强化孵化器和企业技术中心建设，提供一流的科技型中小企业孵化基地，建立项目研发、试产、投产一条龙的深层次项目孵化模式。建成总建筑面积达17万平方米的孵化基地，形成了创业中心（国家级）、大学科技园、留学生创业园、软件园（国家级）、民营科技园等“一心多园”的孵化格局。

3、建立研发、测试“面”式平台，为企业提供科技支撑。目前，吉林高新区电子信息企业拥有软件著作权226项，经营的主要产品有270余种，包括大功率晶体管、通信管理软件、电力企业管理软件、硅酸根检测表等，并建立国家电力信息化技术服务联盟，联合产品互补型电力电子企业，共享信息与市场资源，围绕“数字化电力系统”，为其提供安全、高效、节能、环保系列配套产品。

吉林经济技术开发区

吉林经开区管委会主任 郑国学

吉林经济技术开发区是1998年底经吉林省人民政府批准设立的省级开发区，是中国黄河以北唯一的国家级专利产业化试点基地和国家碳纤维高新技术产业基地，已通过ISO14001环境管理体系和ISO9001质量管理体系双认证。2010年4月25日，经国务院批准晋升国家级经济技术开发区。

2011年是“十二五”开局之年，也是吉林经开区以国家级开发区崭新风貌，开启千亿级开发区建设的起步之年。在吉林市委、市政府的正确领导下，在市直各部门和社会各界的关心支持下，吉林经开区党工委、管委会团结和带领全区人民，弘扬“不辱使命、埋头苦干、握沙成团、率先发展”的经开精神，抢抓发展机遇，深化 “三动”战略，实施“五项攻坚”，争创“五个一流”，开展“三帮双促”，全区呈现出经济发展、社会进步、民生改善、安定和谐的良好局面。

（一）经济发展势头强劲，综合实力大幅攀升。地区生产总值实现82.3亿元，同比增长28.3%；全口径财政收入首次突破10亿元大关，完成100955万元，同比增长37.1%，其中，地方级财政收入完成42541万元，同比增长57.5%；规模工业总产值实现245亿元，同比增长37.6%；规模工业增加值完成57亿元，同比增长37.3%；全社会固定资产投资完成138亿元，同比增长28.9%；社会消费品零售总额实现4亿元，增长25%。

（二）招商引资成果丰硕，成功实现五路突破。全年签订各类投资协议（合同）63项，协议引资总额241.8亿元，新开工3000万元以上招商引资项目42项，完成招商引资实际到位资金70.7亿元、实际利用外资5670万美元，同比分别增长54.5%和20%，均超额完成全年计划目标。年度内资考核名列全市第二，外资考核名列全市第一，成为全市唯一“五项攻坚”招商引资优秀单位。

（三）项目建设快速推进，园区发展后劲十足。卓有成效地开展三轮项目建设大会战和“五项攻坚”百日会战，全员 “早七晚七”延时工作，干部“一对一”包保促进，全程 “跑步式、保姆式、精准式”服务，项目建设快速推进，全市考评始终名列前茅。全省推进“三动”战略吉林市现场会期间，众鑫精细化学品园等5个项目代表我市通过省最高规格检查，受到与会领导一致好评。

吉林化纤集团5000吨碳纤维原丝项目投产仪式

（四）核心产业迅速壮大，竞争优势明显提升。全区精细化学品生产企业已达27户，品种已达36类，总产能超过100万吨。2011年，34个精细化工项目开工建设，全部建成后品种将超过60大类，总产能将超过150万吨。以碳纤维、聚酰亚胺为主导的新材料产业发展迅猛，碳纤维原丝生产技术已居全国领先水平，产能现为全国最大，产品已覆盖1K、3K、6K、12K等不同级别，从原丝到碳丝，再到民用终端产品的完整碳纤维产业链条基本形成。2011年战略性新兴产业实现产值83.2亿元，全市评比排名第一。

（五）提速增效措施强劲，工业经济充满活力。积极应对不利形势，强化政策扶持，搭建服务平台，工业经济发展再上新台阶。一是工业经济在高基数上快速增长。全年规模工业实现产值245亿元，同比增长37.6%，首次跨越200亿元大关。二是工业经济质量在高增长中大幅提升。新增规模工业企业8家，累计已达73家。继博大生化2010年8月恢复生产后，京泰化工成功实现重组，联想股份收购龙谷物流大局已定，即将进驻经开区，停产半停产企业重启难题得到有效破解。三是工业产业结构在高运行中合理优化。优势产业基础地位日益突出，重点企业规模不断壮大。四是企业社会责任在高回报中充分体现。工业企业税收占到全区税收的96.6%，占到全口径财政收入的67.5%。规模工业企业从业人员已达2万人，较上年增长5.6%，人均月工资同比提高近300元。

省委书记孙正才到开发区视察碳纤维项目建设

（六）功能建设扎实推进，园区形象显著提升。碳纤维特色产业园区公共服务平台、中小企业孵化基地、专利信息公共服务平台、精细化工中试基地二期建设进展顺利，产学研结合和科技成果转化力度显著加大，成功嫁接合作项目12项。完成基础设施投入36670万元，松江北路、中粮米业铁路专用线等6项市属重点工程建设进展顺利。园区面貌和人居环境大幅改善，多次受到各级领导、驻区企事业单位及来宾客商好评，省市多家媒体专题报道。

（七）平安建设卓有成效，生产生活安定有序。强化社会治安综合治理，严厉打击各类犯罪活动，及时侦破路灯电缆系列团伙盗窃案、“12.24”10万元卖粮款盗窃案、“12.27”抢劫杀人焚尸案等一批有影响的重特大案件，刑事案件发案率同比下降9.8%，破案率同比上升10.3%，公安部“清网行动”撤网率100%，基层平安建设工作荣获市级先进单位。

（八）经济社会良性发展，社会事业全面进步。组织投入资金2000余万元，48项民生工程扎实推进。各项支农惠农政策和直补资金及时足额落实到位。122户农村泥草房、4户社区危房改造完毕。后通溪村、陈屯村安全饮水工程竣工，2100余名村民喝上“放心水”，龙谷社区2000余户居民多年生活用水问题得到解决。积极安置就业再就业2440余人。

（九）争先创优持续深入，各项工作齐头并进。争先创优活动深入开展，各条战线创新工作，效果突出。除去上述提到的工作外，财税征收坚强有力，全方位税源争取工作取得重大突破；规划工作积极推进，新一轮发展规划进入实质性编制阶段；融资工作扎实开展，在较短时间内进入实质申报阶段；国资经营管理工作创新开展，战略伙伴日渐增多；国土资源管理规范严谨，被评为全市省级以上开发区国土系统唯一优胜单位；土地房屋征收工作积极稳妥，通溪村和棚户区等大量征地拆迁工作及其相关历史遗留问题得到圆满解决；“十年绿化美化吉林大地”工作荣获先进单位；街道、社区和村屯综合管理水平显著提高；党务、政务、人事、纪检监察工作执行有力，服务缜密，工作到位；宣传工作取得重大突破，主流媒体见稿多，头版头条多，深度报道多，受到省领导高度关注，两次做出重要批示；检察室、国税、地税、公安、消防、交管、工商、质监、药监等双管单位大局意识强，职能作用发挥突出，为开发区发展做出了重要贡献。

（十）党的建设不断加强，队伍建设成效显著。以争创“五个一流”活动为主线，深入推进基层组织建设和创先争优活动，先后召开争创“五个一流”专题民主生活会、纪念建党90周年暨争创“五个一流”表彰大会。

吉林北大壶体育旅游经济开发区

吉林北大壶体育旅游经济开发区是2003年4月经吉林省人民政府批准成立的，是全国唯一以体育旅游为主导的省级开发区，开发区规划控制面积126平方公里。开发区位于吉林市西南40公里，毗邻长春和吉林两大城市，与松花湖国家自然风景区接壤。公路交通便利，吉桦一级公路直通北大壶，并连接长吉、吉草高速公路。长春龙嘉国际机场距北大壶仅有一个半小时车程。

北大壶具有得天独厚的自然资源和气候条件。冬季最冷月为每年的1月份，10年日平均气温−15.4℃，夏季最热月为7月份，10年日平均气温为18.6℃。北大壶冬季雪量足、雪期长、雪质好、气候宜人，有“滑雪天堂”之美誉。区域内群峰连绵，山势奇特，海拔超1200米的山峰有9座，其中，主峰南楼山海拔1404.8米，是长白山脉向松嫩平原过渡带最高峰；植被覆盖率高，动植物资源丰富，素有“天然氧仓”之称；区内蕴藏着丰富的地下温泉资源；高山雾凇享有较高的声誉。北大壶是冬季滑雪、夏季避暑的理想去处。

清康熙、乾隆皇帝都曾巡幸至北大壶。史料记载乾隆十九年（1754年）八月，乾隆皇帝巡行吉林，御驾亲临南楼山之北时自咏道：“三面环山，行若壶尊；圣泉甘露，盛于其中，此乃天造地设北大壶！”并亲笔御赐“北大壶”，北大壶由此得名。

区内北大壶滑雪场始建于1993年，是国家首批AAAA级风景区之一，具有世界一流的滑雪旅游资源。曾成功承办了第八、九届、十二届全国冬运会、第六届亚洲冬季运动会。北大壶是国家旅游局确定的首个全国冬季旅游休闲度假示范区，是国家体育总局确定的国家滑雪训练基地、国家登山滑雪训练基地、国家拓展训练基地。

为把北大壶建设成为中国北方国际旅居休闲度假区，开发区聘请美国WATG公司对126平方公里区域编制了总体规划，规划了北大壶风情小镇、多元文化区、温泉安康区、休闲农业区和户外运动区（冬奥村）等五个特色鲜明的文化旅游体育产业发展区域。

北大壶风情小镇

规划理念是建设一座以康体医疗保健、娱乐消遣、游客服务和住宅为主的小城镇，遵循城镇化发展思路，最终形成传统经典与现代时尚完美结合的山地度假小镇。开发建设康健体检医疗中心、游客服务中心、轻轨站、娱乐和商业中心、酒店、住宅区等项目，为游客带来最精彩、最贴心、最温暖的旅游体验。功能区规划面积3平方公里。

多元文化区

地处山谷平原地带，两面依山，中间宽阔平坦。规划理念是塑造出一个别具一格的文化旅游区，以现代文化（包括水上和空中运动文化）、民俗文化和传统文化为灵魂、产业为支撑、景观为基础、功能为核心的多元文化体验区。开发建设通用机场、航空产业园和航空小镇、寺庙小岛、戏剧院、酒店等项目，使之成为融汇民族、民俗与传统文化体验的动感地带和心灵家园。功能区规划面积10平方公里。

梦幻

温泉安康区

地处山谷和溪流的交汇处，是天然温泉所在地。如此丰厚的自然景观，界定了这片区域的规划性质和规划意向。规划理念是以寻找心灵平衡、调养、养老和身体锻炼为基点，综合生态环境、社会、经济三方面总体效益，挖掘温泉和自然环境资源的潜力，打造一个集温泉娱乐、养生保健、强身健体的最佳静谧度假区。

休闲农业区

这里自然环境良好，水源多，土壤肥沃，农作物丰富，农庄文化浓郁。是体验农业旅游和亲近自然的最佳区域，将成为总体规划区内重要的绿地缓冲区。开发建设葡萄酒庄园、果园、农场、野营地、农贸市场、动植物标本馆、野生动物世界、植物园、私人园艺等项目。使游客远离城市的喧嚣，回归自然。功能区规划面积3平方公里。

飞翔中动的力滑翔伞

户外运动区（冬奥村）

地处北大壶滑雪场和周边连绵山谷围合的地段，是北大壶度假区的核心区域。基于其得天独厚的气候条件和举世无双的山地滑雪资源优势，构成了其独有的滑雪旅游强势诱惑。规划理念是以举办冬奥会为目标，以雪上运动、休闲度假、会议培训为核心功能，带动整个北大壶的开发建设，成为北大壶最具核心竞争力的区域。

3月的北大湖依旧银装素裹，依旧让您感受雪的激情。

层林尽然北大壶

北大壶体育旅游经济开发区以户外运动为突出特点，以滑雪、温泉为核心竞争力产品，以国际一流的“中国北方国际旅居休闲度假区”为终极目标，北大壶将成为以大城市为依托的长吉图发展战略中新的经济增长极。届时北大壶将成为中国北方国际旅居休闲度假区、成为我国申办冬奥会的承办地。

四平经济开发区综合科技大厦

四平经济开发区

正在建设中的品牌汽车4S店一条街

吉林一正药业集团生产基地

四平奋进改装生产车间

四平经济开发区党工委书记、管委会主任贾六宁

吉林庆达数码科技集团生产车间

党工委书记、管委会主任贾六宁（右三）、党工委副书记、管委会副主任吕庆丰（左一）陪同四平市副市长陈振虎向客商介绍四平东南生态新城项目

吉林省四平经济开发区成立于1998年12月，是经吉林省人民政府批准，国家六部委备案的省级开发区。位于长平高速公路连接线两侧，起步区规划面积1.74平方公里，拓展区规划面积22.5平方公里。辖城东、长发、河夹信子3个村，17个自然屯，农户总数2345户，总人口7020人，劳动力3776人，共有耕地13950亩。

作为四平市第一家省级开发区，13年来，在市委、市政府的正确领导下，开发区人白手起家、奋发图强，以敢字为先，在示范区这块沃土上，敢想、敢试、敢创、敢闯，敢于走出一条有自己特色的发展道路，诠释着经开人顽强的斗志和不屈不挠的精神，历经几代人的艰苦创业，把一片耕地逐步演变成了以现代工业为主，工业经济占开发区整个经济总量的91%的良好发展局面。形成了汽车、医药、电子信息、机械制造四个主导产业，规划建设了光伏电池产业园区、汽车产业园区、农副产品深加工园区、医药特色工业园区、换热设备产业园区、中小企业园区等六大园区。截止2010年底，累计实现GDP89.19亿元，实现工业总产值256.02亿元，工业增加值84.74亿元，全社会固定资产投资169.4亿元，财政收入7.11亿元。年均增幅都在30%以上。投入基础设施建设1.2亿元，完成了6条园区路、开发区大路、4S城道路及配套设施建设，1.74平方公里起步区内，实现了道路、供水、供电、排水、通讯、供汽、宽带等基础设施的七通一平。

2011年，随着市委、市政府提出的“开发东南、拓展西北”的战备构想，经开区的发展战略定位发生了根本性的改变。四平“东南生态新城”开工建设，“北部新城”即将启动，高速铁路四平东站和高速公路四平客运站也建设在辖区内，四平经济开发区处在了最前沿、最核心地带，责无旁贷地担当起了加快四平发展的火车头和主力军作用。最初的“建设成为功能齐全、设施完善的工业新区”的原始定位，将转向主要立足于医药产业、行走机械加工、物流产业发展为主。面对转型，经开区领导班子提出了“紧紧围绕‘加快发展’这条主线，咬住‘园区建设、项目招商’这两个重点，坚持‘产业集聚、要素集中、土地集约’三个原则，完成‘基础设施建设、项目建设、城市建设、社会建设’四项任务，实现‘高起点规划、高标准建设、高强度投入、高效能管理、高质量服务’的五高目标”。截止2011年底，全区规模以上企业完成GDP18.3亿元，同比增长42.7%；完成工业总产值54.6亿元，同比增长49%；完成工业增加值18.1亿元，同比增长45.3%；财政收入完成2.9亿元，同比增长33.2%；完成固定资产投资27.5亿元，同比增长39.2%；完成招商引资项目24个，其中亿元以上项目13个；引进外资1300万美元，争取专项资金992万元。“光伏电池产业园区和医药特色工业园区”被批准为省级建设园区，列入省规划管理序列。基础设施建设投入资金7.7亿元，拓展了开运街、植物园、东盛大街、紫气大路等4条道路，为新一轮发展营造了广阔空间。

站在新的历史起点上，四平经济开发区将以加快转变经济发展方式为主线，以改革开放和体制机制创新为动力，以特色园区和基地建设为支撑，以打造四平特色工业聚集区、新兴产业先导区、现代工业示范区、机制创新试验区为目标，按照“统筹规划、明确定位、合理分工、差异化发展”的原则，全力推进“二园一港二基地”建设(即中欧专用车园、医药特色产业园；东北亚物流港；吉林大学四平产业化基地、光伏太阳能产业基地)，加大基础投入，大力招商引资，打造精品园区，在“二次创业”中实现一年有突破、两年上规模、三年大发展的总体思路，到十二五末期实现经济总量和财政收入翻二番，把四平经济开发区打造成四平新兴战略产业基地。

白山镁工业园区

镁业剪彩

王儒林到镁工业园区调研

中矿联授牌仪式

白山镁工业园区坐落在美丽富饶长白山第一市白山市浑江区，规划面积3平方公里。园区始建于2008年5月，由时任省委书记王珉同志和市委书记李伟同志为园区剪彩揭牌。是由中国矿业联合会命名的中国金属镁示范基地；白山镁工业园区是由吉林省工信厅核准的全省重点特色工业园区。

白山市浑江区通过地质勘察，区域内拥有丰富的白云岩矿产资源，白云岩资源储量规模大、质量优、是理想的白云岩矿开发利用基地。现已探明并提交的储量报告为32515万吨，MgO 21.00%–21.68%，可以提炼出高纯度的镁锭，为汽车、列车、飞机等高端产品，提供优质、品位高的原材料。

为保障企业用电、供水、运输、通信等生产、生活需要，完善园区基础设施建设，浑江区人民政府投资2.9亿元建设白山镁工业园区基础设施，主要包括一次变电所、河堤、园区道路、二次变电站、湖上水库等基础设施，现已完成河堤6433延长米，工程防洪标准为20年一遇；二级公路5.29公里、220KV一次变电所竣工投入使用。66KV二次变电站将于2012年6月投入使用，湖上水库，总库容127.91万m ，防洪标准为设计防洪标准采用50年一遇，正在建设当中。

白山镁工业园区完善的基础设施、优良的投资环境和优惠的投资政策越来越受到了国内外大集团、大企业及投资者的关注，中铝集团、韩国三星集团、华翔电子、富邦集团、大显集团等机构来到浑江区进行了实地考察，对浑江区丰富、优质的白云石和基础设施配套给予了高度的评价，同时也表示将投资建厂的意向。

园区现有入驻企业3户，其中：世纪阳光集团天安镁业，项目总投资7.5亿元，一期工程投资2.5亿元，建设年产1.5万吨镁合金锭，目前已建成投产；二期工程投资5亿元，建设年产5万吨镁合金系列产品。

吉林东北亚铁路集团投资建设的年产10万吨硅藻土还原法制备高纯二氧化硅项目，总资金为人民币30亿元。分三期建设，一期形成年产 13,000吨电子级二氧化硅微粉生产线，二期形成年产40，000 吨电子级二氧化硅微粉生产线，三期形成100,000吨的电子级二氧化硅微粉生产线。三期建设结束后，公司年生产超高纯二氧化硅微粉（含晶质化二氧化硅微粉、球形二氧化硅微粉）10万吨。

吉林东北亚铁路集团投资建设的年产5万吨金属镁项目，总投资人民币5亿元，建设规模年产5万吨金属镁及系列产品。

镁工业园区规划3–5年内，园区生产规模将达到年产20万吨金属镁系列产品及10万吨高纯二氧化硅生产能力，实现综合产值二百亿元，利润超百亿元，税金45亿元。发展成为名副其实的中国金属镁示范基地和高新技术产业基地。

纯朴热情的浑江人民，将用长白山般的赤子情怀，欢迎海内外客商前来观光考察，洽谈合作；我们将以最优惠的政策和最优良的发展环境，竭诚为海内外投资者服务，让有志于到白山镁工业园区投资兴业的有识之士得到丰厚而满意的回报。

陶赖昭农畜产品深加工工业园区

工业园区通行大门

党工委书记、管委会主任 刘万

座落在工业园区中的扶余县陶赖昭汇海酒业有限公司厂区

松原市陶赖昭农畜产品深加工工业园区是经松原市委，市政府批准的市级工业园区。工业园区位于扶余县的东南部，东与榆树市紧密相联，南、西分别与德惠市、农安县隔第二松花江相望，北侧直达扶余县城，京哈铁路、长榆铁路、京哈高速公路、102国道穿境而过，南距长春市116公里，北距哈尔滨市95公里，扶余县城19公里，京哈高速公路和高速铁路、102国道在园区内均有出口，陶松、陶榆公路互相贯通。

工业园区内工农业发达，农副产品丰富，现已初步形成了以玉米、水稻、高粱、花生为主导产业的四条商品经济带，以及林果、畜禽、渔业为主的十多种经营基地。陶赖昭工业园区得天独厚的交通、区位优势，汇聚了扶余、榆树、德惠、农安二市二县的农副产品，可以建设物流集散基地。工业园区定位于以绿色、有机农、副、畜产品精深加工为主导产业，并成立园区党工委管委会。园区坚持以人招商、以情招商、以商招商的原则，优化投资环境、以入区的企业为样板，来吸引更多的投资者或附属产业，以加快工业园区建设和发展的步伐。

工业园区内正在建设中的松原市阳光汽车部件厂区图

通过几年的努力，工业园区现已有企业17户，包括吉林省扶余县汇海酒业有限公司，吉林省基正米业有限公司，利源米业有限公司，红星米业有限公司，金禾饲料有限公司，吉林省阳光汽车部件制造有限公司，江合木业，志成砂石，久源医药机械等规模以上企业12户，2011年年末园区实现工业总产值39.5亿元，工业增加值7.1亿元，主营业务收入35.5亿元，解决剩余劳动力2300余人。

陶赖昭工业园区将以一流的服务、一流的业绩，诚招域内外有识之士前来投资办厂，我们的宗旨是：你投资，我受益，同发展，共繁荣。

辽源经济开发区

高速客运站

博大制药

东北袜子工业园

辽源经济开发区是2001年12月31日经省政府批准成立的省级开发区，幅员面积27.72平方公里，可规划利用面积15.6平方公里。十年间，辽源经济开发区按照“高起点规划、高标准建设、高质量发展”的要求，规划建设了友谊工业园区、向阳工业园区、连昌工业园区和新发工业园区。拥有各类企业550户，其中，工业企业351户，规模以上工业企业33户。已初步形成以铝型材加工、新能源、医药健康、纺织袜业、汽车零部件等产业为主导的产业结构，聚集了麦达斯铝业、利源铝业、东北袜业、天马袜业、中聚新能源、星源电池材料、鸿图纸业、博大伟业、麒鸣生物、银鹰药业等一批技术含量高、带动力强、成长性好的大企业。十年间，辽源经济开发区主要经济指标屡创新高。2011年完成地区生产总值43.7亿元，同比增长74.7%；完成全社会固定资产投资82亿元，同比增长51.9%；实现全口径财政收入4.63亿元，同比增长111.2%。其中全社会固定资产投资增速列辽源各县区首位。目前，辽源经济开发区经济总量快速扩张，已成为辽源城市经济的重要支撑；经济结构不断优化，成为辽源转型发展的典型示范；产业体系加速形成，成为辽辽源对外开放的重要窗口和扩大就业的首选平台。历经“二次创业”的辽源经济开发区，秉承“求实、创新、守信、超越”的发展理念，将“科学发展” 作为大规划、大投入、大开发、大建设、大发展的“关键词”，把招商引资作为进军国家级开发区的“主旋律”，在推进辽源两个转型的进程中迸发出无穷活力，在快步进入吉林省级开发区第一方阵的同时，又以其强劲的实力向国家级开发区进军。

欧亚购物中心

辽源市人力资源和社会保障局

LIAOYUANSHIRENLIZIYUANHESHEHUIBAOZANGJU

2011年，市人社局牢牢把握“发展、稳定、民生”三个关键，创新举措，攻坚克难，各项目标任务提前超额完成，发展成果最大限度地惠及了百姓生活，很多工作走在了全省和全国的前列，为实现我市三个转型发挥了重要作用。

中央电视台焦点访谈栏目报道我市大学生创业工作

创业就业成效突显。创造性实施了“六大提升”重要举措，创建国家级创业型城市全省排名第一，投资项目拉动就业走在全国前列，累计发放小额担保贷款2.16亿元，当年新发放1.3亿元。小额担保贷款发放完成计划比例全省排名第一，打造了“政府政策引导、支柱产业依托、部门资金扶持、大学生互相带动”辽源大学生创业新模式。城镇新增就业3.9万人，完成计划125.2%；城镇登记失业率3.54%，比计划降低了1.06%，创历史最低。

社会保障全面覆盖。深入贯彻实施《社会保险法》，加大扩面力度，积极争取和大力推进各类保险试点工作，养老保险制度实现了全覆盖，在全省率先启动了失业、医疗、工伤保险市级统筹，实现了“同人、同城、同库、同待”和“一卡通”。

劳动关系和谐推进。全年查处拖欠农民工工资案件83件，催索工资530万元。办结劳动人事争议仲裁案件167件，解决疑难信访案件135件，打造劳动保障监察、调节仲裁、信访咨询联合互动的维权格局，有力促进社会公平正义与和谐稳定。

人事人才规范提升。创新实施“54321”公务员考录新模式，深化事业单位人事制度改革。今年招录公务员128人，招聘事业单位人员252人。市农科院被国家人社部授予“国家引进国外智力成果示范推广基地”，技师学院综合实力大幅提升，为经济社会发展培养高技能人才发挥了引领带动作用。

全省新农保城居保宣传周启动仪式在我市举行

市委书记姜有为观看大学生创业展板

市人社系统参加全市纪念建党九十周年红歌演唱会

市农科院被命名为国家引进国外智力成果示范推广基地

東北師範大學

DONGE

东北师范大学本部校区

东北师范大学是教育部直属、国家“211工程”首批重点建设大学。学校原名东北大学，建校于1946年，是中国共产党在东北地区创建的第一所综合性大学。1950年，根据国家教育事业发展的需要，易名为东北师范大学。学校现任党委书记盛连喜教授，校长刘益春教授。

2011年是东北师范大学“十二五”开局之年，一年来，学校在制度建设、人才培养、科学研究、队伍建设和开放办学等方面取得了可喜成绩，各项事业继续保持良好发展势头。

一、大学章程建设扎实推进。学校结合发展现状与办学经验，在充分调研和征集了各方意见基础上，形成了《东北师范大学章程（草案）》，并经学校第四届双代会审议通过。

二、教学改革深化拓展。教育教学是学校的“立校之本”。学校历时4年时间完成了新一轮本科人才培养方案的制定工作。根据培养方案，未来我校本科生将按照卓越教师、应用型专业人才、学科创新人才的目标进行分类培养。

三、人才培养成效明显。2011年，我校首届1524名免费师范生正式走上基础教育工作岗位，并以良

在第21届冬奥会女子自由式滑雪空中技巧和男子自由式滑雪空中技巧决赛中，我校学生为国家争得两枚铜牌

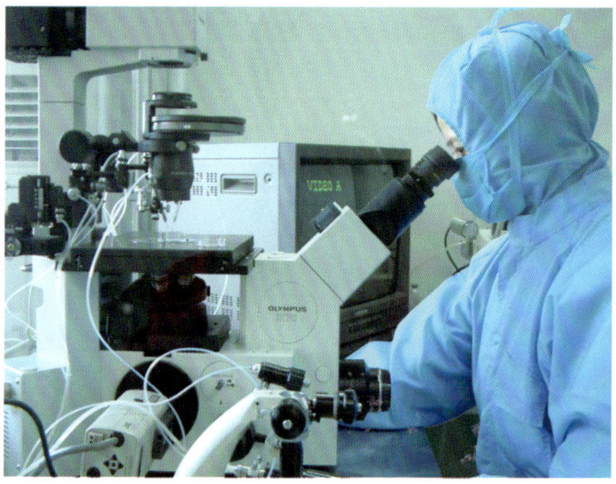

药物基因和蛋白筛选国家工程实验室

2011届学生毕业典礼暨学位授予仪式

东北师范大学“春之声”2011年新年音乐会

好的师德修养、先进的教育理念和扎实的专业素质赢得了用人单位的认可与好评。全校2011届毕业生总体就业率达98.21%，中央电视台“新闻联播”连续第9年报道了学校的就业工作。一年来，我校博士生培养质量继续得到提升，1篇论文入选全国优秀博士学位论文，1篇论文入选全国优秀博士学位论文提名论文。截至目前，我校共有6篇全国优秀博士学位论文、13篇提名论文。

四、科学研究呈现良好势头。学校的科学研究继续呈现良好的发展势头，科研项目获取能力进一步提升，科研经费大幅增长。在文科科研方面，全年共获得校外各级各类项目299项，经费总数4735万元，较2010年增长43.7%。发表CSSCI以上文科学术论文815篇。在理科科研方面，全年共获批各类科研项目282项，合同经费总额12495万元，项目数量同比增长28.5%。

五、人才队伍建设稳步实施。全年共引进“东师学者”特聘教授、讲座教授和教学名师等19名，1名教师荣获教育部“第六届高等学校教学名师奖”，6名教师入选教育部“新世纪优秀人才支持计划”。

六、开放办学拓展深化。学校与国（境）外12所大学和科研机构建立了友好合作关系，我校第5所合作建立的孔子学院——加拿大圣力嘉学院孔子学院成立。学校全年共派出420名师生赴国（境）外参加学术会议、学术交流、合作研究和学习，全年共聘请外国专家466人次，招收各类留学生639人，目前，我校各类在校留学生总数达到1192人。

十、党建工作扎实推进。在2011年中共中央召开的庆祝中国共产党成立90周年大会上，我校党委被授予“全国先进基层党组织”称号。

东北师范大学净月校区

吉化第一高级中学校

JIHUADIYIGAOJIZHONGXUEXIAO

激情化一

吉化第一高级中学
校长 张晓霓

走进松花江畔的雾凇之乡，就会嗅到吉林市优质教育的阵阵芬芳；沿着松花江畔的龙潭山脉，就会听到吉化一中诵读《弟子规》的朗朗书声。

吉化第一高级中学校，是吉林市教育局直属重点高中，是吉林省首批办好的重点高中。学校在吉林市委、市政府的直接关怀下，在吉林市教育局领导的亲历指导下，以“和谐育人”，推出知名品牌。高考升学率连续十五年稳居吉林市第二位，连续五年荣获吉林市教育局授予的“优秀教学成果奖”、“教学质量提高奖”双项奖。2011年高考，勇夺吉林市理科最高分、吉林地区政治最高分、吉林市理综合最高分、吉林市语文最高分（两人并列）、吉林省物理最高分（两人并列满分），开创建校史上“十项突破”的新纪录；2012年高考，高分段（600分以上）80人、进重点线497人、进本科线1005人、进三本线1226人，续写历史新华章。

“关注学生个体的和谐成长”，是吉化一中的办学理念。理念下的校园，生机盎然。

每天清晨，眼前展开的是一幅朝阳与晨曦相叠加、和谐教育与仁德校园相辉映的动感画面——校长站在校门为每天上学的三千多名学生一一鞠躬问好，二十五个春夏秋冬天天如此。一个鞠躬、一声问候，送去学习的心力，送去文明的习惯，送去德操的陶养，开始一天的生活；学校致力于校园文化建设，塑造品质文化，营造精神文化，打造活动文化。实施“文明礼仪教育”精品工程，让行为文化绽放精神，让视觉文化振奋精神；把课堂还给学生，是吉化一中老师们的承诺与开放。校长深入教学一线，研究学生，研究教学，关心学习状态，解决生活困难，开展研究性学习，真正成为学生的设计师、发现者与引领者。

吉化第一高级中学校，现有66个教学班、3600名学生、270名教职工。在张晓霞校长带领下的学校领导班子，和谐向上、团结进取，办学声望盈满社会。学校荣得“全国百所德育科研名校、全国德育科研先进实验校、吉林省课程改革样板学校、吉林省精神文明建设先进单位、吉林省依法治校示范学校”等几十项盛誉。

“忽如一夜春风来”，这是吉林市教育呈现新跨越的张力；

“千树万树梨花开”，这是吉化一中改写新的目标的活力。

吉化一中，带着吉林市委、市政府、市教育局、江城百姓的厚望，向未来奔去！

吉化第一高级中学校
综合教学楼

和谐进取的学校领导班子

十八岁成人宣誓仪式

清晨校长向学生问好

校园之春艺术节

威武之师—军训

长春长吉图职业教育集团　长春职业技术学校

求真务实办教育　励精图治创辉煌

长春长吉图职业教育集团建立于2010年，主办单位是位于长春东部的长春职业技术学校。长春长吉图职业教育集团成员由长、吉、图区域内部分学校、企业、行业协会等163家单位共同组建，目前中职在校学生16000余人，每年可提供毕业生8000余人、稳定就业岗位9000余个。经过近两年的发展和壮大，已经成为吉林省唯一一个大型综合性职业教育集团，已经成为吉林省职业教育集团化办学改革和促进区域经济和社会发展的典范。

长春职业技术学校，是一所综合性公办职业技术学校，是首批国家级重点中等职业示范校。学校占地面积11.2万平方米，建筑面积4.5万平方米。学校经过市场调研和探索，形成加工制造、交通运输、电子信息、财经商贸、旅游服务等5大类专业稳定可持续发展。

学校突出的专业特色和雄厚的办学资源，吸引了大量的学子前来学习，年招生数量由原来的几百人，增至到2000左右人，学校在校生已经达到近6000人。成功的集团化办学模式也为学校毕业生的就业提供了广阔的空间，学校与一汽集团等59家大、中型知名企业签订用人协议，实行订单培养。学校注重对学生技能培养和道德教育，学生步入社会以后，很快能够适应环境，毕业生在工作岗位上的优异表现为学校赢得了更高的赞誉和社会知名度，学校招生数量和就业质量得到了明显的提高，是全省唯一一家实行考试入学、率先实现校企零时间对接的中等职业学校。

学校投资5000多万元新建拥有国家级标准的汽车实训中心、焊接实训车间、机械加工实训中心等多个大型实训中心，可同时容纳2000名学生进行实习实训，学校拥有现代化的教室、多功能教室和实验室，教学和实验设备已经达到一流水平，曾多次承办吉林省和长春市职业技能大赛。

QIUZHENWUSHIBANJIAOYU LIJINGTUZHICHUANGHUIHUANG

汽车实训中心

学校积极参加扶贫助学活动

学生在实习车间进行车工技能考试

学校与一汽轿车集团举行签约仪式

长吉图职业教育集团成立大会

长春长吉图职业教育集团 董事长
长春职业技术学校 校　长 王家青

校企合作启动仪式

QIUZHENWUSHIBANJIAOYU LIJINGTUZHICHUANGHUIHUANG

学校始终把为学生服务、为社会服务放在首位，始终不忘回报社会对学校的鼎立支持， 2010年与长春市慈善协会共同启动“双扶”助学项目，已经有近200人得到资助，并在吉林省农民工培训工作作出突出贡献，得到国务院农民工工作督察组领导的好评。

长春职业技术学校是吉林省规模最大、办学理念最新、实力最强、具有强大引领示范作用的中等职业学校，获得“长春市先进职教单位”、“长春市精神文明先进单位”等多个市级以上荣誉。长春职业技术学校正在按照 “十二五”发展规划目标，以“追求卓越 超越自我”的精神朝着未来阔步前进！再次创造辉煌！

校内花园

吉林省孤儿学校创办于1956年，现座落于风景秀丽、人文气息浓郁的长春净月经济开发区，是吉林省唯一一所集九年义务制教育、高中及职业教育为一体的多层次、多学科、立体化、综合性的特殊教育学府。目前，拥有教职工202人，在校学生千余人。建校至今，先后获得全国维护妇女儿童权益贡献奖、全国特殊教育先进单位、全国文明单位、全国民政系统先进集体，省委、省政府命名的“吉林省先进基层党组织”、“吉林省模范集体”，省文明单位、省优秀志愿服务组织等殊荣。

吉林省委书记孙政才（左）与吉林省孤儿学校师生共度新年。

吉林省孤儿学校是亚洲最大的孤儿集中养教基地，建校56年来，历经三次变迁，如今的新校区，占地面积20.2万平方米、建筑面积6.36万平方米，现代、整洁、花园式的环境使人耳目一新，温暖、舒适、温馨的寝室营造家的温暖；国际标准的室内篮球、排球、羽毛球、游泳场馆和田径场、足球场、网球场，儿童游乐场及省内一流的文艺中心；新、老“三室”配备齐全，实现班班都有多媒体；20M光纤网络遍布校园，实现了教育教学管理的科学化和信息化。

吉林省委书记孙政才(右一)、省长王儒林(中)与吉林省孤儿学校学生共庆六一。

建校至今，学校始终坚持以“政治铸师魂，教育塑师德，规范树师表，学习促师业，制度立师纪”为措施，以教研组建设为重点，以师德教育为核心，以课题研究为抓手，弘扬“呕心沥血当辛勤园丁，无微不至做孤儿亲人”的教风，通过“外引内培”，促进教师专业成长，打造名师队伍。目前，我校教职工平均年龄38.5岁，其中，已经成为取得和正在攻读硕士研究生及双学位33人，占教职工总数的17%，拥有大学本科学历的111人，占教职工总数的55%。教师队伍逐步趋向年轻化、专业化，学历层次明显提升。

吉林省委书记孙政才(二排右三)与吉林省孤儿学校学生共上手工课。

56年来，学校秉承现代教育理念，不断完善孤儿养教模式，将打造孤儿“生活的家园、精神的乐园、成才的校园”做为目标。围绕德育教育为核心，以培养孤儿一技之长、健康心理为特色，构建孤儿成才新模式。加大小学、初高中、职业教育同步发展，为最弱小、最困难的孤儿构建考大学、学技术、应征入伍等多元化成才之路，使每一名孤儿都能立足社会，具有谋求发展、反哺社会的本领、勇气、决心和行动。专门成立心理咨询室，引进沙盘游戏、心理健康测试系统，加强学生心理疏导，消融冰封的情感，开启闭锁的心灵，放飞生活的梦想，为孩子们重塑健康、高尚的人格。同时，打破传统教育模式，通过在校园内举办

吉林省孤儿学校园区一角

各种活动丰富学生的文化生活；举办慈善演讲、在开学典礼上举行圆梦大学捐赠仪式等慈善救助新形势让学生感受先进的教育理念；通过校外军训、拓展训练，社会实践规范学生的行为习惯，强化身体素质；通过以艺术团为龙头，第二课堂为基础，注重学生的特长培养；通过社会实践活动及志愿者大会、大学生文化节、红歌会、交响音乐会等省内知名活动进校园，加强学校与社会的互动，开阔了学生眼界。截止目前，学校累计培养学生 5000余名，其中200余名学生考入各大高校深造，1000余名学生升入我校高中就读，3000余名学生通过各类职业培训成功就业，近60名学生参军入伍。

建校至今，在省委省政府的关心支持下，在省民政厅的正确领导下，已有50余位国家及省、部级领导来校视察。2011年省委书记孙政才曾先后两次来到学校慰问师生。此外，我校还积极搭建爱心平台，先后有近2000个团体，十万余个人来校奉献爱心。

相信在党和政府的亲切关怀和社会各界的广泛支持下，吉林省孤儿学校将秉承“母亲的事业　成长的摇篮”这一宗旨，光大无私奉献的特教精神，满怀豪情地投入工作实践，为学校的历史铸就新篇章，为维护孤儿人权，推动民生进步，奏响了社会和谐的强音。

吉林省孤儿学校开展“我快乐+我成长”六一儿童节主题庆祝活动。

吉林省孤儿学校举行全校师生运动会。

吉林省孤儿学校七彩广场

吉林财经大学党委书记 金硕

吉林财经大学校长 宋冬林

吉林财经大学是吉林省重点大学，是吉林省人民政府与国家税务总局共同建设的学校。

学校起步于1946年7月东北银行总行举办的银行干部训练班，经历了东北银行干部学校、东北银行专门学校、长春银行学校、吉林财贸学院、吉林省财贸学校等几个历史时期，1978年5月恢复吉林财贸学院，1992年5月更名为长春税务学院，2010年3月更名为吉林财经大学。学校曾是新中国创建的第一所金融高等学校、国家较早成立的普通本科财经院校之一、国家第一所税务本科大学。

学校现有学科专业涵盖经济学、管理学、法学、文学、理学、工学六大学科门类；有省级重点一级学科5个；有硕士学位授权一级学科8个。是国家工商管理、法律、税务、应用统计、国际商务、会计、资产评估等专业学位研究生培养单位。现有30个本科专业，其中国家级特色专业6个，省级特色专业10个；有国家级精品课程1门，省级精品课程24门；有国家级优秀教学团队1个，省级优秀教学团队4个；有省级实验教学示范中心4个。

学校现有专任教师456人，其中教授87人，具有博士学位的124人。专任教师中有教育部“跨世纪优秀人才培养计划”入选者，教育部“优秀青年教师资助计划”获得者，教育部“新世纪优秀人才支撑计划”入选者，教育部重大课题攻关项目首席专家，国家社会科学基金项目规划评审专家，教育部经济学学科专业教学指导委员会成员，国务院政府特殊津贴获得者，全国优秀教师，全国税务系统优秀教师，全国优秀统计教师，省新世纪高校首席教授、主讲教授、中青年骨干教师，省高级专家，省有突出贡献的中青年专家，省拔尖创新人才，省教学名师，吉林省优秀教师等。

学校现有吉林省高校人文社会科学重点研究基地2个。近年来，有3项科研成果荣获中国高校人文社会科学优秀成果奖；有8篇时政报告先后得到吴邦国、温家宝、回良玉、王岐山及吉林省委、省政府、省政协主要领导的高度重视，分别作出批示，为服务地方经济作出重要贡献。

学校现有在籍学生18000多人，其中普通本科生11424人，硕士研究生1379人，外国留学生近30人。学校涌现出了 “爱的传递”、“代理妈妈”等一批典型学生集体和“当代孝子”张尚昀、考察“三农”的刘任重、“感动吉林”十大人物张爽、自费赴南非支教的王星等一大批典型先进个人。其中张爽义务支教事迹被中央电视台《新闻联播》、英文频道《China 24》、《新闻30分》、《新闻直播间》、《新闻周刊》5个栏目高密度播出。

学校秉承“明德崇实”的校训精神，始终坚持理论教学与实践教学紧密结合，形成了注重培养学生实践能力的办学传统。学生在“挑战杯”全国大学生课外学术科技作品竞赛、大学生创业大赛、美国计算机协会举办的国际大学生程序设计大赛、全国大学生英语竞赛等国内外各类竞赛中多次获奖。

吉林财经大学图书馆

学校的各项工作成效显著，校党委被吉林省委授予“先进基层党组织”，被吉林省高校工委评为“先进基层党组织标兵”；学校被评为省“依法治校示范校”；2006年被遴选为国家大学生文化素质教育基地；2007年在教育部全国普通高校本科教学工作水平评估中获得优秀；2010年学校在吉林省大学生思想政治教育检查评估工作中获得优秀。

康启鹏董事长
当选长春市青年联合会常委、副秘书长

2011年1月13日下午，长春市青年联合会十五届第六次常委（扩大）会议审议通过了《关于卸免、增补长春市青年联合会秘书长、副秘书长的决议》，长春大学光华学院康启鹏董事长当选长春市青年联合会常委、副秘书长。

长春大学光华学院康启鹏董事长作为年轻企业家，是教育界的青年表率。身为中共党员，他衷心热爱党的教育事业，引领长春大学光华学院实施人才战略，强调内涵性发展和公益性办学。他积极参与社会公益活动，自2010年以来为灾区和贫困学生捐款捐物累积数十万元，良好的群众口碑引起了社会的强烈反响，同时也得到了市委领导的充分肯定。

相信长春大学光华学院董事长康启鹏同志会秉承长春青联的优良传统，肩负起市委和全市青年赋予的光荣职责，在青联的岗位上带领全市青年为长春的繁荣发展做出更大的贡献。

长春大学光华学院

长春大学光华学院在民办非企业单位诚信建设评估工作中被评为AAAAA级单位

2011年10月9日，吉林省民政厅民办非企业单位评估专家组对长春大学光华学院规范管理与诚信建设工作进行了全面检查评估。专家组一致认为，长春大学光华学院自评情况实事求是，学校办学硬件完善，评估背景材料精致、充分，管理规范。最后，根据专家组意见，省民政厅批准，学校被评为民办非企业单位诚信建设AAAAA级单位。

长春大学光华学院一直遵循民政厅民间组织局的各项规定，按时接受年度检查，积极参加各项活动。在民间组织管理局的指导下，健全学校机构，完善内部治理，规范各项管理，有效的提高了学校的社会公信力，学校得到稳步发展。

长春大学光华学院在民办非企业单位诚信建设评估工作中被评为AAAAA级单位。

此次评估是长春大学光华学院发展的又一个里程碑，必将给学校带来更多更好的发展机遇和空间，也必将给学院的发展注入新的生机与活力。学校也将把这次评估作为新的起点，认真落实专家的评估意见，努力把学校打造成以质量立校、特色兴校、人才强校的民办综合性大学，力争在规范化建设中走在民办非企业单位的前列。

加强内外联系，整合资源，积极推进新专业建设

为进一步适应市场需求，培养应用型人才，长春大学光华学院结合实际情况新增了电影学院，增设了播音与主持艺术、广播电视编导专业。同时，原有的文学、艺术类相关专业也积极向传媒、影视方向靠拢，力争在“十二五”期间建设成为具有合理结构和整合优势的新兴专业群。

结合学院“提升水平，深化内涵”的工作要求，康启鹏董事长与学校领导多次赴北京（怀柔）中国影视基地、中国传媒大学等地考察，学习借鉴兄弟院校经验，交流探讨影视传媒的发展，聘请丁俊杰教授为学校“名誉院长”，曾庆瑞先生为学校兼职教授，不断为新专业建设引介新鲜理念、灌注新鲜血液。同时，省文化厅林君厅长、省教育厅席岫峰副厅长、著名书法家吴自然先生、著名电视剧制片人冷雪松先生、美国好莱坞文化集团董事局主席朱艺峰先生等领导和影视界知名专家、学者先后莅临长春大学光华学院考察指导，并对学校十年来的发展所取得的成绩和在文化产业领域的产学研一体化的探索给予了高度的评价，对学校影视、艺术类相关专业的发展提出了前瞻性的指导，并与学校领导就影视专业“产学研一体化”领域可能开展的合作进行深入探讨。

康启鹏董事长一行赴北京（怀柔）中国影视基地考察，与长春大学光华学院电影学院兼职教授宋江波先生导演（右）及周恩来的扮演者孙维民先生（右三）合影。

我国当代广告学高等教育的开创者和奠基者、教育部评估专家、现中国传媒大学学术委员会副主任丁俊杰教授受聘为长春大学光华学院“名誉院长”。省教育厅副厅长席岫峰以及省科技厅和省委组织领导出席聘任仪式。

吉林省文化厅厅长林君、文化厅文艺处处长孙喜军、吉林省动漫集团总经理杨舟贤、著名书法家吴自然等一行莅临长春大学光华学院考察指导。

“经典奥斯卡——美国好莱坞电影乐团新年视听音乐会”在吉林省文化活动中心东方大剧院上演。此次音乐由吉林省文化厅主办，长春大学光华学院、长春路途文化传播有限公司、吉林省文化活动中心东方大剧院承办。

吉林省电子信息技师学院

■校园文化

■学院运动会

院长 赵德明

吉林省电子信息技师学院始建于1964年，隶属于吉林省工业和信息化厅，是省政府批准组建的首批技师学院、国家级重点校、国家职业技能鉴定所、吉林省职业技能公共实训基地、吉林省信息产业高技能人才培训基地。学院享有国务院三部委职业教育先进单位、原国家劳动部先进单位、省市职业教育先进单位、省直机关“精神文明建设先进单位”、长春市花园式学校等多项殊荣，至今已累计为社会培养输送技能型人才20000余人。

学院位于前进大街靖宇路交汇处，占地3.3万平方米，建筑面积2.7万平方米，实习场地5万平方米，共有31间实验实训室，各类实训设备760台（套），可同时容纳1100余人进行各工种实训。校园内树木葱茏，碧草如茵，环境幽雅，各种教学、生活和服务设施齐备，是省政府办学中最好的技师学院之一。

学院培养技能型人才分为中级工、高级工、技师等三个层次，办学模式为全日制教育、短期培训、专项培训等多种办学方式。现开设主要专业有机电一体化、汽车电子技术、光电子技术、数控技术、计算机网络技术等。

学院积极贯彻落实省委“三帮扶”工作措施，在全省开展“千村千名中专生”帮扶行动，帮助贫困家庭子女求学就业，增强技能，摆脱贫困。学院实行奖学金制度，奖励品学兼优学生，并设有“爱心帮扶基金”资助特困学生完成学业。、

学院高度重视毕业生就业推荐工作，实行包分配、双向选择、与家长签就业合同的总体原则，毕业生可以在长春、北京、上海、昆山、深圳、广州等地大、中型企业就业。学院实行“多层次”办学，与吉林大学应用技术学院联办大专班，实现双学历教育。

职业教育的发展空间还很广阔，我们将继续发扬与时俱进的精神，不断深化职业教育改革，促进学院科学和谐发展，为培养更多更好的技能型人才、为职业教育的健康良性发展、为共同打造职业教育辉煌的明天而不懈努力！

■电工实验室

■数控实验室

吉林农业工程职业技术学院

学院校门

党委书记 苏君

院长 赵德明

吉林农业工程职业技术学院是一所省属公立高等职业院校。始建于1958年，经过50多年的建设，现已发展成为以高等职业教育为主，集学历教育、短期培训、职业技能鉴定为一体，专业特色鲜明的高素质、高技能人才培养基地。

学院位于四平市长发路1299号，占地面积35.3万平方米，建筑面积为12万平方米；现有全日制在校大专生5095人，教职工400人；现有生物工程系、粮食工程系、食品工程系、机械工程系、机电工程系、汽车工程系、管理科技系、信息工程系等8个系，开设26个专业，在全国20个省市招生。学院建有全国计算机等级、全国大学生英语四、六级等10个考试点，国家职业技能鉴定中心（站）6个，可为30个工种做职业技能鉴定。

学院以“建设一流高职院校”为目标，以“两大合作”（校企合作、校校合作）、“三大工程”（校园建设、师资队伍建设、品牌课程建设）建设为重点，实施“四大战略”（品牌立校、人才兴校、合作建校、开放办校），强化“五大措施”（项目建设带动、人事制度改革推动、教学做一体化平台支撑、全员招生拉动、党政齐抓共管），力争保持办学规模稳定在6000人左右，概括为“一、二、三、四、五、六”发展规划框架。学院遵循该框架确定的发展思路，不断改善办学条件，优化专业结构，突出办学特色，提高教育质量，提升办学效益，办学综合实力显著增强，实现了内涵发展的历史性跨越。

学院积极推进“校园建设工程”，新校园环境优雅，设施完备，功能齐全，现有多媒体标准教室126个，专业实验室74个，实习工厂2个，图书馆藏书25万册，可以满足6000名在校学生学习、生活需要。学院以提高教学质量和办学水平为核心，全力推进“教师队伍建设工程”。现有专任教师266人，其中教授20人，副教授103人，全国农业职业教育教学名师2人，省级名师2人，双师素质教师126人。学院大力实施“品牌课程建设工程”，不断加强品牌专业优秀课程、精品课程建设，现有1门专业被定为省级教育改革试点专业，有3门课程被评为省级精品课程，有8门课程被评为省级优秀课程。近年来，教师累计承担省级以上科研项目42项，取得国家专利6项，发表省级以上论文800多篇，编写论著32部。

学院专项开展“校外实习实训基地建设和重点实验室建设工程”，加强校企合作，实现资源共享。学院先后购置了汽车检测线、啤酒生产线、数控机床等先进设备，装配了校内汽车维修与检测车间、生物技术实训基地、机械设计与制造车间，实现了教学做一体化。学院与北京汇源饮料食品有限公司、长春长生生物科技有限公司、四平红嘴集团公司等100多家企业开展了联合办学，建立实习实训基地88个，并签订了长期用人协议。学院积极拓展就业渠道，每年都有大批毕业生到北京、广东、江苏、上海、山东、吉林、辽宁、黑龙江等地就业，近两年就业率均达到100%。

学院以“厚德精术，知行合一”为校训，坚持“工学并举，德艺兼修”的办学理念，正朝着“发展势头强劲、师资力量雄厚、基础设施齐全、校园环境优美、办学模式科学、教学质量一流、就业前景广阔”的现代化高职院校的目标阔步前进！

学生公寓

实习车间

政校企合作签约仪式

吉林市田家炳高级中学

JILINSHITIANJIABINGGAOJIZHONGXUE

吉林市田家炳高级中学校长 李连忠

吉林市田家炳高级中学，原名吉林市铁路第一中学。始建于1949。1978年，经吉林省政府批准，确定吉铁一中为吉林省首批办好的重点中学。1989年，学校被省教委命名为“学府式”重点中学。2004年，吉铁一中由铁路移交吉林市教育局，更名为吉林市铁路中学。2006年，初中停止招生，吉林铁中由完全中学成为独立高中。2009年5月14日，由吉林市人民政府主办由吉林市铁路中学承办的吉林市田家炳高级中学揭牌庆典隆重举行，至此，吉林市铁路中学正式更名为吉林市田家炳高级中学，揭开了学校办学历史的新篇章。

吉林市田家炳高级中学新一届领导班子

学校秉承老铁中“治学严谨、半军事化”的优良传统，以“文化立校，和谐育人”为办学理念；以“教育管理人本化，教师队伍精良化，学生发展自主化，教学手段现代化，校园文化特色化，办学质量优质化”为奋斗目标；以干部队伍建设为龙头，以师资队伍建设为重点；以德育工作为先导，以教学工作为中心，形成了“厚德博学，高雅卓越”的校风、“重道精业，探索求新”的教风和“勤学善思，自主发展”的学风。

学校现有43个教学班，在校生2486名。现有教职工195人，其中，高级教师65人，一级教师83人，市“全天候”教师8人，市级导师16人，省市学科带头人15人，市学科兼职教研员7人。先后承担多项国家、省部、市级科研课题，并获国家省市级优秀教研成果21项。有近百人荣获国家优秀教师、省优秀教师、市优秀教师、市优秀教育工作者、市劳动模范等荣誉称号。

学校的升学率位于同类学校的前列，高考成绩提高率名列全市第一。学校曾先后3次摘取吉林地区高考状元桂冠。近几年，均有百余名学生考入重点大学，在市教育局高考总结表彰中，连续三年荣获教学质量提高奖。

建校63年来，学校已为高等学府、铁路企业和社会各界培养输送了5万余名合格人才。很多毕业生已成为国内外知名的科学家，相当一部分毕业生走上了重要的党政领导岗位，还有很多毕业生已成为企业家或管理人才，为祖国的建设和发展做出了突出的贡献。

成就面前，田中人没有放慢前进的脚步，一个现代化、充满活力的学府式重点中学，在和谐班子的带领下，正继往开来、与时俱进、科学发展，用开拓进取的脚步朝着“优质、普惠、和谐、均衡”的方向阔步走向新的辉煌！

吉林市田家炳高级中学表彰优秀学生

田家炳中学扶贫救灾捐款仪式

▲吉林市田家炳高级中学全体党员重温入党誓词

师德先进个人合影

白城医学高等专科学校

白城医学高等专科学校始建于1958年，当时隶属省卫生厅，1962年调整为全日制中等卫生学校。期间经历办白求恩医科大学白城分校和共建吉林大学白城医学院的历程，2004年5月经教育部批准恢复建立白城医学高等专科学校。同年6月，白城市政府将原白城铁路医院划归学校作为附属医院。2008年9月，学校顺利通过教育部人才培养工作评估。2011年12月，经吉林省政府批准白城医学高等专科学校整体上划省政府直接管理，为省教育厅直属高校。

学校坐落在美丽的鹤乡—白城市。学校校园占地面积33.2万平方米，总建筑面积11.7万平方米。设有临床医学、口腔医学、药学、护理、医学影像技术、医学检验技术、医疗美容技术、口腔医学技术、眼视光技术、医药营销等十个专业。建有基础、临床、专业三个实验中心，59个标准化实验室，83个教室全部可以进行多媒体教学。学校现有教职工665人，其中正副教授111人，正副主任医师56人，拥有一支适应人才培养需要，教学水平较高的“双师”型教师团队。学校现面向全国22个省（市、自治区）招生，全日制专科在校生达5400余人。

多年来，白城医学高等专科学校面向未来，坚持以社会需求为导向，以育人为根本，以服务为宗旨，以质量为核心，以培养高素质的应用型医药卫生人才为目标，坚持“质量立校、人才强校、特色兴校、文化领校”的办学方针，走学历教育与职业教育并举，知识技能传授与德育教育并进，理论学习与社会实践并行，教学做一体化、产学研相结合的发展之路，办学规模逐步扩大，办学水平逐年提升，社会口碑越来越好。建校50多年来，学校为社会培养输送了近三万名医药卫生人才，其中很多人已成长为地厅级、县处级、院级以上领导和科主任以上的业务骨干，受到社会的普遍赞誉和一致好评。毕业生深受用人单位欢迎，2011年各专业平均就业率达到96.68%，多个专业毕业生供不应求。

在校园环境建设上，学校确定了“园林式、生态式、现代化”的校园定位，在校园内建成了“五园一湖一广场”。春有花，夏有绿，秋有果，冬有景，一年四季都别具特色，景色宜人，与文化长廊、宣传栏等交相辉映，形成了“喜有绿荫伴书香”的浓厚校园文化氛围。

学校以“把平凡的学生招进来，把优秀的人才送出去”为己任，秉承“育人为本、厚德重能、知行合一、质量至上”的办学理念，注重加强大学生文化思想教育，注重学生德智体美全面发展。学校连续多年来被评为“吉林省精神文明建设工作先进单位”、“省军（警）民共建精神文明先进单位”、“省级花园式学校”、“绿色生态校园”和吉林省劳动模范集体等。

五十年的风雨，五十年的磨砺，五十年的辉煌。站在新世纪的起点上，白城医学高等专科学校正满怀信心，迈向美好未来！

领导班子研究十二五校区远景规划

综合教学楼

大学生活动中心

莲子湖

延边大学是一所具有鲜明民族特色的综合性大学，座落在吉林省延边朝鲜族自治州内美丽的长白山脚下，是国家“211工程”重点建设大学、东北三省唯一享受国家西部开发政策重点建设院校、吉林省和教育部共同重点支持建设大学。

延边大学附属医院（延边医院），是吉林省卫生厅厅属的集医疗、教学、科研、预防保健、康复为一体的延边朝鲜族自治州唯一三级甲等综合医院，是延边地区的中心医院。前身是吉林省省立医院，创建于1946年9月20日。1994年在少数民族地区中率先被国家卫生部批准为“三级甲等”综合医院，1996年被卫生部审评为“爱婴医院”，2009年被中华医学会皮肤性病学分会批准为瘢痕疙瘩与增生性瘢痕研究中心。2011年被定为卫生部110所优质护理服务重点联系医院。

目前，医院占地面积12万平方米，医教研用建筑面积8万平方米，开放住院床位890张，资产总值8亿多元。设有36个临床科室、7个医技科室、30个护理单元。拥有5个临床医学研究室、21个临床医学教研室、1个医学中心实验室、1个卫生部认证的临床基因扩增检验实验室。

医院设有临床医学一级学科硕士学位授权点，临床医学一级学科博士学位授权点获申请增列进行建设。临床医学一级学科是省教育厅重点学科，临床医学专业是国家级特色专业。中西医结合临床学科是省中医药管理局重点学科。消化病实验室、新生儿疾病实验室是省卫生厅重点实验室。儿科、神经内科是省卫生厅重点专科。心血管内科、儿科（新生儿专业）、耳鼻咽喉科、内

延边大学附属医院

分泌科、血液内科、胸外科、心脏大血管外科、神经外科、手外科、口腔颌面外科、临床护理等11个国家临床重点专科建设项目顺利通过吉林省初评，报卫生部审批。

医院拥有在职职工1376人，其中男职工442名，女职工934名。职工中朝鲜族占66%。医院副高以上专业技术人才266人，本科生543名，硕士研究生以上人才332人，其中医学博士98人（海外归国博士65人），成为吉林省内人均拥有博士比例较高、海外归国博士最多的医院。拥有博士、硕士生导师117人，拥有中华医学会（医师协会）、中华护理学会常委、理事、委员和吉林省医学会（医师协会）、护理学会专科委员会主任委员、副主任委员95人。

医院医疗设备资产近4亿元。拥有1.5T高场核磁共振、64排螺旋CT、数字胃肠机、直线加速器、数字减影成像系统、彩色多普勒超声、全自动生化分析仪、计算机辅助导航系统、高频移动式C型臂X线机、经鼻电子胃镜等先进设备。

医院注重国际间的学术交流与合作，先后与美国、日本、韩国等国家的10余所医院结成友好协作医院，加强学术交流和人才培养，全年365天全天候为患者服务。

中国农业银行股份有限公司吉林省分行

与农业发展银行吉林省分行签署战略合作协议

与粮食局签署战略合作协议

独家冠名冬运会倒计时牌

与中国移动吉林公司签署战略合作协议

中国农业银行吉林省分行党委书记、行长 沙龙云

2011年，中国农业银行吉林省分行秉承以市场为导向，以客户为中心，以效益为目标的经营理念，积极履行经济责任，把自身的发展方向与国家的要求、客户和市场期待有机结合，充分发挥城乡联动的独特优势，向最广大客户提供全面、优质、高效的金融服务，现已发展成为省内资产规模较大、机构网络覆盖城乡、市场影响力和社会认知度较高、具有良好社会公信力，能为客户提供全方位金融服务的综合性商业银行。到2011年末，全行各项存款余额1087.83亿元，各项贷款余额506.65亿元，中间业务收入4.93亿元，实现净利润11.75亿元。

【加强“三农”金融服务】持续加大“三农”和县域重点领域的信贷投入，着力扩大农村金融服务覆盖面。在国家实施宏观调控、信贷规模十分紧张的情况下，至年末，县域各项贷款余额达到186.2亿元，较年初净增32.8亿元，增长21.4%，超过城市贷款增速。

加强农户金融服务。惠农卡发卡总量达到372万张，覆盖全省农户80%以上。累计发放农户贷款281亿元，惠及50.5万农户，覆盖全省548个乡镇、5713个行政村，分别占全省乡镇和行政村的88%和61%。

创新直补担保贷款产品。共在全省36个县（市、区）、498个乡镇开展农户财政直补资金担保贷款的发放工作，惠及10.86万户农户，共投放贷款14.21亿元，有效缓解了农民生产和创业资金不足问题。

拓宽服务“三农”渠道。全面实施金穗惠农“村村通”工程，试点推广助农小额取现业务，延伸服务渠道。全年新增ATM等自助设备612台、转账电话14519台、POS2989，总量分别达到1689台、27621台和8709台。自助机具县域乡镇覆盖率达到62.8%；开通网上银行、电话银行、手机银行等业务的县域和农村用户90.6万户，占全省农户总数的24.4%。组建流动服务组159个，为327个乡镇和1728个村屯开展流动服务。

支持农业产业化建设。与全省24户国家级和185户省级农业产业化龙头企业建立合作关系，覆盖率分别达到70.6%、42.6%，全年累计发放农业产业化龙头企业贷款23.8亿元。

加大畜牧业支持力度。累计投放畜牧业贷款20.73亿元，其中：畜牧业龙头企业17户，贷款4.33亿元；农村个人养殖户6.27万户，贷款16.4亿元，当年贷款投放额占比在全省同业排在第一位。

【支持地方经济转型升级】加大省内重大项目、重点区域信贷支持，积极服务全省产业结构升级和发展方式转变，全年累计投放法人客户贷款262亿元、个人客户贷款131亿元。

支持重点基础设施建设。向吉林省交通运输厅、吉林省高等级公路投资开发有限公司、长吉城际铁路有限责任公司、陶舒铁路有限责任公司、松陶铁路有限责任公司等客户投放贷款77.45亿元，满足了全省重点设施的铁路、城市基础设施等工程建设的资金需求。

支持战略性新兴产业发展。向长春轨道客车有限公司、长春祈健生物、龙源长岭风力有限公司、吉林碳谷碳纤维有限公司等战略性新兴产业客户投放贷款20.3亿元。

在万良人参市场设立金融服务处方便客户结算

积极推进绿色信贷建设，对华能吉林发电有限公司、大唐向阳风电有限公司长春分公司、蒙东协合镇赉第一风力发电有限公司和第二风力发电有限公司的风力发电等新能源项目投放贷款19.36亿元，余额达到18.8亿元。

深化与政府及企业的合作。与吉林省粮食局、中国移动吉林省分公司、吉视传媒、农发行吉林省分行、吉林省信托有限责任公司和省内19家保险公司等金融同业开展战略合作，优势互补，形成合力，共同支持地方经济发展。

【扶持小企业发展】积极扶持汽车、石化、农产品加工等产业链行业龙头企业上下游优质小企业客户，通过推广应用“小企业简式快速贷款”、“小企业自助可循环贷款”等小企业信贷产品，加快推进小企业金融服务机构建设，进一步提升小企业金融服务能力。至年末，小企业贷款余额达47.68亿元，全年累计投放24.61亿元，计划完成率382%，在全国农行排在第一位。

通化集安支行流动服务送直补贷款下乡

【加大民生金融力度】加大城市建设及居民消费支持力度。全年累计投放贷款44.03亿元，对171个优质楼盘提供信贷支持。全年共发放个人住房贷款金额22.7亿元、个人助业贷款11.2亿元、个人消费贷款金额5.3亿元。

【加强内控和基础管理】开展“基础管理提升年”、“风险管理提升年”、“运营管理安全年”、“优质文明服务年”活动，进一步夯实管理基础。加强科技支撑和保障，完成远程集中授权等4个新系统的推广应用。推进“三大集中”工作，完成所有二级分行的集中授权中心、集中监控中心与现金中心建设，事后监督系统实现所有二级分行的上线和运行。

梅河口支行为李炉乡农户办理直补贷款场景

庆祝建党90周年暨农业银行成立60周年文艺汇演

中国光大银行长春分行

GUANGDAYINHANG

[基本情况]

中国光大银行长春分行（以下简称长春分行）成立于1995年8月18日，是入驻吉林省的第一家具有国际金融组织参股的全国性股份制商业银行，下设13个同城营业网点，1个异地二级分行，14个离行式自助银行，现有员工514人，下设一级职能部门17个。2011年，长春分行坚持贯彻“以人为本”的科学发展观，提出了全新的发展思路、经营方向，进行了全局性的战略调整，各项业务取得了长足进步。

[经营管理]

截止2011年末，一般性存款时点余额177.7亿元，较年初增长28.9亿元，增幅19.4%；各项贷款余额112.5亿元，较年初增长22.7亿元，增幅25.3%。

全年实现净收入5.7亿元，较上年增加2亿元，增幅为53.9%；实现风险调整后利润2.3亿元，较上年增加1.1亿元，增幅为96.8%。

资产质量持续向好，不良贷款额和不良贷款率实现双降。不良贷款余额为5053万元，较年初下降39.6%；不良贷款率 0.45%，较年初下降51.6%。

平衡计分卡年度综合得分108.8分，系统排名第五位，创历史最好成绩。

等级行评定连续跨越。2010年长春分行实现了“五晋四”的发展目标，2011年又实现了“四晋三”的发展目标。

[业务发展]

对公业务结合区域经济和业务产品特点，寻找契机，主动深入开发、利用和搭建平台，强力推进模式化经营。2011年，搭建模式化平台9个，积极与担保平台、政府融资平台项下的企业开展深度合作；通过开展新增客户竞赛、“奋斗2011”对公存款劳动竞赛、中小企业业务竞赛等，实现各项业务全面开花。

贸易融资额较年初增长近亿元，货押、保理融资、国际保理、银关保等业务增幅系统排名靠前。

汽车金融业务成功实现了“一点对全国”的营销模式，全程通业务涵盖全国33个汽车网络，全程通项下经销商数量达95户。

设立中小企业业务部，积极与担保平台、政府融资平台项下的企业开展深度合作。截至年末，中小企业表内授信余额（不含贴现）13.1亿元，中小授信企业客户数为179户，两项指标完成率连续四个季度总行考核排名第一。

零售业务集中优势资源，开展专项营销，带动各项指标增长。支付易项目在当地最大的家具卖场成功落地，累计实现刷卡交易超亿元；通过开展“新增客户”、“阳光嘉年华”等活动，进一步扩大客户群体，优化客户结构。信用卡新增有效客户36784户，系统内排名第五位。加快推广总行“二手房链

光大银行吉林分行成立仪式

家”和“美凯龙”模式，成功与当地30余家中介公司合作，获得较高综合效益。

同业业务成为新的利润增长点。长春分行通过认真分析市场、政策，捕捉时机，合理配置资产，不断优化结构，拓宽收入渠道，减少高成本资金和实施短负债配长资产的业务思路等举措，保持了同业利润的高速增长，全年实现利润近亿元。

[精益化管理]

长春分行开展“精益化管理年”活动，成立“精益化管理年”活动领导小组，制定出台《长春分行“精益化管理年”活动实施方案》，以“利润”为中心，围绕“资本节约”和“提速增效”两个主题，通过先进的管理理念、科学的方式方法实现降低成本，控制风险，改进服务，提升效益，持续发展，进而提升分行核心竞争力。通过活动，分行管理能力持续提升，成本核算意识增强，产品结构不断优化，服务效率大幅提高。

[品牌建设]

在品牌建设方面，经济技术开发区支行、临河街支行、汽车厂支行获得“省级文明规范服务示范单位”荣誉称号，分行营业部蝉联全国“中国银行业文明规范服务百佳示范单位”荣誉称号；获中国人民银行“2011年金融业反洗钱工作先进集体”称号；获中国人民银行长春中心支行“支持中小企业融资优秀单位”称号及“2011年度银行卡自主品牌建设成就奖”；获“吉林省‘五五’保密法制宣传教育先进集体”荣誉称号”；“纳税信用等级A级”单位称号；“长春市‘慈善救助双日捐’工作先进单位”称号。

庆六一趣味性运动会

建党90周年红歌大赛

光大银行-海航资本控股战略合作签署协议仪式

2011年度中国光大银行长春分行领导班子名单：

行　　长：王守坤

副 行 长：李煊（女）

　　　　　贾峻（女，2011年8月17日任职）

行长助理：徐向虹（女）

风险总监：杨国忱

吉林银行

吉林银行董事长 唐国兴

吉林银行成立于2007年10月，目前在吉林省内9个市州和大连、沈阳拥有10家分行、9家直属支行，有350个营业网点。

吉林银行成立以来，坚持依法合规和稳健经营，稳步推进各项改革，不断加大产品和服务创新力度，经营规模不断扩大，服务明显改善，效益显着提升。作为成立仅4年多时间的吉林省银行业新军，吉林银行一年一个台阶，以惊人的速度实现了跨越式发展。截至2011年末，全行总资产1837.73亿元，比成立时增长257%；各项存款余额1369.57亿元，比成立时增长205%；各项贷款余额937.89亿元，比成立时增长194%，资产规模和盈利能力已跻身全国城市商业银行前列，公司价值和品牌影响力大幅提升。2011年吉林银行列英国《银行家》全球银行1000强第391位，中国内地第32位。

正是决策者志存高远，才使吉林银行这个团队拥有了勇立时代潮流、劈波斩浪的信心和力量。4年多来，吉林银行按照进入全国城商行最前列的战略目标，努力转变增长方式，走差异化、特色化发展道路，稳步推进跨区域发展，为上市经营创造条件，积极实施流程银行建设、IT发展战略、员工培训战略等“三大工程”，努力打造社区银行品牌、小企业金融服务专营品牌，大力发展村镇银行，参股一汽汽车金融公司，在做大做强的征程中迈着坚实的步伐。

吉林银行始终坚持科技与人才“双轮驱动”，实施“科技兴行”、“人才兴行”战略，凭借领先的技术和精良的金融服务队伍为吉林银行产品创新和市场营销开拓了一条发展之路；与地方经济“同频共振”，紧衔吉林省区域经济特点，开发公司金融业务，在全国城商行系统成立第一家小企业金融服务专营机构——吉林银行小企业金融服务中心，积极协调政府、工信厅、房产、土地等部门进行合署办公，为小企业客户提供“一站式”融资服务，量身定制符合地方企业发展需求的系列金融产品，加大投资力度，缓解地方企业融资难题，推进地方经济发展；走近社区，贴近生活，以“长白山卡”为支撑品牌推出满足社区居民多方位需求的金融服务，不断创新并完善服务渠道，提高服务质量，扩大服务半径，跨区域发展，做百姓身边的“社区银行”，同时为客户提供手机银行、电视银行、电话银行、金融短信息以及驾驶员卡等增值服务，并着力打造一个基于手机终端的综合支付和生活服务的“移动民生金融服务平台”，让广大客户能够享受到先进的移动互联网科技与现代化金融服务结合所带来的方便；引进韩国韩亚银行作为境外战略投资者，优化股权结构，完善公司治理，从境内外先进金融业“引资”、“引智”，不断加快改革步伐，为今后跨越发展乃至实现上市目标打下坚实基础。

吉林银行同吉林省工信厅签订支持万民创业、民营企业发展的授信合作协议

未来，吉林银行将按照吉林省委、省政府提出的“推动吉林银行跨区域发展和上市经营，努力进入全国城商行最前列”的要求，围绕打造一流股份制商业银行的目标，继续坚持战略转型，提升管理能力和服务水平，把吉林银行建设成为资本充足、内控严密、运营安全、服务优质、效益良好、创新能力和竞争能力强的现代金融企业，做合格的市场竞争者！

吉林省农村信用社联合社

吉林省农村信用社联合社办公大楼

吉林省农村信用社联合社理事长　唐忠民

【业务状况】至年末，吉林省农村信用社各项工作取得新业绩，实现“十二五”规划良好开局，在全省金融机构中，吉林省农村信用社创“七项第一”：资产规模2068亿元，增长20.9%，占全省金融机构15%；贷款余额1012亿元，增长10.2%占全省金融机构18%；涉农贷款580亿元，占全省金融机构46%；1620个营业网点实现全省乡镇全覆盖；22000名员工、百余种金融产品服务全省城乡发展；300万城乡客户获得农村信用社贷款支持；43家县级农村信用合作联社（包括：农村商业银行、农村合作银行）成为县域第一大金融机构。

七项指标创历史新高：各项存款1540亿元，同比增长185亿元；经营收入115亿元，同比增长31.5亿元；拨备前利润实现26.6亿元，同比增长5.1亿元；贷款损失准备充足率超过100%，拨备覆盖率提高9.7个百分点，拨贷比达10.8%；年度纳税总额8.2亿元；涉农贷款580亿元，微企贷款370亿元，“直补保”贷款45亿元；累计处置风险资产54.5亿元，不良率下降6.1个百分点。

【市场定位】吉林省农村信用社三大市场定位：“农民致富的银行、居民兴业的银行、微企成长的银行”。秉承“因农而生、随农而变、为农转型、助农发展”的经营理念。克难攻坚，奋发图强，加快向现代银行目标迈进。全年累放涉农贷款289.8亿元，增幅11.2%；发放小微企业贷款259.6亿元，增幅16.5%。

【战略合作】加强战略合作，拓宽服务领域。开展银政合作，投资6.5亿元购建32个政务大厅。与吉林省发改委、工信厅、农委、供销社、团省委、妇联、延边州政府等单位和部门签订战略合作协议，拓宽合作服务领域，发挥综合支农扶商效应，全面启动与兴业银行的战略合作。签订战略合作协议17项，新放创业贷款35亿元，发放直补保贷款40.5亿元，惠及25万农户。

【转型发展】创新驱动，转型发展，加快步伐，提升服务水平。深化产权改革，推进农村商业银行组建进程。在各级党委政府支持下，运用市场化手段募股17亿元，处置不良资产11.7亿元，延边、舒兰、榆树、长白山4家县级行社成功改制为农村商业银行。长春环城、双阳、珲春、敦化等4家联社基本达到改制条件，有10家县级联社启动产权改制进程。九台农村商业银行并购长白山联社入选“2011中国农村金融十大新闻”。

【产品创新】2011年11月，在北京举办的全国“农村信用社60年发展历程暨金融服务产品博览会”，吉林省农村信用社“直补保”（粮食直补资金担保贷款）贷款产品获全国最佳农户金融产品创新奖；“汇捷利”（外汇结算产品）外汇产品获全国最佳金融营销产品创新奖。

吉林省农村信用社联合社
领导班子合影
中　唐忠民　理事长
右四　李世杰　主　任
左四　李永祥　副主任
右三　刘玉峰　副主任
左三　熊继洲　副主任
右二　王艾君　副主任
左二　张洪东　副主任
右一　张诚谦　纪委书记
左一　王长义　主任助理

在北京《农村信用社六十年发展历程暨金融服务产品博览会》上中国银监会主席尚福林与吉林省农村信用社联合社理事长唐忠民亲切握手。

吉林省农村信用社联合社与兴业银行股份有限公司“银银合作协议签约仪式”上吉林省农村信用社联合社理事长唐忠民与兴业银行行长李仁杰亲切握手。

北京《农村信用社六十年发展历程暨金融服务产品博览会》吉林省农村信用社敞开式光电化展厅。

【科技建设】全面开展信息科技系统评估与项目建设规划。数据平台、渠道平台和中间业务平台40个科技项目建成运行，支撑服务功能逐步增强。电子银行业务良性发展，开通网上银行、短信金融业务、吉卡支付宝快捷支付业务，积极推广96888“直贷通”贷款服务业务，金融服务水平进一步提升。

【管理创新】创新管理模式，提升风险防控水平。在县级联社试点精细化管理，县域集中办贷、远程审批管理模式，初步建立了科学的管贷流程。增强金融服务功能，着力打造科技、融资、清算、培训、信息和法律咨询“六大服务平台”，为县级行社提供优质服务。加强内控建设，完善制度流程，夯实基础工作，制定工作指导意见60余项，组织各类专业培训班17个，培训人员5,000多人次。

【党建宣传】在建党90周年之际，隆重表彰了13个基层党组织、10名党务工作者和30名优秀共产党员。全系统39个单位和个人获得省级以上表彰。积极参加全国农村金融服务产品博览会，组织开展农村信用社成立60周年系列宣传活动。

中国联合网络通信有

2011年8月11日省委书记省长会见集团副董事长、总经理陆益民

2011年，吉林联通面对复杂多变的市场环境和艰巨的发展任务，按照集团公司部署，坚持以科学发展观为指导，强化市场经营动态管理，努力提升经营管理能力和质量。

一、业务发展和市场拓展不断加快。3G和宽带业务规模发展是公司实现整体业务快速发展的关键带动力量。为此，公司将3G和宽带业务作为龙头业务优先发展。在3G业务上，针对卖场、校园、商务楼宇、社区和集团客户，持续、广泛开展“精彩沃体验”活动，宣传3G业务在日常生活和工作中特有、便捷的服务功能，引导用户、方便用户使用数据业务。在宽带业务上，以升级提速为基础，配合“包多年”、“沃家庭”等销售策略，推动宽带业务持续发展。

2011年1月12日中国联通网络公司吉林省分公司2011年工作会议

二、网络支撑能力和运营水平稳步提高。为提高网络运行质量和效率，公司开展了3A达标活动。通过3A达标活动全省建立健全了客户服务承诺保障体系，落实了宽带和移动服务承诺标准和举措，强化了集团客户响应支撑能力。同时分别在端局、汇接局和关口局开展了网络瘦身工作，调整网络结构，优化资源配置。全年安装完成WCDMA基站480个、GSM基站780个，室分系统新开通600处，新建WLAN热点558个，WCDMA系统接通率98.01%，掉话率0.32%；长途交换网络接通率99.04%；行政村宽带覆盖率提高到91.6%。网络支撑能力和运营水平进一步提高。

2011年6月17日吉林省政协委员视察吉林省联通

三、盈利体系和获利能力有所改善。按照全成本财务评价和利润中心体制建设要求，

限公司吉林省分公司

2011年2月25日吉林联通2011年反腐倡廉建设工作电视电话会议

一是建立了导向清晰、权责明确、开放透明的资源配置机制，实现了资源前移。通过资源前移，明确了责任主体、资源范围和使用权限。促进了责任主体精细化配置和使用资源，提升了经营活力和盈利能力。二是建立了各项资源业务台账，加强了资源使用分析评价，及时调整资源配置方向，强化了资源使用过程监管，

2011年3月7日吉林省联通庆祝“三.八”国际劳动妇女节大会

提高了资源使用效率。三是构建起了企业盈利责任体系，加大了资源盘活力度，最大限度地提升了资源使用效益。

四、服务能力和服务管控能力有所提升。着力构建以客户为中心的大服务格局，形成了流程化、制度化服务质量监督管理机制。及时有效处理重大投诉事件，维护了企业信誉。扩大营业厅视频监控范围，加大检查力度，促进了窗口服务问题有效改进。在集团营业厅暗访检测中，我省营业厅得分全国排名第一。全力推动“宽带服务承诺”，有效控制了宽带投诉升级，在集团公司满意度测评中，宽带修障服务度得分全国排名第六。

五、企业党建和队伍建设取得成效。以庆祝建党90周年为契机，围绕“为民服务创先争优”活动，扎实推进党建各项工作，积极推进精神文明建设，9个单位被评为“全国文明单位”。深化民主管理，强化领导队伍能力建设，加强领导人员考核力度。落实党风廉政建设责任制，构建起惩治和预防腐败体系。

2011年1月28日省联通公司机关举办“翘首春天”2011年新春团拜会

吉林省委书记孙政才、省长王儒林会见中国移动通信集团董事长王建宙。

中国移动通信集团与吉林省政府签署共建无线城市战略合作协议。

信息化发展已经成为这个时代发展中不可替代的主题，无论是生活、学习方式还是工作、沟通模式都在随着信息化的变革而转变着。信息化正在悄然改变着人们的生活。而移动信息化使人们随时随地自由沟通成为可能。特别是当包罗万象的城市信息平台建立起来后，民生将得到极大改善，而改善民生是移动通信技术的最终目标。一直以来，中国移动都在思考，如何利用“无线城市”的平台，建设好“水、电、气、交通之外的第五项城市基础设施。如何一笔笔描写移动改变生活的蓝图。正是基于此，中国移动通信集团在全国范围内大规模推进“无线城市”建设。

目前，“无线城市”已经在医疗、公交、小额支付、各种民生信息查询等方面进行了突破性的应用。以医疗为例，“无线城市”可以实现远程挂号预约，实现远距离的医患沟通等；在民生信息查询上，用户可以通过“无线城市”搭建的渠道通过手机及时查询自己的社保、水电气费等信息，大大方便了人们的日常生活。

2011年7月7日，吉林省政府与中国移动通信集团公司正式签署共建“无线城市”的战略合作协议，共同推进“无线城市”建设，打造吉林省“无线城市”群。“十二五”期间，中国移动将在吉林省投入160亿元推进“无线城市”建设，并进一步优化2G网络，完善3G（TD-SCDMA）网络，加速无线宽带网建设。到2013年，实现宽带无线通信网络对试点地市县级以上城区的100%覆盖，建成各种公共信息服务系统，基本实现政务、商务及重点民生领域的信息化。

“十二五”期末，实现无线宽带业务在政务、商务、生产、生活、文化等各领域的全面深入应用，核心城市80%以上的政务服务项目可以在线办理，70%以上的中小企业和90%以上的大型企业可以在线开展营销活动，政府、企业和民众将享受到“无线城市”健康发展带来的巨大便利。

“无线城市”建设主要是通过无线网络覆盖和无线应用聚合两大工程来实现。中国移动吉林公司将优先向政府直接管理的办公楼宇、公共场所、校园以及企事业单位提供优质的无线网络，并在应用领域上进行更深度的拓展，将围绕服务民生的十大类50项重点应用开展聚合工程。这十大类分别是政务类、公共事业类、生活服务类、交通类、医疗类、教育类、就业类等。50个重点项目为政府门户网站、手机信访、水，电，煤气费查询、公积金查询、医保查询、港澳通行证办理、手机图书馆、考试成绩查询等。

目前，中国移动吉林公司已开发完成“无线城市”的基础功能。平台已搭建，各项应用正在引入平台，基于WAP、WEB、客户端都可实现以上相关功能。届时吉林人民将会体验到“无线城市”为生活带来的美好改变——人在路上，家中空调已经打开；出行之前，交通状况已全掌握；休闲娱乐，手机提供最优选择；人不必到医院，医患沟通让您家里挂号；出行只要带上手机，手机支付搞定一切。“无线城市”对生活的改变，您会看见。

优化经营模式，提升核心能力

推动发展提速，促进规模发展

——跨越发展的中国电信长春分公司

中国电信集团公司董事长、党组书记王晓初到长春分公司自由大路营业厅视察

中国电信与吉林省政府签署合作协议，共同推进重点信息化项目建设

公司中层以上领导召开会议共商公司发展大计

营业代表向客户开展体验式营销

中国电信长春分公司作为中国电信在长春地区的分支机构，于2003年5月16日正式成立。成立以来，公司紧扣社会经济发展脉搏，全面贯彻落实科学发展观，以促进社会信息化为发展己任，以“让客户尽情享受信息新生活”为企业使命，秉承“用户至上，用心服务”的服务理念，服务于长春党政军、金融、校园以及各大、中、小企业，服务于长春社会的发展，服务于老百姓的通信生活。历经九年的艰苦创业和重组收购，中国电信长春分公司实现了跨越式的发展，逐步成长为一个现代化的通信企业，同时也为长春的发展做出了积极的贡献。

一、全面覆盖，打造精品通信网络

在发展过程中，为适应用户数量和网络流量的快速增长，公司通过对目标网络的不断建设扩容和优化改造，使网络覆盖范围、网络承载能力和网络质量不断提升，取得了良好的效果，在市场上赢得了用户的信任，获得了良好的口碑。目前，公司宽带接入项目全部采用FTTH方式建设，积极推进“宽带中国　光网城市”战略，以光纤接入网络突显宽带业务和综合业务优势。几年来，公司的通信能力迅猛增长，现已建成全市完善的固定电话及宽带接入网、移动网、业务网、数据互联网和传输网，全面覆盖了长春市的各个角落，使长春老百姓享用到了真正的绿色、健康、环保、快捷的通信服务。

二、创新经营，促进信息化大发展

在发展过程中，公司坚持以创新为企业发展核心，紧跟新技术、新业务发展方向，不断推出满足市场需求和客户需要的适用性产品。公司现有“天翼领航”、“天翼e家”、“天翼飞Young”、“号码百事通”等知名品牌，针对不同消费群体而设，满足消费者的不同消费需求，全面推动中国电信向“世界级综合信息服务提供商”的目标迈进。公司还充分利用自身的先进通信技术，积极开发企事业单位的行业应用产品，与医院、高校、服务外包产业、汽车工业、农牧业等各个领域进行全面合作。目前已与省政府、一汽集团、吉大第一医院、东北师范大学、吉林大学和长春净月开发区管委会签署了战略合作协议。双方强强联手，将通信技术与政府、企业、人民的生产、生活需要有机结合起来，有效促进国家信息化和社会信息化的大发展。

三、用心服务，全面提升客户感知

在“用户至上、用心服务”的服务理念统领下，公司全面落实《全业务服务标准》及“五个一”服务承诺，改进服务工作短板、解决客户焦点问题。为充分保障客户权益的基本诉求，公司对客户公开承诺客户投诉先行赔付、计费差错双倍返还。通过完善用户信息提醒功能，保证业务变更和费用提醒准确及时，向客户提供公正、清晰、透明的优质服务。结合精神文明单位创建活动，在全体员工中推行“首问负责制”，开展丰富多彩的岗位竞赛活动，强化了全体员工服务意识和主人翁责任感，开展无边界合作，确保承诺服务的兑现。围绕“天翼影迷俱乐部”“天翼体育俱乐部”“天翼旅友俱乐部”“天翼爱心俱乐部”四个主题子俱乐部全力推进“圈子文化”体系建设，建立俱乐部沟通平台，开展俱乐部会员活动，通过提供尊贵、专属的服务，提升用户的身份认同感，增强客户归属感。公司通过践行“大服务”理念，向亲情服务、文化服务、细节服务迈出了坚实的一步，全面提升用户感知，实现了整体服务水平的稳步提高。

四、和谐发展，践行企业社会责任

公司在加快自身发展、促进信息化应用的同时，以高度的责任感积极倡导并践行着一个优秀企业的社会责任，努力把企业发展与经济、社会、环境发展融为一体，推动社会的和谐与进步。公司始终担负着保障国家通信安全畅通的任务，并圆满地完成了汽博会、东北亚博览会、亚冬会等重大社会活动的通信支撑任务，为重要节假日以及重大的突发事件、信息安全保密等工作提供了值得信赖的通信保障服务。吉林永吉县遭遇特大洪涝自然灾害，公司应急通信保障队伍第一时间奔赴灾区，率先恢复了当地的移动网络信号，为抗洪救灾的有效指挥调度提供了坚强保障。公司党、团委积极组织青年志愿者开展助学帮扶活动，先后向农安县中心小学、双阳贺家村小学、双阳区双营乡黄金小学捐款、捐赠图书和桌椅，并建立了“中国电信希望工程图书室”。

青年志愿者开展助学帮扶活动

多年的辛勤耕耘与用心经营，中国电信长春分公司也得到了社会的认可和客户的信赖，先后被授予“全国通信行业用户满意企业”、“吉林省社会质量责任测评AAA级优秀单位”“先进企业”“金牌服务单位”“群众满意单位”“职业道德先进企业”等30多项殊荣，累计有125个集体和个人获省、部级以上表彰。作为通信市场的重要成员，中国电信长春分公司将立足当下、着眼未来，深化企业转型，增强运营能力，创新发展思路，转变发展方式，通过创新和服务双领先，推动全业务规模发展，促进企业价值与客户价值共同提升，为推动长春市的国民经济和社会信息化服务做出更大的贡献！

中国石油天然气股份有限

炼油厂东部中控室

丙烯腈装置

常减压装置

乙烯装置

限公司吉林石化分公司

中国石油天然气股份有限公司吉林石化分公司的前身是吉林化学工业公司（简称“吉化”），是国家“一五”期间兴建的以“三大化”为标志的第一个大型化学工业基地。1954年开工建设，1957年建成投产，1998年上划中国石油天然气集团公司，1999年重组为中国石油吉林石化公司、吉化集团公司，2000年吉化集团公司与吉林石化公司正式分立运行，2007年吉林石化公司与吉化集团公司整合为中国石油吉林石化公司，2010年中国石油授权吉林石化对吉林燃料乙醇有限公司实施一体化管理。

吉林石化作为新中国化学工业的长子，新中国的第一桶染料、第一袋化肥、第一炉电石就诞生在这里。近60年来，吉林石化先后为全国各地输送和培养各类人才6万多人，累计向国家上缴利税700亿元，取得科研成果700多项，获得国家级荣誉100多项，为我国化学工业和国民经济的发展做出了突出贡献。

“十一五”以来，特别是2007年吉化两大公司重组整合后，吉林石化深入贯彻落实党中央、国务院、中国石油党组的一系列部署，克服国际金融危机持续蔓延、石油化工市场剧烈动荡带来的不利影响，有效应对企业发展面临的颠覆性风险，围绕“打造千亿元产业基地，建设现代化管理企业”的目标，坚持“解放思想、解决问题”等先进管理理念，按照整合年、发展年、管理年、建设年、创新年工作部署，企业发展跃上了新台阶，公司面貌发生了新的历史性变化。截至2011年末，公司原油加工能力由750万吨增加到1000万吨，主营业务收入由380亿元增加到724亿元，总资产达到360亿元，规模实力大幅攀升，经营管理更加规范，管理基础更加牢固，队伍士气更加高涨，广大职工群众共享了改革发展成果。党和国家领导人吴邦国、温家宝、贾庆林、李长春、习近平、李克强等先后到公司视察，对吉化事业给予了高度评价。

今后一个时期，吉林石化将按照国家和中国石油总体要求，以科学发展为主题，以加快转变发展方式为主线，以打造千亿元产业基地为目标，把握稳中求进，注重质量效益，统筹做好“四加一”发展文章，坚持走“两高两化”发展之路，构建“一核两翼三支撑”发展格局，筑牢发展根基，推进文化强企，力争经济总量和员工人均收入再翻一番，安全稳定形势根本好转，完成第五发展阶段任务，建设现代化管理企业，跻身国内炼化行业前列。

污水处理厂

东北工业集

东北工业集团有限公司是隶属于中国兵器工业集团公司的军民结合型企业集团，由吉林江北机械制造有限公司和吉林东光集团有限公司结构调整成立，下设山东蓬翔汽车有限公司、吉林东光奥威制动器系统有限公司、长春一东离合器股份有限公司、吉林大华机械制造有限公司、吉林小糸东光车灯有限公司、吉林东光友成机工有限公司、北方捷凯传动轴有限公司等七家汽车零部件企业。拥有一个国家级技术中心，两个博士后科研工作站，授权专利103项，综合实力进入全国汽车零部件百强企业。

“吉华”牌飞轮齿环总成和“蓬翔”牌车轿为中国名牌产品；“蓬翔”、“奥威”和“一东”牌商标被认定为中国驰名商标。

奋斗无止境，发展无极限，东北工业集团又为自己确立了打造“具有行业竞争力，国际化经营的百亿企业集团”的战略发展目标。我们将努力秉承“责任、创新、求实、成事”的企业精神，时刻寻求在新的起点上持续跨越，为中国民族品牌汽车及世界汽车的发展与壮大做出新的更大的贡献！

DONGBEI GONGYEJI

SHOUGANG 首钢通 TONGHU

转炉炼钢

高速线材生产线

省委书记孙政才到通钢调研

首钢通化钢铁集团股份有限公司，始建于1958年6月，现已发展成为集采矿、选矿、烧结、焦化、炼铁、炼钢、轧钢于一体的大型钢铁联合企业，是吉林省最大的钢铁联合企业，国务院振兴东北老工业基地重点支持的钢铁企业。公司总部位于中国吉林省长春市，下辖通化钢铁股份有限公司、吉林通钢矿业有限公司、磐石无缝钢管有限公司、四平钢铁制品有限公司等4家控股公司，吉林通钢国际贸易有限公司、吉林通钢网航技术股份公司、吉林市焊管公司等3家全资子公司，主要分布在吉林省长春市、通化市、吉林市、四平市、白山市、延边州。已形成板材、建材、优特钢、型材、管材五大类产品系列，有19种产品荣获吉林省名牌，有3种产品获国家“金杯奖”。主要应用于机械加工、石油开采、高层建筑、高速公路、桥梁隧道、电力和水利枢纽等领域。现拥有资产总额300亿元，具备年产钢560万吨的生产能力。2010年7月16日，通钢集团与首钢共同签署了《通钢集团重组协议》，正式成为首钢旗下的核心钢铁企业。2011年，首钢通钢集团以“学习首

化钢铁集团股份有限公司

AGANGTIE

通钢明珠广场

钢、融入首钢、提升自我、加快发展”为导向，以“限亏减亏扭亏增盈”为中心，发挥新体制、新机制优势，借助首钢在生产组织、指标攻关、采购、销售等环节的资源优势，不断挖掘生产经营潜能。在生产组织上，以“保稳定、求生存、谋发展”为已任，努力克服资源不足、资金紧张、运输受限等诸多困难，把工作重点放在企业内部资源的有效、有序配置上，把工作着力点放在生产经营科学指导上，注重研究生产、经营与市场之间的关系，不断增强快速反应能力，以科学的组织和严密的管理，充分挖掘现有潜能，确保了生产经营秩序的稳定。生铁产量完成543.49万吨，钢产量完成512.75万吨，钢材产量完成524.33万吨，铁矿石成品矿产量完成259.13万吨。实现工业总产值278.42亿元。实现销售收入268亿元。实现利税13.1亿元。其中,利润5.1亿元，税金8亿元。“十二五”期间，首钢通钢集团将以“做强钢铁主业、做大矿山产业、调整产品结构、加快多元发展”为主线，以推进管理转型为保障，实现企业持续、健康、快速发展。争取到“十二五”期末销售收入翻一番，人均销售收入、销售成本、资产利润率、净资产收益率等指标达到首钢平均水平。

高炉夜景

“我爱祖国、我爱通钢”大型文娱活动

露天采场

型钢连轧生产线

南航吉

南航吉林分公司秦国辉总经理

吉林分公司喜迎2011年安全年

机长正在进行细致的起飞前的检查

南航吉林分公司是中国南方航空股份公司所属分公司之一，成立于1992年8月8日，是吉林省唯一的基地航空公司。公司现执管飞机13架，其中空客A321飞机5架、空客A319飞机5架、空客A320飞机3架。连续19年安全飞行。到2011年末，共经营航线43条。其中，国内航线31条；国际、地区航线12条。通航城市35个。其中，国内城市27个；地区城市3个；国际城市5个。建成了以长春、延吉为基地，覆盖全国主要城市，连通周边地区和国家的航空运输网络。

2011年，南航吉林分公司安全飞行49314小时/22407架次，比2010年增加616小时，杜绝飞行、空防和航空地面事故，实现安全年。全年完成运输总周转量36964万吨公里，同比增长0.7 %；累计运输旅客231.35万人次，同比增长2.82%；实现货邮始发收入3704.03万元，指标完成率为105.60%；在册飞机日利用率为10.4 小时，同比提高0.6小时，全年盈利33,560万元。在运力短缺的情况下，通过提高飞机日

林分公司

利用率，用13架飞机保住了15架飞机的航权和时刻。公司以南航航线网络为依托，加密干线航班，增加京、沪和日韩航班量，增加省会通航点，成功启动了欧美、中东、南亚等旅游市场。实现了长白山、浦东、台湾航线增量，乌鲁木齐航线冬季执行，大阪航线直飞等战略调整。东北亚博览会期间，历史性地成功引进A330双通道机型进入吉林市场。响应省政府号召，克服重重困难，确保长白山机场不断航。

空中、地面服务满意率分别为98.1%、98.9%。基地出港航班正常率达82.64%，同比提升6.00%。推进“品牌服务推广年”活动，为吉林省委、省政府多个代表团及新兵运输等重要任务提供优质服务，圆满完成“两会”、“东北亚贸易博览会”和省内援疆代表团的服务保障工作。推出“快速过站中转无忧”服务，打造无缝隙空地服务，以“金达莱”乘务组和“向阳花”地面服务中转组为主带动品牌服务建设。获得多项公司级以上荣誉，地面服务保障部员工康英艳获得“南航集团优秀共产党员”，工会被南航股份公司评为“先进职工之家”，公司被推荐为民航局和全国“创建和谐劳动关系先进单位”。

乘务员进行周到的机上服务

地面服务保障部高端服务经理在热心为旅客托运行李

强化服务意识 营造良好

全省无线电系统技术比武车载定位比赛照片

吉林省无线电监测站派出工程师完成中朝边境地区电磁环境测试任务。

公务员招录考试无线电防作弊保障任务的工作照。

吉林省无线电监测站监测车辆在参加高考保障前整装待发。

2012年，吉林省无线电监测站以科学发展观为指导，在省工信厅、省无委办的正确领导下，紧紧围绕省委、省政府的中心工作，积极维护空中电波秩序，为构建和谐社会、促进经济发展和服务国防建设履职尽责。

一、加强电波监测和干扰查处工作，保障各类无线电通信畅通

1．加强日常监测工作。按照工信部无线电管理局要求，我站始终将民航、铁路、广播等6个业务频段作为日常监测工作的重点，着重对民用航空导航、公众移动通信、广播电视等重要频段测试数据的积累和分析。监测车监测行驶里程约19000公里，监测时间约2400小时。共采集频谱图700余幅，监测记录表格120余份，监测录音文件近1200MB。结合台站数据库，有效实现边境地区无线电频率台站数据和电磁环境数据的资源共享。

2．认真做好电磁环境测试。上半年完成了133厂新选址、通化广播电台新址、我站兴华村分站预选站址、白城抗灾超级基站的电磁环境测试，各类干扰分析报告4份；配合国家测试组完成了长春市某卫星电视节目落地信号的测试；对朗日中天的防作弊设备进行了测试；完成了东北民航空管站长春机场超短波导航通化机场的电磁环境测试。

3．积极查处各类干扰。受理民航空管中心的无线电干扰申诉2起，我站接到申诉后，立即组织技术人员，迅速排除干扰。受到民航好评。

4．积极组建超短波通信网。

由于洪水、地震等重大自然灾害可能会导致公众移动通信网的瘫痪，为保证救灾、处理突发事件现场通信指挥调度畅

发挥技术优势 电磁环境

——吉林省无线电监测站2012年工作纪实

通，根据省政府要求，我站完成了超短波通信网的组建工作。并进行多次利用超短波通信网指挥调度演练、规范流程，形成应急保障预案。

5．组建省应急机动监测大队工作取得实质性进展。根据国家和省厅要求，我站今年将完成车辆、设备的招投标工作，待设备交付后，可正式组建该机动大队，将极大提高我省应急监测保障能力。

二、完成重要活动期间的无线电通信保障任务

1．加强节日、重大活动期间的通信保障工作。在年初春运和春节期间，实施24小时值班，确保高铁民航频率安全。此外，在“两会”、“五一”、国庆、全运会、东北亚博览会、十二届冬运会火炬传递等重要活动和节假日期间，我站也高度重视，除了保证24小时值班以外，还采取有效措施，启动应急预案，圆满完成无线电安全保障任务。

2．加大打击和防范各类考试中利用无线电设备进行作弊的工作。随着无线电新技术的发展，各种利用无线电技术在考试中作弊的现象层出不穷，影响考试公平、公正，引起了社会广泛关注，应省委、省政府的工作要求，2011年，我站加大了对各类国家级、省级统一考试监测保障力度，在研考、高考、医师考试、会计师考试、公务员笔试和面试中，科学调度技术力量、合理制定监测方案。参加考试保障30余次，出动人员300人次，车辆80台次，压制阻断作弊信号200多个，没收各类设备20余部，有效地震慑了利用无线电设备考试作弊分子，取得了良好的社会反响。

通讯应急指挥车工作照

三、服务国防建设，密切配合军队电磁频谱管理工作。认真贯彻落实平战结合，寓军于民的战略实施，协助军队电磁频谱管理部门完成重大活动的电磁频谱管控工作。

2012年，省无线电监测站结合工作实际，强化服务意识，从促进我省经济发展、深入开展社会公共事务服务、支持国防现代化建设方面，加强队伍建设、强化制度管理、规范业务流程，为建设“和谐吉林”发挥无线电技术支撑保障作用。

吉林省投资集团有限公司

JILINSHENGTOUZIJITUANYOUXIANGONGSI

董事长 王宪林

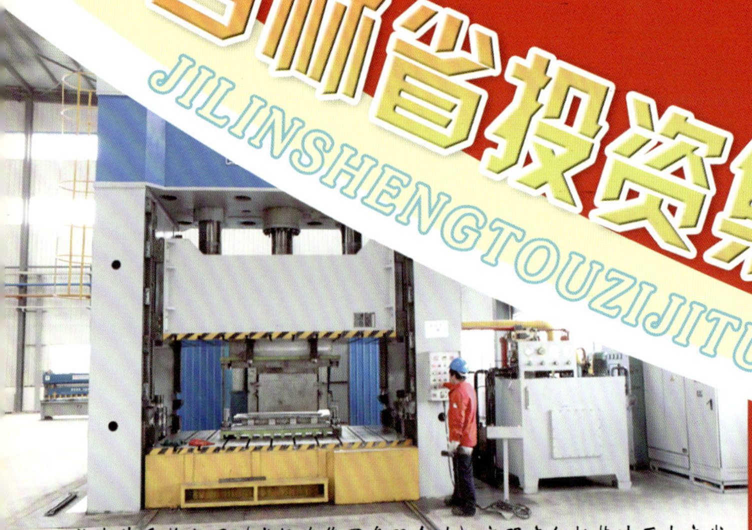

长春伟孚特公司（省投资集团参股企业）高强度钢板热冲压生产线

吉林投资大厦实景图

吉林风电基地启动仪式

吉林投资大厦启用仪式

省投资集团负责运营管理的吉林省科技文化中心综合馆

吉林省投资集团有限公司是吉林省政府出资设立的国有独资公司。作为全省唯一一家省级综合投资企业，在省委、省政府的正确领导下，短短五年时间已发展成为一家资产优、信誉高、实力强的综合投资集团。资产总额由成立初期的15亿元，迅速扩大到目前的205亿元；所有者权益由6亿元扩大到40多亿元；全资及参控股企业由7家迅速扩展到目前的31家，并且承接了十余个省级重大融资代建项目；在大部分项目为非经营性项目和代管项目的情况下，年上缴利税由不到100万元增加到近2000万元。

吉林省投资集团自成立以来，始终坚持经济效益与社会效益并重，稳健经营，快速发展，先后出资控股、参股了多家大型企业，承接了多个省级重大项目的投融资工作，共为政府重大项目筹集资金136亿元，项目涵盖全省保障性安居工程、增产百亿斤商品粮能力建设、城镇化建设、铁路、公路、灌区水利项目、民生及公益事业等诸多领域，有力地促进了全省经济社会的快速发展。特别是在以城乡棚户区、泥草房改造工程为主的全省保障性安居工程建设方面，省投资集团坚决履行平台职能，不讲任何条件与代价，为政府解决70多万户居民的安居问题提供了鼎力支持，得到了上级领导和广大群众的充分肯定和赞誉。

科学谋划、合理布局，吉林省投资集团严格按照省政府确定的“政府主导、市场运作”的经营模式与思路，坚持“平台综合化与经营市场化”的发展方向，积极拓展业务领域，以政府信用为保障，以企业信用为基础，以融资和投资为核心业务，同时开展资产管理和资本运营。具体包括：承接政策性和商业性金融机构贷款；开展资本市场融资；设立创业投资基金和其他产业投资基金；在公益事业、基础产业、新型能源、汽车衍生经济、新兴战略产业、金融、担保以及以保障性安居工程为主的房地产开发等领域进行投资，同时开展信托理财、委托贷款等投资业务。以“资源变资产、资产变资本、资本变资金”为指导，以兼并、收购、重组、退出等手段，进行股权管理和资本运营，优化集团资产，提升企业价值。

万事离不开方法，世界离不开秩序，良好的秩序是一切美好事物的基础。五年来，集团各项内控机制不

省投资集团投资的四方物流项目1号库房外观

省投资集团开展义务植树活动

断完善，从公司治理、机构设置到投资融资、资本运营、预算管理、监察审计，再到行政办公、人事及绩效薪酬管理，在企业运行的每一个环节都制定了一系列规章制度，用严格、明晰的规章制度搭建起了集团内控体系的框架，创造了企业管理的奇迹。可以说，集团用几乎最少的人力与财力实现了大规模资产的科学管理和运营，人均管理资产和创收能力都走在了全国同行业公司的前列。

凝聚力来自于对集团价值观的认同，创造力来自于对集团未来发展的良好预期。“诚信、和谐、求实、创新”是集团始终遵循的核心理念，也是集团企业文化的精髓。“体面生活、快乐工作”是集团向每位员工做出的庄严承诺。五年来，省投资集团以诚信树立形象，以和谐团结员工，以求实凝聚力量，以创新驱动发展，多渠道培养、吸纳优秀人才，全方位开展各种形式的企业文化主题活动，不断加强企业社会责任建设，广泛开展扶贫赈灾等各类公益慈善事业，着力提升员工生活水平，集团自上而下忘我工作、无私奉献、敬业爱岗的企业文化现已全面形成。

未来的吉林省投资集团，目光长远，脚步更坚。“十二五”时期将是我国及我省经济社会发展的重要战略机遇期，吉林省投资集团全体同仁将开拓进取、励精图治，进一步强化平台职能，全力促进实业投资、创业投资与资本运作三条主线快速、均衡发展，以最为优异的成绩完成政府交办的任务，实现企业的发展目标，不辜负上级领导的嘱托和全省人民的殷切希望。

长春皓月集团

皓月当空　巨龙腾飞

皓月石碑

吉林省长春皓月清真肉业股份（集团）有限公司是以肉牛羊系列精深加工为主营的相关多元化为一体的国家级现代农业产业化重点龙头企业。皓月集团先后被国家评为“全国出口创汇先进企业”、“中国十大肉类功勋企业”，皓月产品被国家评定为“安全健康放心食品”、“绿色食品”等诸多荣誉称号。目前皓月是国内唯一一家集“国际知名品牌”、“中国驰名商标”、“中国名牌”、“最具市场竞争力品牌”、“清真第一品牌”及“中国名牌农产品” 于一身的牛肉制品企业，在全国同行业中生产规模第一、品牌影响第一、出口创汇第一、社会效益带动第一、发展潜力第一。

皓月集团始建于1998年8月，2000年元月正式投产，资产总额90亿元人民币，现有员工5500多人，在做精、做强、做大肉牛屠宰加工主业的同时，充分发挥国家政策优势、吉林地域资源优势和清真特色优势，确定了建设循环经济的发展模式，形成了畜牧养殖业、饲料加工业、食品加工业、生化制品业、制革业、有机肥加工业等六大主导产业。目前已实现年屠宰肉牛50万头，肉羊30万只，以及各类清真熟食制品10万吨、饲料加工30万吨、生化制品1200吨。

省委书记孙政才来集团考察

皓月正门

皓月集团以高起点，高标准，国际化为原则，主厂区生产布局由中法德三国专家联合设计，采用德国、荷兰等国家设备精华，工艺流程居于国际领先水平。整个屠宰加工过程应用了幻觉引导，旋转定位，激光点穴，机械剥皮，自动劈半，分级制冷，骨髓分离，胆汁提取，肠衣制作等多项含有自主知识产权的高新工业技术。

皓月清真寺

皓月科技研发中心吸引了一大批高中级科研人员加盟，通过与国内外知名院校，科研院所，实行产、学、研，保证皓月生产技术始终站在世界前沿，按照国际高标准制定了生产加工的9项卫生操作程序、6道检疫检验关和21个卫生控制点，就连空气都要经过严格消毒。

屠宰车间

分割车间

产品超市

十年来，皓月集团十分重视市场开发，目前市场销售网络建设已经趋于完善。在国内市场方面，形成了以东北市场为主导，华北市场为延伸，辐射华东、华南、华中等地区的销售网络布局；已拥有独立经营的专卖店200多家，并打入全国大型商超254家，在全国有284家代理经销商；在国际市场已形成以阿联酋为中心的中东市场、以马来西亚为中心的东南亚市场和以俄罗斯为中心的东欧市场三大销售板块。截止到现在皓月产品出口到23个国家和地区，连续八年占全国出口量的百分之五十份额，成为我国最大的牛肉产品生产加工及出口基地。中国皓月——China“百德尔”（“皓月”阿文音译）已成为中东国家知名的品牌。

品牌是企业生存和发展的保障，皓月自成立以来，一直大力推行以“皓月”商标为核心的品牌战略，着力提升品牌影响力，并以此为基点，坚持“以产品为基础、以质量为生命、以市场为导向、以客户为根本、以服务为宗旨”的经营理念，严格执行“从农场到餐桌”的全过程质量监控，先后通过了ISO9001：2000版认证和ISO14000环境体系认证以及沙特、约旦、埃及、阿联酋、马来西亚和俄罗斯等国家进口食品认证注册，并于2003年7月在国内肉牛行业首家通过HACCP国际食品安全体系认证。2007年12月皓月牛肉分割标准被确认为国家牛肉分割标准，从而真正达到了一流企业出标准。

皓月集团从小到大，从弱到强的发展，得到了国家及省市各级领导亲切关怀和大力支持。中共中央政治局常委、全国政协主席贾庆林，中共中央政治局常委李长春，中共中央政治局委员、全国人大常委会副委员长王兆国，中共中央政治局委员、国务院副总理回良玉和张德江都莅临皓月视察。2007年1月28日，中共中央总书记、国家主席、中央军委主席胡锦涛视察皓月，并对皓月寄予殷切希望：“希望全社会都高度重视像皓月这样的农牧产业龙头企业，一定要把皓月办成我们国家在世界上肉牛产业的一面旗帜”

“路漫漫其修远兮，吾将上下而求索”，皓月集团全体员工深刻地认识到，实现企业的科学发展，就必须进一步打开解放思想的总闸门，把解放思想贯穿于企业发展的全过程，以新的思想推动企业新一轮发展。特别是胡锦涛总书记视察皓月公司时提出“把皓月办成中国在世界上牛羊产业的龙头”的殷切期望，极大地鼓舞了皓月人前行的脚步。2011年8月14日，皓月清真产业园区正式成立，根据企业的总体发展战略，到2015年皓月集团将实现总产值330亿元，园区总产值突破500亿元，利税37亿元，进出口贸易总额5亿美元。

皓月集团目前已渡过了初期成长发展的困难时期，进入战略发展的提速时期，也是快速增长的黄金阶段，迅速做大做强核心主导产业，突出重点抓好高附加值的皮革系列项目、熟食项目、生物制品项目，实现“四条腿学赶四个轮子”的战略谋划。

新世纪的皓月人将用勤劳和智慧向着畜牧产业国际航母和肉牛产业龙头旗帜的目标前进，成为世界畜牧产业前十强，跻身世界肉牛产业前三强。

1号楼办公楼

长春研奥电器

办公楼大厅

会议室

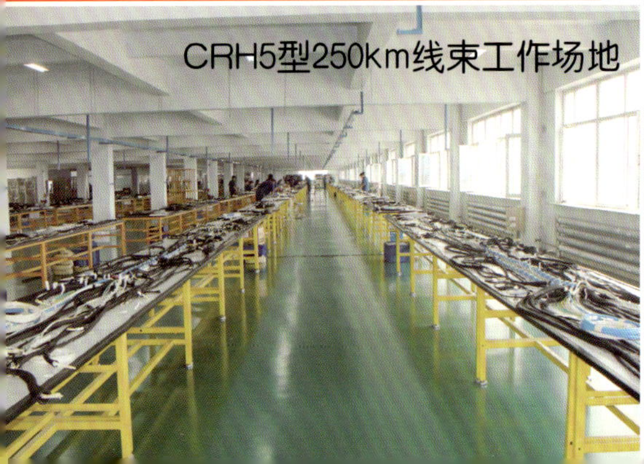

CRH5型250km线束工作场地

长春研奥电器有限公司注册于长春轨道交通装备产业开发区，总资产2.8亿余元。占地面积为50000平方米，员工500人，是铁道部定点的轨道客车配套供应商。为长春轨道客车股份有限公司、唐山轨道客车有限公司、大连机车车辆有限公司、北车集团大连电力牵引研发中心等十余家客户生产司机操控台、电气控制系统、空调控制系统、逆变系统等控制单元，已为轨道客车生产2.3万余套产品。2011年，公司面临多项目平台同步推进，26个项目交叉作业的繁忙生产态势，从有效排产、供应链管理、人员培训、工艺保证、现场管理、精益改善等环节入手，实现销售收入29，968万元，上缴税费2960万元。

长春研奥电器有限公司率先迈开企业体制改革步伐，于2008年4月顺利完成企业改制工作，对原有企业262人进行了员工安置分流工作，改制期间员工无人上访，职工利益得到了保障。改制后，公司建立了产权明晰、权责明确、管理科学的现代企业制度，成为专业化的现代企业。

新公司成立后，公司领导班子审时度势分析轨道车辆市场和公司发展面临的形势，组建新公司董事会，股东大会，成立党工团组织，将公司整体利益、群众福利生活放在重心，重大事项先民主后集中，重大决策事项通过董事会上表决通过执行；制定《公司管理程序和体系文件》，通过了国际和国家管理体系机构的资质认证审核，使公司现场、设备、环境和工作秩序整体面貌发生根本变化；把公司战略发展放在技术引进、研发创新、质量创优、岗位创新、人才培养的重要核心，近三年陆续招聘和引进各个岗位人才500人，其中高中、大专学历378人，本科学历112人，硕士研究生10人，外派培训30余人次，使公司各类人才资源的储备和实力得到增强；公司还利用省级项目资金引进先进的技术、设备、工装、测试装备，使公司为轨道车辆批量生产电器配套的能力不断得到提升。

长春研奥电器有限公司具有全面的技术改进实力，有成梯队的配置的科研生产队伍，拥有一支由3名高级工程师、9名硕士研究生及35名省级重点本科人员组成的研发、生产队伍，具有良好的综合素质和科研能力。与北京交通大学、长春工业大学建立了研发合作关系。与大连牵引研发中心联合研发轨道客车牵引变流器、辅助电源，形成批量产业，现应用项目有长春轻轨2，3期。自主研

总经理 李彪

办公区

灯具车间

有限公司

装配车间操作台

研奥正门

发轨道客车LED照明系统，形成试点生产，现应用项目有北京9号线地铁、广佛城际铁路。2011全年共完成215项产品的设计开发输出和在产510余种产品的技术服务工作。产品的研发在成熟、可靠的基础上向电子方向拓展、向变流变频方向拓展、向LED方向拓展是我们不断追求的。

长春研奥电器有限公司自改制来，解放思想、科学发展、不断变革、不断超越、培育了一支高素质的员工队伍，这都是公司的财富的创造者，同时也是企业成果的享有者。研奥企业文化是凝聚研奥人的法宝，培训体系是造就人才的摇篮，和谐建设是研奥可持续发展的根本。2011年，公司建立健全了全新的组织架构及人员调配工作。而且在质量管理上，引入了IRIS、EN15085管理体系；在技术管理上，推行分组管理、推行RAMS；在综合管理上推行项目管理、5S管理；在信息化建设上推行OA系统；在人员管理上，全年共展开培训60次，培训人数1191人，提高员工整体技能水平；在企业文化建设上，公司党工团各级组织紧扣生产经营主旋律，通过开展趣味运动会、五四优秀青工评选等活动，不断加速人才成长和队伍建设，现正是轨道客车产业发展的历史性机遇期，国家把振兴装备制造业放在关系国民经济和社会发展全局的战略地位高度重视，现全省正全面提升轨道客车零部件产业配套能力，实现其系统化开发、专业化生产、模块化供货和集群式发展。有了各级政府及部门的高度关注和鼎力支持，我们更要加快发展步伐，把长春研奥电器有限公司打造成国内轨道车辆配套行业里的精英企业，为我市的经济发展做出更大贡献。

司机台操控系统

试验车间—淋雨设备

北方凯达汽车技术研发有限公司

NORTH CAIDA Automotive Technology R&D Co., Ltd

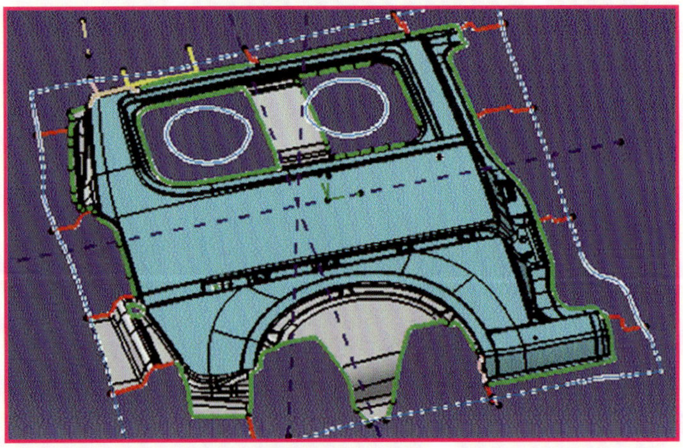

车门内板工艺分析DL图

北方凯达汽车技术研发有限公司（NORTH CAIDA Automotive Technology R&D Co., Ltd）（简称：北方凯达），是由长春市汽车产业开发区长春凯达发展有限公司和阿尔特（中国）汽车技术有限公司（简称：IAT）于2008年9月11日合资建立的，以汽车新技术开发为主营业务的高科技研发公司。注册资金58585900元人民币。

北方凯达作为综合性独立汽车技术研发公司，主要业务是接受国内外各汽车企业的委托，进行汽车相关新技术和新产品研发。目前，北方凯达已经形成集汽车零部件研发、生产和汽车行业服务于一身的经营体系。主要经营涉及模具、冲压件、焊接夹具、焊接总成、汽车电子ECU、整车改制、新能源汽车整车开发、新能源汽车电机、汽车试验、试制、特种车开发和制造、技术服务和咨询等业务领域，并同国内外具有先进制造技术的高校、研究研所、企业有着广泛的合作。

北方凯达是拥有国外专家及国内高级专家的专业团队，拥有模具、检具、夹具、汽车电子、电机研发制造、道路试验等专业的高精尖人才。北方凯达团队的成员以助力中国汽车为使命，以信奉勤勉敬业、诚信务实、积极创新的精神。

北方凯达全体员工以人是企业之本，技术是企业生命，创造并提供用户信赖的产品和服务，为人类社会做贡献，与顾客同在为经营理念，为员工建立一个公平、公正、公开的工作和发展环境。

公司在不断持续发展的同时，始终致力于企业文化建设，矢志与员工一起分享公司成长带来的快乐。在注重建设企业的同时，始终关注和支持社会公益事业。在2010年玉树地震发生后，自动自发的组织员工为灾区人民进行捐款救助，充分体现了北方凯达人爱心和社会责任感，以自己的实际行动阐释了公司对于社会责任的担当，得到社会各界的广泛认可。

北方凯达坚持不懈，以勤勉敬业、坚忍不拔、积极创新、勇于拼搏为经营精神，以和谐诚信、奉献开拓、顾客至上为经营方针；以开发高质量产品，服务全汽车行业为经营宗旨；以融合科技资源，追求社会财富,为自主服务为经营目标。

北方凯达公司全体员工将秉承：勤勉、诚信、创新的企业精神，坚持融合国际资源，助力中国汽车的不变追求，力争在较短的时间内将公司打造成为世界一流的汽车技术研发公司。

新能源汽车改制

新能源汽车电机生产线

2012年创先争优劳动竞赛表彰大会上为先进员工颁奖

吉林同鑫热力集

吉林同鑫热力集团股份有限公司，原名长春市同鑫热力有限责任公司，成立于2003年，2006年12月26日改制为民营股份制公司，2009年3月17日注册更名为吉林同鑫热力集团股份有限公司。集团公司是以集中供热生产服务为主，兼营热力设计、工程监理、供热管道安装、建筑施工、地产开发、保温材料、空心砖生产、钢管制造、煤炭生产、能源开发于一体的大型公用综合性集团股份公司，2009年12月取得了由吉林省建设厅批准的市政公用工程总承包和机电设备安装专业承包二级企业资质证书，同鑫集团现已成为长春市五大专业化热力公司之一,是吉林省最大的专业化民营供热企业集团，是全国唯一的以供热为主，多元发展供热附业的供热企业集团。

同鑫集团内设4个总公司，12个子公司，9个分公司，年产值近8亿元，固定资产达5.5亿元，员工人数866人。现拥有供热面积近1600万平方米，供热用户有绿地.长春上海城、中海金域中央小区、高力.中国北方汽贸城、绿地新里中央公馆、新奥.蓝城、湖畔诚品、丰和日丽、晨光花园、万科柏翠园、鲁辉国际城、信达金都置业、卡伦镇、长春九台经济开发区、抚松县松江河镇及长白朝鲜族自治县等近1100户企事业单位和近13万户居民住宅。同鑫集团确定了“热为主导,多元发展，相互连带，相互支撑”的产业链发展格局，形成了“供热产业链+现代企业制度+党建+工建+企业文化+社会责任” 的新发展模式，所形成的“同鑫速度”在供热行业创造了奇迹。

经过多年的发展实践，同鑫人悟出“党建越加强，企业越发展”，集团公司本着“围绕经济抓党建、抓好党建促经济”的原则将每一项党建工作均列为企业重点工作，无论是科学发展观活动，还是创先争优活动都以企业生产经营为中心，连续三年将党内开展的创先争优活动与工会开展的劳动竞赛相结合，在集团公司形成了全集团、全系统、全体员工大张齐鼓的创先争优劳动竞赛。2010年和2011年共表彰了9个先进单位及191名先进个人，党组织作用得到充分发挥，带动了企业工建、团建、妇建，使企业得到健康稳定发展，形成了党建工作与生产经营相互支持、相互配合、相互补充、相互促进的良好局面，实现了企业党建与企业发展的双赢。同鑫集团自成立以来高度重视企业文化工作，把党建、工建、企业文化有机的结合起来，把以人为本关爱员工、构建和谐劳动用工关系作为企业文化工作的着力点，建立员工培训基地、建立员工休闲娱乐基地、建立职工之家、建立员工爱心档案，成立员工爱心基金、成立关心下一代工作委员会、成立妇委会，从2010年开始连续三年为员工办不同的十件实事，每年为员工上调10%工资；每年免费为全体员工体检；为员工的子女高考给予助学金；对员工遇有婚丧嫁娶、生病住院的给予慰问金，用实际行动温暖着全体同鑫人。公司还经常举办员工庆生会、演讲比赛、拔河比赛、卡拉ＯＫ大赛及感恩日、厂庆等活动，丰富员

团股份有限公司

吉林同鑫热力集团股份有限公司董事长拱文一

工业余文化生活，通过对党建、工建、企业文化的重视及各项活动的开展，公司的凝聚力、向心力、感召力空前的高涨，在公司几次遇到困难时，如公司“冬煤夏储”和“暖房子”资金紧张、困难时，同鑫员工都能无息借款给企业，与企业共度难关，迸发出了前所未有的积极力量。从2007年开始公司每年都有不同的企业文化主题，2012年同鑫集团企业文化主题是“幸福同鑫”，目的就是要通过企业文化工作的开展，让同鑫人能够快乐的工作，健康的生活，让所有同鑫的兄弟姐妹都能够感到幸福，让同鑫集团成为一个幸福的企业。

省市领导视察同鑫集团暖房子情况

同鑫集团一直秉承为政府分忧、为百姓解难的宗旨，勇于承担社会责任，先后接管了滨河小区、威尼斯花园、晨光花园等29个长期不热或被弃管及主辅分离的锅炉房，2008年公司公开发布了吉林省首家供热企业《社会责任报告》。从2010年开始，同鑫集团积极响应政府号召，连续两年投入资金2.7亿元实施“暖房子”工程。几年来，同鑫集团共吸纳下岗再就业人员700人，参加社会各项公益活动中捐款达200多万元，从2008年至今包保社会上10户残疾人特困家庭，经常为他们送去生活慰问品，帮助他们解决实际困难。为供热区域内2560多户的低保户和特困户减免了热费，得到了政府及百姓的高度赞扬，先后被省、市、区政府及相关部门评为2011年全国非公有制企业“双强百佳党组织”、中国企业文化十佳单位、中国学习型组织十佳单位、吉林省守合同重信用AAA级单位、吉林省先进基层党组织、吉林省促进就业 保障权益 创建和谐企业先进单位、长春市市政公用客运先进集体、长春市先进基层党组织标兵、长春市五一劳动奖状、长春市基层党组织服务民生工作先进集体、长春市精神文明建设先进集体等近150项荣誉称号。

中国银行吉林省分行

【基本情况】2011年，
任务最艰巨的一年，是
是改革建设最深入的一
艰苦奋战，逆势而
之后，又创造了第三
景。

2011年，中
有机构216家。其
支行9家；员工5931
学历的3015人，占职

2011年，中国银
各项存款余额974.98亿
元，增幅6.89%;该行外币
元，较年初减少11,804万美
各项贷款余额679.51亿元，
12.07%;该行外币各项贷款余额
万美元，降幅18.84%;该行实现
比增加19,131万元，增幅47.49%;
元，较年初减少12,969万元，降幅
0.33个百分点;该行实现拨备前利润

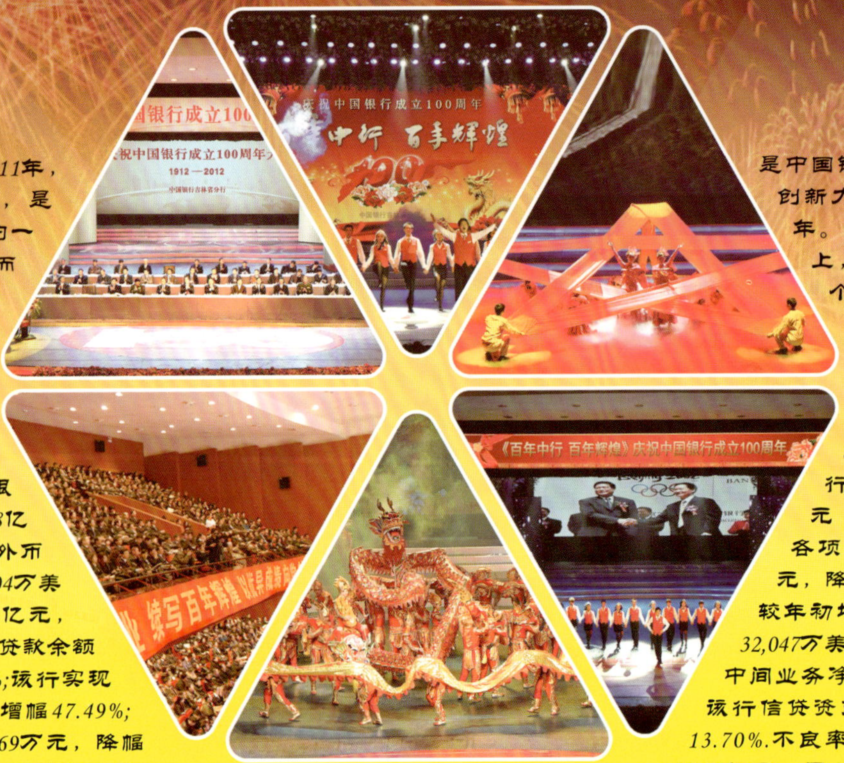

是中国银行吉林省分行转型
创新力度最大的一年，也
年。全行上下团结一心，
上，继连续两年大发展
个蓬勃发展的大好年

国银行吉林省分行
中，分行8家；营辖
人，具有本科以上
工总人数的50.83%。
行吉林省分行人民币
元，较年初增加62.83亿
各项存款余额72,416万美
元，降幅14.02%;该行人民币
较年初增加73.18亿元，增幅
32,047万美元，较年初减少7,437
中间业务净收入59,414万元，同
该行信贷资产不良余额81,730万
13.70%.不良率1.17%，较年初下降
22.03亿元，同比增加4.07亿元，增幅
22.69%.全辖实现净利润（DCF/MM口径）20.37亿元，同比增加6.61亿元，增幅48.00%。

张平行长致辞

个金补短板取得阶段性成果。2011年，中国银行吉林省分行个金业务多项指标创历史新高，全辖人民币储蓄存款余额445.22亿元，较年初增加65.05亿元，增幅17.11%，完成全年计划的101.64%，理财产品销售创实现新突破。个金板块“三抓”和理财产品“三化”的战略思维已经形成，该行个金业务开始转入快速发展轨道。

【市场营销】2011年是中国银行吉林省分行市场营销力度最大的一年，也是成果最丰硕的一年。主要体现在以下四点：一是利润再创新高。全行实现拨备前利润22.03亿，比上年增长22.69%；税后净利润20.37亿，比上年增长48%，双双创造历史新纪录。二是两项存款双双完成计划。两项存款在严峻形势下双双完成计划，而且储蓄存款首次完成总行年度计划，并创下省行有记录以来的存款最高增长额。公司存款五大行市场份额为19.23%，比年初提升1.03个百分点；储蓄存款五大行市场份额为13.87%，比年初提升1个百分点。三是中间业务收入增长幅度为历年之最。全行实现中间业务收入5.94亿元，增幅为53.4%，增长幅度创历年新高。四是净息差和净利差水平处于系统前列。去年，该行的净息差为3.11%，净利差为3.07%，在全国均处于较高的水平。

【渠道建设】2011年，中国银行吉林省分行大力开展网点效能提升项目，网点营业模式发生了根本性变革。一是绝大部分网点都建立起新模式，形成了清晰的角色管理、合理的功能分区以及“大堂制胜+走出去营销”的全新营业模式；二是在较短的时间内完成了五类网点建设。每一类都制定了不同的建设方案，进行分类指导，分类考核，负责人带指标上岗。此外，百人下网点、公司业务破冰行动、战略业绩穿透考核等措施，都对网点效能提升起到了积极作用。激励机制建设日臻成熟。

【产品创新】2011年，面对规模紧张的局面，中国银行吉林省分行加大创新工作力度，以创新破解信贷规模瓶颈。通过研发“票融通”和“票利宝”两款产品，解决了21.76亿元信贷规模。通过发挥国际化网络优势，为客户量身订做了“内保外贷+售后回租+保理”组合业务模式，从海外融资18亿元人民币，解客户燃眉之急。

【风险防控】2011年该行风险防控的重点工作是深化机制流程建设。当年该行流程再造按照前台业务后台化、后台业务集中化、集中业务高效化、高效业务规范化的总体目标加以推进，效果明显；此外，2011年该行集中运行监控系统及实施会计凭证电子化管理项目已正式启动。既节约了大量的网点一线人员，又提高了运营效率。

【队伍建设】在近几年的业务大发展中，中国银行吉林省分行打造了一支敢闯敢拼、能应对各种挑战的干部员工队伍，形成了极具特色的营销文化，在客户中建立起一个重品质、讲服务的大行形象。展现出和谐奋进、争创一流的良好风貌，为该行持续健康发展积聚了精神能量。

中国人民银行通化市中心支行

坚持科学管理 增强履职创新 开创内涵质量式发展新局面

党委书记、行长 刘 群

2011年，中国人民银行通化市中心支行以“求真务实，锐意进取，加强管理，争创一流”为工作指导思想，以“新、特、高”为工作要求，以“夯实基础防风险，突出重点求创新，廉洁高效强党建，团结协作促和谐”为工作目标，以创建文明单位和进一步加大制度执行力建设为切入点，全面贯彻落实总、分行工作会议精神和长春中心支行业务工作会议精神，深化改革，勇于创新，形成了“团结和谐、民主公开、创新高效、风清气正、劲足气顺”的可喜局面，各项业务工作取得显著进步。通化中支被沈阳分行授予“2009—2011年度文明单位”、“沈阳分行保密先进单位”、“沈阳分行政务信息工作先进单位”；被吉林省政府授予“吉林省集体林权改革先进单位”；被长春中支授予吉林省银行卡产业组织推动奖；被通化市政府授予“支持新农村建设先进单位”、“政务信息工作先进单位”、“通化市林权试点改革先进单位”。

金融支持地方经济发展成效显著

制定下发了促进通化市经济持续健康发展、促进“三农”经济发展、支持地方文化产业发展和加强保障性住房建设等多个信贷指导意见，引导信贷合理均衡投放和适度增长。出台《关于金融支持地方经济发展措施意见》，在辖区实施“五项工程”，搭建 “五大平台”，积极探索服务制度、服务方式、服务手段和服务产品的创新。进一步优化信贷结构，加大对 “三农”发展、中小企业、民生工程和“三化”、“三动”战略的信贷支持。

“两管理、两综合、一保护”工作扎实推进

制定了《通化市银行业金融机构开业报告制度》、《通化市金融机构重大事项报告制度》、《通化市金融机构执行人民银行政策综合评价管理办法》、《中国人民银行通化市中心支行综合执法检查工作规定》《通化市金融消费者权益保护指引》等规范性文件。形成了通化市中心支行“两管理、两综合、一指引”金融管理工作框架。组织开展“两管理”检查，积极开展金融消费者保护的各项工作。

金融服务效率和服务质量显著提高

强化外汇管理，改善投资环境。积极开展金融机构征信工作综合评价工作，开展农户信息采集工作，加快农村新型支付工具普及，改善粮食收购的结算方式。搭建了由人民银行组织、商业银行参与、各相关企业为主体的企业间现金横向调剂平台。组织开展了“普及金融知识、改善金融生态、保护金融消费者的合法权益”为主题的“金融知识宣传月”活动。全年多次开展各类宣传活动，取得了显著成效与广泛好评。

中国人民财产保险股份有限公司吉林省分公司

吉林省分公司党委书记、总经理
彭怡元

中国人民财产保险股份有限公司吉林省分公司（简称“中国人保财险吉林省分公司”）成立于2003年7月，是中国人民财产保险股份有限公司在长春设立的省级机构。其前身是中国人民保险公司于1980年在长春设立的分部。截至目前，中国人保财险吉林省分公司下辖9家市州分公司，77家县级支公司，是吉林省唯一一家分支机构遍布全省各县区的财产保险公司，也是全省市场份额最大的财产保险公司。其中，在全省主要乡镇设有保险营销服务部467个，营销团队299个，全省系统员工3,150多人。

中国人保财险吉林省分公司致力于“做人民满意的保险公司”，持续提供优质的理赔服务，为全省经济社会发展提供了强大的保险保障。一是加强传统服务，9个市州公司均为客户提供了无假日保险出单和理赔服务。二是全力推行理赔“快+优”服务。截止2011年12月末，车险当期理赔周期15.54天，低于全国平均水平11.45天，全国排名第二位；车险综合理赔周期36.39天，低于全国平均水平13.95天，全国排名第三位；案件处理率110.68%，高于全国平均水平5.75个百分点，全国排名第六位。从6-12月全国353个地市分公司理赔周期排名看，前三甲位置一直是我省的延边、通化、吉林。此外，吉林市公司在理赔指标日监控上、辽源公司在农险理赔流程上、长春公司在理赔服务标准化建设上走在全省先列，也起到了较好的引领作用。三是客户投诉率持续下降，客户满意度明显提升。总公司转来我省的客户投诉量同比下降52.13%，亿元保费投诉量同比下降55.22%，客户投诉及时处理率97.87%，同比提高29.26%。在总公司开展的2011年下半年客户满意度调查中，我公司总体客户满意度排名全国第三位，单位客户满意度排名全国第二位。

中国人保财险吉林省分公司还注重加强队伍建设，全力打造文明企业。一是加强学习型组织建设。在全省推行教育培训规划和员工增值工程，开展实务培训和系统理论培训。二是全面开展创先争优活动，在建党90周年之际，全省对10个先进基层党组织和67名获得不同称号的先进个人进行了表彰，发展了40名新党员。三是各级公司广泛开展主题征文、书法绘画和摄影作品展、歌咏比赛等形式多样的文娱活动，持续构建和谐奋进的企业文化。四是激活用人机制，探索建立多渠道的职级升迁制度，公开竞聘，择优录用，营造鼓励员工干事业、支持员工干成事业的良好氛围。五是积极开展团建工作，激发广大团员工作的积极性，有效发挥共青团在实践中育人的优势，为公司持续健康发展提供后备人选。六是实施员工关爱计划，继续为全省系统员工投保了雇主责任保险，每人保障限额由10万元调高到30万元，凝聚了人心，促使公司向着共建同心家园推进。

中国人保财险吉林省分公司召开年度工作会议

中国人保财险吉林省分公司查勘人员赶赴灾区

中国人保欢乐边境行——吉林行

中国太平洋财产保险股份有限公司吉林省分公司

◆太平洋产险吉林省分公司总经理 王姝

中国太平洋财产保险股份有限公司吉林省分公司（以下简称“太平洋产险吉林省分公司”）是中国太平洋财产保险股份有限公司设立的省级分公司，为客户提供全面的财产保险产品和服务。1993年2月在长春成立，目前公司下辖9家中心支公司，40家县区支公司，服务网络覆盖全省；在册员工共计520人，本科以上学历366人，占正式员工的70%。

太平洋产险吉林省分公司秉承“诚信天下、稳健一生、追求卓越”的核心价值观，以“用心承诺，用爱负责”为服务理念，为吉林省内公司客户和个人客户提供保险保障。承保人民币和外币的各种财产保险、短期健康保险和意外伤害保险业务。公司承保业务涉及电力、汽车、机械、化工、电子、水利、建筑、桥梁、公路、航天航空、船舶以及高科技产业等各行各业、各个领域。

2011年，太平洋产险吉林省分公司坚持以客户需求为导向，积极应对市场环境变化，实现整体业务持续健康发展，公司的市场拓展能力、基础管理能力、风险管控能力和客户服务能力全面提升。在管理创新方面，公司先后完成了业务、财务、资金集中，以及核保核赔集中，公司的集约化管理能力进一步增强；在产品创新方面，公司先后推出了综合意外险、境外旅游综合及紧急救援保险等产品；在营销创新方面，公司积极推进银保合作与产、寿险业务联动，并积极探索开发电话销售、网络销售等新渠道；在服务创新方面，公司建立核完善标准化服务体系，推行全国通赔，提升自动化服务水平，公司还提供急难救助、理赔绿色通道等增值服务，不断提高客服水平和客户满意度。

◆车险移动视频查勘系统启仪式现场

◆太平洋保险集团公司董事长高国富到分公司调研

◆太平洋产险吉林省分公司辖属白山中心支公司荣获诚信维权先进单位称号

未来，太平洋产险吉林省分公司将继续在客户以及社会各界的关心和支持下，全力推进公司新一轮的转型发展，太平洋产险吉林省分公司将以“用心承诺，用爱负责”为服务理念，为吉林省广大客户提供优质服务，为吉林保险业的发展做出贡献，以更优异的业绩回报社会。

诚信铸就品牌 责任照亮未来

——太平洋寿险吉林省分公司发展纪实

中国太平洋人寿保险股份有限公司吉林省分公司（以下简称太平洋寿险吉林省分公司）隶属于中国太平洋保险集团，成立于2000年12月，经营各种人身保险业务。十多年来，公司的经营能力、管理能力和专业化客户服务能力稳步提高。目前，公司下辖9家地市级中心支公司、55家县级支公司，拥有近千名在岗员工和近万名营销员，构建起了较完善的保险服务网络。

一、稳健成长篇

2000年12月，太平洋寿险吉林省分公司在吉林这片热土上诞生，从此迈开了稳健前行的步伐。经过艰苦卓绝的努力，年轻的太平洋寿险吉林省分公司很快崭露头角，业务规模快速攀升，保险业务收入从2001年的1.6亿元迅速提升到2010年的18.6亿元。截止2011年，业务规模实现20亿元。

十多年来，公司在保险保障、服务经济建设、完善保障体系、履行社会责任等方面勇于创新，在不少领域开创先河，为吉林省经济社会的发展保驾护航。目前，全省100多万个人客户享受着太平洋寿险的保险保障服务，总保额达500多亿元，最大的个人保单保险金额达1800万元。

二、经营管理篇

太平洋寿险吉林省分公司经过十多年的经营管理实践，逐步确立了适合自身特点的发展模式，明确了分公司与各分支机构的定位与职责，并根据自身发展需要，着重培育集约化管理和专业化经营能力，严格风险管控机制，打造诚信服务品牌，为业务健康、持续发展提供有力保障。

在专业化经营能力方面，太平洋寿险吉林省分公司不断改革和创新，在产品体系、客户服务、销售模式上不断推陈出新。

在服务管理架构上，建立核保核赔与客户服务一体化的运营管理中心，满足客户异地出险后的各种理赔需求，重视改进理赔服务的基础性作用，建立完善客户投诉、客户回访机制。

在服务技术上，公司客户服务电话95500二十四小时为客户提供保险咨询、投诉、理赔服务，通过人工、热线电话、主题服务活动等形式搜寻和解答客户的保险疑问；在综合服务柜台推行“一柜通”服务，柜面服务人员可同时处理或受理多种业务，融投保、保单变更、退保、理赔等流程为一体，避免客户在不同窗口间来回奔波；2009年，吉林省分公司推出“VIP客户服务俱乐部”项目，为客户提供包括上门拜访、信函问候、健康体检、联谊活动、回访服务、接送飞机、赠送高额保险等不定期多样化的服务。

三、公司荣誉篇

2007年，太平洋寿险吉林省分公司被评为“亚太地区最佳客户服务中心”；同年6月，在“中国质量万里行”测评组的暗访测评中，吉林省分公司服务质量获得92分的高分，名列太平洋寿险系统第一名。在2010年度“吉林金融大典暨吉林省金融行业服务新动力”评选活动中，太平洋寿险吉林省分公司荣登“2010年度吉林最值得信赖保险公司”品牌榜；2011年，分公司获评“吉林省用户最满意的保险公司”称号。

四、文化建设篇

十多年来，太平洋寿险吉林省分公司努力探索和实践以加强干部员工队伍思想建设为核心、打造公司优秀文化的课题，使公司员工队伍的凝聚力和向心力不断提高，积极向上、甘于奉献、努力拼搏的人文氛围，培养出了以“全国十大保险明星”、“太保系统001号杰出员工、全国保险系统劳动模范刘玉辉为代表的优秀员工队伍，促进公司在和谐健康的轨道上大步前行。

五、社会责任篇

作为一家负责任的保险公司，太平洋寿险吉林省分公司始终铭记社会责任，热心公益，通过吸纳下岗职工再就业，为社会分忧解难；通过捐资助学，用爱心点亮孩子心中的希望；通过救助孤残，让救助者扬起生活的信心；通过向灾区捐款，帮助受灾者度过难关；通过开发公益险种，让更多的人享受到保障……十多年来，公司共向社会捐资助学、修路建房、帮困救助、爱心捐款逾300万元。

“十二五”期间，太平洋寿险吉林省分公司将以实际行动诠释“用心承诺、用爱负责”的服务理念，努力践行“做一家负责任的保险公司”的企业使命，打造彰显诚信经营、促进和谐发展的寿险品牌，推动和实现公司可持续价值增长，为服务吉林经济、造福地方百姓、构建和谐社会做出积极努力。

分公司总经理丛新向希望小学孩子们赠送图书

客户体验中心工作人员微笑接待客户

分公司捐资20万元在省内捐建第二所希望小学

孩子们在图书室开心阅览图书

客户在体验中心休闲等候区交流

■消防车专用底盘首批发车

一汽客车有限公司

一汽客车有限公司（简称一汽客车）成立于2002年9月30日，是中国第一汽车集团公司（简称中国一汽）的全资子公司，中国一汽自主商用车体系的重要组成部分。

一汽客车本部位于吉林省长春市，在东北、华东、西南三大地区拥有长春整车基地（在建），长春底盘基地、大连新能源客车生产基地、无锡整车基地、成都整车基地。

一汽客车是在原一汽客车底盘厂、一汽大连客车厂、一汽无锡汽车厂的基础上组建的，是中国最早从事客车及客车底盘生产的企业之一，紧密依托中国一汽50余载造车的丰富经验，共享中国一汽强大的技术资源和总成资源优势，形成了涵盖6-18米的各类城市、长途、旅游、团体客车及底盘四大系列百余个品种，先后通过了ISO9001、GB/T19001-2000监督审核和3C认证，整车通用性在行业处于领先水平，底盘具有高度的匹配性、兼容性和稳定性。同时，一汽客车已经在31个省、市、自治区建立了70余家核心代理商及600多家服务站，是客车行业销售网络和服务网络最为完备的客车生产企业之一。公司在巩固和发展国内市场的同时，积极开拓国际市场，已累计向越南、伊朗、津巴布韦、塔吉克斯坦、巴基斯坦等13个国家和地区出口各类客车及客车底盘15个品种6000余辆。

品质承载责任，德者品高。中国一汽50多年波澜壮阔的发展实践，培育了稳健经营、务实诚信的企业品德；形成了自主立本、技术制胜的体系优势。一汽客车有限公司利用集团公司的营销支持政策，诠释和推广“品质、技术、创新”的一汽客车品牌内涵，通过参加专业展会、策划用户联谊、拓展宣传渠道等措施，进一步提升了品牌知名度和提及率，其中12米公路客车、12米天然气公交客车等4个战略产品共获得7项大奖。

2010年，一汽客车将“远征”、“太湖”、“华西”品牌统一为“解放”品牌，并致力于将品牌内涵融汇于产品品质之中。2011年，长春本部完成了12米公路客车、无锡公司完成了12米Ⅱ系公交客车、大连公司完成了9.5米长头校车等全新产品的试制和试验。拓宽了12米公交客车平台，形成了天然气、油电混、二级踏步、低入口、低地板等多个品种。同时，以12米和7.5米公交客车车身造型为基本元素，延伸至10.5米、9.5米和8.5米，统一品牌特征，并全面升级至国Ⅳ排放，初步建成了公交客车产品平台。优化和升级了10米团体客车、8米和8.6米长途客车、7.5米和6.6米多用途客车。12米公路客车作为集团公司党委的年度创先争优项目，紧密配合产品研发，加快工艺转化，将于2012年上半年完成高一级和高二级产品的生产准备。

2009-2010年，一汽研发的专用校车参加了北京、上海、长春等地多次车展，以其别致的外形和高可靠的安全性吸引了大批参观者的驻足和媒体的眼球。2012年2月15日，以“关注校车安全关爱孩子成长”为主题的国际校车展览会在国家会议中心如期举行。一汽的三辆展车CA6900SFD1、CA6870PRD82S及CDL6701XCDC卓尔不群，吸引了广大与会者的目光，不仅成为展会焦点，也彰显了国字号车企对祖国下一代的关爱。

2011年5月，在公安部消防局的大力支持下，一汽自主研发的消防车专用底盘已经通过公安部专家组验收，并开始批量投放市场，首批实现吉林、湖南、青岛、大连等销售84辆，取得各省消防总队的一致好评。并与黑龙江、山西、上海、广东等8个地区达成2012年销售意向近200辆。2012年通过对中国消防车市场的调研，进一步了解中国消防车市场产品需求和未来发展趋势，准备与美国专业消防车生产厂家联合开发整车项目。

■2011年为长春公交生产的12米混合动力客车

一汽客车有限公司以市场为导向，以品牌为统领，以产品为主线，在安全性、可靠性、操控性上体现责任；在环保性、经济性、舒适性上引领需求；在感动服务、超值服务、放心服务上兑现承诺，持续为客户提供最优化的运输解决方案，打造中国客车行业的知名品牌，共创人、车、社会和谐发展的美好明天。

■12米混合动力客车即将发往北京

■一汽研发的专用校车

中国石油天然气股份有限公司 吉林销售分公司

中国石油天然气股份有限公司吉林销售分公司（简称“中国石油吉林销售公司”）隶属于中国石油天然气股份有限公司，主要从事成品油销售、市场开发、网络建设和非油品经营等工作，是吉林省成品油供应的主渠道。截至2011年底，公司设立9个市（州）分公司、3个直属公司；拥有员工12575人，加油站1026座，营运油库27座，经营机构和营销网络遍布吉林全省。

公司始终奉行“奉献能源，创造和谐”的企业宗旨，依托辐射覆盖全省的加油站、油库网络体系，大力推进汽油、柴油、润滑油批发零售和车用燃气销售等主营业务，积极开辟和拓展非油业务，打造“uSmile”昆仑好客品牌和“咔咔”汽车服务品牌，依靠诚信经营和优质服务赢得社会的认知与信赖，逐步实现由单一油品销售业务向具有综合服务功能的零售商的转变。始终牢固树立经济责任、政治责任、社会责任有机统一的责任理念，把保障吉林省成品油供应作为义不容辞的重大责任，从资源保障、便民惠民、服务“三农”和扶贫帮困等方面，倾情助力地方经济社会发展。近年来，先后荣获了“全国五一劳动奖状”、“全国精神文明建设先进单位”、“全国模范职工之家”、“东北四省百家诚信示范单位”、“吉林省最佳公众信誉企业”、“吉林省最佳优质服务示范单位”、“促进城乡经济发展突出贡献单位”等荣誉称号。

2011年，公司面对不断变化的内外部形势和日益激烈的市场竞争，立足于做强做大销售、做精做细管理，积极转变发展方式，奋力开拓市场，深化体制机制改革，努力提升基层建设、基础管理水平和员工基本素质，圆满完成了各项目标任务，主要经济指标再次取得新突破。全年实现销售收入283.4亿元，同比增长28.7%；成品油销售总量369.3万吨，同比增长11%，企业整体运行能力稳步提高。同时，公司突出抓好发展、转变、和谐三件大事，切实履行经济、环境、社会三大责任，持续开展扶贫帮困、捐资助学、救助自然灾害、支持社区和公共设施建设、捐赠文体医疗事业、城市绿化等活动，积极营造和谐的企地关系。

功能齐全、设施完善的中国石油加油卡发卡充值网点

现代化便民超市给驾车朋友带来便利

功能齐全、设施完善的中国石油加油卡发卡充值网点

送油到田间地头

吉林省红石林业局

红石林业局隶属于吉林森林工业集团有限责任公司，多年来秉承森工集团“为国效力，为民造福”的核心价值观，戮力同心，共创大业，现已发展成集木材生产、营林抚育、木材加工、资源开发、森林管护于一体的大型现代化森工企业。

全国文明单位授牌仪式

矿产开发喜签约

一、企业概况

红石林业局位于长白山脉、松花江畔的吉林省桦甸市、靖宇县境内，始建于1973年，总投资2.6亿元，总经营面积29.9万公顷，有林地面积27万公顷，活立木总蓄积量4324万立方米，森林覆盖率达92.3%。辖区内森林茂密，资源丰富，有植物1300种，野生动物50余种，1995年全面完成建设任务。

二、全面完成主营业务，加快经济转型步伐

近几年林业产品市场低迷，加之天保工程的不断深入，林木采伐量逐年减少，截止2012年总采伐量仅为13.18万立方米。红石林业局在逆势中求发展，实行木材售价动态管理，启动一站式销售模式，售价连年居全省同行业之首，仅以2011年为例木材平均售价达到1714.19元/立方米，并实现单月销售3.8万立方米的优异成绩，创造了木材销售史上的奇迹。三年来商品材生产实现548920立方米，木材销售达到560129立方米，实现利润18924万元，上缴税金3885万元，育林基金累计收入26994万元，其中提取林价23096万元，其他收入3898万元，累计支出23315万元，其中上缴国家财政2537万元，营林支出20778万元；天保累计支出24208万元，其中国家拨款11087万元，企业承担13121万元，为吉林森工集团以及全省的经济发展做出了卓越贡献。

为实现企业可持续发展，谋求新的经济增长点，红石林业局加大了森林旅游、矿产开发、沟系承包等方面的工作力度，为企业后续经济谋求新的增长点。2011年投入420万元对红石国家森林公园主要景区进行了修葺、美化，增设了杨靖宇密营浮雕墙，推出红色旅游，并被评为省级文物保护单位。同时开辟了吉林森工集团长白山水上旅游航线，白山湖码头正在建设中。矿产资源开发也已进入回报期，天一矿业已进入开采阶段，金森矿业公司巷探结束，金银储量较为理想，鑫林矿业已探明钾长石2900余万吨。同时局党委号召全体员工积极投身到二次创业中来，沟系承包、林下经济、庭院经济、种植、养殖业等多种经营正蓬勃发展。

三、为民谋福祉，全面保障民生民利

红石林业局党政领导秉承吉林森工集团“为国效力，为民造福”的核心价值观，2010年以来实施集中供热改造、棚户区改造、文化广场改造、文体中心改造、红林宾馆改造、主街道路改造、帽山中心林场重建、“平安红林”监控系统安装、绿化美化、全局楼房屋面防水等10大民生工程，共投入资金18287万元。连续几年为员工增资，年人均工资增长2252元。三年来为职工发放各种福利及健康体检投入资金1319.9万元。2011年为解决困扰多年的饮用水问题，局投入1000万元与桦甸市达成万两河给水改造工程协议，此举将彻底解决红林人的饮用水质量问题。

四、企业文化建设，精神文明建设硕果累累

2011年投入70余万元，成立了北华大学红石林业局继续教育基地，建成了国家级职工书屋，为打造学习型企业、学习型个人创造有利条件。在企业内部深入开展和践行吉林森工集团“双为”核心价值观，“廉洁勤政，知足感恩”等教育活动。

2010年企业遭遇百年不遇洪灾，70%运材路线桥涵被洪水冲毁，700多户平房被冲垮，2000多灾民被临时安置，直接经济损失达5.5亿元。大灾面前，全体干部员工家属众志成城，创造了大灾面前零伤亡，大灾过后一个月内全面恢复生产的奇迹，全面完成当年的经营指标。

义务植树模范赵希海自退休后的23年里义务植树18多万株，成活11.8万株。为国家无偿捐献水曲柳、红松种苗48.25万株，成为全省林业的一面旗帜，更成为红石林业局的一张绿色名片。

取得荣誉：2011年喜获“全国文明单位”殊荣，曾先后荣获全国五一劳动奖状、安康杯十年成就奖、被省国资委授予“先进基层组织”，被森工集团党委授予“模范基层党委”、“学习型党组织先进单位”、“双学双做先进单位”，两次荣获“全国精神文明建设先进单位”称号，全国“安康杯”优胜企业，吉林省“依法治企”先进单位，森工集团“模范基层党委”，党风廉政建设优秀单位，“第九批全国五四红旗团委创建单位”等荣誉称号。

红石林业局新一届党政班子正带领全局广大干部员工为打造风清气正、企强民富的绿色森工矿产城而努力前行。

多功能文体活动中心

▲载誉归来——赵希海老人荣获2012年度国土绿化突出贡献人物

▲红色旅游圣地——杨靖宇密营

▲红石国家森林公园——森林游吧

三星级红林宾馆

众志成城勇战百年不遇洪魔

棚户区改造一瞥——帽山林场新址

中国农业银行四平分行

农行四平分行党委书记、行长韩秀明

[概况]

2011年，在市委、市政府的正确领导下，四平分行深入贯彻落实全市“一核三带”发展战略，立足四平经济特点，紧密结合国家货币政策和财政政策，适度扩大信贷投放，深入开展“三农”金融服务，全力支持我市经济发展。累计投放贷款26亿元，贷款余额达到37亿元，较年初净增10亿元，增长37%，四大行增量市场份额达到42%，排名第一。

农行四平分行领导班子

[工作开展情况]

（一）客户结构进一步优化。一是优质法人客户有所增加，全年新开发法人客户12户，累计投放贷款4.3亿元。二是城市个贷业务快速发展，全年累计投放非农户个人贷款1,660笔，金额30,290万元；累计投放中小企业贷款51户、金额106,342万元。三是农户贷款结构逐步趋于合理，全行11.9亿元农户贷款中，信用村贷款1,143万元，占比0.96%，较年初提高0.3个百分点；双人保证担保贷款16,042万元，占比13.42%，较年初提高12.9个百分点；财政直补资金担保贷款50,968万元，占比42.65%，较年初提高29.08个百分点；四是客户基础进一步夯实。全年新增对公客户1,069户，对公客户总量达到4,629户。全年新增个人客户13万户，个人客户总量达到116万户。

（二）服务“三农”深入推进。一是农户贷款和惠农卡投放总量逐步扩大，累计投放农户贷款13.36亿元，余额11.9亿元。

累计增发惠农卡7.6万张，惠农卡总量实现55.7万张，覆盖全市农户96%。二是代理项目深入推进，通过代理“新农保”项目，累计增发惠农卡3.56万张，代发养老保险金1,174万元，代缴养老保险金1,600万元。继续与安华农业保险公司合作，新增开卡3.04万户，代发金额3,587万元。分别代理发放粮食直补、粮种补贴1.4万户，累计代发资金2,656万元。三是服务功能进一步增强，累计在县域布放ATM87台、POS190台、转账电话3,464部，开通网上银行6.6万户、电话银行7.3万户、手机银行4.09万户、消息服务10.6万户。累计在全市乡镇设立惠农服务站35个。

农行四平分行办公大楼

（三）基础管理进一步夯实。一是服务质量明显提升。通过加强规范化服务管理，加大检查力度，深入开展“三化三铁”等活动，有效提升了基层单位服务质量。2011年，在市政府组织的软环境建设评比中，我行荣获公共服务类第一名，并被市政府评为“发展经济优质服务单位”。公主岭支行营业室被省行评为“十佳优质文明服务示范网点”；梨树支行被县委、县政府评为“支持经济发展优质服务单位”和“促进农村经济发展先进单位”；伊通支行被吉林省新锐传媒和决策人物风采展示活动组委会评为“辉煌十一五吉林省最得民心奖”；双辽支行被双辽市委、市政府评为“发展工业暨民营经济融资先进单位”。二是网点转型步伐加快。全年共完成装修改造网点16个，总投资1,181万元。其中城区5个，投资308万元；县域11个，投资873万元。全行有37个网点设置了低柜，配备低柜柜员15个，配备大堂经理45人。全行符合总行VI标准的网点共38个，占比达到60%。三是风险管控水平进一步提高。通过开展典型案例教育、规范中介机构及合作单位管理、开展“小金库”专项治理等工作，有效遏制各类案件的发生。通过扎实开展党风廉政建设工作，有效促进了各级领导干部廉洁自律。在省行组织的纪检监察工作年度评比中，我行在全省农行排名第一。通过组织开展风险排查、农户不良贷款责任认定、反洗钱检查、整体移位检查，进一步堵塞了操作漏洞，消除了风险隐患。通过加强安全设施、ATM、押运、守库等管理，实现了全行安全经营无事故。四是企业文化建设亮点纷呈。通过积极开展各项文体活动，加强“职工之家”建设，开展业务技术比赛等活动，提振了员工士气、凝聚了队伍合力，各项活动取得了丰硕成果。2011年，市行工会被中国金融工会授予“全国金融模范职工之家”称号；市行阅览室被全国总工会评为全国优秀工会“职工书屋”和“达标单位”；市行工会被省财贸工会评为“先进工会组织”。在省行组织的金融市场知识比赛中，我行荣获“团体第一名”；在省行组织的信用卡、外汇政策知识比赛中，我行均获得“团体第二名”，并获“三项业务”比赛“优秀组织奖”。在省行组织的庆祝“三八”妇女节女职工健美操大赛中，我行荣获“团体第一名”。

农行吉林省分行在四平分行召开经营管理调研

全国政协副主席李金华到梨树县农行调研

农行四平分行送金融知识下乡

2011年，全行共有35人次、31个单位和部门被总行、省行、省政府、市政府评选为先进个人或先进集体。在省行组织的“十优行”评选中，四平分行、双辽支行均被评为“十优行”。

农行四平分行营业室内景

大石头林业局党委书记 梁田才

大石头林业局

大石头林业局局长 吴俊和

大石头林业局位于延边朝鲜族自治州西部，地处闻名遐尔的长白山脚下，地跨安图、敦化两县市，始建于1952年，全局总经营面积25.7万公顷，有林地面积23.8万公顷，全局下辖30个基层单位，职工4293 人，建局60年来，累计为国家提供商品材1793万立方米，企业现有总资产5.56亿元，上缴利润总额3.65亿元，为国家的经济建设做出了积极贡献。

经过60年的开发和建设，大石头林业局已发展成为以营林生产、木材生产、木材综合利用、矿产开发、多种经营于一体的大型综合性森工企业。

近六年来，在州林管局的正确领导下，林业局新一届班子坚持“解放思想谋发展，转变方式求突破，发展经济强实力，改善民生促和谐”的工作理念，以“扩总量、强基础、调结构、增效益”为主线，抓住“三转一提升”这一发展战略，带领全局广大干部职工团结协作，开拓进取，改革创新、真抓实干，企业经济实力明显增强，职工收入大幅度增加，社会保障有所提高，民生状况极大改善，社会政治日趋稳定。企业呈现出前所未有的良好局面。

企业经济快速发展，强企富民成果丰硕。抓好木材生产主业经营，完善生产管理运行机制，强化销售监督机制，实行阳光竞价、比价销售，使木材售价每年都保持在较高水平。2011年木材平均单位售价1433.16元，比2006年增加了 707.3元，六年累计增收2.4亿元。林业局依托丰富的地下矿产资源，大力发展林矿合作项目，进一步推进了劳动力转移安置。目前已与3家矿业公司签订了合作协议，在与安图华祥矿业公司进行股份合作时，创造性地将华祥矿业公司所在的刘生店林场121名职工整体转移到钼矿，矿业公司负责职工缴纳“五险一金”。林场职工集体转岗后，林业局每年减少管理费支出108万元。职工月平均工资可达2290元，月工资比转岗前增加1259元，增幅122%，年人均工资增加15108元。全民创业持续健康发展。2011年，全局食用菌培植完成2351万袋，创历史最好水平。黄牛现存栏3567头，实现产值1784万元。全局创业户现已达到了2100户，创业人数达到了3692人，实现全民创业收入8306万元，户均收入达到了3.1万元。职工创业性收入的大幅度增加，加快了强企富民的步伐。

冠下种植黑木耳

冠下山野菜种植基地

森林培育机制创新，生态建设成绩斐然。不断强化森林培育，加大造林力度，紧紧抓住森林抚育补贴试点工作的契机，对上积极争取工作量，实现了有林地面积和森林蓄积双增长，生态建设得到了健康发展。同时，积极探索森林培育经营新模式，富于创造性地进行了冠下人工红松果材林培育经营改革。2009年成功将四个试点单位330.4公顷的冠下人工红松果材林承包给职工个人培育经营。为了提升森林培育管护的经济、生态、富民效益，林业局与延边林科院实行紧密合作，在承包的冠下人工红松幼林中发展山野菜和藤本经济植物种植等产业，为实现森林可持续经营、职工收入可持续增长开辟了一条新的途径。林业局加大对湿地资源的保护力度，亚光湖湿地公园建设已经得到国家林业局的批复，被正式确立为国家级湿地公园

竣工后的棚户区楼群

改善民生持续有力，民生状况大幅改善。累计偿还银行贷款和其他历史遗留债务4000多万元，全部偿还拖欠职工工资、医药费等3250万元，三年来，林业局新建棚改住宅楼41栋，棚户区改造累计完成4517户26.3万平方米，4517户职工喜迁新居，人均居住面积达22.6平方米。林业局投资3359万元对棚改小区进行了建设，使棚改小区达到了园林化标准，林区环境发生了翻天覆地的变化。投资3000万元完成给水改造工程，彻底解决了大石头地区饮用水铁、锰含量严重超标的问题，使大石头地区5万职工群众吃上了放心水、健康水。六年共为在册职工普调了33级工资，全局职工月平均工资从2006年的340元增加到现在的1777元，年人均工资达到了21324元，比2006年增幅423%。林业局投资284万元，为职工医院添置CT机、程控X光机等仪器，改善了职工群众的就医条件。为全局职工办理了“五险一金”，加大了对弱势群体的救助力度，促进了林区社会的和谐稳定。

亚光湖湿地公园风光

建设中的新华龙钼矿

党的建设成效显著，林区社会和谐稳定。局党委紧紧围绕企业经济发展、和谐稳定主题，深入开展“创先争优”活动，各级党组织的创造力、凝聚力和战斗力明显增强，党的政治核心作用、战斗堡垒作用和党员先锋模范作用充分发挥，为企业发展振兴提供了有力保证。2010年末，林业局胜利召开了第十六次党代会，全面总结了过去七年来取得的重大成就和基本经验，确定了今后五年的奋斗目标，成为大石头林业发展史上新的里程碑。坚持把维护林区稳定作为发展经济的重要前提，把发展经济作为维护稳定的根本，进一步规范了信访秩序，畅通信访渠道，健全信访稳定工作“四级”运行机制，形成了上下联动、齐抓共管的信访工作新格局，有力地促进了和谐林区的建设。

大石头林业局同心广场

展望“十二五”，大石头林业局将高举邓小平理论和“三个代表”重要思想伟大旗帜，深入贯彻落实科学发展观，以发展为第一要务，以民生为第一目标，以稳定为第一责任，以“三转一提升”为实践载体，充分发挥党的政治核心作用，团结带领公司党员干部、职工群众，努力实现企业经济规模翻一番、创业户年均收入翻一番、职工年人均工资翻一番，企业综合实力跨入全州林业先进行列的奋斗目标。

大兴沟林业局

局长 刘杰　　党委书记 申泰国

大兴沟林业局始建于1960年2月，位于吉林省延边朝鲜族自治州汪清县境内。东部与天桥岭林业局、汪清林业局毗邻，西部与大石头林业局、安图森林经营局接壤，西北以老爷岭为界与黑龙江省相望。林区山脉属于长白山系老爷岭支脉，主要河流嘎呀河将林区天然切割成东西两大部分，最终注入图们江。牡图铁路、松老线公路、汪罗公路贯穿境内。辖区内有大兴沟镇、鸡冠乡，共51个自然村屯（46个行政村屯）。林区总经营面积12.72万公顷，森林覆盖率79.95%，活立木总蓄积1,098万立方米。局下设11个林场（所），共35个生产、服务型单位。现有在册职工3,263人，离退休人员1,609人，总户数4,915户，总人口10,267人。近年来，先后被省委、省政府授予“精神文明建设先进单位”、“平安吉林活动先进单位”、“五一劳动奖状”等荣誉称号，同时被命名为“全省林地产业基地”；工会组织被评为“全国模范职工之家”。

十一.五”以来的主要成果

一是生态建设：累计完成更新造林2,337.9公顷，采育林冠下造林6,583.6公顷，中幼龄林抚育27,948.6公顷，低质低效林改造4,340公顷。

二是经营指标：六年来，累计实现林业产业总产值122,145万元，完成工业总产值12,121万元，完成全民创业总产值50,199.37万元、其中林地经济产值33,341万元。

三是企业经营：自2008年起扭转了连续10年亏损的经营局面。

四是林地产业：截止到2011年年末，全局五味子规模2,980公顷，其中人工五味子种植181公顷、是“十五”末期的4倍，地栽木耳培植3,100万袋、是“十五”末期的30倍。创业户达1,600户，占职工总户数的80%，比“十五”末期提高了241%。户均创业性收入4.02万元，比“十五”末期提高了172%。

五是职工工资收入：到2011年末，职工人均工资达15,214.86元，比“十五”末提高了127%。

六是民生建设：2008年始，四年累计新建棚改楼1,578户、79,700平方米，回迁率达100%，维修改造411户。

“十二五”时期基本思路：

基本思路：把握一个主题，强化两个功能，依托三个平台，打造四大产业集群，开辟五个增收渠道，建立六大基地，实现生态得保护、产业得发展、企业得效益、职工得实惠的基本目标。

把握一个主题：紧紧围绕“巩固基础、创新发展，强化管理、提质增效，关注民生、稳步提高”为总体要求，全面开展“生态提升、项目提效、产业提速、文化提气”战略，通过一手抓森林培育基础产业、一手抓循环经济新兴产业，实现林区科学发展、和谐发展、快速发展。

强化两个功能：一是生态保护功能。增强管护力量，加强中幼龄林抚育生产任务和森林改培任务，既保护了生态、又转移了富余职工。二是经营利用功能。严把生产质量关实现提质增效、严把运输关杜绝木材效益流失，严把销售关追求木材效益最大化。

依托三个平台：一是依托科技创新平台，实现产业提质、提产和提效。二是依托政策信息平台，认真研究“十二五”规划、天保工程二期政策并积极争取。三是依托招商引资平台发展项目，提高企业经营效益。

打造四大产业集群：一是通过创建大石中心林场和地区中心林场两个亿元创业经济带为龙头，打造绿色产业集群。二是通过招商引资，进一步延伸木耳、五味子、山葡萄等产业链条，打造林特产品加工产业集群。三是通过完善生物质木质颗粒燃料产业，打造循环产业集群。四是通过合作开发辖区内的特色资源，打造林矿产业集群。

开辟五个增收渠道：一是认真研究争取政策。二是做细木材生产文章。三是加大森林培育工作，增加企业货币资金收入。四是强化管理、堵塞漏洞。五是企矿合作，依托辖区内的天然资源合作开发项目，为企业增加可观的经济效益。

建立六大基地：依托林上、林中和林下资源，掀起新一轮林地产业开发高潮，利用创业带动富余职工就业并增加财产性收入。建立以黑木耳为龙头的食用菌基地；以五味子、山葡萄为龙头的生态浆果基地；以红松果林为龙头的坚果基地；以冠下参为龙头的北药基地；以林蛙为龙头的养殖基地；以高效农作物为龙头的农产品种植基地。

地栽木耳基地

人工五味子基地

居民区沿河休闲广场

生物质能源木质颗粒生产车间

生物质能源木质颗粒生产车间

吉林森工集团白石山林业局

白石山林业局党委书记、局长陈志

始建于1960年的吉林森工集团白石山林业局，是国家大型二档森工企业，总经营面积13.4万公顷，森林覆被率94.9%；固定资产总额1.9亿元；在册员工4008人。“十一五”以来，白石山林业局坚持以改革求发展，以创新求活力，走出了一条资源在保护中升值、效益在开发中提高、经营在竞争中兴旺、企业在发展中壮大的健康发展之路。

尤其是以党委书记、局长陈志为统领的新一届党政工领导班子组成以来，致力于解放思想、加快发展、强化管理、求真务实，全局上下发生了令人振奋的新变化，企业呈现出进展加快、亮点凸显、喜事不断、后劲增强的良好态势。

天保二期工程实施后，林业企业木材生产大幅限产，为使有限的木材采伐资源发挥最大的效益，白林局广大干部员工像爱护自己的眼珠一样爱护每一根木材，山上精益求精伐、打、造，坚决杜绝抽芯子、打拌子等“三伤木”，山下根据市场和客户需求精心设计，巧卖活卖，做好材种售价大文章，保证了每一根木材效益最大化。为搞好资源综合利用，他们把径级2cm以上，长度30cm以上的采伐剩余物全部捡集下山，作为中纤板原料。

造林就是造“贮碳库”，造“吸碳器”，造钱造富，植树造林、封山育林、加快珍贵树种用材林培育，保护和恢复森林植被是白林局最大的政治。“多栽一棵树，国家就能多一点‘森林碳汇’，就能多给子孙留下一片绿荫，我们也就没白在林区干一辈子”。白林局党政一班人带领员工群众，克服造林气候条件差、有效时间短、任务重、人员缺、地块散等不利因素，各级领导划分责任区、层层分解指标，质检员蹲点质检，跟班作业，保证了造林任务的圆满完成。他们在造林中探索出的在林冠下补植红松、水曲柳等珍贵树种创举，调整了树种不合理结构，提高了林分质量，促进了林木生长，加块了针阔复层混交林演替，使得林地生产力能得到充分发挥，得到了国家林业局三北局的充分肯定，说他们实现了生态效益和经济效益的双赢。

白林局还充分利用该地区是全国黑木耳之乡的品牌优势，将发展黑木耳种植业作为职工群众致富增收的重要途径，按照企业、单位、个人“三轮驱动”，企业搭台、市场主导、全社会广泛参与的发展思路，组织出台了多项优惠扶持政策，并无偿提供闲置的厂房，职工群众种植热情空前高涨。林下参、中草药、山野菜、林蛙、森林猪等其他种植业、养殖业等林下经济如星星之火……

管理是企业永恒的主题。白林局党政一班人在抓生产的同时，不忘在严格管理上做功课，他们重新修订完善了企业32项内部控制制度，并从节约一滴水、一度电、一个木片入手，杜绝各种跑、冒、滴、漏。

改善基础设施，多建棚改新楼，是局领导，全局父老乡亲的共同心声，在他们的不懈努力下，2011年，新建住宅楼1008户，危旧楼改造372户，他们还争取国家投资1029万元，完工了局址全天候供水设施，职工家庭经济总产值达1.39亿元，主营业务收入八千万元，实现利润3,456万元，职工工资增长16%。

扬帆正遇东风来，远征“12”纵青骢，回首过去，白林人以浓重的笔墨，在企业发展史上，书写下了精彩夺目的华章。展望未来，白林人将肩负起时代赋予的新使命，高举“为国效力，为民造福”旗帜，坚持以科学发展观统领全局，把发展作为第一要务，以知难而进的英雄气概，以只争朝夕的拼搏精神，开拓创新，团结拼搏。白石山林业局这艘希望的航船必将乘风破浪，勇立潮头，向着更美好的未来全速进发！

白林局方兴未艾的黑木耳产业

木材运往祖国四面八方

歌唱新生活

创达人造板厂的中纤板正在运往祖国各地

吉林向海国家级自然保护区管理局

向海保护区始建于1981年，是吉林省人民政府批准建立的。1986年7月，国务院批准晋升为国家级自然保护区。1992年加入“国际重要湿地名录”，同年被世界野生生物基金会评审为“具有国际意义的A级自然保护区”。1993年5月被中国人与生物圈国家委员会批准加入“中国生物圈保护区网络”。1999年11月30日，吉林省政府召开“研究向海国家级自然保护区管理体制问题”的专题会议，将向海保护区管理体制整体上划归省林业厅管理，作为省林业厅直属事业单位。

向海保护区位于吉林省通榆县境内，属内陆湿地与水域生态系统类型的自然保护区。主要保护对象是丹顶鹤等珍稀水禽及栖息地和蒙古黄榆等天然植物群落。总幅员105467公顷。区内林地面积2.9万公顷，其中蒙古黄榆等天然林面积1.9万公顷；湖泊水域1.25万公顷；芦苇沼泽2.36万公顷；草原3.04万公顷；耕地及其他用地近1万公顷。共有植物595种，其中药用植物220多种；脊椎动物300多种，其中鸟类293种，兽类37种，爬行类8种，两栖类5种；鱼类29种，国家重点保护的野生动物335种中向海就有52种。其中一级10种：大鸨、东方白鹳、黑鹳、丹顶鹤、白鹤、白头鹤、金雕、白肩雕、白尾海雕、虎头海雕。二级动物42种。

吉林五女峰国家森林公园

管理处主任赵希江

五女峰全景

五女峰国家森林公园，座落在吉林省东南部，鸭绿江畔、长白山南麓的老岭山脉，距通化市区80公里，集安市区21公里。公园总面积68.6平方公里，森林覆盖率94.5%，年平均气温6.5℃，年降雨量947毫米。天然植物百余科千余种，空气中负氧离子达每立方厘米15430个，空气尘埃系数为零，被誉为“天然氧吧”、世外桃源。园内共有较大山峰26座，海拔1000米以上的有17座，最引人瞩目的就是园中五女峰景区，她是园中核心景区，美丽壮观的五女峰，陡峭挺拔、奇丽秀美，恰似五位身披绿纱的五位窈窕淑女，亭亭玉立，遥相呼应，构成了五女峰国家森林公园最优美景观。

公园内现已开放了五女峰、小江南、洞天皓月、美容泉、大峡谷、老虎岩、抗联遗址、植物园、仙人台、观峰台、老岭松涛、一线天、高句丽古代采石场、枫叶岭等十四大景区56处景点，形成了以原始生态为特色的自然风景旅游区。林荫古道、小桥流水、迤峰叠岭、云雾缭绕、风光秀丽，尽展神姿仙态，天高云淡、风清气爽、红叶披秋、冬暖夏凉、气候宜人。

2011年6月17日中央人民广播电台台长王求视察五女峰

2011年公园领导多方筹集资金进行景区基础设施建设，实行边开园边建设的滚动发展方式，先后投入资金260余万元对停车场进行了扩建，圆满完成了市委市政府下达的新建停车场6000平方米的工作任务。同时为规范售票，新建一座50平方米售票房一座。2011年8月被吉林省评为4星级休闲旅游农业企业。为解决游客食宿，新建了游客接待中心，可同时接待100人住宿、300 人用餐。基本满足了入园游客的食宿需求，为游客有效、舒适地游览景区提供了保障。同时公园已经通过了4A级景区的省级初检，待国家旅游局的最终检查与审核。

公园根据媒体受众面广、持续时间长、影响力度大的特点，重点在吉林主流媒体上强力宣传，在网络、电视、报刊上分季推出特色游产品、项目，并在松原、白山、四平长途汽车上做景区视频宣传，收效颇为明显。先后投资20多万元在《吉林日报》、《新文化报》、《朝文日报》、沈阳电视台、吉林都市台、吉林新闻、通化新闻、《吉林省年鉴》、《通化地方志》等媒介上大肆宣传五女峰。通过一系列的宣传促销，向社会强力推介，在东北地区大大提高了五女峰国家森林公园的知名度。并代表通化地区，作为唯一一家旅游企业，参加了中宣部组织的文化产业大会。同时公园与知名旅行社、公司合作，先后组织“一汽大众素质拓展训练”“七一篝火晚会”“五女峰文学作品征集””浙江作家协会现场创作”和各种节日免票、有奖摄影等活动，并成功举办了第十二届金秋枫叶节。通过世界旅游日免费入园活动开展体验式旅游，提高游客的旅游热情。经济效益和社会效益都同时得到提升。

地址：吉林省集安市五女峰国家森林公园迎宾路21号
邮编：134200
电话：0435—6688881
网址：http://www.jlwnf.com
电子信箱：jawnfgy@163.com

吉林省延边林业集团和龙人造板有限公司

◆董事长、党委书记李云龙

吉林省延边林业集团和龙人造板有限公司，隶属于吉林省延边林业集团，是一家集生产、研发、销售、服务于一体的大型国有人造板制造企业。

公司占地面积8.8万平方米，总资产12，545.4万元，股本总额3，744.55万元。

◆薄板生产线

"十一五"以来，和龙人造板有限公司按照延边州林管局、集团公司"强基础、扩总量、调结构、增效益"的总体发展思路，以科技支撑、项目带动，全面实施三步走战略，年实现产值15，400万元。"十二五"期间可实现年产值20000万元。

公司现有职工452人，拥有三条生产线。其中：两条生产线可生产多种规格的高中低密度板，难燃密度板、轻质材料。另一条生产线，在公司董事长、党委书记李云龙的领导下，2011年开工建设投产的后续产业链条延伸州庆60周年献礼项目，可生产密度板薄板、难燃密度板薄板，与轻质材料复合成为一种新型产品：复合轻体材料是建筑、装饰、装修、轻体墙体、隔断、门芯、家俱的首选材料。目前，公司主要生产的产品有：1.8–25　的高中低密度板、难燃密度板，18–120　复合轻体材料，35–50　门板等产品。

◆连续辊压机

多年来，公司始终坚持"安全、环保、绿色、低碳"的经营理念，生产的"美人松"牌难燃密度板、轻质难燃板、难燃密度板薄板等系列产品，全部通过了国家消防检测。特别是密度板难燃密度板薄板填补了国内市场空白，深受广大消费者的青睐。先后被国家技术监督局、吉林省人民政府和国家质量技术学会评为"国家质检合格建材绿色环保产品"、"吉林省名牌产品"，企业也被授予中国纤维板行业"百强企业"、"吉林省质量诚信单位"、产品质量"AAA"企业、延边州"五一"劳动奖章等荣誉称号。

和龙人造板有限公司生产的难燃密度板、轻质难燃密度板可用于生产防火家具、防火地板、防火吸音板、防火装饰板、防火门、防火隔墙等。"质量、服务、诚信"是和龙人造板有限公司的宗旨，竭诚欢迎各界人士前来交流合作，开展业务，增进友谊，共谋发展。

◆董事长、党委书记李云龙（左一）在生产现场

◆难燃密度板

◆复合轻体材料

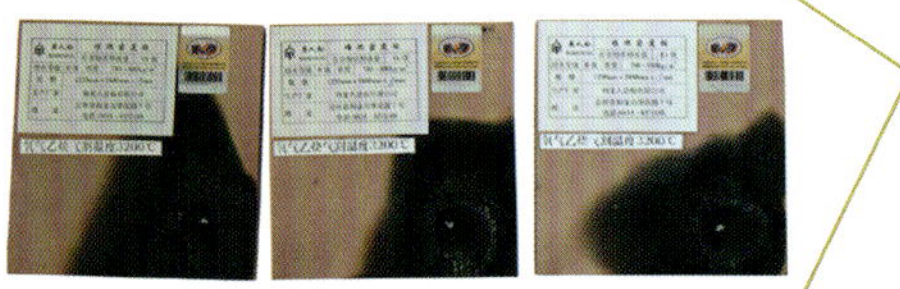

◆难燃密度板

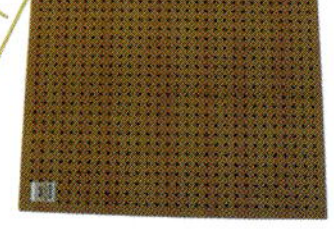

◆吸音板

◆董事长、党委书记李云龙在庆典现场致辞

吉林森工集团 松江河林业有限公司

JILINSENGONGJITUAN SONGJIANGHELINYEYOUXIANGONGSI

松江河林业局党委书记、局长李学友

吉林森工集团松江河林业有限公司（也称松江河林业局），始建于1958年，是国家大型A类综合性森工企业，隶属于吉林森林工业集团有限责任公司。总经营面积158568公顷，其中林业用地面积148356公顷；活立木总蓄积2,132万立方米；林分单位面积蓄积量142.7立方米/公顷；森林蓄积净生长量385,787立方米，森林覆盖率93.7%。截止2011年末企业资产总值14亿元，在册员工3950名。

松江河林业有限公司秉承集团“为国效力，为民造福”核心价值观，本着“产业发展为出发点，改善民生为落脚点”的经营理念，以实现“大产业带动大项目，大项目带动大基地，大基地带动大投入，大投入带动大发展，大发展带动大提高”的“五大五带”战略；实施“森林抚育产业、商品材生产产业、林地经济产业、房地产开发产业、森林旅游产业”等“五大产业”；建设“森林抚育基地、红松果材兼用林基地、珍贵大径材基地、绿化苗木产业基地、优质种苗基地、绿化长廊基地、商品材生产基地、林地产业基地、房地产开发基地、森林旅游基地”等“十大基地”为战略核心，全面推进了新林区建设。

2011年，对面国内外金融危机的严重影响，以及木材产量逐年递减的不利因素，公司领导积极研究对策，号召公司全体干部员工齐心协力，众志成城，克服一切困难，发扬艰

苦奋斗的优良传统。在经营指导思想上与时俱进，以长白山开发和“二次创业”为契机，先后提出“建设长白山森林旅游城”、“发展是硬道理、富裕是硬道理、就业是硬道理”、“向集团副总级单位迈进”的指导思想，明确了目标，统一了思想，凝聚了力量，取得了实效；在积极推进森林旅游城建设，打造发展平台的基础上，特别是完成企业改制之后，以集团“三六九八”发展战略为引领，提出了发展“五大产业”，走民富企强的发展道路。综合开发利用林区多种资源，大力合理开发非林非木资源，大大减轻了对依赖木材生存的发展格局，通过科学管理，提升了企业效益和运行质量，开创了多业并举、跨越经营、快速发展的局面；不断加强班子建设，形成团结干事、和谐共事、真抓实干的工作作风。把能干事，会干事，干成事作为评价领导干部的标准；把经济能否发展，百姓能否富裕，社会能否和谐作为衡量领导干部政绩的尺度，这是我们谋事、成事的关键所在；坚持优化发展环境，积极争取国家、省市一系列强林惠林政策的扶持，优化企业内外部发展环境，在用足用活政策的基础上，大力扶持民营企业和农村经济的发展，为广泛拉动林区社会就业，实现林区大繁荣、大发展创造条件；坚持加强党的建设。通过常抓不懈党的自身建设，抓出了党建工作的新局面、抓出了党组织的战斗力。在吉林森工集团的正确领导下，在松林各级领导干部和员工共同努力下，出色地完成了2011年各项工作任务，抒写了一篇精彩的华章。

吉林森工集团董事长柏广新到松江河林业局调研

棚改后的富民小区

哈达山水利枢纽工程管理局

省委书记孙政才视察哈达山

省长王儒林、副省长王守臣视察哈达山

巨龙势动三江水，哈达劲舞百业兴。

兴建哈达山水利枢纽工程，康熙大帝有设想、孙中山先生有理想、党和政府有构想。全省人民追梦百年，松原儿女企盼百年。

哈达山水利枢纽工程总投资36.25亿元，设计工期42个月，于2008年6月开工建设。工程坝址位于第二松花江下游干流上，距市区20公里，由坝区枢纽、防护区和百公里输水干渠组成；其库区和三个调节水库总容量16多亿立方米；电站装有五台机组，总容量34.5兆瓦，多年平均发电量1.16亿千瓦时；工程多年平均引水量19亿立方米，用于城镇生活、工农业生产、油田供水、防病改水、湿地补水和为即将开工建设的285万亩松原灌区提供水源保证。工程的建设，对维护国家粮食安全，改善吉林西部水环境和城乡居民饮水条件，修复区域生态环境，发展绿色能源与生态旅游，促进新农村建设和老工业基地振兴，拉动本地区经济社会可持续发展及相关产业升级等，具有重大现实意义和深远历史意义。

从省政府决定组建哈达山水利枢纽工程管理局（公司），到成立哈达山旅游经济开发区筹备处的6年多时间里，在国务院的关怀下，在省市领导的关爱下，哈达山人发扬“团结合作、求真务实、敢打敢拼” 的哈达山精神，紧紧围绕建设“生态、休闲、健康、幸福”的主题，解放思想、敢为人先、真抓实干，取得了一个个令世人瞩目的嘉绩。

到2011年底，工程累计完成投资30.3亿元，占总投资的83.6%；顺利实现了坝区和防护区工程完工，库区蓄水达到140.5设计高程；5台机组全部并网发电，并确保安全运行；百公里输水干渠完成工程总量的65%，初步具备通水条件；移民迁建点、进场道路、渔类增殖站和景观塔通过验收并投入使用。松原灌区项目建议书已上报国家发改委待批，为2012年开工建设作好了充分准备。开发区筹备处各项社会事业成效显著：全口径财政收入达4228万元，同比净增1375万元；地方级财政收入1168万元，同比净增721万元；所辖社乡国民生产总值实现4.43亿元，同比增长11%，多年粮食稳产5万吨，农民人均收入6600元。哈达山旅游区总体规划及专项规划的编制工作已完成初步设计，招商引资工作初见成效，由中视传媒投资30亿元的北方冰雪影视基地项目，有望落户哈达山。

一期围堰截流

哈达山原貌

二期围堰截流

用精品回报社会，以奉献共赢未来。按照市委、市政府“十二五”宏伟蓝图和建设“文化松原”、“幸福松原”的战略部署，哈达山各项工作如火如荼展开。不远的将来，一个凸显地方性、民族性、独特性、文化性，以扩张社会效益和经济效益为目的、以蒙满风情为特色的，集旅游、风电、商务、娱乐、影视及商业、服务业、房地产、水产养殖等项目，定会在哈达山安家落户、大放异彩。一个宜居、宜游、宜商的长春后花园、松原的前花园，定会引四海之宾朋，光五洲之神韵！

德政工程——因使命而诞生；精品工程——因责任而崛起；效益工程——因惠民而永恒；幸福工程——因文化发展！

哈达山水利枢纽全景

长春市石头口门水库管理局

溢洪道泄洪的壮观场景

石头口门水库冬捕现场

九曲荷塘：做短暂停留，静听蛙声，寻回儿时记忆。

长春市石头口门水库位于吉林省中部，第二松花江支流饮马河中游，是一座以防洪除涝、城市供水为主，结合发电、养鱼、旅游等综合利用的大（I）型水利枢纽工程。

长春市石头口门水库管理局副局长兼党委副书记 邢海英

石头口门水库从1977年开始向长春市供水，是长春市的主要水源地。几年来，长春市石头口门水库管理局以“服务民生”为己任，加强工程建设管理和水源地保护工作，开展了兴利增容、芦苇湿地等工程建设，增加了城市供水量，提高了水质标准，年均向长春市供水2亿多立方米，保证了城市供水水质、水量安全，为长春市经济社会发展做出了重要贡献。

长春市石头口门水库管理局领导班子

石头口门水库新一届领导班子秉承“服务民生”的宗旨，以防汛抗旱、城市供水为中心，以发展水库经济、强化水库管理为重点，以解放思想、工作创新为主线，在2012年全面实施“10 2 5”工程建设，以整合资源、追逐大业的工作思路，求真务实、锐意进取的工作作风奏响了新时期水库发展的主旋律，努力开创跳跃式前进、全方位发展的新格局。

依山傍水的住宅小区，宜居的好地方。

仿长城：挡土墙且集仓库、冷库、油库于一体。

赛蓬莱：溢洪道启闭机室，是石头口门水库的标志性建筑。

长春市儿童福利院

长春市儿童福利院作为长春市2007年94项民生工程之一，于2007年8月破土动工，2008年6月1日正式投入使用，2009年2月被吉林省民政厅评为精品工程。它占地面积约2.45公顷，建筑面积约7800平方米，可接纳孤残儿童300人。整幢建筑呈“E”字形，由4栋既独立又连接的楼互相连通。院所分儿童养护区、医疗区、康复区、教育区、生活保障区和办公区六大部分。主要为本市城区孤、弃、残儿童提供养护、医疗、康复、教育、家庭寄养、国内收养、涉外送养等服务，也为社会上有家庭的残疾儿童提供康复性医疗服务。

在长春市儿童福利院，生命至尊，健康至上，与爱同行、共享蓝天的文化理念，已深深植根于所有员工的头脑，并成为步调一致的行动。秉持“一切为了孩子”的办院宗旨和“儿童利益最大化”的工作原则，全院上下形成了“追求卓越，争创一流”的浓厚氛围。

长春市儿童福利院致力于建立完善的服务体系，实行精细化和科学化管理，全面提高养护、医疗、教育水平，将儿童照料由传统的“养、教、治”基本功能，向“情、能、智”方向发展，全面关注儿童的情感满足、社会认知、心理卫生等方面的需求，体现人性化的互动作用。

为每名儿童建立健康档案，定期体检。对残疾儿童开展肢体功能训练、聋儿语训、弱智教育等综合康复训练，有针对性的对常见病、多发病进行治疗。

高度重视儿童营养，按照不同年龄阶段或医嘱要求，合理配餐。培养幼儿良好的卫生习惯，对儿童进行生活技能培训，提升儿童生活自理能力。

开展儿童心理健康教育，纠正不良行为，促进身心健康发展。对各类残疾儿童，因人施教，制订特殊教育方案，提高儿童适应主流社会的能力，重新树立他们对生活的信心。

长春市儿童福利院既坚持练好内功，又注重外塑形象。成立两年来，已参加各种论坛和学术研讨活动 20余次，与省市8家医疗单位建立了合作关系，迎来省内外54个团组的参观考察，成功组织了大型爱心宣传活动81场，赢得了325家慈善机构和爱心单位、个人的热情赞助。

在民政部机关刊《中国民政》杂志上，在中央电视台《共同关注》栏目上，长春市儿童福利院的事迹得到全面报道。

长春市儿童福利院正以它特有的的魅力、活力和影响力力，跻身省内乃至全国先进行列。

在科学发展观的引领下，长春市儿童福利院将瞄准新的更高的目标奋进前行：

完善硬件设施，强化科学管理，落实以岗位责任制为核心的制度体系，健全儿童养育、康复标准，为孤残儿童提供规范、优质的服务；

在集中供养、国内领养、涉外送养、社会助养、家庭寄养五种养护模式基础上探索新的养育模式；

加强员工队伍建设，培养一支专业化、高素质的人才队伍；

积极争取民政部及中国人口福利基金会、中国社会工作协会的大力支持，加强对外合作，促进抚育、教育体系与国际接轨……

人们完全有理由相信，长春市儿童福利院的明天会更加美好！在这里生活的孩子们必定如花朵一样美丽，如星辰一样灿烂！院歌节选：那一刻，我们接过一个生命；从此后，事业中就多了一份神圣。为了这份神圣，我们献上母亲般的爱；为了这份神圣，我们付出园丁般的情。

祈福生命的灿烂，生命如花放光明。祈福星星的美 丽，星光璀璨耀前程。

祈福生命的灿烂

省委常委、市委书记高广滨春节前到儿童福利院走访慰问。

崔杰市长询问脑瘫儿童康复情况。

隋忠诚副市长春节前到儿童福利院走访慰问。

市民政局王世田局长慰问福利院儿童。

排队去上课

第一届宝宝爬爬运动会

第一届脑瘫儿童运动会

祈福生命的灿烂

福利院全景

化妆舞会

中国黄金集团夹皮沟矿业有限公司

公司董事长 邱玉林

2011年，在集团公司的关怀和支持下，在公司董事会的英明决策和正确领导下，深入贯彻落实科学发展观，认真落实集团公司2011年工作会议精神，以集团公司“十二五”规划为主线，以公司“十二五”战略目标为核心，突出抓好生产组织、成本控制，通过开展“三求一创”、“创先争优”活动，创造性地开展工作。在创新管理、探矿增储、技术改造、企业文化建设等工作中取得了新的成绩。

一、攻坚克难，完成了主要经济指标

2011年公司产金1.8吨，实现利税2.2亿元，目前公司有五个生产矿，四个控股子公司，是桦甸市重点纳税企业之一，多年来为国家和地方经济发展做出了重要贡献。

二、完善了企业管理机制，推动公司管理水平迈向新台阶

一是深入开展“三求一创”活动，夯实管理基础，巩固管理成果。公司开展的以“求实、求细、求深入，持续改进创新标”为主题的“三求一创” 活动，旨在巩固成果，着力创新管理。组织开展企业管理知识竞赛，深入基层检查和指导，对基层管理中存在的问题限期整改，使基础管理得到巩固和提高。二是强化了基础管理，推进制度建设。进一步完善了企业内部《目标管理责任制》，做到科学组织生产，控制成本领先。公司在制定2011年《目标管理责任制》时，增加了新的管理制度和内容，弥补了管理中的不足。完善制度建设，明确职责，保证工作目标的完成。三是推进了人才队伍建设。按照“四好班子”标准，通过学习培训，保证各级班子对十七届五中全会精神和集团公司工作会议精神的掌握，全面提高各级班子的整体素质和水平；通过工作标准建设，用企业经营成果、职工群众满意度作为衡量各级班子的标准，保证公司整体目标的责任落实。四是完善了专项工程管理制度，加强了物资采购管理。为严格控制及合理使用专项资金，2011年，公司对专项工程加强了管理，在继续实施招投标的同时，不断完善招投标制度及合同管理工作，加大工程的优化设计及预算审查管理力度，严把工程预算与工程质量关。2011年通过加强专项管理，严格执行专项工程招投标制度及合同管理工作，加大工程的优化设计及预算审查管理力度，为公司节约了大量专项资金；物资采购监督管理工作，严格履行公司《物资采购工作程序及要求》、《物资验收规程》及《物资验收补充管理办法》，严把材料验收关。五是发挥了法律事务管理为企业决策提供法律依据的作用。法律事务部积极参加对外法律诉讼、用工制度制定和管理，参与企业的各种经营决策、合同审查、解决各种矛盾纠纷，为公司依法生产经营提供保障，为企业稳定发展做出了一定的贡献。

三、地质探矿工作取得新成果

公司深入开展矿区地质综合研究，继续加强地质找矿工作，不断扩大地质找矿线索。通过工程验证，2011年地质探矿工作在某些区域有突破，并取得了较好的地质成果。尤其是新探矿权区地质探矿，以及深部盲矿找矿工作效果较明显，完成了集团公司交给我们的探矿增储任务。公司2011年探矿增储共获得金金属量1520公斤。

四、加强了技术管理，推进技术创新步伐，提高生产效率

一是加大了技术改造力度。公司与黄金研究院和山东理工大学联合解决深井通风问题。改善了井下职工的工作环境。有效地解决了深井地热问题；加强了信息技术管理与应用，做好企业局域网和生产、保卫监控系统的监测，为公司生产经营安全保驾护航。

二是加强了各个专业的技术管理。重点对地探、生探、开拓、采矿的设计及计划施工进行跟踪。严格执行《采场回采技术管理规定》、《损失贫化管理规定及考核细则》等制度。2011年采矿贫化率、损失率计划指标实现8.24%和1.91%，取得了较好效果。

中国黄金第一矿授牌仪式

三是通过设备改造，提高了生产效率和科技含量。2011年二道沟矿0米运矿采用8吨电瓶车，240米和690米中段分别采用2吨半电瓶车，消除了电机车使用架线带来的安全隐患；尾矿库在线监测工程设计施工已完成并通过了管理验收，安装完成监控闭路系统，实现了尾矿库的在线监测。

五、加强了“民生工程”建设，构建和谐矿区

一是发挥了“帮贫救助中心”作用。坚持开展“送温暖”活动，以“两节”送温暖和“金秋助学”活动为载体，健全帮扶救助的长效机制，最大限度地把困难职工纳入到工会帮扶救助体系。在重大节日对公司困难职工进行救助，共救助337人次，发放救助款：15.86万元；坚持开展“金秋助学”活动，解决32户困难职工子女上学难的问题。深入开展职工互助互济保障工作，减轻职工医疗负担。组织职工参加团体意外、医疗补充和重大疾病三项互助保障计划以及女职工重大疾病保险，解决了职工的实际困难。

二是发挥了“职工权益服务中心”的作用。全力维护职工利益。面对企业发展过程中出现的因履行合同、发放工资、福利等涉及职工切身利益的问题时，发挥职工维权中心的作用，做好职工家属的来访接待工作，把职工的小事当成大事来办，认真处理好职工提出的正当合理要求，充分发挥维护职工权益的绿色通道作用。

三是加快推进棚户区改造工程进程。为优化职工及家属生活居住环境，提高生活质量，改善民生，公司自出难题，自我加压，经过多方面积极努力，2011年初开始着手筹备实施国有工矿棚户区改造项目。充分体现了公司以人为本、全面协调可持续和统筹兼顾的科学发展观思想，该项目关系到公司全体职工家属的切身利益，得到了集团公司和各级政府部门的高度重视。2011年11月该项目已经通过省发改委审批并批准立项。截止目前，棚户区改造项目完成了选址及总体方案设计，规划管理部门正在对方案进行审批。夹皮沟棚改工作正顺利向前推进，工程有望在2012年上半年开工。

六、深入开展了“创先争优”活动，加强和改进党的组织建设，促进了竞争向上的良好风气

一是开展“创先争优”活动与劳动竞赛活动相结合，涌现出一批有代表性的先进典型。创先争优活动同公司生产经营活动结合起来，同基层党组织和广大党员发挥作用结合起来，形成了“千米井下党旗红，百年老矿争先锋”具有夹皮沟公司特色的活动主题。

二是加大纪检审计监察工作力度，发挥了效能监察作用，树立了清正廉洁的工作风气。公司在党员干部廉政建设、“三重一大”制度贯彻落实、清理小金库等各项工作中进行自查自整，建立长效机制。开展了“党员领导干部廉政承诺”、“基层班子进行廉政监督”、“廉政典型的培树”等三项工作。

三是深化了企业文化建设，优化了企业发展环境。一方面加大了宣传力度。利用有线电视和公司网站传达落实集团公司工作安排，通过播放发展回顾专题片，让职工了解集团公司四年来的辉煌成就和公司四年来为集团公司“四年翻两番”做出的巨大贡献。宣传积极完成各项工作任务的典型做法和先进事迹，鼓舞士气，总结经验。及时准确报道公司生产经营动态，展现职工为公司发展在岗位做贡献的先进事迹，增强了职工持续发展的信心。另一方面塑造企业形象，优化企业内外环境，有效提升夹皮沟的黄金人文文化的影响力，为企业快速发展创造和谐氛围。

七、2012年重点工作部署

指导思想：认真贯彻落实党的十七届五中全会和集团公司2012年工作会议精神，坚持安全发展、和谐发展，以“科学发展”为主旋律，以“建设世界一流企业”为方向，全面完成集团公司交给的各项工作任务。

工作思路：在集团公司的领导下，以邓小平理论和“三个代表”重要思想为指导，深入贯彻落实科学发展观，以“打造精品，争做标杆”为目标，以“优化企业管理”为主题，以“加强班组建设”为主线，以 “狠抓各项工作的落实” 为方法。继续坚持“科技强企，人才兴业”战略，牢固树立发展为先、安全为重、创新为魂、效益为本的理念，紧紧抓住发展的机遇，创新思路，为实现“十二五”规划做出更大的贡献。

福耀集团长春有限公司
FUYAO GROUP CHANGCHUN LTD.

福耀集团，全称福耀玻璃工业集团股份有限公司，1987年注册成立，是一家专业生产汽车安全玻璃和工业技术玻璃的中外合资企业。1993年，福耀集团作为中国同行业首家上市公司，股票在上海证券交易所挂牌（股票简称：福耀玻璃，股票代码：600660）。福耀集团现有员工一万多人，目前已在福清、长春、上海、重庆、北京、广州、湖北等地建立了汽车玻璃生产基地，并在福建福清、吉林双辽、内蒙通辽等地建立了现代化的浮法玻璃生产基地，在国内形成了一整套贯穿东南西北合纵联横的产销网络体系。目前福耀集团总资产近100亿元人民币。

福耀集团是国内最具规模、技术水平最高、出口量最大的汽车玻璃生产供应商，福耀集团产品“FY”商标是中国汽车玻璃行业迄今为止唯一的“中国驰名商标”，自2004年起连续两届被授予“中国名牌产品”称号；福耀产品被中国质量协会评选为“全国用户满意产品”，福耀集团多年来一直是最具成长性的50家蓝筹A股上市公司，同时还是有评选以来连续三届的“中国最佳企业公民”、“2007CCTV年度最佳雇主”。

——按照国际制造业先进的管理模式和业务流程，建立了ORACLE ERP系统信息化管理平台；

——重视人力资源的开发与培养，与厦门大学联合成立福耀管理学院，与福州大学联合成立福大-福耀研究员，为员工提供全面培训；

——实施质量成本控制体系，是中国同行业中首家通过ISO9002、QS9000、VDA6.1、ISO14001、TS16949体系认证的汽车玻璃生产销售企业；

——重视品牌经营，产品质量可靠、稳定，所有产品均获得美国DOT标准、欧共体ECE标准、澳大利亚SAA标准、中国GB9656及中国3C标准的认证。产品的标志“FY”商标还是国内乃至亚洲唯一一家于2000年度获得全球三大汽车制造商之一的美国福特汽车公司颁发的全球优秀供应商金奖的汽车玻璃制造企业；是2007年度国际上唯一获得美国PACCAR“2006年度零部件最佳供应商”称号的汽车玻璃制造企业；公司还于2008年度获得美国通用汽车公司颁发的“通用2008最佳供应商”奖和德国Volvo集团授予的2007年度“Volvo A级供应商”奖；2009年，再次获得美国通用公司颁发的“通用2008最佳供应商”奖，并于同年6月获得德国大众集团“2009年度最佳供应商”奖。

高品质的产品、领先的研发中心、完善的产品线加上巨大产能，决定了福耀产品强劲的市场开拓力，印着“福耀”商标的汽车玻璃在主导国内汽车玻璃配套、配件市场的同时，还成功挺进国际汽车玻璃配套、配件市场，在竞争激烈的国际市场占据一席之地。福耀已经取得了世界八大汽车厂商的认证，现在，福耀已经成为奥迪，宾利，大众，通用，福特，奔驰，尼桑，雪铁龙，沃尔沃，现代，克莱斯勒等的合格供应商。

福耀始终关注国内外的玻璃技术和设备的发展最新情况，注重于行业技术水平和动态的信息收集、分析和评估。花大力气与客户的同步开发和超前研发，并通过适时的引进和消化吸收再创新，使福耀在本行业的技术水平保持着国内最先进，并积极与世界一流先进技术接轨。引领中国汽车玻璃的整体水平的提高，缩小同世界最先进的汽车玻璃巨头之间的差距。通过产学研的有机结合把研究成果很快产业化。2006年，福耀集团研究院被国家发改委、科技部、财政部、海关总署、国家税务总局等联合认定为“国家认定企业技术中心”。

随着我国改革开放地进一步深入，人民生活水平不断提高，汽车步入寻常百姓家。目前排行国内第一、世界第四的福耀集团必将借着这股东风，乘势而上，在“我们正在为汽车玻璃专业供应商树立典范！”这一目标指导下，本着“质量第一、效率第一、信誉第一、客户第一、服务第一”的经营宗旨，使福耀成为具有汽车玻璃系列产品、相关材料、设备的研究、设计、开发制造能力的特大型企业，同时将福耀玻璃研究所建设成为具有国际影响力的科研机构，并通过上下游相关产业链的开发建设，将福耀打造成一个代表中国玻璃工业的国际品牌。

福耀集团长春有限公司是福耀集团的全资子公司，也是福耀集团面对国内市场建立的第一家外省生产基地。公司成立于2000年9月，厂址位于长春市经济技术开发区浦东路4499号，占地面积303亩，注册资本3亿元人民币，主营业务为制造和销售汽车安全玻璃。目前总资产约8亿元人民币，生产员工过千人、年产220万套汽车玻璃，是具有现代化专业水平的汽车整车套玻璃的制造企业，同时也是经济技术开发区的利税大户。

福耀集团长春有限公司自投产以来，以质量、价格、服务赢得了市场与客户的信赖，销售额以30%的速度呈现稳步上升态势。经过不断的发展壮大，目前已成为一个生产员工过千人、年产220万套汽车玻璃、具有现代化专业水平的汽车整车套玻璃的制造企业。 公司从美国、意大利、日本、德国、瑞典等国家引进当今国际先进技术水平的生产设备，同时还对部分进口设备进行了创新和改造，自制了一批处于国际领先水平的设备，从根本上保证了客户对于产品高质量的要求。

随着国家出台的一系列对汽车产业的扶持政策，在支持汽车产业发展的同时也给福耀集团在经济危机中带来巨大的发展机遇，2010年缴税2个亿，销售成绩同比09年增加50.62%；福耀玻璃高品质低价位的产品，以及对产品的及时交付能力和良好的售后服务不断受到国内外汽车厂家的一致好评，同样也受到了社会的一度认可。积极拓展海外市场，现已经取得了世界八大汽车厂商的认证，成功为宾利、德国AUDI等多款车型前后风挡批量供货，并进一步拓展了俄罗斯的汽车玻璃维修服务市场。现在，福耀已经成为奥迪，宾利，大众，通用，福特，奔驰，尼桑，雪铁龙，沃尔沃，现代，克莱斯勒等的合格供应商；成功地为国内一汽大众、一汽轿车、一汽解放、哈飞汽车、沈阳华晨金杯、上海通用沈阳工厂等国内东北地区十几家汽车制造厂提供配套供货。多次被评为“优秀供应商”“A级供应商”“优秀质量奖”“配套全优奖”等荣誉称号；曾多次被政府授予“吉林省守合同重信用单位”、“明星企业”、“特殊贡献奖”、“优秀外商投资企业”、“优秀管理人员奖”、“出口贡献奖”、“全国百家明星侨资企业”、“吉林省名牌产品”、“A级纳税信用单位”“优秀企业特等奖”、“A级纳税人”等荣誉称号。这些都得益于公司平时对“内功”修炼的重视。同时也证明了董事长的话语：只要“内功”修炼扎实，危机的同时也蕴含着机遇。

2011年是“十二五”的开局之年，整个福耀集团洋溢着一片繁荣昌盛。希望在前方，我们看到了500亿就在拐角处，期待福耀明年会更好！

长春德联化工有限公司

长春德联化工有限公司是广东德联化工集团属下子公司，是成立于2002年4月的中外合资公司，位于长春市经济开发区昆山路4518号。我公司经济实力雄厚，投资总额超过一亿元人民币，其中：注册资金5888万人民币，2010年销售额达到4.3亿元，占地面积34153平方米，其中办公楼占地2700平方米，生产和仓库占地11400平方米，罐区面积2500平方米，储量可达4000立方。几年来，在市政府的大力支持下，凭借德联人艰苦卓绝的创业精神，公司队伍一步步壮大，长春德联更是由2001年的5名员工发展至现今的149名员工，员工队伍由研究生、本科生和专业技术人员组建而成，公司为提升管理素质还给员工提供了多方面的内部培训外部培训机会，不但帮助解决社会就业问题，还大幅度提高了员工的素质；2002年营业额850万，2010年公司实现销售额4.3亿元，上缴各项税金3150万元，上缴社会统筹137多万元。短短9年间，销售额增加5.1倍。长春经开区2010年50强企业排行第26位。

德联集团分别在上海、长春、佛山已有三个大型生厂基地，其直接下属企业已有8家，成为集生产、销售、服务、贸易为一体的化工公司。

德联集团的发展一直秉承“强强联合，优质保证，努力为汽车营造绿色家园”的理念，从各方面提升自己的能力与实力：

一、与国际知名的合作伙伴合作。

从1996年以来，德联集团一直努力寻求与国际知名企业友好合作的道路，并成功与国际众多知名企业建立了密不可分的战略伙伴关系。其中与全球最大化工公司之一的德国BASF合作生产、销售防冻液、制动液、汽油清净剂、电镀中间体等；与世界著名的化工集团德国PENTOSIN合作生产、销售动力转向油、自动变速箱油、机油等；与美国DOW合作生产、销售增强阻尼垫、玻璃胶等；与BP合作销售润滑油品等；与美国Afton合作生产与销售柴油清净剂等；与英国INEOS合作销售制冷剂等。多年来，德联集团与国外众多知名企业的真诚合作，一直被誉为同行业成功的典范。

二、拥有国内大型的汽车生产厂认可，并供应多种OEM和OES产品。

长期以来，德联集团带给汽车生产企业和驾驶者专业优质的产品，赢得良好口碑，现已成为上海大众、一汽-大众、上海通用、长安福特、天津一汽丰田、广州本田、包头北方奔驰、东风汽车、北京奔驰戴克、华晨宝马、海南马自达、风神公司、哈飞汽车、一汽轿车、奇瑞汽车、东风日产、湖南长丰、通用五菱、四川丰田、天津夏利、广州羊城、武汉本田、神龙汽车等国内大型汽车生产厂的定点配套生产厂和供应商，并成功与中油bp、埃克森美孚（ExxonMobil）合作，为其成品油提供汽油、柴油清净剂。

三、卓越的生产能力及出色的市场占有率。

德联集团引进国外先进技术生产防冻液产品，已经获得了德国、日本、美国的产品认证，并且得到了德国大众、通用、本田等国际知名汽车品牌的原厂认可。防冻液产品产销量不断提高，已经成为德联集团最主要的产品之一。目前，德联集团也已经成为国内生产汽车防冻液最大的生产厂家之一。而且德联集团的其他产品在市场上也都有出色表现，获得了各大汽车厂商的一致认可，产销量不断提高。目前，德联集团防冻液产品的国内市场占有率为45%。其他产品如制动液、动力转向油、变速箱油等市场占有率也都达到35%以上。

德联集团还拥有多种润滑油产品及高中低档机油产品，可以满足各汽车厂的要求。

四、精干的技术团队和强大的研发能力。

自1996年德联集团在BASF专家的指导下建立了工厂时，德联集团就按BASF专家的要求和上海大众的要求在上海建立了质量分析室，对防冻液生产的全过程进行监控，并自主研发了德联集团自己的防冻液品牌“松树牌”防冻液。2003年，德联集团又在长春建立了新的质量分析室，采用国际先进的检测仪器。目前，已经可以对防冻液、制动液、机油、动力转向油、变速箱油等产品进行独立的检测。现在，德联集团还自主研发了玻璃清洗液产品，并已经获得一汽大众和上海通用认可。

五、按国际标准要求，强化管理能力，提升整个团队素质。

德联集团从技术引进、原料采集、生产制作到销售服务始终贯彻"品质领航，服务领先"的方针，所有生产企业全面通过ISO9001、QS9000、VDA6.1认证，2004年经德国莱茵认证公司的评审，全面通过了ISO/TS16949、OSHAS18001和ISO14001认证，2006年德联集团上海和长春生产厂分别获得了制动液生产许可证，2008年长春德联被一汽大众评审认定为优秀供应商，并获得证书，09年获得了134A制冷剂和汽车玻璃清洗液的安全经营许可证。

德联集团以科学的管理，高素质的团队满足汽车工业发展的要求，使我们的品质更优、管理更规范、服务更满意，努力为汽车营造绿色家园。

吉林卓信医学传媒集团有限公司

吉林卓信医学传媒集团有限公司(以下简称“卓信传媒”)，目前下设《中国社区医师》杂志有限责任公司、《医师报》社有限责任公司、《中国医院院长》杂志有限责任公司、三家广告公司和三家网站。

卓信传媒定位于医学信息服务。医学信息传播，关乎于实现以人为本，促进社会安定和谐。信息产业是知识经济的支柱产业。医学信息具有较高的附加值和更长的产业价值链。医药市场具有高度专业性、相对封闭性、崇尚权威性和信息不对称等特点，主流的锁定终端的医学专业媒体作为医学信息传播的主要载体，对市场有着巨大的影响力和凝聚力，成为医药企业的重要战略资源。在医药市场推广将进入以学术推广、医生教育为主要营销模式的时代，医学媒体产业前景十分可观，医学传媒有着巨大的成长空间。卓信传媒利用现有平面媒体集群的实用内容的吸引力及观念领袖的影响力，锁定医疗行业各个层次的核心受众资源，从而建构医学传媒产业价值链，即广告、学术研究及推广、活动、培训、会议、会展、数据库、咨询服务等，为媒体受众和医药企业搭建沟通互动的平台，提供各类专业服务。通过跨媒体的运作和资源整合，使平台向更多形式和更高层次发展，形成平面媒体与网络媒体、IPTV数字新媒体并举，报纸期刊、图书出版全面发展的全媒体运作的医学传媒集团。通过整合产业价值链，建构立体化的跨媒体的医学健康信息产业及专业学术推广服务平台，打造具有结构竞争优势的新型市场主体。

第五届中国医院院长年会开幕式

《中国社区医师》“两岸三地”社区卫生服务高级论坛开幕

医师报与中华医学会耳鼻喉分会共同成立医生联盟

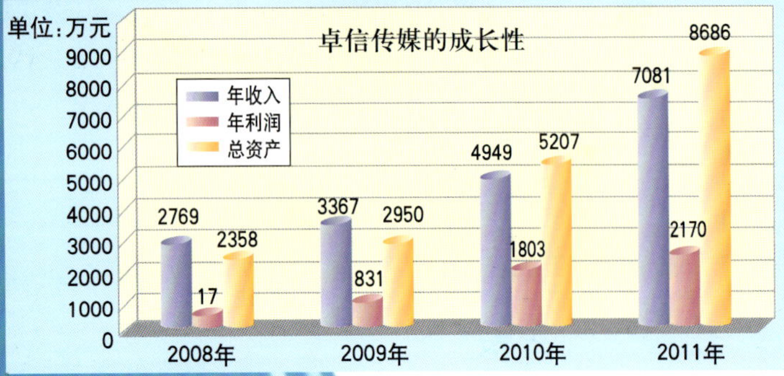

卓信传媒发起最具竞争力医药上市公司20强评选

卓信传媒2012医药界全国人大代表政协委员座谈会

加快数字化传媒集团的建设步伐，已推出手机报，已开发手持移动终端平台。基本形成全媒体运作的格局。卓信医学健康网，已完成平台建设，将实现全媒体的内容生产。数字化新媒体已形成一定规模的销售收入。

一些证券投行专家对卓信的市场定位、产品结构、盈利模式给予较高的评价。卓信传媒的价值不只在于它是一个媒体集团，而更在于它背后行业产业链的价值、商业信息交互平台的价值，它的商业业态模式是创新，具有先进性。卓信传媒几年来探讨媒介融合背景下的业态创新及增长方式的转变，形成结构竞争优势，率先实现了跨媒体、跨区域、跨产业的快速发展格局，完全符合创业板市场高成长、高科技、新技术、新经济、新商业模式之规定，显示出巨大的发展潜力，是创业板市场的优秀题材。

吉林鑫佳泰实业集团有限公司

吉林日报社新闻中心大厦幕墙工程

佳泰缔景城

吉林鑫佳泰实业集团有限公司（以下简称：鑫佳泰集团）成立于1998年2月，是国家建设部批准的幕墙施工一级、装修装饰施工一级、幕墙设计甲级、装饰设计甲级资质的国家建筑幕墙，装修装饰设计、施工大型骨干企业。

鑫佳泰集团通过了世标认证中心的质量管理（ISO9001：2008）、环境管理（ISO14001：2004）、职业健康安全管理（GB/T28001—2001）三标一体认证。

鑫佳泰集团是一家多元化的大型企业集团，集团注册资金5000万元，其子公司长春市炜达置业有限公司等也都分别注册5000万元不等。集团公司位于长春市洋浦大街4323号。公司经营范围：建筑幕墙工程设计与施工；建筑装修装饰工程设计与施工；建筑工程；房地产开发、销售；断桥铝窗的生产加工等。

鑫佳泰集团在北京、上海、长春、福建等全国各省市设立了多个分公司和生产基地。集团现有管理人员300人，安装施工人员1200余人。年施工能力60万平方米，在吉林省幕墙施工企业中首屈一指。

鑫佳泰集团十几年来承建完成的建筑幕墙、装修装饰工程遍布各地，每个工程都风格独特，质量优良，受到国家、东三省、建筑行业专家、领导和同仁的赏识和赞扬。特别是在集团所在地吉林省长春市，每隔不足500米就有一座精美的建筑是鑫佳泰建造，成为城市一道靓丽的风景线。鑫佳泰集团承建完成的幕墙、装饰工程荣获国家及省市20余项优质工程奖，其中2005年6月承建的“长春通信枢纽办公大楼工程”被评为中国优质工程。2006年承建的“吉林日报社新闻中心大厦工程”荣获“全国建筑工程装饰奖（建筑幕墙类）”。

鑫佳泰集团丰硕的业绩，优异的产品质量，获得了国家及地方建筑主管部门的一致好评和充分信赖，曾获得：金鼎奖　2010中国建筑装饰专业承包百强企业；东北区最佳诚信企业；吉林省十佳优秀企业等荣誉称号。企业连续多年被省市评为优秀企业、诚信企业。2005年被中国企业信用评估委员会、中国建筑与管理联合会评为“全国工程建设质量安全信誉AAA级保障企业”，2011年被吉林省信用评价中心评定为“AAA级信用企业”。

鑫佳泰人，将一如既往用勤劳、智慧、诚实、科技创新、矢志进取的精神，再创辉煌，扮靓城市，扮美生活。

法人代表林秀气

财政局内装

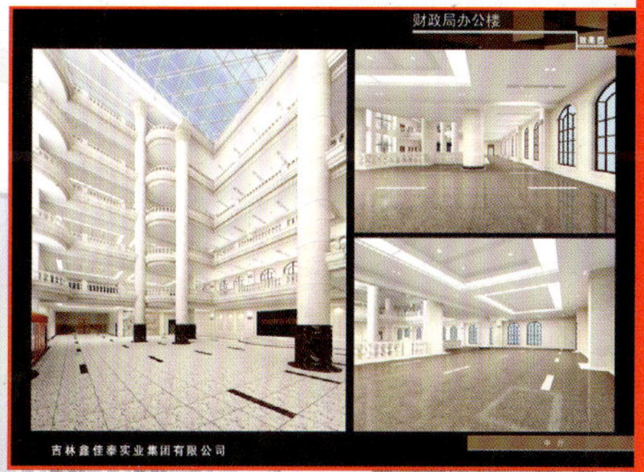

财政局内装

JILINXINJIATAISHIYEJITUANYOUXIANGONGSI

机械工业第九设计研究院有限公司

机械工业第九设计研究院有限公司成立于1958年，是专业从事规划、设计、建造的甲级设计研究院。拥有工程设计、工程总承包、工程咨询、工程监理、工程造价咨询、环境专项工程设计和咨询等18项甲级资质。建立了符合ISO9001：2008标准，覆盖工程咨询、设计、总承包和工程监理的质量管理体系。

深厚的汽车文化造就了精湛的专家队伍。九院现有员工725人，其中专业技术人员520人，国家级设计大师3人，省级设计大师3人，享受国务院政府津贴的专家4人，中国汽车工程学会特聘专家7人，机械工业科技专家2人，汽车行业咨询专家5人，机械工业青年科技专家1人，研究员级高工32人，高级工程师312人，国家各类注册（工程）师292人次。为九院顺利承揽业务创造了必要条件。不论在整车的冲压、焊装、涂装、总装四大车间及动力总成、零部件、铸锻造，还是在工业园区方面都完成了大量的规划任务。九院用53年的沉淀，积累了甲级设计院的品牌。

良好的经营业绩巩固了九院在国内勘察设计及承包领域的地位。九院连续多年获得全国勘察设计行业综合实力“百强”单位称号，并名列机械行业单体设计院前茅；多次获得全国勘察设计行业项目管理和总承包70强单位称号，并获得由美国工程新闻记录（ENR）和中国建筑时报共同评选的中国承包商和工程设计企业双60强企业。2011年在全国工程项目管理和总承包百强排名中，九院分列第22位和50位。目前，九院共有205项设计、科研、工程软件等成果获得了国家、省部级科技进步奖和优秀设计奖，并拥有技术专利24项。

九院的工程项目遍布29个省、市、自治区。近几年来，九院不仅承担一汽集团发展建设任务，国内的大型自主汽车集团：奇瑞、吉利、哈飞、昌河、金龙等汽车集团也逐步成为九院较为稳固的行业市场。

多年来，九院始终以“视用户需求为己任，为用户创造竞争力”为核心理念，持续推进汽车制造工艺技术发展，提升工程管理能力，技术创新发展，不断提升企业核心竞争能力，继续保持良好的发展势头。

冀东水泥

JIDONGSHUINI

吉林有限责任公司 JILINYOUXIANZERENGONGSI

冀东水泥吉林公司，于2000年7月注册成立的大型国有控股水泥企业，经过技术改造和新建生产线，生产规模不断扩大，目前已经形成年产熟料100万吨，水泥年产能力300万吨的吉林省水泥行业的支柱型企业。

自冀东水泥进入吉林省后，促进了吉林省水泥工业的发展，迅速改变了原来河北、辽宁两省的外地水泥大量占领吉林省水泥市场的局面，大大降低了吉林省城市建设、公路、铁路、重点工程及房地产项目的工程造价，使社会普遍受益。在企业自身不断发展壮大的同时，也为地方的经济发展做出了贡献。

厂办公楼

冀东水泥吉林公司始终
着国家标准和冀东水泥企业内
中热硅酸盐水泥、超早强低
P.S32.5、P.C32.5R、P.C32.5缓

将产品的质量视为企业的生命，严格按
控标准组织生产。目前企业产品包括：
密度油井水泥、道路水泥、P.C32.5、
凝、P.O42.5低碱、P.O52.5、P.O52.5低
碱等系列水泥产品，产品质量全部通过ISO9000质量体系认证，被吉林省政府授予“吉林省名牌”产品、“重合同、守信用单位”、“吉林省质量诚信企业”和“全国名优产品售后服务先进单位”等称号。公司质量管理团队多次在全国水泥化学分析“大对比”竞赛中被国家水泥质量监督检测中心评为“全优单位”和“优胜单位”。

厂区绿化

2009年1月，冀东集团在吉林公司
投入1.5亿元资金进行“系统节能环保及
目”，淘汰了老旧的气力输送系统，改
输送，节能减排效果显著；新建水泥储
储库，减少粉尘污染，彻底治理了无组

提高粉磨发散能力技术改造项
为空气斜槽和皮带输送机进行
运及配料输送系统，停运联合
织排放。新建φ4.8米×9.5米大
磨及配套大型5万吨钢板仓两
个，增加水泥储存能力和散装水泥发运能力。该项目于2010年2月正式投入运营，使吉林公司的日发运能力达到12000吨以上，可以最大限度地满足广大水泥客户对水泥的需求。

吉林公司的汽运分公司运输能力强大，拥有各类大型车辆80多台，其中大型散装罐车35台，一次发运能力可以达到3000吨，是目前吉林地区最具实力的专业运输企业。

冀东水泥吉林公司正以崭新的企业形象，携手冀东水泥磐石公司、扶余公司、永吉公司和正在加速建设当中的冀东水泥黑龙江公司，以“盾石”的品牌优势，立足吉林、辐射辽黑，不断提升企业形象和市场竞争力，打造冀东发展集团在东北地区重要的水泥生产基地。

抢修蓝旗大桥

吉林大学中国国有经济研究中心

中心主任徐传谌教授接受中央电视台记者采访

全国人大法律委员会副主任委员洪虎参加2009中国国有经济发展论坛并作主题演讲

徐传谌教授在2009中国国有经济发展论坛上作主题演讲

中心在北京嘉里中心酒店举办2009中国国有经济发展论坛

国家统计局总经济师姚景源出席2011国有经济发展论坛

原吉林省省长洪虎(前排左7)参加深化国有经济改革振兴东北老工业基地国有经济论坛(2003)

吉林大学中国国有经济研究中心成立于1999年，是依托吉林大学经济学科，重组原吉林大学经济研究所、国有企业改革研究所而成立的研究机构，2000年12月被教育部批准为普通高等学校人文社会科学重点研究基地，是目前国内唯一以研究国有经济为主要内容的重点研究基地。

中心主任由博士生导师徐传谌教授担任，中国人民大学博士生导师黄泰岩教授担任中心学术委员会主任。中心荟萃了一支年富力强，具有良好理论素质、创新精神和优良学风、学术造诣颇深，具有较强研究能力、较突出研究成就的科研梯队。现有专兼职研究人员37人，其中教授20人，副教授11人，博士生导师18人，讲师6人，具有博士学位35人。教育部跨世纪优秀人才1人，教育部新世纪优秀人才2人。

十年来，共发表论文718篇，其中在CSSCI检索来源期刊上发表论文562篇，A类4篇，B类11篇，C类152篇，出版专著、教材66部，获省、部级奖励52项。承担各级各类科研项目139项，获课题经费总额达1600余万元，其中国家社会科学基金重大项目1项，教育部重大课题攻关项目1项，国家社科基金重点项目1项，教育部重点研究基地重大项目17项，企、事业单位重大委托横向项目53项。

在人才培养方面，中心所在的吉林大学经济学科在国内首批拥有政治经济学专业博士、硕士授予权，是理论经济学一级学科博士学位授权点，现有在校博士研究生百余人，是国内公认的高层次经济学人才培养中心。2001年开始，中心从21世纪高层次人才所具备的知识结构、科研能力和综合素质的要求出发，开发出一些反映当代学科发展趋势和前沿性成果的课程，为拓展研究生的视野、提高研究生的综合素质创造了条件；同时，为鼓励博士生提高科研与学术水平，积极吸收博、硕士研究生参加学术研究，陆续派出博、硕士研究生深入企业调研，到实际工作部门进行实践等活动，培养了一批理论与实践结合的复合型人才。十年中，中心博、硕士研究生发表了论文70余篇、编著学术著作11部、参与编著3部，有15名学生的论文在吉林大学“精英杯”研究生优秀论文评奖活动中获奖。

在学术交流方面，中心与国、内外经济学界和实际工作部门有着广泛的联系和合作。先后有20余名研究人员赴美国、日本、欧盟等国家（地区）进行讲学、考察访问和开展合作研究，先后接受来自美国、日本、英国和韩国的学者来访。中心与政府部门和国内外多家高等院校保持着广泛而密切的联系和交流。中心已成功举办了十一届“国有经济论坛”国内或国际大型学术研讨会，累计参会学者、企业家、政府官员达到千余人次。论坛以繁荣学术研究、促进学术交流为宗旨，重点围绕中国经济发展重大理论与现实问题进行深入研讨，推动中国国有经济理论与实践发展，力争为国家经济社会发展做出贡献。

中心与韩国朝鲜大学东亚经济研究所合作签字仪式

中心注重资料信息的建设和积累。在硬件配备及网络建设方面，中心资料室拥有数量丰富、种类齐全的中外经济学理论图书资料，拥有本研究领域最前沿的书刊著作，拥有大量外文图书资料；中心不断强化网络信息的交流平台，在中心网站http://ccpser.jlu.edu.cn上设有“国有经济研究”、“国有经济论坛”、“国有经济动态”等多项链接，不断追踪本领域的发展趋向，有效汇集和传播国有经济研究信息，通过广泛的调查、研究以及资料、信息的搜集整理工作，建设了内容丰富的资料库和数据库。

近年来，中心不断深化科研体制改革。2003年以来，中心注重对振兴东北等老工业基地的相关问题研究，并提出了一系列新观点和对策，有些已经得到各级政府部门的重视。振兴东北等老工业基地研究已成为我中心的重要研究特色之一。2008年底，中心重新调整了研究方向，设有国有经济基础理论研究、国有企业改革与发展研究、国有资产监督与管理研究、中外国有经济与国有企业比较研究四个研究方向，并相应调整了研究机构。2010年中心被批准为吉林大学“985工程”中国国有经济改革与发展研究哲学社会科学创新基地。中心经过长期酝酿和讨论，逐渐确立“走出去”和“国际化”的发展方向，并在不断探索中深化体制、机制的改革。中心力争若干年后，成为全国领先、并在国际上有重要影响的国有经济研究领域的科学研究中心、人才培养中心、学术交流中心、图书信息中心和咨询服务中心，为中国国有经济的理论研究、国有经济的战略调整、国有企业的改革与发展做出较大贡献。

吉林省农业资源与农业区划研究所

王守臣副省长与任克军主任到试验点考察指导工作

季维春所长检查遥感图像接收设备运行情况

参加全国区划会议

遥感估产—样点测产

吉林省农业资源与农业区划研究所于1980年成立，隶属于吉林省农业委员会，为全额拨款的正处级公益性事业单位，是全省唯一从事以农业资源区划为主的农业综合研究单位。随着事业的发展，职能不断拓展，1998年和2004年分别加挂“吉林省农业产业化研究所”、“吉林省农业遥感中心”两块牌子。主要从事农业资源与区划研究，农业综合研究，农业资源与动态监测，农业资源区划信息系统建设，农业产业化研究，应用遥感技术对农业资源、生态环境、自然灾害及农作物估产等方面进行定量动态监测等工作。

建所以来，在省农委的领导下，紧紧围绕全省农业和农村经济中心工作，以农业增效、粮食增产、农民增收为目标，以现代空间技术为依托，大力开展农业资源调查、监测，不断优化农业资源配置，调整、优化农业区域布局，针对农业和农村经济亟待解决的问题进行专题研究，充分发挥了农业资源区化工作在农业工作中的基础性、前瞻性、综合性的作用，取得了显著成绩。共取得100多项科研成果，获科研成果奖57项，其中省部级科研成果奖41项，厅局级科研成果奖16项。被省委、省政府及有关部门采纳的报告、建议23项，不仅为省委、省政府加强全省农业发展宏观决策提供了有效的调查数据和可行的建议，而且科研成果在我省推广和应用上也取得了显著的经济、社会和生态效益。

科研团队力量雄厚。拥有卫星遥感接收机、图像处理系统和专业GPS定位系统等国内一流的科研仪器设备。拥有长期从事农业综合研究、农业技术推广和农业遥感应用研究的专业技术队伍。全所现有职工22人，其中专业技术人员17人，占职工总数的77.3%，有4名研究员，5名副研究员。

2011年，我所以服务省委、省政府宏观决策为导向，坚持“以人为本，和谐发展”的宗旨。积极开展了农业资源与区划研究、农业综合研究和农业资源区划信息系统建设以及自然灾害及农作物估产等方面的研究，取得了丰硕成果。其中《吉林省农业资源与区域经济发展研究》等5项科研成果分别获得了吉林省首届社会科学优秀成果一、三等奖；撰写的《关于大力推进吉林省现代农业建设的调研报告》、《关于吉林省农村劳动力转移与发达省份比较研究》和《加快长吉图生态经济建设，促进区域经济可持续发展》等11篇建议和报告分别得到了省委书记孙政财、省农委主任任克军等领导的批示及省政府、省政协等部门的采纳和实施。

今后，我所将以科学发展观为指导，积极开展农业资源动态监测、评价与持续高效利用；努力做好农业区划-规划及成果转化应用工作；深入进行农业区域发展战略及农业、农村热点问题的调查研究；为国家粮食安全、生态安全和区域发展宏观决策提供强有力的支撑。

吉林华伦 会计师事务所 资产评估有限责任公司

JILINHUALUN

<业务范围>

一、经中华人民共和国财政部授权、吉林省财政厅批准，可从事如下注册会计师法定业务：

1、审查企业会计报表，出具审计报告；

2、验证企业资本，出具验资报告；

3、办理企业合并、分立、清算事宜中的审计业务，出具有关的报告；

4、法律、行政法规规定的其他审计业务。

二、经中华人民共和国财政部批准，可从事如下评估业务：

整体资产评估及单项资产评估。整体资产评估包括流动资产、长期投资、固定资产、无形资产、递延资产、其他资产及相关的流动负债、长期负债等评估。

三、经吉林省司法厅批准，可从事司法会计鉴定、资产评估鉴定。

四、经吉林省高级人民法院批准，可担当破产企业管理人。

王利平 主任会计师
高级会计师
中国注册会计师
中国注册资产评估师

吉林华伦会计师事务所是在原吉林市会计师事务所基础上转制组建的独立的社会中介机构。其前身一吉林市会计师事务所始建于1985年，是吉林市财政局直属的全民所有制事业单位。1999年，按财政部要求实行整建制转制。2006年，又分设吉林华伦资产评估有限责任公司。全所现有从业人员33人，其中：中国注册会计师16人，中国注册资产评估师11人，具有高、中级会计、工程技术职称的29人，形成了一支具有高标准执业质量和专业水平的中青年专业技术队伍。

多年来，本所坚持“以质量求生存，以信誉求发展”，恪守“独立、客观、公正、实事求是”的执业原则，为企业进行年度会计决算审计、验证企业投入资本、提供管理建议、进行资产评估，并承办会计咨询服务、各类专项检查、司法会计、司法资产评估鉴定、担当破产企业管理人、财会人员培训等业务。二十多年来，出具审计、验资、资产评估、司法鉴定、破产清算等专业报告近万份，为吉林市经济健康有序发展做出了突出的贡献，赢得了社会各界的赞誉。

展望未来，任重道远，我所将本着“以人为本、开拓进取、内修素质、外树形象”的宗旨，努力提高从业人员的整体素质，以良好的职业道德和可靠的执业质量竭诚为社会各界服务，争当行业排头兵，为吉林市经济持续、高速、健康发展做出更大的贡献。

团结、和谐、求实、创新的管理委员会

电　话：

所　　长　62017137

总 稽 核　62027581

国内业务部　62026273、62063952(验资)

涉外业务部　62022936

办 公 室　62022971

传　　真　62063949

评估公司总经理　62024539

业 务 部　62034624

地　址：吉林市解放中路111-8号

邮　编：132011

JILINHUALUN

先声药业吉林博大制药

博大制药系先声药业全资子公司，生产基地位于吉林省辽源经济开发区。

先声药业集体董事长任晋生

【集团简介】先声药业成立于1995年3月28日，至今，17岁的先声已发展成为集生产、研发、销售为一体，拥有5家通过GMP认证的现代化药品生产企业，2家全国性的药品营销企业、1家药物研究院，拥有员工近5000 人的新型药业集团。2007年4月20日，先声药业成功登陆纽约证券交易所，募集资金2.61亿美元，股票代码SCR，成为中国内地第1家在纽交所上市的化学生物药公司。

【基地情况】作为先声药业子公司的博大制药现有员工约500人，30%以上拥有大学学历。辽源生产基地占地面积60000平方米，建有小容量注射剂车间、口服固体制剂车间、化学原料药车间及仓储和质量控制设施。拥有年产30亿片片剂、2000万支小水针及1000吨化学原料药的生产能力。

【企业荣誉】先后获得国家高新技术企业、国家创新型企业、吉林省科技型企业、吉林省级技术研发中心、吉林省百强民营企业、辽源市优秀项目单位、辽源市五一劳动奖章单位、辽源市优秀基层党组织、辽源市纳税大户、辽源市优秀企业等荣誉和称号，得到政府和行业的广泛认可。

【企业主导产品】国家二类新药依达拉奉注射液（商品名：易达生），被国家科技部、商务部、质量检验检疫总局、环保总局评定为国家重点新产品，先后纳入美国《卒中指南》和《国际脑血管病指南》，成为卒中治疗的优选药物。

【企业核心理念】尊重生命，尊重人

【企业核心价值观】正直、激情、协作、高效、客户导向、持续创新

【企业使命】凝聚更多力量，为患者寻求和提供更有效药物，让员工为此而自豪，从而赢得客户和社会的尊重。

【企业目标】成为中国创新药物开发的领先者。

【发展愿景】在重大挑战领域创造革命性药物。

先声人自我激励： 许多患者的生命仅剩几个月、几天，先声的使命是为患者寻求更有效的药物，为了患者的期待，我们不能懈怠。

辽源市市长金玉辉
到先声药业集团参观访问

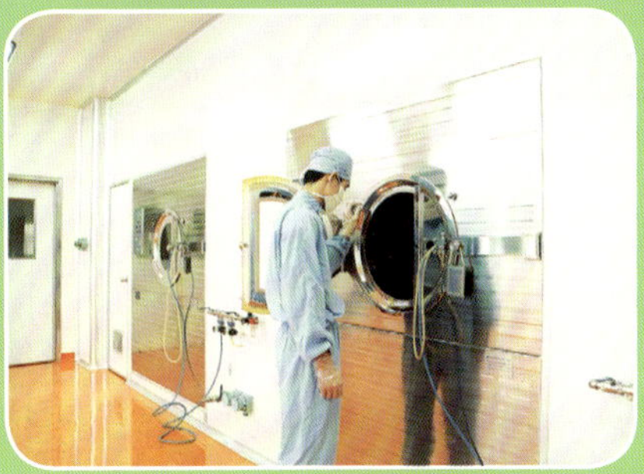
生产车间

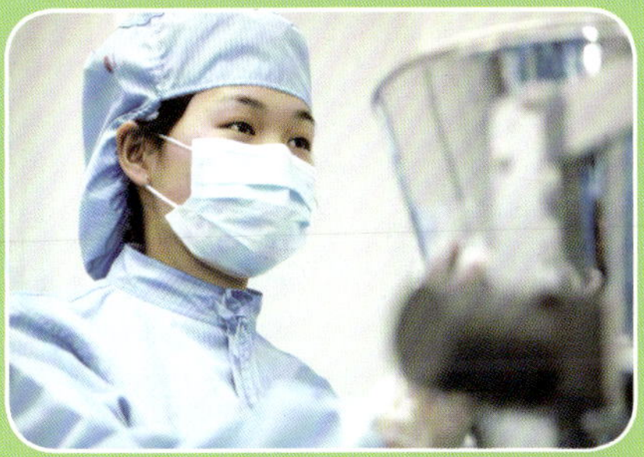
一线风采

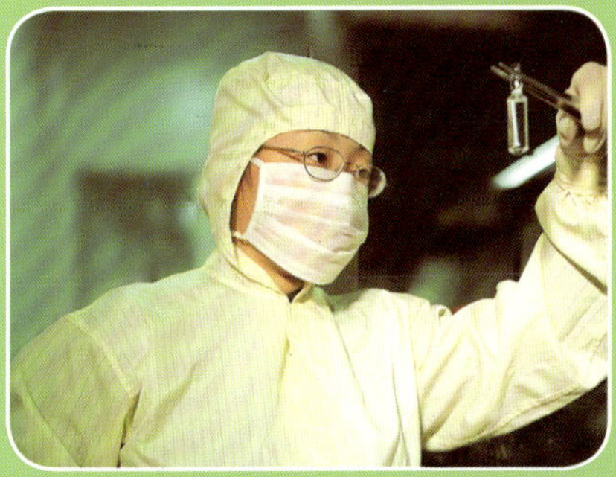
严格质量控制

公司文艺汇演

员工拔河比赛

庆祝建党90周年红歌比赛

员工篮球赛

高标准洁净厂房

博大制药厂区

先声药业集团总部全景

辽源市华龙起重选矿设备有限公司

LIAOYUANSHIHUALONGQIZHONGXUANKUANGSHEBEIYOUXIANGONGSI

辽源市华龙起重选矿设备有限公司，坐落于辽源市寿山镇，在辽源至长春公路一侧的东辽河畔，气候宜人，环境优雅，交通方便。

辽源市华龙起重选矿设备有限公司是在改革大潮中创建的民营股份制企业，现有职工260人，厂区占地面积4.2万平方米，建筑面积1.6万平方米，总资产达8000万元。几年来，靠诚信和产品不断的技术创新，坚持“以质量竞争，靠信誉发展”的经营理念，连续多年被评为市、县纳税大户、吉林省民营企业质量管理示范企业、吉林省名牌产品等光荣称号。

企业的主导产品是建筑用塔式起重机系列产品，该产品取得了“中华人民共和国特种设备制造许可证”，具有A级资质。

为加速企业的发展，提升产品水平，2004年华龙公司与中国建筑科学研究院建筑机械化研究分院建立了长期稳定的技术协作关系，华龙公司以该院为技术依托，借助科技领先优势，不断提高产品技术水平，使公司具有稳定可持续发展的能力，共同研发的QTZ1600型塔式起重机通过建设部组织的科研成果鉴定，塔机在各种工况下使用，确保塔机安全、可靠。

公司在2006年取得了塔式起重机进出口经营权，当年就有两台塔式起重机出口阿尔及利亚。2007年11月，白俄罗斯专家来进行实地考察，公司产品得到了白俄罗斯专家的认可。2008年3月俄罗斯专家来公司进行GOST认证，产品已取得进入俄罗斯销售的许可证。现如今塔机出口阿联酋、白俄罗斯、俄罗斯等国家，得到了国外客户的好评。

经过“十五”、“十一五”的建设，华龙公司具有年产1000台塔机的生产能力，销售收入超亿元，为“十二五”的可持续发展奠定了良好的基础。本着“同等行业，追求信誉最高；同等产品，追求质量最好”的原则，“以诚信树形像，靠质量铸品牌”的经营理念，靠先进技术、可靠的产品、一流的服务、合理的价格，坚持以最优的质量服务于用户，以最快的速度满足顾客的需求，为国内外的用户提供安全可靠的塔机产品。

辽源市创伤康复研究所专家门诊

辽源市创伤康复研究所门诊于2002年3月3日正式营业。所长崔景龙是辽源市著名医学专家、原白求恩医科大学兼职教授、原长春中医学院客座教授。曾任辽源市中心医院院长、主任医师、市卫生局副局长。1993年10月1日国务院授予崔景龙《为发展我国医疗卫生事业做出突出贡献科技工作者》，享受政府特殊津贴；1998年8月中国人才研究会骨伤人才学会授予《中国骨伤杰出人才》称号。研制的“崔氏续骨活血胶囊”于2001年荣获香港国际中国传统医学新产品奖，崔景龙本人获得香港国际医学科学研究院授予医学博士荣誉称号。崔景龙的事迹被载入大型文献《中华魂中国百业领导英才大典》、《中国专家　名人辞典》、《中华创新与发明人物大辞典》等六部辞典。近年来，崔景龙全新投入中药研究开发工作，为弘扬崔氏六代整骨医术与祖传秘方，吸纳美国、日本等发达国家对植物药的研究成果，结合自己40年的临床经验，经过整理、改进、提高、升华研制9种纯中药制剂，并得到省药监局批准。制字号药品：崔氏续骨活血胶囊、接骨活血醋膏药、抗结核胶囊、降糖消渴灵、通络降脂制瘫灵、乙肝解毒灵、祛风止痛胶囊、面瘫祛风通络散。经过多年的临床实践工作，这九种中药对内、外科常见病、多发病有奇特疗效，无毒副作用，赢得省内、外广大患者的信赖和好评。获得金奖的《崔氏续骨活血胶囊》，治疗骨伤、跌打损伤、特别是股骨头无菌性坏死有效率高达100%，治愈率高达93.7%，是国内少有的治股骨头坏死高效中药，对骨不连也有很好的疗效。

崔景龙教授

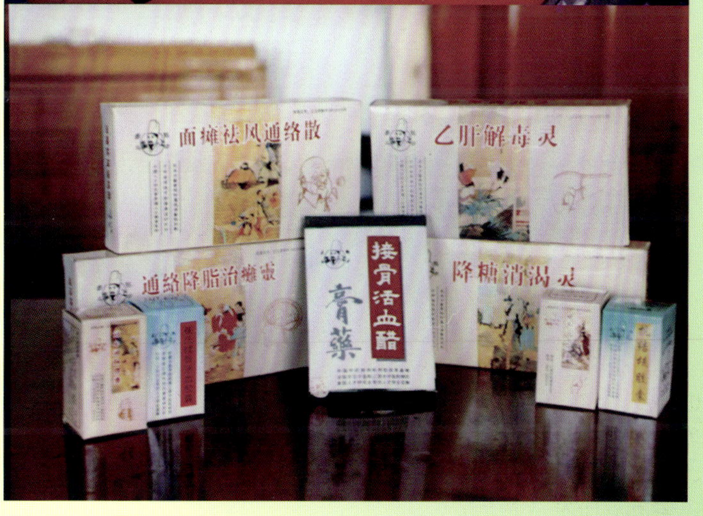

辽源市创伤康复研究所专家门诊，竭诚为人民服务，中医药治疗股骨头坏死、跌打损伤、骨折、颈椎病、肩周炎、腰间盘突出、骨关节痛、风湿类风湿病、痛风、半身不遂、面瘫、乙肝、糖尿病、冠心病、慢性结肠炎、支气管炎、支气管哮喘、结核病等疑难杂症。专家门诊有独到特色，深得百姓信赖。

桦甸市黄金有限责任公司

桦甸市黄金有限责任公司是集采、选、冶于一体的股份制民营企业，现有职工762人，公司生产的“夹皮沟”牌金锭，被评为吉林省著名商标。2011年，公司实现销售收入7.67亿元。

为了延长企业服务年限，公司不断加大矿区深部勘察的工作力度，经过几年的努力，新增地质资源储量3吨多同时积极拓展外域的探矿范围，投资1700多万元与省608队合作，联合对溜河冰湖沟勘查区进行了地质探矿工作。与604队合作，联合开发大线沟北部矿区，投资2000万元与604队合作，对大楼勘查区进行开发；投资1300万元，收购桦甸市荣达矿业有限公司，对白山市双顶沟金矿进行勘查，通过找矿探矿，实现了资源的接续，为公司的持续发展奠定了基础。

2011年是公司确定的灾后环境综合治理年，各矿按照花园式矿山进行设计、施工，上半年各项工程全部结束。投入80多万元，为各矿修建了职工浴池，解决了工人洗浴难的问题；购进了洗衣设备，使工人能够穿上干净的工作服。板庙子金矿完成了办公楼前后硬铺盖等地表基建工程，对矿区进行了绿化美化亮化。三道沟金矿投入资金一百多万元，对矿区进行了绿化和改造。修建了宿舍、食堂，安装了自来水、暖气等，职工生活环境得到了根本改善。大线沟金矿投入资金181万元，铺设水泥地面3995平方米，宿舍门前铺设了大理石路面，维修河坝800延长米。通过基础建设，各矿已初具花园式矿山规模，矿容矿貌焕然一新，为广大职工提供了一个安全、温馨、舒适的生产和生活环境。

为保证三年总量翻番目标的如期实现，保证安全标准化晋级和“三同时”验收合格，保证深部详查和各项改造项目顺利完成，公司确定了重点工程，投资2000多万元，基本完成了各矿安全标准化达标、“三同时”和“六大系统”验收的准备工作，修复了“7.28”水毁工程。完成了板庙子金矿120米竖井工程，尾矿坝溢洪沟恢复工程，砖厂（尾矿坝）扩建工程，大线沟金矿选矿厂厂房翻新工程。公司下发34个安全标准化文件，建立健全117项安全生产规章制度、67项岗位操作规程，整理汇编56部安全生产法律法规、规程、标准，制定93项安全生产标准工作记录及记录标准、编制44项作业指导书、辨识37类井下及选矿厂尾矿库危险源、制作800余块安全标志牌。严格执行矿长井下带班公示制度，下大力气整改安全隐患，使安全工作上了一个新台阶。

经营管理工作严格执行财务计划，加强对生产费用、产品成本、企业管理费用控制和计划外费用管理，每季召开一次财务分析会，查找原因，制定整改措施，力求以最小的投入，实现最大利润。

企业管理逐步规范。公司在企业综合考评的基础上，按着标准化管理的需要，年初对考评方案进行了调整和完善，从公司领导和考核组做起，自上而下查找原因，修订方案，完善标准，精简记录，减少程序，使综合考评内容、办法更加浅显易懂，可操作性更强，投资22万元对监控系统进行了改造，网络、厂务公开的监督管理得到加强，能源管理取得了实效。

党委不断完善干部管理考核标准，创新管理考核机制，加强思想政治工作，积极开展爱心救助活动，全体党员捐款7950元，公司救助困难学生7人。深入开展创先争优活动，积极推进企业文化建设，使党的建设扎实推进。公司被评为“吉林省百姓口碑金牌单位”，吉林市基层平安建设先进单位、企业内保先进单位、老干部工作先进单位；被评为桦甸市先进基层党组织、文明单位、计划生育工作先进单位等。

工会围绕企业生产经营工作，积极开展“安康杯”等各种竞赛和文体活动，促进了企业协调发展。大力开展 “节能减排”活动，全年创收68万元。积极为群众解难事、办好事。拿出31000元，对特困职工进行了救助。对职工工资进行了普调，为55名“五七家属工”办理了基本养老保险，解决了这批老人的后顾之忧。积极支持各项公益事业。为慈善求助捐款、捐资助学、扶持残疾人等，为公益事业捐款五十多万元。

公司被评为“十一五”期间全国黄金行业先进单位，全国“十一五”期间劳动竞赛先进单位，全国“安康杯”竞赛优胜单位，获吉林省五一劳动奖状，被评为吉林省厂务公开先进单位，被评为吉林市“安康杯”竞赛标兵单位、吉林市“争创”先进单位。

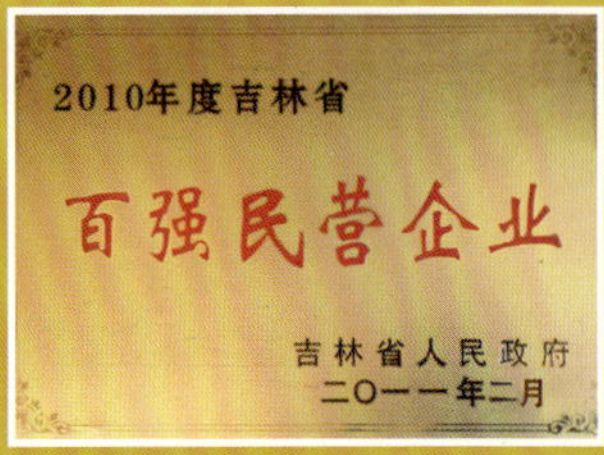

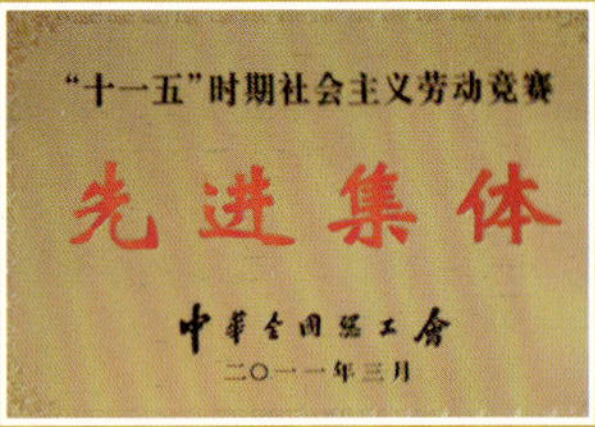

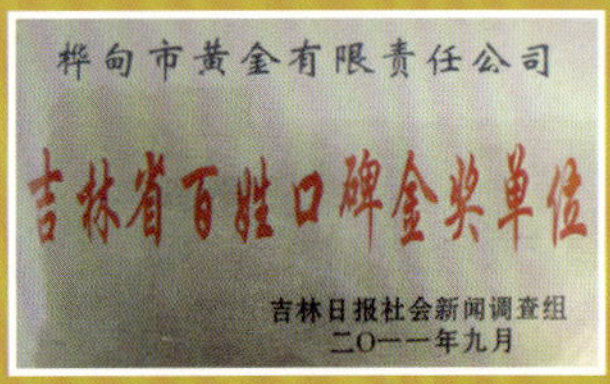

百草堂中医门诊部

鲁沿坪，男，1958年8月22日出生于中医世家，系吉林省农安县人。毕业于中国中医研究院北京西苑医院（1977–1980），吉林大学MBA硕士研究生系。现为主任医师，省、市劳模。1998年被中华人民共和国人事部科学院与中国人才研究院体能开发部聘为教授。吉林省政协第八、九、十届委员；吉林省科学技术委员会委员；吉林省健康协会副会长；2008年创办百草堂中医门诊部，并担任法人代表，主任医师。

从1974年以来一直从事临床医疗、科研、教学工作，至今已有33年，在中医药研究创作上，1992年12月与人联合编写了《精神疾病问答》一书，撰写《浅谈蛋白尿治疗六法》一文在1993年9月东北三省第三届“中医肾病学术会议”上作为大会交流论文，并获得“优秀论文奖”，撰写“浅谈癫痫狂病的治疗”一文在1994年5月第四届医药卫生学术会议上评为“优秀论文”，“小儿头痛症论”一文，在1998年第八届全国中西医结合学术会议上获“论文证书”，1996年在省行为医学学会上“乙型肝炎中药治疗”获“优秀论文奖”，1997年对“应用中药治疗冠心病体会”一文获国家科技进步二等奖，2000年在省行为科学研讨会上发表了“行为医学对人身心健康的预防原则”一文获“优秀论文证书”，同时发表了“行为医学对当前医疗的应用与作用”被评为“优秀论文科技进步一等奖”。于2001年在首届东方名医成立大会上发表“眩晕中药治疗十法”，并获优秀论文证书。2004年荣获北京市中医疑难病研究会专家技术委员会授予“健康使者”称号。2006年《精选吴氏太极拳剑》副主编，2010年《黄帝内经研究集成》副主编。2011年荣获“郭春园似的好医生”。

人大副委员长程思远

教授和中央电视台崔永元合影

崔永元

经多年临床不断的探索和总结发明，并已审批的专利技术产品共六项：一、疏肝解毒中药组合制剂，主治乙型肝炎，专利号01106229.0二、填精益髓补肾制剂，主治男女不孕，专利号01106234.7三、定痫止痉中药制剂，主治癫痫病，专利号01106231.2四、益气薄荷散中药制剂，主治胃肠胰疾病良方，专利号01106231.2五、治疗阳痿的中药泡酒，专利号0110236.3六、抗SARS病毒清疫解毒汤，专利号03127625.3。以上六项获“知识产权消费市场最有影响实力品牌”荣誉称号，其中第一第六项添补国内空白，2004年疏肝解毒中药组合经国家荣誉评审委员会评审，获第四届国家专利技术优秀发明奖一等奖，以及国家科技成果奖励委员会颁发的第四届国家科学技术最佳成果进步奖。2001年11月《人民日报》海外版授予“中华优秀发明创造者”荣誉称号。

国家省市领导同志对其医德医术及对社会的贡献给予认可的同时作出高度评价，全国人大副委员长吴阶平先生题词：“弘扬传统医学，服务健康事业”，中央财经部领导小组段应碧题为“济世活人”，中央政策研究室副主任肖万钧题为“一代神医”，卫生部副部长孙隆椿题为“一代名医、杏林楷模”，吉林省委副书记吴广才同志题为“医术高超、医德高尚”，吉林省副省长刘希林题为“继承世传秘笺、发扬中医传统”，吉林省副省长魏敏学题为“行医为民，医德高尚”，长春市市长李述题为“风华正茂、事业大成”，吉林省白城市委书记刘润璞题为“医林高手、神医再现”。1988年他创办了鲁沿坪中医内科诊所；2008年创办鲁沿坪医馆，法人代表；2009年12月被中医药学会评为全国基层优秀名中医；2010年6月被中华非物质文化遗产研究会评审专家委员会评为非物质文化遗产——传统中医学杰出传承人。

地址：长春市繁荣路航空家园鲁沿坪医馆/电话：0431–85826262

东辽县聚龙潭水库

“十二五”发展规划

“十二五”是东辽县聚龙潭水库深入贯彻落实科学发展观，积极践行可持续发展治水思路，大力发展民生水利的战略实施期。主要发展思路是以科学发展观为统领，以增强经济实力为目标，以解放思想、改革创新、转变方式为主题，以发展民生、稳定为主线，以项目带动、投资拉动为战略，着力突出供水主导产业，突出以国家水利风景区为依托的生态旅游主导产业，巩固提高水产养殖业。

在这一发展思路的指导下，2011年东辽县聚龙潭水库管理处，在上级水利部和相关部门的指导下，在东辽县委、县政府的领导下，在领导班子积极务实谋划下，全局上下真抓实干、奋力拼搏下，经受住了各种考验，战胜了各种困难，在工程基础设施建设、城市供水及旅游方面都取得了新进展。

一、完善工程基础设施建设，积极做好项目申报工作

2011年水库完成了乌龙半截河城市防洪工程（二期）和莲泉河城防工程（三期），水库水毁工程等工程建设，全年完成工程投资1656万元，争取并到位省级水利资金1043万元。

东辽县聚龙潭水库抢抓机遇，力求发展，2011年完成了东辽县净水厂扩建工程、辽白区域给水管网工程、东辽县聚龙潭水库生活饮用水水源地污染治理工程、东辽县聚龙潭旅游度假区项目、东辽县乡镇自来水改造工程等项目申报工作。

二、城市供水与综合经营工作扎实推进

聚龙潭水库不断完善供水基础设施的配套建设，2011年新增供水管线1200余米，协助县政府“暖房子”工程改造废旧管网楼15幢；改造供水管线7处，共456米，及时维修管网漏点66处。净水厂车间设备、设施维护、维修工作的及时完成，保障了24小时供水畅通，保证了县城人民生产生活用水。

水产业年产优质商品鱼60吨，但市场仍供不应求。2009年“聚龙潭”鲜活鱼商标已经国家工商总局注册，同年11月聚龙潭水库被吉林省水利厅认定为吉林省无公害农产品产地并颁发了认定证书。

旅游业发展势头加速，积极发挥“国家水利风景区”和“国家A级旅游景区”品牌效应，2011年完成了滑雪场项目建设并投入使用，该项目建成，填补了辽源地区冬季冰雪旅游项目的空白，为旅游消费者提供一个全新的综合性、多功能、高品位的旅游度假场所，满足日益增长的旅游需要。

2011年通过招商引资“聚龙潭”旅游产品商标获国家工商总局批准，已注册8类共80项，旅游业已逐步成为聚龙潭的优势产业之一。